全国高等学校教材
供基础、临床、预防、口腔医学类专业用

临床营养学

CLINICAL NUTRITION

主　编　石汉平　凌文华　李增宁
副主编　刘　明　钟才云　姚　颖　陈　伟　王新颖

人民卫生出版社
·北　京·

图书在版编目（CIP）数据

临床营养学 / 石汉平，凌文华，李增宁主编．—北京：人民卫生出版社，2022.9（2023.10重印）

ISBN 978-7-117-33253-8

Ⅰ. ①临… Ⅱ. ①石…②凌…③李… Ⅲ. ①临床营养—营养学 Ⅳ. ①R459.3

中国版本图书馆 CIP 数据核字（2022）第 107639 号

人卫智网	www.ipmph.com	医学教育、学术、考试、健康，购书智慧智能综合服务平台
人卫官网	www.pmph.com	人卫官方资讯发布平台

临床营养学

Linchuang Yingyangxue

主　　编：石汉平　凌文华　李增宁

出版发行：人民卫生出版社（中继线 010-59780011）

地　　址：北京市朝阳区潘家园南里 19 号

邮　　编：100021

E - mail：pmph @ pmph.com

购书热线：010-59787592　010-59787584　010-65264830

印　　刷：北京华联印刷有限公司

经　　销：新华书店

开　　本：850 × 1168　1/16　　印张：42

字　　数：1243 千字

版　　次：2022 年 9 月第 1 版

印　　次：2023 年 10 月第 4 次印刷

标准书号：ISBN 978-7-117-33253-8

定　　价：158.00 元

打击盗版举报电话：010-59787491　E-mail：WQ @ pmph.com

质量问题联系电话：010-59787234　E-mail：zhiliang @ pmph.com

数字融合服务电话：4001118166　E-mail：zengzhi @ pmph.com

编　委

（按姓氏笔画排序）

于立君　哈尔滨医科大学附属第二医院
马皎洁　首都医科大学附属北京胸科医院
王方岩　温州医科大学
王丽双　哈尔滨医科大学附属第四医院
王昆华　云南大学
王舒然　温州医科大学
王新颖　中国人民解放军东部战区总医院
孔　娟　中国医科大学附属盛京医院
石汉平　首都医科大学附属北京世纪坛医院
丛　丽　哈尔滨医科大学附属第二医院
丛明华　中国医学科学院肿瘤医院
冯丽君　浙江大学医学院附属邵逸夫医院
吕全军　郑州大学第一附属医院
朱为模　上海体育学院
朱翠凤　南方医科大学深圳医院
庄则豪　福建医科大学附属第一医院
刘　明　哈尔滨医科大学附属第二医院
刘英华　解放军总医院第一医学中心
江　华　四川省人民医院
许红霞　陆军军医大学附属大坪医院
李建平　北京大学第一医院
李增宁　河北医科大学第一医院
杨勤兵　清华大学附属北京清华长庚医院
肖　芳　华中科技大学同济医学院附属同济医院
吴　江　上海交通大学医学院附属新华医院
余　震　同济大学附属第十人民医院
辛　宝　陕西中医药大学第二附属医院
张　丽　新疆医科大学第一附属医院
张　坚　中国疾病预防控制中心
张片红　浙江大学医学院附属第二医院
陆金鑫　中国医科大学附属第一医院
陈　伟　中国医学科学院北京协和医院
陈　韬　华中科技大学同济医学院附属同济医院

陈铁龙　武汉大学中南医院
陈梅梅　广州工商学院
林　宁　中国人民解放军西部战区总医院
周　萍　哈尔滨医科大学附属第二医院
孟庆华　首都医科大学附属北京佑安医院
钟才云　南京医科大学
施万英　中国医科大学附属第一医院
姚　颖　华中科技大学同济医学院附属同济医院
秦环龙　同济大学附属第十人民医院
耿珊珊　南京医科大学
徐　俊　首都医科大学附属北京天坛医院
凌文华　中山大学
高淑清　河北医科大学第四医院
唐　蒙　首都医科大学附属北京世纪坛医院
唐丽丽　北京大学肿瘤医院
崔久嵬　吉林大学第一医院
葛　声　上海交通大学附属第六人民医院
董碧蓉　四川大学华西医院
童朝晖　首都医科大学附属北京朝阳医院
曾　强　中国人民解放军总医院第二医学中心
赖建强　中国疾病预防控制中心
缪明永　海军军医大学
潘　勤　浙江大学医学院附属邵逸夫医院

编写秘书

周春凌　哈尔滨医科大学附属第四医院
贾平平　首都医科大学附属北京世纪坛医院
吕　强　哈尔滨医科大学附属第二医院
杨大刚　贵州医科大学附属医院
李明松　广州医科大学附属第三医院

前　言

营养从来没有像今天这样受到重视，无论是政府管理层面还是普通民众，无论是专业内还是专业外，无论是国内还是国外都是如此。而且，随着科学技术的进步，随着健康意识的增强，人们会越来越重视营养。临床营养学作为营养学的两大分支之一，同样受到了前所未有的关注，《国民营养计划(2017—2030 年)》中提出临床营养行动，中华医学会肠外肠内营养学分会 / 中国抗癌协会肿瘤营养专业委员会呼吁“还营养为一线治疗”，就是最好的例证和说明。

1974 年，C. E. Butterworth 发表的著名论文《医院里面骨瘦如柴的人》(“*The Skeleton in the Hospital Closet*”)，唤醒了人们，特别是医务人员对住院患者营养问题的反思，成为临床营养学发展历史上一件里程碑式的事件。医务人员突然发现，医院是营养不良发病率最高的场所，住院患者是营养不良发生率最高的人群。面对这一不可接受的现实，医务人员、营养学家、医学教育工作者及管理部门开始行动，欧洲于 1978 年成立肠外肠内营养学会，美国、日本、中国分别于 1976 年、1984 年、2004 年先后成立肠外肠内营养学会。1997 年美国开始设立国家营养医师专家委员会(National Board of Physician Nutrition Specialist)，2011 年我国卫生部发文要求三级综合医院设立临床营养科，2018 年中华医学会肠外肠内营养学分会在国际上率先提出“无饿医院”建设倡议。

众所周知，系统的医学教育是医务人员培养与成长的先决条件，临床营养对疾病预防、治疗及康复具有不可估量的重要作用。然而，由于多种原因，临床营养学教育长期落后于临床实践需求，医学院学生几乎没有或极少接受临床营养教育，这严重违背了“以人为本”的疾病治疗原则，与患者的需要、疾病的康复及临床营养的价值严重脱节。为了更好、更快地培养适合临床需要的医学营养人才，我们于 2014 年 12 月 23 日正式向人民卫生出版社提交“关于申请编写教材《临床营养学》的请示报告”，得到人民卫生出版社的大力支持，于 2015 年 7 月 2 日开始启动编写准备工作。时光如梭，7 年过去了，为编好《临床营养学》教材，我们先后召开各种会议数十次，经反复讨论、修改书稿 10 余次，终于成稿。

全书内容分为生理和营养基础、营养诊断和治疗通则、营养不良风险人群的营养治疗、临床营养学科建设与管理 4 个方面，从食物到营养剂，从基础到临床，从诊断到治疗，从病房到家庭，围绕临床营养问题进行讨论、叙述。全书包括 24 章 145 节，每一节一个专题，每一章自成体系，既相对独立，又相互连接。以营养为主线，以合理应用为目标；以患者为中心，以最佳结局为追求。本书内容丰富、新颖，力求回答不同患者的主要营养问题，力争反映营养研究的最新成果，不少内容是以前教科书没有讨论的问题，广泛适用于医学院校不同专业学生学习。

参与本书编写工作的学者都是医疗、教学、科研的一线专家，本领域的一流专家，是懂营养的临床医生、懂疾病的营养师、懂临床的老师。从编写人员的遴选、教材内容的设计上，避免了营养与医疗“两张皮”、书本与实践不相干的缺陷。每一种疾病的营养治疗均有至少一位专科医生及营养师负责把关，真正把营养治疗融入疾病综合治疗中去，使营养治疗成为患者综合治疗的有机成分。更新营养状况是基本生命体征的观念，传播营养治疗是基础治疗、一线治疗的理念，推广价值医疗和价值营养治疗，强调建设“无饿医院”，力戒医院获得性营养不良，充分发挥营养治疗显著改善临床结局、显著节约医疗费用的双重价值，充分发挥营养治疗的疾病预防、疾病治疗及疾病康复三重作用。

本书是集体智慧的结晶，是共同努力的结果，是多方合作的产物。首都医科大学、中山大学、哈尔滨医科大学、南京医科大学、华中科技大学、同济大学、北京协和医学院、中国医学科学院、北京大学、四川大学、武汉大学、清华大学、浙江大学、河北医科大学、上海交通大学、郑州大学、中国医科大学、吉林大学、温州医科大学、云南大学、新疆医科大学、福建医科大学、上海体育学院、中国疾病预防控制中心、陆军军医大学、海军军医大学、陕西中医药大学、中国人民解放军总医院、中国人民解放军东部战区总医院、中国人民解放军西部战区总医院、四川省人民医院、南方医科大学及广州医科大学等30余家单位的50多位专家直接负责本书的编写工作，参与讨论、修订的专家多达100余位；由于篇幅的原因，参与讨论、修订的专家未能署名，他们都是幕后英雄。全体参与人员将临床经验与理论研究紧密结合，将无疆爱心和精湛医术密切联系。他们爱护患者，关心学生，珍惜声誉，高度负责。本书倾注了广大同仁的真挚友情，倾注了多位前辈的殷切期望；本书承载了患者的鼓励，承载了学生的期盼；尤其得到人民卫生出版社的大力支持。在此，一并表示衷心感谢。由于科学技术日新月异，加上内容涉及广泛以及水平和经验所限，本书不足、遗漏乃至错误之处在所难免，恳请广大读者批评指正。

谨以本书献给患者和医学生们！

主　编

2022年1月

目 录

第一章　生理代谢

营养(nutrition)是指摄入体内的营养素经过消化、吸收、转运和一系列代谢，从而为满足机体生命活动提供所需能量、合成组织结构分子和各种生理活性分子，以及维持内环境稳定的过程。从这个角度看营养过程就是物质代谢的过程，因此，均衡营养是维持物质代谢稳态的前提。

物质代谢(material metabolism)也称新陈代谢，是生命最基本的特征之一。其基本含义是指生命体内发生的所有化学反应，包括合成代谢(anabolism)和分解代谢(catabolism)，以及伴随的能量代谢(energy metabolism)。机体从外界摄取营养物质，转化为机体自身需要的物质称为合成代谢(也称同化作用)，是由小分子合成生物大分子，同时需要消耗能量；而机体自身原有物质的分解和排泄称为分解代谢(也称异化作用)，是由生物大分子降解为小分子，最后彻底分解成 CO_2、H_2O 并释放出大量能量，以满足机体正常生理活动的能量需求。

营养素(nutrient)是生命活动的物质基础。人体所需要的营养素包括六大类：水、碳水化合物、脂类、蛋白质、维生素和矿物质。前四类机体需要量大，故称为宏量营养素(macronutrient)；后二类需要量较少，称为微量营养素(micronutrient)。矿物质根据其在体内含量又可分为：常量元素(macroelement)，如钾、钠、钙、磷、镁和氯，一般占机体重量超过 0.01%；微量元素(trace element)，如铁、碘、锌、硒、铜、氟、铬、锰、钼等，一般占机体重量低于 0.01%。

人类营养学(human nutrition)是研究膳食、营养与人体健康关系的科学，包括预防营养学(preventive nutrition)及临床营养学(clinical nutrition)。

预防营养学是研究人群营养与健康，食物摄(输)入和营养素如何影响疾病(如心血管疾病、肥胖、2 型糖尿病、老年痴呆症、肿瘤)发生风险的科学，是在人群层面上采取行动，以减少营养相关性重要非传染性疾病。其又称为公共卫生营养学(public health nutrition)，群体营养学。

临床营养学是研究能量和营养素不足或过多导致的，与急性、慢性疾病和身体状况相关的，营养与代谢改变的预防、诊断和治疗的学科。包括患者的营养治疗、食物过敏、不耐受和先天性代谢障碍。与预防营养学不同，临床营养学的关注对象是个体，又称为疾病营养学或个体营养学。

第一节　食物消化与排空

食物是人体能量和营养素的最主要来源，机体生命活动所需的各种营养素都是来自食物。食物中的宏量营养素都是高度有序结构化的大分子，需要通过一系列消化过程，如牙齿咀嚼和胃研磨等形成均匀食糜，同时与各种消化液包括唾液、胃液、肠液、胆汁和胰液等混合，并被其中多种酶消化转变成相对小分子后才能被胃肠道吸收。食物的消化是营养的开始，良好的消化系统功能是良好营养状况的保证。

一、消化系统功能调节

消化系统的功能受神经、内分泌调节，其主要作用调控机制如下。

(一) 神经调节

1. 交感神经兴奋

去甲肾上腺素↑→胃肠道运动性↓、分泌↓、括约肌收缩↑→消化、吸收功能抑制。

2. 副交感神经兴奋

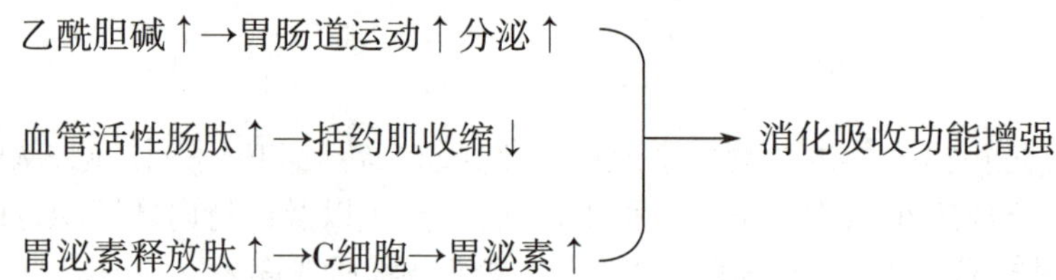

(二) 内分泌调节

消化系统功能良好有赖于消化系统本身和消化系统以外器官系统分泌激素的调节，表 1-1-1 归纳了消化系统本身的内分泌调节机制。

表 1-1-1 消化系统的内分泌调节机制

激素	来源	分泌刺激因素	胃	胰腺	胆囊
胰泌素	十二指肠内衬 S 细胞	胃酸进入十二指肠	运动↓ 分泌↓	液体分泌↑ 胰岛素分泌↑	
CCK	十二指肠内衬 S 细胞	脂肪、氨基酸进入十二指肠	排空↓	胰酶分泌↑	收缩、Oddi 括约肌松弛
胃泌素	胃 G 细胞 胃窦 十二指肠	胃扩张 GRP 分泌 胃酸抑制	运动↑ 分泌↑	胰岛素分泌↑	
GIP	十二指肠	脂肪、碳水化合物、氨基酸	运动↓ 分泌↓	胰岛素分泌↑	GIP

注：CCK. cholecystokinin，胆囊收缩素；GRP. gastrin-releasing peptide，胃泌素释放肽；GIP. gastric inhibitory polypeptide，胃抑制多肽。

手术作为一种创伤性应激，可以引起神经 - 内分泌系统的一系列变化，从多方面影响消化系统的功能。

胃的运动除受胃壁平滑肌细胞自身电活动调节外，还接受神经、体液调控。其运动刺激因素有：副交感神经兴奋(通过乙酰胆碱及胃泌素)及胃内容物引起的胃扩张；运动抑制因素有：胃内容物 pH 降低及十二指肠因素(十二指肠扩张，内容物高渗量，pH 降低刺激胰泌素及脂肪刺激 CCK)(图 1-1-1)。

肠运动与胃运动相似，亦受肠平滑肌电活动及神经、体液因素的调节。迷走神经、乙酰胆碱、组胺以及胃泌素、CCK、P 物质、5- 羟色胺等均可促进小肠运动，而内脏神经、肾上腺素、胰泌素、生长抑素、内啡肽等则抑制小肠运动；盆神经中的副交感成分、胃泌素、CCK、阿片样肽及 P 物质能促进大肠运动；内脏神经、胰泌素、胰高血糖素、血管活性肠肽则抑制其运动。

二、食物的消化

食物消化始于口腔，通过牙齿的咀嚼将大块的固体食物变为泥状食物，并在口腔淀粉酶的作用下开始碳水化合物的消化、吸收，完整的牙齿、足够的咀嚼次数是良好营养的开端，一般推荐每一口固体食物的咀嚼次数不低于 20 次。经过口腔预消化的食物经食管进入胃后，在胃里面开始研磨、调和两个重要消化过程：通过研磨将泥状食物变成直径 <1mm 的食糜；通过调和将高渗透压的食物变为等渗透压的食糜。一般情况下，食物中的钠含量是血液钠含量的 6~10 倍，食物越咸，钠含量越高。在食物刺激下分泌的胃液是低渗的，其中的钠含量不到血液钠含量的 50%，约 60mmol/L。这种低渗的胃液与高渗的食物进行充分混合，将食物变成等渗的食糜，排入小肠，从而避免高渗食物进入小肠导致的倾倒综合征。食糜在十二指肠经胆汁、胰液进一步消化、分解，在小肠吸收，其中空肠上段 100cm 吸收能力最强。

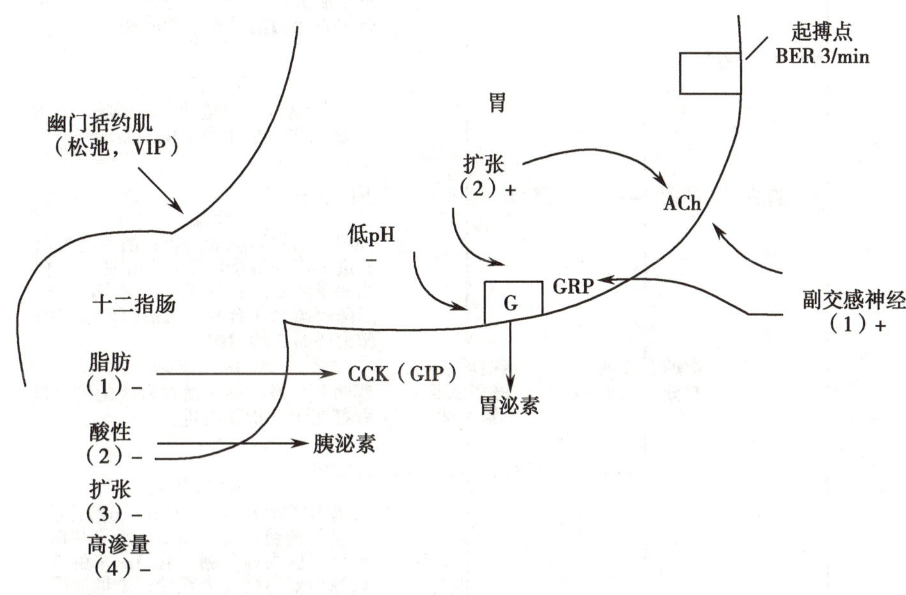

图 1-1-1 胃运动的调节

ACh. acetylcholine，乙酰胆碱；BER. basic electrical rhythm，基本电节律；GRP. gastrin-releasing peptide，胃泌素释放肽；VIP. vasoactive intestinal polypeptide，血管活性肠肽；GIP. gastric inhibitory polypeptide，胃抑制多肽；CCK. cholecystokinin，胆囊收缩素。+. 刺激；–. 抑制；括号内数字表示重要性排位。

食物中的碳水化合物以单糖形式吸收。牛奶喂养的婴幼儿如果缺乏乳糖酶，不能将乳糖分解为单糖（半乳糖及葡萄糖），就会出现乳糖不耐受症状，如腹泻、腹胀；为了避免乳糖不耐受，目前的肠内营养剂或者特殊医学用途配方食品均不含乳糖。食物脂肪中的甘油、中链脂肪酸经血液吸收，而长链脂肪酸经淋巴吸收，所以乳糜漏的患者会丢失大量长链脂肪酸，由于长链脂肪酸是人体必需脂肪酸，此时应经静脉补充长链脂肪酸。食物蛋白质以游离氨基酸、短肽两种形式吸收，而且短肽是主要的吸收形式。目前的肠内营养剂或特殊医学用途配方食品有整蛋白及短肽两种制剂，短肽类制剂更适合肠道消化功能障碍的患者。

未能经小肠吸收的食物成分进入大肠，经肛门以大便形式排出。成年人大便量约为摄入食物量的 10%，一般为 300g/d，其中 2/3 为水分，1/3 为固体，固体中 1/3 为细菌。大便次数一般每天 1 次，正常变化范围为 3 次 /d~3 次 / 周。大便的软硬、便秘或腹泻均与食物中纤维及大便中的水分含量密切相关。经肠道途径补充等渗性液体可以软化大便，防止便秘；而大量低渗液体吸收入血后降低血液渗透压，下丘脑渗透压感受器感知后，抗利尿激素分泌减少，发挥利尿作用。所以，对便秘的患者、对需要利尿的患者应该分别推荐不同的液体。

食物在人体内的基本消化过程如图 1-1-2 所示。

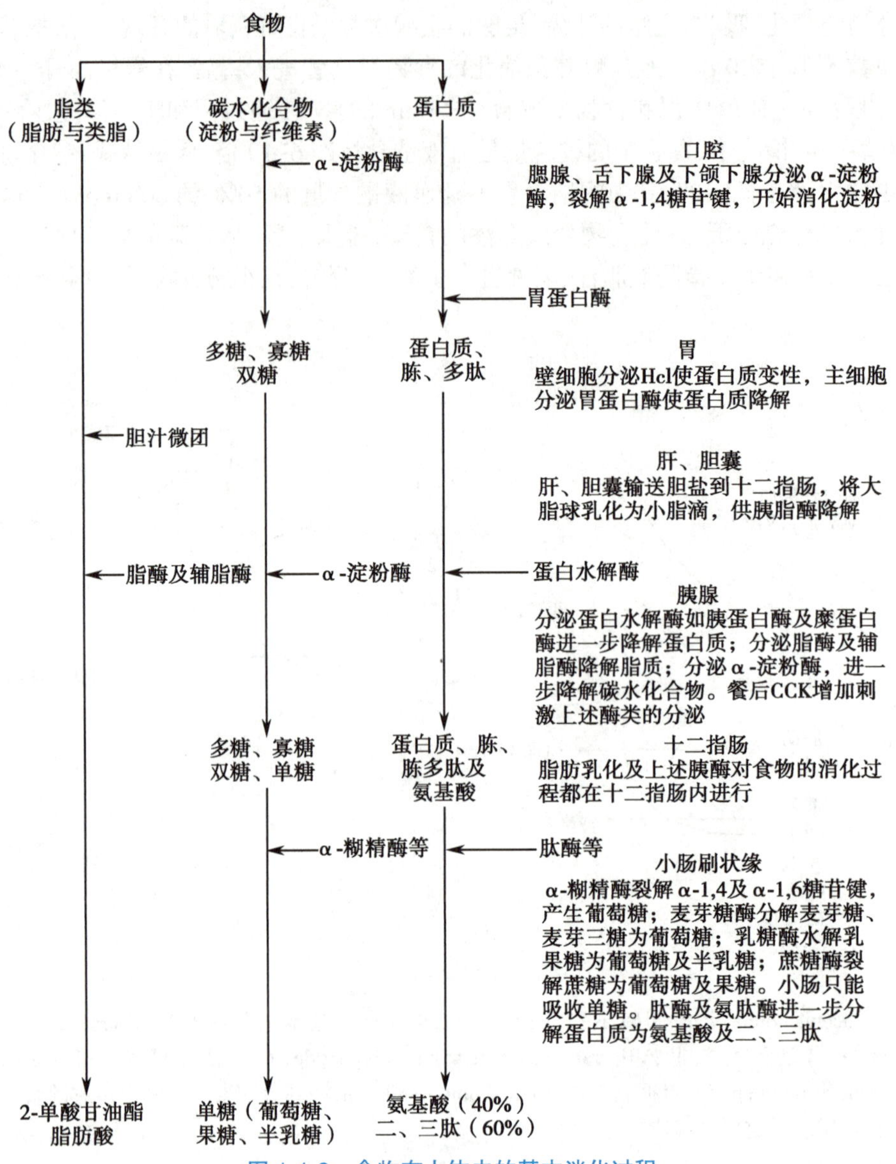

图 1-1-2 食物在人体内的基本消化过程

胃肠道是极易受损的器官，机体任何部位手术或创伤后，胃肠道吸收和蠕动功能都会减退，腹腔手术后胃肠道功能减退更明显。这与手术及创伤后胃肠道自主神经功能紊乱和肠道血流减少有关。快速康复外科技术促进胃肠道功能恢复的重要机制在于减少应激。早期肠内营养的真正目的不在于提供能量，而在于维护肠道功能，通过肠内途径提供生理需要量 10%~25% 的能量即可以保存肠道的屏障功能，肠内营养越早，应激反应越轻。

三、食物排空

(一) 胃肠道运动

胃的运动形式有 3 种：①紧张性收缩，指胃壁平滑肌持续而缓慢的收缩活动；②容受性舒张，是胃容纳食物时胃底和胃体近 1/3 部分发生的舒张性运动；③蠕动，是收缩与舒张交替的节律性运动，每分钟 3 次，是胃体和幽门部的主要运动形式。

小肠运动主要表现为紧张性收缩、分节运动及蠕动 3 种形式，并依不同的生理条件产生各种不同形式的小肠运动。

结肠的运动形式是适合于它对水分的吸收和推动粪便排出体外的功能。其运动形式大致分为以下 4 种类型：局限性收缩、团块蠕动、蠕动微波、逆蠕动。其中局限性收缩是最常见的类型，是一种非推进性收缩，使结肠内容物混合及延缓粪便的正向移动，有助于水和电解质的吸收。团块蠕动是一种能在相当长距离内迅速转运大量粪便的正向推进性收缩，多于餐后和早晨醒来后发生，夜间睡眠时较少发生。

（二）食物排空及排空障碍

液体食物与固体食物以不同的速率及方式排空。液体食物的排空是被动的，开始于进食后即刻，沿着胃底收缩形成的胃窦 - 幽门 - 十二指肠的压力梯度，呈指数方式排空：即有一个早期快速排空期，以及一个较长尾巴的延迟排空期。液体食物的半排空期为 29min。胃近端（胃底）控制液体食物排空。

固体食物的排空是主动的，起始缓慢。进食后固体食物有一个碾磨期（将固体食物粉碎为<1mm 的食糜），平均持续时间为 45min，碾磨期内几乎没有固体食物排空。一旦碾磨完毕，食糜即以线性方式排空，连续不断，直至胃内完全空虚。固体食物的半排空期平均 43min。所以，进食固体后约 90min（碾磨 45min+43min=88min）胃内固体食物排空一半。胃远端（胃窦）通过胃环形收缩控制固体食物排空（图 1-1-3）。

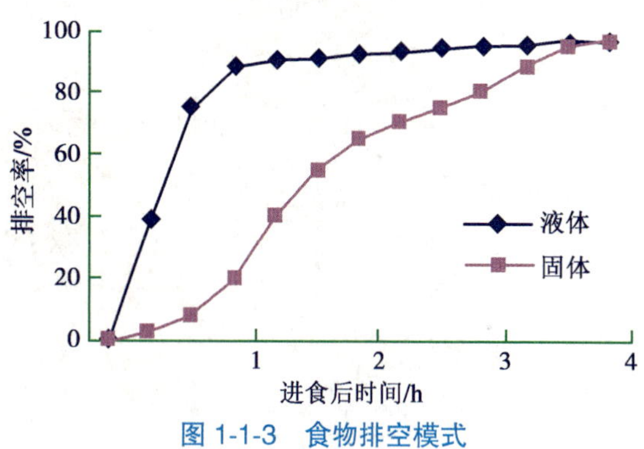

图 1-1-3 食物排空模式

研究发现，创伤、手术后胃肠道运动功能恢复时间不同，小肠最快，胃次之，结肠最慢，分别为手术后 4~8h、24h、3~5d。手术后早期以无渣（无纤维素）肠内营养剂实施早期肠内营养，不仅理论上可行，而且实际上有效。

手术后的胃（排空）运动障碍较为普遍，其形式包括排空过快或过缓，以胃排空过缓、胃瘫、倾倒综合征 3 种情况最为常见。

手术后小肠、结肠的运动障碍可以表现为运动减弱或运动增强。运动减弱有假性肠梗阻、肠麻痹及便秘 3 种表现形式，但以肠麻痹最为常见；手术后肠道运动增强罕见。

（石汉平）

第二节 营养素代谢

吸收人体内的营养素分子通过血液运输进入全身各组织器官细胞内，根据细胞功能需求，这些营养素可以进入不同代谢途径代谢：或产生能量、或合成细胞所需的各种功能分子和结构分子等，从而发挥营养素的生物学功能（图 1-2-1）。

一、概述

机体合成和分解代谢都包含着一系列逐步进行的化学反应，与此同时在这些反应过程中伴随着能量逐步释放、转化、储存和利用，即能量代谢与物质代谢过程是密切联系的（图 1-2-2）。

宏量营养素正常代谢需要微量营养素的参与，但机体对微量营养素需要量很少，在毫克（mg）和微克（μg）水平，大多微量营养素在物质代谢过程中不发生化学变化，但是对于物质代谢正常进行是至关重要的。因为物质代谢有序进行完全依赖细胞内一定量具有活性的各种代谢酶，而微量营养素是调节和维持各种酶活性的主要因子，大部分微量营养素是酶的辅助因子（辅酶或辅基）。如表 1-2-1 显示大部分水溶性维生素是不同代谢酶的辅助因子，参与了各种细胞反应。如维生素 B_1 的活性分子硫胺素焦磷酸(thiamine pyrophosphate,TPP)是葡萄糖分解代谢和能量产生过程中α-酮酸(丙酮酸、α-酮戊二酸)氧化脱羧反应酶(丙酮酸脱氢酶、α-酮戊二酸脱氢酶)的辅助因子。因此,维生素 B_1 不足或缺乏将引起氧化分解和能量产生障碍,最易受影响的是高度依赖能量的神经系统和心脏等,引起脚气病(beriberi),按其程度依次可出现:周围神经系统反应(干性脚气病),心血管系统反应(湿性脚气病),大脑反应的韦尼克脑病(Wernicke encephalopathy)及科尔萨科夫综合征(多神经炎性精神病)。

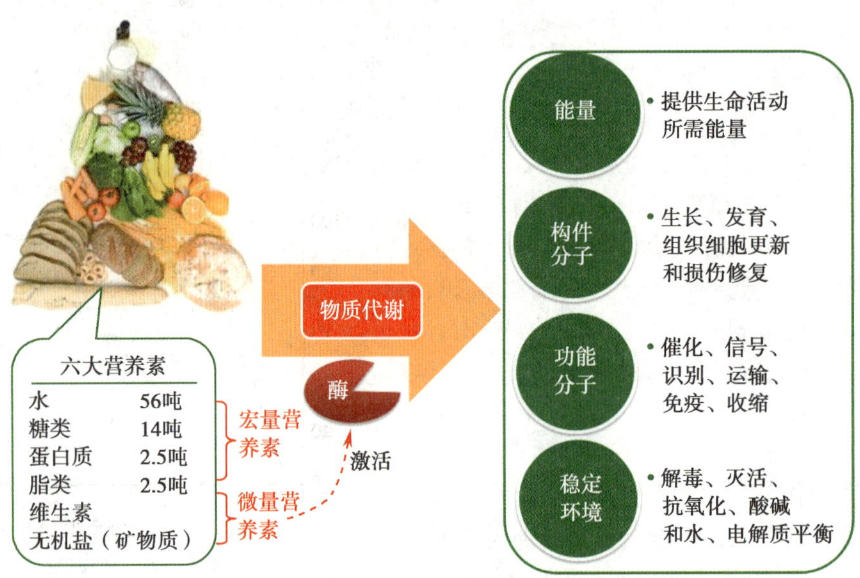

图 1-2-1 营养素的生理作用

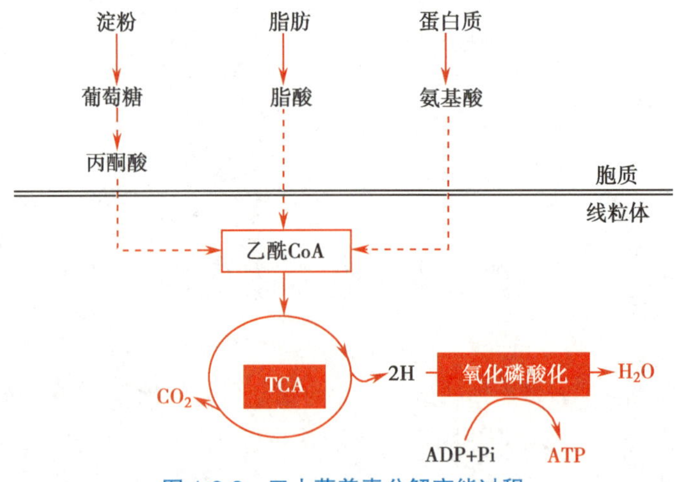

图 1-2-2 三大营养素分解产能过程

表 1-2-1 维生素及衍生物的辅酶(或辅基)种类和作用

转移基团	辅酶或辅基	所含维生素
氢原子(质子)	NAD^+(辅酶Ⅰ)	维生素 PP(B_3)
	$NADP^+$(辅酶Ⅱ)	维生素 PP(B_3)
	FMN(黄素单核苷酸)	维生素 B_2
	FAD(黄素腺嘌呤二核苷酸)	维生素 B_2
醛基	TPP(硫胺素焦磷酸)	维生素 B_1

续表

转移基团	辅酶或辅基	所含维生素
酰基	HS-CoA(辅酶 A) 硫辛酸	泛酸(B_5) 硫辛酸
烷基	钴胺素辅酶类	维生素 B_{12}
二氧化碳	生物素	生物素(B_7)
氨基	磷酸吡哆醛	维生素 B_6
一碳单位	四氢叶酸	叶酸(B_9)

同样,大部分酶活性还需要微量元素来激活,如表 1-2-2 显示金属元素是金属酶和金属激活酶的辅助因子。微量元素在许多病理和生理状况下会发生缺乏。一些常会发生某些微量营养素缺乏的临床状况有酗酒、贫血、肥胖和减肥手术、慢性肝病、肾病、炎症性肠病、心肌病和心力衰竭等,微量营养素缺乏也称隐性饥饿,常常被忽视。因此,当存在上述疾病状况以及能量补充低于 1 500kcal/d 的住院患者常存在结构性微量营养素不足风险,最常发生缺乏的微量营养素包括铁、锌、维生素 B_1、维生素 B_{12} 和维生素 C。上述情况应常规进行微量营养素检测和每日补充多种微量营养素片剂。

微量营养素不足或缺失常会导致物质代谢紊乱和疾病发生,不利于恢复健康。因此,均衡摄入宏量营养素和微量营养素是维持物质代谢稳态和健康状态的基础。

表 1-2-2 常见金属酶和金属激活酶所含金属

金属酶	所含金属	金属激活酶	所含金属
羧肽酶 A	Zn	b- 半乳糖苷酶	Na
碳酸酐酶	Zn	柠檬酸合酶	K
醇脱氢酶	Zn	丙酮酸激酶	K,Mg
碱性磷酸酶	Zn	蛋白激酶	Mg,Mn
天冬氨酸转氨甲酰酶	Zn	一般激酶	Mg,Mn
亮氨酸氨肽酶	Zn	磷酸酶类	Mg
铁氧还蛋白(铁硫中心)	Fe	精氨酸酶	Mn
脯氨酰羟化酶	Fe	丙酮酸脱羧酶	Mn
顺乌头酸酶	Fe	烯醇化酶	Mn
赖氨酰(单胺)氧化酶	Cu	丙酮酸羧化酶	Mn,Zn
酪氨酸酶	Cu	N- 乙酰氨基葡萄糖转移酶Ⅲ、Ⅴ	Mn
脲酶	Ni	磷脂酶 A_2	Ca
锰超氧化物歧化酶	Mn	磷脂酶 C	Ca
铜锌超氧化物歧化酶	Cu,Zn		
谷胱甘肽过氧化物酶	Se		
α- 淀粉酶	Ca		

二、碳水化合物

(一) 碳水化合物生理功能概述

糖类是指具有多羟基醛或多羟基酮及其衍生物的一类化合物,由于大多数糖类分子组成符合

$C_n(H_2O)_m$，因此，糖类又被称作碳水化合物（carbohydrate）。碳水化合物是生命活动的重要能源和碳源。食物中可被机体利用的糖类主要是淀粉（starch），其主要来源是粮谷类和薯类食物。粮谷类一般含碳水化合物 60%~80%，薯类含量为 15%~29%，豆类为 40%~60%。单糖和双糖的来源主要是蔗糖、糖果、甜食、糕点、甜味水果、含糖饮料和蜂蜜等。人体内主要的糖类是葡萄糖和糖原。正常人体所需能量的 50%~70% 由糖分解代谢来提供；同时糖代谢中间产物可转变为其他生物大分子，如氨基酸、脂肪酸、胆固醇和核苷酸等；糖可通过共价键与蛋白质或脂类结合，形成糖复合物，如蛋白聚糖、糖蛋白和糖脂等构成结缔组织、软骨、骨基质、细胞膜和细胞外基质等；参与细胞信息传递、免疫、细胞识别和分化等；膳食纤维能影响肠道菌群和肠道功能等。

（二）碳水化合物消化和吸收

唾液和胰液中的 α- 淀粉酶可水解食物淀粉 α-1，4 糖苷键。一般来说，食物在口腔中停留时间较短，所以淀粉主要在小肠消化。胰 α- 淀粉酶可将淀粉水解成不同长度糖链和结构的水解中间物：α-1，4 糖苷键连接的麦芽糖（二聚葡萄糖）、麦芽三糖（三聚葡萄糖）、含分支（α-1，6 糖苷键）的异麦芽糖、由 4~9 个葡萄糖残基构成的含有分支的 α- 限制糊精（α-limit dextrin）。这些中间产物进一步在小肠黏膜刷状缘水解成单糖——葡萄糖。α- 葡萄糖苷酶（包括麦芽糖酶）水解麦芽糖、麦芽三糖和麦芽寡糖；α- 限制糊精酶（包括异麦芽糖酶）水解含有 α-1，6 糖苷键的 α- 限制糊精和异麦芽糖，最终生成葡萄糖（图 1-2-3）。小肠黏膜刷状缘还存在蔗糖酶和乳糖酶，可分别水解蔗糖和乳糖。有些人由于缺乏乳糖酶，在食用牛奶后发生乳糖消化吸收障碍，引起腹胀和腹泻等乳糖不耐受症的症状。由于人体内无 β- 糖苷酶，故不能消化食物中的纤维素，但纤维素能促进肠蠕动，改善肠道微生态作用等。

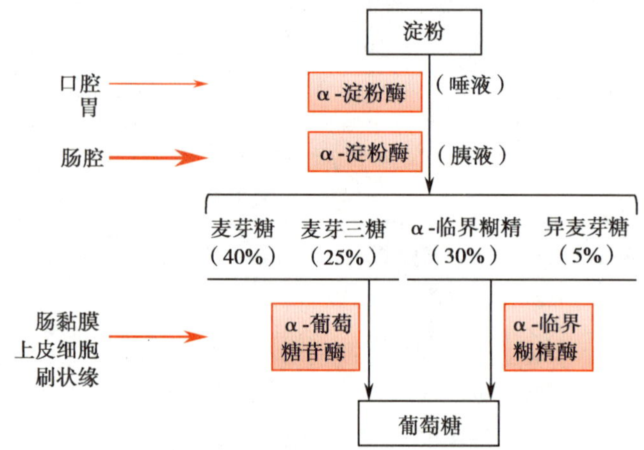

图 1-2-3 淀粉在胃肠道内的消化过程

淀粉被消化成单糖后才能在小肠中被吸收。吸收部位主要在小肠上段，小肠上皮细胞刷状缘侧细胞膜上存在钠 - 葡萄糖耦联转运体（sodium-glucose linked transporter，SGLT）。当 Na^+ 顺浓度梯度由肠腔进入上皮细胞时，将葡萄糖一起带入细胞内。细胞内过多的 Na^+ 通过钠泵（Na^+，K^+-ATP 酶），以消耗 ATP 的方式从小肠上皮细胞的基底侧被泵出细胞外，葡萄糖则顺浓度梯度进入血液并经门静脉进入全身组织细胞。此种葡萄糖的主动吸收过程是一种间接耗能的过程。SGLT 还存在于肾小管上皮细胞，参与葡萄糖重吸收。

近年来研究表明，膳食中的多酚等植物化学物质如单宁酸、槲皮素、芦丁、绿茶多酚等可抑制淀粉酶的活性，其中单宁酸效果最好，使用海藻酸钙微球包裹单宁酸用于口服以抑制胃肠道内碳水化合物的消化。因此，这些物质可以用来控制和预防糖尿病及肥胖症。

血液中的葡萄糖进入全身组织细胞时依赖细胞膜上葡萄糖转运蛋白（glucose transporter，GLUT）。GLUTs 家族有十几种，其分布、对葡萄糖亲和力和转运能力等存在明显的不同，决定了组织细胞对葡萄糖的代谢特点，其中 GLUT1~5 的功能比较明确（表 1-2-3）。GLUT1 和 3 是高亲和力转运载体，是大多数组织摄入葡萄糖基本载体；GLUT2 是低亲和力转运载体，存在于肝和胰岛 β 细胞，当餐后高血糖时才发挥调节作用；GULT4 是中等亲和力转运载体，发布在骨骼肌和脂肪组织细胞膜上，GULT4 定位到细胞膜和转运活性是依赖胰岛素的，当胰岛素不足或胰岛素抵抗时就会严重影响机体两个最大组织（骨骼肌和脂肪组织）摄入葡萄糖的能力，这是糖尿病发生的机制。GLUT5 存在于小肠黏膜上皮细胞膜，可使肠腔中的果糖和葡萄糖通过易化运输进入血液。

表 1-2-3 不同葡萄糖转运载体的特点

名称	组织分布	对葡萄糖的 K_m/(mmol·L^{-1})	功能
GLUT1	大多数组织(脑和红细胞)	1	基础水平摄入葡萄糖
GLUT2	肝和胰岛 β 细胞	15	餐后高血糖时调节血糖
GLUT3	大多数组织	1	基础水平摄入葡萄糖
GLUT4	骨骼肌、脂肪	4	依赖于胰岛素发挥作用

(三) 碳水化合物代谢概述

糖代谢是指葡萄糖在体内的一系列复杂化学反应,包括分解代谢:糖酵解、糖有氧氧化和磷酸戊糖途径等;合成代谢:糖异生和糖原合成,以及葡萄糖代谢中间产物参与到核酸、脂类和蛋白质等合成过程中,为其提供合成所需的前体分子(图 1-2-4)。

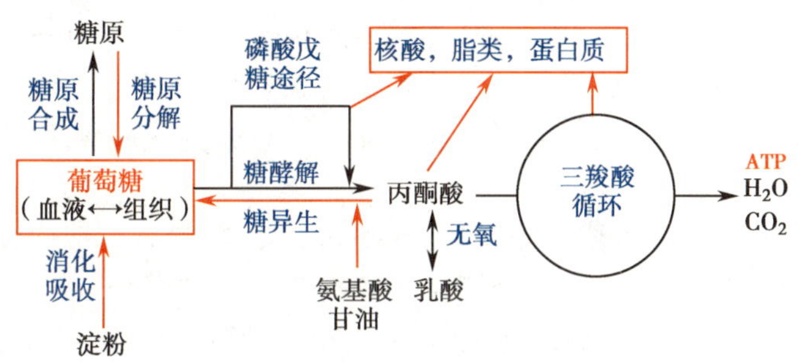

图 1-2-4 葡萄糖体内代谢概貌

1. **糖酵解**(glycolysis) 糖酵解是指在无氧条件下,葡萄糖或糖原在胞质内经一系列反应生成乳酸的过程。它在机体各组织中普遍存在。催化此代谢途径的酶存在于细胞液中。全过程分 11 步反应,由 11 个酶催化完成,其产物是 1 分子葡萄糖分解为 2 分子乳酸,净生成 2 分子腺苷三磷酸(adenosine triphosphate,ATP)。糖酵解的生理意义是在缺氧情况下为机体迅速提供能量,同时糖酵解的中间产物为细胞合成代谢(核酸、脂类等)提供碳源。正常细胞在氧供充足条件下糖酵解是明显被抑制的,90% 以上 ATP 是通过线粒体氧化磷酸化获得。但是研究发现一些肿瘤细胞即使在氧供充足条件下也进行活跃的糖酵解,多达 50% 以上 ATP 来自低产能效率的糖酵解。肿瘤细胞在这种有氧条件下的糖酵解称为有氧糖酵解,为纪念这一现象的发现者——德国科学家 Otto Heinrich Warburg,后人命名有氧糖酵解为瓦尔堡效应(Warburg effect),它是肿瘤细胞能量代谢的重要特征。

2. **糖有氧氧化**(aerobic oxidation) 糖有氧氧化是指在有氧条件下葡萄糖彻底氧化分解生成水、二氧化碳和能量的过程。糖有氧氧化反应过程:葡萄糖循糖酵解途径分解成丙酮酸(细胞质内),但丙酮酸不再还原为乳酸,而是进入线粒体氧化脱羧生成乙酰 CoA,后者进入三羧酸(tricarboxylic acid,TCA)循环,首先乙酰 CoA 与草酰乙酸缩合成含有 3 个羧基的柠檬酸,后者经一系列脱氢和脱羧等反应后又回到草酰乙酸。经 TCA 循环代谢后,乙酰 CoA 彻底分解为 $2CO_2$ 和还原当量($3NADH+H^+$,$FADH_2$);这些还原当量经过氧化磷酸化彻底氧化生成 H_2O 和能量,其中 30% 左右的能量转换为 ATP。糖有氧氧化的主要生理意义:是机体获取能量的主要途径,每分子葡萄糖经此途径可产生 30 分子或 32 分子 ATP,远高于糖酵解。

3. **磷酸戊糖途径**(pentose phosphate pathway,PPP) 磷酸戊糖途径与糖酵解密切关联,又称为糖酵解旁路。整个过程在胞液中进行,分为两个阶段:第一个阶段是氧化反应,由 6- 磷酸葡萄糖经脱氢氧化和脱羧反应等生成磷酸戊糖和 $NADPH+H^+$;第二个阶段是基团转移反应,磷酸戊糖经基团转移反应转变成 3- 磷酸甘油醛和 6- 磷酸果糖后,再进入糖酵解途径或逆过程生成磷酸戊糖,其中间产物包括 3~7 碳的 5 种单糖。PPP 在肝、骨髓、脂肪组织、泌乳期的乳腺、肾上腺皮质、性腺及红细胞中进行得比较旺盛。PPP 的主要生理意义与其代谢物磷酸核糖和 NADPH+H$^+$ 相关：一是为核苷酸合成提供 5- 磷酸核糖，PPP 是体内唯一生成磷酸核糖的途径；二是为细胞合成（如脂肪酸和胆固醇合成等）、羟化（转化解毒等）和抗氧化作用（如 GSH 等）提供 NADPH+H$^+$；此外，还可以为细胞提供 3~7 碳的 5 种单糖。

4. **糖异生**（gluconeogenesis） 糖异生作用是指非糖物质（乳酸、甘油、生糖氨基酸等）转变为葡萄糖或糖原的过程，其反应过程除了 3 步不可逆反应外，基本是糖酵解的逆反应。肝是糖异生的主要器官，肾在正常情况下糖异生能力只有肝的 1/10，长期饥饿和酸中毒时肾的糖异生能力大大增强。糖异生的主要生理意义是维持空腹和饥饿时血糖的相对恒定，补充或恢复肝糖原贮备，有利于乳酸利用和调节体内酸碱平衡。

大多数肿瘤患者肝脏糖异生能力显著增强，这可能与糖异生原料（乳酸、甘油和氨基酸）增加、炎症和内分泌紊乱等有关。瓦尔堡效应高度活跃的肿瘤会产生较多乳酸并释放入血，导致肿瘤与肝脏之间的乳酸 - 葡萄糖循环增强，而肿瘤所致炎症、特殊代谢因子［脂肪动员因子（lipid mobilizing factor，LMF）和蛋白水解诱导因子（proteolysis-inducing factor，PIF）］及内分泌紊乱等因素作用下会导致宿主脂肪和骨骼肌分解增多，而释放更多甘油和氨基酸进入肝脏进行糖异生，而肝脏糖异生越强则会消耗更多的能量 ATP，特别是恶病质晚期更加明显。这也是肿瘤患者高能耗消瘦的重要机制之一。

5. **糖原生成**（glycogenesis）**和糖原分解**（glycogenolysis） 餐后血液中葡萄糖浓度升高时，葡萄糖可在肝和肌肉组织中合成糖原。由葡萄糖活化为尿苷二磷酸葡糖（uridine diphosphate glucose，UDPG）后，逐步聚合成糖原的过程为糖原合成直接途径；肝脏还可通过间接途径，即由三碳化合物（乳酸、生糖氨基酸和甘油）经糖异生合成糖原。糖原分解习惯上是指肝糖原分解成葡萄糖，释放入血补充血糖。由于葡萄糖 -6- 磷酸酶只存在于肝中，所以肌糖原不能分解为葡萄糖，只能在肌细胞内进行糖酵解和糖有氧氧化分解。糖原合成和分解是不完全相同的 2 条途径，糖原合酶是糖原合成的关键酶，糖原磷酸化酶是糖原分解的关键酶。通过对两者协调地共价修饰和变构调节，影响糖原代谢途径的方向与速率，从而影响血糖水平。

糖代谢是紧紧围绕机体血糖水平和能量供应状况而发生相应改变，受到神经 - 体液（激素）和细胞内分子水平的严格调控。当代谢调控失衡，就会导致糖代谢紊乱而表现为高血糖或低血糖。

成人空腹血糖浓度高于 6.0mmol/L 时被称为血糖过高或高血糖（hyperglycemia）。若血糖浓度超过肾糖阀，葡萄糖可从尿中排出，称为糖尿。临床上高血糖和糖尿主要见于糖尿病。随着生活水平的提高、人口老龄化、生活方式的改变，糖尿病患病人数迅速增加。

目前将糖尿病分为 1 型糖尿病、2 型糖尿病、其他特殊类型糖尿病和妊娠糖尿病。1 型糖尿病主要是患者胰岛 β 细胞破坏，引起胰岛素缺乏；2 型糖尿病患者存在胰岛素受体或受体后天功能缺陷（胰岛素抵抗）和胰岛素分泌缺陷。2 型糖尿病患者的遗传易感性较 1 型强。一些特殊类型糖尿病与胰岛 β 细胞中单基因缺陷有关。糖尿病严重时，机体不能利用葡萄糖供能，此时体内脂肪分解加速，酮体生成大大增加，可引起酮症酸中毒。其他因素如进食大量糖、情绪激动时肾上腺素分泌增加等，也可引起一过性的高血糖和糖尿。

成人空腹血糖浓度低于 2.8mmol/L 时被认为低血糖（hypoglycemia），临床表现有交感神经过度兴奋症状如出汗、颤抖、心悸（心率加快）、面色苍白、肢凉等以及神经症状如头晕、视物不清、步态不稳，甚至出现幻觉、精神失常、昏迷、血压下降等。当胰岛素分泌过多或临床上使用胰岛素过量，升高血糖浓度的激素分泌不足，糖摄入不足（饥饿或节食过度），肝糖原分解减少，糖异生减少和组织耗能过多等均能导致低血糖症。新生儿脑重量占体重的比例较大，且脑几乎完全依赖葡萄糖供能，出生前由母体血液中的葡萄糖提供能量。出生后数小时内，由于肝中磷酸烯醇丙酮酸羧化激酶含量很低，糖异生能力有限，肝中糖原储存少等而容易出现低血糖，早产儿更容易发生低血糖使脑功能受损，需及时补充糖类食物。

三、脂类

(一) 脂类概述

脂类是一类不溶于水而溶于有机溶剂的有机化合物，包括脂肪及类脂两大类。脂肪是3分子脂肪酸和1分子甘油形成的酯，也称三酰甘油（triacylglycerol）或甘油三酯（triglyceride，TG），是机体储存能量的主要形式。脂肪占体重的14%~19%，女性稍多，主要分布在大网膜、皮下及脏器周围的脂肪细胞内。脂肪含量受营养状况、个体活动以及遗传因素等影响，波动很大，肥胖者脂肪可占体重的30%，过度肥胖者可高达60%左右。类脂主要由磷脂（phospholipid，PL）、糖脂（glycolipid）、胆固醇（cholesterol，Ch）及胆固醇酯（cholesteryl ester，ChE）等组成，是生物膜及脑神经组织的重要组成成分，同时还参与细胞识别及信号传递等功能。胆固醇及胆固醇酯虽然不能氧化供能，但能转化成为胆汁酸、类固醇激素和维生素 D_3，在调节机体物质代谢方面具有重要作用。类脂的含量相对恒定，一般不受营养状况和机体活动的影响。

1. **脂肪分类** 脂肪根据来源可分为动物性脂肪和植物性脂肪。动物性脂肪又可分为两大类：一类为水产动物脂肪，如鱼类、虾、海豹等，其中的脂肪酸大部分是不饱和脂肪酸，所以这一类脂肪的熔点低、易于消化；另一类是陆生动物脂肪，其中含有大量饱和脂肪酸和少量不饱和脂肪酸。奶类脂肪中除含有一般饱和与不饱和脂肪酸外，经常还有大量短链脂肪酸，显然这些脂肪酸是婴儿发育所需要的。植物性脂肪如棉籽油、花生油、菜籽油、豆油等，其脂肪酸主要为不饱和脂肪酸，而且多不饱和脂肪酸（亚油酸）含量颇高，占脂肪总量的40%~50%。但椰子油中的脂肪酸主要是饱和中链脂肪酸。

根据脂肪组织结构和代谢特点，又可将动物脂肪组织分为“棕色脂肪组织”（brown adipose tissue，BAT）与“白色脂肪组织”（white adipose tissue，WAT）。前者血液供应丰富，含有大量线粒体（含有细胞色素）而呈棕色，故称之为“棕色脂肪组织”。人体和多数哺乳动物，特别是婴儿的颈、肩、腋窝和背部肩胛间存在较多BAT，由于其中进行活跃的脂肪酸氧化分解而产热，因而BAT对于维持体温非常重要。随着年龄增长，BAT不断减少，成人脂肪组织大多为WAT。除了上述2种脂肪组织外，在一定生理和病理条件下，如寒冷和肾上腺素受体激活等，可以诱导WAT转变为类似棕色脂肪细胞的米色脂肪细胞（beige adipocyte），含有大量线粒体和表达解偶联蛋白1（uncoupling protein 1，UCP1），这一现象称为白色脂肪棕色化（white adipose tissue browning），这导致机体脂肪动员和能量消耗增加。白色脂肪棕色化有利于减少白色脂肪在体内过多积累，从而防止肥胖的发生。

2. **脂肪酸分类** 脂肪酸的基本结构是含有偶数碳原子的直链羧酸，仅在个别油脂中发现带有支链、脂环或羟基的脂肪酸。脂肪酸的分类如下。

(1) 脂肪酸碳链长度：长链脂肪酸（含14碳以上）、中链脂肪酸（含8~12碳）、短链脂肪酸（含2~6碳）。

(2) 双键：脂肪酸可分为饱和脂肪酸（saturated fatty acid，SFA），不饱和脂肪酸（unsaturated fatty acid，USFA）。USFA又分为单不饱和脂肪酸（monounsaturated fatty acid，MUFA），多不饱和脂肪酸（polyunsaturated fatty acid，PUFA）。

(3) 立体异构：根据双键两侧基团空间分布不同，将不饱和脂肪酸分为顺式（cis）脂肪酸和反式（trans）脂肪酸。顺式脂肪酸是指双键两端碳原子上相连的两个氢原子分布在双键同一侧；反式脂肪酸指双键两端碳原子上的氢原子在双键异侧。天然食品中的脂肪酸多为顺式脂肪酸。人造黄油是植物油经氢化处理后制成的，在此过程中其形态由液态变为固态，同时其结构也由顺式变为反式。研究表明，反式脂肪酸可以使血清低密度脂蛋白胆固醇（low density lipoprotein cholesterol，LDL-C）升高，而使高密度脂蛋白胆固醇（high density lipoprotein cholesterol，HDL-C）降低，有增加心血管疾病的风险，所以目前不主张多食用人造黄油。

脂肪酸命名分为通俗命名和系统命名两种：通俗命名也就是习惯名称，如软脂酸、硬脂酸、亚麻酸和花生四烯酸等。系统命名按照有机酸命名原则，包括标示脂肪酸碳原子数和双键位置。其中不饱和脂肪酸双键位置标示方法，有两种不同的编码体系：Δ编码体系是从脂肪酸羧基碳起计算碳原子顺序；ω 或 n 编码体系是从脂肪酸甲基碳起计算碳原子顺序。以亚麻酸为例来说明两种命名和编码体系的差别(图 1-2-5)：Δ编码体系方法常用于生化反应，而 ω 编码体系常用于营养学。按 ω 编码体系可将哺乳动物不饱和脂肪酸分 4 族：ω-3 系、ω-6 系、ω-7 系和 ω-9 系，或 n-3 系、n-6 系、n-7 系和 n-9 系，如果第一个不饱和双键所在 ω 或 n 编码体系中的碳原子的序号是 3，则为 ω-3 或 n-3 系脂肪酸，依次类推。

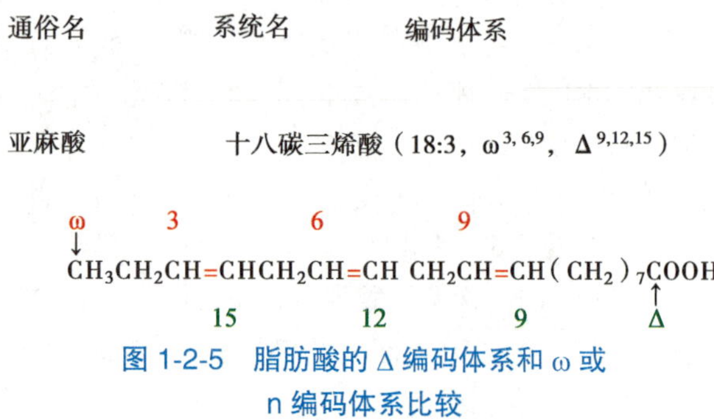

图 1-2-5 脂肪酸的 Δ 编码体系和 ω 或 n 编码体系比较

(二) 脂类生理功能

1. 脂类的基本功能

(1) 脂肪是机体能量贮存和功能维护的重要物质：当人体摄入碳水化合物过多时就转变为脂肪贮存起来。当机体需要时，脂肪细胞内的脂肪可以及时动员，释放出甘油和脂肪酸进入血液循环，被全身组织细胞摄取和氧化分解，释放出能量以满足机体需要。

(2) 保护脏器和维持体温：体内器官周围的脂肪组织对器官有支撑和衬垫作用，可保护内部器官免受外力损伤。脂肪不易散热，故能防止散热，BAT 在维持体温和御寒中发挥着重要作用。

(3) 代谢调节作用：脂肪在体内代谢分解的产物，可以促进碳水化合物的代谢，使其更有效地释放能量。当碳水化合物不足时，脂肪供能可以避免或减少体内蛋白质作为能源物质被消耗，从而节约蛋白质，更有效地利用蛋白质参与到身体组织结构和生理功能分子合成。

(4) 促进食欲和增加饱腹感：脂肪作为食品烹调的重要原料，可改善食物的感官性状，能增加膳食的色、香、味，促进食欲；食物脂肪由胃进入十二指肠时，可刺激产生肠抑胃素(enterogastrone)，使肠蠕动受到抑制，导致食物由胃进入十二指肠的速度相对缓慢，延长胃内停留时间，从而增加饱腹感。膳食脂肪含量越多，胃排空时间越长。

(5) 促进脂溶性维生素的吸收：脂溶性维生素如维生素 A、D、E 和 K 常存在于食物脂肪中，增加摄入食物脂肪可以补充部分脂溶性维生素，此外脂肪还能直接促进这些维生素的吸收。

(6) 内分泌作用：近年来研究发现脂肪组织具有重要的内分泌、旁分泌和自分泌作用，可合成和分泌多种生物活性分子，包括脂类、肽类和蛋白质分子，统称为脂肪因子(adipokine)。这类信号分子可与下丘脑、肝脏、心脏、骨骼肌、肾上腺、胰岛和血管内皮等组织细胞进行对话，构成了复杂调控网络，从而影响下丘脑 - 垂体 - 肾上腺轴和性腺轴的功能、胰岛素分泌、骨骼肌和脂肪组织对胰岛素的敏感性、物质代谢稳态、炎症、血管内皮细胞功能和免疫防御等。许多研究证实能量失衡导致肥胖会引起脂肪组织代谢和内分泌紊乱，而这与代谢综合征、胰岛素抵抗、糖尿病和动脉粥样硬化等疾病发生过程密切相关。

2. 必需脂肪酸的生理功能 必需脂肪酸除了供给能量外，还有其他重要的生理功能：构成磷脂的重要组成成分，磷脂是细胞膜的主要结构成分，所以必需脂肪酸与细胞膜的结构和功能直接相关。花生四烯酸可以合成前列腺素类和白三烯类等活性分子，这些具有多种生理功能，如使血管扩张和收缩、调节炎症和免疫功能、神经刺激的传导、影响肾脏排泄功能，母乳中的前列腺素可以防止婴儿消化道损伤等，参与胆固醇酯化，体内约 70% 的胆固醇与脂肪酸酯化成胆固醇酯，必需脂肪酸促进受损组织迅速修复。必需脂肪酸缺乏会影响机体代谢，表现为上皮细胞功能异常、湿疹样皮炎、皮肤角化不全、创伤愈合不良、对疾病抵抗力减弱、心肌收缩力降低、血小板聚集能力增强、生长停滞等。但不同脂肪酸缺乏的表现不同，如 ω-3 脂肪酸缺乏不影响生长，但学习能力下降、视力异常；而 ω-6 脂肪酸缺乏则可引起生长停滞、皮肤疾病、生育受阻以及脂肪肝等。二十碳五烯酸(eicosapentaenoic acid,

EPA)、二十二碳六烯酸(docosahexaenoic acid,DHA)是海鱼中含量比较丰富的两种长链多不饱和脂肪酸,EPA 具有降血脂、预防动脉粥样硬化和防止心肌缺血的作用,DHA 对维护脑功能和视敏度有重要作用。DHA 占大脑总脂肪量的 24%~37%,对脑细胞的发育有重要作用。如果老人脑组织中的 DHA 水平较高,神经细胞"网络"的功能联系会良好,不会过早发生记忆力减退或出现老年痴呆的症状。另外,在视网膜神经细胞中,充足的 DHA 可以提高视敏度,对幼儿弱视和青少年的近视也有预防作用,并可延迟视力老化的年龄。在日常膳食中多食用海产品,有助于提供人体所需的 EPA 和 DHA 等必需脂肪酸。

(三) 脂类消化、吸收、转运和代谢

1. **脂类消化和吸收** 脂类不溶于水,必须乳化后才能被消化吸收。在食物脂类刺激下,胆汁及胰液分泌进入十二指肠。胆汁酸盐可使甘油三酯和胆固醇酯等疏水脂类充分乳化并分散成细小的微团(micelle),从而增加消化酶与脂类接触的面积,有利于脂类的消化与吸收。在胰液中,胰脂酶(pancreatic lipase)、辅脂酶(colipase)、磷脂酶 A_2(phospholipase A_2)及胆固醇酯酶(cholesterol esterase)等催化甘油三酯、磷脂和胆固醇酯,水解生成甘油单酯、脂肪酸、溶血磷脂和游离胆固醇。这些产物经胆汁酸盐进一步乳化生成更小(直径约为 20nm)的混合微团(mixed micelle)。这种微团极性更大,易于穿过小肠黏膜细胞表面的水屏障被肠黏膜细胞吸收。最新研究发现口腔唾液也具有脂酶活性而对食物脂类进行初步消化。

脂类消化产物主要在十二指肠下端及空肠上段吸收。短链和中链脂肪酸构成的甘油三酯经胆汁酸盐乳化后直接被吸收,并在肠黏膜细胞内水解为脂肪酸和甘油的形式进入血液循环。而长链脂肪酸和甘油单酯吸收入肠黏膜细胞后,在光面内质网脂酰 CoA 转移酶(acyl CoA transferase)催化下重新合成甘油三酯,并与载脂蛋白(apolipoprotein,Apo)B48、C、A Ⅰ、A Ⅳ等,以及磷脂和胆固醇结合形成乳糜微粒,经淋巴进入血液循环(图 1-2-6)。

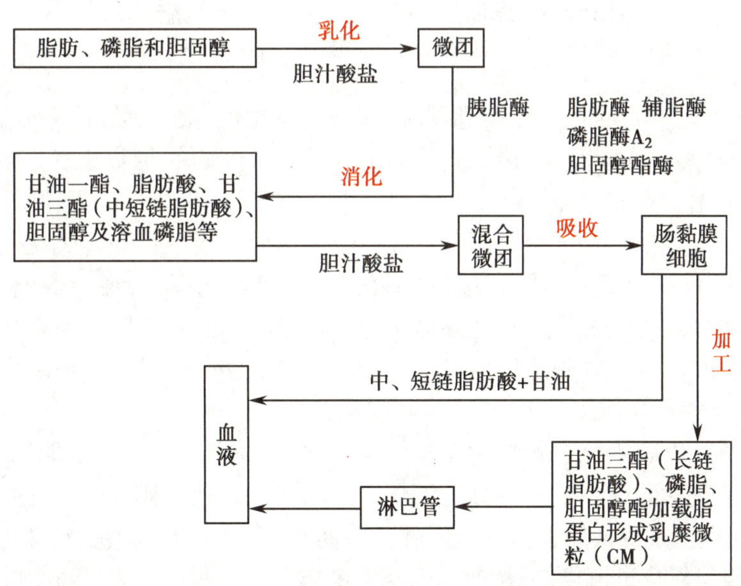

图 1-2-6 脂类的消化和吸收

2. **脂类转运** 血中脂类以脂蛋白(lipoprotein)的形式运输和代谢。血浆脂蛋白因脂类、蛋白组成及含量差异而使其密度不相同。按密度由小至大的顺序,脂蛋白依次分为乳糜微粒(chylomicron,CM),极低密度脂蛋白(very low density lipoprotein,VLDL),低密度脂蛋白(low density lipoprotein,LDL)和高密度脂蛋白(high density lipoprotein,HDL)。Apo 可分 A、B、C、D、E 五类,各类又分若干亚类,Apo 在血脂代谢中发挥重要作用,除了维持脂蛋白结构外,有些 Apo 还具有激活脂蛋白代谢酶和识别脂蛋白受体的功能。如 Apo A Ⅰ能激活卵磷脂 - 胆固醇酰基转移酶

(lecithin-cholesterol acyltransferase, LCAT); Apo B 能识别细胞膜上的 LDL 受体; Apo C Ⅱ 能激活脂蛋白脂肪酶(lipoprotein lipase, LPL)等。

肠道上皮细胞内加工形成的 CM 通过淋巴系统进入血液并转运至全身组织器官,肝细胞将合成和吸收的脂类与载脂蛋白加工成 VLDL,携带甘油三酯为主的 CM 和 VLDL 经全身组织毛细血管内皮细胞表面 LPL 水解释放出的游离脂肪酸(free fatty acid, FFA)和甘油可被肝脏、肌肉和脂肪组织等摄取利用。与此同时,不同脂蛋白之间、脂蛋白与组织细胞之间不断进行脂类交换、脂肪水解和释放,胆固醇酯化等代谢(图 1-2-7)。

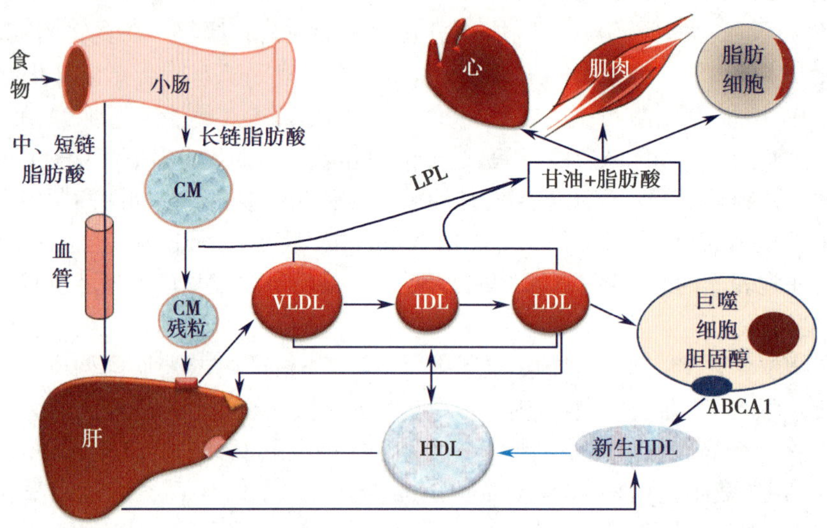

图 1-2-7 脂蛋白代谢

注:IDL, intermediate-density lipoprotein, 中密度脂蛋白;
ABCA1, ATP binding cassette transporter A1, ATP 结合盒转运体 A1。

3. **脂肪代谢** 当机体需要脂肪提供能量时,脂肪组织中的脂肪被脂肪酶水解成 FFA 和甘油并释放入血液,以供全身其他组织利用,称为脂肪动员。进入肝细胞的脂肪酸氧化生成乙酰 CoA,并可进一步代谢转变成水溶性乙酰乙酸、β- 羟丁酸和丙酮,这 3 种分子统称为酮体。酮体透过肝细胞膜由血液运输到肝外组织(脑、心肌和骨骼肌等),进一步氧化分解供能。正常情况下,血中仅含少量酮体(0.03~0.5mmol/L)。但在饥饿或糖尿病时血酮体增加,严重糖尿病患者血中酮体含量可高出正常人数十倍,导致酮症酸中毒(ketoacidosis)。血酮体超过肾阈值,便可随尿排出,引起酮尿(ketonuria)。此时,丙酮含量也大大增加,通过呼吸道排出量增加,产生特殊的水果香味。在糖供应不足或糖利用障碍时,酮体成为脑组织的主要能源。

体内大部分脂肪可由碳水化合物转化而来。肝、脂肪组织及小肠是合成脂肪的主要场所。合成脂肪的前体分子甘油和脂肪酸主要来自葡萄糖代谢中间产物转化。因此,长期过多摄入碳水化合物可导致脂肪增加;同样当采用高脂低碳饮食时体内脂肪组织不断动员脂肪,释放出脂肪酸和甘油,经血液循环运输到各组织氧化分解供能,从而达到减肥目的。

四、蛋白质 / 氨基酸

(一) 蛋白质 / 氨基酸的生理功能

蛋白质是一切生命活动的执行者,在维持正常生命活动过程中起着极为关键的作用。蛋白质几乎参与体内各种生理功能:如组织细胞结构成分、催化功能、调节功能、运输功能、储存功能、信息交流、免疫功能、氧化供能、解毒功能、维持体液酸碱和渗透压平衡等。因此,均衡、足量地摄入高质量蛋白质有助于维持组织生长、更新和修复功能,从而维持机体健康。蛋白质是由 20 种 *L*-α- 氨基酸通过肽键聚合成的生物大分子，这些氨基酸称编码氨基酸。此外，还有许多非编码氨基酸，如γ- 氨基丁酸、鸟氨酸和瓜氨酸等也具有重要功能。氨基酸除了合成蛋白质外还具有广泛的生物学功能，包括氧化供能，合成含氮化合物（血红素、激素、神经递质、谷胱甘肽、核苷酸、辅酶和一氧化氮等）。从营养角度可将编码氨基酸分为必需氨基酸（essential amino acid，EAA）和非必需氨基酸（nonessential amino acid，NEAA），缬氨酸、异亮氨酸、亮氨酸、苏氨酸、蛋氨酸、赖氨酸、苯丙氨酸和色氨酸为 8 种 EAA，EAA 不能在体内合成，必须由食物蛋白质供给。其余 12 种 NEAA 可以在体内由其他物质（如葡萄糖）转变而来。NEAA 在营养和代谢上与 EAA 具有同等重要的作用。

（二）蛋白质的营养价值

凡是蛋白质氨基酸模式与人体蛋白质氨基酸模式接近的食物，其蛋白质在体内的利用率就高，如蛋、奶、肉和鱼等动物蛋白质。反之，某些食物蛋白质一种或多种必需氨基酸含量相对较低，导致其他必需氨基酸不能被充分利用而使蛋白质营养价值降低，如谷类蛋白缺乏赖氨酸，同时异亮氨酸、苏氨酸和苯丙氨酸含量比较低，其蛋白质营养价值也比较低。因此，多种食物蛋白质混合食用，可使 EAA 取长补短从而提高蛋白质的利用率，这种现象称为蛋白质互补作用。

（三）蛋白质消化、吸收和代谢

1. 蛋白质消化和吸收　食物蛋白质消化主要在小肠进行。食物蛋白质进入胃后，经胃蛋白酶作用水解生成多肽和少量氨基酸，这些消化不完全的蛋白质进入肠道后受胰液蛋白酶和肠道多种蛋白酶和肽酶的共同作用，进一步水解成短肽和氨基酸。

氨基酸和短肽吸收主要在小肠进行。过去认为蛋白质消化后主要以氨基酸形式进行吸收，但近年来研究表明蛋白质消化产物 60% 以短肽形式吸收。肠黏膜细胞上分布着转运不同氨基酸和短肽的转运蛋白，包括中性氨基酸转运蛋白、酸性氨基酸转运蛋白、碱性氨基酸转运蛋白、亚氨基酸转运蛋白、β- 氨基酸转运蛋白、二肽转运蛋白及三肽转运蛋白。短肽吸收在小肠近端较强，故短肽吸收先于游离氨基酸。因此，水解蛋白制剂对于消化不良者和老人等具有非常明显的益处。影响膳食蛋白质消化和利用的因素很多，最近研究发现肠道菌群对蛋白质的消化吸收影响很大。例如，益生菌可以调节肠道菌群，从而影响与蛋白水解相关的肠道细菌。益生菌还能诱导宿主消化蛋白酶和肽酶的活性，有些还能直接释放出参与蛋白质消化的蛋白酶。此外，益生菌还可以通过改善上皮细胞的吸收能力和增强转运能力来改善小肽和氨基酸的吸收。益生菌可以减少有害蛋白发酵，从而降低代谢物的毒性。

2. 蛋白质分解和合成　所有生命体的蛋白质都处在不断更新的状态中并保持动态平衡。人体每日更新蛋白质总量的 1%~2%，其中主要是肌肉蛋白质。正常膳食的个体每日从尿中排出氮约 12g，若摄入蛋白质增多，则随尿排出氮也增多；若减少，则随尿排出氮也减少。当健康个体长期不摄入蛋白质时，每天排出蛋白质可由 1g/kg 下降到 0.4g/kg。但对于重症患者，如果完全不摄入蛋白质时每天蛋白质排出可达到 1~2g/kg，导致肌肉组织蛋白质流失，这主要是由于疾病所造成的代谢紊乱所致。体内各种组织蛋白的更新速度很不一致，有的半衰期仅为数秒钟或几小时，如肝细胞 β- 羟基 -β- 甲戊二酸单酰辅酶 A（β-hydroxy-β-methylglutaryl-coenzyme A，HMG-CoA）还原酶等；有的半衰期约为 10d，如肝细胞和血浆的大部分蛋白质；还有一些组织蛋白质半衰期常超过数个月，如结缔组织的胶原蛋白和核组蛋白等。在机体处于饥饿状态时，机体也会主动降解一部分蛋白质并释放出氨基酸，用于供应能量和稳定血糖。骨骼肌蛋白质降解一般可分为 3 条途径：溶酶体降解途径、钙激活降解途径和选择性泛素化 - 蛋白酶体降解途径。蛋白质消化吸收，以及合成与分解过程中需要不断消耗能量，即食物的特殊动力作用。以蛋白质为主的饮食其食物的特殊动力作用达 30% 左右。因此，在蛋白质摄入的同时需要增加能量摄入，有利于维持氮平衡。

3. 氨基酸代谢　食物蛋白质经消化吸收，以氨基酸形式进入血液循环及全身各组织，组织蛋白质又经常降解为氨基酸，这两种来源氨基酸混合在一起，存在于细胞内液、血液和其他体液中，称为氨基酸代谢库（metabolic pool）。游离氨基酸在体内代谢途径可以归纳为 4 种（图 1-2-8）：①重新合成蛋白质，一般来讲，组织蛋白质分解的内源性氨基酸中约85%可被再利用，以合成组织蛋白质；②分解代谢，氨基酸脱氨基后的碳架可以彻底分解产生能量，其氨基形成尿素排出；③转化为糖和脂肪，或重新利用合成氨基酸；④合成其他含氮化合物，如嘌呤、嘧啶、肌酸、肾上腺素等。

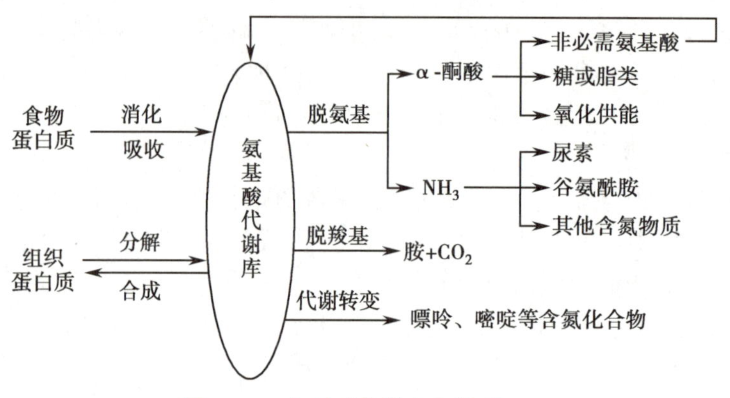

图1-2-8 氨基酸代谢库和代谢概貌

（缪明永）

第三节 能量代谢

机体一切生命活动都需要能量来推动，而能量主要从食物的三大营养物质（糖、脂肪、蛋白质）氧化分解获得。生命活动所消耗的能量本质上是机体利用食物化学能或自身储备的化学能以做功和产热形式释放出能量。理想状态下机体能量消耗恰好等于从食物中获取的能量，即人体能量代谢达到稳态。如果机体长期能量消耗高于食物摄入量，就会出现体重下降和消瘦；反之，长期能量消耗低于食物摄入量，则表现为体重增加甚至肥胖。因此人体能量代谢稳态是机体健康的重要基础之一，也是临床营养治疗的基本目标之一。

一、能量代谢概述

（一）食物氧化的基本过程

食物在生物体内氧化分解和生物体外燃烧的最终产物都是水和CO_2，所释放的能量也完全相等（图1-3-1）。

$$食物 \xrightarrow{氧化} 能量+CO_2+H_2O$$

图1-3-1 食物在体内的氧化过程

食物氧化分解产生能量的过程大致可分为4个阶段：①首先大分子经过消化降解为各自的构件分子（葡萄糖、脂肪酸、氨基酸等），释放出总能量的1%以下，并以热能形式散发。②构件分子通过特定代谢途径的一系列代谢分解，并进入线粒体转变为乙酰CoA，约释放出总能量的1/3，部分通过底物磷酸化方式合成ATP。③乙酰CoA进入三羧酸循环，脱羧产生CO_2，脱氢产生还原当量（$NADH+H^+$、$FADH_2$）。④氧化磷酸化，即还原当量进入氧化呼吸链，经一系列电子体传递，最终与氧结合成水，同时释出大量的自由能，其中部分用于推动腺苷二磷酸（adenosine diphosphate，ADP）和无机磷酸合成腺苷三磷酸（adenosine triphosphate，ATP），剩余部分以热量释放出来用于维持体温。ATP是细胞生命活动最通用的能量货币，参与细胞内合成代谢、肌肉收缩、神经传导、分泌和转运、细胞信号转导和细胞分裂等。

营养物质分解代谢的主要功能之一就是为机体提供能量，其中一部分能量用于合成代谢。合成代谢（同化作用）产生细胞组分的各种生物合成反应，即细胞将各种从内、外环境中获取的小分子前体合成为各种高分子量生物大分子，合成代谢是需能反应。这一能量就来自分解代谢，因此合成和分解相互关联、密不可分。在物质代谢过程中所伴随着的能量释放、转移、贮存和利用等称为能量代谢（图 1-3-2）。哺乳动物细胞获取 ATP 的方式有两种：即氧化磷酸化和底物磷酸化。前者在线粒体内发生，也是细胞主要产能方式；后者是一些代谢途径中的某个中间代谢释放能量直接推动 ADP（或 GDP）磷酸化生成 ATP（或 GTP），如糖酵解途径后半阶段二步反应伴有底物磷酸化。在正常供氧环境中，糖、脂肪、蛋白质等营养物质在活细胞内彻底氧化释出大量能量，其中 33% 转化为 ATP，其余以热能释放以维持体温。ATP 生成量有限，过多能量可以按磷酸肌酸（phosphocreatine，CP）形式储存。CP 不能直接用于供能，但可以快速补充 ATP。肌肉中 CP 浓度是 ATP 的 5 倍，可储存肌肉几分钟收缩所急需的化学能，可见肌酸的分布与组织耗能有密切关系。

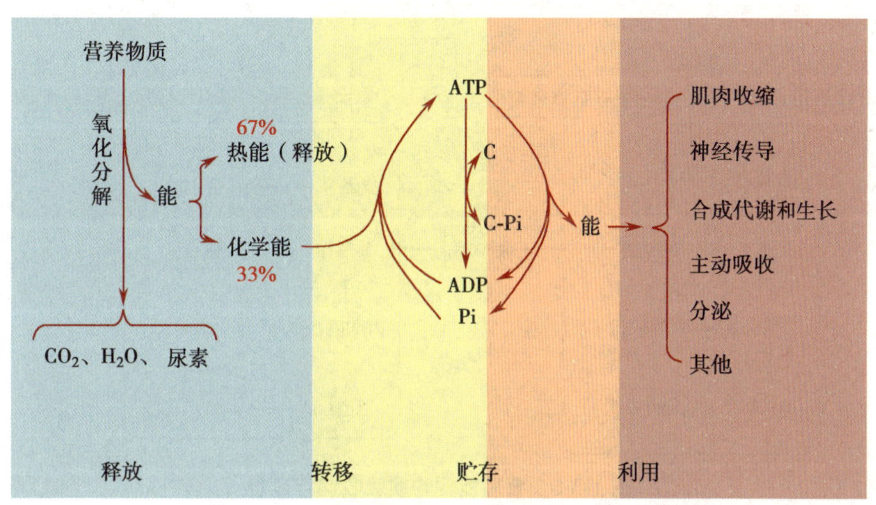

图 1-3-2 体内能量释放、转移、贮存和利用示意图

（二）能量吸收、储存过程

进餐后血糖立即升高，刺激胰岛素释放。肝脏、肌肉、脂肪组织是胰岛素作用的主要靶器官，大脑、血细胞对胰岛素不敏感。胰岛素促进肝脏、肌肉糖原合成。糖原库填满后，肝脏将多余的葡萄糖转变为脂肪酸及甘油三酯，并被运输到脂肪组织中保存。肝脏不能储存脂肪，否则即形成脂肪肝。胰岛素促进葡萄糖进入肌肉及脂肪组织，促进脂肪组织内甘油三酯的合成，促进肌肉组织内蛋白质的合成。餐后肝脏的主要能量需求由多余的氨基酸氧化供给。食物氧化产生的能量极少部分以 ATP 形式循环于血液中，绝大多数以脂肪酸及糖原形式储存。图 1-3-3 简要说明了餐后能源物质吸收储存过程。

（三）能量供给、利用过程

禁食一夜后，胰高血糖素及肾上腺素水平升高，并发挥它们对骨骼肌、脂肪组织、肝脏的作用。肝糖原降解、葡萄糖进入血液循环。胰高血糖素同时刺激肝糖异生，但其反应慢于糖原水解。胰岛素水平降低与肾上腺素水平升高刺激骨骼肌、脂肪组织分别释放氨基酸、脂肪酸，它们被肝脏吸收，氨基酸为糖异生提供碳架，脂肪酸氧化为糖异生提供 ATP。图 1-3-4 简要说明了餐间能量供给与利用过程。

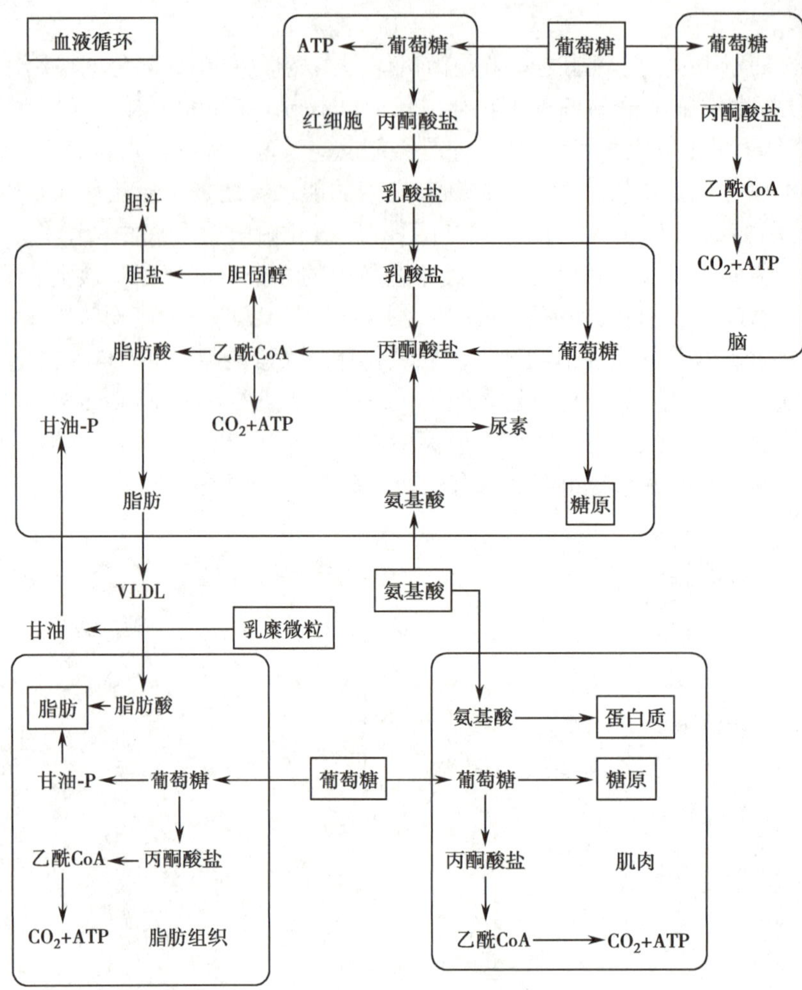

图 1-3-3 餐后能源物质吸收储存过程

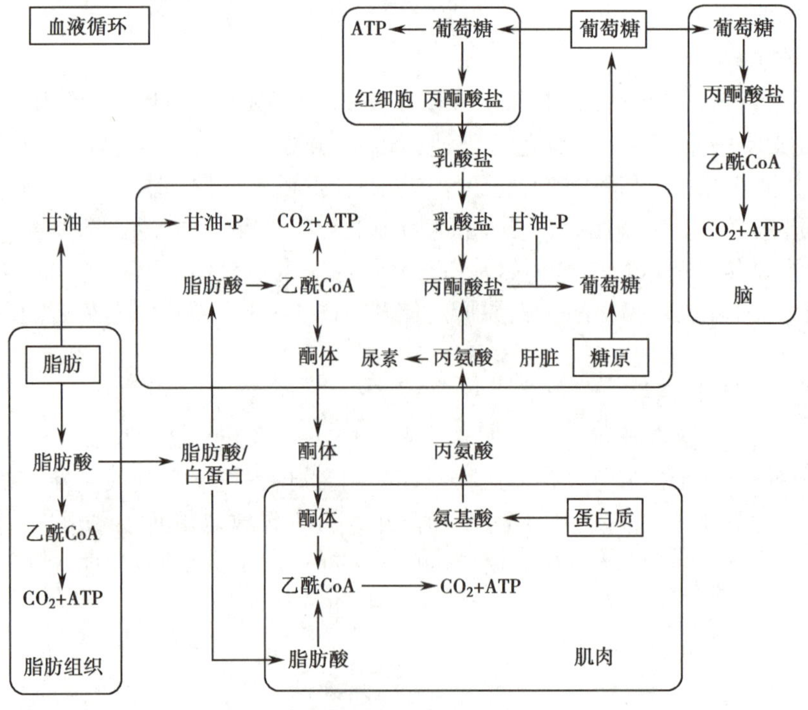

图 1-3-4 餐间能量供给与利用过程

二、人体能量体系

(一) 机体能量储存

人体可以多种形式储存和供应能量，用于不同生理状况下稳定的能量供应和保持正常生命活动。表 1-3-1 总结了人体内能量以 ATP、CP 及各种不同类型碳水化合物、脂肪和蛋白质的储存情况，以及这些能量形式单独供能时可以支持的跑步距离。表 1-3-1 中总能量数是粗略估值，在不同个体间变化很大。以血葡萄糖、肝糖原和肌糖原形式储存的碳水化合物数量对于机体供能时间相对有限。最大量储存的能量形式是脂肪，脂肪主要以甘油三酯和游离脂肪酸形式储存在脂肪组织与肌肉组织中，而血中甘油三酯和游离脂肪酸供能相对有限。机体蛋白质，特别是肌肉组织也是一个大的能量库，但在正常情况下是不利用的。

表 1-3-1 人体内储存的主要能量状况

能量源	主要储存形式	总能量 /kcal	跑步距离**
ATP	所有组织	1	16m
CP	所有组织	4	64m
碳水化合物	血葡萄糖	20	321m
	肝糖原	400	6.44km
	肌糖原	1 500	24.15km
脂肪	血游离脂肪酸	7	113m
	血甘油三酯	75	1.21km
	肌肉甘油三酯	2 500	40.25km
	脂肪组织甘油三酯	80 000	1 288km
蛋白质	肌肉蛋白质	30 000	483km

**: 表中数值受个体大小、脂肪量、体质水平和饮食等影响，并发生较大变化。

(二) 机体能量供应系统

为了适应不同生理活动状况，机体进化出了不同的能量产生机制，将不同形式的能量储备转化为可利用的能量 ATP，如肌肉收缩所需 ATP 可以通过 3 种方式产生：ATP-CP 系统，乳酸系统（无氧糖酵解）和需氧能源系统。

1. **ATP-CP 系统** 也称磷酸原系统（phosphagen system），因为 ATP 和 CP 都含有磷酸。几乎所有的生理活动都利用 ATP 供能，ATP 水解释放能量才使肌肉收缩和运动成为可能，肌肉中 ATP 供应非常有限，如要保证肌肉持续收缩和运动则必须及时补充 ATP。其中最快速提供 ATP 的是 ATP-CP 系统，CP 也是一种高能化合物，可以快速补充 ATP。肌酸（creatine，C）主要存在于肌肉组织中，骨骼肌中的含量多于平滑肌，脑组织中含量也较多，肝、肾等其他组织中含量很少。肌细胞线粒体内膜和胞液中均有催化该反应的肌酸激酶，线粒体内膜的肌酸激酶主要催化正向反应，即 ATP+C ↔ ADP+CP。ADP 可促进氧化磷酸化，生成的 CP 逸出线粒体进入胞液，CP 所含的能量不能直接利用。胞液中的肌酸激酶主要催化逆向反应生成 ATP，可补充肌肉收缩时的能量消耗，而肌酸又回到线粒体用于 CP 合成。

2. **乳酸系统**（lactic acid system） 也称无氧糖酵解（anaerobic glycolysis）。这一方式不能直接作为肌肉收缩的能量来源，但机体需要时它可以快速提供 ATP。当进行高强度运动、需要及时补充 ATP 时，除了 CP 外，第 2 位的能源就是肌糖原，在有氧条件下肌糖原分解为葡萄糖，并经过一系列分解产生大量 ATP，这叫有氧氧化分解；当没有足够氧供应时肌糖原和葡萄糖进行不完全分解而快速获取少量 ATP，并产生副产物乳酸，称为无氧糖酵解（图 1-3-5）。无氧糖酵解常发生于体育运动中，如 200m

或 800m 竞赛。无氧运动能力(耐力)常常是与乳酸能量系统相关的一个术语,其优势是产能快,但获取能量相比有氧氧化分解相对有限,仅占肌糖原释放能量的 5% 左右,而且其副产物乳酸可能与肌肉疲劳发生相关,乳酸可使细胞酸化而干扰细胞微环境,从而影响细胞正常代谢。当然乳酸可以被其他组织细胞摄取,进行氧化产能或进入肝脏进行糖异生。

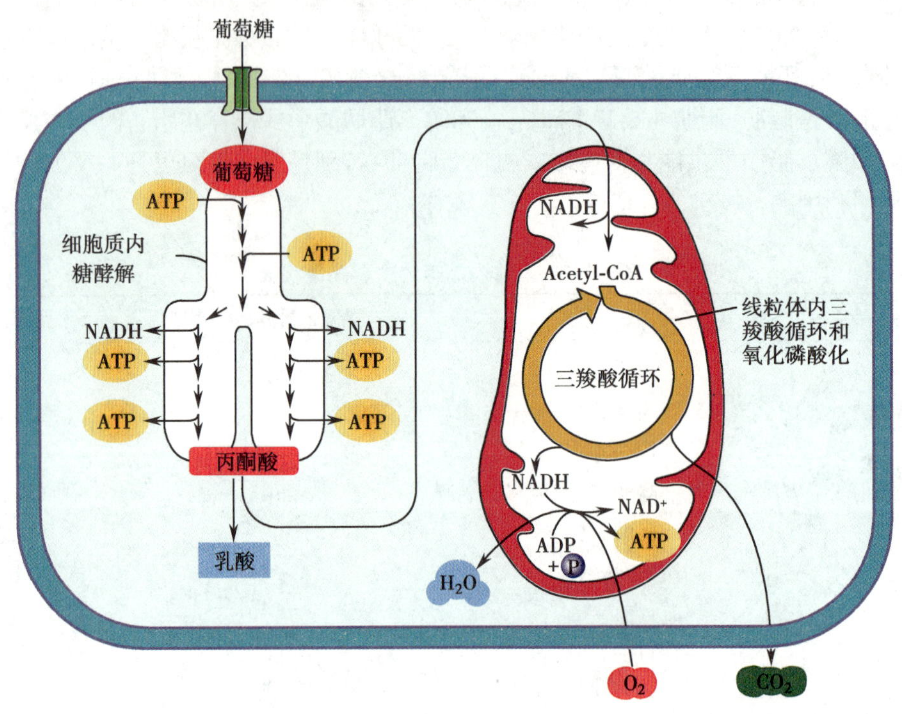

图 1-3-5 糖酵解和有氧氧化分解

3. **需氧能源系统**(oxidation energy system) 也称有氧氧化分解。在有氧条件下机体细胞内多种能源包括肌糖原、肝糖原、血葡萄糖、甘油三酯、FFA 和蛋白质 / 氨基酸等可以彻底氧化分解,产生 CO_2、H_2O 和大量可供细胞利用的 ATP。这个过程主要发生在细胞能量工厂——线粒体内。整个有氧氧化分解产能过程主要包括营养物质在细胞质中初步分解和释放少量能量,进一步通过线粒体三羧酸循环和氧化磷酸化彻底氧化分解及释放大量能量。这个产能方式适合轻度和中度体育运动,即有氧运动,它能够增强耐力和心肺功能。

根据可利用能源物质的不同,肌肉需氧能源系统进一步可以分成有氧糖分解和有氧脂分解两个亚系统。前者是氧化分解糖原和血糖产生能量,后者是氧化分解肌肉甘油三酯和血 FFA 产生能量。碳水化合物是高强度运动锻炼时更为有效的能源物质,如 5km、10km 赛跑,以及 2h 赛跑等运动的大部分能量是通过有氧糖酵解供能,而脂肪是肌肉长时间相对低强度运动的主要能源物质,如 50~100km 的超级马拉松等。

三、机体能量消耗与补充

(一) 能量消耗

成年人能量消耗包括基础代谢、体力活动和食物热效应(也称食物的特殊动力作用)3 方面能量之和。其中基础代谢能量消耗占大部分,体力活动变化很大。对于特殊生理时期的人群如孕妇(胎儿发育)、乳母(乳汁分泌)、儿童及青少年(生长发育)等,还应考虑他们的额外能量需要。

1. **基础代谢** 基础代谢是指维持人体基本生命活动所需要的最低能量消耗,即人体在安静和恒温(一般 18~25℃)条件下禁食 12h 后,静卧、放松而又清醒时的能量消耗。此时能量仅用于维持心脏跳动、肺呼吸、体温、血液循环、腺体分泌，以及维持肌肉一定紧张度等基本生理需要。基础代谢水平的高低通常用基础代谢率（basal metabolic rate，BMR）表示，BMR 指单位时间内人体基础代谢所消耗的能量，一般是以每小时、每平方米体表面积所发散的能量［单位：kJ/(m^2·h)］来表示，也可用 kJ/（kg·h）或 MJ/d 表示。基础能量消耗（basal energy expenditure，BEE）表示 24h 内基础代谢的能量消耗。除了 BEE 外，还有静息能量消耗（resting energy expenditure，REE），是指在休息状态下 24h 的能量消耗。REE 比较容易测定，不要求禁食和卧床。REE 一般稍大于 BEE，但两者可以互用。

BEE 和 REE 受机体的体格大小、年龄和性别的影响，基础代谢率的高低与体表面积基本成正比，体表面积大者，其基础代谢消耗的能量多。同等体重者，瘦高者基础代谢高于矮胖者。人体瘦体组织消耗的能量占基础代谢的 70%~80%，所以瘦体重大即肌肉发达者，基础代谢水平高。反之，脂肪越多的肥胖个体其基础代谢越低，男性基础代谢率比女性高也是这个原因。实际测定表明，在同一年龄、同一体表面积的情况下，女性基础代谢率低于男性 5%~10%。

在人的一生中，年龄愈小，基础代谢率愈高；婴幼儿阶段是基础代谢最活跃的阶段，青春期又出现一个较高代谢的阶段。成年以后，随着年龄的增长，基础代谢水平逐渐降低，但有一定的个体差异。孕妇的基础代谢率相对较高。不同的病理生理状况和不同环境可以明显影响基础代谢。如甲状腺功能亢进可使基础代谢率明显升高；相反，甲状腺功能减退时基础代谢率低于正常。炎热或寒冷、过多摄食、精神紧张，都可使基础代谢水平升高；禁食或节食时，基础代谢水平也相应降低。长期炎症状态下的患者常常处于高代谢状态，如肿瘤常使患者长期处于慢性炎症状态，加上肿瘤高度增殖合成的高能量需求等因素导致肿瘤患者的 REE 高于正常人群，总体上增加 10% 左右。

2. **体力活动** 体力活动是影响人体能量消耗的主要因素，在人体的整个能量消耗中，肌肉活动占较大比例。这是人体能量消耗变化最大的部分，也是人体控制能量消耗、保持能量平衡、维持健康最重要的部分。人在运动或劳动时耗氧量显著增加，因体力活动肌肉消耗能量，而能量来自营养物质的氧化，导致机体耗氧量增加。机体耗氧量的增加与肌肉活动的强度成正比关系。耗氧量最多可达安静时的 10~20 倍。通常各种体力活动所消耗的能量占人体总能量消耗的 15%~30%。根据能量消耗水平，即活动的强度不等，一般将体力活动分为 3 个级别：轻体力活动、中体力活动和重体力活动。

（1）轻体力活动：指坐姿或在水平面上走动的活动（速度为 4~5km/h）、打扫卫生、看护小孩、打高尔夫球、饭店服务等。

（2）中体力活动：包括行走（速度 5.5~6.5km/h）、除草、负重行走、打网球、跳舞、滑雪、骑自行车等。

（3）重体力活动：包括负重爬山、伐木、手工挖掘、打篮球、登山、踢足球等。

3. **食物热效应** 食物热效应（thermic effect of food，TEF）是指因摄食而引起的能量的额外消耗，也称为食物的特殊动力作用（specific dynamic action of food，SDAF）。人体在摄食过程中，由于对食物中营养素进行消化、吸收、代谢转化等需要额外消耗能量，同时引起体温升高和散发能量。不同食物成分的食物热效应不等。脂肪的食物热效应消耗本身产生能量的 4%~5%，碳水化合物为 5%~6%，蛋白质最高，可达 30%。混合型食物的热效应一般相当于基础代谢的 10%。食物热效应只能增加体热的外散，而不能增加可利用的能量。换言之，食物热效应对于人体是一种损耗而不是一种效益。进食时必须考虑食物热效应额外消耗的能量，使摄入的能量与消耗的能量保持平衡。

（二）能量补充

人体的能量来源是食物中的碳水化合物、脂肪和蛋白质。这三类营养素普遍存在于各种食物中。粮谷类和薯类食物含碳水化合物较多，是膳食能量最经济的来源；油脂类和植物种子富含脂肪；动物性食物、豆类和坚果类中脂肪与蛋白质含量比较高；蔬菜和水果一般含能量较少。3 种产能营养素在体内都有其特殊的生理功能，虽能相互转化，但不能完全代替，三者在总能量供给中应有恰当的比例，即合理的分配。根据我国的饮食习惯，成人碳水化合物占总能量的 55%~65%，脂肪占 20%~30%，蛋白质占 10%~15% 为宜。年龄小，蛋白质及脂肪供能占的比例应适当增加。成人脂肪摄入量一般不宜超过总能量的 30%。

结合人体基础代谢能量需要或静息能量消耗、每天活动量（锻炼和体力活动）和食物热效应三方面，获得每天的能量摄入量。对于一个健康人而言，如果食物充裕和体重稳定，其每天能量摄入量基本上能反映机体的能量需要量。因此，详细记录一段时间（至少 3~5d）每天食物摄入种类和数量后，可计算出每天摄入食物所含的能量，也就可认为是每日所需要的能量。

能量平衡对人体健康是非常重要的。一方面，长期能量摄入不足会出现营养不良、消瘦、体重下降、免疫力和抗病能力低下；另一方面，长期能量摄入过多同样会引起严重营养紊乱，主要表现为肥胖、高脂血症、高血糖和高血压，以及肿瘤等慢性病发生风险显著增加。

（三）饥饿代谢适应

饥饿后的基本特征为代谢率降低、嗜睡、心排出量降低、酮体成为主要能源。饥饿后，胰高血糖素及肾上腺素显著升高。由于饥饿后 18~24h 储存糖原消耗殆尽，此时氨基酸为糖异生提供碳架，以满足机体代谢之需。随着血浆胰岛素水平下降，脂解作用加强，乙酰 CoA 大量产生以供酮体合成之用。脂肪酸、酮体、甘油成为饥饿后 7~10d 主要能源底物。正常进食及正常禁食条件下，大脑及其他神经细胞依靠葡萄糖氧化供能，只有在长期禁食条件下，其能源物质才会发生改变。酮体可以满足饥饿条件下大脑 70% 的能量需求，但是即使是完全适应，大脑 30% 的能量需求仍然依靠葡萄糖提供。在任何条件下，血细胞都只能依靠葡萄糖无氧酵解供能，因为其缺乏线粒体。磷酸果糖激酶 1（phosphofructokinase 1，PFK-1）是细胞质内糖酵解过程的限速酶，它催化 6- 磷酸果糖磷酸化为 1,6- 二磷酸果糖；丙酮酸脱氢酶（pyruvate dehydrogenase，PDH）是线粒体内糖进一步氧化过程的限速酶，它催化丙酮酸盐形成乙酰 CoA；胰岛素激活 PFK-1 和 PDH，而胰高血糖素抑制 PFK-1 和 PDH 的活性，从而影响糖酵解速度。脑 PFK-1、PDH 及红细胞 PFK-1（红细胞无 PDH，因无线粒体）不受胰岛素调节，所以它们成为胰岛素非依赖组织。表 1-3-2 说明不同器官组织在不同条件下利用不同物质作为能源底物。能源物质的适应性转变，可以减少氨基酸糖异生，从而保存了瘦组织群。与进食状态相比，饥饿后机体蛋白质分解代谢及蛋白质合成整体减少，呼吸商（respiratory quotient，RQ）为 0.6~0.7，提示脂肪利用成为主要能量来源。

表 1-3-2 不同器官组织在不同条件下的能源底物

器官组织	正常情况下	禁食情况下
肝脏	葡萄糖及氨基酸	脂肪酸
骨骼肌	葡萄糖	脂肪酸、酮体
心肌	脂肪酸、葡萄糖	脂肪酸、酮体
脂肪组织	葡萄糖	脂肪酸
大脑	葡萄糖	葡萄糖、酮体（长时间禁食）
红细胞、白细胞、肾髓质细胞	葡萄糖	葡萄糖

（缪明永）

第四节 水、电解质代谢

水、电解质代谢是维持机体代谢中较为关键的部分，对生理机能具有重要的影响。机体通过复杂的神经体液调节机制，保持水、电解质代谢的平衡状态，但是在肿瘤等疾病的发生发展及治疗过程中，会造成该系统的失衡，引起水、电解质代谢紊乱，其中以高渗性脱水、低渗性脱水、水肿等水钠异常最为常见。水钠代谢紊乱可降低疗效，加速病程进展，甚至危及患者的生命。本节将系统阐述调控水钠代谢的生理机制，肿瘤患者出现不同类型水钠紊乱的病因、机制及对机体的影响等方面。

正常人水的来源有饮水、食物水和代谢水。机体排出水分的途径有4个，即消化道、皮肤、肺和肾。因为成年人每天尿液中的固体物质（主要是蛋白质代谢终产物以及电解质）一般不少于35g，尿液最大浓度为6%~8%，所以每天排出35g固体溶质的最低尿量为500ml，再加上每天皮肤非显性蒸发500ml和呼吸蒸发350ml以及粪便排水量约150ml，则每天最低的排出水量为1 500ml（图1-4-1）。

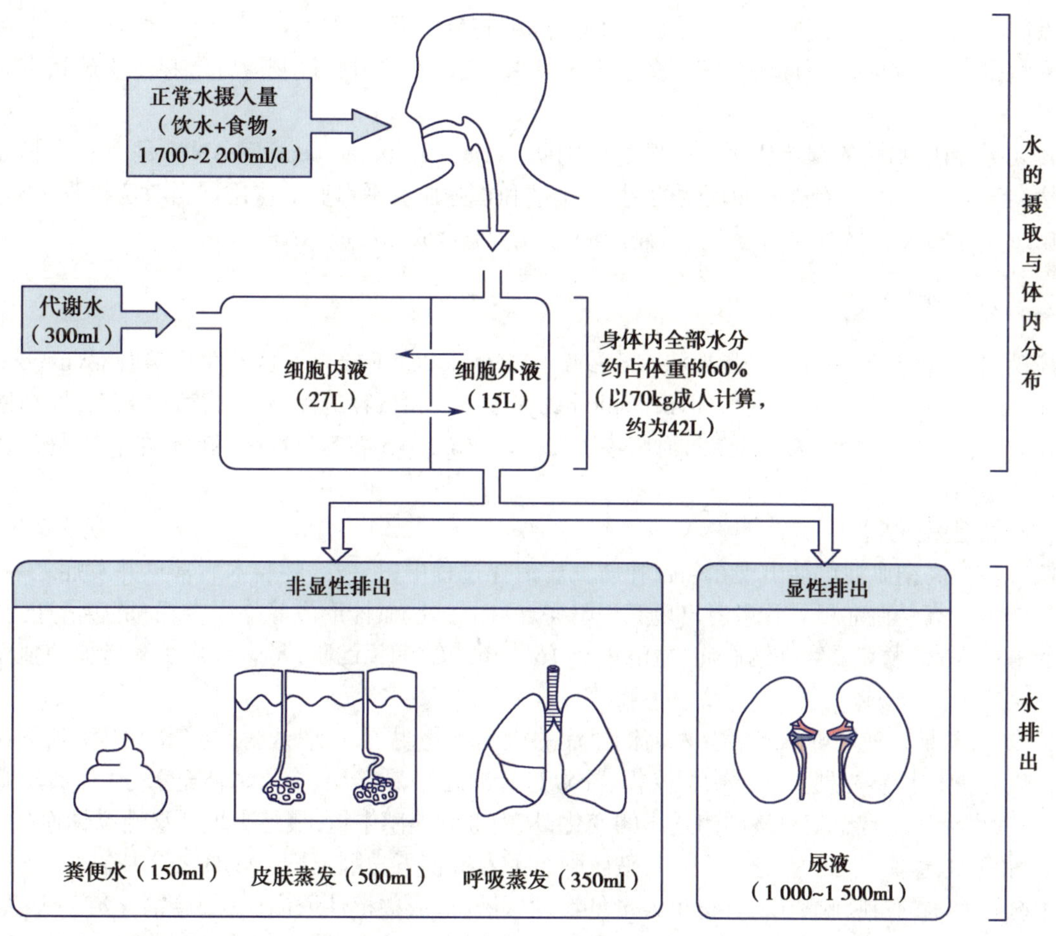

图1-4-1　正常人每日水的摄入和排出量

正常成人每天所需的钠为4~6g。天然食物中含钠甚少，因此人们摄入的钠主要来自食盐，摄入的钠几乎全部由小肠吸收。肾是主要的排钠器官，汗液也可以排出少量钠。肾排钠具有多吃多排，少吃少排，不吃不排的特点。

一、水、钠平衡的调节

水、钠代谢是通过神经-内分泌系统来调节的。水平衡主要由渴感和抗利尿激素（antidiuretic hormone，ADH）调节，钠平衡主要受醛固酮和心房利尿钠肽的调节。

1. **渴感的调节作用**　渴感中枢位于下丘脑视上核侧面，与渗透压感受器邻近。血浆渗透压升高或血容量减少都可以刺激渴感中枢，机体主动饮水进而补充水的不足。

2. **抗利尿激素的调节作用** ADH由下丘脑视上核和室旁核的神经元合成，并沿着这些神经元的轴突运至神经垂体贮存。血浆渗透压升高可以使下丘脑神经核或其周围的渗透压感受器细胞发生渗透性脱水，从而导致ADH分泌。血容量减少和血压下降可通过左心房和胸腔大静脉处的容量感受器和颈动脉窦、主动脉弓的压力感受器而促进ADH的分泌。

ADH的主要作用是通过水通道蛋白（aquaporin，AQP）调节，增加集合管对水的重吸收。当ADH与位于集合管主细胞的受体结合后，激活腺苷酸环化酶，使cAMP生成增加，后者经蛋白激酶A使水通道蛋白磷酸化。磷酸化的水通道蛋白从细胞内移位至细胞膜，使集合管对水的通透性增高。

3. **醛固酮的调节作用** 醛固酮是由肾上腺皮质球状带分泌的盐皮质激素，主要作用是促使肾远曲小管和集合管对Na^+的主动重吸收，并通过Na^+-K^+和Na^+-H^+交换促进K^+和H^+的排出。醛固酮的分泌主要受肾素-血管紧张素系统和血浆Na^+、K^+浓度调节。当血容量减少、动脉血压降低时，肾小球入球小动脉壁的牵张感受器受到刺激，使近球细胞分泌肾素增加，通过肾素-血管紧张素系统产生血管紧张素，后者可使醛固酮分泌增多。血浆高K^+或低Na^+可直接刺激肾上腺皮质球状带分泌醛固酮。

4. **心房利尿钠肽的调节作用** 心房利尿钠肽（atrial natriuretic peptide，ANP）是由心房肌细胞合成的肽类激素。ANP具有强烈而短暂的利尿、排钠和松弛血管平滑肌的作用。当心房扩张、血容量增加、血Na^+增高或血管紧张素增多时，可刺激心房肌细胞合成和释放ANP。

二、高钠血症

高钠血症（hypernatremia）是指血清Na^+浓度>145mmol/L，可分为低容量性高钠血症（hypovolemic hypernatremia）、也称为高渗性脱水（hypertonic dehydration）和高容量性高钠血症。低容量性高钠血症的特点为血清Na^+浓度>145mmol/L，血浆渗透压>310mmol/L；高容量性高钠血症的特点是血容量和血钠浓度均增高。

（一）原因和机制

低容量性高钠血症可能出现在颅脑肿瘤发病治疗过程中，是鞍区肿瘤术后常见并发症之一，发生率约为25%。高钠血症可导致患者出现意识障碍、颅内血肿、血栓形成等临床表现，是病情迁延、预后不良的重要因素，尤其重度高钠血症（血清钠≥160mmol/L）病情凶险，是患者死亡率增加的独立危险因素。

1. **饮水不足** 鞍区肿瘤术后并发高钠血症的机制不甚明了，一般认为是在术中损伤到下丘脑渴感中枢以及渗透压感受器。渴感中枢受损，导致患者缺乏口渴感，不能及时补充水分；渗透压感受器受损，患者也无法正常感知血液内渗透压的变化，从而抑制渴感中枢，最终出现低渗性高钠血症。

2. **水丢失过多** 见于：①经肾丢失，鞍区肿瘤手术损伤下丘脑，导致ADH的生成减少，肾远曲小管和集合管对水的重吸收障碍，肾排出大量低渗性尿液，造成中枢性尿崩症；②经消化道丢失，如严重呕吐、腹泻可经胃肠道丢失低渗性消化液；③经皮肤、呼吸道丢失，如高热、大量出汗（汗液为低渗液，大汗时可丢失水分800ml/h）、甲状腺功能亢进和过度通气时，通过皮肤和呼吸道不显性蒸发丢失大量低渗液体。

（二）高钠血症对机体的影响

1. **口渴** 由于细胞外液渗透压增高，下丘脑渴感中枢受到刺激而引起口渴感。

2. **细胞内液向细胞外转移** 由于细胞外液渗透压增高，使水分从细胞内向渗透压相对较高的细胞外转移，这有助于循环血量的恢复，但同时也引起细胞脱水致使细胞皱缩。

3. **尿液变化** 细胞外液渗透压增高刺激ADH分泌增加，肾小管对水的重吸收增加，因而出现少尿、尿比重增高。轻症患者由于血钠升高抑制醛固酮分泌，尿中仍有钠排出；而重症患者因血容量减少，醛固酮分泌增加致尿钠排出减少。

4. **脱水热** 脱水严重的患者由于从皮肤蒸发的水减少，散热受到影响，特别是婴幼儿因体温调节功能不完善，易出现体温升高，称为脱水热。

5. **中枢神经系统功能障碍** 高钠血症患者血液黏稠度增加，易形成肺栓塞，脑梗死等。高渗状态时血糖通常较高，高血糖所致的乳酸性酸中毒可加重神经损伤，增加脑梗死面积，导致继发性损伤。重度高钠血症引起脑组织弥漫性脱髓鞘改变，患者可出现认知障碍，锥体外系功能障碍及癫痫发作。严重的患者由于细胞外液渗透压的显著升高，可导致脑细胞脱水和脑体积缩小，使颅骨与脑皮质之间的血管张力增大，因而可引起脑出血，特别是以蛛网膜下腔较为多见。

三、低钠血症

低钠血症（hyponatremia）是指血清 Na^+ 浓度<135mmol/L，根据血容量的大小可分为低容量性低钠血症（hypovolemic hyponatremia）和高容量性低钠血症（hypervolemic hyponatremia）。低钠血症是住院患者最常见的电解质紊乱，发病率为 15%~22%，也是肿瘤相关最常见的电解质紊乱，常见于肺癌、消化道肿瘤和中枢神经系统肿瘤等。据统计，1%~2% 的恶性肿瘤患者会发生抗利尿激素分泌失调综合征（syndrome of inappropriate secretion of antidiuretic hormone，SIADH），其中绝大多数为小细胞肺癌患者。低钠血症一般很少有临床表现，却能明显增加病死率，使病程复杂化，影响肿瘤患者的治疗及症状改善。

（一）原因和机制

约有 14% 的低钠血症患者与肿瘤存在相关性，但发病机制不同，很多肿瘤及抗肿瘤治疗会导致低钠血症，根据钠代谢是否异常分为两种类型：钠代谢正常型和钠代谢紊乱型。

1. **钠代谢正常** 在许多疾病（包括肿瘤）的发病和治疗过程中，扰乱水的代谢调节，而钠代谢并未受到影响，所导致的低钠血症即为钠代谢正常型低钠血症。

（1）垂体功能障碍：①腺垂体激素分泌不足：虽然低钠血症好发于垂体功能减退患者，但他们出现严重的低钠血症并不多见。此种患者低钠血症的诊断是按 SIADH 的实验室诊断标准，而激素水平表现为垂体功能减退，皮质激素和甲状腺激素补足以后低钠血症可以完全纠正。这种低钠血症可能与原发性垂体肿瘤或其他肿瘤相关因素有关，如费城染色体阳性的急性淋巴细胞白血病。②腺垂体功能正常的垂体肿瘤：局限于垂体的肿瘤大量分泌 ADH。尽管腺垂体功能正常仍会引起 SIADH，虽然报告病例不多，这些患者甲状腺和肾功能无异常。③颅咽管瘤：手术后，颅咽管瘤会诱发典型的内源性 ADH 分泌的三时相（术后 24h 的症状性尿崩症；ADH 大量分泌引起的低钠血症；2 周后的尿崩症复发）。第二时相的低钠血症会导致致命性的颅内压升高。④经蝶骨手术：暂时性尿崩症是经蝶骨手术的常见并发症，而低钠血症是经蝶骨手术的延迟性并发症，亦由 SIADH 引起的，但具体细节目前尚不清楚。约有 1/3 的垂体腺瘤患者经蝶骨手术后发生低钠血症，通常出现在术后 4~7d，表现为恶心、呕吐、头痛、头晕和无力，好发于老人及巨大垂体腺瘤患者，通常 2 周后消退。

（2）ADH 的肿瘤性分泌：副肿瘤综合征可能因为肿瘤性异位释放 ADH 而引起低钠血症。分泌 ADH 的肿瘤主要为小细胞肺癌。系统分析显示，10%~15% 的小细胞肺癌患者出现具有临床意义的低钠血症，而非小细胞肺癌较少见。其他表现为 SIADH 的患者中有 3% 为头颈部肿瘤，伴有 SIADH 的头颈部肿瘤多位于口腔，较少位于喉、鼻咽、鼻腔和上颌窦。另外小细胞神经内分泌癌、腺样囊性癌、未分化癌和肉瘤也可引起异位分泌 ADH。

（3）稀释性低钠血症：这是低钠血症中最常见的一种类型，由水潴留导致 Na^+ 被稀释，造成低渗透压、低张力和低钠血症。稀释性低钠血症的常见原因为过多的 ADH 存在时持续摄取或输注液体，如 SIADH 患者尽管有低张力性低钠血症，仍会持续饮水，因为渗透压调节口渴感的抑制作用没有强大到停止患者的饮水行为。

（4）其他：抗肿瘤药如长春新碱、长春碱和环磷酰胺等会引起低钠血症，可能与细胞毒性作用于视上核和室旁核的神经元，促进 ADH 的释放或增加其活性有关。当血浆中其他成分增加，如高血糖症、甘露醇过量、高脂血症、高球蛋白血症等，会导致假性低钠血症。

2. **钠代谢紊乱** 钠代谢紊乱型低钠血症是在许多疾病(包括肿瘤)的发病和治疗过程中,同时扰乱了水和钠的代谢所造成的低钠血症。

(1)循环血容量减少:①抗肿瘤治疗引起的肾功能受损,如顺铂直接损伤肾小管、影响钠的重吸收;②消化液的急性丧失、体液丧失在第三间隙;③脑性盐耗综合征(cerebral salt-wasting syndrome,CSWS),常见于颅内肿瘤术后,具体病理生理机制不明,可能与神经垂体束中断有关,导致心房利尿钠肽分泌增加而使肾小管钠分泌增多。它与SIADH共同的特点是:低钠血症、低血浆渗透压、尿渗透压高于血浆渗透压。尿钠增加,即使用侵入性检查方法仍很难区别开两者,但又必须加以区别,因为它们的治疗截然不同。如果处理不当会导致严重的后果,如低钠血症加重或脑缺血。

(2)肾上腺转移:晚期恶性肿瘤患者出现不明原因的恶心、呕吐和疲乏无力,实验室检查血钠减少而血钾正常。应考虑由肾上腺转移引起的肾上腺皮质功能减退所致。这种情况可发生于晚期乳腺癌和直肠癌患者。

(3)心房利尿钠肽的异位释放:Batter和Schwartz认为心房利尿钠肽的异位释放可能与其通过增加细胞外液而抑制醛固酮分泌、增加肾小球滤过率而增加 Na^+ 的排泄及抑制肾小管 Na^+ 的重吸收等因素有关。约有1/3的有低钠血症的小细胞肺癌患者没有ADH的异位释放,表明心房利尿钠肽的产生与低钠血症并非密切相关,而ADH水平升高与之关系密切,且前者限制液体摄入后血钠水平下降,而后者血钠恢复正常。因此两者的治疗不同,如果不增加钠摄入量而单纯控制液体摄入量,可能会加重低钠血症。

(二)低钠血症的临床表现

低钠血症还可分为急性和慢性,其差别在于低钠血症的发展对中枢神经系统的影响及可能发生并发症的严重程度。较轻的慢性低钠血症通常是无症状的。当血清 $Na^+ \geqslant 120$mmol/L时,一般不会出现症状,并且这些症状最初是非特异性的(如头痛、嗜睡、恶心)。而当血清 Na^+ 在48h内迅速降低至120mmol/L以下就会发生严重急性低钠血症,其病死率可能超过50%,由于脑部稳态机制不能迅速适应这一急剧变化,如果不治疗,就会出现脑水肿、不可逆的神经系统损伤、呼吸停止、脑干脑疝,甚至死亡;当低钠血症进一步加重时,就会出现神经系统和胃肠道症状。当血清 Na^+ 继续降低,癫痫发作的风险增加。

当血清 Na^+ 在48h或更长时间缓慢下降,就会发生慢性低钠血症。在这种情况下,脑可以通过细胞有机溶质的排出促进失水并改善脑水肿。在相当大的范围内代偿性 Na^+ 水平下降。脑部的这一特殊适应可以使慢性低钠血症的症状减至最少,但矛盾的是,它可以使发生渗透性脱髓鞘病变的风险增加。渗透性脱髓鞘病变的发生是在对低钠血症的强化治疗时由脑皱缩引起。这一皱缩导致中央脑桥和脑桥外脱髓鞘病变,并导致神经系统功能障碍、瘫痪、假性延髓麻痹、癫痫发作、昏迷甚至死亡。

四、水肿

组织间隙过量积液的病理现象称为水肿(edema)。当胸膜腔和腹膜腔中液体积聚过多,则分别称为胸腔积液(pleural effusion)与腹腔积液(ascites),是水肿的特殊形式。

(一)分类

1. **按水肿波及的范围** 可分为全身性水肿和局部性水肿。
2. **按发病原因** 可分为肾性水肿、心性水肿、肝性水肿、营养不良性水肿和炎性水肿等。
3. **按发生的器官组织** 可分为皮下水肿、脑水肿、肺水肿等。

(二)病因和发病机制

1. **血管内外液体交换平衡失调** 正常情况下,组织间液与血浆之间不断进行液体交换,使组织液的生成和回流保持动态平衡(图1-4-2)。影响血管内外液体交换的主要因素有:①有效流体静压,促使血管内液体向组织间隙滤过,等于毛细血管平均血压(20mmHg)–组织间隙的流体静压(–10mmHg)=30mmHg。②有效胶体渗透压,促使组织间液回流至毛细血管,等于血浆胶体渗透压

(25mmHg)－组织间液胶体渗透压(15mmHg)=10mmHg。有效流体静压减去有效胶体渗透压的差值是平均有效滤过压。因此,正常情况下毛细血管的组织液生成略大于回流。③淋巴回流,组织液回流剩余部分经淋巴系统回流进入血液循环,从而维持血管内外液体交换的动态平衡。通常情况下,组织液的生成量 = 静脉回流量 + 淋巴回流量。

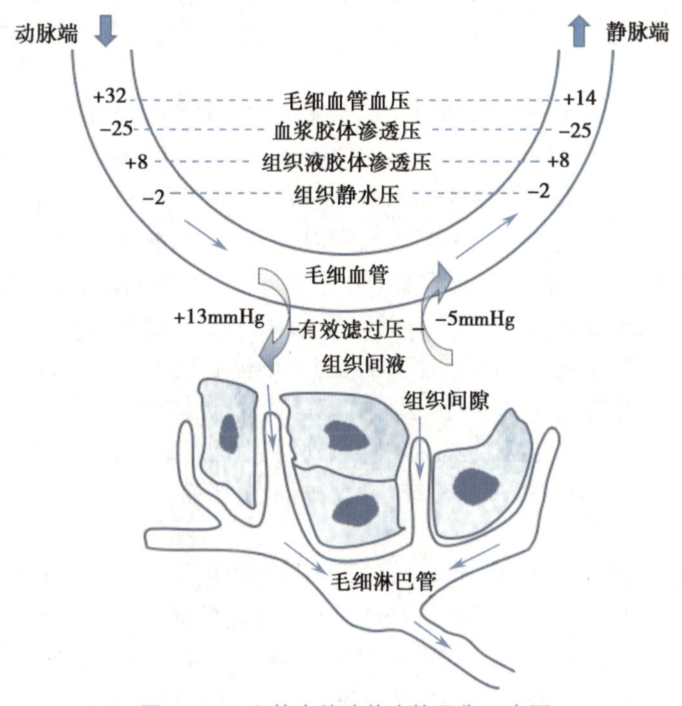

图 1-4-2 血管内外液体交换平衡示意图

(1)毛细血管有效流体静压增高:毛细血管流体静压增高可致有效流体静压增高,平均有效滤过压增大,组织液生成增多。当后者超过淋巴回流的代偿能力时,便可引起水肿。毛细血管流体静压增高的常见原因是静脉压增高。在所有的恶性肿瘤患者中,15% 的患者可能会出现有症状的静脉血栓栓塞性疾病;50% 的患者可能出现无症状的静脉血栓。而血栓阻塞静脉管腔,使得局部血管内压力明显升高,出现局部软组织水肿。肿瘤较大,压迫局部静脉导致回流受阻,可造成局部水肿。

(2)毛细血管有效胶体渗透压降低:①血浆白蛋白的含量减少,见于严重的肿瘤消耗、营养不良、肾病综合征等导致低蛋白血症,血浆胶体渗透压降低,引起水肿的血浆蛋白临界含量为 15g/L。②血液稀释,见于各种原因引起的水钠潴留。③淋巴管重吸收组织液白蛋白障碍,当癌灶周围淋巴组织被清扫后,组织液中白蛋白增多,降低有效胶体渗透压。④微血管壁通透性增加:正常时毛细血管仅允许微量的蛋白质滤出,以维持血管内外的渗透压梯度。肿瘤细胞侵袭毛细血管壁,炎症直接破坏或受损细胞释放各种酶、补体以及生物活性物质等,致使毛细血管通透性增加,大量含有蛋白质及细胞的液体进入细胞外液。

(3)淋巴回流受阻:淋巴回流不仅能将组织液及其所含的蛋白质回收到血液循环,而且在组织液生成增多时还能代偿回流,因而具有重要的抗水肿作用。淋巴回流受阻可使组织间液不易经淋巴管返回血液循环,同时从微血管滤出的少量蛋白又不能随淋巴运走而增加组织间液的胶体渗透压,因而促进组织间液的积聚。切除肿瘤的手术及放疗过程中,导致淋巴管和淋巴结分泌淋巴液的通路损伤,淋巴液增多,使淋巴管的运输能力明显降低,形成淋巴水肿。

(4)其他:瘤周脑水肿(peritumoral brain edema,PTBE)是颅内肿瘤常见并发症,多见于胶质瘤、转移瘤和脑膜瘤。血管内皮生长因子(vascular endothelial growth factor,VEGF)表达增高是瘤周脑水肿产生的主要因素,能破坏紧密连接,致使毛细血管通透性增加,血脑屏障破坏,使水、电解质、血浆蛋白等渗出增多，形成水肿液，随着渗透梯度的增加，不向周围间隙扩散，最终导致严重的瘤周脑水肿。有研究认为水通道蛋白（aquaporin，AQP）-4 也参与转移瘤瘤周脑水肿的整个形成过程。

2. **体内外液体交换平衡失调——钠、水潴留** 正常人体水、钠的摄入量与排出量处于动态平衡，从而保持体液量的相对恒定，这主要是在神经 - 体液调节下，通过肾脏的滤过和重吸收之间的平衡来实现的。正常时经肾小球滤过的水和钠有 99%~99.5% 被肾小管重吸收，只有 0.5%~1% 排出体外。当某些肾外肿瘤造成血容量的减少，或者泌尿系统肿瘤可通过下列几方面造成水钠潴留，导致水肿的发生。

（1）肾小球滤过率下降：影响肾小球滤过率的因素有肾小球的有效滤过压、滤过膜的通透性和滤过面积。引起肾小球滤过率下降的常见原因有：①肾小球滤过面积减少，如慢性肾小球肾炎时，大量肾小球因纤维化而导致滤过面积显著减少；②有效循环血量减少，如在充血性心力衰竭、肝硬化腹腔积液时，有效循环血量的减少可使肾血流量下降，同时通过交感 - 肾上腺髓质系统兴奋和肾素 - 血管紧张素系统的激活，使入球小动脉收缩，导致有效滤过压降低，肾小球滤过率下降。

（2）近曲小管重吸收钠、水增加：①肾小球滤过分数增加：滤过分数 = 肾小球滤过率 / 肾血浆流量。此时血浆中非胶体成分滤过量相对增多，而流经肾小球后进入肾小管周围毛细血管的血液中的血浆蛋白和胶体渗透压也相应增高；同时由于肾血流量减少，流体静压下降，引起近曲小管重吸收钠、水增加，导致水钠潴留。② ANP 分泌减少：ANP 由心房肌细胞释放，可抑制近曲小管对钠的主动重吸收，还可抑制醛固酮的分泌。有效循环血量减少使心房的牵张感受器兴奋性降低，ANP 分泌减少，近曲小管钠、水的重吸收增加。

（3）远曲小管和集合管重吸收钠、水增加：远曲小管和集合管对钠、水的重吸收受激素调节。①醛固酮分泌增多：有效循环血量减少使肾血流减少时，肾血管灌注压下降可刺激入球小动脉壁的牵张感受器，同时肾小球滤过率降低使流经致密斑的钠量减少，均可使近球细胞分泌肾素增加，激活肾素 - 血管紧张素 - 醛固酮系统，使血中醛固酮浓度增加。②ADH 分泌增加：小细胞肺癌可分泌 ADH，引起水的排出障碍。此外，严重水肿，如大量胸、腹腔积液情况下，循环血量减少，肾素 - 血管紧张素 - 醛固酮系统激活后，血管紧张素Ⅱ生成增多，刺激醛固酮分泌增加，后者使肾小管对钠的重吸收增加，血浆渗透压增高，刺激下丘脑渗透压感受器，使 ADH 的分泌与释放增加，进一步加重水肿。

（三）临床特点

1. **淋巴水肿** 淋巴水肿的症状和体征包括肢体感觉沉重或紧绷、疼痛或不适、活动受限、肢体围度增大并且肿胀（局部或全身），肿胀可能会发生在邻近上象限的躯体部分。淋巴水肿的患者通常没有很严重的疼痛，皮色和皮温一般也是正常的。肿胀一般为单侧并包括手背和足背，皮肤的自然褶皱可能加深。患者表现为 Stemmer 征阳性，即手指和脚趾背部的皮肤不能提起或者只能很困难地提起。慢性淋巴水肿使局部皮肤发生淋巴纤维化，如乳突淋巴瘤、囊肿、瘘管以及角化过度；同时组织间隙中的体液长时间停滞会阻碍血液循环中的淋巴细胞和巨噬细胞，发生感染的风险也明显增加，最典型的感染类型为蜂窝织炎。

2. **低蛋白性水肿** 主要见于肿瘤晚期及白蛋白生成明显降低（肝癌）或大量丢失的患者。水肿的特点是先从足部开始逐渐蔓延至全身，与体位密切相关，站立位时受重力作用常常下肢水肿较重，而卧位时颜面部水肿可能较重，同时常伴有消瘦、恶病质。

3. **深静脉血栓和肿瘤压迫引起的水肿** 多为局部水肿，多发生于阻塞管腔的远端肢体，如四肢深静脉血栓多伴有疼痛，也可合并出血。

4. **颅内水肿** 主要表现包括：①局灶性神经功能缺失：如肢体运动、感觉障碍、癫痫、语言运动中枢的严重水肿会引起失语等；②颅内压增高：头痛、恶心、呕吐、视盘水肿、意识障碍、生命体征改变，甚至脑疝形成。

5. **胸腔积液与腹腔积液**

（1）胸腔积液的症状与体征：胸腔积液的出现多伴有基础疾病，例如原发病为肺癌时，患者可出现咳嗽、咯血、喘鸣、发热等临床表现。少量胸腔积液可无明显症状或仅有胸痛，并随呼吸运动疼痛加剧。胸腔积液超过 300ml 时，可感胸闷，轻度气急，活动耐量下降；随着胸腔积液的持续增多，胸闷、气急逐渐加剧；大量胸腔积液时，可出现呼吸困难和心悸，但胸痛缓解或消失。

(2)腹腔积液的症状与体征：腹腔积液的出现多伴有基础疾病，例如原发病为肝硬化时，患者存在食欲减退、乏力、腹胀、腹痛、腹泻、消化不良等消化系统症状。成人少量腹腔积液（约 500ml）须在膝肘位叩诊方能证明，腹腔积液量 ≥ 1 000ml 时可出现移动性浊音。腹围的定期测量有助于腹腔积液消长的判断。

（王方岩）

第二章　食物营养成分

食物是人类赖以生存的物质基础。人体所需的各种营养素主要由食物提供,食物还同时提供对机体有益的生物活性物质。人体需要的营养素有六大类:水、碳水化合物、脂类、蛋白质、维生素和矿物质,按其含量分为宏量营养素如碳水化合物、脂类、蛋白质、水及微量营养素,如维生素、矿物质。

第一节　碳水化合物

碳水化合物(carbohydrate)亦称糖类,是由碳、氢、氧 3 种元素组成的一类有机化合物。它是人类膳食能量的主要来源,又是当今人类生存的最基本物质和重要的食物组成部分。

一、碳水化合物的分类

按照化学结构及生理作用不同,营养学上常将碳水化合物分为 4 类:单糖、双糖、寡糖、多糖(表 2-1-1)。

表 2-1-1　主要的膳食碳水化合物分类和组成

分类	亚组	组成
糖(1~2 个单糖)	单糖	葡萄糖、果糖
	双糖	蔗糖、乳糖、麦芽糖
	糖醇	山梨醇、甘露醇
寡糖(3~9 个单糖)	异麦芽寡糖	麦芽糊精
	其他寡糖	棉子糖、水苏糖、寡糖
多糖(≥ 10 个单糖)	淀粉	直链淀粉、支链淀粉、变性淀粉
	非淀粉多糖	纤维素、半纤维素、果胶

注:“膳食主要碳水化合物的分类”引自 FAO/WHO,2007。

1. **单糖**　单糖是最简单的糖类,每分子含有 3~7 个碳原子,主要为葡萄糖、果糖和半乳糖。葡萄糖是构成食品中各种糖类的最基本单位,可分为 D 型和 L 型,人体只能代谢前者而不能利用后者。所以有人用 L 型糖作甜味剂,可达到增加食品的甜味而又不增加能量摄入的双重目的。果糖主要存在于水果和蜂蜜中,是饮料、冷冻食品、糖果蜜饯生产的重要原料。半乳糖通常作为乳糖的重要组成成分,而很少以单糖的形式存在于食品中。

2. **双糖**　双糖是由 2 分子单糖以糖苷键相互连接而成的,常见的双糖有蔗糖、乳糖和麦芽糖。蔗糖(或甜菜糖)是广泛被应用的双糖,由 1 分子葡萄糖和 1 分子果糖组成,在甘蔗、甜菜和蜂蜜中含量较多。麦芽糖由2分子葡萄糖组成，主要来源于大麦淀粉。乳糖由葡萄糖和半乳糖组成，主要存在于奶类及奶制品中。

3. **寡糖**　寡糖是3~9个单糖构成的一类小分子糖，被称为益生元，比较重要的有棉子糖、水苏糖、低聚寡糖、异麦芽低聚寡糖。棉子糖和水苏糖存在于豆类食品中，不能被小肠消化酶分解而吸收，但在大肠中可被肠道细菌代谢，产生气体从而引起胀气，因此必须进行适当的加工以减少其不良影响。寡糖可被肠道有益细菌如双歧杆菌所利用，促进这类菌群的增加，并产生短链脂肪酸。

4. **多糖**　多糖是由10个或10个以上单糖组成的一类大分子碳水化合物的总称。常见的可被机体利用的多糖主要为淀粉、糖原及纤维。淀粉根据颗粒的形式分为可吸收淀粉和抗性淀粉。可吸收淀粉又分为直链淀粉和支链淀粉，前者易使食物老化，后者易使食物糊化。抗性淀粉主要指那些在健康者小肠中不能被吸收的淀粉及其产物。糖原(glycogen)也称动物多糖，主要在肝脏和肌肉内储存，肝糖原可维持正常的血糖水平，肌糖原提供运动所需的能量。

二、碳水化合物的功能

1. **储存和提供能量**　碳水化合物是最主要、最经济的能量来源。每克葡萄糖在体内氧化可产生16.7kJ(4kcal)的能量。

2. **构成组织及重要的生命物质**　参与细胞的组成，多种糖结合物还广泛存在于各组织中，如糖脂、糖蛋白等；一些具有重要生理功能的物质的构成，如抗体、酶和激素等。

3. **节约蛋白质**　碳水化合物供应不足时，机体通过糖异生作用产生葡萄糖，供给能量；碳水化合物供应充足时，可预防体内或膳食蛋白质的消耗，减少蛋白质的供能，进而发挥节约蛋白质的作用。

4. **抗生酮作用**　膳食中碳水化合物供应不足时，草酰乙酸供应减少，机体通过分解脂肪酸来供应能量。由于草酰乙酸不足，脂肪酸不能彻底氧化而产生过多的酮体在体内蓄积，导致血酮升高，严重者可出现酮症酸中毒。膳食中充足的碳水化合物具有抗生酮作用。

5. **解毒作用**　经糖醛酸途径生成的葡糖醛酸在肝脏中能与许多有害物质如细菌毒素、乙醇、砷等结合，以消除或减轻这些物质的毒性或生物活性，从而起到解毒作用。

6. **增强肠道功能**　非淀粉多糖类如纤维素和果胶、抗性淀粉等抗消化的碳水化合物，虽不能在小肠消化吸收，但刺激肠道蠕动，增加了结肠的发酵，发酵产生的短链脂肪酸和肠道菌群增殖，有助于消化和增加排便量。

三、食物来源与参考摄入量

1. **碳水化合物的食物来源**　富含碳水化合物的食物主要包括面粉、大米、玉米、土豆、红薯等。粮谷类一般含碳水化合物60%~80%，杂豆类为40%~60%，薯类为15%~29%。单糖和双糖主要来源于白糖、糖果、甜食、糕点、水果、含糖饮料和蜂蜜等。

2. **碳水化合物的参考摄入量**　根据1989—2009年中国九省区居民膳食营养素摄入状况调查显示，我国居民能量的食物来源以谷类食物为主，碳水化合物供能比为53.5%，说明我国居民能量主要来源仍为碳水化合物。2013年新版的《中国居民膳食营养素参考摄入量》综合多国参考值，并结合本国国情，推荐总碳水化合物摄入量成人为120g/d，可接受范围为总能量的50%~65%；膳食纤维适宜摄入量为25~30g/d。

四、膳食纤维

膳食纤维是碳水化合物中的一类非淀粉多糖，在体内不能被小肠消化吸收，但在大肠能部分或全部发酵，主要包括纤维素、半纤维素、果胶、木质素、树胶和植物黏胶、藻类多糖等。

(一) 膳食纤维的分类

根据水溶性的不同，膳食纤维分为可溶性和不可溶性两大类。

(1) 可溶性膳食纤维：①树胶（gum）：树胶是植物中可分散于水的一大类物质，主要成分是 *L*- 阿拉伯糖的聚合物，具有胶凝和增稠作用，常用作食品添加剂。②果胶（pectin）：果胶类是一种无定性物质，包括果胶原、果胶酸和果胶。果胶是膳食纤维的重要成分，主要存在于粗粮、水果和根茎类蔬菜的软组织中，果胶分解后可形成甲醇和果胶酸。③藻类多糖（seaweed polysaccharide）：海藻多糖是从海洋藻类植物中分离得到的植物多糖，是一类多组分混合物，具有高黏度或凝固能力，主要包括红藻多糖、褐藻多糖、绿藻多糖等。

(2) 不溶性膳食纤维：①纤维素（cellulose）：纤维素化学结构与淀粉相似，由数千个葡萄糖分子组成，一般称为粗纤维，是植物结构的支持组织，但不能被淀粉酶所分解，草食动物的肠道内有分解纤维素的酶，人体大肠中有少量细菌可以发酵纤维素；②半纤维素（hemicellulose）：半纤维素是植物细胞壁中的成分，往往与纤维素共存，是由多种糖基组成的一类多糖，常见的有戊聚糖、木聚糖、半乳聚糖、阿拉伯木糖等；③木质素（lignin）：木质素由苯丙烷单体聚合而成，结构上不具有碳水化合物的特点，因为其存在于植物细胞壁中，难以与纤维素分离，人和动物均不能消化木质素。

（二）膳食纤维的功能

早年，人们将膳食纤维定义为一种非营养成分，并认为其会影响人体营养素的吸收，对健康无益。但近年来，随着营养学研究的不断深入和发展，人们发现膳食纤维对人体健康同样具有重要的意义。其作用如下：①降低血糖及胆固醇：膳食纤维能够延缓葡萄糖的吸收，避免餐后血糖急剧上升，且膳食纤维中的成分可结合胆固醇和胆酸，减少胆固醇吸收，有利于降低血清胆固醇；②预防便秘和大肠疾病：膳食纤维的吸水膨胀性有利于增加食糜的体积，刺激胃肠道的蠕动，促进排便，从而减少和预防肠道疾病；③控制体重和减肥：膳食纤维能够增加食物的体积，易使人产生饱腹感，相对降低膳食的总能量，有利于控制体重和减肥；④预防肿瘤：有研究表明，高纤维膳食能够降低大肠癌、乳腺癌、胰腺癌的发病风险。

（三）食物来源与参考摄入量

1. 膳食纤维的食物来源 食物中的膳食纤维主要来自植物性食物，如粮谷类的麸皮、糠，豆类的豆皮中含有大量的纤维素、半纤维素和木质素；柠檬、柑橘、香蕉等水果和苜蓿、豌豆等蔬菜中含有较多的果胶。谷物是我国居民传统膳食中膳食纤维的重要来源之一，全谷粒和麦麸等富含膳食纤维，而精加工的谷类食品中含量较低。

2. 膳食纤维的推荐摄入量 自 20 世纪 60 年代 Trowell 首次列出现代“文明病”的特征，并提出膳食纤维在对抗“文明病”方面的重要作用以来，膳食纤维的研究与开发便迅速受到世界各国的高度重视，营养学界、临床医学界和食品科学界相继投入很大的精力进行研究。关于膳食纤维的摄入量，鉴于膳食纤维测定方法的不同、各国居民膳食习惯和健康状况的不同，加之膳食纤维的组分较为复杂，且无统一的分类标准，因此，目前国际上尚无统一的膳食纤维摄入量推荐标准。2013 年，最新版的《中国居民膳食营养素参考摄入量》中对于膳食纤维的摄入采用特定建议值（specific proposed level，SPL），给出了膳食纤维的摄入水平为 25g/d。

我国膳食纤维营养学研究进展传统的观点认为，膳食纤维的健康效应主要通过不溶性膳食纤维的吸水扩容、黏滞结合胆固醇和胆汁酸等物理性作用而实现。已有大量研究提示，改变碳水化合物的摄入量及类型可明显而迅速地影响受试者肠道微生物及其代谢产物。膳食纤维可能通过其肠道代谢产物——短链脂肪酸来发挥防治肥胖、糖尿病、炎症性肠病和肿瘤等疾病的作用。我国在膳食纤维对于慢性疾病的防治和分子机制这方面的研究还处于初步阶段，在膳食纤维营养学理论研究方面，我国应充分利用人群研究大样本量的优势，采用代谢组学和分子生物学研究的方法，系统深入地开展膳食纤维生理功能的研究。随着慢性疾病发病率的增加和人口老龄化的加剧，人们对于膳食纤维的需求也日益增多，了解其来源，提高对农副产品的综合利用，完善膳食纤维的工业制取方法和改性相关技术均成为亟待解决的问题。

五、碳水化合物营养学研究进展

在探讨碳水化合物与人类健康的流行病学研究实践中，学者在提出了评价食物对血糖影响的指标——血糖指数（glycemic index，GI）后，又提出了血糖负荷（glycemic load，GL）的概念，即用于评价某种食物摄入量对人体血糖影响的幅度。其计算公式为：食物 GL = 食物 GI × 该食物中碳水化合物的重量。膳食 GL 反映膳食中碳水化合物的种类和数量对血糖的影响。对于 1 份食物，GL>20 被认为是高的；11~19 为中等的；低于 10 为低负荷。美国护士健康研究和卫生专业人员随访研究（the nurses'health study and health professionals follow-up study）提示，膳食 GL 与慢性病如冠心病、2 型糖尿病和肿瘤等发病有关。而国内研究目前主要集中在食物 GI 的测定、比较以及 GI 与糖尿病、运动营养的关系，进一步探讨膳食 GL 与多种疾病相关性的研究应逐步进行，以便更好地与国际接轨。

（凌文华）

第二节　蛋　白　质

蛋白质（protein）是以氨基酸为基本单位组成的高分子含氮有机化合物，它既是构成组织和细胞的基本成分，又是各种生命活动的物质基础。

蛋白质由多种氨基酸（amino acid）以肽键（酰胺键）连接折叠而成。组成人体蛋白质的氨基酸有 20 种，可以分为必需氨基酸、条件必需氨基酸和非必需氨基酸 3 类。人体内不能合成或者合成不能满足人体需要的氨基酸称为必需氨基酸，有异亮氨酸、蛋氨酸、赖氨酸、缬氨酸、亮氨酸、色氨酸、苯丙氨酸、苏氨酸和组氨酸（婴幼儿期）。半胱氨酸和酪氨酸在体内能分别由蛋氨酸和苯丙氨酸合成，若膳食中能够直接提供这两种氨基酸，则人体对蛋氨酸和苯丙氨酸的需要量可减少 30% 和 50%，所以半胱氨酸和酪氨酸被称为条件必需氨基酸或半必需氨基酸。其余氨基酸称为非必需氨基酸，是指体内可以利用一些前体物质来合成，而非机体不需要的氨基酸。

一、食物蛋白质的营养评估

评价食物蛋白质的营养价值，对于指导人群膳食营养等许多方面均有重要的意义。常用的评价食物蛋白质营养价值的方法主要有以下几种。

1. **蛋白质含量**　食物中蛋白质含量是评价食物蛋白质营养价值的基础，一般用微量凯氏（Micro-Kjeldahl）定氮法测定。蛋白质的含氮量约为 16%，可根据测定的氮含量乘以蛋白质换算系数即为蛋白质的含量。计算公式为：蛋白质（g/100g）= 总氮量（g/100g）× 蛋白质的换算系数（6.25）。

2. **必需氨基酸含量和比值**　人体蛋白质和食物蛋白质在必需氨基酸的种类和含量上存在差异，营养学上用氨基酸模式来反映这种差异。氨基酸模式是将所测蛋白质中色氨酸含量定为 1，得到的其他必需氨基酸含量的一系列比值。食物蛋白质的氨基酸模式与人体组织蛋白质的氨基酸模式越接近，这种蛋白质就越容易被人体吸收利用，营养价值就越高；反之，则营养价值越低。

动物蛋白质及大豆蛋白的氨基酸模式与人体蛋白的氨基酸模式接近，吸收利用率高，称为优质蛋白质。我们将食物蛋白质中含量较低、影响其他必需氨基酸在体内被充分利用的一种或几种必需氨基酸称为限制氨基酸。谷类和豆类食物的第一限制性氨基酸分别是赖氨酸和蛋氨酸。同时摄入两种或以上的食物，相互补充食物间必需氨基酸的不足，提高蛋白质营养价值的作用称为蛋白质互补作用。

3. **消化率**　蛋白质消化率（digestibility）是指食物蛋白质经消化酶水解后被人体吸收的程度。蛋白质消化率越高，则被人体吸收利用的可能性越大，其营养价值也越高。蛋白质消化率可用下列公式计算：

$$蛋白质消化率 = \frac{摄入氮 - (粪氮 - 粪代谢氮)}{摄入氮} \times 100\%$$

摄入氮指从食物中摄入的氮，粪氮指不能被消化吸收的氮，粪代谢氮指来自脱落的肠黏膜细胞、消化酶和肠道微生物的氮。以上公式所得消化率又称为真消化率(true digestibility，TD)，实际测定中为求简便，一般将粪代谢氮忽略不计，所得结果为表观消化率(apparent digestibility，AD)，表观消化率比真消化率低。

4. **利用率**　蛋白质利用率指食物中的蛋白质经消化吸收后在体内被利用的程度，是食物蛋白质营养评估常用的生物学方法，主要评价指标如下。

(1)生物价(biological value，BV)：蛋白质生物价是反映蛋白质经消化吸收后被人体利用程度的一项指标，生物价越高，表明其被机体利用的程度越高。

$$生物价 = 储留氮 / 吸收氮 \times 100\%$$

$$吸收氮 = 食物氮 - (粪氮 - 粪代谢氮)$$

$$储留氮 = 吸收氮 - (尿氮 - 尿内源性氮)$$

生物价高不仅表明机体对该蛋白质的利用程度高，还反映了食物蛋白质中的氨基酸主要用来合成蛋白质，极少有经肝、肾代谢而释放能量或由尿排出多余的氮，因而对肝、肾疾病患者的膳食指导具有重要意义。

(2)蛋白质净利用率(net protein utilization，NPU)：反映了食物中蛋白质被利用的程度，它包括食物蛋白质消化和利用两方面，能更为全面地评价蛋白质的营养价值。计算公式为：蛋白质净利用率(%)＝消化率 × 生物价＝储留氮 / 食物氮 ×100%

(3)蛋白质功效比值(protein efficiency ratio，PER)：是以测定生长发育中的幼小动物(一般用刚断乳的雄性大白鼠)摄入 1g 蛋白质所增加的体重克数来表示蛋白质被机体利用的程度，因此被广泛应用于婴幼儿食品中的蛋白质的评价。

(4)氨基酸评分(amino acid score，AAS)和经消化率修正的氨基酸评分(protein digestibility corrected amino acid score，PDCAAS)：是目前被广为采用的一种评价方法。将被测蛋白质的必需氨基酸组成与推荐的理想蛋白质氨基酸模式进行比较，并计算氨基酸评分。此方法可以明确食物蛋白质中的限制氨基酸，不仅适用于单一食物，还可用于混合食物蛋白质的评价。

二、食物来源与参考摄入量

1. **蛋白质的食物来源**　蛋白质的食物来源主要分为植物性蛋白和动物性蛋白两大类。植物性蛋白中谷类的蛋白质含量虽然只有 10% 左右，但作为我国居民的主食，谷类依然是我国居民膳食蛋白质的重要来源之一。豆类蛋白质含量丰富且氨基酸构成合理，在体内的利用率较高，是良好的植物蛋白质来源。蛋类和奶类的蛋白质含量较高且氨基酸组成较平衡，是优质蛋白质的主要来源。肉类的蛋白质含量为 15%~22%，营养价值普遍高于植物性蛋白质。为改善膳食蛋白质的质量，除了要保证一定数量的优质蛋白，还要注意发挥蛋白质的互补作用。

2. **蛋白质的参考摄入量**　对于成人蛋白质的需要量一般是采用氮平衡方法来衡量，西方国家根据氮平衡法确定的成人蛋白质需要量为 0.8g/(kg·d)。随着我国经济的发展和人民生活水平的不断改善，我国居民的膳食结构也发生重大改变，中国成人膳食蛋白质参考摄入量也几经调整。根据“2002 年中国居民营养与健康状况调查报告”的数据显示，我国现行的蛋白质参考摄入量偏高。为此，中国疾病预防控制中心采用了稳定性同位素技术法(指示剂氨基酸氧化法)，对 20 多名受试者以同位素 ^{13}C 和 ^{15}N 标记的亮氨酸和赖氨酸对机体的氨基酸代谢进行示踪，根据蛋白质代谢的双库模型，获得了中国成人膳食蛋白质参考摄入量的最新实验结果。该研究指出：我国现阶段的蛋白质平均需要量(estimated average requirement，EAR)为 0.87g/(kg·d)，推荐摄入量(recommended nutrient intake，RNI)为 0.98g/(kg·d)。据此，2014 年 6 月 12 日，中国营养学会在上海正式发布的 2013 版《中国居民膳食营养素参考摄入量》中，对中国的蛋白质膳食营养素参考摄入量（dietary reference intakes，DRIs）相关数据做出了修订。2013 版的 DRIs 中，蛋白质推荐摄入量为轻体力劳动者男性 65g/d，女性 55g/d，相较于 2000 版降低了 10g/d。对于孕妇这类特殊人群，2000 年中国的妊娠末期推荐的蛋白质补充增量为 20g/d，新版的妊娠末期推荐的蛋白质补充增量则结合其他国家的推荐量调整为 30g/d。

三、我国蛋白质营养学研究进展

随着蛋白质营养理论研究的不断深入，蛋白质营养理论先后从粗蛋白体系发展到氨基酸营养和肽营养理论，从而开启了蛋白质营养学研究的新阶段。蛋白质组学主要研究细胞或组织内表达的全部蛋白质及其表达模式，其三大基本支撑技术是双向电泳技术、质谱技术以及计算机图像分析与大规模数据处理技术。随着蛋白质组学研究的进展，营养蛋白质组学也应运而生，迅速成为营养学研究的新前沿。蛋白质组学技术将有助于从分子水平上发现大批可特异性反映人体营养状况的生物学标志物。营养蛋白质组学的研究成果还将有助于个性化食谱的制定、营养蛋白质组数据库的构建以及营养相关疾病的诊断与治疗。

（凌文华）

第三节　脂　　类

营养学上重要的脂类（lipids）主要有磷脂（phospholipid）、固醇类（sterol）和甘油三酯（triglyceride），前两者合称类脂。食物中的脂类 95% 是甘油三酯。

一、脂肪酸的分类

甘油三酯由 1 分子甘油和 3 分子脂肪酸结合而成，是根据脂肪酸的结构来分类的。脂肪酸的基本结构为 $CH_3(CH_2)_nCOOH$。式中 n 的数目大部分为 2~24 个，基本上都是偶数碳原子。脂肪酸的命名和表达方式可以用碳原子的数目和不饱和双键的数目来表示。

1. **按脂肪酸碳链长度分类**　长链脂肪酸含 14~24 个碳，中链脂肪酸含 8~12 个碳，短链脂肪酸含 6 个碳以下。食物中主要以 18 个碳的脂肪酸为主。短链脂肪酸主要包括乙酸、丙酸、丁酸等。人体内短链脂肪酸主要来源于食物中的膳食纤维、抗性淀粉、低聚糖和糖醇等在结肠被肠道微生物发酵的产物。

2. **根据饱和程度分类**　可分为饱和脂肪酸（saturated fatty acid，SFA）和不饱和脂肪酸（unsaturated fatty acid，USFA）。过多的饱和脂肪酸可导致肥胖相关的慢性非传染性疾病。根据不饱和双键数量的不同，可将不饱和脂肪酸分为单不饱和脂肪酸（monounsaturated fatty acid，MUFA）和多不饱和脂肪酸（polyunsaturated fatty acid，PUFA）。按双键的位置不同，多不饱和脂肪酸又可分为 n-3（ω-3）和 n-6（ω-6）系列多不饱和脂肪酸，如亚油酸（$C_{18:2}$，n-6）和 α- 亚麻酸（$C_{18:3}$，n-3）。其中 ω-3 系列多不饱和脂肪酸，特别是二十碳五烯酸（eicosapentaenoic acid，EPA）和二十二碳六烯酸（docosahexaenoic acid，DHA）被整合到神经细胞膜中，影响神经递质调节和信号转导通路，具有抗炎作用。

3. **根据空间结构分类**　可分为顺式脂肪酸和反式脂肪酸。食物中的脂肪酸大多数为顺式脂肪酸，只有少数是反式脂肪酸（主要存在于奶油和牛奶中）。流行病学资料显示，反式脂肪酸可升高低密度脂蛋白（low density lipoprotein，LDL）胆固醇水平，降低高密度脂蛋白（high density lipoprotein，HDL）胆固醇水平，与糖尿病、肿瘤、心脏病以及免疫功能缺陷等疾病的发生发展具有一定的相关性。

4. **根据人体是否可以合成分类**　分为必需脂肪酸（essential fatty acid，EFA）和非必需脂肪酸。必需脂肪酸是指人体不可缺少而自身又不能合成、必须通过食物供给的脂肪酸，包括亚油酸（$C_{18:2}$，n-6）

和 α- 亚麻酸（$C_{18:3}$，n-3）。必需脂肪酸不仅是磷脂的重要组成成分，还能参与合成前列腺素和类二十烷酸物质，并且与胆固醇的代谢有关。

二、类脂的分类

类脂包括磷脂和固醇。磷脂是除甘油三酯以外，在体内含量较多的脂类。固醇类广泛存在于动植物体内，包括动物固醇和植物固醇。胆固醇是一种重要的动物固醇，不仅是膜结构和神经组织的重要组分，还是胆汁酸、维生素 D_3 和类固醇激素的前体。它与高脂血症、动脉粥样硬化相关，摄入过多胆固醇可增加心、脑血管疾病风险。植物固醇存在于植物中，具有降低人和动物血清胆固醇的作用。

三、脂类的生理功能

1. **提供能量**　每 1g 脂肪可以提供 9kcal 能量，是身体重要的能量库。

2. **参与细胞结构**　磷脂特别是卵磷脂，是构成生物膜的重要成分；鞘磷脂是神经鞘的重要成分，可保持神经鞘的绝缘性；脑磷脂大量存在于脑白质，参与神经冲动的传导。

3. **参与脂质代谢**　磷脂作为乳化剂，有利于甘油三酯、胆固醇的吸收、转运和代谢。

4. **保护器官**　脂肪可以起缓冲作用，从而保护重要脏器。

5. **吸收营养**　可促进脂溶性维生素的吸收。

6. **内分泌功能**　脂类是内分泌激素合成的原料；脂肪组织也有内分泌功能，能分泌多种与生长代谢相关的激素。

四、膳食脂肪的营养学评价

1. **脂肪消化率**　含不饱和脂肪酸和短链脂肪酸越多的脂肪，熔点越低，越容易消化，一般植物油的消化率要高于动物脂肪。

2. **必需脂肪酸的含量**　一般植物油中亚油酸和 α- 亚麻酸含量高于动物脂肪，其营养价值优于动物脂肪。

3. **提供的各种脂肪酸比**　食物中饱和脂肪酸、单不饱和脂肪酸和多不饱和脂肪酸之间的最佳比例为 1∶1∶1。

4. **脂溶性维生素含量**　植物油中富含维生素 E，动物脂肪几乎不含维生素，而内脏如肝脏富含维生素 A、D，奶类中维生素 A 亦较为丰富。

5. **某些有特殊生理功能的脂肪酸含量**　如鱼油中含有丰富的 DHA 和 EPA，具有重要的营养价值。

五、食物来源与参考摄入量

1. **脂类的食物来源**　膳食中脂类的主要来源包括动物性食物、植物油和坚果类。动物脂肪中饱和脂肪酸及单不饱和脂肪酸较多，植物脂肪中主要含有多不饱和脂肪酸，但也有例外，可可油、椰子油、棕榈油富含饱和脂肪酸，海生动物和鱼类富含不饱和脂肪酸。含磷脂较多的食物为蛋黄、肝脏、大豆、麦胚和花生等。含胆固醇丰富的食物包括动物脑、肝、肾等内脏和蛋类。坚果类食物脂肪含量可高达 50% 以上，但多以亚油酸为主，是多不饱和脂肪酸的重要来源。

2. **脂类的参考摄入量**　随着经济发展和生活水平的提升，中国居民的膳食模式已由高碳水化合物膳食模式向高脂膳食模式转变，脂质的摄入量明显增加，有资料显示中国居民目前脂肪平均摄入量超过 40g/d，远大于机体正常的需求，从而导致机体肥胖、脂肪肝和冠心病等慢性疾病发病率的升高。因此，制定出适合中国人群特点的脂类的参考摄入量对于上述慢性病的防治具有重要意义。早在 2000 年公布的《中国居民膳食营养素参考摄入量》中就给出了摄入的脂肪供能比推荐，但并未对各类脂肪酸的摄入提供参考值。近年来我国在脂质代谢、脂肪酸营养需求和生理功能等方面的研究，提供了大量以中国人群为研究对象的循证营养学资料。据此,我国营养界提出了饱和脂肪酸、n-6 和 n-3 多不饱和脂肪酸等中国人群的摄入水平参考值,并首次提出了宏量营养素可接受范围(acceptable macronutrient distribution range,AMDR)和必需脂肪酸的适宜摄入量(adequate intake,AI)的概念。这些最新的研究成果公布于 2013 版的《中国居民膳食营养素参考摄入量》(DRIs)中,体现在以下几点。

(1)摄入的脂肪供能比的 AMDR 值:成年人、孕妇和乳母中为 20%~30%;0~6 个月婴儿为 48%(AI);7~12 个月婴儿为 40%(AI);1~3 岁儿童为 35%(AI)。

(2)饱和脂肪酸 AMDR 值的上限:成年人、孕妇和乳母中为 10%;4~18 岁人群则为 8%。

(3)n-6 和 n-3 多不饱和脂肪酸的 AMDR 值:分别为 2.5%~9% 和 0.5%~2%。

(4)EPA 和 DHA:联合国粮食及农业组织(Food and Agriculture Organization of the United Nations, FAO)在 2010 年报告指出,对于 0~6 个月婴儿,由于合成有限,DHA 成为条件必需脂肪酸。结合我国人群母乳中 DHA 含量,给出了 0~3 岁儿童 DHA 的 AI 值为 100mg/d。参照联合国粮食及农业组织和欧洲食品安全局(European Food Safety Authority,EFSA)的推荐量,成人 EPA 和 DHA 的总 AMDR 定为 250~2 000mg/d,孕妇和乳母的 EPA 和 DHA 的总 AI 为 250mg/d,其中 200mg/d 为 DHA。上述各类脂肪酸摄入量的参考水平对于我国居民膳食补充 DHA 及脂类相关的慢性营养性疾病的防治具有重要指导意义。

六、我国脂类营养学研究进展

阐明脂质摄入和各种慢性疾病,如肥胖、非酒精性脂肪肝和心血管疾病的相互作用及其分子机制是当今国内外营养学研究的热点。脂质代谢组学的发展,为脂质代谢宏观层面的研究提供了可能性。国内外也先后成立了脂质组学研究机构并设立研究项目,并联合开展脂质代谢组学的研究工作。相关研究策略更加注重联合型规模性研究,更加体现出资源共享性和策略综合性,并取得了一定的成果。脂质代谢组学研究的开展对于从营养学角度防治慢性代谢性疾病具有重大的意义。

(凌文华)

第四节 矿 物 质

人体是由多种元素组成的,除碳、氢、氧、氮外,其他元素均称为无机的矿物质(mineral),亦称无机盐或灰分。矿物质中,人体含量大于体重 0.01% 的称为常量元素(macroelement)或宏量元素,主要包括钙、磷、钠、钾、硫、氯和镁 7 种。含量小于体重 0.01% 的称为微量元素(microelement, trace element),维持人体正常生命活动不可缺少的微量元素有铁、碘、锌、硒、铜、钼、铬和钴 8 种,称人体必需微量元素(essential trace element)。锰、硅、镍、硼、钒 5 种为可能必需微量元素(potential essential trace element)。具有潜在毒性,但在低剂量时人体可能必需的微量元素包括氟、铅、镉、汞、砷、铝、锡和锂。本章简单介绍比较重要的几种。

一、常量元素的种类、生理功能、食物来源和参考摄入量

1. 钙 钙(calcium)是人体内含量最多的一种矿物质,99% 主要以羟磷灰石结晶形式存在于骨骼和牙齿中,其余 1% 中一半与柠檬酸螯合或与蛋白质结合,另一半则以离子形式存在于软组织、细胞外液和血液中,称为混合钙池(miscible calcium pool)。离子钙具有重要的生理活性,而与血浆蛋白结合的钙则可作为离子钙的储存形式。

(1)生理功能:①构成骨骼和牙齿的成分;②维持神经和肌肉的活动;③调节体内酶的活性;④参与血液凝固;⑤促进细胞信息传递;⑥维持细胞膜的稳定性。

(2) 缺乏与过量：婴幼儿缺钙可影响骨骼和牙齿的发育，表现为佝偻病和龋齿；成年人缺钙可发生骨软化症；老人缺钙易患骨质疏松症。过量的钙的摄入可能增加肾结石的危险，高钙膳食可明显抑制铁、镁、磷的吸收及降低锌的生物利用度。

(3) 食物来源和参考摄入量：奶和奶制品是钙的良好来源，含钙丰富且吸收率高。小虾皮、海带、豆类、芝麻酱含钙也较丰富。中国营养学会推荐成人钙推荐摄入量(RNI)为 800mg/d。对婴幼儿、儿童、孕妇、老人均需适量增加钙的供给量。可耐受最高摄入量(UL)为 2 000mg/d。

2. **磷**　磷(phosphorus)是人体含量较多的元素之一。成人体内含磷 600~900g，约占体重的 1%，矿物质总量的 1/4。其中 85%~90% 集中在骨骼和牙齿中，主要以无机磷酸盐的形式存在，构成羟磷灰石。其余 10%~15% 与蛋白质、脂肪、糖类和其他有机化合物结合，多数以有机磷酸酯形式分布于各种软组织中。

(1) 生理功能：①骨、牙齿和软组织的重要成分；②参与能量代谢；③组成细胞内第二信使；④酶的重要成分，如硫胺素焦磷酸、磷酸吡哆醛、辅酶Ⅰ、辅酶Ⅱ等辅酶或辅基部含有磷；⑤调节酸碱平衡。

(2) 缺乏与过量：磷广泛存在于各种食物中，一般膳食中能量与蛋白供给充足时，磷不会缺乏。一般而言，磷缺乏极罕见。早产儿仅以母乳为食，乳汁含磷较低，不能满足早产儿骨磷沉积的需要，可发生磷缺乏，引起佝偻病样骨骼异常；长期补充高渗葡萄糖和氨基酸维持营养平衡的患者，如这些溶液无磷则可引起低磷血症，患者出现神经精神症状和运动障碍等。过量的磷在体内可能会对骨产生不良影响，还会引起非骨组织的钙化。过量的磷也可引起低钙血症，导致神经兴奋性增强，手足抽搐和惊厥。

(3) 食物来源和参考摄入量：磷在食物中分布广泛，动物性食物和植物性食物中均含丰富的磷。中国营养学会推荐成人膳食磷的 RNI 为 720mg/d，UL 为 3 500mg/d。

3. **钠**　钠(natrium)是人体最基本的电解质，是细胞外液中的主要阳离子。正常成人体内含钠 62~69g，占体重的 0.1%~0.15%。人体钠可分为两部分：①可交换钠，占总体钠的 70%~75%，称为钠库；②不可交换钠，骨骼中钠的 88% 沉积于羟磷灰石结晶中。

(1) 生理功能：①维持正常渗透压和机体水平衡；②维持酸碱平衡；③增强神经肌肉兴奋性；④维持正常血压。

(2) 缺乏与过量：膳食中钠含量充足，一般情况下人体不易缺钠。钠缺乏多由疾病引起，如呕吐、腹泻、大量出汗、肾上腺皮质功能减退等。血钠过低时，渗透压降低、细胞肿胀、恶心、呕吐、心动过速、视物模糊，严重者可出现淡漠、昏迷和周围循环衰竭甚至死亡。正常情况下，钠摄入过多并不蓄积。高钠血症时，可出现口渴、面部潮红、烦躁不安、精神恍惚、谵妄、昏迷，严重者可致死亡。长期高钠饮食，是高血压和胃癌发生的危险因素。

(3) 食物来源和参考摄入量：钠普遍存在于各种食物中，动物性食物钠含量高于植物性食物，食盐是我国居民钠的主要来源。中国人食盐摄入量普遍较高。世界卫生组织(WHO)建议每人每天食盐摄入量在 5g 以下。中国营养学会推荐成人、孕妇和乳母的膳食钠 AI 为 1 500mg/d。

4. **钾**　正常成人体内含钾(potassium)总量为 120~150g。体内 98% 的钾存在于细胞内液，仅有 2% 存在于细胞外液。70% 的钾存在于肌肉中，10% 分布在皮肤，其余的钾在红细胞、肝脏、脑和骨骼中。

(1) 生理功能：①维持正常渗透压和机体酸碱平衡；②维持心肌的正常功能；③维持神经肌肉的应激性和正常功能；④参与碳水化合物、蛋白质的正常代谢；⑤可对抗高钠引起的高血压，补钾对高血压患者有降低作用。

(2) 缺乏与过量：钾广泛存在于各种食物中，一般情况下人体不易缺钾。钾缺乏多由疾病引起，如禁食、少食、频繁呕吐、腹泻、大量出汗等。钾缺乏明显时，神经肌肉应激性降低，骨骼肌无力，出现软瘫；肋间肌、横膈肌无力，可出现呼吸困难、缺氧和窒息；平滑肌无力可致腹胀、肠梗阻和麻痹；心肌应激性增高可出现心动过速、心律失常等。正常情况下，经膳食摄入过多钾并不会导致钾过量。高钾血症主要导致心血管和神经症状。心血管系统表现有心率减慢、房室传导阻滞，严重者可出现心室颤动和心脏停搏。神经肌肉表现有全身软弱无力，下肢尤为明显；严重者可发生吞咽困难、呼吸困难和窒息。

(3) 食物来源和参考摄入量：食物中含钾十分广泛。豆类（如红豆、蚕豆、扁豆、黄豆）、蔬菜（如冬菇、竹笋、紫菜）和水果（如香蕉）等均含有丰富的钾。中国营养学会推荐成人、孕妇和乳母的膳食钾 AI 为 2 000mg/d。

二、微量元素的种类、生理功能、食物来源和参考摄入量

1. 铁　铁（iron）是人体含量最多的一种必需微量元素。其中 60%~70% 存在于血红蛋白中，3%~5% 在肌红蛋白中，1% 在各种含铁酶类（细胞色素、细胞色素氧化酶、过氧化物酶和过氧化氢酶等）中，以上均是功能性铁。此外还有贮存铁，以铁蛋白和含铁血黄素的形式存在于肝、脾和骨髓中，占铁总量的 25%~30%。铁的含量在人体器官组织中以肝、脾为最高，其次为肾、心脏、骨骼肌和脑。

(1) 生理功能：①参与体内氧的运送和组织呼吸作用；②维持正常的造血功能；③参与维持正常免疫功能等。

(2) 缺乏与过量：长期膳食中铁供给不足，可引起体内铁缺乏或导致缺铁性贫血，出现如头晕、气短、心悸、脸色苍白等症状。正常情况下的膳食不会引起铁过量。

(3) 食物来源和参考摄入量：动物性食物含铁较丰富，猪肝、瘦肉、鸡蛋、全血等均是铁的良好来源。蔬菜、牛奶及奶制品含铁量不高且生物利用度低。中国营养学会建议膳食铁的 RNI 为：成年男性 12mg/d，女性 20mg/d；孕早期女性 20mg/d，孕中期和乳母 24mg/d，孕晚期 29mg/d。铁的 UL 为 42mg/d。

2. 碘　在人体内，70%~80% 的碘（iodine）分布于甲状腺组织内；甲状腺含碘量随年龄、膳食摄入量及腺体的活动性不同而有所不同。

(1) 生理功能：主要参与甲状腺素的合成，通过甲状腺素发挥其生理功能，如维持蛋白质、碳水化合物和脂肪正常代谢，促进生物氧化，参与磷酸化过程，激活多种酶活性，调节水盐代谢和机体组织发育与分化过程。

(2) 缺乏与过量：长期碘缺乏可引起甲状腺肿大，出现地方性甲状腺肿（endemic goiter）；胎儿和婴幼儿碘缺乏可引起生长发育迟缓、智力低下、甚至痴呆、聋哑，称为呆小病或克汀病（cretinism）。长期高碘摄入可引发高碘性甲状腺肿（iodine excess goiter）。

(3) 食物来源和参考摄入量：海产品（海带、紫菜、海参以及虾皮等）是碘的良好来源。中国营养学会碘的推荐摄入量成人为 120μg/d、孕妇和乳母的推荐摄入量分别为 230μg/d 和 240μg/d；成人碘的可耐受最高摄入量是 600μg/d。目前认为，食用强化碘的食盐仍然是预防碘缺乏较好的方法。

3. 锌　成人体内锌分布于人体的所有组织器官，以肝、肾、肌肉、视网膜、前列腺内含量最多。

(1) 生理功能：①金属酶的组成成分或酶的激活剂；②促进生长发育；③促进机体免疫功能；④维持细胞膜结构。

(2) 缺乏与过量：人体缺锌时可出现生长发育迟缓、味觉减退或有异食癖、性成熟推迟、第二性征发育不全、性功能低下、创伤不易愈合、免疫功能降低、易于感染等临床症状。孕妇缺锌还可导致胎儿畸形。盲目过量补锌或食用因镀锌罐头污染的食物和饮料，可引起锌过量或锌中毒。

(3) 食物来源和参考摄入量：锌的来源较广泛，贝类海产品、红色肉类及内脏均是锌的良好来源。蛋类、豆类、谷类胚芽等也富含锌，蔬菜水果类含锌量较低。中国营养学会推荐成年男性膳食锌的 RNI 为 12.5mg/d，女性为 7.5mg/d，孕早、中、晚期均为 9.5mg/d，乳母为 12mg/d。锌的 UL 为 40mg/d。

4. 硒　硒存在于所有细胞与组织器官中，人体内指甲、肝、肾、牙釉质中硒含量较高，血硒和发硒常可反映体内硒的营养状况。

(1) 生理功能：①抗氧化作用；②保护心血管和心肌健康；③增强免疫功能；④有毒重金属的解毒作用。

(2)缺乏与过量：缺硒可导致克山病，也是发生大骨节病的重要原因。此外，缺硒还可影响机体的抗氧化功能和免疫功能。过量的硒可引起中毒，以头发、指甲脱落，皮肤损伤及神经系统异常为主要症状，严重者可致死亡。

(3)食物来源和参考摄入量：海产品和动物内脏是硒的良好来源，如鱼子酱、海参、猪肾等。食物中硒的含量随地域不同而异，特别是植物性食物的硒含量与地表层中硒的水平有关。中国营养学会建议成人硒的RNI为60μg/d，孕妇为65μg/d，乳母为78μg/d。硒的UL为400μg/d。

三、我国矿物质营养学研究进展

矿物质摄入和健康关系近年来得到了广泛的研究，特别揭示了镁、硒、锌、钙等元素与健康、慢病以及运动功能的关系。如膳食镁被认为可降低多种慢病的风险，包括心血管疾病和2型糖尿病及阿尔茨海默病。根据我国不同人群硒水平的调查报告提出我国居民硒的最低需要量、生理需要量和最大安全摄入量，据此制订出人类硒的RNI。食盐加碘是国内外防治地方性甲状腺肿的重要方式，但是碘摄入过多时会合成大量甲状腺激素，蓄积在甲状腺滤泡腔中形成胶质性甲状腺肿。我国建立了高碘甲状腺肿模型，并开展了病理形态和生化代谢方面的研究。观察矿物质对健康和慢病的影响，需要进一步观察其促进健康和降低慢病风险的量效关系。

（凌文华）

第五节　维　生　素

维生素(vitamin)是维持机体正常生命活动所必需的一类微量的低分子有机化合物，在机体物质和能量代谢过程中起着重要作用。

根据溶解性的不同，可将维生素分为脂溶性和水溶性两大类：脂溶性维生素不溶于水而溶于脂肪及有机溶剂，包括维生素A、D、E、K；水溶性维生素指可溶于水的维生素，包括B族维生素和维生素C。它们的共同特点是：均以其本体形式或以能被机体利用的前体形式存在于天然食物中；不构成各种组织的主要原料，也不提供能量，但在机体物质和能量代谢过程中起着重要作用；一般不能在体内合成或合成量太少，必须由食物提供；人体虽需要量少，但不可缺乏；当缺乏至一定程度，即可引起维生素缺乏症。

一、脂溶性维生素的种类、生理功能、食物来源和参考摄入量

1. 维生素A　维生素A类是指含有视黄醇(retinol)结构，并具有其生物活性的一大类物质，包括维生素A、维生素A原以及其代谢产物。植物来源的胡萝卜素是人类维生素A的重要来源，其中最具有维生素A生物活性的是β-胡萝卜素。

(1)生理功能：①维持皮肤黏膜的完整性；②构成视觉细胞的感光物质；③免疫功能；④促进生长发育和维护生殖功能；⑤抗氧化作用；⑥抑制肿瘤生长。

(2)缺乏与过量：维生素A缺乏最早的症状是暗适应能力下降，严重者可致夜盲症，还可引起眼干燥症；除眼部症状外，还会引起机体不同组织上皮干燥、增生以及角化，食欲降低，易感染；另外，还会造成血红蛋白合成代谢障碍，免疫功能低下；儿童缺乏维生素A可引起生长发育迟缓。过量摄入维生素A可引起急性中毒、慢性中毒以及致畸毒性。

(3)食物来源和参考摄入量：维生素A的食物来源主要是各种动物肝脏、鱼肝油、鱼卵、全奶、禽蛋等，植物性食物只能提供类胡萝卜素，其在深绿色或红黄色的蔬菜和水果中含量丰富，如胡萝卜、红心红薯、芒果、辣椒等。中国营养学会推荐成年男性维生素A的RNI为800μg RAE/d，女性为700μg

RAE/d，孕早期为 700μg RAE/d，孕中、晚期为 770μg RAE/d，乳母为 1 300μg RAE/d。维生素 A 的 UL 为 3 000μg RAE/d。

2. **维生素 D**　维生素 D 类是指含环戊烷多氢菲环结构并具有钙化醇生物活性的一大类物质，以维生素 D_2（麦角钙化醇）及维生素 D_3（胆钙化醇）常见。

（1）生理功能：①促进肠道对钙、磷的吸收；②促进肾小管对钙、磷的重吸收；③对骨骼钙有动员作用。

（2）缺乏与过量：婴儿缺乏维生素 D 时，以钙、磷代谢障碍和骨样组织钙化障碍表现为特征，如鸡胸、O 形腿和 X 形腿等。成人维生素 D 缺乏可引起骨质软化症，老人易引起骨质疏松症。过量维生素 D 可引起维生素 D 过多症。

（3）食物来源和参考摄入量：机体维生素 D 的来源包括皮肤合成和食物来源。经常晒太阳是人体获得充足维生素 D_3 的最好来源；在海水鱼、肝、蛋黄等动物性食物及鱼肝油制剂中含有较丰富的维生素 D。中国营养学会推荐成年人维生素 D 的 RNI 为 10μg/d，UL 为 50μg/d。

3. **维生素 E**　维生素 E 又名生育酚，自然界共有 8 种具有维生素 E 活性的化合物，即 α-T、β-T、γ-T、δ-T 四种生育酚和 α-TT、β-TT、γ-TT、δ-TT 四种三烯生育酚，其中 α- 生育酚的生物活性最高。

（1）生理功能：①具有抗氧化、抗动脉粥样硬化以及维持正常的免疫功能的作用；②保护神经系统、骨骼肌、视网膜免受氧化损伤的作用；③对胚胎发育和生殖功能也有一定的作用。

（2）缺乏与过量：维生素 E 的缺乏常伴随细胞膜脂质过氧化作用增强，亦可出现视网膜退行性改变、神经元蜡样质脂褐质沉积症、溶血性贫血、肌无力、神经退行性病变、小脑共济失调等。低体重的早产儿、血 β- 脂蛋白缺乏症、脂肪吸收障碍的患者往往存在维生素 E 的缺乏。维生素 E 毒性较小，大剂量维生素 E（每天摄入 800~3 200mg）可能出现中毒症状，如视物模糊、头痛和极度疲乏等。

（3）食物来源和参考摄入量：维生素 E 只能在植物中合成，绿色植物的维生素 E 含量高于黄色植物。维生素 E 含量丰富的食品有植物油、麦胚、豆类及其他谷类。中国营养学会推荐成年人维生素 E 的适宜摄入量（AI）为 14mg α-TE/d，UL 为 700mg α-TE/d。

二、水溶性维生素的种类、生理功能、食物来源和参考摄入量

1. **维生素 B_1**　维生素 B_1 又称硫胺素、抗脚气病因子、抗神经炎因子等。

（1）生理功能：①辅酶功能，维生素 B_1 主要的辅酶形式是硫胺素焦磷酸（thiamine pyrophosphate，TPP），在体内参与 α- 酮酸的氧化脱羧反应和磷酸戊糖途径的转酮醇反应；②胆碱酯酶抑制剂，维生素 B_1 能抑制胆碱酯酶对乙酰胆碱的水解，从而促进胃肠蠕动；③参与神经递质的合成和代谢。

（2）缺乏与过量：维生素 B_1 缺乏症引起的疾病称脚气病，主要损害神经和血管系统。维生素 B_1 过量很少见，超过 RNI 100 倍可有头痛、惊厥、心律失常等症状。

（3）食物来源和参考摄入量：维生素 B_1 的膳食来源为未精加工的谷类食物。瘦肉、动物内脏、杂粮及豆类中维生素 B_1 含量较高，而蛋类、乳类中较低。高温烹调和碱性烹调可造成维生素 B_1 的损失。中国营养学会推荐成年男性维生素 B_1 的 RNI 为 1.4mg/d，女性为 1.2mg/d，孕早期为 1.2mg/d，孕中期为 1.4mg/d，孕晚期和哺乳期为 1.5mg/d。

2. **维生素 B_2**　维生素 B_2 又叫核黄素，由 1 个咯嗪环与 1 个核糖衍生的醇连接而成。维生素 B_2 常以黄素单核苷酸（flavin mononucleotide，FMN）和黄素腺嘌呤二核苷酸（flavin adenine dinucleotide，FAD）辅酶的形式与特定蛋白结合形成黄素蛋白（flavoprotein），发挥其生物学作用。

（1）生理功能：①以 FMN 和 FAD 辅酶的形式参与生物氧化和能量代谢，维持蛋白质、脂肪和碳水化合物的正常代谢，促进生长发育等；②参与维生素 B_6 和烟酸的代谢；③参与体内抗氧化防御系统、红细胞形成、糖原合成和药物代谢等。

（2）缺乏与过量：缺乏的临床表现以口腔、眼和皮肤的炎症反应为主：①口腔症状：口角炎、口唇炎、舌炎（典型改变为地图样改变）；②眼部症状：眼球结膜充血，睑缘炎、角膜血管增生、畏光以及视物

模糊等；③皮肤症状：鼻唇沟、眉间、腹股沟及阴囊等出现脂溢性皮炎。维生素 B_2 缺乏同时引起口腔和阴囊炎症改变，故又称“口腔 - 生殖系综合征”（oro-genital syndrome）。严重缺乏可引起免疫功能低下和胎儿畸形。一般来说，不会出现维生素 B_2 过量中毒。

（3）食物来源和参考摄入量：维生素 B_2 广泛存在于动物性食物和蔬菜、水果等植物性食物中，动物性食物中维生素 B_2 的含量比植物性食物高，肝、肾、心脏、蛋黄和乳类中含量特别丰富。中国营养学会推荐维生素 B_2 的 RNI 与维生素 B_1 类似，成年男性为 1.4mg/d，女性为 1.2mg/d，孕早期为 1.2mg/d，孕中期为 1.4mg/d，孕晚期和哺乳期为 1.5mg/d。

3. **维生素 B_6**　维生素 B_6 是 3- 甲基 -3- 羟基 -5- 甲基吡啶的含氮衍生物。天然存在的形式为吡哆醇（pyridoxine）、吡哆醛（pyridoxal）和吡哆胺（pyridoxamine），均具有维生素 B_6 的活性。在体内，维生素 B_6 以各自的磷酸化的形式，参与多种酶系反应。

（1）生理功能：①参与氨基酸代谢：如参与转氨、脱氨、脱羟、转硫和色氨酸转化等；②参与糖原与脂肪酸代谢：维生素 B_6 催化肌肉和肝脏糖原转化，还参与亚油酸合成花生四烯酸以及胆固醇的合成与转运过程；③参与脑 5- 羟色胺、多巴胺、γ- 氨基丁酸和去甲肾上腺素等递质的合成；另外，参与血红素和一些抗体的合成。

（2）缺乏与过量：维生素 B_6 缺乏可导致：①皮炎：眼、鼻、口腔周围甚至整个颜面部、阴囊、会阴等处出现脂溢性皮炎改变；②口腔炎：唇干裂和舌炎，也可伴有神经精神症状；③高半胱氨酸血症；④小细胞低色素性贫血。维生素 B_6 的毒性相对较低，但高剂量的营养补充剂也可引起明显的不良反应。

（3）食物来源和参考摄入量：维生素 B_6 来源于禽肉类、鱼类、肝脏、豆类、坚果及谷物。中国营养学会建议维生素 B_6 的 RNI 为 1.4mg/d、50 岁以上 1.6mg/d。孕妇为 2.2mg/d，乳母为 1.7mg/d；成人维生素 B_6 的 UI 为 60mg/d。

4. **维生素 B_{12}**　又名钴胺素，是唯一含金属元素的维生素，也是唯一一种需要内因子帮助才能被吸收的维生素。食物中的维生素 B_{12} 与蛋白质结合，进入人体消化道内，在胃酸、胃蛋白酶及胰蛋白酶的作用下，维生素 B_{12} 被释放，并与胃黏膜细胞分泌的一种糖蛋白内因子（intrinsic factor，IF）结合。维生素 B_{12}-IF 复合物在回肠被吸收。

（1）生理功能：①促进甲基转移；②促进红细胞的发育和成熟，预防恶性贫血；维护神经系统健康；③以辅酶的形式存在，可以增加叶酸的利用率；④具有活化氨基酸的作用和促进核酸的生物合成，它对婴幼儿的生长发育有重要作用；⑤促进脂肪、碳水化合物、蛋白质的代谢利用；⑥消除烦躁不安，集中注意力，增强记忆及平衡感。

（2）缺乏和过量：维生素 B_{12} 的缺乏可致：①巨幼细胞贫血；②神经障碍，在儿童可出现表情呆滞，智力减退，肌张力减低甚至出现瘫痪；③高同型半胱氨酸血症。

（3）食物来源和参考摄入量：维生素 B_{12} 主要来源于动物性食物，如肉类、动物内脏、鱼和贝壳类、蛋类、奶类及奶制品。中国营养学会建议成人维生素 B_{12} 推荐摄入量（RNI）为 2.4μg/d，孕妇为 2.9μg/d，乳母为 3.2μg/d。

5. **叶酸**　叶酸（folic acid，FA）由蝶啶、对氨基苯甲酸和谷氨酸组成，在体内的生物活性形式为四氢叶酸（THFA）。

（1）生理功能：①作为一碳基团（甲酰基、亚甲基、甲基）的载体，THFA 参与嘌呤、嘧啶核苷酸的代谢；②促进二碳和三碳氨基酸相互转化，参与氨基酸代谢；③参与血红素的合成。

（2）缺乏与过量：①典型缺乏症状是巨幼细胞性贫血（megaloblastic anemia）；②孕早期叶酸缺乏可引起胎儿神经管缺陷（neural tube defect），主要表现为脊柱裂、无脑儿、脑膨出；③叶酸缺乏导致同型半胱氨酸向胱氨酸转化障碍，血中同型半胱氨酸水平增加，形成高同型半胱氨酸血症（hyperhomocysteinemia），后者是动脉粥样硬化形成的危险因素；④舌炎和胃肠道功能紊乱等。过量的叶酸可影响锌的吸收、干扰维生素 B_{12} 缺乏的诊断结果。

(3) 食物来源和参考摄入量：绿叶蔬菜和酵母中叶酸含量最高，其他的食物来源有动物内脏、蛋类、豆类、坚果、水果等。中国营养学会建议成人推荐摄入量(RNI)为 400μg/d；孕妇为 600μg/d、乳母为 550μg/d。成人叶酸可耐受最高摄入量为 1 000μg/d。

6. **维生素** C　维生素 C 又称抗坏血酸，是维生素中需要量最多的一种。

(1) 生理功能：①参与羟化反应，促进胶原、神经递质合成，促进类固醇的代谢以及有机药物或毒物羟化解毒，促进抗体形成；②还原作用，改善铁、钙和叶酸的利用；③清除自由基；④预防肿瘤。

(2) 缺乏与过量：维生素 C 缺乏主要引起维生素 C 缺乏病，临床表现为前驱症状(有全身乏力、食欲减退，婴儿有生长迟缓、烦躁和消化不良)、全身点状出血、牙龈炎和骨质疏松。过量的危害：①成人摄入量超过 2g/d 可引起渗透性腹泻；②长期过量服用维生素 C 可增加患者泌尿系结石的风险；③葡萄糖 -6- 磷酸脱氢酶缺乏者接受大剂量维生素 C 可能发生溶血。

(3) 食物来源和参考摄入量：维生素 C 主要来源于新鲜蔬菜和水果，含量较丰富的蔬菜有辣椒、菠菜、花菜等。野生的苋菜、刺梨、沙棘、猕猴桃、酸枣等维生素 C 含量也很丰富。干的豆子不含维生素 C，但当豆类发芽后则可以产生维生素 C。中国营养学会推荐成年人维生素 C 的 RNI 为 100mg/d，预防非传染性慢性病的建议摄入量(PI-NCD)为 200mg/d，UL 为 2 000mg/d。

三、我国维生素营养学研究进展

维生素在慢性病营养防治方面的研究一直是营养学界关注的热点。我国无论是在人群研究和机制研究方面均取得了突破。近年来的研究揭示，维生素 A 的活性代谢产物视黄酸在基因转录方面起着重要的调控作用。视黄酸与核受体视黄酸受体(retinoic acid receptor，RAR)结合，后者与类视黄醇 X 受体(retinoid X receptor，RXR)形成异质二聚体，然后与 DNA 结合进而调节基因转录，在调控细胞分化、凋亡、生长抑制等方面具有重要的作用。视黄醇结合蛋白 4 与动脉粥样硬化以及非酒精性脂肪肝方面的关联及作用机制亦受到了关注。流行病学调查显示，目前全球近 10 亿人处于维生素 D 不足或缺乏状态，我国人群维生素 D 不足现象也较为普遍，维生素 D 营养状况亟待改善。维生素 D 缺乏不仅造成骨骼疾病(包括营养性佝偻病、软骨病、骨质疏松)，还与心血管疾病、代谢综合征(肥胖、糖耐量减低 / 糖尿病、脂代谢紊乱、高血压)、恶性肿瘤、感染、过敏性疾病、自身免疫性疾病、慢性肾脏病等的发生密切相关。

水溶性维生素的研究也取得新的进展。研究发现烟酸具有调节血脂、保护内皮细胞和抑制炎症的作用，以及烟酸可预防老年痴呆症和与年龄相关的认知功能障碍。叶酸对生物分子甲基化的研究揭示了甲基四氢叶酸还原酶基因变异与出生缺陷、心血管疾病发生危险性升高有关。

近年来大量的人群队列研究提示维生素在多种慢性病发生、发展中的重要作用，但临床随机对照试验的研究结果却存在众多争议，亟须开展大规模的人群研究，进一步验证单个及复合维生素在慢病防治中的效应及其作用机制。

(凌文华)

第六节　植物化学物

食物中除了含有多种营养素外，还含有其他许多对人体有益的物质。这类物质不是维持机体生长发育所必需的营养物质，但对维护人体健康、调节生理功能和预防疾病发挥着重要的作用。这类物质被称为“生物活性的食物成分”(bioactive food components)，如黄酮类化合物、酚酸、有机硫化物、萜类化合物和类胡萝卜素等，又被称为植物化学物。

一、植物化学物的分类

植物化学物可按照它们的化学结构或者功能特点进行分类。其中摄入量较高且功能相对比较明确的植物化学物见表 2-6-1，从该表中可见它们的生物活性有很大区别。总体来说，包括多酚、类胡萝卜素、萜类化合物、有机硫化物、皂苷、植物雌激素、植酸及植物固醇等。除上述各种植物次级代谢产物外，还有一些膳食摄入量较高且具有一定生物活性的植物化学物，如姜黄素、辣椒素、叶绿素及吲哚等。

表 2-6-1 常见植物化学物的种类、食物来源及生物活性

名称	代表化合物	食物来源	生物活性
多酚	原儿茶酸、绿原酸、白藜芦醇、黄酮、花色苷	各类植物性食物，尤其是深色水果、蔬菜和谷物	抗氧化、抗炎、抗肿瘤、调节毛细血管功能
类胡萝卜素	胡萝卜素、番茄红素、玉米黄素	玉米、绿叶菜、黄色蔬菜及水果	抗氧化、增强免疫功能、预防眼病
萜类化合物	单萜、倍半萜、二萜、三萜、四萜、多萜	柑橘类水果	杀菌、防腐、镇静、抗肿瘤作用
有机硫化物	异硫氰酸盐、烯丙基硫化合物	十字花科和葱蒜类蔬菜	杀菌、抗炎、抑制肿瘤细胞生长
皂苷	甾体皂苷、三萜皂苷	酸枣、枇杷、豆类	抗菌及抗病毒作用、增强免疫功能
植物雌激素	异黄酮、木酚素	大豆、葛根、亚麻籽	雌激素样作用
植酸	肌醇六磷酸	各种可食植物种子	抗氧化作用、抑制淀粉及脂肪的消化吸收
植物固醇	β- 谷固醇、豆固醇	豆类、坚果、植物油	抗炎和退热作用、抑制胆固醇吸收

摘自 Nutrition：Concepts and Controversies，12th ed，2011，63.

二、植物化学物的生物活性

植物化学物具有多种生物活性，主要表现在以下几方面。

1. **抗癌作用** 目前报道了多种植物化学物在降低人群肿瘤发病率方面可能具有实际意义。日常蔬菜和水果摄入量高的人群较摄入量低的人群肿瘤发生率要低 50% 左右。新鲜蔬菜和水果沙拉可明显降低肿瘤发生的危险性，对胃肠道、肺、口腔和喉的上皮肿瘤证据最为充分，对激素相关肿瘤抑制作用的证据较少，但乳腺癌和前列腺癌的低发病率似乎与食用大量蔬菜有关。

从十字花科植物提取的芥子油苷的代谢物莱菔硫烷（sulforaphane）可活化细胞培养系统中具有去毒作用的Ⅱ相酶——苯醌还原酶（quinone reductase）；某些酚酸（phenolic acid）可与活化的致癌剂发生共价结合并掩盖 DNA 与致癌剂的结合位点，这种作用可阻止由 DNA 损伤所造成的致癌作用；植物雌激素和芥子油苷的代谢产物可影响机体雌激素的代谢。已知雌激素对某些肿瘤生长有轻度促进作用，而植物雌激素在人肝脏可诱导性激素结合球蛋白（sex hormone binding globulin）的合成，这样就可增加雌激素与该种转运蛋白的结合，从而降低雌激素促肿瘤生长的作用。大豆中存在的染料木素（genistein）在离体条件下可抑制血管生长，并对肿瘤细胞的生长和转移也有抑制作用。植物化学物抗癌作用的另一可能机制是调节细胞生长（增生），如莱姆树中的单萜类可减少内源性细胞生长促进因子的形成，从而发挥抑制肿瘤细胞增生和促进肿瘤细胞凋亡的作用。次级胆汁酸促进细胞增生从而增加结肠癌的发生危险，植物化学物也能通过对次级胆汁酸这类代谢产物的内源性形成产生影响，进而改变结肠癌的发生。如植物固醇、皂苷和植物雌激素等植物化学物具有减少初级胆汁酸合成的作用，并可抑制它们向次级胆汁酸的转化。

2. **抗氧化作用**　肿瘤和心血管疾病的发病机制与氧化应激及自由基的存在有关。人体对抗这些活性物质的保护系统包括抗氧化酶系统如超氧化物歧化酶（superoxide dismutase，SOD）、谷胱甘肽过氧化物酶（glutathione peroxidase，GSH-Px）、内源性抗氧化物（尿酸、谷胱甘肽、α- 硫辛酸、辅酶 Q 等）及具有抗氧化活性的必需营养素（维生素 E 和维生素 C 等）。现已发现多种植物化学物，如类胡萝卜素、多酚、黄酮类、植物雌激素、蛋白酶抑制剂和有机硫化物等也具有明显的抗氧化作用。

在植物性食物的所有抗氧化植物化学物中，多酚无论在含量还是在自由基清除能力方面都是最高的。原儿茶酸和绿原酸等酚酸含有多个酚羟基，可以通过自身氧化释放电子，直接清除自由基，保持氧化还原系统与游离自由基之间的平衡。花色苷对自由基的清除能力甚至大于常见的抗氧化剂包括丁基羟基茴香醚和维生素 E。健康志愿者在摄入富含花色苷的蓝莓冻干粉后，血清中花色苷的浓度与氧自由基吸收能力（oxygen radical absorbance capacity，ORAC）呈明显正相关。某些类胡萝卜素，如番茄红素和斑蝥黄（canthaxanthin）与 β- 胡萝卜素相比，可以对单线态氧和氧自由基损伤具有更有效的保护作用。血液氧化低密度脂蛋白是血液中重要的氧化物质，与动脉粥样硬化发生密切相关。DNA 氧化性损伤与包括肿瘤在内的多种年龄有关的退行性疾病关系密切。以尿中排出的 8- 氧 -7，8- 二氢 -2- 脱氧鸟苷（8-oxo-7，8-dihydro-2-desoxyguanosine）作为生物标志物（biomarker），可以检测出 DNA 的氧化性损伤。饮茶可明显降低抽烟者的 DNA 氧化性损伤，这一效应与茶叶中富含的多酚类物质有关。人体每天摄入具有抗氧化作用的必需营养素只有 100mg，而每天摄入的具有抗氧化作用的植物化学物却超过了 1g，表明植物化学物作为抗氧化剂对降低肿瘤发生风险的重要性。

3. **免疫调节作用**　免疫系统具有抵御病原体的作用，同时也涉及在肿瘤及心血管疾病病理过程中的保护作用。迄今为止，已进行了多项类胡萝卜素对免疫系统刺激作用的动物实验研究，结果均表明类胡萝卜素对免疫功能有调节作用。部分黄酮类化合物具有免疫抑制作用；而皂苷、有机硫化物和植酸具有增强免疫功能的作用。

4. **抗微生物作用**　自古以来，某些食用性植物或调料植物就被用来处理感染。近年来，由于化学合成药物的副作用和耐药性，使从植物性食物中提取具有抗微生物作用的成分重新成为研究热点。

早期研究已证实球根状植物中的有机硫化物具有抗微生物作用。大蒜素是大蒜中的有机硫化物，具有很强的抗微生物作用。芥子油苷的代谢产物异硫氰酸盐和硫氰酸盐同样具有抗微生物活性。混合食用水芹、金莲花和辣根后，泌尿道中芥子油苷的代谢产物能够达到治疗尿路感染的有效浓度，但单独食用其中一种则不能达到满意的疗效。一项人群研究发现，每日摄入 300ml 树莓汁就能增加具有清除尿道上皮细菌作用的物质，可见经常食用这类水果可能同样会起到抗微生物作用。

5. **降胆固醇作用**　动物实验和临床研究均发现，以多酚、皂苷、植物固醇、有机硫化物和三烯生育酚为代表的植物化学物具有降低血胆固醇水平的作用。皂苷在肠中与初级胆酸结合形成微团，因这些微团过大不能通过肠壁而减少了胆酸的吸收，使胆酸的排出增加；多酚（如花色苷）可促进内源性胆固醇在肝脏中合成胆酸，从而降低了血中的胆固醇浓度。植物固醇可替代小肠微团中的胆固醇，使得胆固醇从微团中游离出来，减少胆固醇的肠内吸收。植物化学物还可抑制肝中胆固醇代谢的关键酶——羟甲基戊二酸单酰辅酶 A（hydroxy-methyl-glutaryl coenzyme A，HMG-CoA）还原酶。三烯生育酚、白藜芦醇可抑制 HMG-CoA 还原酶，降低胆固醇的合成。

6. **抑制动脉粥样硬化作用**　人群和动物干预研究发现蔬菜与水果中的花色苷、原儿茶酸、白藜芦醇等植物化学物有抗动脉粥样硬化的作用。花色苷可通过肠道细菌代谢生成原儿茶酸，后者可通过提高 HDL 介导的胆固醇逆向转运效率、改善内皮细胞依赖的血管舒张、降低巨噬细胞介导的 LDL 氧化能力等多种机制抑制动脉粥样硬化。白藜芦醇通过抑制巨噬细胞炎症反应、促进巨噬细胞胆固醇外流以及降低 LDL 水平等多种机制抑制动脉粥样硬化。

7. **其他**　植物化学物所具有的其他促进健康的作用还包括调节血压、血糖、血小板和血凝以及抑制炎症等作用。此外，部分植物化学物还有一些特殊作用，如叶黄素在维持视网膜黄斑功能发挥重要作用，植酸具有较强的金属离子螯合能力。

三、常见的几种植物化学物

(一) 类胡萝卜素

类胡萝卜素(carotenoid)是广泛存在于微生物、植物、动物及人体内的一类黄色、橙色或红色的脂溶性色素,具有抗氧化、抗肿瘤、增强免疫和保护视觉等多种生物学作用。

1. 结构与分类 类胡萝卜素是由8个异戊二烯基本单位组成的多烯链通过共轭双键构成的一类化合物,目前已从自然界中鉴定出700多种。根据其分子的组成,类胡萝卜素可分为两类,一类为不含有氧原子的碳氢族类胡萝卜素,称为胡萝卜素类(carotene);另一类为含氧的类胡萝卜素,称为叶黄素类(xanthophyll)。主要的类胡萝卜素包括α-胡萝卜素、β-胡萝卜素、γ-胡萝卜素、叶黄素、玉米黄素、β-隐黄素、番茄红素等。在胡萝卜素3种异构体中,以β-异构体含量最高,α-异构体含量次之,γ-异构体含量最少。α、β、γ-胡萝卜素及β-隐黄素可分解形成维生素A,而叶黄素、玉米黄素和番茄红素则不具有维生素A原的活性。

类胡萝卜素仅在植物和微生物中可自行合成,动物自身不能生物合成类胡萝卜素。类胡萝卜素在植物中主要存在于水果和新鲜蔬菜中,其中β-胡萝卜素和α-胡萝卜素主要来自黄橙色蔬菜和水果,β-隐黄素主要来自橙色水果,叶黄素主要来自深绿色蔬菜,番茄红素则主要来自番茄。人体每天摄入的类胡萝卜素约为6mg。2013版DRIs提出叶黄素的特定建议值(specific proposed level,SPL)为10mg/d,可耐受最高摄入量(UL)为40mg/d;番茄红素的SPL为18mg/d,UL为70mg/d。

2. 生物学作用

(1)抗氧化作用:类胡萝卜素含有许多双键,具有显著的抗氧化活性,能抑制脂质过氧化,减少自由基对细胞DNA、蛋白质和细胞膜的损伤,预防与氧化损伤相关的多种疾病,如衰老、心脑血管疾病、肿瘤和白内障等。其抗氧化作用的主要机制是淬灭单线态氧及清除自由基和氧化物。在类胡萝卜素中,以番茄红素的抗氧化活性为最强。流行病学研究表明,番茄红素、β-胡萝卜素和叶黄素与心血管疾病和一些肿瘤的患病风险之间存在负相关,血浆番茄红素是预防动脉粥样硬化发生的重要保护性因子。动物实验发现,番茄红素能明显增加受致死剂量紫外线照射小鼠的生存率。β-胡萝卜素能阻止低密度脂蛋白胆固醇(low density lipoprotein cholesterol,LDL-C)氧化产物的形成,但过高剂量的β-胡萝卜素具有促氧化的作用,显示了β-胡萝卜素对健康影响的双向调节作用。

(2)抗肿瘤作用:流行病学调查研究显示,摄食深绿色蔬菜水果能降低肿瘤发生率,其中一个重要原因是与蔬果中所含的类胡萝卜素有密切关系。抗癌作用研究较多的类胡萝卜素是番茄红素和β-胡萝卜素。番茄红素具有明显的抗癌作用,能有效预防多种肿瘤的发生。血液中的番茄红素浓度与前列腺癌、食管癌、胰腺癌、胃肠癌、乳腺癌等发病率呈负相关。有研究证实,摄入番茄及其制品可使发生前列腺癌的危险性下降21%。体外研究发现,番茄红素对人前列腺癌、宫颈癌、乳腺癌等具有明显的生长抑制作用。β-胡萝卜素可使致癌物质处理的细胞癌前变发生逆转。

类胡萝卜素抗癌作用的可能机制与其抗氧化、诱导细胞间隙通讯、调控细胞信号转导、抑制癌细胞增殖、诱导细胞分化及凋亡、抑制致癌物形成、调节药物代谢酶、增强免疫功能等有关。

(3)增强免疫功能:类胡萝卜素能增强机体的免疫功能。番茄红素和β-胡萝卜素能促进T、B淋巴细胞增殖,刺激特异性效应细胞功能,增强巨噬细胞、细胞毒性T细胞和自然杀伤细胞(natural killer cell,NK cell)杀伤肿瘤细胞的能力,减少免疫细胞的氧化损伤。类胡萝卜素还能促进某些白细胞介素(interleukin,IL)的产生而发挥免疫调节功能。

(4)保护视觉功能:叶黄素在黄斑区域(视觉最敏锐的区域)内高浓度聚集,是视网膜黄斑的主要色素。增加叶黄素摄入量具有明显的预防和改善老年性眼部退行性病变的作用,如视网膜色素变性、黄斑病变和白内障等。由于叶黄素的吸收峰与蓝光吸收光谱相对应,能吸收大量近于紫外光的蓝光,从而保护视网膜免于光损害。

（二）皂苷类化合物

皂苷（saponin），又名皂素，是一类广泛存在于植物茎、叶和根中的化合物，具有调节脂质代谢、降低胆固醇、抗微生物、抗肿瘤、抗血栓、免疫调节、抗氧化等生物学作用。

1. **结构与分类**　皂苷由皂苷元（sapogenin）和糖、糖醛酸或其他有机酸组成。常见的组成皂苷的糖有葡萄糖、半乳糖、鼠李糖、阿拉伯糖、木糖及其他戊糖类。根据皂苷元化学结构的不同，可将皂苷分为甾体皂苷和三萜皂苷两大类。甾体皂苷主要存在于薯蓣科和百合科植物中。三萜皂苷在豆科、石竹科、桔梗科、五加科等植物中居多。三萜又可分为四环三萜和五环三萜两类，尤以五环三萜最为多见，大豆皂苷即属于五环三萜类皂苷。据统计，目前已研究了 100 多种植物中的 200 余种天然皂苷，较常见的有大豆皂苷、人参皂苷、三七皂苷、绞股蓝皂苷、薯蓣皂苷等。根据膳食习惯和特点，平均每日膳食摄入的皂苷约为 10mg。食用豆类食物较多的人群，其皂苷摄入量可达 200mg 以上。

2. **生物学作用**

（1）调节脂质代谢，降低胆固醇：皂苷具有明显的降低胆固醇和调节脂质代谢的作用。大豆皂苷和绞股蓝皂苷能降低血中胆固醇和甘油三酯的水平。人参茎叶皂苷能降低糖尿病大鼠血清中脂质过氧化水平。现已有多种皂苷提取物作为降血脂药物用于临床。皂苷降低胆固醇的机制主要有：阻止胃肠道外源性胆固醇的吸收；阻断肠肝循环，促进胆固醇的排泄；与血清胆固醇结合形成不溶性复合物；降低羟甲基戊二酸辅酶 A（HMG-CoA）还原酶与提高胆固醇 7α- 羟化酶的活性；促进非受体途径的胆固醇代谢降解。

（2）抗微生物作用：多项研究证实了皂苷的抗菌和抗病毒作用。积雪草中的皂苷可抑制引起腹泻的细菌作用。大豆皂苷具有广谱抗病毒的能力，对 DNA 病毒和 RNA 病毒均有明显作用。大豆皂苷抗病毒的主要机制是通过增强机体吞噬细胞和 NK 细胞的功能来发挥对病毒的杀伤作用。

（3）抗肿瘤作用：许多皂苷如大豆皂苷、葛根总皂苷、绞股蓝总皂苷、人参皂苷、薯蓣皂苷等具有抗肿瘤作用，其中以大豆皂苷的抗癌研究较多。大豆皂苷可抑制多种肿瘤细胞（如结肠癌、肝癌、乳腺癌、白血病、肺癌、胃癌、前列腺癌、子宫颈癌、黑色素瘤和神经胶质瘤等）的生长。人参皂苷能抑制肿瘤血管新生、侵袭和转移。皂苷的抗肿瘤作用可能是通过抑制 DNA 合成、直接破坏肿瘤细胞膜结构、阻滞细胞周期、诱导细胞凋亡、抑制血管新生、增强机体自身免疫力、抗氧化、抗突变作用等实现。

（4）抗血栓作用：皂苷类化合物具有溶血的特性，曾一度被视为抗营养因子，但是人群试验未能证实其危害。大豆皂苷可激活纤溶系统，促进纤维蛋白溶解；抑制纤维蛋白原向纤维蛋白转化，增强抗凝作用；减少血栓素释放，抑制血小板聚集。

（5）免疫调节作用：绞股蓝皂苷具有明显升高白细胞数量及增强 NK 细胞活性的作用。大豆皂苷可使 IL-2 分泌增加、促进 T 细胞产生淋巴因子、提高 B 细胞的转化增殖、增强体液免疫功能。大豆皂苷还可明显提高 NK 细胞的活性。

（6）抗氧化作用：大豆皂苷可抑制血清中脂类氧化而减少过氧化脂质的生成，能增加超氧化物歧化酶（superoxide dismutase，SOD）含量、清除自由基而减轻机体的氧化损伤。绞股蓝皂苷能明显降低糖尿病大鼠血清过氧化脂质，并升高血清 SOD 的活性。人参皂苷可减少自由基的生成。

（7）其他：大豆皂苷可降低电离辐射诱发的小鼠骨髓细胞染色体畸变和微核形成而发挥抗突变作用，同时还具有保护肝损伤、改善糖尿病等作用。人参皂苷有调节神经兴奋与抗疲劳作用。绞股蓝皂苷有改善小鼠记忆能力和延长果蝇寿命的作用。

（三）多酚类化合物

多酚类化合物（polyphenol）是所有酚类衍生物的总称，主要指酚酸和黄酮类化合物。黄酮类化合物（flavonoid），又称生物类黄酮（bioflavonoid）或类黄酮，是一类广泛分布于植物界（主要存在于植物的叶、花、根、茎、果实中）的多酚类化合物，具有抗氧化、抗肿瘤、保护心血管、抗炎、抗微生物、增强免疫、抗衰老以及雌激素样作用等多种生物学功能。本节重点介绍黄酮类化合物。

1. **黄酮类化合物的结构与分类**　黄酮类化合物在植物体内大部分与糖结合成苷类或碳糖基的形

式存在，小部分以游离形式存在。黄酮类化合物以黄酮（2-苯基色原酮）为母核，其基本骨架由2个苯环（A环与B环）通过中央三碳连接而成，在母核上常含有羟基、甲氧基、烃氧基、异戊氧基等取代基，母核结构见图2-6-1。目前已知的黄酮类化合物已达数千种，按其结构可分为黄酮（flavone）和黄酮醇类（flavonol），如槲皮素、芦丁、黄芩素等，其中槲皮素为植物中含量最多的黄酮类化合物；二氢黄酮（flavanone）和二氢黄酮醇类（flavanonol），如甘草素和水飞蓟素；黄烷醇类（flavanol），如茶多酚中的儿茶素、表没食子儿茶素没食子酸酯（epigallocatechin gallate，EGCG）等；异黄酮（isoflavone）和二氢异黄酮类（isoflavanone），如大豆苷、染料木素和葛根素；双黄酮类（biflavone），如银杏黄酮、异银杏素；花色素类（anthocyanidin），如葡萄皮红、天竺葵素、矢车菊素、飞燕草素等；查耳酮类（chalcone），如异甘草素、红花苷；其他如黄烷类、黄酮类、二氢查耳酮等。

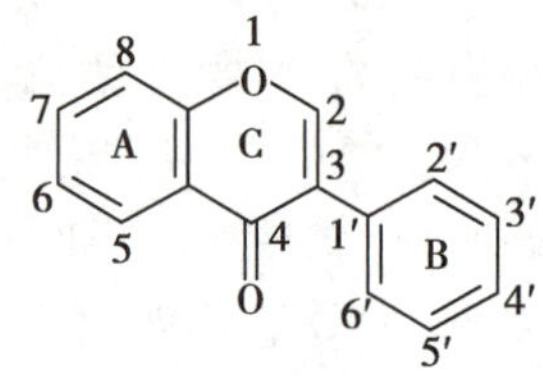

图2-6-1 黄酮类化合物母核结构示意图

黄酮类化合物的生物活性尤其抗氧化活性与其化学结构有密切关系。羟基基团总数和构型显著影响其清除自由基的活性。酚羟基数目越多，其结合自由基的能力越强；B环上3′，4′-邻苯二酚羟基结构、5′，7′-间二羟基、2-3不饱和双键、4-羰基基团以及苷元基团等可明显增强抗氧化活性。槲皮素由于其显著的化学结构特征而具有很强的抗氧化特性。

不同国家人群每日黄酮类化合物的膳食摄入量为20~70mg。主要的食物来源有绿茶、各种有色水果及蔬菜、大豆、巧克力、药食两用植物等。

2. **黄酮类化合物的生物学作用** 黄酮类化合物具有许多生物学作用，包括抗氧化、抗肿瘤、保护心血管、抗炎、抗菌、抗病毒、抗突变、抗衰老等生理活性。

（1）抗氧化作用：黄酮类化合物结构中含有酚羟基。酚羟基能与自由基反应生成较稳定的半醌式自由基，从而有效清除自由基。黄酮类化合物能直接清除自由基链引发阶段以及反应链中的自由基。除了直接清除自由基外，黄酮类化合物还可通过以下途径间接清除体内自由基：抑制与自由基产生有关的酶，如黄嘌呤氧化酶、细胞色素P450等；螯合Fe^{3+}、Cu^{2+}等具有诱导氧化作用的过渡态金属离子，阻断Fenton系统中自由基的生成；增强其他营养素的抗氧化能力，如大豆染料木素和儿茶素与维生素C、维生素E同时存在时具有协同效应。

（2）抗肿瘤作用：黄酮类化合物的抗肿瘤活性是近年来的一个研究热点。已有许多离体、动物及人群研究资料揭示了黄酮类化合物尤其是茶多酚和大豆异黄酮的抗肿瘤作用。黄酮类化合物的抗肿瘤作用主要通过以下机制实现：抗氧化和抗突变作用；阻断致癌物的合成及代谢活化；抑制蛋白激酶活性；抑制细胞信号转导通路；阻滞细胞周期，抑制细胞增殖；诱导细胞凋亡；抑制血管生成及提高机体免疫力等。染料木素对处于静止状态的非分裂细胞不产生抑制作用，而选择性地抑制增殖的肿瘤细胞，还可通过抑制血管内皮生长因子（vascular endothelial growth factor，VEGF）、表皮生长因子（epidermal growth factor，EGF）等多个环节抑制肿瘤血管的生成。茶多酚对肝癌、肺癌、白血病细胞等具有抑制作用。大豆异黄酮能与雌二醇竞争结合雌激素受体，对雌激素表现出拮抗作用，因而对激素依赖性的乳腺癌有抑制作用。大豆异黄酮还可通过其他机制，如抑制丝裂原活化蛋白激酶（mitogen-activated protein kinase，MAPK）和核因子κB（nuclear factor-κB，NF-κB）信号转导通路而对前列腺癌、结肠癌、胃癌、肺癌等产生抑制作用。目前国际上已开展多项黄酮类化合物如茶多酚和大豆异黄酮的肿瘤化学防治的人群研究。

（3）保护心血管作用：流行病学调查证实，摄入富含黄酮类物质的食物可以减少冠心病、动脉粥样硬化的发生。大量体内外试验研究也得出相似的结论。黄酮类化合物对心血管系统的保护作用机制有：①降低血脂含量。银杏黄酮、大豆异黄酮和茶多酚等能降低高脂血症人群的血清总胆固醇（total cholesterol，TC）、甘油三酯（triglyceride，TG）、低密度脂蛋白胆固醇（low density lipoprotein cholesterol，LDL-C）含量，并使高密度脂蛋白胆固醇（high density lipoprotein cholesterol，HDL-C）含量有一定程度的升高。②抑制LDL的氧化。槲皮素、芦丁、葛根素、大豆异黄酮和沙棘黄酮等能抑制LDL的氧化，减少氧化型低密度脂蛋白(ox-LDL)的生成。③抑制血小板聚集。茶多酚、槲皮素、葛根素等能降低血液黏度、抑制血小板聚集,防止血栓形成。④促进血管内皮细胞一氧化氮(nitric oxide,NO)的生成,引起血管舒张效应。⑤降低毛细血管的通透性和脆性。⑥抑制炎症反应。黄酮类化合物能抑制与动脉硬化和炎症反应相关的细胞间应答,抑制内皮细胞黏附分子表达及黏附反应,减少免疫细胞在动脉壁上的积聚,防止泡沫细胞的生成,抑制动脉粥样硬化和血栓形成。

一些黄酮类化合物如芦丁、葛根素、银杏黄酮等目前已用于治疗心血管系统疾病。许多含有黄酮类化合物的药材(如银杏叶、山楂、葛根、丹参等)也常用于心血管疾病的治疗。

(4)抑制炎症反应:动物及人群研究均证实了黄酮类化合物的抗炎作用。人群研究发现,槲皮素、山柰酚、锦葵色素、甲基花青素、染料木素等摄入量均与血清超敏C反应蛋白(hypersensitive C-reactive protein,hs-CRP)水平呈负相关。黄酮类化合物的抗炎作用机制有:①抑制花生四烯酸代谢酶,减少炎症反应递质的产生;②抑制基质金属蛋白酶2(matrix metalloproteinase 2,MMP-2)和MMP-9的活性;③抑制活性氧,控制炎症反应;④抑制NF-κB的活化,阻止炎症相关蛋白的合成。

(5)抗微生物作用:蜂胶中的多种黄酮类化合物具有抑菌活性。黄芩素对金黄色葡萄球菌、枯草杆菌、大肠埃希氏菌和铜绿假单胞菌具有抑制作用。黄酮类化合物通过破坏细胞壁及细胞膜的完整性、抑制核酸合成、抑制细菌能量代谢而发挥抑菌作用。黄酮类化合物是许多抗病毒中药(如金银花、大青叶、黄连、黄芩、鱼腥草、板蓝根、牛蒡子、野菊花、柴胡等)的有效成分,可抑制病毒复制。

(6)其他作用:除以上生物学作用外,黄酮类化合物还具有抗突变、抗衰老、增强免疫、抗辐射以及雌激素样作用等。

植物化学物研究的时间不长,所研究的植物化学物也仅仅是其中一小部分。与经典的营养素研究相比较,植物化学物的很多问题需要进一步的研究,如植物化学物的种类、生物利用至今尚不完全清楚,促进健康的推荐量以及可能引起毒性的剂量也不清楚,因而要在植物化学物中建立类似于营养素AI、UL等相关的指标还有一定的距离。

(凌文华)

第三章　食物营养价值与膳食结构

食物按其来源可分为两大类，即植物性食物（及其制品）和动物性食物（及其制品）。中国居民膳食指南将食物分为五大类。第一类为谷类、薯类及杂豆类，主要提供碳水化合物、蛋白质、膳食纤维、矿物质及B族维生素。第二类为蔬菜和水果类，主要提供膳食纤维、矿物质、维生素及有益健康的植物化学物质。第三类为动物性食物，主要提供蛋白质、脂肪、矿物质、维生素A、维生素D和B族维生素。第四类为大豆类和坚果类，主要提供蛋白质、脂肪、膳食纤维、矿物质、B族维生素和维生素E。第五类为烹调油和盐。

不同食物的营养价值不同，每一种食物均有其独特的营养特点。除母乳对于6个月以内婴儿属于营养全面的食物外，没有哪一种食物能够满足人体对所有营养素的需要。因此，食物多样、平衡膳食对满足机体的营养需求非常重要，平衡膳食是制定膳食指南的科学依据和基础。本章将介绍各类食物的营养特点、常见膳食结构和中国居民膳食指南。

第一节　各类食物的营养价值

每种食物各有其营养特点，只有食物多样化才能做到营养平衡。了解各类食物的营养价值是选择食物并实现平衡膳食的前提和关键。

一、谷类、薯类及杂豆类

谷类食物主要包括大米、小麦、玉米、小米、燕麦及高粱等，薯类包括马铃薯、甘薯、木薯等；杂豆类包括豌豆、蚕豆、绿豆、红豆和花豆等。谷类食品在我国居民膳食构成中占有重要地位，是中国传统膳食的主食。我国居民所称的杂粮通常包括除米面以外的谷类和杂豆类。谷类、薯类及杂豆类在我国居民膳食中构成比例较大，是我国居民膳食碳水化合物、蛋白质和一些矿物质及B族维生素的重要来源。

（一）谷类

1. 谷类结构和营养素分布　谷粒由谷皮、糊粉层、胚乳和胚4部分构成。各种谷类种子形态大小不一，但结构基本相似。最外层为谷皮，谷皮内为糊粉层（aleurone layer），再内为胚乳和位于一端的胚。各种营养成分在谷粒中的分布不均匀。

（1）谷皮：为谷粒外面的数层被膜，约占谷粒重量的6%，主要由纤维素、半纤维素等组成，矿物质和脂肪含量较高。

（2）糊粉层：糊粉层介于谷皮与胚乳之间，由厚壁的方形细胞构成，占谷粒重量的6%~7%，含丰富的蛋白质、脂肪、矿物质和B族维生素。在碾磨加工时，糊粉层易与谷皮同时混入糠麸中丢失。

（3）胚乳：胚乳是谷类的主要部分，占谷粒总重的83%~87%，由含大量淀粉粒的细胞构成，因此含大量淀粉和一定量蛋白质；此外，还含有少量的脂肪、矿物质和维生素。靠近胚乳周围部分蛋白质含量较高，越向中心分布含量越低。

（4）胚：位于谷粒一端，占谷粒的 2%~3%，包括盾片、胚芽、胚轴和胚根四部分。胚芽富含脂肪，可用于加工胚芽油。胚芽还富含蛋白质、矿物质、B 族维生素和维生素 E。胚芽柔软且有韧性，不易粉碎，在加工过程中易与胚乳分离，与糊粉层一起混入糠麸，所以精加工谷类常因缺失胚芽造成营养价值降低。

2. 谷类的营养成分及特点　谷类食物中的营养素种类和含量因谷物的种类、品种、产地、施肥以及加工方法的不同而有差异。

（1）蛋白质：谷类蛋白质含量一般在 7.5%~15.0%。谷类是我国传统主食，目前仍是居民膳食蛋白质的主要食物来源。根据溶解度不同，可将谷类蛋白分为 4 类：即白蛋白（albumin，溶于水或稀盐溶液）、球蛋白（globulin，溶于稀盐溶液）、醇溶蛋白（prolamin，溶于 70%~80% 乙醇）、谷蛋白（glutelin，溶于稀酸和稀碱溶液），其中醇溶蛋白和谷蛋白是谷类中含量丰富的蛋白质。小麦蛋白质中的谷蛋白和醇溶蛋白占蛋白质总量的 80%~85%，可迅速吸水膨胀，形成具有可塑性和延展性的网状结构，适宜于制作成各种面点。

谷类蛋白质所含的必需氨基酸中，赖氨酸含量较低，为第一限制氨基酸，有些谷类苏氨酸、色氨酸、苯丙氨酸、蛋氨酸也偏低。利用蛋白质互补作用将谷类与豆类等含丰富赖氨酸的食物混合食用，可弥补谷类食物赖氨酸的不足，提高谷类蛋白质的营养价值。也可以采用赖氨酸强化。目前通过传统的杂交育种方法已培育出高赖氨酸玉米（如 Opaque-2 玉米），其赖氨酸和色氨酸的含量比普通玉米高 50% 以上，从而提高蛋白质的营养价值。

（2）脂肪：谷类脂肪含量较低，大米、小麦为 1%~2%，玉米和小米为 4%，莜麦面达 8.6%。脂肪主要分布在糊粉层和胚芽，在谷类加工时易转入副产品中。从米糠中可提取与人体健康有密切关系的米糠油、谷维素和谷固醇。小麦胚芽脂肪含量为 10.1%，玉米胚芽中脂肪含量高达 17% 以上。玉米胚芽油中，80% 为不饱和脂肪酸，主要为亚油酸和油酸，其中亚油酸占油脂总量的 50%。

（3）碳水化合物：谷类的碳水化合物含量高，占 40%~70%，是碳水化合物最经济的来源。主要为淀粉（starch），其他为糊精、戊聚糖、葡萄糖、果糖、蔗糖、麦芽糖等。

谷类淀粉在结构上因葡萄糖分子聚合方式不同，可分为直链和支链淀粉，其含量因品种而异，直接影响食用风味。

直链淀粉（amylose），天然直链淀粉的空间构象卷曲成螺旋形，相对分子量为 3.2×10^4~1.6×10^5 甚至更大，相当于 200~980 个葡萄糖残基，黏性差，遇碘产生蓝色反应，易老化，形成难消化的抗性淀粉。支链淀粉（amylopectin）是枝杈状结构，相对分子量为 1×10^5~1×10^6，相当于 600~6 000 个葡萄糖残基，黏性大，遇碘产生棕色反应，易使食物糊化，从而提高消化率。与支链淀粉相比，直链淀粉使血糖升高的幅度较小。直链淀粉和支链淀粉的比例因谷类品种不同而有差异，并影响谷类食物的风味及营养价值，如普通玉米淀粉约含 26% 的直链淀粉，而糯米淀粉、糯玉米几乎全为支链淀粉。

谷物胚乳中膳食纤维含量很低，仅 0.3% 或更少，燕麦中半纤维素水平高于大多数谷物。谷皮中膳食纤维含量较高，因此全谷类食物是膳食纤维的重要来源。

（4）矿物质：谷类含矿物质为 1.5%~3.0%，主要在谷皮和糊粉层中，加工容易损失。主要是磷、钙，由于多以植酸盐形式存在，消化吸收率较差。谷类食物含铁少，通常为 1.5~3mg/100g。

（5）维生素：谷类是膳食 B 族维生素的重要来源，如维生素 B_1、维生素 B_2、烟酸、泛酸和维生素 B_6，主要分布在糊粉层和胚部，胚乳中含量很低。谷类加工精度越高，保留的胚芽和糊粉层越少，维生素损失越多。黄玉米和小米含少量胡萝卜素；小麦胚芽和玉米胚芽中含有较多的维生素 E；玉米中烟酸为结合型，不易被人体利用，须经适当加工使之变成游离型烟酸才能被吸收利用。

（二）薯类

薯类包括马铃薯、甘薯、木薯等。作为我国传统膳食的重要组成部分，薯类提供丰富的淀粉和膳食纤维，因此能量较高，易产生饱腹感，并含一定量的维生素和矿物质，蛋白质和脂肪含量较低。薯类富含各种植物化学物。马铃薯块茎中酚类化合物含量较高，总酚含量以干重计在 0.1%~0.3%，多为酚酸物质，包括水溶性的绿原酸、咖啡酸、没食子酸和原儿茶酸等，这些生物活性成分是马铃薯营养价值和生物活性作用的物质基础。

(三) 杂豆类

杂豆类主要有豌豆、蚕豆、绿豆、红豆、豇豆、芸豆、扁豆等。杂豆类的碳水化合物占 50%~60%，主要以淀粉形式存在；脂肪含量低于 2%；蛋白质含量 20% 左右，蛋白质氨基酸模式比谷类好，富含赖氨酸，但蛋氨酸不足；维生素和矿物质含量也较高，因此其营养素组成与谷类更为接近。《中国居民膳食指南》(2016) 将杂豆和谷类及薯类归为一类。由于杂豆类淀粉含量较高，可以制成粉条、粉皮、凉皮等，因加工过程中大部分蛋白质被去除，故其营养成分以碳水化合物为主，如粉条淀粉含量在 90% 以上。

二、大豆类及其制品

(一) 大豆类

1. 大豆营养成分

(1) 蛋白质：大豆含有 35%~40% 的蛋白质，是植物性食物中含蛋白质最多的。大豆蛋白质氨基酸组成接近人体需要，具有较高的营养价值，而且富含谷类蛋白较为缺乏的赖氨酸，是谷类蛋白质互补的天然理想食品，故大豆蛋白属于优质蛋白。

(2) 脂肪：大豆含脂肪 15%~20%，其中不饱和脂肪酸约占 85%，以亚油酸最多，高达 50% 以上，且消化吸收率高。此外，大豆油中还含有丰富的磷脂和具有较强抗氧化能力的维生素 E。

(3) 碳水化合物：大豆含碳水化合物 25%~30%，其中只有 50% 为可供利用的淀粉、阿拉伯糖和蔗糖，另 50% 是人体不能消化吸收的膳食纤维，如棉子糖和水苏糖，存在于大豆细胞壁，在肠道细菌作用下发酵产生二氧化碳和氢气，可引起腹胀。

(4) 矿物质和维生素：此外，大豆还含有丰富的钙、铁、维生素 B_1、维生素 B_2 和维生素 E。

2. 大豆中的其他成分 大豆中的其他成分包括植物化学物及抗营养因子。抗营养因子可影响人体对某些营养素的消化吸收，在应用大豆时应注意并合理处理这些抗营养因子，才能充分发挥大豆的营养作用。但近年来研究表明一些抗营养因子也具有特殊的生物学作用。

(1) 蛋白酶抑制剂：蛋白酶抑制剂 (protease inhibitor，PI) 是存在于大豆、棉籽、花生、油菜籽等植物中，能抑制胰蛋白酶、糜蛋白酶、胃蛋白酶等物质的统称。其中以胰蛋白酶抑制剂存在最普遍，对人体胰蛋白酶的活性有部分抑制作用，妨碍蛋白质消化吸收，对动物生长有抑制作用。采用常压蒸气加热 30min、1kg 压力加热 10~25min，即可破坏生大豆中的胰蛋白酶抑制剂。大豆脲酶抗热能力较胰蛋白酶抑制剂强，且测定方法简单，故常用脲酶反应来判定大豆中胰蛋白酶抑制剂是否已被破坏。我国婴儿配方乳粉标准中明确规定，含豆粉的婴幼儿代乳食品，脲酶试验必须是阴性。但近年来发现蛋白酶抑制剂也具有有益的生物学作用，如抗人类免疫缺陷病毒作用。

(2) 豆腥味：大豆中含有很多酶，其中脂肪氧化酶是产生豆腥味及其他异味的主要酶类，因脂肪氧化酶可氧化降解豆类中的不饱和脂肪酸，产生醇、酮、醛等小分子挥发性物质。用 95℃以上加热 10~15min，或用乙醇处理后减压蒸发，纯化大豆脂肪氧化酶等方法，均可脱去部分豆腥味。

(3) 大豆低聚糖：占大豆碳水化合物 50% 的水苏糖和棉子糖，是由半乳糖、葡萄糖和果糖组成的支链杂糖，又称大豆低聚糖，是生产浓缩和分离大豆蛋白时的副产品。由于人体内缺乏水苏糖和棉子糖水解酶，故可不经消化、吸收而直接进入大肠，在肠内微生物作用下产酸产气，引起胀气，过去称之为胀气因子或抗营养因子。大豆加工制成豆制品时，胀气因子已除去。但近年来发现大豆低聚糖可为肠道益生菌所利用，而具有维持肠道微生态平衡、提高免疫力、降血压、降血脂等作用。目前已利用大豆低聚糖作为功能性食品基料，可部分代替蔗糖用于清凉饮料、酸奶、面包等多种食品。

(4) 植酸：大豆中的植酸含量为 1%~3%，可与锌、钙、镁、铁等螯合，影响其吸收利用。在 pH 4.5~5.5 时，可得到含植酸很少的大豆蛋白。因为在此 pH 条件下，植酸可溶解 35%~75%，而对蛋白质影响不大。近年来发现植酸具有抗血小板凝集、抗氧化损伤等作用。

(5) 植物红细胞凝集素：大豆中植物红细胞凝集素能凝集人和动物的红细胞；有些凝集素与肠上皮细胞结合，阻碍营养素的吸收；有些凝集素则可作为蛋白质生物合成的抑制剂，影响动物生长。大量食用数小时后可引起头晕、头痛、恶心、呕吐、腹痛、腹泻等症状。经长时间的蒸煮和干热加工，植物红细胞凝集素即可被破坏。

(6) 大豆异黄酮：大豆异黄酮主要分布于大豆种子的子叶和胚轴中，含量为 0.1%~0.3%，其中子叶中的异黄酮含量占大豆中总异黄酮的 80%~90%。大豆异黄酮的含量因品质、产地、生长环境的不同有一定的差异。目前，从大豆中分离出的大豆异黄酮，整体上可分为游离型苷元和结合型糖苷。大豆异黄酮的生理功能包括提高机体免疫力、抗氧化、调节脂肪代谢、降低乳腺癌发病率等。

(7) 大豆皂苷：大豆皂苷在大豆中的含量为 0.6%~6.2%，呈灰白色、味苦，不易结晶，对人体各部分黏膜具有刺激作用。大豆皂苷具有多种生物学功能，如增强免疫、抗衰老、抗氧化、抑制血小板凝集等。

(8) 大豆甾醇：大豆甾醇在大豆油脂中的含量为 0.1%~0.8%。其在体内的吸收方式与胆固醇相同，但是吸收率低，只有胆固醇的 5%~10%。研究表明，大豆甾醇的摄入能够阻碍胆固醇的吸收，抑制血清胆固醇的上升，并具有抗氧化、抗炎症作用，起到预防和治疗高血压、冠心病等心血管疾病的作用。

(9) 大豆磷脂：大豆磷脂是豆油精炼过程中得到的一种副产物，主要成分包括卵磷脂、脑磷脂、磷脂酰肌醇、磷脂酰丝氨酸等。大豆磷脂是一种淡黄色至棕色、无臭或略带有气味的黏稠液体或固体粉末。研究显示大豆磷脂具有辅助抗高脂血症、增强免疫力等作用。

(二) 豆制品的营养价值

豆制品的范围，不仅是以大豆为原料的制品，还包括以其他豆类为原料生产的制品。大豆制品中有非发酵性豆制品，如豆浆、豆腐、豆腐干、干燥豆制品如腐竹等；发酵豆制品，如腐乳、豆瓣酱、豆豉、臭豆腐等。

大豆制品富含蛋白质，如腐竹的蛋白质含量达 45%~50%，豆腐干的蛋白质含量为 20%，水豆腐蛋白质含量为 5%~8%。豆制品中含有一定量的脂类，其中富含必需脂肪酸和磷脂，不含胆固醇。大豆中的微量元素基本都保留在豆制品中，因此豆制品是矿物质的良好来源。大豆中的水溶性维生素在豆腐制作过程中流失很多，维生素 B_1、维生素 B_2 和烟酸含量下降。

1. **豆腐**　豆腐在加工时，大豆经过浸泡、磨浆、过滤、煮浆等工序，去除了大量的膳食纤维和植酸，蛋白质受热变性，胰蛋白酶抑制剂被破坏，营养素的利用率有所提高。豆腐蛋白质含量为 5%~8%，钙含量很高，是膳食中钙的主要来源。

2. **豆腐干**　豆腐干经压榨排出水分后，含水量只有 65%~78%，各种营养成分由此而浓缩。千张、豆腐丝、豆腐皮的水分含量更低，蛋白质的含量可达到 20%~45%，其他各种营养素含量有不同的增加，也含有丰富的钙。

3. **豆浆**　豆浆中各种营养素含量与原料使用的量和加水量有关。此外，豆浆中还含有大豆异黄酮、膳食纤维、大豆磷脂、低聚糖、大豆皂苷等具有保健作用的成分。

4. **豆芽**　大豆和绿豆发制成豆芽，除含原有营养成分外，还可产生维生素 C，大豆芽中含天冬氨酸较多，常用来吊汤增鲜。

5. **发酵豆制品**　发酵豆制品在加工过程中由于微生物的作用，部分蛋白质被降解，消化吸收率大大提高；发酵分解产生的游离氨基酸可增加豆制品的鲜美口味；抗营养因子被分解或灭活后，钙、铁、锌等矿物质的生物利用度也大幅提高；B 族维生素含量有所增加，特别是维生素 B_{12}；发酵后大豆中棉子糖、水苏糖被分解，故发酵豆制品不引起胀气。

此外，大豆及其他油料，如花生、葵花籽蛋白质制品主要有 4 种。包括：①分离蛋白质：蛋白质含量约为90%，主要用于提高食物蛋白质的营养价值、增加食品的功能性；②浓缩蛋白质：蛋白质含量约70%，其余为纤维素等不溶成分，主要用于强化蛋白质，防止加工过程中的损失并增加对水分和脂肪的吸收；③组织化蛋白质：将油粕、分离蛋白质和浓缩蛋白质除去膳食纤维，加入各种调料或添加剂，经高温、高压膨化后制成，主要用来赋予切割肉和机械去骨肉、鱼以水合质地和结构，以及作为肉糜、鱼和家禽肉的替代品；④油料粕粉：用大豆或脱脂豆粕碾碎而成，有粒度大小不一、脂肪含量不同的各种产品。大豆及其他油料蛋白质制品，其氨基酸组成和蛋白质功效比值较好，目前广泛应用于食品加工业。

三、蔬菜和水果类

蔬菜、水果富含人体所必需维生素、矿物质和膳食纤维，含蛋白质、脂肪很少。此外，由于蔬菜水果中含有各种有机酸、芳香物质和色素等成分，使其具有良好感官性状，对增进食欲、促进消化、丰富食品多样性具有重要意义。

（一）蔬菜、水果中的营养成分

1. **蛋白质** 蔬菜、水果不是人类蛋白质的主要来源。大部分蔬菜的蛋白质含量很低，一般为1%~2%，鲜豆类平均可达4%。菌藻类中发菜、干香菇和蘑菇的蛋白质含量可达20%以上，必需氨基酸含量较高且组成平衡，因此其营养价值较高。某些蔬菜如菠菜、豌豆苗、豇豆、韭菜、菌藻类等赖氨酸含量比较丰富，可和谷类混合食用发挥蛋白质的互补作用。水果蛋白质含量多在0.5%~1%，此外还含有游离氨基酸。水果中的蛋白质主要为酶蛋白，参与碳水化合物、脂类代谢等。

2. **脂肪** 蔬菜、水果的脂肪含量极低，大多数脂肪含量不超过1%。少数水果如油梨、榴莲脂肪含量较高，如油梨脂肪含量达10%以上。水果种仁通常富含油脂，如西瓜籽中含19%脂肪，且以多不饱和脂肪酸为主。

3. **碳水化合物** 蔬菜、水果所含的碳水化合物包括糖、淀粉、纤维素、半纤维素和果胶等。

薯芋类蔬菜如豆薯、山药、芋头等和水生蔬菜如藕、菱角、荸荠等含有丰富的淀粉。蔬菜的成熟度与其含糖量密切相关，一般随着成熟度增加而增加，块茎、块根蔬菜的含糖量随着成熟度增高而下降。

水果含糖较蔬菜多，但因其种类和品种不同，含糖种类和数量有较大差异，如苹果和梨以果糖为主，桃、李、柑橘以蔗糖为主，葡萄、草莓则以葡萄糖和果糖为主。

蔬菜、水果所含的纤维素、半纤维素、木质素和果胶等是人类膳食纤维的主要来源，鲜豆类中膳食纤维含量为1.4%~4.0%，叶菜类为1.0%~2.2%，瓜类为0.2%~1.0%。纤维素与半纤维素主要存在于蔬菜皮层、输导组织和梗中。水果含果胶较多，对果酱、果冻加工有重要意义。

4. **维生素** 新鲜蔬菜、水果是维生素C、胡萝卜素、维生素B_2和叶酸的重要食物来源。维生素C在蔬菜代谢旺盛的叶、花、茎内含量丰富，与叶绿素分布平行。通常深色蔬菜的维生素C含量较浅色蔬菜高，叶菜中含量较瓜菜高。胡萝卜素在绿色、黄色或红色蔬菜中含量较多，如胡萝卜、南瓜、苋菜中丰富。水果中以鲜枣、草莓、桔、猕猴桃中维生素C含量较多，芒果、柑橘、杏等黄色和橙色的水果含胡萝卜素较多。

5. **矿物质** 蔬菜、水果中含有丰富的矿物质，如钙、磷、铁、钾、钠、镁、铜等，是矿物质的主要食物来源，对维持体内酸碱平衡起重要作用。绿叶蔬菜通常每100g含钙量在100mg以上，含铁1~2mg，如菠菜、雪里蕻、油菜、苋菜含钙较多。但蔬菜中存在的草酸不仅影响本身所含钙、铁的吸收，而且还影响其他食物中的钙、铁吸收。因此在选择蔬菜时，不能只考虑其钙绝对含量，还应注意其草酸含量。草酸是有机酸，能溶于水，故食用含草酸多的蔬菜时，可先用开水烫焯数分钟，去除部分草酸，以利于钙、铁的吸收。在膳食中，水果是钾的良好来源，一些水果如草莓、大枣和山楂中的铁含量较高，且因富含维生素C和有机酸，铁的生物利用度也较高。

（二）蔬菜、水果中的其他成分

1. **芳香物质、有机酸和色素** 蔬菜、水果中常含有各种芳香物质和色素，使食品具有特殊香味和颜色，可赋予蔬菜水果以良好感官性状。芳香物质为油状挥发性物质，称精油。主要成分为醇、酯、醛和酮等，有些芳香物质是以糖苷或氨基酸状态存在，必须经酶作用分解成精油才具有香味，如蒜油。

水果的有机酸，以苹果酸、柠檬酸和酒石酸为主，此外还有乳酸、琥珀酸、延胡索酸等，有机酸因水果种类、品种和成熟度不同而异。未成熟果实含琥珀酸和延胡索酸较多；柑橘类和浆果类柠檬酸含量丰富。有机酸能刺激人体消化腺分泌，增进食欲，有利于食物消化；此外，有机酸使食物保持一定酸度，对维生素 C 有保护作用。

2. **植物化学物**　蔬菜、水果中还含有具有特殊生理活性的植物化学物。如大蒜中所含的有机硫化物，具有抗菌消炎、降低血清胆固醇、抗血栓等作用；苹果、洋葱、甘蓝、番茄等含有的黄酮类化合物为天然抗氧化剂，具有保护心血管、抑制微生物、增强免疫力、抗辐射等生物学作用。许多研究正积极利用从食物中分离的各种生物活性成分，研制功能性食品。

四、畜肉、禽肉和水产品

畜肉、禽肉和水产类食品是人类膳食构成的重要组成部分。该类食品能供给人体优质蛋白质、脂肪、矿物质和维生素，食用价值较高。

（一）畜肉类营养价值

畜肉类是指猪、牛、羊等牲畜的肌肉、内脏、头、蹄、骨、血及其制品，主要提供蛋白质、脂肪、矿物质和维生素。因动物的种类、年龄、肥瘦程度及部位不同，营养素的分布也有所差异。肥瘦度不同的肉中，脂肪和蛋白质的变动较大；动物内脏蛋白质、维生素、矿物质和胆固醇含量较高。畜肉类食品经适当加工烹调，不仅味道鲜美，饱腹作用强，而且易于消化吸收。

1. **蛋白质**　畜肉蛋白质大部分存在于肌肉组织中，含量为 10%~20%，因动物种类、年龄、肥瘦程度及部位不同而异。畜肉类蛋白质含必需氨基酸数量充足，且在种类和比例上接近人体需要，易消化吸收，所以蛋白质营养价值很高，为利用率高的优质蛋白质。但存在于结缔组织的间质蛋白，主要是胶原蛋白和弹性蛋白，因必需氨基酸组成不平衡，如色氨酸、酪氨酸、蛋氨酸含量很少，蛋白质利用率低。

此外，畜肉中含有能溶于水的含氮浸出物，包括肌酸、肌酐、嘌呤、核苷酸、游离氨基酸和肽类等非蛋白含氮浸出物，使肉汤具有鲜味，成年动物含量较幼年动物高。

2. **脂肪**　畜肉脂肪含量因牲畜肥瘦程度及部位不同而有较大差异。如猪肥肉脂肪达 90%，猪五花肉 35.3%，猪前肘 31.5%，猪里脊肉 7.9%，牛五花肉 5.4%，牛瘦肉 2.3%。

畜肉类脂肪以饱和脂肪酸为主，熔点较高，其主要成分是甘油三酯，少量卵磷脂、胆固醇和游离脂肪酸。胆固醇多存在于动物内脏，如猪脑为 2 571mg/100g，牛脑 2 447mg/100g，猪肾 354mg/100g，猪肝 288mg/100g，牛肝 297mg/100g，猪瘦肉中胆固醇为 81mg/100g，牛瘦肉 58mg/100g。

3. **碳水化合物**　畜肉中的碳水化合物以糖原形式存在于肌肉和肝中，含量极少。宰后的动物肉在保存过程中，由于酶的分解作用，糖原含量会逐渐下降。

4. **矿物质**　畜肉矿物质含量为 0.8%~1.2%，铁含量较高，并以血红素铁形式存在，不受食物中其他因素影响，生物利用度高，是膳食铁的良好来源。牛肾和猪肾中硒含量较高，是其他一般食物的数十倍。此外，畜肉含有较多的钾、钠、铜、硫、磷等。

5. **维生素**　畜肉中 B 族维生素含量丰富，内脏如肝脏中富含维生素 A、维生素 B_2。

（二）禽肉类营养价值

禽肉包括鸡、鸭、鹅、鸽、鹌鹑等的肌肉、内脏及制品。禽肉蛋白质氨基酸组成接近人体需要，含量约为 20%，质地较畜肉细嫩，含氮浸出物多，故禽肉炖汤味道较畜肉鲜美。禽肉与畜肉相比，脂肪含量少且熔点低，为 23~40℃，含 20% 亚油酸，易于消化吸收。禽肉中硒的含量高于畜肉。

（三）水产品类营养价值

水产品可分为鱼类、甲壳类和软体类。鱼类有海水鱼和淡水鱼之分，海水鱼又分为深海鱼和浅海鱼。

1. **蛋白质**　鱼类肌肉中蛋白质含量为15%~25%。肌纤维细短，间质蛋白少，组织软而细嫩，较畜、禽肉更易消化，其营养价值与畜、禽肉近似。氨基酸组成中，色氨酸含量偏低。存在于鱼类结缔组织和软骨中的蛋白质主要是胶原蛋白和黏蛋白，是鱼汤冷却后形成凝胶的主要物质。其他水产品如河蟹、对虾、章鱼的蛋白质含量约为17%，酪氨酸和色氨酸的含量比牛肉和鱼肉高。

2. **脂肪**　鱼类脂肪含量少，因种类不同，脂肪含量差别也较大，如鳕鱼仅为0.5%，鳀鱼则为12.8%。鱼类脂肪在肌肉组织含量很少，主要分布在皮下和内脏周围。蟹、河虾等脂肪含量约2%，蟹类脂肪主要存在于蟹黄中，软体动物脂肪含量平均为1%。

鱼类脂肪多由不饱和脂肪酸组成，占80%，熔点低，常温下为液态，消化吸收率达95%。一些深海鱼类脂肪中含长链多不饱和脂肪酸，如二十碳五烯酸（eicosapentaenoic acid，EPA）和二十二碳六烯酸（docosahexaenoic acid，DHA），具有降低血脂、防治动脉粥样硬化的作用。鱼类胆固醇含量约为100mg/100g，但鱼子含量较高，如鲳鱼子胆固醇含量为1 070mg/100g，虾子胆固醇达896mg/100g。

3. **碳水化合物**　鱼类碳水化合物的含量低，仅有1.5%左右，主要以糖原形式存在。有些鱼不含碳水化合物，如草鱼、青鱼、鳜鱼、鲈鱼等。其他水产品中如海蜇、牡蛎和螺蛳等含量较高，可达6%~7%。

4. **矿物质**　鱼类矿物质含量较高，为1%~2%。其中磷的含量最高，占矿物质的40%，此外，钙、钠、钾、镁的含量也很丰富。水产品钙的含量较畜、禽肉均高，在小虾皮中含量特别高，达2%。海产鱼类含碘丰富，可达500~1 000μg/100g。牡蛎中富含锌，含量为128mg/100g，是锌的良好食物来源。

5. **维生素**　鱼类是维生素 B_2 的良好来源，如黄鳝含维生素 B_2 2.08mg/100g，河蟹为0.28mg/100g、海蟹为0.39mg/100g。海鱼肝脏是维生素A和维生素D富集的食物。某些鱼体内含维生素 B_1 酶，新鲜鱼如果不及时加工处理，鱼肉中的维生素 B_1 则会被其分解破坏，但加热可破坏此酶。

（四）肉类制品的营养价值

肉制品指以肉类作为主要原料，经过进一步加工而制成的产品。目前市场上的肉制品，既有传统制品，也有西式制品及中西式结合肉制品（即中式配方、西式加工工艺），品种繁多，风味各异，营养价值也有所差异。

腌腊制品和干制品类因水分减少，蛋白质含量相对增高，但易出现脂肪氧化及B族维生素损失。酱卤肉制品饱和脂肪酸含量下降，B族维生素也有明显损失。烧烤制品在高温加工时因含硫氨基酸、色氨酸等较为敏感的氨基酸部分分解，降低了肉类的营养价值。油炸食品的脂肪含量大幅增加，如果挂糊后油炸，吸油量更多，脂肪含量往往提高20%~30%，且碳水化合物含量也有所增加，能量大幅度提高，但高温下B族维生素含量明显下降。肉类罐头经高温长时间加热处理后，B族维生素和含硫氨基酸受到损失。腌腊、熏烧烤、油炸及香肠在腌制过程中，亚硝胺类或多环芳烃类物质含量增加，应控制摄入量，尽量食用鲜畜禽肉类。

五、乳及乳制品

乳类是营养成分齐全、组成比例适宜、易消化吸收、营养价值高的天然食品，能满足初生幼仔迅速生长发育的全部需要。乳类食品中以牛奶最普遍，适合于婴幼儿、患者和老人等人群。与人乳相比，牛奶含蛋白质较多，而乳糖低于人乳，故以牛奶代替母乳时应经适当调整成分，使其接近人乳组成，以有益于婴儿生长发育。奶类主要提供优质蛋白质、维生素A、维生素 B_2 和钙。除牛奶外，还有羊奶和马奶。

（一）奶类营养价值

奶类是主要由水、脂肪、蛋白质、乳糖、矿物质、维生素等组成的复杂乳胶体。奶味温和，稍有甜味，具有由低分子化合物如丙酮、乙醛、二甲硫、短链脂肪酸和内酯形成的特有香味。牛奶的比重平均为 1.032，比重大小与奶中固体物质含量有关。奶类各种成分除脂肪含量变动较大外，其他成分基本稳定，故比重可作为评价鲜奶质量的简易指标。

1. **蛋白质**　牛奶蛋白质含量平均为 3.0%，主要由 79.6% 酪蛋白、11.5% 乳清蛋白和 3.3% 乳球蛋白组成。酪蛋白属于结合蛋白，与钙、磷等结合，形成酪蛋白胶体粒子，该结合蛋白对酸敏感。奶中乳清蛋白属热敏性蛋白，受热凝固，对酪蛋白有保护作用。乳球蛋白与机体免疫有关。奶蛋白质消化吸收率为 87%~89%，生物学价值为 85，为优质蛋白。

由于牛奶中蛋白质含量较人乳高 3 倍，而且酪蛋白与乳清蛋白的构成比和与人乳构成比恰好相反，通常利用乳清蛋白改变其构成比，使之与母乳构成相似。

2. **脂肪**　乳脂肪含量为 3.0%~5.0%，主要为甘油三酯，此外还有少量卵磷脂、胆固醇等。乳脂肪以微粒状脂肪球分散在乳浆中，吸收率达 97%。乳脂肪中脂肪酸组成复杂，油酸占 30%，亚油酸和亚麻酸分别占 5.3% 和 2.1%，水溶性挥发性脂肪酸如丁酸、己酸、辛酸含量较高，这是乳脂肪风味良好及易于消化的原因。

3. **碳水化合物**　乳中碳水化合物主要为乳糖，含量为 3.4%~7.4%，比人乳少。乳糖甜度为蔗糖的 1/6，有调节胃酸、促进胃肠蠕动和消化液分泌作用；还能促进钙的吸收和肠道内乳酸杆菌繁殖。用牛奶喂养婴儿时，除调整蛋白质含量和构成外，还应注意适当增加甜度。

4. **矿物质**　牛奶矿物质含量为 0.7%~0.75%，富含钙、磷、钾。100ml 牛奶中含钙 104mg，且吸收率高，是钙的良好来源；铁含量低，因此用牛奶喂养婴儿时应注意补充铁。

5. **维生素**　奶含有人体所需各种维生素，其含量与饲养方式有关，放牧期牛奶中维生素 A、维生素 D、维生素 C 的含量较冬、春季在棚内饲养明显增多。

（二）乳制品营养价值

乳制品因加工工艺的不同，营养素含量有很大差异。

1. **巴氏杀菌乳（pasteurized milk）、灭菌乳（sterilized milk）和调制乳（modified milk）**　巴氏杀菌乳是指仅以生牛（羊）乳为原料，经巴氏杀菌等工序制得的液体产品；灭菌乳又分为超高温灭菌乳（ultra high temperature milk）和保持灭菌乳（retort sterilized milk）。超高温灭菌乳定义为以生牛（羊）乳为原料，添加或不添加复原乳，在连续流动的状态下，加热到至少 132℃并保持很短时间的灭菌，再经无菌灌装等工序制成的液体产品；保持灭菌乳则为以生牛（羊）乳为原料，添加或不添加复原乳，无论是否经过预热处理，在灌装并密封之后经灭菌等工序制成的液体产品。调制乳以不低于 80% 的生牛（羊）乳或复原乳为主要原料，添加其他原料或食品添加剂或营养强化剂，采用适当的杀菌或灭菌等工艺制成的液体产品。这 3 种形式的产品是目前我国市场上流通的主要液态乳，除维生素 B_1 和维生素 C 有损失外，营养价值与新鲜生牛乳差别不大，但调制乳因其是否进行营养强化而差异较大。

2. **乳粉**　乳粉（milk powder）根据食用要求，又分为全脂奶粉、脱脂奶粉、调制奶粉和加糖奶粉。

（1）全脂乳粉：鲜奶消毒后，除去 70%~80% 水分，采用喷雾干燥法，将奶喷成雾状微粒。生产的奶粉溶解性好，对蛋白质性质、色泽、气味、滋味及其他营养成分影响均很小。

（2）脱脂乳粉：脂肪含量仅为 1.3%，生产工艺同全脂奶粉，但原料奶经过脱脂过程，使脂溶性维生素损失。此奶粉适合于腹泻婴儿，以及限制脂肪的患者。

（3）调制乳粉：是以牛奶为基础，按照不同人群的营养需要特点加以调制而成，各种营养成分含量、种类及比例接近母乳。如改变牛奶中酪蛋白含量和酪蛋白与乳清蛋白比例，补充乳糖不足，以适当比例强化维生素 A、维生素 D、维生素 B_1、维生素 B_2、维生素 C、叶酸和微量元素等。

3. **发酵乳**　以新鲜奶、脱脂乳、全脂乳粉、脱脂乳粉或炼乳等为原料，接种嗜热链球菌和保加利亚乳杆菌发酵而成，其中以酸牛奶最为普遍。奶经过乳酸菌发酵后，乳糖变成乳酸，蛋白质凝固和脂肪不同程度水解，形成独特风味，深受食用者喜爱。该制品营养丰富，易消化吸收，还可刺激胃酸分泌。发酵乳中的益生菌在肠内生长繁殖，可抑制肠内腐败菌生长繁殖，调节肠道菌群，防止腐败胺类对人体产生不利影响，对维护人体健康有重要作用。酸奶适合于消化功能不良的婴幼儿、老人，并能使成人原发性乳糖酶缺乏者乳糖不耐受症状减轻。

4. **炼乳**　炼乳是浓缩乳，种类较多，可分为全脂、部分脱脂和脱脂的淡炼乳、加糖炼乳（甜炼乳）和调制炼乳。

（1）甜炼乳：甜炼乳（sweetened condensed milk）是在牛奶中加入约16%蔗糖，并经减压浓缩到原体积40%的乳制品。成品蔗糖含量为40%~45%，渗透压增大，保质期较长。甜炼乳因糖分过高，食前需加大量水分冲淡，使蛋白质等营养成分相对降低，故不宜用于喂养婴儿。

（2）淡炼乳：淡炼乳（evaporated condensed milk）是不加糖炼乳，又称蒸发乳。将牛奶浓缩到原体积33%左右后装箱密封，经加热灭菌制成有保存性的乳制品。与甜炼乳的区别在于：不加糖；进行均质操作，即为防止脂肪上浮，使用适当压力和温度，使脂肪球变小后表面积变大，增加脂肪球表面酪蛋白的吸附，脂肪球比重增大，上浮能力变小；经灭菌处理，灭菌温度通常在116℃保持16min。

淡炼乳经高温灭菌后，维生素 B_1 有所损失，若予增补，其营养价值与鲜奶几乎相同，高温处理后形成的软凝乳块，经均质处理脂肪球微细化，均有利于消化吸收，所以淡炼乳适于喂养婴儿。

5. **奶油**　由牛奶中分离的脂肪制成产品，含脂肪80%~83%，而含水量低于16%。主要用于佐餐和面包、糕点制作。

六、蛋类及其制品

蛋主要指鸡、鸭、鹅、鹌鹑、鸽、火鸡等禽类的蛋。各种蛋结构和营养价值基本相似，其中鸡蛋食用最普遍、销量最大。蛋类主要提供高营养价值的蛋白质。蛋类制成的蛋制品有皮蛋、咸蛋、糟蛋、冰蛋、蛋粉等。

（一）蛋的结构

各种蛋类都是由蛋壳、蛋清、蛋黄3部分组成。蛋壳占全蛋重的11%~13%，由93%~96%碳酸钙、0.5%~1%碳酸镁及磷酸钙、磷酸镁、少量黏多糖组成。蛋壳表面布满直径为15~65μm的细孔，新鲜蛋壳在壳外有层厚约10μm的胶质薄膜，壳内面紧贴厚约7μm的间质膜。在蛋的钝端，间质膜分离成气室。蛋壳的颜色因鸡品种的不同而异，由白到棕色，与蛋的营养价值无关。

蛋清为白色半透明黏性溶胶状物质，分为3层，即外层稀蛋清、中层浓蛋清和内层稀蛋清。蛋黄为浓稠、不透明、半流动黏稠物，表面包围有蛋黄膜，由两条韧带将蛋黄固定在蛋的中央。

（二）蛋的营养价值

蛋的营养价值较高，方便易得，蛋中营养素含量总体上基本稳定，微量营养素含量受品种、饲料、季节等多方面的影响，各种蛋的营养成分有共同之处。

1. **蛋白质**　蛋类含蛋白质约为12.8%，蛋清中较低，蛋黄中较高。蛋清中的蛋白质为胶状水溶液，由卵清蛋白、卵伴清蛋白、卵黏蛋白、卵类黏蛋白、卵球蛋白等组成；蛋黄中的蛋白质主要是卵黄磷蛋白和卵黄球蛋白。鸡蛋蛋白含有人体所需各种氨基酸，且氨基酸组成模式与人体接近，易消化吸收，其生物学价值达95，是最理想的天然优质蛋白质。在评价食物蛋白质营养质量时，常以鸡蛋蛋白质作为参考蛋白质。

2. **碳水化合物**　蛋类含碳水化合物较少，约为1%。蛋清中主要是甘露糖和半乳糖，与蛋白质结合；蛋黄主要是葡萄糖，大部分以与蛋白质结合的形式存在。

3. **脂肪**　蛋类脂肪98%集中在蛋黄内，呈乳化状，分散成细小颗粒，故易消化吸收。鸡蛋黄中脂肪含量30%~33%，其中中性脂肪占62%~65%，磷脂占30%~33%，胆固醇占4%~5%，还有微量脑苷脂类。蛋黄中中性脂肪的脂肪酸以油酸最为丰富，约占50%，亚油酸约占10%，还含有微量花生四烯酸和DHA。蛋黄是磷脂的良好食物来源，蛋黄中的磷脂主要是卵磷脂和脑磷脂，此外还有神经鞘磷脂。卵磷脂具有降低胆固醇的作用，并能促进脂溶性维生素的吸收。蛋中胆固醇含量较多，主要集中在蛋黄，鸡蛋中胆固醇含量为585mg/100g，鸡蛋黄中胆固醇含量为1 510mg/100g。摄入适量鸡蛋并不明显影响血清胆固醇水平，也不明显影响心血管疾病的发病风险。

4. **矿物质**　蛋中的矿物质主要存在于蛋黄部分。蛋黄中含矿物质 1.0%~1.5%，其中磷占 60% 以上，钙占 13%，还包括铁、硫、镁、钾、钠等。蛋黄中铁元素数量较高，但以非血红素铁形式存在，并由于卵黄磷蛋白对铁的吸收具有干扰作用，故蛋黄中铁的生物利用度较低，仅为 3% 左右。蛋中的矿物质含量受饲料因素影响较大。不同禽类所产蛋中矿物质含量也有所差别，如鹅蛋蛋黄中含铁较高，鹌鹑蛋含锌量高于鸡蛋，而鸵鸟蛋各种矿物质含量和鸡蛋相近。

5. **维生素**　蛋中维生素含量丰富且种类较全，其中绝大部分的维生素 A、维生素 D、维生素 E、大部分维生素 B_1 都存在于蛋黄中。蛋类维生素含量受品种、季节和饲料的影响。鸭蛋和鹅蛋的维生素含量总体高于鸡蛋。

（三）蛋类加工品的营养价值

蛋类的主要加工品包括皮蛋、咸蛋、糟蛋、卤蛋、蛋粉、冰蛋、蛋黄酱等。其中皮蛋、咸蛋、糟蛋、卤蛋是我国特有的传统风味产品，而蛋粉、冰蛋、蛋黄酱为国外引入的蛋制品。

皮蛋在腌制过程中经强碱的作用，使蛋白质及脂类分解，变得容易消化吸收，胆固醇也减少；但 B 族维生素受到严重破坏，含硫氨基酸含量下降，镁、铁等微量元素生物利用度下降；因为加工过程添加了磷酸铁，所以含铁量较高；钠和配料中所含的矿物质含量上升。咸蛋制作过程中对蛋中的营养价值影响不大，只有钠含量大幅度上升。卤蛋在卤制过程中主要造成 B 族维生素的损失和钠含量的增加，蛋壳中钙和部分微量元素部分溶出，提高了蛋白部分的矿物质含量，但蛋白质和脂类等营养素基本保持稳定。制作蛋粉对蛋白质利用率无影响，但如果蛋粉在室温下储藏 9 个月，其中的维生素 A 可损失 75% 以上，维生素 B_1 有 45% 的损失，其他维生素基本稳定。糟蛋、冰蛋可以不经加热直接食用，其营养素含量与鲜蛋差别不大。

七、坚果类

坚果又称壳果，共同特点是外有硬壳，内部可食用部分含水量低而能量高，富含各种矿物质和 B 族维生素。按照脂肪含量的不同，坚果可以分为油脂类坚果和淀粉类坚果。前者富含油脂，包括核桃、榛子、杏仁、松子、腰果、花生、葵花子、西瓜子、南瓜子等；后者淀粉含量高而脂肪很少，包括栗子、银杏、莲子等。富含脂肪的坚果营养素优于淀粉类坚果。坚果仁经炒、煎炸、焙烤后可作为日常零食食用，也可加工制造多种小吃。

1. **蛋白质**　富含油脂的坚果蛋白质含量多为 12%~25%。瓜子类的蛋白质含量更高，如炒西瓜子含 33.2%，南瓜子含 36.0% 以上。淀粉类坚果中以栗子的蛋白质含量最低，为 4%~5%，芡实为 8% 左右，而银杏和莲子都在 12% 以上，与其他含油坚果相当。坚果类的蛋白质氨基酸组成各有特点，如澳洲坚果不含色氨酸，花生、榛子和杏仁缺乏蛋氨酸，核桃缺乏蛋氨酸和赖氨酸，巴西坚果则富含蛋氨酸，葵花子含硫氨基酸丰富但赖氨酸稍低，芝麻赖氨酸不足。栗子虽然蛋白质含量低，但蛋白质的质量较高。总之，坚果类是植物性蛋白质的重要补充来源，但其生物价较低，需要与其他食物一起食用以达到蛋白质互补的作用。

2. **脂肪**　脂肪是油脂类坚果食品中极其重要的成分，油脂含量可高达 44%~70%，其中澳洲坚果更高达 70% 以上，故而绝大多数坚果类食品所含能量很高，可达 2 090~2 926kJ/100g（500~700kcal/100g），过量食用不利于控制体重。坚果食品中的脂肪多为不饱和脂肪酸，富含必需脂肪酸，是优质的植物脂肪。西瓜子、葵花子和核桃富含亚油酸，核桃和松子含有较多的 α- 亚麻酸，榛子、澳洲坚果、杏仁、美洲山核桃和开心果所含的脂肪酸中，57%~83% 为单不饱和脂肪酸。

3. **碳水化合物**　富含油脂的坚果中可消化碳水化合物含量较少，多在 15% 以下，如花生为 5.2%，榛子为 4.9%。富含淀粉的坚果则是碳水化合物的良好来源，如银杏含淀粉 72.6%，干栗子为 77.2%，莲子为 64.2%。坚果类的膳食纤维含量较高，例如花生膳食纤维含量达 6.3%，榛子为 9.6%，中国杏仁更高达 19.2%。

4. **维生素**　坚果类是维生素 E 和 B 族维生素的良好来源。杏仁中的维生素 B_2 含量特别突出。

富含油脂的坚果含有大量的维生素E。很多坚果含少量胡萝卜素，一些坚果中含有相当数量的维生素C，如欧榛中含维生素C达22mg/100g，栗子、杏仁为25mg/100g左右，可以作为膳食维生素C的补充来源。

5. **矿物质** 由于含水量少，坚果中钾、镁、锌、铜、硒等元素含量特别高，在其营养价值中具有重要意义。坚果含钾量在植物中仅次于豆类，镁、锌、铜、硒的含量也在植物类食物中名列前茅，而钠的含量普遍较低。一些坚果含有较丰富的钙，如美国杏仁和榛子都是钙的较好来源。总的来说，富含淀粉的坚果矿物质含量略低，而富含油脂的坚果矿物质含量更为丰富。芝麻是补充微量元素的传统食品，其中钾、锌、镁、铜、锰等元素含量均高，黑芝麻更高于白芝麻。南瓜子也是矿物质的植物性最佳来源之一。巴西坚果富含硒，而开心果富含碘。

（耿珊珊）

第二节 食物营养价值的影响因素

食物营养价值除了受到食物种类的影响外，在很大程度上还受到食物加工、烹调及储藏的影响。食物经过烹调、加工可改善其感官性状，增加风味，去除或破坏食物中的一些抗营养因子，提高其消化吸收率和生物利用率，延长保质期，但同时也可使部分营养素受到破坏和损失，甚至形成有毒有害的物质，从而降低食物的营养价值。

一、加工对食物营养价值的影响

1. **谷类加工** 谷类通过加工去除杂质和谷皮后，不仅可以改善谷类的感官性状，而且有利于消化吸收。由于谷类的结构特点，其所含矿物质、维生素、蛋白质、脂肪多分布在谷粒的周围和胚芽内，向胚乳中心逐渐减少，因此，加工精度与谷类营养素的保留程度有着密切关系。加工精度越高，糊粉层和胚芽损失越多，营养素损失越大，尤以B族维生素改变显著。但如果谷类加工粗糙、出粉（米）率高，虽然营养素损失减少，但感官性状差，消化吸收率也相应降低。此外，由于植酸和膳食纤维含量较多，还将影响其他营养素的吸收，如植酸可与钙、铁、锌等形成难溶的盐类，影响吸收。

我国于20世纪50年代初制造出标准米（九五米）和标准粉（八五粉），比精白米、面保留了较多的B族维生素、膳食纤维和矿物质，在节约粮食和预防某些营养缺乏病方面收到了良好效益。在国家标准《大米》（GB/T 1354—2018）中，对大米加工精度的定义做了更新，除了根据米粒表面和背沟残留皮层的程度来判断之外，还增加了“加工后米胚残留程度”这一指标。近年来随着经济的发展和人民群众生活水平的提高，人们倾向于选择精白米、面。为保障人民的健康，应采取改良谷类加工工艺，对米面营养强化，提倡粗细粮混食等方法来克服精白米、面的营养缺陷。

2. **豆类加工** 大豆经系列加工制作成豆制品，不仅除去大豆内对人体不利的各种抗营养因子，而且使大豆蛋白质结构从密集变成疏松状态，蛋白酶易进入分子内部，使消化率提高，从而提高大豆的营养价值。如干炒大豆中蛋白质消化率只有50%，但通过水泡、磨浆、加热、发酵、发芽等方法制成豆制品，其消化率明显提高，如豆浆消化率为85%~90%，豆腐消化率可提高至92%~96%。

大豆和绿豆发制成豆芽后，除含原有营养成分外，还可产生维生素C，含量为5~10mg/100g。当新鲜蔬菜缺乏时，豆芽是维生素C的良好来源。发芽过程中由于酶的作用促使大豆中的植酸降解，从而增加了钙、铁、磷等矿物质的消化率和利用率。

发酵豆制品如豆豉、腐乳、臭豆腐，由于发酵过程中微生物的作用，可产生植物性食物中不存在的维生素B_{12}。同时，由于发酵过程中酶的水解作用，可提高营养素的消化吸收利用率，如部分蛋白质被降解成氨基酸。此外，活性较低的糖苷型异黄酮被水解，成为抗氧化活性更高的游离型异黄酮。发酵过程还可使谷氨酸游离，增加发酵豆制品的鲜味。

3. **蔬菜、水果加工**　蔬菜、水果的加工首先需要整理和清洗，如摘去老叶、去皮等，可造成不同程度的营养素丢失。择菜时，丢弃外层叶片或削皮时过厚会造成营养素损失，因为蔬菜外部绿色叶片的营养价值高于中心的黄白色叶片，靠皮的外层部分营养素浓度高于中心部分。清洗蔬菜、水果的正确方法是先洗后切，不损伤叶片。如果先切后洗，洗后浸泡，会使大量的营养素溶于水而流失。

蔬菜、水果经加工可制成罐头食品、果脯、菜干等，加工过程中受损失的主要是维生素和矿物质，特别是维生素 C。

二、烹调对食物营养价值的影响

1. **谷类烹调**　大米加工运输过程中易受沙石、谷皮和尘土的混杂，烹调前须经过淘洗，在淘洗过程中可导致水溶性维生素和矿物质损失。用水量越多、浸泡时间越长、淘米水温越高，营养素损失愈严重。

不同的烹调方式使营养素损失的程度不同，米和面在蒸煮过程由于加热而受损失的主要是 B 族维生素。制作米饭时，用蒸的方式 B 族维生素的保存率较捞蒸方式（即弃米汤后再蒸）要高得多；米饭在电饭煲中保温，随时间延长，维生素 B_2 损失占所余部分的 50%~90%。在制作面食时，一般蒸、烤、烙方法，B 族维生素损失较少，但用高温油炸时损失较大，如油条制作，因加碱及高温油炸会使维生素 B_1 全部损失，维生素 B_2 和烟酸仅保留一半。在制作面包、饼干等食品的焙烤过程中，食物蛋白质中的赖氨酸等与还原糖起反应产生褐色物质，称为美拉德反应，可使赖氨酸失去效能。为此，应注意控制焙烤温度和糖的用量。

2. **蔬菜烹调**　烹调过程中，食物的切碎程度、切后放置时间和条件、烹调方式、用水量及 pH、加热温度及时间、烹调中使用其他原料的性质、烹调用具的材料以及烹调后放置的时间和条件等可明显地影响蔬菜营养价值破坏和损失的程度。切菜时，需要烹煮较长时间时可切大块，如果切小片或丝，应快速烹调。为了尽量减少烹调中维生素 C 的损失，可采取急火快炒的办法。

已经烹调好的蔬菜应尽快食用，避免反复加热。随着时间的延长，蔬菜的营养素仍会不断损失，此外还可能因细菌的硝酸还原作用而增加有害健康的亚硝酸盐含量。

3. **畜、禽、鱼、蛋类烹调**　畜、禽、鱼、蛋类经烹调后，蛋白质变性更有利于消化吸收。用炖、煮方式烹调时，矿物质和维生素损失不大。高温制作如油煎炸时，B 族维生素损失较多，可利用上浆挂糊、急火快炒的方法使肉类外部蛋白质迅速凝固，减少营养素的外溢损失。

肉类制品种类丰富，因加工方式不同，对营养价值的影响各异。总体而言，各类肉制品在经腌腊、酱卤、熏烧烤、加热干燥、油炸等处理后 B 族维生素被分解破坏较多，对蛋白质、脂肪、矿物质的影响不大。

三、储藏对食物营养价值的影响

（一）谷类储藏

在正常的贮藏条件下，谷类种子仅保持生机，生命活动进行得十分缓慢，此时，蛋白质、维生素、矿物质的含量都变化不大。当环境条件改变，如相对湿度增大、温度升高时，谷粒内酶的活性增加、呼吸作用增强，使谷粒发热，促进真菌生长，引起蛋白质、脂肪、碳水化合物分解产物堆积，发生霉变，不仅改变了感官性状，而且会失去食用价值。由于粮谷贮藏条件和水分含量不同，各类维生素在贮存过程中变化不尽相同。如谷粒水分为 17% 时，贮存 5 个月，维生素 B_1 损失 30%；水分为 12% 时，损失减少至 12%；谷类不去壳贮存 2 年，维生素 B_1 几乎无损失。故谷类应贮存在避光、通风、干燥和阴凉的环境下，控制真菌及昆虫的生长繁殖条件，减少氧气和日光对营养素的破坏，保持谷类的原有营养价值。

（二）蔬菜、水果储藏

蔬菜、水果在采收后仍会不断发生生理、生化、物理和化学变化。当保藏条件不当时，蔬菜、水果的鲜度和品质会发生改变，使其营养价值和食用价值降低。

1. 蔬菜、水果采收后会发生3种作用

（1）呼吸作用：蔬菜、水果在采收后，呼吸作用成为新陈代谢的主导，尤其在有氧条件下可加速食物中的碳水化合物、有机酸、糖苷、鞣质等有机物分解，从而降低蔬菜、水果的风味和营养价值。

（2）蒸散作用：蔬菜、水果在储藏过程中，不可避免地要发生水分的挥发和损失，这个过程称为蒸散作用，对果蔬的商品性、食用价值和耐藏性都有很大的影响。蒸散不但使果蔬失重、细胞膨压降低、萎蔫而失去新鲜饱满的外观，而且当水分损失>5%时，还会影响正常的呼吸作用，促使酶活性趋于水解作用，加速营养物质消耗，削弱组织耐藏性和抗病性，缩短储藏期。

（3）休眠：一些块茎、鳞茎、球茎、根茎类蔬菜结束田园生长时，产品器官内积累了大量营养物质，原生质发生了一系列变化，新陈代谢明显降低，生长停止而进入相对静止的状态，此时物质消耗和水分蒸散都降到最低限度。根据休眠的生理状况，可分为3期：休眠准备期，真休眠期（储藏安全期）和苏醒期。苏醒期果蔬的新陈代谢恢复正常，呼吸加快，在适宜条件下迅速发芽生长，很快消耗储藏物质，失去食用价值。如洋葱发芽后鳞茎变空，马铃薯发芽后则形成有毒的物质，不能食用。但此时若很好地控制环境条件，采用低温、低氧和适宜的高二氧化碳条件，能强迫这些产品继续休眠而不发芽。

2. 蔬菜、水果常用的保藏方法

（1）低温保藏法：冷藏是在高于食品冻结点的温度下进行保藏，对于果蔬，冷藏主要是使它们的生命代谢过程尽量延缓，保持其新鲜度。因此，在蔬菜、水果采收后，以不使蔬菜、水果受冻为原则，尽量降低储藏温度。由于品种、采摘时间、成熟度等多因素的影响，冷藏温度差别极大。如热带或亚热带水果对低温耐受性差，香蕉、柠檬、葡萄柚应储藏在12℃以上，而杏、梨、桃、樱桃可在-1.1~0℃保藏。

冻藏是指食品在冻结的状态下进行储藏，也称冻结保藏。冷冻食品在我国发展迅速，速冻蔬菜在市场上越来越多，大多数蔬菜在冷冻前需进行热烫前处理，在热烫过程中会造成维生素和矿物质的丢失，在预冻、冻藏及解冻过程中水溶性维生素将进一步受到损失。

（2）气调保藏法：是指通过调整和控制气调库中气体成分与比例以及环境的温度和湿度来延长食品储藏寿命和货架期的一种技术。通过降低氧气含量，增加二氧化碳（或其他气体如氮气等）的含量，降低大部分蔬菜、水果呼吸作用，以达到保鲜的目的，是目前国际上公认的最有效的果蔬储藏保鲜方法之一。

（3）辐照保藏法：辐照保藏是利用射线照射食品（包括原材料），延迟新鲜食物某些生理过程（发芽和成熟），或对食物进行杀虫（如干果）、消毒、杀菌、防霉等，达到延长保藏时间，稳定、提高食品质量目的的操作过程。在辐照剂量恰当的情况下，食物的感官性状及营养成分很少发生改变。大剂量照射可使营养成分尤其是维生素C有一定的损失。低剂量照射再结合低温、低氧条件，能够较好地保存食物的外观和营养素。

（三）动物性食物保藏

畜、禽、鱼等动物性食物一般采用低温储藏，包括冷藏法和冻藏法。冻藏法能较好地保持动物性食物的营养价值，延长保藏期。冷冻肉质的变化受冻结速度、储藏时间和解冻方式的影响。“快速冷冻，缓慢融化”是减少冷冻动物性食物营养损失的重要措施。

（钟才云）

第三节　常见膳食结构

膳食结构是指一个国家、一个地区或个体日常膳食中各类食物的种类、数量及其所占的比例。膳食结构不仅反映人们的饮食习惯和生活水平高低，同时也反映一个民族的传统文化、一个国家的经济发展和一个地区的环境和资源等多方面的情况。研究显示，膳食结构模式与健康及各种慢性疾病的发病率、死亡率密切相关。因此，从膳食结构的分析上可以发现该地区人群营养与健康和慢性疾病之间的关系，通过适当的干预可以促使其向更利于健康的方向发展。总体而言，当今世界上的膳食结构大致分为以下几种代表类型：以动物性食物为主的欧美膳食结构，以植物性食物为主的东方膳食结构，以及食物多样化、动植物食物比例较为协调的膳食结构，其中又包括日本膳食结构和地中海膳食结构。

一、东方膳食结构

该膳食结构以植物性食物为主，动物性食物为辅。以某些发展中国家如印度、巴基斯坦、孟加拉国和非洲一些国家等为代表，这些国家的温饱问题已经基本解决，但食物尚未得到极大丰富，膳食构成仍然以植物性食物为主。

这种膳食结构的食物消费有以下几个特点：能量基本满足需求，但食物质量不高，品种也不够丰富；谷类食物消费量大，年人均约200kg，植物性食物提供的能量占总能量的80%以上；动物性食物消费量不足，年人均10~20kg，总蛋白质中动物性蛋白质的比例在20%以下；食物主要以新鲜天然形态食用；平均每天能量摄入为2 000~2 400kcal，蛋白质仅50g左右，脂肪仅30~40g，膳食纤维充足，来自动物性食物的营养素如钙、铁、维生素A的摄入量不足。

这种膳食结构的营养素供给特点是：能量摄入基本能够满足机体需要，但优质蛋白不足，易出现蛋白质缺乏型营养不良，影响儿童生长发育；植物性食物过多，膳食纤维摄入水平高，影响矿物质、脂溶性维生素的吸收和利用；营养缺乏病发生较为普遍，人群体质较弱，健康状况不良，劳动能力降低，但肥胖、心脏病、糖尿病等慢性疾病的发病率较低。这类国家亟待发展食物生产，提高能量和开发廉价植物蛋白资源，从而逐渐改善膳食结构，逐步增加脂肪和蛋白质摄入量。

二、欧美膳食结构

该膳食结构以动物性食物为主。以多数欧美发达国家和地区如美国、西欧和北欧诸国居民膳食为代表，这些国家农业资源丰富，年人均粮食占有量800~1 500kg，有能力生产大量畜产品。这种膳食结构的食物消费有以下几个特点：粮谷类食物消费量小，谷类的年人均消费量在75kg左右；动物性食物及食糖消费量大，人均每日消费肉类300g左右，乳及乳制品300g，蛋类50g；食物的加工程度高，居民食用新鲜天然形态食物的比例偏低，购买包装食品的比例偏高。

这种膳食结构的营养素供给特点是高能量、高脂肪、高蛋白，动物性食物成为能量主要来源，每天摄入的总能量在3 300~3 500kcal，蛋白质100g左右，动物蛋白占50%以上，脂肪占总能量百分比在35%~45%。

这类膳食结构的优点在于营养素供应充足，优质蛋白比例高，矿物质利用率较高，脂溶性维生素和B族维生素含量高。但这种膳食结构也有很大的弊端，即营养过剩，蛋白质和脂肪摄入过量，脂肪中饱和脂肪酸比例过高，精制糖过多，同时膳食纤维摄入不足，抗氧化物较少，严重损害了人体健康，会增加肥胖、糖尿病和心血管疾病等慢性病的风险。这些发达国家已经认识到膳食结构的问题，在国民中大力提倡降低动物性食物、精制糖和油脂消费量，增加蔬菜、水果、全谷类食物的摄入。

三、日本膳食结构

该膳食结构中动、植物性食物较为平衡，以日本、新加坡居民膳食为代表。这种膳食结构保持了东方国家以谷类食物为主要能量来源的优良传统，又吸取欧美发达国家以动物性食物为主的长处，合理地供给一定数量的动、植物食品，少油、少盐、多海产品，乳类和肉类供应量适中，以达到全面合理地摄取能量和各种营养素的目的，使人们的膳食构成基本上属于平衡膳食。该膳食结构的特点是：保持以谷类为主的饮食习惯，人均每天消费量 300~400g；主食多样化，薯类、豆类、粗粮的消费量保持较高水平；蔬菜、水果供应较为丰富，蔬菜品种多，膳食中含有较多藻类和菌类；动物性食物较为丰富但并不过量，平均每天消费量 100~150g，动物蛋白来源广，水产品比例达到 50%，奶类 100g 左右，蛋类、豆类各 50g 左右；精制糖和油脂消费量不高。

这种膳食结构的营养素供给特点是营养素供应全面而平衡，蛋白质、脂肪和碳水化合物供能比合适，膳食纤维丰富，每天能量摄入为 2 000kcal 左右，脂肪 50~60g，蛋白质 70~80g，其中动物蛋白质占总蛋白的 50%。该模式有利于避免营养缺乏病和营养过剩性疾病，膳食结构基本合理，营养平衡，已成为世界各国调整膳食结构的参考。

四、地中海膳食结构

该膳食结构是居住在地中海地区的居民所特有的，以希腊、意大利居民的膳食为代表。此膳食结构的突出特点是：食物多样，动植物食物平衡；富含植物性食物，包括水果、蔬菜、谷类、豆类、果仁等；每天食用适量鱼、禽，少量蛋、奶酪和酸奶；每个月食用几次红肉（猪、牛和羊肉及其制品）；橄榄油是主要的食用油；以新鲜水果作为典型的每日餐后食品，甜食每周只食用几次；部分成年人有饮用葡萄酒的习惯；食物的加工程度低，新鲜度较高，居民以食用当季、当地产的食物为主。

这种膳食结构的营养素供给特点是与欧美膳食结构相比，饱和脂肪酸摄入量低，复杂碳水化合物摄入量较高，蔬菜、水果、膳食纤维较为丰富。脂肪提供的能量占膳食总能量比在 25%~35%，饱和脂肪所占比例较低，在 7%~8%。这种膳食结构中居民心脑血管疾病及糖尿病的发病率、死亡率低。

五、我国膳食结构

近 30 年来，由于经济快速发展，我国居民膳食结构正在发生显著变化。目前我国居民膳食结构为 3 种并存的局面，即贫困和偏远地区保持了东方膳食结构，经济发达地区（大城市）居民已经是欧美膳食结构，其他地区则从原来的东方膳食结构向欧美膳食结构过渡。因此，我国目前正处于膳食结构变迁的关键期。膳食结构的变迁给居民健康带来了很多好处，主要表现在膳食质量的改善，特别是膳食蛋白质质量的改善。这对降低营养缺乏病、促进居民健康、促进儿童青少年生长发育、延长平均期望寿命等方面起到了重要作用；但也要注意合理引导，避免欧美膳食结构因脂肪、能量摄入过多而增加肥胖、糖尿病和心血管疾病等慢性病的风险。

据中国营养学会组织编写并发布的《中国居民膳食指南科学研究报告（2021）》显示，我国大多数人群膳食结构仍保持植物性食物为主，谷类食物仍是能量的主要食物来源，蔬菜供应品种更加丰富，季节性差异明显缩小，居民蔬菜摄入量仍稳定在人均每日 270g 左右。居民动物性食物摄入量增加，优质蛋白质摄入量增加，全国城乡居民来源于动物性食物蛋白质的比例从 1992 年的 18.9% 增加到 2015 年的 35.2%。

然而，受社会经济发展水平不平衡、人口老龄化和不健康饮食生活方式等因素的影响，我国居民膳食不平衡的问题仍突出，成为慢性病发生的主要危险因素。高油、高盐摄入在我国仍普遍存在，青少年含糖饮料消费逐年上升，全谷物、深色蔬菜、水果、奶类、鱼虾类和大豆类摄入普遍不足。因此，正确引导居民改变膳食现状，建立平衡合理的膳食结构，是一项紧迫而艰巨的任务。

（钟才云）

第四节　中国居民膳食指南

膳食指南是根据营养科学原则和民众健康需要，结合当地食物生产供应情况及人群生活实践，给出的食物选择和身体活动的指导意见。各国的膳食指南均由政府或国家级营养专业团体研究制定，是健康教育和公共卫生政策的基础性文件，是国家实施和推动食物合理消费及改善人群营养健康行动的一个重要组成部分。

《中国居民膳食指南》以营养科学原理为基础，针对当前主要的公共卫生问题，提出的针对中国居民食物选择和身体活动的指导意见，其目的是实现平衡膳食，满足 DRIs 的要求。

为了适应居民营养与健康的需求，帮助居民合理选择食物，1989 年我国发布第一版《中国居民膳食指南》，1997 年、2007 年和 2016 年又进行了三次修订。随着时代发展，我国居民膳食消费和营养状况发生了明显变化。为了更加契合民众健康需要和生活实际，受国家卫生健康委委托，中国营养学会组织专家依据我国居民膳食营养问题和膳食模式分析以及食物与健康科学研究证据报告，参考国际组织和其他国家膳食指南修订的经验，对我国第四版《中国居民膳食指南(2016)》进行修订，于 2022 年 4 月发布了第五版《中国居民膳食指南(2022)》。

《中国居民膳食指南(2022)》由一般人群膳食指南、特殊膳食人群膳食指南和中国居民平衡膳食实践组成。

一、一般人群膳食指南

《中国居民膳食指南(2022)》提炼出了平衡膳食八准则，作为 2 岁以上健康人群合理膳食的必须遵循原则，即：①食物多样，合理搭配；②吃动平衡，健康体重；③多吃蔬果、奶类、全谷、大豆；④适量吃鱼、禽、蛋、瘦肉；⑤少盐少油，控糖限酒；⑥规律进餐，足量饮水；⑦会烹会选，会看标签；⑧公筷分餐，杜绝浪费。

(一) 食物多样，合理搭配

核心推荐：坚持谷类为主的平衡膳食模式；每天的膳食应包括谷薯类、蔬菜水果、畜禽鱼蛋奶和豆类食物；平均每天摄入 12 种以上食物，每周 25 种以上，合理搭配；每天摄入谷类食物 200~300g，其中包含全谷物和杂豆类 50~150g；薯类 50~100g。

平衡膳食模式是根据营养科学原理、我国居民膳食营养素参考摄入量及科学研究成果而设计，指一段时间内，膳食组成中的食物种类和比例可以最大限度地满足不同年龄、不同能量水平的健康人群的营养和健康需求。合理膳食是在平衡膳食的基础上，考虑到健康状况、地域资源、生活习惯、信仰等情况而调整的膳食，能较好地满足不同生理状况、不同信仰以及不同健康状况等某个阶段的营养与健康需要。食物多样指一日三餐膳食的食物种类全、品样多，是平衡膳食的基础。合理搭配指食物种类和重量的合理化，膳食的营养价值通过合理搭配而提高和优化。合理搭配是平衡膳食的保障。

实行平衡膳食应做到食物多样，合理搭配。每天的膳食应包括谷薯类、蔬菜水果类、畜禽鱼蛋奶类、大豆坚果类等食物。人体必需的 40 余种营养素均需要从食物中获得。不同食物中的营养素及有益膳食成分的种类和含量不同。除供 6 月龄内婴儿的母乳外，没有任何一种食物可以满足人体所需的能量及全部营养素。因此，只有多种食物组成的膳食才能满足人体对能量和各种营养素的需要。只有一日三餐食物多样化，才有可能达到平衡膳食。除了烹调油和调味品，平均每天应摄入 12 种以上食物，每周 25 种以上食物。

谷类为主，就是谷类食物所提供的能量要占膳食总能量的一半以上；谷类为主也是中国人平衡膳食模式的重要特征，是平衡膳食的基础，一日三餐都要摄入充足的谷类食物。谷类食物含有丰富的碳水化合物，是提供人体所需能量的最经济、最重要的食物来源，也是提供 B 族维生素、矿物质、膳食纤维和蛋白质的重要食物来源，在保障儿童青少年生长发育、维持人体健康方面发挥着重要作用。坚持谷类为主，特别是增加全谷物摄入，有利于降低糖尿病、心血管疾病、结直肠癌等与膳食相关的慢性病的发病风险，可减少体重增加的风险，并具有改善血脂异常的作用。推荐每天摄入谷类食物 200~300g，其中全谷物和杂豆类 50~150g；薯类 50~100g。

(二) 吃动平衡，健康体重

核心推荐：各年龄段人群都应天天进行身体活动，保持健康体重；食不过量，保持能量平衡；坚持日常身体活动，每周至少进行 5 天中等强度身体活动，累计 150 分钟以上；主动身体活动最好每天 6 000 步；鼓励适当进行高强度有氧运动，加强抗阻运动，每周 2~3 天；减少久坐时间，每小时起来动一动。

每个人都应保持足够的日常身体活动，相当于每天 6 000 步或以上。充分利用外出、工作间隙、家务劳动和闲暇时间，尽可能地增加“动”的机会，减少“静坐”的时间。同时，将运动融入日常生活中，有计划安排运动，循序渐进，逐渐增加运动量。通过吃动平衡达到健康体重的原则是量出为入，鼓励多动会吃，不提倡少动少吃，忌不动不吃，因为生命在于运动。

吃和动是影响体重的两个主要因素。吃的过少和(或)运动过量，能量摄入不足和(或)能量消耗过多，会导致营养不良，体重过低(低体重、消瘦)，体虚乏力，增加感染性疾病风险；吃的过多和(或)运动不足，能量摄入过量和(或)消耗过少，会导致体重超重、肥胖，增加慢性病风险。因此吃动应平衡，保持健康体重。通过合理的“吃”和科学的“动”，不仅可以保持健康体重，塑造健康体型，还可以增进心肺功能，改善糖、脂代谢和骨健康，调节心理平衡，增强机体免疫力，降低肥胖、心血管疾病、糖尿病、癌症等威胁人类健康的慢性病的风险，提高生活质量，减少过早死亡，延长寿命。

(三) 多吃蔬果、奶类、全谷、大豆

核心推荐：蔬菜水果、全谷物、奶制品和大豆及制品是平衡膳食的重要组成部分；餐餐有蔬菜，保证每天摄入不少于 300g 的新鲜蔬菜，深色蔬菜应占 1/2；天天吃水果，保证每天摄入 200~350g 的新鲜水果，果汁不能代替鲜果；吃各种各样的奶制品，摄入量相当于每天 300ml 以上液态奶；经常吃全谷物、大豆制品，适量吃坚果。

蔬菜、水果、奶类、全谷物和大豆及制品是人类膳食的重要组成，坚果是膳食的有益补充。蔬菜和水果富含维生素、矿物质、膳食纤维，且能量低，对于满足人体微量营养素的需要、保持人体肠道正常功能以及降低慢性病的发生风险等具有重要作用。蔬果中还含有各种植物化学物、有机酸、芳香物质和色素等成分，能够增进食欲，帮助消化，促进人体健康。推荐餐餐有蔬菜，保证每天摄入 300g 以上的蔬菜，其中深色蔬菜应占 1/2。蔬菜与水果营养特点不同；应天天吃水果，每天摄入新鲜水果 200~350g，不用果汁代替鲜果。

奶类富含钙，是优质蛋白质和 B 族维生素的良好来源。奶类品种繁多，液态奶、酸奶、奶酪和奶粉等都可选用。我国居民长期钙摄入不足，每天摄入 300ml 奶或相当量乳制品可以较好补充不足。增加奶类摄入有利于儿童青少年生长发育，促进成人骨健康。推荐吃各种各样的奶制品，相当于每天液态奶 300ml。

大豆富含优质蛋白质、必需脂肪酸、维生素 E，并含有大豆异黄酮、植物固醇等多种植物化学物。推荐经常吃豆制品，相当于每天大豆 25g 以上。另外坚果富含脂类和多不饱和脂肪酸、蛋白质等营养素，是膳食的有益补充，可适量吃坚果。

(四) 适量吃鱼、禽、蛋、瘦肉

核心推荐：鱼、禽、蛋类和瘦肉摄入要适量，平均每天 120~200g；每周最好吃鱼 2 次或 300~500g，蛋类 300~350g，畜禽肉 300~500g；少吃深加工肉制品；鸡蛋营养丰富，吃鸡蛋不弃蛋黄；优先选择鱼，少吃肥肉、烟熏和腌制肉制品。

鱼、禽、蛋和瘦肉含有丰富的蛋白质、脂类、维生素 A、B 族维生素、铁、锌等营养素，是人体营养需要的重要来源和平衡膳食的重要组成。但此类食物的脂肪含量普遍较高，有些含有较多的饱和脂肪酸和胆固醇，摄入过多可增加肥胖、心血管疾病的发生风险，因此其摄入量不宜过多，应当适量摄入。

动物性食物优先选择鱼和禽类；和其他动物性食物相比，鱼和禽类脂肪含量相对较低，鱼类含有较多的不饱和脂肪酸；畜肉应选择瘦肉，瘦肉脂肪含量较低；蛋类各种营养成分齐全，吃鸡蛋不弃蛋黄；少吃肥肉、烟熏和腌制肉制品。

（五）少盐少油，控糖限酒

核心推荐：培养清淡饮食习惯，少吃高盐和油炸食品。成年人每天摄入食盐不超过 5g，烹调油 25~30g；控制添加糖的摄入量，每天不超过 50g，最好控制在 25g 以下；反式脂肪酸每天摄入量不超过 2g；不喝或少喝含糖饮料；儿童青少年、孕妇、乳母以及慢性病患者不应饮酒。成年人如饮酒，一天饮用的酒精量不超过 15g。

我国居民油、盐摄入量居高不下，儿童青少年糖摄入量持续升高，成为我国慢性病发生发展的关键影响因素。高盐（钠）摄入可增加高血压、脑卒中、胃癌和全因死亡的发生风险。脂肪摄入过多可增加肥胖的发生风险；摄入过多反式脂肪酸会增加心血管疾病的发生风险。过多摄入含糖饮料可增加儿童青少年龋齿和肥胖的发病风险。饮酒可增加心脑血管疾病、肝损伤、痛风、结直肠癌、乳腺癌等的发生风险。因此，盐、油、糖的摄入量应控制在适宜的范围内，成年人若饮酒应限量。

（六）规律进餐，足量饮水

核心推荐：合理安排一日三餐，定时定量，不漏餐，每天吃早餐；规律进餐、饮食适度，不暴饮暴食、不偏食挑食、不过度节食；足量饮水，少量多次。在温和气候条件下，低身体活动水平成年男性每天喝水 1 700ml，成年女性每天喝水 1 500ml；推荐喝白水或茶水，少喝或不喝含糖饮料，不用饮料代替白水。

目前我国居民每日三餐规律的人群比例有所下降，在外就餐比例增加。规律三餐有助于控制体重，降低超重、肥胖和糖尿病的发生风险；而暴饮暴食、经常在外就餐可增加超重、肥胖的发生风险。吃好早餐有助于满足机体营养需要，还有助于维持血糖平稳、改善认知能力和工作效率。在平衡膳食的原则下，适度节食有助于控制体重。水在生命活动中发挥重要作用，足量饮水可以维护机体正常生理功能。我国居民饮水量不足的现象较为普遍，含糖饮料消费量呈上升趋势。应当足量饮用白水或茶水。

（七）会烹会选，会看标签

核心推荐：在生命的各个阶段都应做好健康膳食规划；认识食物，选择新鲜的、营养素密度高的食物；学会阅读食品标签，合理选择预包装食品；学习烹饪、传承传统饮食，享受食物天然美味；在外就餐，不忘适量与平衡。

应在生命各个阶段都重视膳食计划，把食物多样、平衡膳食放在首位，统筹好食物选购，设计好菜肴，合理分配三餐和零食茶点。认识食物和会挑选食物是健康生活的第一步。了解各种食物营养特点，了解食物营养素密度。选择当地、当季食物，能最大限度保障食物的新鲜度和营养。预包装食品的食品标签通常标注有食品的生产日期、保质期、配料、质量（品质）等级等，可提供食物是否新鲜、产品特点、营养信息以及食物中的过敏原信息。学会看懂营养标签，学会比较和选择食物。

当前我国居民饮食行为的变化，为实行平衡膳食提出了挑战。经常在外就餐或选购外卖食品者，油、盐、糖摄入量相对较高，易增加超重、肥胖发生风险；而保持传统文化，家庭烹饪较容易做到平衡膳食。学习传统烹调技能，做到按需备餐、营养配餐，维护健康生活。

（八）公筷分餐，杜绝浪费

核心推荐：选择新鲜卫生的食物，不食用野生动物；食物制备生熟分开，熟食二次加热要热透；讲究卫生，从分餐公筷做起；珍惜食物，按需备餐，提倡分餐不浪费；做可持续食物系统发展的践行者。

饮食文化是健康素质、信仰、情感、习惯等的重要体现。讲究卫生、公筷公勺和分餐、尊重食物、拒绝食用“野味”，既是健康素养的体现，也是文明礼仪的一种象征，对于公共卫生建设和疾病防控具有重大意义。食源性疾病是食品安全的主要问题，保障饮食卫生是预防食源性疾病发生的前提。

尊重劳动、珍惜食物、避免浪费是每个人应遵守的原则。食物不仅承载了营养，也反映了文化传承和生活状态。勤俭节约、在家吃饭、尊老爱幼是中华民族的优良传统，同时也是减少浪费、保证饮食卫生、享受亲情和保障营养的良好措施。我国食物浪费问题比较突出，减少食物浪费是食物系统可持续发展的需要。

二、特殊膳食人群膳食指南

特殊膳食人群包括孕妇、乳母、婴幼儿、儿童青少年、老年人和素食人群。根据这些人群的生理特点及营养需要，《中国居民膳食指南(2022)》特别制定了孕妇膳食指南、乳母膳食指南、0~6月龄婴幼儿喂养指南、7~24月龄婴幼儿喂养指南、学龄前儿童膳食指南、7~17岁青少年膳食指南、老年人膳食指南、高龄老人膳食指南和素食人群膳食指南。除了24月龄以下的婴幼儿和素食人群外，针对其他特定人群的膳食指南均是在一般人群平衡膳食八准则的基础上提出补充指导。

三、中国居民平衡膳食宝塔

中国居民平衡膳食宝塔是根据《中国居民膳食指南(2022)》的准则和核心推荐，把平衡膳食原则转化为各类食物的数量和所占比例的图形化表示。

中国居民平衡膳食宝塔形象化的组合，遵循了平衡膳食的原则，体现了在营养上比较理想的基本食物构成。宝塔共分5层，各层面积大小不同，体现了5大类食物和食物量的多少。5大类食物包括谷薯类、蔬菜水果、畜禽鱼蛋奶类、大豆和坚果类以及烹调用油盐。食物量是根据不同能量需要量水平设计，宝塔注释标明了在1 600~2 400kcal能量需要量水平时，一段时间内成年人每人每天各类食物摄入量的建议值范围。

宝塔建议的各类食物的摄入量一般是指食物的生重，每类食物又覆盖了多种多样的不同食物，所以每类食物的重量不是指某种具体食物的重量。

(一) 第一层：谷薯类食物

谷薯类是膳食能量的主要来源(碳水化合物提供总能量的50%~65%)，也是多种微量营养素和膳食纤维的良好来源。膳食指南中推荐2岁以上健康人群的膳食应做到食物多样、合理搭配。谷类为主是合理膳食的重要特征。在1 600~2 400kcal能量需要量水平下的一段时间内，建议成年人每人每天摄入谷类200~300g，其中包含全谷物和杂豆类50~150g；另外，薯类50~100g，从能量角度相当于15~35g大米。

谷类、薯类和杂豆类是碳水化合物的主要来源。谷类包括小麦、稻米、玉米、高粱等及其制品，如米饭、馒头、烙饼、面包、饼干、麦片等。全谷物保留了天然谷物的全部成分，是理想膳食模式的重要组成，也是膳食纤维和其他营养素的来源。杂豆包括大豆以外的其他干豆类，如红小豆、绿豆、芸豆等。我国传统膳食中整粒的食物常见的有小米、玉米、绿豆、红豆、荞麦等，现代加工产品有燕麦片等，杂豆与全谷物归为一类。2岁以上人群都应保证全谷物的摄入量，以此获得更多营养素、膳食纤维和健康益处。薯类包括马铃薯、红薯等，可替代部分主食。

(二) 第二层：蔬菜水果

蔬菜水果是膳食指南中鼓励多摄入的两类食物。在1 600~2 400kcal能量需要量水平下，推荐成年人每天蔬菜摄入量至少达到300g，水果200~350g。蔬菜水果是膳食纤维、微量营养素和植物化学物的良好来源。蔬菜包括嫩茎、叶、花菜类、根菜类、鲜豆类、茄果瓜菜类、葱蒜类、菌藻类及水生蔬菜类等。深色蔬菜是指深绿色、深黄色、紫色、红色等有颜色的蔬菜。每类蔬菜提供的营养素略有不同；深色蔬菜一般富含维生素、植物化学物和膳食纤维，推荐每天占蔬菜总摄入量的1/2以上。

水果种类多样，包括仁果、浆果、核果、柑橘类、瓜果及热带水果等。推荐吃新鲜水果，在鲜果供应不足时可选择一些含糖量低的干果制品和纯果汁。

(三) 第三层：鱼、禽、肉、蛋等动物性食物

鱼、禽、肉、蛋等动物性食物是膳食指南推荐适量食用的食物。在1 600~2 400kcal能量需要量水平下，推荐每天鱼、禽、肉、蛋摄入量共计120~200g。

新鲜的动物性食物是优质蛋白质、脂肪和脂溶性维生素的良好来源，建议每天畜禽肉的摄入量为40~75g，少吃加工类肉制品。目前我国汉族居民的肉类摄入以猪肉为主，且增长趋势明显。猪肉含脂

肪较高，应尽量选择瘦肉或禽肉。常见的水产品包括鱼、虾、蟹和贝类，此类食物富含优质蛋白质、脂类、维生素和矿物质，推荐每天摄入量为40~75g，有条件可以优先选择。蛋类包括鸡蛋、鸭蛋、鹅蛋、鹌鹑蛋、鸽子蛋及其加工制品，蛋类的营养价值较高，推荐每天1个鸡蛋（相当于50g左右）。吃鸡蛋不能丢弃蛋黄，蛋黄含有丰富的营养成分，如胆碱、卵磷脂、胆固醇、维生素A、叶黄素、锌、B族维生素等，无论对多大年龄人群均具有健康益处。

（四）第四层：奶类、大豆和坚果

奶类和豆类是鼓励多摄入的食物。奶类、大豆和坚果是蛋白质和钙的良好来源，营养素密度高。在1 600~2 400kcal能量需要量水平下，推荐每天应摄入至少相当于鲜奶300g的奶类及奶制品。在全球奶制品消费中，我国居民摄入量一直很低，多吃各种各样的乳制品，有利于提高乳类摄入量。

大豆包括黄豆、黑豆、青豆，其常见的制品包括豆腐、豆浆、豆腐干及千张等。坚果包括花生、葵花子、核桃、杏仁、榛子等，部分坚果的营养价值与大豆相似，富含必需脂肪酸和必需氨基酸。推荐大豆和坚果摄入量共为25~35g，其他豆制品摄入量需按蛋白质含量与大豆进行折算。坚果无论作为菜肴还是零食，都是食物多样化的良好选择，建议每周摄入70g左右（相当于每天10g左右）。

（五）第五层：烹调油和盐

油盐作为烹饪调料必不可少，但建议尽量少用。推荐成年人平均每天烹调油不超过25~30g，食盐摄入量不超过5g。按照DRIs的建议，1~3岁人群膳食脂肪供能比应占膳食总能量35%；4岁以上人群占20%~30%。在1 600~2 400kcal能量需要量水平下脂肪的摄入量为36~80g。由于其他食物中也含有脂肪，在满足平衡膳食模式中其他食物建议量的前提下，烹调油需要限量。按照25~30g计算，烹调油提供10%左右的膳食能量。烹调油包括各种动植物油，植物油如花生油、大豆油、菜籽油、葵花籽油等，动物油如猪油、牛油、黄油等。烹调油也要多样化，应经常更换种类，以满足人体对各种脂肪酸的需要。

我国居民食盐用量普遍较高，盐与高血压关系密切，限制食盐摄入量是我国长期行动目标。除了少用食盐外，也需要控制隐形高盐食品的摄入量。

酒和添加糖不是膳食组成的基本食物，烹饪使用和单独食用时也均应尽量避免。

（六）身体活动和饮水

身体活动和水的图示也包含在可视化图形中，强调增加身体活动和足量饮水的重要性。水是膳食的重要组成部分，是一切生命活动必需的物质，其需要量主要受年龄、身体活动、环境温度等因素的影响。低身体活动水平的成年人每天至少饮水1 500~1 700ml（7~8杯）。在高温或高身体活动水平的条件下，应适当增加饮水量。饮水过少或过多都会对人体健康带来危害。来自食物中水分和膳食汤水大约占1/2，推荐一天中饮水和整体膳食（包括食物中的水，汤、粥、奶等）水摄入共计2 700~3 000ml。

身体活动是能量平衡和保持身体健康的重要手段。运动或身体活动能有效地消耗能量，保持精神和机体代谢的活跃性。鼓励养成天天运动的习惯，坚持每天多做一些消耗能量的活动。推荐成年人每天进行至少相当于快步走6 000步以上的身体活动，每周最好进行150分钟中等强度的运动，如骑车、跑步、庭院或农田的劳动等。一般而言，低身体活动水平的能量消耗通常占总能量消耗的1/3左右，而高身体活动水平者可高达1/2。加强和保持能量平衡，需要通过不断摸索，关注体重变化，找到食物摄入量和运动消耗量之间的平衡点。

（钟才云）

第四章　食品与制剂

食品是患者营养治疗和改善的载体。《中华人民共和国食品安全法》中对食品的定义是“食品，指各种供人食用或者饮用的成品和原料以及按照传统既是食品又是中药材的物品，但是不包括以治疗为目的的物品。”食品对患者身体的作用表现在3方面：第一是营养功能，提供人体所需的营养素和能量，满足人体的营养需要，它是食品的主要功能；第二是感官功能，指满足人们不同的嗜好要求，即对食物色、香、味、形和质地的要求。良好的感官性状能够刺激味觉和嗅觉，兴奋味蕾，刺激消化酶和消化液的分泌，因而有增进食欲和稳定情绪的作用；第三是生理调节功能，指某些成分含量较高或特殊的食品可对人体机能产生良好的调节作用，比如全谷物食品、绿叶蔬菜因含有较高的膳食纤维，有助于增加肠道益生菌的丰度，促进其生长，从而有利于保持血糖平稳，同时缓解便秘。

随着我国社会经济的快速发展，城市化、老龄化速度的加快，人群疾病谱发生了极大的改变，与生活方式相关的多种慢性疾病日益严重，成为威胁居民健康的主因。人们生活方式中最为主要的内容就是日常饮食。对于慢性病患者，膳食营养同样是每天都要面对的事情。营养不良问题在患者群体中更为严重，特别是脑卒中、恶性肿瘤等疾病人群的营养不良所致医疗负担尤为沉重。人在疾病状态下对食物的摄入、消化、吸收、利用能力下降，对能量和营养素的需要量出现改变，因而对食品提出了更高的要求。

除了基础性营养作用外，食物在人体功能调节、恢复方面的作用越来越受到重视。种植业、养殖业技术发展提供了更多具有营养健康功效的食物，食品科学的进步为将营养学领域的认识应用于新型食品生产提供了技术保障。营养强化食品、保健食品、医学用途食品使得食品的成分、功能、质构极大丰富，让医疗服务人员和患者有了更多选择。

第一节　特殊医学用途配方食品

特殊医学用途配方食品（food for special medical purpose，FSMP）是一类定型包装食品，其产品形态与普通食品相似，属于特殊膳食类食品，可为患者的疾病治疗、机体功能维持和康复起到重要的营养治疗作用。我国于2010年和2013年分别发布了《特殊医学用途婴儿配方食品通则》（GB 25596—2010）和《特殊医学用途配方食品通则》（GB 29922—2013）的食品安全国家标准，针对不同疾病的特异性代谢状态规定了相应的营养素含量；指导和规范了特殊医学用途配方食品的生产和使用，以满足国内临床营养的需求，保障产品适用人群的营养需求和食用安全。在这之前，此类食品是从宇航员饮食逐步演变、发展而来的医用营养产品，被称作肠内营养制剂（enteral nutrition，EN），通常按照药品进行管理。

特殊医学用途配方食品是食品不是药品，不能替代药物的治疗作用，产品也不得声称对疾病的预防和治疗功能。2015 年修订的《中华人民共和国食品安全法》第七十四条规定：国家对保健食品、特殊医学用途配方食品和婴幼儿配方食品等特殊食品实行严格监督管理；第八十条规定：特殊医学用途配方食品应当经国务院食品安全监督管理部门注册。注册时，应当提交产品配方、生产工艺、标签、说明书以及表明产品安全性、营养充足性和特殊医学用途临床效果的材料。特殊医学用途配方食品广告适用《中华人民共和国广告法》和其他法律、行政法规关于药品广告管理的规定。国家食品药品监督管理总局于 2016 年 3 月颁布了《特殊医学用途配方食品注册管理办法》。

一、定义

1. **特殊医学用途婴儿配方食品**　指针对患有特殊紊乱、疾病或医疗状况等特殊医学状况婴儿的营养需求而设计制成的粉状或液态配方食品。在医生或临床营养师的指导下，单独食用或与其他食物配合食用时，其能量和营养成分能够满足 0~6 月龄特殊医学状况婴儿的生长发育需求。

2. **特殊医学用途配方食品**　为了满足进食受限、消化吸收障碍、代谢紊乱或特定疾病状态人群对营养素或膳食的特殊需要，专门加工配制而成的配方食品。该类产品必须在医生或临床营养师指导下，单独食用或与其他食品配合食用。

二、发展历程

（一）特殊医学用途配方食品的法律法规

特殊医学用途配方食品在国外已经有很长的历史。20 世纪 70 年代起，特殊医学用途配方食品在临床治疗上的成功应用，让各国相继制定了该类产品的相关标准和配套管理政策。国际食品法典委员会（Codex Alimentarius Commission，CAC）、欧洲、澳大利亚和新西兰将其命名为“特殊医学用途食品”，美国命名为“医用食品”（medical foods），日本命名为“患者食品”（food for sick）。虽然在名称、生产、质控标准及上市许可等方面不尽相同，但是在产品分类和使用、销售方面比较一致，均归属于“特膳食品”类别下，并且规定“在医生或营养师指导下使用，仅允许在医院、康复中心和药店销售”。

国际食品法典委员会（CAC）、欧盟、美国、澳大利亚、新西兰、日本、韩国等国际组织和国家有针对性地制定了相应的管理政策和法律法规，汇总见表 4-1-1。

表 4-1-1　主要国家（组织）有关特殊医学用途食品（FSMP）的法规标准

国家（组织）	法规标准的名称
国际食品法典委员会	特殊医用食品标签和声称法典标准（CODEX STAN 180—1991）； 婴儿配方及特殊医用婴儿配方食品标准（CODEX STAN 72—1981.Amended 2007）
欧盟	特殊医用食品指令（1999/21/EC）；可用于婴幼儿、FSMP 和体重控制代餐类食品中的营养物质名单（EU No. 609/2013）
美国	医用食品的生产和监管的指导原则
澳大利亚 / 新西兰	特殊医学用途配方食品标准（Standard 2.9.5）；婴儿配方食品（含特殊医学用途婴儿配方食品）
韩国	《食品卫生法实施令》《食品卫生法实施规则》《食品法典》
日本	健康促进法、全营养食品标准、低蛋白质食品标准、无乳糖食品标准、除过敏原食品标准
中国	特殊医学用途配方食品注册管理办法（试行）（征求意见稿）；《食品安全国家标准 特殊医学用途配方食品通则》（GB 29922—2013）；《食品安全国家标准 特殊医学用途婴儿配方食品通则》（GB 25596—2010）；《食品安全国家标准 特殊医学用途配方食品良好生产规范》（GB 29923—2013）

(二) 中国特殊医学用途配方食品的发展历程

20 世纪 70 年代起，肠内营养制剂已应用于临床，一直按照药品进行管理，患者住院期间在医生或临床营养师的指导下使用。为了规范这类特殊食品的临床应用，原国家卫生部在 2010 年 12 月 21 日发布了《食品安全国家标准 特殊医学用途婴儿配方食品通则》(GB 25596—2010)，并于 2012 年 1 月 1 日起实施；2013 年 12 月 26 日发布了《食品安全国家标准 特殊医学用途配方食品通则》(GB 29922—2013)，于 2014 年 7 月 1 日实施；同时发布的还有《食品安全国家标准 特殊医学用途配方食品良好生产规范》(GB 29923—2013)，于 2015 年 1 月 1 日实施。国家食品药品监督管理总局于 2016 年 3 月颁布了《特殊医学用途配方食品注册管理办法》以及一系列配套文件，建立并运行注册审批和监督管理体系。

三、分类

(一) 特殊医学用途婴儿配方食品

我国每年新出生婴儿中的部分婴儿由于各种疾病影响，不能喂养母乳或普通婴儿配方食品。特殊医学用途婴儿配方食品是这些婴儿生命早期或相当长时间内赖以生存的主要食物来源。为满足绝大部分特殊医学状况婴儿的需求，特殊医学用途婴儿配方食品分为 6 类。

1. **无乳糖配方或低乳糖配方** 无乳糖或低乳糖配方类食品适用于原发或继发性乳糖不耐受的婴儿。粉状无乳糖配方食品中乳糖含量应低于 0.5g/100g；粉状低乳糖配方食品中乳糖含量应低于 2g/100g。液态产品可以按照稀释倍数做相应折算。

2. **乳蛋白部分水解配方** 乳蛋白部分水解配方食品是将牛奶蛋白经过加热和 / 或酶水解为小分子乳蛋白、肽段和氨基酸，以降低大分子牛奶蛋白的致敏性。根据不同配方，此类产品的碳水化合物既可以完全使用乳糖，也可以使用其他碳水化合物部分或全部替代乳糖。其他碳水化合物指葡萄糖聚合物或经过预糊化的淀粉，但不能使用果糖。

3. **乳蛋白深度水解配方** 婴儿对食物蛋白过敏时通常伴有腹泻等症状，因此乳蛋白深度水解配方食品或氨基酸配方食品不应含有食物蛋白，以减少对婴儿胃肠道的刺激。同时，应当根据婴儿代谢状况调整部分维生素、矿物质等营养素。

4. **早产 / 低出生体重婴儿配方** 早产 / 低出生体重儿与足月儿在生理状况、营养需求以及营养物质的消化吸收方面有较大差异，为满足其追赶生长的营养需求，此类婴儿配方食品中能量、蛋白质以及一些维生素和矿物质的含量应明显高于足月儿配方食品。

5. **母乳营养补充剂** 母乳营养补充剂是为了补充早产 / 低出生体重儿母乳中能量、蛋白质、维生素和矿物质不足而特别设计的，需加入母乳中使用的液态或粉状特殊医学用途婴儿配方食品。母乳营养补充剂不是全营养配方食品，是对早产 / 低出生体重儿母乳喂养的补充。在提倡母乳喂养的同时，为早产 / 低出生体重儿提供充足的能量和营养素。

6. **氨基酸代谢障碍配方** 氨基酸代谢障碍是指由于遗传因素造成某些酶的缺陷，使一种或几种氨基酸在婴儿体内代谢发生障碍，导致患儿体格生长发育迟滞，智力发育障碍，严重时可导致不可逆的损害。氨基酸代谢障碍配方食品是指不含或仅含少量代谢障碍氨基酸的特殊配方食品；用于代替普通婴儿配方食品，以改善患儿症状，减轻智力损害，同时为患儿提供必要、充足的营养素以维持其正常生长发育的需求。常见的氨基酸代谢障碍有苯丙酮尿症、枫糖尿症、丙酸血症 / 甲基丙二酸血症、酪氨酸血症、高胱氨酸尿症、戊二酸血症 I 型、异戊酸血症、尿素循环障碍等，其配方食品中应限制的氨基酸种类见表 4-1-2。

(二) 1 岁以上人群的特殊医学用途配方食品

根据不同临床需求和适用人群，《特殊医学用途配方食品通则》(GB 29922—2013) 将该类产品分为 3 类，即全营养配方食品、特定全营养配方食品和非全营养配方食品。

1. **全营养配方食品** 可作为单一营养来源满足目标人群营养需求的特殊医学用途配方食品。

表 4-1-2　常见的氨基酸代谢障碍配方食品中应限制的氨基酸种类及含量

常见氨基酸代谢障碍	配方食品中应限制的氨基酸种类	配方食品中应限制的氨基酸含量 / ($mg \cdot g^{-1}$) 蛋白质等同物
苯丙酮尿症	苯丙氨酸	≤1.5
枫糖尿症	亮氨酸、异亮氨酸、缬氨酸	≤1.5[a]
丙酸血症 / 甲基丙二酸血症	蛋氨酸、苏氨酸、缬氨酸	≤1.5[a]
	异亮氨酸	≤5.0
酪氨酸血症	苯丙氨酸、酪氨酸	≤1.5[a]
高胱氨酸尿症	蛋氨酸	≤1.5
戊二酸血症Ⅰ型	赖氨酸	≤1.5
	色氨酸	≤8.0
异戊酸血症	亮氨酸	≤1.5
尿素循环障碍	非必需氨基酸(丙氨酸、精氨酸、天冬氨酸、天冬酰胺、谷氨酸、谷氨酰胺、甘氨酸、脯氨酸、丝氨酸)	≤1.5[a]

注:[a] 指单一氨基酸含量。

2. **特定全营养配方食品**　可作为单一营养来源能够满足目标人群在特定疾病或医学状况下营养需求的特殊医学用途配方食品。

3. **非全营养配方食品**　可满足目标人群部分营养需求的特殊医学用途配方食品,不适用于作为单一营养来源。

四、技术要求

(一) 特殊医学用途婴儿配方食品

1. **基本要求**　配方应以医学和营养学的研究结果为依据,其安全性、营养充足性以及临床效果均需要经过科学证实,单独或与其他食物配合使用时可满足 0~6 月龄特殊医学状况婴儿的生长发育需求。

2. **原料要求**　所使用的原料应符合相应的食品安全国家标准和 / 或相关规定,禁止使用危害婴儿营养与健康的物质。所使用的原料和食品添加剂不应含有谷蛋白;不应使用氢化油脂;不应使用经辐照处理过的原料。

3. **感官要求**　色泽、滋味、气味和冲调性符合相应产品的特性。组织状态符合相应产品的特性,产品不应有正常视力可见的外来异物。

4. **必需成分种类和限量**　能量、营养成分及含量应以本标准规定的必需成分为基础,但可以根据患有特殊紊乱、疾病或医疗状况婴儿的特殊营养需求,按照相应产品类别及主要技术要求进行适当调整,以满足上述特殊医学状况婴儿的营养需求。

产品在即食状态下每 100ml 所含有的能量应在 250~295kJ(60~70kcal),但针对某些婴儿的特殊医学状况和营养需求,其能量可进行相应调整。能量的计算按每 100ml 产品中蛋白质、脂肪、碳水化合物的含量,分别乘以能量系数 17kJ/g、37kJ/g、17kJ/g(膳食纤维的能量系数,按照碳水化合物能量系数的 50% 计算),所得之和为千焦 /100 毫升(kJ/100ml)值,再除以 4.184 为千卡 /100 毫升(kcal/100ml)值。

通常情况下,特殊医学用途婴儿配方食品每 100kJ(100kcal)所含蛋白质、脂肪、碳水化合物的量应符合表 4-1-3 的规定。对于特殊医学用途婴儿配方食品,除特殊需求(如乳糖不耐受)外,首选碳水化合物应为乳糖和 / 或葡萄糖聚合物。只有经过预糊化后的淀粉才可以加入特殊医学用途婴儿配方食品中,不得使用果糖。

表 4-1-3　蛋白质、脂类和碳水化合物指标

营养素	每 100kJ		每 100kcal		检验方法
	最小值	最大值	最小值	最大值	
蛋白质[a]/g	0.45	0.70	1.88	2.93	GB 5009.5—2016
脂类[b]/g	1.05	1.40	4.39	5.86	GB 5009.6—2016
其中：亚油酸 /g	0.07	0.33	0.29	1.38	GB 5009.168—2016
α- 亚麻酸 /mg	12	N.S.[c]	50	N.S.[c]	
亚油酸与 α- 亚麻酸比值	5∶1	15∶1	5∶1	15∶1	—
碳水化合物[d]/g	2.2	3.3	9.2	13.8	—

[a] 蛋白质含量的计算，以氮（N）× 6.25

[b] 终产品脂肪中月桂酸和肉豆蔻酸（十四烷酸）总量 < 总脂肪酸的 20%；反式脂肪酸最高含量 < 总脂肪酸的 3%；芥酸含量 < 总脂肪酸的 1%；总脂肪酸指 C4~C24 脂肪酸的总和

[c] N.S.no special instructions，没有特别说明

[d] 碳水化合物的含量 A_1，按下式计算：

$A_1=100-(A_2+A_3+A_4+A_5+A_6)$

A_1- 碳水化合物的含量，g/100g；

A_2- 蛋白质的含量，g/100g；

A_3- 脂肪的含量，g/100g；

A_4- 水分的含量，g/100g；

A_5- 灰分的含量，g/100g；

A_6- 膳食纤维的含量，g/100g。

维生素、矿物质的含量应分别符合表 4-1-4、表 4-1-5 的要求。

表 4-1-4　维生素指标要求

营养素	每 100kJ		每 100kcal		检验方法
	最小值	最大值	最小值	最大值	
维生素 A/μg RE[a]	14	43	59	180	GB 5009.82—2016
维生素 D/μg[b]	0.25	0.60	1.05	2.51	
维生素 E/mg α-TE[c]	0.12	1.20	0.50	5.02	GB5009.82—2016
维生素 K_1/μg	1.0	6.5	4.2	27.2	GB 5009.158—2016
维生素 B_1/μg	14	72	59	301	GB 5009.84—2016
维生素 B_2/μg	19	119	80	498	GB 5413.12—2010
维生素 B_6/μg	8.5	45.0	35.6	188.3	GB 5009.154—2016
维生素 B_{12}/μg	0.025	0.360	0.105	1.506	GB 5413.14—2010
烟酸（烟酰胺）/μg[d]	70	360	293	1 506	GB 5009.89—2016
叶酸 /μg	2.5	12.0	10.5	50.2	GB 5009.211—2016
泛酸 /μg	96	478	402	2 000	GB 5009.210—2016
维生素 C/mg	2.5	17.0	10.5	71.1	GB 5413.18—2010
生物素 /μg	0.4	2.4	1.5	10.0	GB 5009.259—2016

注：[a]RE 为视黄醇当量。1μg RE=1μg 全反式视黄醇（维生素 A）=3.33U 维生素 A。维生素 A 只包括预先形成的视黄醇，在计算和声称维生素 A 活性时不包括任何的类胡萝卜素组分。[b] 钙化醇，1μg 维生素 D=40U 维生素 D。[c]1mg α-TE（α- 生育酚当量）=1mg *d*-α- 生育酚。每克多不饱和脂肪酸中至少应含有 0.5mg α-TE，维生素 E 含量的最小值应根据配方食品中多不饱和脂肪酸的双键数量进行调整：0.5mg α-TE/g 亚油酸（18∶2 n-6）；0.75mg α-TE/g α- 亚麻酸（18∶3 n-3）；1.0mg α-TE/g 花生四烯酸（20∶4 n-6）；1.25mg α-TE/g 二十碳五烯酸（20∶5 n-3）；1.5mg α-TE/g 二十二碳六烯酸（22∶6 n-3）。[d] 烟酸不包括前体形式。

表 4-1-5　矿物质指标要求

营养素	每 100kJ		每 100kcal		检验方法
	最小值	最大值	最小值	最大值	
钠 /mg	5	14	21	59	GB 5009.268—2016
钾 /mg	14	43	59	180	
铜 /μg	8.5	29.0	35.6	121.3	
镁 /mg	1.2	3.6	5.0	15.1	
铁 /mg	0.10	0.36	0.42	1.51	
锌 /mg	0.12	0.36	0.50	1.51	
锰 /μg	1.2	24.0	5.0	100.4	
钙 /mg	12	35	50	146	
磷 /mg	6	24	25	100	GB 5009.87—2016
钙磷比值	1 : 1	2 : 1	1 : 1	2 : 1	—
碘 /μg	2.5	14.0	10.5	58.6	GB 5009.267—2016
氯 /mg	12	38	50	159	GB 5009.44—2016
硒 /μg	0.48	1.90	2.01	7.95	GB 5009.93—2017

5. **可选择性成分**　除了必需成分外，根据患有特殊紊乱、疾病或医疗状况婴儿的特殊营养需求，还可以添加《特殊医学用途婴儿配方食品通则》(GB 25596—2010)中所列的选择性添加成分(表 4-1-6)，如果在产品中添加其他物质，应符合国家相关规定。

表 4-1-6　可选择性成分指标

可选择性成分	每 100kJ		每 100kcal		检验方法
	最小值	最大值	最小值	最大值	
铬 /μg	0.4	2.4	1.5	10.0	—
钼 /μg	0.4	2.4	1.5	10.0	—
胆碱 /mg	1.7	12.0	7.1	50.2	GB/T 5413.20—2013
肌醇 /mg	1.0	9.5	4.2	39.7	GB 5009.270—2016
牛磺酸 /mg	N.S.[a]	3.0	N.S.[a]	13.0	GB 5009.169—2016
左旋肉碱 /mg	0.3	N.S.[a]	1.3	N.S.[a]	—
二十二碳六烯酸 /% 总脂肪酸[b,c]	N.S.[a]	0.5	N.S.[a]	0.5	GB 5009.168—2016
二十碳四烯酸 /% 总脂肪酸[b,c]	N.S.[a]	1.0	N.S.[a]	1.0	GB 5009.168—2016

注：[a]N.S. 为没有特别说明。[b]如果特殊医学用途婴儿配方食品中添加了二十二碳六烯酸(22 : 6 n-3)，至少要添加相同量的二十碳四烯酸(20 : 4 n-6)；长链不饱和脂肪酸中二十碳五烯酸(20 : 5 n-3)的量不应超过二十二碳六烯酸的量。[c]总脂肪酸指 C4~C24 脂肪酸的总和。

(二) 1 岁以上人群的特殊医学用途配方食品

1. **基本要求**　特殊医学用途配方食品的配方应以医学和 / 或营养学的研究结果为依据，其安全性及临床应用(效果)均需要经过科学证实。特殊医学用途配方食品的生产条件应符合国家有关规定。

2. **原料要求**　特殊医学用途配方食品中所使用的原料应符合相应的标准和 / 或相关规定，禁止使用危害食用者健康的物质。

3. **感官要求** 特殊医学用途配方食品的色泽、滋味、气味、组织状态、冲调性应符合相应产品的特性，不应有正常视力可见的外来异物。

4. **必需成分** 不同年龄段人群对营养素的需要量存在差异，《特殊医学用途配方食品通则》(GB 29922—2013)中分别为1~10岁和10岁以上两个年龄段规定了能量和营养素的需求。

(1)适用于1~10岁人群的全营养配方食品

1)适用于1~10岁人群的全营养配方食品，每100ml(液态产品或可冲调为液体的产品在即食状态下)或每100g(直接食用的非液态产品)所含有的能量应不低于250kJ(60kcal)。能量的计算按每100ml或每100g产品中蛋白质、脂肪、碳水化合物的含量乘以各自相应的能量系数17kJ/g、37kJ/g、17kJ/g(膳食纤维的能量系数，按照碳水化合物能量系数的50%计算)，所得之和为kJ/100ml或kJ/100g值，再除以4.184为kcal/100ml或kcal/100g值。

2)适用于1~10岁人群的全营养配方食品中，蛋白质的含量应不低于0.5g/100kJ(2g/100kcal)，其中优质蛋白质所占比例不少于50%。蛋白质的检验方法参照GB 5009.5—2016。

3)适用于1~10岁人群的全营养配方食品中亚油酸供能比应不低于2.5%；α-亚麻酸供能比应不低于0.4%。脂肪酸的检验方法参照GB 5009.168—2016。

4)适用于1~10岁人群的全营养配方食品中，维生素和矿物质的含量应符合表4-1-7的规定。

5)除表4-1-7中规定的成分外，如果选择在产品中添加或标签标示一种或多种其他成分，应符合表4-1-8中所列成分种类及相应成分含量的规定。

表4-1-7 维生素和矿物质指标(1~10岁人群)

营养素	每100kJ		每100kcal		检验方法
	最小值	最大值	最小值	最大值	
维生素A/μg RE[a]	17.9	53.8	75.0	225.0	GB/T 5009.82—2016
维生素D/μg[b]	0.25	0.75	1.05	3.14	
维生素E/mg α-TE[c]	0.15	N.S.[e]	0.63	N.S.	
维生素K_1/μg	1	N.S.	4	N.S.	GB/T 5009.158—2016
维生素B_1/mg	0.01	N.S.	0.05	N.S.	GB/T 5009.84—2016
维生素B_2/mg	0.01	N.S.	0.05	N.S.	GB/T 5009.85—2016
维生素B_6/mg	0.01	N.S.	0.05	N.S.	GB/T 5009.154—2016
维生素B_{12}/μg	0.04	N.S.	0.17	N.S.	GB 5413.14—2010
烟酸(烟酰胺)/mg[d]	0.11	N.S.	0.46	N.S.	GB/T 5009.89—2016
叶酸/μg	1.0	N.S.	4.0	N.S.	GB/T 5009.211—2014
泛酸/mg	0.07	N.S.	0.29	N.S.	GB/T 5009.210—2016
维生素C/mg	1.8	N.S.	7.5	N.S.	GB 5413.18—2010
生物素/μg	0.4	N.S.	1.7	N.S.	GB 5009.259—2016
钠/mg	5	20	21	84	GB/T 5009.91—2017
钾/mg	18	69	75	289	GB/T 5009.91—2017
铜/μg	7	35	29	146	GB/T 5009.13—2017
镁/mg	1.4	N.S.	5.9	N.S.	GB/T 5009.241—2017
铁/mg	0.25	0.50	1.05	2.09	GB/T 5009.90—2016

续表

营养素	每 100kJ		每 100kcal		检验方法
	最小值	最大值	最小值	最大值	
锌 /mg	0.1	0.4	0.4	1.5	GB/T 5009.14—2017
锰 /μg	0.3	24.0	1.1	100.4	GB/T 5009.242—2017
钙 /mg	17	N.S.	71	N.S.	GB/T 5009.92—2016
磷 /mg	8.3	46.2	34.7	193.5	GB/T 5009.87—2016
碘 /μg	1.4	N.S.	5.9	N.S.	GB/T 5009.267—2016
氯 /mg	N.S.	52	N.S.	218	GB/T 5009.44—2016
硒 /μg	0.5	2.9	2.0	12.0	GB 5009.93—2017

注：[a]RE 为视黄醇当量。1g RE=3.33U 维生素 A=1g 全反式视黄醇（维生素 A）。维生素 A 只包括预先形成的视黄醇，在计算和声称维生素 A 活性时不包括任何的类胡萝卜素组分。[b]钙化醇，1g 维生素 D=40U 维生素 D。[c]1mg α-TE（α- 生育酚当量）=1mg *d*-α- 生育酚。[d]烟酸不包括前体形式。[e]N.S. 为没有特别说明。

表 4-1-8　可选择成分指标（1~10 岁人群）

可选择成分	每 100kJ		每 100kcal		检验方法
	最小值	最大值	最小值	最大值	
铬 /μg	0.4	5.7	1.8	24.0	GB/T 5009.123—2014
钼 /μg	1.2	5.7	5.0	24.0	—
氟 /mg	N.S.[b]	0.05	N.S.	0.20	GB/T 5009.18—2003
胆碱 /mg	1.7	19.1	7.1	80.0	GB/T 5413.20—2013
肌醇 /mg	1.0	9.5	4.2	39.7	GB 5009.270—2016
牛磺酸 /mg	N.S	3.1	N.S	13.0	GB/T 5009.169—2016
左旋肉碱 /mg	0.3	N.S.	1.3	N.S.	—
二十二碳六烯酸 /% 总脂肪酸[c]	N.S.	0.5	N.S.	0.5	GB/T 5009.168—2016
二十碳四烯酸 /% 总脂肪酸[c]	N.S.	1.0	N.S.	1.0	GB 5009.168—2016
核苷酸 /mg	0.5	N.S.	2.0	N.S.	—
膳食纤维 /g	N.S.	0.7	N.S.	2.7	GB 5413.6—2010 或 GB/T 5009.88—2008

注：[a]氟的化合物来源为氟化钠和氟化钾，核苷酸和膳食纤维来源参考 GB 14880—2012 附录 C 表 C.2 中允许使用的来源，其他成分的化合物来源参考 GB 14880—2012。[b]N.S. 为没有特别说明。[c]总脂肪酸指 C4~C24 脂肪酸的总和。

（2）适用于 10 岁以上人群的全营养配方食品

1）适用于 10 岁以上人群的全营养配方食品，每 100ml（液态产品或可冲调为液体的产品在即食状态下）或每 100g（直接食用的非液态产品）所含有的能量应不低于 295kJ（70kcal）。能量的计算按每 100ml 或每 100g 产品中蛋白质、脂肪、碳水化合物的含量乘以各自相应的能量系数 17kJ/g、37kJ/g、17kJ/g（膳食纤维的能量系数，按照碳水化合物能量系数的 50% 计算），所得之和为 kJ/100ml 或 kJ/100g 值，再除以 4.184 为 kcal/100ml 或 kcal/100g 值。

2）适用于 10 岁以上人群的全营养配方食品所含蛋白质的含量应不低于 0.7g/100kJ（3g/100kcal），其中优质蛋白质所占比例不少于 50%。蛋白质的检验方法参照 GB 5009.5—2016。

3）适用于10岁以上人群的全营养配方食品中亚油酸供能比应不低于2.0%；α-亚麻酸供能比应不低于0.5%。脂肪酸的检验方法参照GB 5009.168—2016。

4）适用于10岁以上人群的全营养配方食品所含的维生素和矿物质含量应符合表4-1-9的规定。

5）除表4-1-9中规定的成分外，如果选择在产品中添加或标签标示含有一种或多种其他成分，应符合表4-1-10中所列成分种类及相应成分含量的规定。

表4-1-9 维生素和矿物质指标（10岁以上人群）

营养素	每100kJ		每100kcal		检验方法
	最小值	最大值	最小值	最大值	
维生素A/μg RE[a]	9.3	53.8	39.0	225.0	GB/T 5009.82—2016
维生素D/μg[b]	0.19	0.75	0.80	3.14	
维生素E/mg α-TE[c]	0.19	N.S.[e]	0.80	N.S.	
维生素K_1/μg	1.05	N.S.	4.40	N.S.	GB/T 5009.158—2016
维生素B_1/mg	0.02	N.S.	0.07	N.S.	GB/T 5009.84—2016
维生素B_2/mg	0.02	N.S.	0.07	N.S.	GB/T 5009.85—2016
维生素B_6/mg	0.02	N.S.	0.07	N.S.	GB/T 5009.154—2016
维生素B_{12}/μg	0.03	N.S.	0.13	N.S.	GB 5413.14—2010
烟酸（烟酰胺）/mg[d]	0.05	N.S.	0.20	N.S.	GB/T 5009.89—2016
叶酸/μg	5.3	N.S.	22.2	N.S.	GB/T 5009.211—2014
泛酸/mg	0.07	N.S.	0.29	N.S.	GB/T 5009.210—2016
维生素C/mg	1.3	N.S.	5.6	N.S.	GB 5413.18—2010
生物素/μg	0.5	N.S.	2.2	N.S.	GB 5009.259—2016
钠/mg	20	N.S.	83	N.S.	GB/T 5009.91—2017
钾/mg	27	N.S.	111	N.S.	GB/T 5009.91—2017
铜/μg	11	120	44	500	GB/T 5009.13—2017
镁/mg	4.4	N.S.	18.3	N.S.	GB/T 5009.241—2017
铁/mg	0.20	0.55	0.83	2.30	GB/T 5009.90—2016
锌/mg	0.1	0.5	0.4	2.2	GB/T 5009.14—2017
锰/μg	6.0	146.0	25.0	611.0	GB/T 5009.242—2017
钙/mg	13	N.S.	56	N.S.	GB/T 5009.92—2016
磷/mg	9.6	N.S.	40.0	N.S.	GB/T 5009.87—2016
碘/μg	1.6	N.S.	6.7	N.S.	GB/T 5009.267—2016
氯/mg	N.S.	52	N.S.	218	GB/T 5009.44—2016
硒/μg	0.8	5.3	3.3	22.2	GB 5009.93—2017

注：[a] RE为视黄醇当量。1g RE=3.33U维生素A=1g全反式视黄醇（维生素A）。维生素A只包括预先形成的视黄醇，在计算和声称维生素A活性时不包括任何的类胡萝卜素组分。[b] 钙化醇，1g维生素D=40U维生素D。[c] 1mg α-TE（α-生育酚当量）=1mg *d*-α-生育酚。[d] 烟酸不包括前体形式。[e] N.S.为没有特别说明。

表 4-1-10　可选择性成分指标（10 岁以上人群）

营养素	每 100kJ		每 100kcal		检验方法
	最小值	最大值	最小值	最大值	
铬 /μg	0.4	13.3	1.8	55.6	GB/T 5009.123—2013
钼 /μg	1.3	12.0	5.6	50.0	—
氟 /mg[a]	N.S.[b]	0.05	N.S.	0.20	GB/T 5009.18—2003
胆碱 /mg	5.3	39.8	22.2	166.7	GB/T 5413.20—2012
肌醇 /mg	1.0	33.5	4.2	140.0	GB 5009.270—2016
牛磺酸 /mg	N.S	4.8	N.S	20.0	GB/T 5009.169—2016
左旋肉碱 /mg	0.3	N.S.	1.3	N.S.	—
核苷酸 /mg	0.5	N.S.	2.0	N.S.	—
膳食纤维 /g	N.S.	0.7	N.S.	2.7	GB 5413.6—2010 或 GB/T 5009.88—2008

注：[a] 氟的化合物来源为氟化钠和氟化钾，核苷酸和膳食纤维来源参考 GB 14880—2012 附录 C 表 C.2 中允许使用的来源，其他成分的化合物来源参考 GB 14880—2012。[b] N.S. 为没有特别说明。

5. **食品添加剂和营养强化剂**

(1) 特殊医学用途配方食品中食品添加剂的使用应参照《食品安全国家标准　食品添加剂使用标准》(GB 2760—2014) 中相同或相近产品中允许使用的添加剂种类和使用量。

(2) 营养强化剂的使用应符合《食品安全国家标准　食品营养强化剂使用标准》(GB 14880—2012) 的规定。

(3) 食品添加剂和营养强化剂的质量规格应符合相应的标准和有关规定。

(4) 根据所使用人群的特殊营养需求，可在特殊医学用途食品中选择添加一种或几种氨基酸，所使用的氨基酸来源应符合《特殊医学用途婴儿配方食品通则》(GB 25596—2010)、《特殊医学用途配方食品通则》(GB 29922—2013) 或《食品安全国家标准　食品营养强化剂使用标准》(GB 14880—2012) 中的规定。

五、标签说明

1. 产品标签应符合《食品安全国家标准　预包装特殊膳食用食品标签》(GB 13432—2013) 的规定，营养素和可选择成分应有 "每 100 千焦 (100kJ)" 含量的标示。

2. 标签中应对产品的配方特点或营养学特征进行描述，并应标示产品的类别和适用人群，同时还应标示 "不适用于非目标人群使用"。

3. 标签中应在醒目位置标示 "请在医生或临床营养师指导下使用"。

4. 标签应明确注明特殊医学用途婴儿配方食品的类别 (如：无乳糖配方) 和适用的特殊医学状况。

5. 早产 / 低出生体重儿配方食品，还应标示产品的渗透压。可供 6 月龄以上婴儿食用的特殊医学用途配方食品，应标明 "6 月龄以上特殊医学状况婴儿食用本品时，应配合添加辅助食品"。

6. 标签上不能有婴儿和妇女的形象，不能使用 "人乳化" "母乳化" 或近似术语表述。

7. 有关产品使用、配制指导说明及图解、贮存条件应在标签上明确说明。当包装最大表面积小于 $100cm^2$ 或产品质量小于 100g 时，可以不标示图解。

8. 指导说明应该对不当配制和使用不当可能引起的健康危害给予警示说明。

9. 标签中应标示 "本品禁止用于肠外营养和静脉注射"。

六、我国现行注册管理体系

根据《中华人民共和国食品安全法》等法律法规，国家市场监督管理总局（原国家食品药品监督管理总局）制定了《特殊医学用途配方食品注册管理办法》，并于 2016 年 3 月 7 日发布，同年 7 月 1 日起正式实施。特殊医学用途配方食品注册，是指国家市场监督管理总局根据申请，依照《特殊医学用途配方食品注册管理办法》规定的程序和要求，对特殊医学用途配方食品的产品配方、生产工艺、标签、说明书以及产品安全性、营养充足性和特殊医学用途临床效果进行审查，并决定是否准予注册的过程。注册管理遵循科学、公开、公平、公正的原则。

（一）注册管理职责机构

国家市场监督管理总局负责特殊医学用途配方食品的注册管理工作。国家市场监督管理总局行政受理机构（简称受理机构）负责特殊医学用途配方食品注册申请的受理工作。国家市场监督管理总局食品审评机构（简称审评机构）负责特殊医学用途配方食品注册申请的审评工作。国家市场监督管理总局审核查验机构（简称核查机构）负责特殊医学用途配方食品注册审评过程中的现场核查工作。

特殊医学用途配方食品注册号的格式为：国食注字 TY+4 位年号 +4 位顺序号，其中 TY 代表特殊医学用途配方食品。特殊医学用途配方食品注册证书有效期限为 5 年。

（二）对特殊医学用途配方食品注册申请人的基本要求

申请人应当具备与所生产特殊医学用途配方食品相适应的研发、生产能力，设立特殊医学用途配方食品研发机构，配备专职的产品研发人员、食品安全管理人员和食品安全专业技术人员，按照良好生产规范要求建立与所生产食品相适应的生产质量管理体系，具备按照特殊医学用途配方食品国家标准规定的全部项目逐批检验的能力。

（三）申请特殊医学用途配方食品注册应当提交的基本材料

1. 特殊医学用途配方食品注册申请书。
2. 产品研发报告和产品配方设计及其依据。
3. 生产工艺资料。
4. 产品标准要求。
5. 产品标签、说明书样稿。
6. 试验样品检验报告。
7. 研发、生产和检验能力证明材料。
8. 其他表明产品安全性、营养充足性以及特殊医学用途临床效果的材料。
9. 申请特定全营养配方食品注册，还应当提交临床试验报告。

（四）特定全营养配方食品注册的临床试验要求

特定全营养配方食品需要进行临床试验的，由申请人委托符合要求的临床试验机构出具临床试验报告。临床试验质量管理规范由国家市场监督管理总局发布。临床试验报告应当包括完整的统计分析报告和数据。组织开展多中心临床试验的，应当明确组长单位和统计单位。申请人应当对用于临床试验的试验样品和对照样品的质量安全负责。用于临床试验的试验样品应当由申请人生产并经检验合格，生产条件应当符合特殊医学用途配方食品良好生产规范。

（张　坚）

第二节　肠内营养制剂

肠内营养制剂是通过人体消化系统提供各类营养成分，并能够修复和维护肠壁及黏膜功能的特殊医学用途配方食品。该类制剂相对便利、安全，临床效果显著，已经成为临床患者救治中不可缺少的重要组成部分，是非常重要的营养治疗技术之一。由于目前在我国肠内营养制剂仍然按照药品管理，本书将其单列为一节，以区别按照食品管理的特殊医学用途配方食品。

一、肠内营养制剂的分类

有不同的分类方法，根据蛋白质水解与否分为氨基酸型/短肽型和整蛋白型，根据配方的组成特点和适用对象分为平衡标准型和疾病特异型。

1. **氨基酸型/短肽型**　氨基酸型又称单聚体配方：宏量营养素来源为游离氨基酸、单糖和双糖，以及不同含量的中链脂肪酸和/或必需脂肪酸；无须消化即可被吸收，不含残渣或残渣极少，排出便量很少；且不含乳糖，适用于乳糖不耐受患者；但口感欠佳、渗透压高，容易出现高渗性腹泻，适用于有胃肠道功能或部分胃肠道功能的患者，如短肠综合征、胰腺炎患者等；由于脂肪含量极低，能量基本来自糖，因此糖尿病患者慎用。

短肽型配方又称低聚体配方：2~10个氨基酸组成的肽称为短肽。短肽型配方制剂中的氮源为蛋白质经预消化后的双肽和三肽。短肽型肠内营养制剂的特点是简单消化即可被吸收，适用于有胃肠道功能或部分胃肠道功能的患者，味道一般，渗透压介于整蛋白型和氨基酸型；适用于消化功能明显减弱，但肠道吸收功能部分存在，如胰腺炎空肠内喂养，肠瘘但部分肠段仍存在吸收功能，炎症性肠病等。禁忌证是完全性肠梗阻。

通常，氨基酸型/短肽型肠内营养制剂的氨基酸、脂肪和碳水化合物分别占总能量的13%~17%、1%~15%和70%~90%；NPC（kcal）：N（g）=（100~150）：1，含有足够的微量营养素，不含乳糖和膳食纤维。

2. **整蛋白型**　整蛋白型肠内营养制剂的特点是营养均衡完整，三大营养物质按正常人的能量比例配制，适用于胃肠道功能接近正常的患者。通常情况下，摄入高渗而又难以消化和吸收的药物或食物，血浆和肠腔之间的渗透压差增大，血浆中的水分很快透过肠黏膜进入肠腔，肠腔存留的大量液体可刺激肠运动而致高渗性腹泻。整蛋白型肠内营养渗透压接近等渗，不易引起高渗性腹泻。

整蛋白型肠内营养制剂氮源以整蛋白型存在。能量密度为1.0~2.0kcal/ml，渗透压为200~400mOsm/（kg·H_2O）。

3. **平衡标准型**　平衡标准型配方制剂有完整的蛋白质、多聚糖、长链脂肪酸和/或中链脂肪酸，足够的微量营养素。蛋白质、脂肪和碳水化合物分别占总能量的10%~16%、27%~35%和48%~60%。NPC（kcal）：N（g）=（120~150）：1。

4. **疾病特异型**　疾病特异型配方制剂是在平衡标准型配方基础上，通过对蛋白质、碳水化合物和脂肪的成分或比例做出适当调整，使之更加符合患者身体需求。包括糖尿病型（低碳水化合物，高脂肪，增加膳食纤维含量）配方、减肥型（高蛋白，低能量）配方、肿瘤型（低碳水化合物，高脂肪，高蛋白，高能量密度，富含免疫营养素）配方、肝病型（低蛋白，高支链氨基酸，低芳香氨基酸）配方、肾病型（低蛋白质和低电解质）配方、肺病型（低碳水化合物，高脂肪）配方等。或者添加其他特殊药理作用的营养素，如添加ω-3脂肪酸、谷氨酰胺、精氨酸、核苷酸或抗氧化物等，利用这些营养素的药理作用达到调节机体代谢和免疫功能的目的。

二、肠内营养制剂的评价与选择

（一）主要评价参数

1. **能量密度**　能量密度与营养物质的含量有关，与制剂的液体量成反比，临床常用的肠内营养制剂的能量密度从0.9kcal/ml、1.0kcal/ml、1.3kcal/ml到1.5kcal/ml不等。

2. **蛋白质含量**　蛋白质含量以蛋白质能量占总能量的百分比表示，标准制剂的蛋白质含量（蛋白质能量占总能量的比例）≤20%，高氮制剂的蛋白质含量>20%。

3. **蛋白质来源** 包括氨基酸混合物、水解蛋白和整蛋白。

(二) 次要评价参数

1. **渗透压** 肠内营养制剂的渗透压主要取决于游离氨基酸和电解质的含量，故整蛋白型（非要素型）肠内营养制剂的渗透压较氨基酸型 / 短肽型（要素型）低。根据渗透压的高低，也可将肠内营养制剂分为等渗［<350mOsm/（kg·H_2O）］、中等高渗［350~550mOsm/（kg·H_2O）］和显著高渗［>550mOsm/（kg·H_2O）］。

整蛋白型肠内营养制剂基本均为等渗。制剂的渗透压与胃肠道耐受性密切相关，高渗制剂容易引起腹泻或其他胃肠道反应，等渗制剂一般耐受性良好。

2. **脂肪含量** 脂肪含量以脂肪能量占总能量的百分比表示，分为标准型（>20%）、低脂肪型（5%~20%）和极低脂肪型（<5%）。显著吸收不良、严重胰腺外分泌不足或高脂血症的患者宜选用极低脂肪型制剂。

3. **脂肪来源** 包括长链脂肪酸、中链脂肪酸或两者的混合物，吸收不良或有长链脂肪酸代谢异常的患者宜选用中链脂肪酸或两者的混合物。

4. **膳食纤维含量** 部分非要素制剂含膳食纤维，要素制剂均不含膳食纤维，膳食纤维对长期肠内营养治疗或易便秘者尤为重要。

5. **乳糖含量** 乳糖不耐受者宜选用不含乳糖的制剂。

6. **电解质、矿物质及维生素含量** 多数肠内营养制剂按每日能量需求全量供给。

(三) 应用选择

肠内营养制剂种类多样，选择时需要考虑患者的疾病状况和不同营养制剂的特点，具体可考虑下列因素。

1. **肠道功能** 消化道功能完好，可选择整蛋白、复杂碳水化合物和较高脂肪的营养制剂。消化功能受损或吸收功能障碍者，选择简单、易于吸收的营养制剂（如水解蛋白、多肽或氨基酸等）。

2. **年龄** 对婴幼儿，选择最接近母乳的等渗肠内营养制剂。

3. **蛋白质过敏** 可选用水解蛋白、肽或氨基酸作为氮源的营养制剂。

4. **脂肪吸收不良** 以中链甘油三酯（MCT）代替长链脂肪，同时间断补充长链甘油三酯。注意MCT 不适用于糖尿病酮症酸中毒的患者。

5. **乳糖不耐受** 选择无乳糖或低乳糖配方的肠内营养制剂。

6. **遗传代谢疾病** 对氨基酸代谢障碍等遗传代谢疾病患者，选择专用的肠内营养制剂。

7. **患病情况** 对于糖尿病、恶性肿瘤、肾病、肝病等疾病患者，可选用疾病特异型营养制剂。

（张 坚）

第三节 肠外营养制剂

肠外营养（parenteral nutrition，PN），是指由胃肠道以外的途径（即静脉途径）提供营养物质的一种方式。1961 年，瑞典的 Arvid Wretlind 等首先用大豆油、卵磷脂、甘油等研制成静脉脂肪乳剂用于临床。从制剂角度，将葡萄糖、氨基酸和脂肪乳剂混合在一起，加入其他各种营养素后放置于一个袋子中输注，称为“全合一”（all-in-one，AIO）系统，美国肠外肠内营养学会（American Society for Parenteral and Enteral Nutrition，ASPEN）称之为全营养混合液（total nutrient admixture，TNA）。

一、肠外营养液基本成分与分类

1. **碳水化合物** 包括可溶性单糖和大分子可溶性多聚体，主要作用是提供能量。目前，临床上常用葡萄糖，其节氮效应确切，是最主要的供能物质，在大脑、细胞等组织器官仅以其作为能源物质。常用的葡萄糖制剂浓度为 5%~50%，每日葡萄糖供给量以不多于 250~300g 为宜，输入速度小于 3~4mg/(kg·min)，以免因输入过量、过快引起糖代谢异常反应。

2. **脂肪** 是理想的供能物质，并提供必需脂肪酸。

静脉用脂肪乳剂的主要成分是甘油三酯，其理化性质和代谢特性取决于各脂肪酸成分。根据碳链长度，脂肪酸可分为短链脂肪酸（<8 个碳原子）、中链脂肪酸（8~10 个碳原子）和长链脂肪酸（≥12 个碳原子）。根据双键数量，脂肪酸又可分为饱和脂肪酸、单不饱和脂肪酸和多不饱和脂肪酸。临床常用的脂肪乳剂如下。

（1）长链脂肪乳剂（long-chain triglyceride，LCT）：不仅能为机体提供能量，还提供大量生物膜等所需的必需脂肪酸。但长链脂肪乳剂的吸收速度、氧化代谢慢，在血液中运输需与白蛋白结合，在肉碱参与下才能进入线粒体进行三羧酸循环，肝功能不全时不能正常代谢；同时，由于亚油酸含量多，易导致脂质过氧化增加，从而使机体免疫功能受损。

（2）中链脂肪乳剂（medium-chain triglyceride，MCT）：快速提供能量，不易为肝、脾、肺等脏器的网状内皮细胞吞噬和沉积，较少依赖与白蛋白的结合而代谢，不需依赖肉碱的携带就能直接进入线粒体进行间质氧化，氧化速度和血浆清除速度快，但不能提供必需脂肪酸，MCT 水解过快，易致发热。

（3）中长链脂肪乳剂（MCT/LCT）：一种是物理混合乳剂，中长链脂肪乳剂按 1∶1 的重量比物理混合；另一种是结构脂肪乳剂，中长链脂肪乳剂经过水解后酯化形成。其特点是中链脂肪乳剂不需肉碱转移酶的作用就可完全、彻底进入线粒体，被更快氧化，而长链脂肪乳剂提供必需脂肪酸，对肝及免疫功能影响小。

（4）橄榄油脂肪乳剂：由 80% 橄榄油和 20% 大豆油组成，提供能量 500kcal/250ml，渗透压 270mOsm/L，富含 ω-9 单不饱和脂肪酸，可减少脂质过氧化，选择性调节免疫应答，维护机体免疫功能，减少炎症反应。植物固醇含量少，肝功能影响小。

（5）鱼油脂肪乳剂：富含 ω-3 脂肪酸，可减轻炎症反应，对肿瘤、心血管疾病及危重症患者有益。主要用于创伤和手术后、全身炎症反应综合征、炎性肠病等。

3. **氨基酸** 是肠外营养时的氮源物质，输注氨基酸的目的是提供机体合成蛋白质所需的底物，目前临床上常用的是平衡型氨基酸，包含所有必需氨基酸。也有适用于肝病、肾病等各种疾病以及创伤、感染等专用型氨基酸；如提高支链氨基酸（branched chain amino acid，BCAA，包括亮氨酸、异亮氨酸、缬氨酸），降低芳香族氨基酸（苯丙氨酸、酪氨酸、色氨酸）和蛋氨酸、甘氨酸含量的肝病用氨基酸配方，以及大幅提高 BCAA 含量的创伤、感染应激用氨基酸配方等。此外，谷氨酰胺（glutamine，Gln）是肠黏膜细胞和各种快速生长细胞的主要能源物质，促进肌肉蛋白质的合成，在分解代谢中 Gln 被大量消耗。Gln 强化的营养治疗具有改善机体代谢、氮平衡、促进蛋白质合成、改善机体免疫状况及维持肠道功能的效果。

4. **水和电解质** 水和电解质是体液的主要成分，体液平衡为机体细胞正常代谢提供所必需的内环境，也是维持机体生命及各脏器生理功能的必备条件。根据不同电解质的体内分布特点和生理功能，必须从体外获取、丢失到体外，以及因疾病导致体液在体内腔隙间流动 3 个角度来考虑水及电解质平衡问题。目前全营养混合液（total nutrient admixture，TNA）中常用的电解质制剂一般为单一制剂，主要是各种浓度的氯化钠、氯化钾、葡萄糖酸钙、硫酸镁和甘油磷酸钠等。

5. **维生素和微量元素** 维生素和微量元素是机体有效利用能量底物和氨基酸的基础，是重要的微量营养素。需要营养治疗的患者常常已经处于微量营养素耗尽的状态，并且由于疾病因素，微量营养素的需要量可能有所增加。所有需要营养治疗的患者在初期就应充分补充必需微量营养素。目前临床上有可供 TNA 使用的复方维生素制剂和复方微量元素制剂，这些制剂用量可满足成人每日的正常需要量。

二、肠外营养混合液的稳定性和相容性

稳定性是指各种物质维持在一定浓度范围内不降解，而相容性是指在一定时间内(包装、运输、储存和输注过程)物质间无相互作用。肠外营养混合液成分复杂，混合及储存过程中各营养成分的稳定性相比单一制剂可能有所下降，实际营养供给量可能不足，甚至不同营养成分之间可能存在配伍禁忌，危害患者的生命健康。以下从多个角度讨论分析影响 TNA 稳定性和相容性的因素，并总结相应的应对措施。

1. **影响脂肪乳剂稳定性的因素及应对措施**　脂肪乳剂的稳定性受溶液 pH、氨基酸浓度、葡萄糖浓度、电解质浓度、脂肪乳剂脂肪酸种类及影响脂肪乳剂脂质过氧化的其他因素影响，见表 4-3-1。

表 4-3-1　影响脂肪乳剂稳定性的因素及应对措施

影响因素	特点	应对措施
溶液 pH	溶液 pH 影响脂肪乳剂油水界面双电层间的电位差，随 pH 降低，电位差逐渐缩小，乳剂趋于不稳定。脂肪乳剂的储存时间延长和 TNA 中的酸性物质可致体系 pH 降低	研究表明常用的 TNA 配方 pH 对脂肪乳剂稳定性的影响小，可忽略不计，但需注意在配制过程中，勿将脂肪乳剂与酸性的葡萄糖溶液直接混合，TNA 的储存时间不宜过长
氨基酸浓度	氨基酸浓度低时，对营养液的缓冲能力差，脂肪乳剂趋于不稳定	TNA 的氨基酸终浓度 ≥ 2.5% 为宜
葡萄糖浓度	①葡萄糖溶液的 pH 在 3.2~5.5；② 50% 葡萄糖为高渗液，可使脂肪颗粒间空隙消失，产生凝聚	TNA 的葡萄糖终浓度在 3.3%~23% 为宜
电解质浓度	阳离子浓度价位越高，对脂肪乳剂稳定性影响越大。三价阳离子(如 Fe^{3+})作用强于二价阳离子(如 Ca^{2+}、Mg^{2+})，一价阳离子(如 Na^{+}、K^{+})虽然作用较弱，但如果达到一定高的浓度，也会产生“破乳”	TNA 的一价阳离子浓度<130~150mmol/L、二价阳离子浓度<5~8mmol/L 为宜
脂肪酸种类	在其他条件保持一致的情况下，橄榄油 LCT 的稳定性稍高于大豆油 MCT/LCT，橄榄油 LCT 与大豆油 MCT/LCT 的稳定性远远高于大豆油 LCT	综合临床情况选择适宜的脂肪乳剂
影响脂质过氧化的因素	氧气存在时，多不饱和脂肪酸(PUFA)会发生过氧化。脂质过氧化可能加剧处于应激状态患者的炎症反应与免疫功能紊乱，进而影响组织器官功能	①某些脂肪乳剂含维生素 E 等抗氧化剂，或 TNA 中含抗氧化组分；②应用透气较少的多层袋、避光和应用避光输液装置等可减少输液中过氧化物的产生

此外，应注意的是脂肪乳剂的加入必须是全合一混合操作的最后一步；电解质和微量元素不得直接加入脂肪乳剂，不论自配 AIO 还是工业化多腔袋的临用配制；二价离子加入氨基酸溶液，因络合作用，增加 AIO 混合液的相容性和稳定性。

2. **避免电解质沉淀**　不相容的各种盐类混合会产生不溶性晶体小微粒，如果直径超过 5μm，肺栓塞的风险增加。磷和钙不能无限相容。磷酸氢钙($CaHPO_4$)是最危险的结晶性沉淀，可能引发间质性肺炎、肺栓塞、肺衰竭等危及生命的严重不良事件。维生素 C 降解成草酸后与钙离子结合形成不溶性微粒，因此在需要给予治疗剂量的维生素 C 时，建议单独输注。磷酸钙沉淀和草酸钙沉淀是 TNA 中最常见的不溶性微粒。应注意各成分的体积和浓度，不仅是最终体积和浓度，还要注意在配制过程中各阶段不同各组分的浓度，尤其是新生儿肠外营养，混合顺序按标准操作程序配制。

提高相容性和稳定性的参数要求：

(1) TNA 中一价阳离子浓度应<150mmol/L(Na^{+}<100mmol/L、K^{+}<50mmol/L)、二价阳离子浓度应<10mmol/L(Ca^{2+}<1.7mmol/L、Mg^{2+}<3.4mmol/L)。

(2)脂肪乳剂最终浓度>2%。

(3)氨基酸最终浓度>3.5%。

(4)葡萄糖浓度<15%(葡萄糖/葡萄糖氯化钠溶液因 pH 小,且每批次产品不尽相同,建议体积尽可能小,如采用高浓度糖溶液)。

(5)限液配方,因电解质浓度大,要求氨基酸浓度大。

(6)避免多种不稳定因素同时出现。

3. **减少维生素的降解**　空气中的氧气、包装材料的空气透过率、光照等多种因素都会加速维生素的降解,尤其是一些极不稳定或极易被氧化的维生素,如维生素 A、C、E 等。其中,维生素 C 是 TNA 中极不稳定的一种成分,极易氧化,一般在混合后几分钟内就损失 10%~30%,并随着时间的推移含量持续下降。此外,一些制剂中的辅料也可能影响维生素的稳定性。因此,为最大限度地减少维生素降解,应采取以下措施:①在配制完成后尽量排尽营养袋中残留的空气;②在储存、运输及输注过程中尽可能避光;③选用多层袋;④ TNA 在 24h 内使用。

4. **包装材料对有效成分的吸附**　聚氯乙烯(PVC)袋对维生素 A 和胰岛素有较强的吸附作用。PVC 对维生素 A 的吸附性取决于维生素 A 酯的形式,一般维生素 A 醋酸酯在 PVC 袋中耗损较大,而维生素 A 棕榈酸酯耗损不明显。此外,环境因素(如氧气、光照、温度等)也从多方面影响 TNA 的稳定性和相容性。

(张　坚)

第四节　保 健 食 品

指声称具有特定保健功能或者以补充维生素、矿物质为目的的食品。即适合特定人群食用,具有调节机体功能,不以治疗疾病为目的,并且对人体不产生任何急性、亚急性或者慢性危害的食品。保健食品往往是对日常饮食的补充,它们本质上仍属于食品的范畴,只是针对特定的适宜人群有一定的保健功能。在我国,保健食品需要经过国家市场监督管理总局的批准。

一、保健食品的特征

1. **保健食品属于食品**　保健食品首先必须是食品,必须具备食品的基本特征,即应无毒无害,符合相应的营养和卫生要求,具有相应的色、香、味等感官性状。

2. **保健食品不是药物**　保健食品是以调节机体功能为主要目的,而不是以治疗为目的,在正常条件下食用安全。保健食品的本质仍是食品,虽有调节人体某种机能的作用,但它不是人类赖以治疗疾病的物质。保健食品在某些疾病状态下也可以食用,但它不能代替药物的治疗作用。

3. **具有特定的保健功能**　保健食品必须具有特定的保健功能。保健功能应包括纠正不同原因引起的、不同程度的人体营养失衡;调节与此有密切关系的代谢和生理功能异常;抑制或缓解有关的病理过程。

4. **适于特定人群食用**　不同种类保健食品有适用的特定人群。一些人群,如孕妇、乳母、婴幼儿,不适宜食用保健食品。

二、保健食品的分类

保健食品按食用对象不同分为两大类:一类以健康人群为对象,主要为了补充营养素,满足生命周期不同阶段的营养需求;另一类主要供给某些生理功能有问题的人食用。2019 年 3 月,国家市场监督管理总局发布了调整保健食品保健功能意见的公告,提出了 18 项保健食品功能声称表述,分别是：有助于增强免疫力、缓解体力疲劳、有助于抗氧化、有助于促进骨健康、有助于润肠通便、有助于调节肠道菌群、有助于消化、辅助保护胃黏膜、耐缺氧、有助于调节体脂、有助于改善黄褐斑、有助于改善痤疮、有助于改善皮肤水分状况、辅助改善记忆、清咽润喉、改善缺铁性贫血、缓解视觉疲劳、有助于改善睡眠；并提出了有待进一步论证的保健食品功能6项，分别是：辅助降血脂、辅助降血糖、辅助降血压、对化学性肝损伤有辅助保护功能、对辐射危害有辅助保护功能、促进排铅。同时宣布取消了原有的部分功能声称项目。

三、保健食品的管理和监督

保健食品的注册与备案及其监督管理应当遵循科学、公开、公正、便民、高效的原则。国家市场监督管理总局负责保健食品注册管理，以及首次进口的属于补充维生素、矿物质等营养物质的保健食品备案管理，并指导监督省、自治区、直辖市食品药品监督管理部门承担保健食品的注册与备案相关工作。省、自治区、直辖市食品药品监督管理部门负责本行政区域内保健食品备案管理，并配合国家市场监督管理总局开展保健食品注册现场核查等工作。市、县级食品药品监督管理部门负责本行政区域内注册和备案保健食品的监督管理，承担上级食品药品监督管理部门委托的其他工作。

1. **保健食品注册**　指食品药品监督管理部门根据注册申请人申请，依照法定程序、条件和要求，对申请注册的保健食品的安全性、保健功能和质量可控性等相关申请材料进行系统评价和审评，并决定是否准予其注册的审批过程。

2. **保健食品备案**　指保健食品生产企业依照法定程序、条件和要求，将表明产品安全性、保健功能和质量可控性的材料提交食品药品监督管理部门进行存档、公开、备查的过程。对于使用的原料已经列入保健食品原料目录的保健食品，首次进口且属于补充维生素、矿物质等营养物质的保健食品可以进行备案。

3. **管理机构**　国家市场监督管理总局行政受理机构负责受理保健食品注册和接收相关进口保健食品备案材料。省、自治区、直辖市食品药品监督管理部门负责接收相关保健食品备案材料。国家市场监督管理总局保健食品审评机构负责组织保健食品审评，管理审评专家，并依法承担相关保健食品备案工作。国家市场监督管理总局审核查验机构负责保健食品注册现场核查工作。

4. **主要审查内容**

（1）产品研发报告，包括研发人、研发时间、研制过程、中试规模以上的验证数据，目录外原料及产品安全性、保健功能、质量可控性的论证报告和相关科学依据，以及根据研发结果综合确定的产品技术要求等。

（2）产品配方材料，包括原料和辅料的名称及用量、生产工艺、质量标准，必要时还应当按照规定提供原料使用依据、使用部位的说明、检验合格证明、品种鉴定报告等。

（3）产品生产工艺材料，包括生产工艺流程简图及说明，关键工艺控制点及说明。

（4）安全性和保健功能评价材料，包括目录外原料及产品的安全性、保健功能试验评价材料，人群食用评价材料；功效成分或者标志性成分、卫生学、稳定性、菌种鉴定、菌种毒力等试验报告，以及涉及兴奋剂、违禁药物成分等检测报告。

（5）直接接触保健食品的包装材料种类、名称、相关标准等。

（6）产品标签、说明书样稿；产品名称中的通用名与注册的药品名称不重名的检索材料。保健食品的名称应准确、科学，不得使用人名、地名、代号及夸大容易误解的名称。保健食品的标签、说明书和广告内容必须真实，符合其产品质量要求，不得有暗示可使疾病痊愈的宣传；必须符合国家有关标准和要求。

（7）3个最小销售包装样品。

（8）其他与产品注册审评相关的材料。

（张　坚）

第五节　其他营养相关制剂

包括如营养补充制剂、改善营养相关症状的药物等。

一、营养强化食品

食品营养强化是在现代营养科学的指导下，根据不同地区、不同人群的营养缺乏状况和营养需要，以及为弥补食品在正常加工、储存时造成的营养素损失，在食品中选择性地加入一种或者多种微量营养素或其他营养物质。食品营养强化不需要改变人们的饮食习惯即可增加人群对某些营养素的摄入量，从而达到纠正或预防人群微量营养素缺乏的目的。它是世界卫生组织推荐用于改善人群微量营养素缺乏的主要措施之一。

（一）营养强化的主要目的

1. 弥补食品在正常加工、储存时造成的营养素损失。

2. 在一定的地域范围内，有相当规模的人群出现某些营养素摄入水平低或缺乏，通过强化可以改善其摄入水平低或缺乏而导致的健康影响。

3. 某些人群由于饮食习惯和/或其他原因，可能出现某些营养素摄入量水平低或缺乏，通过强化可以改善其摄入水平低或缺乏导致的健康影响。

4. 补充和调整特殊膳食用食品中营养素和/或其他营养成分的含量。

食品营养强化的优点在于，既能覆盖较大范围的人群，又能在短时间内见效，而且花费不多，是经济、便捷的营养改善方式，在世界范围内广泛应用。例如，大米是将近全球半数人口的主食，在大多数大米食用量高的国家，缺乏微量元素是普遍的公共卫生问题。因此强化大米具有帮助小麦或玉米粉强化项目不能普及的脆弱人群的潜力。

（二）营养强化剂

1. **定义**　为了增加食品的营养成分（价值）而加入食品中的天然或人工合成的营养素和其他营养成分。

2. **使用营养强化剂的要求**

（1）营养强化剂的使用不应导致人群食用后营养素及其他营养成分摄入过量或不均衡，不应导致任何营养素及其他营养成分的代谢异常。

（2）营养强化剂的使用不应鼓励和引导与国家营养政策相悖的食品消费模式。

（3）添加到食品中的营养强化剂应能在特定的储存、运输和食用条件下保持质量的稳定。

（4）添加到食品中的营养强化剂不应导致食品一般特性如色泽、滋味、气味、烹调特性等发生明显不良改变。

（5）不应通过使用营养强化剂夸大食品中某一营养成分的含量或作用，误导和欺骗消费者。

3. **可强化食品类别的选择要求**

（1）应选择目标人群普遍消费且容易获得的食品进行强化。

（2）作为强化载体的食品消费量应相对比较稳定。

（3）我国居民膳食指南中提倡减少食用的食品不宜作为强化的载体。

4. **营养强化剂的使用规定**　营养强化剂在食品中使用的品种、范围、用量应符合现行有效的《食品安全国家标准　食品营养强化剂使用标准》（GB 14880—2012）。特殊膳食用食品中营养素及其他营养成分的含量按相应的食品安全国家标准执行，允许使用的营养强化剂及化合物来源也应符合《食品营养强化剂使用标准》（GB 14880—2012）中的要求。

二、膳食营养补充剂

(一) 定义

膳食营养补充剂在我国尚未成为一个法律概念,但鉴于消费者的需求和行业的发展,在行业协会和相关政府部门的推动下形成了这样一个概念。目前较为认可的定义是"以维生素(vitamin)、矿物质(mineral)及功效关系相对明确的提取物为主要原料,通过口服补充人体必需的营养素和生物活性物质,达到提高机体健康水平和降低疾病发生风险的目的,一般以片剂或胶囊等形态存在。"美国食品药品监督管理局(the US Food and Drug Administration,FDA)于1994年颁布的《膳食补充剂健康与教育法》(the Dietary Supplement Health and Education Act,DSHEA)中对膳食补充剂(dietary supplement)进行了规定;欧盟在《膳食补充剂法令》(Directive 2002/46/EC)对这类食品进行了规定。要求膳食补充剂必须保证品质和服用量的安全可靠。有些维生素在小剂量时对人体有益,但是过高剂量是有害的,只有那些经证实没有危险的膳食补充剂才可以不需处方就在市场上销售。

(二) 健康声称

通过国家主管部门批准的营养素补充剂只能声称补充(特指)营养素。市场上少量存在的普通食品身份(不含特殊膳食用食品)的膳食营养补充剂,可以遵循《食品安全国家标准 预包装食品营养标签通则》(GB 28050—2011)的要求,在产品标签上标注营养声称或营养成分功能声称。

(三) 原料要求

膳食营养补充剂所用原料主要取自天然物种,也有通过化学或生物技术生产的安全、可靠的物质,包括动植物提取物、维生素、矿物质、氨基酸、膳食纤维等。一般来说,其所含的活性物质成分的理化性质比较稳定,化学结构明确,作用机制得到一定程度的科学论证,其安全性、功能性、质量可控性达到管理的标准。

(四) 形态

膳食营养补充剂主要以类似药品的可计量浓缩形态存在,使用的剂型主要包括:硬胶囊、软胶囊、片剂、口服液、颗粒剂、粉剂等。包装形态有瓶装、桶(盒)装、袋装等预包装形式。

(张 坚)

第六节 食物与药物相互作用

食物与药物相互作用情况是新药申报资料中的重要内容,相互作用的机制可以分为药动学和药效学两方面:前者最为多见,包括食物对药物吸收、分布、代谢或排泄的影响;后者仅有少数几个实例,是食物或其衍生物在受体水平上对药物的影响。在药物与营养素相互作用中,最重要的三个因素是机体因素和药物、营养素方面的因素。

一、食物与药物相互作用的机制

(一) 机体自身因素

不同个体或同一个体在不同的生理状况下,服用药物和摄入食物会产生不同的效果。年龄、性别、体形、身体成分、遗传、生活方式、潜在疾病等因素都能影响药物和营养素对机体的作用。老人生理机能下降,身体成分发生变化,脂肪增多而蛋白质和水分减少,且用药机会和数量较其他人群多;因此药物 - 营养素相互作用的程度也明显增高。有研究显示,营养不良和肥胖均会放大患者对药物与营养素的交互作用。同时,遗传因素也对药物 - 营养素交互作用产生重要影响,如亚甲基四氢叶酸还原酶的基因多态性可能影响维生素 B_6、B_{12}、B_2 及叶酸的需要量。

（二）药动学效应与药效学改变

生物利用度（bioavailability，BA）指剂型中的药物被吸收进入体循环的速度与程度，是反映药物与营养素相互作用的一个重要药动学参数。BA 依赖于药物的吸收和相关代谢。最重要的药动学相互作用是由于两者之间的化学反应（如螯合作用）或进餐引起的生理应答（胃酸度、胆汁分泌或胃肠运动）所导致的药物吸收改变。仅影响药物吸收的相互作用虽常见，但很少有临床意义。然而，某些药物吸收加快所造成的高峰浓度可导致浓度依赖性不良反应的发生（如米索前列醇和硝苯地平胶囊），另一些药物（包括许多抗菌药）的疗效依赖于血中超过其阈浓度的时间，而其吸收率发生改变会影响疗效。影响药物分布、代谢或排泄的相互作用并不多见，但葡萄柚汁例外。葡萄柚汁含有呋喃香豆素衍生物，可以选择性抑制细胞色素 P450（cytochrome P450，CYP）3A4 体系，降低其对药物的摧毁，减少药物成分在肠道的吸收，从而提高了药物的生物利用度。

药动学与药效学参数的改变并不一定能导致药理学效应的变化。只有当营养素对药物的药理作用影响可以被量化时才能评价其临床意义。而这种临床效应的参数对许多药物来说是无法直接量化的。因此，应根据所出现的临床症状而不是效应参数来判断是否出现有临床意义的药物 - 营养素相互作用。

二、药物对食物的作用

（一）影响食物、营养素的摄入

多数药物长期服用可因产生异味而引起味觉障碍，引起饱胀感、损害胃肠道功能或抑制中枢神经系统功能从而降低食欲。主要机制可能如下。

1. **影响食物口感并引起饱胀感**　某些抗生素如氨苄西林、林可霉素，解热镇痛药阿司匹林可改变食物味道而抑制食欲；赋形剂如甲基纤维素、瓜尔胶在胃内吸收大量水分而膨胀，产生饱腹感而降低食欲。有些药物可刺激食欲，增加食物摄入量。常见影响食欲的药物见表 4-6-1。

表 4-6-1　常见影响食欲的药物

作用	药物
增进食欲	抗组胺药、精神药物、类固醇激素、胰岛素、屈大麻酚、甲状腺激素、磺酰脲类、醋酸甲地孕酮、米氮平、乙醇
降低食欲	抗生素、赋形剂（甲基纤维素、瓜尔胶）、环磷酰胺、地高辛、胰高血糖素、吲哚美辛、吗啡、氟西汀

2. **引起消化系统黏膜损害**　如口服抗生素、非甾体抗炎药、抗肿瘤药、双胍类口服降糖药、洋地黄等。

3. **抑制中枢神经系统功能**　较大剂量的镇静药可降低人的意识水平，从而降低食欲。

4. **部分中药的作用**　石膏、知母、大黄、黄柏、黄芪等中药材药性苦寒败胃；熟地黄滋腻碍胃，都可抑制食欲。

（二）影响食物、营养素的吸收

抗胃酸分泌药西咪替丁可使患者胃酸分泌减少，同时降低十二指肠酸负荷，减少胃排出物、十二指肠内容物与空肠中的流动食物，使粪便中的脂肪、氮及粪便体积减小，从而改善了蛋白质与糖类的吸收。

口服避孕药对多种维生素的吸收和代谢都会产生影响，服用避孕药 3~4 个月后，可引起人体叶酸吸收率下降 50%，维生素 B_2、B_6 需要量增加，维生素 C 破坏增加，血清维生素 B_{12} 水平降低，同时对微量元素铜、铁、锌的吸收也有影响。服用泼尼松、地塞米松等皮质激素会增加维生素 B_6、维生素 C、维生素 D 的需要量，并导致钙转运障碍。表 4-6-2 列出了可引起营养素吸收障碍的常见药物。

表 4-6-2　引起营养素吸收障碍的常见药物

药物	类型	损失的营养素	机制
液状石蜡	泻药	胡萝卜素、脂溶性维生素、钙、磷	溶解营养素并使之丢失
酚酞	泻药	维生素 D、钙	加快肠蠕动、破坏肠壁完整性
考来烯胺	调脂药	脂肪、脂溶性维生素、铁	与胆汁酸和营养素结合而减少吸收
对氨基水杨酸	抗结核药	脂肪、叶酸、维生素 B_{12}	阻碍肠黏膜吸收维生素 B_{12}
柳氮磺吡啶	抗生素	叶酸	阻碍叶酸的肠黏膜吸收
甲氧苄啶	抗菌增效剂	叶酸	抑制二氢叶酸还原酶
氨苯蝶啶	利尿药	叶酸	抑制二氢叶酸还原酶
碳酸氢钠	抗酸药	叶酸	阻碍叶酸的肠黏膜吸收
二甲双胍	口服降糖药	维生素 B_{12}	阻碍肠黏膜吸收维生素 B_{12}
秋水仙碱	抗痛风药	维生素 B_{12}、胡萝卜素、脂肪	阻碍胃肠黏膜摄取，肠结构缺陷，酶形成障碍
苯妥英钠	抗癫痫药	维生素 D、叶酸	加速维生素 D 代谢、拮抗叶酸
阿司匹林	解热镇痛药	维生素 C、叶酸、铁	破坏胃肠黏膜，减少吸收
香豆素	抗凝药	维生素 K	竞争性拮抗作用
甲氨蝶呤	抗肿瘤药	叶酸、钙	限制叶酸代谢，阻碍钙自小肠吸收
氯化钾	电解质类药	维生素 B_{12}	降低肠 pH

(三) 影响食物、营养素的合成与利用

长期服用氯霉素、四环素、磺胺类药，可使肠道内正常菌群受抑制，影响维生素 K 的生物合成而导致维生素 K 缺乏。长期服用泼尼松、地塞米松等皮质激素类药可引起体内蛋白质合成减少，促使蛋白质转变为糖原，减少组织对葡萄糖的利用和肾小管对葡萄糖的吸收。口服避孕药不利于机体对葡萄糖的储存，还能影响烟酸和蛋白质在体内的合成。

(四) 影响食物、营养素的代谢

药物可抑制维生素转变为相应的辅酶，或抑制维生素参与的酶系统，而干扰活性维生素的生理功能。有的药物还可以竞争维生素受体而引起维生素缺乏的症状。另外，有些药物可激活肝药酶活性，促进某些维生素的分解代谢，导致体内贮存下降。

孕期服用苯巴比妥可致婴儿维生素 K 缺乏。同样，抗惊厥药可使维生素 D 与叶酸代谢加速，从而造成缺乏。利尿药，特别是噻嗪类和皮质类固醇药物引起钾缺失时，能增加洋地黄诱发心律失常的危险性。钾缺失也可因经常服用泻药引起。使用氢化可的松、脱氧皮质酮和醛固酮时，可出现明显的水钠潴留，至少短期内如此；而使用泼尼松和较新的类固醇药物时，水钠潴留则明显减少。口服避孕药可降低血浆锌的含量，提高铜的含量；长期使用肾上腺类固醇可引起骨质疏松症。乙醇能损害维生素 B_1 的吸收，而异烟肼则是一种烟酸和维生素 B_6 的拮抗剂。乙醇和口服避孕药能抑制叶酸的吸收。服用苯妥英、苯巴比妥、扑米酮或吩噻嗪类进行长期抗惊厥的大多数患者血清及红细胞叶酸含量下降；偶尔也能引起巨幼细胞贫血，可能是因为肝微粒体药物代谢酶受到了影响。有研究显示，对氨基水杨酸、缓慢释放的碘化钾、秋水仙碱、三氟拉嗪、乙醇和口服避孕药能引起维生素 B_{12} 吸收不良。

(五) 影响食物、营养素的排泄

药物可使矿物质、维生素的排出增加，有时还可造成氨基酸、脂肪酸及电解质从体内排出增多。最常见的就是利尿药引起钙、钾、镁、锌等矿物质的排出量增多，其他一些药物导致矿物质丢失的情况见表 4-6-3。另外，有多种药物本身就是维生素的拮抗剂，使用该药物必然会使这些营养素排出增多

或遭到破坏，从而出现缺乏病。

表 4-6-3　引起矿物质缺乏的常见药物

药物	丢失的矿物质
利尿药	钙、钾、镁、锌
泻药	钙、钾
糖皮质激素	钙、钾
抗酸药	磷
青霉胺	钙、钾、镁、锌、铜
阿司匹林	铁（由胃肠失血引起）
乙醇	镁、锌、铜、电解质

三、食物、营养素对药物的作用

（一）影响药物的吸收

1. **食物与药物发生理化作用从而影响药物的吸收**　牛奶、乳制品、海带等含钙丰富的食物与四环素络合可使四环素的吸收减少 80% 以上，同时也影响了食物的营养价值。铁盐可使四环素、红霉素的吸收分别减少 40%~60% 和 47%~60%，对多西环素的吸收亦有一定影响。茶是我国最常使用的饮料，茶叶中含有大量的鞣质，鞣质与生物碱类药物（如利血平、麻黄碱、阿托品等）和铁剂都可以发生络合反应，生成难溶性的化合物而影响吸收；也可使复方消化酶、乳酶生等助消化药因酶失活而致药效减弱或消失。

2. **食物改变胃肠道的 pH 而影响药物的吸收**　进食后 pH 由 0.9~1.5 增加到 3.0~5.0；大多数药物呈弱酸性或弱碱性，消化道 pH 不同，药物的解离度也不同；因此，食物通过时会因改变胃肠道 pH 而影响药物的吸收。

3. **食物改变胃排空速率**　通常情况下，食物可减慢胃排空速率，与食物同时服用的药物自胃排出的速率也相应减慢。对于主要在胃内吸收的药物，理论上会因胃排空速率减慢而使得药物在胃中停留时间延长，从而有利于药物的吸收。但有些药物在胃内不稳定、易分解，停留时间长意味着分解可能性增加。对于在小肠吸收的药物，胃排空速率减慢使药物到达吸收部位小肠的速度变慢，致使吸收迟缓，但由于药物连续不间断到达小肠吸收部位，最后的结果仍可使药物吸收总量明显增加。

4. **食物改变药物的体内溶解**　酸性食物可增加铁剂的溶解度，促进二价铁的吸收。某些不易溶解的药物与食物同在胃内停留的时间较长，药物溶解得较多，达到药物吸收部位更容易，可提高吸收率。

5. **食物中成分改变药物的吸收**　膳食纤维进入消化道后体积增大，在胃肠中与药物混合，可减少或延迟药物的吸收。同时，膳食纤维可增加肠道蠕动，提高降压药普萘洛尔的生物利用度，增强驱虫药的效果。高脂饮食可增加溶解度或刺激胆汁分泌来帮助脂溶性药物（如头孢呋辛酯片）的吸收，而延迟或减少水溶性药物的吸收。酪胺是乳酪的一种成分，是强烈的血管收缩剂。某些服用单胺氧化酶抑制剂的患者食用乳酪后，酪胺可以导致血压升高。高蛋白质饮食可以通过刺激细胞色素 P450 的诱导而提高药物代谢的速率。能改变肠道菌群的饮食可以显著影响某些药物的整体代谢。常规膳食不影响地高辛的生物利用度，但摄入大量膳食纤维可使其生物利用度降低 16%~32%。进食可使肼屈嗪的生物利用度降低 46%~55%，并可明显降低其降压作用；肠内营养制剂与它同时静脉推注时其生物利用度降低 62%，而肠内营养制剂缓慢输注时则无相互作用。

6. **口服药物的剂型因素**　药物口服吸收是否受到食物的影响还与剂型有关。如普萘洛尔速释剂与食物同服，因门静脉、肝血流增加，药物的体循环前清除减少，生物利用度增加约 70%。而当用普萘洛尔缓释制剂时，则观察不到食物对其吸收有明显影响。研究控释和肠溶两种硝苯地平剂型时发现，与空腹时服药相比，进食后服药两者的生物利用度均有明显增加。不同的是进食后肠溶片出现明显的吸收延迟，导致超过 15h 的滞后。此外，饭前、饭后服用也影响药物的吸收，具体见表 4-6-4。

表 4-6-4　食物对药物吸收的影响

进食后延迟吸收的药物	进食后减少吸收的药物	食物促进吸收的药物
青霉素	土霉素	氢氯噻嗪
氨苄西林	四环素	螺内酯
头孢氨苄	奎尼丁，多西环素	灰黄霉素
头孢拉定	美他环素	普萘洛尔
克拉霉素	红霉素	卡马西平
依诺沙星	阿奇霉素	地西泮
环丙沙星	利福平	华法林
氧氟沙星	异烟肼	锂盐
阿司匹林	氨苄西林	维生素 B_2
对乙酰氨基酚	阿司匹林	沙奎那韦
阿莫西林	苯巴比妥	酮康唑
呋塞米	左旋多巴	胺碘酮
奎尼丁	卡托普利	洛伐他汀
西咪替丁	去羟肌苷	头孢呋辛
格列本脲	诺氟沙星	更昔洛韦
地高辛	伏立康唑	利福喷丁
甲硝唑	茚地那韦	伊曲康唑（胶囊剂）
磺胺类	扎鲁司特	

（二）对药物代谢的影响

蛋白质是许多药物在体内代谢的载体，因而蛋白质缺乏型营养不良对药物的影响非常明显。当碳水化合物和脂肪供给能量不足时，蛋白质可作为能量而被分解，这样药物代谢的酶类就会减少，容易引起药物中毒。蛋白质具有稳定药物的作用，对营养不良患者，在饮食中增加蛋白质，可减少药物代谢物的排出而稳定药物疗效；如在饮食中增加蛋白质时，左旋多巴的甲基化衍生物排出减少，疗效得以稳定。而当营养不足时，药物转变所需的肝药酶减少，如膳食蛋白质缺乏时可以降低细胞色素 P450 的活性，减缓药物代谢速率和清除率，因而使得巴比妥类药物的副作用时间延长。

维生素是细胞色素 P450 不可缺少的成分，当有维生素缺乏时可影响该酶活性。缺乏维生素 E 可抑制药酶系统中有效成分的合成；维生素 C 可刺激药物羟化酶的活性，降低药物不良反应。摄入正常膳食并不影响华法林的生物利用度，但富含维生素 K 的食物可有直接的拮抗作用。当每天摄入此类食物达 1 周时就会影响其抗凝作用而需调整用药剂量。与华法林具有相似药效学的苯丙香豆素也与此类食物有相仿的食物 - 药物交互作用。

矿物质也是肝药酶的辅助因子，对药物代谢有着重要的影响。例如缺乏锌和镁，可使细胞色素 P450 减少，苯巴比妥的氧化反应减弱。铁的缺乏也可以引起安替比林的 N- 去甲基化反应。钴抑制血红蛋白酶类的生物合成，影响依赖血红蛋白类酶系药物的代谢。缺钾者，导致洋地黄中毒的风险增加。而钙的增多也会加强洋地黄反应。当摄入保钾利尿药(potassium-sparing diuretic)时,大量食用富含钾的食品如香蕉和菠菜可发生高钾血症。以螺内酯治疗的患者过量摄入含钾盐替代品后曾引起严重高钾血症和严重心律不齐。富含钾的食品或盐替代品可加重血管紧张素转化酶(Angiotensin Convetting Enzyme,ACE)抑制剂类药物引起的高钾血症。

膳食纤维可抑制肝微粒体混合功能氧化酶系统,并通过改变肠道菌群而间接影响药物的代谢。甘蓝、卷心菜、花菜等十字花科蔬菜能加速某些药物代谢,使其血药浓度明显降低、半衰期缩短,这种影响可能主要是由于所含的吲哚衍生物所致。

进食对二膦酸类药物的影响极为显著,因它们都与食物中二价阳离子发生螯合作用。餐前 0.5h、进餐时、餐后 2h 摄入氯屈膦酸,其生物利用度分别降低 31%,90% 和 66%。阿仑膦酸在进餐时或餐后至少 2h 内摄入,其生物利用度降低 85%~0%,从而可导致治疗失败;而与咖啡或橘子汁同时摄入则生物利用度降低 60%。进食使依替膦酸完全不能被吸收,而在 4h 禁食的中途摄入则仍能保持其疗效。

关于葡萄柚汁、橙汁等饮料对药物代谢的研究表明:这些饮料中含有明显抑制肠壁细胞色素 P450(CYP)3A4 的成分,经此酶代谢的药物易蓄积体内,增加其效用和副作用。葡萄柚汁可使免疫抑制剂环孢素的生物利用度降低 47%~60%,并可导致不良反应。过量摄入葡萄柚汁可使洛伐他汀、阿托伐他汀及辛伐他汀的生物利用度分别增加 1 400%,200% 和 1 500%,从而导致药物蓄积并可发生不良反应。

(三) 影响药物的排泄

膳食可影响尿液的酸碱性,也能影响某些药物的排泄速率。酸性尿液可延长酸性药物在体内的作用并延缓其排泄,碱性尿液则延长碱性药物的排泄时间和作用,从而增强药效或不良反应。例如奎尼丁为碱性药物,如服用奎尼丁时吃橘子、喝葡萄汁,同时服抗酸药,因尿液碱化,可抑制奎尼丁排泄而中毒。糖皮质激素类药物具有保钠排钾作用,用药时要求低盐饮食,并给予绿叶蔬菜、香蕉、橘子、果汁等食物补钾。相反,服用保钾利尿药螺内酯时要停用含钾高的食物,以免血钾过高。

四、药物与营养素或食物的特殊相互作用

(一) 酪胺反应

奶酪等食物中富含酪胺,它的结构与多巴胺类似,能刺激交感神经系统,使血压升高。如吃酪胺或饮酒的同时又服用单胺氧化酶抑制剂,由于酪胺脱氨代谢中单胺氧化酶受到抑制而不能被代谢,酪胺在体内积聚而造成中枢神经系统去甲肾上腺素和儿茶酚胺水平迅速上升,从而呈现头痛、幻觉、呕吐、面色潮红等症状,严重时可出现高血压急症,甚至发生脑血管破裂而死亡。此即酪胺反应,其症状的严重程度与药物剂量和摄入的酪胺量成正比。因此,使用单胺氧化酶抑制剂的患者一定要注意饮食,尽量不吃或少吃酪胺含量较高的食物。

(二) 潮红反应

当患者服用某些中枢抑制药后饮酒,往往会出现面色潮红的反应,同时伴有呼吸困难、头痛等症状,这是因为酒精与药物的镇静作用互相加强而出现的中枢过度抑制的一种表现。常见的诱发药物有镇静催眠药、镇痛药、麻醉药和抗组胺药等。

(三) 双硫仑样反应

双硫仑又称戒酒硫,是酒增敏药物。它被人体微量吸收后能引起面部潮红、心悸、呼吸困难等症状,尤其在饮酒后因抑制肝脏中的乙醇脱氢酶,导致乙醇的中间代谢产物乙醛代谢受阻而在体内堆积,引起机体出现多种严重不适反应,如面色潮红、头痛心悸、恶心呕吐、胸腹疼痛等,从而使嗜酒者达到戒酒的目的。临床上较常见的能引起双硫仑样反应的药物有头孢哌酮、头孢唑林、头孢氨苄、呋喃唑酮、甲硝唑、氯磺丙脲等。有文献报道,患者在应用头孢唑林期间用酒精棉球消毒换药后也发生双硫仑样反应。医生应提醒患者在用这些药期间至用药后 1 周内不得饮酒或服用含酒精的药品,或用酒精进行皮肤消毒或擦洗降温,尤其是老年患者、心血管疾病患者更应注意。

(四) 低血糖反应

凡是在服用促进胰岛素分泌释放的药物时又饮酒都有可能导致低血糖,其症状为虚弱、神志模糊、意识丧失、激动等。当糖尿病患者服用大量的降糖药物后饮酒,或空腹饮酒吃一些甜食等都会出现上述症状。

(张 坚)

第五章 临床营养诊断

要进行合理的营养治疗，首先需要了解患者的营养状况。营养诊断就是为了了解患者的营养状况，营养诊断是营养治疗的前提，精准的营养诊断是精准营养治疗的基础，营养治疗必须基于营养诊断，没有营养诊断的营养治疗是盲目的，甚至是有害的。营养诊断的内容很多，为了方便记忆，可以用A、B、C、D进行粗略归类：A，anthropometry，人体测量；B，biochemical examination，生物化学检查；C，clinical examination，临床体格检查；D，dietary survey，膳食调查。

第一节 营养状况是基本生命体征

传统的基本生命体征是体温、脉搏、呼吸和血压，所有患者入院时常规检查。相对于上面四大基本生命体征，对患者而言，营养状况可能是更加重要的生命体征。营养状况与疾病发生、发展、转归及治疗效果密切相关，决定了疾病发生与否、决定了治疗效果好坏、决定了临床结局喜忧、决定了并发症多少、决定了住院时间长短、决定了医疗费用高低。所以，患者入院时常规测量并记录的基本生命体征应该增加营养状况。

一、营养状况决定机体免疫功能

营养状况不仅影响身体组成与体型，还影响生理结构与功能。营养不良不仅表现为体重的变化，更表现为功能的障碍。免疫系统是人体健康的卫士。大量研究证明，营养状况与免疫功能密切相关，细胞代谢变化影响免疫细胞功能。营养不足抑制了免疫功能，增加了感染的易感性。营养过剩与慢性低度炎症有关，后者增加了代谢性疾病、心血管疾病的风险，破坏了保护性免疫。

营养失衡（nutritional imbalance）对于所有生物的内环境稳定、生理功能维持都是一个严峻挑战，哺乳类动物在进化过程中获得了自动调节营养素利用和储存的能力。营养素过剩时，机体将他们以能量储存于脂肪组织、肝脏及肌肉；营养素不足时，储存的能量被动员，以供机体生理功能维护之需。在这个过程中，脂肪组织体积随营养素过量或不足而变化（增大或缩小），进而影响脂肪组织激素、脂肪细胞因子如瘦素、TNF-α、IL-6及脂联素等的分泌。很多脂肪细胞因子具有免疫信号功能，可以影响免疫细胞生物学特性，改变免疫反应。研究发现，瘦素是连接营养与免疫的关键分子，它随脂肪细胞体积增大、缩小而分泌增加或减少。一方面，通过下丘脑抑制食欲、增加能量消耗，发挥代谢调节作用；另一方面，瘦素还可以调节巨噬细胞吞噬作用及致炎细胞因子的产生、上调T细胞葡萄糖摄取与代谢，是营养不足条件下免疫抑制的重要调节因素。营养不足时，瘦素分泌减少，T细胞葡萄糖摄取不足，致使T细胞功能障碍。TNF-α是最重要的致炎细胞因子，与急性期反应、胰岛素抵抗密切相关。肥胖时TNF-α表达增加、体重丢失时TNF-α表达减少。IL-6具有广泛的作用，包括调节多种免疫细胞如B细胞、T细胞增殖，促进T细胞生存，抑制其凋亡。阻断IL-6，可以改善胰岛素抵抗，减轻脂肪肝。营养良好者免疫功能强，患病概率低（图 5-1-1）。

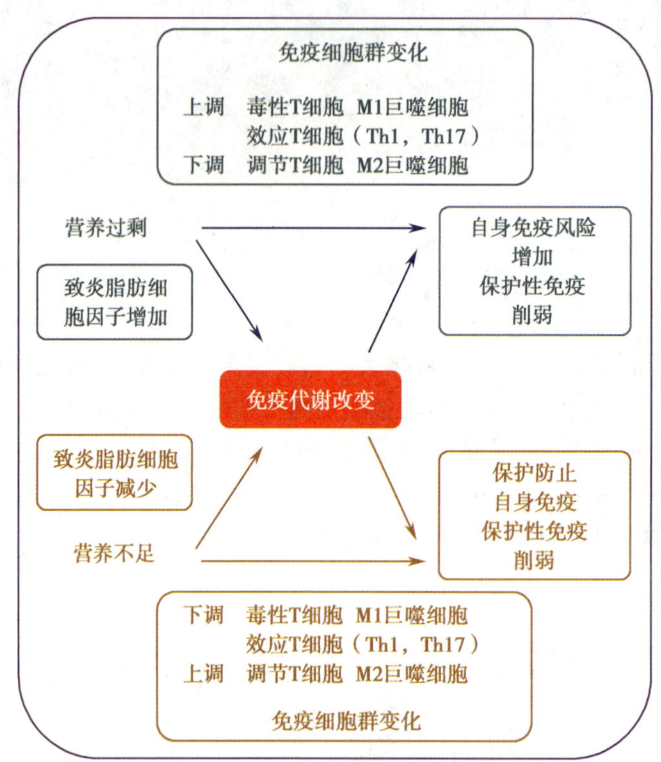

图 5-1-1 营养状况对免疫功能的影响

二、营养状况决定疾病治疗效果和临床结局

疾病相关营养不良（disease-related malnutrition，DRM）特别是肿瘤相关性营养不良是原发疾病之外最常见的第二诊断，消化系统尤其是上消化道疾病营养不良的发生率更高。研究发现，患者营养状况与临床结局密切相关。对胃肠手术患者多变量回归分析发现，营养不良、累积能量缺失（accumulated energy deficit）是并发症、院内感染及死亡率升高、ICU 停留时间和机械通气时间延长的独立危险因素。营养不良风险评分是住院时间、30d 及 60d 死亡的独立预测因素，有营养不良风险的患者住院时间更长，手术后并发症更多。

体重是营养状况的反映，营养不良的直接后果是体重丢失。不同肿瘤患者体重丢失率差异较大，为 31%~87%；体重丢失有一定的性别差异，男性患者体重丢失率高于女性。体重丢失率及丢失量与肿瘤转移病灶数量呈正相关。与体重稳定的患者相比，体重丢失的患者生存时间显著缩短、化疗反应率降低、体能状态下降。体重丢失的肿瘤患者尽管化疗起始剂量更小，但是其剂量相关性不良反应更多、更重，尤其是手足综合征及胃炎；而且化疗时间平均减少 1 个月；体重丢失与更短的无失败生存率（failure-free survival，FFS）、更短的总生存率、更差的反应率、更差的生活质量、更差的体能状况密切相关。营养不良（体重丢失）是不良临床结局的独立危险因素，由于化疗时间缩短、不良反应严重，营养不良患者的预后更差。

三、营养状况决定生活质量

健康相关生活质量（health-related quality of life，HRQoL）是一种多维度健康评估，是影响个体是否可以成功老龄化（successful aging）的重要因素。研究发现，HRQL 与营养状况密切相关，营养状况决定 HRQL。男性、女性和老人的生活质量及营养状况存在显著差异，女性身体活动能力更差，疼痛 / 不适更多，营养不良风险更高。欧洲五维生存质量量表（EuroQol five dimensional questionnaire，EQ-5D）评分与微型营养评定（mini-nutritional assessment，MNA）评分、能量摄入及体重指数（body mass index，BMI）密切相关。EQ-5D 的疼痛 / 不适与能量、蛋白质、脂肪、镁、磷、硒及烟酸摄入密切相关，增加能量及营养素摄入可以提高生活质量。无论城市还是农村，肥胖（高 BMI）的老人生活质量更差，营养状况好（MNA 高）的老人其生活质量更好，自我报告的生活质量问题更少，营养状况是 HRQL 的独立预测因素。

营养状况不仅影响正常人的生活质量，更影响疾病患者的生活质量。糖尿病患者的营养状况（MNA 评分）决定身体功能状况（下肢力量、运动灵活性、心肺耐力），与生活质量密切相关。肿瘤患者的营养状况与生活质量的关系更加密切，营养正常患者的所有生活质量功能评分最好，营养不良患者最差，营养不良风险患者居中。单变量分析发现营养不良与生活质量下降及症状严重程度密切相关；多变量分析发现营养不良是生活质量下降、身体功能降低的独立决定因素。体重维持不变、体重增加的肿瘤患者的生活质量显著高于体重丢失患者。正常饮食对维持体重至关重要，匀浆食物（mashed food）、流汁食物、食欲下降与体重丢失密切相关。

四、营养状况决定寿命和生存时间

良好营养是影响个体与人群、当代与后代健康和寿命的第一因素。众所周知，端粒酶是决定人类衰老与寿命的主要因素之一，端粒酶长度与寿命直接呈正相关。影响端粒酶健康的因素有遗传性、非遗传性两大类，营养与体力活动是维持端粒酶健康的最重要后天因素。端粒酶长度与豆类、坚果、海藻、水果、奶制品、全谷物及咖啡摄入呈正相关，与酒精、红肉、加工肉及大量单糖摄入呈负相关。谨慎膳食模式（prudent dietary pattern）可以延长白细胞端粒酶长度，而西方饮食模式（western dietary pattern）则相反缩短白细胞端粒酶长度。地中海饮食模式（Mediterranean diet pattern）可以预防衰老导致的端粒酶缩短，增加白细胞端粒酶长度。10 年前、甚至更远过去摄入的食物，影响中年人或较老成年人的衰老速度与程度（图 5-1-2）。

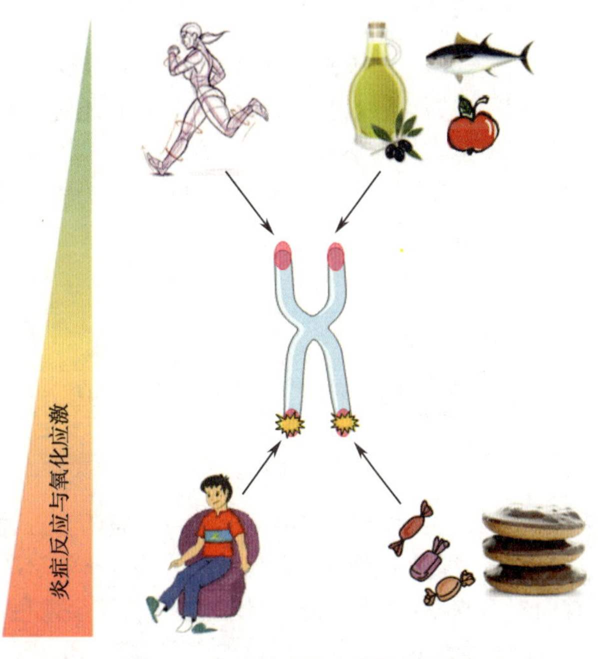

图 5-1-2 端粒酶长度的影响因素

营养状况不仅决定正常人的寿命，更加决定患者的生存时间。研究发现，社区获得性肺炎（community-acquired pneumonia，CAP）患者营养不良发生率为 39.4%，院内、1 年及 2 年死亡率分别为 4.5%、19.2% 及 26.8%，多变量分析发现营养不良与 2 年死亡率密切相关。患者入院时的营养风险筛查 2002（nutritional risk screening 2002，NRS 2002）评分可以预测患者近期及远期死亡，与 NRS 2002<3 分的患者相比，NRS 2002 ≥ 3 分的患者死亡率更高、死亡更早，1 年死亡风险显著升高。血液肿瘤合并营养不良患儿的严重感染率、治疗相关并发症发生率、3 级及以上不良反应发生率更高，治疗完成率及无事件生存率更低。头颈部肿瘤患者营养状况与预后的关系更加密切，相位角（phase angle，PA）>5（营养良好）的患者预后更好，其中位生存时间显著长于 PA ≤ 5（营养不良）的患者。

五、营养状况决定治疗费用

营养不良的经济学后果是资源消耗增加，就诊次数及入院次数增加，医疗费用升高。从这个意义上而言，营养状况决定医疗费用。2009—2014 年，美国每年因脑卒中、慢性阻塞性肺疾病（chronic obstructive pulmonary disease，COPD）、冠心病、乳腺癌、痴呆、骨骼肌紊乱、抑郁及结直肠癌 8 种疾病的 DAM 直接医疗费用为 155 亿美元、人均 48 美元，比 2009—2010 年的 104 亿美元、人均 32 美元有明显升高。2009 年欧洲 DAM 直接医疗费用为 310 亿欧元，人均约 45 欧元。据 2015 年文献报道，我国每年 15 种主要疾病的 DAM 导致的失能调整生命年（disability-adjusted life year，DALY）年均总损失为 610 万，而且差异较大，从疟疾的 2 248 到 COPD 的 315 276，每年的经济学负担（直接医疗费用）为 660 亿美元（相当于 4 470 亿人民币）。上述文献报道的只是 DAM 的直接医疗费用，即治疗营养不良的直接医疗花费，没有包括间接医疗费用。如果加上人力成本、工作损失等间接医疗费用，DAM 的总负担将是惊人的数字，2009—2010 年美国上述 8 种疾病 DAM 的年均总负担为 1 567 亿美元，人均 508 美元。

营养过剩性肥胖同样是一个严重的经济学负担。美国肥胖患者的人均肥胖直接医疗费用由 2005 年的 2 741 美元上升到 2011 年的 6 899 美元，2014 年美国严重肥胖人群的直接医疗花费是 690 亿美元。研究预测，巴西全国肥胖花费将由 2010 年的 58 亿美元上升到 2050 年的 101 亿美元。上述研究说明，营养不足或营养过剩显著增加了医疗费用，而营养状况良好有利于节约医疗费用。

六、小结

人类健康的终极表现是活得更好、活得更久、患病更少、花费更少，上述四大健康目标都与营养状况密切相关，营养状况是影响乃至决定上述四大健康目标的独立因素。与传统的体温、脉搏、呼吸和血压 4 项基本生命体征相比，营养状况与人体健康的关系更加密切，从这个意义上来讲，营养状况如果不是更加重要的生命体征，至少也是与体温、脉搏、呼吸和血压同等重要的生命体征，应该在所有患者入院时常规评估并记录。

（石汉平）

第二节 营养不良的三级诊断

长期以来，全世界范围内没有一种通用、公认的营养不良诊断方法，习惯上营养不良的诊断分为二级诊断，即营养筛查与营养评估。由于营养不良是一种全身性疾病，严重营养不良时几乎影响所有的器官与系统，甚至包括心理、灵性及社会角色，传统的二级诊断难以评估营养不良的全部严重后果，而且营养不良的部分后果如心理障碍、不孕不育、精神异常已经超出了营养评估的定义与范畴，因而在营养评估后需要进一步的综合评价，即第三级诊断。肿瘤营养不良具有显著区别于良性疾病营养不良的特征，如代谢水平升高、心理及生理应激、慢性炎症、代谢紊乱、骨骼肌丢失，因而更加需要第三级诊断。美国肠外肠内营养学会（ASPEN）提出“营养筛查 - 营养评估 - 诊断”，欧洲肠外肠内营养学会（European Society for Parenteral and Enteral Nutrition，ESPEN）提出“营养筛查 - 营养评估 - 延续营养评估”，中国抗癌协会肿瘤营养专业委员会（Chinese Society of Nutritional Oncology，CSNO）提出“营养筛查 - 营养评估 - 综合评价”的三级诊断（three grade diagnosis），即第一级诊断（营养筛查，nutritional screening）、第二级诊断（营养评估，nutritional assessment）和第三级诊断（综合评价，comprehensive evaluation），见图 5-2-1。

一、第一级诊断——营养筛查

营养筛查（nutritional screening）是采用合适工具、快速识别受试者是否存在营养不良风险的过程，对象为所有患者，尤其是住院患者。ESPEN 建议使用 NRS 2002 和营养不良通用筛查工具

(MUST),老年患者推荐使用 MNA 或微型营养评定简表(MNA-SF)。其他如营养不良筛查工具(MST)和短期营养评估问卷(short nutritional assessment questionnaire,SNAQ)也是合适的工具。营养筛查的目的是发现营养不良风险。营养筛查是营养诊断的第一步,也是最基本的一步,是所有入院患者都应该经历的过程。我国很多医院已经将营养筛查量表嵌入医院信息系统。

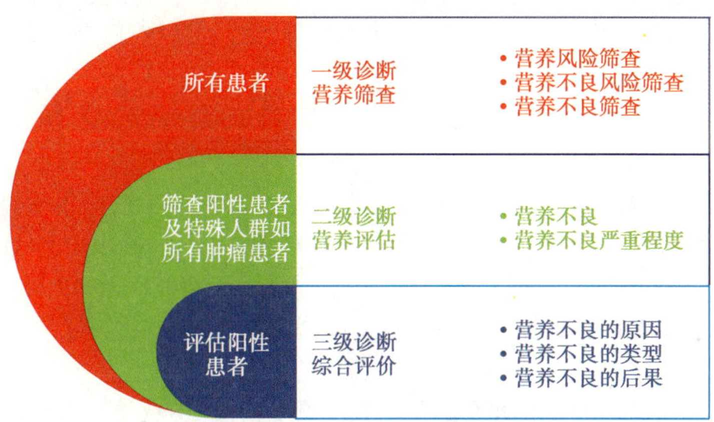

图 5-2-1　营养不良的三级诊断模式图

(一) 内容

营养筛查的内容包括营养风险筛查、营养不良风险筛查及营养不良筛查 3 方面。

1. **营养风险筛查**　ESPEN 将营养风险(nutritional risk)定义为现存的或潜在的、与营养因素相关的、导致患者出现不利临床结局的风险,而不是指出现营养不良的风险,与营养不良风险(malnutrition risk)是不同的概念。不过,更多的专家及组织认为营养风险就是营养不良风险,ESPEN 内部也有不同解释。

2. **营养不良风险筛查**　美国营养与饮食学会(Academy of Nutrition and Dietetics,AND)及 ASPEN 认为营养风险筛查是识别与营养问题相关特点的过程,其目的在于发现个体是否存在营养不足或营养不足的风险。

3. **营养不良筛查**　直接筛查有无营养不良,通过筛查直接得出营养不良及其严重程度的判断。

(二) 方法

营养筛查的方法非常多,常用量表法及计算法。

1. **营养风险筛查**　ESPEN 推荐采用营养风险筛查 2002(nutritional risk screening 2002,NRS 2002)筛查患者的营养风险。其适用对象为一般成年住院患者。

2. **营养不良风险筛查**　一般患者首选营养不良通用筛查工具(malnutrition universal screening tool,MUST)或营养不良筛查工具(malnutrition screening tool,MST),老年患者可首选微型营养评定简表(mini-nutritional assessment short-form,MNA-SF)。此外,还有多种营养风险计算法。

3. **营养不良筛查**　有多种方法,其中以理想体重法及 BMI 法较为常用,具体如下。

(1) 理想体重法:实际体重为理想体重的 90%~109% 为适宜,80%~89% 为轻度营养不良,70%~79% 为中度营养不良,60%~69% 为重度营养不良。

(2) BMI 法:不同种族、不同地区 BMI 标准不尽一致。中国标准如下:BMI<18.5 为低体重(营养不良),18.5~23.9 为正常,24~27.9 为超重,≥28 为肥胖。

(三) 适用对象、实施时机与实施人员

1. **适用对象**　所有患者。

2. **实施时机**　在入院后 24h 内。

3. **实施人员**　住院患者由办理入院手续的护士实施,门诊患者则由接诊医务人员如医师、营养

师、护士等实施。

(四) 注意事项

1. **方法选择** 采用上述方法中的任何一种均可。

2. **后续处理** 对营养筛查阴性的患者,在一个治疗疗程结束后再次进行营养筛查;对营养筛查阳性的患者,应该进行营养评估,同时制订营养治疗计划或者进行营养教育。一般认为,营养风险的存在提示需要制订营养治疗计划,但并不是立即实施营养治疗的适应证,是否需要以及如何营养治疗应该进行进一步的营养评估。

二、第二级诊断——营养评估

营养评估(nutritional assessment)是为确立营养诊断以及进一步行动包括营养治疗提供依据的过程,对象为所有营养风险筛查阳性患者,工具为主观整体评估(subjective global assessment,SGA)、患者主观整体评估(patient-generated subjective global assessment,PG-SGA)及微型营养评定(mini-nutritional assessment,MNA)。营养评估的目的是发现(诊断)营养不良及其严重程度。

(一) 内容

通过营养评估发现有无营养不良并判断营养不良的严重程度。

(二) 方法

包括营养评估量表、膳食调查、人体测量及能量需求估算。营养评估量表非常多,临床上以 SGA、PG-SGA、MNA 最为常用。最近,国际上又推出了一种新的营养评估方法——全球领导人营养不良诊断标准共识倡议(Global Leadership Initiative on Malnutrition Diagnosis Criteria Consensus,GLIM)标准。膳食调查、人体测量是经典的营养评估方法。

1. **评估量表** SGA 是 20 世纪 80 年代初期建立的通用营养状况评估工具,是营养评估的"金标准",广泛适用于门诊及住院、不同疾病及不同年龄患者的营养状况评估,其信度和效度已经得到大量检验。

PG-SGA 是专门为肿瘤患者设计的营养评估首选方法,得到美国营养与饮食学会等学会的大力推荐,目前已经成为我国卫生行业标准,并颁布实施。定量评估是它的最大亮点,我国学者改良的 PG-SGA 版本具有生存预测更好、时间消耗更少的优点。

MNA 是专门为老人开发的营养筛查与评估工具,第一步为营养筛查,第二步为营养评估。MNA 比 SGA 更适于 65 岁以上老人,主要用于社区居民,也适用于住院患者及家庭照护患者。

GLIM 是欧洲、美国、亚洲及拉丁美洲肠外肠内营养学会牵头联合制订的一种通用型营养评估工具,评估内容较少,因而更加简便,适用于一般住院患者,目前正在接受多方面的研究与验证。我国学者发明的量化 GLIM 在营养评估及生存预测方面优于 GLIM。

2. **膳食调查** 具体方法很多,以膳食调查软件及 24h 回顾法较为常用。通过膳食调查计算患者每天的能量及各营养素摄入,可以了解患者营养不良的原因及类型(能量缺乏型、蛋白质缺乏型及混合型)。膳食调查软件的开发使膳食调查变得更加容易、更加准确。我国学者发明的简明膳食自评工具普适性更强。

3. **人体测量** 包括身高、体重、BMI、非利手上臂中点周径、上臂肌肉周径、三头肌皮褶厚度、双小腿最大周径等。

4. **能量需求估算** 包括静息能量消耗(resting energy expenditure,REE)、基础能量消耗(basal energy expenditure,BEE)、总能量消耗(total energy expenditure,TEE)。REE 常用拇指法则或公式法计算,后者以 Harris-Benedict 公式最为经典,目前推荐 The Mifflin-St Jeor 公式。

(三) 适用对象、实施时机与实施人员

1. **适用对象** 对营养筛查阳性的患者,应该进行第二级诊断,即营养评估;对特殊患者如全部肿瘤患者、全部危重症患者及全部老年患者(≥65 岁),无论其第一级诊断(营养筛查)结果如何(即使为

阴性),均应常规进行营养评估,因为营养筛查对这些人群有较高的假阴性。

2. **实施时机**　应该在患者入院后 48h 内完成。

3. **实施人员**　由营养专业人员(营养护士、营养师或医师)实施。

(四) 注意事项

1. **方法选择**　对不同人群实施营养评估时应该选择不同的方法。SGA、GLIM 是通用型营养评估工具,适用于一般住院患者;肿瘤患者优先选择 PG-SGA;65 岁以上非肿瘤老人优先选择 MNA。

2. **后续处理**　通过营养评估将患者分为无营养不良、营养不良两类。无营养不良的患者无须营养干预。对营养不良的患者,应该进行严重程度分级,实施进一步的综合评价,或者同时实施营养治疗,营养治疗应该遵循五阶梯治疗模式。无论无营养不良还是营养不良患者,在原发病一个治疗疗程结束后,均应该再次进行营养评估。

三、第三级诊断——综合评价

通过营养评估,患者的营养不良及其严重程度已经明确,临床上为了进一步了解营养不良的原因、类型及后果,需要对患者实施进一步的第三级诊断,即综合评价(comprehensive investigation)。通过病史、查体、实验室及器械检查对导致营养不良的原因(原发病)进行分析,从能量消耗水平、应激程度、炎症反应、代谢状况四个维度对营养不良的类型进行分析,从人体组成、身体活动能力、器官功能、心理状况、生活质量对营养不良的后果进行五层次分析,这些措施统称为综合评价(图 5-2-2,图 5-2-3)。

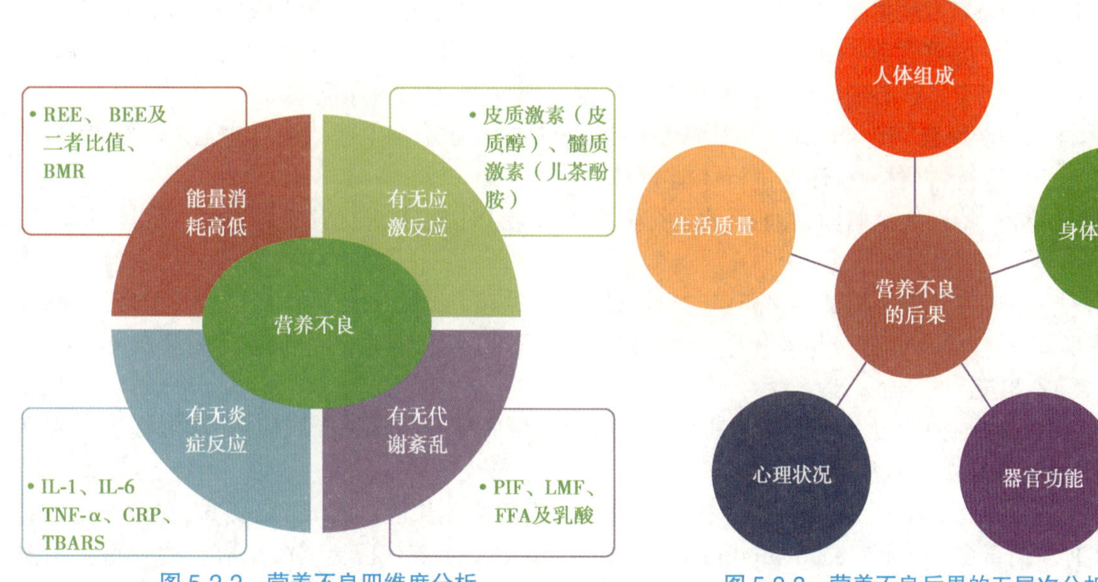

图 5-2-2　营养不良四维度分析

REE. resting energy expenditure,静息能量消耗;BEE. basal energy expenditure,基础能量消耗;BMR. basal metabolic rate,基础代谢率;IL-1. interleukin-1,白细胞介素 1;IL-6. interleukin-6,白细胞介素 6;TNF-α. tumor necrosis factor-α,肿瘤坏死因子 -α;CRP. C reactive protein,C 反应蛋白;TBARS. thiobarbituric acid reactive substance,硫代巴比妥酸反应产物;PIF. proteolysis-inducing factor,蛋白水解诱导因子;LMF. lipid-mobilizing factor,脂肪动员因子;FFA. free fatty acid,游离脂肪酸。

图 5-2-3　营养不良后果的五层次分析

综合评价与营养评估的重要区别在于：①根据营养评估的定义与范畴，营养评估仅限于调查营养相关状况；综合评价内容更广，需要调查应激程度、炎症反应、代谢水平、器官功能、人体组成、心理状况等身体全面情况。②营养评估主要明确有无营养不良及其严重程度，目的在于确立营养不良的诊断，确定患者是否有营养治疗的适应证及其方法选择；综合评价重点在于了解营养不良对机体的影响，目的在于确定是否需要综合治疗及其方案。

(一) 内容

综合评价的内容包括能量消耗水平、应激程度、炎症水平、代谢改变、免疫功能、器官功能、人体组成、心理状况等方面。通过多维度分析，将营养不良的原因分为摄入减少、吸收障碍、需求增加、消耗升高 4 类。从人体组成、身体活动能力、器官功能、心理状况、生活质量对营养不良的后果进行 5 层次分析，从而指导临床治疗。

(二) 方法

综合评价的方法仍然是一般疾病诊断中常用的手段，如病史采集、体格和体能检查、实验室检查、器械检查，但是重点应关注营养相关问题。

1. 病史采集

(1) 现病史及既往史：与其他疾病的诊断一样，但是应该重点关注营养相关病史，如摄食量变化，消化道症状及体重变化等。

(2) 健康状况自我评分：营养状况与健康状况密切相关，常用卡诺夫斯凯计分(Kanofsky performance score，KPS)，重点询问能否进行正常活动、身体有无不适、生活能否自理。

(3) 生活质量评估：营养不良严重降低健康相关生活质量(health-related quality of life，HRQoL)，HRQoL 常用 EQ-5D，肿瘤患者常用生活质量量表(QLQ-C30)。同时计算出质量调整生命年或失能调整生命年。

(4) 心理调查：严重营养不良有严重的精神及心理影响，患者常常合并心理障碍，以抑郁多见，老人可能表现为认知障碍。心理评估工具常用医院焦虑抑郁量表、患者健康问卷等。

2. 体格和体能检查 营养状况不仅影响身体组成与体型，还影响生理结构与功能，营养不良第三级诊断时不仅要进行体格检查，还要进行体能测定。

(1) 体格检查：特别注意肌肉、脂肪及水肿，采用 SGA 或 PG-SGA 进行营养评估时，可以获得上述资料。

(2) 体能测定：方法有平衡试验、4m 定时行走试验、计时起坐试验、6 分钟步行试验及爬楼试验等，实际工作中选择任何一种均可，起坐试验可以较好地反映下肢功能，握力不能准确反映营养状况。

3. 实验室检查

(1) 血液学基础：血常规、电解质、葡萄糖、微量元素等，血糖升高除外糖尿病后，常常提示应激反应，淋巴细胞数量反映营养及免疫状况。

(2) 炎症水平：TNF-α、IL-1、IL-6、CRP、中性粒细胞 / 淋巴细胞比值(neutrophil to lymphocyte ratio，NLR)、RCP 与白蛋白比值(C-reactive protein/albumin ratio，CAR)、硫代巴比妥酸反应产物及超氧化物歧化酶等，上述参数升高提示炎症反应。高炎症水平情况下单纯营养补充常难获益，需要同时控制过激的炎症反应。

(3) 营养组合：白蛋白、前白蛋白、转铁蛋白、视黄素结合蛋白等。根据 CRP 及白蛋白结果，可以获得格拉斯哥预后评分(Glasgow prognostic score，GPS)及改良格拉斯哥预后评分(modified Glasgow prognostic score，mGPS)(表 5-2-1，表 5-2-2)，2 分提示预后不良，需要代谢调节及综合治疗。

(4) 激素水平：皮质醇(糖皮质激素)、胰岛素、胰高血糖素、儿茶酚胺等，上述参数升高提示应激反应。

(5) 重要器官功能：肝功能、肾功能、血脂、肠黏膜屏障功能(二胺氧化酶、*D*-乳酸)等。

(6) 代谢因子及产物：蛋白水解诱导因子、脂肪动员因子及游离脂肪酸、葡萄糖及乳酸，分别判断蛋白质、脂肪及葡萄糖的代谢情况。

表 5-2-1　格拉斯哥预后评分

内容	分值 / 分
CRP ≤ 10mg/L	0
CRP > 10mg/L	1
白蛋白 ≥ 35g/L	0
白蛋白 < 35g/L	1
4 项累积计分	

表 5-2-2　改良格拉斯哥预后评分

内容	分值 / 分
CRP ≤ 10mg/L	0
CRP > 10mg/L+ 白蛋白 ≥ 35g/L	1
CRP > 10mg/L+ 白蛋白 < 35g/L	2

4. 器械检查

(1) 代谢测定：具体方法有量热计直接测量法、代谢车间接测热法。将代谢车测得 REE/Harris-Benedict 公式或 Mifflin-St Jeor 公式计算 REE 比值 < 90%、90%~110%、> 110% 分别定义为低能量消耗（低代谢）、正常能量消耗（正常代谢）、高能量消耗（高代谢）。

(2) 人体成分分析：常用方法有生物电阻抗法（bioelectric impedance analysis, BIA）、双能 X 线、MRI、CT、B 超等。BIA 操作简便，可以了解脂肪量、体脂百分比、非脂肪量、骨骼肌量、推定骨量、蛋白质量、水分量、水分率、细胞外液量、细胞内液量、基础代谢率、相位角、内脏脂肪等级、体型等。CT 第 3 腰椎肌肉面积测量是诊断肌肉减少症的"金标准"。实际工作中根据临床需要选择不同的方法。

(3) 正电子发射计算机断层显像（positron emission tomography/computed tomography, PET-CT）：根据葡萄糖的摄取情况—标化收取值（standardized uptake values, SUV），了解机体器官、组织及病灶的代谢水平。由于价格昂贵，其应用受到限制。部分分化良好的恶性肿瘤如甲状腺乳头状癌 SUV 值可以不高。治疗后的 SUV 升高或下降提示细胞代谢活性增强或抑制。

(三) 适用对象、实施时机与实施人员

1. 适用对象　所有营养不良患者都应该进行综合评价。但是，出于卫生经济学及成本 - 效益因素考虑，轻至中度营养不良患者可不常规进行综合评价，重度营养不良患者应该常规实施综合评价。

2. 实施时机　一般来说，应该在入院后 72h 内完成。

3. 实施人员　由不同学科人员实施。

(四) 注意事项

1. 方法选择　进行综合评价时，应该充分考虑病情特点、医院条件及患者经济能力，因地制宜、因人制宜、因病制宜，选择合适的个体化综合评价方案。

2. 后续处理　综合评价异常患者，要实施综合治疗，包括营养教育、人工营养、炎症抑制、代谢调节、体力活动、心理疏导甚至药物治疗等。此时，常规的营养补充力不从心，而免疫营养、代谢调节治疗、精准或靶向营养治疗恰逢其时。

无论综合评价正常与否，在原发病一个治疗疗程结束后，均应该再次进行综合评价。

四、小结

营养不良的三级诊断是一个由浅到深的连续过程，由简单到复杂的发展过程，是一个集成创新的营养不良诊断方法。营养筛查、营养评估与综合评价既相互区别又密切联系，三者构成营养不良临床诊断的一个有机系统（表 5-2-3）。

表 5-2-3 营养筛查、营养评估与综合评价的区别

项目	营养筛查	营养评估	综合评价
内容	营养风险、营养不良风险及营养不良筛查	营养不良及其严重程度的评估	营养不良类型及后果分析
时机	入院 24h 内	入院 48h 内	入院 72h 内
实施人员	护士	营养专业人员（营养护士、营养师或医生）	不同学科人员
方法	简要营养相关病史 + 体重（BMI）	营养相关病史 + 营养相关体格检查	病史 + 体格检查 + 实验室检查 + 器械检查，上述项目仍然是与营养和代谢相关
结果	定性	半定量	定量数据
目的	初步判断有无营养风险或营养不良	明确有无营养不良及其严重程度	了解营养不良对机体的影响
诊断结论	有、无营养风险或营养不良	营养良好、营养不良（轻、中、重）	有无代谢紊乱、器官功能障碍
阳性患者后续处理	制订营养计划 实施营养评估	实施营养治疗 进行综合评价	综合治疗

ESPEN 在 2017 年发布了肿瘤相关性营养不良防治指南，提出了 3 条重要原则：①无论患者的 BMI 及体重变化如何，在肿瘤治疗早期，常规筛查所有肿瘤患者是否存在营养风险；②扩展营养相关评估，包括厌食评价、人体成分分析、炎症指标、REE 和身体功能；③采用多模态个体化营养干预，包括增加营养摄入、降低炎症反应和高代谢应激、增加体力活动。第②条的拓展营养评估即是本文的第三级诊断——综合评价。

营养不良的三级诊断与营养不良的治疗密切相关。第一级诊断在于发现风险，是早期，患者此时可能只需要营养教育，不需要人工营养；第二级诊断是发现营养不良，是中期，患者此时可能只需要人工营养；第三级诊断是营养不良严重阶段，已经影响了器官功能，此时常常需要综合治疗，而不仅是营养补充的问题。

（石汉平）

第三节 膳食调查

膳食调查是一种全面了解个体在一定时期内膳食摄入、膳食结构和饮食习惯的重要方法，指被调查对象一定时间内通过膳食所摄取的食物种类、数量和频次等。通过膳食调查可以发现个体或群体在膳食营养方面存在的问题，并提出合理有效的营养改善措施。

膳食调查方法通常采用回顾性和前瞻性两种手段，前者常包括 24h 膳食回顾法、食物频率法和膳食史法；后者包括食物记录法、化学分析法和记账法。

一、24h 膳食回顾法

24h 膳食回顾（24-hour dietary recall），简称 24h 回顾法，是当前最常用的回顾性膳食调查方法之一。调查者通过询问被调查对象过去 24h 内的食物摄入种类和摄入量，并对其营养成分进行计算和评价。如调查前一日的膳食摄入情况，称为一日 24h 膳食回顾法；连续 3d 的膳食调查称为三日 24h 膳食回顾法。

24h 回顾法具有操作简便、节省时间和精力、不影响被调查者日常膳食的特点。该方法可以全面了解被调查者的膳食习惯，在营养流行病学调查研究、慢性病研究和住院患者等群体或个体的膳食调

查中都有重要意义。24h食物回顾法对调查者的专业性要求较高，调查人员应是具有营养专业背景的人员或经过专业严格培训的营养从业者，并具有良好的沟通能力、膳食询问技巧和耐心。由于食物量的估计是根据被调查者的表达和记忆而做出判断，准确性往往受到影响。因此，对于年龄在7岁以下的儿童或75岁以上的老人，可以通过询问其看护人获得膳食摄入情况。

24h回顾法要求调查对象回顾并描述从当前最后一餐开始向前推24h内所摄入的所有食物的种类和数量。在调查前做好调查时间、调查表、笔、录音笔及食物模型和图谱等准备工作。调查时通常采用调查对象家用餐具、食物模型或食物图谱等工具估算食物的摄入量。调查时最好不要提前通知调查对象什么时候来调查以及调查的内容。这是由于事先通知往往会改变调查者的饮食习惯，出现与日常饮食不符的现象。调查形式可以采取面对面调查和电话调查，前者的应答率和准确率往往较高。

在调查过程中，若调查对象在家就餐，则可以通过耐心询问调查对象每餐一共几人在家就餐、每餐烹调几个菜肴以及每盘菜肴摄入的比例，从而计算出调查对象的摄入量。在外就餐时，若是选择套餐，应记录套餐的品牌和规格及完成量；若是多人聚餐，可与在家摄入量进行对比换算。对于调味品，尤其是油和盐的使用情况，可以请调查对象现场示范日常烹调时使用量。整个调查过程要求调查人员应熟悉调查对象所在地的饮食习惯，市场上各类食品的供应情况和食物重量大小，以及生熟比的转换关系，并采用调查表（表5-3-1）详细记录不同食物的摄入量。

为了更全面地评估膳食摄入量和种类，一般选用连续的3d（包括2个工作日和1个休息日）进行调查。当然，还可以在一年四季不同阶段进行多次三日24h膳食回顾，从而可以更加全面地了解调查对象的膳食摄入情况。

表5-3-1 24h回顾法调查表

姓名　　　　性别　　　　年龄　　　　生理状况　　　　劳动强度

进餐时间	食物名称	原料名称	原料编码	原料重量/g	是否可食部

注：
1. 生理状况，如正常、孕妇、乳母。
2. 进餐时间分为早餐、上午零食、午餐、下午零食、晚餐、晚上零食。
3. 根据调查目的可以考虑添加进餐地点、制作方法和制作地点等项目。

二、食物频率法

食物频率问卷（food frequency questionnaire，FFQ）是采用问卷调查的形式获得调查对象在过去的指定时间内经常消费的食物种类和频率，进而评价其膳食营养摄入状况的一种方法。通常根据调查对象每日、每周、每个月或每年所食各种食物的次数或种类来进行评价。食物频率法常常用于流行病学调查，以探讨膳食习惯和某些慢性疾病的关系。在实际应用中，根据调查方式不同，常分为定性、半定量和定量等3种食物频率法。

定性食物频率法关注调查对象在特定时期内每种食物所食用的次数，而非食物摄入量。调查时间可以是1周、1个月、3个月或1年。调查对象应回答从1周到1年之间所列举食物的摄入次数，如：从来不吃、偶尔吃、每个月吃1次、每周吃3次或更多、每天吃。调查表可以由调查员填写，也可以由具有一定文化水平的调查对象进行填写。半定量食物频率法是指调查员在调查时提供食物模型供调查对象评估食物摄入量时作为参考。定量食物频率法需要调查对象提供膳食摄入量，并分析其膳食营养素摄入量与疾病的关系。定量法需要借助调查员提供的标准的食物份额等外界测量辅助物来评估膳食摄入情况。

食物频率法的问卷设计往往由于所研究食物或营养素的不同、参考时间的长短、设定频率的不同和估算食物份额的不同而有所差异。问卷设计应该包括食物的名称和食物的频率两方面，即在一定时期内所摄入某种食物的次数。食物名称的选择取决于调查目的。如选择调查对象经常食用的食物时，可以用来评估其综合性膳食摄入状况；当调查某种营养素与疾病的关系时，可以纳入含该营养素丰富的食物。此外，在开始调查前，应评估这一方法在特定条件和特定人群中的有效性，并验证问卷的可行性，以确保所需调查的营养素涉及的食物种类都包含在内。

与其他方法相比，食物频率法的优点在于能够得到调查对象经常摄入的食物量和频率，可以反映长期膳食模式和某种营养素的摄取情况，并且不受膳食习惯的影响。此外，调查问卷可以由调查对象自行填写，可以提高应答率并降低调查费用。食物频率法的缺点是需要调查对象回忆过去食物的摄入情况；对食物标准份额大小的估算不同可导致食物摄入量偏差；调查表较为复杂以及时间回顾长久可导致调查对象对食物摄入的评估偏高；目前的膳食习惯可能会影响对过去食物摄入回顾，从而产生调查偏倚；在特殊人群中调查时，可能会由于问卷中缺乏相应的食物而导致该表的广泛适应性存在疑问；调查时间较长(30~60min)，有时也是调查对象拒绝接受调查的原因。对于研究人员来说，食物频率问卷表的设计需要经过编制和反复验证，需要消耗大量的时间和精力。

三、膳食史法

膳食史回顾法(dietary history questionnaire，DHQ)最初是由 Burke 建立的一种询问法，用来评估调查对象一段时间内的膳食习惯和饮食情况等方面的信息。调查时间通常是指过去的 1 个月、6 个月、1 年或更长的时间。膳食史法一般由 3 部分组成：日常膳食模式的询问、食物摄入频率的询问和 3d 的食物记录。第一部分是按照家用量具为单位，询问调查对象日常膳食摄入情况和模式；第二部分是用一份含有各种食物的详细食物清单，来分析调查对象整体的膳食模式；第三部分是用调查对象家用量具记录 3d 食物摄入量。

膳食史法的调查通常关注食物摄入情况，有时也会专门调查某些特定的膳食成分。例如，调查宏量营养素摄入时，不需要关注膳食纤维的摄入量，则不用区分摄入的是杂粮面包还是白面包，只需要评估摄入量多少即可。对于食物重量的估计，可以采用家用量具、食物模型或者食物图谱进行估计，同样也可以采用称重法进行核对。

膳食史法可以得到调查对象摄入食物的频率和数量，以及有关食物制备方法的资料和饮食习惯，常常与定量的食物频率法的调查方法和结果相类似。该方法通常被广泛用于营养流行病学研究中，尤其是在调查食物消耗种类多及因季节更迭而使得膳食变化较大时，膳食史法往往可以更全面地了解居民膳食摄入状况，并且具有适用样本量大、费用低和人力资源少等优点。

与电话调查的 24h 回顾法的数据进行比较时，膳食史法得到的营养素摄入量的估计值偏高。此外，膳食史法对调查者的专业性要求较高，往往需要有营养背景、有一定的工作经验和交流技巧的营养工作者，并要经过专业和认真的培训后才能进行膳食调查。该方法要求调查对象能够对日常生活中摄入食物的种类和量有一定的判断。值得一提的是，回顾时间越久远，此法的准确性越低。

四、食物记录法

食物记录法即称重法，是指运用日常的测量工具对食物量进行称重或估计，进而评估调查对象对当前各类食物摄入情况的一种调查方法，常被当作膳食营养摄入的标准。该法通常由调查对象或看护人(如儿童、老人或特殊人群)在一定时间内完成调查。若调查对象是群体，调查时间可以短至 3d。对于季节变化不明显、食物种类少的地区，往往 1d 的调查即可。如每天食物种类变化较大，就要考虑增加调查天数来获得可靠的膳食摄入情况，但一般不超过 1 周，以免时间较长会使调查对象疲倦而放弃调查。此外，由于不同季节、不同地区的人群膳食摄入往往存在差异，因此有必要在不同季节分次调查，从而提高准确率。一般可以一个季节调查一次，亦或春冬和秋夏各进行一次。调查对象的样本量和人群选择应该具有足够的代表性。

调查员应经过严格的培训，掌握食物记录的方法、食物的名称、烹调方法、摄入量和生熟比等。在正式调查前，调查员应对调查对象进行指导。调查对象在每餐食用前记录食物的名称、种类和重量，在进餐结束后对剩余部分进行再次称重，从而可以计算出每餐次的食物摄入量。再由调查员根据食物的生熟比进行换算，从而得到各类食物的生重摄入量。对于三餐之外的点心和加餐，同样需要称重记录。但是当称重会影响膳食摄入量和进餐习惯时，可以选择对食物的量进行描述。尤其是在外就餐时，由于食物的种类多，且进行食物的称重会对其他人造成影响，因此只能依靠调查对象的描述来估算食物摄入量。在每次调查结束时，调查员应仔细核对并及时编码和录入，必要时与调查对象沟通确认。

食物记录法的优点在于能够对食物进行称重，获得可靠的食物摄入量，因此可准确地计算各类营养素的摄入量。2d 及以上的膳食调查可以提供个体膳食或个体间每日膳食营养摄入情况的变化。当然食物记录法同样存在一些缺点，如在外就餐或就餐过于复杂使得食物描述的准确性降低；由于称重法较为烦琐，会给调查对象带来很多麻烦；当记录天数较长时，可能会出现低报的现象，甚至是拒绝合作。因此，该法不适合长期调查，也不适合大规模调查。

五、简化摄食调查

摄食情况调查除外摄食量、食物种类，还应该包括食欲、摄食量变化，是营养状况评价的核心参数。传统的方法非常复杂，也不能量化，均要求由专业人员实施。通过简化方法可以将复杂问题简单化、将模糊问题数字化，食欲刻度尺、摄食量刻度尺及摄食量变化镜像阶梯是非常好的解决方案。食欲刻度尺“0”为最差，“10”为最好；食量刻度尺“0”为完全没吃，“10”为吃得最饱；其他介于 0 和 10 之间，让患者根据自己的情况选择数字，见图 5-3-1、图 5-3-2、图 5-3-3。

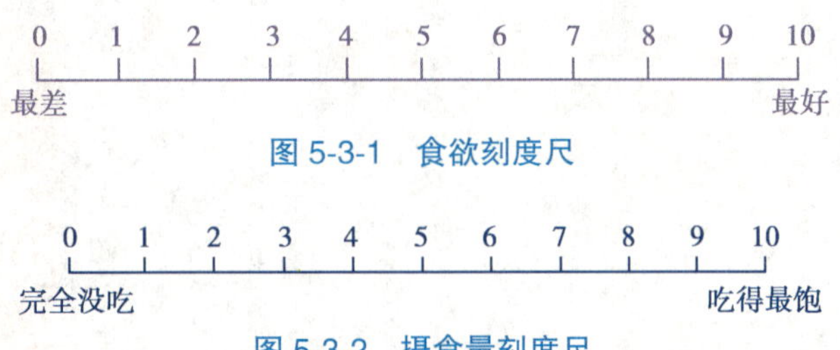

图 5-3-1　食欲刻度尺

图 5-3-2　摄食量刻度尺

为了进一步简化患者摄食量调查，从明华教授发明了肿瘤患者简明膳食自评工具。他在长期研究肿瘤患者营养及膳食问题的工作中，发现肿瘤患者的饮食有一定规律，这种规律与患者的疾病及治疗所导致的消化道功能状态有关。消化道功能好，每日可以进食至少两餐普通饮食；消化道功能下降，就会降低到一餐普通饮食，两餐半流食，而且肉类和油脂会明显下降；最差的状态是只能喝液体状的流食。一般可归于以下 5 种模式。同时对流食、半流食、软食及普食分别赋值 1、2、3、4 分，经过估算其对应的能量为：1 分<300kcal、2 分 300~600kcal、3 分 600~900kcal、4 分 900~1 200kcal，见图 5-3-4。

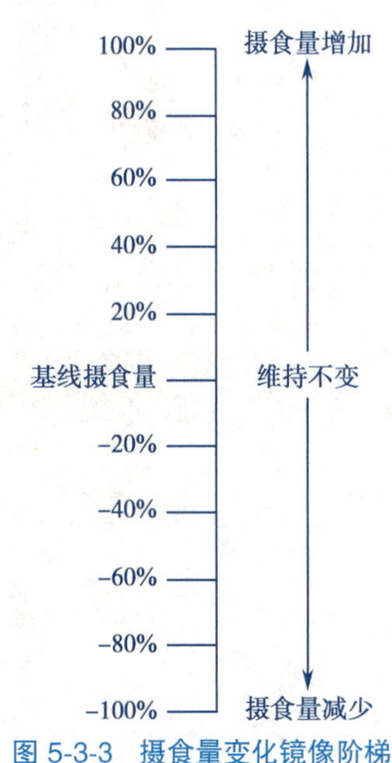

图 5-3-3　摄食量变化镜像阶梯

1. 一日三餐只能喝纯液体的流食，比如喝鸡汤、排骨汤、果汁、豆浆、奶等，常见于术后早期、化疗严重消化道反应期、头颈及食管癌放疗，黏膜炎严重的患者，每天的能量摄入常不超过 300kcal。

2. 一日三餐只能吃半流食，如粥、烂面条等，吃一点小菜，偶尔能够吃个鸡蛋、喝点奶，基本不吃肉，能量常在 300~600kcal。

图 5-3-4　饮食类型与热量模式图

3. 一天可以吃一餐比较正常的饮食，常在早餐或中餐，其他两餐仍然是以半流食如稀粥为主，有时能够吃 1 两肉、1 个鸡蛋，能量常在 600~900kcal。

4. 一天可以吃两餐比较正常的饮食，会有一餐半流食或流食，肉在 1~2 两，少油脂，能量常在 900~1 200kcal。

5. 一日三餐基本正常，可以吃到 5~6 两主食，3 两肉及相应的油脂，1 个鸡蛋，奶及加餐水果，能量在 1 200~1 500kcal。

通过简明膳食自评工具(1~5 分)，可以快速评估出患者的饮食量范围，为患者营养评估、营养治疗及营养监测提供相应的依据。考虑到我国地域广阔，患者的饮食习惯差别较大，为了方便患者的自我评估，根据各地域主食特点不同，他设计了北方版(主食为米、面食均包含)，西北版(主食为面食)和江南版(主食为大米)(图 5-3-5)。研究发现，与 24h 膳食回顾相比，达到 62.9% 的一致性，而且评分与体重呈线性负相关。该工具不仅适用于肿瘤患者，而且普遍适用于所有其他患者(除外母乳喂养的婴儿)。

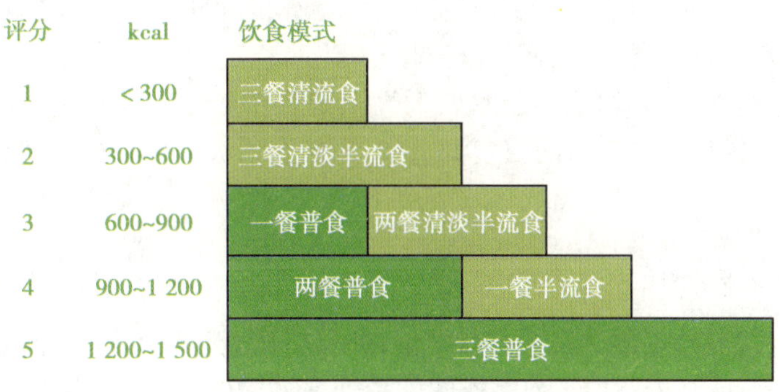

图 5-3-5 简明膳食自评图

六、其他方法

(一) 记账法

记账法也称日记法，是最早也是最常用的方法，通过对食物进行称重，计算每人每日各种食物的平均摄入量，经常应用在家庭和集体。记账法由调查对象或研究者记录一定时期内的食物消耗总量，研究者通过计算这一时期内的进餐人数，可计算出每人每日各种食物的平均摄入量，以及提供调查对象的膳食习惯和膳食结构等。在账目记录和人数统计精确的情况下，记账法能够得到相当准确的膳食营养摄入状况。

记账法可以调查较长时期的膳食，具体时间根据研究者目的而定，如 1 个月或更久，或在全年不同季节进行多次调查。有些研究是为了了解慢性病与饮食的关系，调查时间可以长达 1 年。此外，该方法还具有耗费人力少、较少依赖记账人员的记忆、食物遗漏少和经过短期培训即可掌握的优点。当然，该方法同样存在一定的缺点，如账单中一般不记录多少是剩余的、多少是喂给动物的、多少是因为变质或其他原因而被丢弃的。另外，该法无法了解每个调查对象之间的个体差异，因此不适合个体调查。

(二) 化学分析法

化学分析法不仅可以得到调查对象食物的摄入量，还可以通过实验室检测获得食物营养成分含量，尤其是一些在食物成分表中无法查找的营养素，而这些营养素往往与一些特殊疾病有关。最常用的方法是双份菜法，即一份用于食用，而另外一份则作为样品用于分析，两份在数量和质量上一定要保持一致。双份菜法要求调查对象密切配合，负责制备食物的人员则必须记住调查对象摄入的食物量，以便再次烹调相同的菜肴。另一种做法则是收集研究期间所消耗的各种未加工的食物或从当地市场上购买相同食物，作为检测样品。这种做法的优点是容易收集食物样品，缺点是收集的样品与实际的摄入量在数量和质量上会不一致。

传统膳食调查法比较，见表 5-3-2。

表 5-3-2 传统膳食调查法比较

调查方法	优点	缺点	应用
24h 膳食回顾法	操作简单，省时间、物力、人力	主观，回忆误差	家庭和个人
食物频率法	调查对象负担轻，应答率高，简单；可长期调查	问卷设计复杂，量化不明确，容易遗漏	个人，膳食模式，调查与慢性疾病的关系
称重法	准确	费时、费力，依从性差，不适合大规模和长期调查	家庭、个人、团体
化学分析法	精确	费时、费力、费钱，对烹调人员要求高	科研、治疗膳食

(三) 膳食调查新方法

随着互联网、计算机、手机的普及应用，新的膳食调查方法也随之涌现。既可通过进餐前使用手机拍摄的图像记录膳食，也可采用线上膳食调查平台、计算机软件或手机 APP 记录膳食摄入，还有通过智能卡或传感技术来进行膳食摄入的记录与调查。

与传统技术相比，这些新方法的接受度较高，尤其是在中青年和儿童中具有独特的优势，但是其准确性尚有待进一步的探讨。在未来的膳食调查中，应结合研究者的目的和研究对象的情况，来选择膳食调查方法。

七、膳食调查结果评价

在膳食调查结束后，应根据调查目的进行评价，如分析调查对象的膳食摄入量是否可以满足其能量和各种营养素的需求，或某种营养素与疾病的关系等，还可以分析膳食结构、膳食模式等。

一般情况下，我们主要评价调查对象的能量、宏量营养素和微量营养素的摄入情况，以及与某些疾病的相关性。根据调查对象的身高、体重、体力活动和疾病等计算出能量需求，与实际摄入量进行比较评价。在评价能量的同时，应关注构成能量的蛋白质、脂肪和碳水化合物这三大营养素的比例分布情况。对于蛋白质不仅要关注摄入量，还要关注质量及优质蛋白质和非优质蛋白质的构成。维生素和矿物质的评价可以借助膳食软件进行计算，并与推荐量进行比较。

通过膳食调查可以得到调查对象在谷类、蔬菜、水果、肉禽鱼虾、蛋类、奶及奶制品、豆及豆制品和油脂的摄入量。将实际摄入量与《中国居民膳食指南(2016)》中不同种类食物的推荐量进行比对，根据差异进行评价和建议。

在对调查对象进行评价时，应当注意实际摄入量和标准推荐量都只是估算结果，对个体只是一个参考，应谨慎给出评价和建议。必要时可联合体格检查和生化检查进行综合评价，以评估能量和各类营养素的摄入量。

(吴 江)

第四节 肌肉功能和体能状况评估

肌肉是构成人体的重要组织，是人体的蛋白质库，占全身蛋白质总量的 60%，通过肌肉的收缩可以引导和控制身体的运动，从而保证人体进行日常生理活动。

肌肉功能和体能状况与患者临床预后密切相关，因此，肌肉功能和体能状况评估意义重大。评估的方法较多，评估标准较模糊，简繁不一。最常用的包括简易机体功能评估法、日常步速评估法、起立 - 行走计时测试、6 分钟步行试验、爬楼试验以及卡诺夫斯凯评分(Karnofsky performance score，KPS)等。

一、简易机体功能评估法

简易机体功能评估法(short physical performance battery，SPPB)是美国国立衰老研究所认可的老人肌肉功能评定方法，应用较为广泛，一共有3项内容，分别是平衡试验、4m定时行走试验及定时端坐起立试验。

(一) 平衡试验

该试验要求受试者用3种姿势站立，分别为双足并列平行站立、双足前后平行站立(即前脚脚后跟内侧紧贴后脚蹞趾站立)、双足前后并联站立(图5-4-1)。受试者可用手臂或其他方式保持平衡，但不能移动足底。当受试者移动足底、抓外物以保持平衡或者时间超过10s时，停止计时。评分标准：第1、第2种姿势站立超过10s得1分，少于10s得0分；第3种姿势站立超过10s得2分，3~10s得1分，3s以内得0分。

图5-4-1 3种不同姿势站立时脚的位置

注：本图引自 Fox B，Henwood T，Neville C，et al. Relative and absolute reliability of functional performance measures for adults with dementia living in residential aged care.Int Psychogeriatr，2014，26(10)：1659-1667.

(二) 4m定时行走试验

该测试要求用胶带或其他任何方法在地面标注4m的直线距离，测试区域前后保留0.6m的无障碍空间。受试者可借助拐杖等工具完成4m行走，要求受试者用平常步速，每人走2次，以快的一次为准计时。评分标准：≤4.82s得4分；4.82~6.20s得3分；6.21~8.70s得2分；>8.70s得1分；不能完成得0分。

(三) 定时端坐起立试验

定时端坐起立试验可反映受试者的下肢力量、协调性以及平衡能力。受试者坐在距地面约40cm的椅子上，椅子后背靠墙。要求受试者双手交叉放在胸部，以最快的速度反复起立/坐下5次，如图5-4-2所示，记录所需时间。评分标准：≤11.19s，得4分；11.20~13.69s，得3分；13.70~16.69s，得2分；>16.7s，得1分；>60s或不能完成得0分。

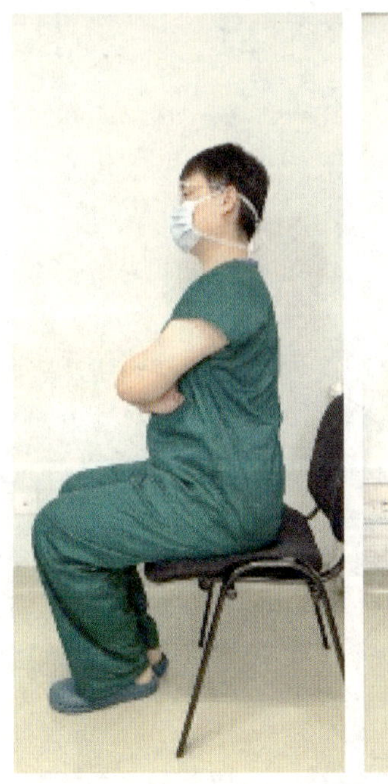 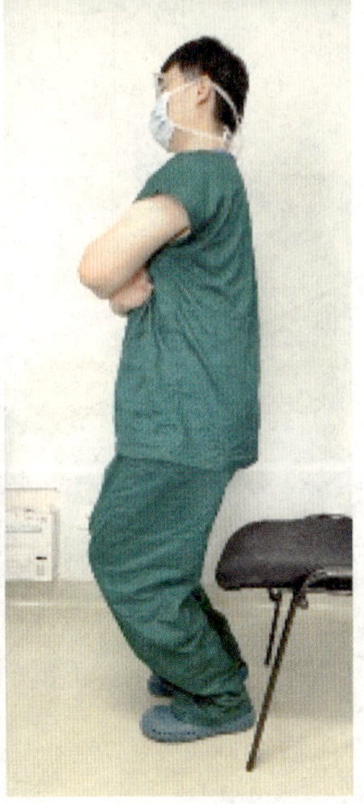 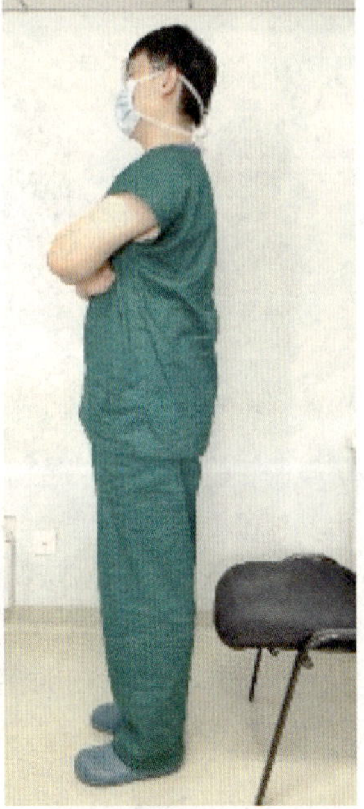

图5-4-2 定时端坐起立试验动作图示

注：本图引自 Short Physical Performance Battery(SPPB)-Protocol. PROVE.

SPPB 是一种肌肉功能的复合测验方法，无论在研究还是在临床实际应用中都是一种标准方法。SPPB 3 个组合中的每一个单项测试最高分值为 4 分，满分为 12 分。为提高测试的精度，每项测试通常重复测量 2~3 次，取最短时间值计分。

二、日常步速评估法

日常步速评估法（usual gait speed，UGS）能很好地反映机体功能，它属于 SPPB，但也能作为临床实践和研究中的独立参数，步速低于 0.8m/s 为机体功能下降。广泛用于评价步速最简单的方法是计时步行特定的距离，通常为 6~20m。

Buchner 等首次发现腿部力量与步速之间的非线性关系，此关系解释了生理能力的极小变化如何对衰弱成年人的机体功能有如此大的影响，而极大的生理能力的改变对健康人群没有或只有较小的影响，提出日常步速的测定能够预测残疾的发生。Cesari 等证实：日常步速是健康不良事件（严重的运动限制和死亡率）的预测因素，在其他下肢功能测试（平衡试验和定时端坐起立试验）中表现不佳者也有类似的预后价值。

三、起立 - 行走计时测试

起立 - 行走计时测试（timed up and go test，TUG）是一种快速定量评定功能性步行能力的方法，1991 年由 Podisadle 和 Richardson 在 Mathias 等“起立 - 行走”测试（get-up and go test）的基础上加以改进而形成。

TUG 评定方法很简单，只需要一张有扶手的椅子和一个秒表（没有秒表时可用普通带有秒针的手表）。评定时受试者着平常穿的鞋，坐在有扶手的靠背椅上（椅子座高约 46cm，扶手高约 20cm），身体背靠椅背，双手平放扶手。如果使用助行具（如手杖、助行架），则将助行具握在手中。要求受试者从高度约 46cm 的座椅起立，向前直线行走 3m，如图 5-4-3 所示，然后转身走回座椅，转身坐下，计算总时间［以秒（s）为单位］。正式测试前，允许患者练习 1~2 次，以确保患者理解整个测试过程。

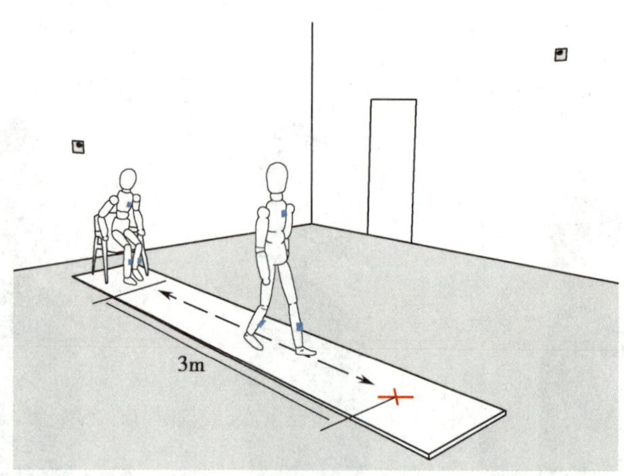

图 5-4-3　起立 - 行走计时测试装置

在高风险人群中，TUG 预测跌倒风险的能力比排除跌倒风险的能力强，TUG 不适合单独用于社区老年人群跌倒风险的预测。TUG 预测跌倒风险的切点为 13.5s。时间 > 13.5s，跌倒风险较高；时间 ≤ 10s，活动能力正常；时间 > 30s，活动能力严重受损，不能独立外出，需要帮助或辅助。但是 TUG 时间与跌倒风险没有线性关系。

四、6 分钟步行试验

6 分钟步行试验（6 minute walking test，6MWT）是一项简单易行、安全、方便的运动试验，可以综合评估受试者的全身功能状态，也是生活质量评估的一项重要内容。

6MWT 具体方法如下：在平坦地面上划出一段 30.5m 的直线距离，两端各置一椅作为标志，受试者在其间往返走动，步履缓急根据自己的体能决定，以尽可能快的速度行走。受试者测试前 2h 内避免剧烈运动。监测人员每 2min 报时 1 次，并记录受试者可能发生的气促、胸痛等不适。当其体能难以支撑时可暂时休息或终止试验。行走 6min 后试验结束，监测人员计算受试者步行距离、评估结果。

Arslan S 等用 6MWT 预测了 43 例慢性心力衰竭患者的死亡率，发现 6min 行走距离 ≤300m 者、>300m 者的 2 年心脏病死亡率有显著差异（79% vs. 7%；$P<0.001$），前者的死亡风险也显著升高（$P=0.005$）（图 5-4-4）。

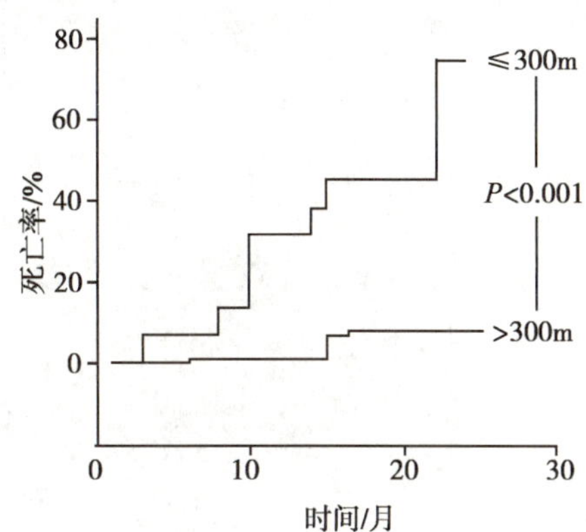

图 5-4-4　6min 行走距离的 Kaplan-Meier 生存曲线

由于 6MWT 易于实施，具有较好的耐受性，并且可以更贴切地反映日常生活中的活动，目前被广泛应用于临床评估或研究测试。

五、爬楼试验

爬楼试验（stair climb power test，SCPT）是临床用于测试老人下肢肌力、功率以及移动能力的方法。受试者用自己感觉舒服的步伐不停顿地攀爬楼梯，以完成任务的时间作为评价指标。

让受试者爬上一定标准的楼梯，通常为 6~15 个阶梯，楼梯高度为 15~20cm。听到开始口令之后，一步一阶尽快爬完，攀爬期间不允许使用扶手，当双脚踏上最后一个阶梯时停止计时。测试 2 次，取时间较短的一次成绩。为追求评价标准的统一，楼梯攀爬功率（stair-climbing power，SCP）逐渐被应用，计算公式如下：SCP（W）= 体重（kg）× 重力加速度（m/s^2）× 台阶高度（m）× 台阶数 / 时间（s）。

六、功能伸展测试

功能伸展测试（functional reach test，FRT）是评估老人或者残疾患者跌倒风险的临床指标，能较好地反映老人的躯干肌力，控制能力以及身体动态平衡能力。FRT 所需器材为一面墙和一把直尺，直尺高度与肩峰平齐。受试者赤脚以舒服姿势站立，以优势手（国人绝大多数为右利手）的手臂靠近带刻度的平衡尺，优势侧臂抬高平伸，紧握拳头，以第 3 掌骨为测量点，记录长度；然后令其在保持身体平衡的情况下尽力向前伸手，在双脚不移动、足底不能抬起以及保持身体平衡的前提下测量手臂前伸的距离。记录这两次第 3 掌骨位置的差值，共测 3 组，取平均值。整个过程中若失去平衡，则该组成绩无效并重测。笔者建议将紧握拳头、第 3 掌骨为测量点改为手掌平伸、以中指尖端位置为测量点，比较身体直立及身体前倾两种情况下中指尖端位置的差值。

以前伸距离 ≥25.4cm 的老人为正常对照组，将 6 个月内跌倒次数 ≥2 次定义为跌倒可能，发现前伸距离在 15.2~25.4cm、<15.2cm、完全不能前伸者，跌倒的可能性分别为对照组的 2 倍、4 倍、8 倍。

Volkman KG 等将 FRT 应用到青少年，分别采用单臂或双臂前伸法测量手指到手指或脚趾到手指的距离（图 5-4-5），发现身高是最重要的影响因素。

七、搬运测试

搬运测试（lift and reach）要求受试者将一个边长为 22.5cm 的立方形盒子（男性重 4kg，女性 2kg），从桌子上抬起放置在高于 32cm 的一个架子上（架子放置在桌面上），然后再将盒子从架子上取下放回原位置（桌子）。持续 30s，计算动作重复次数。搬运测试属于一种较新的测试手段，使用较少，主要用于反映老人的上肢肌力、功率以及协调性。

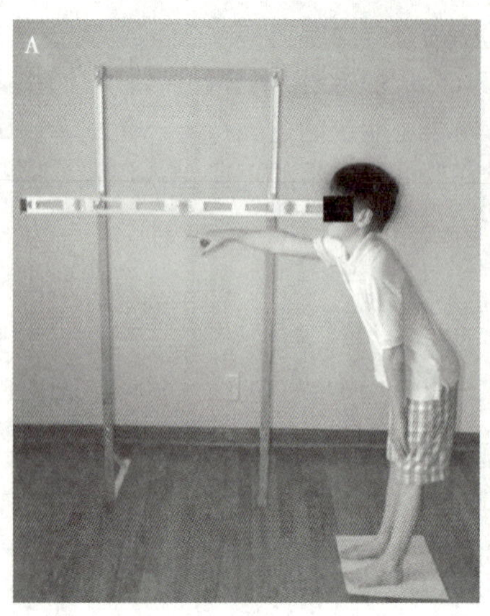

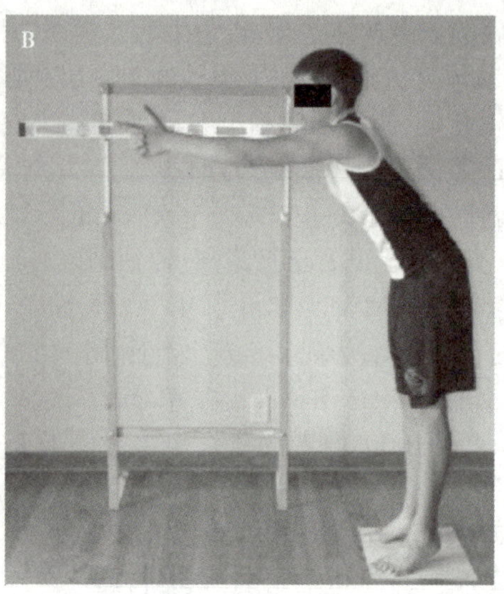

图 5-4-5　青少年 FRT 测试动作图

A. 单臂法；B. 双臂法。

八、KPS 评分

卡诺夫斯凯功能状态评分(Kanofsky performance score)，简称 KPS 计分，是 Kanofsky 和 Burchenal 于 1949 年制定的用于评价肿瘤患者对化疗药物耐受性的身体功能状态的量表，反映患者日常生活活动能力，以及所需的协助程度。得分越高，表明健康状况越好，越能忍受治疗给身体带来的副作用，因而也就有可能接受彻底的治疗。一般认为 KPS 评分 80 分以上为非依赖级(independent)，即生活自理级；50~70 分为半依赖级(semi-independent)，即生活半自理；50 分以下为依赖级(dependent)，即生活需要别人帮助(表 5-4-1)。>80 分者状态较好，存活期较长。该方法简便易操作，不需要设备即可快速完成，但量表是主观的，观察者之间的一致性不稳定，灵敏度较低，在较年轻的患者队列中得到验证，但在较年长的患者组中应用较少，变异性可能较大。

表 5-4-1　KPS 评分标准

体能状况	评分
正常，无症状和体征	100 分
能进行正常活动，有轻微症状和体征	90 分
勉强进行正常活动，有一些症状和体征	80 分
生活能自理，但不能维持正常生活和工作	70 分
生活能大部分自理，但偶尔需要别人帮助	60 分
常需要人照料	50 分
生活不能自理，需要特别照顾和帮助	40 分
生活严重不能自理	30 分
病重，需要住院和积极地支持治疗	20 分
病危，临近死亡	10 分
死亡	0 分

九、小结

表 5-4-2 总结了 6 种测试方法涉及的评测指标及再测信度与效度。

表 5-4-2　6 种测试方法涉及的评测指标及再测信度与效度

方法	涉及指标	再测信度	效度
起立 - 行走计时测试	移动能力和稳定状况	0.99	0.61~0.81
端坐起立试验	下肢肌力、平衡和移动能力	0.84~0.92	年龄不同，表现有差异
功能伸展测试	体位控制与静态平衡功能	0.81	0.71
日常步速评估法	步态和移动能力	0.78	0.84~0.93
6 分钟步行试验	移动能力和功能状况	0.95	0.58
爬楼试验	功能能力	0.96	未见报道

肌肉功能评价的其他方法还有很多，如磁共振成像、表面肌电图法、超声成像法等。肌肉功能和体能状况的退化是生命衰老的一种生理表现，是体内多种生命过程变化的结果。除了肌肉本身的老化以外，神经中枢的活动特点，激素的分泌特征和身体的行为改变都可能影响肌肉功能和体能状况的退化。评价和监测老人的肌肉功能及体能状况，为跌倒预防及疾病护理干预措施效果评价提供了试验依据，为患者教育及患者自我教育提供了有说服力的数据。

（陈梅梅）

第五节　心理社会评估

20 世纪 70 年代，随着心理社会肿瘤学这一学科的建立，在肿瘤临床对于患者心理社会问题的关注逐渐增强。然而将心理社会关怀纳入肿瘤临床面临一系列的困境，尤其是患者及家属对于心理社会问题的“病耻感”，因此在 1997 年，美国国立综合癌症网络（national comprehensive cancer network，NCCN）建立痛苦管理多学科小组，首次使用“痛苦”一词代替“精神疾病”和“心理疾病”。这一词不但去除了“病耻感”，同时将肿瘤患者存在的所有心理、精神及社会、实际问题涵盖其中。痛苦是对患者心理社会问题的一个总体概括，对患者心理痛苦的评估可以从全面展现患者心理社会问题的多角度出发，并且根据患者的具体问题进行合理转诊，及时为患者提供适宜的心理社会支持和干预。

一、定义与术语

第 1 版 NCCN 心理痛苦管理指南中赋予“痛苦”的定义：痛苦是由多种因素影响下的不愉快的情绪体验，包括心理上（认知 / 行为 / 情绪）、社会上和 / 或灵性层面的不适，可以影响患者有效应对肿瘤 / 躯体症状 / 临床治疗。从定义可看出，痛苦是包含患者所有心理社会问题的综合概念，其症状表现可归纳为一个连续谱系，轻者可表现为正常的悲伤 / 恐惧，重者可表现为精神障碍，如焦虑 / 抑郁 / 惊恐发作 / 社会孤立感，以及生存和灵性的危机。

痛苦与众多学者所熟知的肿瘤患者的焦虑、抑郁的区别为：痛苦与焦虑 / 抑郁相比概念更为广泛，焦虑 / 抑郁可以看作是痛苦发展到一定严重程度的表现，而未达到焦虑 / 抑郁程度的心理社会问题按精神疾病分类标准可以归为适应障碍。无论是轻度表现的适应障碍，还是严重的焦虑 / 抑郁障碍，都是根据精神科分类标准界定，而痛苦的概念是在所有精神心理概念基础上“去耻感化”的定义。NCCN 在痛苦管理指南中指出，选择“痛苦”一词的优势在于：①比“精神的”“心理社会的”“情感的”等词汇更容易接受且无病耻感；②患者提起来感觉比较“正常”；③可以被定义并经自评量表评估。

二、流行病学

肿瘤患者的痛苦可以由多种因素引起，包括患者的躯体症状、心理社会因素、实际问题、家庭情况等。研究显示，描述频率较多的症状包括疲乏、疼痛、焦虑、抑郁等，造成患者明显的痛苦体验，且严重影响患者的生活质量和躯体功能。疼痛是肿瘤患者最常见的症状之一，近期纳入 52 项研究的荟萃分析显示肿瘤患者疼痛的发生率为 53%，其中 1/3 患者为中到重度疼痛，进展期、终末期肿瘤患者疼痛发生率最高，为 64%。中到重度疼痛会严重影响患者的睡眠、日常生活、娱乐活动、行动能力、社交活动等。肿瘤相关的疲乏发生率为 59%~100%，对于患者的生活质量造成不同程度的影响。焦虑和抑郁影响患者的整个家庭、社会功能、工作能力、自杀观念以及患者的生存，肿瘤患者及治疗带来的身心影响使得患者成为焦虑和抑郁的易感人群。加拿大的一项大样本（*n*=10 153）研究显示，肿瘤患者出现临床或亚临床焦虑和抑郁的比例分别为 25% 和 16.5%。

三、肿瘤患者痛苦筛查工具选择

症状痛苦筛查的工具和方法

很多重要的研究报道了关于痛苦筛查工具的使用情况，研究综合考虑，将目前的筛查工具分为三大类：①症状筛查；②心理社会问题筛查；③痛苦来源筛查。美国医学研究所（Institute of Medicine，IOM）建议痛苦筛查工具应该能够综合识别引起痛苦的各种问题和担忧。所选筛查工具应该有效、稳定，并且对于临床工作人员来说简便、易行，可以通过临界值来判断患者是否存在痛苦。与此同时，该工具能够同时评估患者是否存在躯体症状 / 情绪负担 / 社会问题等，且能评估患者上述症状的严重程度，这样能够动员其他专业的人员有效地对患者的痛苦状况做出应答，包括将痛苦且有心理社会支持需求的患者转诊给专业的心理治疗师 / 精神科医生 / 社工等。

1. 躯体症状痛苦筛查的工具及方法　安德森症状评估量表（M. D. Anderson symptom inventory，MDASI）由 Cleeland 等制定，是针对患者报告结局的多维度筛查工具。MDASI 包含 13 个条目，每个条目分成 0~10 分 11 个评分等级，同时还将症状对患者日常生活造成的影响纳入筛查条目中，适用于不同肿瘤类型患者的筛查。目前该评估量表已经被翻译为多个国家语言，且其测量学的信度和效度均已得到证实。Aktas A 等对比了 46 个关于肿瘤患者症状筛查的工具，结果显示原始的 MDASI 具有非常好的信度和效度，与其他症状量表相比具有一定测量学上的优势。2004 年，Wang XS 等完成了中文版 MDASI 的翻译，测量学研究提示中文版 MDASI 在中国肿瘤患者症状筛查中应用有效且评估结果稳定可信，5~6 分为中度，7 分及以上为重度。

记忆症状评估量表（memorial symptom assessment scale，MSAS）由 Portenoy RK 于 1994 年制定，包含 32 条躯体及心理症状，其中 24 条症状需评估症状的频率、严重程度和引起痛苦的程度，另外 8 条症状仅需评估严重程度和引起痛苦的程度；首先要评估每一条症状是否存在，如果存在，使用 1~4 分分级标准评估患者症状出现频率和严重程度，引起痛苦的程度使用 0~4 分的 5 级评分标准。2009 年，Karis KF 等将 MSAS 翻译为中文并在中国香港的中国肿瘤患者中应用。测量学结果显示中文版 MSAS 具有较好的信度和效度，可以用于中国肿瘤患者症状筛查。但由于该量表条目较多，完成量表时间较长，给临床工作带来一定工作负担。

埃德蒙顿症状评估系统（Edmonton symptom assessment system，ESAS）于 1991 年由 Bruera E 等制定，采用 0~10 分 11 级评分标准，得分越高则症状越严重。ESAS 已经广泛用于肿瘤患者的症状评估，被翻译成 30 多个国家的语言，信度和效度等也得到验证；其在临床应用的优势在于可以短时间内对患者的躯体及情绪症状进行多维度评估。根据研究报道呈现出的 ESAS 的问题，Edmonton 姑息治疗项目组再次对 ESAS 进行了修订，即为 ESAS-r：其中指导语中评估时间限定为“目前”；对于容易引起困惑的症状给予了简短的解释。2015 年，Dong Jr. Y 等首次进行 ESAS 在中国患者中应用的信度和效度研究，结果显示 ESAS 中文版有较好的内部一致性、重测信度及共时效度。

2. **心理社会痛苦筛查的工具及方法** 美国国立综合癌症网络（NCCN）推荐的痛苦温度计（distress thermometer，DT）是一个单条目的痛苦自评工具。0 分 = 没有痛苦，10 分 = 极度痛苦；得分 ≥ 4 分显示患者存在中到重度痛苦，需要进一步专科评估。Akizuki 等将 DT 与医院焦虑抑郁量表（hospital anxiety and depression scale，HADS）和贝克抑郁量表（Beck depression inventory，BDI）进行了比较，结果显示 DT 比 HADS 和 BDI 对心理痛苦的敏感度和特异性都高。近年来不断有对心理痛苦温度计效度研究的报道，Tang LL 等将 DT 进行了中文版修订，与 HADS 和 90 项症状清单（symptom checklist-90，SCL-90）进行比较，使用受试者工作特征曲线（receiver operating characteristic curve，ROC curve）得到的曲线下面积分别为 0.803 和 0.834，临界值取 4 分时能得到最优的敏感性和特异性。

医院焦虑抑郁量表（HADS）由 Zigmond AS 与 Snaith RP 于 1983 年创制。目前此量表广泛应用于综合医院患者焦虑和抑郁情绪的筛查以及心身疾病的研究中，其信度和效度也已经得到了验证。按原作者推荐标准，焦虑抑郁亚量表评分规则：0~7 分为无表现；8~10 分属可疑；11~21 分属有反应。国内常用的中文版医院焦虑抑郁量表是由叶维菲、徐俊冕于 1993 年翻译并校对的。HADS 包括两部分共 14 个条目，其中焦虑亚量表 7 个条目，抑郁亚量表 7 个条目，每条分 4 级计分（0，1，2，3 分）。叶维菲等翻译的中文版 HADS 在我国综合医院患者中开始应用，以 9 分为分界点时，焦虑和抑郁分量表敏感性均为 100%，特异性分别为 90% 和 100%，郑磊磊等的研究与上述结果基本吻合。Mitchell AJ 等于 2010 年发表的一篇综述对 45 个短或超短评估工具进行了分析，结果显示在繁忙的肿瘤临床中使用 HADS 既能保证结果的有效性，也能确保临床应用的可接受性。

广泛性焦虑自评量表（generalized anxiety disorder-7，GAD-7）和 9 条目患者健康问卷（9-item patient health questionnaire，PHQ-9）是对患者的焦虑进行初级评估的自评量表，广泛应用于初级医疗机构对于精神健康状况的筛查。PHQ-9 是根据美国《精神障碍诊断与统计手册》（DSM-5 版）有关抑郁症状的条目而设计的 9 个条目的自评量表，每个条目评分 0~3 分。量表制定者建议其轻度、中度及重度的临界值分别为 ≥ 5 分、≥ 10 分和 ≥ 15 分。一项大样本的门诊肿瘤患者研究显示，将 10 分设定为临界值能得到最优的敏感性和特异性。国内对于 PHQ-9 的研究分别在中医内科、老年人群以及综合医院人群中应用，证实有较好的信度和效度，但所得出的临界值存在差异：中医内科及综合医院患者研究推荐 10 分为临界值，而老年人群研究结果显示 15 分为临界值；目前 PHQ-9 在肿瘤患者中应用的测量学数据有待进一步证实。GAD-7 常与 PHQ-9 联合使用，包含 7 个条目，每个条目评分为 0~3 分；制定者推荐 ≥ 5 分、≥ 10 分和 ≥ 15 分分别代表轻、中和重度焦虑。我国综合医院门诊患者研究推荐 10 分为临界值，但仍然缺乏在我国肿瘤患者中应用的测量学检验数据。PHQ-9 中条目 9 “您是否有不如死掉或用某种方式伤害自己的念头？”可以用于对患者自杀观念的筛查。肿瘤患者的自杀观念与心理痛苦、持续的疼痛以及年龄有较大相关性。自杀筛查和评估是发现患者自杀观念最直接的方式，可以有助于降低患者自杀的比例和带来的后续负面影响。

四、痛苦来源的筛查

NCCN 推荐使用的 DT 中包含问题列表（problem list，PL），包括围绕肿瘤患者出现的 5 个主要方面的问题：实际问题（经济 / 照顾家庭 / 交通等）；交往问题（与家属 / 朋友 / 邻居 / 医护人员等的沟通）；情绪问题（悲伤 / 注意力不集中 / 失眠等）；躯体问题（便秘 / 恶心 / 呕吐等常见临床症状）；宗教信仰问题。研究显示问题列表与 DT 得分密切相关，是 DT 在筛查痛苦程度之外的有效补充，且问题列表对于中重度痛苦患者转诊起到了重要的指导作用。

加拿大问题列表（Canadian problem checklist，CPC）包含 6 方面内容：情绪问题（害怕 / 担心），实际问题（工作 / 经济），信息问题（了解疾病 / 治疗决策），灵性问题（生活意义 / 信念），家庭问题（孤独 / 担心成为负担等），躯体问题（记忆 / 睡眠 / 体重等）。该量表是在问题列表基础上根据加拿大临床实际情况修订而成,可以作为症状量表的有效补充,并探索引起患者痛苦的具体因素。

社会困难指对一个人的社会世界造成困扰的事件或问题,包括生活、工作、娱乐活动中以及与他人的关系中出现的问题。所有人都会遇到社会困难。肿瘤患者的社会困难涉及肿瘤患者本人、肿瘤疾病本身及治疗相关因素,致残的程度、肿瘤治疗中所有人的情绪反应以及对于患者来说可行的支持网络等。社会困难在严重的情况下可加重患者的心理痛苦,降低患者整体生存状况。Wright 等在 2005 年制定了社会困难问卷(the social difficulties inventory-21,SDI-21)。此问卷共 21 个条目,每个条目分别从“0 分——无困难”到“3 分——非常困难”进行评分,此量表具有良好的效度,包括 3 个分量表:日常生活、经济问题、自我及周围其他人,总分≥10 分提示显著社会困难。Leung 等应用 SDI-21 对肿瘤患者进行筛查,结果显示社会困难中的日常生活出现困难与患者的自杀企图密切相关,因此对肿瘤患者社会困难的评估更应该引起临床工作人员的关注。

五、推荐意见

(一)为所有的肿瘤患者进行痛苦筛查

肿瘤临床工作人员应该保证为所有的肿瘤患者进行痛苦筛查,尽可能在每次就诊时进行痛苦筛查,至少应在病程的关键时间点给予痛苦评估。建议对患者的痛苦情况进行综合评估,推荐量表见表 5-5-1。

表 5-5-1 综合痛苦筛查的工具选择

问卷类型	名称	评分标准	应答意见
躯体症状	1. MDASI	1. 0~10 级评分 0~4 分无或轻度;5~6 分中度;7~10 分重度	分数越高,症状越严重,更应重视
	2. ESAS-r	2. 0~10 级评分 0~3 分无或轻度;4~6 分中度;7~10 分重度	
	3. MSAS	3. 步骤 第一步:是否存在所述症状;第二步:症状频率及严重程度;第三步:引起患者痛苦程度	
精神心理状态	DT	0~3 分无或轻度;4~6 分中度;7~10 分重度	≥4 分应引起关注
	GAD-7	无焦虑:0~4 分	无
		轻度焦虑:≥5 分	观察等待;随时重复 GAD-7
		中度焦虑:≥10 分	制订治疗计划,考虑咨询
		重度焦虑:≥15 分	考虑药物治疗和/或心理治疗
	PHQ-9	无抑郁:0~4 分	无
		轻度抑郁:5~9 分	观察等待;随时重复 PHQ-9
		中度抑郁:10~15 分	制订治疗计划,考虑咨询;随访和/或药物治疗
		中重度抑郁:15~19 分	积极药物和/或心理治疗
		重度抑郁:20~27 分	立即首选药物治疗,若严重损伤或对治疗无效,建议转诊至精神疾病专家,进行心理治疗和/或综合治疗
	HADS	无症状:0~7 分	继续监测
		可疑症状:8~10 分	转诊评估,制订计划
		有反应:11~21 分	转诊评估,积极心理及药物干预
社会、实际、灵性等问题	PL	有或无相关问题	提供积极的社会支持,提供可行的社会资源
	CPC	有或无相关问题	
	SDI-21	≥10 分,显著社会困难	

监测患者在整个病程中痛苦变化的情况，对于存在显著痛苦的患者，需给予及时应答，包括肿瘤临床工作人员的积极心理社会支持以及转诊至专业的心理治疗师及精神科医师；临床工作人员或参与筛查的工作人员在得到患者的筛查结果后应尽快给予回复并讨论转诊事宜。推荐使用四级评估及应答模型，见表 5-5-2。

表 5-5-2　痛苦应答流程

痛苦水平	负责人员	评估	应答
无或轻度	所有的临床工作者和社会工作者；或在其他专业人员的帮助下完成	认识到患者的心理社会需求	有效提供医疗信息；富有同理心的沟通；普通心理支持； 心理技术：聚焦于问题解决的技术
中度	接受过训练并且得到认可的专业人员	心理痛苦评估，并对某些精神病理现象给予诊断	心理咨询和具体的心理干预，如：焦虑控制和关注解决问题的心理治疗，在一个清晰的理论框架下为患者提供治疗
重度	精神卫生专业人员	精神病理现象的诊断	专业的心理干预和精神科干预，比如心理治疗，包括认知行为治疗（cognitive behavioral therapy，CBT）

（二）不同痛苦水平患者的处理

1. 轻度（所有筛查量表按推荐标准评分均为轻度）

（1）人员：包括直接为肿瘤患者提供治疗的所有工作人员，或在专业人员帮助下完成，干预措施主要为普通的心理支持，或聚焦于问题解决的心理治疗技术。

（2）评估：所有直接为肿瘤患者提供治疗的医务人员和社会工作者都应该有能力识别患者的心理痛苦，并且有能力避免在临床治疗中对患者及其照顾者造成心理伤害。他们应该知道患者出现的哪些情况超出了自己的能力范围，并且应该转诊给更加专业的服务机构。筛查应该包括肿瘤给患者日常生活、情绪、家庭关系（包括性关系）和工作带来的影响。评估过程应该保持开放并且不带有任何判断，这样才能建立相互信任的关系并认真倾听，最终使患者能够清晰地呈现自己的担忧和其他感受；评估本身能够帮助患者解决一些担忧，如果通过评估不能解决，则要为患者提供适宜的心理支持。出现显著心理痛苦的患者需要转诊以接受专业的心理支持和干预。

（3）应答：所有人员应该能够

1）诚实并富有同理心地与肿瘤患者进行沟通。

2）带有仁慈之心 / 尊严感 / 尊重心态，为患者及其照顾者提供治疗。

3）建立并保持支持性的医疗关系。

4）告知患者及其照顾者，有很多心理及支持性的服务机构可供使用。

5）心理技术主要聚焦于解决问题，由经过培训且受过督导的医生和社会工作者提供，帮助患者处理一些在病程关键时刻的紧急情况。专业的临床护士在接受培训之后可以承担评估和干预的任务。

2. 中度（筛查量表按推荐标准评分其中一项及以上为中度，且所有量表均未达到重度）

（1）评估：接受过培训并获得认可的专业人员能够识别中度及以上的心理需求，并能够将严重心理需求的患者转诊至精神卫生专业人员处。

（2）应答：痛苦水平中度所涉及的具体心理干预技术有焦虑控制和聚焦问题解决的心理治疗，由接受过培训、获得认可并且被督导过的心理咨询师根据清晰的理论框架提供干预。目标是控制轻度到中度心理痛苦，包括焦虑、抑郁和愤怒。这里的具体心理干预也适用于缓解轻度肿瘤相关的担忧，比如对治疗的担忧、个人关系（包括性关系）、与医院工作人员的关系、灵性问题等。

3. 重度（筛查量表按推荐标准评分有一项以上为重度）

（1）评估：精神卫生专业人员应该能够评估复杂的精神心理问题，包括严重的情感障碍、人格障碍、物质滥用和精神病等。

(2)应答:重度痛苦水平所涉及的干预包括具体的心理和精神科干预,由精神卫生专业人员提供,帮助患者改善中到重度的精神健康问题。这些精神健康问题包括重度抑郁和焦虑、器质性脑综合征、严重的人际困难(包括严重的性心理问题)、酒精和物质相关的问题、人格障碍和精神病等。

(唐丽丽)

第六节 生命质量评估

随着疾病谱的改变,心脑血管疾病、恶性肿瘤等慢性疾病成为威胁人类生存的主要疾病,传统的健康指标如患病率和病死率等,不能反映人类全部健康状况。由个体主观报告的疾病及治疗对患者功能和良好适应性的影响日益受到重视。目前普遍认为,生命质量可全面评价疾病及治疗对患者造成的生理、心理和社会生活等方面的影响。

一、概述

(一) 生命质量的发展和概念

生命质量(quality of life,QoL)又称生活质量、生存质量等,最初用于社会学领域,由美国经济学家 Galbraith JK 在 1958 年提出,主要用一些社会环境和生活环境的客观指标,来评价一个国家或地区人口的生命质量和家庭个体的生命质量。

20 世纪 70 年代末开始在医学领域积极探索疾病及治疗对生命质量的影响,形成了健康相关生活质量(health-related quality of life,HRQoL)的概念。1976 年,Priestman 等用线性模拟自我评估量表评价乳腺癌化疗患者;1977 年,"quality of life" 被收入医学主题词表;1985 年,美国食品药品监督管理局在接受新药申请时要求药厂同时提供药物对患者生命质量影响的资料;1992 年,第一本生命质量研究杂志发行;1994 年,国际生命质量研究协会成立,逐步推动生命质量领域在概念、评价工具、基础研究与临床应用等方面的深入发展。

研究者普遍认为,疾病给患者的日常生活带来生理、心理和社会生活等方面的损害,这种损害会影响个体对生活的满意度。生命质量体现了个体对疾病损害的反应。它是一种患者报告结果,补充了传统评价指标的不足,有利于患者参与治疗决策。1997 年世界卫生组织(World Health Organization,WHO)将生命质量定义为:在不同的文化背景和价值体系中,生活的个体对他们的生活目标、愿望、标准及所关心事情有关的生存状况的主观体验,即主观幸福程度是由个人生命质量决定的。

HRQoL 是指在伤病、医疗干预、老化和社会环境改变影响下的个人健康状态,以及与其经济、文化背景和价值取向相联系的主观满意度。它关注的不仅为是否患病和衰弱,更是人们在躯体、精神及社会生活中是否处于一种完好的状态,体现了生物医学模式向生物 - 心理 - 社会医学模式的转变,能够更全面地反映健康状况。

(二) 生命质量的构成因素

Aaronson 认为生命质量是一个多维的概念,包括机能、心理和社会的良好状况、健康意识、疾病及治疗的相关症状。Morales 认为生命质量由 4 方面组成:生理和职业功能、心理状态、社会互动状况、经济状况或因素。Ferrell 提出了生命质量的四维模式结构,即身体、心理、社会和精神健康状况。Hollen 等所认为的生命质量研究范围见表 5-6-1。WHO 生命质量包括生理、心理状况、独立能力、社会关系、生活环境、宗教信仰与精神寄托 6 个领域,涉及 24 方面。

虽然不同研究者理解的生命质量构成有所差异,但公认的构成因素为:生理(症状、疼痛)、功能(活动)、家庭良好适应性、精神、治疗满意度、对未来的取向、性及亲密行为、社会功能和职业功能。

表 5-6-1 Hollen 生命质量研究范围

生理	功能	心理	社会	精神
疾病症状	活动水平	情绪良好	社会关系	生活意义
治疗副作用	认知状态	情绪压抑	工作角色	宗教问题
压抑表现	角色状态		业余休闲	
	性功能		财政状况	

(三) 生命质量的动态性

健康或疾病是一个连续变化且不能截然区分的状态,生命质量随时间推移显示出平衡、改善和下降的状态。例如,老人随着生理功能的退化,会逐渐降低对于功能状态的期望;慢性病患者在长期病程中也逐渐适应疾病。这种生命质量自我评价的变化,称为生命质量的“反应转移”。对它的关注可以帮助我们理解生命质量的变化,更准确地认识疾病和治疗对患者的影响。

(四) 生命质量评价方法及优缺点

常用生命质量评价方法及其优缺点见表 5-6-2。目前,标准化的量表评价法是主流。

表 5-6-2 生命质量评价方法及优缺点

分类	优点	缺点	举例
访谈法(结构型和非结构型)	灵活易用 应用范围广 资料可靠 深层了解	需专门的技巧 主观性强 费时费力 结果分析较难	日常工作中使用
观察法	资料真实 及时反映患者情况 获得无法用语言表达的信息 可重复性好	结果受主观影响 仅反映表面现象 不适合大范围使用	适用于特殊患者:植物人状态、精神病患者、老年痴呆患者或危重病患者
主观报告法	数据单一 易于分析处理	可靠性较差	可作为其他方法的补充
症状定式检查法	限于疾病症状或治疗不良反应的评价		鹿特丹症状自评量表*
标准化的量表评价法(自评法和他评法)	客观性强、可比性好、程式易标准化和易于操作		是临床、科研中常采用的方法,如医疗结局研究简表

注:* 鹿特丹症状自评量表,Rotterdam symptom checklist,RSCL。

二、生命质量评价工具——生命质量量表

生命质量评价的重要工具是生命质量量表。它分两种,一种是统一界定生命质量的各方面,可代表不同人群共性的多维量表,根据需要附加一个较短的特异问卷来评价特定人群的生命质量;另一种是只测量某一层次的生命质量。在临床应用中,需要根据被检测者的具体情况、检测目的选择不同的量表。

(一) 量表的内容

通常包括生理、心理、社会功能、主观判断与满意度,针对疾病的量表还包括疾病特征与治疗等内容。生理、心理和社会功能状态是生命质量的重要内容。主观判断与满意度评价反映了个体对健康状态的自我评价,是生命质量的综合指标。

基本日常生活活动能力包括穿衣、进食、洗澡、上厕所、室内走动等 5 项指标,是康复评价最常用的指标。

(二) 量表的构成

一般包括条目、方面、领域和总量表4个层次。条目是量表最基本的构成元素，所有条目的集合称为条目池，条目的准确性和正确性决定了量表的好坏；方面，又称维度，由若干反映同一特征的条目构成；领域，由若干密切相关的方面构成；若干领域构成一个完整的量表。

(三) 量表的性能要求

好的量表应具有较好的真实性、可靠性、可行性。信度、效度、反应度和可解释性是评价量表性能的基本指标。真实性是指量表是否检测了研究者所要测定的问题，它要求量表的效度要符合一定的要求。可靠性是指量表能否区分研究者所关心问题的不同状态或在不同时间能否反映状态的变化，信度和反应度反映了量表的可靠性。可行性是指量表应用起来是否方便，可解释性反映了量表的可行性。此外，对量表的考评还包括对量表的应答负担、调查方式和文化适应性等方面的分析比较。信度、效度、反应度和可解释性等特性随研究人群的不同而改变，应用时需要重新评价量表的性能。

生命质量量表经过性能检验，使评价结果更科学，可用于不同患者、不同疗法及不同医疗机构之间结果的比较。

(四) 量表的文化适应性

大部分量表都产生于英语或法语国家。西方量表经翻译后要进行适当的调整，使之适用于中国文化背景，经性能检测后才能使用。我国自行开发的量表，如果应用于不同的亚文化人群，也要考虑文化适应性问题。

三、常用生命质量评价量表

(一) 普适性量表

也称通用性量表，适用于所有人群，包括健康人群及不同疾病类型人群。

1. **良好适应状态指数**　1976年，Kaplan提出良好适应状态指数(quality of well-being scale，QWB)。死亡为“0”，功能与感觉良好为“1”，1~0反映生命质量状态。QWB分两部分，第一部分是有关患者日常生活活动的内容：移动(mobility，MOB)、生理活动(physiological activity capability，PAC)和社会活动(social activity capability，SAC)3方面，每一方面下设3~5个等级描述；第二部分包括21个症状及健康问题综合描述(complex，CPX)，几乎包括了所有疾病可能出现的问题。按公式综合所有评价内容的权重值，得出生命质量评价值(W)，W=1+(MOB)+(PAC)+(SAC)+(CPX)。

2. **健康状况调查简表**　健康状况调查简表SF-36(the short form-36 health survey，SF-36)又称简化36医疗结局研究量表，是美国波士顿健康研究所在医疗结局研究量表的基础上开发出来的。该量表适用于14岁以上普通人群，共包括36个条目，8个领域。可比较直观、全面地反映人群的健康状况。SF-36是目前世界上公认的具有较高信度和效度的普适性生命质量量表。患者对8个领域所包含问题的回答情况得到初得分，经转换得到终得分，终得分为0~100分，分值越高状态越佳。

3. **世界卫生组织生命质量评价量表**　1991年，WHO建立生命质量研究项目，这是生命质量研究中的里程碑。其重要的成果是世界卫生组织生命质量量表(100-item World Health Organization Quality of Life assessment，WHOQOL-100)及世界卫生组织生命质量量表简表(abbreviated World Health Organization Quality of Life assessment，WHOQOL-BREF)，是WHO组织20多个国家和地区共同研制的跨国家、跨文化并适用于一般人群的量表。WHOQOL-100包含100个条目，覆盖了生理、心理、独立性、社会关系、环境、精神支柱/宗教和个人信仰等6个领域24方面。WHOQOL-BREF保留了原始量表的全面性，与原始量表保持了较高的相关性，具有较好效度，为生命质量评价提供了一种方便的检测工具(表5-6-3)。中文版本附加了两个问题：家庭摩擦问题和食欲问题。

表 5-6-3　WHOQOL-BREF 量表的结构

Ⅰ. 生理领域	Ⅲ. 社会关系领域
1. 疼痛与不适	14. 个人关系
2. 精力与疲倦	15. 所需社会支持的满意程度
3. 睡眠与休息	16. 性生活
4. 行动能力	Ⅳ. 环境领域
5. 日常生活能力	17. 社会安全保障
6. 对药物及医疗手段的依赖性	18. 住房环境
7. 工作能力	19. 经济来源
Ⅱ. 心理领域	20. 医疗服务与社会保障：获取途径与质量
8. 积极感受	21. 获取新信息、知识、技能的机会
9. 思想、学习、记忆和注意力	22. 休闲娱乐活动的参与机会与参与程度
10. 自尊	23. 环境条件（污染、噪声、交通、气候）
11. 对身材和相貌的感受	24. 交通条件
12. 消极感受	Ⅴ. 总的健康状况与生活质量
13. 精神支柱	25. 您对自己的健康状况满意吗？
	26. 您怎样评价自己的生活质量？

4. **欧洲生命质量量表**　欧洲生命质量量表（EuroQoL five-dimension questionnaire，EQ-5D）是欧洲生命质量组织开发的生命质量自评量表。量表分两部分：第一部分，被检测者回答在移动性、自我照顾、日常活动、疼痛或不适、焦虑或压抑等 5 方面存在的问题；第二部分，在视觉模拟尺度上标记他们总的健康感觉。

（二）疾病专用量表

疾病专用量表是指针对特殊人群或特定疾病的生命质量量表。

1. **肿瘤患者生活功能指数**　肿瘤患者生活功能指数（functional living index cancer scale，FLIC）由加拿大学者 Schipper H 等研制，包括 5 个领域，22 个条目。FLIC 量表较全面地描述了患者的活动能力、角色功能执行能力、社会交往能力、情绪状态、症状和主观感受等。该量表广泛应用于恶性肿瘤患者临床疗效的评价，尤其适用于预后较好的肿瘤患者，如乳腺癌、子宫颈癌等。

2. **肿瘤患者生命质量评价量表 EORTC QLQ 系列**　欧洲癌症研究与治疗组织（the European Organization for Research and Treatment of Cancer，EORTC）研制的肿瘤患者生命质量评价量表 QLQ 系列，是由针对所有肿瘤患者的核心量表 QLQ-C30 和针对不同肿瘤的特异性条目构成的。第 3 版的 QLQ-C30 由 5 个功能方面（躯体、角色、认知、情绪和社会功能）、3 个症状方面（疲劳、疼痛、恶心呕吐）、1 个总体健康和 6 个单一条目（呼吸困难、食欲减退、睡眠障碍、便秘、腹泻和经济状况）组成。每一方面包含 2~5 个条目，共 30 个条目。在此基础上增加不同肿瘤的特异条目，即构成不同肿瘤的特异量表。

（三）领域专用量表

领域专用量表侧重研究生命质量的某一领域。

日常生活活动能力（activities of daily living，ADL）评定能准确地了解患者日常生活的基本能力，以及功能障碍对其日常活动的影响，为有针对性地进行康复训练提供科学依据。

ADL 分为基础性日常生活活动（basic activities of daily living，BADL）和工具性日常生活活动（instrumental activities of daily living，IADL）。BADL 是指人们为了维持基本的生存、生活而每天必须反复进行的活动，包括进食、更衣、个人卫生等自理活动和转移、行走、上下楼梯等身体活动。BADL

反映较粗大的运动功能，帮助判断患者是否需要长期护理，适用于较重的残疾者。常用的 BADL 量表有 Barthel 指数、PULSES 评价、Katz 指数、功能独立性评定、Kenny 自理评定等。

IADL 是指人们为了维持独立的社会生活所需完成的较高级活动，包括购物、炊事、洗衣、交通工具的使用、处理个人事务、休闲活动等，体现人的社会属性的一系列活动。IADL 反映较精细的功能，帮助判断老人能否独立生活，适用于较轻的残疾者。常用的 IADL 量表有功能活动问卷和快速残疾评定量表。

(四) 我国自主研制的量表

我国生命质量的研究工作始于 20 世纪 80 年代中期，起初是翻译国外较成熟的量表，例如，浙江大学主持研制了 SF-36 量表中文版；中山大学主持研制了 WHO 生命质量量表中文版。但生命质量量表必须建立在一定的文化价值体系下，因此，研制和应用具有中国文化特色的生命质量量表十分必要。

1. **中国人生命质量普适性量表**　中国医学科学院 / 中国协和医科大学阜外心血管病医院流行病学研究室研制了中国人生命质量普适性量表。该量表由总体健康和生命质量、生理功能、独立生活能力、心理功能、社会功能、生活条件等 6 个领域和 1 个反映生命质量变化的条目组成，共 35 个条目。适用于中国普通人群生命质量评价。

2. **肿瘤患者和慢性病患者生命质量量表系列**　昆明医科大学公共卫生学院研制了肿瘤患者生命质量量表系列和慢性病患者生命质量量表系列。

3. **2 型糖尿病患者生命质量量表**　中南大学流行病与卫生统计学教研室研制了 2 型糖尿病患者生命质量量表，包含疾病、生理、社会、心理、满意度等 5 方面，共 87 个条目，生理、社会、心理、满意度 4 方面构成正常成年人群共性量表，疾病方面构成 2 型糖尿病患者特异量表。

四、生命质量评价的应用

生命质量评价已广泛应用于临床医学、预防医学、药学和卫生管理学等领域，研究对象包括各年龄段普通人群及患病人群。

1. **人群健康状况的监测**　SF-36、WHOQOL 和 EQ-5D 量表经常用于普通人群的健康状况评价，以比较不同国家、地区、民族人群的生命质量和发展水平，以及对其影响因素进行研究。还可用于某些特殊人群，例如，对超重或肥胖者的生命质量评价，有利于进行体重管理。

2. **疾病负担的评估**　通过生命质量评价可了解疾病、外伤、高龄所引起的健康状况的变化，帮助卫生部门确定疾病负担、卫生工作的重点人群和重点措施。

3. **临床试验的重要检测指标**　通过收集与患者健康有关的功能状态、良好适应性等信息，帮助研究者比较不同医疗干预的疗效、评价新的治疗方案和技术、进行科学研究等。美国食品药品监督管理局自 1985 年起将生命质量用于新药评价，2009 年建议将患者报告结果指标用于医疗产品的功能评价。

4. **预防性干预与临床治疗方案的选择**　生命质量评价可帮助医生判断预防性干预与临床治疗方案的实施是否改善了患者的生命质量。通过综合评价和比较各种治疗措施的疗效，为临床医生选择不同的预防、治疗、康复措施提供依据。

5. **康复医学的重要内容**　在患者患病期间及疾病转归后，应更加关注其功能恢复和生命质量的保持与提高。生命质量评价有助于了解影响患者健康的主要因素，据此可制订更加有效的康复干预方案，在治疗过程中更全面地评价治疗效果，为调整康复计划提供依据，从而显著提高康复疗效。

6. **进行成本 - 效益分析，为合理分配卫生资源提供依据**　对卫生部门来说，最大的效益是给人群带来更多的生存年数和更好的生活质量。用质量调整生命年和生命质量效用值等作为评价指标，称为成本 - 效益分析，为合理分配卫生资源提供依据。

长期失能或卧床的患者，从他(她)的生存时间中扣除不完善部分，即健康生存时间。生命质量评价提供了衡量健康生存时间的方法，如质量调整生命年（quality-adjusted life year，QALY），其公式为：$E=\sum W_k \times Y_k$。用生命质量评价方法得出各种功能状态的生命质量权重值，W_k 为处于 k 状态的生命质量权重值，Y_k 为处于 k 状态的年数，再计算各种状态下的生存年数。例如，某养老院全体老人的平均寿命是 71.6 岁，但其质量调整生命年为 68.5 年（表 5-6-4）。目前，医学界用每拯救 1 个质量调整生命年所需要的费用（成本）作为生命质量效用值（COST/QALY）。

表 5-6-4 质量调整生命年计算表

状态	Y_k	W_k	W_kY_k
健康	65.2	1.00	65.2
非卧床功能丧失	4.5	0.59	2.7
卧床功能丧失	1.9	0.34	0.6
总计	71.6		68.5

注：E=65.2+2.7+0.6=68.5（年）。

五、生命质量研究中需注意的问题

1. **选择合适的量表** 要有针对性地选用适宜、应用比较广泛的量表；引进国外量表时，要对量表的信度、效度进行检验；要注意量表的本土化和民族化等跨文化修订的问题；新量表的建立包括确定概念、筛选条目、考评及修订量表等过程，见图 5-6-1。

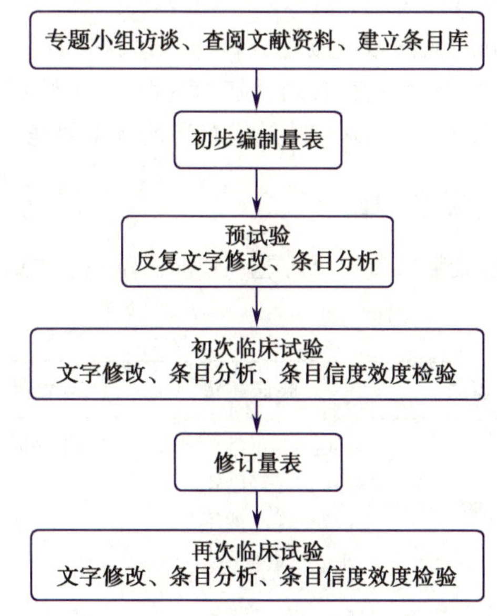

图 5-6-1 生命质量新量表的编制

2. **确定样本量** 可借鉴多变量分析的样本量估计方法。Kendall 提出一个粗糙的准则是，样本量可取变量数的 10 倍，至少是 5~10 倍。如果获取样本比较困难，则以方面、领域甚至总量表作为分析变量，保证分层分析时每层都有足够的样本量。

3. **研究对象的依从性** 选择简短量表，从患者角度出发设计评价过程，以及亲友等的配合有助于提高患者的依从性。生命质量评价不能由其他人代替患者完成。但年幼、年老、病重或者精神疾病患者不能自行完成时，代理者评价可提供一定的参考。

4. **生命质量资料的统计分析** 生命质量资料是一种多指标、多终点的资料，不同量表的评估结果以及同一量表不同方面的分值不能直接比较。分析前需先进行很多的过渡性预处理，如量化计分、逆向指标的正向化等。在分析结果时，除了统计学检验结果，还要综合考虑生命质量变化的临床意义、量表的信度和反应度。

（潘 勤）

第六章　实验营养诊断

如同其他疾病的诊断一样，精准的营养不良或营养状况诊断同样需要实验营养诊断，包括生物标本的实验室分析、人体测量、器械检查及量表调查。

第一节　实验室检查

营养相关的实验室检查多是借助生化、生理等实验室检测手段，发现人体营养不足、营养储备水平低下或营养过剩，以便较早掌握营养失衡的征兆和变化动态，及时采取必要的治疗措施。主要包括营养成分的血液浓度测定，与营养素吸收和代谢有关的各种酶的活性测定，头发、指甲中营养素含量的测定。实验室检查常结合膳食调查、临床检查等资料综合分析，对于进行营养评估以及营养缺乏性疾病的正确诊断和制订防治措施等均有重要意义。

一、血浆蛋白

包括血浆白蛋白、转铁蛋白、前白蛋白、视黄醇结合蛋白，其功能与营养状况见表 6-1-1。

表 6-1-1　各种血浆蛋白功能与营养状况

血浆蛋白	临床意义	半衰期	功能	降低的原因	升高的原因
白蛋白	35~50g/L：正常 28~34g/L：轻度不足 21~27g/L：中度不足 <21g/L：重度不足	14~20d	维持渗透压和转运物质的作用	肝病、感染、肾病综合征、手术后水肿、水潴留、吸收不良	脱水
转铁蛋白	2~4g/L：正常 1.5~2.0g/L：轻度不足 1.0~1.5g/L：中度不足 <1.0g/L：重度不足	8~10d	与血浆铁结合并转运至需铁组织	慢性感染、急性分解代谢状态、肾病综合征、肝损害、水潴留、营养不良	妊娠、肝炎、铁缺乏、脱水、慢性失血
前白蛋白	0.25~0.40g/L：正常 0.16~0.25g/L：轻度不足 0.12~0.15g/L：中度不足 <0.12g/L：重度不足	2~3d	转运甲状腺素和维生素 A	急性分解代谢状态、手术后、肝脏疾病、感染、透析	慢性肾衰竭
视黄醇结合蛋白	0.027~0.076g/L：正常	12h	转运维生素 A	维生素 A 缺乏、急性分解代谢状态、手术后、肝脏疾病	肾衰竭、妊娠

二、氮平衡

氮平衡(nitrogen balance)是指氮的摄入量与排出量之间的平衡状态。测定每日氮的摄入量和排出量,并比较两者的比例关系,以及体内组织蛋白代谢状况的实验称为氮平衡,包括氮平衡、正氮平衡和负氮平衡 3 种情况。

临床上,常用 24h 尿氮来评估人体氮的摄入量与排出量之间的平衡状态。测定尿中的氮物质主要是蛋白质的分解产物。因此可以通过尿氮来估算体内被氧化的蛋白质的数量,以评估患者摄入蛋白质是否能满足机体的需要,以及体内蛋白质的合成与分解代谢情况,有助于营养治疗效果的判断。

1. **测量步骤** 晨 6 时,令受试者排尿并弃去,然后收集 24h 内全部尿液至第 2 天晨 6 时,排空最后一次尿液并收集,称量总量。

2. **参考范围** 由于各医院使用的测量方法有所不同,尿素氮的正常值也有所差异。二乙酰一肟显色法为 1.8~6.8mmol/L,尿素酶 - 纳氏试剂显色法为 3.2~6.1mmol/L。

三、肌酐身高指数

肌酐身高指数(creatinine-height index,CHI)是衡量机体蛋白质水平的一项较灵敏指标,是营养评估中评估蛋白质营养状况的一个常用指标。肌酐是肌酸的代谢产物(肌酸绝大部分存在于肌肉组织中,每 100g 肌肉含肌酸 400~500mg),其排出量与肌肉总量、体表面积和体重密切相关,不受输液与体液潴留影响,比单纯氮平衡、血浆白蛋白等指标更灵敏。在蛋白质缺乏型营养不良、消耗性疾病和肌肉消瘦时,肌酐生成量减少,尿中排出量亦随之降低。肌酐身高指数 =24h 尿肌酐 / 标准身高肌酐 ×100%。

肌酐身高指数增高见于肢端肥大症、糖尿病、感染、甲状腺功能减退、进食过多肉类、运动、摄入药物(如维生素 C、左旋多巴、甲基多巴等)。减低则常见于急性或慢性肾功能不全、重度充血性心力衰竭、甲状腺功能亢进、贫血、肌营养不良、白血病、纯素食者,以及服用雄激素、噻嗪类药物等。

(一) CHI 测量要求

1. 标准 24h 留尿法

(1)患者连续 3d 进低蛋白膳食(<40g/d),并禁食肉类(无肌酐膳食),避免剧烈运动。

(2)于第 4 天晨 8 时将尿液排净,然后收集记录 24h 尿量(次日晨 8 点尿必须留下),并加入甲苯 4~5ml 防腐。取血 2~3ml(抗凝或不抗凝均可),与 24h 尿同时送检。

(3)测定尿及血中肌酐浓度。

2. **4h 留尿改良法** 因留 24h 尿不方便,易导致留不准(少),且高温时需冷藏,影响肌酐检测,因此常引起误差(偏低)。为临床应用方便,可用 4h 阶段尿进行测定。

(二) CHI 结果评估

1. **正常值** 90%~110% 为营养状况正常。

2. **评估标准** CHI 80%~90% 表示瘦体组织轻度消耗,60%~80% 表示瘦体组织中度消耗,<60% 则表示瘦体组织重度消耗。

四、3- 甲基组氨酸排出量

3- 甲基组氨酸是组氨酸构成肌纤维蛋白的多肽前体后经甲基化而形成的物质。测定 3- 甲基组氨酸可反映肌纤维蛋白转换率及肌肉情况,可作为肌肉蛋白分解释放的标志及评定营养代谢的参数。体重下降的儿童、肌肉减少症,肌肉转换率下降,尿中 3- 甲基组氨酸排出量减少。成人饥饿 20d,尿中排出量可减少 40%,比尿肌酐的改变更明显。严重营养不良者的尿中 3- 甲基组氨酸的排泄量降低,经营养治疗改善后可恢复正常。

五、肠黏膜功能检测

(一) D-乳酸

D-乳酸是肠道固有细菌的代谢产物，肠道内许多细菌均可产生（如大肠埃希氏菌、乳酸菌、克雷伯菌等），而其他组织既不能产生D-乳酸也不能代谢，所以血中的D-乳酸基本上来源于肠道。在机体遭受严重创伤、休克、急性肠缺血、肠梗阻或其他原因引起的肠屏障功能受损时，肠通透性增加，肠道细菌产生的大量D-乳酸透过受损的肠黏膜进入血液循环，使血D-乳酸水平升高。因此，D-乳酸水平可作为临床检测患者肠道屏障通透性，判断术后肠道内毒素和细菌移位的指标。

D-乳酸的异常增高常见于低氧血症、休克、组织酸中毒、酒精中毒、维生素B_1和生物素缺乏、先天性代谢性疾病、失代偿期肾病、输血等肠黏膜通透性增高的情况。

检测方法：取血1ml（抗凝或不抗凝均可），及时送检。

参考值范围：D-乳酸浓度≤15mg/L。

(二) 二胺氧化酶

二胺氧化酶（diamine oxidase，DAO）是一种含有脱氨基的腐胺和组胺的细胞内酶，95%以上存在于哺乳动物和人小肠黏膜及纤毛上皮细胞中，大部存在于小肠黏膜，以空肠、回肠活性最高，正常人血浆中含量很低。肠黏膜细胞受损、坏死后DAO释放入血，导致血浆DAO活性增高。因此，测定血中DAO的活性可反映肠屏障黏膜损伤和修复情况。

检测方法：取血1ml（抗凝或不抗凝均可），及时送检。

正常值：二胺氧化酶≤10U/L。

(三) 内毒素——脂多糖

内毒素是革兰氏阴性菌细胞壁中的脂多糖（lipopolysaccharide，LPS），以肠杆菌属的细胞壁尤为多见，肠道是体内最大的LPS库，其主要来自肠道细菌。由于健康人肠屏障功能完整，LPS难以进入血液循环。当肠屏障功能受损时，LPS穿过肠黏膜进入血液循环，形成内毒素血症，内毒素血症预测革兰氏阴性菌败血症的阳性预测值为48%，而没有内毒素血症就可以基本排除发生败血症的可能，阴性预测值为99%。检测外周血LPS水平成为了解肠屏障细菌移位的重要手段，其水平升高常见于肠黏膜损伤。

检测方法：取血1ml（抗凝或不抗凝均可），及时送检。

参考值范围：细菌内毒素≤20U/L。

六、微量元素测定

(一) 锌

1. 临床意义

(1) 血清锌增高：常见于不恰当地过多使用锌制剂、甲状腺功能亢进、嗜酸性粒细胞增多症。

(2) 血清锌降低：常见于酒精性肝硬化，生长停滞，贫血、生殖功能减退，慢性肾脏病，慢性感染、营养不良和吸收不良等疾病。

2. 检测方法　采静脉血2ml，分离血清进行测定。

3. 参考值范围　血清锌10.7~22.9μmol/L。

(二) 铁

1. 临床意义

(1) 血清铁增高：①红细胞破坏过多，如溶血性贫血。②铁的利用减少，如再生障碍性贫血、巨幼细胞贫血。③机体贮存铁释放增加，如急性肝炎、肝坏死。④铁吸收增加，如长期反复输血、铁剂治疗等。

(2) 血清铁降低：①体内总铁量不足，膳食中长期缺铁或吸收不良。②铁丢失增加：如急慢性失血（胃溃疡、钩虫病、月经过多等）。③铁的需要量增加：如妊娠期、哺乳期妇女、婴儿生长期。④铁的运输机制障碍：如严重感染、恶性肿瘤、肝硬化等，使肝脏合成转铁蛋白减少。

2. **检测方法**　采静脉血 2ml，分离血清进行测定。

3. **参考值范围**

(1) 成年人：男性 10.6~36.7μmol/L，女性 7.8~32.2μmol/L。

(2) 儿童：9~22μmol/L。

(三) 铜

1. **临床意义**

(1) 血清铜增高：常见于甲状腺功能亢进症、急慢性感染、结核病、恶性肿瘤、白血病、再生障碍性贫血、系统性红斑狼疮、结缔组织病。

(2) 血清铜降低：常见于 Wilson 病、低蛋白血症、肾病综合征、严重营养不良等。

2. **检测方法**　采静脉血 2ml，分离血清进行测定。

3. **参考值范围**

(1) 成年血铜：男性 11.0~22.0μmol/L；女性 12.6~24.3μmol/L。

(2) 儿童：14.1~29.9μmol/L。

常见几种微量元素的检测对疾病的诊断价值及临床意义列于表 6-1-2。

表 6-1-2　常见微量元素检测在诊断上的应用（血清）

微量元素	检测方法	正常参考值	低值	高值
铁(Fe)	比色法 (OPT 法)	男 10.6~36.7μmol/L 女 7.8~32.2μmol/L	缺铁性贫血、出血性贫血、Banti 综合征、慢性感染、肿瘤等	再生障碍性贫血、铁粒幼细胞贫血、血色素沉着病、急性肝炎早期
铜(Cu)	比色法 原子吸收光度法	男 11.0~22.0μmol/L 女 12.6~24.3μmol/L	Wilson 病、Menkes Ⅱ型综合征、门脉性肝硬化、肾病综合征、铜吸收障碍	毛细胆管性肝炎、胆汁性肝硬化、白血病、贫血、感染性疾病、恶性肿瘤(淋巴瘤、骨肉瘤等)
锌(Zn)	比色法	10.7~22.9μmol/L	锌缺乏(肠病性肢端皮炎、高能量输液)、肝胆疾病(肝硬化、肝炎、肝肿瘤等)、血液病(白血病、恶性贫血、缺铁性贫血、多发性骨髓瘤等)、癌症、恶性淋巴瘤、肉瘤、心肌梗死、肾病综合征，肾炎、多发性神经炎、脑血管疾病、艾迪生病、糖尿病肾病、肺炎等	溶血性贫血、红细胞增多症、嗜酸性细胞增多症、甲状腺功能亢进症、原发性高血压、X 线照射后
硒(Se)	原子吸收光度法	80~180μg/L(血清)	溶血性贫血、克山病、心肌缺血、癌症、肌营养不良症、多发性硬化症、糖尿病视网膜病变、白内障等	硒接触过量
锰(Mn)	原子吸收光度法	5~15μg/L	慢性淋巴细胞白血病	锰中毒、心肌梗死、急性白血病
铬(Cr)	原子吸收光度法	0.13~0.56μg/L	糖尿病	急、慢性铬中毒
镍(Ni)	原子吸收光度法	0.1~1.5μg/L	—	急性心肌梗死、镍中毒

七、维生素测定

(一) 维生素 B_1

1. 临床意义 维生素 B_1 又称硫胺素或抗神经炎维生素或抗脚气病维生素，是由嘧啶环和噻唑环通过亚甲基结合而成的一种 B 族维生素。遇光和热时效价下降，故应置于遮光、凉处保存，不宜久贮。维生素 B_1 在酸性溶液中很稳定，在碱性溶液中不稳定，易被氧化和受热破坏。亚硫酸盐、二氧化硫等还原性物质能使维生素 B_1 失活，维生素 B_1 容易被氧化产生脱氢硫胺素，后者在有紫外线照射时呈现蓝色荧光。

维生素 B_1 缺乏时，可引起多种神经炎症，如脚气病。维生素 B_1 缺乏所引起的多发性神经炎，患者的周围神经末梢有发炎和退化现象，并伴有四肢麻木、肌肉萎缩、心力衰竭、下肢水肿等症状。

2. 检测方法 尿负荷试验：成人 1 次口服 5mg 维生素 B_1 后，收集测定 4h 尿液，荧光法测试尿液浓度。

3. 参考值范围 $<100\mu g/ml$ 为缺乏，100~200μg/ml 为不足，$>200\mu g/ml$ 为正常。

(二) 维生素 B_2

1. 临床意义 维生素 B_2（化学式：$C_{17}H_{20}N_4O_6$，式量 376.37）又叫核黄素，是体内黄酶类辅基的组成部分（黄酶在生物氧化还原中发挥递氢作用），缺乏时影响机体的生物氧化，使代谢发生障碍。其病变多表现为口、眼和外生殖器部位的炎症，如口角炎、唇炎、舌炎、眼结膜炎和阴囊炎等。体内维生素 B_2 的储存有限，每天要由饮食提供。维生素 B_2 的两个固有性质是造成其容易损失的主要原因：①可被光破坏；②在碱溶液中加热可被破坏。主要与维生素 B_2 分子中 1，5 位 N 存在的活泼共轭双键有关，既可作氢供体，又可作氢传递体。在人体内以黄素腺嘌呤二核苷酸（flavin adenine dinucleotide，FAD）和黄素单核苷酸（flavin mononucleotide，FMN）两种形式参与氧化还原反应，起到递氢的作用，是机体中一些重要的氧化还原酶的辅基，如琥珀酸脱氢酶、黄嘌呤氧化酶及 NADH 脱氢酶等。

2. 检测方法 ①负荷试验：1 次口服 5mg 维生素 B_2，收集服药后 4h 尿液，荧光法测试尿中浓度；②任意 1 次尿。

3. 参考值范围 ①负荷试验，以 $\leqslant 400\mu g/ml$ 为缺乏，400~799μg/ml 为不足，800~1 300μg/ml 为正常。②任意 1 次尿维生素 B_2/ 肌酐比值，以 <27 为缺乏，27~79 为不足，80~269 为正常。

(三) 烟酸（维生素 PP）

1. 临床意义 烟酸（分子式：$C_6H_5NO_2$），耐热。又名尼克酸、抗癞皮病因子。在人体内还包括其衍生物烟酰胺。它是人体必需的 13 种维生素之一，是一种水溶性维生素，属于 B 族维生素。烟酸在人体内转化为烟酰胺，烟酰胺是辅酶Ⅰ和辅酶Ⅱ的组成部分，参与体内脂质代谢，组织呼吸的氧化过程和糖类无氧分解的过程。烟酸、烟酰胺均溶于水及乙醇，二者的性质比较稳定，酸、碱、氧、光照或加热条件下不易被破坏；一般加工烹调损失很小，但会随水流失。

2. 检测方法 ①尿负荷试验：1 次口服 50mg 烟酸后，收集服后 4h 尿液。②任意 1 次尿。

3. 参考值范围 ①负荷试验，$<2.5mg/ml$ 为不足。②任意 1 次尿浓度 / 肌酐（mg/g）比值，$<0.5mg/g$ 为缺乏，0.5~1.59mg/g 为不足，1.6~4.2mg/g 为正常。

(四) 叶酸

1. 临床意义 叶酸（folic acid）是维生素 B 复合体之一，由蝶啶、对氨基苯甲酸和 L- 谷氨酸组成，也称蝶酰谷氨酸（pteroylglutamic acid，PGA）。它在被发现后曾被命名为维生素 M、维生素 Bc、R 因子等，1941 年由米切尔（H.K.Mitchell）从菠菜叶中提取纯化，故而命名为叶酸。叶酸有促进骨髓中幼细胞成熟的作用，人类如缺乏叶酸可引起巨幼细胞贫血及白细胞减少症，叶酸对孕妇尤其重要。叶酸富含于新鲜的水果、蔬菜、肉类食品中。食物中的叶酸若经长时间烹煮，可损失 50%~90%。叶酸主要在十二指肠及近端空肠部位吸收，人体内叶酸储存量为 5~20mg。叶酸主要经尿和粪便排出体外，排出量为 2~5μg/d。

2. **检测方法**　采静脉血 2ml，分离血清进行测定。

3. **参考值范围**　血清叶酸：>15nmol/L 为正常，7.5~15nmol/L 为不足，<7.5nmol/L 为缺乏。

(五) 维生素 C

1. **临床意义**　维生素 C 又称 *L*- 抗坏血酸，是高等灵长类动物的必需营养素。维生素 C 在多数生物体可借由新陈代谢制造出来，但是人类例外。在生物体内，维生素 C 是一种高效抗氧化剂，用来减轻抗坏血酸过氧化物酶（ascorbate peroxidase）的氧化应激（oxidative stress），保护身体免于自由基的威胁，缺乏维生素 C 会造成维生素 C 缺乏病。维生素 C 同时也是一种辅酶，有许多重要的生物合成过程也需要维生素 C 参与作用。其广泛的食物来源为各类新鲜蔬果。

2. **检测方法**

（1）尿负荷试验：受试者 1 次口服维生素 C 500mg，收集 4h 尿液，测试浓度。

（2）血浆维生素 C 含量：采静脉血 2ml 进行测定。

3. **参考值范围**

（1）负荷试验：0.285~0.741 mmol/L 为正常，<0.28 mmol/L 为缺乏。

（2）血浆维生素 C 含量：34~43μmol/L。

八、免疫功能

主要包括总淋巴细胞计数（total lymphocyte count，TLC）和皮肤迟发型超敏反应（skin delayed hypersensitivity，SDH）。TLC 是评估细胞免疫功能的简易方法，但应激、感染、肿瘤及免疫抑制剂的使用均会影响淋巴细胞计数，因此，TLC 并非作为营养评估指数的可靠指标。SDH 也是评估细胞免疫的重要指标，但使用药物和某些疾病状态下也会影响结果。目前临床中极少应用。

九、脂肪酸分析

血清游离脂肪酸是脂肪水解的产物，测定血清脂肪酸可以了解脂肪代谢的情况，水平升高则代表脂肪的分解增加。

(一) 临床意义

1. **生理性升高**　饥饿、运动、情绪激动时升高。

2. **病理性升高**　常见于肥胖症及肢端肥大症、糖尿病、甲状腺功能亢进症、心肌梗死、严重肝病、饥饿等。

3. **病理性降低**　常见于甲状腺功能减退、艾迪生病、垂体功能不全等。

(二) 检测方法

酰基辅酶 A 合成酶（acyl-coenzyme A synthetase，ACS）- 酰基辅酶 A 氧化酶（acyl coenzyme A oxidase，ACOD）法测试血清游离脂肪酸水平。

(三) 参考值范围

0.3~0.9mmol/L。

十、氨基酸分析

(一) 临床意义

体液游离氨基酸的水平及改变，与某些疾病如肝病、肝性脑病、肾病及某些先天性、代谢性疾病有关。特别是必需氨基酸与非必需氨基酸比值、支链氨基酸与芳香氨基酸比值的测定，在临床上具有一定的诊断和判断预后的意义。血清游离氨基酸在水肿型患者改变明显，缬氨酸、亮氨酸、异亮氨酸、苏氨酸、蛋氨酸等必需氨基酸含量下降，甘氨酸、精氨酸等非必需氨基酸无改变或升高，所以甘 + 精 + 谷 + 牛磺酸 / 缬 + 亮 + 异亮 + 蛋氨酸比值升高，而消瘦型改变不明显。能量控制实验结果表明，当儿童摄取蛋白质低于 1.0g/kg 时，即可出现氨基酸比值的上升，所以氨基酸比值的改变有助于判断蛋白质的营养状况和鉴别水肿型与消瘦型蛋白质 - 能量营养不良。氨基酸比值与体重 / 年龄及羟脯氨酸指数相关。氨基酸比值改变在营养缺乏早期比血浆蛋白和白蛋白的改变灵敏，但易受食物影响，当给予充足食物后，临床症状和其他指标虽未恢复正常，但氨基酸比值很快转为正常，应予以注意。

（二）检测方法

采用高效液相色谱法（high performance liquid chromatography，HPLC）或质谱法（mass spectrometry）测定。

（三）参考值范围

见表 6-1-3。

表 6-1-3 血清氨基酸参考值范围（HPLC 法）

氨基酸	参考值 /（μmol·L^{-1}）	氨基酸	参考值 /（μmol·L^{-1}）
磷酸丝氨酸 PSER	48.93 ± 35.32	天冬氨酸 Asp	10.14 ± 4.55
谷氨酸 Glu	53.93 ± 15.03	羟脯氨酸 Hyp	18.16 ± 12.09
丝氨酸 Ser	148.10 ± 31.48	天冬酰胺 Asn	88.98 ± 17.83
甘氨酸 Gly	257.20 ± 55.41	β- 丙氨酸 β-Ala	7.11 ± 1.84
牛磺酸 Tau	116.00 ± 29.42	组氨酸 His	82.78 ± 9.42
瓜氨酸 Cit	43.21 ± 10.29	苏氨酸 Thr	118.30 ± 27.91
丙氨酸 Ala	421.90 ± 95.19	β- 氨基异丁酸 β-Aib	18.12 ± 15.59
脯氨酸 Pro	207.80 ± 66.23	精氨酸 Arg	112.40 ± 29.65
1- 甲基组氨酸 1-MeHis	3.69 ± 1.27	3- 甲基组氨酸 3-MeHis	3.20 ± 1.03
α- 氨基丁酸 α-AB	21.19 ± 6.53	酪氨酸 Tyr	68.35 ± 11.03
缬氨酸 Val	257.10 ± 39.83	蛋氨酸 Met	32.33 ± 7.34
胱氨酸 Cys	22.27 ± 9.97	异亮氨酸 Ile	117.50 ± 87.31
亮氨酸 Leu	127.70 ± 29.89	苯丙氨酸 Phe	53.81 ± 8.52
色氨酸 Trp	3.51 ± 0.93	鸟氨酸 Orn	112.70 ± 36.48
赖氨酸 Lys	207.60 ± 38.37	支链 / 芳香比值	3.185 ± 0.485
必需 / 非必需比值	0.486 ± 0.054		

十一、尿羟脯氨酸排出量

羟脯氨酸的排出量与生长速率有关，营养不良儿童尿中排出量减少，当治疗开始时排出量增加，所以可用任意一次尿样测出。计算公式如下：

羟脯氨酸指数 = 羟脯氨酸（μmol·ml^{-1}）/［肌酐（μmol·ml^{-1}）/ 体重（kg）］

此指数在 3 岁以内比较恒定，年龄大和体重轻者不甚适合。正常学龄前儿童为 2.0~5.0，生长缓慢者<2.0。亦可用羟脯氨酸（mg·ml^{-1}）/肌酐（g·ml^{-1}）比值进行评估，但此比值因年龄、性别而不同，出生后逐渐升高，1个月后又逐渐下降，所以使用时应与不同年龄、性别的正常儿童者进行比较而评定。

（陈 伟）

第二节 人体测量

人体测量是患者营养状况评估这一有机整体中的重要组成部分。它是一种静态的营养评估方法，主要包括对身高、体重、围度、皮褶厚度等指标的测定，从而客观反映机体的情况。人体测量是营养评估中最常用的方法之一，以其作为了解营养状况的措施有许多优点，但也有局限性，其灵敏度较低，在短时间内不能看出营养状态的失调，也不能肯定或确定属于具体哪一种营养素缺乏。疾病、遗传、昼夜差别等非营养性因素可以干扰测量的灵敏度。

一、身高

身高（height）：要求被测者赤足直立于地面上，两足跟靠紧，足尖呈40°~60°角，膝伸直，肩自然放松，上肢自然下垂，头正，眼、耳在同一水平面上。由于骨关节病及某些神经系统疾病无法直立的患者，可用身长、坐高等来代替。身高的测量方法如下。

（一）直接测量法

1. 3岁以下儿童 为3岁以下儿童量身高时，要使用卧式量板（或量床）。具体测量步骤为：①将量板放在平坦地面或桌面上。②测量前脱去小儿鞋帽和厚衣裤，使其仰卧于量板中线上。③固定小儿头部使其接触头板。小儿面向上，两耳在同一水平上，两侧耳廓上缘和眼眶下缘的连线与量板垂直。④测量者位于小儿右侧，在确定小儿平卧于板中线后，将左手置于小儿膝部，使其固定，用右手滑动滑板，使之紧贴小儿足眼，然后读取读数至小数点后1位（0.1cm）。

2. 3岁以上儿童 可站立者：①测量前调整测量仪器，校对0点，检查立柱是否垂直，连接处是否紧密。②测量时患者赤足，足底与地板平行，足跟靠紧，足尖外展60°，足跟、骶骨部及两肩间区与立柱相接触，躯干自然挺直，头部正直，耳屏上缘与眼眶下缘呈水平位，上臂自然下垂。③测试人员站在受试者右侧，将水平压板轻轻沿立柱下滑，轻压于受试者头顶。测试人员读数时双眼应与压板平面等高进行读数，以厘米（cm）为单位，精确到小数点后1位（0.1cm）。

（二）间接测量法

适用于不能站立者，临床有许多危重患者，如昏迷、类风湿关节炎等卧床患者。

1. 上臂距 上臂向外侧伸出与身体呈90°角，测量一侧至另一侧最长指间距离。因上臂距与成熟期的身高有关，可作为个体因年龄身高变化较大时替代的评估指标。

2. 身体各部累积长度 用软尺测定腿、足跟、骨盆、脊柱和头颅的长度，各部分长度之和为身高估计值。膝高：屈膝90°，测量从足跟底至膝部大腿表面的距离，可参考下述公式计算出身高。国外参考公式如下：

男性身高（cm）=64.19－［0.04×年龄（岁）］+［2.02×膝高（cm）］

女性身高（cm）=84.88－［0.24×年龄（岁）］+［1.83×膝高（cm）］

以下为国内推荐公式：

男性身高（cm）=62.59－［0.01×年龄（岁）］+［2.09×膝高（cm）］

女性身高（cm）=69.28－［0.02×年龄（岁）］+［1.50×膝高（cm）］

二、体重

体重，即人体的重量，是常用于反映营养和健康状况的形态指标。影响体重的因素较多，如季节、疾病、进食。1 天之内体重也会随进食、大小便和出汗等而有所变化。

(一) 测量方法

测量时应保持时间、衣着、姿势等的一致，住院患者应选择晨起空腹、排空大小便、穿固定衣裤测量。体重计的敏感性应小于 0.5kg，测量前需先校正准确，读数，以千克(kg)为单位。

(二) 评估方法

体重在人的发育期变化很大，故在进行个人评估时比较困难；对集体进行评估时，可与本国不同年龄测定的平均值比较。体重评估可按以下方法进行。

1. **标准体重**　标准体重也称为理想体重，有人将身高和体重列成表格，以受检者身高与体重查找出相应标准体重，并以实际测量体重与之比较。为了方便起见，国外常用 Broca 改良公式：标准体重(kg)= 身高(cm)–105。

评估标准：实测体重占标准体重百分数 ±10%，营养正常；超过 10%~20% 为过重；>20% 为肥胖；低于 10%~20% 为瘦弱；<20% 为严重瘦弱。

我国常用标准体重多用 Broca 改良公式，也有用平田公式，即标准体重(kg)=［身高(cm)–100］× 0.9。评估标准仍采用以上的标准。但这些公式与我国的实际情况多有不符，故有必要制订符合我国实际情况的标准体重计算公式。

2. **体重比**　包括实际体重与标准体重比和实际体重与平时体重比，前者反映肌蛋白消耗的情况，后者则提示能量营养状况。

(1) 实际体重与标准体重比：

实际体重与标准体重比(%)=(实际体重 – 标准体重)/ 同身高标准体重 × 100%

评估标准：相当于标准体重 ±10% 为营养正常；超过 10%~20% 为超重，>20% 为肥胖；低于 10%~20% 为瘦弱，<20% 为严重瘦弱。

(2) 实际体重与平时体重比：

实际体重与平时体重比(%)= 实际体重 / 平时体重 × 100%

评估标准：实际体重为平时体重 85%~95% 为轻度能量缺乏型营养不良，75%~85% 为中度能量缺乏型营养不良，<75% 为严重能量缺乏型营养不良。

(3) 相当于理想体重百分比：

相当于理想体重百分比(%)= 实际体重 / 同身高标准体重 × 100%

评估标准：>90% 无营养不良，80%~90% 为轻度营养不良，60%~80% 为中度营养不良，<60% 为严重营养不良；>200% 为病态肥胖，>150% 为肥胖，>120% 为超重。此项指标主要反映体内肌蛋白消耗的情况。

3. **体重丢失率**　可反映能量与蛋白质代谢情况，提示是否存在蛋白质 - 能量营养不良。

体重丢失率(%)=［平常体重(kg)– 实际体重(kg)］/ 平常体重(kg) × 100%

评估标准：见表 6-2-1。

表 6-2-1　体重丢失率的评估标准

时间	中度体重丧失	重度体重丧失
1 周	1%~2%	>2%
1 个月	5%	>5%
3 个月	7.5%	>7.5%
6 个月	10%	>10%

4. **体重指数**　体重指数（body mass index，BMI）是评估肥胖和消瘦的良好指标。BMI 的计算公式为：

$$BMI=\frac{体重(kg)}{[身高(m)]^2}$$

评估标准：有多种，除世界各国广泛采用的 WHO 成人标准外，还有针对亚太地区人群的亚洲成人标准，以及我国国内发布的标准。其中第 2 种标准国人很少采用，因此在此不做介绍。

（1）WHO 成人标准：见表 6-2-2。

表 6-2-2　WHO 成人 BMI 评定标准

等级	BMI 值	等级	BMI 值
营养不良	<18.5	一级肥胖	30.0~34.9
正常	18.5~24.9	二级肥胖	35.0~39.9
肥胖前状态	25.0~29.9	三级肥胖	≥40.0

（2）国内标准：针对亚洲人群的体质特点，2002 年国际生命科学学会中国办事处中国肥胖问题工作组提出了 18 岁以上中国成人 BMI 标准，即 BMI 在 18.5~23.9 时为正常，具体标准见表 6-2-3。

表 6-2-3　我国成人 BMI 判定标准

等级	BMI 值	等级	BMI 值
重度蛋白质 - 能量营养不良	<16.0	正常	18.5~23.9
中度蛋白质 - 能量营养不良	16.0~16.9	超重	≥24.0
轻度蛋白质 - 能量营养不良	17.0~18.4	肥胖	≥28.0

研究表明，大多数个体的体重指数与身体脂肪的百分含量有明显相关性，能较好地反映机体的肥胖程度。但在具体应用时还有局限性，如对肌肉很发达的运动员或有水肿的患者，体重指数可能过高估计其肥胖程度；老人的肌肉组织与其脂肪组织相比，肌肉组织的减少较多，计算的体重指数可能过低估计其肥胖程度。

18 岁以下青少年 BMI 的参考值为：

11~13 岁：BMI<15.0 时存在蛋白质 - 能量营养不良，<13.0 为重度营养不良。

14~17 岁：BMI<16.5 时存在蛋白质 - 能量营养不良，<14.5 为重度营养不良。

利用体重评估患者营养状况时，不仅要根据这些指标的计算结果进行判断，还要将此次计算值与以前的相比较，才能获得患者真实的营养状况及变化趋势。另外，判断体重指标时应注意到，由于某些疾病、症状或治疗的影响，如脱水、腹腔积液、水肿、巨大肿瘤、利尿药的使用等，实际测得的患者体重可能并非其真实体重，由此做出的营养状况评估、制订的营养治疗方案可能不准确。在这种情况下，应该结合其他检查（如实验室检查、功能测试等）综合判断患者营养状况。根据人体组成的测定或穿刺抽出的腹腔积液量也可以估算患者的实际体重。

三、围度测量

（一）头围

头围对于评估儿童特别是 3 岁以下儿童的营养状况有很大意义。

1. **测量方法**　测量者立于被测者的前方或右方，用拇指将软尺0点固定头部右侧齐眉弓上缘处，软尺从头部右侧经过枕骨粗隆最高处回到0点，以厘米（cm）为单位，精确到小数点后1位（0.1cm）。测量时软尺应紧贴皮肤，左右对称。

2. **评估方法**　头围出生时平均值为34cm，1岁时平均为46cm，2岁达48cm，5岁为50cm，15岁时接近成人头围为54~58cm。如果出生时头围<32cm，3岁后头围为42~45cm时，称为小头畸形。大脑发育不全时头围偏小，头围过大应注意有无脑积水，小儿囟门关闭时间为1~1.5岁。

（二）胸围

胸围是胸廓的最大围度，可以表示胸廓大小和肌肉发育状况，是评估人体宽度和厚度具有代表性的指标。

1. **测量方法**　胸围即围绕胸部一圈的长度。被测者应站立，自然呼吸，测量者用软皮尺沿肩胛骨下角，向胸廓两侧围一圈，前面沿乳头下缘，然后读数。女孩青春发育期后乳房隆起，此时应以胸骨中线第4肋间高度为界线，从此处向后沿肩胛骨下缘围绕一圈为胸围。测量时皮尺不能拉得太紧，只需轻轻接触皮肤即可。

2. **评估方法**　Pignete 指数 = 身长（cm）-［胸围（cm）+ 体重（kg）］

将成年男女的测量值代入上述公式，计算后与标准值比较，即可评估成年男女的营养状况。中国Pignete指数：19岁男性为28.4，女性为26.2；20岁男性为27.2，女性为25.1；21岁男性为26.6，女性为24.7。

（三）上臂围

上臂围本身可反映营养状况，它与体重密切相关。上臂围包括皮下脂肪在内，也可反映能量摄取情况。另外，还可根据上臂围计算上臂肌围和上臂肌面积。这些指标可反映肌蛋白消耗程度，是快速而简便的评估指标。

1. **测量方法**　测量时左臂自然下垂，用软皮尺先测出上臂中点位置，然后测上臂中点周长。

2. **评估方法**　我国男性上臂围平均为27.5cm。测量值>标准值90%为营养正常，90%~80%为轻度营养不良，80%~60%为中度营养不良，<60%为严重营养不良。国外资料美国男性为29.3cm，女性为28.5cm；日本男性为27.4cm，女性为25.8cm；日本人群数据与我国人群较为接近。上臂围可反映肌蛋白贮存和消耗程度，是快速而简便的评估指标，也能反映能量代谢情况。

（四）上臂肌围（mid-arm muscle circumference，MAMC）

1. **测量方法**　可根据上臂围（mid-arm circumference，MAC）和三头肌皮褶厚度（triceps skinfold thickness，TSF）计算。公式如下：

$$\text{MAMC (cm)}=\text{MAC (cm)}-3.14\times\text{TSF (cm)};\ 或\ \text{MAC (cm)}-[0.314\times\text{TSF (mm)}]$$

2. **评估标准**　我国男性上臂肌围平均为25.3cm，女性为23.2cm。测量值>标准值90%为营养正常，90%~80%为轻度肌蛋白消耗，80%~60%为中度肌蛋白消耗，<60%为严重肌蛋白消耗。国外资料是美国男性为25.3cm，女性为23.2cm；日本男性为24.8cm，女性为21.0cm。此指标可较好地反映蛋白质含量变化，与血清白蛋白含量相关密切，当血清白蛋白<28g/L时，87%患者臂肌围缩小，故能较好地反映体内蛋白质贮存情况，也可用作患者营养状况好转或恶化的指标。

（五）腰围

腰围是反映脂肪总量和脂肪分布的综合指标，也是临床上估计患者腹部脂肪是否过多的最简单和实用的指标，不仅可用于对肥胖的最初评估，在治疗过程中也是良好参考指标。测量腰围时应使用无伸缩性材料制成的卷尺，刻度需读至0.1厘米（cm）。

1. **测量方法**　①被测者自然站立，平视前方，保持自然呼吸状态。②要两名测试员配合。测试员甲选肋下缘最底部和髂前上棘最高点，连线后取中点，以此中点将卷尺水平围绕腰一周，在被测者呼气末、吸气未开始时读数。测试员乙要充分协助，观察卷尺围绕腰的水平面是否与身体垂直，并记录读数。

2. **评估** 男性腰围最好不要大于 85cm，女性不大于 80cm。

（六）臀围

臀围是臀部向后最突出部位的水平围度。使用无伸缩性材料制成的卷尺，刻度需读至 0.1 厘米（cm）。臀围不仅可以反映出人的体型特点，同时保持臀围和腰围的适当比例关系对成年人体质和健康及其寿命有着重要意义。

1. **测量方法**

（1）被测者自然站立，臀部放松，平视前方。

（2）要两名测试员配合。测试员甲将卷尺置于臀部向后最突出部位，以水平围绕臀一周测量。测试员乙要充分协助，观察卷尺围绕臀部的水平面是否与身体垂直，并记录读数。

腰臀比（waist-to-hip ratio，WHR）：是反映身体脂肪分布的一个简单指标。

$$腰臀比 = 腰围(cm) / 臀围(cm)$$

2. **评估标准** 男性 >0.9、女性 >0.8 称为中央型（或内脏型、腹内型）肥胖。

3. 评估腰臀比测量的意义在于评估身体脂肪的分布，进而可以预测被测者是否有罹患心、脑血管疾病和糖尿病的危险。脂肪堆积在腰腹部比堆积在大腿和臀部，对身体的危害要大得多。腰腹部肥胖很容易导致糖尿病、高血压、冠心病、脑卒中和高脂血症等疾病的发生。腰臀比的理想比值是：男性为 0.85~0.90，女性为 0.75~0.80。

四、皮褶厚度测量

（一）三头肌皮褶厚度

1. **测量方法** 被测者立位，上臂自然下垂，取左或右上臂背侧肩胛骨肩峰至尺骨鹰嘴连线中点，测定者用两指将皮肤连同皮下脂肪捏起呈皱褶，捏起处两边的皮肤须对称，用压力为 10g/mm^2 的皮褶厚度计测定。连续测定 3 次后取平均值，即为三头肌皮褶厚度（triceps skinfold thickness，TSF），计算 TSF 实测值占正常值的百分比。读数时应注意皮褶厚度计与上臂垂直。如患者为卧床，则将右前臂舒适地横置在胸部。

2. **正常参考值** 男性 11.3~13.7mm；女性 14.9~18.1mm。

3. **评估标准** 测量值占正常值的 90% 以上为正常，80%~90% 为轻度营养不良，60%~80% 为中度营养不良，<60% 为重度营养不良。TSF 也是肿瘤恶液质患者的独立预后因素，TSF 每增加 1mm，患者 1 年内全因死亡风险降低 4%，TSF 对女性的预测价值高于男性。

（二）肩胛下皮褶厚度

1. **测量方法** 被测者姿势同上，取左或右肩胛骨下角约 2cm 处，肩和腕不要用力，上肢自然下垂，用左手拇指及示指将肩胛下角皮肤连同皮下组织捏起呈皮褶，与水平呈 45° 角测量。结果以肩胛下皮褶厚度与 TSF 之和来判定。

2. **正常参考值** 男性 10~40mm；女性为 20~50mm。

3. **评估标准** 男性测量值 >40mm 为肥胖，<10mm 为消瘦；女性测量值 >50mm 为肥胖，<20mm 为消瘦。

（三）髋部与腹部皮褶厚度

1. **测量方法** 髋部取左侧腋中线与髂嵴交叉处，腹部取脐右侧 1cm 处，测定方法同 TSF。

2. **评估** 是最常用的评估脂肪贮备及消耗的良好指标。我国目前尚无群体调查理想值，但可作为患者治疗前后对比参考值。正常参考值：美国男性为 12.5mm，女性为 16.5mm；日本男性为 8.3mm，女性为 15.3mm。

3. **评估标准** 40 岁以上正常人可与理想皮褶厚度比较，此值男性为 12.5mm，女性为 16.5mm；测量值 >标准值 90% 为营养正常，90%~80% 为轻度体脂消耗，80%~60% 为中度体脂消耗，<60% 为严重体脂消耗，若 <5mm 表示无脂肪可测，体脂肪消耗殆尽。如果测得数值于标准值 120% 以上，则为

肥胖。

(四) 其他

总体脂肪采用多处皮褶厚度和体密度方程式计算体脂肪的百分含量，主要用于评估肥胖患者减肥治疗效果，不是常规评估指标。

1. **测量方法**　二头肌皮褶厚度的测量部位是上臂前方下 1/2 处；髂骨上皮褶厚度为右髂嵴上方，皮肤自然皱褶处上方 1.5cm 左右；三头肌和肩胛下皮褶厚度测量方法及注意事项同前。计算三头肌、二头肌、肩胛下、髂骨上 4 处皮褶厚度总和(∑)和皮褶总和的对数，再计算体密度。其公式见表 6-2-4。

表 6-2-4　皮褶厚度总和的对数估算体密度公式

年龄 / 岁	男性	女性
17~19	D=1.162 0–0.063 0 × (log ∑)	D=1.154 9–0.067 8 × (log ∑)
20~29	D=1.163 1–0.063 2 × (log ∑)	D=1.159 9–0.071 7 × (log ∑)
30~39	D=1.142 2–0.054 4 × (log ∑)	D=1.142 3–0.063 2 × (log ∑)
40~49	D=1.162 0–0.070 0 × (log ∑)	D=1.133 3–0.061 2 × (log ∑)
50 以上	D=1.171 5–0.077 9 × (log ∑)	D=1.133 9–0.064 5 × (log ∑)

体脂重量(fat mass，FM)、去脂体重(fat-free mass，FFM)计算公式如下：

$$FM(kg)=BW(kg)\times(4.95\div D-4.5)$$

$$FFM(kg)=BW(kg)-FM(kg)$$

$$\text{体脂率}(\%)=(4.95\div D-4.5)\times 100$$

其中 D 为体密度，BW 为体重。

2. **评估**　体脂平均比率男性为 14%，女性为 27%。

五、肌肉强度测定

主要有握力、第 1 秒用力呼气容积(forced expiratory volume in one second，FEV_1)及肌肉收缩、舒张力测定等。

(一) 握力

握力与机体营养状况密切相关，是反映肌肉功能十分有效的指标。通常使用握力计进行握力测定。正常参考值为男性握力 ≥ 30kg，女性握力 ≥ 20kg。握力是判断肿瘤患者预后的独立危险因素，对男性的预测价值高于女性。握力 < 22.0kg(男性)、< 16.1kg(女性)的肿瘤患者 5 年死亡风险增加 30% 以上，握力 < 19.87kg(男性)、< 14.30kg(女性)的肿瘤恶液质患者 1 年死亡风险增加 60% 以上。

(二) 呼吸功能

最大呼气量的峰流量会随着患者营养状况的改变而变化，代表了呼吸肌的力量。呼吸功能与机体蛋白质营养状况密切相关，如果机体蛋白质减少 20%，呼吸功能会急剧下降。

(三) 肌肉收缩、舒张力量

对一些非自主性的肌肉(如拇收肌)进行点刺激后直接测量肌肉收缩、舒张的强度，用于评估肌肉的力量强度。有研究还发现这些肌肉的力量强度与机体营养状况有关。

(陈　伟)

第三节　人体成分分析

人体成分是组成人体的各组织、器官成分的总称，常用体内各种物质的组成含量和比例表示。人体成分反映人体内部结构的比例特征，只有各成分之间以合理的比例存在，才能维持机体的正常结构和功能。一旦体内各成分比例失衡，不仅会使人体正常结构和功能遭到破坏，而且还会影响人体的生长发育和疾病恢复。

人体成分分析可以确定不同水平上身体的构成，根据人体组成的5个水平，人体组成评价同样可以分为原子、分子、细胞、组织、总体5个层次。具体方法包括直接、间接测量法两种。直接测量法即化学分析法，间接测量法有水下称重法、身体总体水量测定法、双能X射线吸收法(dual energy X-ray absorptiometry，DEXA)、影像学方法(CT、MRI、超声波)及生物电阻抗法(bioelectric impedance analysis，BIA)等。

人体成分分析主要用于机体营养状况的评估，机体内细胞内液、细胞外液、蛋白质、脂肪以及矿物质的含量是否正常。包括：①身体总水分及其分布：细胞内液和细胞外液比例等指标可用于发现肾病、高血压、循环系统疾病、心脏病、全身或局部水肿、营养不良患者有无存在水分不均衡现象；②机体蛋白质总量：蛋白质大量存在于肌肉细胞内，它反映被检者的营养状态、机体的发育和健康程度；③骨总量：即矿物质总量，指骨骼的重量与其体重做比较，可测出骨质疏松，矿物质偏低者需做骨密度检测；④脂肪总量：脂肪可用于诊断肥胖症和疾病的分析。

人体成分分析的方法历经一段发展过程，最早采用尸体解剖分离脂肪组织称重的方法分析人体成分。1942年，研究人员根据阿基米德原理，利用水下称重法推算体密度来计算人体脂肪含量。随后的几十年，以水下称重法为经典方法("金标准"法)相继对比许多方法进行了研究，如同位素稀释法、总体钾法、中子活化法、光子吸收法、CT、超声波法、DEXA、MRI及BIA等，临床上以CT、超声波法、DEXA、MRI及BIA等较为常用。

一、水下称重法

采用受试者水下称重，根据水的密度，利用浮力定律计算出实际人体密度。根据全身密度由脂肪组织密度和去脂组织密度构成，两者密度分别为0.90和1.10，利用公式计算出身体脂肪量和体脂百分比。虽然水下称重法得到的仅是两组分模型，但由于其对脂肪的测量较为精确，是目前公认的体成分测定的"黄金标准法"，故经常用作标准来校验其他方法。但该方法要求特定的设备，操作复杂，难以推广，且对受试者体能状况有一定的要求，故对体质较弱的人群应慎用，如患者和老人。

用该法预测脂肪组织和去脂组织的理论误差为3%~4%，这是由于去脂组织的密度和化学组成的不确定性所造成的，这种不确定性主要是指水的含量及骨骼密度。在实际测量中，变异还可能来源于胃肠道气体容量及肺部残余气体。

二、身体总体水量测定法

去脂组织的含水量比较固定，约为73%，所以可以通过测定体重和总体水来计算脂肪组织和去脂组织的含量，即：

$$去脂组织含量 = 总含水量/0.73$$

$$脂肪组织含量 = 体重 - 去脂组织含量$$

总体水测定采用同位素方法，如氢元素和氧元素的同位素 ^{3}H、^{2}H、^{18}O，这些同位素与水在体内的分布是一致的。受试者口服或静脉注射一定剂量同位素标记的水，平衡至少2h后对体液取样。剂量、平衡时间以及采样的方法取决于同位素、给予途径及样品分析的设备要求。氚或 ^{3}H 是放射性同位素，用液体闪烁计数法来测量。氘或 ^{2}H 和 ^{18}O 都是稳定同位素，较高浓度的 ^{2}H 可以用红外吸收法来测定。体液采样包括唾液、血液和尿液。通过静脉给予同位素平衡时间最少需要 2h，采血样进行检测。经口摄入平衡时间最少需要 4~6h，采尿液进行检测。

三、双能 X 射线吸收法

Cameron 和 Sorenson 于 1963 年首先采用单光子吸收法和双光子吸收法对骨矿含量和骨密度进行了测定。1980 年，该方法发展为双能 X 射线吸收法（DEXA）。Mazess RB 等在 1981 年首先报道 DEXA 应用于身体组成成分的测定，之后 Cullum ID 等将其进一步推广应用。DEXA 是在利用骨密度测定仪测量骨密度的基础上，扩展和延伸用于测定身体脂肪组织、非脂肪组织和骨矿物质含量的方法。其主要原理是该装置由一种超稳定 X 射线发生器发射一束宽波长的射线束，通过 X 射线束滤过式脉冲技术可获得两种能量的 X 射线，即高能（80~100keV）和低能（40~50keV）两束不同能量的弱 X 射线。X 射线穿过受检部位后，被与 X 射线球管同步的高及低能探测器所接受，由于受检部位的吸收量与射线所穿过的组织量成正比，当探测扫描系统将接收的信号传送到计算机进行数据处理，就可以计算出身体脂肪组织、非脂肪组织和骨矿质含量、骨矿密度等参数。

与水下称重法相比，DEXA 测量身体成分的最大优势是能评定全身、局部、随意部位的脂肪含量；操作过程简单易行，对那些水下称重法难以测试的人群如儿童、老人、患者等更为实用。比较发现，DEXA 技术与水下称重法对体脂百分含量的测试，两种方法测定的结果具有高度相关性（r=0.95，P<0.01）；利用 DEXA 测定人体的脂肪组织、非脂肪组织和骨矿质的含量，并与“金标准”——水下称重法进行对比，结果显示 DEXA 对这 3 种成分测定的敏感性和准确性非常高，认为 DEXA 可以作为测定体脂含量的另一“金标准”。

DEXA 具有很高的准确性和良好的重复性，可作为测定人体组成成分特别是脂肪成分含量的一种准确、可靠的方法。然而，DEXA 测量身体组成成分时存在一定误差。由于低能 X 射线的薄束会产生 X 射线的硬化偏差，而硬化偏差的程度与组织的厚度相关，所以被测组织的厚度是影响 DEXA 准确性的一个潜在因素。此外，数据收集方式（笔形束、窄束、排列束）和分析数据的软件等都会影响 DEXA 测试的精确度。虽然随着测试仪器和测试技术的不断改进，测试过程中人体所受到的辐射已大量减少，但 DEXA 是建立在“X 射线分光光度测量法”的测试原理基础上的，照射源毕竟为 X 射线，因此依然存在少量的辐射，对人体有微小的伤害，并不适用于孕妇等特殊人群。而且该方法所需设备昂贵，很难在临床实践中普及应用。

DEXA 不仅能对体内脂肪含量进行定量诊断，同时对体内包括上肢、下肢和躯干部位的脂肪异常分布能进行客观的评价，这对肥胖症进行分型诊断和深入了解肥胖症容易出现的脂肪肝、冠心病等并发症都具有重要价值。Wang 等利用 DEXA 能够测量随意部位体成分的特点，研究了与性别、年龄、绝经之间的关系，克服了体重指数、腰臀比等方法的缺陷，发现妇女绝经后向男性型脂肪分布发展。应用 DEXA 对 135 例肥胖者及对照组 75 例正常体重者进行全身及局部包括上肢、下肢、躯干的脂肪含量测定，发现 DEXA 测量人体内全身的脂肪含量判断肥胖症的切点，男性为 23%，女性为 29%，其准确率高。用 DEXA 测定 2 型糖尿病患者全身部位的骨密度和肌肉、脂肪含量，并根据体重指数将患者分为肥胖组和正常体重组。结果显示，肥胖的 2 型糖尿病患者以脂肪含量升高为主，肌肉组织含量和脂肪异常分布对骨密度有显著的影响。对慢性阻塞性肺疾病（chronic obstructive pulmonary disease，COPD）患者的人体组成进行研究，发现男女两组体重指数（body mass index，BMI）、去脂体重（fat-free mass，FFM）的比例下降，表明 COPD 患者有不同程度的营养不良、瘦体组织的丢失。

四、影像学方法

近年来，影像学技术在人体成分测量与评价领域，尤其是皮下脂肪分布与内脏间脂肪分布方面已获得较大发展。MRI 与 CT 可通过多层切面图像获得不同脂肪库的值，从而进行局部脂肪组织分析，测量内脏、局部与全身脂肪组织的分布，对瘦体组织进行量化，有助于更深入了解体成分与健康、疾病的复杂关系。

CT 扫描法测量脂肪面积是迄今为止评价脂肪区域性分布最准确的方法之一。只是价格偏贵，有 X 线辐射。

MRI 扫描法不同于传统的 X 射线和 CT 扫描法，无放射性，不需借助造影剂，清晰度较理想，对受试对象不会造成任何健康方面的影响，因此这种方法非常适合测量整体脂肪组织分布。其缺点是价格昂贵，需要数据分析软件。研究显示，利用 MRI 扫描法计算体成分具有很好的重复性，同一个人重复计算误差仅为 2.8%，相关性（r^2）达 0.984。

五、生物电阻抗法

生物电阻抗法（BIA）是一种临床常用的通过电学方法进行人体组织成分分析的新技术，其原理主要是利用人体去脂体重（fat-free mass，FFM）和体脂（body fat，BF）的电流导向性差异对身体组成成分进行估测。BIA 使用简便，无创，精确度高，重复性好，更易为患者所接受，并在临床上已经得到广泛应用。

人体成分分析仪结合身高、体重、性别、年龄等补偿系数，运用身体导电的部分和绝缘的部分阻抗不同的原理计算身体内各种成分的重量和比例，自动分析测试数据后，以图表方式直观表示身体健康情况。通过对人体内环境状态的检测，对健康人群尤其是老人、儿童、飞行员等特殊人群进行健康状况评估；肥胖、2 型糖尿病、肿瘤、肾脏透析等疾病人群连续监测体内各种成分变化，为其治疗方案以及膳食运动计划的制订提供科学依据。数据分析程序主要得出以下参数：总体水（total body water，TBW）、细胞内液（intracellular fluid，ICF）、细胞外液（extracellular fluid，ECF）、体脂百分比（percentage of body fat，PBF）、体脂含量（mass of body fat，MBF）、瘦体重（lean body mass，LBM）、体重指数（body mass index，BMI）、肥胖率（fatness rate）、标准体重（standard weight）、健康积分（fitness score）等。

（一）测量前准备工作

1. 校正生物电阻抗仪。

2. 所有受检者不能佩戴钥匙等金属制品，并确定体内无植入式电子设备（如心脏起搏器），金属或非金属植入物（对生物电阻抗测量有干扰）。

3. 体力活动和体育运动将导致身体成分的暂时性变化，因此受试者测量前不能进行体育运动或体力活动。

4. 确保受试者测量前 2h 未进食，未饮大量液体。

5. 测试前要排空大小便，无出汗、赤足。

6. 在常温（25℃）条件下进行。

（二）测量步骤

测量时先输入编号、姓名、年龄、身高、性别后保存数据，清除测量位置和电极之间的汗水或其他物质，然后让受试者赤足立于测试仪上。双手握住手部电极，拇指，手心及其余四指分别与相应电极接点相接触；脱下长袜或短袜，双足后跟、前掌分别踏在足部电极上；身体放松，上肢自然下垂，使用无痛电流，测定身体对电流的阻抗。用拇指按下“开始”按钮 2~3s，并保持在相同的位置，直到测试结束。测量时间为 1~2min，测试完毕。

（三）测量注意事项

1. 建议受试者禁食或于餐后 2h，排空大小便，由专人测定。因为食物、尿液等不能成为电流的通路，人体成分分析仪可能将其当成脂肪而影响分析结果，在测试前的 24h 内不允许喝酒。

2. 测试前应避免剧烈运动，以避免血液重新分布时造成的影响。

3. 穿着的衣服将对测量时的体重有影响，应尽量穿轻便的衣服，不要随身携带较重的物品及饰物。

4. 测试前脱掉袜子，确认手足与电极接触点的正确位置，接触部位要紧密、准确，否则测试可能无法进行或者影响分析结果。

5. 皮肤干燥或油性很大，可能导致测试无法继续进行。如果皮肤干燥，使用导电棉纸将皮肤及电极接触点擦湿，如果测试仍然不能进行，可将手足皮肤在水中浸湿，或用温水泡脚。对于油性很大的皮肤，在接触电极之前可用酒精棉将有油的皮肤擦净再测试。

6. 儿童可以测试，但体重有最低限，一般应不低于 20kg，因为测试台承重范围一般为 20~250kg。同时应保证手足与电极接触点接触，否则不宜进行测量。

7. 截肢患者可以进行测试，但需要布置一个电极点，并对结果进行解释，做出具体说明。

8. 孕妇不宜进行测量，以免电流对胎儿造成不必要的影响，并影响分析结果。

9. 戴有心脏起搏器的患者不宜进行测量，以免电流使起搏器的功能发生紊乱。

(四) 结果评估

人体成分测量所用参数的意义如下。

1. **身高** 受试者赤足正常站立时身体的高度，由受试者输入。

2. **体重** 受试者直立，仅着内衣或薄的运动服测试的身体重量。

3. **体脂百分比(PBF)** 脂肪重量占身体总体重的百分比。正常范围：男性 15%~20%，女性 20%~30%。

4. **体脂含量(MBF)** 身体脂肪的千克数，身体的实际脂肪重量。

5. **瘦体重(LBM)** 身体瘦体重主要是水分、肌肉、蛋白质、骨骼矿物质和重要器官的重量，代表体重中非脂肪部分的重量，瘦体重 = 体重 − 体脂含量。

6. **总体水(TBW)** 由细胞内液及细胞外液组成，正常体内水分占体重的 50%~70%。细胞内液和细胞外液比例为 2∶1。肾病、高血压、循环系统疾病、心脏病、全身或局部水肿和营养不良患者都存在水分不均衡现象。

7. **体重指数(BMI)** 国际上测量肥胖和过度肥胖的标准，与某些疾病的发病率紧密相关。研究表明，大多数个体的体重指数与身体脂肪的百分含量有明显的相关性，能较好地反映机体的肥胖程度。但在具体应用时还有局限性，如对肌肉很发达的运动员或有水肿的患者，体重指数可能过高估计其肥胖程度；老人的肌肉组织与其脂肪组织相比，肌肉组织的减少较多，计算的体重指数可能过低估计其肥胖程度。

8. **肥胖率(fatness rate)** 根据标准体重的百分比来判断身体肥胖的程度，肥胖率 =(实测体重 − 标准体重)/ 标准体重 × 100%，标准体重 ± 10% 属于正常范围。

9. **评估值(control value)** 实际值与标准值之间的差异，评估值 = 实际值 − 标准值，"+" 号表示实际测量值高于标准值，要达到标准范围需要减少的量；"−" 号表示实际测量值低于标准值，要达到标准范围需要增加的量。除不建议控制瘦体重外，建议控制其他 6 项指标在正常范围之内。

10. **标准体重(STD)** 根据身高得出的标准的身体总体重(kg)，是由各个国家大量的数据统计处理结果得出的。

11. **基础代谢率(basal metabolic rate，BMR)** 计算每天维持基础代谢所需要的能量数。

12. **阻抗(impedance，[Ω])** 人体电阻值，与每个人身体成分的量和分布有关，脂肪组织的阻抗高，瘦体重的阻抗低。

13. **蛋白质(protein，[kg])** 体内蛋白质的重量，蛋白质 = 肌肉重量 − 身体水分含量，占总体重的 14%~19%。

14. **肌肉(muscle mass，[kg])** 肌肉的重量 = 瘦体重的重量 − 矿物质的重量，肌肉重量为细胞内液、细胞外液及蛋白质的重量和。正常范围有个体差异。

15. **矿物质(mineral，[kg])** 体内骨组织和电解质的重量，占体重的 5%~6%。

16. **细胞内液**(ICF,[kg])　存在于细胞内的液体,占体重的 33%~47%,占细胞总水分的 2/3。

17. **细胞外液**(ECF,[kg])　存在于细胞外的液体,包括血液和细胞间液。占体重的 17%~23%,占细胞总水分的 1/3。

18. **测量模式**　上半身模式,电流流经上半身,适用于腿部有残疾或不方便脱袜的患者,上半身模式的身体体脂百分比反映了 94.0% ± 2.2% 的全身模式体脂百分比。全身模式,电流流经全身。

19. **肥胖类型图**　某些仪器以 BMI 为横坐标,体脂百分比(PBF)为纵坐标,在这个平面图中显示分析结果。

20. **相位角**(phase angle,PA)　电阻和电抗的比值,反映患者营养状况和疾病预后的预测指标。

(陈　伟)

第四节　能量需求测试

能量消耗是反映机体能量代谢状况的重要指标,提供合理营养治疗首先要了解人体每日的能量消耗,以指导每日的能量摄入。能量消耗有多种表达方式,如静息能量消耗(resting energy expenditure,REE)、基础能量消耗(basal energy expenditure,BEE)、每日静息能量消耗(resting daily energy expenditure,RDEE)、每日总能量消耗(total daily energy expenditure,TDEE)等。准确预测人体能量需求是实施营养健康咨询及临床营养治疗的先决条件,能量需求的预测方法有两类:①测定法(measurement),即测定每日能量消耗(measured daily energy expenditure,MDEE),具体方法有量热计(calorimeter)直接测量法、代谢车间接测热法(metabolic cart indirect calorimetry)及双标水法;②估算法(estimation),即估算每日能量消耗(estimated daily energy expenditure,EDEE),具体方法是用公式计算。直接测热法及双标水法既昂贵又复杂、只能在实验研究中使用,本书不做介绍;间接测热法基层单位难以普及,但是在大型教学医院日渐增多。估算法虽然没有测定法精确,但是简易、方便、价廉,普适性高。目前业已发表的估算公式共有 200 多种,分别估算不同条件下的能量消耗及需求。很多情况下尤其是临床患者营养治疗时需要了解患者 REE,获取个体 REE 可以通过两个途径,仪器测量和公式估算。

一、间接测热法

仪器测定法包括直接测热法(direct calorimetry)和间接测热法(indirect calorimetry),是评估人体能量消耗的标准方法。直接测热法是通过特殊仪器直接测定人体一段时间内释放出的能量,即可得到个体 REE,但该方法仪器比较复杂,不方便使用。目前常使用间接测热法,即间接能量代谢仪(代谢车)。间接测热法(又称代谢车法)是由红外线二氧化碳分析仪、氧气分析仪、微型计算机、波形分析仪和收集气体装置组成的仪器完成测试。采用每次呼吸法测量通气量、氧气浓度、二氧化碳浓度,分析受试者吸入的 O_2 量和呼出的 CO_2 量,结合 24h 尿氮含量测定,根据间接测热法能量守恒和化学反应的等比定律,通过计算机辅助,得出机体在一定时间内的氧气消耗量和二氧化碳呼出量,根据 Weir 公式计算出机体的静息能量消耗(REE)。

(一) 操作步骤

1. 于能量测试前一天留取 24h 尿,并在测试前获得 24h 尿总氮量。

2. 每日测试前,机器预热 30min,并进行气体校正。而气流发生器的气流常数(flow constant)按操作手册规定每 6 个月校正设备 1 次,呼吸商(RQ)也每 6 个月测试 1 次。环境相对湿度为 50%~65%,温度为 18~24℃,大气压为 101~102.4kPa(758~768mmHg),并将这些数据输入计算机,用于机器校正。

3. 测试前60min内受试者处于静息状态，测试时受试者静卧30min。事先预设前5min的数据由机器自动删除，以消除受试者测试开始时不适应所造成的误差。测试中，受试者被要求尽量安静不动。

4. 测试时，让受试者带上装有呼吸活瓣的面罩，测试受试者一定活动期间内呼出的气体。测定仪中的氧气分析仪和二氧化碳分析仪能自动测出单位时间内的氧耗量（VO_2）和二氧化碳的产生量（VCO_2）。

5. 根据呼气前后 O_2 和 CO_2 的变化，由Weir公式计算得出REE。

（二）结果评估

目前，临床上危重病患者的能量需要量常采用Harris-Benedict公式估算值乘以应激系数，该公式根据性别、体重、身高和年龄推算出基础能量消耗的公式，用于预测基础能量消耗。然而，研究表明决定人基础能量消耗的主要因素是无脂细胞总体，而不是性别、年龄、体重和身高。因此，利用这些指标预测能量消耗也必然会发生误差。有研究表明，该公式计算值高于代谢车测量所得的REE约10%，有统计学差异。

在临床工作中，大多数危重病患者由于使用镇静药、机械通气等，其实际能量消耗取决于急性疾病时的反应程度、并发症存在与否及治疗过程，应激系数常不能准确估算每日实际能量消耗情况。因此，为更好地指导临床营养治疗，需应用代谢车判定患者的能量消耗特点，确定营养物质的用量与内容。盲目过高地提供能量或其他营养物质会对机体造成损害，从而导致一系列代谢性并发症。在营养物质供给过量时，首先表现出机体利用脂肪的能力下降。在总能量供给达2倍REE时，机体几乎完全在利用葡萄糖供能，而且耗能将葡萄糖转化为脂肪，导致脂肪在体内沉积，引起肝功能的损害。此外，过高地摄入氮并不能增加机体蛋白质的合成率，仅增加蛋白质的氧化率和尿氮排泄量，这将加重肝、肾功能不全患者的氮质血症。因此，维持机体能量平衡，避免过度喂养或营养不足所造成的并发症是至关重要的。

美国肠外肠内营养学会（American Society for Parenteral and Enteral Nutrition，ASPEN）推荐：①有条件做能量消耗测定时，提供1.25倍实际测得的REE给卧床的营养不良患者，提供1.5倍实际测得的REE给能自主活动的营养不良患者，能量：氮=100：1。②如果不能做能量消耗测定，提供8 360kJ/d（2 000kcal/d）或125kJ/（kg·d）给卧床的营养不良患者，能量：氮=100：1；提供10 032kJ/d（2 400kcal/d）或146~167kJ/（kg·d）给自主活动的营养不良患者，能量：氮=100：1。

在临床应用能量代谢测定仪时，不同的疾病程度，其机体能量消耗值并不等于实际能量需要量，不同患者的能量消耗与能量利用效率之间的关系也不同。因此，患者实际能量需要量的确定是一个十分复杂的问题。在制订营养治疗计划时，首先要依据对各类患者能量代谢规律的了解，决定营养物质的用量与内容，最终目标是提高机体免疫力、提高生活质量。

二、公式计算法

上述测热仪对大规模人群和患者群体测量REE不太可行。根据REE与体重（W）、身高（H）、年龄（A）和性别的关系，20世纪初以来陆续建立了多种估算人体REE的回归方程，并用测热法来验证这些预测模型的正确性。表6-4-1是部分REE预测公式。

Harris-Benedict方程于1919年问世。由于社会的进步，物质条件不断改善，人类平均体重逐渐增加。体重增加的主要原因是人体脂肪比例增加，由于脂肪是代谢不活跃的组织，所以基于1919年人类体重的Harris-Benedict公式应该进行不断校正。为此，1984年Roza AM及Shizgal HM对Harris-Benedict公式进行修正获得Shizgal-Rosa公式，1990年Mifflin MD和St Jeor ST等对Harris-Benedict方程进行修订，获得了Mifflin-St Jeor公式。观察发现，用Mifflin-St Jeor公式计算的REE要小于Harris-Benedict公式。如一个身高170cm，体重70kg，年龄50岁的成年男性，用这两个公式计算REE如下：

表 6-4-1　REE 主要预测公式一览表

研发者	时间	REE 预测公式 /kcal	
		男性	女性
Harris-Benedict	1919	66.473+13.751 6W+5.003H−6.755A	655.095 5+9.563 4W+1.849 6H−4.675 6A
Shizgal-Rosa（Revised Harris-Benedict）	1984	88.362+13.397W+4.799H−5.677A	447.593+9.247W+3.098H−4.330A
Mifflin-St Jeor（Revised Harris-Benedict）	1990	9.99W+6.25H−4.92A+5	9.99W+6.25H−4.92A−161
WHO	1985	0~3y：60.9W−54 18~29y：15.4W−27H+717 30~59y：11.3W−16H+901 60^+y：8.8W+1 128H−1 071	18~29y：3.3W+334H+35 30~59y：8.7W−25H+865 60^+y：9.2W+637H−302
Owen et al	1987	10.2W+879	7.18W+795
Henry		18~30y：51W+3 500（kJ） 30^+y：53W+3 070（kJ）	18~30y：47W+2 880（kJ） 30^+y：39W+3 070（kJ）
Schofield		18~30y：63W+2 896（kJ） 30^+y：48W+3 653（kJ）	18~30y：62W+2 036（kJ） 30^+y：34W+3 538（kJ）

注：W 为体重（kg）；H 为身高（cm）；A 为年龄（岁）。

Harris-Benedict 公式：66.473+13.751 6 × 70+5.003 × 170−6.755 × 50=1 541.8（kcal）

Mifflin-St Jeor 公式：9.99 × 70+6.25 × 170−4.92 × 50+5=1 520.8（kcal）

2005 年美国营养学会、2008 年美国临床营养杂志分别发文，认为 Mifflin-St Jeor 公式是目前估测 REE 的最佳公式。对大多数人来说，该公式计算出的 REE 跟实际 REE 比较接近，误差率在 10% 以内，但是该公式对老人及不同种族人群有一定的差异，该公式不适用于只有肌肉而脂肪很少的举重运动员。

此外还有一些更简单的计算方法，如拇指法则，一般情况下可以按照 25kcal/（kg·d）来计算能量需要量。应用拇指法则时一定要考虑到性别、年龄、体型（胖瘦）等因素。如图 6-4-1 所示不同年龄、性别和体型（胖瘦）其 REE［kcal/（kg·d）］变化比较大。随着年龄、体重逐渐增加，REE 逐渐降低，提示拇指法则数据应该随着年龄及体重的增加而逐渐下调，女性 REE 比男性 REE 低。建议对体重正常、超重、肥胖、病态（严重）肥胖患者分别使用 25kcal/kg、22kcal/kg、20kcal/kg、16kcal/kg 计算其 REE。同样，随着年龄的增长，成年后每 10 年 REE 下降 1%~2%，拇指法则数据也应该下调，因为肌肉逐渐减少，而脂肪组织的比例相对升高。如青壮年男性，正常体型可以选择 >25kcal/（kg·d）来计算，但是正常体重老年男性选择 <25kcal/（kg·d）来计算可能更加合理。

三、人体成分估算法

根据代谢率不同，人体组成可以分为 8 部分，即脑、心脏、肝、肾、骨骼肌、骨骼、脂肪组织及其他组织，其能量需求（消耗）各不相同，骨骼为 2.3kcal/（kg·d）（这里的 kg 是指器官本身的重量，下同），骨骼肌为 14.5kcal/（kg·d），脂肪组织为 13kcal/（kg·d），肾、心脏为 440kcal/（kg·d），脑 240kcal/（kg·d），肝 200kcal/（kg·d）。脑、肝、心脏、肾尽管占全部体重不足 6%，但是其总能量消耗占 REE 的 60%~70%；

骨骼肌尽管占全部体重的 40%~50%，但是其能量消耗只占 REE 的 20%~30%。不同器官组织的耗能比例见图 6-4-2。

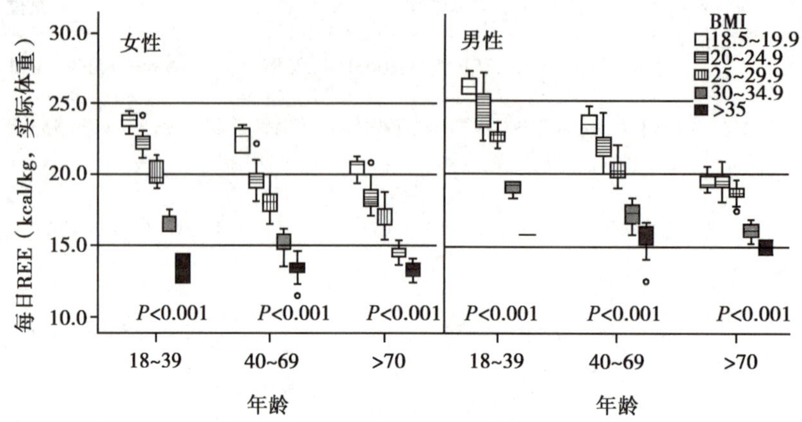

图 6-4-1　年龄、性别和体重对 REE 影响

根据不同组织、器官的代谢率，Elia M 提出了一个 REE 计算（calculation of REE，REEc）公式，REE 的人体成分估算公式如下：

REEc（kJ/d）=1 008 × 脑重量 +840 × 肝重量 +1 848 × 心脏重量 +1 848 × 肾重量 +55 × 骨骼肌重量 + 9.63 × 骨骼重量 + 19 × 脂肪组织 +30 × 其他组织重量

尽管人体成分估算法没有实际操作价值，但是它对理解肿瘤条件下的能量消耗有重要意义。脑、肝、心脏、肾为高代谢器官，其重量的微小变化可以导致能量消耗的显著变化，脑、肝、肾的原发肿瘤或继发肿瘤增加了所在器官的重量，使得所在器官能量消耗显著增加，机体处于高代谢状态，能量负债加大，进而导致营养不良及恶病质。

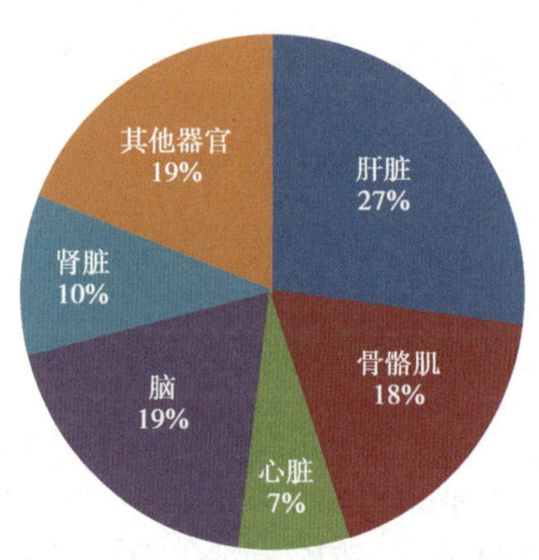

图 6-4-2　不同器官每日静息能量消耗（RDEE）

四、小结

能量需求的准确预测是临床营养治疗的前提。测定法虽然相对精准，但是其操作复杂、价格不菲、要求患者空腹休息等待时间长，而且中国幅员辽阔，差异巨大，医院条件及患者病情不同，所以能量估算法有巨大的应用空间。而且，随着手机及 iPad 的广泛使用，估算法将变得更加便利。尽管每一种估算法各有优缺点，研究结果参差不齐，但是 Mifflin-St Jeor 公式得到美国营养学会、美国临床营养学杂志的一致推荐。

鉴于体重差异巨大，在实际应用过程中应该对体重进行校正。对体重在正常范围内的人群，实际体重与理想体重基本一致，可以选择实际体重估算能量需求；对肥胖人群，选择实际体重会高估能量需求，选择理想体重会低估能量需求；Glynn CC 等推荐选取实际体重及理想体重的平均值进行估算。需要指出的是，上述所有估算法均是基于正常人群的数据，疾病情况下特别是肿瘤条件下的能量消耗与需求的估算仍然有待研究。

（陈　伟）

第五节　常用营养筛查与评估量表

营养筛查和营养评估是营养诊断的重要内容,方法较多,但以量表法较为常用。

一、营养筛查量表

营养筛查是一个简单、快速的过程,因此选用的筛查工具不仅应该简单快速,能有效地被医务人员使用,而且能够满足一定的条件,如预测准确性,调查内容的有效性和可靠性,而其有助于采取适合、准确的处理手段。在过去的几十年里,已经发展了各种不同的营养筛查工具,临床常用的有营养风险筛查 2002(nutritional risk screening 2002,NRS 2002)、微型营养评定简表(mini-nutritional assessment short-form,MNA-SF)和营养不良通用筛查工具(malnutrition universal screening tool,MUST)。

推荐每次对患者在入院 24h 内进行营养筛查,评估其是否存在营养不良发生的风险,并根据筛查结果,结合临床采取相应措施,如给或不给营养治疗管理。承担此项工作的应当是病区主管医生、经过培训的护士、营养医师和营养师。

(一) NRS 2002

NRS 2002 是欧洲肠外肠内营养学会(European Society for Parenteral and Enteral Nutrition,ESPEN)工作小组根据近 20 年发表的 128 项随机对照研究(randomized controlled trial,RCT)开发的营养风险筛查工具,也是我国《临床诊疗指南·肠外肠内营养学分册》(2008 版)推荐的营养风险筛查工具。NRS 2002 是国际上第一个采用循证医学方法开发的、为住院患者进行营养风险筛查的工具,其信度和效度均已得到验证。其内容包括 3 方面:①营养状况受损评分;②疾病的严重程度评分;③年龄评分(表 6-5-1)。

表 6-5-1　住院患者营养风险筛查 NRS 2002 评估表

患者资料

姓名	住院号
性别	病区
年龄	床号
身高 /m	体重 /kg
体重指数(BMI)	白蛋白 /($g \cdot L^{-1}$)
临床诊断	

风险初筛(以下任一项答“是”,则进入最终筛查;答“否”,应每周重复调查一次)。

是否 BMI<20.5 ? (体重 / 身高 ^{2},kg/m^2)	是□　否□
患者在过去 1~3 个月有体重下降吗?	是□　否□
患者在过去的 1 周内有摄食减少吗?	是□　否□
患者有严重疾病吗(如 ICU 治疗)?	是□　否□

续表

营养风险筛查评估(疾病状况评分＋营养状况评分＋年龄评分)总分:

A. 疾病状态

疾病状态	分数	若“是”请打钩
骨盆骨折或者慢性病患者合并有以下疾病:肝硬化、慢性阻塞性肺疾病、长期血液透析、糖尿病、肿瘤等	1	
腹部重大手术、脑卒中、重症肺炎、血液系统肿瘤等	2	
重度颅脑损伤、骨髓抑制、危重病患者(APACHE>10分)等	3	

注:APACHE,acute physiology and chronic health evaluation,急性生理学和慢性健康状况评价。

B. 营养状态

营养状况指标(单选一项即可)	分数	若“是”请打钩
正常营养状态	0	
3个月内体重减轻>5%或最近1周进食量(与需要量相比)减少20%~50%	1	
2个月内体重减轻>5%或BMI 18.5~20.5或最近周进食量(与需要量相比)减少50%~75%	2	
1个月内体重减轻>5%(或3个月内减轻>15%)或BMI<18.5(或血清白蛋白<35g/L)或最近1周进食量(与需要量相比)减少70%~100%	3	

C. 年龄

年龄	分数	若“是”请打钩
<70岁	0	
≥70岁	1	

处理

□总分≥3分:患者有营养不良的风险,需营养治疗
□总分<3分:无营养风险,可每周重新评估其营养状况

筛查时间: 记录者:

说明:

(1)对营养状态受损的评分:以上3项问题任一个符合即为其分值,几项都有取其最高分。

(2)对疾病严重程度的评分及定义

1分:慢性疾病患者因出现并发症而住院治疗。患者衰弱但不需卧床。蛋白质需要量略有增加,但可以通过口服和补充来弥补。

2分:患者需要卧床,如腹部大手术后,蛋白质需要量相应增加,但大多数人仍可以通过肠外或肠内营养得到恢复。

3分:患者在加强病房中靠机械通气支持,蛋白质需要量增加而且不能被肠外或肠内营养所弥补,但是通过肠外或肠内营养可使蛋白质分解和氮丢失明显减少。

(3)评分结果及判定

1)NRS 2002总评分计算方法:将疾病严重程度评分、营养状态受损评分和年龄评分3项相加所得分值即为NRS 2002总评分,即:NRS 2002总评分＝疾病严重程度评分＋营养状态受损评分＋年龄评分。

2)结果判定:NRS 2002总评分≥3分或有胸腔积液、腹腔积液、水肿且血清白蛋白<30g/L时,表明患者有营养不良或有重度营养风险,应进行营养治疗。NRS 2002总评分<3分,每周重复一次营养风险筛查。

(二) MNA-SF

MNA-SF 是专用于老人的营养筛查工具，是由 Rubenstein LZ 等在传统 MNA 基础上进行设计而来。MNA-SF 由 6 个条目构成(表 6-5-2)，其信息的获取可询问患者本人、医疗照护人员或查询相关的医疗记录。

表 6-5-2　MNA-SF

	筛查内容	分值
A	既往 3 个月内，是否因食欲下降、咀嚼或吞咽等消化问题导致食物摄入减少？	
	0. 严重的食欲减退　1. 中等程度食欲减退　2. 无食欲减退	
B	最近 3 个月内体重是否减轻？	
	0. 体重减轻超过 3kg　1. 不知道　2. 体重减轻 1~3kg　3. 无体重下降	
C	活动情况如何？	
	0. 卧床或长期坐着　1. 能离床或椅子，但不能出门　2. 能独立外出	
D	在过去 3 个月内是否受过心理创伤或罹患急性疾病？	
	0. 是　2. 否	
E	是否有神经心理问题？	
	0. 严重痴呆或抑郁　1. 轻度痴呆　2. 无心理问题	
F1	BMI (kg/m^2) 是多少？	
F2	0. <19　1. 19~<21　2. 21~<23　3. ≥23 小腿围 CC (cm) 是多少？ 0. CC<31cm　3. CC≥31cm	
合计	筛查分值(14 分)：	

说明：

(1) 由于老年患者的特殊性，常存在不易测得 BMI 的情况，如卧床或昏迷患者，可用小腿围代替。具体测量方法如下：卷起裤腿，露出左侧小腿，取仰卧位，左膝弯曲 90°，测量最宽的部位，记录值需精确至 0.1cm，重复测量 3 次，取平均值，误差应在 0.5cm 内。

(2) 结果判定：分值≥12 分，无营养不良风险；分值≤11 分，可能存在营养不良，需要进一步进行营养状况评估；分值≤7 分，判定为营养不良。

(三) MUST

MUST 是由英国肠外肠内营养协会多学科营养不良咨询组开发，于 2004 年正式发表。该工具得到英国营养师协会、英国皇家护理学院、注册护士协会、肠外肠内营养协会的支持。MUST 主要用于蛋白质 - 能量营养不良及其发生风险的筛查，主要包括 3 方面的内容(表 6-5-3)：① BMI；②体重下降程度；③疾病所致的进食量减少。根据最终总得分，分为低风险、中等风险和高风险。

MUST 评分结果及处理措施：

(1) 0 分：为低营养风险状态，临床常规处理，无须营养干预，但需定期进行重复筛查，复查频次为：医院每周 1 次，护理院每个月 1 次，社区每年 1 次(>75 岁居民)。

(2) 1 分：为中等营养风险状态，要进行观察，要连续 3d 记录饮食及液体摄入量(医院及护理院)，必要时给予饮食指导(社区居民)。复查频次为：医院每周 1 次，护理院每个月 1 次，社区每 1~6 个月 1 次。

表 6-5-3 MUST 评分表

评分项目	评分标准	得分
BMI/(kg·m^{-2})	>20	0 分
	18.5~20	1 分
	<18.5	2 分
体重下降程度	过去 3~6 个月体重下降<5%	0 分
	过去 3~6 个月体重下降 5%~10%	1 分
	过去 3~6 个月体重下降>10%	2 分
疾病原因导致近期禁食时间	≥5d	2 分

(3)≥2 分：为高营养风险状态，需由专业营养医生制订营养治疗方案，营养师或营养支持小组(NST)会诊，先用普通食品，后强化食品或补充性营养治疗，监测、评估治疗计划。复查频次为：医院每周 1 次，养老院每个月 1 次，社区每个月 1 次。

二、营养评估及量表

营养评估(nutritional assessment)是通过膳食调查、人体测量、临床检查、实验室检查及多项综合营养评估方法等手段，判定人体营养状况，确定营养不良的类型及程度，估计营养不良的危险性，并监测营养治疗的疗效。美国肠外肠内营养学会(ASPEN)将营养评估定义为“使用以下组合诊断营养问题的全面方法：病史、营养史、体检、人体测量学方法、实验室数据”。营养评估内容包括膳食调查、人体测量、临床检查、实验室检查及多项综合营养评估方法等。目前尚没有一项指标能够准确、全面评估营养状况，因此多数学者主张采用综合性营养评估方法，以提高营养评估的灵敏性和特异性。

营养评估是临床营养治疗的基本问题，理想的营养评估方法应当能够准确判定机体营养状况，预测营养不良，机体并发症的发病率和死亡率是否增加，能够预测营养相关性并发症的发生，从而提示预后。高质量的营养评估是非常耗时的，需要具有专业技能的专业人士来完成。常用的营养评估工具有主观全面评定(subjective global assessment，SGA)、患者参与的主观全面评定(patient-generated subjective global assessment，PG-SGA)、微型营养评定(mini-nutritional assessment，MNA)及全球领导人营养不良诊断标准共识倡议(Global Leadership Initiative on Malnutrition Diagnosis Criteria Consensus，GLIM)等。

(一) 主观整体评估

主观整体评估(SGA)是目前临床上使用最为广泛的一种通用临床营养状况评估工具。其建立的主要初衷是希望依靠病史及体格检查资料，而不是实验室检查资料来对患者的营养状况进行评估。

作为一种营养评估工具，SGA 完全是根据临床来进行评估，其准确性已通过临床分型、营养客观测量状态和与医院 3 种发病率(感染发生、使用抗生素和住院时间)之间的相关性得到了证明。大量的临床研究证明了 SGA 对于住院时间、死亡率和并发症的发生率有着较好的预测效度，因而 SGA 出现后迅速得到了美国、加拿大，乃至世界其他国家和地区的广泛应用，并得到了美国肠外肠内营养学会(ASPEN)专家的高度认可与专门推荐，广泛适用于门诊及住院、不同疾病及不同年龄患者的营养状况评估。

SGA 以病史和临床检查为基础，省略实验室检查，其内容主要包括病史和体检 9 个项目的评分(表 6-5-4)。最后评分者根据主观印象进行营养等级评定，A 级为营养良好，B 级为轻度到中度营养不良，C 级为重度营养不良。评估标准见表 6-5-5 至表 6-5-7。

表 6-5-4 SGA 评估内容

评估内容					评估结果		
病史：							
(1)体重	您目前体重?					kg	
	与您 6 个月前的体重相比有变化吗?				A	B	C
	近 2 周体重变化了吗? 不变 - 增加 - 减少				A	B	C
(2)进食	您的食欲? 好 - 不好 - 正常 - 非常好					摄食变化	
	您的进食情况有变化吗? 不变 - 增加 - 减少				A	B	C
	这种情况持续多长时间?					摄食变化的时间	
	您的食物类型有变化吗? 没有变化 - 半流质 - 全流食 - 无法进食				A	B	C
(3)胃肠道症状	近 2 周以来您经常出现下列问题吗? ①没有食欲：从不 - 很少 - 每天 - 每周 1~2 次 - 每周 2~3 次 ②腹泻： ③恶心： ④呕吐：				A	B	C
(4)活动能力	您现在还能像往常那样做以下的事吗? ①散步：没有 - 稍减少 - 明显减少 - 增多 ②工作： ③室内活动： ④在过去的 2 周内有何变化：有所改善 - 无变化 - 恶化				A	B	C
(5)疾病和相关营养需求	疾病诊断 代谢应激：无 - 轻微 - 中等 - 高度				A	B	C
体检：							
(1)皮下脂肪	下眼睑	良好	轻 - 中度	重度营养不良	A	B	C
	二 / 三头肌						
(2)肌肉消耗	颞部	良好	轻 - 中度	重度营养不良	A	B	C
	锁骨						
	肩						
	肩胛骨						
	骨间肌						
	膝盖						
	股四头肌						
	腓肠肌						
(3)水肿		良好	轻 - 中度	重度营养不良	A	B	C
(4)腹腔积液		良好	轻 - 中度	重度营养不良	A	B	C

SGA 评分等级：A B C

表 6-5-5　SGA 病史评估标准

	评估标准	
(1)体重改变	6 个月内体重变化	A. 体重变化<5%，或 5%~10% 但正在改变
		B. 持续减少 5%~10%，或有 10% 升至 5%~10%
		C. 持续减少>10%
	2 周内体重变化	A. 无变化。正常体重或恢复到<5% 内
		B. 稳定，但低于理想或通常体重，部分恢复不完全
		C. 减少 / 降低
(2)进食	摄食变化	A. 好，无变化，轻度、短期变化
		B. 正常下限，但在减少；差，但在增加；差，无变化（取决于初始状态）
		C. 差，并在减少；差，无变化
	摄食变化的时间	A. ≤2 周，变化少或无变化
		B. ≥2 周，轻 - 中度低于理想摄食量
		C. ≥2 周，不能进食、饥饿
(3)胃肠道症状	A. 少有，间断	
	B. 部分症状，>2 周	
	C. 部分或有所症状，频繁或每天，>2 周	
(4)活动能力	A. 无受损，力气 / 精力无改变；或轻至中度下降但在改善	
	B. 力气 / 精力中度下降但在改善；通常的活动部分减少；严重下降但在改善	
	C. 力气 / 精力严重下降，卧床	
(5)疾病和相关营养需求	A. 无应激	
	B. 低水平应激	
	C. 中度 - 高度应激	

表 6-5-6　SGA 体格检查评估标准

皮下脂肪	要旨	良好	轻 - 中度	重度营养不良
下眼睑		轻度突出的脂肪垫		黑眼圈，眼窝凹陷，皮肤松弛
二 / 三头肌	臂弯曲，不要捏起肌肉	大量脂肪组织		两指间空隙很少，甚至紧贴
颞部	直接观察，让患者头转向一边	看不到明显的凹陷	轻度凹陷	凹陷
锁骨	看锁骨是否突出	男性看不到，女性看到但不突出	部分突出	突出
肩	看肩缝是否突出。形状，手下垂	圆形	肩峰轻度突出	肩锁关节方形，骨骼突出
肩胛骨	患者双手前推，看骨头是否突出	不突出，不凹陷	骨轻度突出，肋、肩胛、脊柱间轻度凹陷	骨突出，肋、肩胛、肩、脊柱间凹陷

续表

皮下脂肪	要旨	良好	轻-中度	重度营养不良
骨间肌	背手，前后活动拇指和示指	肌肉突出，女性可平坦	轻度	平坦或凹陷
膝盖	坐姿，腿支撑在矮板凳上	肌肉突出，骨不突出		骨突出
股四头肌	不如上肢敏感	圆形，无凹陷	轻度凹陷，瘦	大腿内部凹陷，明显消瘦
腓肠肌		肌肉发达		瘦，无肌肉轮廓
水肿/腹腔积液	活动受限的患者检查骶部	无	轻-中度	明显

说明：

脂肪变化　A. 大部分或所有部分无减少
B. 大部分或所有部位轻-中度减少，或部分部位中-重度减少
C. 大部分或所有部分中-重度减少

肌肉消耗　A. 大部分肌肉改变少或无变化
B. 大部分肌肉轻-中度改变，一些肌肉中-重度改变
C. 大部分肌肉重度改变

水肿　A. 正常或轻度
B. 轻-中度
C. 重度

腹腔积液　A. 正常或轻微
B. 轻-中度
C. 重度

SGA 评分等级　A. 营养良好（大部分是，或明显改善）
B. 轻-中度营养不良
C. 重度营养不良（大部分是 C，明显的躯体症状）

这是根据主观评估而设计的分级，评估过程中应注意解释体重变化时要考虑水肿和腹腔积液与治疗有关的液体变化。

SGA 分级建议：

A 级：目前患者无须干预，可定期评估和常规治疗。

B 级：目前患者存在轻-中度营养不良或疑为营养不良，需要营养师、护士或其他医生分析症状和实验室数据后，对患者及家属进行相应教育。

C 级：目前患者存在重度营养不良，迫切需要营养干预以及医生和护士的协助营养治疗。

表 6-5-7 SGA 评估表

指标	SGA-A 级	SGA-B 级	SGA-C 级
体重下降	□ 近 6 个月内体重无下降或近 6 个月体重下降>10%，但近 1 个月内体重又恢复	□ 近 6 个月内体重持续性下降达 5%~10%	□ 近 6 个月体重下降>10%
饮食改变	□ 无或较少	□ 摄食量减少或呈流质饮食	□ 摄食严重减少或呈饥饿状态
胃肠道症状（恶心、呕吐、腹泻等）	□ 无消化道症状	□ 轻度消化道症状持续时间<2 周	□ 重度消化道症状持续时间>2 周

续表

指标	SGA-A 级	SGA-B 级	SGA-C 级
活动能力	□ 无限制	□ 正常活动受限；或虽不能正常活动，但卧床或坐椅子时间不超过半天	□ 活动明显受限，仅能卧床或坐椅子；或大部分时间卧床，很少小床活动
应激反应	□ 无发热	□ 近 3d 体温波动于 37~39℃	□ 体温 ≥ 39℃持续 3d 以上
肌肉萎缩	□ 无	□ 轻 - 中度	□ 重度
皮下脂肪丢失（TSF）	□ 无	□ 轻 - 中度	□ 重度
踝部水肿	□ 无	□ 轻 - 中度	□ 重度

注：上诉 8 项中，至少 5 项属于 C 级或 B 级者，可分别定为重度或中度营养不良。

（二）患者主观整体评估

患者参与的主观全面评定（PG-SGA）是在 SGA 的基础上发展起来的。最先由美国 Ottery FD 于 1994 年提出，是专门为肿瘤患者设计的营养状况评估方法。临床研究提示，PG-SGA 是一种有效的肿瘤患者特异性营养评估工具，是美国营养与饮食学会（Academy of Nutrition and Dietetics，AND）推荐用于肿瘤患者营养评估的首选方法。

PG-SGA 由患者自评表及医务人员评估表两部分组成，具体内容包括体重、进食情况、症状、活动和身体功能、疾病与营养需求的关系、代谢方面的需求、体格检查等 7 方面（表 6-5-8），前 4 方面由患者自己评估，后 3 方面由医务人员评估，总体评估包括定性评估及定量评估两种。

表 6-5-8　患者参与的主观全面评定（PG-SGA）

第一部分　患者自评表（A 评分）

1. 体重（说明见表 6-5-9）
目前我的体重约为　　　kg
目前我的身高约为　　　cm
1 个月前我的体重约为　　　kg
6 个月前我的体重约为　　　kg
在过去的 2 周，我的体重
减轻（1）　没变化（0）　增加（0）
本项计分

2. 进食情况
在过去的 1 个月里，我的进食情况与平时情况相比：
没变化（0）　比以往多（0）　比以往少（1）
我目前进食：
正常饮食（0），但比正常情况少（1）
软饭（2）
流食（3）
只能进食营养制剂（3）
几乎吃不下什么（4）
只能通过管饲或肠外营养（0）
本项计分

续表

3. 症状 近 2 周来，我有以下的问题，影响我摄入足够的饮食： 吃饭没有问题（0）　没有食欲，不想吃（3） 恶心（1）　呕吐（3） 便秘（1）　腹泻（3） 口腔溃疡（2）　口干（1） 感觉食品没味，变味（1）　食品气味不好（1） 吞咽困难（2）　一会儿就饱胀了（1） 疼痛（部位）（3） 其他（如抑郁，经济问题，牙齿问题）（1） 本项计分

4. 活动和身体功能 在过去的 1 个月，我的活动： 正常，无限制（0） 不像往常，但是还能够起床进行轻微的活动（1） 多数时候不想起床活动，但卧床或坐椅时间不超过半天（2） 几乎干不了什么，一天大多数时候都卧床或在椅子上（3） 几乎完全卧床，无法起床（3） 本项计分

第二部分　医务人员评估表

5. 疾病与营养需求的关系（说明见表 6-5-10） 相关诊断（特定） 原发疾病的分期 Ⅰ Ⅱ Ⅲ Ⅳ；其他 年龄　岁 本项计分 6. 代谢方面的需求（说明见表 6-5-11） 无应激　低度应激　中度应激　高度应激 本项计分 7. 体格检查（说明见表 6-5-12） 本项计分

操作说明：

（1）表 6-5-9 以 1 个月内的体重变化情况评分，没有 1 个月体重变化资料时，则以 6 个月体重变化情况评分。2 周内体重下降需另计 1 分，无下降为 0 分。两者相加为体重总分。体重下降百分比是指下降体重占原体重的百分率。

（2）“进食情况”选项为多选，但是计分不做累加，以最高分选项为本项计分。

（3）“症状”选项为近 2 周内经常出现的症状，偶尔一次出现的症状不能作为选择，本项为多选，累计计分。

（4）“活动和身体功能”选项为单选，取最符合的一项为本项计分。

A 评分 =1 体重评分 +2 进食情况评分 +3 症状评分 +4 活动和身体功能评分

（5）疾病与营养需求的关系（B 评分），按表 6-5-10 做单项或多项选择，累计计分。如果患者存在表 6-5-10 中没有列举出来的疾病，不予计分。

（6）代谢方面的需求（应激状态）（C 评分），见表 6-5-11。患者体温为评估当时实测体温。这里的发热定义为本次调查时刻的体温升高，而不是看病历体温单，如果调查时体温升高，需了解此刻前3天的体温及激素使用情况。如果调查时刻体温不高，即记录为无发热。发热持续时间为本次发热已经持续的时间。激素使用是指因为发热而使用的激素，如果连续多日使用激素，取最大的一日剂量。其他原因如结缔组织病使用激素，不作评估。表6-5-11为累计评分。如一患者体温37.5℃，计1分；持续发热4天，计3分；每天使用泼尼松20mg，计2分。总计分为6分。

(7)体格检查（D评分）见表6-5-12至表6-5-15。体格检查包括脂肪储存、肌肉情况、水肿情况3方面的检查，检查顺序是从上到下，从头到脚。

患者脂肪、肌肉及液体情况的评估为主观性评估，没有一个客观的标准。

按多数部位情况确定患者脂肪、肌肉及液体项目得分，如多数部位脂肪为轻度减少，则脂肪丢失的最终得分即为轻度，计1分；如多数肌肉部位为中度消耗，则肌肉消耗的最终得分为2分。

在体格检查的肌肉、脂肪及液体3方面，肌肉权重最大，所以体格检查项目评分，以肌肉丢失得分为体格检查项目的最终得分。

表6-5-9 体重评分

1个月内体重下降	评分	6个月体重丢失情况
≥10%	4	≥20%
5%~9.9%	3	10%~19.9%
3%~4.9%	2	6%~9.9%
2%~2.9%	1	2%~5.9%
0~1.9%	0	0~1.9%
2周内体重下降	1	
总分		

表6-5-10 疾病与营养需求的关系

疾病	评分
肿瘤	1
获得性免疫缺陷综合征（AIDS）	1
呼吸或心脏病恶病质	1
存在开放性伤口或肠瘘或压疮	1
创伤	1
年龄超过65岁	1
总分	

表6-5-11 代谢方面的需求（应激状态）

应激	无（0分）	轻（1分）	中（2分）	重（3分）
发热/℃	无	37.2~38.3	38.3~38.8	>38.8
发热持续时间	无	<72h	72h	>72h
是否使用激素（泼尼松）	无	低剂量 <10mg泼尼松或相当剂量的其他激素/d	中剂量 10~30mg泼尼松或相当剂量的其他激素/d	大剂量 >30mg泼尼松或相当剂量的其他激素/d
总分				

表 6-5-12　体格检查

项目	正常 (0 分)	轻度 (1 分)	中度 (2 分)	重度 (3 分)
脂肪储备				
眼眶脂肪垫				
三头肌皮褶厚度				
下肋脂肪厚度				
总体脂肪缺乏程度				
肌肉情况				
颞部(颞肌)				
锁骨部位(胸部三角肌)				
肩部(三角肌)				
肩胛部(背阔肌、斜方肌、三角肌)				
手背背间肌				
大腿(四头肌)				
小腿(腓肠肌)				
总体肌肉消耗评分				
液体状况				
踝水肿				
骶部水肿				
腹腔积液				
总体水肿程度评分				
本项总分				

表 6-5-13　脂肪丢失情况评估

部位	检查要旨	0 分	1 分	2 分	3 分
眼眶脂肪	检查眼眶有无凹陷、眉弓是否突出	眼眶无凹陷,眉弓不突出	眼眶轻度凹陷,眉弓轻度突出	介于二者之间	眼眶凹陷明显,皮肤松弛,眉弓突出
三头肌皮褶厚度	臂弯曲,不要捏起肌肉	大量脂肪组织	感觉与正常人相差无几,略少	介于二者之间	两指间空隙很少,甚至紧贴
下肋脂肪厚度	先捏自己肋缘下脂肪。再与患者比较。观察背部下肋骨轮廓	两指间很厚,看不到轮廓	感觉与正常人相差无几,可以看到肋骨轮廓	介于二者之间	两指间空隙很少,甚至紧贴,下肋骨明显突出
脂肪丢失得分					

表 6-5-14　肌肉丢失情况评估

部位	检查要旨	0 分	1 分	2 分	3 分
颞部(颞肌)	直接观察,让患者头转向一边	看不到明显的凹陷	轻度凹陷	凹陷	显著凹陷
锁骨部位(胸部三头肌)	看锁骨是否突出	男性看不到锁骨,女性看到但不突出	部分突出	突出	明显突出
肩部(三角肌)	看肩部是否突出,形状,手下垂	圆形	肩峰轻度突出	介于两者之间	肩锁关节方形,骨骼突出
骨间肌	观察手背,拇指和示指对捏,观察虎口处是否凹陷	拇指和示指对捏时肌肉突出,女性可平坦	平坦	平坦或凹陷	明显凹陷
肩胛骨(背阔肌、斜方肌、三角肌)	患者双手前推,看肩胛骨是否突出	肩胛骨不突出,肩胛骨内侧不凹陷	肩胛骨轻度突出,肋、肩胛、肩、脊柱间轻度凹陷	肩胛骨突出,肋、肩胛、肩、脊柱间凹陷	肩胛骨明显突出,肋、肩胛、肩、脊柱间显著凹陷
大腿(股四头肌)	不如上肢敏感	圆润,张力明显	轻度消瘦,肌力较弱	介于二者之间	大腿明显消瘦,几乎无肌张力
小腿(腓肠肌)		肌肉发达	消瘦,有肌肉轮廓	消瘦,肌肉轮廓模糊	消瘦,无肌肉轮廓,肌肉松垮无力
肌肉消耗得分					

表 6-5-15　水肿情况评估

部位	操作要点	0 分	1 分	2 分	3 分
踝水肿	患者仰卧,按压 5s	无凹陷	轻微的凹陷	介于二者之间	凹陷非常明显,不能回弹
骶部水肿	患者侧卧,按压 5s	无凹陷	轻微的凹陷	介于二者之间	凹陷非常明显,不能回弹
腹腔积液	检查有无移动性浊音、振水音、腹围是否增大	无移动性浊音、无振水音、腹围无增大	左右侧卧时有移动性浊音	平卧时有振水音	患者感到腹胀明显,腹围增大

PG-SGA 的综合评估:

PG-SGA 综合评估有定量评估及定性评估两种方法,比较而言,定量评估更加易于操作。PG-SGA 目前已经成为国家卫生行业标准。

(1)定量评估及处理:四项总分相加 =A+B+C+D

根据患者 PG-SGA 得分将患者分为如下 4 类:① 0~1 分,无营养不良;② 2~3 分,可疑或轻度营养不良;③ 4~8 分,中度营养不良;④ ≥ 9 分,重度营养不良。临床实际工作中,可以把 PG-SGA ≥ 4 分作为诊断营养不良的切点值。

0~1 分:此时不需要干预措施,治疗期间保持常规随诊及评估。

2~3 分:由营养师、护师或医生进行患者或患者家庭教育,并可根据患者存在的症状和实验室检查结果,进行药物干预。

4~8 分:由营养师进行干预,并可根据症状的严重程度,与医生和护师联合进行营养干预。

≥ 9 分:亟须进行症状改善和 / 或同时进行营养干预。

(2)定性评估:如表 6-5-16 所示。

表 6-5-16 PG-SGA 定性评估

类别	A 级 营养良好	B 级 可疑营养不良或中度营养不良	C 级 重度营养不良
体重	没有体重丢失或水潴留	a. 1 个月体重丢失不超过 5%(或 6 个月丢失不超过 10%) b. 体重不稳定、不增加(如持续丢失)	a. 1 个月体重丢失 > 5%(或 6 个月丢失 > 10%) b. 体重不稳定、不增加(如持续丢失)
营养摄入	没有障碍或近期明显改善	摄入减少	摄入严重减少
影响营养的症状	没有或近期明显改善	有影响营养的症状存在	有影响营养的症状存在
功能	没有障碍或近期明显改善	中度功能障碍或近期功能恶化	严重功能障碍或近期功能明显恶化
体格检查	没有损害或有慢性损害但近期明显改善	有轻度到中度脂肪和 / 或肌肉组织丢失和 / 或肌肉张力下降	有明显的营养不良症状(机体组织严重丢失,可能有水肿)

PG-SGA 定性评估与定量评估的关系见表 6-5-17。

表 6-5-17 PG-SGA 定性评估与定量评估的关系

等级	定性评估	定量评估
PG-SGA A	营养良好	0~1 分
PG-SGA B	可疑或中度营养不良	2~8 分
PG-SGA C	重度营养不良	≥9 分

(三)微型营养评估

微型营养评定(MNA)是根据老人的特点设计,专门用于老人营养状况评估的工具。它以量表的形式进行检测,有可靠的评分标准,操作简便,不需生化检测,可在床旁检测,简便快捷。内容包括人体测量、整体评估、膳食问卷及主观评估等,各项评分相加即得 MNA 总分。具体内容见表 6-5-18。

表 6-5-18 MNA 营养评估

第一部分

营养筛查	得分
(1) 既往 3 个月内是否由于食欲下降、消化问题、咀嚼或吞咽困难而摄食减少? 0= 食欲完全丧失　1= 食欲中等度下降　2= 无食欲减退	
(2) 近 3 个月内体重下降情况 0= 大于 3kg　1=1~3kg　2= 无体重下降　3= 不知道	
(3) 活动能力 0= 需卧床或长期坐　1= 能不依赖床或椅子,但不能外出　2= 能独立外出	
(4) 既往 3 个月内有无重大心理变化或急性疾病? 0= 有　2= 无	
(5) 神经心理问题 0= 严重智力减退或抑郁　1= 轻度智力减退　2= 无问题	
(6) 体重指数 BMI (kg/m^2): 0=<19　1=19~<21　2=21~<23　3=≥23	
筛检分数(小计满分 14 分):>12 分表示正常(无营养不良危险性),无须以下评估;<11 分提示可能营养不良,请继续以下评估	

第二部分

评估内容	分值
(7) 独立生活（无护理或不住院）？ 0= 否　　1= 是	
(8) 每日应用处方药超过 3 种？ 0= 是　　1= 否	
(9) 是否有压疮或皮肤溃疡？ 0= 是　　1= 否	
(10) 每日几次完成全部饮食？ 0=1 餐　　1=2 餐　　2=3 餐	
(11) 蛋白质摄入情况 每日至少 1 份奶制品？是　否 每周 2 份以上蔬果或蛋类？是　否 每日肉、鱼或家禽？是　否 0=0 或 1 个“是”　　0.5=2 个“是”　　1.0=3 个“是”	
(12) 每日 2 份以上水果或蔬菜？ 0= 否　　1= 是	
(13) 每日饮水量（水、果汁、咖啡、茶、奶等） 0=<3 杯　　0.5=3~5 杯　　1.0=>5 杯	
(14) 喂养方式 0= 无法独立进食　　1= 独立进食稍有困难　　2= 完全独立进食	
(15) 自我评定营养状况 0= 营养不良　　1= 不能确定　　2= 营养良好	
(16) 与同龄人相比，你如何评估自己的健康状况？ 0= 不太好　　0.5= 不知道　　1.0= 好　　2.0= 较好	
(17) 上臂围（cm） 0= <21　　0.5=21~22　　1.0= >22	
(18) 小腿围（cm） 0= <31　　1= ≥31	
评估总分	

说明：

第一部分筛选总分 14，第二部分评估总分 16，两部分相加 MNA 总分共计 30。将实际测得的 2 部分总分相加，进行营养状况评定。

MNA 分级标准：MNA ≥ 24 表示营养状况良好；17 ≤ MNA ≤ 23.5，存在营养不良的风险；MNA<17，明确为营养不良。

（四）全球领导人营养不良诊断标准共识倡议

2016 年，ASPEN、ESPEN、亚洲肠外肠内营养学会及拉丁美洲肠外肠内营养学会组成工作组，探讨统一营养不良的诊断标准，经过多方努力，终于达成一致意见，形成了全球领导人营养不良诊断标准共识倡议（Global Leadership Initiative on Malnutrition Diagnosis Criteria Consensus，GLIM），并对外发布。

GLIM 要求采用 2 步法完成，第一步为采用各种经过临床验证的营养筛查方法，筛选有营养不良风险的人群；第二步进行营养不良评估。评估标准包括非自主体重丢失、低 BMI、肌肉减少、摄食减少或消化吸收障碍、炎症或疾病负担 5 个参数。根据原因与结果,分为 3 个表型标准(非自主体重丢失、低 BMI 及肌肉减少)和 2 个病因标准(摄食减少或消化吸收障碍,炎症或疾病负担)。符合任何 1 个表型标准和任何 1 个病因标准即可诊断为营养不良,具体标准如表 6-5-19 所列。

表 6-5-19 GLIM 营养不良诊断标准

表型标准			病因标准	
非自主体重丢失	低 BMI	肌肉减少	摄食减少或消化吸收障碍	炎症或疾病负担
6 个月内丢失>5%,或 6 个月以上丢失>10%	欧美人群:70 岁以下<20kg/m^2,或 70 岁以上<22kg/m^2;亚洲人群:70 岁以下<18.5kg/m^2,或 70 岁以上<20kg/m^2	人体成分分析提示肌肉减少,目前缺乏统一的切点值	摄入量≤50% 的能量需求超过 1 周,或任何摄入量减少超过 2 周,或存在任何影响消化吸收的慢性胃肠状况	急性疾病或创伤,或慢性疾病如恶性肿瘤、慢性阻塞性肺疾病、充血性心力衰竭、慢性肾衰竭或任何伴随慢性或复发性炎症的慢性疾病

此外,GLIM 还根据表型标准提出了营养不良分期(级),即 1 期 / 中度营养不良和 2 期 / 重度营养不良,见表 6-5-20。

表 6-5-20 GLIM 营养不良分期(级)

	1 期,中度营养不良(至少符合 1 个标准)	2 期,重度营养不良(至少符合 1 个标准)
体重丢失	6 个月内丢失 5%~10%,或 6 个月以上丢失 10%~20%	6 个月内丢失>10%,或 6 个月以上丢失>20%
低 BMI	70 岁以下<20kg/m^2,或 70 岁及以上<22kg/m^2	70 岁以下<18.5kg/m^2,或 70 岁及以上<20kg/m^2
肌肉减少	轻至中度减少	重度减少

国内学者在系统性分析 GLIM 标准各指标在肿瘤患者预后预测中的不同权重后,构建了全新的量化 GLIM 评分系统。量化版本 GLIM 对肿瘤患者营养不良及预后诊断和预测显著优于标准版本的 GLIM;与 PG-SGA 相比,临床净效益相当,但是更加省时、省力(图 6-5-1)。

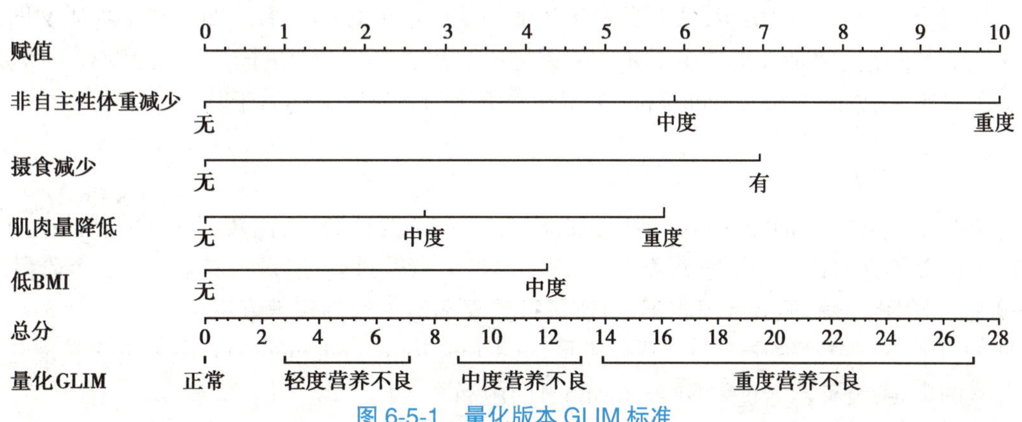

图 6-5-1 量化版本 GLIM 标准

(五) 其他综合营养评估工具

目前评估患者营养状况的综合性评估方法,除了 SGA、PG-SGA、MNA 外,还包括预后营养指数(prognostic nutritional index,PNI)、营养风险指数(nutritional risk index,NRI)及住院患者预后指数(hospital prognostic index,HPI)等。

(陈 伟)

第七章　常见营养相关状况

营养相关状况(nutrition-related conditions,NRC)是2017年欧洲临床营养与代谢学会(European Society for Clinical Nutrition and Metabolism),原欧洲肠外肠内营养学会(European Society for Parenteral and Enteral Nutrition,ESPEN),提出的一个名词,指与营养或营养治疗密切相关的疾病的总称,主要包括营养不良(营养不足)、肌肉减少症、衰弱综合征、超重和肥胖、微量营养素异常和再喂养综合征(图7-0-1)。根据ESPEN的上述定义,恶病质是一种特殊类型的营养不良,是伴有炎症的慢性疾病相关营养不良。在实际临床工作中,肿瘤患者更为常见的营养相关状况为营养不良、恶病质、肌肉减少症及体重丢失,它们是肿瘤患者的常见并发症。本章介绍营养不良、恶病质、肌肉减少症、衰弱综合征及微量营养素异常。超重和肥胖、再喂养综合征在其他章节介绍。

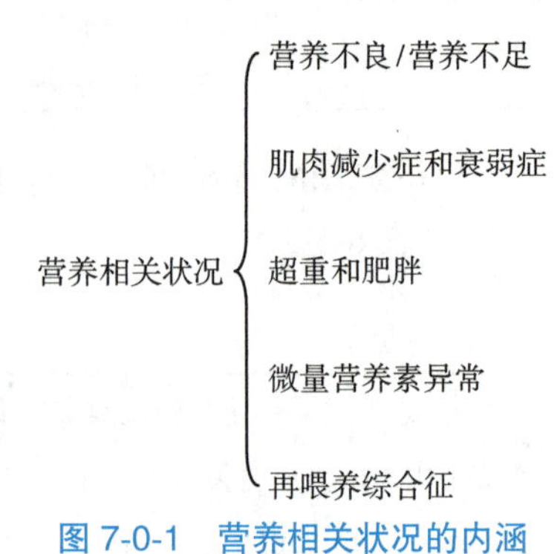

图7-0-1　营养相关状况的内涵

第一节　营养不良

营养不良是一个古老的疾病,从人类诞生的那一天开始便伴随左右。即使到了物质文明高度发达的今天,营养不良仍然是人类的主要死亡原因之一。尽管如此,目前全世界仍然没有一个公认、通用的营养不良定义、诊断方法及诊断标准,关于营养不良的研究明显落后于其他疾病。

一、名词与定义

营养不良的英文有"malnutrition"和"malnourishment"两种表达,比较而言,"malnutrition"使用更加广泛。营养不良的定义经历了营养不足、营养不足+营养过剩、宏量营养素不足3个阶段。

(一) 第一阶段:营养不良=营养不足(宏量营养素不足+微量营养素不足)

早期的营养不良定义完全等同于营养不足(undernutrition,undernourishment),包括宏量营养素及微量营养素的不足,没有营养过剩(overnutrition)的内涵。

(二) 第二阶段:营养不良=营养不足+营养过剩

随着社会经济的发展及饮食、生活方式的变化,营养过剩逐渐增加,肥胖问题日趋严重。早在1923年,Tidmarsh FW就提出营养不良定义的2个方面:相对于身高,体重低于或超出正常标准就为营养不良。这可能是人类第一次将营养过剩加入营养不良的定义中,也可能是第一次用体重指数(body mass index,BMI)来诊断营养不良。2006年,ESPEN明确地将营养不良分为营养不足及营养过剩两种。

（三）第三阶段：营养不良<营养不足，特指宏量营养素不足

2015 年 ESPEN 提出营养紊乱的诊断体系，将营养紊乱分为 3 类：营养不良（malnutrition）、微量营养素异常（micronutrient abnormalities）及营养过剩（overnutrition）。实际上是将微量营养素异常（不足或过剩）、营养过剩从第二阶段的营养不良内涵中剥离出来，将营养不良局限为能量及宏量营养素摄入不足、吸收或利用障碍导致的一种状态。第三阶段营养不良的范畴比第一阶段营养不良更加狭窄，仅仅局限于宏量营养素的不足，不再包括第一阶段营养不良的微量营养素不足。

最新营养不良（malnutrition）的定义是指营养摄入（intake）或摄取（uptake，吸收）不足导致的人体成分（去脂体重减少，decreased fat-free mass）和体细胞质量（body cell mass）改变，进而引起体力和智力下降，疾病临床结局受损的状态。特指三大宏量营养素（碳水化合物、脂肪及蛋白质），即能量或蛋白质摄入不足或吸收障碍造成的营养不足，即通常所称的蛋白质 - 能量营养不良（protein energy malnutrition，PEM）。可由饥饿、疾病或衰老单独或联合引起。不再包括原来的微量营养素异常（不足或过剩）及营养过剩。

二、病因与发病率

营养不良常由多因素引起，主要原因有：①喂养不当：长期摄食不足，如母乳不足又未能及早添加辅食。人工喂养者，食物的质和量未能满足需要，如乳类稀释过度或单纯用淀粉类食品喂哺。突然断奶，婴儿不能适应新的食品等。喂养不当是婴幼儿营养不良的主要原因。②饮食习惯不良：饮食不定时、偏食、反刍习惯、节食或神经性呕吐等。③疾病因素：疾病影响食欲，妨碍食物的消化、吸收和利用，并增加机体的消耗。疾病是成年人营养不良的最重要原因。④其他社会因素，如贫穷、自然灾难或战争。除了儿童外，老人、恶性肿瘤及其他良性慢性消耗性疾病患者也是营养不良的高发人群。

联合国粮食及农业组织（Food and Agriculture Organization of the United Nations，FAO）在 2013 年报告，2007 年全世界有 9.23 亿人营养不足，比 1990—1992 年增加 8 000 万人。2015 年全球 1/6 的人口受到营养不良的威胁，仅欧盟就有 3 000 多万人存在营养不良的症状。到 2018 年，全世界有 11% 的人口出现营养不良。世界卫生组织（World Health Organization，WHO）报告：营养不良是迄今为止造成儿童死亡的最大因素，全世界死于营养不良的儿童占儿童全因死亡的 45%。研究发现，我国营养不良的发病率：14 岁以下儿童为 9.86%，15~59 岁人群为 10.88%，60 岁及以上老人为 15.91%。

因营养不良的诊断标准不统一，不同国家和地区的社会、经济发展水平不一致，营养不良的发病率有较大差异。总的说来，与其他人群相比，疾病患者，尤其是住院患者是营养不良更加高发的人群。美国圣路易斯大学健康科学中心调查显示：当今在全球 86% 以上的住院患者存在营养不良或面临营养不良的风险。高达 67% 的护理院和 91% 康复中心及 38% 的社区老人都面临同样的问题。门诊患者中 1%~15% 的老年患者存在营养不足，而住院患者中 35%~65% 老年患者伴有营养不良。与其他疾病患者相比，肿瘤患者是营养不良高发人群。中国抗癌协会肿瘤营养专业委员会对 4.7 万例患者的调查数据显示，我国三级甲等医院住院肿瘤患者的中、重度营养不良发病率达 58%，如果加上轻度营养不良，营养不良的发病率则为 80%；胰腺癌、胃癌、食管癌患者营养不良发生率最高。营养不良发病情况除了与肿瘤分期、种类及部位密切相关外，还具有明显的人口学背景特征，老人高于非老人，无医疗保险者高于有保险者，低教育者高于高教育者，部分肿瘤的营养状况还表现出明显的性别差异、地区差异与职业差异。

三、营养不良的表现与诊断

营养不良的影响包括细胞、生理及心理 3 个层次。细胞水平上，营养不良削弱了机体对肿瘤细胞及病原微生物的防御能力，增加了感染风险，延缓了伤口愈合，降低了肠道营养吸收，改变了凝血、肾脏等多系统器官功能。生理水平上，营养不良导致呼吸肌、心肌及骨骼肌等肌肉及脂肪的丢失，导致内脏器官的萎缩。心理层面上，营养不良引起乏力、淡漠、厌食等多种神经精神症状，进而延长了疾病

恢复时间。总之，营养不良降低了生活质量，增加了医疗费用，削弱了治疗效果，增加了并发症，升高了死亡率，并缩短了生存时间。

营养不良常有两种典型表型。一种为消瘦型，矮小、消瘦、皮下脂肪消失、头发干燥易脱落、体弱乏力及萎靡不振。另一种为水肿型，周身水肿、眼睑和身体低垂部位水肿、皮肤干燥萎缩、角化脱屑或有色素沉着、头发脆弱易断和脱落、指甲脆弱有横沟、无食欲、肝大、常有腹泻和水样便。也有混合型，介于两者之间。3 型都可伴有其他营养素缺乏的表现。

营养不良应该遵循三级诊断原则。首先是第一级诊断，即营养筛查，可采用任何验证有效的方法，如 NRS 2002、MUST、MST、理想体重、BMI 等，目的在于发现营养风险或营养不良风险。对存在营养风险或营养不良风险的人群实施第二级诊断，即营养评估，诊断营养不良并判断营养不良的严重程度，常采用的工具有 SGA、PG-SGA、MNA 及 GLIM 等。对严重营养不良的患者实施第三级诊断，即综合评价，了解营养不良的原因、类型及预后。具体详见本书第五、六章。

四、营养不良分型

(一) 根据营养素分型

20 世纪 60 年代非洲灾荒发生后，WHO 根据营养素摄入情况，将营养不足分为能量缺乏型（Marasmus 综合征）以及蛋白质缺乏型（Kwashiorkor 综合征）（图 7-1-1）。

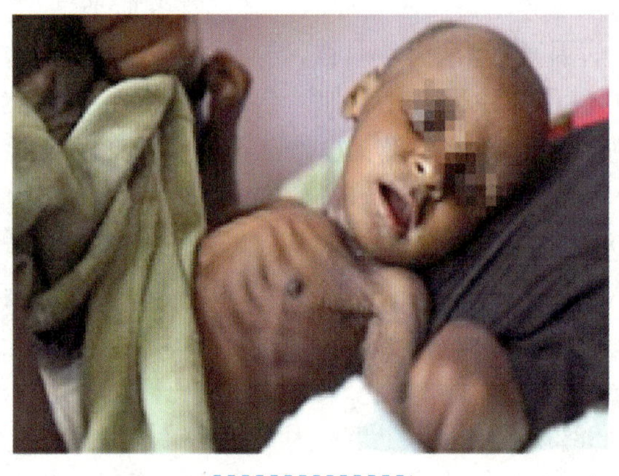

Marasmus综合征　　Kwashiorkor综合征

图 7-1-1　营养不良的类型

1. **Marasmus 综合征**　能量和蛋白质摄入不足，皮下脂肪、骨骼肌显著消耗和内脏器官萎缩，患者突出表现为消瘦，称为消瘦型营养不良，又称 Marasmus 综合征。严重体重丢失是一个主要特征，体重丢失的主要原因是脂肪储备丢失。

2. **Kwashiorkor 综合征**　蛋白质严重缺乏而能量摄入基本满足，患者突出表现为水肿，又称为水肿型营养不足、恶性（蛋白质）营养不良。劣质奶粉（蛋白质不足）造成的大头婴是一种典型的 Kwashiorkor 综合征。外周组织水肿及腹腔积液是主要特征。

这是基于公共卫生领域的人群营养不良分类，导致营养不良的常见原因是天灾、人祸。但实践证明，该分类不能帮助临床识别和诊断营养不良，因为临床上能量摄入不足和蛋白质摄入不足常常合并存在，Waterlow JC 等提出了混合型营养不良的概念，即蛋白质 - 能量营养不良（protein energy malnutrition，PEM），又称 Marasmus-Kwashiorkor 综合征。

(二) 根据炎症分型

2010 年，Jensen GL 等国际共识与指南专家委员会专家把炎症引入营养不良的分类中，将成人临床营养不良分为没有炎症的营养不良、伴有炎症的营养不良，后者又分为急性炎症、慢性炎症 2 类。该分类方法是基于医院背景的成人临床营养不良分类，导致营养不良的原因是疾病或创伤。

1. **没有炎症的营养不良** 即饥饿相关性营养不良，如神经性厌食、节食；病理生理特征是合成代谢及分解代谢均下降，以脂肪丢失为主。增加营养摄入即可完全逆转脂肪及瘦体重（lean body mass，LBM）减少，改善不良临床结局。

2. **伴有炎症的营养不良** 又分为：①急性炎症营养不良：伴随严重急性炎症反应，如急性疾病或创伤（严重感染、烧伤、创伤及闭合性颅脑损伤等），病理生理特征为静息能量消耗（resting energy expenditure，REE）升高、分解代谢加速、瘦体重（氮）丢失增加。急性炎症营养不良需要抑制炎症、调节代谢，单独的营养补充只能部分逆转或预防肌肉蛋白质丢失。②慢性炎症营养不良：伴有轻、中度慢性炎症，如慢性器官功能不全、恶性肿瘤、风湿性关节炎、肌肉减少性肥胖，病理生理特征介于上述二者之间。营养治疗是整个治疗计划中的有机部分，营养补充可以有效地促进药物的治疗效果。

（三）根据是否合并疾病分型

根据是否合并疾病，将营养不良分为原发性营养不良和继发性营养不良。原发性营养不良临床少见，是单纯饥饿，如节食、贫穷导致的营养不良；继发性营养不良又称为疾病相关营养不良（disease-related malnutrition，DRM），是临床上最多见的营养不良。

肿瘤相关性营养不良（cancer-related malnutrition）简称肿瘤营养不良，是一种慢性疾病相关营养不良（chronic disease-related malnutrition，cDRM），特指肿瘤本身或肿瘤各相关原因如抗肿瘤治疗、肿瘤心理应激导致的营养不足（undernutrition），是一种伴有炎症的营养不良，见图 7-1-2。

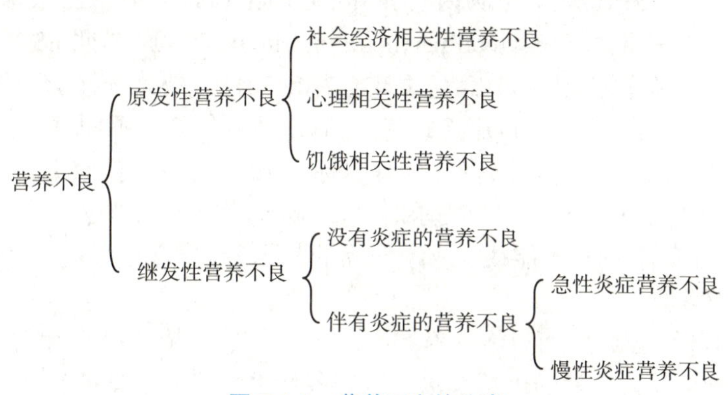

图 7-1-2 营养不良的分类

五、营养不良的治疗

（一）营养治疗的方法

营养治疗包括营养教育及人工营养。人工营养现在称为医学营养，是指在患者不能摄入饮食或饮食摄入不足的情况下，以特殊医学用途配方食品（food for special medical purpose，FSMP）、肠内营养剂或肠外营养剂，补充或替代日常饮食，维持人体必需的营养，包括肠内营养及肠外营养。肠内营养包括口服途径及管饲途径，见图 7-1-3。

（二）营养不良治疗目标

营养不良治疗的基本要求应该是满足能量、蛋白质、液体及微量营养素的目标需要量，即要求 4 个达标：满足 90% 液体目标需求、≥ 70%（70%~90%）能量目标需求、100% 蛋白质目标需求及 100% 微量营养素目标需求。患者的具体目标需要量应该根据患者的年龄、活动、营养不良严重程度、应激状况等情况进行个体化调整。能量目标需要量一般可按 20~30kcal/（kg·d）计算，蛋白质目标需要量一般可按 1~1.2g/（kg·d）计算，严重营养不良者可按 1.2~2g/（kg·d）给予。如果条件具备，用代谢仪间接测热法检测患者的实际能量消耗可能更为准确。

营养不良治疗的最高目标是调节异常代谢、改善免疫功能、控制疾病（如肿瘤）、提高生活质量和延长生存时间。

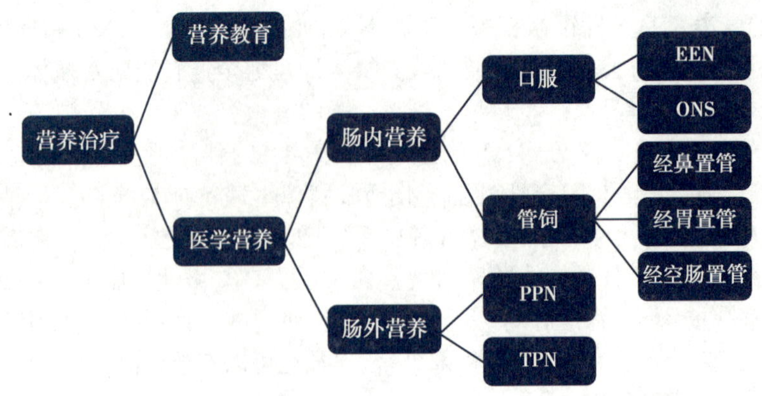

图 7-1-3 营养治疗方法

注:EEN,exclusive enteral nutrition,单独肠内营养;ONS,oral nutritional supplement,口服营养补充;PPN,partial parenteral nutrition,部分肠外营养;TPN,total parenteral nutrition,全肠外营养。

(三) 营养不良的治疗原则

规范的营养治疗应遵循五阶梯治疗原则:首先选择营养教育,然后依次向上晋级选择口服营养补充(oral nutritional supplement,ONS)、全肠内营养(total enteral nutrition,TEN)、部分肠外营养(partial parenteral nutrition,PPN)、全肠外营养(total parenteral nutrition,TPN)。参照 ESPEN 指南建议,当目前阶梯不能满足 60% 目标能量需求 3~5d(急危重症患者 2~3d)时,应该选择上一阶梯。遵循 4 个优先的原则,即营养教育优先、饮食优先、口服途径优先,肠内营养优先。不同营养治疗阶梯的切换或过渡要遵循 50% 的原则:即肠内营养可以满足 50% 目标需求时,可以逐步减少、停止肠外营养,同时逐渐增加肠内营养;膳食可以满足 50% 目标需求时,可以逐步减少、停止肠内营养,同时逐渐增加膳食。反之,不能满足 50% 目标需求时,不能减少或停止肠外营养、肠内营养。详见本书第九章。

(四) 营养治疗的类型

根据营养治疗的目的或性质,可以将营养治疗分为营养补充、精准营养治疗及代谢调节治疗。

1. **营养补充** 能量及营养素的供给是治疗所有各种类型营养不良的基础与前提。营养补充经历了一个发展过程,由一个极端:传统的深静脉 / 高能量[>40kcal/(kg·d)]向另外一个极端:低蛋白[<0.5~0.8kcal/(kg·d)]/ 低能量[10~20kcal/(kg·d)]转变。研究发现,单纯能量达标而蛋白质未达标,不能降低死亡率。低氮、低能量营养带来的能量赤字及负氮平衡,高能量营养带来的高代谢负担均不利于患者。目前营养补充已经趋向理性——强调目标需要量。单独营养供给可以有效治疗没有炎症,甚至轻、中度炎症的营养不良,逆转其病理生理进程,改善临床结局。

2. **精准营养治疗** 精准的营养治疗始于精准的营养诊断,随着对营养不良原因、类型及后果的研究分析,现代营养不良的治疗应该实施靶向营养治疗或精准营养治疗。肿瘤患者外源性补充谷氨酰胺(glutamine,Gln)一直是一个有争议的问题。一方面,大剂量补充 Gln 可以增强细胞免疫功能,降低放化疗不良反应;另一方面,Gln 在肿瘤细胞的能量形成、氧化还原稳定、大分子合成及信号转导等发挥多方面的作用,阻断 Gln 代谢,可以抑制肿瘤细胞的生长。研究发现:*MYC* 基因驱动的肿瘤高度依赖 Gln,所以对于 *MYC* 基因驱动类肿瘤患者来说,补充 Gln 可能不利。肿瘤细胞通过谷氨酸脱氢酶及氨基转移酶两条通路将谷氨酸盐代谢为 α- 酮戊二酸,其中氨基转移酶通路表现出更强的生物合成及促进肿瘤生长表型。提示对以氨基转移酶通路为优势代谢的肿瘤患者来说,补充 Gln 可能反而促进肿瘤生长。维生素 D 受体基因 *Bsm1* 多态性影响肌肉功能,携带 B 基因较携带 b 基因的老人有更高的跌倒风险,因而携带 B 基因的患者是维生素 D 治疗的最佳获益人群。

3. **代谢调节治疗** 对伴随严重炎症反应、代谢紊乱的营养不良患者,单独的营养供给常常难以取得满意疗效,需要联合药物治疗或选择药理营养素,调节异常代谢、控制炎症反应。代谢调节治疗

(metabolic modulation therapy，MMT)是一种全新的治疗方法，通过不同手段调节正常细胞代谢、干扰异常细胞代谢，从而达到预防和治疗疾病的目的。这些手段包括营养素调节、能量调节、营养途径调节、药物调节、手术调节、运动调节、心理调节、生物反馈调节。

(五) 制剂选择

1. **肠内营养制剂**　首选普通配方，合并显著代谢紊乱的患者常常需要选择疾病特异性配方，如肿瘤、糖尿病、慢性肝病、慢性肾脏病患者。

2. **糖/脂肪比例**　生理条件下，非蛋白质能量的分配一般为葡萄糖/脂肪 =60%~70%/40%~30%。严重感染、严重创伤(包括大手术)、合并糖尿病及荷瘤状态下，尤其是进展期肿瘤患者，推荐高脂肪低碳水化合物配方，二者比例可以达到 1∶1，甚至脂肪供能更多。

3. **脂肪酸制剂**　中长链脂肪乳剂可能更加适合严重感染、严重创伤及肿瘤患者，尤其是肝功能障碍患者。ω-9 单不饱和脂肪酸具有免疫中性及低致炎症反应特征。ω-3 多不饱和脂肪酸(ω-3 polyunsaturated fatty acid，ω-3 PUFA)包括十八碳三烯酸(α-linolenic acid，ALA，α- 亚麻酸)、二十碳五烯酸(eicosapentaenoic acid，EPA)、二十二碳六烯酸(docosahexaenoic acid，DHA)，有助于降低心血管疾病风险、抑制炎症反应。ESPEN 推荐：EPA+DHA ≥ 1.5g/L，EPA/DHA 为 60%~70%/40%~30%。

4. **蛋白质/氨基酸制剂**　整蛋白型制剂适用于绝大多数疾病患者。短肽是蛋白质的主要吸收形式，短肽制剂无须消化，吸收较快，对消化功能受损伤的患者，如手术后早期、放化疗、老年患者可能有益。含有 35% 以上支链氨基酸(branched chain amino acid，BCAA)的氨基酸制剂被很多专家推荐用于肿瘤患者，认为可以改善肿瘤患者的肌肉减少，维护肝脏功能，平衡芳香族氨基酸，改善厌食与早饱症状。

5. **药理(免疫)营养**　在肿瘤患者营养配方中添加精氨酸、ω-3 脂肪酸、核苷酸等成分，组成免疫调节配方。较多的研究显示免疫调节配方对肿瘤患者有正面影响，一般推荐上述 3 种成分联合使用。

(六) 身体活动

身体活动(physical activity)，特别是运动是几乎所有疾病包括恶性肿瘤预防和治疗的最有效措施之一，不仅具有显著的临床效果，而且具有显著的卫生经济学效益，对肿瘤本身及其合并症如营养不良、肌肉减少症乃至恶病质具有重要的预防和治疗作用。

对绝大多数肿瘤患者来说，最简单但非常有效的运动是晚饭后快步走。国人最重要的一顿饭是晚饭，吃得最好，也吃得最多，所以要选择晚饭后。晚饭后走路的基本要求有 3 个：一是快，步速要快，普通散步作用不大；二是长，时间不能短于 30min，否则难以达到效果；三是汗，最好要出汗，至少要求有微汗。

(石汉平)

第二节　恶　病　质

恶病质(cachexia)是一种由多因素导致的、以骨骼肌进行性下降为特征，伴或不伴脂肪组织减少，不能被常规营养治疗完全逆转，且可导致多器官、多组织进行性功能障碍的一种多因素消耗综合征(wasting syndrome)，常见于慢性消耗性疾病，如肿瘤、获得性免疫缺陷综合征(acquired immunodeficiency syndrome，AIDS)、慢性心力衰竭(chronic heart failure，CHF)、慢性肾脏病(chronic kidney disease，CKD)、慢性阻塞性肺疾病(chronic obstructive pulmonary disease，COPD)、多发性硬化症及结核病等，而且是上述疾病的主要致死原因。据报道，30% 的良性疾病患者、50%~80% 的肿瘤患者死亡前出现恶病质；超过 20% 的肿瘤患者直接死于恶病质，超过 50% 的患者死亡时存在恶病质。

一、名词与定义

“cachexia”是一个后拉丁语名词，来源于希腊语名词“kachexia”，意义为“坏状态”（bad condition），是由两个词根 κακός kakos “bad（坏）”和ἕξι hexis “condition（状态）”组成的合成词。在国内科学技术文献乃至教科书中，cachexia 有“恶液质”“恶病质”两种不同的中文翻译。

“cachexia”在国际疾病分类（International Classification of Diseases，ICD）归于一种症状、体征、实验室及临床异常，是一种临床综合征，而不是一个独立的疾病。从希波克拉底时代算起，人类认识到恶病质的存在已经有 2 400 年历史，但国际上不同的主要词典对其解释差异很大。目前，现存的恶病质定义有以下 3 个不同类别。

第一类，包括身体与精神两方面的衰弱状态。

2003 年版“*Collins English Dictionary*”定义为任何慢性消耗性疾病造成的身体或精神衰弱状态；2008 年版“*The Gale Encyclopedia of Medicine*”定义为体力及脑力的恶劣状态、衰弱及营养不良；2012 年版“*Wordnet 3.0 Farlex Clipart Collection*”定义为慢性消耗性疾病造成的任何体力及智力的全面减弱。

第二类，仅包括身体的整体衰弱。

2009 年第 4 版“*The American Heritage® Dictionary of the English Language*”定义为慢性疾病过程中可能发生的体重丢失、肌肉消耗、食欲下降以及身体衰弱；2010 年版“*Random House Kernerman Webster's College Dictionary*”定义为与疾病相关的整体衰弱病态；最新“*Merriam-webster online dictionary*”定义为与慢性疾病相关的全身消耗和营养不良。

第三类，重点强调肌肉丢失及其功能障碍。

最新维基百科定义为非主动减重者的体重丢失、肌肉萎缩、乏力、衰弱及严重食欲下降。2008 年，Evans WJ 等提出了恶病质的国际专家共识定义：恶病质是与潜在疾病相关的复杂代谢综合征，其特点为肌肉丢失，伴随或者不伴随脂肪块的减少。突出的临床表现为体重进行性下降（成年人需除外液体潴留）或生长发育迟缓（儿童需除外内分泌综合征）。2011 年发布的恶病质国际专家共识中，将肿瘤恶病质（cancer cachexia）定义为以骨骼肌持续下降为特征的多因素综合征，伴随或不伴随脂肪减少，不能被常规的营养治疗逆转，最终导致进行性功能障碍。目前人们广泛采用此类定义，其病理生理特征为是由摄食减少、代谢异常等因素综合作用引起的蛋白质及能量负平衡。

当前，中国抗癌协会建议的恶病质定义为：与潜在疾病相关的，以骨骼肌持续下降为特征，不能被常规营养治疗逆转，最终导致进行性身体或精神障碍的多因素综合征。

二、发病特征与死亡率

恶病质是一种被严重低估、远未被认知的严重临床综合征，尽管不同研究报告的发病率因恶病质的定义及诊断标准不同而异，但总体呈上升趋势。首先，恶病质的发病率存在地区差异，发达国家和地区如北美、欧洲、日本，目前的发病率约为 1%；2007 年美国报告，恶病质是 14 个最常见的诊断编码之一（即 14 个最常见的住院诊断之一）；亚洲的恶病质发病率相对较低，但也在逐渐上升中。其次，恶病质的人群分布存在特点：男性多于女性，老人及儿童多于成年人。再者，不同原发病导致恶病质的发生率不同，从 CHF 和 COPD 的 5%~15% 到进展期肿瘤的 60%~80%。Farkas J 等列举了几种常见疾病的恶病质发病率，见表 7-2-1。

表 7-2-1　不同疾病的恶病质发病率

疾病	发病率 /%
肿瘤	28~57
CHF	16~42

续表

疾病	发病率 /%
CKD	30~60
COPD	27~35
风湿性关节炎	18~67
AIDS	10~35

注：CHF，chronic heart failure，慢性心力衰竭；CKD，chronic kidney disease，慢性肾脏病；COPD，chronic obstructive pulmonary disease，慢性阻塞性肺疾病；AIDS，acquired immunodeficiency syndrome，获得性免疫缺陷综合征。译自 Farkas J，von Haehling S，Kalantar-Zadeh K，et al.Cachexia as a major public health problem：frequent，costly，and deadly.J Cachexia Sarcopenia Muscle，2013，4（3）：173-178。

据研究报告，美国继发于所有疾病的恶病质患者总数超过 500 万人，分布情况见表 7-2-2。按发病患者绝对数多少排序，最常见的恶病质类型为 COPD 恶病质、心脏病恶病质及肿瘤恶病质。

表 7-2-2　美国不同疾病的恶病质发病情况

疾病	病例人数	恶病质 /%	需要治疗的恶病质人数
COPD	16 000 000	20	3 200 000
CHF	4 800 000	20	960 000
恶性肿瘤	1 368 000	30	410 400
AIDS	900 000	35	315 000
风湿性关节炎	2 100 000	10	210 000
CKD	375 000	40	150 000

肿瘤恶病质的发病有其独有特征。研究显示，与肿瘤非恶病质患者相比，肿瘤恶病质患者年龄更大，平均年龄大 2.8 岁，男性肿瘤患者发生恶病质比例更高。此外，肿瘤恶病质患者的肿瘤分期较晚，远处转移较多，合并症较多，最常见的合并症为冠心病、心力衰竭、高血压及 COPD。由于各国家及地区的肿瘤发病谱不一样，其恶病质患者的组成也会有较大差异。尽管乳腺癌的恶病质发病率最低，仅为 0.8%，但由于美国乳腺癌的患者总数庞大，其恶病质患者数量因而占全部恶病质的首位，达 26.5%。而胰腺癌、胃癌、食管癌虽然恶病质发生率很高，占前 3 位，但由于美国这些肿瘤的发病率低，其恶病质患者数量实际上少于乳腺癌。肺癌是美国第一肿瘤死亡原因，前列腺癌、乳腺癌分别是美国男性、女性最常见恶性肿瘤，它们也是最大的恶病质人群，三者加起来占全部恶病质患者总数的 72.5%（图 7-2-1）。

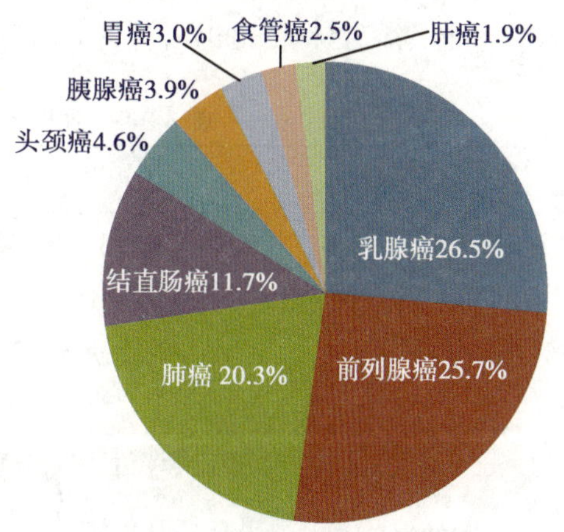

图 7-2-1　美国肿瘤恶病质患者中不同肿瘤的分布情况（n=1 975）

注：本图数据来自 Fox KM，Brooks JM，Gandra SR，et al.Estimation of Cachexia among Cancer Patients Based on Four Definitions.J Oncol，2009，2009：693458. 本图说明在肿瘤恶病质患者中，乳腺癌、前列腺癌、肺癌患者占绝大多数。

恶病质的死亡率因原发病不同而异，COPD 为 10%~15%，CHF 及 CKD 为 20%~30%，恶性肿瘤高达 80%。每年有 200 万肿瘤患者死于恶病质，相当于每 15 秒就有 1 个肿瘤患者死于恶病质。当患者的体重丢失大于平时稳定体重的 30% 时，死亡开始出现，而且不可避免。

三、恶病质诊断与分期

恶病质诊断的三要素为潜在疾病、代谢变化及营养素摄取减少，患者突出的症状是食欲下降，突出的表现是体重下降。恶病质的有效治疗取决于早期发现，而早期发现的重要途径是筛查。

(一) 恶病质筛查

临床上，对任何非自主性体重丢失，以及导致摄食减少的任何非自主性原因都要认真排查，以期早期发现恶病质。询问患者4个极其简单的问题：①您最近一个月吃饭是否经常厌食？②您最近一个月吃饭是否经常减少？③您最近一个月体重是否下降？④您最近一个月体能是否下降(走路是否经常变慢)？常常可以获得恶病质的重要信息。恶病质的诊断性筛查需要一个简便、实用、高效而经济的筛查套餐，需包括病史、症状、体征、体格检查、实验室检查、人体成分分析及器械检查。欧洲进展期肿瘤患者实用临床恶病质指南(clinical practice guideline on cancer cachexia in advanced cancer patients)推荐的恶病质筛查套餐如表7-2-3。

表7-2-3 欧洲肿瘤恶病质指南推荐的恶病质筛查套餐

方法	内容
主观症状	厌食、早饱、恶心、呕吐、味觉及嗅觉异常、其他胃肠道症状、衰弱、疾病相关负担、一般情况
病史	体重变化、体重丢失的速度，目前摄食量是平常摄食量的百分数
临床检查	检查口腔、腹部、水合状态、水肿，体重及自我感受体能状况
实验室检查	CRP、血糖谱、睾酮
活动监测	体能状态(ECOG PS或KPS)、握力测定、身体活动记录
人体成分	横断层面成像(CT或MRI)、DEXA、人体测量(上臂中点肌肉面积)、BIA

注：CRP，C-reactive protein，C反应蛋白；ECOG PS，Eastern Cooperative Oncology Group Performance Status，东部肿瘤协作组体能状况评分；KPS，Karnofsky performance status，卡氏体能状况评分；DEXA，dual energy X-ray absorptiometry，双能X射线吸收法；BIA，bioelectrical impedance analysis，生物电阻抗分析。

此外，该指南还特别针对患者的症状与体征提出了一个四维度的评估方法，包括储备(storage)、摄入(intake)、潜力(potential)及体能(performance)，即SIPP方法，见表7-2-4，其工作表见表7-2-5。

表7-2-4 肿瘤患者恶病质症状与体征的SIPP评价法

项目	内容
储备(storage)	评估目前体重与平时体重的差值、体重丢失的速度、体重丢失量(液体潴留、肥胖校正)、特殊营养素缺乏
摄入(intake)	评估厌食、早饱、恶心、呕吐、味觉及嗅觉异常、其他胃肠道症状，目前摄食量占平时摄食量的比例，近1~2天的饮食记录
潜力(potential)	评估肿瘤(分解代谢)情况、CRP
体能(performance)	评估体能状况、恶病质相关苦痛、预后预测

注：SIPP，storage，intake，potential，performance，储备、摄入、潜力、体能；CRP，C-reactive protein，C反应蛋白。

(二) 诊断标准

恶病质的诊断标准一直在变化之中，总的趋势是逐渐放宽，已由原来的一种疾病终末状态变为一个临床上较为常见的疾病状态。恶病质诊断标准的前移，可能使更多的患者符合恶病质诊断，更使得恶病质成为一种可提前预防和治疗的疾病。

表 7-2-5 肿瘤恶病质症状与体征 SIPP 评价工作表

项目	内容	评价
S	BMI	kg/m^2
	非自主性体重丢失	%
	体重丢失进程	月
I	% 平常摄食量	%
	厌食	VAS 评分
	味觉 / 嗅觉异常	是 否
	早饱	是 否
	胃肠动力障碍	是 否
	继发性营养障碍症状	无 中度 高度
P	肿瘤(代谢)活性	低 高
	CRP	mg/L
P	KPS	%
	恶病质相关苦痛	无 中度 高度

注:BMI,body mass index,体重指数;VAS,visual analogue scale,视觉模拟评分法;KPS,Karnofsky performance status,卡氏体能状况评分。

1. **2008 年标准** 2008 年 Evans WJ 等国际专家共识提出了恶病质的诊断标准,见表 7-2-6。

表 7-2-6 2008 年恶病质诊断标准国际专家共识

1. 慢性疾病,加
2. 12 个月内体重下降 ≥ 5% 或 BMI<20kg/m²,加
3. 其他特征(下列至少 3 项) (1)肌力下降(最低下限); (2)疲劳(乏力); (3)厌食; (4)去脂体重指数(fat-free mass index)低; (5)生化检查异常:炎症,CRP>5.0mg/L,IL-6>4.0pg/ml;贫血,Hb<120g/L;低白蛋白,Alb<35g/L
恶病质 =1+2+3(任何 3 项)

注:Alb,albumin,白蛋白;Hb,haemoglobin,血红蛋白;CRP,C-reactive protein,C 反应蛋白;IL-6,interleukin,白介素 -6 ;BMI,body mass index,体重指数。

特别说明:

(1)在诊断恶病质前,应该排除饥饿(绝食)、吸收不良、原发性抑郁症、甲状腺功能亢进以及老化性肌肉丢失。

(2)无水肿。

(3)肌力下降:指肌力处于正常人群下 1/3 中。

(4)无体重丢失数据时,采用 BMI<20.0kg/m²(国人采用 BMI<18.5kg/m²)。

(5)疲劳(乏力):定义为体力活动或脑力专注后体力的疲倦和 / 或脑力的困乏。不能继续进行相同强度的活动,并且表现不佳。

(6)厌食:指摄食不足[能量摄入<20kcal/(kg·d)或<70% 平时摄入量]或食欲不佳。

(7)去脂体重减少(瘦体重减少):指上臂中点肌肉围处于相同性别及相同年龄正常人上臂中点肌

肉围的最低 10 个百分位。双能 X 射线吸收法（dual energy X-ray absorptiometry，DEXA）测得的四肢骨骼肌量指数（appendicular skeletal muscle index，ASMI）为<7.26kg/m²（男性），<5.45kg/m²（女性）。

2. **2011 年标准**　2011 年 Fearon K 等国际专家共识提出了肿瘤恶病质的诊断标准：①无节食条件下，6 个月内体重下降>5%；或②体重指数（BMI）<20kg/m²（国人<18.5kg/m²）及同时伴有任何程度的体重下降>2%；或③四肢骨骼肌量指数（ASMI）符合肌肉减少症标准（男性<7.26kg/m²，女性<5.45kg/m²）及任何程度的体重下降>2%。

特别说明：骨骼肌丢失量的评判应该参考相同年龄、相同性别的正常人参考值。但由于正常人参考值的缺乏，达成共识的原则是绝对肌肉量（absolute mascularity）低于正常人的第 5 个百分位，即可定义为肌肉减少。可采用以下方式来判断骨骼肌的减少：上臂中点肌肉面积，男性<32cm²，女性<28cm²；DEXA 四肢骨骼肌量指数，男性<7.26kg/m²，女性<5.45kg/m²；CT 测量腰大肌横截面，男性<55cm²/m²，女性<39cm²/m²；生物电阻抗分析（BIA）测量身体去脂肪体重（骨骼除外），男性<14.6kg/m²，女性<11.4kg/m²；在有液体潴留、巨大肿瘤及肥胖（超重）情况下，推荐直接测量肌肉量。

3. **2020 年中国标准**　2020 年中国专家提出了中国版本恶病质诊断标准：①现患疾病，尤其是慢性消耗性疾病、急危重病；② 6 个月内非自主性体重丢失>5% 或 BMI<18.5kg/m² 和任何时间的体重丢失>2%；③任何程度的持续的厌食或摄食减少；④任何程度的骨骼肌减少或持续的骨骼肌功能下降；⑤ C 反应蛋白（C-reactive protein，CRP）、肿瘤坏死因子（tumor necrosis factor，TNF）、白介素 -1（interleukin-1，IL-1）、白介素 -6（interleukin-6，IL-6）任何一项升高。第①②条为主要诊断标准，必须同时具备；第③④⑤条为辅助诊断标准，必须符合其中之二。

特别说明：骨骼肌量检测可使用任何现有的人体成分分析法，如 BIA、CT、MRI、DEXA、超声波；不具备条件时可采用体格检查，如骨间肌（包括太阳穴的凹陷程度、示指与拇指对捏时的虎口凹陷程度），或人体测量，如小腿围、上臂中点围；骨骼肌功能检查可使用下述任何一项，如握力、起坐试验、步速、6 分钟步行试验、SARC-F（力量、行走、起身、爬楼及跌倒问卷）；对于超重 / 肥胖患者，测量体重可能高估恶病质的发生率；而对于水肿（如恶性胸、腹腔积液）或不断增大的肿瘤而导致体重增加的患者，测量体重可能低估恶病质的发生率，二者均需要校正。"持续" 定义为连续 2 周及以上。

（三）分期

恶病质的正确分期对其诊断和精准治疗至关重要。临床上按照病程将恶病质分为 3 期，即：恶病质前期、恶病质期、恶病质难治期。2011 年肿瘤恶病质分期国际共识（表 7-2-7），但该分期在临床上难以操作。于世英教授团队发明了一个快速诊断的恶病质分期评分表（cachexia staging score，CSS），见表 7-2-8，总共 12 分，累计得分：0~2 分，无恶病质；3~4 分，恶病质前期；5~8 分，恶病质期；9~12 分，恶病质难治期。与传统方法相比，恶病质分期评分表的临床区分能力更强，预后预测更准确，操作更为简便。

表 7-2-7　2011 年肿瘤恶病质分期国际共识

分期	诊断标准
恶病质前期	6 个月内非自主性体重减轻≤5%；厌食和代谢改变
恶病质期	6 个月内非自主性体重减轻>5% 或 BMI<18.5kg/m² 和体重减轻>2% 或肌肉减少（四肢骨骼肌量指数符合肌肉减少症诊断标准，男性<7.26kg/m²；女性<5.45kg/m²）同时体重减轻>2%；常有食物摄入减少或系统性炎症
恶病质难治期	不同程度的恶病质；分解代谢活跃、肿瘤持续进展、对治疗无反应；低体能状态评分；预期生存期<3 个月

表 7-2-8　恶病质分期评分表(于世英教授团队发明)

参数	评价标准	计分
6 个月内体重丢失	体重稳定或增加	0
	体重丢失 ≤ 5%	1
	5%<体重丢失 ≤ 15%	2
	体重丢失 > 15%	3
SARC-F	0	0
	1~3	1
	4~6	2
	7~10	3
ECOG PS	0	0
	1~2	1
	3~4	2
食欲下降(0~10)	0~3	0
	4~6	1
	7~10	2
化验异常：① Alb<35g/L；② WBC>10×10^9/L；③ Hb<120g/L(男性),Hb<110g/L(女性)	全部正常	0
	1 项异常	1
	1 项以上异常	2

注：SARC-F, the questionnaire strength, assistance with walking, rising from chair, climbing stairs and falls, 力量、行走、起身、爬楼及跌倒问卷；ECOG PS, Eastern cooperative oncology group performance status, 东部肿瘤协作组体能状况评分；Alb, albumin, 白蛋白；WBC, white blood cell, 白细胞；Hb, haemoglobin, 血红蛋白。

四、恶病质分类

恶病质是人体在原发疾病基础上出现的显著消瘦、贫血、精神衰颓等全身机能衰竭状态，按原发疾病性质和类型，恶病质有不同的分类方法。

(一) 按原发疾病性质分类

根据原发疾病的良、恶性，可以将恶病质分为良性疾病恶病质和恶性肿瘤恶病质，二者差别显著，主要差别在于原发疾病的性质及其病理生理。

1. **良性疾病恶病质**　各种良性疾病的终末期常出现恶病质，尤其是心、肺、肝、肾等重要生命器官的疾病更容易导致恶病质。在美国，COPD 恶病质、心脏恶病质的发病人数分别居第 1、2 位。另外，慢性感染如结核病、AIDS 等慢性消耗性疾病也是导致恶病质的另一重要原因。

2. **恶性肿瘤恶病质**　恶性肿瘤导致的恶病质是目前临床上关注的重点问题，各种恶性肿瘤均可导致恶病质，但临床上以消化系统肿瘤，尤其是上消化道肿瘤、胰腺肿瘤引起的恶病质最为常见，见图 7-2-1。恶性肿瘤又分为实体肿瘤与非实体(血液)肿瘤两类。总体上，实体肿瘤(除外乳腺癌、甲状腺癌)更容易发生恶病质，而血液肿瘤恶病质发病率比较低。二者导致的恶病质也有一些差异，血液肿瘤恶病质患者白蛋白下降较少，白蛋白水平高于实体肿瘤患者；实体肿瘤患者体重下降较多，二者有显著差异，见表 7-2-9。

恶性肿瘤恶病质与良性疾病恶病质的一个重要区别在于，恶性肿瘤本身产生的各种代谢因子，如脂肪动员因子(lipid mobilizing factor, LMF)、蛋白水解诱导因子(proteolysis-inducing factor, PIF)及其导致的代谢变化，而良性疾病恶病质缺乏或较少有这些代谢因子的参与，见图 7-2-2。

表 7-2-9 实体肿瘤与血液肿瘤恶病质区别

内容	实体肿瘤	血液肿瘤
恶病质发生率	高	低
体重丢失	多	少
营养不良	多	少
能量摄入下降	显著	不显著
低蛋白血症	多	少

(二) 按原发疾病类型分类

恶病质可见于多种急性、慢性消耗性疾病或状态，如肿瘤、AIDS、COPD、多发性硬化、充血性心力衰竭、家族性淀粉样多神经病变(familial amyloid polyneuropathy)、风湿性关节炎、脑卒中、慢性肾脏病、阿尔茨海默病、囊性纤维化、汞中毒、激素缺乏、肝硬化、克罗恩病、严重创伤、手术后、吸收不良、败血症、结核病、梅毒、疟疾等。因此，临床上有不同名称，如肿瘤恶病质、心脏恶病质、卵巢缺失性恶病质(cachexia ovariopriva)、肺恶病质(pulmonary cachexia)、疟疾恶病质(malarial cachexia)、垂体恶病质(pituitary cachexia)及肾脏恶病质。

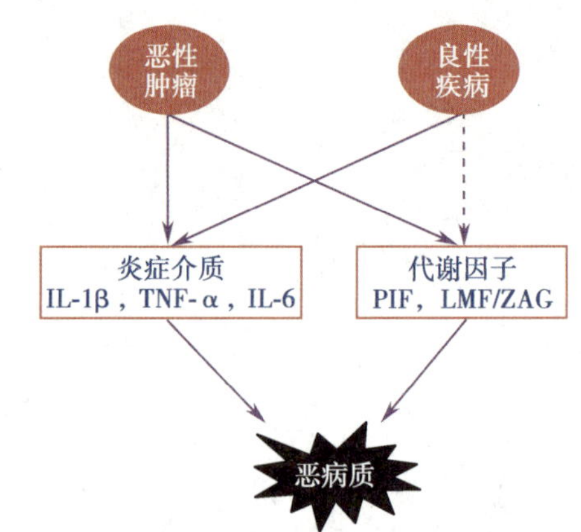

图 7-2-2 良性疾病与恶性肿瘤恶病质的发病机制

注：LMF，lipid mobilizing factor，脂肪动员因子；PIF，proteolysis-inducing factor，蛋白水解诱导因子；TNF-α，tumor necrosis factor-α，肿瘤坏死因子-α；IL-1β，interleukin-1β，白介素-1β；IL-6，interleukin-6，白介素-6；ZAG，Zn-alpha2-glycoprotein，锌-α2-糖蛋白。

五、治疗原则

由于恶病质尤其是肿瘤恶病质必然导致不良预后，所以恶病质治疗的目的在于改善症状，提高生活质量，而不是逆转疾病进程。理想的恶病质治疗是要降低炎症细胞因子水平，提高瘦体重、生活质量及体能状况，改善静息能量消耗(resting energy expenditure，REE)、乏力和厌食。由于肿瘤恶病质的病理生理机制复杂，患者的代谢改变、摄入减少涉及肿瘤本身、肿瘤相关症状及治疗不良反应，所以肿瘤恶病质的治疗提倡多学科、多模式、多靶点、全方位干预，而不能局限于恶病质发病机制中的某一个途径。欧洲恶病质指南编委会专家一致支持采用最佳姑息治疗手段(如营养补充、食欲刺激、体力活动、症状管理等)应对难治性恶病质患者。

目前，没有任何一种广泛接受的特异性恶病质治疗药物。但有研究表明，孕酮(甲羟孕酮，medroxyprogesterone 或醋酸甲地孕酮，megestrol acetate，MA)，非甾体抗炎药(nonsteroidal anti-inflammatory drug，NSAID)如环氧合酶(cyclooxygenase，COX)，非特异性抑制剂布洛芬和 COX-2 特异性抑制剂塞来昔布，沙利度胺(thalidomide)，ω-3 脂肪酸包括二十碳五烯酸(eicosapentaenoic acid，EPA)，左旋肉碱(L-carnitine)，糖皮质激素，支链氨基酸(branched chain amino acid，BCAA)及 5-羟色胺 3(5-hydroxytryptamine 3，5-HT_3)受体拮抗剂(米氮平/奥氮平)等，可通过刺激食欲、抑制炎症、调节免疫或代谢等不同途径发挥作用，是恶病质临床治疗的常用药物。联合用药比单独用药好。所以，在恶病质治疗过程中提倡多药联合使用。

恶病质是一种以严重蛋白质型营养不良为突出表现的临床综合征，病理生理机制复杂，治疗涉及多方面。多学科、多模式治疗不仅是肿瘤恶病质的治疗原则，也是治疗良性疾病恶病质应遵循的原则。

(一) 原发病治疗

原发病是恶病质发生的始动因素，只有祛除原发病，才能从根本上预防恶病质的发生，或改善恶病质的转归。所以，恶病质的最佳治疗方法及首要措施是治疗原发病，如恶性肿瘤。原发病的早期发现与早期治疗特别重要，减少恶病质的发生才是恶病质的最好治疗方案。

（二）症状管理

恶病质患者常合并多种症状，如疼痛、口干、恶心、呕吐、胃轻瘫、腹胀、早饱、便秘及情绪异常（抑郁）等，严重影响患者的食欲和摄食，加重营养不良及恶病质。因此，症状管理应该成为恶病质临床治疗的基础内容。甲氧氯普胺 10mg，每 4 小时一次（清醒患者最大用量可达 120mg/d）可有效治疗胃轻瘫。布洛芬、ω-3 多不饱和脂肪酸（ω-3 polyunsaturated fatty acid，ω-3 PUFA）及 β 受体拮抗剂在临床前研究中显示可降低 REE、增加摄食量及体重。

（三）营养治疗

营养不良是恶病质的一个重要特征，纠正营养不良的意义重大。营养治疗同样遵循五阶梯营养治疗模式，即营养教育、口服营养补充（oral nutritional supplement，ONS）、全肠内营养（total enteral nutrition，TEN）、部分肠外营养（partial parenteral nutrition，PPN）、全肠外营养（total parenteral nutrition，TPN）。目前推荐使用高能量密度（>1.0kcal/ml）、高蛋白质比例[>1.2g/（kg·d）]、高 EPA（2.0g/d）的"三高"营养治疗模式。研究证明，高能量、小分量、多餐次、多聚餐（朋友聚餐）等可显著增加营养摄入量。由于单纯增加能量摄入不能逆转恶病质进程，推荐使用富含优质蛋白质、高支链氨基酸（>35%，特别是亮氨酸）比例、高 ω-3 PUFA、富含微量营养素（维生素、微量元素）的特殊配方制剂。推荐在餐间补充特殊医学用途配方食品（FSMP），即 ONS，但是不推荐以 FSMP 代替日常食物。

（四）免疫调控

免疫功能紊乱是恶病质的又一个临床特征，表现为免疫过激与免疫过抑并存。免疫营养素又称药理营养素，在恶病质患者中的作用受到重视。富含优质蛋白、亮氨酸、鱼油的肠内营养剂可改善肌肉功能、体力活动能力及免疫反应功能。联合使用谷氨酰胺（14g/d）、β-羟基 β-甲基丁酸盐（β-hydroxy β-methyl butyrate，HMB）（3g/d）及精氨酸（3g/d）可以增加进展期肿瘤患者的瘦体重。

（五）代谢调节

代谢异常是肿瘤及其恶病质的一个特征，预测在不久的将来，代谢调节可能成为肿瘤及其恶病质治疗的一个重要手段。

补充外源性氨基酸可为机体提供蛋白质合成原料，为肌肉（蛋白质）代谢及糖异生提供底物，从而发挥肌肉蛋白质节约作用，防止肌肉分解。亮氨酸的代谢产物 HMβ 可以通过修饰核因子 κB（nuclear factor-κB，NF-κB）的表达预防恶病质的发生，同时促进骨骼肌合成。

肉碱是长链脂肪酸进入线粒体进行氧化供能的必需物质，在脂肪代谢中发挥关键作用，并表现出强烈的抗氧化、抗炎症特性。肉碱（4g/d）可改善恶病质患者的疲劳、肌肉无力、生活质量甚至生存时间。

肿瘤细胞糖代谢的一个特征是 Warburg 效应，即有氧条件下，肿瘤细胞倾向于将葡萄糖代谢为乳酸（有氧糖酵解），故减少葡萄糖供给成为荷瘤患者的重要治疗原则。二氯乙酸盐（dichloroacetate，DCA）可激活丙酮酸脱氢酶，刺激丙酮酸进入线粒体，进而经三羧酸循环供能，促进氧化磷酸化，抑制糖酵解，可能成为潜在治疗药物。

维生素 B_1 的主要磷酸化衍生物硫胺素焦磷酸（thiamine pyrophosphate，TPP）作为丙酮酸脱氢酶复合物的重要组成成分，参与氧化脱羧作用。大剂量维生素 B_1（摄入量大于推荐剂量的 75 倍）显示出强烈的抗增殖效应，同时促进肿瘤细胞凋亡。

（六）抑制炎症

炎症反应不仅是恶性肿瘤患者生理功能障碍，也是其心理压抑的重要原因。抗炎治疗不仅可改善患者的生理状况，而且可改善其心理状态，显著降低抑郁发生率。

沙利度胺可抑制 TNF-α 的产生，并降低已经升高的 TNF-α 血液浓度，改善恶病质患者的瘦体重。NSAID 是一类通过抑制 COX-1、COX-2 起到抗炎作用，其中选择性 COX-2 抑制剂，包括塞来昔布

(200mg,每日 2 次)、罗非昔布等对 COX-2 具有显著的抑制作用,而对 COX-1 的抑制作用较小,可避免传统 NSAID 的胃肠道出血等不良反应的发生。

(七) 氧化修饰

研究显示,肿瘤患者处于低抗氧化状态、高氧化应激水平。氧化反应损伤是恶病质的重要发病因素。一项Ⅱ期临床研究发现:抗氧化剂、药理营养素、孕酮及 COX-2 抑制剂联合应用治疗不同肿瘤恶病质是安全、有效的。目前许多上市的抗肿瘤药物,如大剂量维生素 C、三氧化二砷和放疗技术,可通过增加细胞内活性氧类(reactive oxygen species,ROS)诱导肿瘤细胞凋亡;化疗药多柔比星(doxorubicin,DOX)可通过产生 H_2O_2 介导细胞凋亡;黄嘌呤氧化酶(xanthine oxidase,XO)抑制剂——别嘌醇(活性更强)通过 ROS 增加摄食量、提高自主活动能力,从而改善临床结局,延长患者的生存时间。

(八) 刺激食欲

厌食、早饱等多种原因导致的摄入减少是恶病质的重要发病原因。食欲刺激剂,如胃饥饿素(生长激素释放肽,ghrelin)可改善食欲,保障营养摄入;5-HT_3 拮抗剂、糖皮质激素(泼尼松 20~40mg/d 或地塞米松 3~4mg/d)、雄激素(睾酮)和孕激素(孕酮)及其类似物均可逆转体重下降,但难以逆转肌肉丢失;医用大麻在美国一些州被批准使用,但是屈大麻酚的作用有待进一步验证;选择性雄激素受体调节剂的初步研究提示,其可显著提高瘦体重,且氟甲睾酮(fluoxymesterone)的不良反应小于醋酸甲地孕酮和地塞米松。尽管如此,使用食欲刺激剂一定要权衡利弊,选择最小有效剂量。

(石汉平)

第三节　肌肉减少症

人体老化的显著表现之一就是肌肉质量减少、肌力下降。50 岁以后人体肌肉质量每年下降 1%~2%、肌力每年下降约 1.5%,60 岁后肌力每年下降 3%,70 岁时人体肌肉质量较青年时期约下降 40%。为了描述这种年龄相关性肌肉衰减,1988 年在美国新墨西哥州阿尔伯克基召开的老年营养与健康评估专题讨论会上,波士顿塔夫茨大学的 Rosenberg IH 提出两个名词"sarcomalacia"或"sarcopenia",比较而言,他认为"sarcopenia"更好。1991 年,Evans WJ 和 Rosenberg IH 在其专著"*Biomarkers:The Ten Determinants of Aging You Can Control*"(New York,Simon &.Schuster)中正式提出了肌肉减少症(sarcopenia)的概念。2016 年,肌肉减少症被正式纳入国际疾病分类第 10 版本(The tenth revision of International Classification of Diseases,ICD-10)中,标志着肌肉减少症被视作一种具有独特特征的疾病,而不再是老年病的一个伴随症状。

一、名词与定义

"sarcopenia"一词来源于希腊语,"sarx"指"flesh","penia"是"loss"。中文对"sarcopenia"有多种翻译,如肌肉减少症、肌衰症、肌减症、少肌症及肌少症等,中国抗癌协会肿瘤营养专业委员会建议统一采用"肌肉减少症"(表 7-3-1)。

表 7-3-1　sarcopenia 的中文翻译

现有翻译	中国抗癌协会肿瘤营养专业委员会推荐采用
少肌症、肌少症、肌减症、衰肌症、肌衰症、肌肉疏松症、肌肉衰减症、肌肉耗竭症、肌肉减少症	肌肉减少症,可以简称肌少症

肌肉减少症早期（原始）定义为与年龄增长相关的、肌肉量的过度减少。后来，研究发现肌肉减少症的关键在于肌力的下降，即活动能力下降（dynapenia），而非肌肉重量的减少。这一发现导致肌肉减少症的定义包含了肌力和身体功能的内涵。

2010 年，欧洲老人肌少症工作组（European Working Group on Sarcopenia in Older People，EWGSOP）将肌肉减少症定义为一种进行性、广泛性的骨骼肌质（重）量及力量下降，以及由此导致的身体残疾、生活质量降低及死亡等不良后果的综合征。

2019 年，EWGSOP 更新了肌肉减少症的定义，认为肌肉减少症是一种可能增加跌倒、骨折、身体残疾、死亡等不良后果可能性的进行性、全身性骨骼肌疾病，是一种急性或慢性肌肉衰竭，常见于老人，也可见于生命早期。以肌力下降为关键特征，检测肌肉数量和质量下降可以确立肌肉减少症的诊断，体力活动能力下降为严重肌肉减少症表现。

与 2010 年定义相比，2019 年定义更加强调肌力（muscle strength）或功能，把肌力下降看成是最重要的决定因素，取代了 2010 年的肌肉重量（muscle mass，简称肌量）减少，因为研究发现肌力比肌肉重量具有更好的不良预后预测能力。肌肉重量和肌肉质量下降可以诊断肌肉减少症，肌力下降（身体活动能力下降）则是严重肌肉减少症的表现。肌肉质量下降是指肌肉结构和组成成分的显微镜与肉眼观察到的变化。

二、发病情况

（一）流行病学

人类在其生命的第 2 个 10 年到第 7 个 10 年间，肌肉体积缩小 40%，肌力减低 30%，脂肪比重增加 15%；男性体内脂肪量由 18% 增加为 36%，女性体内脂肪量由 33% 增加为 44%。

因测定方法、调查人群以及诊断标准的不同，不同国家和地区报道的肌肉减少症发病率有较大差异。欧洲调查显示，肌肉减少症在社区居民发病率为 6.8%~12.5%，70 岁以上老人肌肉减少症患病率至少 20%，80 岁以上老人患病率 ≥ 50%。全球目前约有 5 000 万人罹患肌肉减少症，预计到 2050 年患此症的人数将高达 5 亿。亚洲社区老人的肌肉减少症患病率为 2.5%~45.7%，北京地区 80 岁以上老年人群中肌肉减少症发病率分别为 45.7%（RASM 值，relative skeletal muscle mass index，相对骨骼肌质量指数）和 53.2%（SMI% 值，skeletal muscle mass index，骨骼肌质量指数），董碧蓉团队调查的成都健康社区居民肌肉减少症患病率为 10.5%。由此可见，肌肉减少症将是未来面临的主要健康问题之一。

（二）发病机制

肌肉减少症是一种多因素疾病，病因按重要性排列如下：老化、疾病（炎症状况如器官功能障碍、恶性肿瘤、骨关节炎、神经系统疾病）、不活动（久坐行为、体力活动不足）及营养紊乱（营养不足、药物相关性厌食、营养过剩），见图 7-3-1。其核心病理生理学机制包括凋亡、蛋白水解、再生及蛋白质合成 4 方面，涉及致炎细胞因子、合成激素、去神经支配、线粒体功能及组织血供 5 个环节。发病机制涉及多方面：①缺乏运动：是肌肉减少症的首要危险因素。老人活动强度不足导致肌力下降，而肌肉无力又使活动能力进一步下降，最终肌量和肌力均下降。②激素及细胞因子失调：生长激素（growth hormone，GH）、睾酮、甲状腺激素、胰岛素样生长因子 1（insulin-like growth factor 1，IGF-1）水平下降均与年龄相关，并导致肌量及肌力的

图 7-3-1　肌肉减少症的发病原因及危险因素

下降。③蛋白质合成与再生减少：随着年龄增长，机体合成蛋白质的能力下降，再加上能量和 / 或蛋白质摄入减少，不足以维持肌量。另外，随着年龄增长，骨骼肌中蛋白氧化增多，脂褐素及交联蛋白堆积，导致无功能蛋白在骨骼肌中的积累，也是肌力明显下降的原因之一。④营养摄入不足：是导致肌肉萎缩的主要原因之一，缺乏蛋白质的饮食会引起以瘦体重减少为特征的补偿性反应。调查显示，超过 15% 的 60 岁以上老人每日蛋白质摄入量仅为推荐量的 75%，中国老年男性和女性中营养不良（低体重）患病率分别为 12.5% 和 12.2%。

（三）病理生理

人类老化过程中，体内无脂肪组织的减少几乎全部为肌肉重量的减少，非肌肉组织的减少微乎其微。肌纤维分为 Ⅰ 型、Ⅱ 型两种，Ⅰ 型肌纤维又称慢缩肌纤维（红肌），其收缩速度慢，力量小，但却能够持续很长时间不疲劳。Ⅱ 型肌纤维又称快缩肌纤维（白肌），具有力量与爆发力。65 岁左右的健康老人，Ⅰ 型 / Ⅱ 型纤维比例为 60/40，纤维的毛细血管密度（毛细血管 / 纤维）为 1.39。肌肉减少症患者的肌纤维减少，包括 Ⅰ 型肌纤维（慢肌）和 Ⅱ 型肌纤维（快肌）数量及肌肉细胞体积均减少，但 Ⅱ 型肌纤维减少更为明显。75 岁左右时 Ⅰ 型 / Ⅱ 型纤维比例为 40/60，纤维毛细血管密度为 1.08。老人的静态、动态力量均降低，但其动态力量即爆发力下降较明显。老人肌纤维以慢肌为主，最大肌力和爆发力较青年人均明显降低，因此不能完成类似举起重物等高负荷运动。肌肉的糖酵解能力无明显下降，但氧化酶活性、肌肉毛细血管化程度减低 25%。

三、诊断

（一）筛查

任何 ≥65 岁（国人建议 60 岁）的个人均应该常规接受肌肉减少症筛查，也有专家认为第一次肌肉减少症筛查应该始于 50 岁。筛查工具很多，以 SARC-F 调查问卷和 Ishii 公式较为常用，见表 7-3-2、表 7-3-3。

表 7-3-2 SARC-F 调查问卷

内容	问题	评分
strength（力量）	您举起并携带 4.5kg 的物品有困难吗？	没有困难 =0 有点困难 =1 很困难或不可能 =2
assistance in walking（行走辅助）	您行走穿越一栋房屋有困难吗？	没有困难 =0 有点困难 =1 很困难或不可能 =2
rise from a chair（从椅子上起立）	您从椅子或床上起身有困难吗？	没有困难 =0 有点困难 =1 很困难或不可能 =2
climb stairs（爬楼梯）	您爬 10 级楼梯有困难吗？	没有困难 =0 有点困难 =1 很困难或不可能 =2
falls（跌倒）	去年您跌倒多少次？	没有 =0 1~3 次 =1 ≥4 次 =2

注：SARC-F，the questionnaire strength，assistance with walking，rising from chair，climbing stairs and falls，力量、行走、起身、爬楼及跌倒问卷。

表 7-3-3　Ishii 肌肉减少症筛查公式

第一步	男性 =0.62×(年龄 -64)-3.09×(握力 -50)-4.64×(小腿围 -42) 女性 =0.80×(年龄 -64)-5.09×(握力 -34)-3.28×(小腿围 -42)
第二步	男性 =1/1［1+e(总分 /10-11.9)］; 女性 =1/1［1+e(总分 /10-12.5)］

（二）诊断流程

筛查与评估步骤如下：①先行步速测试，若步速≤0.8m/s，则进一步测评肌量；步速>0.8m/s 时，则进一步测评手部握力。②若静息情况下，优势手握力正常（男性握力>25kg，女性握力>18kg），则排除肌肉减少症；若肌力低于正常，则需要进一步测评肌量。③若肌量正常，则排除肌肉减少症；若肌量减少，则诊断为肌肉减少症（图 7-3-2）。

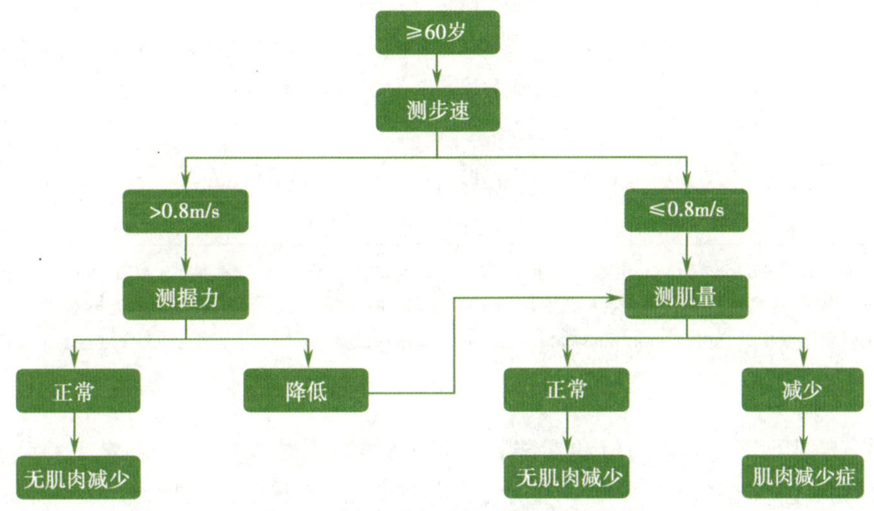

图 7-3-2　肌肉减少症筛查与评估流程图

注：握力，指优势手（利手）的握力。

由于老人常常存在营养问题，需要常规对老人同时进行营养风险评估，了解老人的食欲、咀嚼功能、饮食习惯、食物摄入量和体重的变化，以及是否存在其他影响进食的疾病，以便及早发现营养问题，及早干预，避免不良预后。可以使用微型营养评定简表（mini-nutritional assessment short-form，MNA-SF）对老人进行营养不良风险评估。

（三）诊断标准

肌肉减少症的临床表现主要体现在 3 方面：一是骨骼肌质量（mass）下降，二是骨骼肌肌力（muscle strength）减退，三是身体活动能力（physical performance）降低。2019 年 EWGSOP 提出的诊断标准，见表 7-3-4。

表 7-3-4　2019 年 EWGSOP 肌肉减少症的诊断标准

符合下面第 1 条，可以考虑肌肉减少症的诊断，可能是肌肉减少症；第 1 条加上第 2 条中的任何一条，可以确诊为肌肉减少症；符合下面第 3 条标准，为严重肌肉减少症
1. 肌力下降
2. 肌肉质量下降或重量减少
3. 身体活动能力下降

1. **肌力**　用握力或起坐试验（chair stand/rise test，5 次坐起）表示。

2. **肌肉重量或质量**　用 DEXA 测量四肢骨骼肌量指数（appendicular skeletal muscle index，

ASMI),或用 BIA 测量全身骨骼肌量指数(whole-body skeletal muscle mass,SMM)或 ASMM,或用 CT 或 MRI 测量第 3 腰椎肌肉横切面面积。

3. **身体活动能力** 用步速测量,或用简易机体功能评估法(short physical performance battery, SPPB)、起立 - 行走计时测试(timed up and go test,TUG)、400m 步行试验测量。

针对上述诊断标准的条目,国际上不同的重要学术组织提出的相关切点值见表 7-3-5。

表 7-3-5 三个国际肌肉减少症工作组提出的切点值

学术组织	肌肉重量(SMI)/(kg·m^{-2})	肌力(握力)	身体活动能力
EWGSOP	男性 ≤ 7.26	男性握力 < 30kg	SPPB ≤ 8
	女性 ≤ 5.5	女性握力 < 20kg	TUG ≥ 20s
		起坐试验	步速 < 0.8m/s
		起立 5 次 > 15s	400m 步行试验:不能走完或者 ≥ 6min 完成
IWGS	男性 ≤ 7.23	无数据	步速 < 1.0m/s
	女性 ≤ 5.67	无数据	
AWGS	男性 ≤ 7.00	男性握力 < 26kg	步速 < 0.8m/s
	女性 ≤ 5.40	女性握力 < 18kg	

注:EWGSOP,European Working Group on Sarcopenia in Older People,欧洲老人肌肉减少症工作组;IWGS,International Working Group on Sarcopenia,国际肌肉减少症工作组;AWGS,Asian Working Group for Sarcopenia,亚洲肌肉减少症工作组;SMI,skeletal muscle mass index,骨骼肌量指数;SPPB,short physical performance battery,简易机体功能评估法;TUG,timed up and go test,起立 - 行走计时测试。

不同种族、不同国家人群肌肉量和功能差异很大,给肌肉减少症的诊断带来了困难。上海庄成乐教授团队在国际上率先找出了适合中国人的肌肉减少症 CT 诊断标准切点值:骨骼肌面积,男性为 40.8cm^2/m^2,女性为 34.9cm^2/m^2;骨骼肌密度,男性为 38.5HU,女性为 38.6HU。该诊断标准已在肿瘤、危重症等患者人群中得到很好的应用。

四、分类、分期与预后

(一) 分类

根据发病原因,肌肉减少症可分为原发性肌肉减少症和继发性肌肉减少症。

1. **原发性肌肉减少症** 特指年龄相关性肌肉减少症,老化或衰老是原发因素。作为一种生理过程,肌肉丢失是不可预防、不可逆转、也是不可治愈的,但却是可以延缓、减轻的。合理运动及良好营养是肌肉丢失的减速或抑制因素。

2. **继发性肌肉减少症** 包括:①活动(行为)相关性肌肉减少症:与长期卧床、久坐、肌力失调或零肌力状态有关;②疾病相关性肌肉减少症:重要器官(心脏、肺、肝、肾、脑)功能衰竭、炎症、恶性肿瘤、内分泌疾病;③营养相关性肌肉减少症:能量和 / 或蛋白摄入不足、胃肠功能紊乱、厌食。疾病或不良行为既可以是原发因素,也可以是加速或促发因素。作为一种病理过程,肌肉丢失是可以预防、可以治愈、可以逆转的,原发病治疗是肌肉丢失的最好治疗方法。

(二) 分期

2010 年,EWGSOP 将肌肉减少症分为肌肉减少症前期、肌肉减少症及重度肌肉减少症 3 期,见表 7-3-6。

(三) 预后

骨骼肌既是运动器官,又是蛋白质储存库,还是主要的糖代谢组织。机体 60% 的蛋白质都以各种形式储存在骨骼肌内。在应激状态下,骨骼肌中的蛋白质被广泛地动员起来,分解为氨基酸,为免疫系统、肝脏合成急性期蛋白提供原料，其中又以谷氨酸为甚。因此，肌肉减少症对老人健康的影响是多方面的。

表 7-3-6 肌肉减少症的分级

分期	骨骼肌质量下降	骨骼肌力量下降	身体活动能力下降
肌肉减少症前期	√	—	—
肌肉减少症	√	√	—
	√	—	√
重度肌肉减少症	√	√	√

1. **生理后果** 肌肉减少症与老人跌倒风险、生活能力下降、生活质量降低密切相关。与没有肌肉减少症的同龄老人相比，有肌肉减少症的老人跌倒风险增加 3 倍、大多需要器械辅助步行，39.0% 的男性和 30.6% 的女性失去独立生活能力。

2. **病理后果** 肌肉减少症患者常常合并吞咽困难、呛咳、误吸、消化不良、便秘、尿失禁、大便失禁、子宫脱垂等，门诊就诊及住院次数增加，伤口愈合延迟，住院时间延长，残障率和死亡率升高。肌肉减少症患者的致残率，男性是健康人的 3.6 倍，女性是健康人的 4.1 倍。

3. **经济后果** 肌肉减少症不仅严重威胁生命安全、降低生活质量，而且严重消耗社会经济资源，导致巨大的经济负担。2000 年美国肌肉减少症总花费 185 亿美元，其中男性 108 亿美元，女性 77 亿美元，相当于美国当年整个年度医疗卫生费用总支出的 1.5%。降低 10% 的肌肉减少症发病率，可以节省 11 亿美元。

五、治疗

肌肉减少症的治疗方法或手段很多，其中最基本的治疗方法或主要手段是抗阻运动、蛋白质补充、维生素 D 补充。图 7-3-3 概括了肌肉减少症的基本治疗方法。

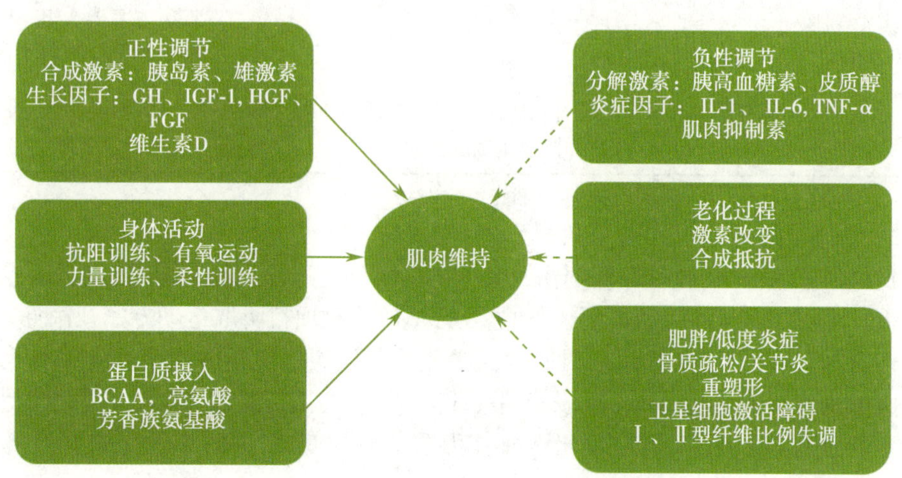

图 7-3-3 肌肉减少症的干预靶点及措施

(一) 原发病治疗

继发性肌肉减少症发生、发展的始动因素是原发病，只有祛除原发病才能从根本上预防肌肉减少症的发生，改善肌肉减少症的转归。所以，继发性肌肉减少症的最好治疗方法及首要措施是治疗任何导致肌肉减少症的原发病，如恶性肿瘤、COPD、结核病等。预防、减少肌肉减少症的发生才是最好治疗。

（二）身体活动

身体活动（physical activity，PA）又称身体运动（physical exercise，PE），泛指任何形式、任何强度的身体活动。对老人而言，身体活动包括娱乐活动或休闲活动、交通（行走或骑自行车）、职业活动、休闲家务琐事、家庭和社区活动、运动等。

运动是一种主动的身体活动，与其他任何干预手段相比，运动是最简单、最有效、最经济的肌肉减少症预防和治疗方法。对老人来说，运动永远不会太晚。运动对肌肉减少症的作用意义重大，不仅可以预防、减缓、减少肌肉减少症，还可以有效治疗肌肉减少症，同时减少或减缓其他慢性疾病。但是，普通（非运动性）身体活动对肌肉减少症的预防和治疗作用没有得到明确验证。

对肌肉减少症患者来说，有 5 种运动值得推荐：抗阻运动（resistance exercise，RE）、有氧运动、柔韧性训练、力量训练（power training）及平衡训练，其中以抗阻运动最为有效。高速渐进抗阻训练（high velocity progressive resistance training，HVPRT）又比传统抗阻训练对改善肌肉功能更加有效。在防治跌倒方面，平衡训练，尤其是中、高挑战的平衡训练更加有效。训练时间同样非常重要，国际肌肉减少症联盟推荐肌肉减少症的运动干预时间至少要达 3 个月甚至更长时间；但是，短期的抗阻运动仍然可以增加瘦体重、改善身体功能，而且呈剂量依赖关系。与抗阻运动减轻炎症反应、增强线粒体功能、改善肌肉卫星细胞活力、增加肌肉重量不同，有氧运动可以改善肌肉血供、减轻氧化应激、降低糖皮质激素活性，维持（保存）肌肉重量。推荐老年肌肉减少症患者进行中等强度有氧运动，每周至少 5d，每天至少 30min；或高强度有氧运动，每周至少 3d，每天至少 20min；每次有氧运动持续时间至少 10min。见表 7-3-7。

表 7-3-7　老年肌肉减少症患者身体运动推荐意见

训练类型	频次	强度	持续时间 / 组
有氧运动	每周至少 5d 中等强度运动或者每周 3d 高强度运动	在运动强度 10 级量表里面，中等强度指 5~6 级，高强度指 7~8 级	中等强度运动每天至少 30min，每次至少持续 10min；高强度运动每天至少 20min，持续进行
抗阻运动 运动应该涉及主要肌肉（无负重、无器械）	每周至少 2d	慢至中速，1RM 的 60%~80%	8~10 次练习 每次练习 1~3 组 重复 8~12 次（每组休息 1~3min）
力量训练 只在抗阻运动后进行	每周至少 2d	轻至中度负重（1RM 的 30%~60%）快速重复	每次练习 1~3 组，重复 6~10 次

注：1RM.one-repetition maximum，一次能举起的最大重量。

为了达到最佳运动效果、同时降低创伤及其他不良事件的风险，老人应该咨询运动专家及医务人员，就身体运动计划安排、身体活动类型、活动量及合适的运动项目听取运动专家及医务人员的建议。

研究发现，体力活动结合身心放松对肌肉减少症及其他疾病包括肿瘤患者更加有效。身心放松是我国传统医学的优势和特色，如气功、太极拳、针灸、推拿、按摩、催眠、浴足、冥想、打坐等。患者在体力活动后不妨进行放松治疗，既有助于改善体力活动后的疲劳，同时有助于改善疾病包括肿瘤的预后。

（三）营养治疗

肌肉减少症的营养治疗主要包括 5 方面：①足够的能量摄入是保证肌肉量的必要条件，推荐能量供应 25~35kcal/（kg·d），保持体重稳定，避免体重过高或过低。②充足的蛋白质摄入，推荐 1.0~1.5g/（kg·d），三餐均匀分布摄入。优质蛋白应该占比 50% 以上，富含亮氨酸的优质蛋白可以更好地促进蛋白质合成，优质蛋白质主要来源于牛奶等乳制品、鸡蛋、各种肉类、花生、黄豆等食物。③强调补充维生素 D，每日补充维生素 D_3 800U，同时每天户外晒太阳 30min 以上，维持血清 25- 羟维生素 D

水平达到 75nmol/L 以上。④在控制能量的情况下多摄入深海鱼类、海产品等。⑤多吃一些深颜色的蔬菜、水果和豆类。

骨骼肌肌量的维持是肌肉蛋白质合成(muscle protein synthesis,MPS)与肌肉蛋白质分解(muscle protein breakdown,MPB)的动态平衡,是机体严密调控的结果。肌肉减少的本质是蛋白质减少,因此,为肌肉减少症患者补充蛋白质是最本质的选项。抗阻运动及摄入蛋白质增加 MPS 主要是通过哺乳动物雷帕霉素靶蛋白(mammalian target of rapamycin,mTOR)通路实现的。p70S6 激酶(p70S6 kinase,p70S6K)是 mTOR 通路的主要下游产物,负责启动蛋白质翻译,与肌肉大小(muscle size)的长期变化有关,所以,p70S6K 常用作 MPS 的代表。氨基酸尤其是亮氨酸是 mTOR 通路的主要营养调节物质,从而增加 MPS。人体对 MPS 的调节要比对 MPB 严密得多,正因如此,研究常采用 MPS 作为观察对象,而不是 MPB。蛋白质摄入不仅促进 MPS,而且呈剂量效应关系(图 7-3-4)。

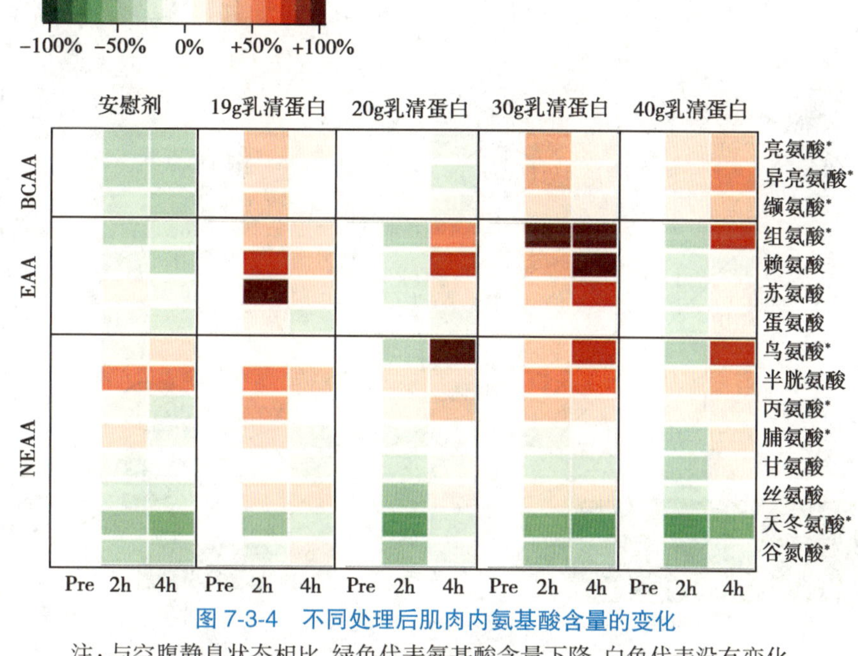

图 7-3-4 不同处理后肌肉内氨基酸含量的变化

注:与空腹静息状态相比,绿色代表氨基酸含量下降,白色代表没有变化,红色代表升高,* 代表有显著差异,$P<0.05$。

在维护肌肉并促进肌肉蛋白质合成方面,乳清蛋白优于酪蛋白,乳蛋白优于豆蛋白。乳清蛋白或乳蛋白口服后,血浆胰岛素、BCAA 及亮氨酸水平更高。无论是休息时还是运动后,快消化蛋白比慢消化蛋白能够更高地诱导肌肉蛋白质合成;尽管都是快消化蛋白,乳清蛋白比豆蛋白更好地诱导运动后的肌肉蛋白质合成。其机制主要与蛋白质消化速度有关,也与亮氨酸浓度有一定的关系。蛋白质在肌肉减少症中的作用可能不主要取决于蛋白质的数量,更可能与蛋白质的质量,即其中的必需氨基酸(essential amino acid,EAA)、亮氨酸、β- 羟基 β- 甲基丁酸盐(HMβ)有关。2014 年国际肌肉减少症联盟报告,补充 EAA、亮氨酸或 HMβ 可以增加骨骼肌重量,改善身体功能,从而改善临床结局。

(四) 激素疗法

老人、恶病质患者、肌肉减少症患者其胰岛素、GH 及 IGF-1 等信号通路受损,而这些激素对保持肌肉量及其功能至关重要,因此,对这些信号通路进行靶向干预是一种顺理成章的治疗策略。但是,上述条件下的骨骼肌细胞受体不足或功能障碍,对胰岛素、GH 及 IGF-1 的基础刺激缺乏应有的反应。因此,激素治疗的两个新思路是:①瞄定受体后通路,如过氧化物酶体增殖物激活受体 γ(peroxisome proliferator-activated receptor gamma,PPAR γ)激动剂,而不是受体本身;或②选择骨骼肌细胞上的替代通路，进入细胞内的同一个靶点，如血管紧张素Ⅱ受体拮抗剂（angiotensin Ⅱ receptor antagonist）、血管紧张素转换酶抑制剂（angiotensin converting enzyme inhibitor，ACEI）、睾酮（图 7-3-5）。

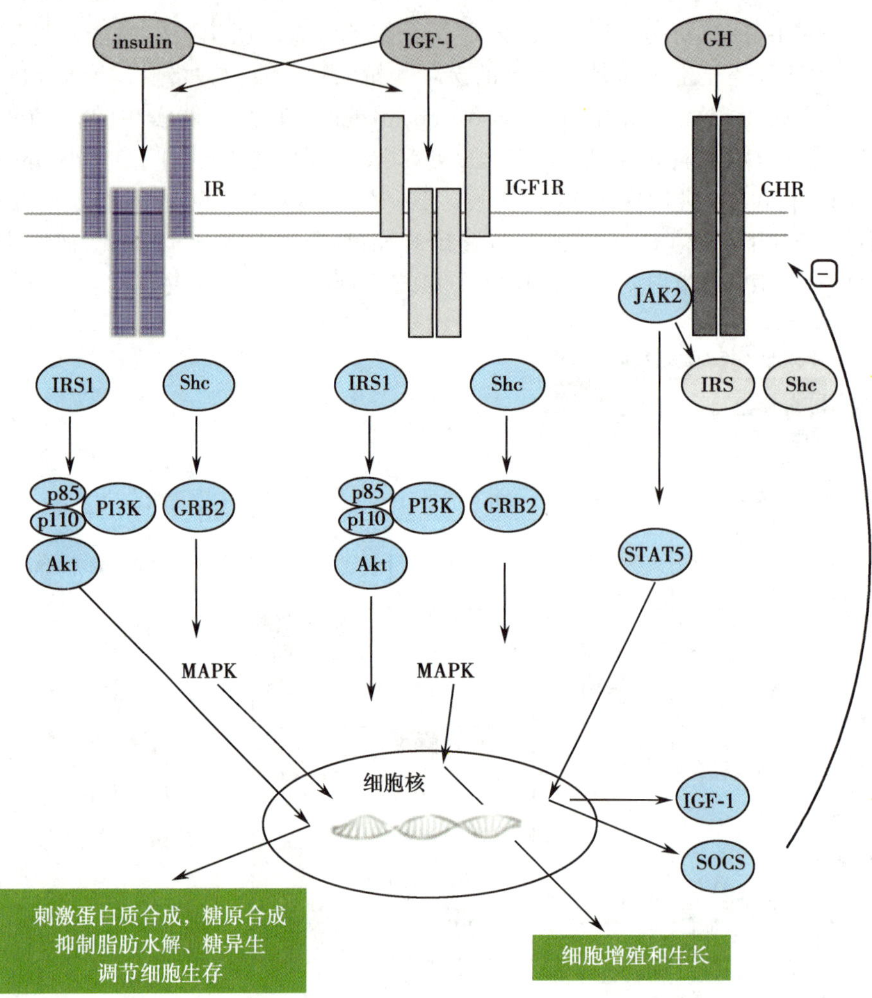

图 7-3-5 胰岛素、GH 及 IGF-1 的作用

注：insulin，胰岛素；IGF-1，insulin-like growth factor 1，胰岛素样生长因子 1；GH，growth hormone，生长激素；IR，insulin receptor，胰岛素受体；IGF1R，insulin-like growth factor 1 receptor，胰岛素样生长因子 1 受体；GHR，growth hormone receptor，生长激素受体。

流行病学调查显示，在老人中，肌肉强度的减退与睾酮水平下降有关，睾酮可促进肌肉蛋白质合成，在女性体内雌激素能够转化为睾酮。故人们猜测，接受雄激素抑制疗法的晚期前列腺癌患者、绝经后女性，其体内下降的雄激素、雌激素水平会对肌肉强度造成影响。从分解代谢角度来说，睾酮和雌激素均可抑制促分解代谢的炎症因子的活性。由此，激素替代疗法在肌肉减少症的治疗中得到了广泛关注。睾酮不仅可增加骨密度和骨强度，还可增加老人的肌力，低剂量睾酮能增加肌量和减少脂肪量，而大剂量睾酮则可同时增加肌量和肌力。对男性和女性均有效，男性的治疗效果较女性更为显著，但总体来说小于抗阻运动引起的增幅。

另一种方法为选择性雄激素受体调节剂的摄入。该调节剂选择性地作用于骨、骨骼肌等处的雄激素受体，而对性器官雄激素受体的作用较弱。肌生成抑制蛋白（myostatin）、选择性雄激素受体调节剂等新疗法已在啮齿动物模型中取得一定成效，包括瘦体重的增加等，这些疗法已进入早期临床试验。

生长激素通过促进 IGF-1 在肝脏的合成，从而对肌肉的合成代谢起到了间接促进作用。老人体内的生长激素浓度低于年轻人，故有人提出假设：生长激素可有效对抗老化相关的肌肉减少。但是，研究发现单独应用生长激素并不能改善肌肉强度。生长激素替代疗法，无论是从肌肉质量还是强度来评估，都是无效的。但是联合应用 GH 和睾酮替代治疗能够提高运动能力。与生长激素替代疗法不同，生长激素释放激素、IGF-1 替代疗法，受试对象对药物的耐受性良好且握力上升。生长激素释放激素能调节食欲和对抗肌生成抑制蛋白，改善肿瘤恶病质引起的肌肉减少。

有研究显示，属于 ACEI 的培哚普利可增加左心室收缩功能障碍老人的行走距离，降低髋部骨折的风险。但尚缺少 ACEI 对骨骼肌作用的直接证据。尽管肌肉减少症激素疗法的理论基础扎实、深厚，但是实际应用困难重重，疗效也没有想象中的那样确切。

（五）药物治疗

目前还没有以肌肉减少症为适应证的药物，临床上治疗其他疾病的部分药物可能使肌肉获益，进而扩展用于肌肉减少症。

1. 维生素 D 维生素 D（vitamin D，Vit D）与骨骼肌细胞表面的 Vit D 受体结合，促进肌蛋白合成及钙离子内流；Vit D 调节肌肉源性及骨骼源性激素的分泌，并促进骨骼及肌肉两种组织的对话；低 Vit D 水平、Vit D 受体变异、Vit D 受体表达下降及 1，25-$(OH)_2D_3$ 活性降低均可通过致炎细胞因子介导途径，导致明显的 2 型肌纤维萎缩，促进骨髓内及肌肉内脂肪形成，从而降低骨骼及肌肉功能，提示低 Vit D 水平与肌肉减少症的发生密切关系。Vit D 的作用与剂量有关，低剂量 Vit D 没有作用，而高剂量 Vit D 作用明确。Vit D 的补充剂量至少应该达到 700~1 000U/d 或者维持血浆 25-$(OH)D_3$ 水平在 60~95nmol/L。

2. 其他药物

（1）肌生成抑制蛋白及拮抗剂：肌生成抑制蛋白是骨骼肌合成并分泌的一种蛋白质，是生长因子的天然拮抗物质，是骨骼肌细胞增殖、骨骼肌重量及骨骼肌功能的负性调节因子。肌生成抑制蛋白的作用有性别差异，在女性其与肌肉减少症的高发病率有关，在男性其对肌肉重量发挥内稳定性保护作用。肌生成抑制蛋白拮抗因子可选择性与肌生成抑制蛋白结合，降低其生物活性，并通过促进成纤维细胞凋亡而逆转肌肉纤维化。

（2）肌酸：肌酸对于肌肉体积与肌力的正性调节作用来自它可以增加肌源性转录因子——肌细胞生成蛋白（myogenin）和肌源性调节因子 -4（myogenic regulatory factor-4）的表达，而这两种转录因子均具备增加肌肉体积和肌力的作用。肌酸是天然食物，尤其是肉类中的成分，获取方便，补充肌酸可以增加肌肉磷酸肌酸储备，有助于改善运动时 ATP 和磷酸肌酸的再合成，从而提高运动能力，还具有抗氧化和保护神经作用，运动后补充效果可能更好。肌酸补充治疗可能增加间质性肾炎的风险，故在老年患者中使用需谨慎。

（3）左旋肉碱：左旋肉碱 6g/d 连续应用 30d 可有效改善进展期肿瘤患者的乏力，并提高其瘦体重和食欲。

（4）COX-2 抑制剂塞来昔布：单药或联合其他药物对肿瘤恶病质治疗有效，显著增加瘦体重，提高肌力、生活质量和体能状况，而无严重不良反应。

（5）ω-3 多不饱和脂肪酸：具有抗炎和抗氧化应激而降低肌肉蛋白的泛素降解活性。研究报道，食管手术患者围手术期应用富含 EPA 的肠内营养补充可维持瘦体重。

（六）指南推荐意见

美国肌肉减少、恶病质及消耗性疾病学会（Society for Sarcopenia，Cachexia，and Wasting Disease）所发布的肌肉减少症的预防与处理专家共识认为：运动（抗阻运动及有氧运动均可）结合足量的蛋白质、能量摄入是防治肌肉减少症的关键措施，足量的蛋白质（富含亮氨酸的平衡氨基酸以及肌酸）摄入可增强肌力，但是单纯的足量蛋白质补充只能减慢肌肉量的丢失。25- 羟维生素 D 水平下降时需补充维生素 D。具体建议如下。

1. 与年轻人相比，老人的代谢效率下降，因此需要更多的蛋白质摄入，以保证蛋白质合成。

2. 作为综合治疗的一部分，建议补充足量的蛋白质、能量，此举可能有助于预防，甚至逆转肌肉减

少症。(A)

3. 肥胖及肌肉减少症并存的患者其临床结局很差。除了强化抗阻运动以外，合理的饮食干预对该人群的效果尚不知晓。

4. 15%~38% 的老年男性、27%~41% 的老年女性的蛋白质摄入量低于每日推荐量，因此建议增加蛋白质摄入。(B)

5. 推荐的总蛋白质摄入量为 1~1.5g/(kg·d)。(B)

6. 建议在饮食中增加富含亮氨酸的平衡型必需氨基酸。(B)

7. 对肌肉减少症患者，推荐运动和 / 或补充平衡氨基酸。

8. 肌酸有助于增强肌肉减少症患者的运动效果。(A)

9. 所有肌肉减少症患者均应该检测 25- 羟维生素 D 水平。(A)

10. 维生素 D 补充应成为肌肉减少症的联合治疗措施之一，维生素 D 的剂量应该足以提高 25-羟维生素 D 水平到 100nmol/L 以上。(A)

11. 维生素 D_2 或维生素 D_3 均可。(A)

12. 每周补充维生素 D 50 000U 是安全的。(A)

(董碧蓉)

第四节　衰弱综合征

美国约翰霍普金斯大学医学院的 Fried 博士在 2001 年提出，衰弱是一种临床综合征，其特征是生理储备功能减弱、多系统失调，使机体对应激和保持内环境稳定的能力下降，对应激事件的易感性增加。加拿大学者 Rockwood 认为，衰弱是一种健康缺陷不断累积而导致的危险状态。2004 年，美国老年学学会衰弱的定义：是老人因生理储备下降而出现抗应激能力减退的非特异性状态，涉及多系统的生理学变化，包括神经肌肉系统、代谢及免疫系统改变，这种状态增加了死亡、失能、谵妄及跌倒等负性事件的风险。

一、定义

衰弱综合征(frailty syndrome)简称衰弱(frailty)，是指一组由机体退行性改变和多种慢性疾病引起的机体易损性增加的多系统异常综合征，表现为衰弱(weakness)、缓慢(slowing)、无力(decreased energy)、活动减少(lower activity)及非意愿性体重下降(unintended weight loss)。其核心是生理储备和应变能力下降，外界较小的刺激即可引起灾难性负性临床事件的发生。值得注意的是，年老本身并不等于衰弱。

身体衰弱可视为失能前期，失能可定义为需要帮助完成日常生活活动(activities of daily living，ADL)。图 7-4-1 概述了老人从独立到衰弱和失能的功能下降过程。有针对性的干预可以延缓、减缓或逆转这种连锁反应。

二、流行病学

衰弱综合征的发病率受其诊断标准的影响，不同的诊断标准得出的结论差异很大，国外多数研究采用 Fried 标准。衰弱综合征的患病率随年龄增长而增加，65 岁以上老人中衰弱综合征的患病率为 7%，80 岁以上老人衰弱综合征的比例高于 20%，90 岁以上老人的比例则高达 30%~40%。2013 年发表的一篇系统评价纳入了 24 项研究，结果显示，依据不同的诊断标准，社区 65 岁以上老人衰弱综合征的患病率 4.0%~59.1%。患病率随增龄而增加，65~69 岁组为 4%，70~74 岁组为 7%，75~79 岁组为

9%,80~84 岁组为 16%。最新的一篇系统回顾纳入了 2000 年以后的 264 项原始研究,发现老年女性衰弱综合征的患病率比男性高 2.1%~16.3%。多项研究表明,入住医疗机构的老人衰弱综合征的患病率远高于社区老人。亚太区社区老年衰弱综合征的患病率为 3.5%~27%,社会经济地位低居民衰弱综合征患病率>50%。国内流行病学数据相对较少,中国台湾省的研究显示,社区老人衰弱综合征的患病率为 4.9%~14.9%。衰弱综合征的易患人群为高龄、女性、慢性病、心力衰竭、抑郁、处方药>8 种、独居、认知功能障碍、低收入以及受教育水平比较低。

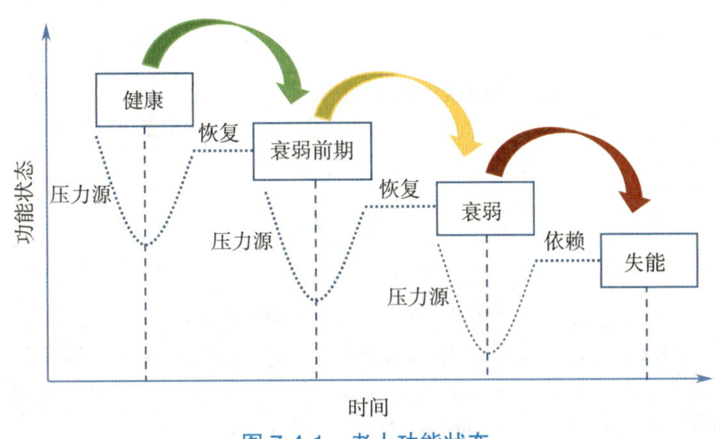

图 7-4-1 老人功能状态

三、病理生理学

在衰弱发生过程中,免疫、内分泌、应激和能量反应系统失调具有重要意义。这种失调的基础很可能涉及年龄增长相关的分子改变、遗传和特定病况,从而导致生理障碍和临床衰弱。

多种年龄相关激素改变与衰弱有关,比如:生长激素和胰岛素样生长因子 1(insulin-like growth factor 1,IGF-1)减少与肌力减弱和活动能力下降有关;硫酸脱氢表雄酮(dehydroepiandrosterone sulfate,DHEA-S)很可能直接参与维持肌肉质量,并间接防止促使肌肉减少的炎症通路激活;皮质醇水平增加可能影响骨骼肌和免疫系统组分。

衰弱与固有免疫系统生物标志物之间的关联较强且一致,比如:社区居住的老年衰弱综合征患者,IL-6 和 C 反应蛋白血清水平升高,白细胞计数和单核细胞计数也有所升高;在居住在长期照护机构的女性中,这些生物标志物可能预示 12 个月后体能和步速下降。IL-6 能够充当转录因子和信号转导因子,损害骨骼肌、食欲、适应性免疫系统功能及认知功能,并促发贫血。另外,衰弱综合征老人接种流感疫苗后更难取得充分免疫应答。

此外,自主神经系统失调、肾素 - 血管紧张素 - 醛固酮系统(renin-angiotensin-aldosterone system,RAAS)及线粒体随着年龄增长的变化很可能影响肌肉减少症和炎症,与衰弱的发生有关(图 7-4-2)。

四、预后影响

衰弱是机体增加不良事件的危险状态,往往是一系列慢性疾病、一次急性事件或严重疾病的后果,严重影响老人的功能和生命质量,对健康预期寿命构成重大威胁。衰弱是老年综合征的核心,是尿失禁、跌倒、谵妄和抑郁等其他老年综合征共同的危险因素,彼此相互促进,最终促成了失能、住院、死亡的发生。高龄、跌倒、疼痛、营养不良、肌肉减少症、多病共存、多药共用、活动功能下降、睡眠障碍及焦虑、抑郁等均与衰弱相关。衰弱是老人失能的前兆,是介于生活自理与死亡前的中间阶段。与无衰弱的老人比较,衰弱老人平均死亡风险增加 15%~50%。若能采取相应的措施来预防衰老,可以延缓 3%~5% 老人死亡的发生。矫正共病后,衰弱预示髋部骨折、失能和住院。衰弱还能预测与肾移植、普外科手术以及心脏手术干预相关的不良结局。

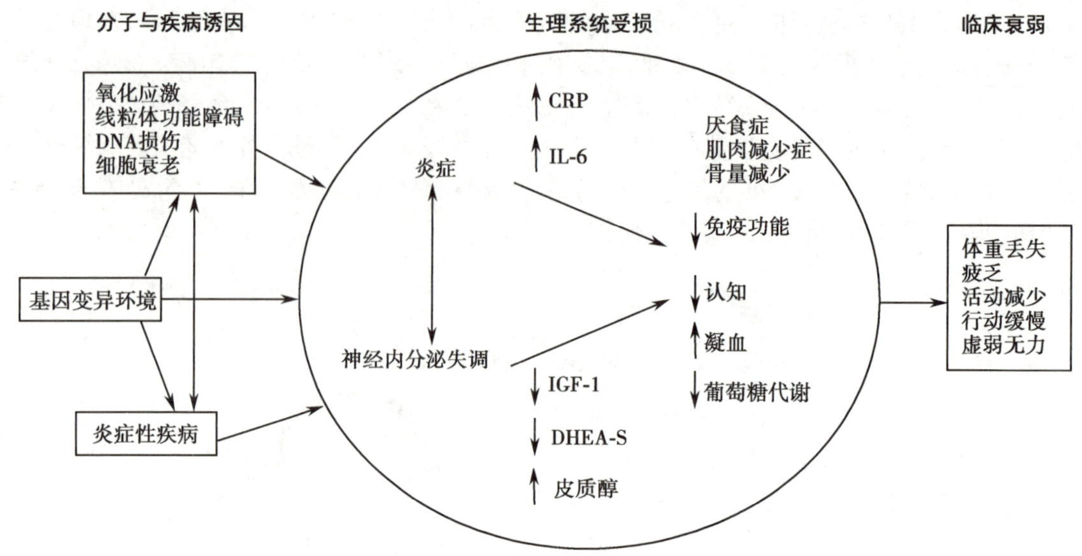

图 7-4-2 衰弱的病理生理学假设模型

注:CRP,C 反应蛋白;IL-6,白介素 -6;IGF-1,胰岛素样生长因子 1;DHEA-S,硫酸脱氢表雄酮。引用于:Walston J,Hadley EC,Ferrucci L,et al.Research Agenda for Frailty in OlderAdults:Towards a Better Understanding of Physiology and Etiology.J Am Geriatr Soc,2006,54:991。

五、临床表现与诊断

(一) 临床表现

Fried LP 等提出的衰弱综合征的 5 大特征或生理表型(physiological phenotype)(图 7-4-3):①疲劳感:是失能和死亡强有力的独立预测因子;②步速减慢:步速减慢是反映预后不良的最佳预测指标,步速每提高 0.1m/s,衰弱的风险下降,死亡率降低,功能提高;③虚弱无力(身体活动降低):是疲劳、失能、患病率和死亡率的有力预测因子;④握力下降:握力差的老人发生衰弱的风险比握力正常的老人高 6 倍;⑤不明原因的体重下降:是指 1 年内体重下降>5%;低体能则意味着体力活动少。衰弱是缓慢、逐渐发展的,其早期表现为疲劳和步速减慢,一旦发生就意味着有更多的相关表现。衰弱作为临床事件的前期状态,可独立预测 3 年内跌倒发生率、日常生活活动(activities of daily living,ADL)受损程度、住院率和死亡率。衰弱是一种即将发生失能等临床事件的危险状态,需要及时识别与干预。

图 7-4-3 衰弱综合征的生理表型

(二) 衰弱综合征的筛查

对老年人群进行大规模衰弱筛查是较为昂贵的项目,目前尚无证据表明可以有效改善人群的健康结局。2013 年,美国及欧洲老年医学专家达成的衰弱共识提倡,对 70 岁及以上老人或过去 1 年中非自主性体重减轻 ≥ 5% 的人群进行常规衰弱筛查。

衰弱筛查通常包括对各种功能下降的识别,伴有其他各种情况,可能包括或不包括步行速度减慢、体重减轻、认知衰弱、疲乏,取决于使用何种筛查工具。初级保健机构是筛查老人衰弱的理想场所,有希望在可干预的早期发现衰弱症。目前已开发多种衰弱评估工具辅助识别衰弱患者,大多是根据以下 2 种概念开发：①“躯体”或“显性”衰弱，起因于导致特定症状的多系统生物学减退；②“缺陷累积”或“指数”衰弱，是一系列共存疾病、社交情况和失能，且这些因素汇总以评估风险。

1. **Fried 衰弱表型（Fried 标准）** 是最常引用的衰弱筛查工具，符合以下 5 项中的 3 项及以上为衰弱，符合 1 项或 2 项为衰弱前期，符合 0 项为无衰弱的健壮老人。具体见表 7-4-1。

表 7-4-1　Fried 衰弱诊断标准

序号	检测项目	男性	女性
1	体重下降	过去 1 年中，意外出现体重下降>4.5kg 或>5% 体重	
2	行走时间（4.57m）	身高≤173cm：≥7s 身高>173cm：≥6s	身高≤159cm：≥7s 身高>159cm：≥6s
3	握力 /kg	BMI≤24：≤29 BMI 24.1~26：≤30 BMI 26.1~28：≤30 BMI>28：≤32	BMI≤23：≤17 BMI 23.1~26：≤17.3 BMI 26.1~29：≤18 BMI>29：≤21
4	体力活动（MLTA）	<383kcal/ 周	<270kcal/ 周
5	疲乏	CES-D 的任一问题得分 2~3 分	

您过去的一周之内以下现象发生了几次？
（a）我感觉我做每一件事都需要经过努力
（b）我不能向前行走
0 分，<1d；1 分，1~2d；2 分，3~4d；3 分，>4d
BMI.body mass index，体重指数；MLTA.Minnesota leisure time physical activity questionnaire，明尼苏达休闲时间身体活动问卷；CES-D.Center for Epidemiologic Studies Depression，抑郁症流行病学研究中心。

引自：Fried LP，Tangen CM，Walston J，et al.Frailty in older adults：evidence for a phenotype.J Gerontol A Biol Sci Med Sci，2001，56（3）：M146-156.

2. **衰弱指数**　衰弱指数（frailty index，FI）是由 Mitnitski 等提出的一种赤字累计方法，指个体在某一个时点潜在的不健康测量指标占所有测量指标的比例。选取的变量包括躯体、功能、心理及社会等多维健康变量，目前变量的数量没有统一标准，通常为 30~70 个。衰弱指数 = 不健康测量指标 / 所有测量指标，指数越高，其衰弱程度就越重。通常认为，FI≥0.25 提示老人存在衰弱；FI<0.12 为无衰弱老人；FI0.12~0.25 为衰弱前期。相比其他衰弱工具，FI 需要专业人员进行，条目较多，评估耗时长，但能观察到衰弱程度间的细微变化，并且在纵向研究中优势明显。

3. **FRAIL 量表**　是 2008 年由国际营养与衰老协会（International Association of Nutrition and Ageing，IANA）提出。该量表简单易操作，预测效度强，在筛查衰弱及衰弱前期中优势明显，易于早期识别及干预，更适合进行快速临床评估，如门诊患者的快速筛查。即：①疲劳（fatigue）；②阻力感（resistance）：上一层楼梯即感困难；③自由活动下降（ambulation）：不能行走一个街区；④多种疾病共存（illness）：≥5 个；⑤体重减轻（loss of weight）：一年内体重下降>5.0%。见表 7-4-2。

表 7-4-2　FRAIL 调查问卷

内容	问题	阳性回答	阴性回答
fatigue 疲劳	过去 4 周大部分时间或者所有时间您经常感到疲劳吗？	疲劳	不疲劳
resistance 耐力	在不用任何辅助工具、不用他人帮助、中途不休息的情况下，您可以爬一层楼梯吗？	不能	能

续表

内容	问题	阳性回答	阴性回答
aerobic 有氧运动	在不用任何辅助工具、不用他人帮助的情况下，您可以走完一个街区(100m)吗？	不能	能
illness 疾病	您有以下几种疾病？高血压、糖尿病、脑卒中、恶性肿瘤(微小皮肤癌除外)、哮喘、关节炎、慢性肺病、肾病、心绞痛、心力衰竭、急性心脏病发作	有	无
loss of weight 体重减轻	一年内或更短时间内体重下降>5%	有	无

注：对上述5个问题，有3个或3个以上阳性回答，即为衰弱；1~2个阳性回答，即为衰弱前期；无阳性回答即为无衰弱健康老人。

（三）筛查疲劳及体重减轻的可逆原因

疲劳是Fried衰弱表型和FRAIL量表的一个关键因素。疲劳有许多可治性原因，包括睡眠呼吸暂停、抑郁、贫血、低血压、甲状腺功能减退和维生素B_{12}缺乏。研究表明，筛查可逆转的疲劳因素，结合针对性干预措施，可以改善老年衰弱综合征患者的预后。目前缺乏严谨的研究来阐明老人疲劳的原因。值得注意的是，选择性5-羟色胺再摄取抑制剂(selective serotonin reuptake inhibitor，SSRI)被广泛用于治疗抑郁症，却可能加重衰弱。

体重减轻也是衰弱综合征的一个重要特征，通过meals on wheels记忆法来筛查体重减轻的原因，见表7-4-3。

表7-4-3 体重减轻可逆性原因

M	药物(medications)
E	情绪(emotional，such as depression)
A	酗酒、迟发性厌食症、虐待(alcoholism，anorexia tardive，abuse)
L	晚年偏执狂(late life paranoia)
S	吞咽障碍(swallowing problems)
O	口腔问题(oral problems)
N	院内感染、贫穷(nosocomial infections，poverty)
W	游荡/痴呆(wandering/dementia)
H	甲状腺功能亢进、高钙血症、肾上腺功能减退(hyperthyroidism，hypercalcemia，hypoadrenalism)
E	肠道问题(吸收不良)[enteric problems(malabsorption)]
E	进食障碍(如震颤)[eating problems(e.g.tremor)]
L	低盐、低胆固醇饮食(low salt，low cholesterol diet)
S	购物和烹饪问题、结石(胆囊炎)[shopping and meal preparation problems，stones(cholecystitis)]

（四）鉴别诊断

如果考虑衰弱，需建立鉴别诊断清单，并排除可能诱发衰弱征象及症状的基础躯体及心理问题。对于表现为体重减轻、虚弱无力和功能受损的老年患者，需要考虑的最常见疾病包括：抑郁、恶性肿瘤(淋巴瘤、多发性骨髓瘤和隐匿性实体瘤)、风湿性疾病(风湿性多肌痛和血管炎)、内分泌疾病(甲状腺功能亢进/减退和糖尿病)、心血管疾病(高血压、心力衰竭、冠状动脉疾病和周围血管疾病)、肾病(肾功能不全)、血液系统疾病(骨髓增生异常、缺铁性贫血和恶性贫血)、营养不良(缺乏维生素)和神经系统疾病(帕金森病、血管性痴呆和腔隙性梗死)。

衰弱综合征还需要与其他老年综合征进行鉴别,尤其是肌肉减少症、营养不良。衰弱综合征是身体多器官及其功能的衰减,而肌肉减少症则是特指肌肉重量、力量的减少及其导致的身体活动能力下降。肌肉减少症是衰弱综合征的主要组成成分,但是二者并不等同,二者的重叠率为 50%~70%。

肌肉减少(重量、力量)可以见于疾病患者,也可以见于正常健康人。营养不良者不一定全部都有肌肉减少,肌肉减少者也并非全部都有营养不良。肿瘤导致的肌肉减少,在很大程度上可归结为恶病质导致的肌肉减少。全部恶病质患者可描述为肌肉减少症患者及营养不良患者,而绝大部分肌肉减少症患者并不属于恶病质,绝大多数营养不良患者也无恶病质。肌肉减少症患者不一定都有衰弱综合征,而衰弱综合征患者一定伴有肌肉减少,衰弱综合征并非都有恶病质,而所有恶病质患者一定有衰弱,几者的关系见图 7-4-4。

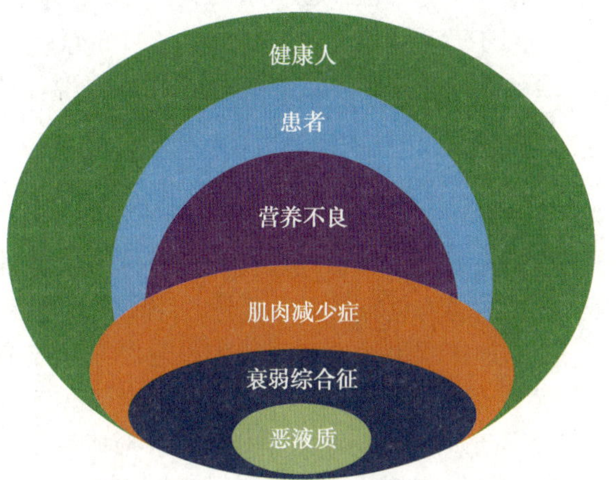

图 7-4-4　衰弱综合征、肌肉减少症、恶病质及营养不良的关系

六、预防和治疗

衰弱综合征的预防和治疗尚处于初步探索阶段,特异性干预衰弱的临床试验较少。美国圣路易斯大学老年医学专家 Morley J 等提出了预防衰弱综合征的 7 条措施——FRAILTY,包括:维持进食量(food intake maintained),阻抗性训练(resistance exercise),预防动脉粥样硬化(atherosclerosis prevention),避免孤独(isolation avoidance),控制疼痛(limit pain),太极(Tai Chi)或其他运动,每年检查睾酮水平(yearly check for testosterone deficiency)。但该方法是否可以有效预防衰弱发生,尚需要更多临床证据支持。目前认为衰弱需要综合管理,包括以下几方面。

(一) 运动

运动可以影响大脑、内分泌系统、免疫系统及骨骼肌,增加活动灵活性和日常生活能力、改善步态、减少跌倒、增加骨密度及改善一般健康状况,是提高老人生活质量和功能的最有效方法。多成分训练(结合抗阻训练、有氧训练和平衡训练)能够有效管理老人的衰弱。尽管目前还没有证据表明多成分训练可以改善衰弱或功能下降。但已有证据表明,多成分训练可改善衰弱老人的肌力、平衡、失能和跌倒的结果。

管理衰弱所需的最有效的运动频率、强度、时间、类型和训练组合尚不明确。但目前认为,多组分抗阻训练的方法最可能改善衰弱患者的功能状态;在衰弱老人临床试验中,抗阻训练有强剂量 - 反应关系。为了使体育锻炼计划对于衰弱患者有效,需要满足最低强度和足够的锻炼时间。另有研究表明,团体体育锻炼比个人锻炼更能改善衰弱。每周 2d 的耐力锻炼即可明显见效,每周只需步行约 1 600m 即可延缓功能受限。值得注意的是,在老年衰弱人群中,即使最衰弱的老人也可以从任何可耐受的体力活动中获益。

(二) 营养干预

总体饮食质量可能影响老人衰弱的进展。研究表示,良好的地中海饮食习惯显著降低了衰弱事件[比值比(95% 置信区间)0.47~0.82]。缺乏膳食营养素也可能加速衰弱的进展,研究发现叶酸、β- 胡萝卜素及维生素 A、C 和 E 等微量营养素与衰弱的进展有关。对饮食质量的研究(包括微量营养素的摄入)主要集中在衰弱的预防。目前尚不清楚饮食质量对已经诊断衰弱的治疗管理的影响。

观察性研究中,社区老人的营养不良与衰弱密切相关。但干预试验时,支持为衰弱老人补充蛋白质、能量的证据级别低。当出现体重下降或诊断营养不良时,可对衰弱老人补充蛋白质、能量。目前的荟萃分析不能将患者的获益归于蛋白质、能量的补充，蛋白质、能量补充可能改善患者的营养状态，但不能改善或降低死亡率。老人可能比年轻人需要更多的蛋白质摄入，目前老年人群蛋白质日常推荐摄入量为0.8g/(kg·d)，PROT-AGE研究小组推荐1.0~1.2g/(kg·d)，ESPEN建议至少摄入1.2g/(kg·d)，对于营养不良者，应增加到1.2~1.5g/(kg·d)。目前暂时缺乏老人蛋白质补充上限的明确证据。建议衰弱老人补充必需氨基酸，多项研究发现，富含亮氨酸的必需氨基酸能够提高老人的身体功能。

目前认为，营养干预对体育锻炼的益处有累加作用。低级别证据表明，体力活动结合营养干预可改善衰弱和衰弱前期患者的衰弱状态、步行速度、握力和身体机能。对于衰弱老人，可以考虑提供营养蛋白质补充，并配合体育锻炼计划。

横断面研究表明，口腔健康和衰弱有关。衰弱老人更容易出现牙齿缺失和咬合力下降；同时，咬合力较低的老人更容易罹患衰弱。目前缺乏改善口腔健康对衰弱老人影响的相关研究。

亚太地区维生素D缺乏较为普遍，尤其是失能老人。在大多数流行病学研究中，衰弱与低水平的维生素D有关，25-羟维生素D血清水平与衰弱呈剂量-反应关系。然而，没有足够证据表明应用维生素D补充剂对衰弱老人治疗有效。对维生素D缺乏的老人补充维生素D，可降低死亡、跌倒和骨折风险，而对衰弱老人补充维生素D仍然存在很大的争议。多项指南中，除非患有维生素D缺乏症，不推荐补充维生素D治疗衰弱。

(三) 共病及多重用药管理

老人常常存在的共病是衰弱的潜在因素，如抑郁、心力衰竭、肾衰竭、认知功能受损、糖尿病、视力及听力问题等，均可促进衰弱的发生与发展。老人无论是衰弱还是衰弱前期，都应该评估其疲乏原因。疲乏是老人出现的首个衰弱症状。疲乏的主要原因包括：抑郁、睡眠呼吸暂停、维生素B_{12}缺乏、甲状腺功能减退、贫血、低血压。

2019年，Palmer及其同事对37项研究进行了荟萃分析，59%的衰弱老人服用了5种以上药物。药物管理是衰弱综合管理计划的一部分。评估衰弱老人的用药合理性并及时纠正不恰当药物使用，不仅可以减少医疗费用，还可以避免药物不良反应对老人的伤害。建议临床根据Beers、STOPP/START标准评估衰弱老人的用药情况，减少不合理用药，可能对改善衰弱具有积极效果。

(四) 多学科团队合作的医疗护理模式

老年综合评估是由一个医疗专业团队的基于对衰弱老人的系统性评估为前提，揭示可处理的健康问题，有益于改善健康状态。老年综合评估对衰弱老人非常重要并可使其得到最大获益。衰弱护理应以患者为中心，强调多学科团队合作，对衰弱老人行老年综合评估和管理。团队应包括老年科医生、护理人员、临床药师、康复治疗师、营养师、专科医师和社会工作者。老年长期照护和老年住院患者的急性照护均应以提高功能为目标，使衰弱老人可以从中受益。

(五) 发展个体化干预计划

不同群体老人的干预模式侧重点也各不相同。社区老人可以进行基于老年综合评估的综合干预(multicomponent interventions)，通过减少护理需求及跌倒，降低入住医疗机构风险及其他负性临床事件的发生。入住护理机构的老人和住院老人采用针对性的康复训练可以改善患者的步行能力，减少活动受限。老年科医师在处理更复杂的衰弱病例方面有更专业的知识，适当情况下，晚期(严重)衰弱患者应转诊至老年科；衰弱的住院患者应入住老年专科病房。

(六) 减少医疗伤害

对衰弱老人来说，很多侵入性检查和治疗往往会带来并发症，有时会增加患者负担并损害其生活质量。因此，对中、重度衰弱老人应该仔细评估患者情况，避免过度医疗行为。

(七) 指南推荐意见

2019年，国际衰弱和肌肉减少症研究会议(International Conference of Frailty and Sarcopenia Research，ICFSR)工作组制定的临床实践指南中，针对衰弱进行以下推荐，见表7-4-4。

表 7-4-4　针对老人衰弱的 ICFSR 循证及临床推荐意见

	推荐意见	推荐级别	证据等级
衰弱筛查			
1	所有 65 岁及以上的成年人，均应使用适合于特定情况或背景的、有效的快速测试工具，进行衰弱筛查	强推荐	低
2	衰弱初筛阳性或衰弱前期的老人，均应进一步行临床衰弱评估	强推荐	低
制订综合管理计划			
3	全面的针对衰弱的护理计划应解决多重危害，如肌肉减少症管理，针对体重下降的病因治疗及疲乏的病因治疗（抑郁、贫血、低血压、甲状腺功能减退和维生素 B_{12} 缺乏）	强推荐	极低
4	在适当的情况下，晚期（重度）衰弱患者应转诊至老年专科医师	专家共识	无数据
体育运动 / 锻炼			
5	应为衰弱老人提供多组分的体育运动方案（或为衰弱前期老人提供预防衰弱运动方案）	强推荐	中等
6	强烈鼓励卫生从业人员将衰弱老人转介进行渐进性的、抗阻力训练的体育运动项目	强推荐	中等
营养与口腔健康			
7	当诊断体重下降或营养不良时，可考虑为衰弱老人补充蛋白质 / 能量	有条件的推荐	极低
8	卫生从业人员可为衰弱老人提供营养 / 蛋白质补充，配合体力活动处方	有条件的推荐	低
9	建议衰弱老人应注意口腔健康的重要性	专家共识	无数据
10	对于衰弱老人，目前无可用的药物治疗推荐	专家共识	极低
附加治疗			
11	不推荐在治疗衰弱时补充维生素 D，除非患有维生素 D 缺乏症	专家共识	极低
12	认知治疗及问题解决疗法，不推荐系统地应用于衰弱老人	专家共识	极低
13	不推荐激素疗法用于衰弱的治疗	专家共识	极低
14	所有诊断衰弱的患者应根据需要获得社会支持，以解决未满足的需求，并鼓励患者坚持综合护理计划	强推荐	极低
15	衰弱患者可转诊进行基于家庭的锻炼	有条件的推荐	低

（董碧蓉）

第五节　矿物质异常

矿物质亦称无机盐或灰分。按照化学元素在机体内的含量多少，通常将矿物质元素分为常量元素和微量元素两类。凡体内含量大于体重 0.01% 的矿物质称为常量元素或宏量元素，它包括钙、磷、钠、钾、硫、氯、镁；凡体内含量小于体重 0.01% 的称为微量元素，铁、铜、锌、硒、铬、碘、钴和钼被认为是必需微量元素。

矿物质在体内不能合成，必须从外界摄取，且每天都有一定量的矿物质随尿液、粪便、汗液、毛发、指甲、上皮细胞脱落以及月经、哺乳等过程排出体外。因此，矿物质必须不断地从饮食中得到补充。矿物质也是唯一可以通过天然水途径获取的营养素。但是地壳中的矿物质元素分布很不均衡，可以导致不同地区的人饮用不同含量或比例矿物质的水而发生某种矿物质的过量或缺乏。因此，有效监测机体矿物质水平是必要的。

一、铁缺乏

铁是血红蛋白分子的一个重要结构成分，它将氧气输送到身体的所有器官。它在自然界的广泛传播和在关键代谢途径中的参与，决定了这种金属对单细胞和多细胞生物的重要性。铁在细胞呼吸和提供人体细胞与器官正常功能的各种生化过程中不可或缺。“缺铁”的概念最早是由瑞士内科医生Paracelsus提出的。体内铁的水平随年龄、性别、营养状况和健康状况的不同而异，人体铁缺乏仍然是世界性的主要营养问题之一。长期膳食铁供给不足，引起体内铁缺乏或导致缺铁性贫血，多见于婴幼儿、孕妇及乳母。铁缺乏可导致免疫功能障碍，中性粒细胞对细菌的杀伤能力降低，淋巴细胞转化能力降低。但铁也存在过量的情况，如遗传性血色素沉积症，以及铁剂治疗、反复输血等。铁既是细胞的必需元素，又对细胞有潜在的毒性作用，因此需要有高度精细的复杂调节机制，保证细胞对铁的需求同时防止发生铁过量，铁剂的补充需要在监测条件下进行。

二、锌缺乏

锌是最重要的微量元素之一。锌缺乏在发展中国家和发达国家同样存在，造成全球影响，尤其是儿童和老人。20世纪20年代，人们首次认识到植物生长需要锌作为一种必需的营养素。1950年首次在猪身上发现锌缺乏导致哺乳动物发生临床疾病，表现为角化不全、湿疹和红斑性皮炎的皮肤病。缺锌的原因可以是营养性、医源性、遗传性或由疾病引起。严重缺锌会导致脓疱性皮炎、脱发、体重减轻、腹泻、继发于免疫功能障碍的感染、性腺功能减退和溃疡愈合问题。锌存在于300多种酶和许多转录因子中。锌作为一种信号分子，参与金属酶的生物过程，通过在细胞分裂过程中对DNA、RNA和蛋白质合成的作用，成为基因表达和生物稳态的主要调节因子。缺锌的情况下需要补充锌，但长时间高剂量补锌会导致缺铜或贫血。边缘性的或者轻度锌缺乏常常被忽视，主要原因是没有明显的临床症状，而且在流行病学调查和临床诊断中缺乏敏感、特异的锌营养状况评价指标。因此，在有需求时合理地补充锌是必要的。

三、镁缺乏

镁是人体第四丰富的矿物质，是天然的钙拮抗剂。它被认为是300多种酶反应的辅助因子，对腺苷三磷酸（adenosine triphosphate，ATP）代谢至关重要。镁是DNA和RNA合成、繁殖和蛋白质合成所必需的。此外，镁对肌肉收缩、血压、胰岛素代谢、心脏兴奋性、血管舒缩张力、神经传递和神经肌肉传导的调节是必不可少的。流行病学调查表明，镁的摄入量和高血压呈明显负相关，补充镁能使血管张力和血管紧张性下降。镁具有降低血清胆固醇浓度、TG浓度，使HDL-C升高，降低LDL-C，扩张血管，抑制血小板聚集、预防动脉粥样硬化的作用。镁离子（Mg^{2+}）在所有绿叶蔬菜、谷类食品、坚果和豆类中含量丰富。巧克力制品、水果、肉类和鱼类含有适量的Mg^{2+}，而乳制品中的Mg^{2+}含量较低。当饮用水中含有高达30mg/L的Mg^{2+}时，它可能是Mg^{2+}的重要来源。长期摄入镁离子不足可表现为潜在镁缺乏（magnesium deficiency，MgD）。在其他健康人群中，由于饮食摄入量低而导致的镁缺乏并不常见，不过年龄会对全身镁水平产生负面影响，由于肠道吸收减少，肾镁排泄增加。低镁血症通常定义为血清镁浓度为0.75mmol/L，可由多种情况引起，包括慢性镁摄入量不足、慢性腹泻、吸收不良、慢性应激、酒精中毒以及使用利尿药、抗酸剂、质子泵抑制剂或氨基糖苷类抗生素等。

四、钙缺乏

钙是人体第五大丰富的元素，以羟磷灰石的形式存在于骨骼中，含量超过 99%。钙也是人体含量最多的矿物质元素。这种矿物质为支持运动的骨骼提供力量，骨骼则作为维持血清钙水平的蓄水池。钙在许多基本功能中起着中心作用。它的代谢受 3 个主要转运系统的调节：肠吸收，肾重吸收，以及骨转换。这些组织中的钙转运是由复杂的稳态激素系统所调节的，包括甲状旁腺激素、1，25- 二羟维生素 D_3、游离钙和钙感应受体。钙的唯一来源是饮食，钙不足表现为骨量减少和骨质疏松性骨折。在快速成长的儿童中，缺钙会导致佝偻病。由于钙在体内有一个巨大的钙储备库，且循环中的钙水平受到体内灵敏的钙稳态调节机制的调节，目前尚缺乏评价人体钙营养水平的理想方法。钙的吸收率也随着年龄增长而逐渐降低，尤其是绝经妇女因雌激素分泌减少，钙丢失加快，易引起骨质疏松症。但过量的钙摄入也可能产生不良作用，如高钙血症、高钙尿症、血管和软组织钙化，肾结石相对风险增加等。我国居民膳食以谷类食物为主，蔬菜摄入也较多，由于植物性食物中草酸、植酸及膳食纤维等含量较多，从而影响钙的吸收。

五、铜缺乏

铜是一种必需的微量元素，是催化几种重要的细胞酶所必需的。大约 30 亿年前，随着氧气环境的出现，Cu^+ 转化为更易溶解的 Cu^{2+}，使铜变得具有广泛的生物可利用性。由于这两种氧化状态之间随时可以相互转化，铜已经成为所有具有氧化代谢的生物体所必需的元素。在人类中，它是第三大最丰富的必需过渡金属。铜作为几种酶的辅助因子和 / 或作为结构成分，参与许多生理途径。此外，铜与血管生成、缺氧反应和神经调节等重要的生物过程有关。铜缺乏对体内依赖铜的酶的减少或完全根除有显著影响，从而抑制细胞生命过程。铁、锌或锰的大量摄入会干扰铜的吸收。正常膳食可满足人体对铜的需要，一般不易出现缺乏或过量。铜缺乏的发生多见于早产儿、长期腹泻、长期全肠外营养、糖代谢障碍等情况。机体缺铜可引起贫血、白细胞减少、血浆铜蓝蛋白和红细胞 Cu-Zn SOD 下降、高胆固醇血症、心律不齐、骨质疏松症、厌食、肝脾大等症状。过量铜可引起急、慢性中毒，多为饮用与铜容器或铜管道长时间接触的酸性饮料或误服大量铜盐引起的急性中毒，过量铜中毒最常见的受损器官是肝脏，严重者可出现黄疸、溶血性贫血、血尿、尿毒症甚至死亡。

六、碘缺乏

碘在体内主要参与甲状腺素的合成，其生理功能主要通过甲状腺素的生理作用显示出来，迄今尚未发现碘有除参与甲状腺素合成以外的其他独立生理作用，充足的甲状腺激素是正常发育所必需的。因此，严重缺碘会对健康造成重大不利影响，特别是对孕妇及其子女。1990 年，联合国召开的“世界儿童问题 71 国首脑会议”确定了以全球消除碘缺乏病为目标。根据世卫组织和碘全球网络（前国际控制碘缺乏病理事会）的建议制定的全民食盐加碘方案，大大改善了全世界的碘营养状况。因此，严重缺碘地区已变得不常见，公众健康关注已转向轻度至中度缺碘。人群中缺碘可引起甲状腺肿的流行，且低碘时碘摄入越少，甲状腺肿的患病率越高。长期高碘摄入也可导致高碘性甲状腺肿。长期大量摄入含抗甲状腺素因子的食物（如十字花科植物中的萝卜、甘蓝、花菜中含有 β- 硫代葡萄糖苷等），可干扰甲状腺对碘的吸收利用，均可引起碘缺乏，导致甲状腺肿大。在碘供应稳定和充足的条件下，人体排出的碘几乎等于所摄入的碘。食物中碘含量随地球化学环境变化会出现较大差异，也受食物烹调加工方式的影响。海产品的碘含量高于陆地食物，陆地动物性食物高于植物性食物。我国的河北、山东、山西等 11 个省市的部分地区，约 3 000 万居民生活在高水碘地区，我们及时采取了改水措施降低居民的碘暴露水平，保障了居民的健康。因此，根据居住环境的碘暴露情况及时调整生活中的碘摄入量是至关重要的。

七、硒缺乏

硒是一种化学元素，在化学元素周期表中的序号是 34（四周期、ⅥA 族），与元素氧同族、与钾同周期。硒在自然界中广泛存在，并以不同的存在方式分布于海洋、陆地和大气中，人、动物和植物体内并不会自动产生硒。1957 年，我国学者首次提出克山病与缺硒有关的报告，并进一步验证硒是人体必需的微量元素。硒对生物健康具有双向作用，即氧化作用和抗氧化作用。缺硒可能引发免疫系统功能损伤，导致一些病毒感染毒性增强或感染加剧，导致体内谷胱甘肽过氧化物酶活性下降，增加了氧化损伤和病毒基因突变的可能性。在人体内确定了 25 种不同硒蛋白，而在啮齿动物中则发现了 24 种。氧化应激被认为与许多疾病相关，如阿尔茨海默病（Alzheimer disease）和帕金森病（Parkinson disease）等神经退行性疾病等。已知有功能的含硒蛋白包括谷胱甘肽过氧化物酶（glutathione peroxidase，GSH-Px）、硫氧还原蛋白还原酶（thioredoxin reductase，TrxR）和脱碘酶（deiodinase，DIO）。另外还有一些已经确定的含硒蛋白，它们的功能还有待确认。当硒摄取量为 40μg/d 时，血清谷胱甘肽过氧化物酶活性达最佳状态。因缺硒引发的 3 种代表性疾病是：①克山病，会引发心力衰竭；②大骨节病，是一种骨关节疾病，可导致关节坏死；③克汀病，诱发智力发育迟缓。

充足的硒是保证生物体内大量依赖硒的酶活性功能的前提，硒缺乏加剧影响碘缺乏、引发免疫系统功能损伤，导致体内谷胱甘肽过氧化物酶活性下降，增加了氧化损伤和病毒基因突变的可能性。低硒饮食可能增加罹患肿瘤风险，尤其是肝炎患者发生肝癌和吸烟者发生肺癌的风险。

然而，硒的安全摄取范围相对较小，过量摄取或长期服用硒可能引发慢性中毒。硒中毒症状主要表现为脱发、指甲变形、皮肤病症状；小鼠实验证实硒慢性中毒诱发肝损伤。硒在预防和治疗某些肿瘤的同时，若长期或过量服用也有可能诱发其他肿瘤的发生，如胰腺癌和皮肤癌，2 型糖尿病的发病风险也会上升。因此一般健康人群不需要食物以外的含硒营养品，任何人补硒都应该在医生指导下进行。

（孔 娟）

第六节 维生素异常

目前所发现的维生素的化学结构不同，生理功能各异，根据维生素的溶解性可将其分为两大类，即脂溶性维生素和水溶性维生素。脂溶性维生素包括维生素 A、维生素 D、维生素 E 和维生素 K。水溶性维生素包括 B 族维生素（维生素 B_1、维生素 B_2、维生素 PP、维生素 B_6、叶酸、维生素 B_{12}、泛酸、生物素）和维生素 C。

各种维生素之间，维生素与其他营养素之间保持平衡非常重要，如果摄入一种营养素不适当，可能会引起或加剧其他营养素的代谢紊乱。人体维生素不足或缺乏是一个渐进的过程。当膳食中长期缺乏某种维生素时，最初表现为组织中维生素的储存降低，继而出现生化指标和生理功能异常，进一步发展再引起组织的病理改变，并出现临床体征。

一、水溶性维生素异常

（一）B 族维生素缺乏

维生素 B_1 也称抗脚气病因子和抗神经炎因子，其在体内以不同的焦磷酸化形式存在，其中约 80% 为硫胺素焦磷酸（thiamine pyrophosphate，TPP），10% 为三磷酸硫胺素（thiamine triphosphate，TTP），其他为单磷酸硫胺素（thiamine monophosphate，TMP），3 种形式的维生素 B_1 在体内可以相互转化。结合形式的维生素 B_1 在消化道裂解后在空肠和回肠吸收，经由尿液排出，不能被肾小管重吸收。维生素 B_1 在肝、肾和白细胞内可转变成硫胺素焦磷酸，是体内丙酮酸分解所需的羧肽酶的辅酶。TPP

是维生素 B_1 的主要活性形式，在体内的能量代谢中具有重要作用，参与两个重要的反应，即 α- 酮酸的氧化脱羧反应和磷酸戊糖途径的转酮醇反应。当维生素 B_1 严重缺乏时，ATP 生成障碍，丙酮酸和乳酸在体内堆积，会对机体造成损伤。维生素 B_1 在神经组织中可能具有一种特殊的非酶作用，当维生素 B_1 缺乏时，乙酰辅酶 A 生成减少，影响乙酰胆碱的合成，胆碱酯酶的活性增强，使乙酰胆碱分解加速，出现消化不良。维生素 B_1 广泛存在于天然食物中，一般不会引起过量中毒。

维生素 B_2 又称核黄素，其以黄素单核苷酸（flavin mononucleotide，FMN）和黄素腺嘌呤二核苷酸（flavin adenine dinucleotide，FAD）辅酶形式参与许多代谢的氧化还原反应。维生素 B_2 广泛存在于动植物食品中，动物性食品较植物性食物含量高。维生素 B_2 缺乏主要的临床表现为眼、口腔和皮肤的炎症反应。维生素 B_2 缺乏常伴有其他营养素缺乏，如影响烟酸和维生素 B_6 的代谢，干扰体内铁的吸收、储存和动员，致使储存铁量下降；其缺乏还会影响生长发育，致胎儿骨骼畸形等。

烟酸又称维生素 B_3、烟酸、维生素 PP 等。烟酸在体内以烟酰胺（尼克酰胺）形式存在，两者总称为维生素 PP。吸收后的烟酸经门静脉进入肝内转化成辅酶Ⅰ(NAD)和辅酶Ⅱ(NADP)，过量的烟酸大部分直接或经甲基化后从尿液中排出。当烟酸缺乏时，体内辅酶Ⅰ和辅酶Ⅱ合成受阻，导致某些生理氧化过程发生障碍，即出现烟酸缺乏症——癞皮病。其典型症状是皮炎（dermatitis）、腹泻（diarrhea）和痴呆（dementia），即所谓的"三 D"症状。摄入过量烟酸的副作用主要表现为皮肤发红、眼部不适、恶心、呕吐、高尿酸血症和糖耐量异常等。

泛酸又称维生素 B_5。膳食中的泛酸大多以辅酶 A 或酰基载体蛋白质（acyl carrier protein，ACP）的形式存在，在肠内降解为泛酸而被吸收。泛酸的主要生理功能是构成辅酶 A 和酰基载体蛋白，并通过它们在代谢中发挥作用。由于其在自然界中广泛存在，一般不易发生缺乏病。泛酸缺乏会导致机体代谢受损，包括脂肪合成减少和能量产生不足。当机体处于应激状态时，会伴随大量的能量消耗，而泛酸在应激反应发生时可以减少能量消耗，所以泛酸也称抗应激维生素。

维生素 B_6 包括 3 种天然存在形式，即吡哆醇（pyridoxine，PN）、吡哆醛（pyridoxal，PL）和吡哆胺（pyridoxamine，PM）。维生素 B_6 在小肠中的吸收速度按照吡哆醛、吡哆醇和吡哆胺的顺序依次减慢，吸收后的维生素 B_6 磷酸化后，以辅酶的形式存在于机体各组织中，代谢产物经尿中排出，极少部分经粪便排出。目前已知有近百种酶依赖磷酸吡哆醛，其主要作用有参与氨基酸、脂肪的代谢，参与造血和神经系统中的许多酶促反应，促进维生素 B_{12}、铁、锌的吸收等。维生素 B_6 广泛存在于各种食物中，其缺乏通常与其他 B 族维生素缺乏同时存在，可能是由于膳食摄入不足或者某些药物如异烟肼、环丝氨酸等的摄入有关。

生物素又称维生素 H、维生素 B_7、辅酶 R 等。它是体内许多羧化酶的辅酶，在三大营养物质即碳水化合物、脂类和蛋白质以及核酸的代谢过程中发挥重要作用。它同时还参与了胰淀粉酶和其他消化酶的合成，所以生物素与食物的消化过程密切相关。生物素广泛存在于天然食物中，在正常情况下成人一般不会发生生物素缺乏，哺乳期的婴儿可能会发生生物素缺乏症，因为母乳中的生物素含量太少，不能满足婴儿的需要。但是如果长期服用抗生素，如磺胺类抗菌消炎药可以抑制肠道细菌合成生物素，长期服用苯妥英、苯巴比妥等抗惊厥药物，会导致生物素缺乏。因此，服用这些药物时应注意补充生物素或多食富含生物素的食物。

叶酸最初是从菠菜叶中分离提取出来的，因故得名，也被称为维生素 B_9。食物中的叶酸以蝶酰多聚谷氨酸的形式存在，要经过胆汁和小肠中的 γ- 谷氨酸羧肽酶（γ-glutamyl carboxypeptidase）水解成蝶酰单谷氨酸和二谷氨酸，吸收的叶酸以 N_5- 甲基四氢叶酸的形式存在于血液中，由叶酸受体被摄取进入细胞内。叶酸经门静脉进入肝脏，在二氢叶酸还原酶的作用下转变为具有活性的四氢叶酸。叶酸可通过尿液及胆汁排出。天然存在的叶酸大多是还原形式的叶酸，即二氢叶酸和四氢叶酸，但是只有四氢叶酸才具有生理功能。叶酸的重要功能是作为一碳单位的载体参与代谢，例如嘌呤和嘧啶的合成，细胞的分裂和增殖，一些甲基化反应等。低叶酸水平与心血管疾病、肿瘤和认知功能障碍等慢性疾病的风险增加有关。因此，叶酸为许多生物和微生物生长所必需。

维生素 B_{12} 分子中含金属元素钴，因而又称钴胺素，是唯一含金属元素的维生素。食物中的维生素 B_{12} 与蛋白质结合进入人体消化道，在胃酸、胃蛋白酶及胰蛋白酶的作用下，维生素 B_{12} 与胃黏膜细胞分泌的一种糖蛋白内因子(intrinsic factor，IF)结合。维生素 B_{12}-IF 复合物主要在回肠被吸收，可由尿液排出，部分从胆汁排出。维生素 B_{12} 在体内以两种辅酶形式发挥生理作用，即甲基 B_{12}(甲基钴胺素)和辅酶 B_{12}(5-脱氧腺苷钴胺素)参与体内生化反应。膳食中维生素 B_{12} 来源于动物食品，膳食缺乏多见于素食主义者。维生素 B_{12} 参与细胞的核酸代谢，为造血过程所必需。当其缺乏时，红细胞中 DNA 合成障碍，诱发巨幼细胞贫血，还会阻抑甲基化反应而引起神经系统损害，出现精神抑郁、记忆力下降、四肢震颤等神经症状。

(二) 维生素 C 缺乏

维生素 C 也称抗坏血酸，所有植物和大多数动物可自行合成。人体自身可能曾经能够合成维生素 C，但由于氨基酸合成途径中的末端酶——古洛糖酸内酯氧化酶的基因发生了突变，使人类失去了这个能力。失去合成维生素 C 能力的动物彼此之间没有系统发育关系。缺乏维生素 C 会导致致命的维生素 C 缺乏病，只有服用维生素 C 才能治愈。基于其独特的化学性质，维生素 C 的生物学作用是作为机体内很强的一种抗氧化剂，在各种酶和非酶中提供电子反应。它可以生产胶原蛋白，防止有害的基因突变，保护白细胞和生产肉碱，对能源至关重要。维生素 C 还能促进抗体形成，增加人体抵抗力。维生素 C 主要来源为新鲜蔬菜和水果，一般是叶菜类含量比根茎类多，酸味水果比无酸味水果含量多。可以通过增加富含维生素 C 蔬果的摄入来补充。

二、脂溶性维生素异常

(一) 维生素 A 缺乏

维生素 A 是指可产生视黄醇生物活性的两类化合物，一类是视黄醇及其代谢产物和具有其相似结构的合成类似物，称为类视黄醇(retinoid)物质，也称为预先形成的维生素 A，主要膳食来源为鱼肝油、黄油和鸡蛋等；另一类是维生素 A 源类胡萝卜素，指来自胡萝卜和绿叶蔬菜等植物性食物，在体内可转化为视黄醇的类胡萝卜素，是膳食视黄醇的前体，包括 α-胡萝卜素、β-胡萝卜素和 β-隐黄质。维生素 A 在体内最终转化为视黄酸(retinoic acid，RA)及其异构体，也就是类维生素 A 通过细胞核内视黄酸受体(retinoic acid receptor，RAR)途径实现其生理功能。RAR 包括 RARα、RARβ 和 RARγ 及 3 种 9-顺式异构体类视黄醇 X 受体(retinoid X receptor，RXR)，包括 RXRα、RXRβ 和 RXRγ，这些受体都是核受体转录家族成员。RARs 和 RXRs 可形成异源二聚体，作为配体调控转录因子与驱动基因上特定的视黄酸反应原件结合。RARs 具有非基因组效应，能通过激活激酶信号途径来调控 RA 靶基因的转录，进而调控细胞分裂和分化，影响机体生长发育、生殖功能、免疫功能和造血功能等。维生素 A 缺乏仍是许多发展中国家的一个主要的公共卫生问题。婴幼儿和儿童维生素 A 缺乏的发生率远高于成人。维生素 A 缺乏最早的症状是暗适应能力下降，进一步发展为夜盲症；血红蛋白合成代谢障碍，免疫功能低下，儿童生长发育缓慢。但过量摄入维生素 A 可引起急性、慢性及致畸毒性。因此，除膳食来源外的维生素 A 补充剂的用量过大不仅没有益处，反而会引起中毒。

(二) 维生素 D 缺乏

人体内维生素 D 可以一小部分从食物中获得，但主要来源于皮肤。食物中获得的维生素 D 一般没有活性，必须经过肝、肾的两次羟化才能转化成具有活性的维生素 D。在皮肤中，7-脱氢胆固醇经紫外线照射而发光分解转化成维生素 D_3。在此过程中，作为细胞色素 P450 氧化酶的 CYP7A1 起主要作用。25-(OH)D_3 是血液循环系统中维生素 D 的主要成分，在临床上其含量的高低用于反映机体内维生素 D 的总水平。在血液中，维生素 D 和 25-(OH)D_3 通常不是游离状态，它们与维生素 D 结合蛋白(vitamin D binding protein，DBP)结合形成复合物。经血液循环，25-(OH)D_3 被转运到肾，在近曲小管上皮细胞线粒体中的 1α-羟化酶(1α-hydroxylase)作用下，在 1 号位加上另 1 个羟基而转化成有生物活性的 1,25-二羟维生素 D_3 [1,25-$(OH)_2D_3$]。1,25-$(OH)_2D_3$ 是维生素 D 的激素形式，同时也是活性形式，可经血液循环作用于远端靶器官如肠、甲状旁腺及骨骼等。1,25-$(OH)_2D_3$只有与维生素D受体（vitamin D receptor，VDR）结合后才能发挥其生理功能。维生素D具有激素的功能，通过VDR调节生长发育、细胞分化、免疫、炎症反应等。近年来大量研究发现，机体低维生素D水平与高血压、部分肿瘤、糖尿病、心脑血管疾病、脂肪肝、低水平的炎症反应、自身免疫性疾病等密切相关，也与部分传染病如结核和流行性感冒的发病相关。维生素D缺乏可导致肠道吸收钙、磷减少，肾小管对钙和磷的重吸收减少，影响骨钙化，造成骨骼和牙齿的矿物质异常。婴儿缺乏维生素D将引起佝偻病；成人尤其是孕妇、乳母和老人，缺乏维生素D可使已成熟的骨骼脱钙而发生骨软化症和骨质疏松症。过量的维生素D摄入可引起维生素D过多症。严重的维生素D中毒可导致死亡。预防维生素D中毒最有效的方法就是避免滥用其补充剂。

（三）维生素E缺乏

维生素E类是指含苯并二氢吡喃结构、具有α-生育酚生物活性的一类物质。人体内α-生育酚和γ-生育酚摄入的主要来源是植物性食物或油类，两者的吸收率是一样的，但γ-生育酚在组织内贮留量是受限的，其生理作用也仅为α-生育酚的10%左右，血浆中的脂类和维生素E有着密切的联系。生育酚被吸收之前需在肠道中水解，维生素E在胆酸、胰液和脂肪存在时，在脂酶的作用下，以混合微粒在小肠上部经非饱和的被动弥散方式被肠上皮细胞吸收。各种形式的维生素E被吸收后，大多由乳糜微粒携带经淋巴系统到达肝脏。肝脏中的维生素E通过乳糜微粒和极低密度脂蛋白（very low density lipoprotein，VLDL）的载体作用进入血浆。乳糜微粒在血液循环的分解过程中，将吸收的维生素E转移进入脂蛋白循环，其他的作为乳糜微粒的残骸。α-生育酚的主要氧化产物是α-生育醌，再脱去含氢的醛基生成葡糖醛酸。葡糖醛酸可通过胆汁排泄或进一步在肾脏中被降解产生α-生育酸并从尿液中排泄。维生素E是氧自由基的清除剂，它与其他抗氧化物质以及抗氧化酶包括超氧化物歧化酶（superoxide dismutase，SOD）、谷胱甘肽过氧化物酶（glutathione peroxidase，GSH-Px）等一起构成体内氧化系统，保护生物膜及其他蛋白质免受自由基攻击。体内抗氧化功能是由复杂的体系共同完成的，维生素E是这个体系的一个重要组成成分。维生素E在自然界中分布甚广，一般情况下不会缺乏。但摄入大剂量维生素E有可能出现中毒症状，如肌无力、视物模糊等。补充维生素E制剂应以不超过400mg/d为宜。

（四）维生素K缺乏

人体中的维生素K可以从食物中直接获得，也可以由肠道细菌合成。从食物中获得维生素K，像其他脂溶性维生素一样，可与食物中的脂类在胆汁酸盐的作用下由消化道吸收，与乳糜微粒相结合后再由淋巴系统运输入血，送至肝内利用，少部分被贮存，其他的经分解后经尿液排出，或进入肝肠循环。维生素K在正常人体内并不缺乏，一则因为它在食物中广泛分布，二则因为人体肠道内的细菌能够合成维生素K。但维生素K在体内贮存少，若因疾病吸收不良，药物如用抗生素或磺胺类药物使维生素K在体内的合成减少，可出现维生素K的缺乏。此外，新生婴儿的肠道在出生时是无菌的，不能靠肠道细菌来合成维生素K，如果他们没有从母体中获得足够的维生素K，也会产生维生素K缺乏症。维生素K是一种必需的生物活性化合物，对机体的最佳功能是必需的。维生素K存在多种异构体，可通过叶绿醌（K_1）和甲萘醌（K_2）两种主要结构进行区分。维生素K_1和K_2的结构差异体现在不同的吸收率、组织分布和生物利用度方面。虽然结构不同，但两者都是γ-谷氨酰羧化酶的辅助因子，包括肝内和肝外活动。只有羧基化的蛋白质才是有活性的，能促进像止血这样的健康状况。此外，以MK-7形式存在的维生素K_2已被证明是一种生物活性化合物，可调节骨质疏松症、动脉粥样硬化、肿瘤和炎症性疾病，且无副作用或服用过量的风险。在动物体内具有生物活性的是维生素K_2，而维生素K_1和维生素K_3都要转化为维生素K_2才能发挥作用。维生素K_2在骨代谢过程的重要功能渐渐被大家所重视，维生素K_2可以通过促进成骨及抑制破骨双向来调节骨代谢平衡。体内试验表明维生素K_2可以明显提高髋骨强度和抗骨折能力，椎骨骨折发生率显著降低。

（孔 娟）

第七节　心理精神异常

营养不良的后果不仅是生理的，而且会影响心理及精神。生理、心理应激与营养不良是孪生姐妹，应激是营养不良的重要发病因素，反过来，营养不良又导致或加重应激，从而形成恶性循环；心理或生理应激都会反映到患者的营养上面来，患者不思饮食、食欲下降、摄食减少、甚至绝食，体重下降，肌肉减少，从而增加患者的营养不良风险或直接导致营养不良。

一、认知和营养

老人患有的痴呆类型主要为阿尔茨海默病（Alzheimer disease，AD）和血管性痴呆。研究表明 5% 的 65 岁以上老人患有痴呆，年龄每增加 5 岁，痴呆发生率即增倍，85 岁以上老年人群中，30% 患有痴呆。

老人是痴呆的高发人群，而痴呆患者是营养不良的高发人群。Giuseppe 等观察 588 名住院老人，发现 59.54% 的痴呆患者伴有营养不良，在认知功能良好的患者中只有 15% 患营养不良。Faxén-irving 等对 AD 患者进行 7 年随访后发现，体重指数（BMI）<23kg/m^2 的 AD 患者的死亡率高于 BMI>23kg/m^2 的 AD 患者。国内外研究均发现认知功能和营养状态有良好的相关性，营养不良患者多预后不良。

回顾以往研究可以发现，痴呆本身可造成患者的认知功能障碍，使得痴呆患者往往不知饥饿、忘记进食或不能自行进食等，这些均可导致营养素摄入减少或不均衡。另外，痴呆患者的照料者缺乏专业的培训和营养学知识，提供给痴呆患者的膳食支持往往不合理，也是痴呆高发营养不良的原因之一。国内痴呆患者多数由家人照料，营养问题尤为突出。而营养不良本是 AD 的临床表现之一，伴有营养不良的 AD 患者多表现为能量缺乏型营养不良，主要是由于能量摄入不足引起肌肉组织和皮下脂肪的消耗，人体测量指标低于正常范围，但血清蛋白却可以维持正常水平。该型营养不良主要与痴呆患者饮食摄入不足相关。少数痴呆患者也可表现为蛋白质缺乏型营养不良，主要是蛋白质摄入不足或丢失引起，患者血清白蛋白明显下降，临床表现为水肿、贫血。终末期 AD 患者多表现为混合型营养不良，常伴有多器官功能受损，常提示预后不良。研究提示 AD 患者营养不良的发生和简易精神状态检查（Mini-Mental State Examination，MMSE）、日常生活活动（Activity of Daily Living，ADL）表现、总胆固醇（total cholesterol，TC）、总蛋白（total cholesterol，TP）、白蛋白（albumin，Alb）等检测指标有很高的相关性，表明 AD 患者营养状态主要与患者的智力水平和日常生活能力水平相关。

Angelo 分析了 1983—2004 年的临床和流行病学研究，发现抗氧化剂和 B 族维生素的缺乏与老人认知功能水平相关。Clarke 等随访了 1 648 名老人，发现 MNA、维生素 B_{12} 均是认知功能下降的预测指标。另有不少研究得到类似的结论。为了挽救认知功能，对痴呆患者补充抗氧化剂和维生素是其方法之一。但目前尚无研究表明这类措施能延缓痴呆病程的进展。认知功能减退患者的营养状态与照顾者密切相关。针对住院的痴呆患者，临床医生需要注意患者的营养消耗问题，制订详细的营养治疗策略。对门诊或拟出院的痴呆患者，需要对患者的家属及照料人员进行营养知识的宣传和普及。建议定期随访。

综上所述，营养不良和老年痴呆有着良好的相关性，营养不良可以作为老年痴呆患者的一项结局指标。膳食干预可能在一定程度改善痴呆症状和结局。此外，痴呆相关的营养不良可以发生在认知功能障碍之前，是疾病早期的一项临床表现，其严重程度随着痴呆的发展而不断加重。因此，在营养不良的老人中，应注意筛查其认知功能，以便早期干预。

二、抑郁和营养

抑郁是老年期最常见的精神障碍，7%~10% 的老人存在抑郁症状。门诊老人中，10%~20% 存在抑郁症状；而住院老年患者中，22%~34% 存在抑郁症状。抑郁对老人健康影响重大，Taizo 等评估了 5 363 名社区老人的抑郁状况、生活质量和日常生活能力，发现 1/3 的老人存在抑郁状况，在抑郁的老人中，其日常生活能力和生活质量均有所下降。相较于非抑郁患者，抑郁老人有更高的死亡率，更长的住院时间，更差的治疗反应。Hamer 等随访了 1 007 名老人，其中 20.9% 存在抑郁，死亡率是非抑郁老人的 1.24 倍。

老年抑郁患者的临床表现较年轻患者更不典型、更不特异，很多老年抑郁患者因营养问题而就诊。以往研究也证实抑郁和营养有很强的相关性，抑郁可以引起 36% 的老年患者体重下降，提示抑郁是老人营养不良的原因之一，抑郁患者伴发营养不良的概率是非抑郁患者的 2 倍。在临床表现上，老年抑郁患者的营养问题主要是食欲下降、摄入不足。和非抑郁患者相比，老年抑郁患者饮食量明显减少。即使在体重超重或肥胖的老年抑郁患者，食欲下降也较非抑郁老人更为常见。老年抑郁患者咀嚼和吞咽困难的情况是非抑郁患者的 3 倍。这些因素均可导致患者摄入量下降，加上本身抑郁问题不被重视和处理，时间一长患者慢慢出现营养不良，但大多数老年抑郁患者并没有出现骤然的体重下降。由于抑郁在老年人群中表现非特异而常常被人忽略，这些营养问题有时是患者的唯一主诉。

抑郁和营养不良之间的相互作用机制目前尚不明确，有学说认为营养不良患者机体缺乏必要的营养物质，使得免疫力下降、神经激素或神经传递质发生变化，引起抑郁；另有学说认为抑郁患者对购物、体重控制、适当运动等活动兴致的缺乏可引起营养不良。恰当的膳食策略、营养治疗可以改善老年抑郁患者的营养问题，也可以改善其抑郁症状。抑郁患者的血清叶酸、维生素 B_{12} 等水平较非抑郁患者低，而缺乏叶酸、维生素 B_{12} 等抗氧化剂的老人更易发生抑郁症状，饮食单一，少食水果、蔬菜的老人较饮食均衡的老人更易发生抑郁。抑郁相关研究中涉及的维生素都具有改善抑郁症状的功能，它们是机体重要酶系的组成部分，调节机体的蛋白质、碳水化合物、脂类等代谢，任何一种缺乏都可导致抑郁。另有一些氨基酸具备类似神经递质的特性，如苯丙氨酸、色氨酸是具有调节心境的去甲肾上腺素、5- 羟色胺的前体，低剂量的苯丙氨酸一定程度上能缓解抑郁症状。抑郁患者易发生低血糖，但不宜摄取过多碳水化合物，否则胰岛素分泌过多、体内储存过量的糖，使人更易疲倦、抑郁和焦虑。简而言之，合理的膳食结构以及补充必要的维生素和矿物质能够改善抑郁症状，在老年抑郁患者抗抑郁治疗中需关注并纠正其营养问题。

（董碧蓉）

第八章　医院膳食营养

医院膳食（hospital diet）指为医疗机构内患者提供的餐饮服务，这种餐饮服务可以是医疗机构内部自身提供的，也可以是外来服务。基本要求是提供适合于所有不同患者的不同能量 / 营养素密度的不同膳食。任何时候，还要充分考虑特殊膳食、食品质构（food texture）、过敏和患者文化背景。要求 24h 服务，随时提供制作精良、色香味俱全、卫生、经济、营养丰富的食物。对营养风险和营养不良患者，要提供小包装、高能量密度的食物。医院膳食包括医院常规膳食（regular hospital diet）和治疗膳食（therapeutic diet），是住院患者良好营养的主要来源以及疾病康复的重要保证。医院膳食应该与幼儿园、学校膳食一样，成为标准最严格、质量最可靠、营养最丰富的膳食。医院膳食不仅是为患者提供能量及营养素，而且是住院患者营养治疗的第一选择，是患者疾病综合治疗措施中的核心内容和基础治疗。

第一节　医院健康膳食要求与标准

研究发现，30%~80% 的住院患者存在体重丢失的问题，住院患者是营养不良最高发的人群，也是最需要优质膳食营养服务的对象。医院每年为成千上万的患者及其照护者提供膳食营养服务，然而医院膳食的不尽如人意是一个世界性难题。美国、英国的研究比较了医院、监狱的膳食，发现医院膳食的能量、蛋白质及多种营养素供给不如监狱。加拿大的一项调查分析了 3 家大型医院 84 份医院食谱，发现食谱的能量为 1 281~3 007kcal、蛋白质为 49~159g［0.9~1.1g/（kg·d）］，45% 的食谱能量低于 1 600kcal；与膳食营养素参考摄入量（dietary reference intake，DRI）相比，普通食谱中的纤维、钙、维生素 C、铁的符合率分别为 0、7%、57% 及 100%；与加拿大膳食指南（Canadian food guide，CFG）相比，食谱中的蔬菜、水果、牛奶及替代品符合率为 35%，谷物制品符合率为 11%，肉类及替代品符合率为 8%。为了改善医院的膳食营养服务，确保患者住院期间吃到卫生、经济、营养丰富的食物，促进疾病康复，威尔士、苏格兰、维多利亚、新南威尔士、纽约等极少数国家或地区制订了统一的医院膳食标准。2008 年纽约市政府发布“New York City Food Standards”（《纽约市食品标准》），2010 年纽约市健康与心理卫生局（The New York City Department of Health and Mental Hygiene）发布医院健康膳食倡议（the healthy hospital food initiative，HHFI），要求纽约市医院遵循《纽约市食品标准》中的食堂 / 咖啡店标准及患者膳食标准。

我国尚没有国家或省市统一的医院膳食标准。为了提高我国医院膳食质量，改善医院膳食服务，中华医学会肠外肠内营养学分会（Chinese Society for Parenteral & Enteral Nutrition，CSPEN）及中国抗癌协会肿瘤营养专业委员会（Chinese Society of Nutritional Oncology，CSNO）联合制订了《中国医院健康膳食倡议》，具体如下。

1. 每份包装主食及菜品应标示能量、蛋白质、脂肪、碳水化合物及钠含量。

2. **普通膳食** 午、晚餐至少提供2份荤食、4份半荤半素食物、4份素食10种菜品；提供大豆及其制品制作食物。

3. 每餐提供2款荤素搭配的菜品套餐，蛋白质不低于20g，其中至少一半为优质蛋白，盐不超过6g/d。

4. **主食** 可提供至少1~2种用全谷物做的食品。

5. **蔬菜类食物** 每天提供深色蔬菜至少5种，菌菇类蔬菜1种。

6. 提供至少4种水果，其中至少2种是低血糖指数（GI）水果。

7. 红烧类肉制品不炒糖色，每份盐量不超3g。

8. 海产品（鱼类）烹调推荐清蒸、清炖、滑熘、炒、白灼，油用量小于10g。

9. 汤类使用清汤，不添加奶类，内容物不少于50g，含盐量小于1.5g/250ml。

10. 果蔬菜汁供应每份250ml，不加糖及其他食品添加剂。

11. 不油炸、烧烤食物。

12. 所有食品不含反式脂肪酸。

中华医学会肠外肠内营养学分会及中国抗癌协会肿瘤营养专业委员会同时呼吁：改善医院膳食供应服务，具体包括如下内容。

1. 提高膳食供应频次，≥5次：一日三餐+下午茶+夜宵。

2. 增加膳食种类与风味，根据患者的来源，尽可能覆盖患者来源地的风味。

3. 延长供应时间，尽可能24h供应。

4. 改善就餐环境，鼓励设立患者集体就餐室。

5. 提供小份额膳食帮助。

6. 根据营养时相学要求，为营养不良的患者提供加餐、夜宵服务。

7. 增设营养食品自动售货机及专卖部，提供即食补充食品（ready-to-use supplementary food，RUSF）及即食治疗食品（ready-to-use therapeutic food，RUTF）。

（丛明华）

第二节 医院基本膳食

医院基本膳食也叫医院常规膳食，按其质地分为以下4种形式：普通膳食（regular diet）、软食（soft diet）、半流质膳食（semi-liquid diet）和流质膳食（liquid diet）。其他几类膳食都是以基本膳食为基础制定的。

一、普通膳食

普通膳食也称普食，与正常健康人平时所用的膳食相同。能量及各种营养素必须供应充足，膳食结构应符合平衡膳食的原则。在医院里，一般食用普食的人数最多，是应用范围最广的医院膳食，占住院患者膳食的50%~65%。

（一）适用范围

主要适用于在治疗上无特殊膳食要求而又不需要任何膳食限制、消化功能正常、体温正常或接近正常，无咀嚼功能障碍的患者及疾病恢复期的患者。

（二）配膳原则

1. **膳食构成** 与正常人饮食基本相同。各种营养素要齐全，数量要充足，比例要恰当。在计划食谱时要注意食物品种应多样化，烹调方法要合理，做到色、香、味、形俱全，以增进食欲。

2. **体积**　要求食物应保持适当体积，使患者有饱腹感。

3. **能量分配**　应将能量适当地分配于三餐中。一般能量分配比例为早餐25%~30%，午餐40%，晚餐30%~35%。如有患者需要，可加餐至每日四餐或五餐。

4. **能量与营养素要求**

(1)能量：根据基础能量消耗(basal energy expenditure，BEE)、食物特殊动力作用(specific dynamic action of food，SDAF)、体力活动与疾病消耗计算每日所需能量。住院患者活动较少，每日供能量一般为6.28~8.37MJ(1 500~2 000kcal)，应用时应根据个体差异(如年龄、身高等)适当调整。住院患者每日氮和蛋白质、能量大致消耗情况见表8-2-1。

表8-2-1　每日氮损失及蛋白质、能量消耗

疾病	氮/g	蛋白质/g	能量/MJ(kcal)
普通病房(外伤无发热)	7~12	45~75	6.28~8.37(1 500~2 000)
外科术后(无并发症)	12~20	75~125	8.37~12.55(2 000~3 000)
高分解代谢(重度烧伤)	16~48	100~300	14.64~20.92(3 500~5 000)

(2)蛋白质：应占总能量的12%~14%，每日供给量为70~90g，其中动物蛋白质须达总蛋白质供给量的30%，包括动物蛋白和豆类蛋白在内的优质蛋白应占总蛋白质供给量的40%以上。

(3)脂肪：全天脂肪供给量应占总能量的20%~25%，不宜超过30%。全天膳食脂肪总量应控制在60~70g以内(包括主、副食及烹调用油)。

(4)碳水化合物：应占总能量的55%~65%，每日供给量为350~450g。

(5)维生素：维生素的供给量可参考DRIs。

(6)矿物质：全天膳食中钙的摄入量为800mg，磷为钙的1.0~1.5倍。患者吃普食时钾、钠、镁等一般供应充足，不易发生缺乏，供给量可参照DRIs。

(7)水：每日水的供给量应根据患者个体情况及病情而定，每天需水1 500~3 000ml，以保证水分出入量平衡为原则。

(8)膳食纤维：如无消化系统疾病，膳食纤维供给量可同健康人。

(三) 食物宜忌

1. **宜用食物**　各种食物均可食用，与正常人饮食基本相同。

2. **忌(少)用食物**

(1)刺激性食物及有强烈辛辣刺激的调味品，如辣椒、芥末、胡椒、咖喱等不宜使用。

(2)不易消化、过分坚硬以及易产气的食物，如油炸食物、动物油脂、干豆类等应尽量少用。

二、软食

软食是比普食更容易消化的饮食，特点是质地软、少渣、易咀嚼，是由半流质向普食过渡或是从普食向半流质过渡的中间膳食。

(一) 适用范围

软食适用于轻度发热、消化道有疾病、牙齿咀嚼不便而不能进食大块食物的患者，以及老人及3~4岁小儿。也可用于肛门、结肠及直肠术后恢复期患者，以及痢疾、急性肠炎等恢复期患者等。

(二) 配膳原则

1. **膳食结构**　软食也应符合平衡膳食的原则，各类营养素应该满足患者的需求。通常软食每日提供的总能量为6.28~8.37MJ(1 500~2 000kcal)，蛋白质为70~80g，主食不限量。其他营养素按正常需要量供给。

2. **食物要求**　软食应细软、易咀嚼、易消化，限制含膳食纤维和动物肌纤维多的食物，如选用，应

切碎、煮烂后食用。

3. **维生素和矿物质要求**　软食中的蔬菜及肉类均需切碎、煮烂，易导致维生素和矿物质丧失，应多补充菜汁、果汁等，以保证足够的维生素和矿物质摄入。

（三）食物宜忌

1. 宜用食物

（1）主食类：米饭、面条的制作应比普食更加软而烂。馒头、包子、饺子、馄饨等亦可食用，但做馅用的蔬菜应选择含粗纤维少的品种。

（2）副食类：肉类应选择细、嫩的瘦肉，如瘦的猪肉、羊肉等，多选用鸡肉、鱼肉、虾肉、肝等，可以切成小块后焖烂。如果做肉丝应选用鸡脯肉、里脊肉等，也可以制成肉丸、肉饼。对幼儿和眼科患者最好不用整块、刺多的鱼。蛋类不宜用油煎、炸，其他烹调方法均可选用，如炒鸡蛋、蒸蛋羹、煮蛋等。蔬菜类应选用嫩菜叶，切成小段后进行烹调，可多用含粗纤维少的蔬菜及水果，如南瓜、冬瓜、花菜、土豆和胡萝卜以及香蕉、橘子、苹果、梨、桃等，可煮烂或制成菜泥、水果羹；水果应去皮生食，或制成水果羹食用。豆制品如豆腐、豆浆、粉皮、粉丝、豆腐乳等可以食用。

2. 忌（少）用食物

（1）不宜食用煎炸食品、过于油腻的食品，如煎鸡蛋。

（2）不宜食用凉拌菜、含粗纤维多的蔬菜，如芹菜、韭菜、豆芽菜、竹笋、榨菜、生萝卜、葱头、辣椒、青豆、荸荠等。

（3）不宜食用硬果类食物如花生仁、核桃、杏仁、榛子等，但制成花生酱、杏仁酪、核桃酪后可食用。

（4）不宜食用整粒的豆类、糙米、硬米饭。

（5）忌用刺激性的调味品，如辣椒粉、芥末、胡椒粉、咖喱等。

三、半流质膳食

半流质膳食是介于软食与流质膳食之间，外观呈半流体状态，比软食更易于咀嚼和消化的膳食。故宜采用限量、多餐次的进餐形式。

（一）适用范围

半流质膳食适用于发热较高，有腹泻、消化不良等消化道疾病的患者，口腔疾病患者，耳鼻咽喉术后患者，以及身体虚弱者。

（二）配膳原则

1. **能量要求**　能量供给应适宜，术后早期或虚弱、高热的患者不宜给予过高的能量，应用半流质膳食时，全天供给的总能量一般为6.28~7.53MJ（1 500~1 800kcal）。

2. **食物性状**　呈半流体状态，易咀嚼吞咽，含膳食纤维很少，易消化吸收。

3. **餐次要求**　半流质膳食含水量较多，因此应增加餐次，以保证在减轻消化道负担的同时，满足患者能量及营养素的需求。通常每隔2~3h一餐，每日5~6餐。主食定量，一般全天不超过300g，注意品种多样化以增进食欲。

另外，对伤寒、痢疾等不能给予含纤维多及胀气食物的患者，应配制少渣半流质膳食，此时需严格限制含膳食纤维多的蔬菜、水果。

（三）食物宜忌

1. 宜用食物

（1）主食：可食大米粥、小米粥、挂面、面条、面片、馄饨、面包、蛋糕、饼干、小笼包、小花卷、藕粉等。

（2）副食：肉类可选用瘦嫩的猪肉，也可制成肉泥、肉丸等。鸡肉可制成鸡丝、鸡泥，还可选用虾仁、软烧鱼块、氽鱼丸、碎肝片等。蛋类除油煎炸之外，各种烹调方法均可以选用，如蒸鸡蛋、煮鸡蛋、炒鸡蛋等。乳类及其制品，如牛奶、奶酪等都可选用。豆类宜制成豆浆、豆腐脑、豆腐、豆腐干、腐乳等食用。水果及蔬菜宜制成果冻、果汁、菜汁等再食用，也可选用少量的碎嫩菜叶加于汤面或粥中。

2. **忌(少)用食物**

(1)不宜食用蒸米饭、蒸饺、煎饼等硬而不易消化的食物。

(2)不宜食用豆类、大量肉类、大块蔬菜以及油炸食品,如熏鱼、炸丸子等。

(3)忌食用浓烈、有刺激性的调味品。

四、流质膳食

流质膳食是极易消化、含渣很少、呈流体状态或在口腔内能融化为液体的膳食。医院常用流质膳食一般分 5 种形式,即普通流质、浓流质、清流质、冷流质和不胀气流质(忌甜流质)。与其他几类膳食不同,流质膳食是一种不平衡膳食,只能短期使用,长期使用会导致营养不良。

(一) 适用范围

流质膳食多适用于高热、急性传染病患者,肠道手术前准备以及术后患者,极度衰弱、无力咀嚼者。清流质和不胀气流质可用于由肠外营养向全流质或半流质膳食过渡;清流质也可用于急性腹泻和严重衰弱患者恢复肠内营养的最初阶段;浓流质适用于口腔、面部、颈部术后;冷流质可用于喉咽部术后的最初 1~2d。

(二) 配膳原则

1. **膳食结构**　流质膳食属于不平衡膳食,其所含有的营养素不均衡,能量供给不足,平均每日仅 3.35MJ(800kcal)左右,最多能达到 6.69MJ(1 600kcal)。其中浓流质能量最高,清流质最低,常作为过渡期膳食短期应用。有时为了增加膳食中的能量,在病情允许的情况下,可给予少量芝麻油、奶油、黄油和花生油等易消化的脂肪。

2. **膳食性状**　流质膳食所选用的食物均为流体状态,或进入口腔后即溶化成液体,易吞咽,易消化,咸、甜应适宜,以增进食欲。

3. **餐次要求**　每餐液体量以 200~250ml 为宜,少食多餐,每日 6~7 餐。

(三) 食物宜忌

1. **宜用食物**

(1)流质:可选用各种肉汤、蛋花汤、蒸蛋羹、牛乳、牛乳冲鸡蛋、米汤、酸奶、藕粉、蔬菜汁、水果汁、豆浆、豆腐脑、去壳过箩赤豆或绿豆汤等。如果患者需要高能量,应选用浓缩食品,如奶粉、鸡蓉汤等,或进行特别制备。

(2)清流质:是一种不含产气食物及残渣最少,较流质膳食更为清淡的液体食物,可选用过箩猪肉汤、过箩牛肉汤、过箩米汤、排骨汤、过滤蔬菜汤、过滤果汁、果汁胶冻、稀藕粉、淡茶等。

(3)浓流质:宜选用无渣、较浓稠食物为宜,其多以吸管吸吮,故如较稠的藕粉、鸡蛋薄面糊、牛乳冲麦乳精、牛乳、可可乳等。

(4)冷流质:一般选用冷牛乳、冷米汤、冷豆浆、冷蛋羹、冷藕粉、冰激凌、冰砖、冰棍、甜果汁、冷的果汁胶冻等。

(5)不胀气流质:应忌用蔗糖、牛乳、豆浆等产气食品,其他同流质。

2. **忌(少)用食物**　一切非流质的固体食物、含膳食纤维多的食物以及过于油腻、厚味的食物均不宜选用。

(杨勤兵)

第三节　医院治疗膳食

治疗膳食也称调整成分膳食(ingredient modified diet)。在调整某种营养素摄入量时,要考虑各营养素间的关系，切忌平衡失调。另外，膳食的制备应符合患者的消化、吸收和耐受能力，并照顾患者的饮食习惯，注意食物的色、香、味、形和品种的多样化。

治疗膳食的种类很多，现将临床常用的归纳如下。

一、高能量膳食

(一) 适用对象

代谢亢进者，如甲状腺功能亢进症、肿瘤、严重烧伤和创伤、高热、消瘦或体重不足者、营养不良、吸收障碍综合征者；体力消耗增加者，如运动员、重体力劳动者等。

(二) 配膳原则

1. **增加主食量** 高能量膳食主要通过增加主食量、调整膳食内容来增加能量供给。增加摄入量应循序渐进，少量多餐，避免造成胃肠功能紊乱。除三次正餐外，可分别在上午、下午或晚上加 2~3 餐点心，视病情和患者的喜好选择点心的品种。

2. **根据病情调整供给量** 病情不同，对能量的需要量也不同，如成年烧伤患者每日约需 16.80MJ (4 000kcal) 能量，远高于正常人的 RNI。一般患者以每日增加 1.25MJ (300kcal) 左右为宜。

3. **平衡膳食** 为保证能量充足，膳食应有足量的碳水化合物、蛋白质，适量的脂肪，同时也需要相应增加矿物质和维生素的供给，尤其是提高与能量代谢密切相关的 B 族维生素的供给量。由于膳食中蛋白质的供给量增加，易出现负钙平衡，故应及时补充钙。为防止血清脂质升高，在设计膳食内容时应尽可能降低饱和脂肪酸、胆固醇和精制糖的摄入量。

(三) 注意事项

肥胖症、糖尿病、尿毒症患者不宜使用。应注意患者血脂和体重的变化。

(四) 食物的选择

1. **宜用食物** 各类食物均可食用，加餐以面包、馒头、饼干、牛乳、藕粉、马蹄粉等含能量高的碳水化合物类食物为佳。

2. **忌(少)用食物** 无特殊禁忌，只需注意应选择高能量食物代替一部分低能量食物。

二、低能量膳食

(一) 适用对象

需减轻体重的患者，如单纯性肥胖；需减少机体代谢负担而控制病情的患者，如糖尿病、高血压、高脂血症、冠心病等。

(二) 配膳原则

低能量膳食的配膳原则最主要是限制能量供给，而其他营养素应满足机体的需要。能量供给要适当地逐步减少，以利于机体动用脂肪、消耗储存的体脂，并减少不良反应。

1. **减少膳食总能量** 根据医嘱规定计算总能量后设计膳食，成年患者每日能量摄入量比平日减少 2.09~4.18MJ (500~1 000kcal)，减少量根据患者情况而定，但每日总能量摄入量不应低于 4.18MJ (1 000kcal)，以防体脂动员过快，引起酮症酸中毒。

2. **蛋白质应充足** 由于限制总能量，膳食中蛋白质供能的比例则相应提高，至少占总能量的 15%~20%，保证蛋白质供给不少于 1g/(kg·d)，而且优质蛋白质应占 50% 以上。

3. **碳水化合物和脂肪供给量应减少** 减少总能量的同时又要保证蛋白质的摄入量，就必须相应减少膳食中碳水化合物和脂肪的供给量。碳水化合物占总能量的 50%~60%，应尽量减少精制糖的供给。膳食脂肪一般应占总能量的 20%~30%，胆固醇的摄入量应控制在 300mg/d 以下。

4. **食盐适当减少** 患者体重减轻后可能会出现水钠潴留，所以应适当减少食盐的摄入量，一般不超过 5g/d。

5. **矿物质和维生素充足** 由于进食量减少，易出现矿物质(如铁、钙)、维生素(如维生素 B_1)的不足，必要时可使用制剂进行补充。

6. **膳食纤维适当增加** 膳食可多采用富含膳食纤维的粗粮、蔬菜和低糖的水果，必要时可选用琼脂类食品，以满足患者的饱腹感。

（三）注意事项

采用低能量膳食的患者，活动量不宜减少，否则难以达到预期效果。减肥的患者应同时增加运动量，并注意饮食与心理平衡，防止出现神经性厌食症。由于主食量的减少易引起膳食其他营养素的不足，故应注意通过其他食物及时补充，必要时可服用维生素和矿物质制剂。

（四）食物的选择

1. **宜用食物** 谷类、水产、瘦肉、禽类、蛋、乳（脱脂乳）、豆类及豆制品、蔬菜、水果和低脂肪富含蛋白质的食物等，但应限量选用。宜多选择粗粮、豆制品、蔬菜和低糖的水果等，尤其是叶菜类。烹调方法宜用蒸、煮、拌、炖等无油的做法。各种菜肴应清淡可口。

2. **忌（少）用食物** 肥腻的食物和甜食，如肥肉、动物油脂（猪油、牛油、奶油等）、花生、糖果、甜点心、白糖、红糖、蜂蜜等。烹调方法忌用油煎、油炸等多油的做法。

三、高蛋白质膳食

高蛋白质膳食（high protein diet）是指蛋白质含量高于正常人的膳食。因疾病（感染、创伤或其他原因）导致机体蛋白质消耗增加，或机体处于康复期需要更多的蛋白质用于组织的再生、修复时，需在原有膳食的基础上额外增加蛋白质的供给量。为了使蛋白质更好地被机体利用，通常需要同时适当增加能量的摄入量，以防止蛋白质的分解供能。

（一）适用对象

明显消瘦、营养不良、烧伤、创伤患者、手术前后，慢性消耗性疾病患者，如结核病、恶性肿瘤、贫血、溃疡性结肠炎等疾病，或其他消化系统炎症的恢复期。此外，孕妇、乳母和生长发育期儿童也需要高蛋白膳食。

（二）配膳原则

高蛋白质膳食一般不需单独制作，可在原来膳食的基础上添加富含蛋白质的食物即可。如在午餐和晚餐中增加一个全荤菜（如炒猪肝、炒牛肉），或者在正餐外加餐，以增加高蛋白质食物的摄入量。

1. **能量** 每日供给达 8.37MJ（2 000kcal）左右。

2. **蛋白质** 每日供给量可达 1.5~2.0g/kg。

3. **碳水化合物和脂肪** 碳水化合物宜适当增加，以保证蛋白质的充分利用，每日 400~500g 为宜。脂肪适量，以防血脂升高，一般 60~80g/d。

4. **矿物质** 高蛋白质膳食会增加尿钙排出，长期摄入易出现负钙平衡。故膳食中应增加钙的供给量，如选用富含钙的乳类和豆类食品。

5. **维生素** 长期的高蛋白质膳食，维生素 A 的需要量也随之增多，且营养不良者一般肝脏中维生素 A 贮存量也下降，故应及时补充。与能量代谢关系密切的 B 族维生素供给量应充足，贫血患者还应注意补充富含维生素 C、维生素 K、维生素 B_{12}、叶酸、铁、铜等的食物。

6. **增加摄入量应循序渐进，并根据病情及时调整** 视病情需要，也可与其他治疗膳食联合使用，如高能量高蛋白质膳食。推荐膳食中的热氮比为 0.42~0.84MJ（100~200kcal）：1g，平均为 0.63MJ（150kcal）：1g，以利于减少蛋白质分解供能而消耗，防止负氮平衡。

（三）注意事项

肝性脑病或肝性脑病前期、急慢性肾功能不全、急性肾炎、尿毒症患者不宜采用。

（四）食物的选择

可多选用蛋白质含量高的食物，如瘦肉、鱼类、动物内脏、蛋类、乳类、豆类。

四、低蛋白质膳食

蛋白质和氨基酸在肝脏分解产生的含氮代谢产物需经肾排出体外。肝、肾等代谢器官功能下降时出现排泄障碍，代谢废物在体内堆积会损害机体，应限制膳食中蛋白质的含量，采用低蛋白质膳食。

（一）适用对象

急性肾炎、急/慢性肾功能不全、尿毒症、肝性脑病或肝性脑病前期患者。

（二）配膳原则

蛋白质的摄入量根据维持机体接近正常生理功能的需要为原则供给，减少含氮化合物在体内积聚，其他营养素的供给应尽量满足机体需要。

1. **蛋白质**　每日蛋白质摄入量一般不超过40g，应尽量选择富含优质蛋白质的食物，如蛋、乳、瘦肉类等。限制蛋白质供给量应根据病情随时调整。病情好转后需逐渐增加摄入量，否则不利于疾病康复，这对生长发育期的患儿尤为重要。

2. **能量**　能量供给充足才能节省蛋白质的消耗，减少机体组织的分解。可采用含蛋白质较低的食物作为主食，如麦淀粉、马铃薯、甜薯、芋头等代替部分主食以减少非优质蛋白质的摄入。能量供给量根据病情决定。经口摄食不足时可通过静脉补充。

3. **矿物质和维生素**　供给充足的蔬菜和水果，以满足机体对矿物质和维生素的需要。另外，矿物质的供给应根据病种和病情进行调整，有水肿的患者，除膳食要限制蛋白质外，还应限制钠的供给。

4. **合适的烹调方法**　使用低蛋白质膳食的患者往往食欲较差；另外，由于患者病情和患病心理的影响，使患者食欲普遍较差，故应注意烹调的色、香、味、形和食物的多样化，以促进食欲。

（三）注意事项

正在进行血液或腹膜透析的患者不需要严格限制蛋白质摄入量。急性肾炎、急慢性肾衰竭、肝性脑病等的膳食治疗原则请参见本书的有关章节。

（四）食物的选择

1. **宜用食物**　蔬菜类、水果类、食糖、植物油以及麦淀粉、藕粉、马铃薯、芋头等低蛋白质的淀粉类食物。谷类食物含蛋白质6%~11%，且为非优质蛋白质，根据蛋白质的摄入量标准应适当限量使用。

2. **忌（少）用食物**　含蛋白质丰富的食物，如豆类、干果类，蛋、乳、肉类等。但为了适当供给优质蛋白质，可在蛋白质限量的范围内，适当选用蛋、乳、瘦肉、鱼类。

五、限酪胺、多巴胺膳食

限制膳食中酪胺、多巴胺摄入量的膳食称为限酪胺、多巴胺膳食。单胺类物质（如酪胺、多巴胺、5-羟色胺）能使血管收缩，血压升高。在正常情况下，这类物质被肝脏内的单胺氧化酶（monoamine oxidase，MAO）分解后排出体外，不会引起血压的急剧升高。但因治疗需要服用呋喃唑酮、苯乙肼、苯丙胺、哌苯甲醇等抑制单胺氧化酶的药物时，单胺氧化酶活性明显下降，此时若摄入富含酪胺、多巴胺的食物，单胺类物质较易进入血液循环，使血管收缩，血压升高，可发生剧烈头痛、恶心、呕吐、心动过速、甚至抽搐等高血压危象。严重者可出现致命的内出血（如脑出血）。因此，必须限制膳食中酪胺、多巴胺的摄入量。

（一）适用对象

因治疗需要使用单胺氧化酶抑制剂的患者。

（二）配膳原则

体内的单胺氧化酶在停服抑制剂2周后才逐渐恢复活性。故患者在服药期间及停药的2周内均应避免富含单胺类食物的摄入，以免产生不良作用。食物经发酵或存放时间过长，都易受微生物的作用，使其中的蛋白质分解，氨基酸脱羧产生单胺类物质，如酪氨酸变成酪胺，色氨酸变成5-羟色胺。因此，应尽量避免选择这些食物。

（三）食物的选择

1. **宜用食物** 各种新鲜食物、非发酵食品、咖啡和茶等。

2. **忌（少）用食物** 如下：①加入碱或酵母制成的馒头、面包和其他面制品；②酒酿及其制品，如啤酒、葡萄酒；③干奶酪及其制品；④用发酵法酿制的酱油、黄酱、面酱、豆瓣酱、豆豉，各种腐乳、臭豆腐；⑤盐腌、熏制的各种肉菜和海产品（如虾皮、虾米、咸鱼、鱼干等）；⑥腐败变质的各种动物性食物及其熟制品；⑦富含蛋白质的各种陈旧、不新鲜食品，如陈旧野味，放置已久的肉类、肉罐头、市售肉汁、香肠。此外，香蕉、鳄梨、无花果、葡萄干、梅子、蚕豆等也宜少用。

六、限碳水化合物膳食

限制膳食中碳水化合物含量的膳食称为限碳水化合物膳食（carbohydrate restricted diet）。胃大部分切除时切除幽门括约肌，使胃容量减少，大量食物过快地排入空肠上段，又未经胃肠液混合稀释而呈高渗性，大量细胞外液进入肠腔，引起循环血容量骤然减低，出现倾倒综合征（dumping syndrome）。典型症状多在术后进食半流质膳食时出现，特别是进食甜的流质膳食，如进食加糖牛乳后10~20min发生。表现为上腹胀满、恶心、呕吐、腹绞痛、肠鸣音亢进、腹泻、头晕、心悸、乏力等。

（一）适用对象

胃全切或部分切除的患者；血清甘油三酯升高的患者；因膳食中糖过多致胰岛素分泌过量引起的肥胖症患者；儿童糖尿病患者及成年期发作性糖尿病患者。

（二）配膳原则

膳食构成应为低碳水化合物、高蛋白质、适量脂肪。碳水化合物以多糖为主，忌用富含精制糖的甜食，如甜点心、甜饮料、糖果、巧克力等。

由于手术创伤、机体分解代谢增加，应补充优质蛋白质和足够能量以促进机体组织的修复。根据患者康复情况，逐渐增加膳食中碳水化合物含量。但合并心血管疾病、高脂血症、肾病或尿毒症的患者，其膳食中的蛋白质、脂肪含量和食物的选择应慎重。术后应注意避免含高胆固醇、高饱和脂肪的食物，以避免出现高脂血症。

（三）注意事项

此种膳食的蛋白质含量较高，合并肾功能不全者应注意调整膳食蛋白质的含量和质量。另外限碳水化合物膳食一般含脂肪（不饱和脂肪）和胆固醇也较高，合并高脂血症患者应调整脂肪含量。对乳糖不耐受者还应限制乳制品的供给。

（四）食物的选择

1. **宜用食物** 包括蛋类、鱼、畜肉和禽类，不加糖的乳制品，新鲜蔬菜和水果，适量不加糖的谷类食物，各种油脂类，坚果和花生酱。

2. **忌（少）用食物** 包括各种加糖的甜食、果汁、饮料、酒类、蜂蜜、果酱、果冻等。

七、限脂肪膳食

限脂肪膳食（fat restricted diet）即减少膳食中脂肪的供给量，又称低脂膳食或少油膳食。

（一）适用对象

Ⅰ型高脂蛋白血症，在摄入含脂肪膳食后一定时间内，对血脂（如乳糜微粒和甘油三酯）清除能力降低，患者的血浆样品冷藏过夜后，血样上部出现一层明显的油状物。摄入高脂膳食后会出现腹痛，皮下脂肪明显增多，多见于胆囊、胆道、胰腺疾病患者，如急慢性胰腺炎、胆囊炎、胆石症；脂肪消化吸收不良，表现为脂肪泻（脂肪痢）的患者，如肠黏膜疾病，胃切除和短肠综合征等所致的脂肪泻；肥胖症。

（二）配膳原则

1. **减少膳食中脂肪的含量** 根据我国实际情况，建议将脂肪限量程度分为以下3种。

（1）严格限制脂肪膳食：膳食脂肪供能占总能量的10%以下，脂肪总量（包括食物所含脂肪和烹调油）每日不超过20g，必要时采用完全不含脂肪的纯碳水化合物膳食。

（2）中度限制脂肪膳食：膳食中脂肪占总能量的20%以下，饮食中各种类型的脂肪总量每日不超过40g。

（3）轻度限制脂肪膳食：膳食脂肪供能不超过总能量的25%，脂肪总量每日50g以下。

2. **其他营养素供给应均衡**　可适当增加豆类、豆制品、新鲜蔬菜和水果的摄入量。由于限制脂肪易导致多种营养素的缺乏，包括必需脂肪酸、脂溶性维生素，以及易与脂肪酸共价结合随粪便排出的矿物质，如钙、铁、铜、锌、镁等，因此，应注意在膳食中及时补充这些营养素。

3. **选择合适的烹调方法**　为了达到限制脂肪的膳食要求，除选择含脂肪少的食物外，还应减少烹调用油。禁用油煎、炸或爆炒食物，可选择蒸、煮、炖、煲、熬、烩、烘等。

（三）注意事项

脂溶性维生素的吸收和转运有赖于脂肪的参与，严格限制膳食脂肪可造成脂溶性维生素缺乏，因此，必要时可补充能溶于水的脂溶性维生素制剂。由于中链甘油三酯不会在血中堆积，可允许使用，详见中链甘油三酯膳食。胆囊炎和胆石症患者，尚需限制胆固醇。

（四）食物的选择

1. **宜用食物**　根据病情、脂肪限制程度选择各种食物。包括谷类、不用油煎炸的瘦肉类、禽类、鱼类、脱脂乳制品、蛋类、豆类、薯类、各种蔬菜和水果。

2. **忌（少）用食物**　含脂肪高的食物，如肥肉、肥瘦肉、全脂乳及其制品、花生、芝麻、松子、核桃、蛋黄、油酥点心及各种油煎炸的食品等。脂肪含量大于20g/100g的食物忌用，15~20g/100g的食物少用。

八、低饱和脂肪低胆固醇膳食

将膳食中的脂肪（饱和脂肪酸）和胆固醇均限制在较低水平的膳食称为低饱和脂肪低胆固醇膳食。其目的是降低血清胆固醇、甘油三酯和低密度脂蛋白的水平。

（一）适用对象

高胆固醇血症、高甘油三酯血症、高脂蛋白血症、高血压、动脉粥样硬化、冠心病、肥胖症、胆石症等患者。

（二）配膳原则

1. **控制总能量**　膳食应控制总能量，使之达到或维持理想体重。但成年人每日能量供给量最低不应少于4 184kJ（1 000kcal），这是较长时间能坚持的最低水平，否则有害健康。碳水化合物占总能量的60%~70%，并以复合碳水化合物为主（如淀粉、非淀粉多糖、低聚糖等），少用精制糖，因为精制糖会升高血脂（尤其是甘油三酯）。

2. **限制脂肪**　限制脂肪摄入量并调整脂肪酸的构成，脂肪供能应占总能量的20%~25%，一般不超过50g/d。减少膳食中饱和脂肪酸的含量，使其不超过膳食总能量的10%。少选用富含饱和脂肪酸的动物性食品，尤其忌用猪油、牛油、肥肉、奶油等。单不饱和脂肪酸，如橄榄油和菜籽油，能降低TC和LDL，但不影响HDL，且含不饱和双键少，对氧化作用的敏感性远低于多不饱和脂肪酸，应占总能量的10%。多不饱和脂肪酸占总能量的10%左右。

3. **限制膳食中胆固醇含量**　胆固醇摄入量控制在300mg/d以下。食物中的胆固醇全部来源于动物性食物，因此，在限制胆固醇时应注意保证优质蛋白质的供给，可选择一些生物价值高的植物性蛋白质（如大豆及其制品）代替部分动物性蛋白质。

4. **充足的维生素、矿物质和膳食纤维**　适当选用些粗粮、杂粮、新鲜蔬菜和水果，以满足维生素、矿物质和膳食纤维的供给量。同时可给予适量的脱脂乳和豆制品以供给足量的钙。因膳食中多不饱和脂肪酸增加，故应相应增加供给维生素E、维生素C、胡萝卜素和硒等抗氧化营养素的供给。伴高血压的患者应减少食盐用量。

（三）注意事项

在确定高脂血症的患者选用此种膳食之前，需对患者进行葡萄糖耐量检查，以排除由于膳食中碳水化合物引起的可能性。一些学者认为多不饱和脂肪酸代替膳食中的饱和脂肪酸，可能会增加肿瘤、胆囊疾病、维生素 E 缺乏等的危险性。此类膳食不适用于正在生长发育期的儿童、孕妇和创伤恢复期的患者。

（四）食物的选择

1. **宜用食物**　谷类、薯类、脱脂乳制品、蛋类（蛋白不限，蛋黄每周限 3 个）、瘦畜肉类、鸡肉、兔肉、鱼、豆类、各种蔬菜和水果、植物油（在限量之内使用）、硬果（在限量之内使用）、鱼油。

2. **忌（少）用食物**　油脂类制作的主食、全脂乳及其制品、蛋黄、烤鸭、烧鹅、鱼子、咸猪肉、肥肉、动物的内脏和脑组织、动物性油脂（海洋生物油脂除外）、香肠等。

九、中链甘油三酯膳食

中链甘油三酯（medium-chain triglyceride，MCT）膳食系指以 MCT 代替部分长链甘油三酯（LCT）的膳食。目前临床使用的 MCT 多为油的形式，在烹调食物时放入。与 LCT 相比，有以下特点：①分子量较小，相对能溶于水，在生物体内溶解度高，脂肪酶对其的作用效率更大，易于吸收；②大部分能以甘油三酯的形式吸收，故在胰脂酶和胆盐缺乏时对其吸收影响不大，不会刺激胰液分泌；③转运时不需要与其他脂类物质形成乳糜微粒，也不易与蛋白质结合，可穿越淋巴系统直接经门静脉进入肝脏；④在肝内不合成脂类，故不易形成脂肪肝；⑤不需肉碱存在，可很快通过线粒体膜，迅速而有效地被氧化供能；⑥轻度降低胆固醇吸收，并减慢肝内合成。

（一）适用对象

消化、吸收与运输普通脂肪（长链甘油三酯）有障碍的患者，如胃大部或全部切除、大部分肠切除术后、胆道闭锁、阻塞性黄疸、胰腺炎、胆盐和胰脂酶缺乏、肠源性脂肪代谢障碍、局限性肠炎伴脂肪痢。惠普尔病和克罗恩病、乳糜胸、乳糜尿、乳糜性腹腔积液、高乳糜微粒血症、Ⅰ型高脂血症。

（二）配膳原则

1. **用 MCT 代替部分长链甘油三酯供能**　膳食中的脂肪不宜全部由 MCT 供给，只能取代部分长链甘油三酯。长期使用 MCT 易缺乏必需脂肪酸。一般由 MCT 提供的能量占脂肪能量的 65%，占膳食总能量的 20%，其余的 35% 由长链甘油三酯供给。

2. **少量多餐**　由于 MCT 水解速度快，若一次大量摄入会使肠腔内液体呈高渗状态；此外，其分解的游离脂肪酸过多时也会刺激肠道，引起腹胀、腹绞痛、恶心、腹泻等胃肠道症状。因此，进食时要慢、采用少量多餐的办法，或用 MCT 制备的食物作加餐，以避免症状出现。但采用此种膳食一般很少出现上述症状。

3. **适量供给双糖**　MCT 氧化较快，其生酮性远大于长链甘油三酯，蔗糖等双糖能降低其生酮作用。

4. **确保患者能真正摄入 MCT**　MCT 可作调味汁、色拉油等用作蔬菜、点心等的配料，也可用作烹调油用于烹调肉、鱼、禽、蔬菜等食物，但应将 MCT 吸入食物中，才能保证患者摄入。

（三）注意事项

对于糖尿病、酮中毒、酸中毒等患者，由于肝外组织利用酮体的能力往往已经饱和，使用 MCT 不仅浪费能源，而且会加剧酸中毒的危险，故不宜使用。

（四）食物的选择

1. **宜用食物**　含脂肪较少的食物，如未加油脂制成的谷类、点心、豆类、豆制品、蔬菜、水果、脱脂乳类和蛋清。精瘦肉类、鸡、虾、鱼等可限量使用，每日用量不超过 150g。蛋黄每周少于 3 个。烹调油在规定用量范围内，部分用MCT代替。

2. **忌(少)用食物**　含饱和脂肪高的食物，如肥肉、鹅、鸭、全脂乳类、奶油、市售油脂糕点和油煎炸的食品等。

十、限钠(盐)的膳食

限钠膳食(sodium restricted diet)系指限制膳食中钠的含量，以减轻由于水、电解质代谢紊乱而出现的水、钠潴留。钠是细胞外的主要阳离子，参与调节机体水、电解质平衡，酸碱平衡，渗透压和神经肌肉的兴奋性。肝、肾、心脏等病变或使用某些药物(如肾上腺皮质激素)会引起机体水、钠平衡失调，出现水、钠潴留或丢失过多。限钠摄入是纠正水、钠潴留的一项重要治疗措施。食盐是钠的主要来源，每克食盐含钠400mg，故限钠实际上是以限制食盐为主。

钠的正常需要量仍未确定。据估计，健康人安全的最低摄入量为500mg/d。临床上限钠膳食一般分为3种。

1. **低盐膳食**　全天供钠2 000mg左右。每日烹调用盐限制在2~4g或酱油10~20ml。忌用一切咸食，如咸蛋、咸肉、咸鱼、酱菜、面酱、腊肠等。

2. **无盐膳食**　全天供钠1 000mg左右。烹调时不加食盐或酱油，可用糖、醋等调味。忌用一切咸食(同低盐膳食)。

3. **低钠膳食**　全天供钠不超过500mg。除无盐膳食的要求外，忌用含钠高的食物，如油菜、蕹菜、芹菜等含钠>100mg/100g的蔬菜及松花蛋、豆腐干、猪肾等。

(一) 适用对象

心功能不全，急慢性肾炎，肝硬化腹腔积液，高血压、水肿、子痫前期等患者。

(二) 配膳原则

1. **根据病情变化及时调整钠盐**　如肝硬化腹腔积液患者，开始时可用无盐或低钠膳食，然后逐渐改为低盐膳食，待腹腔积液消失后可恢复正常饮食。对有高血压或水肿的肾小球肾炎、肾病综合征、妊娠子痫的患者，使用利尿药时用低盐膳食，不使用利尿药而水肿严重者，用无盐或低钠膳食。不伴高血压或水肿及排尿钠增多者不宜限制钠摄入量。最好是根据24h尿钠排出量、血钠和血压等指标确定是否需限钠及限钠程度。

2. **根据食量合理选择食物**　有时为了增加患者食欲或改善营养状况，对食量少者可适当放宽食物选择范围。

3. **改变烹调方法**　目的是减少膳食含钠量并增进食欲，食盐是最重要的调味剂，限钠(盐)膳食比较乏味，因此，应合理烹调以提高患者食欲。一些含钠高的食物，如芹菜、菜心、豆腐干等，可用水煮或浸泡去汤方法减少其含钠量，用酵母代替食碱或发酵粉制作馒头也可减少其含钠量，这样节省下来的钠量可用食盐或酱油补充调味。此外，也可采用番茄汁、芝麻酱、糖、醋等调味。烹调时注意色、香、味、形，尽量引起食欲。必要时可适当选用市售的低钠盐或无盐酱油，这类调味剂是以氯化钾代替氯化钠，因此高钾血症患者不宜使用。

(三) 注意事项

对某些高龄、贮钠能力迟缓患者、心肌梗死患者、回肠切除术后、黏液性水肿和重型甲状腺功能减退合并腹泻的患者，限钠应慎重，最好是根据血钠、血压和尿钠排出量等临床指标来确定是否限钠以及限制程度。

(四) 食物的选择

1. **宜用食物**　不加盐或酱油制作的谷类、畜肉、禽类、鱼类和豆类食品、乳类(低钠膳食不宜过多)。蔬菜和水果(低钠膳食不宜用含钠量>100mg/100g的蔬果)。

2. **忌(少)用食物**　包括各种盐或酱油制作或腌制的食品、盐制调味品。

十一、少渣膳食

亦称限制纤维膳食(fiber restricted diet),是一种膳食纤维(植物性食物)和结缔组织(动物性食物)含量极少,易于消化的膳食。其目的是尽量减少膳食纤维对胃肠道的刺激和梗阻,减慢肠蠕动,减少粪便量。

(一) 适用对象

消化道狭窄并有梗阻危险的患者,如食管或肠管狭窄、食管静脉曲张;肠憩室病,各种急、慢性肠炎,痢疾,伤寒,肠道肿瘤,肠道手术前后,痔瘘患者等;全流质膳食之后,软食或普食之间的过渡膳食。

(二) 配膳原则

1. **限制膳食中纤维的含量** 尽量少用富含膳食纤维的食物,如蔬菜、水果、粗粮、整粒豆、硬果,以及含结缔组织多的动物跟腱、老的肌肉。选用的食物应细软、渣少、便于咀嚼和吞咽,如肉类应选用嫩的瘦肉部分,蔬菜选用嫩叶、花果部分,瓜类应去皮,果类用果汁。

2. **脂肪含量不宜过多** 腹泻患者对脂肪的消化吸收能力减弱,易致脂肪泻,故应控制膳食的脂肪量。

3. **烹调方法** 将食物切碎煮烂,做成泥状,忌用油炸、油煎的烹调方法。禁用烈性刺激性调味品。

4. **少量多餐,注意营养素的平衡** 由于食物选择的限制,膳食营养难以平衡,而且限制蔬菜和水果易引起维生素C和部分矿物质的缺乏,有些果汁含较多的有机酸,易刺激肠道蠕动。必要时可补充维生素和矿物质制剂。

(三) 注意事项

长期缺乏膳食纤维,易导致便秘、痔、肠憩室及结肠肿瘤病等的发生,也易导致高脂血症、动脉粥样硬化和糖尿病等,故少渣膳食不宜长期使用,待病情好转应及时调整。

(四) 食物的选择

1. **宜用食物** 精细米面制作的粥、烂饭、面包、软面条、饼干;切碎制成软烂的嫩肉、动物内脏、鸡、鱼等;豆浆、豆腐脑;乳类、蛋类;菜水、菜汁,去皮制软的瓜类、番茄、胡萝卜、马铃薯等。

2. **忌(少)用食物** 包括各种粗粮、老的玉米,整粒豆、硬果,富含膳食纤维的蔬菜、水果,油炸、油腻的食品,辣椒、胡椒、咖喱等浓烈刺激性调味品。

十二、低嘌呤膳食

低嘌呤膳食(low purine diet)是限制膳食中嘌呤含量的一种膳食。嘌呤在体内参与遗传物质核酸的代谢,有重要的生理功能。嘌呤在体内代谢的最终产物是尿酸,如果嘌呤代谢紊乱,血清中尿酸水平升高,或尿酸经肾排出量减少,可引起高尿酸血症,严重时出现痛风症状,此类患者必须限制膳食中嘌呤的含量。

(一) 适用对象

痛风患者及无症状高尿酸血症患者。

(二) 配膳原则

限制外源性嘌呤的摄入,增加尿酸的排泄。

1. **限制嘌呤摄入量** 选用嘌呤含量低于150mg/100g的食物。

2. **限制总能量摄入量** 每日摄入总能量应较正常人减少10%~20%,肥胖症患者应逐渐递减,以免出现酮血症,促进尿酸的生成,减少尿酸的排泄。

3. **适当限制蛋白质摄入量** 每日蛋白质的摄入量为50~70g,并以含嘌呤少的谷类、蔬菜类为主要来源,或选用含核蛋白很少的乳类、干酪、鸡蛋、动物血、海参等动物蛋白。

4. **适量限制脂肪摄入量** 痛风患者多伴有高脂血症和肥胖症,且体内脂肪堆积可减少尿酸排泄，故应适量限制。脂肪应占总能量的20%~25%，为40~50g/d。

5. **合理供给碳水化合物** 碳水化合物具有抗生酮作用，并可增加尿酸的排出量，每日摄入量可占总能量的60%~65%。但果糖可促进核酸的分解，增加尿酸生成，应减少果糖类食物的摄入，如蜂蜜等。

6. **保证蔬菜和水果的摄入量** 尿酸及尿酸盐在碱性环境中易被中和、溶解，因此应多食用蔬菜、水果等碱性食物。

（三）注意事项

嘌呤广泛存在于各类食物中，但含量高低不等，需结合病情确定限制程度，以免出现蛋白质缺乏型营养不良。

（四）食物的选择

1. **宜用食物** 严格限制嘌呤者宜用嘌呤含量低于25mg/100g的食物，中等限制的可用嘌呤含量为25~150mg/100g的食物。

2. **忌（少）用食物** 不论病情如何，痛风患者和高尿酸血症者都忌（少）用高嘌呤食物。

常见食物的嘌呤含量总结如下。

（1）微量嘌呤食物（<25mg/100g）：乳类及乳制品、蛋类、动物血、海参、海蜇皮中嘌呤含量极低。其他微量嘌呤食物有谷类中的米、麦、米粉、面条、通心粉、麦片、玉米等；根茎类的马铃薯、芋头等；蔬菜类中的白菜、苋菜、芥蓝、芹菜、韭菜、韭黄、苦瓜、黄瓜、冬瓜、丝瓜、胡瓜、茄子、胡萝卜、萝卜、青椒、洋葱、番茄、木耳、腌菜等，以及各种水果。

（2）中等量嘌呤食物（25~150mg/100g）：豆类中的绿豆、红豆、四季豆、豌豆、豇豆、豆腐、豆干、豆浆等；畜禽类中的鸡肉、猪肉、牛肉、羊肉、鸡心、鸡肫、鸭肠、猪肾、猪肚、猪脑等；水产品中的黑鲳鱼、草鱼、鲤鱼、秋刀鱼、鳝鱼、鳗鱼、乌贼、虾、螃蟹、鲍鱼、鱼翅、鱼丸等；蔬菜类中的菠菜、花椰菜、茼蒿、洋菇、鲍鱼菇、海带、笋干、金针菇、银耳等，以及干果类中的花生、腰果、栗子、莲子、杏仁等。

（3）高嘌呤食物（150~1 000mg/100g）：豆类中的黄豆、豆芽；畜禽类中的肝脏、肠等；水产类中的白鲳鱼、鲢鱼、带鱼、乌鱼、海鳗、沙丁鱼、草虾、牡蛎、蛤蜊、蚌蛤、干贝、鱼干等；蔬菜类中的豆苗、芦笋、紫菜、香菇等，以及各种肉汤、鸡精、酵母粉等。

（杨勤兵）

第四节 生 酮 饮 食

日常饮食条件下，机体摄入的碳水化合物转化为葡萄糖，葡萄糖进入氧化磷酸化途径生成ATP，维持生命活动。低糖摄入条件下（如饥饿、高脂肪饮食），机体通过脂肪水解供能：脂肪酸在肝脏中通过β-氧化生成酮体，包括乙酰乙酸（acetoacetate）、β-羟基丁酸（β-hydroxybutyrate）和丙酮（acetone），继而被转运到其他组织器官中代替葡萄糖作为ATP来源。生酮饮食（ketogenic diet，KD）顾名思义是产生酮体的饮食，以脂肪取代碳水化合物作为主要供能物质，诱导机体出现生理性酮血症。摄入葡萄糖<100g/d或<2g/（kg·d）时，机体产生酮体，所以，生酮饮食的核心是低碳水化合物。由于氨基酸可以异生为葡萄糖，因此，传统生酮饮食要求控制蛋白质。为了保证能量供给，在减少碳水化合物的同时，必然增加脂肪的摄入。由此，生酮饮食的特征是低碳水化合物、高脂肪及适量蛋白质。

生酮饮食最初于1921年由美国梅奥医学中心的Wilder博士应用于儿童难治性癫痫的治疗，后续多项前瞻性大规模研究均证实生酮饮食对于癫痫具有确证性疗效。此后，生酮饮食的使用对象由儿童扩展到了成人，适应证由儿童癫痫扩大到其他疾病，包括代谢性疾病如丙酮酸脱氢酶缺陷，神经退行性病变如帕金森病和阿尔茨海默病，精神科疾病如抑郁、双相情感障碍，恶性肿瘤如胶质母细胞瘤、前列腺癌等。

一、生酮饮食类型及营养素来源

（一）生酮饮食类型

目前，生酮饮食有4种类型，即经典生酮饮食（classic ketogenic diet，CKD）、改良Atkins饮食（modified Atkins diet，MAD）、低血糖生成指数治疗（low glycemic index treatment，LGIT）及中链甘油三酯饮食（medium-chain triglyceride diet，MCTD），见表8-4-1。生酮饮食中脂肪供能占60%~90%，碳水化合物和蛋白质两者供能占10%~40%；脂肪与（碳水化合物＋蛋白质）的重量比为（3~4）∶1。其中CKD、LGIT及MAD侧重为重量比，即脂肪与（碳水化合物＋蛋白质）的重量比为4∶1；MCTD为能量比，即MCT供能占60%~80%。

1. **经典生酮饮食（CKD）** 经典生酮饮食存在操作复杂、食谱单调等缺点，以长链甘油三酯（LCT）为主。

2. **中链甘油三酯饮食（MCTD）** 与LCT相比，单位质量的MCT供能更多，因而碳水化合物比例相应增加，食谱选择也更宽。此外，MCTD中的多不饱和脂肪酸还具有抗炎、抗肿瘤及促凋亡作用。研究表明MCTD与经典生酮饮食相比，两者在癫痫控制率、对儿童生长影响以及整体耐受性方面并没有差异，但后者血中酮体浓度更高，副作用如疲乏、矿物质丢失也更明显。

3. **低血糖生成指数治疗（LGIT）** LGIT中所含碳水化合物血糖指数低于50，每日碳水化合物供能约占总能量的10%，食物中脂肪与碳水化合物和蛋白质各占50%。使用LGIT治疗前，患者无须经历禁食阶段。

4. **改良Atkins饮食（MAD）** Atkins饮食是美国医生Robert Atkins于1972年提出的一种低碳水化合物饮食，强调限制碳水化合物，特别是精制碳水化合物如面粉、玉米的摄入。MAD则不限制能量、液体及蛋白质摄入，但是儿童碳水化合物不得超过10g/d，成人则是20g/d，同时鼓励多进食脂肪。

虽然不同种类生酮饮食三大营养素的组成比例各不相同，升高酮体能力也略有差异，但是对癫痫控制作用并无明显差异。而且因其不同范围的食谱选择及口感优劣，分别适应不同需求的人群。

表8-4-1　不同饮食三大营养素的供能比例

	碳水化合物/kcal%	脂肪/kcal%	蛋白质/kcal%
CKD	3	90	7
MCTD	20	70	10
LGIT	27	45	28
MAD	5	70	25
SAD	50	35	15

注：CKD.classic ketogenic diet，经典生酮饮食；MCTD.medium-chain triglyceride diet，中链甘油三酯饮食；LGIT.low glycemic index treatment，低血糖生成指数治疗；MAD.modified Atkins diet，改良Atkins饮食；SAD.standardized American diet，标准美国饮食。

（二）营养素来源

上述4种生酮饮食中，CKD、MCTD及LGIT是为癫痫患者制订的，MAD是为肥胖患者设计的，都不是专门为肿瘤患者而设计的，目前也未见研究比较上述4种生酮饮食在肿瘤治疗中的作用优劣。从蛋白质供给角度分析，由于肿瘤患者，尤其是进展期肿瘤患者蛋白质分解代谢增强，对蛋白质的需求明显增加，CKD和MAD中的蛋白质过少，可能不适合肿瘤患者；LGIT可能是肿瘤患者的一个更好选择；MCTD介于二者之间。在生酮效果方面，LGIT却是4种生酮饮食中最差的一种。由此可见，上述4种生酮饮食都不是肿瘤患者的理想配方。由于肿瘤患者的代谢明显有别于癫痫、肥胖及其他疾病，根据肿瘤代谢特点及患者耐受性，笔者建议肿瘤患者生酮饮食中三大营养素的供能比例为碳水化合物 5%~20%、脂肪 70%~85%、蛋白质 10%~20%。实际应用时，应该根据患者血糖、血脂和血酮水平、氮平衡、耐受性及肿瘤等情况进行个体化动态调整，不必拘泥于上述 4 种生酮饮食的固定比例。

脂肪来源目前多采用 MCT（棕榈油、椰子油），MCT 比长链脂肪酸生酮更快、更多，对碳水化合物和蛋白质的摄入量限制较低，患者耐受性较好，其疗效与 CKD 相当，但是有报道认为 MCTD 的胃肠道并发症更多、加工成本更高。考虑到肿瘤的慢性炎症本质、氧化反应特征及抗炎、抗氧化的需求，笔者建议联合使用 MCT、ω-6 脂肪酸、ω-3 脂肪酸及 ω-9 脂肪酸，四者比例为(2~4)∶1∶1∶1。蛋白质来源尽可能选择多种优质蛋白质的联合，而不是固定某种蛋白质，常见食物（食品）中的蛋白质按生物效价高低依次排序为：浓缩乳清蛋白 > 蛋 > 奶 > 鱼（金枪鱼）> 牛肉 > 鸡肉 > 猪肉 > 大豆 > 燕麦。碳水化合物来源也建议选择多种碳水化合物的组合，优先选择生糖指数及生糖负荷低的碳水化合物，如五谷杂粮、蔬菜等。

二、适应证与禁忌证

（一）适应证

葡萄糖转运子缺乏综合征（glucose transporter deficiency syndrome，GLUT-DS）和丙酮酸激酶缺乏症（pyruvate kinase deficiency，PDHD）是生酮饮食的绝对适应证。

肌阵挛性癫痫，包括德拉韦综合征（Dravet syndrome，DS）和肌阵挛 - 失张力癫痫，又称多泽综合征（Doose syndrome），发热感染相关性癫痫综合征（febrile infection-related epilepsy syndrome，FIRES），婴儿痉挛症，又称韦斯特综合征（West syndrome），快乐木偶综合征，结节性硬化症等患者，建议尽早接受生酮治疗。

神经退行性疾病如帕金森综合征、阿尔茨海默病等，精神疾病如抑郁、双相情感障碍，慢性代谢性疾病如多囊卵巢综合征、非酒精性脂肪肝、2 型糖尿病、肥胖症、高血压，恶性肿瘤如胶质瘤、进展期实体瘤，功能性疾病如更年期综合征、慢性疼痛等，创伤如急性颅脑外伤，均有生酮饮食应用研究的报道。

对于可以耐受常规抗肿瘤治疗的患者，生酮疗法可以作为治疗手段之一与其他抗肿瘤手段联合使用，目前已经有与放疗、化疗、免疫治疗联合使用的报道，最新研究显示生酮饮食可以增强程序性细胞死亡蛋白 -1（programmed cell death-1，PD-1）治疗效果。但是未见与手术联合使用的报道；对于不能耐受常规抗肿瘤治疗的患者，生酮疗法可作为一种有效尝试。可以根治性切除的肿瘤首选手术，根治性切除后患者是否可以采用生酮饮食预防或减少复发未见报道。血液肿瘤患者目前也未见生酮饮食应用研究。作为一种饮食治疗方式，肿瘤生酮疗法在脑部肿瘤，尤其是脑胶质瘤的作用已经有较多数据支持，据此，《中国肿瘤营养治疗指南(2020)》推荐：脑恶性肿瘤患者在接受标准化治疗的同时可考虑尝试代谢调节治疗，给予能量限制性生酮饮食。

（二）禁忌证

重要生命器官（心脏、肝、肺、肾等）功能严重障碍患者，妊娠、哺乳期妇女禁用生酮饮食。其他禁忌证为脂肪酸氧化、利用及廓清严重障碍患者，包括原发性肉碱缺乏、肉碱棕榈酰转移酶 Ⅰ 或 Ⅱ 缺失、肉碱转运载体缺失、脂肪酸 β- 氧化障碍、长链脂酰辅酶 A 脱氢酶缺陷、中链脂酰辅酶 A 脱氢酶缺陷、短链脂酰辅酶 A 脱氢酶缺陷、长链 β- 羟脂酰辅酶 A 脱氢酶缺陷、中链 β- 羟脂酰辅酶 A 脱氢酶缺陷、丙酮酸羧化酶缺陷及卟啉症患者等。

三、患者准备

在实施生酮疗法之前，一定要做好生理、心理、知识及技能等多方面的准备。

（一）患者评估

包括如下 4 方面：①病史采集：现病史、既往史、膳食调查、生活质量评估、心理调查；②体格体能检查：体格检查、人体测量、体能测定（非优势手握力、6 分钟步行试验等）；③实验室检查：血液学基础检查，生物化学（含酶学），血脂组合，营养组合，微量元素，维生素，重要器官功能，激素水平，代谢因子及产物，免疫功能（含炎症因子），肿瘤标志物，基因检测等；④器械检查：心电图、脑电图、骨密度、重要器官的形态与功能影像学检查（B 超、CT、MRI、PET/CT 了解肿瘤病灶大小及代谢活性高低）、人体成分分析、代谢车间接测热法。

（二）生酮疗法宣教

宣教生酮饮食的基本知识、能量计算、食物交换、食物 / 食品选择、实际操作、生酮饮食制备、注意事项、并发症监测等。制订个性化生酮饮食治疗方案，购买生酮疗法必要的设备如血糖仪、血酮仪。宣教对象包括患者及其家属或照护者。

（三）膳食的设计与计算方法

1. 脂肪（F）与碳水化合物（C）加蛋白质（P）之和的比值为 4∶1，即（F）∶（C+P）=4∶1。每单位含（F）4g，（C+P）共 1g，能量为 40kcal（4×9+1×4=40kcal）。

2. 脂肪与碳水化合物加蛋白质之和的比值呈 3∶1 的膳食，即（F）∶（C+P）=3∶1。每单位含（F）3g，（C+P）1g，能量 31kcal（3×9+1×4=31kcal）。

3. **计算步骤**　举例：4 岁患儿，体重 18kg，采用 4∶1 膳食。

（1）计算总能量，儿童按每千克体重需 60~80kcal 计算。总能量：18×70=1 260kcal。

（2）计算每日所需总单位数，1 260÷40kcal=31.5 单位。

（3）确定脂肪需要量，31.5×4g=126g。

（4）计算蛋白质需要量，按每千克体重需 1g 计算，18×1=18g。

（5）碳水化合物需要量，［总能量 –（脂肪 + 蛋白质提供能量）］/4，计算得碳水化合物需要 13.5g。

（6）平均分配到三餐，每餐各需脂肪 42g，蛋白质 6g，碳水化合物 4.5g。

四、实施生酮治疗

（一）基本要求

正式开始生酮饮食前 1~2 周禁食甜味食物，限制能量（<60% 目标需要量），然后开始生酮饮食。开始实施 CKD、MCTD 时，患者应该住院，情况稳定、患者适应后回家继续，门诊随访；MAD 和 LGIT 可以在门诊开始实施、患者无须住院。实施前、实施过程中要密切监测营养缺乏及并发症。将每日 3 餐改为每日多餐可以提高耐受性，减少不良反应。补充足量维生素及矿物质。补充肉碱 50~100mg/（kg·d），维持血浆肉碱水平。

（二）生酮食品及酮体

对于制备生酮饮食有困难的患者，可以选择生酮食品、生酮产品来补充日常生酮饮食的不足或间歇性替代生酮饮食。目前，国内已有企业生产、销售该类产品，如特膳粉、生酮粉及饼干、面条等固态生酮食品，为实施肿瘤生酮疗法提供了极大的便利。

生酮饮食通过低碳水化合物、酮体 2 方面发挥作用，因此，直接补充酮体是一个自然而然的想法。研究发现，单独补充酮体可以迅速升高血酮水平，降低血糖水平，抑制肿瘤细胞生长，延长荷瘤动物生存时间。与生酮饮食一起使用，可以显著增强生酮饮食的疗效。

（三）联合治疗

联合运动（用轻松、适当的有氧运动代替重负荷训练，减少乳酸的产生）、能量节制、二甲双胍、抗炎、酮体、高压氧等治疗，效果更好。Poff AM 等报道，联合使用生酮饮食、酮体口服及高压氧治疗，显著延长了荷瘤小鼠的生存时间，图 8-4-1。

（四）能量与营养供给

1. **能量**　根据患者疾病类型、活动、年龄、性别、体态、应激及营养等情况确定适宜的目标能量。卧床患者以 20~25kcal/（kg·d）、活动患者以 25~30kcal/（kg·d），女性、肥胖（BMI>27）及老年（>65 岁）

患者以 20~25kcal/(kg·d),男性、成年患者以 25~30kcal/(kg·d)计算目标能量。拇指法则提供的是一个范围值,其下限值[20kcal/(kg·d)]相当于静息能量消耗(REE),上限值[30kcal/(kg·d)]相当于 REE× 活动系数 × 中度应激系数,中间值[25kcal/(kg·d)]相当于 REE× 活动系数。

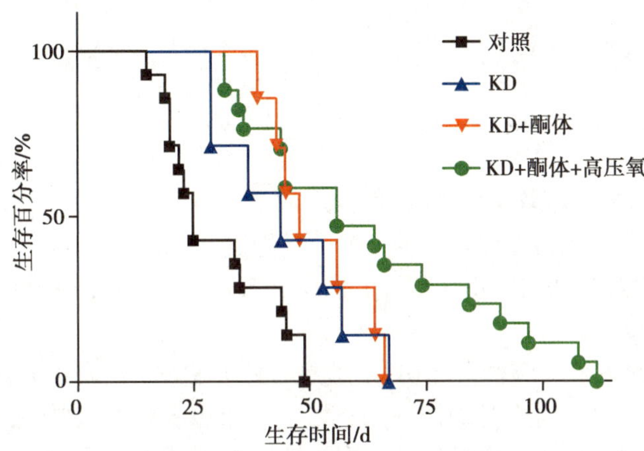

图 8-4-1 生酮饮食、酮体口服及高压氧联合治疗的作用

需要特别强调的是,生酮疗法本身并不必然要求控制能量。但是,有研究发现能量节制、生酮饮食联合使用疗效更佳,所以在实施生酮疗法时,建议按上述目标能量的 70%~90% 给予。

2. **液体** 生酮饮食患者无须限制液体,相反要求增加水摄入量,以防止肾功能损害。但是研究发现饮水过多会降低血酮水平,进而削弱生酮饮食的治疗效果。所以,生酮饮食患者目前推荐的饮水量为不超过每日最高生理需要量,不超过 50ml/(kg·d)为宜,此摄入量包括食物的内生水量,每克碳水化合物、蛋白质、脂肪氧化所产生的内生水量分别为 1.07ml、0.34ml、0.56ml。

3. **蛋白质** 在不进食蛋白质时,成人每日最低分解约 20g 蛋白质。蛋白质最低需要量为 0.45g/(kg·d),基础需要量为 0.8~1.0g/(kg·d),应激状态(包括肿瘤)需要量为 1.0~2.0g/(kg·d)。过多的蛋白质供给会引起糖异生,过少的蛋白质供给会导致负氮平衡,而肿瘤患者对蛋白质需求增加。所以,肿瘤患者生酮饮食的蛋白质供给既不能多,也不能少,以满足患者最低需要量、维持蛋白质零平衡为宜,推荐摄入量为 0.45~1.0g/(kg·d)。适时监测尿氮,根据分解代谢程度,动态调整蛋白质摄入量。

五、血糖、血酮管理与并发症

(一) 血糖与酮体管理

维持血糖、血酮浓度在 4mmol/L 左右,二者比值(G/K)=1 为理想状态。开始生酮饮食时,每天监测血糖、血酮 1 次,稳定后逐渐过渡到每周 1~2 次。CKD 和 MCTD 患者尿酮体可达 160mg/dL(16mmol/L),而 LGIT 和 MAD 患者其尿酮体可低至 15mg/dL(1.5mmol/L)。

(二) 并发症

需要特别强调的是,生酮饮食不是一种生理性饮食,而是一种治疗性饮食,应该在专业人员指导下进行,并密切观察不良反应。生酮饮食有一些潜在的不良反应,这些不良反应大多是临时的,当身体适应使用酮体替代葡萄糖作为主要燃料后可以自然消失。比较常见的不良反应有:低血糖、饥饿感、虚弱、头晕、昏睡、疲劳、便秘、肌肉痉挛、脱水、酸中毒、酮呼吸、鼻子有氨味、体重丢失、维生素和矿物质缺乏、心悸和奔马律、肾功能损害等。患者居家期间出现任何严重并发症时,应该立即到医院就诊。

六、疗程与终止

(一) 疗程

国际生酮饮食研究组(International Ketogenic Diet Study Group)推荐,癫痫儿童至少持续生酮饮食 3.5 个月方可停止，GLUT-1 缺乏、PDH 缺乏及结节性硬化症儿童需要延长疗程。Groesbeck DK 等报道，对癫痫儿童来说，要减少 50% 以上的发作，生酮饮食需持续 2 年；要减少 90% 以上的发作，生酮饮食需持续 6~12 年。抗肿瘤治疗是一场持久战，生酮饮食持续时间越长越好，使之成为一种饮食习惯。作为研究，多数以 3 个月为一疗程。

(二) 终止

在紧急情况下，生酮饮食可以随时突然停止。但是一般情况下，生酮饮食应该逐渐减少，每 1~3 个月脂肪供能量减少 10%，与此同时，碳水化合物供能量应该相应逐渐增加。

(三) 疗效评估

考虑到肿瘤生酮疗法的临床效果出现较慢，一般以 3 个月为一疗程。生酮疗法是一种整体治疗，其疗效也应该整体评价，应该包括上述患者准备的全部内容。

不同参数对治疗发生反应的时间不一致，因此，不同参数复查的间隔时间也各不相同。

(四) 随访

所有接受生酮疗法的患者均应严密随访，了解患者营养状况、耐受情况及并发症，以便及时调整饮食方案。出院后 3~6 个月内，每个月随访一次；此后，如果患者血糖、血酮稳定，无严重不良反应，患者依从性及耐受性良好，可以每 3~6 个月随访一次。随访方法包括电话、邮件及门诊。

七、展望

生酮疗法的研究目前较多地集中在动物身上，结果喜人。临床上以病例报告为主，缺少设计严密的对照研究。但是目前国际上已经有近 20 个注册研究正在进行，美国国立卫生研究院（the National Institutes of Health，NIH）也已经资助多项生酮饮食干预肿瘤的临床研究。

（唐　蒙）

第五节　中 医 药 膳

中医药膳是在中医药理论和临床实践的基础上，药食结合，逐渐形成的一种膳食，可在临床应用，作为膳食营养治疗的一种补充疗法。它既继承了中国烹饪讲究色、香、味、形的特色，同时又相伍药食两用的中药，兼得防病治病与养生之“效”。调配药膳，十分重视味美可口。药膳佐餐同服，或以药膳代餐，又讲究剂型，方便服用。药膳的剂型甚为丰富，使用最多的是药膳菜肴、药粥、药酒等，另外，还有药饭、药汤、药饼、药茶、药蛋等，近代食品工业又开发了一些饮料类、罐头类、蜜饯类等新型药膳食品，都体现了方便服用的特点。

一、中医药膳特点

(一) 注重整体，辨证施食

所谓“注重整体”“辨证施食”，即在运用药膳时，首先要全面分析患者的体质、健康状况、患病性质、季节时令、地理环境等多方面情况，从整体饮食结构、饮食习惯出发，强调“因时”“因地”“因人”施食，也就是把药膳合理地体现在日常的饮食管理中，促进合理及健康膳食的形成。

其次，辨证施食是中医药膳应用的又一重要特点。“证”是中医特有的概念，是疾病发生、发展到某个阶段的病理概括，同一种疾病可能有不同的证，同一个证型也可能出现在不同的病症中，药膳使用时就会先判断其基本证型；然后再确定相应的食疗原则，给予适当的药膳治疗。如慢性胃炎患者，若证属胃寒者，宜服良附粥；证属胃阴虚者，则服玉石梅楂饮等。

(二) 注重体质，调补脾胃

在药膳调养时，尤为重视调补脾胃。中医学认为脾胃为后天之本，只有脾胃功能旺盛，才能摄纳食物营养，进一步化生气、血、精、液，增强体质，维护机体健康。中医学中脾胃学说的理论在药膳中得到广泛的重视和运用，也是药膳组方的特点之一。另外，中医药膳的调配，十分重视个人的体质情况。中医学将人体一般分为“湿热体质”“痰湿体质”“气虚体质”“瘀血体质”等9种体质。药膳用于防治疾病时，既要遵循中医辨证理论，也要结合体质情况，合理配制药膳组方，这也是整体性的一种体现。

(三) 良药可口，服食方便

由于中药汤剂多有苦味，故民间有“良药苦口”之说。有些人，特别是儿童多畏其苦而拒绝服药。而药膳使用的多为药、食两用之品，同时又是一种特殊的食物属性，有食品的色、香、味等特性；即使加入了部分药材，由于注意了药物性味的选择，并通过与食物的调配及精细的烹调，仍可制成美味可口的药膳，故谓“良药可口，服食方便”。另外，中医药膳也符合传统膳食习惯，基于“药补不如食补”的民间保健理念，有一定的文化适用性，易于被患者接受。

二、常见药膳的剂型分类

药膳是由具有治疗作用的药物、食物和调料配制而成的膳食。具体说来，药膳既可单独由食用中药加工制成，又可以中药材和食品为原料，按照一定的组方加工、烹调而成。根据药膳的形式和加工制作方法，可分为以下11类。

1. **鲜汁**　是指新鲜水果等食用中药或与某些新鲜中药材一起洗净、压榨出的汁。如五汁饮中的荸荠汁、鲜芦根汁、鲜藕汁、梨汁及鲜麦冬汁。

2. **药茶**　亦称“代茶饮”，是指含有茶叶或不含茶叶的药物经粉碎、混合而成的粗末制品(有些药物饮片不经粉碎亦可)。药茶中常含有瓜果蔬菜类食用中药，一般不用峻猛或过苦的药材。药茶用开水沏后或加水煎煮后即可像日常饮茶一样频频饮之。如治疗风寒感冒的姜糖茶，即由生姜、红糖组成。

3. **饮**　是一种液体食疗剂型。一般是用食用中药或与部分药材一起，加水略煎煮，去渣取汁而成，作饮料日常饮服。如治疗肝硬化腹腔积液的复方玉米须饮。

4. **药酒**　是中药与酒相结合的一种液体剂型，可用浸泡法或酿制法制备。其中的药物也常选食用中药。如用于支气管哮喘缓解期的参蛤虫草酒。

5. **汤**　是将食用中药、药材和溶媒(一般用水，也可用酒、蜜等)混合煎煮而得的液体，即汤剂药膳。如《伤寒论》之当归生姜羊肉汤。

6. **药粥**　是由药物或药汁与米同煮而成，具有治疗或保健作用的粥。如百合、薏苡仁、龙眼肉、赤小豆、白扁豆、大枣之类食用中药，可与米一起淘洗净后同煮；若用其他药材，可先将药加水煎煮，去渣取汁，再与米同煮成粥；也可在粥将熟时加入药物细末或药汁，再稍煮即可服食。

7. **蜜膏**　亦称膏滋或煎剂，是将食用中药或与中药材一起加水煎煮，去渣、取汁、浓缩后，加入蜂蜜或蔗糖而制成的稠厚状半流体制剂。如用于支气管哮喘的加味贝母梨膏。

8. **药糕**　是由具有治疗或保健作用的食用中药或与有关药材一起研为细粉，再与米粉、麦粉或豆粉相混合，或加适量白糖、食油做成糕，再蒸熟或烘制而成的熟食。如用于治疗慢性肠炎的八珍糕。

9. **药饼**　是将具有治疗或保健作用的食用中药或有关药物一起研为细粉，与麦粉、米粉或豆粉混合，或加适量枣泥、白糖、食油等做成饼状，经蒸、烙、烘烤或煎等法而制成的熟食。如治疗虚寒型慢性胃炎、消化性溃疡的温中健胃饼。

10. **菜肴**　是药膳的一个大类，包括各种具有治疗或保健作用的荤素菜肴，是由鸡、鸭、鱼、蔬菜等与药物及调料烹调而成。其烹调加工方法有炖、焖、煨、蒸、煮、熬、炒、烧、烩、炸等。如用于支气管哮喘缓解期的参虫草乳鸽，用于早期肝硬化的归杞甲鱼等。

11. **其他**　尚有饭、羹剂等。

三、注意事项

药膳有别于普通饮食，应用时须注意食疗中药的性味、药膳的宜忌、选料与加工、烹调技术等，并要掌握药膳应用的基本原则。

（一）食疗中药的性味

食疗中药属于中药范畴，中药的药性理论同样适用于食疗中药。食疗中药同常用中药一样，各有其不同的性味。在药膳治疗中，不仅要讲究非食疗中药材的性味，也要注意食疗中药材的性味，这样才能取得好的疗效。一般说来，温性、热性的食疗中药，如生姜、大葱、红枣、核桃、羊肉、小茴香等，具有温里、散寒、助阳的作用，可以用来治疗寒证、阴证；凉性、寒性的食疗中药，如绿豆、藕、西瓜、梨、荸荠、马齿苋、菊花等，具有清热、泻火、凉血、解毒的作用，可以用来治疗热证、阳证。还有一类食疗中药，无明显的温凉之偏，比较平和，称为平性。以各种畜肉为例，羊肉、狗肉性温，兔肉性凉，马肉性寒，猪肉、牛肉、驴肉性平。再就五味而言，酸味食疗中药，如乌梅、石榴等收敛、固涩；苦味食疗中药能清热、降气、泻火、燥湿，如苦瓜清热解毒，杏仁降气等；甘味食疗中药，能补养、调和、缓急止痛，如大枣、蜂蜜、饴糖之补脾和胃、养肺补虚、缓急止痛等；辛味食疗中药有发散和行气等作用，如生姜、大葱发散风寒，橘皮、砂仁行气等；咸味食疗中药能软坚散结，如海藻、海带等；淡味食疗中药能渗利小便，如茯苓、薏苡仁等。应用药膳还应注意食疗中药的五味与五脏的关系。一般说来，辛入肺，甘入脾，苦入心，酸入肝，咸入肾。只有根据性味合理选用药膳，才能达到滋补身体、防治疾病的目的。

（二）饮食宜忌的问题

中医学理论中，食物与药物都有一些禁忌要求。药物方面，主要是中药配伍禁忌的“十八反”“十九畏”，不宜配伍应用。其次是妇女妊娠用药，前人提出了一些用药禁忌，以防影响胎儿，发生堕胎、流产的不良后果，如芫花、三棱、莪术、麝香等。选配药膳时，仍应遵循这些中药配伍禁忌的认识，勿犯禁忌。食物方面，药膳选料时也有两种禁忌的认识：一是食性与病性、体质不相宜的食物，应予禁忌。如热证不宜选用温热类食物，肝阳上亢者禁食肥甘辛辣食物，阳虚体质不宜寒凉食物等，民间习称“忌口”，仍当借鉴参考，以免影响药膳的效果。二是食性之间（或食性与药性之间）相克者不宜配用。中医古籍中记载了一些食物具有相互克制的作用，若同时服用会产生不良反应。世袭相传，列为食禁。如服用人参时不宜食白萝卜、牛乳忌酸味食品、葱忌蜂蜜、鳖肉忌苋菜，螃蟹忌柿子等。这些古代认识虽未完全得到现代研究的证实，药膳选食时也当引以为戒，以免发生不良反应。

另外，古代文献中还记载有一些药膳配伍禁忌，如黄连、桔梗、乌梅忌与猪肉配伍，鳖忌苋菜，人参忌萝卜等。目前虽无实验根据，但值得运用时注意。

（三）选料与加工

药膳所用的中药材和食物都应认真精选。首先要净选，使之清洁干净，无杂质异物，无尘土，无霉变腐烂。还要注意其色、味纯正，外形美观，质量优良。如大枣，以个大、色紫红、肉厚、光润无虫蛀者为佳，个小、色淡红、肉薄者不宜用；枸杞子以粒大、肉厚、色红、质柔软者为佳，粒小、肉少、色灰红者质量较差，不宜用。

为保证药膳疗效，还应对药材与食物进行必要的加工处理。有的需切片、切丝、切丁或切段，有的需粉碎为细末，有的则需按中药炮制的要求进行炮制加工。如山楂，炒焦成焦山楂，可增强健脾、助消化的作用；炒成山楂炭，则兼能止泻痢。有些药材必须经过炮制，以减其毒性或副作用，如炮附子、姜半夏等。

（四）烹调技术

优良的药膳必须讲究烹调技术。药膳除应具备一般饮食的色、香、味、形外，还要尽可能保留其营养、有效成分，以更好地发挥治疗、保健作用。药膳烹调是以保持食物和药材原汁、原味的特性为主，使食物与药材的性味紧密结合，并适当佐以辅料进行调制，使其既具备良好的色、香、味、形，能激发食欲，又能发挥治疗、保健的作用。一般食用中药以及无不适气味的中药，可与食物一起（或研成细粉）烹制。若药物较多或有明显不适气味，可用纱布将药物包好，再与食物一起烹制，药性即进入食物或汤里。服食时要将药渣去除。也可先将中药煎煮，滤取药汁，去渣，再在食物烹调过程中加入药汁，一起烹制。为减少营养和有效成分的破坏，烹调药膳常采用蒸、炖、煮或煲汤等法，较少采用炸、烤等法。

（五）药膳的应用原则

应用药膳时，除掌握、运用“注重整体”“辨证施食”外，尚需注意以下3点。

1. **适量有恒** “饮食有节”是中医重要的养生保健原则，药膳食疗同样应适量而有节制。一次、一日或短期内不宜进食过多，不可操之过急，急于求成。应根据自身状况，经常小量服食，持之以恒，久之定能收效。

2. **保证卫生** 配制药膳前，对选配的食品与药品都应挑选质地新鲜或干净质佳者，并应洗净备用。选食卫生，是配制好药膳的前提条件。否则食品或药品的不洁易导致胃肠疾病，反而达不到药膳食治、食养的效果。

3. **处理好药疗与食疗的关系** 无病者不必用药，但可适当食用某些保健养生药膳。尤其对禀赋不足、素体虚弱或年老者更为适宜。对患病者，特别是一些急重疑难患者当用药治，并配合药膳治疗，可提高疗效。而在疾病康复期或对某些慢性病患者，用药膳调治则更为合适并常获良效；当然，这并不排除同时应用药物治疗。需要指出的是，药膳的治疗范围虽较药物治疗更为广泛，但其针对性和特效性远较药疗为差。若两者配合应用，相辅相成，有可能取得更好的效果。

（辛 宝）

第六节 膳食营养指导与随访

膳食营养指导是实施膳食营养治疗的主要措施。为达到科学合理营养、防治疾病的目的，我们有必要对门诊及住院患者进行膳食营养指导，针对患者及家属开展配膳教育，了解患者在膳食营养治疗过程中存在的问题，并对营养治疗效果进行定期随访，从而帮助患者改善饮食结构，使其养成符合治疗原则的饮食习惯。这项工作内容包括疾病相关营养知识宣教，科学选择食物，做好膳食设计，进行科学烹调，解答患者疑问，纠正饮食误区，搞好膳食治疗效果评价，并提出改进措施等。

一、膳食营养指导和随访的目的

1. **传递“膳食营养治疗”的理念** 良好的营养是通过合理的膳食实现的，对患者进行膳食营养干预是疾病综合治疗不可缺少的重要组成部分。合理的营养可以改善患者的一般状况，增强患者抵抗力，供给或补充疾病消耗或组织新生所必需的营养物质，纠正机体代谢紊乱，促进机体康复。因此，合理的膳食也是治疗方法之一。营养师可以通过向患者传递“膳食营养治疗”的理念，让患者知道很多疾病的发生和发展都与不良饮食习惯有关，使他们懂得科学合理的膳食搭配在疾病治疗中的作用，纠正自身膳食的不足，养成科学、合理的饮食习惯。

2. **提高膳食治疗的依从性** 因缺乏疾病相关知识，部分患者对膳食治疗意识淡薄，认为医院膳食和自备饮食差别不大。部分患者虽然知道膳食营养治疗的重要性，但由于种种原因而不能按照营养师建议的食谱用餐。其中一个很重要的因素在于患者很难在短时间内改变过去的饮食习惯，接受医院治疗膳食的食物搭配和口味。良好的饮食习惯不是自然形成的，需要有科学知识的指导，经过很长时间的实践才能形成，而且一旦形成就会成为人们生活的组成部分，并伴随人的一生；不仅自身受益，还会惠及家人以及后代，因而意义重大。膳食营养指导工作的一项重要作用就是要帮助患者养成良好的饮食习惯，提高依从性，以期达到疾病膳食治疗的目的。

3. **延缓病情进展,促进身体康复**　膳食营养治疗方案不是一成不变的。我们应对采用治疗膳食的住院患者及时进行随访,根据患者病情的变化,结合患者的反馈意见,及时调整膳食方案,配合临床治疗,从而达到延缓病情进展、促进疾病快速康复的目的。另外对出院居家患者,我们也应加强定期随访,以强化膳食治疗意识和科学饮食习惯,这样才有利于患者自我饮食控制,对疾病的康复起到积极的作用,防止病情反复。

二、膳食营养指导的主要内容

1. **疾病相关营养知识宣教**　营养宣教是实施营养治疗、提高患者依从性的主要措施。由于多数患者对疾病本身及饮食与疾病的关系缺乏了解,因此需要我们向患者宣传疾病病理生理及相关营养知识,提高患者对科学膳食重要性的认识。我们可运用多种宣传方式,通过各种媒介,如病房展板、网络宣传、视频、印发营养宣教资料等,向患者宣传饮食与疾病、饮食与治疗的关系,解释各类疾病对饮食的选择与禁忌等,提高患者对营养治疗重要性的认识。我们要让患者认识到,合理膳食对疾病恢复及改善预后具有积极重要作用,进而可以按照营养师的膳食治疗要求主动配合住院期间的营养治疗,自觉食用治疗膳食。我们只有教会患者吃什么、怎么吃、吃多少,才能使饮食治疗方案真正落到实处,才能让患者出院后更改以往错误的饮食习惯。对老年患者尤其需要反复强化,使其积极配合治疗,为早日康复创造条件。

2. **帮助患者选择适合病情的食物**　安排饮食的第一步是选择适合患者病情的食物。然而食物种类繁多,不同食物具有不同的口味和营养特点,因此选择食物要包含中国居民膳食宝塔所列举的五大类食物,建议增加食物品种,每天进食 12 种以上食物,每周进食 25 种以上,食物或营养素来源(包括产地)愈杂愈好。另外,食物在生产、加工、运输和保藏的过程中会发生许多变化,包括食物的污染、变质和营养素的损失等,所以要尽可能选择新鲜、优质的食物。

3. **做好膳食安排**　膳食安排,也就是食谱编制,它是指一段时间内的膳食中主、副、零食等调配及烹调方案。我们要根据患者病情合理安排膳食,调整营养素,以满足疾病本身及治疗手段对营养素的特殊需求,进而治疗疾病和促进健康。为了能够调动患者的食欲,使膳食治疗真正落在实处,我们的食谱设计要合理,在达到营养治疗目的的同时,尽可能满足患者的个性化需求。

食谱编制应注意以下几点:①首先保证机体营养需要。根据患者的病情和营养需要量,使所供给的膳食能满足其能量和各营养素的需求,符合营养治疗原则。②编制食谱要尽量采用多种多样的食物。在保证患者能量和营养素摄入量基本不变的前提下,我们可以设计多套食谱,以供患者进行选择,从而避免患者摄入食物太单调,进一步提高膳食治疗的依从性,增加其生活乐趣。③照顾患者饮食习惯。人们的饮食习惯会受到不同地区、民族、宗教信仰、文化背景等因素的影响,食谱设计应在充分满足患者营养需求的情况下,做好食物多样化的同时,充分考虑就餐者个性化的习惯要求,尽量满足患者的喜好特点,从而更好地满足患者多方面的要求。④考虑季节和市场供应情况,兼顾患者经济条件。我们在编制食谱过程中,应充分了解可供选择的食物原料,以及不同季节食物的生产、销售、市场供应等状况,从而确保食谱中的食物能够得到落实。另外,还应兼顾食物的价格因素,使患者满足营养需求的同时,在经济上也有相应的承受能力,使食谱具有实际意义,并可持续实施。⑤所配食谱应具有吸引力。所用食品除要考虑其色、香、味、形和多样性外,还应注意刀法以及烹制方法的多样性,而不应过于单调。⑥既要考虑每餐食物的搭配能使患者有饱腹感,又要考虑患者胃肠道的耐受能力。油腻厚味或刺激性食品应尽量少用,若用也要与清淡食品相配合,不宜集中于一餐。对胃纳小、食欲差的患者,可考虑采用加餐的方法以增加其营养摄入量。⑦教会患者及家属计算主副食含水量及生熟比例。一般情况下,患者关注的是食谱中的食物搭配,对各种食物的量却不太重视。许多慢性疾病如糖尿病、肾病、肥胖症等,它们的治疗需要称重膳食来配合。为了达到食物称重的精确性,需要熟悉常用食材的含水量和生熟比例具体数据,以保证菜品质量的一致性。⑧合理安排患者的进餐时间,注意食物的保温,避开药物对进食的影响。我们要多给予患者以关爱,帮助他们消除疾病带来的不良心理影响，为患者创造舒适的就餐环境。

4. **解答患者膳食治疗过程中的疑问**　为了使患者能够更加积极配合治疗，保障膳食治疗方案能够顺利实施，取得预期的效果，对患者提出的一些有关膳食营养和疾病方面的疑问，我们应该予以细致的解答，对出现的问题进行及时、有效的处理，保证我们的膳食治疗方案得以顺利实施，使患者对膳食治疗的信心进一步增强。

5. **纠正患者饮食误区**　引导合理营养，是促进患者顺利康复的有效措施。受宗教信仰、文化背景及社会环境的影响，相当多的患者存在饮食误区，如有的患者对饮食偏方、食物相克情有独钟；有的患者迷信素食、迷恋保健品，对所谓“健康食物”偏爱有加；对各种疾病的忌口问题存在疑惑，抱着“宁可信其有，不可信其无”的态度，过分控制自己的饮食，导致饮食过分单一化，其后果只能是营养不良，影响疾病治疗方案的顺利实施，并导致生活质量下降。营养师应对其积极引导，倡导平衡膳食理念，回答患者、家属及照料者的问题，为他们答疑解惑，澄清认识误区，传播科学营养知识，提出合理饮食及营养建议。

6. **告知膳食营养治疗过程中可能存在的问题**　膳食治疗在实施过程中可能会遇到各种各样的问题，包括食物种类及质量、菜肴口味、保温问题等，告知患者可能遇到的问题及其对策，可以显著提高患者对膳食治疗的依从性。

7. **进行膳食评价**　膳食评价包括膳食执行效果评价和膳食治疗效果评价 2 方面内容。

(1)膳食执行效果评价：通过询问患者每天摄取的各种主、副、零食的品种和数量及烹调方式等，可了解患者膳食治疗执行情况。根据食物成分表计算出该患者每日摄入的能量和各种营养素的量，然后与中国营养学会推荐的膳食营养素参考摄入量进行比较，做出恰当的评价。评价内容包括：①食物是否种类多样，主副食搭配、荤素搭配、粗细搭配是否合理；②能量及各营养素是否数量充足、比例恰当，能否满足患者需要；③主要营养素的来源分布是否满足疾病及治疗需要；④餐次和进餐时间是否合理；⑤烹调加工方式是否符合患者病情要求等。我们应针对膳食治疗执行过程中存在的问题提出改进措施。

(2)膳食治疗效果评价：通过对患者进行体格测量、实验室检查、仪器检查及临床体征的检查，可初步判断膳食治疗的效果，也为制订下一步的膳食干预方案提供重要依据。值得注意的是，检查结果不是一成不变的，会随着病情的变化而改变。因此我们对检查结果的判断不能孤立、静止地分析某一项结果，要多方位和动态分析，异常结果可能是真实的异常，也可能是操作错误，还可能是时机不当。

三、膳食营养治疗的随访

膳食治疗是一个长期的过程，科学、合理的膳食习惯需要逐渐养成。膳食习惯能否改变，其关键部分是进行定期的营养随访。营养随访是了解营养治疗有效性和饮食摄入是否充足的重要方法，它同时还承担着一部分健康教育和干预的内容。所以，对于长期需要营养管理的人群，膳食随访工作十分重要。科学合理的随访机制是保证膳食营养干预顺利进行的基础。

1. **随访内容**　膳食随访的内容主要包括：了解疾病进展情况，进行营养状况评估，掌握膳食营养方案的落实情况，回答患者提出的问题，提出膳食治疗建议，调整并指导下一阶段膳食干预方案。

对于住院患者来说，我们主要是检查饮食医嘱落实情况，了解患者膳食医嘱执行过程中存在的问题，征求患者意见，解答患者疑惑，进行营养饮食指导宣教。同时我们要观察膳食治疗效果，及时与医护人员和患者进行沟通，了解病情的发展，并根据病情变化及时调整膳食治疗方案，保证患者膳食治疗的准确性和连续性，最终达到配合临床治疗的目的。

对于出院患者，由于大部分疾病相关的营养知识是在住院期间获得的，随着出院时间延长有逐渐遗忘的趋势。营养师应该加强对这类患者的膳食管理，出院前应为患者建立随访档案，准确评估患者营养状况，为其制订下一步的膳食营养干预计划，并对居家期间干预计划的实施给予指导，教给患者科学的膳食制作方法和注意事项。我们也可给予具体的食谱举例，这样可提高患者对饮食治疗的依从性和可行性。同时，我们应与患者家属取得联系，获得他们的理解和支持，以便对患者的饮食进行监督。

对于门诊患者，我们可以要求患者定期来营养门诊复诊，了解膳食治疗有效性和饮食摄入是否充足，并对随诊患者进行面对面的营养知识宣教。我们要通过定期的膳食随访，帮助患者自我约束，提高其依从性，提高膳食干预的成功率。

2. **随访形式**　传统的随访方法有医院就诊、家庭访问、通信随访、电话随访等，而互联网技术的出现改变了传统的随访方式，大大提高了随访效率，但是不能取代传统的医院门诊就诊。

网络随访的形式较多，如利用短信提示、微信等社交网络平台可使医生每天获取患者的膳食营养摄入情况和身体状况的变化，出现问题及时给予提醒，保障他们坚持采用符合病情的合理膳食。通过网络，医生也可以监测患者的参与情况，同时可以更客观地进行评价和干预，患者也有较好的安全感和依从性。

3. **随访间隔时间**　随访的间隔时间与患者所处的某些特殊生理阶段、疾病状况、膳食干预依从性等有关。一般情况下，随访应该在固定的时间，由固定的营养师负责实施。对于那些处于生长发育期、妊娠期、疾病状况不稳定、膳食干预初期及对膳食干预的依从性较差的患者，应缩短随访间隔时间，随着病情的稳定和干预时间的增加，可逐渐延长随访间隔时间。一般情况下，出院后 1 个月内，建议每周随访 1 次；出院后 2~3 个月，建议每 2 周随访 1 次；出院后 3~6 个月，建议每个月随访 1 次；出院 6 个月后，每 3 个月随访 1 次；出现任何问题不能自行解决时，随时联络营养师或去医院就诊。

（高淑清）

第九章　医学营养治疗

在日常饮食不能满足机体营养需求的情况下，为机体提供营养物质的过程是一种治疗，即营养治疗。营养治疗是疾病综合治疗的基础内容，是一线治疗。

医学营养治疗（medical nutrition therapy，MNT）是包括口服营养补充、肠内管饲营养及肠外营养的专有名词，以前称为人工营养（artificial nutrition），取名于其营养来源和营养途径均非日常膳食，现在建议以医学营养取代原来的人工营养。经胃肠道途径（口服、管饲）给予的营养产品在欧盟被称为特殊医学用途配方食品（food for special medical purpose，FSMP）。

卧床患者能量目标需要量一般按照 20~25kcal/（kg·d）（此处体重为非肥胖患者的实际体重，下同）计算，再根据患者的年龄、活动、营养不良严重程度、应激状况等调整为个体化能量需求，见表 9-0-1。蛋白质目标需要量一般可按 1~1.2g/（kg·d）计算，严重营养不良者可按 1.2~2g/（kg·d）给予。如果条件具备，用代谢仪间接测热法检测患者的实际能量消耗可能更为准确。营养不良治疗的基本要求是达到满足 90% 液体目标需求、≥ 70%（70%~90%）能量目标需求、100% 蛋白质目标需求及 100% 微量营养素目标需求的营养不良治疗四个达标（液体量、能量、蛋白质及微量营养素），单纯能量达标而蛋白质不达标不能改善死亡率。营养不良治疗的最高目标是调节异常代谢、改善免疫功能、控制疾病（如肿瘤）、提高生活质量、延长生存时间。

表 9-0-1　能量需求的校正系数

条目	内容	校正量
年龄	≥ 70 岁	-10%
营养不良程度	中度	+5%
	重度	+10%
活动情况	自由活动	+30%
应激	发热>37℃，每 1℃	+10%
	未控制的重度疼痛（疼痛评分>7 分）	+10%
	小手术	+0~10%
	长骨骨折	+15%~30%
	恶性肿瘤	+10%~30%
	腹膜炎 / 脓毒症	+10%~30%
	严重感染 / 多发创伤	+20%~40%
	多器官功能衰竭综合征	+20%~40%
	烧伤	+20%~200%

第一节 五阶梯营养治疗

营养不良无论在住院患者还是社区人群都是一个严重问题，老人、恶性肿瘤及其他良性慢性消耗性疾病患者是营养不良的高发人群。营养不良的严重后果众所周知，而营养不良的规范治疗仍然是一个有待讨论的问题。为了规范、合理实施临床营养治疗，最充分地发挥营养治疗的效果、节约医疗费用、避免不合理的营养治疗，中国抗癌协会肿瘤营养专业委员会提出五阶梯营养治疗，在实施营养治疗过程中严格遵循循序渐进的五阶梯治疗原则(图 9-1-1)：对一般患者，遵循由下往上的阶梯原则，首先选择营养教育，然后依次向上晋级选择口服营养补充(oral nutritional supplement，ONS)、全肠内营养(total enteral nutrition，TEN)，最后选部分肠外营养(partial parenteral nutrition，PPN)、全肠外营养(total parenteral nutrition，TPN)。对腹部大手术、危重病患者，遵循由上向下的阶梯原则，尽快由肠外营养过渡到肠内营养，由肠内营养过渡到日常饮食。

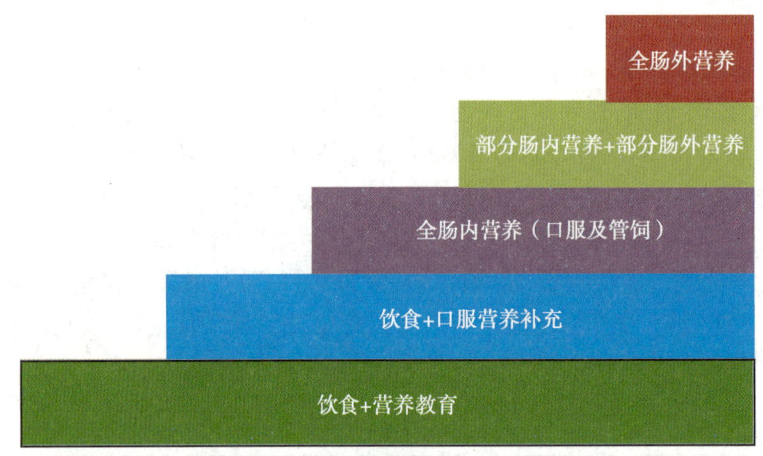

图 9-1-1 五阶梯营养治疗模式图

一、第一阶梯：饮食 + 营养教育

饮食 + 营养教育是所有营养不良患者(不能经口摄食的患者除外)首选的治疗方法，是一项经济、实用而且有效的措施，是所有营养不良治疗的基础。轻度营养不良患者使用第一阶梯治疗即可能完全治愈。营养教育包括营养咨询、饮食指导及饮食调整，具体如下。

1. **评估营养不良严重程度** 采用任何验证有效的营养评估方法均可，如主观全面评定(SGA)、患者参与的主观全面评定(PG-SGA)、微型营养评定(MNA)及全球领导人营养不良诊断标准共识倡议(Global Leadership Initiative on Malnutrition diagnosis criteria consensus，GLIM)等对不同患者的营养不良进行评估，判断营养不良的严重程度(轻、中、重)，为进一步治疗提供指导。

2. **判断营养不良类型** 通过膳食调查、实验室检查、人体成分分析等明确营养不良的类型，如能量缺乏型(marasmus 综合征)、蛋白质缺乏型(Kwashiorkor 综合征)还是蛋白质 - 能量混合型(marasmus-Kwashiorkor 综合征，或 protein-energy malnutrition，PEM)，从而使营养治疗更加有针对性。

3. **分析营养不良的原因** 了解患者的家庭、社会、宗教信仰、经济状况，了解疾病的病理生理、治疗情况及其对饮食和营养的影响，从而了解患者营养不良的原因，如经济拮据、照护不周、食物色香味问题、食欲下降、咀嚼障碍、吞咽困难、消化不良、胃肠道梗阻、排便异常、治疗干扰、药物影响等。

4. **提供个体化饮食指导** 在详细了解患者营养不良严重程度、类别及原因的基础上，提出针对性、个体化的营养宣教、饮食指导及饮食调整建议，如调整饮食结构、增加饮食频次，优化食物的加工制作，改善就餐环境等。

5. **讨论或处理营养不良的非饮食原因** 除外个体化饮食指导，还应该积极与患者及其亲属讨论营养不良的家庭、社会、宗教信仰及经济原因，与相关专家讨论导致营养不良的疾病以及心理、生理问题，如吞咽困难、药物影响等，寻求解决营养不良的办法。

肿瘤患者的营养教育遵循一般人群营养教育的基本原则，但更具针对性，其内容比一般人群营养教育更加丰富，包括如下10方面(图9-1-2)。

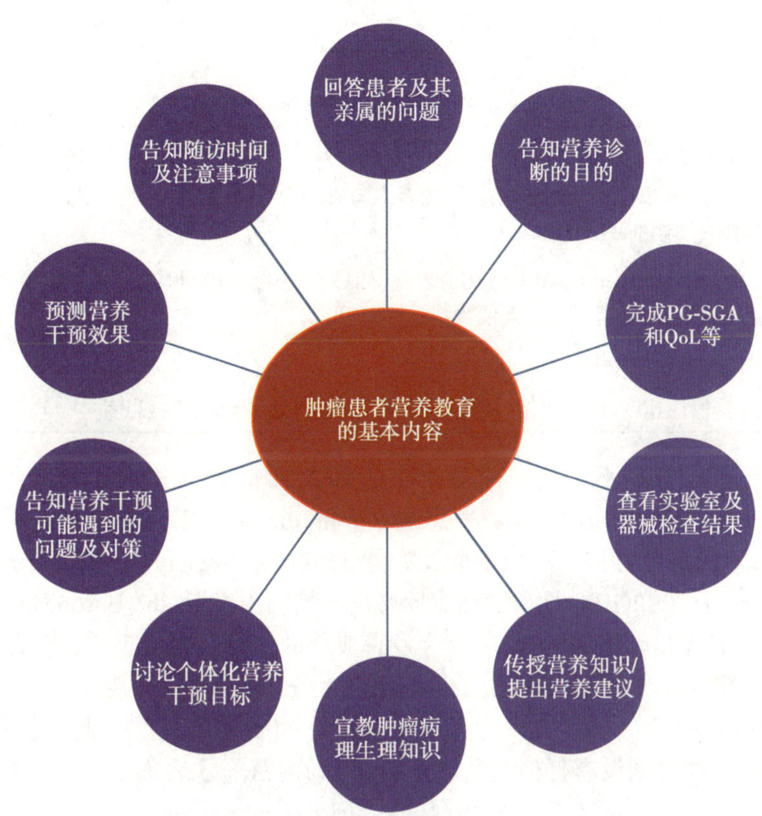

图9-1-2 肿瘤患者营养教育的基本内容

注：PG-SGA.patient-generated subjective global assessment，患者参与的主观全面评定；QoL.quality of life，生命质量。

二、第二阶梯：饮食+口服营养补充(ONS)

如果饮食+营养教育不能达到目标需要量，则应该选择饮食+ONS。ONS的效果已经得到大量研究证实，其中病例数量大的一篇文献是Philipson TJ等于2013年在*Am J Manag Care*上发表的研究报道。他们回顾性分析了美国the Premier Perspectives数据库2000—2010年的资料，在4 400万成人住院患者中有1.6%的患者使用了ONS。回归分析发现：ONS患者住院时间由10.9d缩短至8.6d，缩短2.3d，减少21.0%；ONS患者住院费用由21 950美元减少至17 216美元，减少4 734美元，减少21.6%；ONS患者出院后30d内再次入院率由34.3%下降至32.0%，降低了2.3%。结论认为：ONS可以缩短住院时间、节约医疗费用，减少30d再次入院风险。

研究发现，每天通过ONS提供的能量大于400~600kcal才能更好地发挥ONS的作用，ONS是最为经济、有效的营养治疗方式，应该成为人工营养的首选方法。由于疾病，患者摄食量明显减少，液体摄入增加、固体食物摄入减少，使能量、蛋白质和微量营养素摄入不足。因此，临床上特别需要高能量密度、小容量的FSMP制剂。

三、第三阶梯：全肠内营养

全肠内营养（TEN）特指在完全没有进食条件下，所有的营养素完全由肠内营养制剂（FSMP）提供。在饮食 +ONS 不能满足目标需要量或者一些完全不能饮食的条件下，如食管癌完全梗阻、吞咽障碍、胃瘫，TEN 是理想选择。肠内营养的优势已经有非常多的研究与讨论。营养不良条件下的 TEN 实施，多数需要管饲，常用的喂养途径有鼻胃管、鼻肠管、胃造口、空肠造口。在食管完全梗阻的条件下，优先选择胃、肠造口。TEN 的输注方法有连续输注及周期输注两种，夜间的周期性输注法更加适合临床应用，因为白天患者多数需要接受各种各样的检查及操作，不能够完全、长期卧床接受 TEN。实施肠内营养时，要注意掌握一、二、三、四、五，见表 9-1-1。

表 9-1-1 实施肠内营养应该掌握的核心内容

一	"一个原则"，即个体化，根据每位患者的实际情况选择合适的营养制剂及其量、输注途径及其方法
二	了解"两个不耐受"，胃不耐受及肠不耐受，前者多与胃动力有关，后者多与使用方法不当有关，也可能与制剂有关（选择合适的制剂）
三	观察上、中、下"三个部位"；上，即上消化道表现，如恶心、呕吐；中，即腹部，观察腹痛、腹胀、肠型、肠鸣音；下，即下消化道表现，如腹泻、便秘，大便次数、性质与形状
四	特别重视"四个问题"，即误吸、反流、腹胀、腹泻
五	注意"五个度"：输注速度、液体温度、液体浓度、耐受程度（总量）及坡度（患者体位）

在一些特定情况下，TEN 不仅是一种营养补充手段，而是成为一种独特的治疗方法，单独肠内营养（exclusive enteral nutrition，EEN）在克罗恩病（Crohn disease，CD）治疗中的作用就是如此。2014 年 10 月，欧洲儿科胃肠病学、肝病学及营养学学会（European Society for Pediatric Gastroenterology，Hepatology and Nutrition，ESPGHAN）和欧洲克罗恩病和结肠炎组织（the European Crohn's and Colitis Organization，ECCO）发布最新指南，对尚未完全发育成熟的儿童及青少年 CD 患者，EEN 是诱导治疗的第一选择，其安全性良好，疗效优于皮质激素。实际上，EEN 并非仅适用于儿童 CD，同样适用于成年人，其对病情的缓解率高达 80%。对不能实施激素治疗的成年 CD 患者，肠内营养是唯一的有效手段。研究还发现，只有在完全没有任何食物的条件下，肠内营养才表现出很好的抗炎效果，所以 CD 的肠内营养治疗选择是 EEN，而不是部分肠内营养（partial enteral nutrition，PEN）或者补充性肠内营养（supplemental enteral nutrition，SEN），后者只是 CD 手术前的治疗手段。相对于 CD 来说，肠内营养对溃疡性结肠炎的疗效较差。

四、第四阶梯：部分肠内营养 + 部分肠外营养

在 TEN 不能满足目标需要量的条件下，应该选择部分肠内营养 + 部分肠外营养（PEN+PPN），或者说在肠内营养的基础上补充性增加肠外营养。尽管完全饮食或全肠内营养是理想的方法，但是在临床实际工作中 PEN+PPN 是更现实的选择，对肿瘤患者尤为如此。因为厌食、早饱、肿瘤相关性胃肠病、治疗不良反应等使患者常常出现"四不"现象，即不想吃、吃不下、吃不多、消化不了，单纯依靠胃肠道途径给予营养难以或者不可能满足营养需求，此时的 PPN 或 SPN 就显得特别重要。PEN 与 PPN 两者提供的能量比例没有一个固定值，主要取决于肠内营养的耐受情况，肠内营养耐受越好，需要 PPN 提供的能量就越少，反之则越多。不同能量密度的小容量工业化多腔袋肠外营养制剂为临床 PPN 的实施提供了极大的便利。

Richter E 等报道了一组进展期胰腺癌居家患者，经营养咨询、饮食调整及 ONS 仍然不能纠正他们的营养不良，于是进行家庭 PPN。回顾性分析将这些患者根据生存时间分为 2 组：生存时间>5 个月；生存时间 1~4 个月。2 组患者接受的能量相同，结果发现 2 组患者均从 PPN 中获益，表现为生存时间延长、体重增加、食欲改善、体能增强；生物电阻抗分析提示细胞水平上的改善，如相位角（phase angle）、

身体细胞量（body cell mass，BCM）、细胞外基质（extracellular matrix，ECM）、细胞内容（cell content）及ECM/BCM 比值。其中早期接受 PPN 的患者获益更多，他们认为生存时间长者获益更多的原因是PPN 改善了营养不良，使他们能够更好地接受化疗。综上所述，对进展期肿瘤患者实施 PPN 有助于减轻放化疗不良反应，提高治疗耐受力、延长生存时间，提高生活质量。

五、第五阶梯：全肠外营养

在肠道完全不能使用的情况下，全肠外营养（TPN）是患者生存的唯一营养来源。自从 1968 年Dudrick SJ 及 Wilmore DW 等发表 TPN 可以维持动物及婴儿正常生长发育的著名论著以来，TPN 得到了长足的发展，从 TPN 的路径、管道、制剂、配方、实施及护理等全方位取得了巨大进步，成为临床上治疗肠道功能丧失患者的唯一依靠。其适应证如表 9-1-2 所示。

表 9-1-2 TPN 的临床适应证

1. 消化道功能丧失	
2. 消化道不能被利用	完全肠梗阻、腹膜炎、顽固性呕吐、严重腹泻、高流量肠瘘、短肠综合征、严重吸收不良
3. 需要肠道休息	如急性胰腺炎患者肠内营养不能实施时
4. 终末期患者	有争议，可能是一个相对适应证，对部分患者有价值

决定选择 TPN 时，除了参考上述适应证外，还应该观察患者 SGA 评分及白蛋白水平，SGA 的重度营养不良或白蛋白<25g/L 是实施 TPN 的有力指征。

肠外营养推荐以全合一（all-in-one，AIO）的方式输注，输注途径有外周静脉、经外周静脉穿刺的中心静脉导管（peripherally inserted central venous catheter，PICC）及中心静脉导管（central venous catheter，CVC）。CVC 穿刺途径首选锁骨下静脉，次选颈内静脉或颈外静脉。CVC 有暂时性及永久性两种，预计肠外营养持续超过 4 周或长期、间断需要肠外营养时如恶性肿瘤患者，推荐使用永久性CVC，即输液港（port）。无论使用何种 CVC，肠外营养都应通过专用管腔输注。对于高危患者，建议使用经抗菌药物处理过的导管。

由于肠外营养是一种强制性营养治疗方式，机体没有饱胀感及饥饿感对其能量摄入量进行调节，所以对其代谢性并发症的监测就显得特别重要。营养不良条件下进行肠外营养时，有两个原来不为大家所注意的特殊并发症——再喂养综合征及脂肪超载综合征，应该引起人们的特别重视，定期（每周 1~2 次）观察血液生物化学指标及矿物质水平是早期发现的基本措施，TPN 能量供给从低水平[15~20kcal/（kg·d）]开始、逐渐增加是预防的关键原则。

六、营养过渡

不同营养方法之间的转换称为营养过渡，即五阶梯治疗模式中的从下而上和从上而下，要平稳切换或过渡。五阶梯营养治疗由下往上晋级时遵循 60% 的原则，当目前阶梯不能满足 60% 目标能量需求 3~5d（重症患者 2~3d）时，应该选择上一阶梯。五阶梯营养治疗由上向下切换时遵循 50% 的原则：当下一阶梯能够满足 50% 目标需求时，可以逐步减少、停止本阶梯治疗，同时增加下一阶梯营养治疗；如肠内营养可以满足 50% 目标需求时，可以逐步减少、停止肠外营养，同时逐渐增加肠内营养；膳食可以满足 50% 目标需求时，可以逐步减少、停止肠内营养，同时逐渐增加膳食；反之，不能满足 50%目标需求时，不能减少或停止肠外营养、肠内营养。

一般情况下，我们应该遵循阶梯治疗原则，但是阶梯与阶梯之间并非不可逾越，而且不同阶梯常常同时使用。一个患者可能逾越上一阶梯直接进入上上阶梯，也可能几个阶梯联合使用，如饮食 + 营养教育 +ONS+PPN。在临床营养工作实践中，我们应该根据患者的具体情况，进行个体化的营养治疗。

七、小结

营养不良治疗的五阶梯实际上也是营养不良治疗的5种手段或方法。其中,营养教育是所有营养不良患者的基础治疗措施,是第一选择;饮食+ONS是居家患者最多的选择;PEN+PPN是围手术期患者最现实的选择。对营养不良的治疗来说,第一阶梯(饮食+营养教育)是理想,第四阶梯(PEN+PPN)是现实,第五阶梯(TPN)是无奈,我们要追求理想,面对现实,也应该接受无奈。这五个阶梯既相互连续,又相对独立。临床营养治疗实施过程中,要遵循"四优先原则",即营养教育优先、饮食优先、口服途径优先、肠内营养优先。

(石汉平)

第二节 口服营养补充

口服营养补充(oral nutritional supplement,ONS)目前已经得到广泛的认可和应用,是最经济、方便的营养治疗手段。追溯其起源,可能要回溯至营养学发展的早期,即人类逐渐意识到营养素和能量营养不良状况的时期。在18世纪,维生素C缺乏病在远洋航行的水手中非常普遍,因维生素C缺乏病死亡的灾难不胜枚举,因为他们在航行时的食物是面饼、鱼和咸肉,只含有很少的维生素C。1747年,英国人James Lind通过对照试验发现吃新鲜柑橘、柠檬水果的人可以避免维生素C缺乏病而奠定了维生素C与维生素C缺乏病关系验证的基础。自此以后,柠檬汁、柑橘成为正常饮食之外维生素C的补充性食物装备到远航的船只上,成为最早口服营养素补充的"雏形"。伴随现代营养学的发展,特别是宏量营养素和微量营养素进一步被认知以及在临床中的实践,推进了该领域的迅速更新和发展。例如,1933年,Heath CW在JAMA内科学杂志(*JAMA Internal Medicine*)上发表了一篇关于口服补铁改善缺铁性贫血的文章;1946年,Kozoll DD在外科年鉴(*Arch Surg*)杂志上发表了关于临床应用一种高蛋白制剂改善患者氮平衡的研究;1951年,Shoshkes M在美国饮食协会杂志(*J Am Diet Assoc*)上发表了一项运用口服脂肪乳剂作为男性能量补充的研究。

一、名称与定义

ONS的英文Pubmed主题词上一共有8种不同的表述,分别是oral nutrition(al) supplement, oral nutrition(al) supplements, oral nutrition(al) supplementation, oral nutrition(al) support。2006年ESPEN指南将ONS的英文全称统一为"oral nutritional supplement",并定义口服营养补充为以特殊医学用途配方食品(food for special medical purpose, FSMP)经口服途径摄入,补充日常饮食的不足。ONS产品形式包括口服液体、乳冻剂、固体和粉剂,产品类型可以是全营养配方,也可以是非全营养配方。

根据英国国家医疗服务体系(National Health Service, NHS)的英国国家研究生委员会(The National Postgraduate Committee, NPC)提出的营养治疗分类,ONS属于肠内营养之一(图9-2-1)。

二、口服营养补充的实施

(一)时机

口服营养补充是补充日常饮食的不足,而不是替代日常食物。中国抗癌协会肿瘤营养专业委员会(Chinese Society of Nutritional Oncology, CSNO)建议以"3+3"模式实施ONS,即在一日三餐之间进行ONS,以避免对日常饮食的影响(图9-2-2)。

营养时相学研究发现,在能量及蛋白质相同时,夜间ONS比白天ONS更加有利于纠正营养不良(图9-2-3)。因此,要高度重视夜间睡觉前的ONS。

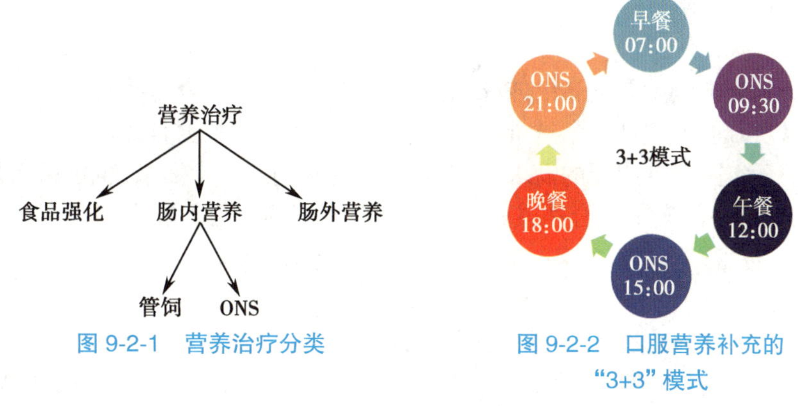

图 9-2-1　营养治疗分类

图 9-2-2　口服营养补充的“3+3”模式

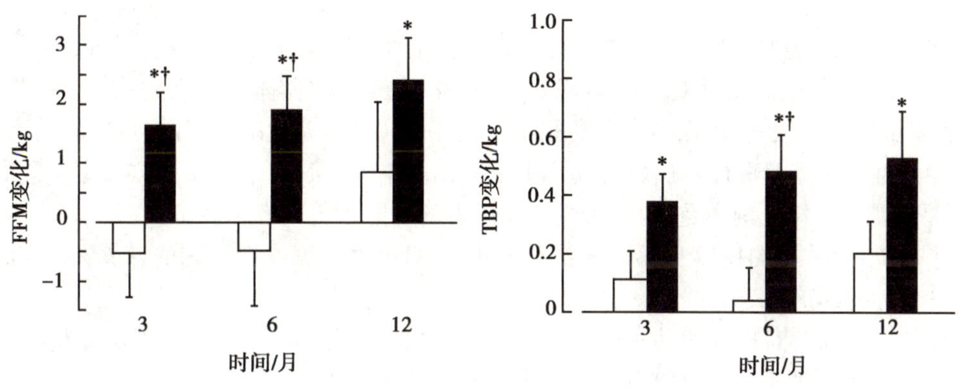

图 9-2-3　白天与夜晚 ONS 的效果比较

注：白柱为白天 ONS，黑柱为晚间 ONS；*，†为分别与基线、白天比较，$P<0.05$；FFM. fat-free mass，去脂体重；TBP. total body protein，身体总蛋白量。

(二) 能量

每天至少通过 ONS 提供能量 400~600kcal，才能更好地发挥 ONS 的作用。

(三) 适应证

中华医学会肠外肠内营养学分会认为：存在营养不良或营养风险的住院患者、能量和蛋白质摄入量较低的慢性疾病患者、需要高能量饮食患者、咀嚼和吞咽障碍患者、虚弱或食欲缺乏老人以及接受手术或放、化疗的恶性肿瘤患者，均是 ONS 的适用人群。合理的 ONS 使各类适用患者群体在营养、功能、临床及经济学方面获益。具体适应证如下。

1. 营养不良患者手术前准备。
2. 诊断明确的炎症性肠病。
3. 短肠综合征。
4. 棘手的吸收障碍。
5. 全胃切除术后。
6. 吞咽困难。
7. 疾病相关的营养不良。
8. 肠瘘。
9. 进展期肿瘤患者。
10. 70 岁以上的高龄老人。
11. 慢性消耗性疾病患者如结核病、艾滋病、慢性肝病患者。
12. 长期摄入不足的非疾病人群。

13. 长期严格全素食者。

(四) 制剂选择

用于口服营养补充的制剂是 FSMP,包括全营养配方食品、特定全营养配方食品和非全营养配方食品 3 类,其剂型以粉剂、液体剂最多见,也有半液体剂、固体剂。根据具体情况选择不同的制剂。其营养素的类型取决于实际营养应用的需求,如针对一些特殊的营养素需求,也可以为某一单一营养素的高剂量补充剂,如单一的碳水化合物或者单一的脂肪制剂等。营养补充剂既可针对比较广泛的疾病引起的营养不良,也可以专门针对某一特定种类疾病,如肾脏疾病。

(五) 注意事项

1. 在临床实际使用 ONS 之前,需要专业人员通过使用一些量表对患者的营养不良状况进行筛查和评估。目前,在住院患者中使用较多的工具为 SGA、NRS 2002、PG-SGA、MNA、MNA-sf、GLIM 等,在社区人群中较多使用 MUST 等工具。其目的为尽早发现患者的营养风险、营养不良,并对营养不良患者进行有效的干预。

2. ONS 对于急性病变、老年性疾病以及手术后患者而言是有益的营养支持补充。对于长期需要肠内营养的社区患者,还需要针对不同的基础疾病,考虑 ONS 的具体营养素构成、口味、质地以及不同产品营养素的结构一致性,以保障患者的服用依从性以及对营养状况改善的可持续性。

3. 重症急性疾病以及慢性疾病患者的体重丢失在所难免,ONS 的使用可以减缓体重丢失。改善体重,特别是增加 2kg 以上的体重,对于慢性疾病患者的功能改善具有重大意义。

4. 除了补充能量、蛋白质以及微量营养素之外,针对可以检测或者已知的营养素缺乏,需要使用 ONS 进行针对性的纠正。

5. 使用 ONS 期间,对患者的动态观察尤为重要:包括患者的依从性、接受度、临床症状以及营养学指标的变化,是否需要适时更换制剂的类型等。

6. ONS 作为肠内营养的一个分支,在临床使用中需要注意与肠内营养制剂同样的问题,即频次、温度、速度和浓度。作为经口摄食的补充,ONS 可以餐内给予也可以餐间给予,温度以 37~42℃为佳,浓度根据各种不同类型的 ONS 而定,理论上由稀到浓,按照患者的肠道适应性循浓度渐进。

三、指南推荐意见

ONS 在疾病中的应用推荐,见表 9-2-1。

表 9-2-1 ONS 在疾病中的应用推荐

评价机构	患者类型	ONS 的使用建议(证据等级)
CSNO	肿瘤患者	(1)在饮食指导基础上给予的 ONS 比单纯的饮食指导对患者更有益。经强化营养教育和咨询指导后,通过经口摄食仍然不能达到目标营养摄入量的患者,推荐使用 ONS(A) (2)ONS 仅可以改善有营养不良和营养风险的肿瘤患者的生活质量。ONS 对存在营养不良和处于营养不良风险的患者是有益的。ONS 对住院、社区和居家患者均有益,BMI<18.5kg/m^2 的患者比 BMI>20kg/m^2 的患者获益更多(A) (3)ONS 是胃肠功能正常的肿瘤患者接受肠内营养的首选途径(A) (4)口服鱼油可以改善进展期肿瘤患者食欲、进食量、瘦体重和体重。强化鱼油的 ONS 或者胶囊对于姑息治疗的肿瘤患者的生存率和生活质量没有明确的作用(B) (5)富含鱼油的高蛋白 ONS 可以减少肿瘤放化疗患者的瘦体重损失,改善某一阶段的生活质量(A) (6)口服营养补充支链氨基酸制剂可以维持肝癌患者的血清白蛋白水平,减少腹腔积液和水肿的发生率(A) (7)高蛋白型口服营养补充剂可以让患者特别是老年患者受益(A)

续表

评价机构	患者类型	ONS 的使用建议(证据等级)
CSNO	肿瘤患者	(8)口服营养补充可以降低患者，特别是 65 岁以上老年患者的再入院率(A) (9)无论是 ONS 还是管饲营养，与没有营养治疗的常规治疗相比，均不能显著降低放疗/化疗/手术患者的死亡率(A) (10)ONS 可以显著增加放疗患者的饮食摄入量。ONS 对于放疗患者的体重有显著的改善(A) 营养治疗始于食物，之后可以使用 ONS 进行补充，也可以食物 +ONS 一起开始
BAPEN	社区患者	如果食物摄入不足，可以使用混合宏量和微量营养素的 ONS，因为其为成品液体或者固体，方便使用且是营养不良患者的有益补充(A)
	所有患者	ONS 对住院患者和社区患者均有益，对于 BMI<20kg/m^2 的患者而言，ONS 的效果要好于 BMI>20kg/m^2 的患者(A)
ESPEN	非手术的肿瘤患者	密切的饮食指导和建议，结合 ONS，预防肿瘤患者因为疾病和放疗引起的体重丢失(A)
	急性肾衰竭，保守治疗的慢性肾衰竭，及持续透析治疗患者	在不复杂的急性肾衰竭患者中，如果自发的营养摄入不足，可以考虑 ONS 进行补充(C) 在营养不良的慢性肾衰竭患者中，ONS 可以使用以达到优化营养素摄入的目的(C) 使用 ONS 去干预营养不良的透析患者(A)，ONS 是意识清醒的透析患者优先考虑的营养路径
	肝脏疾病患者	ONS 对于酒精性脂肪性肝炎患者是普遍推荐的(B)
		肝硬化患者如果无法从正常饮食中获取营养素，需要 ONS 进行补充(C)
	胰腺疾病患者	急性胰腺炎的胃肠道梗阻解除后，经口喂饲(食物和/或 ONS)可以进行性地添加。前提是不会引发患者腹痛以及完全控制了并发症(C)
		10%~15% 的慢性胰腺炎患者需要 ONS(C)
	胃肠道疾病患者	(克罗恩肠病)如果患者持续存在肠道炎症(激素依赖性患者)，需要 ONS(B)
		使用 ONS 预防患者营养不良或消除患者因营养不良带来的不良结果，如生长迟缓(A)
		每天可以使用最多达到 600kcal 的 ONS 来补充食物摄取不足(A)
		(短肠综合征)可以通过 ONS 或管饲饮食来补充正常饮食的摄入不足(C)
	因 HIV 或者其他慢性传染病而处于消耗状态的患者	HIV 腹泻并不阻碍 ONS 对患者的积极作用(A) (HIV)不论是营养咨询本身，还是营养咨询和 ONS 联合使用，对于早期营养治疗以及保持患者的营养状况有相同的作用(B) 在无法提供专业营养咨询的机构，ONS 可以作为食物的补充使用，但是必须要限制使用次数(C)
		(传染性疾病)ONS 可推荐用于因为传染性疾病而导致的营养不良(B)
	外科手术患者，包括器官移植患者	建议日常能量摄入达不到目标的患者在术前使用 ONS 作为补充(C) 移植手术前，如果患者处于营养不良状态，使用 ONS(C)
	心脏病和肺部疾病患者	(心力衰竭)肠内营养——管饲营养或者 ONS 被推荐用于心力衰竭恶病质患者来阻止或逆转其体重丢失(C)
		(慢性阻塞性肺疾病)少量多次 ONS 用于减少餐后呼吸困难和饱腹感以提高患者顺应性(B)

续表

评价机构	患者类型	ONS 的使用建议（证据等级）
ESPEN	老年病患者	针对存在营养不良或营养不良风险的患者，食用 ONS 来增加能量供应、蛋白质和微量营养素供应来维持或者改善营养状况，改善生存状况（A） 改善虚弱的老年病患者的营养状况（A） 对于骨折和经历骨科手术的患者使用 ONS 减少并发症（A） 对于痴呆患者，ONS 或管饲营养会改善其营养状况；在早期和中等痴呆的患者中运用 ONS 可以预防营养不良的发生（C） ONS，特别是高蛋白的 ONS，可以预防压疮的产生（A）

（林　宁）

第三节　肠内营养治疗

肠内营养（enteral nutrition，EN）是指经消化道采用口服或管饲的途径，为患者提供代谢所需营养物质及其他各种营养素的营养治疗方法，特指经消化道途径（包括口服和管饲）给予 FSMP，或者俗称为肠内营养剂。欧洲临床营养与代谢学会（European Society for Clinical Nutrition and Metabolism，ESPEN）将肠内营养的定义特别局限于 FSMP 管饲，食物匀浆膳管饲则不属于肠内营养。本书建议以营养产品作为区别肠内营养与日常膳食的界限，凡以 FSMP（肠内营养剂）实施的经消化道（口服及管饲）营养定义为肠内营养；以任何形式的食物实施的经消化道（口服及管饲）营养仍然为膳食营养。单独肠内营养（exclusive enteral nutrition，EEN）以 FSMP 取代食物提供全部所需能量及营养素，途径包括口服和管饲。管饲（tube feeding）指经过任何消化道插管和造口提供能量及营养素，能量及营养素来源可以是食物，也可以是 FSMP。表 9-3-1 比较了不同营养治疗方法的内涵。

表 9-3-1　营养治疗方法若干名词解析

营养治疗方法	经口		经管道		经静脉
	食物	FSMP	食物	FSMP	
肠内营养		√		√	
EEN		√		√	
ONS		√			
管饲			√	√	
人工营养		√	√	√	√
医学营养治疗		√	√	√	√
肠外营养					√

一、肠内营养的中心法则

肠内营养更符合人体生理需求，能够提供安全、平衡、全面的各种营养素。同时，能够预防肠外营养或长期禁食所引起的胆汁淤积性肝功能不全、肠道黏膜萎缩等胃肠道并发症，各种代谢性并发症和导管相关并发症，保护肠道屏障功能和免疫功能，维持消化系统正常生理功能，有利于蛋白质合成和代谢调节。与肠外营养相比，肠内营养所需的医疗费用更低，使用较安全，且住院时间相对较短。因此,肠内营养的优势可归纳为“更符合人体的生理、更少的临床并发症、更经济的医疗费用、更安全方便的营养”。

肠内营养治疗的中心法则是“如果肠道有功能就应该使用肠道”,在临床还可以延伸为“如果有一段肠道功能正常,就利用这一段肠道”“如果肠道有一部分消化功能,就利用这一部分消化功能”“如果一段肠道有部分功能,也要使用这一段有部分功能的肠道”。应遵循个体化原则,临床上可选择通过口服、鼻胃管、鼻十二指肠管、鼻空肠管、胃或空肠造口等途径,首先考虑口服。不能经口摄食或吞咽困难的患者选择鼻胃管或鼻肠管喂养,需长期管饲的患者建议选择通过内镜、影像引导或手术行胃造口或空肠造口置管。目前,经皮内镜下胃造口术(percutaneous endoscopic gastrostomy,PEG)、经皮内镜下空肠造口术(percutaneous endoscopic jejunostomy,PEJ)已在临床广泛开展使用。

二、肠内营养的适应证与禁忌证

(一) 适应证

肠内营养的应用原则,主要取决于小肠是否具有能够完全 / 部分吸收营养素的功能。因此,当患者出现因疾病原因或治疗与诊断的需要而不能或不愿经口摄食或摄食量不足以满足需求时,若“肠道有功能且能安全应用时”,则首先考虑采用肠内营养治疗。临床上常见的肠内营养的适应证如下。

1. 经口摄食障碍

(1)无法经口摄食:口腔、咽喉或食管炎症、烧伤、化学性灼伤、肿瘤或手术等造成的咀嚼或吞咽困难。

(2)经口摄食不足:严重创伤、大面积烧伤、甲状腺功能亢进等导致机体处于高代谢状态,营养物质消耗增加。放化疗期间出现的恶心呕吐反应、神经性厌食症等所致摄入的食物不能满足需求量。

(3)经口摄食禁忌:头部外伤、脑血管疾病、脑肿瘤等所致的中枢神经系统紊乱,昏迷或吞咽功能丧失患者。

2. 胃肠道疾病

(1)消化道瘘:通常适用于低流量瘘或瘘的后期,如食管瘘、胃瘘、胆瘘、胰瘘和各种部位的肠瘘。对低位小肠瘘、结肠瘘及空肠喂养的胃十二指肠瘘效果更佳。

(2)炎性肠病(inflammatory bowel disease,IBD):如溃疡性结肠炎(ulcerative colitis,UC)、克罗恩病(Crohn's disease,CD)等患者。患者临床症状缓解,炎症反应消退,即进入缓解期,可提供肠内营养制剂并逐渐增加用量,刺激病变肠黏膜愈合。

(3)短肠综合征(short bowel syndrome,SBS):短肠综合征功能代偿期,根据患者胃肠道功能恢复情况,逐步由肠外营养过渡至肠内营养,并逐渐增加用量,直至能量全部由肠内营养提供。

(4)胰腺疾病:急性胰腺炎患者在病情稳定、肠道功能恢复后,可通过空肠管适量喂养,待患者顺利渡过急性期后可过渡为全肠内营养。

3. 其他

(1)术前准备和预防术前术后营养不良:对术前存在营养不良的患者应尽早进行肠内营养治疗,可以起到增强机体免疫力和对手术创伤应激的耐受性,有利于手术后伤口愈合。对于手术本身所造成的额外营养素丢失,只要胃肠道功能存在,提倡术中建立肠内营养治疗途径,术后进行早期肠内营养治疗,能有效降低术后并发症的发生率,缩短住院时间。

(2)器官功能不全:如肝、肾功能不全或多脏器功能衰竭。

(3)各种脏器移植:如肝移植、肾移植、骨髓移植等。

(4)先天性氨基酸代谢缺陷病。

(二) 禁忌证

通常情况下,应该首选肠内营养给予治疗,对不确定的病例,可考虑短期试用。如果出现真性完全性肠梗阻、腹压持续升高、严重腹腔内感染等,应禁用肠内营养。具体可分为以下情况。

1. 完全性机械性肠梗阻、胃肠道出血、严重腹腔感染。

2. 严重应激状态早期、休克状态、持续麻痹性肠梗阻。

3. **短肠综合征** 早期宜先采用肠外营养治疗，待患者进入功能代偿期，可逐渐过渡至肠内营养。

4. 高流量空肠瘘患者，因缺乏足够的小肠吸收面积，不能贸然进行管饲。

5. 严重胃肠道吸收不良。

6. 持续严重呕吐、顽固性腹泻患者。

三、肠内营养的实施

（一）途径选择

肠内营养以口服营养补充（oral nutritional supplement，ONS）为首选；经鼻胃管管饲途径适于接受肠内营养少于 4 周的患者，对需要长期接受肠内营养的非手术肿瘤患者，推荐使用 PEG/PEJ 建立 EN 途径。

接受普通外科腹部手术患者且术后恢复时间较短者，推荐使用鼻胃管；食管、胃、十二指肠、胰腺、肝、胆道复杂大手术，术中常规放置空肠造口管。

头颈部放疗患者存在严重吞咽困难时建议管饲肠内营养，优选 PEG 途径。

对于存在严重胃潴留和严重胃动力障碍如胃瘫的患者，推荐选用鼻肠管。

（二）制剂选择

医务人员只有了解不同的肠内营养制剂类型，才能选择出最合适的肠内营养制剂应用于患者，使患者能够获得最好的效价比。因此，临床应用时需要考虑以下因素：

1. **患者年龄** 不同年龄的患者选择不同年龄段适宜的肠内营养制剂。

2. **临床诊断及治疗** 包括药物与营养素关系、配伍禁忌等。例如，对于糖尿病、恶性肿瘤、肺部疾病、肝或肾衰竭患者可分别采用疾病专用型或肝病、肾病专用配方制剂。

3. **患者营养状况** 根据患者是否存在蛋白质缺乏型营养不良、蛋白质 - 能量营养不良、混合型营养不良、微量营养素缺乏等状况选择不同肠内营养制剂。

4. **患者代谢状况** 包括能量、营养素消耗量及需要量。

5. **胃肠道功能** 对于胃肠道功能正常的患者，应采用以整蛋白、水解蛋白、短肽、氨基酸为氮源的肠内营养制剂。

6. **蛋白质变应性** 对牛奶有变应性的患者，可采用以大豆蛋白为氮源的制剂。

7. **乳糖耐受状况** 对乳糖不耐受患者，应采用无乳糖或玉米淀粉水解物为糖类的肠内营养制剂。

8. **脂肪吸收状况** 有脂肪泻或脂肪吸收不良的患者，可采用中链脂肪酸替代部分长链脂肪酸的肠内营养制剂，或采用中链脂肪酸与长链脂肪酸混合制剂。但需要注意的是，不能大量供给中链脂肪酸，以防发生渗透性腹泻。

9. **实施途径** 口感欠佳的制剂以管饲为主，如果患者能口服尽量口服。

（三）输注方式

肠内营养的输注方式包括口服及管饲，后者又分为推注、间歇性重力滴注和连续性经泵输注（表 9-3-2）。

1. **口服** 是首选途径。

2. **推注** 是不被推荐的途径，但却是基层单位、家庭肠内营养的最常用途径。适用于胃肠道功能正常者，危重患者应注意监测，少量起始，逐渐加量。

3. **间歇性重力滴注** 指将配制好的营养液置于输液瓶或塑料袋中，经输液管与喂养管连接，借重力将营养液缓慢滴入胃肠道内，每次 250~400ml，4~6 次 /d，是临床常用的输注方式。如果患者出现腹胀、恶心等胃肠道排空延迟症状，可减慢输注速率。仅适用于经胃管饲的患者，或病情不危重的患者短期使用,优点在于患者有较多的活动时间。

4. **连续性经泵输注** 是被推荐的管饲方式。在 EN 刚开始的 1~3d,需要让肠道逐步适应,采用低浓度、低剂量、低速度,随后再逐渐增加营养液浓度、滴注速度和投给剂量。一般第 1 日用 1/4 总需要量,营养液浓度可稀释 1 倍,如患者耐受良好,第 2 日可增加至 1/2 总需要量,第 3、4 日增加至全量。EN 的输注速度开始宜慢,一般为 25~50ml/h,随后每 12~24h 增加 25ml/h,最大速率为 125~150ml/h,如患者不耐受应及时减慢输注速度或停止输注。此外,在输注过程中应注意保持营养液温度适宜。

表 9-3-2 肠内营养输注方式比较

投给方式	剂量	优点	缺点	适应证
一次性输注	根据患者胃容量和基础饮食状况决定,一般 100~200ml/ 次,不超过 350ml/ 次	操作简单,符合消化道生理和进食节律	需要密切监测,易引起反流、误吸、呕吐等	插鼻胃管和胃造口患者
间歇性重力滴注	250~500ml	1. 操作简单 2. 较多活动时间	胃肠道并发症仍多,治疗时间较长	鼻饲喂养者
连续输注	输液泵	1. 胃肠道并发症最少 2. 营养吸收最好	活动时间少,胃肠道无法充分休息	危重、老年及空肠造口者

(四) 早期肠内营养

1. **定义** Cochrane 注册研究将"早期肠内营养"定义为:手术后 24h 内的经口摄入或经管道喂养全量或部分含能量的营养物质。

2. **时机** 肠道收缩的明显标志(指肠鸣音和排气排便)对于肠内营养的起始不是必需的,血流动力学稳定,平均动脉压(mean arterial pressure,MAP)>65mmHg 且血管活性药去甲肾上腺素(norepinephrine,NE)减量至<0.2μg/(min·kg),即可实施肠内营养。

3. **性质** 早期采用低能量,从 10~15kcal/(kg·d)或 30%~50% 目标需要量开始,仅提供基础代谢所需的能量,实施滋养性喂养,逐渐过渡到全量肠内营养。

4. **注意** 循序渐进,以减少误吸风险、提高喂饲耐受性(使用促动力药、连续输注、氯己定漱口、抬高床头、调整胃肠道喂养量)。对休克、低氧血症、酸中毒、上消化道出血未控制好、胃残留量>500ml/24h、肠道缺血、肠梗阻、腹腔间隙综合征、高流量肠瘘远端无喂养通路的重症患者要推迟肠内营养。

四、肠内营养护理

主要是对其过程进行监控,不仅可以观察和评价营养治疗是否达到预期效果,还可及时发现或避免并发症的发生。

(一) 基础护理

1. **预防误吸** 根据置管位置及患者病情,指导患者合适的体位。胃内喂养应采取坐位、半坐位或床头抬高 30°~45° 仰卧位。对高危患者,喂养时要注意胃肠道是否通畅、是否有胃潴留,以免食物反流导致吸入性肺炎。监测患者胃肠道反应和耐受性,在肠内营养治疗开始阶段应每 4~6h 观察一次,检查患者是否出现胃肠不耐受表现,以后可每天检查 1 次。

2. **控制浓度** 从低浓度逐渐增至所需浓度,以防止腹胀、腹泻等消化系统并发症。

3. **注意速度** 输注速度应逐渐增加,重症患者起始输注速度以 20~30ml/h 为宜,其他患者根据耐受情况可酌情选择起始速度。重症和老年患者宜选用营养输液泵控制速度。

4. **逐渐增量** 开始时可给予全量的 1/3,根据患者耐受程度逐渐增加至全量。

5. **适宜温度**　适宜温度为 37~42℃,过冷或过热均会引起患者不适。

6. **避免污染和变质**　对于个体化配制的营养制剂,应现配现用,配好的肠内营养制剂在较凉快的室温下放置时间不超过 8h,若营养液含有牛奶、易腐败成分或需要避光成分、气温较高时,应尽可能缩短配制到使用完毕的时间间隔。

7. **代谢与营养监控**　包括血生化监测、液体出入量等。

(二) 胃残余量测定

每 3~4h 测定一次胃残余量(gastric residual volume,GRV),最大 GRV ≤ 250ml,残留量不应超过输注量的 50%。

1. **如果 4h GRV>250ml**　开始用胃动力药,继续相同速率的 EN。

2. **如果 4h 后(相当于 8h)仍然 GRV>250ml**　降低 EN 速率,继续使用胃动力药,考虑幽门后径路实施 EN 或暂停 EN。

(三) 管道护理

经鼻胃管喂养时,应注意妥善固定营养管,防止脱出。对长期置鼻胃管患者,应经常观察喂养管在体外的标志,如导管位置不当,应及时调整。

胃造口及空肠造口处的辅料应每隔 2~3d 更换一次。

每次管饲开始前和结束后,均需用 50ml 注射器给予 20~40ml 温开水冲洗管道,同时用手指轻揉管壁,保持管道通畅。

(四) 肠内营养耐受性评分及对策

表 9-3-3 列出了肠内营养耐受性评分及对策。

表 9-3-3　肠内营养耐受性评分

分值	腹胀 / 腹痛	恶心 / 呕吐	腹泻
0 分	无	无恶心呕吐或持续胃肠减压无症状	无
1 分	轻度腹胀,无腹痛	有恶心 无呕吐	稀便 3~4 次 /d 且量<500ml
2 分	明显腹胀或腹压 15~20mmHg 或能够自行缓解的腹痛	恶心呕吐,但不需要胃肠减压或 250ml<GRV<500ml	稀便 ≥ 5 次 /d 且量为 500~ 1 500ml
5 分	严重腹胀或腹压>20mmHg 或不能够自行缓解的腹痛	呕吐,且需要胃肠减压或 GRV>500ml	稀便 ≥ 5 次 /d 且量 ≥ 1 500ml

累计总分后按照下列建议处理:
0 分:继续肠内营养,按照初始速度加量;
1~2 分:继续肠内营养,维持原速度,对症治疗;
3~4 分:继续肠内营养,按 10ml/h 减量,2h 后重新评估;
≥ 5 分:暂停肠内营养,重新评估或者更换输注途径。

(余　震)

第四节　肠外营养治疗

1961 年,瑞典的 Wretlind 教授首次用大豆油、卵磷脂、甘油等制成脂肪乳剂。1967 年,美国费城医学院附属医院外科 Stanley Dudrick 医生首先通过中心静脉进行营养治疗,发明了通过中心静脉给机体提供高浓度葡萄糖、脂肪和氨基酸等途径。这两个事件开创了肠外营养的历史。

肠外营养(parenteral nutrition,PN):是经静脉为患者提供包括氨基酸、脂肪、碳水化合物、维生素及矿物质在内的营养素的治疗方法。所有营养素完全经肠外获得的营养治疗方式称为全肠外营养(total parenteral nutrition,TPN)。经肠外途径提供部分营养素的营养治疗方式称为部分肠外营养(partial parenteral nutrition,PPN),也称为补充性肠外营养(supplemental parenteral nutrition,SPN)。

代谢支持(metabolic support)是肠外营养治疗中的另一个重要概念。在创伤、感染等应激状态,碳水化合物、脂肪、蛋白质的代谢发生了改变,导致常规的肠外营养治疗应用于高代谢状态的危重患者不仅不能收到预期的效果,反而会出现一些诸如高血糖、淤胆、肝肺功能损害等代谢方面的并发症。因此,1987 年 Caerra 首先提出了危重患者代谢支持的概念,对严重创伤患者的营养治疗应遵循"提供有效的营养底物,以维护器官的功能与代谢,又不增加器官的负荷与代谢紊乱"的原则。其策略为:①营养治疗的底物由碳水化合物、脂肪、氨基酸和微量元素、维生素等营养物质混合组成;②降低非蛋白质能量中的葡萄糖能量比例,非蛋白质能量<35kcal(146.3kJ)/(kg·d),40% 的非蛋白质能量由脂肪供给;③提高蛋白质供给量至 2~3g/(kg·d),达到 0.35g 氮 /(kg·d),降低热氮比至 100∶1 [100kcal(418kJ)∶1g 氮]。

一、肠外营养的适应证和禁忌证

1. **适应证** 消化道功能丧失,如短肠综合征急性期;消化道不能被利用,如肠梗阻、腹膜炎、顽固性呕吐、严重腹泻、高流量肠瘘、严重吸收不良;需要肠道休息,如急性胰腺炎患者肠内营养不能实施;严重分解代谢状态,在 5~7d 无法经肠内提供目标能量的 70%,如颅脑外伤、严重烧伤、严重创伤等。

2. **禁忌证** 经口服或管饲营养能满足患者营养需求;一般情况好,只需短期肠外营养,预计需要时间少于 5d;心血管功能紊乱或严重代谢紊乱尚未控制或纠正;需急诊手术的患者,术前不宜强求肠外营养。

二、肠外营养的配方原则及其配制

(一) 配方原则

全营养混合液(total nutrient admixture,TNA)或全合一(all-in-one,AIO)液是将七大营养素按比例混合所得的液体。临床上没有统一的处方,确定营养素需要量应当根据患者疾病状况、体重、体成分组成、生理功能变化等方面进行个体化评估,制订合理的配方。合理的营养制剂配制不但需要考虑机体所需的营养成分及其比例,同时还要考虑药物的相互作用。不合理的配方将导致患者内稳态失衡,糖、氨基酸、脂肪等代谢紊乱,肝、肾功能损害。

1. **液体量计算** 每日成人需水量为 30~40ml/kg,减去额外临床用药等液体量后,确定 TNA 的液体量。

2. **计算所需能量** 根据 Harris-Benedict 公式,计算静息能量消耗(resting energy expenditure,REE),再根据病情乘以校正系数(活动系数、应激系数和体温系数),得出全日能量消耗。能量供给应循序渐进,也可以从 20kcal/(kg·d)开始,逐步增加。

3. **能量供给** 营养制剂中主要是三大能源物质,包括葡萄糖、脂肪、氨基酸,而葡萄糖和脂肪称为非蛋白能量,约占 85%,氨基酸作为合成蛋白的底物。正常情况下,非蛋白能量与氮量之比即热氮比为 150∶1,葡萄糖与脂肪乳剂提供的能量之比即糖脂比为(1~2)∶1。

(1)氨基酸:作为氮源合成蛋白质,一般需要量 1.0~1.5g/(kg·d),通常选用平衡型氨基酸;肝功能不全患者宜选用富含支链氨基酸、减少芳香族氨基酸和蛋氨酸含量;慢性肾功能不全者选用以必需氨基酸为主的专用制剂;在 TNA 液中氨基酸浓度>3.5%。

(2)脂肪乳剂:提供高密度能量,预防必需脂肪酸缺乏,供能 9kcal/g,一般用量 1~1.5g/(kg·d),占非蛋白能量的 30%~50%。输注速率过快可能影响呼吸功能,血清甘油三酯<3.5mmol/L,应减慢输注;

血清甘油三酯>4mmol/L,不推荐使用。肝功能不全患者宜选用中长链脂肪乳剂。

(3)葡萄糖:成人每日用量100~250g,葡萄糖氧化提供4kcal/g,临床可选用5%、10%、50%的葡萄糖液,浓度越高,提供的能量越多,渗透压也就越高,配制后葡萄糖终浓度≤23%。占TNA供能非蛋白能量的40%~60%,输注速率<5mg/(kg·min),胰岛素10∶1开始,血糖控制在<8mmol/L,针对高血糖患者建议使用胰岛素加微泵调节。

(4)电解质:在无电解质额外丢失情况下,每日给予的量,Na^+为4.5g/d,K^+为3~6g/d,Ca^{2+}为2.5~5mmol/d,Mg^{2+}为4~5mmol/d,PO_4^{3-}为6.66mmol/1 000kcal。甘油磷酸钠注射液每支10ml,含磷10mmol,为成人每日需要量。

(5)维生素及微量元素:目前临床上有多种水溶性维生素制剂和脂溶性维生素制剂(维生素A、D、E、K),每支中的含量可满足成人每日需要量。微量元素制剂多种微量元素注射液(Ⅱ),内含有铬、铜、锰、钼、硒、锌、氟、铁及碘9种微元素,每支的含量可满足成人每日需要量。

4. 其余液体量 由生理盐水等补充到需要量。

(二) 配制步骤

具体如下:①将磷酸盐加入氨基酸或高浓度葡萄糖中。②将其他电解质、微量元素加入葡萄糖液(或氨基酸)中,不能与磷酸盐加入同一稀释液中。电解质注射液也可加入0.9%氯化钠注射液或葡萄糖氯化钠注射液中。③用脂溶性维生素溶解水溶性维生素后加入脂肪乳剂中。如处方不含脂肪乳剂,可用5%葡萄糖溶解并稀释水溶性维生素。④将氨基酸先加入一次性肠外营养输液袋(后文简称“三升袋”)内,后将葡萄糖、0.9%氯化钠、葡萄糖氯化钠等液体加入三升袋内混合。⑤将含钙盐的溶液加入三升袋内混合。⑥目视检查三升袋内有无浑浊、异物、变色以及沉淀生成。⑦完成上述操作后,将脂肪乳剂加入三升袋中。⑧应一次性不间断地完成配制操作,并不断轻摇三升袋,使其混合均匀,配制完毕后尽可能排净袋中空气,悬挂以观察是否出现开裂、渗漏、沉淀、异物、变色等异常情况。⑨推荐配制完成的营养制剂配方用标签表明,包括总容量、成分、建议输注时间和有效期等。

三、输注方式

(一) 肠外营养的输注系统

在肠外营养应用早期,曾使用多瓶输注系统(multiple bottle system,MBS),即氨基酸、葡萄糖和脂肪乳剂同时平行输注或序贯串输,无机盐和维生素分别加入不同瓶中,同时或在不同时间输注,每日常要更换6~8瓶液体。这种方法常发生误差,导致高血糖及电解质紊乱,需要经常调控血糖和血电解质,营养素的利用也远不够理想。MB系统的唯一优点是,对于病情变化快的患者能够灵活调整PN配方。

1972年,法国的Montpelier和Joyeux提出“全合一”系统(all-in-one,AIO),也称全营养混合液(total nutrient admixture,TNA),目的是使PN的应用更方便,使每位患者用一个硅胶袋和一条输液管即可输注全部所需营养。TNA一般在医疗机构的静脉配置中心配制,也称自配型肠外营养袋。其优点在于:①方便输注、节约时间、降低感染率、降低费用;②多种营养素协同利用,减少代谢性并发症发生率,如高血糖、电解质紊乱等,进而减低监测费用;③添加脂肪乳剂降低渗透压,减少静脉刺激。

TNA唯一的缺点是无法从已配制好的营养袋中去除已加入的物质。

随着医药工业的发展,为适应临床需求和方便使用,医药厂家开发了即用型预混式多腔袋(multi-chambered bag,MCB)形式的商品化肠外营养“三腔袋(triple-chambered bag,TCB)”或“双腔袋(dual-chambered bag,DCB)”产品。MCB带有分隔腔结构,可以延长营养制剂的保存期限,每个腔内含不同营养组分,输注前挤压营养袋,使腔间隔条分离,各组分即相互混合,其内含有人体代谢所需的基本营养素,且配比相对标准化。TCB含葡萄糖、氨基酸和脂肪乳剂。DCB仅含葡萄糖和氨基酸,以适应部分特殊情况下对不同脂肪乳剂的需求,同时更好地保证脂肪乳剂的稳定性。MCB中大多含有电解质,但考虑到稳定性问题,均不含维生素和微量元素,常需额外添加。需注意的是,即使应用方便的输注系统，仍需专业技术人员根据添加顺序的规则进行无菌操作。

总体而言，肠外营养的规范化应用提倡 TNA。其中，自配型肠外营养主要用于病情特殊或多变的、需要营养干预的患者，MCB 主要用于病情稳定的营养不良或高风险患者。

（二）肠外营养的输注途径

肠外营养制剂经静脉给予，输注途径可分为外周静脉置管（peripheral venous catheter，PVC）和中心静脉导管（central venous catheter，CVC）。临床上选择 PN 输注途径时需考虑 TNA 的渗透压、预计的输注时间、既往静脉置管病史、拟穿刺部位血管解剖条件、患者凝血功能、合并疾病情况、是否存在病理性体位、护理人员的导管维护技能及患者对静脉置管的主观感受和知情同意等。

中心静脉导管又分为经外周静脉穿刺的中心静脉导管（peripherally inserted central venous catheter，PICC）、经皮直接穿刺中心静脉导管和静脉输液港等。若单纯以 PN 输注为目的，通常不采用静脉输液港。常用的中心静脉通路是锁骨下静脉和颈内静脉，股静脉发生血栓栓塞和感染性并发症的风险高，一般不推荐用于 PN。

通过外周静脉置管给予肠外营养具有静脉入路容易、护理方便、不存在中心静脉导管风险和较为经济等优点。但高渗营养制剂易引起血栓性静脉炎，PN 超过 14d 者，通常应行 CVC。外周肠外营养适用于接受较低渗透浓度（通常建议 ≤ 900mOsm/L）营养制剂的短期治疗。

肠外营养制剂持续静脉滴注的最少输注时间必须适应葡萄糖的最大氧化速率，一般为 4~5mg/(kg·min)，危重患者为 3~4mg/(kg·min)。外周肠外营养时，输注时间越长，血栓性静脉炎的发生率越高。

四、肠外营养的护理原则

1. **静脉输注途径的选择**　外周静脉是临床上 PN 常用的途径，适应于仅需短期营养治疗且低渗透压的营养制剂。对于营养治疗周期超过 14d，或肠外营养制剂渗透压超过 1 200mOsm/L 的患者，宜选用中心静脉导管或经外周静脉置入中心静脉导管输注。

2. **静脉输液护理**　参照常规护理流程，需注意输液过程中预防可能出现的静脉炎、导管移位及堵塞、导管相关性感染等。外周静脉留置输液尤其需注意静脉炎，可选用管径较细、质地软的套管针，留置时间不超过 1 周，局部可用多磺酸黏多糖软膏预防。若有局部红、肿、热、痛等炎症反应，需及时拔除导管。而中心静脉导管需注意导管位置，有无堵塞，当出现不明原因发热时，需考虑导管相关性感染，必要时拔除导管，尖端作微生物培养。

3. **预防负面情绪**　由于营养干预的患者治疗时间相对较久，每日持续输液时间长，多数患者易出现焦虑、厌恶等负面情绪，需医护人员作好解释、心理护理，使患者能积极配合，顺利完成营养治疗。

4. **输液速度**　肠外营养输注需均匀、缓慢地进行，速度不超过 200ml/h，避免出现输液过快、过慢，并减少代谢性并发症发生等，有条件的单位可选用静脉输液泵。输液过程中要注意有无高或低血糖、氨基酸过敏、脂肪乳剂反应等。

（余　震）

第五节　免疫营养治疗

1990 年，Gottschlich 报道了应用含精氨酸和 ω-3 多不饱和脂肪酸（ω-3 polyunsaturated fatty acid，ω-3 PUFA）的免疫强化制剂治疗烧伤患者，能有效地减少患者伤口的感染、降低死亡率和缩短住院时间。研究表明，通过应用一些特定的、能改善患者营养状况及调节机体免疫和炎症反应的营养物质，如谷氨酰胺、精氨酸、ω-3PUFA、核苷酸等，可在提供营养的同时，刺激免疫细胞增强应答功能，维持正常适度的免疫反应，调控细胞因子的产生和释放，减轻有害或过度的炎症反应，保护肠黏膜屏障功能完整性，促进创伤的愈合，即免疫营养(immunonutrition)。

住院患者通常存在不同程度的免疫异常，代谢紊乱、营养不良、恶病质及体重下降是其常见伴随症状和体征，手术、放疗、化疗等治疗方法会进一步损害患者的免疫系统、加重营养不良，可能增加其复发及死亡的风险。随着临床营养广泛深入的应用，研究人员逐渐认识到营养治疗不单纯具有提供能量、蛋白质等营养物质的作用，它还介入机体的病理生理改变，特别是直接参与机体代谢，参与合成细胞因子与介质，是调节免疫、炎症反应和改善代谢的针对性治疗措施。

一、免疫营养素的分类

免疫营养素主要包括氨基酸、脂肪酸、核苷和核苷酸、维生素和微量元素以及益生菌等类别。

1. **氨基酸**　氨基酸类免疫营养素以精氨酸(arginine，Arg)和谷氨酰胺(glutamine，Gln)为主。精氨酸和谷氨酰胺是非必需氨基酸，正常情况下成人能够自身合成以满足日常需求，但在疾病、营养不良等应激状态导致合成不足，进而影响正常生理功能。目前，推荐的精氨酸剂量为0.2~0.3g/(kg·d)，谷氨酰胺剂量为0.2~0.4g/(kg·d)。

2. **脂肪酸**　ω-3PUFA是主要的脂肪酸类免疫营养素。人体自身不能合成ω-3和ω-6PUFA，所以它们是饮食中的必需成分。海洋鱼油具有很高的ω-3PUFA含量，主要以二十碳五烯酸(eicosapentaenoic acid，EPA)和二十二碳六烯酸(docosahexaenoic acid，DHA)的形式存在，大豆油中含有较高的ω-6PUFA。

3. **核苷和核苷酸**　核苷和核苷酸是各种细胞的必需成分，对于细胞的蛋白质代谢非常重要。核苷和核苷酸大量存在于食物中，经胃肠道和肝脏吸收利用。因此，传统的营养治疗中未包括核苷和核苷酸。然而，核苷酸不仅是RNA和DNA的组成单位，而且对免疫细胞，特别是淋巴细胞的正常成熟极其重要。

4. **维生素和微量元素**　维生素A、C、E，锌、硒和β-胡萝卜素作为抗氧化剂或抗氧化剂的辅助因子，能够起到对抗氧化应激导致的细胞与组织损伤等作用。

5. **益生菌和益生元**　益生菌(probiotics)是指给予一定数量的、能对宿主健康产生有益作用的活的微生物，如含乳酸菌和双歧杆菌的各种活菌制剂。益生元(prebiotics)是指既能选择性刺激宿主肠道内的一种或几种有益菌活性或生长繁殖，又不能被宿主所消化和吸收的成分。合生元是益生菌和益生元制成的复合制剂。生态免疫营养学(ecoimmunonutrition)是近年来提出的一种新的临床营养学概念，在免疫营养的基础上，添加益生菌和益生元等组成的生态免疫制剂，可调节或改善肠道内微生态系统平衡，减少病原菌的生长和肠道细菌移位的发生，维持肠道黏膜的结构和功能。

二、免疫营养的作用机制

目前，对免疫营养素研究较多的有精氨酸、谷氨酰胺、ω-3PUFA和益生菌等。

(一) 精氨酸(arginine，Arg)

虽然Arg被认为是非必需氨基酸，但在饥饿、创伤、应激状态下则为必需氨基酸。研究表明，强化Arg的营养治疗可以：①增加机体内氮潴留；②促进肌肉内蛋白质的合成；③有效地发挥调节作用，控制蛋白质的更新；④有助于改善机体氮平衡，提高机体的免疫功能。

强化Arg可有效促进细胞免疫功能，导致胸腺增大和细胞计数增多；促进植物凝集素、刀豆蛋白等有丝分裂原的产生，显著提高T淋巴细胞对有丝分裂原的反应性，从而刺激T淋巴细胞的增殖；增强巨噬细胞的吞噬能力和自然杀伤细胞对肿瘤靶细胞的溶解作用；增加脾单核细胞对IL-2的分泌活性以及IL-2受体的活性；降低前列腺素PGE_2的水平，进一步促进IL-2合成，最终产生以提高T淋巴细胞间接反应为中介的免疫防御与免疫调节的强力作用。Arg免疫调节作用的另一机制是一氧化氮(nitric oxide，NO)的免疫调控机制。NO是体内多种组织及细胞产生的一种多功能的气态生物信使，而 Arg 是合成 NO 的唯一底物。NO 是近年来新发现的重要的免疫细胞调节因子，其对免疫系统的调节作用可能包括：① NO 抑制抗体应答反应、抑制肥大细胞反应性；②促进 NK 细胞活性，激活外周血中的单核细胞；③调节 T 淋巴细胞和巨噬细胞分泌细胞因子；④介导巨噬细胞的细胞凋亡；⑤精氨酸 -NO 途径被认为是杀死细胞内微生物的主要机制，也是巨噬细胞对靶细胞毒性的主要机制。

（二）谷氨酰胺（glutamine，Gln）

Gln 是血液循环和体内游离氨基酸池中含量最丰富的氨基酸，以快速增殖为特征的细胞对 Gln 的摄取率更高，如肠黏膜细胞、免疫细胞、成纤维细胞等。Gln 能够参与修复肠上皮，维持肠屏障功能，防治肠道细菌和毒素易位，减少肠源性感染。此外，Gln 对免疫系统的各组成部分均有作用，比较有代表的是单核巨噬细胞。巨噬细胞的免疫功能，包括吞噬功能、细胞因子合成和分泌功能以及抗原呈递功能等，均依赖体内 Gln 的含量和供给。Gln 对单核巨噬细胞的影响主要包括：①提供能量 ATP，维持其高代谢活性；②为细胞合成 DNA 和 mRNA 提供嘌呤、嘧啶、核苷酸生物合成的前体物质；③提供氨基葡萄糖、GTP 和 NAD^+ 合成的氮前体物质。

（三）ω-3 多不饱和脂肪酸

ω-3PUFA 增加机体抗应激和抗感染能力的主要机制，目前认为与 ω-3PUFA 以竞争方式影响花生四烯酸代谢有关。外源性补充 ω-3PUFA 可竞争性抑制花生四烯酸的代谢，改变代谢产物的类型，产生效能相对低的“3 系列”前列腺素（PGE_3、PGI_3）和“5 系列”白三烯（LBT_5），进而减轻机体的炎症反应，保护免疫系统不受损害。ω-3PUFA 能迅速进入细胞膜，作为细胞膜的成分，影响膜结构的完整性、稳定性和流动性，影响细胞的运动、受体的形成、受体与配体的结合等，从而可抑制细胞因子的产生，减少全身性细胞因子的释放。因此，ω-3PUFA 在免疫营养中的一个重要特点，就是其在细胞水平诱导的改变较为持久。停用 10 周后，其对炎症细胞因子及 PGE_2 释放的抑制作用仍可存在。所以对重症感染、慢性炎症等炎症介质持续释放的疾病，ω-3PUFA 是一种有效的免疫调理营养素。

（四）益生菌

生态免疫营养制剂可以用于胃肠道微生物失调的患者，以重建胃肠道内微生态系统的平衡，维持胃肠黏膜天然屏障，减少菌群易位和内毒素血症的发生。其主要生理功能有：①降低肠道 pH，抑制致病菌与条件致病菌对肠上皮的黏附和定植，以维持肠道有益菌（乳酸杆菌、双歧杆菌和嗜热链球菌等）的优势地位；②调节肠道的神经肌肉活性，促进肠道蠕动，刺激肠黏膜乳糖酶活性，从而减轻乳糖不耐受和容量性腹泻；③激活免疫系统，通过提高 Th1 细胞和抗原呈递细胞（antigen-presenting cell，APC）的抗原呈递功能，诱导非特异性免疫反应，下调 NF-κB 表达，减少 TNF-α、IL-8、IL-1β 等炎症介质以及肠上皮细胞类似 Toll 样受体的表达和分泌；④维持肠上皮细胞屏障，防止肠黏膜细胞凋亡，防止肠道细菌移位发生。

三、免疫肠内营养制剂的选用

免疫增强型肠内营养制剂是在标准型肠内营养制剂基础上添加精氨酸、谷氨酰胺、ω-3PUFA、核苷酸或抗氧化的营养素（维生素 A、C、E，锌、硒、β- 胡萝卜素等）等特殊营养物质，利用这些物质的药理作用达到调节机体代谢和免疫功能的目的。常见免疫营养配方包括 Impact 配方、Immun-Aid 配方、Perative 配方等，详见表 9-5-1。

四、免疫肠外营养制剂的选用

与免疫肠内营养制剂类似，免疫肠外营养制剂也是在标准型肠外营养制剂的基础上选择或添加合适的免疫营养素，如 ω-3PUFA、Gln、Arg 等。因 Gln 的水溶性较差，在水溶液、热消毒及长期储存时化学稳定性差，临床上供肠外营养用的 Gln 制剂是以丙氨酰 - 谷氨酰胺二肽的形式制备而成的，可以避免 Gln 单体水溶液的不足。

表 9-5-1　常见免疫营养配方

	Impact 配方	Immun-Aid 配方	Perative 配方
能量 /($kcal \cdot L^{-1}$)	1 000	1 000	1 300
蛋白质 /($g \cdot L^{-1}$)	56	80	66.7
碳水化合物 /($g \cdot L^{-1}$)	130	120	180.3
脂肪 /($g \cdot L^{-1}$)	28	22	37.3
ω-3PUFA/($g \cdot L^{-1}$)	2	1.1	1.5
精氨酸 /($g \cdot L^{-1}$)	12.5	14	8
谷氨酰胺 /($g \cdot L^{-1}$)	—	12	—
维生素 C/($mg \cdot L^{-1}$)	80	60	260
铁 /($mg \cdot L^{-1}$)	12	9	16
锌 /($mg \cdot L^{-1}$)	15	26	20
硒 /($mg \cdot L^{-1}$)	100	100	61
铜 /($mg \cdot L^{-1}$)	1.7	2	1.8

五、免疫营养治疗应注意问题

免疫营养制剂虽然有着诸多益处，但是应用不当也会无益，甚至引起严重后果，一定要掌握好指征。免疫营养制剂的临床选择应注意以下几点。

1. **输注途径的选择**　尽管也有专门供静脉输注应用的免疫营养制剂，但因肠内营养比肠外营养有着难以比拟的优点，因此，只要肠道有功能应首选肠内免疫营养制剂进行肠内输注，无法施行肠内营养时可考虑静脉途径输注免疫营养。

2. **应用时机的选择**　与早期肠内营养一样，肠内免疫营养也应早期开始。研究发现，对于多发创伤的患者早期施行免疫营养，最好在伤后<72h 进行，这样可避免早期的过度炎症反应。

3. **剂量的选择应用**　免疫营养制剂需要达到最低限量，才能发挥其免疫调节作用，但是应用过量也会带来不良后果，具体应用多大剂量合适尚需进一步研究验证：剂量过低可导致免疫营养治疗无效，不能达到免疫调节的作用，此为影响免疫营养治疗效果的主要因素之一；若应用过量的 Arg，尤其是对于重症患者，会导致机体一氧化氮升高，引起免疫调节系统紊乱，造成不良的后果。

4. **疾病的严重程度**　是影响免疫营养选择的一个重要因素。对于病情不严重的患者施行免疫营养可获益，对于重症患者尤其是伴有严重脓毒症、严重休克、多器官功能不全者施行免疫营养会加重病情，使死亡率上升。有研究发现，重症患者应用含 Arg 的免疫营养制剂后，既不能降低感染的发生率，也不能降低病死率，甚至使病死率升高。

5. **联合应用的选择**　因为 Gln、Arg、ω-3PUFA 等免疫营养素的作用机制各不相同，从理论上讲，联合应用的效果应该优于单独使用，但是应该合理组合，其剂量应达到最低治疗限量。有人对围手术期进行免疫营养治疗的研究进行荟萃分析后发现，Arg、ω-3PUFA 联合 RNA 或 Gln 进行围手术期免疫营养是安全的，并能有效降低术后感染率、减少非感染性并发症及缩短住院时间。

总之，免疫营养既能改善机体的营养状况，又能增强机体免疫功能，减轻机体过度炎症反应，其临床应用日趋广泛，临床应用价值已得到肯定。但其在重症胰腺炎和危重患者的应用中尚存在争议，也有许多问题有待进一步研究，如免疫营养治疗的最佳时机、各种免疫营养素的组合和剂量、微生态制剂的选择等。

（余　震）

第六节 代谢调节治疗

尽管恶性肿瘤的发病原因尚未阐明，但是越来越多的证据提示，恶性肿瘤是一种代谢相关性疾病。早在 1924 年，德国科学家 Otto Heinrich Warburg 就发现了肿瘤细胞葡萄糖“有氧酵解”的代谢特征，也称“Warburg 效应”，并因此获得 1931 年诺贝尔生理学或医学奖。“Warburg 效应”表现为肿瘤细胞葡萄糖摄取率高，糖酵解活跃，代谢产物乳酸含量高。该现象的发现直接导致肿瘤诊断上的革命性变化——PET/CT 的诞生。不仅是葡萄糖，肿瘤细胞利用其他物质如蛋白质、脂肪、维生素、矿物质等的代谢都有其鲜明的特点，这些发现转化为肿瘤治疗上的飞跃，肿瘤治疗的新方法——代谢调节治疗应运而生。

一、代谢调节治疗概念

根据肿瘤代谢的变化特点，特异性地干预肿瘤代谢过程中的相关靶点，进而调节肿瘤的代谢过程，有望达到治疗肿瘤的目的，而这种基于肿瘤代谢靶点的治疗方法叫作代谢调节治疗。

二、代谢调节治疗的适应证

所有荷瘤患者均需要代谢调节治疗，其适应证为：①荷瘤患者；②营养不良的患者。

三、葡萄糖代谢调节

无限增殖的肿瘤细胞需要更多能量来驱动合成代谢和细胞分裂。正常细胞主要通过有氧氧化获得 ATP，而肿瘤细胞 50% 的 ATP 来自糖酵解，肿瘤细胞的糖酵解能力是正常细胞的 20~30 倍。肿瘤细胞的这种代谢特点使葡萄糖成为肿瘤代谢调节治疗的重要靶点。

1. **减少葡萄糖供给** Foster R 等将不同肿瘤细胞株细胞在 25mmol/L、0.5mmol/L、0mmol/L 葡萄糖浓度条件下培养 120h，发现：0.5mmol/L 葡萄糖时多数肿瘤细胞生长抑制；没有葡萄糖（0mmol/L）时，所有肿瘤细胞株细胞的生长均得到显著抑制。据此，减少葡萄糖供给成为荷瘤患者的重要治疗原则。

2. **维持血糖稳定** 研究发现，肿瘤细胞在血糖浓度波动条件下生长更快，更加容易脱落而发生转移。Kim Y 等在数学模型上证实：葡萄糖持续供应、血糖浓度稳定时，多形性胶质母细胞瘤病灶渐进性增大，但无细胞脱落；葡萄糖间断供应、血糖浓度波动时，肿瘤病灶增大更快，肿瘤细胞脱落，发生转移。该研究提示，在肿瘤治疗过程中不仅要减少葡萄糖供给，而且要稳定血糖浓度。

3. **促进葡萄糖有氧氧化、抑制糖酵解** 肿瘤细胞在氧供充足条件下也进行活跃的糖酵解，因此，抑制糖酵解、促进有氧氧化成为肿瘤代谢调节治疗的重要手段。二氯乙酸（dichloroacetate，DCA）作为丙酮酸脱氢酶激酶（pyruvate dehydrogenase kinase，PDK）的抑制剂，通过抑制 PDK 去磷酸化激活丙酮酸脱氢酶（pyruvate dehydrogenase，PDH）。维生素 B_1 作为丙酮酸脱氢酶复合物的重要组成成分，参与脱羧作用；二者有效促进葡萄糖有氧氧化，从而促进肿瘤细胞的凋亡，抑制肿瘤生长。

四、脂肪代谢调节

肿瘤患者脂肪代谢的主要特征是血浆脂蛋白、甘油三酯和胆固醇升高，外源性脂肪利用下降，脂肪动员增加。肿瘤细胞则主要表现为脂肪酸从头合成、磷脂和胆固醇合成增强。调节肿瘤宿主及肿瘤细胞的脂肪代谢同样可以达到肿瘤治疗作用。

1. **提高脂肪供能比例、促进脂肪氧化** 生理条件下，非蛋白质能量的分配一般为葡萄糖：脂肪＝

70%∶30%。荷瘤条件下尤其是进展期、终末期肿瘤患者，推荐高脂肪低碳水化合物配方，二者比例可以达到50%∶50%（1∶1），甚至脂肪供能更多（70%）。与高糖配方相比，高脂肪配方不仅降低了血糖浓度，而且显著减少了感染风险。不仅如此，Abdelwahab MG等、Zuccoli G等分别报道，高脂肪的生酮饮食可以有效治疗恶性脑胶质瘤动物、多形性胶质母细胞瘤患者。与单纯放疗相比，放疗加生酮饮食疗效更加显著。由于肿瘤细胞特征性地依赖葡萄糖供能，而正常细胞依靠葡萄糖及脂肪酸供能，因此，高脂低糖配方可以选择性饥饿肿瘤细胞，而不影响正常细胞。另外，补充肉碱可以促进脂肪酸氧化利用，显著改善肿瘤患者的疲劳感，从而提高肿瘤患者的生活质量。

2. **选择合适脂肪** Vanek VW等根据脂肪酸与炎症的关系，将脂肪酸分为3类：致炎脂肪酸如ω-6多不饱和脂肪酸、抑炎脂肪酸如ω-3多不饱和脂肪酸及中性脂肪酸如ω-9单不饱和脂肪酸（ω-9 monounsaturated fatty acid，ω-9MUFA）。由于恶性肿瘤本质上是一种慢性低度炎症，所以ω-3PUFA及ω-9MUFA的应用受到特别重视。动物及细胞研究证明，ω-3PUFA可以治疗动物乳腺癌骨转移病灶，抑制肿瘤细胞的转移。既往研究发现，ω-3PUFA可以提高化疗药物的疗效，促进肿瘤干细胞的凋亡，抑制其增殖。临床研究发现，ω-3PUFA可以抑制甚至逆转胰腺癌患者的体重下降，增加瘦体重，改善体能。

五、蛋白质代谢调节

肿瘤患者蛋白质代谢的特点主要表现为骨骼肌不断降解、瘦体重下降、内脏蛋白消耗和低蛋白血症。肿瘤细胞常常加强蛋白质合成和增加一些氨基酸的摄取和代谢，包括谷氨酰胺摄取和分解代谢加强，蛋氨酸依赖性增强，支链氨基酸（branched chain amino acid，BCAA）摄取和氧化分解增加，精氨酸需求增加而再合成能力下降等。

1. **提高蛋白质供给** 骨骼肌是人体最大的蛋白质库，机体60%的蛋白质都以各种形式储存在骨骼肌内。肿瘤患者的肌肉消耗增加导致明显的蛋白质丢失，因此，提高蛋白质供给成为必然的选项。2017年ESPEN肿瘤营养指南提出：肿瘤患者蛋白质的摄入量最少为1.0g/（kg·d），可能的情况下，蛋白质的摄入量应该大于1.5g/（kg·d）。Bozzetti F等认为，肿瘤恶病质患者蛋白质的总摄入量（静脉+口服）应达到1.8~2.0g/（kg·d），BCAA应达到≥0.6g/（kg·d），必需氨基酸应增加到≥1.2g/（kg·d）。严重营养不良肿瘤患者的短期冲击营养治疗阶段，蛋白质供给量应该达到2.0g/（kg·d）；轻至中度营养不良肿瘤患者的长期营养补充治疗阶段，蛋白质供给量应该达到1.5g/（kg·d）[1.25~1.7g/（kg·d）]。日常饮食不足时，应该口服营养补充；口服营养补充仍然不足时，应该由静脉补充。动物研究发现：高蛋白质配方喂养动物的体重增加，肿瘤体积缩小，生存时间延长；与普通配方相比，差异非常显著。

2. **选择合适蛋白质** 富含（≥35%）BCAA的氨基酸制剂被很多专家推荐用于肿瘤患者，认为可以改善肿瘤患者的肌肉减少，维护肝功能，平衡芳香族氨基酸，改善厌食与早饱。整蛋白型制剂适用于绝大多数肿瘤患者；短肽制剂含水解蛋白，无须消化，吸收较快，改善氮平衡更快，对消化功能受损患者如手术后早期、放化疗、老年患者更加有益。Attaallah W等发现，用乳清蛋白水解物喂养动物，可以显著抑制致癌剂的成瘤率，而乳清蛋白整蛋白则无此作用。

六、其他营养素代谢调节

钙、镁、铁、锌、镉、铅等无机盐与肿瘤的发生、发展密切。人体中含有适量的无机盐是有益的，而过高或过低可能对人体产生一定的危害，能引发肿瘤的发生、发展。例如，铁是机体生命活动的重要营养素，与许多蛋白质分子结合并作为酶的辅助因子参与机体多种代谢反应，包括电子传递、DNA合成和红细胞生成。快速增殖的肿瘤细胞比正常细胞需要更多的铁，因此，使用铁螯合剂调节铁代谢能起到阻止肿瘤生长、防治肿瘤的作用。另外也有研究表明，钙在肿瘤的发生过程中具有重要作用。Flood A等在美国45 354例患者中研究发现，补充钙（>800mg/d）可降低结直肠癌的发病风险。然而最近的研究也显示，补充钙剂对肿瘤的预防无明显益处。因此，有关矿物质在肿瘤发生中的作用及通过调节矿物质来防治肿瘤尚需进一步研究。

总之，荷瘤状态肿瘤患者的营养治疗具有特殊性，除了提供营养素及能量外，还应该注重代谢调节作用。代谢调节治疗是肿瘤治疗的一个新方向，是肿瘤代谢研究向临床应用转化的一个实证。肿瘤代谢调节治疗基本原则为：减少葡萄糖供给，维持血糖稳定，促进葡萄糖氧化，抑制葡萄糖降解；提高脂肪供能比例，促进脂肪氧化，优先选择 ω-3PUFA 及 ω-9MUFA；提高蛋白质供给，酌情选择高 BCAA 制剂及短肽配方。

（余 震）

第七节 消化液回输

肠外瘘是一种严重并发症，20 世纪 60 年代肠外瘘的死亡率为 40%~50%。消化液的大量丢失，导致水电解质紊乱及感染是肠外瘘治疗失败的早期因素；营养不良则是后期治疗失败的主要因素。在临床上，当高位肠外瘘或高位小肠造口后，导致消化液大量丢失，患者内稳态及营养状态难以有效维持，而肠内营养与消化液混合回输治疗肠外瘘已成为一种较为有效的方法，能有效维持大量消化液流失后的内稳态。随着消化液回输技术的快速发展，其在功能上可以达到完整消化道的理想效果，让营养制剂和消化液有足够的时间停留在消化道，保证了营养物的充分消化、吸收和利用，保障机体的能量供给，同时减少肠源性感染。

一、消化液回输的概念

消化液回输是一种肠内营养技术，通过回输装置经体外循环处理，模拟胃肠道功能从而重建小肠连续性，回输液常包括食糜、消化液、肠内营养等。将消化液和营养制剂混合后输入则称为混合回输。小肠双筒造口术后或者肠外瘘，尤其是大于等于肠管横断面 1/2 的唇状瘘，可以将小肠分为上游输入段和下游输出段。将上游输入段小肠排出的消化液或者食糜，通过装置回输入有正常功能的下游输出段小肠的技术，称为消化液回输技术。

二、消化液回输的原则

首先，肠外瘘的原因复杂且多样，在临床治疗中必须根据患者的实际情况给予个性化的治疗方案；其次，对于高位小肠造口术或者高位、高流量的肠外瘘患者，如果远端肠管可用，优先考虑应用消化液回输技术；第三，消化液回输对肠外瘘患者的营养状态具有改善作用，医护人员要提高对消化液回输的重视和认识。

三、消化液回输的优缺点

消化液回输再灌入是一种安全、有效、易于实行的肠内营养技术。其优点：①可以增加肠道消化、吸收及利用营养物质的功能，改善肠黏膜屏障，减少细菌移位的发生，最终减少肠道功能衰竭发生的可能；②可以快速纠正患者全身营养状况，以及减少因肠外营养导致的肝功能异常等；③通过使用先进的回输设备，并对患者进行必要的教育培训，可在院外进行消化液的回输和肠内营养治疗，极大限度地减少了各种院内感染发生的可能；④由于消化液回输再灌入可减少或停止肠外营养的使用，住院费用及医疗成本也可大大降低，住院时间明显缩短，无论对患者还是医务人员都将会获益。其缺点是比较烦琐，增加医护人员的工作量。

四、消化液回输的适应证和禁忌证

1. **适应证** 包括：①引出体外的消化液量>500ml/d；②大量消化液丢失造成的水电解质平衡失

调和营养不良；③存在有效的回输途径，一般要求输出肠段>50cm；④患者全身及局部炎症控制，引流出的消化液无脓性分泌物；⑤没有肠梗阻存在。

2. **禁忌证**　患者存在肠梗阻、消化道出血和脓性分泌物、输出肠段不足 50cm。

五、消化液回输的临床应用

消化液的丢失常伴随着肠外瘘的存在，而肠外瘘大多发生在腹部手术后，其原因可能有医源性的小肠造口，或病理性的吻合口瘘、腹部切口开裂等导致的肠外瘘。病理情况下导致的肠外瘘往往相当复杂，尤其是当肠外瘘的漏出量 ≥1 500ml/d 时，患者常伴有急性或慢性脱水、肾衰竭、电解质紊乱及营养不良，从而影响患者的预后，住院时间明显延长，大大增加住院成本并影响患者的生活质量。

对于肠外瘘患者早期的治疗方法选择中，营养治疗是首选，在 TPN 出现后，肠外瘘患者的死亡率明显下降。ESPEN 指出，肠道功能减退至低于最低必要营养物质吸收水平时，静脉补液治疗是必要措施，尤其对于短肠综合征及高流量肠外瘘患者，这些患者同时需要复杂且长期的多学科护理保障，以及长时间的肠外营养。但是，长期使用 TPN 的并发症也随之而来，比如中心静脉导管感染、肝功能损伤及胃肠道功能的紊乱等。而肠内营养与消化液混合回输作为安全有效、廉价、易于操作的营养治疗措施，对肠外瘘患者的治疗有极大意义，有效地减少 TPN 导致的各种并发症。黎介寿院士提出肠外瘘患者应当以肠内营养为主的概念，“如果肠道有功能，并且能够安全地使用时，就应使用肠道”，现已成为肠外瘘患者治疗的“金标准”。通过消化液回输能有效地治疗和改善肠瘘，特别是高位高流量肠瘘导致的机体内稳态的异常。

近年来，在专业的诊疗中心，消化液混合肠内营养回输治疗肠外瘘的方法已成为一种常规治疗手段。肠外瘘患者由于大量消化液丢失，大多存在营养不良、内稳态失衡的情况，所以，在使用消化液混合肠内营养回输早期，会出现各种轻重不一的副作用或并发症。消化液回输再灌入常见的并发症包括恶心、呕吐、腹胀、腹痛及腹泻等。有研究报道，至少有 14% 的患者会发生这些症状，但经过数天回输再灌入的适应期后，均会得到一定程度的缓解，并且能够耐受。消化液回输后，常见的其他异常包括输入管道的阻塞、消化液及肠内营养液的渗漏，以及与肠外瘘护理相关的问题等。通过适当的指导与宣教，以及改良肠外瘘的护理技术，患者的这些情况会得到很好的解决。也有临床使用消化液回输时发现，消化液再灌入过程中会产生难以接受的气味，这导致患者的情绪受到影响，生活质量降低，甚至不配合再回输，使得营养状况难以改善。另外，在回输再灌入的早期，有些患者常会出现因肠痉挛而导致的腹痛，通过对症处理可以获得改善。总而言之，这些副作用或并发症其实反映了整个残余肠管的功能，最终可以用于评估及预测下一步确定性手术治疗肠瘘的预后。

六、消化液回输方法

Etienne Levy 在 1977 年首次描述了食糜再灌入，另有文献报道建议可作为肠衰竭患者的替代治疗，但当时却很少被采用，也没有得到充分的认可，其原因可能是再灌入回输的方法和技术不够理想。目前，在我国许多使用回输再灌入的诊疗中心，常用的方法是通过肠内营养泵和各种管道将消化液过滤后回输再灌入，主要是依靠护理人工操作：用清洁容器收集漏出的消化液后，用纱布过滤去除大颗粒物质及消化液中的絮状物，根据患者漏出液的流量按时收集，并冷藏保存，一般每隔 2~4h 转移到肠内营养容器中，再用肠内营养泵注入下游输出段的小肠内。

常见的回输再灌入管道通路设计有以下几种：①内镜引导下将营养管置入输出段肠管；②手术时即行空肠造口以作肠内营养置管；③唇状瘘则直接将导管置入输出段肠管内至少 10cm；④经皮内镜下空肠造口术（percutaneous endoscopic jejunostomy，PEJ）。目前，关于回输过程的时效性还没有明确的标准，有报道每 2~6h 回输一次比较合适，但是无论哪种回输频率，都会使得临床护理工作难度大大增加。

在这一系列过程中，所有的操作和处理都会产生不同程度的污染，并产生难闻的气味，由于操作烦琐，因此需要大量的护理工作。目前报道中，普遍采用一种自动调节持续回输再灌入装置(图 9-7-1)，这种装置无须任何调整或护士操作，并且不会受到外界污染，随时保证消化液回输的连续性，避免了转移、冷藏、过滤等步骤；同时，还可以动态观察及检测回输消化液的质量。这种装置的吸入端可将肠内排出物吸入一个 30ml 的容器中，该容器由持续的电子监控，当容器内容积超过 10ml 时输出泵启动，将内容物通过管道注入下游肠段。而置于下游肠道内的管道材料通常选择聚氨酯鼻胃管(14~16Fr)，可以减少对肠道的刺激作用。

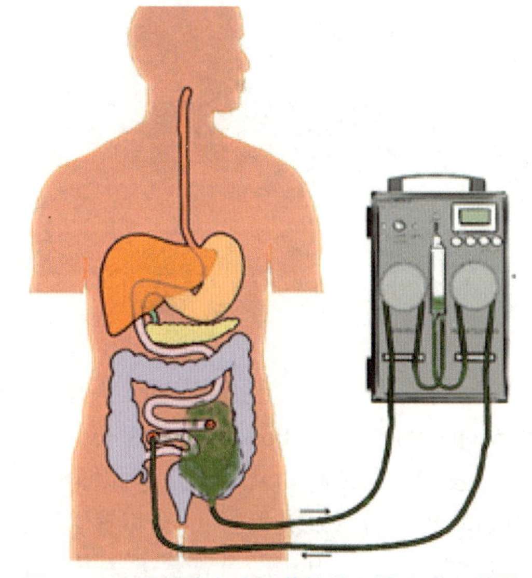

图 9-7-1 消化液自动调节持续回输再灌入装置

七、消化液回输的管理

消化液的回输需要多学科团队的合作，包括胃肠外科、营养科及受过专业训练的护士。在以往的人工操作过程中，总结经验认为，消化液回输过程中需要注意很多方面的问题，比如回输再灌入时需要关注回输的速度、浓度及温度。在一个诊疗中心，如果需要此类操作的患者数量增多，那么医护的人力成本将会大幅增加。但是，使用自动调节回输再灌入装置，就能避免很多问题与合并症。而且，经过特定的培训与宣教后，患者进行自主控制操作消化液与肠内营养混合回输再灌入，完全具有可行性。对于回输再灌入的技术问题，完全可以通过设计解决方案的指南手册进行指导。其使得患者在病情稳定的情况下，院外继续肠内支持治疗和消化液的回输也可以成为可能。

（余 震）

第十章　营养治疗途径

根据营养成分是否经由肠道进入人体，营养治疗途径可分为肠内营养（enteral nutrition，EN）及肠外营养（parenteral nutrition，PN）。EN 符合人体营养素吸收的生理过程、并发症少，是营养治疗的首选。其治疗途径，或称为营养通路，可以分为符合生理的口服（经口摄入）和管饲两大类。管饲途径以置管入口，可以分为经鼻置管、咽造口置管、胃造口及空肠造口置管等；以营养管末端所在的部位又可分为胃管和空肠管，其中经鼻置管主要用于 4 周以内的临时置管，包括鼻胃管（nasogastric tube，NGT）和鼻肠管（nasoenteric tube，NET）；而各种造口技术主要用于长期管饲（预计置管时间在 4 周以上）。PN 主要指经静脉输液的方式输入营养物质，主要包括经外周静脉置管及经中央静脉置管。除静脉外，也有采用腹腔、骨髓腔等其他途径输注液体的方式，见图 10-0-1。如果患者所需的营养物质全部经肠外供给，则称为全肠外营养（total parenteral nutrition，TPN）。

营养治疗的途径应根据患者病情进行个体化选择。营养治疗应该遵循阶梯原则，首先选择营养教育和饮食指导，鼓励经口进食；在强化饮食指导仍无法经口摄入足够营养时，推荐口服营养补充（oral nutritional supplement，ONS）；对经口进食受限者，应积极开放并维持经口进食通路；口服不足或不能时，用管饲补充或替代；管饲仍然不能满足营养需求时，应加用 PN 以补充 EN 的不足；完全不能 EN 时使用 TPN。

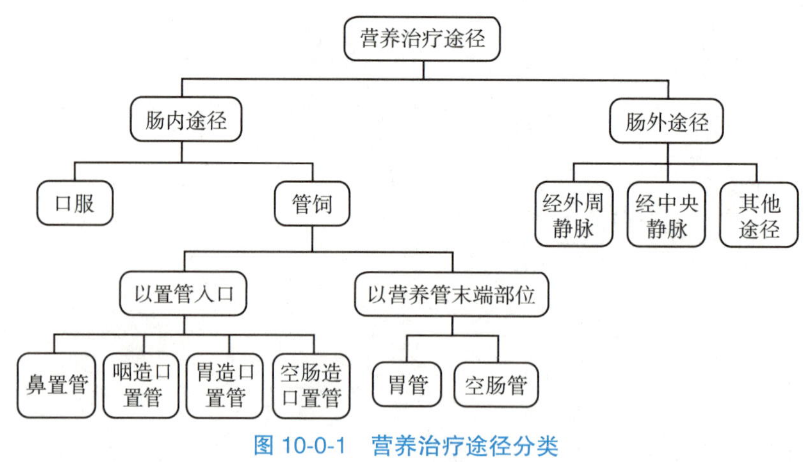

图 10-0-1　营养治疗途径分类

第一节　经口营养途径的开放与维持

经口进食是符合生理的营养途径。经口进食过程本身即是营养物质消化的环节之一，包括机械消化及化学消化过程。机械消化指食物在口腔经咀嚼研磨、为分泌的唾液所湿润；同时，不同营养成分也开始接受酶的化学消化，包括唾液腺产生的淀粉酶、舌产生的微量脂肪酶等。尽管与胰腺所分泌消化酶的消化能力相比，口腔内发生的食物化学消化作用微不足道，但是食物在口腔加工的过程可以经复杂的神经递质调节唤起机体的消化准备。此外，经口进食不但有益于辅助营养物质摄入，另一方面，进食的愉悦和满足也会对人的心理产生重要的积极影响。

尽管经口是摄食的首选途径，但有多种疾病情况可能限制该途径的营养摄入，包括口腔咀嚼、唾液分泌和吞咽动作的障碍，以及各种原因所致的消化道瘘、狭窄和梗阻。其中，吞咽障碍及消化道瘘、狭窄和梗阻的影响更为重要。

广义的吞咽障碍既包括口腔、咽部和食管等器官结构和/或功能受损的器质性障碍，也包括认知和精神心理等方面问题引起的吞咽和进食问题，需要进行相应筛查和评估，其治疗包括营养管理、促进吞咽功能和代偿方式、外科手术及康复护理等。头颈部放射治疗导致的环咽肌纤维化、头颈部肿瘤术后食管瘢痕增生等可采用环咽肌导管球囊扩张术，即以球囊导管经口/鼻插入食管，用注水/注气的方式充盈球囊，扩张环咽肌；部分有条件的气管切开患者，可在气管套管口安放吞咽说话瓣膜，减少误吸、重塑声门下压力和咽喉部感觉，重建声门反射和咳嗽反射；重复经颅磁刺激、经颅直流电刺激结合吞咽训练对吞咽功能的恢复有效，目前正处于临床研究与初步应用阶段。针刺作为中国传统治疗方法，在吞咽障碍中应用广泛，电针除了常规的中医穴位作用之外，还有低频电刺激作用，国内大量的文献报道有效，但仍是基于经验的使用，应强调辨证施治。

对各种原因造成的消化道瘘及管腔狭窄、梗阻者，应尽可能创造条件恢复患者经口进食途径，除外科手术外，也可采用 X 线及消化内镜下的微创治疗手段，包括支架或狭窄扩张技术开放经口进食通路，以及内镜下瘘口闭合、恢复消化道管壁完整性等。以下重点介绍常用的微创治疗技术。

一、重建经口进食通路

（一）消化道支架技术

食管、胃、结肠先天性及继发性疾病均可能引起消化道狭窄、梗阻，如原发性贲门失弛缓症、误食腐蚀剂强酸强碱等理化因素损伤、食管术后瘢痕狭窄、幽门溃疡愈合后瘢痕狭窄等良性狭窄；食管恶性肿瘤或术后吻合口复发；胃窦、十二指肠壶腹部及胰胆管恶性肿瘤、结肠恶性肿瘤引起的恶性狭窄等，均是造成患者无法经口摄取营养的重要原因，采用消化道支架技术可能使患者获益。

消化道金属或塑料支架支撑狭窄段，可重新开放患者经口进食、获取营养的途径，是肿瘤晚期姑息治疗的重要手段之一；生物可降解支架目前临床应用尚少，但其与人体组织黏膜有良好的相容性，置入后局部炎症反应轻，且在体内能够降解，避免再次干预移除，更适合用于良性狭窄的通路重建。对于大肠恶性梗阻患者，术前采用支架“架桥”可以缓解肠腔水肿，改善营养状态，为择期手术赢得时间，避免手术二期造口，降低吻合口瘘发生率。药物洗脱或放射性支架本身有肿瘤局部治疗作用，可能延缓肿瘤组织腔内生长导致的支架内再狭窄、延长支架通畅时间，但目前未正式用于临床。食管支架早期并发症主要包括胸部疼痛和出血。出血的发生率为 3%~8%，通常是自限性的；食管的管腔走行相对较直，支架导致穿孔较少见。非覆膜支架容易因肿瘤生长导致腔内再狭窄，而覆膜支架可较大程度地限制肿瘤长入支架腔内，但也因此容易出现支架移位。支架头尾端无覆膜而主体支撑部位覆膜的半覆膜支架在理论上有利于改善再狭窄和支架移位，但在实际临床应用中优势有限。食物嵌顿在食管支架置入后十分常见，需注意置入支架后食物摄入的性状、体积，避免咽入咀嚼不充分的大块肉团，以及易缠绕的长条状蔬菜、食用菌等。出现食物嵌顿时通常可尝试内镜下清除，重获支架通畅。

相比之下，胃十二指肠支架、结肠支架导致穿孔的发生率较食管高，这一方面与解剖位置、支架对肿瘤压迫有关，另一方面，一些抗血管形成的肿瘤治疗药物有引发肠穿孔的可能，联合支架置入时也增加肠穿孔的风险。支架远端靠近肛门时，可能发生里急后重的肛门刺激症状，术前应充分评估及告知，如置入后支架远端在齿状线附近，常可引起明显的疼痛不适，一般不采用。由于支架置入通常需要经由 X 线或内镜介入放置导丝引导，在小肠镜尚未普及的情况下，十二指肠水平段以远的小肠置放困难，因此较少用于小肠狭窄，尤其是多段小肠狭窄。

（二）内镜扩张术

内镜下狭窄扩张术主要是通过强力伸张狭窄环周的纤维组织，引起狭窄部一处或多处的撕裂。一般在 X 线或内镜直视下送入导丝，经导丝置入扩张器以达到扩张狭窄管腔的目的。

目前常用的扩张工具包括球囊扩张器和探条，球囊未充盈时可以顺利通过内镜活检孔道，一般采用加压注液的方式膨胀，根据狭窄的部位、长度、病变性质和程度来选择不同型号的球囊扩张导管。由金属、聚乙烯或聚乙烯化合物制成的探条扩张器中央有可通过引导导丝的孔道，头部为圆锥形渐变径，钻入狭窄部后用力推向前方，从而撑开狭窄部位。一般以直径自 0.5cm 到 1.8cm 的多根探条为一组，根据狭窄情况选择使用，临床上以萨氏可塑性聚乙烯化合物扩张器最常用。球囊扩张器要依靠球囊膨胀的侧向扩张力，探条则同时还有推送时施加的纵向牵张力，相对而言，后者操作时患者不适更明显，往往需要麻醉后进行。

（三）内镜下切开术

内镜下切开术（endoscopic incision，EI）是通过内镜切开刀切开狭窄处瘢痕以扩大狭窄口，最初用于先天性食管环的治疗，后逐渐应用于其他原因所致的消化道狭窄，文献报道最佳适应证为先天性食管环、先天性十二指肠膜式狭窄和长度<1cm 的食管及结直肠外科术后吻合口狭窄。目前常用的切开方式有 3 种：①单纯放射状切开（radial incision，RI）。② RI+ 切除瘢痕（radial incision and cutting，RIC），即行 RI 后再将相邻切口间瘢痕组织切除。③ RI+ 选择性切除瘢痕（radial incision and selective cutting，RISC）：对狭窄进行 4 个点位的 RI，每点做 2 条纵行切口，切除两纵行切口间的瘢痕组织，但保持相邻两点位间少量瘢痕组织。有研究认为与 RIC 相比，RISC 有利于更快获得瘢痕组织的稳定，减缓再狭窄的发生。

EI 主要并发症包括术后疼痛、穿孔、出血等，疼痛多轻微，可自行缓解，必要时可使用止痛药物，但应注意排除穿孔。穿孔发生率为 0~3.5%，较小的穿孔可以考虑内镜下覆膜支架置入覆盖或金属夹夹闭，严重者则需外科补救。绝大多数狭窄部位无丰富血管，EI 后的出血多可保守处理。EI 导致大出血罕见，有报道可发生在食管与残胃吻合后的残胃侧，此处可能存在较大血管，操作时应避免损伤。

（四）局部药物注射

类固醇皮质激素一方面可抑制细胞有丝分裂、DNA 合成，有效抑制瘢痕内的成纤维细胞增生，另一方面可增强胶原酶活性，增加胶原的降解，抑制胶原合成。此外，激素还可以干扰糖和蛋白质代谢，使瘢痕组织内血管的增生受到抑制，促进瘢痕组织趋于萎缩。局部注射糖皮质激素吸收慢，在局部组织可维持较长时间的较高浓度，全身不良反应轻。

皮肤瘢痕内注射激素治疗增生性瘢痕在临床上应用广泛，但局部注射曲安奈德等类固醇皮质激素治疗食管良性狭窄是否有效的结论并不一致。也有研究采用丝裂霉素 C、氟尿嘧啶及秋水仙碱等药物局部注射以减少瘢痕形成，疗效亦存在争议。有研究认为局部注射药物可延长扩张后的维持缓解时间及再扩张的间隔时间，且无严重并发症，但也有研究认为无效。注射治疗狭窄多与内镜下扩张术、切开术联合使用。

（五）经口内镜下肌切开术

贲门失弛缓症（Esophageal achalasia）是一种原发性食管神经肌肉病变所致的以食管下括约肌（lower esophageal sphincter，LES）松弛障碍为特点的动力障碍性疾病，主要病理表现为 LES 区食管壁增厚，压力增高。扩张治疗短期内可缓解吞咽困难症状，但复发率高，置入可回收的抗反流食管支架也是安全、有效的治疗方法。经口内镜下肌切开术(peroral endoscopic myotomy,POEM)是一种通过隧道内镜技术进行肌切开的内镜微创技术,能降低LES压力,松弛食管下段,可解除梗阻,使食物顺利进入胃内,目前已是贲门失弛缓症的标准内镜治疗方法之一。并发症包括气胸和气腹、胸腔积液、出血、感染和消化道瘘等。

二、恢复消化道管壁的完整性

外伤、炎症感染、手术及肿瘤等均可导致消化道瘘的发生,其中以食管癌术后食管瘘最为常见。瘘口的存在使得食物、消化液可进入异常腔隙,造成严重感染。长期禁食切断了患者口服的营养途径,继发营养不良不利于瘘口愈合,感染也难以控制。随着内镜技术及其器械的发展,各种内镜封闭的微创技术成为瘘口封闭新的治疗选择。

(一)内镜下覆膜支架封堵术

内镜直视可判断瘘口部位、评估支架放置位置,还能确认支架下缘的状态,避免压迫组织造成二次瘘。该方法技术成功率高,是目前临床常用的瘘口封堵治疗方式之一,较小及较新鲜的瘘口在封堵后加强营养常可修复,但对慢性瘘及瘘口较大时疗效有限。

(二)内镜下蛋白凝胶封堵术

生物蛋白凝胶是由哺乳动物血液中提取的凝血成分,两种溶液(一种为凝血因子纤维蛋白原和凝血因子Ⅻ,另一种为钙离子和凝血酶)混合后发生凝固封堵创面。对于局部糜烂严重、坏死组织多者效果较差,可作为有出血风险的消化道瘘口封堵的替代方案。

(三)内镜下夹闭术

较小的瘘口可用传统钛夹通过机械力封闭创面,较大者可采用钛夹联合尼龙绳的方法进行修补,即多个钛夹将尼龙绳环周固定于瘘口周围,逐步收紧尼龙绳圈封闭瘘口。近年来新出现的金属夹OTSC(over-the-scope-clip)咬合力强、翼展大,适于1~3cm的消化道瘘口或穿孔,尤其是对于周围组织纤维化严重者,OTSC显示出较大的优势。对于瘘口超过操作直径的病例,亦可考虑OTSC闭合部分瘘口,留置空肠营养管保证营养供给,促进瘘口缩小后进行二期闭合。

(庄则豪)

第二节　经胃肠置管

各种原因引起患者无法经口进食或是ONS无法满足机体的营养需求时,如果肠道功能存在,应尽可能利用肠道进行EN,可考虑经胃肠置管营养。一般认为,预期置管时间在4周以内时,可以采用经鼻置管建立临时营养通路;预期置管时间超过4周时,应采用各种造口技术建立长期管饲通路。

一、临时营养通路

鼻胃管(nasogastric tube,NGT)及鼻肠管(nasointestinal tube,NIT)途径是需短期(<4周)经管饲接受EN患者的两种经典途径。

NGT用于临床已有超过200年的历史,由于其置管无创,即便在条件有限的基层单位亦易于开展。早期使用的营养管材料是橡皮管或聚氯乙烯,对黏膜的压迫及刺激作用容易引起局部炎症水肿、甚至溃疡等并发症,尤其在口咽部肿瘤患者需接受放化疗时,NGT使用的劣势更加突出,欧洲肠外肠内营养学会(European Society for Parenteral and Enteral Nutrition,ESPEN)的指南不常规推荐放化疗患者建立经鼻的肠内喂养途径。随着技术发展及进步,现有材质更换为聚氨树脂或硅胶,质地柔软,一定程度上改善了患者的舒适度,降低了并发症发生率。但更关键的问题是,利用 NGT 进行 EN 有一定的胃潴留发生率,如存在胃排空障碍的疾病如重度颅脑外伤、术后胃瘫等,将大大增加患者呕吐、误吸及吸入性肺炎的风险,其中误吸及相关肺炎是加重患者病情甚至最终死亡的最常见并发症。而 NIT 即幽门后置管,食物不经过胃直接进入十二指肠或空肠段,可很大程度上避免胃潴留相关的反流及误吸发生。尽管如此,无论是 NGT 和 NIT 仍不可避免因饲管长期压迫摩擦引起的鼻咽部、食管黏膜的糜烂甚至溃疡,且患者鼻腔带管从外观上不便参加日常活动,较大程度影响了生活质量。

(一) 适应证及禁忌证

NGT/NIT 具有置管方便、经济、无创等优点,是短期管饲技术的首选途径。胃瘫、严重胃食管反流存在高误吸风险、十二指肠梗阻、胃瘘、十二指肠瘘和重症急性胰腺炎等患者,常不适合通过 NGT 行 EN 支持,但可考虑 NIT 置管。

(二) 并发症

1. **咽喉、食管黏膜糜烂及出血** 不可避免,在置管时间较长的患者中甚为常见,主要跟营养管本身压迫黏膜有关。轻者黏膜充血、糜烂,重者可能出现局部深溃疡合并出血。

2. **误吸及吸入性肺炎** 采用 NGT 管饲行短期 EN 治疗时,应将患者的头胸部抬高 30°~45°,多项 RCT 对比经 NGT 和 NIT 两种途径早期 EN 的优缺点,发现 NIT 在减少胃潴留和误吸等并发症方面优于 NGT。存在胃排空障碍(常见于术后)者,行 NIT 经小肠喂饲可降低恶心、呕吐和急性胃扩张的风险,进而减少反流、误吸和吸入性肺炎的发生率。细直径 NGT 的胃食管反流和呼吸道误吸发生率较低,可作为预防机械通气相关性肺炎的简单方法。国内临床研究则显示,NIT 在降低机械通气患者的呼吸机相关性肺炎发生率上优于 NGT。

二、几种长期营养途径的介绍

如无法经口进食的患者需建立长期管饲途径,美国胃肠病学会(American Gastroenterological Association,AGA)推荐将经皮内镜下胃造口术(percutaneous endoscopic gastrostomy,PEG)作为首选通路。PEG 由 Gauderer 等在 1980 年首次报道,是借助内镜辅助进行腹壁穿刺点定位,经皮穿刺置入导丝,经导丝引导造口管进入胃腔的微创造口技术。随着内镜技术的快速发展及操作熟练程度的提高,其技术并发症发生率大大下降,目前仅需门诊条件即可完成,为临床广泛应用。与传统手术胃造口相比,具有操作简单、所需条件便捷(无须全身或静脉麻醉、可在床边放置)等优点,患者易于接受。值得一提的是,该方法由于置管隐蔽,可解决 NGT 和 NIT 所不具备的外表美观问题,患者可正常进行日常活动,提高了生活质量。

通过外科手术空肠造口有超过百年的历史,最迟在 1878 年已有相关报道。目前外科空肠造口已发展出多种术式,包括经皮腹腔镜下空肠造口术(percutaneous laparoscopic jejunostomy,PLJ)、空肠穿刺置管造口术(needle catheter jejunostomy,NCJ)、隧道式空肠造口和 Roux-en-Y 空肠造口等。随着技术的进步,临床上建立空肠内管饲的非外科途径越来越多,为患者提供了更多接受个体化 EN 治疗的选择。内镜辅助经胃造口空肠置管的技术最早见于 1984 年,其在完成 PEG 后,经胃造口管置入空肠延长管,常被称为经皮内镜下胃 - 空肠造口术(percutaneous endoscopic gastrojejunostomy,PEGJ)。镜下经皮直接空肠造口在 1987 年由 Shike 等报道,通常称为直接法经皮内镜下空肠造口术(direct percutaneous endoscopic jejunostomy,DPEJ),而 PEGJ 也被称为间接法经皮内镜下空肠造口术。

(一) 经皮内镜下胃造口术

1. **适应证** 对于预期超过 2~3 周无法经口进食、需要经管饲途径进行 EN 者,推荐首选 PEG 喂养。尤其对于急性脑卒中后持续性吞咽困难、有放疗相关口腔和咽喉放射性炎症反应或食管恶性梗阻的患者,经皮内镜下胃 - 空肠造口术(PEGJ)较 NGT 具有明显优势。目前需使用该技术的疾病包括耳、鼻、咽喉、口腔、食管恶性肿瘤造成食管出入口狭窄者;脑外伤、各种原因造成的脑卒中、帕金森病、运动神经元障碍所致的吞咽困难或丧失吞咽功能者;各种原因造成长期昏迷的危重症患者;囊性纤维化患者需夜间管饲改善肺功能者；克罗恩病患者；智力障碍者及发育迟缓儿童等。亦有在食管裂孔疝及胃扭转的患者中同时放置多根 PEG 管作为一种胃固定方法。

2. 不宜进行经皮内镜下胃造口术的情况　限制患者接受 PEG 的胃肠道原因主要包括：胃或残胃排空障碍；患者无法耐受胃内喂养，即反复出现无法控制的恶心、呕吐、胃食管反流症状或由此导致的吸入性肺炎；胃壁无法获得穿刺点；各种良恶性疾病导致胃流出道（包括幽门、十二指肠或术后胃肠吻合口）梗阻等。

全身情况相关的禁忌证包括：严重的凝血功能障碍、恶性肿瘤器官（如结肠等）浸润及腹膜种植、神经性厌食、严重精神病和预期生存期短等。大量腹腔积液以往被列为绝对禁忌证之一，目前条件适合者可在放腹腔积液后接受 PEG，应列为相对禁忌证。

局部禁忌证：主要是胃内存在严重溃疡、糜烂等，因此术前进行普通内镜检查评估是必需的。

3. 并发症及临床处理

（1）造口周围感染及脓肿形成：发生率可达 21.9%，是 PEG 术后最常见的并发症，可表现为造口周围疼痛，局部红肿、压痛，以及局部可见脓性分泌物、伴有不同程度的发热等。严重者可发展为腹壁蜂窝织炎，并由瘘口累及周边，甚至产生皮下气肿。可能的原因包括口咽部细菌移位、造口皮肤固定过紧导致局部组织血供障碍、过松致渗漏及术中污染等。主要处理方式为预防性使用抗生素，术后密切观察造口周围皮肤改变、换药保持造口局部皮肤清洁、调整外固定器固定的松紧程度等。若脓肿形成应切开引流，有严重皮下气肿者需尽早局部切开，去除坏死组织。

（2）固定器植入综合征（buried bumper syndrome）：也称包埋综合征，多由于内外固定器间压力过大使得内固定器向外移行而嵌入胃前壁或腹壁。文献报道其发生率为 1.5%~1.9%，危险因素包括老人、肥胖、慢性咳嗽、营养不良及不当的人为牵拉等。临床早期发现应及时内镜处理或移除造口管，否则有胃肠出血、穿孔、腹膜炎甚至死亡风险。有研究尝试用 L 形钩刀、乳头切开刀等装置经内镜切开，成功取出包埋造口管。为了预防包埋综合征，在胃造口管放置后应允许其外固定器相对于腹壁有 0.5~1cm 的自由活动范围。

（3）出血：发生率约 12.8%，主要是操作时损伤胃壁、腹壁血管。渗血一般可予局部压迫，若出血量大则需行外科干预。有报道严重者因 PEG 操作过程损伤脾静脉、肠系膜上静脉致腹膜后大出血，腹壁假性动脉瘤破裂。

（4）气腹：PEG 穿刺时，胃腔内充盈的气体可通过穿刺部位由胃壁进入腹腔内，术后若行 X 线检查常可见腹腔游离气体影，发生率为 5%~50%，临床上可严密观察，通常不会导致不良后果。若患者合并难以缓解的腹痛或腹膜炎表现，应警惕结肠损伤的可能。

（5）造口管旁渗漏、腹膜炎：常因腹壁侧外固定器固定过松或移位，胃前壁与腹壁未紧密接触，胃液、管饲物渗入腹腔。临床表现为腹痛、发热和腹膜炎体征，常需要外科手术处理。

（6）消化道瘘：造口管移除后，瘘口一般在几天内即可闭合，但有部分患者无法闭合形成瘘管，其发生率约 3.5%，多为胃结肠瘘，少数为胃结肠皮肤瘘等。目前机制不明，有研究认为与瘘管上皮化有关，其他影响因素包括胃延迟排空、愈合能力不良、胃内容物流入瘘管等。保守治疗手段包括给予促胃动力药、使用质子泵抑制剂控制胃内 pH 等，但效果不明显。除了外科手术，有研究利用内镜技术，通过电凝使得瘘管去上皮化后再予普通金属夹闭合，也有取得成功的个案。此外，OTSC 金属夹闭合系统以其稳定的技术成功率，成为可供选择的内镜方法之一。

（7）喂养相关并发症：主要是吸入性肺炎，文献报道发生率为 2.98%，主要原因包括管饲时体位不当，平卧或床头过低使反流机会增加；胃潴留；管饲后短时间内吸痰刺激呛咳等。

（8）导管护理相关并发症：常见有导管堵塞、老化、折损等，主要与留置时间长、护理不当有关。

（二）经皮内镜下胃 - 空肠造口术 / 直接法经皮内镜下空肠造口术

建立在 PEG 基础上的间接法 PEGJ 可快速建立食物直接进入空肠的营养通路，简便易行，但所用管径细、易堵塞，且营养管可能回弹反折进入近端消化道，影响 EN 效果，对全胃切除或部分胃切除后残留胃壁无法在内镜下选择合适PEG穿刺点的患者则难以进行。

DPEJ较PEGJ有更高的技术难度和设备要求，在EN中的应用不如PEG普遍。对于食管及胃手术患者，常在手术中实施NCJ，技术成功率高，可在术后早期实施EN，防治吻合口瘘，缩短住院时间。除此之外，仅当患者无法施行PEG、PEG无效或有并发症时，方考虑建立DPEJ通路。

1. **适应证**　主要适用疾病包括高误吸风险、胃内喂养不耐受、胃瘫、胃出口梗阻及需避免刺激十二指肠液、胰液分泌的情况如重症急性胰腺炎等，而胃切除术后患者因无法进行PEG，建立长期通路需首选考虑DPEJ方法。幽门梗阻患者则建议接受PEGJ，经空肠管喂养，同时可建立另一个PEG置胃造口管减压。

2. **并发症**　PEGJ/DPEJ术后并发症与PEG大致相同，现有的临床研究显示，两种方法造口旁渗漏、切口血肿和出血等近期并发症相当，但DPEJ远期并发症更少，其导管通畅时间更长，发生导管移位的概率仅为PEGJ的1/6，需再次干预的风险明显低于DPEJ。

（三）经皮食管造口置管

尽管基于PEG的消化道置管技术已比较成熟，但针对合并未纠正的急慢性腹膜炎、胃切除等局部解剖异常、胃腔穿刺部位溃疡或肿瘤、脑室腹腔分流术、病态肥胖、穿刺部位前方内脏遮挡等情况的患者，PEG或DPEJ并不适合进行，而经皮食管造口置管（percutaneous transesophageal gastrotubing，PTEG）的造口位于颈部，经皮穿刺后向食管内置管，避免了腹腔感染的风险，为无法进行PEG置管的患者提供了替代方案。

PTEG技术始于1994年，经过不断的改良，至2003年形成的商品化造口装置和操作规范流程，可借助内镜或X线引导完成，其成功率及并发症与传统外科手术相当，且创伤小、康复快，对患者全身基础情况的要求低。PTEG的主要并发症包括感染、局部出血、甲状腺及颈部神经血管损伤和皮下气肿等，一般可以通过保守处理解决。由于其装置主要在日本销售，其他国家的应用经验有限。

（四）经皮造口置管的护理

1. **局部护理**　造口术后，应在体外固定片下放置灭菌切口纱布。PEG置管24h内不应过度牵拉造口管，保持造口管固定片与皮肤间有0.5cm左右的活动度，避免局部压迫缺血。定期观察造口敷料有无渗液，窦道形成前建议每日换药，若敷料干净，亦可每2~3天换药1次。换药时可调整垫片位置，向内推管2~3cm后小心外拉，适当松动旋转，防止过度压迫缺血。洗浴需待切口愈合，一般在置管后2~3周。4周后可形成稳定的窦道，出于美观考虑，可更换成纽扣式导管系统。采用球囊固定的造口管需要每周定期更换球囊内液体，防止球囊内注射用水减少导致脱管。

2. **造口管护理**　造口管使用寿命与护理是否适当有关，最长使用可超过10年。造口管堵塞是最常导致换管的导管相关并发症，多由于管饲后未及时冲管所致，自配饮食颗粒过大、输注速度过慢可造成食物、药物黏附管腔，易造成管腔堵塞。因此，应加强对患者及护理者的宣教，药物应充分研磨溶解，注入前、后均需以生理盐水或温开水冲洗，以保持管道通畅。一般在管饲或给药后，用20ml注射器抽取温水冲洗管道，以降低管道堵塞的风险。部分导管材质耐热性能差，注入温度过高的食物可能出现管道变形堵塞，应避免。

3. **喂养护理**　PEG相关吸入性肺炎较常见，主要原因是喂养体位不当、给饲总量过大导致胃潴留等。喂养时应注意避免平卧或床头过低等体位，调整适当的营养液滴速及每餐营养液总量，避免人为因素造成反流。

三、几种营养途径的合理选择及应用

尽管经PEGJ、DPEJ或PTEG进行EN具备明显的优势，可让患者很大程度上获益，但是否建立长期营养通路应综合考虑患者的临床情况、胃肠道功能、预后、生活质量、伦理问题及患者本身的意愿。PEGJ、DPEJ或PTEG只能作为一种医疗选择，而不能出于其他目的，如节省时间、金钱或者人力资源等。放置PEG前应先尝试经口进食，对无法经口进食或经口进食不能改善营养状况者，则应尽

早建立长期 EN 通路以保证营养。

对于接受腹部手术并且术后需要较长时间 EN 治疗的患者，可以考虑术中进行空肠造口，放置空肠营养管；实施近端胃肠道吻合术且需要 EN 治疗的患者，应当经吻合口远端进行空肠造口喂养。对于非腹部手术或其他原因需要长期 EN（>30d）者，尤其是头颈部肿瘤接受放疗的患者，如口咽、食管无完全性梗阻，内镜可通过时，则优先考虑建立 PEG 通路；当患者无法施行 PEG、PEG 无效或有并发症时，方考虑建立 PEGJ 或 DPEJ 通路。而 PTEG 目前仅是无法接受 PEG 或 DPEJ 患者的替代方案。

四、肠内营养输注方式

常用的 EN 输注方式有分次推注、间歇输注和持续输注。输注的常见动力来源包括注射器人工推入、重力滴入和输注泵输入。肠内营养输注泵是一种由计算机控制的输液装置，可以精确控制 EN 液体的输注速度，保持营养液的相对无菌、渗透压的稳定，以及温度和速度的恒定。与传统的注射器人工推注相比，使用输注泵能减少 EN 的胃肠道不良反应，降低吸入性肺炎发生率，提高患者耐受性，并且更有效控制血糖。对于长期（2~3 周或更长）接受 EN 的患者，建议使用 EN 输注泵。

五、小结

由于 PEGJ、DPEJ 的出现，极大程度上解决了无法经口进食患者长期的 EN 需求，而这仅是多种营养通路建立的选择方案之一。几种技术利弊互补，临床上可根据个体化原则选择合适的 EN 通路建立方法。随着内镜技术的发展和进步，上述操作的并发症发生率大大下降，处理并发症的方法和能力也显著提升，而各种衍生技术包括超声引导下胃肠吻合术等创新手段也为 EN 通路建立提供了新的选择，可让更多患者重新建立 EN 途径。

（庄则豪）

第三节　经静脉置管

经静脉给予营养素即通常所说的肠外营养（parenteral nutrition，PN），当单纯 EN 可能无法充分满足患者的营养需求时，PN 可预防和治疗营养不良 / 恶病质，对肿瘤患者，还可控制抗肿瘤治疗的某些不良反应，提高患者耐受性。存在重度营养不良、严重胃肠道功能障碍等 EN 禁忌证、不能耐受 EN 或 EN 不能达到 60% 目标量>7~10d 时，可考虑 PN 或补充性肠外营养（supplemental parenteral nutrition，SPN），对肠道功能不全或丧失（如放射性肠炎和消化道肿瘤切除术后等）的患者，PN 是早期、甚至长期营养素摄入的唯一途径，必须考虑采用合理的 PN 治疗策略，以维持患者的营养需求。

成功的肠外营养必须具备静脉途径与合适的输注技术。短期 PN 或某些特殊情况下营养液可经外周静脉输注，即经外周静脉肠外营养（peripheral parenteral nutrition，PPN）。由于高渗营养液易引起血栓性静脉炎，因此 PN 时间超过 7d 者，通常应行中心静脉导管，包括中心静脉导管（central venous catheter，CVC）、经外周静脉穿刺的中心静脉导管（peripherally inserted central venous catheter，PICC）和植入式静脉输液港（implantable venous port access，IVPA）等，IVPA 也常简称为“输液港”（port）。

一、外周静脉置管

PPN 的临床应用具有很多优点，如静脉途径建立简便、易于护理、营养给予及时、可避免中心静脉途径给予营养的相关并发症、费用相对较低等。但同时，PPN 的应用也存在一些限制因素，如使用时间相对较短（<2 周），输注液渗透压过高及浓度较大时不宜使用，且周围静脉营养提供的能量、氮量及液体量有限，可出现液体外渗及血栓性周围静脉炎等并发症。外周静脉置管是指经外周静脉置入输

液导管，且导管尖端仍位于外周静脉中的临床输注技术。PPN 中置管的外周静脉多选取上肢静脉，下肢外周静脉不适合 PN，尤其是成人，发生血栓性静脉炎的危险性较高，且限制患者的床下活动。

（一）适应证

1. PPN 营养治疗原则是首选 EN，必要时将 EN 与 PN 联合应用，若患者已恢复部分 EN 或由于疾病限制（如处于严重应激、烧伤、大手术）导致无法耐受高能量营养治疗，则无须通过 PN 提供高能量及高氮量，以减少大量液体、高渗透压及低 pH 对周围血管的损伤。在仅需 PN 提供低能量营养摄入时，PPN 为首选途径。

2. **短期 TPN** 若患者需要 TPN，PPN 给予全量营养制剂及高渗透压制剂将受到限制，这时应评估可能给予 PN 的时限，若为短期，则 PPN 作为选择之一，若为长期，则需经中心静脉途径。

3. **无法行中心静脉途径 PN** 既往多次行经中心静脉 PN，再次穿刺置管困难，无法建立深静脉通路；或出现导管相关性血行感染，已拔除中心静脉导管时，应避免即刻再次行深静脉置管，可予 PPN 数日，防止血中致病菌于中心静脉导管上定植。

（二）置管方法

1. **套管针置管** 外周静脉置管分为短外周导管和中等长度外周导管两种类型。短外周导管通常适用于治疗时间少于 1 周的输液治疗方案，而中等长度外周导管通常适用于治疗时间持续 1~4 周的患者。在满足治疗方案的前提下，应选择管径最小、长度最短、创伤性最小的导管。

选择穿刺部位应综合评估患者的身体状况、年龄、诊断、并发症、计划穿刺部位的皮肤情况和近端血管情况、既往静脉治疗史及患者的喜好等。对于成年患者来说，上肢背侧与腹侧体表可发现的血管均可用于短外周置管，如头静脉、贵要静脉、正中静脉、手背静脉等；首次穿刺应尽量选择上肢远端，逐次向近心端推进，避免选择下肢血管，因其容易引发组织损伤，导致血栓性静脉炎与溃疡。中等长度外周导管的穿刺部位首选肘窝区，如贵要静脉、头静脉和肱静脉等。

穿刺时除采用止血带外，还可利用重力原理将肢体放在低于心脏的位置数分钟，让患者反复握拳、轻轻向下摩擦血管等方法帮助血管扩张；采用显影技术识别及选择血管、建立专业静脉治疗团队等均有助于提高穿刺的成功率。

2. **套管针置管** 包括冲洗和封管、更换敷贴、更换输液装置、观察与记录等方面。

（三）并发症及防治

25%~70% 的外周静脉置管患者会发生静脉炎，是由于物理、化学或生物等因素对血管内壁的刺激而导致的血管壁炎症反应。根据病因，可分为机械性静脉炎、化学性静脉炎、感染性静脉炎及血栓性静脉炎等。按其严重程度可分为 0~ Ⅳ级：无症状为 0 级；局部疼痛、红斑或水肿，静脉无条索状改变，未触及硬结为Ⅰ级；局部疼痛、红斑或水肿，静脉有条索状改变，未触及硬结为Ⅱ级；局部疼痛、红斑或水肿，静脉条索状改变，可触及硬结为Ⅲ级；Ⅳ级为局部疼痛、红斑或水肿，静脉条索状改变，可触及硬结长度 > 2.5cm，可伴有脓液。PPN 最主要的并发症为血栓性周围静脉炎，避免、减少该并发症的发生需要注意几点。

1. **选择正确的穿刺部位** 静脉炎的发生率与静脉管径有密切关系，大管径静脉很少被导管堵塞，因而选择直径大的静脉进行营养治疗可维持较大的血流以保证对营养液的混合稀释，从而减少对血管内皮的损伤，有效预防静脉炎的发生。外周静脉导管穿刺宜选用上肢静脉作为穿刺部位，对于上肢静脉应优先选择前臂的静脉，其次是手背静脉，避开静脉瓣、关节部位以及有瘢痕、炎症、硬结等处的静脉；成年人不宜选择下肢静脉进行穿刺。

2. **控制营养制剂的浓度及渗透压** 肠外营养制剂的浓度不宜太高，避免高能量、高蛋白及大剂量液体输注。应尽量保证营养液的最终葡萄糖及氨基酸浓度分别不超过 10% 及 3%，以便营养液渗透压得到较好控制。脂肪乳剂渗透压较低，约为 300mOsm/L，可有效降低营养液的渗透压，有利于经 PPN 的应用。加入脂肪乳剂不仅可降低渗透压，还可减少葡萄糖用量。

3. **加强对穿刺、输注部位的观察** PPN 期间加强对穿刺、输注部位的观察，是预防静脉炎发生的有效护理措施。在置管期间应每日查看穿刺部位、输注部位情况，当出现如输液部位疼痛、组织红肿、静脉内可触及条索状物等症状，应及时处理。

4. **静脉炎的处理** 首先应抬高患肢、促进静脉回流；血栓性静脉炎应避免按压炎症部位，防止栓子脱落形成栓塞；使用多磺酸黏多糖乳膏可促进纤维蛋白溶解、抗血栓形成、抑制代谢酶产生以达到抗炎作用；芦荟有助于局部消炎、杀菌及受损细胞的修复再生。

二、CVC

经皮穿刺中心静脉置管是将 CVC 经皮穿刺，导管尖端置入中心静脉的一种操作技术。主要经颈内静脉、锁骨下静脉或股静脉将导管插入到上、下腔静脉并留置。CVC 适用于需长期 PN 的患者，不但可以为多种治疗提供直接、便利的静脉通路，同时也可用于测定各种生理学参数（如中心静脉压）。

中心静脉导管具有应用时无疼痛，可长期使用，不影响患者活动，便于危重患者抢救用药等多项优点；但同时也存在穿刺置管技术及护理要求高，费用较高等缺点。

（一）置管方法

1. **锁骨下静脉置管** 常用穿刺进针标志点有 3 处。第 1 肋骨在胸骨外缘紧贴并行于锁骨之下，于锁骨中段处突然转向深部，此转弯处锁骨与第 1 肋骨间形成一夹角。穿刺时触知该角并外移 1~2cm 处即为第一进针标志点；从胸锁关节处沿锁骨向外，当锁骨突然向上后方改变方向处为第二进针标志点；锁骨中、外 1/3 交界处下方 0.5~1cm 为第三进针标志点。穿刺点局麻后进针，置入导丝、导管，导管置入深度在右侧为 13~15cm，左侧 17~19cm，置入后以缝线固定导管。

2. **颈内静脉置管** 包括低位和高位进针法。低位进针法于胸锁乳突肌胸骨支、锁骨支交界点近锁骨支处，穿刺针与额面呈 20°~45° 角，方向指向同侧乳头，进针深度 2~4cm，有回血后置入导丝、导管，导管深度同锁骨下静脉置管；高位进针法于胸锁乳突肌前缘中点（平甲状软骨上缘）触及颈总动脉搏动处的外侧 0.5cm 进行，穿刺针与额面呈 45°~50° 角，针头指向胸锁关节，进针深度 2~4cm。

3. **隧道式中心静脉导管（tunneled central venous catheters，tCVCs）** 是将带有一层硅树脂鞘和涤纶袖套状结构的硅橡胶导管，经前胸壁皮下隧道置入上腔静脉达右心房，建立血管通路。由于隧道式中心静脉导管的特制材料可使皮下组织粘连，有利于固定导管并防止导管脱出移位。皮下隧道增加了 CVC 出口处与血管入口处之间的距离，减少表面细菌滋生，理论上可以减少败血症的发生，然而，前瞻性研究未能证实其有效性，可能是因为导管管腔中心是更重要的细菌侵入部位。

营养状况差、极度消瘦和皮肤松弛的患者，常规置管后导管极易脱出，采用隧道式置管技术，由于皮下组织对导管有固定作用，可以降低脱管的概率；感染风险较高或局部皮肤穿刺点有感染表现或瘢痕的患者，宜采用隧道式中心静脉导管；凝血功能异常或低蛋白血症患者，采用隧道式中心静脉导管可减轻局部渗血渗液。

tCVCs 的隧道出口多位于前胸壁肋角处，选择位置时应考虑患者站位和坐位的情况，选择最佳位置以方便患者的使用及护理。对于乳房下垂的女性患者，皮下隧道应避免经过乳房组织，隧道出口应选在乳房上方或下方。

tCVCs 一般采用超声引导穿刺锁骨下静脉并置入导丝，回撤穿刺针，经导丝纳入导丝鞘；体外标记导管走形，确认隧道切口位置、确认管尖位于第 3、4 肋间隙；浸润麻醉后横切口切开导管出口，纵切口切开穿刺点，钝性扩张皮下组织及筋膜；导管连接隧道器滑动保护套通过皮下隧道，固定导管尖端，置入扩张器旋转扩张皮下组织及血管入口；置入撕脱鞘，将导管置入撕脱鞘内，掰开撕脱鞘瓣，边撕边缓慢送入导管；确认导管通畅后褥式缝合皮肤切口，缝合固定隧道出口处导管。

（二）并发症及防治

1. **早期并发症**

（1）气胸：是锁骨下静脉穿刺时最常见的并发症之一，发生率为 2.18%。常为穿刺针刺入的角度过大、上部胸腔存在严重粘连时穿刺针误刺入肺部所致。操作时应注意观察有无气急、咳嗽等。

(2)动脉误穿：常易误穿入伴行动脉。

(3)空气栓塞：是最严重的并发症，由于锁骨下静脉受胸腔内压的影响，当机体脱水、静脉萎陷及深吸气胸膜腔内负压加大时拔除穿刺针的内芯，就容易有空气进入静脉造成空气栓塞。

(4)导管移位：与置管途径、患者体位、操作者经验及置管深度有关。

2. 中心导管相关性血流感染 为避免中心导管相关性血流感染(Central-line-associated bloodstream infections，CLABSI)，接触导管系统时必须使用无菌技术，手消毒并戴无菌手套后更换插管部位的敷料。最好用无菌、透明、半渗透性聚氨酯敷料覆盖导管穿刺点，更换敷料时需要用乙醇溶液或葡萄糖酸氯己定清洁导管穿刺点，并保持干燥。一般连续使用 CVC 时的装置，除非导管断开、怀疑或证实有导管相关性感染，否则更换间隔不必短于 72h。用于全肠外营养输注的装置一般应为每 24h 更换；如果溶液只包含葡萄糖和氨基酸，在连续使用时更换频率不高于每 72h 一次。不推荐通过定期更换短期导管以降低感染率；CVC 插入 24h 后需更换敷料，然后每周更换 1 次，除非有渗出等其他需更换的指征。

三、PICC

PICC 是将输液导管由外周手臂的静脉插入，导管末端置于中心静脉(通常是右心房与上腔静脉交汇处)的一种深静脉置管术。

(一) 适应证及禁忌证

PICC 适合需要使用 PN 时间超过 2 周、有锁骨下或颈内静脉穿刺禁忌证的患者，以及接受家庭 PN 治疗的患者。

PICC 现无绝对禁忌证，但在患者无合适的穿刺置管血管、有严重的出凝血功能障碍或免疫抑制、穿刺部位或附近组织有感染或损伤应慎重选择，其他需要酌情考虑的因素包括置管途径有外伤史、血管外科手术史、放射治疗史和静脉血栓形成史；准备放置导管的静脉，其近心端有静脉损伤、栓塞或有动静脉瘘的可能；接受乳腺癌根治术、置入心脏起搏器及腋下淋巴结清扫术后患者的同侧上肢；以及上腔静脉压迫综合征等。

(二) 置管方法

PICC 首选的穿刺血管为贵要静脉。贵要静脉血管走行较直、径路短且静脉瓣少，穿刺时经腋静脉、锁骨下静脉、无名静脉达上腔静脉。其次选择为肘正中静脉、头静脉。

操作前需评价患者血管情况，首选肘窝区肘下 2 横指处为穿刺点。若进针位置过下，血管相对较细，容易引起回流受阻或导管与血管发生摩擦而出现并发症；位置过上易损伤淋巴系统或神经系统。测量从预穿刺点沿静脉走向至右胸锁关节再向下至第 3 肋间得出的长度为导管置入长度，若插入过深，导管尖端进入右心房可能引起心律失常、心肌损伤、心脏压塞等。测量肘关节上 4 横指处的臂围，用于检测并发症的发生。

进针角度取 15°~30°，见回血后降低角度，再进针 0.5~1cm 后送导入鞘，确保导入鞘进入血管后从导入鞘内取出穿刺针芯，用平镊夹住导管尖端，轻柔、匀速地将导管逐渐送入静脉，送管至预计长度后，在导入鞘末端处压迫止血并固定导管，撕开并拔出导入鞘；撤出导丝，确认导管通畅后固定。借助 X 线检查导管位置，导管末端应以位于上腔静脉的中上段为宜，解剖位置在第 4~6 胸椎水平。

(三) 并发症及其防治

1. 机械性静脉炎 常见原因包括导管的型号与血管粗细不匹配；输液量较大；穿刺技术不熟练以及导管固定不牢等。

预防措施包括选择合适型号的导管；注意控制输液量；熟练穿刺技巧；以穿刺点为中心，运用无张力粘贴技术，延长管部分以高举平台法 U 形固定等。机械性静脉炎发生后应立即抬高患肢，避免过多活动；冷 / 热湿敷：每次 20min，每日 4 次；轻微活动(握拳 / 松拳)；若 3d 后未见好转或更严重，应拔管。

2. **化学性静脉炎**　常与药物性质和留置时间、输入液体温度过低以及封管液种类和浓度频率有关。

预防措施包括输注液体前充分稀释，调整液体浓度、pH 和渗透压等；在不得不经外周短导管输注高浓度、高渗刺激性药物时，先输入高渗、高浓度、刺激性的药液，再输入等渗液，高浓度药物输注结束后用生理盐水彻底冲洗管道；尽量减少留置时间；避免液体温度过低；根据患者的病情、输液间隔时间等选用适宜的封管液种类、剂量与浓度，尽可能地减少封管频次。发生化学性静脉炎时应考虑拔管。

3. **细菌性静脉炎**　常与未严格遵守无菌技术操作原则、置管后护理不当有关。严格无菌技术是预防细菌性静脉炎的关键措施。发生细菌性静脉炎后应根据原因进行处理，包括细菌培养、抗生素治疗和拔除导管等。

4. **血栓性静脉炎**　常与导管插入的损伤、药物的化学刺激、留置时间及导管材质以及置管部位有关，处理包括热敷、尿激酶溶栓及拔管。

5. **穿刺点感染**　常表现为穿刺点有分泌物、红、肿、热、痛，无全身症状。原因多与未严格执行无菌技术、皮肤消毒不到位、置管后护理不当和患者自身免疫力低下有关，发生后应进行细菌培养、抗生素治疗等。

6. **导管断裂**　常见于锐器损伤、连接器损伤、剥脱损伤及压力损伤，导管外露长度缺乏以及活动过度。

预防措施包括避免用力冲管；正确固定、不要在导管处缝合或使用缠绕胶带；避免使用利器，留足够的外露长度等。如导管体外部分断裂，可考虑修复导管或拔管；如体内部分断裂必须立即处理，包括加压固定导管、用手指按压导管远端的血管或立即于上臂腋部扎止血带、患者制动、左侧绝对卧位，以及行 X 线摄片或 CT 检查确定位置，行静脉切开术取出导管。

7. **导管移位**　常表现为滴速变慢（ <40 滴 /min）、输液泵警报、回抽无回血、导管体外长度增加，输液时患者疼痛、神经反应异常、呼吸困难或听觉异常等。其原因主要与过度活动、胸腔压力改变、未妥善固定导管及导管外移等有关。预防措施包括确定导管尖端位置；以“S”形正确固定管路、避免牵拉；监测导管外露长度等。发生导管移位后应观察导管功能；X 线或 CT 定位；禁止重新插入外移导管；更换部位重新置管。

8. **导管阻塞**　常表现为给药时感觉有阻力、无法抽到回血、滴速变慢或停止。主要原因包括冲、封管未遵循生理盐水 - 药物注射 - 生理盐水 - 肝素（saline-drug administration-saline-haparin，SASH）或 SAS（对禁用肝素者）顺序；未使用正压封管致血液反流，采血后未使用封管技术；药物有配伍禁忌，不相容；脂肪乳剂沉淀引起管腔阻塞（当静脉输液导管内出现沉淀物、在输注配伍禁忌药物的溶液或容易形成沉淀的药物溶液后立即发生阻塞、使用尿激酶 2 次尝试后仍不能使导管再通时，可考虑是否为药物配伍禁忌引起的导管阻塞）；导管顶端贴到静脉壁；因患者体位致导管弯折；静脉血管内膜损伤、引起血栓等。

预防措施包括：尽量减少穿刺时静脉损伤；使用正确的封管技术；注意药物间配伍禁忌；输注脂肪乳剂时定时冲管；含有脂肪乳剂的营养液使用 0.12~0.14μm 直径孔滤器，不含有脂肪乳剂的营养液可使用孔径更小的滤器；输注有配伍禁忌的两种药物溶液之间，应充分冲洗导管。

处理措施包括检查受试者体位是否合适，检查导管是否弯折，妥善固定体外导管；行 X 线片或 CT 确认导管尖端位置是否正确；用 10ml 注射器缓慢回抽，将血凝块抽出（不可用力向血管内推注来清除血凝块，否则可导致导管破裂或血管栓塞），酌情拔管或使用导管再通技术。

四、完全植入式输液港

植入式静脉输液港又称植入式中央静脉导管系统（central venous port access system，CVPAS），简称输液港，是一种可以完全植入体内的闭合静脉输液系统，使用寿命较长。主要由供穿刺的注射座和静脉导管系统组成，其材质具有高度相容性，可采取经皮穿刺导管植入法或切开式导管植入法。其全部装置均埋于皮下组织，对患者日常生活影响小。

（一）适应证及禁忌证

输液港可用于输注高浓度、高渗透压药液或对外周血管强刺激性的药液，在营养治疗中主要用于长期 PN 的患者。

植入部位皮肤局部有破损或感染、全身感染且一般状况较差、上腔静脉综合征或出凝血功能障碍的患者不适合植入输液港。

（二）置管方法及管路维护

输液座植入部位一般选择前胸壁，输液导管植入途径首选超声引导下经右侧颈内静脉途径。导管头端的最佳位置为上腔静脉和右心房交界处，输液座植于皮下，部位一般选择前胸壁，建立皮下隧道和皮袋。用不可吸收缝线与周围组织缝合固定。

每次治疗结束前都需冲洗导管。一般用生理盐水脉冲式冲管，再用肝素稀释液正压封管。长时间不使用时，每 4 周用生理盐水 10ml 冲管。需输注多种药物时，中间都需要用生理盐水冲管。

（三）并发症及其防治

1. **导管相关性血流感染**　导管相关性血流感染（catheter-related bloodstream infection，CRBSI）常表现为输液座周围皮肤硬化、疼痛、红肿，多伴有周围软组织蜂窝织炎或全身症状，部分患者可自皮袋处抽出脓液。发生 CRBSI 时，应暂停使用输液港，进行局部伤口护理、抗生素治疗。

2. **导管堵塞和导管夹闭综合征**　常表现为抽回血困难、输液时有阻力或输液和采集标本时需要患者改变体位。导管无压迫时无须处理；有压迫但不伴有管腔狭窄时每隔 1~3 个月复查 X 线胸片，注意检查肩部的位置；有受压同时伴有管腔狭窄时应考虑拔管；导管横断或破裂时立即撤开导管。

3. **药液外渗**　预防药液外渗的操作包括输注前常规回抽，回血顺利、冲管时无不良反应时再输入；观察输液座局部组织有无肿胀、发热、疼痛等；使用输液港专业针头，穿刺成功后妥善固定等。发生液体外渗时应立即停止输液，确定外渗原因，局部可用生理盐水冲洗，冷敷和类固醇软膏涂抹。

4. **导管移位、扭曲或破坏**　通过 X 线可协助诊断，根据阻塞程度或移位情况决定是否拔管，导管破坏者需拔管。

（刘　明）

第四节　其 他 途 径

临床可用的静脉途径有外周静脉、中心静脉、气管插管内和骨髓腔内。目前我国多数医院是先尝试建立外周静脉通路，穿刺失败后，再选择建立中心静脉输液通路。心搏骤停或者休克的患者往往由于周围循环衰竭，外周静脉网充盈欠佳，甚至塌陷，从而影响外周静脉穿刺成功率及穿刺时间。建立中心静脉导管技术要求相对较高，耗时较长，穿刺失败率一般为 10%~40%，尤其对于心搏骤停行不间断心外按压的患者穿刺难度更大。气管插管内给药只能使用部分药物，液体应用受限。类似的情况会导致最佳用药时机丧失，甚至使抢救失败。与外周静脉通路及中心静脉通路相比，骨髓腔内通路具有操作成功率高、耗时短、易掌握的优势。

一、经腹腔输液

经腹腔输液营养治疗的安全性及有效性目前在人类尚未得到验证，其主要用于猪、猫、犬等哺乳动物。猪患有胃肠道疾病时，常使其减食、停食、脱水、营养消耗等，导致其消瘦或死亡，必须用输液的方法快速补充营养，同时还可以注入治疗药物。经腹腔输液的优点是腹膜面积大，密布血管和淋巴管，吸收能力强，速度快，补液时间短，对心脏负荷小，操作简便等。

二、经骨髓腔输液

骨髓腔内输液是一种能够快速、安全、有效地建立输液通道的方法，已有近百年的历史，早在1922年已出现对骨髓腔内输液技术的科学研究和记录。在第二次世界大战期间，战地医疗救治机构使用骨髓腔内输液技术挽救了大量生命。循环衰竭时，骨髓腔内静脉网仍然保持非塌陷状态且与体循环保持连接，可以作为输液通路，骨髓腔内输入药物的药动学、药效学及用药剂量与静脉用药相似。

（一）适应证

任何疾病急需经血管通路补液治疗或药物治疗，但无法建立常规静脉通路，均可采用骨髓腔内输液技术进行治疗。包括：心搏骤停、休克、创伤、大面积烧伤、严重脱水、持续性癫痫、呼吸骤停、恶性心律失常等。在危重症患者抢救过程中，如外周静脉穿刺2次不成功，应立即建立骨髓腔内输液通路。

（二）禁忌证

绝对禁忌证包括：穿刺部位骨折、穿刺部位感染、假肢等。相对禁忌证包括：成骨不全、严重骨质疏松、缺少足够解剖标志、穿刺点48h之内接受过骨髓腔输液等。

（三）操作方法

1. **穿刺部位** 理想的骨髓腔内输液部位要具备以下特点：骨皮质较薄，容易穿透；有较容易辨别的骨性标志；表面覆盖组织少；容易在艰难的环境中完成操作。首选胫骨近端作为骨髓腔内穿刺部位，其他穿刺部位还包括肱骨和胸骨柄。

2. **穿刺步骤** 操作步骤分为定位-消毒-穿刺-回抽-冲管-输液-拔出，同一部位骨髓腔内输液通路留置时间不应超过24h。以胫骨近端穿刺为例，穿刺点位于髌骨下缘约3cm（2指宽）和内侧缘约2cm（1指宽）的胫骨平坦处，以传统的骨髓穿刺针或专业的骨髓腔输液设备穿刺，穿刺针与骨面垂直进针，达到骨髓腔后拔除穿刺针针芯，外接注射器回抽到骨髓即可确定位置正确。用5~10ml生理盐水冲洗骨髓腔输液导管，以便输液顺畅。对于意识清醒有疼痛感觉的患者，必要时给予利多卡因麻醉。通过骨髓腔内通路输入2%利多卡因40mg，时间应大于2min，然后用5~10ml生理盐水冲洗骨髓腔输液导管，而后再输入2%利多卡因20mg，时间应大于1min。输液期间疼痛时随时重复给予利多卡因，如果通过骨髓腔内通路给予利多卡因无效时，可考虑全身的疼痛控制。利多卡因过敏者禁忌使用。冲管后连接输液管进行输液，建议留置时间不超过24h，特殊情况的最长可留置时间不超过96h。

3. **并发症及处理**

（1）液体外渗：液体外渗是骨髓腔内输液技术中最常见的并发症，多因穿刺过浅、过深、留置时间过长、导管脱出、在同一骨骼尝试多次骨髓腔内置管等引起。一旦发现有液体外渗应立即停止给药，拔出穿刺针。如果大量的液体外渗没有被及时察觉，会造成局部肌肉及皮下组织坏死，严重者可引起骨筋膜室综合征。因此必须加强对穿刺点的监测，及时对早期液体外渗进行识别并正确处理，避免严重并发症的发生。

（2）感染：骨髓腔内通路置入后可能引发蜂窝织炎、局部脓肿、骨髓炎等感染。其中骨髓炎是较为严重的感染性并发症，穿刺针的移位或留置时间过长、穿刺处污染、患有菌血症等都可能是骨髓炎发生的危险因素。未使用专业的骨髓腔内输液装置时，文献报道骨髓炎的发生率为0.6%，多与留置时间过长相关。越早拔除骨髓腔内穿刺装置，感染风险发生率越低，一旦发生感染，应拔出穿刺针，给予充分抗感染治疗，必要时引流。

（3）其他少见的并发症：包括误入关节内、穿刺针断裂、骨折、脂肪栓塞等，但并未发现骨髓腔内输液对骨内结构及成分产生明显影响。总之，为避免并发症的出现，应严格遵循无菌操作、严密监测穿刺部位、严格控制留置时间，一旦患者周围循环改善，则可以换用其他方式输液。

三、皮下输液

皮下输液是使用小规格针头将液体注入大腿、腹部、背部或手臂处皮下空间的一种操作技术。1865年,该技术首次被报道用于霍乱患者的脱水治疗。迄今为止多项研究证据表明,皮下输液同样可以达到对水及营养物质的吸收效果。其通过扩散力将液体从皮下组织吸收到循环中。皮下输液与静脉输液具有相似的有效性及安全性,且其并发症较少,易于使用,成本更低。

(一) 适应证

轻度、中度脱水或营养不良的患者,在口服补充不足、静脉通路无法建立或发生导管相关性血流感染(catheter-related bloodstream infection,CRBSI)、进行感染控制时,可以考虑使用皮下输液。

皮下输液可用于婴幼儿和成人,尤其适合静脉通路建立困难、营养状况较差的老年患者。由于老年患者皮肤松弛,皮下空间较大,对于皮肤输注的耐受性更好。

(二) 操作方法

皮下输液技术简单易行,对操作人员要求较低,行家庭营养治疗的患者也可以考虑使用。皮肤消毒后,将套管针(22~24G)以45°角插入皮下空间即可。金属和非金属材质的套管均可以使用,但非金属材料套管使用时间更长。

最常见的刺入部位是腹部的侧面、大腿内/外侧、男性胸前区、前臂/上臂外侧面或头皮部。操作者用拇指和示指将皮肤捏起,确定穿刺部位有足够皮下组织,插入后用绷带或透明敷贴覆盖针头,连接输液管道输入液体。皮下输液可以通过重力输注或输液泵输注,重力输注有助于预防局部水肿的发生。当皮下空间压力增大时,输注速度会减慢。输注速度应保持在组织灌注范围内,成人的输注速度约为62ml/h,连续24h输注量约为1 500ml。在多个部位同时输注可以增加总输注量。

(三) 并发症及防治

任何情况下出现输注部位水肿提示当前输注速率超过吸收速率,应立即减慢或停止输液。皮下输液最常见的并发症为输注部位组织水肿,该情况无须特殊处理,可自行消散。皮下输液多用于短期(≤10d)的营养治疗,但理论上只要输注路径允许且不发生任何并发症,长期输注也是可行的。对于皮下输液液体渗透压,目前尚无明确指南提出,但多项临床研究结果认为,皮下输液渗透压应维持在154~845mOsm/L,渗透压在280~300mOsm/L时患者耐受性最好。

皮下组织的主要糖胺聚糖为透明质酸,透明质酸酶是一种水解透明质酸的酶。透明质酸酶通过水解皮下组织中的透明质酸以降低凝胶组分的黏度,并增强结缔组织基质的渗透性,增加皮下空间液体或药物的吸收。基于这种特性,皮下注射之前或同时注射透明质酸酶可以增加液体或药物的吸收率。

皮下输液的护理也相对简单,留置针及输液管道应每24h更换一次以降低皮肤感染概率。

四、脐静脉导管输液

新生儿体温及血压较低,外周血管代偿性收缩致使充盈较差,外周静脉通路建立困难;同时,新生儿外周血管较脆弱,留置针使用不便。脐静脉因其血管管径较粗,可用于输注肠外营养及药物。脐静脉置管多选择在胎儿出生后1~72h内进行,留置时间平均为7d。

(一) 适应证

脐静脉置管主要用于新生儿的抢救。其操作简单,能迅速建立给药通道,避免反复穿刺带来的不便,提高危重新生儿的生活质量。

(二) 操作方法

依据Shukla-Ferrara公式计算导管插入距离,即插入长度(cm)=[胎儿体重(kg)×3+9]/2+1。脐带根部消毒后剪断,保留脐带根部约1cm,辨认脐静脉;无菌镊子提起脐带根部边缘,将充满肝素生理盐水的导管缓慢插入脐静脉内,导管尖端偏向患儿左侧,将导管送达预判深度。回抽血通畅后,连接导管接头并用丝线固定导管，脐部贴无菌敷料；床旁 X 线确定导管位置，导管尖端应位于下腔静脉内，X 线显影导管尖端位于膈上 1cm 以内，第 8~9 胸椎水平位置。置管过程中应严密监测生命体征，若心率明显增快，脉压增大，应考虑导管置入位置错误并做出及时调整。

（三）并发症及防治

并发症主要有渗液、出血、导管相关感染及导管堵塞。当患儿置管后出现上述任一症状，均应拔除导管。导管拔除前应对患儿脐带、脐带根部及脐带横断面进行严格消毒，缓慢拔除导管后局部压迫止血，并剪下导管尖端做细菌培养。

加强导管护理是预防并发症的关键。置管后无菌敷料应每 24h 更换一次，并对脐带断面及根部进行消毒，观察脐部有无红肿、渗出等感染症状；每日记录导管置入深度，必要时应约束制动患儿肢体以免导管脱出；每日更换输液器及接头，为防止导管回血形成血栓阻塞导管，置管期间应连续输液，输液速度 ≥ 1.5ml/h；每 6h 以生理盐水正压冲管，若管内回血较多时，抽取少量肝素生理盐水脉冲式冲管；从脐静脉导管中抽取血液后，应使用 1ml 肝素生理盐水冲管并更换接头。

（刘　明）

第十一章 营养相关症状

营养相关症状是指能够影响患者营养状况的相关症状，常作为多种疾病的伴随症状出现，这些症状对于患者的营养状态以及疾病转归会产生重要的影响。营养相关症状涉及方面较广，尤其是病因与机制较为复杂，本章将从厌食、恶心与呕吐、腹胀、便秘、腹泻、食物过敏与不耐受、消化吸收障碍以及吞咽困难 8 方面探讨营养相关症状，阐述其病因与发病机制、临床表现、诊断及治疗。

第一节 厌 食

厌食 / 食欲缺乏（anorexia）是指进食欲望的减退或消失，严重者称为畏食。厌食分为原发性厌食和继发性厌食。原发性厌食又称为神经性厌食症，是指个体通过节食等手段，有意造成并维持体重明显低于正常标准为特征的一种进食障碍。继发性厌食又称为疾病相关性厌食，常继发于感染、炎症、损伤、毒素、免疫反应、恶性肿瘤以及坏死等多种急、慢性疾病的病理生理过程中，在肿瘤的化疗、放疗、免疫治疗以及阿片戒断综合征的治疗过程中也可出现厌食的症状。

神经性厌食症以女性多见，大约 10% 的患者是男性。年轻女性中患病率为 0.2%~0.8%，发病高峰在青春期早期至中期，也可能发生在儿童期，但在 12 岁以上的儿童中更为常见。疾病相关性厌食患病率并没有明确的流行病学报道，但依据疾病的类型、特点以及严重程度而不同。据统计，33%~75% 的恶性肿瘤患者有厌食的表现，几乎所有接受放、化疗的患者都会有厌食发生。

神经性厌食主要以担心体重增加或变胖的强烈恐惧感为主要特征，常伴有营养不良、代谢和内分泌紊乱。而疾病相关性厌食依据疾病类型不同而有所不同。有研究表明，急性疾病期间的暂时性厌食可能对机体有益，原因可能是营养素摄入的限制抑制了细菌生长，这种短暂的营养缺失不会造成营养不良。然而，慢性疾病过程中的长期厌食对机体是有害的，可导致长期营养不良，并可能与恶病质相关，甚至可导致死亡。同时，营养不良也会导致厌食的发生，可能是由于营养不良往往伴随着电解质紊乱和微量元素的缺乏，而一些电解质和微量元素与胃肠道动力及消化功能相关，进而导致厌食的发生。

一、正常食欲维持机制以及厌食相关发病机制

饱食和摄食中枢存在于人类下丘脑，饱食中枢主要是弓状核和腹内侧核，摄食中枢主要是室旁核和下丘脑外侧区域，其神经细胞可以感受血液中葡萄糖、脂类浓度的变化，引起放电频率的变化，低血糖浓度抑制饱食中枢的放电频率，高血糖浓度则抑制摄食中枢的放电频率，从而产生饥饿感与饱腹感。除营养物质与胃肠道受体的相互作用外，饱腹感信号也来源于机械运动如胃窦的扩张。人体内多种器官分泌的激素，如脂肪组织分泌的瘦素、胰腺分泌的胰岛素、胃分泌的胃饥饿素、肠道分泌的酪酪肽（peptide tyrosine-tyrosine 3-36，PYY3-36）、胃泌酸调节素、胰高血糖素样肽 1 等也可作用于下丘脑的饱食与摄食中枢，进而参与食欲的正常调节过程（图 11-1-1）。

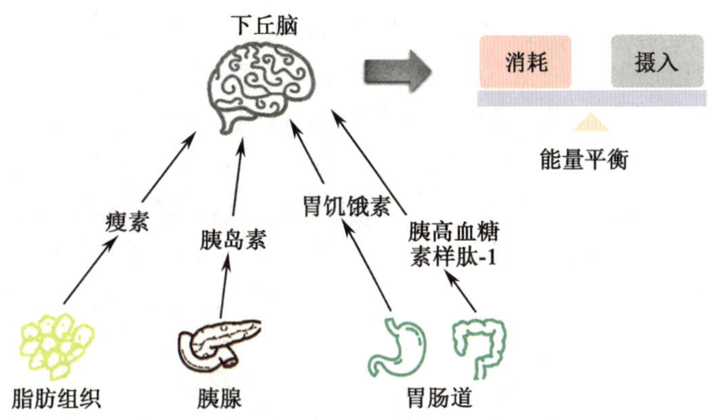

图 11-1-1 机体分泌的激素参与食欲调节

神经性厌食症的机制目前为止尚不清楚，可能包括调节基因突变，激素分泌异常及心理因素等。研究表明，多种机制参与疾病相关性厌食，可能包括疾病导致的抑郁或焦虑、慢性恶心、早期饱腹感、代谢改变、细胞因子的作用等。例如：内分泌疾病如甲状旁腺功能亢进、嗜铬细胞瘤可影响神经递质、细胞因子的释放，进而影响下丘脑对进食的调节而导致厌食。放、化疗可通过中枢及外周途径作用于呕吐中枢，使患者减少或丧失进食欲望。

二、常见病因

（一）神经性厌食症

1. **遗传因素** 家属中有进食障碍者患此病的概率比正常人群高 8 倍。双生子研究中发现，神经性厌食遗传度为 33%~84%，单卵双生子的同病率为 52%~56%，而双卵双生子只有 5%~11% 的同病率，提示遗传因素起一定的作用。

2. **生物化学因素** 研究表明，厌食可能与神经递质去甲肾上腺素（norepinephrine，NE）、5- 羟色胺（5-hydroxytryptamine，5-HT）有关，但目前具体机制还不清楚。另外，厌食与摄食行为的调节有关。

3. **心理因素** 厌食症患者性格多具有自我评价低、过度依赖及完美主义倾向、过度关注体型和体重等特征，并以此来判断自我价值。

4. **社会环境因素** 20 世纪后半期，进食障碍的发病率和患病率大幅增加，这与推崇女性身材应该纤细苗条的社会文化背景相关。慢性应激状态、工作学习过度紧张、新环境适应不良、社交关系障碍等均与神经性厌食症发病相关。

（二）继发性厌食症

胃肠道疾病如胃癌、炎症性肠病等可出现胃充盈或排空的机械问题而导致进食减少，因潜在的腹痛以及其他不愉快的感觉而害怕进食，因吞咽疼痛导致进食焦虑，因食物不耐受而出现早期饱腹感，都会导致继发性厌食。内分泌疾病如甲状旁腺功能亢进、全垂体功能减退、嗜铬细胞瘤等可影响神经递质、细胞因子释放，进而影响下丘脑对进食的调节导致厌食。

另外还有多种疾病均可导致厌食，肝脏疾病如急性肝炎，肾脏疾病如慢性肾衰竭和尿毒症，肺部疾病如慢性阻塞性肺疾病，心血管疾病如充血性心力衰竭，免疫、血液学疾病和下丘脑疾病以及精神疾病如抑郁症，结缔组织病如类风湿关节炎和系统性红斑狼疮，以上疾病均可引起厌食。除此之外，铁、维生素 B_1、叶酸和氰钴胺等营养素的缺乏也可导致厌食。化疗、放疗及免疫治疗等治疗手段也会导致患者厌食的发生。

三、临床表现及诊断

（一）症状

1. **核心症状** 神经性厌食症患者常常表现有进食增加体重的先占观念和非理性担心肥胖，这是患者临床症状的核心。主动限制进食，对进食持有特殊的态度和行为。可有间歇发作的暴饮暴食，但进食后又后悔，千方百计地把食物吐出以减少体重增加。患者常采用过度运动、滥用利尿药或泻药、自我催吐等行为避免体重增加。该病最具特征性的症状是患者拒绝维持与年龄、身高相对应的最低正常体重。疾病相关性厌食通常伴随原发疾病发生，随着原发疾病得到控制，多数可好转。

2. **精神症状** 神经性厌食症患者大多早期感觉良好，行动活泼，敏捷好动，参加各种社交活动。随着病情的发展和体重的下降，患者可出现失眠，甚至彻夜不眠、注意力和记忆力减退、决策困难，常有情绪不稳、焦虑、抑郁、强迫观念、个性改变、精力减退、性欲下降、社交退缩，严重者可出现自残、自杀行为。

3. **躯体症状** 头晕眼花、心悸、直立性低血压和晕厥提示心血管系统改变。胃肠道症状包括饱胀、胀气、便秘、腹痛和恶心。如有低蛋白血症可出现皮肤水肿。因进食减少可出现低血糖反应。由于胃酸对牙釉质的影响，具有自身诱导呕吐的患者可发生牙侵蚀症和龋齿。极度营养不良时，劳动力丧失，呈全身无力状态，行动需扶持。

4. **内分泌症状** 常伴有严重的内分泌功能紊乱，女性闭经、男性性欲减退或阳萎。如果在青春期发病，体格发育会延缓甚至停滞，即生长停止，女孩乳房不发育并出现原发性闭经，初潮延迟；男孩生殖器呈幼稚状态。随着病情恢复，青春期多可正常度过。对育龄女性而言，流产、不孕、剖宫产率增加，产后抑郁风险增加。

（二）体征

主要表现为厌食所致营养不良。患者体型多数为消瘦，体重下降 10%~15%，BMI<17.5，甚至表现为恶病质状态。内分泌疾病所致厌食可伴有心率增快；胃肠道疾病可伴有腹部压痛等。

（三）辅助检查

1. **激素水平改变** 生长激素（growth hormone，GH）水平下降；性激素如卵泡刺激素（follicle-stimulating hormone，FSH）、黄体生成素（luteinizing hormone，LH）水平下降；甲状腺激素如促甲状腺激素（thyroid stimulating hormone，TSH）正常或升高，三碘甲状腺原氨酸（triiodothyronine，T_3）降低；肾上腺激素如血皮质醇升高，尿 17- 羟和 17- 酮类固醇增高。

2. **微量元素缺乏** 长期厌食导致营养摄入不足，可出现血钙、镁、钠、钾降低。

3. **肌肉减少** 长期厌食导致的营养不良常伴随肌肉减少，生物电阻抗或 CT 影像可提示肌肉量减少。除此之外，还可出现骨量减少、糖耐量异常，脑萎缩等检查结果异常。

四、治疗

（一）病因治疗

1. **心理治疗** 对于神经性厌食症患者，心理治疗主要包括纠正认知歪曲和其他相关因素，如体象障碍、自卑、家庭问题等。首先要取得患者的合作，了解发病诱因，给予认知治疗、行为治疗、家庭治疗。认知治疗的第一步是评估认知功能，了解其在处理和解释事件时的系统性认知歪曲。行为治疗主要采取阳性强化的治疗原理，物质和精神奖励相结合，达到目标体重便给予奖励。家庭治疗主要针对发病有关的家庭因素进行系统的家庭治疗，有助于缓解症状、减少复发。总之，要使患者重新产生进食欲望。

2. **原发病治疗** 根据临床症状、辅助检查等判断厌食是神经性厌食还是继发性厌食，继发性厌食应积极治疗引起厌食的原发病，进而改善由此引起的厌食症状。

（二）对症治疗

1. **药物治疗** 治疗的目的有两个，一是调节与饱腹感有关的神经递质或神经肽而改善食欲；目前推荐的食欲刺激剂主要包括皮质类固醇、孕激素类似物和 5- 羟色胺拮抗剂。皮质类固醇促进食欲的作用机制尚不明确，有报道其具有致欣快和抗炎作用，以及对下丘脑的刺激作用，可能导致了食欲的增加。皮质类固醇曾经是刺激肿瘤恶病质患者食欲的治疗方法。研究表明：地塞米松、泼尼松龙以及甲泼尼龙均可在短期内缓解肿瘤患者的厌食症状。但长期类固醇治疗可导致肌病和多种其他副作用。目前已证实醋酸甲地孕酮和醋酸甲羟孕酮等孕激素类似物对于促进肿瘤患者食欲的有效性，研究表明醋酸甲地孕酮耐受性好，副作用相对小，经济方便，临床常用。赛庚啶是一种组胺和5-羟色胺的拮抗剂，观察性研究已发现其可轻度刺激食欲，使晚期肿瘤患者体重增加。二是治疗与神经性厌食共病的其他精神障碍。患者出现焦虑、抑郁症状、易激惹，甚至具有自杀倾向时，抗抑郁药、抗精神病药、锂盐、抗癫痫药、抗焦虑药物均可使用。

2. **营养治疗**　由厌食导致的内分泌功能紊乱，可补充外源性激素；胃肠道症状可使用促动力药物及肠道生态调节剂；要保证厌食症患者的正常营养，纠正水、电解质紊乱；定期测体重，确定目标体重和理想体重增长率；可供给高能量饮食，静脉输液或肠外营养；补充多种维生素及微量元素；餐前注射胰岛素还可以增进食欲。

五、预防

神经性厌食症的预防可通过解除精神刺激，纠正人体美的观念进行预防。疾病相关性厌食主要以治疗为主，可在积极治疗原发病的同时考虑加用改善消化功能的药物，以及通过改善食物的色、味等手段预防厌食的发生。

六、小结

1. 厌食分为原发性厌食和继发性厌食。

2. 原发性厌食多与患者心理因素和社会环境因素相关，继发性厌食常继发于急性（炎症性、感染性）和慢性（肿瘤性、坏死性、感染性）疾病。

3. 原发性厌食多同时伴有精神症状和躯体症状，最具特征性的表现是患者拒绝维持与年龄、身高相对应的最低正常体重；继发性厌食通常伴随原发疾病发生，当原发疾病得到控制后大多可逐渐好转。

4. 厌食的治疗可分为病因治疗以及对症治疗，其中病因治疗包括心理治疗（主要针对原发性厌食）和原发病治疗（主要针对继发性厌食）。对症治疗包括药物治疗和营养治疗。

（崔久嵬）

第二节　恶心、呕吐

恶心、呕吐是肿瘤患者常见的临床症状，均为较复杂的反射活动。恶心（nausea）是一种内脏不适感，可以伴或不伴呕吐，患者有将胃内容物经口吐出的感觉，常常会伴有头晕、心动过速、流涎增多等迷走神经兴奋症状，常为呕吐的前驱感觉。呕吐（vomiting）是指通过膈肌、肋间肌、腹肌收缩，并在胃的强烈收缩运动下，使胃内容物或一部分小肠内容物不自主地经口排出的过程。

手术患者术后恶心、呕吐的发生率为20%~30%；对于化疗患者，在应用止吐药物的情况下仍有超过60%的患者有呕吐的经历，恶心症状高达79%~90%；反流性食管炎、急性胰腺炎、急性胃肠炎以及十二指肠溃疡等最突出的症状为恶心、呕吐，恶心发生率可达50%，呕吐发生率高达90%；急性阑尾炎、肠梗阻的早期重要伴随症状包括恶心、呕吐，发生率为40%~60%。频繁恶心、呕吐易造成代谢紊乱、营养失调及体重减轻，持续而剧烈的呕吐可导致食管贲门黏膜撕裂、脱水、电解质紊乱、酸碱失衡等，严重影响患者的生活质量。

一、发病机制

呕吐中枢位于延髓，它由两个功能不同的组成：一是神经反射中枢，即呕吐中枢，位于延髓外侧网状结构的背部，接受来自消化道、大脑皮质、内耳前庭以及化学感受器触发带的传入冲动，直接支配呕吐的动作。二是化学感受器触发带，位于延髓第四脑室的底面，接受各种外来的化学物质或药物与内生代谢产物的刺激，并由此发出神经冲动，传到呕吐反射中枢，引起呕吐，由中枢神经系统化学感受器触发区的刺激引起呕吐中枢兴奋而发生呕吐，称中枢性呕吐。由内脏末梢神经传来的冲动刺激呕吐中枢引起的呕吐，称为反射性呕吐（图 11-2-1）。

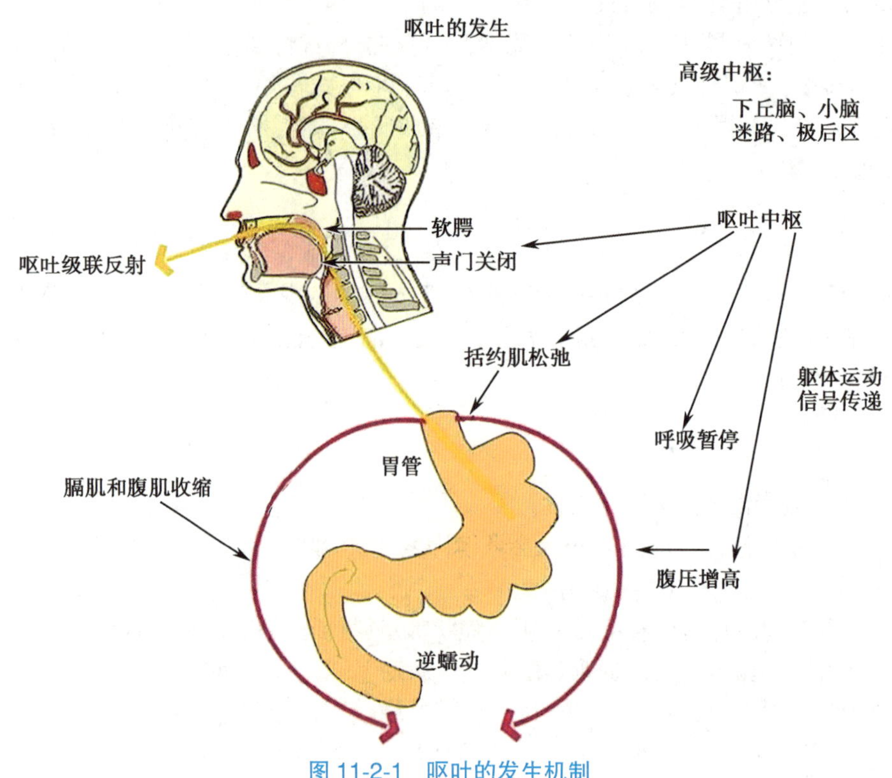

图 11-2-1　呕吐的发生机制

二、病因

（一）反射性呕吐

反射性呕吐是指当体内某器官或组织有病理改变或受到刺激时，经神经反射而引起的恶心、呕吐，常见病因如下。

1. **咽部受到刺激**　如吸烟、剧烈咳嗽、鼻咽部炎症等。
2. **胃十二指肠疾病**　如急慢性胃肠炎、消化性溃疡、功能性消化不良、急性胃扩张或幽门梗阻、十二指肠壅滞、胃癌等。
3. **肠道疾病**　如急性阑尾炎、肠梗阻、急性出血坏死性肠炎等。
4. **肝胆胰疾病**　如急性肝炎、肝硬化、肝淤血、急性胰腺炎、急性胆囊炎、胆石症、胆道蛔虫病等。
5. **腹膜及肠系膜疾病**　如急性腹膜炎、急性肠系膜淋巴结炎等。
6. **其他各系统疾病**　如肺炎、胸膜炎、急性心肌梗死、心力衰竭、休克、泌尿系结石、急性肾盂肾炎、急性盆腔炎、异位妊娠破裂、青光眼、刺激嗅觉、视觉及味觉等。
7. **药物局部刺激**　如口服磺胺、水杨酸盐、氨茶碱、奎宁等。

（二）中枢性呕吐

由颅内病变直接压迫或者药物等刺激延髓内的呕吐中枢，增加其兴奋性所引起。常见病因如下。

1. **神经系统疾病**　如颅内感染、脑血管疾病、颅脑损伤、脑肿瘤、癫痫等。
2. **全身性疾病**　如尿毒症、肝昏迷、糖尿病酮症酸中毒、甲状腺危象、甲状旁腺危象、肾上腺皮质功能不全、低血糖、低钠血症、妊娠反应、放射性损害等。部分肿瘤可以分泌一些异位激素，可引起内分泌、神经、消化、泌尿等系统发生病变，从而影响呕吐中枢，引发恶心、呕吐。

3. **药物**　某些抗生素、洋地黄类药物、吗啡等；多种抗肿瘤药物，包括化疗药物、分子靶向药物、放疗等，都可能引起患者恶心呕吐。

4. **中毒**　乙醇，重金属，一氧化碳，有机磷，鼠药等。

5. **精神因素**　伪神经症，癔症，神经性厌食等。

(三) 前庭障碍性呕吐

1. **迷路炎**　急性与慢性化脓性中耳炎的常见并发症，病理分为迷路周围炎、局限性迷路炎、弥漫性浆液性和化脓性迷路炎 4 种类型。

2. **梅尼埃病**　本病以中年男性较多，表现为突发的旋转性眩晕(多为水平性)、耳聋与耳鸣，眩晕发作时意识清醒，常伴有面色苍白、出冷汗、恶心、呕吐、血压下降等反射性迷走神经刺激症状。

3. **晕动症**　本症状发生在航空、乘船、乘汽车或火车时，以苍白出汗、流涎、恶心、呕吐等为主要表现。

三、临床表现及诊断

(一) 呕吐的时间

晨起呕吐，多见于肾衰竭、慢性酒精中毒，同时，部分鼻窦炎、鼻咽部肿瘤可以刺激咽部，引起晨起恶心、干呕。胃肠道肿瘤引起幽门梗阻、肠梗阻等，常表现为夜间恶心、呕吐。进食后马上发生的恶心、呕吐常见于肿瘤累及幽门。餐后很久或餐后才出现的呕吐常见于胃、肠或肠系膜等部位存在肿瘤压迫或阻塞。

(二) 呕吐与进食的关系

进食过程中或餐后即刻呕吐，提示幽门管溃疡或精神性呕吐；餐后 1h 以后出现呕吐，提示胃张力下降或胃排空延迟；餐后近期呕吐，集体发病提示食物中毒；餐后较久或数餐后呕吐，提示幽门梗阻。

(三) 呕吐的特点

喷射性呕吐多见于颅内炎症、肿瘤、水肿、出血等，颅内压增高所致的呕吐恶心多不明显，与饮食无关，常伴有不同程度脑神经损害，头痛较剧烈，呕吐后头痛可暂时减轻。此外，由于眼部受累，眼压增高及前庭蜗神经受累的患者呕吐也为喷射样。进食后立刻呕吐，恶心很轻，吐后又可进食，长期反复发作而营养状态不受影响，提示神经官能性呕吐。肿瘤直接侵犯或压迫幽门，引起幽门梗阻，患者多为迟发性恶心、呕吐，常呈喷射性，伴有上腹部不适、胀痛。肿瘤累及肠道者常会出现肠梗阻，患者恶心、呕吐为反复性，较为剧烈，常伴腹痛和肛门排气、排便停止，呕吐后腹痛无明显缓解。

(四) 呕吐物的性质

呕吐物量大，带发酵、腐败气味，提示幽门梗阻伴胃潴留；呕吐物带粪臭味提示低位小肠梗阻；呕吐物不含胆汁，提示梗阻平面在十二指肠乳头以上，含多量胆汁则提示在此平面以下的十二指肠或小肠梗阻、胆囊炎、胆石症及胃大部切除术后；呕吐物含有大量酸性液体，提示胃泌素瘤或十二指肠溃疡；无酸味、含有未完全消化的食物提示食管性呕吐，如食管癌、贲门狭窄或贲门失弛缓症；呕吐物为咖啡样或血性见于上消化道出血。

(五) 伴随症状

1. 伴腹痛、腹泻者多见于急性胃肠炎或细菌性食物中毒、霍乱、副霍乱和各种原因的急性中毒。
2. 呕吐大量隔夜食物，且常在晚间发生，提示有幽门梗阻、胃潴留或十二指肠壅滞。
3. 呕吐物多且有粪臭者可见于肠梗阻。
4. 伴右上腹痛及发热、寒战或者黄疸者应考虑胆囊炎或胆石症。
5. 呕吐后上腹痛缓解常见于溃疡病。
6. 伴头痛及喷射性呕吐者常见于颅内高压或青光眼。

7. 伴眩晕、眼球震颤者，见于前庭器官疾病。

8. 正在应用某些药物如抗菌药物与抗癌药物等，呕吐可能与药物副作用有关。

9. 已婚育龄妇女伴停经，且呕吐在早晨者应注意早孕。

10. 有肾功能不全、糖尿病、电解质紊乱、重症甲状腺功能亢进等病史，呕吐伴有明显恶心者，应考虑尿毒症、酮症酸中毒、低钠、低氯、甲状腺危象。

（六）程度评估

对于恶心、呕吐程度，目前有很多评估工具。以下介绍常用的评估方法：

1. **症状困扰评估量表**　是20世纪80年代由MaCorkle和Yuong设计的评估恶心、呕吐的工具，评估恶心、呕吐相关症状困扰的程度。项目包括对患者睡眠、精神状态、疲倦、食欲、恶心、胃肠道活动情况、疼痛、活动程度、注意力、外观、呼吸情况及咳嗽程度的评估。

2. **常见不良反应事件评价标准**（common terminology criteria for adverse events）　恶心根据其严重程度可分为轻、中、重三级。轻度恶心表现为食欲减低，不伴有进食习惯改变；中度恶心是指经口摄食减少，不伴有明显的体重下降、脱水或营养不良；重度恶心是指经口摄入能量和水分不足，需要鼻饲，全肠外营养。呕吐根据其发作次数和对全身的影响，分为轻、中、重、极重四个级别。轻度呕吐是指24h呕吐发作1~2次；中度呕吐是指24h呕吐发作3~5次；重度呕吐是指24h呕吐发作6次以上，需要鼻饲、全肠外营养或住院；极重度呕吐是指严重呕吐已经危及生命，需要紧急治疗。

（七）诊断

恶心、呕吐的病因十分广泛，正确的诊断有赖于详尽的病史、全面的体检和有针对性的实验室及其他辅助检查。

1. **病史**

(1) 药物或放射线接触史：易引起呕吐的常用药物有某些抗生素、洋地黄、茶碱、化疗药物、麻醉剂、酒精等。深部射线治疗、镭照射治疗和^{60}Co照射治疗，常引起恶心呕吐。

(2) 其他：呕吐可为许多系统性疾病的表现之一，包括糖尿病、甲状腺功能亢进或肾上腺功能减低等内分泌疾病，硬皮病等结缔组织病，脑供血不足、脑出血、脑瘤、脑膜炎、脑外伤等中枢神经系统疾病，尿毒症等泌尿系统疾病。

2. **体格检查**

(1) 一般情况：应注意神志、营养状态，有无脱水、循环衰竭、贫血及发热等。

(2) 腹部体征：应注意胃型、胃蠕动波、振水声等幽门梗阻表现；肠鸣音亢进、肠型等急性肠梗阻表现；腹肌紧张、压痛、反跳痛等急腹症表现。此外，还应注意有无腹部肿块、疝等。

(3) 其他：眼部检查注意眼球震颤、眼压测定、眼底有无视盘水肿等。有无病理反射及腹膜刺激征等。

3. **实验室检查**

(1) 血常规、尿常规、便常规、肾功能、离子、血糖、血尿淀粉酶等，注意电解质紊乱及酸碱平衡状态等。

(2) 消化道造影、腹部平片或CT、胃镜、肠镜有助于病因诊断。

(3) 呕吐物检查。

四、治疗

（一）病因治疗

1. **胃肠道疾病**　消化道良性或恶性病变造成的狭窄或梗阻，行扩张、置入支架或手术治疗；胃肠道急性炎症性病变，积极选用抗生素并纠正电解质紊乱及补充维生素；胃肠动力障碍，可应用莫沙必利等促胃肠动力剂；胃肠道痉挛，可应用东莨菪碱等抗胆碱能药物。

2. **肝脏、胆道及胰腺疾病**　急性病毒性肝炎，护肝治疗及适当的休息；胆道梗阻或绞痛，解除胆道梗阻或抗炎；急性胰腺炎，采用胃肠减压，减少胰液与胰酶的分泌。

3. **中枢神经系统病变**　应用降低颅内高压、减轻脑细胞水肿的药物治疗，改善呕吐的症状并保护或恢复脑细胞功能。

4. **药物所致的呕吐**　多种药物有引起恶心与呕吐的不良反应，立即停药，呕吐症状可减轻、消失；某些恶性肿瘤或血液系统恶性疾病治疗后引起恶心与呕吐的不良反应，常应用镇吐药物进行治疗。

5. **神经、精神因素所致的呕吐**　心理治疗是关键，首先应消除患者的精神心理障碍，其次可配合药物治疗，常用的药物是镇静药与胃肠促动力剂，重者可采用多塞平或氟西汀等抗抑郁药物治疗。

（二）对症治疗

1. 药物治疗

（1）促胃肠动力药物：甲氧氯普胺又名胃复安，能阻断化学感受器触发区（chemoreceptor trigger zone，CTZ）的多巴胺受体，大剂量时可以抑制 5-HT_3 受体，减少经胃肠道和 CTZ 的冲动传入呕吐中枢。同时，还通过扩张幽门管、促进幽门蠕动缩短胃部排空的时间，从而改善胃功能，对麻醉或者化疗药物所致的恶心呕吐效果较好。甲氧氯普胺可通过血 - 脑屏障，常见副作用为锥体外系症状。常用剂量为 10~20mg/ 次，每日 4 次口服。

多潘立酮是新型的多巴胺受体拮抗剂，与甲氧氯普胺有相似作用，但其促进胃肠动力的作用比甲氧氯普胺强十多倍，且多潘立酮不能通过血 - 脑屏障，锥体外系症状较少。常用剂量为 10~20mg，每日 3 次口服。

莫沙必利是选择性 5-HT_4 受体激动剂，通过兴奋胃肠道胆碱能中间神经元及肌间神经丛的 5-HT_4 受体，促进乙酰胆碱的释放，从而增强胃肠道运动。莫沙必利对多巴胺 D_2 受体、5-HT_1、5-HT_2 受体无激动作用，不同于甲氧氯普胺，无锥体外系的副作用。常用剂量为 5mg，每日 3 次口服。

（2）5-HT_3 受体拮抗剂：5-HT_3 可以激动肠道及中枢神经的 5-HT_3 受体，从而引发恶心、呕吐。药物、放射线、麻醉、手术等均可引起胃肠道释放 5-HT_3，从而引起呕吐反射。目前常用第一代药物主要有昂丹司琼、格拉司琼、托烷司琼、雷莫司琼、阿扎司琼等。对控制肿瘤化疗相关的急性恶心、呕吐疗效相似，不良反应较轻，与地塞米松合用能增强其止吐疗效。帕洛诺司琼是第二代长效、高选择性 5-HT_3 受体拮抗剂，与 5-HT_3 受体的结合力是其他第一代拮抗剂的 30~100 倍，半衰期较长，约为 40h。

（3）苯二氮䓬类药物：主要代表药物有地西泮及劳拉西泮，通过抑制脑内中枢神经元的兴奋性发挥止吐作用。主要不良反应为突然停药可能出现惊厥，大剂量应用时会出现呼吸抑制及低血压。

（4）糖皮质激素类：目前糖皮质激素类药物的止吐作用尚未明确。常用药物有地塞米松，甲泼尼龙及氢化可的松，与其他化疗止吐药物联合应用时，可增加其止吐作用。

（5）神经激肽（neurokinin，NK）受体 -1 拮抗剂：P 物质是一种能够与脑干内化学感受器触发区、孤束核和胃肠道 NK 受体结合的神经肽。P 物质和 NK 均为速激肽家族成员，P 物质与 NK-1 受体结合参与急性和迟发性呕吐的发生。代表药物为阿瑞匹坦、福沙匹坦。NK-1 受体拮抗剂与 5-HT_3 受体拮抗剂、地塞米松合用，在对中、高度致吐风险化疗引起的急性和迟发性呕吐的治疗上显著提高了急性和迟发性呕吐的控制率。

（6）抗精神病类药物：奥氮平是一种治疗精神分裂症的非典型抗精神病药物。美国国立综合癌症网络（National Comprehensive Cancer Network，NCCN）自 2007 年以来推荐使用该药作为化疗的止吐药。奥氮平对阿片类药物引起的慢性恶心以及中、高度致吐风险的化疗所致迟发性恶心、呕吐效果较好。用法为 2.5~5mg 口服，每天 2 次。最常见不良反应是嗜睡和体重增加。

（7）吩噻嗪类：代表药物为氯丙嗪、异丙嗪、奋乃静等。此类药物为多巴胺受体拮抗剂，通过抑制 CTZ 和 / 或降低呕吐中枢的兴奋性来发挥其止吐作用，对于化疗药物、毒麻药物及肾衰竭所致的恶心、呕吐有效，对肿瘤颅内转移所致的晕动症状引起的恶心、呕吐效果较好。副作用较大，主要为直立性低血压、锥体外系症状等。

2. **营养治疗**　患者营养摄入的理想途径是经口摄入，对于恶心呕吐较为频繁、完全不能经口进食的肿瘤患者，可通过鼻肠管给予肠内营养。如果患者不能进食，又不适合肠内营养，应该给予全肠外营养，补充每日所需能量及必需营养元素。

3. **非药物治疗**

（1）放松训练：放松训练可转移患者的注意力，减少恶心、呕吐的发生，其可能的机制是：①通过放松训练，在机体内产生一系列生理的变化，使生理唤醒水平（呼吸、血压、心率、肌电、皮电等）降低。②使引起呕吐的胃肠道肌肉张力降低。③使焦虑直接诱发的条件性恶心、呕吐得到改善。

（2）系统脱敏：系统脱敏目前广泛应用于各种心理障碍的治疗。其治疗原理以对抗条件反射为基础。研究证实，系统脱敏可以明显改善化疗患者不良反应，预期性恶心、呕吐的发生率较其他患者明显降低。

（3）中医穴位针灸：通过对足三里、中脘、内关等部位针灸，也能起到一定的止吐作用。

五、预防

对于恶心、呕吐的患者，饮食上，可吃清淡、容易消化的食物；假如仅在两餐之间感到恶心，可少量多餐；避免进食生冷、过甜、过咸、油腻、辛辣的食物以减少气息或味道的刺激。晚期肿瘤患者常常伴有恶病质，故饮食上应给予高蛋白、高能量、易消化吸收的食物。

六、小结

1. 频繁恶心、呕吐将严重影响患者的生活质量，因此，对恶心、呕吐的认识和防治十分必要。

2. **按发病机制分类**　可分为中枢性呕吐、反射性呕吐和前庭障碍性呕吐。

3. **恶心、呕吐的治疗**　主要有原发病及对症治疗。明确引起恶心、呕吐的病因，针对原发病进行治疗。根据恶心、呕吐的程度选择适当的药物对症治疗，影响进食的患者可给予营养治疗。

（崔久嵬）

第三节　腹　　胀

腹胀是一种常见的消化系统症状，患者主观上感觉腹部部分或全腹部胀满，客观上检查可以发现腹部部分或全腹部膨隆。营养不良患者常常伴有腹胀，营养不良可以引起和加重腹胀，而腹胀又可以进一步加重营养不良，如果不及时干预，如此恶性循环，患者一旦进入恶病质不可逆时期将失去治疗机会，且生存期也会缩短，因此腹胀症状需要早期发现和关注，分析原因，早期进行干预，避免不良结局的发生。

一、发病机制

（一）消化系统功能减弱

消化系统疾病可出现消化功能紊乱的表现，消化系统肿瘤侵犯直接导致胃肠消化面积减少或梗阻，食物消化吸收不良，引起腹胀。

（二）胃肠道神经调节机制出现障碍

胃肠道受交感和副交感神经的双重支配。二者共同调节消化道平滑肌的运动、腺体分泌、血管收缩和舒张。疾病或各种因素导致神经反射失调，从而引起胃动力障碍、胃肠运动不协调、胃壁顺应性下降、胃电活动异常等胃肠运动功能失调（表 11-3-1）。

表 11-3-1　腹胀的发病机制

腹胀发病机制	具体表现
消化系统功能减弱	肿瘤侵犯直接导致胃肠消化面积减少或梗阻，食物消化吸收不良，引起腹胀
胃肠道神经调节机制障碍	神经反射失调，从而引起胃动力障碍、胃肠运动不协调、胃壁顺应性下降、胃电活动异常
激素肽类分泌异常	影响胃肠运动及消化功能激素的分泌量及种类异常

（三）胃肠激素和肽类分泌异常

胃肠激素是由存在于胃肠黏膜层、胰腺内的内分泌细胞和旁分泌细胞分泌，以及由胃肠壁的神经末梢释放的。许多胃肠激素对消化道运动起促进或抑制作用，疾病或心理异常可引起这些激素的分泌异常，出现胃肠运动及消化功能障碍。

二、病因

（一）胃肠道积气过多

1. **吞入过量空气**　精神因素或某些胃肠疾病、大量饮水或进食太快、过度哭闹等情况均会导致吞入过量气体。

2. **胃肠道排空障碍**　肠梗阻、肠壁张力或动力减弱时，过量气体可积聚于肠道。

3. **胃肠道产气增加**　肠道细菌过度生长，从而产生过量气体可导致腹胀。其与肠易激综合征、功能性消化不良、功能性肠病、肝病、克罗恩病、小肠憩室、胰腺炎、短肠综合征、糖尿病等疾病密切相关。进食产气增多的食物如大豆、牛奶等也可引起腹胀。

（二）腹腔积液过多

1. **漏出性腹腔积液**　常见原因有肝源性、心源性、静脉阻塞性、肾源性、营养缺乏性、乳糜性等。

2. **渗出性腹腔积液**　常见原因有自发性细菌性腹膜炎、癌性腹膜炎（癌性腹腔积液：腹膜原发恶性肿瘤或腹膜转移癌）、结核性腹膜炎，胰源性、胆汁性、乳糜性、真菌性腹膜炎等。

3. **血性腹腔积液**　常见原因有急性门静脉血栓形成、肝细胞癌结节破裂、肝外伤性破裂、肝动脉瘤破裂、宫外孕等。

（三）腹部肿物

1. **脏器肿大**　常见的有肝脾大，可见于慢性肝炎、血吸虫病、肝硬化早期、白血病、药物中毒等，循环障碍如慢性充血性心力衰竭或缩窄性心包炎时也可引起肝脏增大。脾静脉栓塞也可出现单纯脾大。还可出现肾脏增大，可见于输尿管堵塞、肾积水等。

2. **炎症性肿块**　阑尾周围炎、肠系膜淋巴结结核、肾周围脓肿等疾病可以表现为炎症性肿块。

3. **良恶性肿瘤**　恶性肿瘤占多数，其特点为病史短、发展快、质地硬、活动度差；良性肿瘤病史长，肿瘤较大，表面光滑，有一定活动度。

（四）饮食因素

许多患者过分讲究饮食的精细、滋补效果，忽视均衡饮食，缺乏食物纤维，导致粪便体积减小，黏滞度增加，在肠内运动缓慢，加之进食量少及饮水量少，容易发生肠蠕动相对减慢。

三、临床表现及诊断

（一）胃肠道积气过多的临床表现及诊断

1. **症状**　患者可以感觉到腹部饱胀不适或胀痛、嗳气，也可以出现恶心、呕吐、排便排气减少或停止，并可伴有呼吸困难、心悸和体重下降。

2. **体征**　腹部膨隆，叩诊腹部呈鼓音。

3. **辅助检查**　X 线或腹部 CT 可见胃肠道大量积气。

(二) 腹腔积液过多的临床表现及诊断

1. **症状** 患者可表现为腹胀、排气排便减少,伴有食欲减退,甚至出现恶心、呕吐。

2. **体征** 1 000ml 以上的腹腔积液可引起移动性浊音阳性,大量腹腔积液达 3 000ml 以上时两侧胁腹膨出如蛙腹,检查可有液波震颤。

3. **辅助检查** 超声可显示肝肾交界部位有暗区。超声和 CT 可以明确诊断,但 CT 不如腹部超声敏感。

4. 另外,腹腔积液可能出现原发病的症状、体征及辅助检查结果,包括心脏疾病、肝脏疾病、结核性腹膜炎、恶性肿瘤、腹腔出血等可引起腹腔积液的原发病的表现。实验室检查也可出现白蛋白计数下降、贫血以及肝、肾功能异常,结核相关检验检查阳性。

(三) 腹部肿物的临床表现及诊断

1. 肝脾增大的表现及诊断

(1)症状:腹胀、腹痛,还可伴有乏力、发热、食欲减退等症状。

(2)体征:患者可出现腹部膨隆,查体可触及肝脾。

(3)辅助检查:血常规可以表现为白细胞计数明显增高,乙肝、丙肝病毒阳性,也可出现其他病毒的感染,同时,影像学可提示肝脾肿瘤等表现。

2. 腹腔炎症的表现及诊断

(1)症状:发热、腹痛、腹胀等表现。

(2)体征:腹部可有压痛、反跳痛及肌紧张,炎性包块表现为质地韧,肿块不易推动。

(3)辅助检查:血常规提示白细胞计数增高,影像检查提示炎性包块及脓肿形成,如肝脓肿,肾周围脓肿,阑尾周围脓肿。

3. 恶性肿瘤的表现及诊断

(1)症状:常表现为腹痛、腹胀,常伴有食欲减退、贫血、消瘦、黄疸等。

(2)体征:贫血貌、皮肤巩膜可出现黄染,腹部可触及肿块,触诊可有压痛,伴随感染时可出现反跳痛及肌紧张。

4. 精神因素或低钾血症也可引起腹胀、麻痹性肠梗阻等。

四、治疗

(一) 病因治疗

主要针对原发病治疗,包括慢性肝炎、血吸虫病、肝硬化早期、白血病、药物中毒、慢性充血性心力衰竭、缩窄性心包炎、脾静脉栓塞、输尿管堵塞、肾积水、阑尾周围炎、肠系膜淋巴结结核、肾周围脓肿以及各种良恶性肿瘤等疾病的治疗。主要手段有抗炎、抗病毒、抗结核、抗寄生虫、手术、化疗、放疗、腹腔积液置管局部化疗、纠正心力衰竭等。

(二) 对症治疗

1. 一般治疗

(1)避免进食引起肠胀气的食物,如土豆、豆类、萝卜等。

(2)避免饮用含气的液体饮料,如汽水、啤酒等。

(3)适当补充膳食纤维,膳食纤维不被任何消化酶消化,而且通过结肠细菌的发酵,产生短链脂肪酸,营养肠道黏膜,增加粪便体积,减少粪便在肠道停留时间,因而减少肠道对毒素物质的吸收。

(4)纠正低钾血症等离子紊乱,注意排除精神因素导致的肠蠕动减慢。

2. 药物治疗

(1)二甲硅油促进厚泡沫层破裂和液体流动,减轻腹胀。

(2)可选用促动力剂治疗胃肠动力减退的患者。

(3)酶制剂可促进内源性酶消化不完全的食物残渣分解。

(4)益生菌可改善肠道微生态环境,减少产气,减轻腹胀症状。

3. **针对肠梗阻的治疗**　对于严重腹胀者采用胃肠减压,低位直肠梗阻患者可以行肛管排气或放置支架,另外也可以放置肠梗阻导管,经上述治疗无效的肠梗阻患者可以考虑手术解除梗阻。

4. **心理疗法**　对于精神心理异常相关的腹胀患者,伴或不伴相关疾病,可以通过心理调节,消除患者的焦虑情绪,减轻精神因素对腹胀的影响。

5. **营养治疗**　腹胀可发生电解质紊乱、营养代谢紊乱,根据营养评估情况,对于需要营养治疗的患者,应尽早给予营养治疗,补充患者日常能量消耗。肠道功能良好时首选肠内营养途径,肠道功能差时可选择肠内联合肠外营养,无肠道功能时可选择全肠外营养。能量及营养素的补充参照营养指南进行计算。

五、预防

1. **改善饮食习惯**　首先,吃东西时要细嚼慢咽,少食多餐,避免进食引起肠胀气的食物,如土豆、面食、豆类、白薯、糖,以及萝卜、韭菜、卷心菜、花菜、洋葱、生蒜、芹菜等蔬菜。避免饮用含气的液体饮料。

2. **进行健康宣教,注意患者的心理调节**　教育患者认识腹胀、了解腹胀原因,能够主动针对腹胀出现的各种原因实施的治疗措施进行积极的个体和心理配合,更快地减轻症状。

3. 适当增加运动,培养良好的生活作息习惯,可以在一定程度上协助减轻腹胀。

六、小结

1. 腹胀是由疾病相关综合因素引起的。包括胃肠道积气过多、腹腔积液过多、腹部肿物、饮食因素等。还可以由出现上述症状的各系统原发病引起,因此伴有其他原发病临床表现。

2. 治疗上,首先要消除病因,积极治疗原发疾病,尽可能通过手术完整切除或者化疗缩小病灶,纠正可逆因素,缓解症状,提高患者生活质量。同时给予对症和支持治疗,促进胃动力,改善肠蠕动,纠正不良饮食习惯,避免胀气、便秘的发生,改变不良情绪,增强体质。

(崔久嵬)

第四节　便　　秘

便秘(constipation)是指正常的排便形态改变,排便次数减少,每周少于 3 次,粪便过干、过硬,且排便不畅、困难。便秘的发生率和年龄相关,大于 18 岁的成年人便秘的发生率约为 16%,60 岁以后将增加至 33%,女性多于男性。成年肿瘤患者人群中的确切发病率尚不清楚,据报道在 50%~95%,其中,接受阿片类药物治疗的患者发病率最高。

便秘会影响患者的生活质量,并对患者心理上产生或轻或重的负面影响,尤其是原发病为肿瘤的患者,可能极大影响患者的自信心。长期的便秘会导致恶心、呕吐、痔或肠梗阻,出现电解质紊乱,影响消化功能,导致营养摄入及吸收障碍,进而发生营养不良。除此之外,治疗便秘的药物如缓泻剂可能引起患者水电解质紊乱,长期应用还可引起结肠黏膜黑变病;润滑性导泻药可引起脂溶性维生素、钙、磷等离子的吸收障碍等,以上情况的出现可导致营养代谢障碍,甚至营养不良的发生。同样,营养不良的患者发生便秘的风险较高,如摄入食物过少或纤维素、水分不足,使得粪便量少而不足以刺激肠道蠕动,发生便秘;如营养不良继发电解质紊乱——低钾血症,可导致肠肌松弛、排便无力,进而发生便秘等。

一、发病机制

进食后正常形成粪便并排出的过程:食物经消化道消化吸收后,剩余的食糜从小肠运至结肠,大部分水分与电解质在结肠内被吸收，剩余成分形成粪团，最后运输至乙状结肠及直肠，通过一系列的排便活动将粪便排出体外。从粪便形成到机体产生便意到产生排便动作的各环节，均可因神经系统活动异常、肠道平滑肌病变及肛门括约肌功能异常而导致便秘的发生。就排便过程而言，其涉及的生理活动包括：粪团在直肠内膨胀所致机械性刺激，引起便意及排便反射和随后一系列肌肉活动：直肠平滑肌的推动型收缩，肛门内、外括约肌的松弛，腹肌与膈肌收缩使腹压增高，随后将粪便排出体外。排便过程中任意环节出现问题均可导致便秘。

功能性便秘从病理生理角度还可细分为：①正常传输型便秘（normal transit constipation，NTC）：摄入食物过少或纤维素、水分不足，使得粪便量减少而不足以刺激肠道蠕动。②慢传输型便秘（slow transit constipation，STC）：结肠动力降低，肠内容物通过缓慢，直肠充盈速度减慢，导致直肠反应性下降，表现为排便次数减少，大便干硬。③排便障碍型便秘（defecatory disorder，DD）：直肠肠壁感觉功能异常；肛门直肠抑制反射减退或消失；排便时协调运动障碍，主要表现为排便费力，排便不尽感，肛门直肠堵塞感。④混合型便秘（mixed constipation，MC）：主要为慢传输型便秘和排便障碍型便秘二者的病因和表现混合出现。

二、病因

（一）按疾病性质分类

可分为器质性便秘和功能性便秘两大类（表 11-4-1）。

1. **器质性便秘**　见于：①结直肠本身的病变所致排便困难或障碍，如痔、肛裂、肛周脓肿；结肠完全或不完全梗阻，如结肠良恶性肿瘤、先天性巨结肠、各种原因导致的肠粘连、肠扭转等。②局部病变导致排便无力或受阻：如腹腔积液、膈肌麻痹、肌营养不良、盆腹腔肿瘤压迫，如子宫肌瘤。③药物副作用：药物治疗使肠肌松弛，产生便秘，如抑酸剂、抗胆碱能药物、解痉药、抗肿瘤药物如长春新碱、钙通道阻滞剂、利尿药、止吐药如 5-HT 拮抗剂、铁剂、非甾体抗炎药、阿片类药物、三环类抗抑郁药等。阿片类药物是肿瘤患者常用的镇痛类药物，阿片药物相关性便秘与所用药物的剂量和类别相关，发生率为 40%~60%。阿片类药物广泛作用于胃肠道的相关受体，进而导致胃肠道蠕动和消化液分泌的减少，消化液重吸收的增加也同时增加了消化道括约肌的紧张度。以上均会导致便秘症状的加重。④全身性疾病：该类疾病可导致肠肌松弛、排便无力，如代谢及内分泌疾病：糖尿病、高钙血症、甲状腺功能减退、垂体功能减退、低钾血症、嗜铬细胞瘤等；神经及肌肉病变：淀粉样变性、皮肌炎、自主神经病变、多发性硬化、帕金森病、脊髓损伤、脑卒中等。⑤其他：结肠冗长等。

2. **功能性便秘**　主要指除外器质性疾病及药物因素外的各种便秘，功能性便秘是便秘的主要类型。常见病因包括：①进食纤维素类食物过少或水分不足，对结肠刺激不足；②生活环境改变，精神心理因素等导致排便习惯受干扰；③结肠功能紊乱，如肠易激综合征；④滥用泻药，形成药物依赖而导致便秘。

表 11-4-1　便秘的病因分类

便秘分类	具体病因
器质性便秘病因	
药物	阿片类药物、抗酸药、止咳药、抗胆碱能药、抗抑郁药、止吐药、铁剂、利尿药、化疗药
代谢异常	脱水、高钙血症、低钾血症、尿毒症、糖尿病、甲状腺功能减退
肌肉病变	肌病
神经病变	自主神经功能失调、脊髓或脑肿瘤、脊髓受累
结构问题	腹部或盆腔肿物、放射纤维病、腹膜转移癌
疼痛	肿瘤疼痛、骨痛、肛门直肠疼痛

续表

便秘分类	具体病因
功能性便秘病因	
饮食	低纤维素饮食、厌食、进食进水差
环境	生活环境改变
其他因素	年龄、精神心理因素等

(二) 按病程和起病方式分类

可分为急性便秘和慢性便秘。

1. **急性便秘**　是指偶然或短暂发生，常与饮食、旅行、压力或打破日常生活规律有关。此种便秘可自然恢复，或经短期补充纤维素或饮食改变或应用导泻剂得到改善。药物(阿片类)、大手术、制动等原因也可导致急性便秘。机械性或癌性肠梗阻同样可以导致急性便秘。

2. **慢性便秘**　又可分为原发性和继发性两种类型。

(1) 原发性慢性便秘：是一系列症状为基础的异常表现，究其病因为结肠调节粪便排出功能失调，伴有肛门直肠神经肌肉功能不协调以及脑肠轴双向调节功能紊乱，包括慢传输型便秘和排便协同失调两大类。前者以粪便输送延迟为表现，主要原因为结肠平滑肌功能失调；后者以粪便排空困难为主要表现，主要原因为腹部和肛门直肠肌肉协调功能受损，其诊断需将临床表现和生理学检查结果相结合。

(2) 继发性慢性便秘：是指由各种因素所致的便秘，包括解剖学因素所致便秘(如肛门直肠和结肠疾病)、饮食、药物(阿片类药物)、代谢异常(糖尿病或甲状腺功能减退症)和神经系统疾病(如帕金森病)，针对病因进行治疗可改善便秘症状，提高生活质量。

三、临床表现及诊断

1. **症状**　便秘主要表现是排便次数减少和排便困难，多数患者的排便次数每周少于 3 次，严重者长达 2~4 周才排便一次。部分患者可突出表现为排便困难，排便时间可长达 30min 以上，或每日排便多次，但排出困难，粪便硬结如羊粪状，且数量很少。便秘本身并非一种独立的疾病，就器质性便秘而言，除表现为排便次数减少、排便困难外，还具有原发疾病的表现，如肠癌可有黏液脓血便、发热、腹痛等表现；痔患者可有鲜血便、排便疼痛的表现；脊髓肿瘤可有相应神经定位体征等表现。此外，便秘患者常伴随食欲缺乏、厌食，腹胀，便意减少合并排便困难，常需要药物或润滑剂的辅助排便，严重时可出现不同程度呕吐，甚至间断性腹痛等表现。长期严重的便秘会影响患者的全身状况，如出现贫血或营养不良的表现；其次便秘易导致患者出现心理障碍，如紧张、焦虑、易怒等情绪变化。

2. **体征**　直肠指诊是诊断便秘的一项重要的检查手段，通过直肠指诊可发现诸多异常体征，如肛门狭窄、压痛、肿瘤或粪块等。肠道肿瘤或盆腔肿瘤所致便秘，查体时可触及腹部包块；急性便秘伴有肠绞痛、肠鸣音亢进应考虑机械性肠梗阻；急性腹膜炎所致便秘，查体可有腹壁硬韧，有压痛、反跳痛及肌紧张；老人剧烈腹痛，肠鸣音消失并出现休克，需警惕肠系膜血栓可能；如果考虑便秘可能由于脊髓压迫所致，需进行全面检查，以发现神经系统的定位体征，协助诊断。

3. **辅助检查**

(1) 实验室检查：血常规、粪便常规、粪便隐血试验是排除结直肠、肛门器质性病变的重要检查；必要时进行有关生化、激素水平和代谢方面的检查，以除外其他代谢性疾病和全身性疾病。

(2) 肛门镜、结肠镜检查或钡剂灌肠：适用于可疑肛门、结直肠病变者。

(3) 胃肠传输试验(gastrointestinal transit test，GITT)：常用不透 X 线标志物。检查前 3d 起禁服泻药及其他影响肠功能的药物。早餐时随试验餐吞服 20 个标志物，相隔一定时间后(服标志物后 6h、

24h、48h、72h）拍摄腹部X线平片1张，计算排出率。此方法有助于评估便秘类型。

（4）肛管直肠测压：有液体、气体、感应计测压法。常用灌注或液体测压法，测定指标包括直肠压力、肛管静息压、肛管收缩压及肛门直肠抑制反射，还可测定直肠感觉功能和直肠顺应性。有助于评估肛管括约肌、直肠有无动力和感觉功能障碍。

（5）盆底、盆腔肌电图检查：记录肛管肌电图的波幅和动作电位，可以判断有无肌源性病变；阴部神经潜伏期测定能显示阴部神经有无损伤。

（6）其他：肛门超声内镜检查可了解肛门括约肌有无缺损或功能异常；盆底动态磁共振成像可用于准确评价盆腔器官脱垂和盆底形态。

（7）排便日记：一般以7d为一个周期进行记录，排便日记可反映每天肠道的运动情况、肛门括约肌的收缩情况等。研究证实排便日记是一项非常有效的便秘评估方法。

四、治疗

患者出现便秘表现时，应根据病史，治疗史、用药史，实验室检查，肠道功能检查等进行鉴别诊断。

1. **病因治疗**　首先排除可能的器质性病变，找到明确病因的便秘首先对因治疗，如可疑肿瘤相关便秘的患者，经确诊后积极治疗原发肿瘤，可有效改善便秘；经实验室相关检验检查评估明确诊断为代谢性疾病，积极治疗原发疾病可有效改善便秘症状。若无可纠正病因的功能性便秘，可对症治疗。对于功能性便秘患者，首选生活方式调整或补充膳食纤维素治疗，若上述治疗效果不佳，可联合通便药治疗或心理干预等其他治疗。

2. **对症治疗**

（1）一般治疗：合理膳食、多饮水、多运动、建立良好的排便习惯是功能性便秘的基础治疗措施。其中合理膳食是指平衡规律饮食基础上增加纤维素和水分摄入，避免辛辣刺激食物摄入。每日纤维素摄入推荐为25~30g，每日饮水量2 000ml。保证一定的有氧运动量，每日30min以上（即使是简单地从床到椅子的简单活动），同时在日常生活中自行建立良好的排便习惯。此外，辅助的心理调节，如注意保护患者的隐私和保障患者心情舒畅，鼓励患者正常排便。其他包括改变排便体位，例如增加脚蹬等方式等。

（2）药物治疗：生活方式调整无效后可考虑使用导泻药，一般优先选择容积性或渗透性泻药，使用4周无效后再选择刺激性或促动力药，应尽量避免长期使用刺激性泻药。

1）容积性泻药：主要是含多糖或纤维素类的泻药，吸收水分，通过增加滞留粪便中的水分，增加粪便含水量和粪便体积从而起到通便作用，服药时应补充足够的液体。常用药物有可溶性膳食纤维素、欧车前等。

2）渗透性泻药：该类药物具有高渗性，可使肠腔内渗透压增高，吸收水分，从而增加粪便体积，刺激肠道蠕动，可用于轻、中度便秘患者，药物包括聚乙二醇、乳果糖等。

3）刺激性泻药：刺激性泻药作用于肠神经系统，增强肠道动力和刺激肠道分泌，主要用于排便动力不足的患者，包括番泻叶、熊果、大黄等。由于此类药副作用较大，可导致水电解质丢失，老人及心力衰竭患者慎用。

4）灌肠药和栓剂：通过肛内给药，润滑并刺激直肠黏膜张力感受器，软化粪便，反射性引起肠蠕动，使粪便易于排出，适用于粪便干结、粪便嵌塞患者临时使用。

5）促动力药（肠受体激动剂）：作用于肠神经末梢，增加肠道动力，对慢传输型便秘有较好的效果，如莫沙必利等。

（3）心理疗法和生物疗法：生物反馈疗法可以用于便秘的治疗。一项前瞻性研究结果表明，生物反馈治疗（测压辅助肛门松弛、肌肉协调和模拟排便训练）、假反馈疗法和标准疗法（饮食习惯、加强运动和泻药）相比较，生物反馈治疗更容易纠正排便不协调，缩短粪便排出时间，并且改善了患者的主观感受（满意度）。

中、重度便秘患者经常伴有焦虑甚至抑郁表现，适当给予认知疗法，可以有效消除伴随的紧张情绪。

(4) 手术治疗：对于结肠神经病变所致的便秘患者，如无梗阻，在积极的药物和生物反馈治疗无效时，可考虑手术治疗。

(5) 营养治疗：便秘合并恶心、呕吐、腹胀等不全肠梗阻表现时，易发生电解质紊乱、营养代谢紊乱，此时除积极针对病因进行治疗外，应尽早给予营养治疗，以维持患者日常能量摄入。具体营养治疗途径和方式的选择参考营养治疗指南推荐，肠道功能存在时首选肠内营养，肠道功能不佳时可选择肠内联合肠外营养，或全肠外营养。

五、预防

便秘作为一种常见的临床症状，预防和宣教同样是便秘治疗中不可或缺的一部分，日常的预防和宣教应从以下几方面进行。

(1) 进行健康教育，帮助患者建立正常的排便行为。教育患者练习每晨排便一次，即使无便意亦可稍等，以形成条件反射。同时，要营造安静、舒适的环境及选择坐式便器。

(2) 饮食上注意调节，应多吃含粗纤维的粮食和蔬菜、瓜果、豆类食物，多饮水，每日至少饮水 1 500ml，尤其是每日晨起或饭前饮一杯温开水，可有效预防便秘。此外，应食用一些具有润肠通便作用的食物，如黑芝麻、蜂蜜、香蕉等。富含益生菌的酸奶，建议饭后 30min 摄入。不宜进食辛辣刺激的食物、过度产气的食物。对于富含纤维素的食物摄入建议逐渐加量，保证液体摄入量和肠道的耐受性为补充前提。

(3) 坚持参加适当的体育锻炼，有意培养良好的排便习惯，合理饮食，注意补充膳食纤维。含膳食纤维最多的食物是麦麸、水果、蔬菜、燕麦、玉米、大豆、果胶等。

(4) 防止或避免使用引起便秘的药品，培养良好的心理状态，均有利于防治便秘。

六、小结

1. 便秘作为一种常见临床症状，而非一种疾病，在成年人中发生率高。

2. 便秘的发生严重影响人们的生活质量，严重时可威胁身心健康，导致心理疾病、营养障碍或营养不良的发生。

3. 对于已确诊为便秘的患者，应根据便秘发生机制的不同，积极进行干预，注意患者心理问题调节。

4. 对于具有便秘发生风险的人群，积极做好预防宣教。

（崔久嵬）

第五节　腹　　泻

正常人排便次数因人而异，多为每日 1 次。腹泻是指每日排便 3 次及以上或明显超过平日习惯的频率，粪质稀薄或水样便，且常伴有排便急迫感及腹部不适、肛门不适或失禁等症状。每日大便重量超过 200g，其中粪便含水量超过 80% 则认为腹泻。

对于多数患者而言，腹泻的病程为 1~2d，经过门诊治疗后可明显好转。但每年仍有约 45 万患者因胃肠炎住院，占成人住院总数的 1.5%，多以腹泻病程超过 1 年、稀便病程超过 1 个月为主要表现。对于重症患者而言，腹泻的发生率高达 14%~21%，多与长期的肠内营养问题、肠道感染及药物的使用相关。

慢性腹泻是影响患者营养状况的最常见胃肠道症状之一。营养状态取决于腹泻的原因以及胃肠道受累的位置和程度。一般来说，吸收不良在营养不良和慢性腹泻之间的相互作用中起着中心作用。吸收不良可导致营养不足和腹泻，严重营养不良和慢性腹泻可因免疫功能受损和黏膜恢复不良而持续。食物不耐受和在吸收不良的情况下饮食不当也可能导致慢性腹泻。因此，慢性腹泻可导致营养不良，营养不良又使得腹泻迁延不愈，两者形成恶性循环。及时诊断及治疗腹泻对于患者营养状态的改善至关重要。

一、发病机制

腹泻的病理生理机制主要包括：分泌性、动力性、渗出性及渗透性 4 种（表 11-5-1）。

表 11-5-1　腹泻病理类型及临床分型

腹泻病理分型	病理机制	类型	举例
分泌性	电解质吸收减少或分泌增加	感染性	霍乱
		非感染性	血管活性肠肽瘤
动力性	肠道内容物与肠黏膜接触时间和接触面积减少或肠道运动亢进	多为非感染性	甲状腺功能亢进
渗出性	释放胶体、液体、电解质、脱落细胞和坏死膜	感染性	痢疾、肠炎、肠结核
		非感染性	炎症性肠病、结肠癌
渗透性	肠腔内大量不被吸收的溶质，使其有效渗透压过高，阻碍肠壁对水和电解质的吸收	非感染性	乳糖不耐受 胰腺或胆道疾病后的脂肪泻、乳果糖等泻药

1. **分泌性**　此类腹泻多与 Cl^-、HCO_3^- 的分泌及 Na^+ 的吸收有关。促进分泌作用的刺激多起源于肠道、黏膜下层或循环系统，并影响调控离子转运通路的信号系统。对于某些患者而言，由于缺乏足够的吸收表面积而限制电解质特别是 Na^+ 的吸收；而另一些患者由于先天性缺乏特殊的转运分子，从而限制 Na^+、Cl^- 的吸收，产生腹泻。

2. **动力性**　肠蠕动增快，肠道内容物与肠道黏膜接触时间缩短，致使应在肠道吸收的物质不能被吸收，引起腹泻。此种腹泻常见于神经性腹泻、肠易激综合征、甲状腺功能亢进、肾上腺危象、糖尿病腹泻等。

3. **渗出性**　渗出性腹泻是因为炎症、溃疡、肿瘤浸润，病变部位的血管、淋巴、黏膜受到损害，局部血管通透性增加，蛋白、血液渗出及黏液分泌增加，这些物质进入肠道而发生腹泻。渗出性腹泻又分为感染性及非感染性两种。感染性常见于痢疾、肠炎、肠结核、病毒（如 HIV 等）、真菌、寄生虫病（如人芽囊原虫等）等。非感染性常见于炎症性肠病、结肠癌、缺血性结肠炎、烟酸缺乏症等。

4. **渗透性**　大多数渗透性腹泻是由于摄入难以吸收的阳离子及阴离子，或难以吸收的糖类或糖醇类所引起。不易吸收的离子包括镁离子、硫酸根离子、磷酸根离子，这些离子的主动转运在肠腔内离子浓度较低时就已饱和，且被动转运能力也较低，因此摄入的上述离子只有极少部分能够被肠道黏膜吸收。由于小肠和结肠都不能维持渗透压梯度，当大量上述离子滞留于肠腔时，为了维持肠腔内渗透压与体液平衡，部分水分也被保留在肠腔内而导致腹泻。此外，糖类和糖醇类是导致渗透性腹泻的另一类物质。单糖能通过完整的肠道顶端黏膜吸收，而对于摄入的双糖如蔗糖、乳糖等，则因双糖酶缺乏而吸收障碍，从而导致腹泻。双糖酶的缺乏可被认为是一种吸收通路的损害，临床上双糖酶缺乏综合征多数为乳糖酶缺乏，因此导致乳糖不耐受。

二、病因

1. **疾病相关性腹泻**　糖尿病自主神经病变者肠动力紊乱、蠕动过缓，致使结肠型的细菌在小肠定植和过度生长，脂肪、胆盐和碳水化合物的吸收受到影响；同时胰腺外分泌功能不全亦是腹泻的原因。神经内分泌肿瘤患者如合并类癌综合征，约 1/3 类癌患者以腹泻为首发症状；胃泌素瘤因分泌大量胃酸引起小肠黏膜损伤而导致腹泻；血管活性肠肽瘤患者可因胰岛 D_1 细胞分泌大量血管活性肠肽而引起严重水泻；甲状腺髓样瘤可分泌降钙素、前列腺素、5- 羟色胺等引起水泻，出现腹泻时往往肿瘤已有转移。结直肠绒毛状腺瘤可引起腹泻，可能与肿瘤分泌前列腺素有关。甲状腺功能亢进者导致食糜在肠道快速通过引起水样泻。急性肠系膜动静脉血栓可表现为急性血性腹泻伴腹痛，慢性肠系膜血管缺血可表现为水样泻，此外，白塞病、嗜酸性肉芽肿性血管炎等均可引起腹泻。

2. **治疗相关性腹泻**　药物如泻药（包括硫酸镁、磷酸钠盐、聚乙二醇、乳果糖等）、细胞毒性药物（如奥沙利铂等）、非甾体抗炎药、质子泵抑制剂、抗生素等，尤其是应用广谱抗生素后，部分患者可继发艰难梭菌或凝固酶阳性的溶血性耐药金黄色葡萄球菌感染引起的假膜性腹泻。某些外科手术如胆管空肠 Roux-en-Y 式吻合术等手术，导致胃、肠道等消化器官解剖结构的改变，或引起消化酶缺乏、微胶粒形成障碍，从而引起慢性腹泻。放射治疗后可发生邻近部位的放射性肠炎，引起腹泻等症状。

3. **饮食相关性腹泻**　某些食物过敏的人群常在食用海鲜、鸡蛋、坚果或牛奶后出现腹部痉挛、腹泻、呕吐。高碳水化合物低脂饮食使胃排空增加，肠内容物过快通过肠腔而导致水样腹泻。

4. **感染性腹泻**　急性腹泻约 80% 为感染性，包括病毒、细菌及其毒素、寄生虫等；病毒如轮状病毒等，细菌如沙门氏菌、空肠弯曲菌和志贺氏菌等，寄生虫如隐孢子虫等感染，常伴发热、呕吐、腹部绞痛、水样泻或血样便；此外，某些全身感染疾病如病毒性肝炎、流行性感冒等都可以引起明显的腹泻。

5. **旅行者腹泻**　旅行者腹泻为旅途中或旅行后发生的腹泻，目前认为旅行者腹泻并非气候、食物或水土等因素所致，绝大多数具有传染性，病原菌包括细菌、病毒、寄生虫、真菌等，其中以肠毒性大肠埃希氏菌感染多见。

三、临床表现及诊断

腹泻的诊断关键是对病因的诊断，需从病程、发病年龄、发病人群、腹泻次数与粪便性质、伴随症状和体征、实验室检查，特别是粪便检验中获得依据。

1. **症状**　急性腹泻伴发热、恶寒和脓血便多为感染性腹泻；伴发热、食欲缺乏、消瘦和便血者，要考虑恶性肿瘤和结核；伴皮肤损害者要注意结缔组织病；伴精神状态、情绪改变和大量黏液便者，要考虑肠易激综合征；慢性腹泻伴关节炎、活动性肝炎等肠外表现者可能是炎症性肠病。显著消瘦和营养不良要考虑小肠吸收不良的各种疾病、胃肠道肿瘤和甲状腺功能亢进症。伴随关节炎症状的要考虑溃疡性结肠炎、克罗恩病、惠普尔病等。吸收不良同时伴维生素和矿物质缺少的表现如铁、叶酸、维生素 B_{12} 缺乏，可引起厌食、感觉异常和共济失调；钙、镁、维生素 D 缺乏引起抽搐、骨质疏松、骨痛等。

2. **体征**　长期腹泻营养不良患者可见双下肢水肿，甲状腺髓样癌患者可触及甲状腺肿大，神经内分泌肿瘤有时可发现皮肤潮红，游走性坏死性红斑是胰高血糖素瘤的表现，糖尿病有时可发现自主神经功能失调，霍乱、沙门氏菌中毒可导致脱水，脂肪泻导致低钙血症可引起手足抽搐，肝硬化、腹腔结核和腹腔转移癌可引起腹腔积液，腹腔恶性肿瘤、克罗恩病可有腹部包块等。

3. **辅助检查**　腹泻的辅助检查多为实验室检查，其中便常规与便培养为主要检测指标，如伴有全身症状，需结合血常规、血培养、C 反应蛋白、降钙素原等指标。便常规若显示白细胞增多，便隐血阳性，血白细胞、嗜酸性粒细胞或红细胞沉降率增加，多提示炎症性腹泻。便白细胞和隐血试验有利于鉴别细菌性腹泻；便乳铁蛋白有助于鉴别炎性和非炎性腹泻。便培养阳性率低，但重度腹泻、免疫抑制状态者、血性腹泻以及有炎症性肠病基础的患者应及早行便培养，可发现弯曲杆菌、沙门氏菌、志贺氏菌、艰难梭菌及真菌等致病菌。可通过检测血清铁、叶酸、维生素 B_{12}、维生素 D 及凝血酶原时间（维生素 K）来评价吸收不良患者的营养状况。

四、治疗

（一）病因治疗

明确腹泻病因，治疗原发病。在未明确病因之前要慎重使用止泻药和止痛药，以免掩盖症状造成误诊而耽误病情。

（1）感染性腹泻：应针对病原体采取相应的抗感染治疗。

应用抗菌药物前应先行粪便细菌培养和药敏试验，若无结果，经验性治疗首选喹诺酮类药物，其次为复方磺胺甲噁唑。对于严重感染以及免疫功能低下者，若药敏结果对大环内酯类敏感，可以考虑应用阿奇霉素。如 48h 后病情未见好转，则考虑更换其他抗菌药物。利福昔明是一种广谱、不被肠道吸收的抗菌药物，亦可选用。此外，对于寄生虫感染所致腹泻，在明确感染寄生虫后，根据病原微生物的不同选用不同药物，如：①贾第虫病，可使用替硝唑或甲硝唑；②急性溶组织内阿米巴肠病，使用甲硝唑或替硝唑，随后加用巴龙霉素或二氯尼特；③隐孢子虫病，使用螺旋霉素。

（2）对于炎症性肠病引起的腹泻，可使用柳氮磺吡啶、皮质类固醇等药物治疗。

（3）对于类癌综合征，胃泌素瘤所致的腹泻，应该尽早切除肿瘤。

（4）对于乳糖不耐受患者，应控制饮食中乳糖的摄入。

（二）对症治疗

1. 纠正电解质、酸碱平衡紊乱　急性腹泻所致死亡多由脱水引起，故需首先评估脱水程度，补充液体和电解质。腹泻患者，应尽可能鼓励其接受口服补液盐治疗，严重脱水者应予林格液或生理盐水，并酌情补充含钾离子和碳酸氢钠的口服溶液。对于清醒的轻至中度脱水患者，口服补液盐与静脉补液同样有效。

2. 保护胃肠道黏膜　双八面体蒙脱石（思密达）是从天然蒙脱石中提取的具有双八面体层纹结构的微粒。思密达口服后，可与消化道黏液中糖蛋白相结合，使黏液的黏弹性内聚力增加，同时使黏液层增厚，从质和量两方面改善黏液。其还能加速受损黏膜上皮细胞的修复和再生，起到加强、修复与保护消化道黏膜屏障的作用。

3. 调节肠道菌群　调节肠道微生态环境的常用药物有两大类：一类为活菌制剂，利用对人体无害甚至有益的活菌来抵抗外来细菌，克服菌群失调；另一类则是死菌及其代谢产物，也能起到改善肠道微生态环境的作用，并且可以与抗生素联合使用。

4. 固缩止泻　次水杨酸铋对细菌性腹泻安全有效，阿片类和抗胆碱能药物不推荐，洛哌丁胺可使病原菌延迟排出，对急性腹泻不伴高热、脓血便的患者相对安全，不宜用于严重溃疡性结肠炎或有可能发生巨结肠的患者，严重的感染性腹泻患者禁用。化疗和放疗引起的轻至中度腹泻可给予洛哌丁胺和非甾体抗炎药，严重腹泻可给予奥曲肽。

5. 营养治疗　腹泻时肠道吸收功能尚部分存在，进食能刺激肠黏膜生长，促进胃肠功能的恢复。因此，腹泻患者一般不需禁食（严重呕吐除外），口服补液疗法或静脉补液开始后 4h 应恢复进食，少吃多餐（建议每日 6 餐），进食少油腻、易消化、富含微量元素和维生素的食物，尽可能增加能量摄入。避免进食罐装果汁等，以免加重腹泻。而对于严重营养不良且不能耐受胃肠道内营养的患者，可采取肠外营养。按每天生理需要量，给予各种营养物质。

五、预防

1. 加强锻炼、增强体质，养成良好的个人卫生习惯。

2. 感染性腹泻，注意隔离。具有传播性病毒所引起的腹泻，患者应注意隔离，避免引起更大范围的传播。

3. 饮食相关性腹泻，做好肠内饮食管理。避免食用不洁食物，食物过敏的人群应避免过敏食物的摄入。

六、小结

1. 腹泻是一种常见的胃肠道症状，其发生明确影响着患者的生活质量及营养状态。
2. 腹泻的发生可由多种原因导致，包括感染相关、疾病相关、治疗相关及饮食相关等。
3. 从腹泻的发病特点、性质、体征、伴随症状及实验室检查等多方面综合评估。
4. 从腹泻的病因入手，明确病因，治疗原发病，及时对症处理是腹泻临床诊治的关键。

（崔久嵬）

第六节　食物过敏与不耐受

食物过敏与不耐受是人体对食物中抗原物质产生的由免疫介导的不良反应。食物超敏反应为特定食物蛋白引起的异常免疫反应，这种反应包括 IgE 介导的Ⅰ型超敏反应和非 IgE 介导的其余类型超敏反应两大类型或这两种的混合型。大多数食物反应为 IgE 介导的过敏反应。

食物不耐受是对特定食物或食物成分所产生的具有可重复性的不良反应。具有延时性（数小时至数天）、数量依赖性、累积性的特点，可发生在各年龄段。目前关于食物不耐受的主流观点分为两种，一种观点指食物成分进入体内产生食物特异性 IgG 抗体，形成免疫复合物，造成组织炎症反应的出现，严重时表现为全身各系统的症状与体征。同时也有另一种观点认为，食物不耐受应该是由于代谢或其他因素导致的不涉及免疫因素的对事物的异常反应。

一、流行病学特点

（一）食物过敏的流行性

哮喘、过敏性鼻炎、特应性皮炎和食物过敏是西方国家常见的过敏性疾病。在发达国家，约 1/3 的儿童至少患有其中 1 种过敏性疾病。过去 10 年中，与哮喘和过敏性鼻炎相比，食物过敏流行性的增长更为明显。

由于世界各地饮食结构的不同，食物过敏的流行特点及模式也明显不同。从全球来看，鸡蛋、牛奶、花生、坚果和水果是最常见的致敏原，虾类和鱼类位居其后。2008 年的一项研究表明，18 岁青少年发生食物过敏的概率比前十年增加了 18%。尽管任何食物蛋白都可能引起 IgE 介导的反应，牛奶、鸡蛋、花生、大豆、坚果、鱼类、贝类和小麦是更为常见的过敏食物，占到儿童食物过敏的 85%。对于成年人来说，对花生、坚果和海鲜过敏较为常见。

（二）食物不耐受的流行性

食物不耐受影响了 15%~20% 的人群，婴儿和儿童发病率较成年人高。

（三）食物过敏与不耐受与营养不良的关系

食物过敏与食物不耐受的患者应该明确过敏原及可能存在交叉过敏的食物，避免再次进食相同或具有相似抗原的食物，以免造成严重的反应。由于限制引起机体过敏及不耐受的食物，应该及时注意该类别营养素的替代摄入，一般来说，替代饮食等方式不会导致严重的营养不良。研究表明，食物过敏患儿存在营养不良风险，有针对性地给予营养干预可明显降低食物过敏患儿营养不良及铁、锌、钙缺乏的发生率，应规范指导过敏患儿的科学喂养。

二、发病机制与病因

(一) 食物过敏的病因与诊断

1. IgE 诱导型　IgE 介导的过敏性疾病的发病机制较为明确，目前认为：过敏原进入机体后刺激特异性 B 细胞增殖，分化成浆细胞，产生 IgE 抗体。特异性 IgE 抗体的 Fc 段可与肥大细胞和嗜碱性粒细胞膜上的 FcεRI 结合，使机体处于致敏状态。与 IgE 结合的致敏的肥大细胞和嗜碱性粒细胞通常可持续存在数个月甚至更长时间，只有保持长期不接触相应过敏原才可能逐渐消失。而当相同过敏原再次进入已处于致敏状态的机体时，就可与致敏的肥大细胞和嗜碱性粒细胞上的特异性 IgE 抗体的可变区结合而触发细胞活化，脱颗粒释放以及新合成并释放生物活性递质[如组胺、激肽释放酶、白三烯(leukotrienes，LTs)、前列腺素 D、细胞因子等]，作用于皮肤、血管、呼吸道、消化道等效应器官，引起平滑肌痉挛、毛细血管扩张、血管通透性增加、腺体分泌增加等过敏症状。

食物过敏原通常是水溶性的糖蛋白，过敏人群未能建立对这些食物蛋白质的口服耐受性或现有耐受性的破坏导致了食物特异性 IgE 抗体的产生。研究表明，食物过敏原蛋白经胃肠道消化后的分子大小是食物能否引发致敏的重要因素之一。蛋白质在胃肠道中被消化降解成氨基酸数<8 的多肽或氨基酸后，无法被抗原呈递细胞识别与呈递。但食物过敏原往往对热、蛋白酶和酸稳定，经历 60min 甚至 240min 消化后，其消化产物依旧存在与 IgE 结合的能力。

2. 非 IgE 诱导型　非 IgE 介导的食物过敏包括 IgM 介导型、IgG 介导型、免疫复合物介导型和 T 细胞介导型及上述因素和 IgE 型共同的作用。非 IgE 介导型食物过敏多累及消化道，且症状经常表现为非特异性和迟发性，其中包括多机制共同作用导致的特应性皮炎(atopic dermatitis，AD)和嗜酸细胞性食管炎(eosinophilic esophagitis，EoE)，以及单纯的食物蛋白诱导性小肠结肠炎综合征(food protein-induced enterocolitis syndrome，FPIES)，过敏性直肠结肠炎(allergic proctocolitis)和肠病综合征。目前非 IgE 介导型食物过敏的机制并不明确，临床上也缺乏特异性的诊断手段。

食物过敏的诊断主要是基于临床症状，通过对临床病史的深入询问，对识别触发食物过敏的过敏原很重要，而详细的膳食记录是进一步诊断的重要组成部分，在此基础上 sIgE 的检测和皮肤点刺试验(skin prick test，SPT)可以作为临床常用的诊断方法，然而，相当的研究证明上述诊断存在着假阳性率高、特异性差等问题。食物过敏诊断的“金标准”是口服激发试验(oral food challenge，OFC)，该试验能够为临床提供过敏原诊断的直接证据。但是需要注意的是，部分患者可能由于迅速而猛烈的过敏反应而不适合进行该检查。

(二) 食物不耐受的病因与诊断

目前广泛认为食物不耐受是由于各种因素导致的食物在消化道不能完全消化，食物成分进入循环最终导致 IgG 的产生。食物不耐受的临床表现多样，不具有特异性。此外，食物不耐受与患者的遗传、代谢、消化道感染等多因素相关，目前多在临床诊断的情况下结合特异性 IgG 检测对于患者进行综合诊断。

(三) 食物过敏与不耐受的鉴别

食物过敏反应分为 IgE 介导的食物过敏与非 IgE 介导的食物过敏，非 IgE 介导的食物过敏包括其他免疫球蛋白(如 IgG)、免疫复合物或免疫细胞介导的免疫反应；而食物不耐受的发病机制目前定义为 2 种：包括食物成分进入循环诱导 IgG 产生所导致的食物不耐受，涉及 IgG 产生的食物不耐受与食物过敏具有相似和交叉的机制；另一种观点认为食物不耐受不涉及免疫系统，而是诸多因素造成机体消化食物缺陷引起的反应，包括酶异常型、药理异常型及未确定型(表 11-6-1)。

表 11-6-1 食物过敏与食物不耐受的异同

	食物过敏	食物不耐受
发病率	较低	较高
发病机制	超敏反应,多为Ⅰ型	不涉及超敏反应,或Ⅱ、Ⅲ型超敏反应
发病人群	儿童多见	儿童及成人
发病时间	起病急,几分钟至数小时	起病慢,数小时至数天
诊断手段	口服激发试验、过敏原检测	IgG 检测
诱发食物	避免再次进食	可更改烹饪方式及剂量
治疗手段	抗过敏及脱敏治疗	调整饮食方式
疾病结局	难以根治	调整饮食方式后症状可消除

三、临床表现

食物过敏与不耐受症状表现不一致,不同疾病表现差异较大,在诊断和治疗的过程中均有较大差异,因此将常见的疾病总结如下。

(一) 肠易激综合征

肠易激综合征是一种以腹痛、排便习惯改变等为主要临床特征的功能性胃肠病,缺乏明确的形态学与生化指标依据。早期对肠易激综合征发病机制的研究多集中在精神心理因素、胃肠动力异常及内脏高敏感性等方面,近年来研究发现食物因素(食物不耐受与食物过敏)在肠易激综合征发病中也占有重要作用。多项病例调查研究显示肠易激综合征患者血清中食物不耐受特异性 IgG 抗体阳性率很高。食物颗粒大分子、食物特异性 IgG 及局部免疫细胞联合诱导的肠道低度炎症可能是食物不耐受诱导肠易激综合征的机制之一。

(二) 乳糖及果糖不耐受

乳糖酶缺乏会造成乳糖吸收不足。当乳糖酶缺乏或乳糖转运不足时,乳糖无法在小肠内吸收,就会以主动渗透的形式进入大肠。大肠内细菌将乳糖分解为短链脂肪酸、二氧化碳、甲烷和氢气,引起腹部胀气、不规则疼痛和腹泻。果糖不耐受又称果糖 -1,6- 二磷酸醛缩酶缺陷病,是一种由于 1- 磷酸果糖醛缩酶 B 基因突变而导致酶缺乏或活性减低,引起低血糖及肝、肾功能损害,出现肝大、黄疸和肾小管性酸中毒等表现的先天性疾病。

(三) 过敏性休克

过敏性休克是外界某些抗原性物质进入已致敏的机体后,通过免疫机制在短时间内触发的一种严重的全身性过敏性反应,多突然发生且病情严重,若不及时处理,常可危及生命。

(四) 口腔过敏综合征

目前缺乏标准、一致性的定义。1942 年,Tuft 和 Blumstein 首次发表过敏性鼻炎(allergic rhinitis, AR)与口腔过敏症状相关联的报道,证实有环境过敏史(花粉热)的患者在进食生水果后可出现口腔黏膜瘙痒和肿胀等症状,其本质是一种局部化的 IgE 介导的食物过敏,当机体暴露于与花粉结构相似的食物抗原(如结构上类似于花粉的新鲜水果、蔬菜和坚果)时,可能发生交叉过敏反应。症状局限于口咽部,表现为嘴唇或口周麻木、瘙痒或肿胀,声音嘶哑,口腔和咽喉瘙痒或刺痛,部分食物可能累及口腔以外区域,且症状持续。

(五) 鉴别诊断

如果发现与食物反应相关的非特异性证据,应排除与不耐受或过敏症状类似的其他疾病,如慢性炎症性肠道疾病、慢性胰腺炎、肠易激综合征、嗜酸细胞性食管胃肠炎、全身性肥大细胞增多症、腹腔疾病和微观结肠炎。

1. **嗜酸细胞性食管胃肠炎** 其特征是食管、胃、肠黏膜嗜酸性粒细胞浸润。典型的症状包括腹痛、恶心、呕吐、腹泻。40%~65% 的患者在白细胞分类计数时发现嗜酸性粒细胞增多，应排除慢性炎症性肠病、寄生虫感染和肿瘤。此外，40%~50% 的患者 IgE 升高或存在特异性 IgE，是作为诊断食物过敏的证据。为明确诊断，应行胃镜和肠镜标本活检。

2. **全身性肥大细胞增多症** 全身性肥大细胞增多症的症状不仅包括皮肤表现，60%~80% 的患者还有胃肠道症状如恶心、腹痛、腹泻、胃灼热感、溃疡病、消化道出血和吸收不良，症状的严重程度从轻微的恶心和疼痛到急性胃溃疡和出血不等。表现为这些症状类似的疾病有可能是组胺不耐受或食物过敏。

3. **感染** 最常见的慢性感染有贾第虫病、慢性沙门氏菌病、酵母菌感染，也有寄生虫如变形虫、蛔虫、蛲虫和类圆线虫病感染。泌尿生殖道感染和 / 或细菌过度生长使感染加重时，感染引发的免疫反应（皮肤反应、嗜酸性粒细胞增多、免疫球蛋白升高、腹泻）易被怀疑是由食物不耐受导致的。研究表明，在肠道感染后，原本对乳糖耐受良好的患者可能会出现乳糖不耐受，随着肠道功能的逐步恢复，部分患者可恢复对乳糖的耐受，部分患者会出现永久性的乳糖不耐受。感染可能导致靶器官消化、吸收、免疫各方面的异常，从而导致食物不耐受的出现或者加重。

4. **自主神经系统、心理和躯体功能紊乱** 除与其他特殊系统疾病的鉴别诊断，食物相关症状还应及时考虑心理、自主神经系统或躯体部分因素（如饮食紊乱）。对食物过敏、不耐受反应与心理症状之间关系的研究虽然很少，研究结果却表明它们之间存在直接和间接的相互作用。例如，精神神经免疫学测试已经表明，肾上腺素的释放作为一种应激反应，通过去甲肾上腺素能神经纤维刺激释放信使物质（如组胺），刺激肥大细胞；另一方面，食物不耐受本身也是一种心理应激，可影响患者的生活质量，诱发或加重抑郁症和焦虑症。

四、治疗

（一）食物过敏治疗

1. **口服免疫治疗** 作为食物过敏的治疗方法之一，口服免疫治疗已经有十余年的历史。目前的口服免疫疗法来自随机对照试验，这些试验主要侧重于口服免疫疗法治疗花生、牛奶和鸡蛋过敏。这类免疫治疗需要每日进食过敏原粉剂（如包含花生蛋白、脂质及碳水化合物的粉剂），与其他食物共同进食。口服免疫治疗是依靠逐渐增加过敏食物的摄入量，以期诱导患者逐渐达到脱敏或持续性无应答状态。目前推测，免疫治疗的机制同免疫应答调节相关，包括过敏原特异性 IgE 向 IgG 转变、嗜碱性粒细胞活化的减少以及调节性 T 细胞数量的增多等。在目前所有治疗方案中，口服免疫治疗的临床疗效最佳，免疫学指标改变最显著，患者可以达到脱敏状态，甚至部分患者出现持续性无应答状态，免疫调节作用显著。尽管口服免疫治疗的大多数不良反应是轻微并且不需要进行治疗，但是可能会发生全身反应，并且不能耐受的患者占比较高，一些研究报道脱落率高达 36%。

2. **舌下免疫治疗** 目前已有一些临床试验评估了舌下免疫治疗对于花生和其他几种食物过敏原的疗效。该疗法需要在治疗期间每日舌下给予过敏原提取物（舌下含 2~3min 后吞咽）。舌下免疫治疗可以诱导临床脱敏及中度免疫学指标改变，耐受性好，不良反应轻，通常仅出现口咽部痒感及刺痛。

3. **经皮免疫治疗** 目前关于经皮免疫治疗的研究主要用于治疗花生和牛奶过敏，即将一小块过敏原斑贴剂贴在背部或上臂，每 24h 更换 1 贴，持续数年。花生过敏者治疗后，年幼患者可初步达到临床脱敏状态，仅引起轻度免疫学指标改变。经皮免疫治疗耐受性良好，大多数受试者仅会在斑贴位置出现轻度局部皮肤刺激症状。

4. **生物制剂** 对于接受口服免疫治疗的患者，生物制剂已被用作食物过敏的辅助治疗。奥马珠单抗（omalizumab）是一种批准用于过敏性哮喘和慢性荨麻疹的重组人源化抗 IgE 抗体，已被用于减少口服免疫疗法期间的不良食物反应。在儿科人群中已经完成了使用奥马珠单抗进行牛奶和花生脱敏的 2 项小型试点研究。最近，研究人员完成了第一项关于奥马珠单抗联合牛奶免疫治疗的随机、双盲、安慰剂对照研究。本研究包括 7~35 岁的儿童和成人，患者随机接受安慰剂或奥马珠单抗，在开始牛奶免疫治疗前4个月开始服用。添加奥马珠单抗可通过减少剂量相关不良事件的数量来提高安全性。然而,两组均取得比较好的疗效结果,统计学没有显著性差异。

新的生物制剂美泊利单抗(mepolizumab)可以拮抗IL-5,从而减少嗜酸性粒细胞计数,已经在包括成人在内的具有嗜酸性粒细胞性食管炎的小群体中进行了研究。美泊利单抗可能在减少这一食物过敏患者食管活检中的嗜酸性粒细胞计数中起作用。美泊利单抗目前已被批准用于嗜酸性粒细胞性哮喘。目前,本品正处于多项临床研究中,用于慢性阻塞性肺疾病、嗜酸性肉芽肿性血管炎(eosinophilic granulomatosis with polyangiitis,EGPA)、嗜酸性粒细胞增多症、重度变应性皮炎的治疗。

5. **非过敏原特异性治疗及其他探索性研究**　人们目前探索了一些其他类型的治疗方法,但临床研究数据尚非常有限。其中包括:大肠埃希氏菌包被的花生蛋白重组疫苗、中草药方剂、食物过敏中草药配方、维A酸分化的成熟树突状细胞诱导活化LAG-3调节性T细胞以及花生多肽等,这些方法目前均处于早期研发阶段,尚未进入大规模临床试验。微生物菌群等其他治疗方法目前还有很多未知领域,值得进一步研究。

(二) 食物不耐受治疗

1. **食物选择与预处理**　患者应该结合IgG检测的情况进行饮食调整,避免食用不耐受食物及含有不耐受食物成分的各类食物并坚持半年,多数人症状可完全消退。此后可尝试逐步轮替、回添少量不耐受的食物,有可能实现逐步适应和耐受。

2. **对症治疗**　食物不耐受可以出现在多系统中,临床症状多样,可以在给予抗过敏药物治疗的同时避免再次进食相同食物,及时就诊于相关科室。

3. **食物不耐受生命质量量表(Food intolerance Quality of Life Questionnaire,FIQLQ)**　FIQLQ问卷以简短的形式提出,共有18个问题。3个分量表的得分可以简单作为每个分量表的平均数计算,而总分则作为所有项目的平均数计算。初步验证研究表明,FIQLQ是一个可靠、有效的工具,具有良好的结构效度。

对于经过药物及改变饮食习惯仍不能获得足够营养供应,特别是处于生长发育阶段的患者,应考虑有针对地进行营养干预,定期监测生长发育情况及营养状况,以便及时进行营养干预的调整。

六、小结

1. 随着生活水平的提高及诊断水平的提升,食物过敏的发病率逐年升高,其中生活方式的改变发挥了一定的作用,食物过敏与其他过敏性疾病可重叠出现,表现各异,需通过实验室检查进行鉴别诊断。

2. 除了建立免疫耐受外,针对超敏反应途径的单克隆抗体取得了一定效果。存在食物过敏的患者应在医生指导下进行自我管理,开展药物与生活习惯相结合的治疗方式,避免接触过敏原。

3. 食物不耐受的概念提出较新,尚有很多概念需要明确,乳糖及果糖不耐受明确为遗传与代谢因素所导致,还有相当多的食物不耐受机制不明确,或者发生机制与食物过敏机制重合,治疗上也与食物过敏相似。

(崔久嵬)

第七节　消化吸收障碍

消化吸收障碍(disorder of digestion and absorption)是指对营养物质消化及吸收不良,其中消化不良是由于消化酶缺乏和/或肠道通过的时间过短,食物中的大分子营养物质不能充分分解为小分子物质,难以被肠黏膜细胞吸收。吸收不良是指各种原因所致小肠对营养物质的吸收障碍。尽管吸收不良和消化不良在病理生理学上存在差异,但消化和吸收的基础过程是相互依赖的。临床上通常采用

"吸收不良"一词笼统地表达这两种过程出现紊乱。

消化吸收障碍可发生于任何年龄，常见病因包括乳糖不耐受、乳糜泻、短肠综合征等。其中约90%的亚洲人有不同程度的乳糖不耐受，全球范围内约75%的成人有乳糖不耐受。乳糜泻在北欧人中一般较为常见，在欧洲，乳糜泻发病率约为1/150，在美国部分地区约为1/250。我国短肠综合征发病逐年上升，但全国范围内尚无确切的发病率统计数据。

消化吸收障碍早期症状通常轻微且隐匿，但随着病情进展可出现特定营养物质甚至全部营养物质的缺乏，导致营养不良。同时营养不良可导致合成消化酶原料缺乏，肠道黏膜萎缩，血清白蛋白减少等，进一步加重消化吸收障碍。消化吸收障碍与营养不良关系密切，可出现恶性循环。

一、病因及发病机制

(一) 先天性与继发性

先天性是因小肠黏膜具有某种缺陷，影响物质吸收和脂肪酸在细胞内的再酯化引起的。继发性见于多种因素造成的消化不良或吸收障碍，主要因素有：肝、胆、胰疾病导致的胆盐及胰消化酶的缺乏；胃大部切除术后、短肠综合征、消化道pH的改变及小肠疾病或肠系膜疾病等。

(二) 全面性与部分性

1. **全面性吸收不良** 是由于弥漫性黏膜受累或吸收表面积减少相关的疾病所引起。例如乳糜泻，在该病中弥漫性黏膜病变可导致几乎全部营养物质的吸收障碍。

2. **部分性或单纯性吸收不良** 是由干扰特定营养素吸收的疾病所引起。例如，钴胺素吸收缺陷可见于恶性贫血患者或有末端回肠病变(或切除)的患者(如克罗恩病)。

(三) 按阶段

营养物质的正常吸收需要3个阶段：①管腔和刷状缘的处理；②吸收进入肠黏膜；③转运至循环中。这3个阶段中任一存在缺陷均可导致吸收不良(表11-7-1)。此外，多种机制可能并存。因此，尽管两种不同原因的吸收不良可能会有相似的临床后果，但其病理生理机制和治疗措施可能截然不同。

表11-7-1 导致消化吸收不良疾病作用阶段及机制

作用阶段及机制	常见疾病
1. 消化期	
A. 底物水解	
(1)消化酶缺陷	慢性胰腺炎
(2)消化酶失活	佐林格-埃利森综合征
(3)食物与消化酶混合不均	胃-空肠吻合毕氏Ⅱ式术后
B. 脂肪溶解	
(1)胆盐合成减少	严重慢性肝细胞疾病(肝硬化等)
(2)胆汁分泌受阻	胆道梗阻或胆汁肝硬化
(3)胆盐分解	小肠细菌过度生长(如胃切除术后胃酸缺乏、糖尿病或原发性肠运动障碍)
(4)胆盐丢失	回肠疾病或回肠切除
2. 吸收期	
A. 肠黏膜刷状缘酶缺乏	
(1)先天性双糖酶缺乏	蔗糖酶-异麦芽糖酶缺乏症
(2)继发性双糖酶缺乏	乳糖酶缺乏症

续表

作用阶段及机制	常见疾病
B. 黏膜异常	
(1)有效吸收面积不足	大段肠切除、肠瘘、胃肠道短路手术
(2)黏膜损害	乳糜泻、热带性脂肪泻
(3)小肠壁浸润性病变或损伤	惠普尔病、淋巴瘤、放射性肠炎、克罗恩病等
3. 转运期	
(1)淋巴管阻塞	惠普尔病、淋巴瘤、结核
(2)肠系膜血供障碍	肠系膜动脉硬化或动脉炎

二、临床表现

通常可出现大便改变(慢性腹泻)、腹胀、发育不良、体重减轻、水肿、结肠产气过多及维生素和矿物质缺乏等表现。

早期症状仅有大便次数增多或次数正常而量较多,可伴有腹部不适、肠鸣、乏力、精神不振、体重减轻及轻度贫血等。随病情进展可出现典型症状,如腹泻、消瘦、乏力、心悸、继发营养不良及维生素缺乏等表现。不分昼夜的频繁水样泻是典型的特征,但并不常见。腹泻 3~4 次 /d,为稀便或溏便,有时发生脂肪泻(粪便量多,恶臭,表面有油腻状的光泽,漂浮水面),可伴腹痛、恶心、呕吐、腹胀、排气增多、食欲缺乏。

持续严重的吸收不良可出现各种营养物质缺乏的表现,铁、叶酸及维生素 B_{12} 缺乏可致贫血,维生素(如维生素 A、B、D、K)缺乏致皮肤粗糙、夜盲、舌炎、口角炎、神经炎、感觉异常、骨痛、手足抽搐、出血倾向等改变。面肌抽搐和轻叩面部肌抽搐是钙吸收不良的征象。维生素 D 和钙吸收障碍时,可有击面试验征和束臂试验征阳性。部分患者可有肌内压痛、杵状指,血液系统如皮肤出血点、瘀斑。晚期可出现全身营养不良、恶病质等表现。

三、诊断

当怀疑患者存在吸收不良时,首先需要采集详细的病史,随后根据需要进行相应的辅助检查,以明确吸收不良的诊断及病因。

(一) 血液检测

贫血常见,多为大细胞性贫血,也有正常细胞或混合细胞性贫血,血浆白蛋白减低,低钾、钠、钙、磷、镁,低胆固醇,碱性磷酸酶增高,凝血酶原时间延长。严重者血清、叶酸、胡萝卜素和维生素 B_{12} 水平亦降低。

(二) 粪便检测

应注意性状、红细胞、白细胞及未消化食物,苏丹Ⅲ染色检查脂肪球,大便脂肪定量测定,粪便需氧菌及厌氧菌培养。

(三) 尿液检测

1. ***D*- 木糖试验** 为测定小肠黏膜吸收能力的试验,用于小肠吸收不良与胰腺功能不全所致吸收不良的鉴别。受试者禁食一夜,晨起空腹排尽尿液,口服 *D*- 木糖(25g/ 水 500ml)后,收集 5h 尿液测定 *D*- 木糖排出量。排出量<4.5g/5h 为试验阳性,提示小肠吸收不良。测定 1h 和 3h 血糖水平可提升敏感性。

2. **维生素 B_{12} 吸收试验** 用于评估小肠吸收不良。受试者检查前收集少量尿液作为本底,检查前禁食,服用放射性核素 ^{57}Co 或 ^{58}Co 标记的维生素 B_{12} 后仍需至少禁食 2h,同时或稍后肌内注射非

标记性维生素 B_{12}，收集随后 24h 尿液。若异常则需增加口服内因子或抗生素或胰酶并重复。未口服内因子时，尿中标记性维生素 B_{12} 应超过口服总量的 5%。若排出率<5%，则可先增加口服内因子重复该试验，恶性贫血者排出率可恢复正常。胰腺外分泌功能不全者，不论是否加服内因子，试验均异常，加用胰酶后可纠正。小肠细菌过度生长的患者在经过抗生素治疗后排出率可恢复正常。

（四）呼吸检测

正常人口服 ^{14}C- 甘氨胆酸 375MBq（10mCi），4h 内粪 $^{14}CO_2$ 的排出量小于总量的 1%，24h 排出量小于 8%。在小肠细菌过度繁殖、回肠切除或功能失调时，粪内 $^{14}CO_2$ 和肺呼出 $^{14}CO_2$ 明显增多，可达正常 10 倍以上。

（五）内镜检查和黏膜活检

上消化道内镜检查发现的大体形态外观如黏膜污浊、环形皱襞低平、数目减少等可提示存在吸收不良，但肠活检能够提供关键的诊断信息。克罗恩病可出现十二指肠黏膜鹅卵石样外观，乳糜泻可出现十二指肠皱襞减少及黏膜扇贝样改变。多发性空肠溃疡提示可能存在空肠回肠炎或淋巴瘤。

（六）影像学检查

胃肠 X 线检查：小肠可有功能性改变，空肠中段及远端肠管扩张，黏膜皱襞粗大，肠壁平滑呈“蜡管”征，钡剂分段或结块（印痕征）。X 线检查还可排除肠结核、克罗恩病等器质性疾病。

（七）其他检测

必要时做葡萄糖耐量试验、胰腺外分泌功能试验，B 超，腹部平片和 CT 扫描，以排除胰源性吸收不良；做有关甲状腺和肾上腺功能检查，以排除继发性内分泌疾病所致的吸收不良；硒同型牛磺胆酸（selenium homocholic acid taurine，SeHCAT）试验明确胆汁溢出性肠病；定量测定抽吸肠液中的细菌计数，诊断细菌是否过度生长等。

四、治疗

治疗原则：消化吸收障碍患者的治疗有三大主要原则：①诊断和治疗基础疾病；②治疗腹泻（常见伴随症状）；③诊断并纠正营养不良。

（一）治疗基础疾病

由于很多疾病可以导致吸收不良，因此诊断和治疗基础疾病对于制订治疗方案至关重要。同时在实施治疗前明确肯定吸收不良的存在也很重要。该原则可能看起来显而易见，但通常被忽略。例如，大面积小肠切除后的慢性腹泻并不都是因为吸收不良，在很多病例中反而是因为胆汁漏（过多的胆汁酸进入结肠造成的一种分泌性腹泻），治疗方式与吸收不良截然不同。

（二）对症治疗

腹泻是吸收不良的常见伴随症状，腹泻的治疗是治疗计划的一个重要方面。

1. **非特异性抗腹泻药物**　例如洛哌丁胺、地芬诺酯 - 阿托品以及除臭阿片酊等是有效的。洛哌丁胺大部分经肝首过效应代谢并且不易通过血脑屏障，应该首先试用洛哌丁胺，以最大程度减少中枢神经系统副作用。洛哌丁胺通常比地芬诺酯 - 阿托品价格低廉。除臭阿片酊是高效价药物，也可有效治疗腹泻，特别是对于严重吸收不良病例。因为有较低的成瘾风险，在开具该药物前应询问患者的既往药物成瘾史。

2. **饮食调整**　在很多病例中，饮食策略是有效治疗吸收不良所致腹泻的辅助方法。患者通常应该避免每日饮用超过一份含咖啡因的饮料，因为这类饮料可能促进腹泻。高糖饮料（如软饮料和果汁）也能显著地增加腹泻量。短肠综合征患者尤其如此，这些患者的小肠吸收面积不足以代偿这类饮料的高渗性作用。有的患者喜欢喝软饮料和果汁，以 1∶1 的比例用水稀释这类饮料，有助于减轻患者饮用时的腹泻。腹泻导致脱水和电解质紊乱的患者应每日使用口服补液溶液。

3. **外源性结合性胆汁酸**　对于胆汁酸耗竭在脂肪吸收不良中起重要作用的患者（如慢性胆汁淤积、大部分回肠切除），应用外源性结合性胆汁酸治疗可以降低脂肪泻。然而，天然胆汁酸制剂常常会因结肠中的细菌使胆汁酸去结合后出现结肠分泌增多而增加腹泻量。已经接受了结肠切除术的患者一般不必担心这个问题。对于仍保留有结肠的患者，使用一种不受细菌去结合作用的合成结合性胆汁酸（胆酰肌氨酸）可能有益。在回肠功能障碍导致腹泻的情况下，区分其原因是脂肪泻还是结肠受刺激分泌是很重要的。病史方面，测定病变或被切除的回肠长度具有高度的预测价值，长度>100cm 通常造成脂肪泻，而长度<100cm 通常造成胆汁漏，进而刺激结肠分泌引起腹泻。此外，明确是否存在脂肪排泄过多的检测也可区分这两种情况。结肠受刺激分泌所致腹泻对考来烯胺有快速反应，然而胆汁酸补充剂通常无效。

4. 替度鲁肽 是天然生成激素 GLP-2 的一种长效同源物。该药物用法为 0.05mg/(kg·d)，皮下注射。它对肠道有营养作用，从解剖和功能两方面增加吸收面积。一项为期 24 周的随机安慰剂对照试验纳入依赖于全肠外营养（total parenteral nutrition，TPN）的短肠综合征患者，发现替度鲁肽使肠吸收和氮平衡改善。该试验的一项延伸试验证实了该药物在 52 周期间的安全性，且大多数患者的夜间 TPN 需求下降超过 20%。将来可能会证明替度鲁肽是治疗短肠综合征的重要药物。

5. 营养师会诊 对于复杂病例，优先选择向专业提供营养治疗的医生求助。普遍公认的观点是，与疾病相关的非自主性体重减轻超过平常体重的 10% 与营养不良所致并发症发生率和死亡率过高相关。对于有这种程度体重减轻的患者，应制订积极的营养恢复计划。

（三）营养补充和限制

1. 营养补充 大多数吸收不良患者只有轻到中度的体重减轻。如果能专门针对导致吸收不良的疾病进行治疗，大多数患者能继续保持正常的饮食摄入。口服维生素和矿物质补充剂通常足以纠正已经存在的营养缺乏，尽管在发现维生素或矿物质缺乏后紧接的几周期内，通过补充 5~10 倍推荐膳食供给量（recommended dietary allowance，RDA）能更快地恢复。对于吸收不良不能被纠正的患者，维持正常状态所需的特定微量营养素可仍为 5~10 倍的 RDA。

大量脂肪泻患者可能需要补充极性更高的脂溶性维生素。

（1）应用 25- 羟维生素 D_3（骨化二醇），它比维生素 D_2 或 D_3 的极性更高，因此更容易被脂肪吸收不良的患者吸收。因其比维生素 D_2 或 D_3 更有效且更容易引起高钙血症，在采用此天然生成类似物进行治疗的最初几周应监测血清钙。

（2）在脂肪吸收不良导致常规维生素 E 吸收很差的情况下，维生素 E 的极化形式 *D*-α- 维生素 E 聚乙二醇 1000 琥珀酸酯（*D*-α-tocopheryl polyethylene glycol 1000 succinate，TPGS）能被很好地吸收。

（3）一些脂溶性维生素也可通过含有乳化液的胶囊（如 aquasol A、aquasol E）来获取，但仍缺乏证据证实这些制剂是否确实能增强维生素的吸收。

在特定情况下常会需要多种其他营养物质，例如在乳糜泻中通常需要补充铁剂和叶酸。广泛的小肠切除后或在严重的脂肪吸收不良情况下，需要补充钙和镁。

2. 营养限制 对于一些导致吸收不良的疾病，饮食限制能使黏膜功能和营养状态完全恢复。例如：①乳糜泻患者采用无麸质饮食。②在单纯双糖酶缺乏患者饮食中禁食特定的碳水化合物。③将脂肪泻患者饮食中的长链脂肪酸减少至 40g/d 以下，可使大便量和大便脂肪含量减少到可接受的水平。然而，这可能过度限制患者摄入足够能量的能力，在这些情况下需要补充中链甘油三酯（medium-chain triglyceride，MCT）油或以 MCT 为基础的液体补充剂。④对于短肠综合征导致的脂肪吸收不良患者，如果仍留有结肠，则低脂饮食是其治疗方案的重要组成部分。⑤对于乳糖不耐受患者，剔除膳食中的牛奶和奶制品可改善原发性乳糖酶缺乏。在小肠疾病所致获得性乳糖不耐受患者中，治疗基础疾病或其并发症可改善乳糖耐受性，而无须调整饮食。⑥果糖不耐受患者应建议其避免食用果糖净含量较高的食物（即果糖含量比葡萄糖更多，或果糖和山梨醇含量比葡萄糖更多）。⑦胰腺功能不全患者：胰腺外分泌功能不全所致严重消化不良和脂肪泻的主要治疗是低脂饮食及给予外源性胰酶。通常，每次进食正餐期间吞服 30 000U 胰脂酶应该足以减轻脂肪泻和预防体重减轻。如果症状持续，辅以 H_2 受体拮抗剂或质子泵抑制剂治疗常有效。

五、小结

1. 消化吸收障碍是指对营养物质消化及吸收不良，消化和吸收的基础过程是相互依赖的，临床上通常统称为“吸收不良”。

2. 营养物质的正常吸收包括消化期、吸收期及转运期，影响到以上任何阶段的疾病均可能导致消化吸收障碍。

3. 临床表现包括大便改变（慢性腹泻）、腹胀、发育不良、体重减轻、水肿、结肠产气过多及维生素和矿物质缺乏等。

4. 通过粪便检测、血液检测、尿液检测、内镜检查及黏膜活检等可辅助明确病因。

5. 治疗三大主要原则包括：诊断和治疗基础疾病；治疗腹泻（常见伴随症状）；诊断并纠正营养不良。

（崔久嵬）

第八节　吞咽困难

吞咽困难（dysphagia）是指食物从口腔至胃、贲门运送过程中受阻而产生的咽部、胸骨后或者剑突部位的梗阻停滞感，可以由中枢神经系统疾病、食管疾病、口咽部疾病以及吞咽肌肉的运动障碍所致。还有一种假性吞咽困难，并无相关疾病基础，仅表现为一种咽喉部阻塞感、不适感，是被吞咽食物在正常通过时受阻而引起的主观感觉，不影响进食。

吞咽困难是一个普遍的问题，有研究统计，世界范围内 3%~8% 的人发生过吞咽困难，平均每 17 人中有 1 人在人生的不同时期经历过吞咽困难。其发生率随着年龄增长而增加，困扰着近 10% 的 65 岁以上老人以及近 50% 的养老机构的老人。51%~73% 卒中患者存在不同程度吞咽困难，肿瘤患者中存在吞咽困难的比例也高达 11%~20%；急诊病例中吞咽困难的发生率高达 33%，对住院患者的调查显示，30%~40% 的患者有吞咽障碍，并发误吸的比率很高。

吞咽困难与营养不良密切相关，可互为因果形成恶性循环。吞咽困难除了能够导致误吸、肺炎、生活质量下降以外，还可导致患者出现营养不良甚至增加患者并发症的发生率及死亡率，而营养不良患者也可能导致吞咽困难的加重，如缺铁性吞咽困难，或者极度虚弱以及恶病质时也会出现吞咽困难或者程度加剧。

一、发病机制

如前所述，吞咽是人体将固体、液体等通过咽和食管从口腔输送到胃的过程，是一种复杂的反射性动作，人体每天吞咽约发生 600 次，每次吞咽过程约需 15s 完成，该过程涉及 30 多块肌肉。当食物进入口腔时启动吞咽过程，咀嚼肌和舌头的收缩活动将唾液与食物混合，使食物变成合适的大小以及形状，舌头的前部提升以与硬腭接触并向后移动将食物送入上咽部，同时提升软腭并密封鼻咽，以防止鼻腔反流，然后上颌骨骼肌收缩使喉部向前和向上移动，而会厌向下移动以覆盖气管，咽部肌肉收缩推动食物通过食管上括约肌或环咽肌，进入近端食管，最后通过食管蠕动推动食物通过食管并穿过食管下括约肌，进入胃腔。吞咽分为 4 个阶段：①口腔准备期；②口腔吞咽期；③咽部期；④食管期。

（一）吞咽过程

1. **口腔准备期**　食物与唾液混合并被咀嚼，以减少颗粒状态。

2. **口腔吞咽期**　口唇关闭以防食物漏出，舌尖收缩并上抬形成一个波，食团或液体经通道被推进咽喉部，触发非自主的吞咽反射。单纯吞咽液体约 1s，固体食物需 5~10s，可聚积于口咽部。

3. **咽部期**　最重要的时期。由食糜团到达舌根部所启动。喉部关闭，呼吸停止，并且在不足 1s 的时间内推动食团进入食管。这是一系列快速重叠的非自主的动作，完全靠吞咽反射触发，涉及舌咽神经和迷走神经的运动与感觉支。

4. **食管期**　一种反射性食管蠕动，推动食物下降直至入胃。食管下括约肌并不像上括约肌一样需要周围组织的牵拉而开放，而是当食团进入胃后便立即关闭以防止胃食管反流。整个时期需 8~20s。

（二）吞咽困难与年龄

随着年龄的增长，吞咽困难的发生率呈上升趋势，尤其对于相当一部分老人，或多或少地发生过吞咽困难，45 岁后吞咽困难的发生率开始呈上升趋势。随年龄的增长，吞咽困难发生率增加，考虑的机制有：头颈部解剖结构随着年龄而发生变化；调节吞咽功能的神经系统和生理机制的变化；此外，随着年龄的增长，一些疾病的发生率增加，这些疾病本身或者疾病的治疗药物等可能导致吞咽困难的发生。

（三）吞咽困难与疾病

吞咽是一个复杂的过程，食物由口到胃腔内，涉及一系列肌肉的活动、神经系统的控制等，任何一个环节出现问题均可能导致吞咽困难的发生。按照发病机制，吞咽困难可分为机械性与运动性两类。机械性吞咽困难主要是由吞咽食物的管腔狭窄所致，正常的食管壁可扩张 4cm 以上，各种炎性与梗阻性疾病使管腔扩张受限时就可能导致吞咽困难，这类吞咽困难在临床上常见，例如食管受到化学性灼伤后，因瘢痕形成等原因使食管腔高度狭窄而致吞咽困难；食管癌时可因癌肿浸润，堵塞食管腔而致食管狭窄，表现为进行性吞咽困难。运动性吞咽困难是指随意的吞咽动作发生困难，伴随一系列吞咽反射性运动障碍，使得食物不能从口腔顺利运送到胃，包括支配吞咽动作的神经中枢受损和参与吞咽的肌肉的器质性损害或功能失调，最常见的是各种原因导致的各种延髓性麻痹，其他原因还有肌痉挛（如狂犬病）、肠肌丛内神经节细胞减弱（如贲门失弛缓症）等。但部分吞咽困难并不是单一的机械性或者运动性吞咽困难，往往两种类型同时出现，以某种机制为主，如食管癌患者，可能由于管腔狭窄导致机械性吞咽困难，也可由于肿瘤浸润食管壁导致食管蠕动功能减弱或消失，进而导致运动性吞咽困难。

二、病因和分类

吞咽困难按发病机制可分为机械性吞咽困难与运动性吞咽困难，按解剖位置可分为口咽性吞咽困难与食管性吞咽困难。

（一）口咽性吞咽困难

主要是由吞咽中枢至控制口咽部横纹肌的运动神经节病变引起，表现为食物由口腔进入食管过程受阻，食物阻滞于口腔及咽喉部。常见病因如下。

1. **动力性病因**　脑血管意外、帕金森病、肌萎缩侧索硬化症、多发性硬化症、亨廷顿病、吉兰 - 巴雷综合征、破伤风、脊髓灰质炎、迟发性运动障碍、老年痴呆症和其他类型的痴呆症、重症肌无力、肌营养不良症、甲状腺功能亢进症、甲状腺功能减退症、皮肌炎、多发性肌炎等疾病均可出现吞咽动力减弱或丧失，从而导致动力性吞咽困难。

2. **机械性病因**　主要由口咽部肿瘤以及邻近淋巴结肿大等因素所致，如口腔及咽喉部肿瘤，咽后壁脓肿，口咽损伤等。

（二）食管性吞咽困难

主要是由食管肿瘤、狭窄或者痉挛等因素所致，表现为吞咽时食物阻滞于食管某处，进食过程受阻。常见病因如下：

1. **动力性病因**　贲门失弛缓症、食管痉挛、硬皮病、干燥综合征、糜烂性食管炎等动力性因素可以导致食管性吞咽困难。

2. **机械性病因** 食管肿瘤、胃肿瘤、纵隔肿瘤、食管异物、食管狭窄、各种食管炎、缺铁性吞咽困难、食管下端黏膜环等均可导致食管局部狭窄影响吞咽，此外还可见于左心房肥大、主动脉瘤等导致的外压性狭窄。

三、临床表现及诊断

(一) 临床表现

详细问诊有助于与其他症状鉴别，判定是否为吞咽困难，如咽喉异物感、咀嚼功能障碍等，容易被误诊为吞咽困难。详细地追问病史有助于判断病因，也有助于判定吞咽困难的发生部位。了解患者的过敏史以及用药史等，有食物或者其他过敏史的患者要警惕嗜酸细胞性食管炎（eosinophilic esophagitis，EoE）。有些药物可直接导致口腔或者食管黏膜损伤，或者导致食管括约肌肌张力降低，进而导致吞咽困难的出现，如氯化钾、四环素类抗生素、克林霉素、甲氧苄啶 - 磺胺甲噁唑、奎尼丁、非甾体抗炎药、硫酸亚铁等。

不同部位的吞咽困难有不同的临床表现。口咽性吞咽困难主要是食物由口腔进入食管过程受阻，食物阻滞于口腔及咽喉部，患者常常表现为流口水、咽喉部位的哽噎感、窒息感、反复吞咽等，甚至发生误吸。而食管性吞咽困难主要是吞咽时食物阻滞于食管某处，进食过程受阻，患者有食物梗阻于胸骨后的感觉。了解患者吞咽困难的特点，同样有助于判断吞咽困难的病因，如恶性肿瘤所致的吞咽困难常常病程较短且呈进行性加重，而良性肿瘤往往症状较轻。还可通过进食食物的特点、是否反复、体位等来判定吞咽困难的病因，如贲门失弛缓症所致的吞咽困难多反复发作，进食时需大量饮水协助，恶性肿瘤所致吞咽困难多数从进食干食哽咽逐渐过渡到流食甚至难以下咽，而动力性吞咽困难无进食液体、固体食物之分，吞咽反射性动力障碍者吞咽液体食物比固体食物更加困难。此外，患者的伴随症状也十分重要，往往可协助判断吞咽困难的病因。常见伴随症状及病因如下。

1. **吞咽困难伴声嘶** 多见于食管癌纵隔浸润、主动脉瘤、淋巴结肿大及肿瘤压迫喉返神经。

2. **吞咽困难伴呛咳** 见于脑神经疾病、食管憩室和食管失弛缓症致潴留食物反流，此外，也可因食管癌致气管食管瘘及重症肌无力致咀嚼肌、咽喉肌和舌肌无力，继而出现咀嚼及吞咽困难，饮水呛咳。吞咽困难随进食时间延长而渐进性加重。

3. **吞咽困难伴呃逆** 一般病变位于食管下端，见于贲门失弛缓症、膈疝等。

4. **吞咽困难伴疼痛** 见于口咽炎或溃疡，如急性扁桃体炎、咽后壁脓肿、急性咽炎、白喉、口腔炎和口腔溃疡等。进食后食管性吞咽困难伴疼痛，如疼痛部位在胸前、胸后、胸骨上凹及颈部，则多见于食管炎、食管溃疡、食管异物、晚期食管癌、纵隔炎等。如进食过冷、过热食物诱发疼痛，则常为弥漫性食管痉挛。

5. **吞咽困难伴胸骨后疼痛和 / 或反酸、灼热** 常提示胃食管反流病，是反流性食管炎、食管消化性溃疡和食管良性狭窄的主要临床表现。

6. **吞咽困难伴哮喘和呼吸困难** 见于纵隔肿物、大量心包积液压迫食管及大气管。如饭后咳嗽则多见于反流物误吸，见于延髓性麻痹、贲门失弛缓症、反流性食管炎等。

(二) 体征

详细的体格检查也是必要的。口腔检查能够发现是否有口腔黏膜异常、肿瘤以及义齿松动等。颈部体格检查明确有无肿大淋巴结、甲状腺肿大以及其他异常导致食物吞咽过程受阻等情况的发生。相关神经系统的体格检查有助于明确是否是由潜在的神经系统疾病导致的运动型吞咽困难等。肿瘤所致的吞咽困难，常常合并有体重下降等，对于判断病因也有一定的帮助。疑似吞咽困难的患者，可以进行床旁评估，目测患者吞咽过程，患者可少许饮水，评估其是否能将液体含在口中而不出现外溢或者窒息，然后观察吞咽过程是否顺利，以及吞咽的时间，并了解患者是否有哽噎感等，完成吞咽后让患者发出字母“e”的声音以检查是否有液体潴留导致发声改变，必要时也可让患者进食食物来进行检查。据报道，该检查对吞咽困难的发生情况敏感性可达 95%。

（三）辅助检查

吞咽困难的诊断除了病史以及体格检查，相应的辅助检查也是必需的。除了必需的血液以及生化实验室结果以外，纤维鼻咽喉镜或者胃镜检查，对于口咽性或者食管性吞咽困难至关重要。同时彩超、CT 或者 MRI 检查对于发现肿瘤、压迫等病变所致吞咽困难十分有意义，钡剂对于食管狭窄等疾病所致吞咽困难亦很重要。

综上，对于有吞咽困难的患者，首先要详细了解患者病史和病程，询问吞咽困难的起因、持续时间、特征、严重程度以及伴随症状，甚至包括患者的心理状态等，有助于鉴别诊断，同时可通过“饮水试验”进行床旁吞咽过程的评估，以进一步明确是否存在吞咽困难以及吞咽困难的位置。对于口咽性吞咽困难还需行纤维鼻咽喉镜，对于食管性吞咽困难需行胃镜检查，当然部分患者仍需结合超声、CT、钡剂甚至 MRI 等来进一步明确吞咽困难的病因。

四、治疗

吞咽困难治疗主要是针对原发病积极治疗，由相应病因的亚专科医生指导治疗，同时应加强吞咽困难患者的管理，管理的主要目的是预防误吸和营养不良及其带来的相应并发症，最终目标是改善生活质量。吞咽困难的管理应由多学科、多角色共同参与，包括护士，营养师，言语和语言病理学家，保健医生，神经科医生，胃肠科医生和耳鼻咽喉科医生等。

（一）病因治疗

引起吞咽困难较常见的病因是各种食管疾病，对于食管性吞咽困难，主要针对原发病进行积极治疗。如上所述，胃镜检查除了可以协助诊断明确病因，如 EoE，还可以进行干预性治疗。对于在食管活检中发现嗜酸性粒细胞增加（ >15/HPF）的患者，应每日 2 次应用质子泵抑制剂，并在 6~8 周内复查胃镜。如果症状持续存在，并且从食管中远段获得的活检组织仍提示嗜酸性粒细胞增多，则应高度怀疑 EoE 的诊断，其治疗应在营养师指导下采取 6 种食物消除饮食法（six-food elimination diet，SFED）（牛奶、鸡蛋、小麦、大豆、花生 / 坚果和贝类 / 鱼），并口服皮质类固醇（布地奈德或氟替卡松）。对于食管肿瘤所致的吞咽困难，目前治疗仍以手术切除肿瘤为主，如患者失去手术机会或者无法手术，放射治疗、局部扩张、食管内支架置入等局部治疗手段可能会暂时缓解吞咽困难。

患有贲门失弛缓症等动力性吞咽困难的患者需要多学科的诊治，包括消化科医生和胸外科医生等共同决定最佳治疗方法。如果没有明显的合并症，手术治疗是可考虑的治疗方法之一。近年来，有研究发现将肉毒杆菌毒素注射到食管下括约肌可能会暂时缓解症状，但该治疗方案需要谨慎考虑，因为它可能会限制进一步的治疗措施，如口腔食管肌切开术。

（二）对症治疗

对于吞咽困难的患者，吞咽康复治疗至关重要，其目的是通过锻炼改善吞咽的生理功能，最大限度地减少或预防与吞咽困难相关的疾病并改善吞咽功能受损。最常用的策略是姿势调整、吞咽动作和饮食调整。对于口咽性吞咽困难，语言病理学家可以指导进行补偿性干预，包括姿势调整，以最大限度地提高吞咽的效率和调节进食的速度与进食量，最大程度地改善吞咽困难。站立或者坐位进食、调节头部朝向等都是辅助吞咽的策略之一。下颌、口唇以及舌头的运动和强化康复训练也有很大帮助。缓慢、少量进食以及多进食液体食物、细嚼慢咽也是治疗口咽性吞咽困难的方法。此外，对于经口进食的患者，食物的黏稠度也是考虑的因素之一。对于上述方法仍不能改善的吞咽困难，尤其是合并营养不良或者疾病病程可能较长，短期内不能纠正的，鼻饲营养是可以考虑的方式之一，必要时甚至可以考虑经皮胃造口术给予营养治疗。

五、预防

对于可能导致吞咽困难的疾病，要及早进行干预，避免或者延缓吞咽困难的发生，从而预防其影响患者病程及转归。对于吞咽困难的发生，要及时给予综合的治疗，注意进食姿势及食物的性状等，预防发生误吸、呛咳等并发症，同时需注意预防营养不良的发生，及时给予合适的营养治疗。

六、小结

1. 吞咽是人体的生理功能，整个过程涉及中枢神经系统、食管、口咽以及吞咽肌肉，任何一个环节出现问题均可导致吞咽困难。

2. 吞咽困难是一个普遍的问题，世界范围内3%~8%的人发生过吞咽困难。

3. 吞咽困难可以导致误吸、肺炎、营养不良、生活质量下降等后果，甚至可导致并发症发生率以及死亡率增加。

4. 吞咽困难分为动力性和机械性吞咽困难，根据发生部位不同分为口咽性吞咽困难以及食管性吞咽困难

5. 治疗上除了吞咽功能的康复治疗、饮食调整等，主要是针对原发病积极治疗，部分患者需多学科共同诊治。

（崔久嵬）

第十二章　营养治疗并发症防治

营养治疗作为一种临床治疗措施，同样存在并发症风险。营养治疗并发症防治有两种分类方法：第一，按照并发症类别分为感染性并发症、代谢性并发症、机械性并发症及胃肠道并发症；第二，按照营养治疗手段分为肠内营养并发症与肠外营养并发症。

第一节　肠内营养相关并发症及处理

肠内营养至今已有 100 多年的历史，早在 18 世纪末，人们已经有使用鼻胃管提供营养物质的先例，在随后的 19 世纪，肠内营养得到广泛的应用和发展。肠内营养制剂也越来越优化，最早的肠内营养制剂是 Nutramigen，在 1942 年正式推入市场，初次用来治疗儿童肠道疾病。20 世纪 50—60 年代，随着航天事业的发展，肠内营养的化学配方得到了改进，该配方称为要素膳，即不含任何残渣，无须消化就可被人体肠道吸收，研究结果显示正常人在 6 个月内仅靠该要素即可维持正常营养和生理状态。现如今肠内营养已经发展出不同类型，如氨基酸型、短肽型肠内营养制剂（要素型）、整蛋白型营养制剂（非要素型）以及组件型肠内营养制剂。可供临床上不同疾病状态的不同需求，制订个体化方案。

肠内营养是指通过口服或管饲方式将特殊制备的营养物质送入患者胃肠道以提供机体营养的支持方式，管饲方法包括鼻胃管、鼻肠管、经皮内镜下胃 - 空肠造口术（percutaneous endoscopic gastrojejunostomy，PEGJ）、腹腔镜下胃造口术等。随着近年来越来越多的研究表明，胃肠道不仅是单纯的消化吸收器官，还是重要的免疫器官。相较于肠外营养相比，肠内营养的优越性越来越突出，其中体现在更符合人体食物消化生理、给药方式更方便、住院花费更少，而且更有助于维持肠道黏膜结构及屏障完整性，更有利于患者胃肠道功能恢复等优点。经过多年的临床探索和研究，虽然肠内营养存在诸多优点，但在治疗过程中仍存在很多并发症（表 12-1-1）。

表 12-1-1　肠内营养的并发症

肠内营养并发症	临床表现
机械性	误吸、食管溃疡或狭窄、错位、堵塞、断裂、打结等
胃肠道	腹泻、腹胀、腹痛、恶心、泛酸、嗳气、呕吐、口渴等
代谢性	宏观或微量营养素缺乏、糖代谢紊乱、电解质失衡等
感染性	吸入性肺炎、腹膜炎、切口感染、肠瘘、胃瘘等
再喂养综合征	心律失常，急性心力衰竭，心搏骤停，低血压休克，呼吸困难，呼吸衰竭，麻痹，瘫痪，谵妄，幻觉等危重症

造成肠内营养治疗过程中诸多并发症的原因有很多（表 12-1-2）。

表 12-1-2 肠内营养并发症的原因

肠内营养并发症	原因
机械性	暴力操作、患者不配合、患者胃肠逆蠕动强、夜间使用肠内营养时未抬高床头等
胃肠道	肠内营养制剂不合适、肠内营养温度过低、滴注速度过快、患者胃肠道尚无法耐受肠内营养等
代谢性	除肠内营养治疗外，未额外补充维生素、微量元素、电解质等
感染性	鼻胃 / 肠管植入后患者误吸、PEG/J 术后窦道形成不良、患者营养状况差致切口延迟愈合等
再喂养综合征	长期严重营养不良患者初始营养治疗给予能量过高、患者临床表现隐匿，不典型，发现不及时等

使用肠内营养治疗过程中出现并发症，会对患者及其家属造成身体和心理的影响。故使用肠内营养和通过各种途径放置鼻胃 / 肠管之前需要仔细告知患者及其家属各种可能的并发症、预防并发症发生以及发生并发症时的处理措施。要做到医护人员和患者及其家属积极配合，避免以及及时发现并发症，保证治疗的安全性及患者的快速康复。

一、机械性并发症

肠内营养给予方式分为两种：①经口口服肠内营养液或肠内营养粉；②经管饲滴注肠内营养液。肠内营养机械性并发症好发于第 2 种情况，即通过管饲治疗过程中发生的并发症。临床上常见的肠内营养机械性并发症有：误吸、鼻黏膜溃疡、错位、堵塞、断裂与打结。以下详述各种并发症的原因、临床表现、治疗及预防。

（一）误吸

误吸是指进食（或非进食）时，在吞咽过程中有数量不一的液体或固体食物（甚至还包括分泌物）进入声门以下气道。

1. 原因 肠内营养治疗过程中，肠内营养液经过患者胃腔到达小肠或者直接到达小肠进行消化吸收营养物质，营养液到达胃腔时贲门关闭，防止胃腔内容物反流误入支气管；营养液到达肠腔时，幽门关闭，防止肠腔内容物反流至胃腔而进一步反流至支气管。如果患者贲门或幽门括约肌出现障碍，则极有可能发生误吸。除此之外，发生误吸的原因还有：放置营养管后影响贲门正常关闭、胃排空延迟、患者吞咽困难、咳嗽反射减退、意识状态改变（昏迷）、口腔卫生不良、长期留置胃管等。

2. 临床表现 一旦发生误吸，患者表现为突发的呼吸急促，心动过速，有时会出现喉痉挛或支气管痉挛。肺听诊可闻及湿啰音，X 线胸片或胸部 CT 可发现散在或大片阴影。立刻检查动脉血气分析可见乳酸升高，氧分压降低或二氧化碳分压升高，酸碱平衡紊乱。误吸分为显性误吸和隐性误吸，显性误吸伴随进食、饮水及胃内容物反流突然出现的呼吸道症状（如咳嗽或发绀）或吞咽后出现声音改变（声音嘶哑或喉部的气过水声），病情较重且发展较快，一旦发生，呼吸困难是其首发和突出表现，极易诱发重症肺炎，急性左心衰竭，急性呼吸衰竭。隐性误吸往往直到出现吸入性肺炎时才被察觉，不易引起医务人员的注意，有的患者仅表现为精神萎靡，神志淡漠，反应迟钝及食欲缺乏。

3. 治疗及预防 发生肠内营养液误吸后或吸入较多营养液时，此时患者病情危急，需立即：①清理气道，如行气管插管或气管切开后行纤维支气管镜检查，吸出气道内的肠内营养液及胃肠道分泌物，并行呼吸机辅助呼吸。②防止肺部感染，可先行经验性治疗：使用广谱性抗生素治疗，等待药敏结果回执后改用敏感性抗生素。③如果患者全身炎症反应较重，则可使用激素抗炎。④全身支持治疗，包括纠正水电解质酸碱平衡，肠外营养的使用等。待肺部炎症消除，可逐步撤离呼吸机，停用抗生素。若吸入营养液较少，则需防止肺部感染，加强全身支持治疗。

如何预防肠内营养误吸的发生在临床工作中是极其重要的，主要措施有：①保持呼吸道通畅，加强口腔护理，意识障碍者，鼻饲前翻身并吸尽呼吸道分泌物能降低误吸发生率；②鼻饲的体位：床头抬高 30°~45° 或更高，特别是夜间时，并在鼻饲后 30min 内仍保持半卧位；③选择适宜管径的鼻饲管进行喂养；④适当延长插入胃管的深度，在常规深度上追加 10~15cm；⑤采取低流速、匀速方式喂养；⑥每 4h 检测胃内残余量，当残余量 > 150ml 时，应当延缓肠内营养使用；⑦检查有无导致误吸的危险因素，及时排除。

有研究发现在接受肠内喂养的患者中，多达 15% 的患者可能会出现吸入胃内容物的晚期并发症，肠内营养误吸是最严重的并发症，多达 40% 的与管饲相关的死亡直接来自误吸导致的吸入性肺炎，所以在临床工作中需高度重视，预防重于补救。

（二）鼻黏膜溃疡

鼻腔黏膜溃疡是指鼻胃管或鼻肠管长时间放置后，鼻黏膜长时间受压导致局部缺血坏死，而出现溃疡。

1. **原因**　鼻胃管或鼻肠管行肠内营养治疗期间，未注意使用时间以及未经常观察鼻黏膜状态，导致发现不及时。

2. **临床表现**　患者主诉鼻腔疼痛不适，查体可见鼻黏膜充血水肿，黏膜表面组织可见局限性缺损、溃烂，严重时可见脓液分泌。

3. **治疗及预防**　一旦发现，应立即拔除鼻胃管或鼻肠管，并用油膏涂拭鼻腔黏膜，起润滑作用。

对于长时间留置鼻饲管的患者，应定时观察鼻黏膜局部皮肤，定时更换鼻饲管，避免鼻黏膜长时间受压。

（三）错位

错位是指鼻胃管或鼻肠管置入过程中，未能置入胃腔或肠腔，而是误入声门及以下气管。

1. **原因**　该并发症属于医疗操作不规范导致，未按规定检测鼻饲管是否在胃或肠腔内。

2. **临床表现**　置入鼻饲管过程中，患者突发剧烈咳嗽，呼吸困难，咽喉部不适等表现。胸部听诊可闻及双肺呼吸音减弱。

3. **治疗及预防**　一旦患者出现以上症状，立即退出鼻饲管，吸除患者口鼻分泌物，防止误吸。

预防出现错位的措施有：①插管过程中嘱患者多做吞咽动作，动作轻柔，不可强行插入；②插入后，用注射器回抽鼻饲管，或有绿色或黄色液体，则鼻饲管在位；③插入后可向鼻饲管内注入空气，在剑突下可闻及气过水声，则鼻饲管在位；④置管结束后，行胸腹部 X 线检查，是判断是否在位的“金标准”。

必须按照操作规范置入鼻饲管，完成后还需仔细检查是否在位，X 线检查是必不可少的。

（四）堵塞

鼻饲管的堵塞在临床上是比较常见的现象，很多患者及其家属，甚至医生都对其苦不堪言。

1. **原因**　导致鼻饲管堵塞有诸多原因，以下为主要的几条：①各种原因导致鼻饲管盘曲，导致营养液通过不畅，凝结在管壁上而阻塞鼻饲管。如未妥善固定好鼻饲管，患者翻身后导致鼻饲管受压，使得鼻饲管扭曲、变形、折叠；患者频繁呕吐，使得营养管在胃腔或肠腔内盘曲反折；鼻饲管留至体内部分过长，易导致营养管打折盘曲堵塞营养液。②未选择正确的营养制剂，如选择浓度过高的营养液，当营养液泵入过慢时，高浓度营养液中的纤维成分会沉积在管壁上，随着时间延长，会使管壁狭窄，最终阻塞营养管。③肠内营养液输注速度与营养管阻塞的关系不大，但当营养液加热时，若速度过慢则会导致营养液中某些成分变性，凝结成块附于管腔内壁上，堵塞营养管。④护理人员在经鼻饲管给药时未按标准操作流程处理，随意加药未注意与肠内营养液的相互反应，或在冲管过程中对冲管时间和药物选择不当，都会增加堵管风险。⑤患者及其家属对鼻饲管的自我管理意识较差，随意停止泵入营养液或停止时间过长，冲管不及时都会导致营养管阻塞。

2. **临床表现**　肠内营养泵入过程中，发现营养液水平不下降，或食物不易注入，注射器回抽时无液体，而且有很大的吸力。注入 20ml 温水时，有较大阻力，流速仍不流畅。

3. **治疗及预防** 发现堵管后,应立即停止泵入营养液,并用以下方法进行营养管疏通:①当发现营养管内存在营养液残留导致堵塞后,可揉搓鼻饲管体外部分,与此同时使用 20ml 注射剂注入 10ml 温水,同时回抽。在外力和水的压力下使得黏附的营养液被吸出管道,如此反复多次直到管腔通畅。但此法适用于外露部分较多的情况。②利用营养管自带的导丝插入鼻饲管中,操作过程中不能使用暴力,以免穿透营养管,导致营养液外露甚至损伤消化道,造成不必要的麻烦。③使用消化酶溶于温水后,利用 10ml 小管径注射器加压注入营养管中,或者使用 5% 碳酸氢钠溶液,可以溶解一些酸性物质和卵磷脂等成分,反复多次后可融通营养管。如果以上方法均尝试无效,则需要立即更换新的鼻饲管。

了解以上原因后,我们需要采取以下措施来预防其发生:①医生应根据患者的病情选择合适浓度的营养液,选择高浓度的营养液时,可以适当稀释或者摇匀后再泵入;②选择合适管径的营养管行肠内营养治疗,并及时发现有无营养管弯曲打折,及时更换;③加强患者及其家属对肠内营养管护理的宣教;④如果要经鼻饲管注入药物时,要将药物充分研磨、研碎至粉状,充分溶解后再注入鼻饲管。并在给药前需用 20ml 温水冲洗管腔,经鼻饲管给药完后继续使用 20ml 温水冲洗管腔后再泵入营养液,也可每 4h 用至少 30ml 水冲洗鼻饲管。有些药物不能直接由鼻饲管注入,临床医生应引起注意。

预防和干预营养管的阻塞对改善患者营养不良状况,提高临床疗效具有重要意义。

(五) 断裂与打结

鼻饲管断裂和打结较罕见,在笔者单位(解放军东部战区总医院)发生过一例鼻饲管打结的案例,未见过断裂的病例。一旦发生上述情况,不可盲目拔出,需在内镜下将营养管取出,以免发生断裂物残留体内或损伤消化道的情况。

二、胃肠道并发症

肠内营养在使用过程中要经过胃肠道,并通过小肠上皮细胞吸收营养物质,将营养物质输送至全身,为机体提供日常所需能量和生长发育的原料。在行肠内营养治疗的患者中,最多见的胃肠道并发症为腹泻,在重症监护治疗病房(intensive care unit,ICU),有 2.3%~68% 的患者存在不同程度的腹泻症状。导致腹泻的原因有很多,具体见以下详述。除会发生腹泻之外,肠内营养治疗过程中还会出现恶心、呕吐、腹胀、便秘、腹痛等症状。上述症状会影响患者的治疗效果,减弱肠内营养对患者肠道的修复作用,如果处理不当,甚至会对患者造成不利影响。

(一) 腹泻

腹泻是指排便频率增加(≥3 次 /d),粪质稀薄(含水量>85%)或粪便量增加(>200g/d)的统称。

1. **原因** 在肠内营养治疗过程中,发生腹泻的原因主要有以下几点:①长期营养不良的患者(短肠综合征、炎症性肠病、胃肠道肿瘤等),肠道绒毛萎缩,管腔增厚,肠道狭窄,吸收面积与能力减低,肠道隐窝深度降低,分泌抗菌肽,递质外界毒素能力下降,使得患者肠道免疫力下降,无法正常吸收肠内营养液中的营养物质而导致腹泻。研究发现,营养不良患者粪便中能量损失更大,*D*- 木糖和脂肪吸收受损,而无胃肠道器质性障碍和严重营养不良的患者可以吸收 1kcal/ml 的营养液配方。②肠内营养配方不妥,人体肠道可耐受最高渗透压为 400mOsm/L,我们现在使用的肠内营养液标准配方为等渗液(279~330mOsm/L),超过渗透压阈值时将会引起渗透性腹泻;胃肠道不能耐受高浓度脂肪含量,当脂肪含量>20% 时,发生腹泻概率增加。如果肠内营养液中脂肪酸比例不当或浓度过高,则会导致脂肪吸收不良,引起脂肪泻;肠内营养中含膳食纤维过多时,因其具有水化作用,可通过增加大便体积来刺激排便,同时膳食纤维酵解产生的气体和短链脂肪酸也可增加大便体积,刺激直肠黏膜产生便意。当膳食纤维摄入量过大时,会导致腹泻。③肠内营养液输注的方式不妥时,也会造成腹泻。临床工作中会有不按规定增加肠内营养液速度的情况,当肠内营养液输注过快时,会导致一次性输入肠内营养的量过多,使得肠道无法吸收,从而导致腹泻。有研究也表明,当营养液温度过低时也会导致腹泻的发生。因为长期营养不良患者或胃肠道术后患者,血流动力学改变,肠道灌注压不足,血流量不足，当一段时间内一次性输入大量肠内营养液时，肠道局部处于高渗状态，肠道吸收大量水分，外加低温刺激肠道，使得肠道蠕动增加，最终导致腹泻。④肠内营养液开封后需要在24h内滴注完，如果长时间放置超过24h，会使得营养液变质，易受病原体的污染。或者患者及其家属在清洗营养管时发生污染，都是导致腹泻的潜在诱因。⑤入住ICU的患者，特别是存在感染的患者，会使用大量抗生素，长时间后会导致肠道菌群紊乱引起抗生素型腹泻，可发现粪便中排出假膜样，白色胶冻样或大便镜检可发现真菌。术后帮助胃肠道恢复时使用促胃肠动力药，使得肠道蠕动过快，水分和营养成分吸收障碍而导致腹泻。

2. 临床表现　患者在输入肠内营养液后，大便次数增多，粪便含水量增多，腹泻量大时还可造成水电解质紊乱。

3. 治疗及预防　如果患者腹泻次数明显增多，可采用以下治疗措施：①排除其他原因导致的腹泻，如感染性腹泻等。②排除可能可引起腹泻的药物，如长期大量使用抗生素者，需要根据药敏结果使用敏感抗生素，减少广谱抗生素的使用。同时可使用调节肠道菌群的药物，如益生菌（双歧杆菌，枯草杆菌等）可减少腹泻发生。③积极治疗原发病及预防低白蛋白血症。对短肠综合征或克罗恩病患者需要积极治疗，对于严重营养不良合并低白蛋白血症的患者，可先给予肠外营养联合输注血浆白蛋白，待血浆蛋白水平提高再联合肠内营养。④更改肠内营养配方，改用含有可溶性膳食纤维的肠内营养配方，或者更换为低脂配方，使用氨基酸型或短肽型肠内营养液，浓度从低到高，缓慢增加。同时加热营养液后也会减少腹泻次数。上述治疗措施无效时，则需停止输注肠内营养液，让肠道休息。

防止出现腹泻的措施有：①选择合适的肠内营养液制剂；②选择合适的输注方式；③注意无菌操作；④改善肠道菌群。

减少和防止腹泻发生，可增加患者营养治疗效果，更快改善营养状况。

（二）恶心、呕吐

10%~20%的肠内营养治疗患者出现恶心、呕吐症状，多见于初次使用肠内营养的患者。

1. 原因　肠内营养治疗过程中导致恶心、呕吐的原因有以下几点：①肠内营养配方中成分的影响，有些患者对肠内营养液中某些成分不耐受，如要素制剂中的氨基酸和短肽成分多有异味，有些营养液有特殊气味，患者口服后会产生恶心、呕吐的症状；或者营养液成分中乳糖含量过高，脂肪比例过高，也会容易产生恶心感；②输注营养液过程中速度太快，温度较低，加上患者胃潴留，容易导致呕吐；③患者自身的情况，如胃肠道缺血，胃肠蠕动减慢，胃肠炎症或肠麻痹等，会使得营养液在胃内停留时间过长，引起恶心、呕吐。

2. 临床表现　患者在滴注肠内营养液后，感觉胃内翻腾不适感，随即胃内容物向上涌出，呕吐出肠内营养液及胃肠分泌物。

3. 治疗及预防　患者出现恶心、呕吐时，需要控制输注速度，立即减慢速度或者情况严重者应停止输注营养液；加热营养液，使其温度保持在37℃左右；降低肠内营养液浓度，从低浓度开始输注，逐渐加量至全量；避免营养液污染变质。应保持营养液无菌状态，现配现用，每天定时更换输注管道等。

预防措施包括：①控制肠内营养液的输注速度，使用恒温加热器保持营养液适宜温度，一般应在37℃左右；②定时检查胃内残留量，如果胃内残留>100~150ml，应减慢或停止输注肠内营养液；③输注肠内营养液时应将床头抬高30°~45°，减少营养液的反流，降低恶心、呕吐概率。

（三）腹胀、便秘

腹胀与便秘在肠内营养使用过程中也是比较常见的临床表现。

1. 原因　包括：①长期营养不良患者，营养状况差，内脏脂肪减少，无法承托内脏器官，使得内脏器官如胃、小肠、结肠下垂至盆腔，营养液和大便通过不畅，会产生腹胀和便秘的症状，而且两者互为因果，不断恶性循环，加重不适症状；②患者一些疾病状态，如肠梗阻、肠麻痹、脾曲综合征、术后未通气等，使得营养液通过受阻，患者出现腹胀表现；③营养状况差的患者，身体中水分缺失，导致粪便干结，长时间后导致便秘。

2. **临床表现** 患者自觉腹中有气流乱窜不适感，有时会伴有嗳气、反酸等表现。查体可发现腹部隆起，严重者可见胃肠型；叩诊为鼓音区增大，听诊可闻及气过水声，腹部影像学检查可发现肠道积气，严重者可见肠道积液，气液平面等。

3. **治疗及预防** 减轻腹胀、便秘的方法有：①按摩或热敷腹部，刺激和加快肠道蠕动，促进肠道排气排便，从而减轻腹胀、便秘。②患者取侧卧位（侧卧位能减轻软腭下塌和患者舌根后坠的程度），尽量闭合口腔，以减少气体从口腔吸入呼吸道内。行气管切开的患者气管导管套囊充气要充足，避免气体从旁逸出至口咽部而被咽入胃内。③如果发现患者血钾降低，则需立即减量或停止导致血钾降低的药物，并严密监测血钾浓度，根据低血钾的严重程度给予口服或静脉补钾。④给予促胃肠动力药，如多潘立酮、普芦卡必利等，或予缓泻剂、灌肠等。⑤粪便涂片检查有无肠道菌群紊乱，若存在则可行选择性肠道去污后，使用益生菌治疗，调节肠道菌群，减轻腹胀。

预防腹胀、便秘的方法有：①心理疏导，保持心情舒畅，安心休养，保持大便通畅；②保持规律排便的习惯；③保持一定的运动量；④使用开塞露、乳果糖或定时灌肠等保持大便通畅。

（四）腹痛

腹痛在临床上相对少见，主要发生于胃肠道术后早期肠内营养治疗者，可能与术后胃肠道功能尚未恢复，胃肠道暂时麻痹有关。发生肠内营养治疗后腹痛时，应鉴别是疾病并发症所致还是肠内营养所致，若为肠内营养液所致，则需更换肠内营养液或者停止输注，让患者胃肠道休息，待肠道休息或通气后再行肠内营养治疗。

三、代谢性并发症

肠内营养代谢性并发症在肠内营养并发症中占有较高的比例，处理不当时也会给患者带来很大不良影响。肠内营养代谢性并发症主要集中在糖、水、电解质及酸碱平衡、维生素缺乏及肝功能异常。以下内容详述各项并发症的原因，临床表现，治疗及预防措施。

（一）糖代谢异常

肠内营养配方中糖含量较多，所以容易导致糖代谢异常，主要表现为高血糖和低血糖。

1. **原因** 肠内营养导致高血糖在临床中较常见，其主要原因为：①肠内营养液配方中碳水化合物的比例过高，当选择不适当的肠内营养配方时，容易导致高血糖；②营养液在短时间内输入过多，导致单位时间内进入体内营养液浓度过高，也会导致高血糖；③一些疾病如重症颅脑损伤、重症胰腺炎、急性肾衰竭等，早期处于高分解代谢状态，糖利用率低，糖耐量下降，糖异生，胰岛素抵抗等病理生理情况，使得使用肠内营养后血糖升高明显；④糖尿病或胰腺切除术后患者进行肠内营养治疗，胰岛素或口服降糖药剂量不足或使用不当时，也容易诱发高血糖。肠内营养治疗过程中发生低血糖的原因有：①使用降糖药或胰岛素时突然中断管饲，或管饲后出现呕吐；②降糖药或胰岛素不必要的应用或过量使用；③严重应激状态逆转后未及时调整降糖药剂量。

2. **临床表现** 高血糖的临床表现为：患者出现或不出现典型的“三多一少”症状，即多食、多饮、多尿、体重减轻，尿糖可升高，空腹血糖 ≥ 7.0mmol/L，或餐后 2h 血糖 ≥ 11.1mmol/L。血糖升高严重者还会出现感染、酮症酸中毒或高渗透性昏迷等并发症。低血糖的临床表现为：出汗、饥饿、心慌、颤抖、面色苍白等交感神经过度兴奋的表现，还有出现初期表现为精神不集中、思维和语言迟钝、头晕、嗜睡、躁动、易怒、行为怪异等精神症状，严重者出现惊厥、昏迷甚至死亡的脑功能障碍表现；查血糖可发现成年人空腹血糖浓度低于 2.8mmol/L，糖尿病患者血糖值低于 3.9mmol/L。

3. **治疗及预防** 为了防止出现糖代谢紊乱，应加强血糖监测，根据血糖水平调节外源性胰岛素的应用，选用合适的营养制剂。需要采取以下处理方法：①血糖监测，测血糖在营养治疗开始时 1~2 次 /d，平稳后 1 次 /1~2d。测尿糖 1 次 /6h，平稳后 1~2 次 /d，若血糖高则可减少糖的输入量或增加外源性胰岛素的用量；高血糖患者可补给胰岛素或改用低糖饮食或口服降糖药，还可降低输液速度与溶液浓度；低血糖患者可减少胰岛素用量，或加大糖输入量。②使用胰岛素时注意胰岛素滴入浓度：每

500ml 液体不超过 12U，滴速 <60 滴 /min。③针对患者个体需求选择恰当的营养制剂，针对疾病种类选择疾病型制剂，或根据患者营养状况选用相应的组件型制剂。如非要素型肠内营养制剂中含膳食纤维制剂可以降低血糖。对于高血糖患者也是一个很好的选择。④积极治疗原发疾病，祛除引起血糖紊乱的因素。

血糖管理在营养治疗过程中也是一个很重要的环节，需要引起相当的注意。

（二）水平衡紊乱

行肠内营养的病种较多，如短肠综合征、克罗恩病、各种胃肠道手术后、各种危重症等，而且年龄偏大，水平衡的要求在这类患者中更高。水平衡紊乱主要有脱水和输入水分过多两种情况。

1. 原因　脱水的主要原因有：①患者使用肠内营养液后腹泻次数过多或腹泻控制不良，导致和加重脱水；②水供应不足；③某些疾病状态，如颅脑外伤导致渗透性腹泻，糖尿病患者多尿状态都能导致脱水；④摄入高钠食物，肾排钠功能不全也能引起脱水。水分输入过多的原因主要是液体管理不佳，对于存在心力衰竭、肾衰竭、短肠综合征的患者或者老年患者，未注意 24h 出入量平衡，输入过多液体或肠内营养液，患者来不及排泄，导致水肿等一系列水分输入过多的表现。

2. 临床表现　脱水时患者出现皮肤干燥、无弹性、口渴、眼眶凹陷等表现，血生化提示存在高钠血症；水分输入过多时主要表现为水肿，如眼睑、皮下、脚踝、下肢等部位，血生化提示低钠血症，低白蛋白血症，严重时会诱发心力衰竭等危重情况。

3. 治疗及预防　出现脱水时需立即补充血容量，出现水分输入过度时，可限制液体输入，利尿药联合白蛋白脱水治疗。

防止出现脱水需要严格记录 24h 出入量，对于肠内营养液应逐渐增加浓度和量，可定期监测血电解质与尿钠浓度，及时处理并发症。预防水分过量输入的方法有：肠内营养液刚开始使用时需低剂量、低速输注，记录 24h 出入量，量入为出，严格限制水分输注，尤其对于合并心、肾功能不全的患者；对于有液体限制的患者，可选用高能量密度的肠内营养液，既能保证患者营养需求，又能满足液体控制。

（三）电解质平衡紊乱

肠内营养中含有一定量的电解质，如钾、钙、钠、镁、磷等。电解质紊乱常以电解质不足最为常见，因为肠内营养液中电解质含量较少，加上疾病状态如急慢性肾衰竭、短肠综合征、烧伤等导致电解质丢失过多，当外界补充不足时，肠内营养液中电解质不足以满足日常所需，所以导致电解质不足。预防出现电解质紊乱需要加强血生化监测，及时发现及时补充，同时也要积极治疗原发病，减少电解质的丢失。

（四）维生素缺乏与肝功能异常

1. 原因　包括：①当长期使用要素型肠内营养时，会导致维生素缺乏；②一些原发性疾病导致维生素丢失或吸收减少；③肝功能异常可能与肠内营养配方有关，肠内营养中可能是营养液中氨基酸进入肝内分解，对肝细胞产生毒性所致，亦可能为大量营养液吸收进入肝后，增加肝内酶系统新的活性所致。

2. 临床表现　维生素缺乏时出现皮肤干燥、头发干枯、失眠多梦、视力减退等症状，同时也有可能会造成夜盲症、记忆力减退、注意力不集中等表现；肝功能异常时会有恶心、呕吐、食欲缺乏、厌油等不适感，有时还会出现黄疸，血清生化检查发现肝酶超过正常值上限。

3. 治疗及预防　需定时补充维生素，并定期监测防止过度补充；出现肝功能受损时可停用肠内营养，需要密切监测肝功能至恢复正常，对于有肝、肾、肺等功能障碍，应选择相应组件肠内营养液，以免加重肝功能损害。一旦出现肝功能异常可予以停止输注肠内营养液，待肝功能恢复正常后再更换合适的肠内营养。

四、感染性并发症

肠内营养治疗过程中发生感染性并发症主要是由放置营养管过程中所致。放置营养管的方法有：盲法下放置鼻胃 / 肠管，床边经电磁导航放置鼻胃 / 肠管，PEG/J 下放置营养管，术中行空肠插管造口术和腹腔镜下胃造口术等。感染性并发症主要发生在有创操作中或之后，如误吸性肺炎，肠穿孔致腹腔感染，术后伤口感染，术后造口处不愈合致肠瘘等。感染性并发症可轻可重，严重者可导致患者死亡。所以在行营养管置入过程中，需要严格遵照适应证与禁忌证，遵守标准操作流程，将感染性并发症的发生率降至最低。

(一) 误吸性肺炎

误吸性肺炎由误吸导致，是机械性并发症的延续，是比较严重的感染性并发症，可在放置鼻饲管过程中发生，也可在肠内营养鼻饲过程中发生。误吸性肺炎的原因、临床表现、治疗及预防措施均已在上文中详述。详见本节“一、机械性并发症(一)误吸”中相关内容。

(二) 局部切口感染

局部切口感染是 PEG/J 下放置营养管中最常见的较轻的并发症。在不同研究中其发生率为 5%~25%，甚至在有些地区报道其发生率高达 65%。虽然由于导管移动，伤口周围的轻微红肿很常见，但红肿的扩大、脓性分泌物的增加或其他全身炎症的迹象应引起对局部切口感染的怀疑。

1. **原因**　局部切口感染的原因有局部因素和全身因素，局部因素包括切口皮肤污染，消化液外漏导致局部皮肤不清洁，受消化液腐蚀而导致切口感染。全身因素包括营养状况差导致低白蛋白血症，疾病状态如糖尿病等导致伤口不易愈合而使伤口感染。

2. **临床表现**　局部切口感染可见切口红肿，渗液，严重者可有脓液流出。血常规可见白细胞计数、CRP 等炎性指标升高，可有体温升高，局部切口感疼痛等。

3. **治疗及预防**　治疗措施包括：①加强局部切口换药，及时清除伤口周围渗出液或者脓液，同时清除坏死组织；②予以第二代头孢菌素抗感染；③全身营养状态较差者予以营养治疗，输注白蛋白改善患者营养状况。如患者血糖控制不佳，积极调整血糖至正常水平。

预防措施有：①每天将 PEG/J 管外垫片松开，使用聚维酮碘或生理盐水将管口周围皮肤擦洗干净，保持切口周围皮肤清洁；②松开外垫片后，将导管推进 1~2cm，转动 360° 再拖回原位，减少局部皮肤长时间受压导致局部皮肤缺血坏死而致切口感染；③围手术期预防性使用广谱抗生素，可以有效减少切口感染并发症。

保持切口周围皮肤清洁，改善全身状况有助于预防切口感染。

(三) 造口管漏

造口管漏是指消化液或营养液通过造口管周围间隙漏出，称为造口管外漏；当其漏入腹腔内时，称为造口管内漏，会造成腹腔感染。

1. **原因**　造口管漏在临床上并不常见，通常与 PEG/J 术本身无关。该并发症经常发生在患者无意间拔下喂养管，或发生在皮肤与胃或肠道与皮肤之间窦道尚未成熟之前。消化液顺着未成熟的窦道流出皮肤外或者流入腹腔中导致腹腔感染。也可以因放置营养管过程中肠穿孔致腹腔感染，术后造口处不愈合致肠瘘等。

2. **临床表现**　患者在放置 PEG/J 管后会有轻微切口疼痛或腹痛，但发生造口管内漏时会有消化液或营养液流入腹腔，其所致的弥漫性腹痛不容忽视，它可能是腹膜炎的早期症状。腹腔感染的临床表现最直接的是明显的腹腔炎症的临床症状，包括腹部压痛、反跳痛、腹肌紧张，同时伴有持续高热，体温常>38.5℃，甚至高达 39℃或 40℃。立查血常规可见白细胞计数显著升高，CRP 明显升高。其他炎性指标如降钙素原、白细胞介素 -6 等也可在短时间内升高。当发生造口管外漏时，可见大量消化液外漏至皮肤外，患者较易发现。如果怀疑胃或小肠渗漏或穿孔发生在肠内通路后，通过导管灌注水溶性造影剂是最好的诊断工具，因为它不仅可以确定营养管的位置，还可以确定是否存在渗漏。

3. **治疗及预防**　当发生造口管漏时，其治疗分为非手术治疗和手术治疗。在治疗之前需要通过影像学检查，如窦道造影、全腹部 CT 平扫 + 增强，确定是否存在造口管漏以及瘘口的大小。非手术治疗的措施包括：①立即停止输注肠内营养液；②使用质子泵抑制剂抑制胃酸分泌；③严重者可使用生长抑素或类似物(奥曲肽)等;④加强消化液引流;⑤肠外营养;⑥积极抗感染治疗。当以上措施无效,患者临床症状无改善或加重(如生命体征不平稳)时,需要立即行手术治疗,术中修补瘘口,清除脓腔,放置位置确切的引流管,术后积极抗感染及肠外营养治疗等。

造口管漏的发生率极低,但是一旦发生会对患者造成严重不良后果。为了减少该并发症,需要充分了解该术式的适应证及禁忌证,不可盲目操作,增加并发症风险。合理选择患者与术前准备、术中仔细操作、术后良好护理,是减少和预防 PEG/J 并发症的主要措施。其适应证为:①各种原因导致的不能经口进食,需要长期营养治疗及留置鼻胃管超过 1 个月,或不耐受鼻胃管者;②长期昏迷不能自行进食的患者,尤其适用于多种常见的神经系统疾病患者,特别是中老年常见的脑血管病所致的吞咽功能丧失;③需行胃肠内营养的患者。其禁忌证为:①与操作相关的禁忌证,如胃与腹壁间有结肠或肝、脾等阻隔,影响经皮穿刺的安全性;咽部或食管病变妨碍胃镜通过;由于肥胖或腹腔积液,影响腹壁透光等。②是与窦道形成相关的禁忌证,如术前严重的低白蛋白血症会影响腹壁窦道的形成。有腹部手术史的患者不是 PEG/J 的绝对禁忌证,但将增加 PEG/J 操作的难度,此类患者应小心仔细地进行术前判断及术中操作,以避免和减少并发症的发生。围手术期改善患者全身状况,预防性使用抗生素,术中轻柔,仔细操作,术后精细护理,有助于患者安全出院,并长时间安全留置营养管,更好更快地改善其营养状况。

五、小结

肠内营养使用过程中会发生诸多并发症,但是临床工作中需要医、护、患三方的通力协作,医生要做到及时发现危险因素,及时处理并发症,并将可能的风险告知患者及其家属。护理工作人员要积极配合医生的工作,及时发现和反映问题。患者及其家属要积极配合医护人员的工作,及时反映发生的问题。及时发现及时处理问题,将并发症降至最少,使得患者更好、更安全地接受肠内营养治疗。现将肠内营养并发症及处理方法总结于表 12-1-3。

表 12-1-3　肠内营养并发症及处理方法

并发症	预防措施
误吸	床头抬高 30°~45°、监测胃残余量、延长胃管置入深度、匀速泵入等
鼻黏膜溃疡	拔除鼻胃管或鼻肠管,并用油膏涂拭鼻腔黏膜,定时更换胃管等
错位	规范操作,插管结束后常规检测是否在位
堵塞	定时冲管、定时检查营养管是否打折、选择合适营养制剂等
腹泻	选择合适的肠内营养液制剂、选择合适的输注方式、注意无菌操作、改善肠道菌群等
恶心、呕吐	控制输注速度、加热营养液、床头抬高、检测胃残余量等
腹胀、便秘	保持大便通畅、促胃肠道动力、选择合适营养制剂等
腹痛	停止营养液输注,观察病情变化等
糖代谢异常	监测血糖、注意胰岛素使用、选择合适的肠内营养制剂等
水电解质紊乱	监测血清、尿电解质浓度、记录 24h 出入量、选择合适肠内营养制剂等
维生素缺乏与肝功能异常	监测维生素及肝功能、选择合适肠内营养制剂等
吸入性肺炎	同误吸
局部切口感染	预防性使用抗生素、保持切口清洁、定时转动 PEG/J 管等
造口管漏	围手术期患者的优化、严格遵守操作流程、严格遵守适应证与禁忌证等

(王新颖)

第二节　肠外营养相关并发症及处理

肠外营养(parenteral nutrition,PN)指经静脉给予营养,临床上适用于因各种原因导致胃肠道功能障碍、无法吸收营养或所吸收的营养无法满足机体代谢需要的患者。其历史可追溯至17世纪。在17世纪早期,Harvey教授系统地描述人体的循环系统之后,全肠外营养(total parenteral nutrition,TPN)就开始被各界人士不断尝试;20世纪30年代,Robert Elman证明了精心准备的蛋白水解物可以通过静脉被安全注射;20世纪40年代,宾夕法尼亚大学的外科医生Stanley Dudrick和Douglas Wilmore经比格犬幼犬的TPN实验之后,将TPN彻底带入临床胃肠道疾病治疗手段当中。目前,PN是临床上针对肠衰竭患者及ICU患者不可缺少的治疗手段,被广大医疗工作者及患者家属所接受,成为现代医学不可分割的组成部分。

但是在行PN治疗过程中,患者易出现多种并发症,严重者或可危及患者生命。了解这些并发症的危害、发生机制及有效的治疗策略有助于提高PN治疗的安全性。按照病因学分类,其并发症大致可以分为:导管相关性并发症及代谢性并发症。其中,导管相关性并发症则分为早期导管相关性并发症、晚期导管相关性并发症及感染性并发症;而代谢性并发症又可分为急性代谢性并发症及慢性代谢性并发症。据文献报道,在行PN支持治疗的患者中,感染性并发症占56.8%,机械性并发症达到25%,代谢性并发症为18.2%。本节将重点讲述PN相关的一系列并发症及其相关处理措施。

一、导管相关性并发症

由于渗透压高,肠外营养液一般都需经中心静脉通路给药。最常用的静脉通路是经锁骨下静脉、颈内静脉置入的中心静脉导管(central venous catheter,CVC)和经肘前静脉置入的经外周静脉穿刺的中心静脉导管(peripherally inserted central venous catheter,PICC)。在20世纪60年代,也有外国医生采用股静脉通路置管行PN治疗,但是由于此通路血栓栓塞性和感染性并发症发生率特别高,故此方法已在临床工作中被舍弃。

目前,导管相关性并发症的发生率为0.15~0.49次/1 000个导管日。可按照发生时间分为早期导管并发症,晚期导管并发症及感染性并发症。其中早期导管相关性并发症多与置管操作有关,经验丰富的外科医生可以大大减少此类并发症的发生;晚期导管相关性并发症多是由于导管类型,基础疾病等原因引起的导管阻塞,血栓性疾病等,完善护理措施可以有效防止此并发症;而感染性并发症则是由于导管内生物膜形成所导致的全身或局部感染,不同封管液的选择及护理工作的完善可以有效减少此并发症的发生。本章将重点讲述PN治疗过程中导管相关性并发症的发生发展及防治措施。

(一) 静脉炎

由于肠外营养液的高渗性,其对周围血管损伤极其严重,故需长期行PN支持治疗的患者往往需要建立中心静脉通路来减少PN对外周血管的损伤。

1. **原因**　在我国,临床上最常见的PN支持通路建立方法为PICC。需短期行PN支持治疗(≤2周)或由于特殊原因无法建立此通路的患者,则需经浅静脉置留置针行PN支持治疗。此时由于外周浅静脉脆弱,血管壁较薄,在输注浓度高、渗透压高的胃肠营养液时常导致局部发生浅静脉炎。

2. **临床表现**　静脉炎常由于物理、化学及感染等因素刺激血管壁而诱发,体现为血管壁的炎症反应。常见静脉导管穿刺部位上方5~15cm出现疼痛、不适、触痛、红斑及可触及的硬结,降低静脉的利用率,给外周静脉穿刺带来困难,增加患者的病痛。根据美国静脉输液协会关于静脉输液护理操作标准,将静脉炎分为5级。0级:无临床症状;1级:穿刺部位出现红斑,有或无疼痛;2级:穿刺部位出现红斑疼痛,有或无水肿;3级:穿刺部位出现红斑疼痛,有或无水肿,静脉条纹形成,可触及条索状物;

4 级：穿刺部位出现红斑疼痛，有或无水肿，静脉条纹形成可触及条索状物，长度一般>2.5cm，并有脓性渗出物。一项临床研究表明，在 64 例使用(7.30 ± 4.39) d 的 PN 支持治疗患者中，37 例患者发生静脉炎，且均为外周静脉置管患者，其中静脉炎分级 0 级占 19.57%，1 级占 34.78%，2 级占 30.43%，3 级占 15.22%。可见，经外周静脉置管行 PN 治疗的患者，外周静脉炎为其最为常见的并发症。

3. **治疗及预防**　目前，我国临床上多通过改善护理措施来预防及治疗此种并发症。

预防静脉炎的护理措施：注重心理护理，给患者讲解用药目的、副作用及注意事项，使患者了解所用药物，缓解紧张情绪，消除恐惧心理，减少静脉炎的发生。严格执行无菌操作，提高穿刺技术，减少对静脉的机械性刺激。选择合适穿刺部位，一般尽量选择较粗大、走行直、弹性好、血流丰富、无静脉瓣的静脉，避免选用靠近神经、韧带、关节或者出现硬化、受伤、感染的静脉，最好选择上肢静脉穿刺。输液期间加强病房巡视，严密观察穿刺部位及周围皮肤变化状况，了解患者穿刺部位有无不适症状。

发生静脉炎后护理措施：局部有静脉炎发生后，应及时变换输液位点或移至对侧肢体输液，且抬高患肢，促进静脉回流。静脉炎发生早期给予冷敷，可使血管收缩，减少药物吸收，减轻局部疼痛。药物治疗：给予硫酸镁湿敷，用 50% 硫酸镁溶液在患处进行湿敷可使血管收缩，促进炎症吸收。使用多磺酸黏多糖乳膏局部涂抹，可有效地控制炎症病灶，改善患处血液循环，使渗液吸收，缓解局部肿胀，消除患处疼痛，促进机体组织的修复。

(二) 血栓形成

随着 PN 应用时间的延长，导管相关性并发症逐渐从开始的机械性并发症发展成为晚期并发症，其主要包括与导管相关的血栓形成，及某些特殊原因造成的导管折断。据文献报道，血栓形成造成导管堵塞在长期行 PN 治疗的患者中发生率为 3.9%~38.0%，而导管折断罕见。

1. **原因**　长期经 CVC 行 PN 支持治疗的患者极易形成静脉血栓，其主要原因包括以下几点：①静脉导管插入的位置，导管尖端的位置，导管大小，硬度，材料等引起血流动力学紊乱，引起血栓形成；②患者插入导管后血流缓慢，便于血栓形成；③患者长期卧床不起，本身处于营养不良的脱水状态，血管收缩严重，利于血栓形成；④患者凝血状态异常，基础疾病原因导致血液的高凝状态；⑤插管操作损伤静脉内膜导致血栓形成；⑥长期输注高渗肠外营养液，促进血栓的形成。

2. **临床表现**　当患者在置管后有血栓形成时，根据血栓形成的部位不同，患者常表现不同。根据血栓形成的位置不同，患者可表现为特殊部位如手臂、肩膀、颈面部肿胀，疼痛；特殊静脉发生明显扩张；皮肤颜色改变；指端麻木，呼吸困难或心动过速等表现；导管堵塞。

诊断中心静脉导管患者血栓发生的“金标准”为静脉逆行造影，也可行血管 B 超进行初步检查。

3. **治疗及预防**　一旦发现 PN 支持治疗的患者出现导管相关性血栓，若血栓堵塞导管，应立即停止注射营养液，拔管。若无导管阻塞，应嘱患者抬高患肢，休息，可先不急于拔管。在血管外科，可利用导管将溶栓药物直接作用于栓子溶出，边溶栓边拔管，溶栓期间做好患者的护理工作，并预防肺栓塞的形成。

而在日常的临床工作中，需要常规预防中心静脉导管患者血栓的形成，主要措施如下：①完善置管操作，防止置管过程中过度损伤静脉内膜。②中心静脉置管后应指导患者注意冬季保暖，插管侧肢体不要过度活动，但可以加强插管侧手部活动，促进穿刺上肢的血液回流。加强护士对插管患者的巡视，嘱患者在插管侧肢体出现不适时及时就医，以便处理。

(三) 导管折断

各种特殊原因造成的导管折断罕见。

1. **原因**　在长期经静脉导管行 PN 支持治疗的患者中，由于导管材料原因或导管时间过长，可出现导管折断这一罕见并发症。其主要原因包括患者原因，护士原因及其他原因，具体如下。

(1) 患者原因：①部分患者在出院带导管回家后，因自我维护知识缺乏、置管肢体大幅度频繁活动甚至干农活提重物，过度牵拉导管致使导管断裂；②有些患者在出院后未按时到医院维护，因各种原因造成贴膜卷曲、松动，导管固定不牢或维护不当，导管滑出体外，均可导致外露在体外的导管受损断裂；③患者对透明贴膜过敏，贴膜覆盖处发红、发痒，甚至出现水疱、渗出，患者不能自控而用手抓挠，易损伤导管，而渗出液则会腐蚀导管；④另有患者对治疗失去信心而自行损毁导管的报道；⑤白色固定翼脱开或由于经济因素拒绝使用思乐扣固定导管，使导管滑至体内。

(2) 护士原因：①护士在置管过程中未严格按照操作流程操作，出现导管断裂，以及置管后导管位置摆放、固定不当，导管随置管肢体活动发生扭曲打折；②盲穿穿刺点位于肘窝关节处，置管肢体的屈伸动作长期、反复磨损牵拉导管；③未熟练掌握思乐扣固定翼以及白色固定翼固定的方法，减压套筒的槽沟与翼型倒钩未对齐锁定，或导管套到接口金属柄上未推到底，均会导致导管松动、脱落；④在PICC 使用过程中或在 CT 检查注射造影剂时，护士经 PICC 导管快速加压推注液体，也可导致连接处发生断裂而使导管滑入体内静脉；⑤护士在维护 PICC 导管时，对导管材质、性能不了解，操作技术不熟练，粗暴揭除敷料、不规范冲洗导管的方法，都易造成 PICC 导管断裂；⑥拔管时，患者因为静脉炎导致血管痉挛，静脉血栓形成或导管移位导致拔管困难，从而造成导管体内断裂。

(3) 其他原因：①肿瘤患者化疗，导管留置时间大于半年以及导管堵塞破损均是导管断裂的高危因素。②目前带导管回家在院外进行导管维护也是导管断裂的重要原因之一。基层县区医院未开展此项操作技术，尚无 PICC 专科维护人员，在导管维护过程中不能对造成导管断裂的原因进行观察和准确判断，从而增加了导管断裂的发生概率。

2. **临床表现** 根据断裂部位不同，导管断裂可分为体外导管断裂及体内导管断裂。体外导管断裂可导致输注液外漏，继发感染、空气栓塞；导管体内断裂：一种为导管直接在体内发生断裂，另一种是导管断裂发生在体外但未及时发现处理，从而使导管断端回缩至体内。断裂的导管在血流的冲击下其位置及形态发生了改变，缠绕成团阻塞血管，也可挂附在腱索上，甚至危及生命。

3. **治疗及预防** 如导管体外断裂，若断裂位置离穿刺点 5cm 以上者可以直接对断裂导管进行修复；也有临床学者利用 22G 直型留置针修复 PICC。导管体内断裂时，嘱患者立即卧床休息，置管侧肢体制动，取头低足高左侧卧位，评估导管体内长度，急诊行 X 线检查定位，判断留在体内导管的位置，严密观察生命体征的变化，手术取管。

临床工作中，在放置导管过程中需严格遵守操作规则，同时加强患者教育，强化院中和院后护理，尽量减少导管断裂的可能性。

(四) 导管源性感染

在中心静脉置管期间，患者发生的局部感染、全身感染，潜在感染以及有临床症状的感染都属于中心静脉相关性感染。其主要包括：置管后的局部感染；血管内相关性感染包括静脉炎，导管内细菌定植，导管相关性血流感染（catheter-related bloodstream infection，CRBSI）。其中静脉炎是指导管出口部位出现硬结或红斑、发热、疼痛或触痛；导管内细菌定植是指导管头端、皮下导管部分或导管腔的定量或半定量培养阳性，有微生物显著生长；CRBSI 是指血管内导管的菌血症或真菌血症，至少外周血标本有 1 次阳性结果，有感染的临床表现及无明显的其他感染源，还必须包括 1 次半定量或定量导管培养阳性，从导管头端和外周血培养分离出相同的微生物。文献表明，美国导管相关性感染发生率为 5.3 次 /1 000 个导管日，感染患者死亡率为 12.0%~25.0%。在我国，长期经中心静脉导管的患者导管相关性感染发生率为 7.2%。

1. **原因** 导管相关性感染的原因主要有以下几点：①静脉炎是中心静脉导管最常见的并发症，外国学者认为，75% 静脉炎的发生与护士的穿刺技巧有关，穿刺次数与静脉炎发生呈正相关，因此在静脉炎的预防中，提高护士的穿刺技巧和成功率势在必行。此外，中心静脉导管会引起少数患者的静脉对导管发生异物反应，导致患者紧张引起血管收缩痉挛，造成管尖部位肿胀、疼痛，发生静脉炎。②中高浓度的葡萄糖、氨基酸、脂肪乳剂等是细菌良好的培养基，若不慎将污染的药液经中心静脉导管输入，细菌就会停留于导管内生长；反之，不会被机体的免疫系统完全清除，可以引起导管相关性感染。③患者免疫力越低，导管感染率越高。④导管留置时间是影响中心静脉导管相关性感染的主要危险因素之一。留置时间越长，感染发生率越高，≥30d 的风险是<30d 的 2.99 倍，导管置入

24~48h后便有纤维蛋白鞘包绕导管形成生物膜，成为微生物良好的寄生场所。细菌繁殖、迁移并黏附定植在导管上，而且不易受到宿主吞噬细胞和抗菌药物的作用。

2. **临床表现**　患者临床上主要表现为发热，血液学指标明显升高，严重者发生菌血症产生全身炎症反应。

3. **治疗及预防**　一旦发现导管相关性感染或可疑导管性感染，应立即拔除中心静脉导管，并行抗生素抗感染治疗，必要者行药敏试验选择抗生素。

导管相关性感染的预防主要由以下几方面构成。首先在置管方面，应严格执行无菌操作，熟悉置管流程，防止多次穿刺造成的血管损伤，在穿刺前消毒时消毒剂不宜过多，且要等到晾干后再行穿刺，避免消毒剂沿穿刺隧道侵入血管造成化学性刺激而产生静脉炎。其次，在日常护理方面，选择正确的封管液有助于预防导管相关性感染的发生，在1980年首次提出抗生素封管可作为一种治疗或预防导管相关性感染的有效方法，目前常用的封管液有万古霉素 - 肝素封管液，庆大霉素 - 肝素封管液，阿卡米星 - 肝素封管液等。乙醇封管是一种新型的治疗和预防导管相关性感染的方法，因其可导致蛋白质变性而具有广泛的杀菌作用；此外，亦有牛磺罗定、尿激酶、枸橼酸钠等封管液，但是在我国最常用的仍为肝素封管。最后，改良针对中心静脉置管患者的换药方法也可对其导管相关感染起到预防作用。

二、机械性并发症

经锁骨下静脉、颈内静脉置入的CVC，是指将导管经皮穿刺进入中心静脉，主要经颈内、锁骨下、股静脉将导管插入到上、下腔静脉并保留。该方式是传统PN支持治疗建立静脉通路最常用的办法，但近年来由于医疗技术的进步，PICC已经成为临床上PN治疗患者最常见的静脉通路。PICC是指经外周静脉（贵要静脉、肘正中静脉、头静脉）穿刺插管，导管沿腋静脉、锁骨下静脉、无名静脉、尖端达上腔静脉下1/3处或上腔静脉和右心房交界处。PICC具有操作简单、创伤少、留置时间长等优点，可明显减轻患者痛苦，为临床治疗和护理提供了方便，是临床上长期行PN支持治疗患者最为广泛的通路建立方式。

在建立上述通路时，由于临床医生操作不当，易引起一系列并发症，其亦是PN支持治疗早期最为常见的并发症。主要包括：气胸，血胸，心律失常，动脉内置管，导管移位，心律失常等；且由于穿刺部位不同还可出现诸多罕见并发症，主要包括臂丛神经损伤，大量气体栓塞，心脏压塞等。本节将对行PN支持治疗中出现的早期置管相关的机械性并发症进行讲解。

（一）空气栓塞

1. **原因**　在临床置管过程中，由于操作不当引起空气进入血管可引起空气栓塞，少量空气进入血管可分散到肺泡毛细血管，与血红蛋白结合或弥散至肺泡，随呼吸排出体外，因而不造成损害。但进入空气量大且比较迅速，则由于心脏的搏动，将空气和心腔内的血液搅拌形成大量泡沫，从而使心搏出量迅速降低或阻塞肺动脉，严重者可导致猝死。一般情况下，当进入血液循环的空气达到100ml左右时即可发生急性心力衰竭。

2. **临床表现**　患者主要表现为胸部异常不适、咳嗽、胸骨后疼痛，随之发生呼吸困难、发绀等缺氧表现，有濒死感，严重者咳粉红色泡沫样痰。

3. **治疗及预防**　临床上置管过程中出现急性空气栓塞的情况时，应立即嘱患者取头低足高左侧卧位，给予高流量吸氧，有条件者可通过放置的中心静脉导管抽出空气，密切监测患者心电、呼吸、血氧饱和度，如患者症状无缓解，血氧饱和度明显降低，立即组织呼吸和麻醉科等相关科室协助抢救。

（二）血气胸

在置管过程中，如医生由于操作失误，当穿刺针至颈内静脉或锁骨下静脉时损伤胸膜与肺尖，会造成创伤性气胸且多为血气胸。患者表现为突发的胸闷、气促、胸痛，使用听诊器进行肺部听诊发现呼吸音消失或减弱，胸部叩诊呈鼓音。急诊行X线片显示明确的气胸线，即萎缩肺组织与胸膜腔内的气体交界线呈外凸线影，线外为无纹理的透光区，线内为压缩的肺组织。

当操作失误引起患者气胸时，应立即嘱患者吸氧，半卧位休息，急查床边X线，当患者肺压缩>25%时，应立即准备胸腔穿刺或胸腔闭式引流，密切监测患者病情变化。

（三）心律失常

1. **原因**　心律失常在中心静脉导管中的发生率约为2.28%。其原因主要为：①导管剐蹭大血管壁，当导管行进至颈内动脉或锁骨下静脉等大血管时，常常会与血管壁发生剐蹭，引起心律失常；②导管直接刺激心内膜，当导管插入过深或导管固定不当导致导管移位使导管尖端漂浮至右心房内时，导管会随房室关闭动作，血流的不断挤压而直接刺激右心房内膜，使分布在心内膜的心脏自主神经受到刺激，释放神经递质，产生微折返，通过心房神经网络而传递，从而触发房颤；③体外测量不准确，在置管前没有准确测量需要置入的长度而盲目置入中心静脉导管，可能使导管置入过深，导管移位至心脏诱发心律失常，严重者可损伤右心房瓣膜，甚至引起急性心脏压塞。

2. **临床表现**　患者表现为导管置入过程中突然出现心慌、心悸、心前区不适、颜面潮红、乏力、出汗、憋气等症状时，应考虑可能出现心律失常。

3. **预防及治疗**　发生心律失常时应急处理，在患者突然出现颜面潮红，主诉胸闷不适时，立即停止送管，轻柔、缓慢地向外撤退导管。撤退1cm时询问患者的症状是否缓解，如果未见好转，需继续向外撤退导管，但是只能保持1cm/次的速度，避免快速撤退导管引起患者的不适。同时给予持续低流量吸氧，床边动态心电监护，氧饱和度监测。置管人员在PICC置管前详细了解患者的心理状态、生活习惯、工作、家庭、社会背景，进行身心全面评估。在患者情绪稳定、精神状态好的情况下对患者及家属讲解插管的目的、方法、优点、可行性、实用性、必要性和术中配合，可能出现的并发症及注意事项。在心律失常发作后给予积极的心理疏导，嘱其深呼吸，缓解其应激状态，做好疾病相关宣教。心律失常常常发作突然，起病急。置管过程中助手要密切观察患者的状况，随时询问患者的感受。特别是送管过程中和送管结束时更要注意。

（四）心脏压塞

1. **原因**　置管过深导致穿刺针穿破心脏，或留置的中心静脉导管划破心脏导致心脏穿孔。

2. **临床表现**　患者突然出现发绀、面颈部静脉怒张，恶心、胸骨后和上腹部疼痛、烦躁不安和呼吸困难，继而低血压、脉压变小、心动过速、心音低远、中心静脉压上升等表现时，提示患者出现心脏压塞的可能。

3. **治疗及预防**　当患者出现心脏压塞时，应立即嘱其半坐卧位、前倾坐位，吸氧，一旦确诊需立即行心包穿刺减压术，即使少量抽液也能明显改善症状，挽救生命；并及时静脉补液，扩充患者血容量，维持适度的心室充盈压，可在心包腔内减压同时或减压术前迅速静脉输注生理盐水250~300ml。

预防出现心脏压塞情况，需在超声引导下严格遵守操作规范进行置管，不可盲目和暴力置入。

（五）穿刺误入动脉

1. **原因**　在穿刺过程中，颈内静脉穿刺易损伤颈内动脉，锁骨下静脉穿刺易损伤锁骨下动脉，均因进针过深所致。

2. **临床表现**　当穿刺至动脉时，主要表现为喷出大量鲜红色血液。

3. **治疗及预防**　此时应立即退出穿刺针，手指按压穿刺部位至少5~10min，然后检查出血情况，如患者凝血困难，应延长按压时间。穿刺前应仔细确认动静脉，同时穿刺时避免置入过深。

（六）出血、血肿

1. **原因**　穿刺过程中由于反复多次穿刺损伤血管壁；穿刺点选择不当，术后压迫止血困难；穿刺针太粗，穿刺后压迫时间不够或压迫点发生移位，术后患者剧烈咳嗽、打喷嚏导致局部压力增高等，均会导致皮下血肿及出血的形成。

2. **临床表现**　穿刺部位局部隆起、突出、有波动感，有时按压会有疼痛，或会有血液渗出。

3. **治疗及预防**　在穿刺过程中如出现出血应立即停止操作，拔出针头，加压按压；如患者出现血肿，小血肿一般不需特殊处理，多可在数日后自动吸收或在术后24h给予热敷、理疗；血肿较大出现压迫症状时应及时止血、冷敷、抗感染、制动等治疗，并严密观察血肿情况及患者生命体征的变化；若穿刺部位按压超过 5min 仍有出血现象，应立即采取临床治疗措施。

（七）导管移位

1. **原因**　导管移位在临床工作中十分常见，是早期导管并发症中较为常见的一种。其主要包括：异位于颈内静脉，其主要原因是患者配合欠佳，未及时向穿刺侧转头、压低，患者体形较胖，置管时患者用力咳嗽等原因导致患者下颌不能紧贴肩部而致导管置入颈内静脉，表现为抽血时有轻微阻力感；导管未到位，主要原因为操作者经验不足，怕置入过深，送管困难又无其他静脉可选，测量时患者穿太多、太厚的衣服造成测量误差；此类异位导管移位至腋静脉的患者诉上肢酸胀感，抽血有阻力，异位至锁骨下静脉的患者大多无不适症状，抽血常无异常；导管反折，此类异位常由于患者血管条件太差，在接受 PICC 前外周静脉多次输入刺激性药物而使血管受损，患者精神紧张，肌肉收缩引起血管收缩等，临床上反折原因可能是头静脉直接注入锁骨下静脉，因角度问题不能顺利进入上腔静脉，尖端抵触血管壁而反折进入腋静脉。

2. **临床表现**　主要表现为滴入不畅，回血差或误回血、抽回血阻力大、部分患者手臂酸胀感等。若导管移位至胸腔，营养液误入患者胸腔则可能导致患者出现乳糜胸。

3. **治疗及预防**　诊断导管移位的“金标准”是 X 线检查。当发生导管移位时应重新置管。

（八）臂丛神经损伤

目前，应用超声引导结合改良塞丁格技术行上臂 PICC 置管在国内日益成熟，PICC 在上臂置管已成为一种趋势。但是上臂穿刺区域解剖复杂，静脉位置较肘部的深，肱动静脉伴行，神经淋巴管丰富，不仅增加穿刺难度，且易引起误穿动脉、神经损伤、淋巴管损伤等并发症，其中神经损伤是较为严重的并发症之一。

1. **原因**　有研究表明，不同的上臂静脉穿刺其神经损伤概率不同，肱静脉最高（7.18%），贵要静脉次之（0.04%），头静脉基本无神经损伤发生。这与解剖结构密不可分。贵要静脉起于手背静脉网的尺侧，上行至臂中部，穿深筋膜汇入肱静脉，其紧密伴行的仅一条较细的前臂内侧皮神经至肘关节前下方逐渐与贵要静脉分行。肱静脉伴行于肱动脉两侧，上行至大圆肌下缘处汇合而成腋静脉，其伴行较粗的神经有正中神经、尺神经、桡神经，其中正中神经伴肱动脉沿肱二头肌内侧沟下行，在臂上部位与肱动脉内侧，在臂中点上方离开肱动脉，穿臂内侧肌间隔进入臂后区；桡神经在臂上部行于肱动脉后方，绕肱骨中段背侧转向外下方至臂后区。位于肘关节上方的头静脉，其后方伴行前臂外侧皮神经，故穿刺头静脉时不易损伤神经。因此，经上臂建立中心静脉通路时极易损伤臂丛神经。除此之外，操作人员对置管操作的熟练度也是影响此类并发症的重要因素之一。

2. **临床表现**　臂丛神经损伤轻者会出现关节不能屈，手指不能屈伸，还会出现麻木等临床表现，重者可导致肢体功能永久性丧失。

3. **治疗及预防**　出现臂丛神经损伤时需至专业科室就诊行相应治疗，重在预防，即应合理选择穿刺区域与静脉，利用超声影像做好评估与定位，提高穿刺技术及评估和处理能力。

综上所述，早期导管相关性并发症主要与置管操作有关，除上述几种之外，还有比较罕见的胸导管损伤及乳糜胸等。对于有经验的医师来说，中心静脉导管是很安全的操作。穿刺前纠正患者凝血功能异常、采用超声静脉定位、选择合适的体位，穿刺时先用细针头定位，插管时采用“J”形头导丝引导技术等都有助于减少并发症的发生。

三、代谢性并发症

行 PN 支持治疗的患者会出现一系列代谢相关性并发症，按照出现的时间可分为急性代谢性并发症和慢性代谢性并发症。由于慢性代谢性并发症均与长期 PN 相关，后面将以“长期 PN 相关性并发症”单独讨论，本部分讲述 PN 相关的急性代谢性并发症。

PN 相关性急性代谢性并发症主要是指在 PN 支持治疗开始后短期内出现的代谢相关性并发症，

故又称为短期代谢性并发症。其主要是由于营养素直接进入血液而引起代谢底物水平异于正常所导致的一系列代谢失调，主要包括血糖代谢紊乱，水电解质代谢紊乱，脂肪代谢紊乱及 PN 营养素过敏等疾病；除此之外，由于 PN 支持治疗归根结底为静脉液体输注治疗方法，故会导致一系列液体失衡、脱水等并发症。

（一）血糖代谢紊乱

PN 支持治疗将葡萄糖直接输入患者的循环系统，不同于胃肠道内葡萄糖直接刺激机体引起胰腺胰岛素的分泌，机体对 PN 刺激引起的胰岛素分泌具有滞后性和强度降低现象。这种现象必将导致血浆葡萄糖浓度不稳定，时高时低，难以调控，尤其在 PN 输入速度改变时。

1. 高血糖

（1）原因：PN 相关性高血糖是最常见的 PN 并发症，尤其在营养不良的重症患者 PN 启动时出现。在应激或机体炎症状态下，各种细胞因子及激素（皮质醇、肾上腺素、胰高血糖素、生长激素）分泌上调，降低了外周葡萄糖的吸收，从而导致肝脏糖异生增加。目前国际上相关研究表明，活动性炎症，由胰岛素抵抗引起的 2 型糖尿病，高龄，铬缺乏等是 PN 治疗过程中出现高血糖的独立危险因子。

（2）临床表现：血糖升高，尿糖增多，患者可出现多尿、多饮、多食、体重下降的类似糖尿病症状。尽管高血糖在长期接受 PN 支持治疗的患者中是常见的并发症，但其并无可能导致糖尿病。

（3）治疗及预防：针对出现高血糖的患者，一般通过皮下注射胰岛素可以使血糖下降，但一旦发生糖尿病非酮症高渗性昏迷，须立即紧急处理，包括：停输葡萄糖溶液或含有高糖的营养液；输入低渗或等渗氯化钠溶液，内加胰岛素，使血糖逐渐下降；同时注意防止血浆渗透压下降过快所致急性脑水肿；处理的前、中、后期应动态观察血糖、尿糖、电解质及中心静脉压等指标的变化，计算液体丢失量，及时纠正处理方案。目前虽然关于适宜的血糖范围存在争议，但美国肠外肠内营养学会建议对于成年 ICU 患者，血糖最好控制在 7.8~10.0mmol/L（140~180mg/dL）。

2. 低血糖

（1）原因：PN 并发低血糖的常见原因包括：①突然停止 PN 输注。因输入高浓度葡萄糖时，内源性胰岛素持续分泌较高，在突然停止输入高浓度葡萄糖后会出现低血糖。②胰岛素用量过大。在严重创伤和大手术后、糖尿病、肝病、尿毒症、脓毒症、休克等严重应激反应时，患者可出现葡萄糖不耐受，故在输注 PN 时应适量补充外源性胰岛素。当胰岛素补充过量时可能导致患者出现低血糖。③聚氯乙烯（polyvinyl chloride，PVC）袋对胰岛素可能有吸附作用。在输注将要结束时，附着在袋壁上的胰岛素可能流入剩余的营养液中，引起营养液中胰岛素浓度突然升高而导致低血糖。④外源性胰岛素加入营养液内输注，葡萄糖可迅速被氧化，而胰岛素由于半衰期较长，可导致低血糖。

（2）临床表现：低血糖在 PN 支持的患者中发生率远不如高血糖，但是其临床结局却可以影响患者的生命。临床表现为心率过快、面色苍白、四肢湿冷、震颤、乏力、烦躁不安甚至神志模糊，严重者呈休克症状。低血糖休克有损中枢神经系统，病情进展迅速，若抢救不及时往往会导致患者死亡。在 PN 中独立添加胰岛素则是低血糖出现的独立危险因子。

（3）治疗及预防：针对低血糖的 PN 患者主要处理方法如下：①配制营养液时胰岛素要适量，严密监测血糖变化，根据血糖水平调整胰岛素用量；②输注速度不宜过快，一般控制在 100~150ml/h，全天输注时间不少于 12h；输液过程中要避免突然中断营养液输注，在停止 PN 时葡萄糖的浓度应逐步降低；③在配液时，胰岛素要与营养液充分混匀；④使用过程中，每隔一段时间需轻轻振荡袋壁，以防止胰岛素吸附在 PVC 袋上；⑤加强临床护理和观察，对突然出现心慌、气促、冷汗的患者及时检查血糖。

（二）水电解质代谢紊乱

电解质如钾、钙、镁、磷等在各项机体功能中发挥重要作用。其中主要包括细胞代谢、神经肌肉功能、骨骼代谢及满足正常的血液 pH 等。且由于行 PN 支持治疗的患者胃肠道功能、肾功能、基础疾病及临床条件不同，故其对每种电解质的需求量也高度个体化。所有的处方药及非处方药均可以影响电解质代谢，在行 PN 治疗过程中应充分考虑这一点。尽管诸多电解质在 PN 中均会发生代谢紊乱，本部分主要介绍钾、镁、磷等对患者生命产生重要影响的电解质。

1. **血钾异常** 钾离子是细胞内液中含量最高的电解质(98% 存在于细胞内液),在细胞、组织及机体功能中发挥重要作用。钾离子平衡是心功能、血管平滑肌及骨骼肌收缩的基础保障。在正常机体中,钾离子平衡依赖于钠及镁离子的平衡。在 PN 配制中,钾离子的需求量应为 0.5~1.5mEq/(kg·d)。

(1)高钾血症

1)原因:高钾血症是肾功能受损、呼吸性酸中毒、药物干预及静脉输注钾过多的 PN 患者中最常见的电解质代谢紊乱。NSAID,ACEI,β 受体阻滞剂,保钾利尿药,抗生素,免疫抑制剂,特殊氨基酸(赖氨酸、精氨酸),盐替代品和肝素都会增加患者出现高钾血症的风险。除高钾血症以外,在 PN 治疗过程中患者还可能出现假性高钾血症。假性高钾血症是指血清中钾离子浓度由于静脉输注过程中损伤血管或血细胞溶解所导致的以白细胞或血小板计数高度升高的一过性高钾血症。故在治疗高钾血症时需要反复检测。

2)临床表现:临床上高钾血症的主要症状包括患者四肢肌肉痉挛、麻木或刺痛,不寻常的恶心或呕吐,虚弱,胸痛,心电图改变,合并心律失常等。

3)治疗:高钾血症患者应住院接受治疗,在临床环境中可以持续监测其血钾变化,进而进行一系列临床治疗,主要包括静脉注射碳酸氢钠、常规胰岛素和葡萄糖、循环利尿。在极其严重的情况下,需行静脉透析治疗。

(2)低钾血症:低钾血症亦可见于 PN 支持治疗的患者。

1)原因:肠道吸收功能障碍而导致粪便或尿液中排出过多钾离子,代谢性碱中毒,再喂养综合征,接受胰岛素与儿茶酚胺治疗的患者。除此之外,袢利尿药等临床药物亦可导致低钾血症。

2)临床表现:临床上出现低钾血症的患者表现轻者为全身无力、冷漠、异常恶心或呕吐、厌食等,重者表现为肌肉坏死、呼吸困难、心律失常甚至死亡。

3)治疗:轻度低钾血症可在 PN 配方中增加钾剂来进行治疗,但是有症状或严重的低钾血症则应住院治疗。

2. **血镁异常** 镁离子是人体细胞内第二大阳离子,人体 50% 的镁储存在骨骼中,其次是肌肉与软组织中。镁离子是 300 余种关键酶发挥作用不可缺少的辅因子,包括 Na^+-K^+-ATP 酶、糖酵解、脂肪酸合成和分解、DNA 和蛋白质代谢及免疫功能等。镁离子主要在空肠和回肠通过主动与被动方式被吸收,经肾、小肠及骨骼进行调节。

(1)高镁血症

1)原因:高镁血症并非 PN 患者中常见的电解质代谢紊乱,通常指出现在肾损伤患者或口服静脉补充镁过多的患者中。含有镁的抗酸剂可能会导致患者摄入过量的酶,临床上此种情况除非特别询问患者病史,否则难以发现,但是伴有终末期肾病的 PN 患者极易伴发高镁血症。

2)临床表现:高镁血症相关的临床症状也不容易出现,直到其血清浓度超过正常值的 2 倍才会出现,表现为异常的恶心呕吐,头痛,皮肤潮红,发汗,低血压,心动过缓及呼吸肌麻痹等。

3)治疗:临床上针对高镁血症的治疗主要包括减少镁的摄入,使用袢利尿药,静脉输注钙离子等。

(2)低镁血症

1)原因:低镁血症主要出现在病情处于急性期的住院患者。其危险因子主要包括肠道吸收功能障碍,酒精中毒,再喂养综合征,糖尿病酮症酸中毒,甲状旁腺功能亢进及心肌梗死的患者。此外,消化液大量丢失的患者也极易出现低镁血症。

2)临床表现:该电解质紊乱常伴随严重的低钾血症、低钙血症及代谢性碱中毒。

3)治疗:临床上,针对低镁血症主要通过口服及在 PN 配方中增加镁剂来补充血镁。但在口服不耐受而出现腹泻的情况下,也可以通过静脉补充来维持血镁稳定。

3. **血磷异常** 机体中磷主要储存在骨骼及软组织中,对所有能量依赖型细胞来说是一种十分重要的电解质,且参与到骨骼、牙齿、细胞膜、ATP 的产生、葡萄糖及脂肪的利用、血液 pH 的维持、组织氧合及神经肌肉功能中。血清中磷的存在方式主要为磷酸盐，磷酸盐的平衡主要由肾进行调节。人体中吸收磷最主要的部位是小肠。

(1)高磷血症

1)原因：在肾功能完好的患者中，高磷血症并不是常见并发症，但在急性或慢性肾功能损伤的患者中，一旦口服或静脉给入大量的磷即可出现高磷血症。行 PN 支持治疗的患者大多有胃肠道的问题，若患者过量服用含磷盐的泻药，则会发生严重甚至致命的高磷血症和低钙血症。

2)临床表现：高磷血症的临床症状主要有厌食、恶心呕吐、脱水、癫痫、软组织与血管钙化，当患者伴有低钙血症时有可能会导致死亡。

3)治疗：临床上针对高磷血症的处理方式主要为减少 PN 营养液中磷的含量，使用磷酸盐黏合剂，补水，在伴有低钙血症的严重情况下行血液透析治疗。

(2)低磷血症：低磷血症主要发生在严重脓毒血症、创伤、呼吸或代谢性碱中毒、再喂养综合征的患者中。

1)原因：其主要原因包括，细胞外磷转移至细胞内，肠道吸收不良，脂肪泻，尿液丢失过多所造成。磷在细胞内、外的重新分配主要是因胰岛素分泌增加所致，在行 PN 治疗过程中，过多葡萄糖的注入及 PN 中胰岛素含量过多均可导致低磷血症。富含铝或镁离子的抑酸剂可与磷酸盐结合从而降低肠道对磷的吸收，导致低磷血症。

2)临床表现：低磷血症主要引起神经、肌肉、心肺功能及血液系统的症状。常见症状包括共济失调、神志不清、乏力、疲倦、肌肉坏死、心肺功能衰竭等。

3)治疗：临床上对低磷血症的治疗主要是增加磷的摄入，可以通过口服或增加 PN 营养液中磷的含量，也可以通过静脉单独补充，具体途径应根据患者缺磷的严重程度与胃肠道耐受性而选择。

(三) 脂肪代谢紊乱

脂肪乳剂是 PN 营养液中必不可少的元素之一。但是脂肪乳剂输入速度过快或输入总量过多时，可诱发高脂血症。当患者出现发热、急性消化道溃疡、血小板减少、溶血、肝脾大等症状时，可疑为脂肪超载综合征，应立即停止脂肪乳剂的输注。

1. **原因** 其主要原因是患者肝、肾功能不全，伴有酮症酸中毒，胰腺炎，甲状腺功能减退及败血症的情况下，患者脂肪清除能力减退所造成。1990—2010 年，我国共有脂肪乳剂引起的相关不良反应 97 例，脂肪超载综合征 9 例，死亡 6 例。

2. **临床表现** 脂肪超载综合征可导致患者原发疾病的恶化，除出现上述症状外，还可伴有厌食、恶心、呕吐、出血、肺功能异常等，严重患者出现新的感染，呼吸与循环衰竭，最严重的可导致死亡。国内曾报告以血小板减少为唯一表现的脂肪超载综合征。

3. **治疗及预防** 临床上针对此类患者，应定期做血清浊度试验或血脂测定以了解机体对脂肪的利用和清除能力。长期缺乏脂肪乳剂的补充，患者可出现发育异常、伤口愈合迟缓、发生皮炎、脱发等现象，一般为满足必需脂肪酸的需求，患者每周需输注 20% 长链脂肪乳剂 250ml 不少于 2 次，若为满足患者能量需求，则每天应输注脂肪乳剂 1~2g/kg。一般认为，血清甘油三酯水平超过 3.4mmol/L 应降低脂肪输入速度，甚至停止输入。

(四) 氨基酸代谢紊乱

1. **原因** 行 PN 支持治疗的患者，当 PN 支持能量供给不足但是氨基酸供给过量时，患者易将氨基酸脱氨基作为能源使用，而不是将其作为蛋白质合成底物。脱氨基作用使血中尿素氮水平增高，患者出现肾前性氮质血症。

2. **临床表现** 由于肾脏尿素的排出需要充足的水合作用，肾前性氮质血症使机体处于脱水状态，恶性循环可加重机体脱水，患者出现嗜睡、昏迷等症状。

3. **治疗及预防** 临床上针对此类并发症，应在 PN 处方中给予合适的热氮比，有效预防此种并发症，同时检测体重、水平衡、血尿素氮等。

(五) 体液失衡

由于 PN 支持治疗患者多半为肠衰竭、创伤等外科重症患者，因此体液平衡在 PN 支持过程中十分重要。在 PN 支持治疗过程中，可能出现液体超载(血容量增多)及脱水(血容量不足)两种情况。尽管在 PN 过程中两种情况均会出现，但是由于患者胃肠道吸收功能障碍，脱水发生率远远高于前者。因此在 PN 实施过程中有必要诊断与纠正体液失衡的潜在原因，解决体液失衡问题。

1. 脱水

(1) 原因：脱水是由于肾、皮肤、呼吸及胃肠道失水过多而引起的全身液体减少。其可以发生在 PN 治疗的各时间，但是在 PN 开始时发生率十分高，随着 PN 的进行，患者饮食结构改变，对新的解剖结构越来越熟悉，则脱水的发生率会随时间的推移而降低。临床上，胃肠道吸收不良，有手术造口、引流或 PN 输注量不足而导致胃肠道消化液丢失增加的患者易出现脱水现象。尤其是在短肠综合征及结肠不完整的患者中，液体平衡十分重要。国外一项研究指出，PN 相关问题的 30d 内再入院率为 21%，其中 1/3 是由于脱水。另一项关于 PN 患者肾小球滤过率的研究表明，40 位 PN 患者中 52.5% 的肾小球滤过率降低，且主要是慢性脱水引起。

(2) 临床表现：脱水患者会出现血容量不足的表现，如皮肤干燥、眼窝凹陷、体重下降等。同时也会出现血液浓缩，表现为血细胞比容、血红蛋白等明显升高。

(3) 治疗及预防：由此可见，脱水在 PN 患者的管理中十分重要，预防脱水可以减少 PN 患者再入院概率，而长期脱水可能造成肾小球硬化。目前，针对脱水的主要处理措施以预防为主，嘱患者准确记录每日出入量并按照出入量调整患者每天 PN 和静脉输液的总量；饮食调节，适当调整患者经口的液体量等来预防患者出现脱水症状。

2. 液体超载

(1) 原因：细胞外液量异常增加，通常发生在肾功能损伤或肠外给予过多液体的患者中。

(2) 临床表现：PN 治疗中伴有严重心血管功能和肝功能障碍的患者极易出现液体超载的情况，具体临床症状为：呼吸浅短、急促，水肿(尤其是下肢水肿)，体重短期内明显增加，颈静脉扩张，高血压等。实验室检查多显示为低钠血症，肌酐减少，血白蛋白降低。

(3) 治疗及预防：临床上一旦出现液体超载的情况应及时使用利尿药，但在利尿的同时要注意患者的电解质紊乱。

(六) PN 组件过敏

PN 组件过敏是一种罕见但十分重要的短期并发症。1965 年对 PN 组件的过敏并发症首次被报道，其中不仅包括皮肤瘙痒等小问题，甚至指出过敏反应可能危及患者生命。2018 年一篇关于 PN 组件过敏的荟萃分析指出，PN 相关的过敏反应发生于 PN 开始当天的概率为 60.6%，而在其余时间为 36.3%，其中在 PN 首日发生过敏的患者中 70% 发生于开始 PN 的 30min 内。皮肤表现为其共有的首要表现，接下来发生全身过敏反应，呼吸系统及血流动力学症状。而 PN 组件中引起过敏最常见的为脂肪乳剂(48.4%)，多种维生素制剂(33.3%)及氨基酸(9%)。但是目前针对 PN 过敏的研究还十分缺少，值得广大临床医生重视。

四、长期 PN 相关性并发症

PN 相关的慢性并发症主要是由于长期输注 PN 引起的机体一系列代谢紊乱造成的器官功能损伤，故也称长期并发症。其机制复杂，治疗困难，至今仍是 PN 治疗过程中难以解决的问题。目前明确的 PN 慢性代谢性并发症主要包括肝损伤、肠屏障损伤、骨损伤等。

(一) PN 相关性肝损伤

肠衰竭相关性肝脏疾病(intestinal failure-associated liver disease，IFALD)是继发于肠衰竭并伴 PN 治疗而发生的一种肝功能障碍。其发病率在使用脂肪乳剂的 PN 患者中达 15%~85%，且随着 PN 持续时间的延长而明显增加。IFALD 的诊断与管理混杂因素众多，十分复杂。目前，与 PN 相关的肝胆疾病主要有 3 种类型：肝脂肪变性、PN 相关性胆汁淤积（PN associated cholestasis，PNAC）和胆囊淤积。肝脂肪变性是肝脏脂肪的堆积，通常是过量喂养的结果，在 PN 患者中表现为氨基转移酶（如丙氨酸氨基转移酶、天冬氨酸氨基转移酶）的轻度升高。肝脂肪变性大部分是一种良性病变，但是长期行 PN 支持治疗的患者可能发展成为肝纤维化及肝硬化。PNAC 是由胆道阻塞或胆汁分泌受损引起的，主要表现为胆汁流量下降，胆汁分泌减少，尿胆红素增高，尿色轻度加深，灰白色粪便，黄疸和皮肤瘙痒。1989 年，Lirussi 等提出了胆汁淤积的机体定义和指标。目前认为胆汁淤积相关的临床生化检查为血胆汁酸、胆红素、碱性磷酸酶（alkaline phosphatase，AKP、ALP、AP）、γ- 谷氨酰转肽酶（γ-glutamyl Transpeptidase，γ-GT）、5′- 核苷酸及亮氨酸氨基肽酶升高。PNAC 是一种十分严重的 PN 相关性并发症，可导致肝衰竭。胆囊淤积主要包括淤血和结石两种类型，其一般与肠内刺激不足相关，与 PN 输注关系不大，长期行 PN 治疗而不进行 EN 治疗的患者由于缺少肠内营养刺激消化道相关激素的分泌从而使胆汁排出受阻，损伤胆囊收缩能力，导致胆结石和胆泥淤积形成，导致急性胆囊炎。

PN 营养液的组成成分可导致 IFALD 的发生。单一营养素或所有营养素过度喂养均可导致肝脂肪沉积而诱发肝脂肪变性。连续输注 PN 超过 24h 也可引起高胰岛素血症，从而促进肝脂肪沉积。国外一项研究表明，肝脂肪变性通常见于以葡萄糖为主的 PN 患者。过量的葡萄糖在满足机体氧化能力之后则以脂肪的形式沉积到肝脏，同时葡萄糖功能过多的 PN 会导致必需脂肪酸缺乏，从而导致脂蛋白形成及甘油三酯分泌受损而加重脂肪肝。PN 营养液中脂肪乳剂的用量、来源、植物固醇含量等都是影响肝脂肪变性和胆汁淤积的重要因素，当静脉输注的脂肪乳剂剂量过大超过肝清除磷脂和脂肪酸能力时，则可导致肝脂肪变性。2000 年一项研究指出，使用非高能量的 PN 制剂也可以导致胆汁淤积的形成，其主要原因是营养液中脂肪乳剂 > 1g/(kg·d)。目前大多数脂肪乳剂为豆油（高浓度的 ω-6 脂肪酸）及植物固醇，但是有研究表明豆油可以影响胆汁分泌，同时引发炎症级联反应导致免疫功能受损，其机制为 ω-6 脂肪酸可以引起巨噬细胞活化而导致肝磷脂和植物固醇的堆积，而肝脏无法将植物固醇代谢成为胆汁酸，进而影响胆汁流通，使胆汁淤积和结石形成。目前已有研究证实，ω-3 多不饱和脂肪酸（鱼油）可以明显减轻 PN 相关性肝损伤。

除上述 PN 组件相关性影响因子以外，临床患者的疾病特征也会造成 PN 相关性肝损伤的发生：①禁食时间较长（ >2 周）；②合并严重感染；③有回肠疾病；④早产及低体重婴儿；⑤血浆蛋白低等。对于这些高危患者宜加强监测，密切观察体征改变，定期复查肝脏 B 超。营养治疗时宜减少非蛋白能量的供给，适当应用抗生素、促进胆囊排空及胃肠道活动等预防措施。一旦出现胆汁淤积和肝功能异常，应设法改用肠内营养。

（二）PN 相关性肠屏障损伤

正常情况下，肠屏障主要包括 4 部分：①机械屏障：指完整的肠黏膜上皮、肠道向下的推进作用和肠黏膜表面的黏液；②化学屏障：指肠腔内的化学物质如胃酸、胰蛋白酶及其他胰酶、胆盐、溶菌酶和 IgA 等；③生物屏障：指肠道的正常菌群及产物；④免疫屏障：包括肠黏膜分泌的 IgA、肠道相关淋巴组织和肝巨噬细胞等。各种原因导致的肠屏障损伤会促使肠道致病菌跨过肠道进入肠黏膜淋巴结并进入血液循环，导致全身感染和炎症反应。肠黏膜需要从肠腔内摄取营养底物供自身利用，这种营养方式占营养底物摄取的 70%，其余 30% 来源于动脉血液供给。在禁食时，肠腔内无营养底物，来自动脉血液的代偿也十分有限，此时肠道的屏障功能和正常菌群均会遭受到破坏。

长期行 PN 支持治疗的患者，由于肠道缺乏营养素和食物的机械刺激作用，肠道黏膜上皮绒毛萎缩、变钝、褶皱变平，肠壁变薄，肠道机械屏障受损，功能减退。研究表明，肠上皮绒毛萎缩在肠道禁食 48h 就开始出现，随着菌群易位会出现全身炎症反应综合征和肠源性感染，同时淤胆、导致败血症等进一步加剧。有证据表明，临床上补充谷氨酰胺和不饱和脂肪酸可以有效减轻肠上皮萎缩。除了机械屏障之外，长期行 PN 支持治疗的患者免疫屏障也遭到损伤。研究指出，长期行 PN 支持治疗的患者肠道黏蛋白分泌减少，帕内特细胞的产物溶菌酶、胰岛源再生蛋白（regenerating islet-derived proteins，Reg）Ⅲγ（Reg Ⅲγ）、隐窝素等均分泌减少。同时长期行 PN 支持治疗的患者肠道菌群也会明显发生漂移而异于常人。近几年研究发现，当 PN 供能少于 60% 时可以有效减轻 PN 对肠屏障功能造成的损害。

(三) PN 相关性骨损伤

肠外营养代谢性骨病表现为骨软化、肌病、骨病，严重者可致病理性骨折，伴有骨钙丢失、血清 AKP 增加、高钙血症等。其原因可能与骨骼长期固定伴有脱钙物质作用、维生素 D 中毒或不足、磷摄入过低、氨基酸过量、铝污染、钙镁缺乏等相关。目前并无有效预防措施，但增加磷和镁的摄入、交替摄入维生素 D 和足量钙以及经常运动等可能对其有减轻作用。

(四) PN 相关性其他代谢性并发症

除上述并发症外，还有研究表明，长期行 PN 治疗的患者肺炎的发生率明显增加。其原因可能是：PN 含糖量较高，直接进入肺组织中为细菌生长提供了直接培养基作用，同时长期 PN 治疗还可能引起肺组织菌群发生漂移而影响肺黏膜屏障。研究表明长期行 PN 支持治疗的患者骨骼肌中自噬活动明显增强，骨骼肌含量显著减少。此外，长期 PN 患者还可以出现糖耐量下降、胰岛素抵抗，但具体机制尚不明确。

肠内营养和肠外营养作为一项新型且有效的治疗手段，造福了不少营养不良患者，在临床工作中需更加仔细，及时发现并处理治疗过程中发生的并发症，为患者通往健康架起更快、更好的桥梁。

（王新颖）

第三节 再喂养综合征

再喂养综合征（refeeding syndrome，RFS）又称为再灌食综合征，人们对其的认识还要追溯至“二战”时期。在“二战”后期，同盟国士兵解救了很多战俘和集中营幸存者。在解救过程中，士兵发现这些幸存者都已骨瘦如柴，弱不胜衣。盟国士兵见此情形，为这些战俘及幸存者提供了充足的面包等食物。然而令人始料不及的是，一部分被救者重新大量进食后迅速出现全身水肿、呼吸困难和致死性心力衰竭，死亡率反较之前饥饿时大幅上升。为什么这些被救者能够坚持挺过饥饿和折磨，却在重新获得充足的能量后死亡呢？这个问题引起了医学研究者的充分重视，在“二战”结束后的 50 年代至 70 年代，随着临床营养学的不断发展和深入研究，人们才逐渐认识到上述问题的真正原因，也就是我们所称的再喂养综合征。

再喂养综合征是指机体经过长时间饥饿或营养不良，处于分解代谢状态，体内电解质、维生素贮备耗竭，当重新摄入营养物质（经口摄食、肠内或肠外营养），尤其是短时间内输注大量葡萄糖溶液后，患者体内血糖浓度升高，胰岛素大量分泌，合成代谢迅速增强，钾、镁、磷和维生素的血清浓度出现明显下降，由此产生一系列的临床综合征。并不是所有营养不良的患者都会出现再喂养综合征，其发生的高危人群有营养不良患者，尤其是数个月内体重下降>10% 的患者；其他高危人群包括：如长期饥饿或禁食（绝食）、长期酗酒、神经性厌食、慢性消耗性疾病未及时补充营养物质，如肿瘤患者、昏迷患者、艾滋病患者等。随着营养学研究的不断深入，人们发现在营养治疗过程中发生再喂养综合征的比例不断升高，有研究表明接受营养治疗的肿瘤患者中该综合征发生率可高达 25% 左右，且肠内营养者更易引起并发症；同时也有报道指出营养不良的老年患者再喂养综合征的发生率可高达 48%。

再喂养综合征的发生率如此之高，临床工作者需要对其非常重视。为了更好地管理营养不良患者的治疗，减少再喂养综合征的发生，需要了解其病理生理过程。饥饿期间，外源性营养物质不足，为给机体提供能量，胰岛素分泌减少伴随胰岛素抵抗，同时胰高血糖素分泌增加，增加细胞内糖原分解、脂肪动员和蛋白质分解以提供能量并参与糖异生。在这一分解代谢过程中，机体消耗大量的磷、钾、镁和维生素等微量营养素，而此时血清磷、钾、镁浓度可能正常。在重新接收营养物质（肠内营养或肠外营养)，特别是补充大量糖类物质后，血糖升高，使得胰岛素分泌恢复，糖酵解-氧化磷酸化重新成为主要供能途径。胰岛素作用于机体各组织，导致钾、磷、镁离子转移入细胞内，形成低磷血症、低钾血症、低镁血症；糖代谢和蛋白质合成的增强还消耗维生素 B_1。磷、钾、镁、维生素 B_1 等电解质和微生物的缺乏，导致患者出现心律失常、急性心力衰竭、心搏骤停、低血压、休克、呼吸肌无力、呼吸困难、呼吸衰竭、麻痹、瘫痪、谵妄、幻觉、腹泻、便秘等一系列临床症状，严重者可导致患者死亡。再喂养综合征的这种病理生理特征，通常在营养治疗后 3~4d 内发生。

一、临床表现

再喂养综合征的发生伴随着一组临床综合征。其临床表现有：①低磷血症、低钾血症、低镁血症；②维生素缺乏(如维生素 B_1)；③充血性心力衰竭，心律失常；④外周性水肿；⑤肌肉疼痛、横纹肌溶解；⑥肌无力、癫痫发作、谵妄、幻觉、韦尼克脑病；⑦溶血；⑧呼吸肌无力、呼吸困难、呼吸衰竭；⑨急性肾小管坏死(继发于横纹肌溶解)等，为了方便记忆，再喂养综合征的主要临床表现可以简便概括为四低一高，即：低血钾、低血磷、低血镁、低血维生素 B_1 及高血糖。再喂养综合征的电解质代谢紊乱和心血管系统并发症的症状通常在再喂养开始 1 周内出现，而神经症状通常在这些变化之后出现。其中低磷血症是最突出的临床表现，有的患者仅会出现低磷血症而无其他临床表现。

二、原因

为什么会导致上述的临床表现，主要还是由一些重要的电解质紊乱导致的。其主要的机制有：①磷是细胞内核苷酸、核蛋白、磷脂的组成部分，营养治疗过程中镁离子进入细胞，促进细胞增殖和以上物质的合成，造成细胞内磷离子的消耗；由于糖酵解和氧化磷酸化恢复，亦造成磷的大量消耗。同时细胞对磷的需求增多，导致细胞内磷酸盐浓度在营养治疗期间进一步下降，造成磷脂合成减少，细胞膜的稳定性降低。临床上表现为肌膜崩解、横纹肌溶解，以及红细胞脆性增加、溶血性贫血。②各组之间磷的水平分布不均，细胞摄取磷主要在肝脏，其次在骨骼肌。磷在红细胞中的转运有赖于一定的血磷浓度差，若持续的低磷血症会导致细胞内磷离子和 2,3- 二磷酸甘油酸(2,3-diphosphoglycerate，2,3-DPG)极度消耗，最终导致血红蛋白氧合曲线左移，从而影响心肌、骨骼肌、神经细胞等重要器官的供氧。③低钾血症是再喂养综合征导致患者死亡的最主要原因。钾离子的主要功能是维持细胞膜电位，细胞的动作电位与静息电位都有赖于钾离子。在营养不足 / 饥饿期间，细胞通过 Na^+-K^+-ATP 泵摄钾离子能力降低，使得细胞内钾离子浓度下降；在获得营养治疗期间，胰岛素和 ATP 增强 Na^+-K^+-ATP 泵的转移，使细胞内钾浓度升高，细胞外钾离子浓度降低，导致细胞超极化，抑制神经纤维电传导，使神经系统和肌肉出现瘫痪、麻痹、呼吸抑制、肌无力症状；消化道出现肠麻痹、便秘症状；细胞释放钾受抑制，导致肌肉细胞收缩时血管扩张和供血不足，出现横纹肌溶解；心肌细胞短期超极化表现为心电图 Q-T 间期延长，心率和血压下降，长期超极化则诱发心律失常，表现为窦性心动过速、房性或室性期前收缩，甚至出现心搏骤停而导致患者死亡。低钾血症常合并代谢性碱中毒，进一步加重呼吸抑制。④低镁血症同样也会导致不良后果。血浆镁离子被负电荷吸引，聚集于细胞膜外表面，减少钠通道的开放，导致细胞超极化，所以营养治疗阶段低镁血症可以减少神经细胞的极化程度，使神经细胞传导增强，从而出现抽搐、癫痫等神经兴奋性增高的症状。胰岛素和血糖可使细胞内镁离子积聚，拮抗钙离子的作用，导致心肌和血管收缩能力降低，使营养治疗患者发生低血压及充血性心力衰竭。细胞外镁离子的突然下降可致血管一过性舒张，然后进入持续性收缩状态，这一过程加剧低钾血症导致的血管收缩和组织缺血缺氧。低镁血症常加剧低钾血症，并影响补钾效果。因为营养治疗期间细胞内镁离子下降程度较磷酸根离子下降程度轻，所以再喂养综合征中低镁血症尚不会引起糖酵解-氧化磷酸化和线粒体呼吸链的抑制。⑤机体处在饥饿条件下，合成代谢下降，肝脏等器官所需维生素 B_1 较少。营养治疗时，虽然补充大量氨基酸，因缺乏维生素 B_1 时蛋白合成受阻，血支链氨基酸增多，其生酮、氧化途径亦增强，然而缺乏维生素 B_1 双膦酸盐的条件下，酮体脱羧、脱氢反应受阻，导致乳酸盐和酮酸盐积聚及代谢性酸中毒，加剧呼吸衰竭，使小动脉、静脉扩张，加剧充血性心力衰竭。维生素 B_1 是乙酰胆碱酶抑制剂，营养治疗阶段，机体对维生素 B_1 需求增加，加之维生素 B_1 体内储量较少(30mg)，可导致神经系统维生素 B_1 缺乏，乙酰胆碱分解增多，神经传导受阻，表现为上升性对称性感觉、运动、反射障碍和记忆障碍，如麻痹、肌痛、韦尼克脑病。⑥饥饿期间，长期低血容量、细胞内 ATP 耗竭导致心脏萎缩、心动过缓、搏出量降低。营养治疗期间，高血糖、高胰岛素血症、低磷血症、补液过度导致水钠潴留、循环充血、前负荷加重，然而由于磷总量消耗，心肌细胞 ATP 合成相对不足，心功能失代偿，出现体循环和肺循环衰竭的症状，从而出现左心衰竭、右心衰竭甚至全心衰竭的表现。

三、治疗及预防

在治疗再喂养综合征之前，首先要及时识别发生再喂养综合征的患者，及时做出准确的诊断。有时再喂养综合征发生较隐匿，不易及时发现。诊断再喂养综合征的关键在于筛选出上述提及能发生再喂养综合征的高危人群，并且长期营养不良>1 周者。这些患者在接受营养治疗过程中发生以下临床表现时可诊断为再喂养综合征：①出现低钾血症（K^+<2.5mmol/L)，低磷血症（磷<0.32mmol/L)，低镁血症（Mg^{2+}<0.5mmol/L)；②出现循环系统、呼吸系统或神经系统症状；③外周性水肿，体重急剧增加，出现液体急性聚集。预防再喂养综合征的发生需要定期监测相关指标，询问患者感受，细心管理患者。

大多数电解质紊乱发生在再喂养综合征开始前 2~3d，但也可能在 7~10d 后发生。各种电解质紊乱的推荐治疗量如表 12-3-1。

表 12-3-1　电解质紊乱的推荐治疗量

紊乱类型	严重度	维持剂量(po)	治疗量	最大量
低磷血症	轻度：0.74~0.87mmol/L 中度：0.48~0.73mmol/L 重度：<0.48mmol/L	0.3~0.6mmol/(kg·d)	口服时 0.3~0.6mmol/(kg·d) 或 0.08~0.24mmol/kg 静滴时间>6~12h	单次静脉滴注量：15mmol/L 每日静脉滴注量：1.5mmol/L
低镁血症	轻 / 中度： 0.5~0.9mmol/L 重度：<0.5mmol/L	0.2~0.5mmol/(kg·d)	每次口服剂量 25~50mg/kg	单次口服量：2 000mg
低钾血症	轻 / 中度： 2.5~3.4mmol/L 重度：<2.5mmol/L	1~2mmol/(kg·d)	静脉滴注：0.3~0.5mEq/kg	单次静脉滴注量： 30mEq/kg

注：补钾期间需要监测心电图，补镁期间需要注意膝跳反射。

对再喂养综合征患者进行适当监测和管理的第一步是认识到那些有风险的人群并预防临床恶化。根据患者的临床和社会需求，可以在住院、门诊进行监测。如果患者通过仔细的病史和体格检查(包括详细的营养史)被确定为有风险，应在出现症状时开始监测，监测内容如下。

(1)连续心肺监护(如有)，每 4h 记录一次完整的生命体征(根据需要调整)。

(2)每日详细的体格检查，重点是神经系统和心脏评估(如有必要，应经常进行)。

(3)严格控制热量的摄入和输出。

(4)每日体重监测(儿童的目标体重增加尚未确定，但成人为每周增加 1kg)。

每日代谢的基线和变化情况，并测量磷、镁、钾、钠、葡萄糖浓度和肾功能。更频繁地监测是否需要补充电解质和/或恶化的趋势。如果使用肠外营养，记录初始和每周的肝酶(谷丙转氨酶、谷草转氨酶、总胆红素和直接胆红素、碱性磷酸酶)、白蛋白、总蛋白、胆固醇、凝血功能和甘油三酯。

(5)可以考虑前白蛋白、白蛋白和锌的测定，特别是对那些有再喂养综合征高风险的人群。

(6)可以考虑尿电解质监测。

通常需要由医生、护士、药剂师和营养师组成的多学科团队,为患有潜在和确诊的再喂养综合征患者提供充分的护理。

虽然再喂养综合征是潜在的致命疾病,但通过补磷、补充维生素 B_1 等方法预防和治疗的效果较好。有研究发现老年患者住院期间如发生低磷血症,住院时间将延长,住院期间病死率增加 3 倍,长期生存率也将下降。然而,低磷血症并非病死率增加的独立危险因素,纠正再喂养综合征低磷血症能否降低病死率有待进一步研究。

再喂养综合征或潜在的再喂养综合征,往往在患者中被低估。

(1)许多潜在的条件和病症将患者置于再喂养综合征的风险之中。

(2)对于临床医生来说,最重要的是要认识到有风险的患者,并在医院或门诊进行适当的监测和管理。

(3)由于再喂养综合征很难进行前瞻性研究,临床缺乏治疗再喂养综合征患者的优质证据。尽管如此,回顾性的原始数据和多学科团队可以帮助临床医生对该疾病做出较好的治疗。

(王新颖)

第十三章　特殊人群的营养管理

生命全周期人群包括婴幼儿、儿童、青少年、孕产妇、老人等特定人群，以及早产儿、运动员等特殊群体。这些人群的生理特点和营养需要不同于健康成年人，需要根据他们的代谢特点进行营养管理。

第一节　婴　幼　儿

婴儿和幼儿时期是人体发育中非常重要的阶段，婴儿的营养因素与胎儿阶段有关，所以与母体的营养关系密切。婴儿营养一般是指出生后到满 1 周岁之前的营养，而幼儿是指 1 周岁后到 3 周岁之前。婴幼儿因其生理、病理的特殊性，其对营养治疗的需求不同于成人，需要考虑到身体成长和器官的发育需要，特别是新生儿和早产儿，机体某些器官发育不成熟，营养储备有限，机体代谢通路尚不完善，再加上生长迅速，因此很容易发生疾病。

一、婴幼儿生理特点

（一）生长发育

婴幼儿的生长发育是机体各组织器官增长和功能成熟的过程，这一过程由遗传因素和环境因素的共同作用决定，其中营养因素是十分重要的一方面。

婴儿期指从出生后到满 1 周岁之前。婴儿期是人类生长发育的第一个高峰期。尤其是出生后头 6 个月生长速度最快。婴幼儿的生长发育首先表现为体重的增加，婴儿期平均出生体重为 3.3kg (2.5~4.0kg)，至半岁时约为出生体重的 2 倍，1 岁时约为出生体重的 3 倍。身高（身长）是反映骨骼系统生长的指标，短期营养不良对身高（身长）影响不明显，但长期营养不良可导致身高（身长）增长缓慢甚至停滞。儿童身高增长的速度随着年龄的增加逐渐减缓。头围反映了脑及颅骨的生长状态，对婴幼儿头围发育进行监测有重要意义。当头围小于平均值 2 倍标准差时，提示有脑发育不良的可能，小于平均值 3 倍标准差提示脑发育不良，而头围增加速度过快则提示脑积水可能。胸围反映了婴儿胸廓和胸背肌肉发育的指标，出生时比头围略小，但增长速度快，1 岁时与头围基本相等，之后开始超过头围（头胸围交叉）。上臂围代表上臂肌肉、骨骼、皮下脂肪的发育情况。

幼儿期指 1~3 岁。幼儿生长发育虽不及婴儿迅猛，但与成人比较亦非常旺盛。这一时期智力发育较快，语言、思维能力增强。

（二）消化和吸收

新生儿出生之后，开始从子宫内营养过渡到子宫外营养，它离开母体而独立生长，但其消化器官仍有不健全的地方，所以有人称初生儿为子宫外胎儿，以表示需要特别的照顾，因此依赖母亲的喂养。

1. 口腔　婴幼儿口腔黏膜相当柔嫩，且血管丰富，易受损伤，故应特别注意保持婴儿口腔的清洁，避免损伤婴儿的口腔黏膜。新生儿的唾液腺发育尚不完善，唾液分泌量少，唾液中淀粉酶的含量低，不利于淀粉的消化。

2. **牙齿**　对婴儿来说，唾液腺的分泌功能还低，咀嚼肌虽然已较早发育，有利于吮吸，但舌和牙齿远不能完成口腔消化食物的第一步。

3. **食管和胃**　婴儿胃的容量很小，仅30~35ml，黏液腺和肌层很薄，胃的幽门括约肌比较健全，但贲门却往往仍未能紧闭，胃液虽然含盐酸、蛋白酶、凝乳酶等，但其分泌距离成人的消化功能还很远。

4. **肠道**　婴儿肠道的黏膜发育较快，但肠的肌层发育较慢，其神经丛及髓鞘也仍在发育中，故对肠液分泌及蠕动的调节还未健全。不过，婴儿消化道对母乳的适应性良好。

5. **胰腺**　婴儿的胰腺发育尚不成熟，所分泌的消化酶活力低。5~6个月以下婴儿只分泌少量胰腺淀粉酶，因此3~4个月以前婴儿不宜添加淀粉类辅食。胰脂酶出生时量少，第1周内增加5倍，1~9个月增加20倍，故婴儿脂肪消化能力较弱，但胰蛋白酶和胰凝乳酶在出生时已十分充足。

二、婴幼儿营养素的需要

（一）能量

婴幼儿的能量需要与成人有所不同，除基础代谢所需，动作活动所需，以及食物的特殊动力作用的能量外，还有从消化道排泄粪便的能量。前者估计每日每千克体重排泄粪便的能量需要168~210kJ，后者42~63kJ。因此，总的来说，按千克体重的能量需要，在初生到6个月为504kJ，而6个月到1岁为420kJ，这种高能量需要在初生时为最高点，1岁后逐渐减少直至青春期前，其间能量需要的构成亦有变动。幼儿阶段每日的供给量为4 620~5 040kJ。约每增3岁，总能量减少420kJ（10kcal）/kg，应注意1个月后所需能量个体差异越来越大。总能量较长时期供给不足，婴幼儿可能会出现发育迟缓、体重减轻、营养不良。而长期供给过多也有潜在不良影响，以肥胖最多见。

（二）蛋白质

蛋白质用于婴幼儿维持各种组织新陈代谢，各种新组织的生长，以及各种器官的成熟。故这一时期处于正氮平衡状态，不仅要求有相当高的量，而且需要优质的蛋白质。母乳可为新生婴儿提供高生物价值的蛋白质。以母乳喂养时，按每千克体重计需要量为2g；而以乳为蛋白质来源时则需3.5g。主要以大豆及谷类蛋白供给时要求则更高，为4g/（kg·d）。初生6个月的婴儿，9种必需氨基酸的需要量均比成人多5~10倍，并要求氨基酸间有一个合适的比例或模式。此外，与成人稍不同的是，组氨酸是必需的氨基酸。幼儿每日供给的蛋白质为40g，约相当于3g/kg蛋白质。婴幼儿蛋白质供给量应占能量的15%，若供给不足会引起贫血、消瘦、抵抗力下降，导致感染等病症。

（三）脂肪

脂肪是机体能量和必需脂肪酸的重要能源，也是重要的机体成分和能量储存形式，婴儿对脂肪的需要量按每千克体重计算高于成人。2013年中国营养学会推荐6月龄以内婴儿脂肪的AI为总能量的48%。7~12月龄婴儿膳食脂肪的AI为总能量的40%，1~3岁幼儿膳食脂肪供能应由总能量的40%逐渐降至35%。婴幼儿需要各种脂肪酸和脂肪类，其中必需脂肪酸提供的能量不应低于总能量的1%~3%。

（四）碳水化合物

婴儿需要碳水化合物。母乳喂养时，其能量供给一半来自碳水化合物，婴儿膳食中如果没有碳水化合物，则很难避免酮血症的出现，幼儿亦是如此。婴儿的乳糖酶活性比成年人高，有利于对奶类所含乳糖的消化吸收。

（五）维生素

维生素是维持人体正常生活必需的营养素，需要量少，但是必须由外界供给。各种维生素均与儿童生长发育有关，故应该足量补充。

（六）矿物质

人体所需的元素很多，婴儿易缺乏的通常是钙和铁。婴幼儿每天需供给钙400~600mg、铁10mg。

乳儿自 3~4 个月起即应添加含铁丰富的食物，如肝泥、蛋黄、绿叶蔬菜泥等。学龄儿童腹泻、呕吐时，消化液丢失增加，会引起酸中毒或碱中毒。因此，在发生消化不良并脱水时应及时补充钾和钠。

（七）水

婴儿体液占体重的 70%~80%。正常代谢依靠水的摄入量和排出量维持动态平衡；来源不仅限于饮食水分，还来自营养物质在体内氧化和组织细胞代谢所产生的水分。婴儿水分代谢快，有利于排泄代谢废物，对水的需求量相对多于成人。

三、母乳喂养

母乳是 6 个月以下婴儿最理想的食物，能供给该时期婴儿生长发育所需要的全部营养素，因此应该大力宣传和提倡母乳喂养。

（一）母乳的成分

母乳分初乳、过渡乳和成熟乳，一般所说的母乳是指成熟乳，而初乳一般指产后 7d 内的乳汁，呈灰黄色，它含有比成熟乳较少的脂肪与乳糖，但含钠、氯、锌高些，尤其是抗体丰富的蛋白质含量高（IgA 及乳蛋白）。

（二）母乳喂养的优点

1. **营养丰富** 母乳营养丰富，蛋白质、脂肪、糖的比例适当，易消化吸收。蛋白质总量虽较少，但其中乳清蛋白多而酪蛋白少，故在胃中形成的凝块小，易被消化吸收。含不饱和脂肪酸较多，营养价值高，颗粒小，又有较多的脂解酶，有利于消化吸收，又以Ⅱ型乳糖为主，有利于乳酸杆菌生长；淀粉酶多，有助于消化。

2. **易于吸收** 母乳虽然含钙量不高，但是钙磷比例适宜，易于吸收。

3. **母乳具有提高婴儿免疫力的作用** 包括：①母乳中含有 S-IgA、IgG、IgM、B 及 T 淋巴细胞、巨噬细胞，具有抗感染和抗过敏的作用；②含有比牛奶多的乳铁蛋白，可抑制大肠埃希氏菌的生长，具有抗感染作用；③具有其他抗感染成分，如双歧因子等。

4. **方便、无菌** 乳量随婴儿的生长而增加，温度及哺乳量也较合适。

5. **感情培养** 有利于增进母子感情。

（三）母乳中的营养素

1. **蛋白质** 人乳含蛋白质量为 11g/L，与牛乳比较约少 2/3，但乳中蛋白质的构成与牛乳或其他家畜乳不同，人乳中乳清蛋白为主要构成，占总蛋白的 60% 以上，而酪蛋白约占 30%，牛乳则相反，70% 以上为酪蛋白、乳清蛋白则低于 30%。对于婴儿来说，人乳的蛋白结构在婴儿胃中形成的凝块比牛乳小得多，易于消化和吸收。

2. **乳糖** 人乳中乳糖浓度高于牛乳。因此，虽然人乳的蛋白质低于牛乳，但人乳蛋白的生物学价值高，人乳中的碳水化合物及脂肪含量相对地高于牛乳，总能量也高于牛乳。人乳的亚油酸及亚麻酸含量也较牛乳多，亚油酸约占 3%。人乳中的胆固醇也高于牛乳，这可能是婴儿生长所需要，但母乳脂肪酸的构成与乳母膳食中的脂肪有一定的关系。婴儿体内储备的脂溶性维生素与母孕期的营养有密切关系。初乳中的维生素 A、胡萝卜素及维生素 E 都高，它与不饱和脂肪酸的含量匹配。人乳中的脂肪溶性维生素也较充裕，但维生素 D 则处于仅仅能满足需要水平。每升母乳虽然只约有 25IU 维生素 D，但是其中 70% 为 25-(OH)-D_3。

3. **水溶性维生素** 这类维生素受母体膳食的影响。例如不食蔬菜、水果的母亲，其乳中的维生素 C 低些。但无论水溶性或脂溶性维生素，在乳母正常的膳食条件下，各种水溶性维生素的含量均可满足婴儿的需要，包括维生素 B_1、B_5、B_6、B_{12} 等。牛乳的含量受季节的影响较大。

4. **矿物质** 人乳中电解质远比牛乳低，这一点是非常重要的，人乳中的电解质所形成的渗透压正适合于婴儿，因此，比牛乳低是合理的。例如人乳中钠含量低于牛乳的 1/4 左右，这在临床上具有特别的意义，因为婴儿的肾脏不能承受较大的溶质负荷。人乳中的钙与磷也相对地低于牛乳，但对婴儿来说，它的含量是能满足需要的。人乳中的钙比牛乳更易于吸收，因为人乳在肠道所造成的酸碱度(pH)低于其他动物的乳，也由于乳中含酪蛋白低，故钙不易与蛋白质结合。此外，人乳中的磷含量相对地比其他乳少，这都有利于婴儿对钙的吸收与利用。人乳中的铁含量虽然不高，但其吸收率为60%以上，比其他乳的生理利用率都高，能适应婴儿头几个月的需要。初乳含有很高的锌，而且锌在人乳中通过配位结合，故有较好的吸收率。

人乳和其他动物乳一样，受母体营养的影响，也受环境污染与药物的影响。故孕期禁忌的药物也应继续控制不用。酒精可直接进入乳汁，也应予注意。婴儿的哺乳次数一般为6~8次，在经过一段喂哺后，婴儿的求食和睡眠之间会形成适当的节奏。

四、婴儿辅助食品

一般健康母亲每日能分泌800ml左右的母乳，有的分泌量可以低些或高些，但母乳分泌量并不能随着婴儿的长大而增加，一般估计在出生4~6个月的母乳喂养后，单独以母乳喂养已不能完全满足婴儿的需要。此时如果未注意及时增加辅食，孩子的生长发育往往出现不稳定，甚至减慢的现象。这与婴儿辅助食品添加是否及时、适当及有无感染等有关。因此，在继续用母乳喂哺的同时，逐步而细致地添加辅助食物是必要的。婴儿辅助食品又称断乳食物(weaning food)，其内涵并不是指完全断奶所用的食物，而是指由单独以母乳喂养到断乳的一段时间内，从喂母乳过渡到断乳这一时期所添加的婴儿食物。不言而喻，这些食品应是多样的，且需要细致的加工和烹调，食物形状开始应为流质，随后逐步从半固体过渡到固体食物，因为婴儿的接受有个适应过程。最常用的基本食物之一是加工过的谷物，包括米汤与面糊等。菜汤和果汁也易为孩子食用。

4~6个月后，随着婴儿的体重增加，各种营养素的需要也增加，首先是蛋白质及能量的要求增加。此外，在出生4个月后婴儿体内铁的储备已大部分被利用，故铁的补充也是必要的。其他矿物质如钙的需要也增加，各种维生素的适当补充也是必需的。因此，除按配方制备的工业生产食物外，下列是常见的食物，按其需要量及可接受性考虑给予。有的食物可以在3~4个月前后小量地喂养，例如果汁和菜汤等，从每天一茶匙开始。

(1)谷类加工食物米汤、粥、面糊，并在后期阶段可在这一种基础食物中加入另一种食物。

(2)牛乳或其他乳类或其制品。

(3)菜汤、果汁、菜泥、果泥。

(4)蛋黄(加入汤及谷类加工食品中，如米糊)。

(5)肉糜及碎、肝末及动物血，亦可混合在上述谷类加工食物中。

(6)豆制品，主要为豆浆、豆腐及豆的加工产品，如以豆类为主的代乳品。

以上各类食物添加应严格以小量和从单种食物开始，顺序为先单一后混合，先液体后泥糊状，再固体；先应用强化铁的米粉、蛋黄、果泥、菜泥，后应用鱼泥、肉泥等，视婴儿的接受度而逐渐增加其分量、品种或混合食用，只是在必要时才增加维生素的制剂，而其分量的大小也应慎重。

五、人工喂养

乳母因病或其他原因不能哺乳时，最好还是用其他乳母的人乳。但前二者不能实行时，将不得不采取人工喂养。也有时由于乳母的乳量不足，除母乳外，需增加婴儿配方食品作母乳代乳品的两种食物混合喂养。人工喂养的婴儿常用其他动物乳的配制品，也有用豆类配制品，其配方和营养素构成越接近母乳越好。例如一些母乳化配方，一般会比普通牛乳或普通奶粉取得较好的效果。医学上也有设计专一的配方食品以针对特殊的喂养问题。例如对乳糖过敏的婴儿，可以制作去除乳糖而改用蔗糖的配方乳粉。在应用人工喂养时，要特别注意婴儿的体重增长，对食物与食具的消毒，奶瓶及其奶嘴的选择也要适宜，奶嘴孔不宜太大或太小，以免咳呛或过于费力及费时。一般吃乳的时间每次以20min之内为宜。

六、早产儿的营养素需要

人们对早产儿的营养素需要了解远少于足月婴儿，但母乳同样适合于早产儿，因为早产儿营养需要高于足月儿，还需要增加母乳补充剂。

一般认为，早产儿对能量的要求高于成熟儿的 110~150kcal/(kg·d)，因为其静息代谢率(resting metabolic rate，RMR)却高于后者。由于其吸收能力低于成熟儿，能量的供给在初生时以稍低开始为宜，以后视情况逐步增加。Fomon 等认为每 420kJ 能量有 2.54g 的蛋白质，亦即蛋白质相当于总能量的 10.2%，即可满足需要。这一数值比足月儿高，因为足月儿所摄的正常母乳，蛋白质在总能量中的比例仅 6%~7%。

从早产儿的氨基酸需求研究提示，它们将蛋氨酸转变为胱氨酸，以及将苯丙氨酸转变为酪氨酸的能力低，因为有关转变的酶在体内不足，所以上述两种氨基酸，即胱氨酸与酪氨酸可能成为必需氨基酸。

早产儿对矿物质的需要也可能比足月儿高，因为在胎儿的最后阶段是矿物质增加的阶段，理论上钙与磷都要增加，在脂溶性维生素方面已经注意到，早产儿对维生素 E 可能较为需要，因为这类婴儿较易发生溶血性贫血。加上早产儿对脂肪的吸收效率不如足月儿，加深了这种可能。铁的不足也会使维生素 E 的需要加大，故有必要给予适当的铁补充。

对于早产儿的特殊医学用途配方食品也受到广泛的研究，其中有以牛乳为基础，也有用精制的大豆蛋白为基础。例如在一些处方中蛋白质在总能量的比例相对高(10%)，蛋白质中乳清蛋白与酪蛋白的比例为 60∶40，并使用中链脂肪酸以提供 10%~50% 的脂肪，乳糖则降低到占碳水化合物的 40%~50%，其余采用低聚葡萄糖。这些配方还以各种营养素强化，例如铁。以大豆蛋白为基础的配方需要用蛋氨酸强化，以解决大豆蛋白限制氨基酸不足的问题。

（赖建强）

第二节　青　少　年

青春期是重要的生理阶段，在这个阶段生物学、社会学和认知功能方面会发生较大的变化。由于快速生长(瘦体重、脂肪组织和骨骼矿化)和青春期发育，因此青少年有着特殊的营养需要。营养调查结果表明，很多青少年不能达到相应年龄组的膳食营养素推荐量，膳食钙、铁、维生素 B_1、维生素 B_2 和维生素 A、C 的摄入量不足。但是从临床表现来看，尽管膳食摄入量较低，青少年中常见的营养素缺乏的生物化学表现只是缺铁性贫血。部分青少年存在膳食过剩和肥胖的问题。出现怀孕的青春期女孩和年轻成年女性，其孕前营养状况对其自身健康和她们婴儿的健康影响极为重要，我们在本节将讨论青春期阶段的生长变化、营养需要、营养评估，以及其他与青春期营养相关的问题。

一、青少年生理特点

不同儿童青春期开始的年龄和青春期进展的速度不同。青春期激素变化可造成形体、体成分(肌肉、脂肪、骨骼)、骨骼框架和性成熟的特征性变化。这种改变是造成青春期对能量、蛋白质和大多数微量营养素膳食需要量增加的原因。男孩出现青春期生长突增比女孩晚约 2 年，因此，相同年龄的男孩和女孩对营养素的需要量常常不同，营养不良和许多慢性疾病可延迟青春期的开始时间；此外，生长不是一个连续进行的过程，而是以振幅和频率不同的一系列小的生长突增形式进行。所有这些因素都可影响个体青少年的营养需要，使不同个体之间以及同一个体在不同生长时间出现变化。总之，充足的营养摄入量是确保正常生长发育和成熟所必需的，认识到这一点极为重要。

不同种族青春期开始的年龄不同，有的比我们原来认为的要早。在被调查的3~12岁美国女孩中，非洲裔黑种人女孩阴毛发育开始的平均年龄为8.8岁，白种人女孩为10.5岁。黑种人女孩和白种人女孩的平均月经初潮年龄分别是12.2岁和12.9岁，初潮通常发生在青春期生长突增出现之后。在青春期线性生长突增的高峰阶段，男孩身高的增加速率约为每年10.3cm（7.2~13.4cm），女孩为每年9.0cm（7.0~11.0cm）。自青春期生长突增开始至达到成人体格，男女青少年都可以获得他们最后身高约17%的增长。

紧跟青春期生长突增的是骨量的快速增加。峰值骨量，即生命过程中可获得的最大骨量，是在青春期结束时或成年早期阶段完成。流行病学证据表明，较大的峰值骨量既与膳食钙的高摄入量有关，也与晚年髋骨骨折的低发生率有关。因此，应摄入充足的钙，以确保在儿童期和青春期获得最佳的骨量积累，这对一生的健康具有重要意义。

二、青少年的营养需要

由于快速生长、性成熟、体成分的改变、骨骼的矿化和体力活动的变化，青少年的营养需要高于儿童。体力活动并非一定增加，但是由于体格的增加，总能量需要是增加的。与儿童不同的是，青春期的男、女孩对营养的需求有差别，这些与性别有关的差异一直持续到成年期。其原因包括女性的成熟较早，以及青春期和营养素需要的差异很大。对蛋白质、能量、钙、铁和锌等营养素的需要增加。此外，在伴随怀孕、多种慢性疾病和高强度体能训练时，营养素需要也增加。一些常见的青少年疾病，如神经性厌食和暴饮暴食等，可能会严重影响营养状况和发育成熟。青少年的推荐膳食摄入量，常常是根据已知的儿童和成人需要量制定的，不是依据对青少年的研究资料。营养素的需要量一般是男性高于女性，妊娠和哺乳期女性高于未怀孕的女性。

青少年的饮食习惯常常不同于儿童和成人。青少年常常误餐，经常在家庭外就餐，喜欢吃零食，特别是汽水、糖果以及快餐食物。一些人会养成很强的食物信念，追崇饮食时尚或者成为素食者。这些饮食嗜好可能反映了青少年独立意识、活泼好动、关注自身形象，寻求认同的表达方式，或者是他们受到同伴和社会压力影响的结果。

（一）能量

对于生长过程中的青少年，难以准确测定某一个体能量需要量，对能量摄入量的最好估算方法是采用WHO的预测公式。此外，还需要使用活动系数，以体现具有不同体力活动强度的不同类别个体的变化。最大能量需要出现在女孩11~14岁，男孩15~18岁，与青春期需要增加一致。青春期女性约需要9.20MJ/d（2 200kcal/d）的能量，而男性则需要10.46~12.55MJ/d（2 500~3 000kcal/d）。在妊娠和随后的哺乳阶段，能量需要会进一步增加（分别增加1.26MJ/d和2.09MJ/d）。第3次美国国家健康与营养调查（NHANES）的数据显示，男性能量摄入高于女性，能量摄入在青春后期达到高峰。尽管某些青少年能量摄入量低于RDA，但青少年超重的人数仍然增加。膳食脂肪摄入量存在下降的趋势，但是脂肪摄入量水平仍然高于推荐值。

（二）蛋白质

青春期女孩蛋白质的需要量约为0.8g/（kg·d），男孩为1.0g/（kg·d）。从第3次NHANES的资料可看出，美国绝大多数青少年能够很容易获得这一水平的蛋白质。目前尚缺少青少年蛋白质需要量的精确资料，现有的建议量是依据对婴儿和成人的研究资料修订的。蛋白质摄入的峰值与能量摄入的峰值相一致。蛋白质应占能量摄入量的12%~14%。有饮食行为疾病、吸收不良、慢性疾病以及社会经济状况而面临食物供应受限的青少年，会处于低蛋白质摄入的危险中。能量摄入不足时，蛋白质将被用于供能，导致蛋白质缺乏型营养不良。

（三）矿物质

部分青少年的矿物质摄入量不足，包括钙、磷、铁、锌和镁。钙和磷是保证良好骨骼健康所必需的，尽管膳食中磷的摄入量一般较充足，但青少年钙的摄入量常常不足。全国调查表明，钙摄入量低于推荐量，过去10年中钙摄入量有所下降。在15~18岁女孩中，平均钙摄入量从1980年的680mg/d降低到1990年的600mg/d，远低于目前建议的1 300mg/d。满足钙营养需要量的最好途径是通过食物，而不是通过补钙制剂，与乳糖结合的钙可被更有效地吸收。美国膳食中约55%的钙摄入量来自乳制品。然而，其他膳食来源钙的吸收也非常重要，特别是对那些不能很容易得到乳制品的社区人群和乳糖不耐受的青少年。

尽管许多谷类食物中强化了铁，铁缺乏仍然普遍存在。由于血液容量和肌肉重量的增加，青春期对铁的需要更高。月经使女孩对铁的需要进一步增加，青春期女孩中，年龄较大、妊娠和运动员铁缺乏的危险增加。妊娠期间的铁缺乏可导致早产和婴儿低出生体重的危险增加。由于生长迅速，青春期男孩也面临缺铁性贫血的危险。青春期后生长速度放缓，铁需要量也随之下降。低收入家庭青少年中铁缺乏更为常见，青春期女孩铁缺乏多于男孩。青少年中缺铁性贫血的发生率为2%~10%，11~14岁男孩和15~19岁女孩中更为常见。

(四) 膳食纤维

青少年膳食纤维的摄入量低于推荐量。膳食纤维的平均摄入量约为12g/d，相比之下，美国心脏协会(AHA)推荐的可降低血液胆固醇的纤维素摄入量为25g/d，降低结肠癌危险的纤维素推荐摄入量为35~45g/d。NHANES的数据显示，青少年纤维素的摄入量为11~17g/d，远低于推荐的20~25g/d。

(五) 维生素

中国儿童青少年维生素D缺乏率为27.9% [95% CI(21.9%，33.8%)]，不足率为31.6% [95% CI(25.7%，37.6%)]。女孩维生素D缺乏率高于男孩(25.3% vs. 22.5%)，10~18岁儿童青少年维生素D缺乏率高于6~9岁(44.9% vs. 32.9%)，北方儿童青少年维生素D缺乏率高于南方(36.1% vs. 14.8%)，2015—2018年儿童青少年维生素D缺乏率高于2011—2014年(34.9% vs. 17.6%)；城市儿童青少年维生素D缺乏率高于农村(29.9% vs. 24.9%)。由此可见，中国儿童青少年维生素D缺乏率较高且呈上升趋势。作为固醇类衍生物，维生素D能够促进小肠对钙、磷的吸收，调节骨骼代谢生长，参与体内多种细胞增殖、分化和凋亡，是儿童青少年生长发育必需的营养素。同时，维生素D缺乏会导致佝偻病和相关的睡眠障碍、骨骼畸形和精神症状，是长期困扰儿童健康的严重问题，应严密观察维生素D的摄入情况、进行有效的膳食结构调整及适量增加青少年户外运动的时长，并对这一现象进行有效的纠正。

在生长过程中，B族维生素需要量也在增加，尤其是对于男孩来说，其能量代谢的增加和肌肉能量的发育需要大量的B族维生素，如不及时补充，则易导致B族维生素缺乏症。另外，还应增加维生素C和维生素A的补充。

三、营养评估

由于青春期发育对体重、身高和体成分的影响，在青春期阶段采用人体测量指标来评价营养状况比较复杂。然而，由于营养性疾病如肥胖和神经性厌食症的危险增高，青春期又是一个需要密切监测营养状况变化的重要阶段。除了使用标准的生长曲线以外，还常采用身高和身高速率生长曲线，包括青春期开始早、晚的判定，来评价相对于成熟状况的身高生长。对于早熟或晚熟的儿童，其生长会明显背离之前的生长状况，或者背离标准生长曲线，这些曲线对解释生长测量结果非常重要。性成熟状况的评价，依据Tanner对男孩阴毛生长和阴茎发育，以及对女孩乳房发育的阶段划分进行，可以使用有图示的自我评价问卷确定青春期阶段。可使用体重指数(body mass index，BMI)来评价身高和体重的状况。新近发布的儿童生长曲线包括一个BMI曲线。使用这些曲线，可以像对身高和体重一样，找出不同性别和年龄的BMI百分位数。如何评价与性早熟和性晚熟相关的BMI，目前还没有明确的指导原则。对于超重和肥胖的评价，应该把BMI与三头肌皮褶厚度的测量结合起来。

四、总结

由于青春期处于发育过程中非常重要的阶段，肥胖、高胆固醇血症、体力活动不足、青春期妊娠、饮食失调和不健康膳食（膳食总脂肪、饱和脂肪的高摄入量，蔬菜水果低摄入，钙丰富食物的缺乏）等发生率的不断增加，正在向我们发出警报。饮食习惯是在生命早期形成的，对生命后期患慢性疾病的风险具有重要影响。青春期异常的饮食行为可对最终成年身高、性成熟、骨骼健康、高脂血症、心脏疾病、肿瘤和肥胖产生有重要影响。对青少年需要给予营养评估，筛查其不健康的饮食行为和与营养相关的病因。卫生保健工作者应该对青少年的不健康饮食习惯保持警惕，向他们提供充分和及时的营养健康咨询。

（赖建强）

第三节　孕　产　妇

孕妇、乳母的合理营养对保证胎儿和婴儿的正常生长是十分重要的。孕妇和乳母除提供自身所需营养素外，还需通过体内一系列的生理代谢调整，提供给胎儿生长和乳汁分泌所需要的营养。

一、孕妇营养

（一）孕期生理特点

怀孕后的母体出现了各种生理性的代谢负荷增加，激素的适应性改变和生殖系统、血液系统等其他系统的活动加强，由于胎儿完全依赖母体提供所需要的营养素，可以说婴儿的营养在它出生之前已经开始，其长远影响与围生期母体的营养素摄入直接相关。营养和生活条件合理，都使围生期母子双方所出现的问题明显比营养与生活状况差的母子要好。基本上，妊娠期在营养方面有以下几方面的改变。

1. **代谢的升高**　包括合成代谢增强。因为怀孕后有两方面的合成代谢。一方面，是身体需要合成一个完整的重量为 3.2kg 的胎儿，另一方面是母体代谢上的适应以及生殖系统的进一步发育。这两种合成都需要营养物质来支持。在代谢改变中，激素的改变是一个重要方面，受精卵着床后，绒毛膜促性腺激素在 50~70d 内达到高峰水平。此后，黄体维持这一水平，月经周期停止，黄体分泌的黄体酮刺激子宫内膜形成胎盘。随着胎盘变大，胎盘接替卵巢行使内分泌功能，产生大量的黄体酮和雌激素并维持整个孕期。此外，还有绒毛膜促性腺激素等发生作用，它们的活性能影响母体代谢，也影响营养摄入。

2. **消化系统的状况和功能改变**　孕期由于激素与代谢水平的改变，往往出现恶心、食欲减退、消化不良现象。后又因子宫增大而影响肠道的活动，往往引起便秘，同时机体却又需要吸收更多的营养素。

3. **机体多器官的负荷增大**　如肾的负荷，心脏、肺、肝等的负荷也增大。例如心输出量在怀孕中期以后，每分钟的输出量约增加 1L。外周血管的扩张又必须使血容量加大，引起一系列问题。造血器官也因母体血容量的加大和红细胞的增加而加大了生理活动。

4. **体重增加**　母体在怀孕的 40 周内体重将约增加 12kg，其中一半的重量为生殖系统与胎儿的重量（表 13-3-1），另一半则为母体其他方面的重量增加。除母体含水量增加外，其中蛋白质的蓄积总共约 950g，脂肪蓄积约 4 464g，这些蓄积与产后包括授乳的物质储备有关。有一些学者比较强调孕期母体的储备与能否正常授乳的关系最大，但不能忽视哺乳期母体本身合理营养的重要性。

表 13-3-1　母体在怀孕期体重的增加 /g

组织	胎儿	胎盘	羊水	子宫	乳房	母体血液	小计	母体总体重增加
10 周	5	20	30	135	34	100	326	650
20 周	300	170	250	585	180	600	1 915	4 000
30 周	1 500	430	600	810	360	1 300	3 500	8 500
40 周	3 300	650	800	900	405	1 250	5 195	12 500

5. **对营养素的要求增高**　需要合理的营养和平衡的膳食，很多学者观察到妊娠营养与母子双方健康之间存在着一定关系。营养不良的母亲往往引起新生儿的体重低于正常值及新生儿的死亡率增高，也易导致胎儿畸形和胎儿的大脑发育不良或产后智力低下。在母亲怀孕期的下半段，胎儿的大脑进入快速发育，在这一期间的营养不足或者有其他干扰因素，都不利于神经系统的正常发育。也有人观察 2 338 名孕妇的膳食，认为在孕期晚期的能量低于 6 300kJ，蛋白质低于 50g 的人倾向于增加分娩过程与胎儿的并发症。

6. 有人研究胎儿和母体血液成分的情况，发现不少物质的浓度在母亲方面是高于胎儿的，而另一些则胎儿高于母体。前者包括总蛋白、α- 球蛋白及 β- 球蛋白、血纤维蛋白原、总脂类、磷脂、脂肪酸、葡萄糖、胆固醇以及维生素 A 及 E，而在胎儿的血浆中，下列物质都高于母体，其中包括氨基酸、非蛋白氮、肌酐、总磷化物、果糖、乳糖、铁、钙及 B 族维生素如维生素 B_1、维生素 B_6、维生素 B_2 以及维生素 C 等。可见，通过胎盘进行物质交换以适应胎儿的发育过程是很复杂的。因此，为了进行物质交换，也要增加能量和母体的代谢活动。

（二）孕期营养需要

在怀孕的 40 周内，有人从营养与生理等方面大体分为 3 期，也有分为前半和后半两期，其目的是一致的。

1. **能量**　合适的能量对孕妇机体及正在发育的胎儿都很重要，足够的能量也有利于对摄入蛋白质的庇护，使蛋白质用于组织的维持与合成，故要在按照不同劳动级供给相应的能量外，还应按照孕期的需要另加能量。单独以母体储备的体脂与蛋白质本身的能量与合成这些物质的能量算在一起，平均每日应另增加约 630kJ。所以我国的建议标准除按劳动性质分类所供给的能量之外，每日另需增加 1 260kJ。世界卫生组织专家委员会建议在怀孕前 3 个月内，每日增加 630kJ，而在后 6 个月内，每日增加 1 470kJ。上述两个数值较为接近，但后者根据阶段的不同而予以不同能量。增加 1 260kJ 相当于一个未怀孕的轻体力劳动妇女每日能量需要的 12.5%。

2. **蛋白质**　孕期蛋白质需要量增加，以满足胎儿生长的需要。孕期母体内蛋白质增加 950g，其中包括胎儿的迅速发育与同时维持母体的氮平衡。机体对蛋白质的需求随着妊娠期的延长而增加，第 1 孕期 1g/d，第 2 孕期 4g/d，第 3 孕期 6g/d。中国营养学会在 2000 年公布的孕期蛋白质推荐摄入量（recommended nutrient intake，RNI）为：第 1 孕期额外增加 5g/d，第 2 孕期额外增加 15g/d，第 3 孕期额外增加 20g/d。推荐量如在第 1 孕期未能落实，则在第 2 及第 3 孕期可以进行有效的补充。

孕妇从尿中排出的氨基酸比孕前高，在 8 种必需氨基酸中，蛋氨酸、色氨酸及赖氨酸的排出都有增加。血浆氨基酸的水平则比孕前稍低。因此，孕妇摄入足够的优质蛋白质十分重要。

3. **矿物质**

（1）钙：新生儿体内含有 25~30g 钙，大部分是在怀孕的后半段纳入其骨骼中，估计胎儿在头 3 个月每日吸收 30mg，第 7 个月每日 120mg，而在最后 1 个月每日达 450mg。孕期内一般妇女对钙的吸收能力高于孕前，但食物中钙的吸收率视不同种类的食物而有所差别。同时，钙的吸收还受膳食中的蛋白质、脂肪与植物性食物等干扰因素的影响。所以我国建议在孕期的第 4~6 个月供给量为 800mg/d，而在 7~9 个月为 1 500mg/d。这一数量一般在食物中不易得到完全的满足，而应于孕晚期在食物的选择上予以注意，必要时可给予适量钙制剂作为补充。

(2) 铁：孕期需要补充比日常更多的铁，这是因为胎儿的需要，并使其在出生前具有一定的铁储备。同时母体血容量逐渐增加，这种增加是孕期的需要，为了胎盘及胎儿的氧运输，增加血容量也为分娩时丧失一些血液做准备。当血容量约增加 32% 时，妇女血红蛋白往往从原来的 120g/L 或更高，下降到 110g/L 或更低。这种下降一般称为“生理性的孕期贫血”。怀孕后月经周期停止，故不失血及铁，但总计铁的需要量仍然比孕前多。有学者估计，孕妇每天约需要吸收 3.5mg 的铁，由于食物中铁的吸收率很低，故供应量应比这个数值大。我国铁的供应标准为 28mg/d。铁的吸收与利用受食物种类的影响，动物性食物在能量中占的比例越大，铁的吸收与利用都比植物性食物要高。

(3) 碘：孕妇血浆中碘的水平一般比孕前下降，而蛋白结合碘在血中逐步增加至分娩之前，这种现象在分娩后才消失。主要可能是碘的消耗增加，故一部分孕妇在妊娠中甲状腺有轻度肿大的现象。有的国家建议孕妇碘的供应量为 125μg/d。

(4) 锌：有关妊娠期间母体锌摄入量对胎儿影响的研究不尽相同，但大量的动物实验研究结果表明，母体锌摄入量充足可以促进胎儿的生长发育和预防先天畸形。成年妇女体内含锌 1.3g，孕期增至 1.7g，足月胎儿体内含有 60mg。血浆锌在妊娠开始就降低，直到妊娠结束，比非孕妇女低约 35%。新生儿脐带血清锌浓度比母体血清锌高约 50%，估计胎盘锌转移到胎儿的过程是通过主动转运进行的。胎儿对锌需求在妊娠早期最高，每天需 0.6~0.8mg。孕妇应该在孕中期开始增加锌的摄入量。孕妇锌 RNI 为每天增加 5mg，可耐受摄入量（tolerable upper intake level，UL）孕中期为 35mg。

4. 维生素

(1) 维生素 A：孕期需要足够的维生素 A 以适应胎儿发育、胎儿肝脏储存及母体为泌乳而储存的需要。其供给标准为 1 000μg 视黄醇当量，亦即 3 300U，而 FAO/WHO 则建议 2 500U，有的国家测定为 5 000U。孕期需要有充足的维生素 A 供给，但是过量不仅会引起中毒，而且有导致胎儿先天畸形的可能。

(2) 维生素 D：妊娠期间维生素 D 缺乏可引起新生儿低钙血症和手足搐搦、婴儿牙齿和骨骼发育不良及母体骨质软化症的发生。过量维生素 D 的摄入可以导致维生素 D 中毒症，故孕期维生素 D 的补充要适量。

(3) 维生素 E：胎儿生长期间，孕妇需要消耗更多维生素 E，孕妇维生素 E 的 AI 为 14mg α-TE/d。

(4) B 族维生素及维生素 C：B 族维生素及维生素 C 均需要满足母体与胎儿的需要，其需要量一般比孕前要高。维生素 B_1 的需要除应与碳水化合物的进食相配合外，一般都主张在这个基础上再增加 0.1~0.2mg/d 以满足需要。有人认为孕妇有时会出现疲乏、肌肉痉挛和神经炎等，往往与维生素 B_1 的不足有关。维生素 B_6 为蛋白质代谢过程所需要，故妊娠期的需要较孕前要高，而一般孕妇血浆中维生素 B_6 的水平也倾向于偏低，故有的国家维生素 B_6 的供应量从一般妇女的 2.0mg/d 增至 2.5mg/d。

妊娠期一些妇女的贫血不仅与铁供给有关，而且与叶酸的摄入也有关（巨幼细胞贫血）。由于胎儿对叶酸的需要以及尿中的排出增加，往往使一些孕妇血浆中叶酸水平比孕前低。FAO/WHO 建议每日供应量双倍于孕前的需要量，即 400μg/d，而一些国家还加至 800μg/d。在整个孕期中血中维生素 B_{12} 的浓度下降，但婴儿血浆中的浓度比母体高 1 倍，并在出生时肝中储备有 30μg 维生素 B_{12}，可见需要量是高的。产后母体在正常膳食条件下可以恢复至原来的水平。FAO/WHO 建议供应量为 3μg/d，即比未孕妇女增加 1μg/d。

孕期的膳食应多样化，清淡而不食刺激性食物。整个孕期都需要有平衡的膳食，并根据体重的实际情况作合理的安排。体重低于正常时，增加时应考虑是否属营养的原因。相反，若是体重大于应该增长的量，也应注意是否存在水肿和脂肪过度增加。因为过胖往往有增加高血压和其他疾病的可能性。有的孕妇唯恐胎儿长得过大过快而在孕晚期节食，严重时可能引起新生儿体重下降，而低于正常出生体重的婴儿是增加围生期死亡的一个因素。

在必要时，应适当选用钙、铁、B 族维生素及维生素 C 等制剂以辅助和补充食物摄入的不足。但不一定所有这些制剂都须普遍应用，并且应注意合适的剂量。

二、乳母营养

和妊娠期一样，乳母需要完全而平衡的膳食，尤其附有家务劳动和参与社会工作时，应更加需要满足母子的营养摄入需求。

（一）哺乳生理

分娩后，主要激素的改变导致哺乳的启动。雌激素和黄体酮的分泌显著下降而升高的催乳素浓度得以维持。催乳素引起乳腺开始分泌乳汁，在产后最初的2~7d，分泌含有大量免疫因子、蛋白质、矿物质和类胡萝卜素的黄色黏稠液态初乳。初乳能为新生儿提供大量的母体抗体，这是特别重要的，因为婴儿的免疫系统在出生数个月中发育并不完全成熟。产后7~21d的乳汁称为过渡乳，21d后分泌成熟乳。

吸吮对持续合成催乳素及维持乳汁的产生是必需的。吸吮作用抑制下丘脑分泌多巴胺（多巴胺通常抑制催乳素的产生），吸吮还导致神经垂体释放催产素，催产素引起排列于乳腺囊壁和导管的平滑肌细胞收缩，从而导致乳导管的收缩，使乳汁下移至乳头附近的窦道甚至引起乳房的喷射（"溢乳"）。情绪可影响催产素的产生，例如当母亲听到其婴儿哭声时可发生溢乳。哺乳一旦建立，每日一次吸吮似乎足以维持持续泌乳的信号。相反，吸吮停止后数日内乳汁合成即停止。持续的吸吮可抑制黄体生成素和促性腺激素释放激素的释放，因而排卵和月经的恢复被延迟，这提供了十分有效的生育控制。

（二）乳母营养对乳汁质量的影响

乳母的营养摄入量是保证乳汁正常合成的源泉，乳母营养不足，短期可有乳汁分泌，但消耗母体自身储备及母体组织，不仅影响母体健康，而且影响乳汁的质量。通常正常营养状况的妇女产后6个月内每天乳汁为750~800ml，而营养不良的妇女产后6个月每天泌乳量为500~700ml，营养极差时可导致停止泌乳。乳母摄入蛋白质的质量不足，不仅影响乳汁中蛋白质的含量，也影响其氨基酸组成。

（三）乳母的营养需要

1. **能量**　除乳母本身的能量消耗外，还有乳汁的能量消耗。以母乳每日均为820g计算，因每100g乳汁含能量252~294kJ，故每日分泌的乳汁能量为2 184kJ，预计母体本身的能量转变成乳汁能量的效率为80%，则820g乳汁消耗的能量为2 730kJ，亦即每日额外需增加2 730kJ。如果计算母体在孕期的脂肪储备用于前6个月哺乳的能量时，则体内储备约6kg的脂肪，可计算每个月动用1kg，相当于37 800kJ的能量。因此，相当于每日1 260kJ，故在乳汁分泌消耗的2 730kJ中，扣除1 260kJ后实际需要量增加1 470kJ。乳母间存在着个体差异，在孕期的脂肪储备量也不一定一致，而哺乳量和乳汁质量也不尽相同。如排出量小，则能量消耗比估计的为低；相反则能量消耗比估计的为大，应具体分析。中国营养学会建议的标准为在乳母本身能量供给之外，为泌乳额外增加1 260kJ。FAO/WHO建议则为额外增加2 310kJ。在对个体乳母进行膳食指导时，体重的改变仍然可作为提供能量是否足够的信号，如体重减轻迅速，应考虑能量的供给可能存在不足的问题。

2. **蛋白质**　乳母在孕期体内储存蛋白质很少，在哺乳期间，蛋白质的需要不比孕期低，而且对乳汁分泌的影响很大。人乳含蛋白质为1.1%~1.2%，如每日均分泌820g母乳，则从乳中排出的蛋白质为10g，预计体内合成这些蛋白的效率为80%，则应每日提供优质的蛋白质12.5g。许多观察证明，适宜的蛋白质有利于乳汁的正常分泌，而严重缺乏蛋白质时可影响乳汁内的蛋白质含量。中国营养学会建议每日为乳母供给额外的25g蛋白质，亦即一位轻体力劳动的乳母应有70g+25g=95g蛋白质。如劳动强度大些，则需蛋白质100g/d。

3. **脂类**　脂肪饮食中脂肪的种类可影响乳汁的分泌成分，摄入植物性脂肪多时，乳汁中亚油酸量较高；摄入动物性脂肪多时，乳汁中饱和脂肪酸含量增多。婴儿中枢神经系统的发育及脂溶性维生素吸收需要脂类，因此乳母饮食中必须有适量的脂类。哺乳期妇女脂肪摄入量没有特殊的要求，饮食参考摄入量(dietary reference intakes，DRIs)与正常人一样。

4. 钙　乳母需要充足的钙质为其本身及乳汁钙含量的需要。乳汁中钙的含量一般较稳定，初乳含钙量为48mg/100ml，过渡乳46mg/100ml，而成熟乳为34mg/100ml。如乳母食物中钙不足或不能有效吸收，则将从乳母体内储备钙移出作为来源，此时体内出现钙的负平衡。这种情况延续下去，可发生骨质软化症。FAO/WHO建议乳母的钙供应量为1 200mg/d。但考虑食物中钙的来源，如果动物性食物提供则吸收率高，而以植物性食物供给钙源则其吸收率低，故我国建议标准为2 000mg/d。为达到这一供应量，需要考虑食物的数量和合适的来源。奶类的钙一般比植物性食物中的钙吸收好。钙的片剂和动物的骨分可以作为钙的辅助来源。乳母有一定的维生素D摄入或能利用日光浴的作用，则有利于钙的吸收与利用。

5. 铁　动物性食物在膳食中含量比例的大小，影响铁的吸收与利用。FAO/WHO专家委员会认为，如估计这类食物在膳食中占能量在10%~25%者，每日供给19mg铁可满足需求。乳汁中铁的含量为50μg/100ml，每日从乳汁中的分泌量为0.4mg，如果铁的吸收率为10%，则额外供给应不少于4mg。

6. 碘　母乳中含碘量为4~9μg/100ml，此浓度一般高于母体血浆的浓度。乳汁中碘浓度较高，估计亦与婴儿的生理需要有关。母体碘的食入，可立即出现于母乳中。有人用放射性碘进行动物实验，摄入后5min即可在乳汁中发现。乳母需要碘的量为150μg/d，此量不难得到，应用碘化食盐时也能从中取得一定量的碘。

7. 维生素A　除母体的需要外，乳汁中的维生素A含量约为61μg/100ml，并比较稳定。我国建议标准为在供给母体1 000μg视黄醇当量的基础上，再增加200μg/d。FAO/WHO建议增加1 500U/d的维生素A。

8. 维生素B_1与维生素B_2　乳母需要合适的各种水溶性维生素，乳母的维生素B_1摄入量充足时有助于乳汁的分泌。母乳中这两种维生素的含量分别为0.014mg/100ml及0.037mg/100ml，故FAO/WHO建议额外增加维生素B_1 0.3mg/d，维生素B_2 0.3mg/d。我国的建议标准为两者均额外增加约0.8mg/d。按总供应量计，FAO/WHO建议维生素B_1供给为1.4mg，维生素B_2为1.5mg。

9. 其他维生素　乳汁中维生素的含量在一定范围内可反映乳母饮食水平。维生素C就是其中之一，在正常的膳食条件下，乳汁中维生素C的含量平均为5.2mg/100ml，此值与蔬菜供给良好的乳母所测定的结果一致。但如果蔬菜水果摄入不足，又无其他维生素C的来源，则母乳中维生素C的含量可降至很低。如以母乳中维生素C每日排出40mg计，则此量需额外补充。在我国原有供应标准上，加40mg/d，即总共为100mg/d。其他相关的维生素，如维生素B_{12}也少量存在于乳汁，含量为0.03μg/100ml，故有的国家认为需每日增加1μg。此外，按上述方法测知，维生素E需额外增加3U，烟酸4mg，叶酸200μg，维生素B_6 0.5mg，方能满足哺乳的要求。

虽然近年来我们了解了更多关于妊娠和哺乳营养素的代谢与需要量，然而我们的知识仍有很多局限。包括营养状况如何影响母体激素代谢以及相关的妊娠结局，个体间营养素代谢和需要量的差异如何影响孕期体重增长与出生缺陷的危险性及其他妊娠合并症，还有如何能优化来自膳食和补充剂的营养素摄入量以满足妊娠期和哺乳期妇女这一特定人群的需要。

（赖建强）

第四节　更年期女性

更年期是女性特有的生理阶段，在心理、生理机能以及营养需求等方面有特殊的表现，往往表现出女性更年期综合征(climacteric syndrome)等特征。这是妇女在围绝经期或其后，因卵巢功能逐渐衰退或丧失，以致雌激素水平下降所引起的以自主神经功能紊乱、代谢障碍为主的一系列综合征。该阶段女性应该在心理适应、膳食结构、身体活动等方面进行调整，顺利度过更年期。

一、更年期的生理改变

1. **内分泌的改变**　卵巢功能衰退、周期改变、皮质萎缩。

2. **月经的改变**　月经是受卵巢功能调节的。随着卵巢功能的衰退，出现月经紊乱直至绝经。

3. **生殖器官萎缩**　子宫体萎缩，宫颈变小，阴道缩短、变窄，阴道黏膜变薄，分泌减少，弹性消失。

4. **第二性征的变化**　随着年龄增长，乳房退化、下垂，女性体征逐渐消失。

5. **血管舒缩功能失调**　由于下丘脑控制失灵，自主神经系统功能不协调，会突然出现面部潮红，潮热、出汗。由于不同部位的血管痉挛，可发生散发性疼痛。

6. **精神状态的改变**　常感到头晕、心烦、紧张、失眠、抑郁、易怒、疲劳及记忆力减退。

7. **骨质疏松症**　更年期雌激素缺乏，影响骨细胞成长致骨质形成不够，于是出现骨质疏松，容易发生骨折。

8. **代谢变化**　体重增加，体态变胖。脂肪和糖代谢失常，易发生糖尿病或腹泻，胃肠胀气等消化系统症状。也可有甲状腺功能亢进现象。

9. **运动系统的改变**　出现关节的疼痛，多发于肩、颈、腰、骶等关节。关节附近的肌肉、筋膜肌腱、韧带、皮下组织亦易发生持续性疼痛，但并不严重，休息后减轻，劳累后加剧。

10. **泌尿系统的改变**　雌激素对维持正常膀胱及尿道黏膜很重要，当雌激素水平下降时，尿道黏膜上皮变薄，膀胱颈周围的致密弹性纤维组织，围绕尿道的腺体和导管均逐渐萎缩。肾功能随年龄增长而降低，常出现夜间排尿量增多，常起夜，膀胱容量减少，残余尿增多，还可出现排尿灼热感、尿急、尿频、尿不尽的感觉。此为三角区黏膜呈鳞状化生之故。在临床上称为“无菌性复发性膀胱炎”，此时尿液检查正常，细菌培养也无生长。

11. **心理变化**　早期表现主要是“兴致缺乏”，即对生活失去乐趣。如原来喜欢音乐，如今宁愿寂寞无声；原来爱好整洁，善理家务，如今连被子也懒得整理。

二、更年期营养需要量

1. **能量**　更年期后，人的基础代谢率因各种活动量相对减少，故能量需要量降低。据日本、美国膳食营养供给量标准，更年期摄入能量应以 1 800~2 400cal/d 为宜。我国尚未制定此项标准，但一般认为进入中年后总能量应降低 10%~15%。

2. **蛋白质**　更年期开始，体内的代谢过程逐渐以消耗为主，对各种必需氨基酸如蛋氨酸、赖氨酸需要量大于中年人，而对营养素消化吸收率降低，所需供给量应稍多。但过高的蛋白质食物又会加重肝、肾负荷，拟应供给优质蛋白质为主，以其及时补充消耗，减缓衰老过程。供给量按 0.7~1g/kg 即可。优质蛋白有两种主要来源：一为动物蛋白，主要来源于鸡鸭鱼肉、乳类等，二为植物蛋白，如大豆、花生等。

3. **脂肪**　脂类尽管是产生能量最高的营养素，但由于更年期胆汁酸减少，脂酶活性降低，消化脂肪的功能也就降低，脂肪组织的分解速度下降。所以脂肪摄入量不宜过多，一般占总能量的 15% 即足够。但脂肪也不宜太少，太少时可能影响脂溶性维生素的吸收，对健康亦有影响。

4. **碳水化合物**　碳水化合物即我们所指的糖类，它不仅提供给机体能量，而且还参与细胞的多种代谢活动，对延缓衰老、顺利度过更年期大有益处。但由于更年期体内激素调节功能紊乱、机体糖耐量减低、胰岛素对血糖的调节作用减弱，因而更年期易发生血糖上升，所以应予注意。根据各类糖的特点，以葡萄糖和果糖的吸收利用最好，尽量少吃蔗糖，控制糖果和精制甜点心的用量，尽力多调配些薯类食品更好。

另外更年期的肠胃功能降低，胃的张力减弱，蠕动缓慢，易出现便秘。它不但影响食欲，使营养素供给不足，而且长期便秘使机体毒物不能及时排除，易患直肠癌及其他消化系统肿瘤。所以要注意适当多供给含果胶、纤维素及半纤维素丰富的食物。每日应摄入 6~8g 粗纤维。每日膳食中碳水化合物应占总能量的 60%~70%。

5. **钠**　食盐（指氯化钠而言）对于心脏、消化系统、体液酸碱平衡、神经及肌肉的正常生理功能固然有重要作用，但长期过多摄入食盐对人体是有害的。尤其在更年期，人的血管趋于老化，功能减退，过多的食盐进入体内，在某种内分泌素的作用下，会引起细小动脉痉挛而患高血压病。而且更年期后体力活动减少，汗液分泌也减少，盐的储存量增加，因此应以低盐饮食为主。

6. **无机物和微量元素**　适当增加锌和钙、铁的摄入。因为锌不但参与机体酶和蛋白质的合成，而且它还对性功能有兴奋作用。人进入更年期后，容易出现骨质疏松而诱发骨折，所以补充含钙丰富的食物非常有必要。钙的摄入量，每日最好为 1 000mg，不少于 600mg。

其他如铁、碘等微量元素有利于调节造血及内分泌等功能，也应适当补充。含这些有益微量元素较多的食物有奶类、豆类、海产品、高蛋白食物及小麦等。

7. **维生素**　机体过早出现的老化现象与维生素缺乏有关，如皮肤松弛、皱纹增多、口腔组织结构改变、牙周病等都与维生素 A 缺乏有关。维生素 C 能抗感染，维持毛细血管的渗透性，促进结缔组织、骨组织、牙质的正常功能，增强人体的抵抗力以及能促进脂肪中胆固醇的转化，降低血脂等。维生素 E 能促进人体新陈代谢，增加机体的活力，维持血液正常循环，对推迟细胞衰老及记忆减退都有重要作用。同时，上述 3 种维生素对防癌有一定作用。所以更年期应多吃绿色和橙黄色的各种水果和蔬菜以及植物油等。

三、更年期合理膳食的组成

妇女进入更年期后，在膳食上应尽量做到合理搭配，不要偏食。因人体对各种食物和营养的需要是综合的，每种食物都含有不同的营养成分，如鸡、鸭、鱼、奶、肉及黄豆类含有较多的蛋白质和无机盐，而蔬菜水果则维生素、纤维素含量较多；米面含碳水化合物多，含蛋白质与脂肪少。一日三餐的能量分配也要合理，一般主张早餐质量好，如牛奶、鸡蛋、豆腐、米面制品等，使劳动者在上午精力充沛，工作效率高；午餐吃得饱，既保证能量的需要，又要有较强饱腹感，如肉、鱼、蛋及米面制品；晚餐应吃得少，因为人到夜间睡眠，各种生理功能下降，尤其更年期生理功能趋于老化，更应注意吃易消化吸收的食物，如稀软米面制品及素菜。

（赖建强）

第五节　老　年　人

中华人民共和国成立后，我国人口的平均寿命正在明显增加，从过去的 30 多岁增加至目前的 77 岁。老年人在总人口构成上也逐步相应地增加比例，据全球的统计，2020 年我国老龄化人口达到 2.48 亿，占总人口的 17.5%。老年人在社会中的作用具有特殊的地位，这是人们更加关心老年人营养的一个原因。

人类的衰老过程是一个客观规律，只是这个过程随着种族、社会环境和个体的种种实际不同而不同，营养是在许多因素中的重要因素。众所周知，营养对人体健康影响并不是在此才开始，而在幼年甚至胎儿时期就开始。因此，应该把老年人的营养看作在老年条件下取得平衡膳食的继续。

一、老年人生理特点

（一）机体组成改变

随着年龄的增长，老年人的机体代谢发生各种变化，其机体组成也相应发生改变。老年人机体组成变化包括瘦体重(lean body mass，LBM)下降，内脏萎缩，体脂增加并从四肢转移至躯干，骨骼矿物质丢失。老年人 LBM 和骨骼肌的下降可能与蛋白质代谢改变有关，也可能与某些合成激素如生长激素水平的下降有关。有研究发现，老年人 24h 分泌的生长激素比年轻人低 29%~70%，经过 6 个月生长激素的替代治疗，LBM 平均增加 4.3%，而体脂则减少 13.1%。此外，LBM 及骨骼肌的丢失也与体力活动下降和饮食量减少有关。骨骼肌的丢失还与骨矿物质密度下降有关，老年人常有骨质疏松。LBM 的降低往往伴随着各脏器功能的减退，而感染及一些慢性疾病的风险增加。

脂肪组织是储存能量的重要场所，成熟脂肪细胞容量的 99% 以甘油三酯的形式存在。当人体摄入的能量超过机体消耗的能量时，则以甘油三酯的形式储存在脂肪组织中；当机体需要量增加时，甘油三酯被水解为游离脂肪酸并释放到细胞外液中，为许多器官、组织提供可利用的能量。随着年龄的增长，机体脂肪含量逐渐增加，特别是腹腔内脂肪储存增加。有研究发现，老年人体脂量的增加与冠心病、高血压、糖尿病、脂代谢异常及胰岛素抵抗的发生率明显相关。25 岁年轻男女体内脂肪平均为体重的 20% 和 32%，到 70 岁约占体重的 36% 和 50%。一般认为，老年人体内脂肪组织的增加是由于脂肪分解下降所致，可能是老年人内分泌激素降低及脂肪酶的活性降低，导致脂肪分解下降。

水是人体主要构成物质，它分布在细胞内液、细胞外液和身体固态的支架组织中，在身体内起着非常重要的生理作用。随着年龄的增长，机体水分含量递减。一般认为，细胞原生质的水分几乎是终身不变的，老年人细胞内液总量的减少表明细胞数量的减少。这与稳定核素示踪检测的结果相同。

近年来，机体组成测定越来越受到临床关注，其测定方法也越来越成熟，并广泛地应用于科研和临床实践中，成为营养治疗中一个重要的监测指标。双能源 X 线检测法及生物电阻抗检测法已经成为机体组成测定最常用的方法，也是监测和评价营养治疗疗效的有效方法。

(二) 器官功能改变

老年人生理变化的特点是衰老，即机体的各器官、系统衰老退化。

1. **心血管系统**　随着年龄的增长，心脏大小及重量略有增加，心肌纤维组织增多并硬化，动脉壁出现粥样硬化，内膜增厚，管腔狭窄，血流减少，心排血量下降，心脏生理储备下降。

2. **呼吸系统**　老年人呼吸系统结构和功能日趋老化，静息肺容量、最大呼气流速、肺动力学、气体交换和气道反应性均下降，导致肺部感染、慢性支气管炎、肺间质纤维化等发病率增高。

3. **消化系统**　老年人消化系统的改变，如食欲缺乏、牙齿松动脱落、咀嚼及吞咽功能减退、胃肠蠕动能力减退、胃酸分泌下降、胃排空延迟、胃肠道细菌过度增殖、小肠动力减退、肠黏膜萎缩和面积减少以及消化道激素分泌减少等，均可影响营养物质的吸收和利用。

4. **泌尿系统**　老年人泌尿系统改变的主要特点：肾血流量和肾小球滤过率下降，血中肾素 - 血管紧张素 - 醛固酮水平降低，肾脏稀释和尿浓缩以及维持体内离子恒定的功能减退，膀胱排尿功能紊乱。肾功能退化易使某些维生素和无机盐丢失，而无机盐沉积又使老人更容易发生肾结石、膀胱结石等。

5. **神经 - 内分泌系统**　由于神经系统衰退除对外界环境反应迟钝外，还对体内代谢功能的调节减弱，影响对某些营养素的吸收利用，如老年人储存糖原的能力降低，肝糖原减少，一旦葡萄糖不足容易发生低血糖昏迷。

6. **免疫系统**　老年人机体免疫功能减退，包括细胞免疫功能如迟发性皮肤变态反应、抗体对 T 细胞介导的抗原反应性、T 细胞的增殖、细胞因子的产生以及对外源性微生物的清除能力均下降，故老年人机体的抗感染能力下降，病死率增加。

7. **营养不良**　老年人由于咀嚼功能变差，消化吸收功能减退及进食量少等原因，容易发生营养缺乏。研究证明，蛋白质 - 能量营养不良(protein energy malnutrition，PEM)及微量元素缺乏在老年人群中发生率相当高。PEM 患者的淋巴组织明显萎缩，细胞免疫降低，整体水平和活性下降，黏附在呼吸道表皮的细菌数增加。老年人维生素 B_6 缺乏的补充研究证实，淋巴细胞数和增殖能力与 IL-2 的合成均依赖于维生素 B_6 的摄入。另外，维生素 C 缺乏时中性粒细胞和巨噬细胞的活动迟缓与杀菌能力下降。而给予营养治疗后，可以减少手术后感染及其他并发症，减少呼吸系统疾病的发作次数和时间。维

生素 B_1 不足会影响对碳水化合物的利用，维生素 A 不足使老年人视力衰退快，皮肤易干枯，毛囊角质化。另有研究发现，补充一些维生素如 B 族维生素、维生素 E、β- 胡萝卜素，微量元素如无机硒、锌以及某些脂肪酸，可明显改善老年人的免疫功能。此外，人体器官功能和细胞正常代谢有赖于必需营养素的供给，营养不足可以引起许多疾病并使人衰老。老年人营养供给不足，能量缺乏可加剧体内蛋白质的分解，使老年人消瘦、体弱，加快衰老进程，肌肉强度下降，抵御感染能力降低，生活质量下降。老年人饮食质量不好、种类不全易发生营养不良和贫血；反之，摄入食物过多、营养过剩也会给老年人带来问题，使体内脂肪堆积，含氮物质增多，造成肥胖、高血压、冠心病、糖尿病、胆囊疾病、动脉硬化等，加重心血管、消化、泌尿系统负担。

表 13-5-1 总结了老年人各器官、系统改变的特点。

表 13-5-1　老年人各器官、系统改变的特点

器官、系统	改变特点
皮肤	干燥，皱纹，斑点色素沉着，弹性丧失，毛细血管扩张
胃肠道	胃肠道分泌功能下降，小肠吸收功能减退
心血管系统	心脏扩大、增厚，胶原增加、僵硬，心肌缺血
呼吸系统	组织变硬，肺活量下降，氧分压降低，呼吸能力减弱
肾脏	肾小球滤过率降低，肾脏浓缩功能减弱
内分泌系统	内分泌激素和功能改变
神经系统	受体敏感性下降，肌肉对刺激的反应性减弱

（三）代谢改变

由于机体老化，老年人各系统尤其内分泌系统功能以及代谢发生一系列改变。针对老年人的物质代谢、能量代谢特点制订营养治疗方案，才是最合理的营养治疗。

1. **基础能量代谢降低**　机体组成的改变，不可避免地影响机体代谢情况。人体不同阶段其能量消耗不同，婴幼儿时期是机体一生中代谢最活跃的阶段，到青春期又出现一个高代谢阶段，成年后随着年龄的增长，机体代谢率缓慢下降。研究发现，24~36 岁女性的能量消耗十分稳定，此后随着年龄的增长，基础能量消耗逐渐下降；30~57 岁男性基础能量消耗逐渐降低。30~90 岁期间，随着年龄增长，每增长 10 岁其基础能量消耗下降 2%~3%，男性基础能量消耗下降甚于女性。60 岁以上老年人的基础能量消耗是年轻人的 90%。同样，老年人食物的特殊动力作用的能量消耗也减少。这种改变主要是由于老年人机体细胞总量减少之故。随着年龄的增长，体内 T_3 减少，Na^+-K^+-ATP 酶活性下降，代谢活性组织丧失，骨骼肌蛋白转运减少，线粒体膜通透性降低等，均可导致老年人基础能量消耗值下降。因此，临床上在实施营养治疗时，能量需求量也应根据情况进行相应调整，避免过度喂养。摄入过多的能量对于老年人的代谢能力无疑是一种超负荷，对器官功能（肝、肾、肺等）造成不利影响。

2. **蛋白质合成与更新减慢**　老年人多种内分泌腺（下丘脑、垂体、甲状腺、甲状旁腺、肾上腺、性腺和胰岛）功能下降，蛋白质分解代谢逐渐增强，而合成代谢逐渐减弱，体内蛋白质的转换率降低，易发生负氮平衡。蛋白质合成代谢降低尤其出现在机体分解代谢增强时，如手术、创伤、感染等应激状态下，老年人通过机体肌肉蛋白质的糖异生合成急性时相蛋白能力下降，导致具有重要功能的蛋白质如免疫球蛋白、酶、急性时相蛋白、运载蛋白的含量下降，影响机体内环境稳定的恢复，导致疾病的预后不良。

3. **葡萄糖利用障碍**　老年人碳水化合物的代谢率下降，虽然大多数老年人正常情况下空腹血糖可能在正常范围，但由于葡萄糖耐受性随年龄增长而进行性下降，容易发生高血糖。其原因可能是由于老年人机体细胞总量减少，对葡萄糖的氧化能力下降，胰岛素分泌不足，胰岛素受体数目及活性降

低，外周组织对胰岛素的敏感性下降以及肝糖原分解增强。

4. **脂肪代谢降低**　老年人由于肝脏等脏器功能减退，体内脂肪代谢酶类含量及活性降低，造成脂肪分解代谢和脂肪廓清能力下降，脂类容易在组织和血管中沉积，导致体脂含量增加、血管粥样硬化和弹性下降、高脂血症等。老年人由于血中低密度脂蛋白水平升高，高密度脂蛋白水平降低，易引起胆固醇沉积。

5. **调节体液及酸碱平衡的能力降低**　老年人体内水分含量相对减少，主要是细胞内液的减少。由于老年人有功能的肾单位数减少，肾血流及肾小球滤过率降低，肺的弥散功能明显下降，通过呼吸调节酸碱平衡的能力减弱，从而造成老年人调节体液及酸碱平衡的能力下降。因此，老年人在应激状况下容易发生脱水、电解质和酸碱平衡失调，特别是在腹泻、发热、出汗、手术后等情况下更明显。而且一旦出现水、电解质和酸碱平衡紊乱，其恢复时间要长于年轻人。因此，在老年人实施营养治疗过程中应严密监测水、电解质和酸碱平衡，尤其注意随时调整肠外或肠内营养液的剂量和浓度。

6. **其他**　由于老年人胃肠功能减退，日照不足和维生素 D 来源缺乏，肾脏 1α- 羟化酶活性下降，维生素 D 转换障碍，使钙的吸收能力下降 50%，易出现负钙平衡。老年人磷的吸收能力也减退，易发生低磷血症，并常合并有低镁、低钙血症。

二、老年人的营养需要量

老年人机体组成、各种物质代谢反应及器官功能均发生相关变化，故营养需要量与成年人不同。一般认为，老年人的营养素需求与年轻人在原则上并无严格的区别，所不同的只是量的差异。

1. **能量**　从一些直接测定得知，老年人的能量需要随年龄增长而减低，如果 20~34 岁一般需要 11 340kJ/d 时，则 70~90 岁的人为 8 820kJ/d 则是由于人体活动减少的原因。从实际调查的结果亦是如此，我国营养学会的建议是在 50~59 岁的范围内，能量供给可比成人减少 10%，60~69 岁减少 20%，而 70 岁以后减少 30%。但能量减少可能蛋白质也相应地减少。由于各种营养素的要求并不一定随年龄增长而减少，所以这是一个值得注意的问题。

住院的老年患者普遍存在能量摄入不足现象，这与食欲下降、疾病影响、营养物质摄入不足或吸收不良有关。对处于手术创伤、感染等应激状况下的老年患者，能量需要量应考虑应激因素，无并发症大手术的 REE 增加 5%~10%，多发性创伤或合并有感染性并发症的患者则增加 20%~30%，大面积烧伤患者的 REE 增加 40%~100%。临床上，危重状态下的老年患者由于情况复杂、变化快，推荐通过采用床旁间接测热法测定患者的实际静息能量消耗值，并根据患者每日实际能量消耗情况供给能量。

2. **蛋白质**　老年人体内的分解代谢大于合成代谢，蛋白质合成能力低，加之老年人对于蛋白质的吸收和利用率低，因此需要供给较为丰富和质量高的蛋白质来补充组织蛋白质的消耗。老年人的蛋白质摄入量应以维持氮平衡为原则，如果摄入过多，会增加消化系统和肾的负担；摄入过少，比较容易发生负氮平衡。高龄人容易出现低蛋白血症、水肿和营养性贫血，而且在老年人中，所需要的氨基酸模式由于合成代谢不同而有所不同，因而蛋白质的供应不足时，容易引起氨基酸的不平衡。因此，对老年人的蛋白质供应量不宜低于成年人，特别是按千克体重计算时。对于我国的饮食习惯，每天所摄入的蛋白质中有 60% 为植物性蛋白质，在植物性蛋白质中除黄豆外，其他植物性蛋白质生物效价较低，所以每天应摄入一定量的蛋、乳、鱼、肉等动物性蛋白质，以提高摄入蛋白质的生物学价值，但动物性蛋白质不要摄入过多，因为摄入动物蛋白质的同时会摄入过多的脂肪，而起到负面作用。

3. **碳水化合物**　老年人对碳水化合物的代谢能力降低，糖耐量下降，易发生高血糖症。在手术创伤、感染时糖利用障碍，无氧酵解增加，乳酸积聚，易出现代谢性酸中毒。因此，目前建议在正常情况下，老年人碳水化合物供给量在总能量中所占比例以 55%~60% 为宜。在严重创伤感染等应激状况下，老年人容易产生糖代谢异常，应适当调整碳水化合物的摄入量，肠外营养时应采用双能源系统。老年人肠内营养时，碳水化合物中单糖的比例应<10%，以避免高比例单糖及低聚糖过量吸收所造成的高血糖和高渗透压所引起的不良反应。由于老年人常伴有胰腺功能不足，部分患者伴有糖尿病，因

此在肠内营养时可选择糖尿病专用制剂，这样碳水化合物占总能量比例（40%~45%）低于普通肠内营养制剂，以降低餐后血糖水平。碳水化合物中40%~45%的能量由膳食纤维提供，可提高膳食黏稠度，在胃内排空速度减慢及小肠内转运时间延长，延缓葡萄糖的吸收，控制餐后血糖浓度，改善高胰岛素血症。同时，补充膳食纤维还可改善老年人普遍存在的便秘症状。此外，由于乳糖酶分泌量减少，老年人易出现乳糖不耐受而造成腹泻，肠内营养时应选择不含乳糖的制剂。

4. **脂类**　老年人与成年人一样需要脂类，它有助于对脂溶性维生素的吸收，改善蔬菜类常用食物的风味，也有利于胃纳量小但是能量需要不小的特点。老年人脂肪的摄入量不宜过多，通常以摄入的脂肪量占饮食总能量的20%为宜。老年人胆汁酸减少，酯酶活性降低，对脂肪的消化功能下降，过多摄入脂肪会增加消化系统的负担；另一方面脂肪摄入过多，会促进动脉硬化等许多老年性疾病的发生。老年人除了应注意脂肪的摄入量，还应注意摄入脂肪的种类。不饱和脂肪酸有软化血管、降低胆固醇、预防动脉硬化的作用，而饱和脂肪酸的作用恰恰相反，所以老年人日常脂肪的摄入量应以含不饱和脂肪酸的植物油为主，而应少食富含饱和脂肪酸的猪油、乳油等动物性脂肪。

5. **糖类**　老年人不宜摄入过多的糖类。随着年龄的增长，人体的糖耐量减低，胰岛素分泌减少，对血糖的调节作用减弱，容易发生高血糖。另外，过多的糖可在体内转变为脂肪，使血脂升高，容易引发动脉硬化等心血管疾病，尤其是单糖的摄入，如蔗糖、葡萄糖更容易引起高脂血症。而果糖对老年人比较适宜，容易吸收，能比较迅速地转化为氨基酸，且转化为脂肪的可能性比蔗糖、葡萄糖要少得多，故老年人宜吃蔬果等含果糖的食品。另外，老年人还应增加富含纤维食物的摄入，食物纤维不仅具有促进胃肠蠕动、防止便秘的功能，而且具有降糖、降血脂、预防动脉硬化等诸多功能，因而对维护老年人的身体健康是十分有益的。

6. **铁和钙质**　老年人可发生不同程度的贫血，其中与胃容量的减少，胃酸及胃内因子、对铁的吸收能力、造血功能、维生素C及微量元素的不足等都可能有关。但在一般情况下，铁的质量是一个首要的问题，动物肌肉和动物血液提供的铁的吸收率高于植物性食物，这是必须注意的。老年人尤其是女性易有骨质软化，骨质密度减少以致出现骨质疏松症。这不仅与激素、维生素D有关，也与钙的供给有关。乳及其制品的钙较植物性食物中的钙有更好的吸收率，钙的供应总量不宜低于成年人的标准。

7. **维生素**　维生素在调节代谢和延缓衰老过程中具有十分重要的作用。大多数维生素，特别是水溶性维生素在体内不能合成和储存，必须靠食物供给。而老年人由于摄入量减少，胃肠道功能减退，加上老年性疾病影响维生素的正常摄入，因而易有维生素的缺乏。老年人容易患有维生素A、维生素B_1、维生素B_2、维生素C和维生素D缺乏症，除应供给维生素丰富的食物外，还应适当补充维生素制剂。

维生素E是一种抗氧化剂，维生素E缺乏可使机体内的抗氧化机制发生功能障碍，引起细胞损伤。维生素E对预防动脉硬化等老年性疾病、抗癌、延缓机体衰老都有着非常重要的作用。老年人除应通过饮食摄入一定量的维生素E以外，还可以通过口服制剂进行补充。

具体以65岁老年人举例，每日推荐食物摄入量为：谷薯类250~400g（其中全谷类、杂豆类50~150g，薯类50~150g）、牛奶300g、畜禽肉50g、鱼虾肉80g、蛋50g、豆腐100g、蔬菜300~500g（其中深色蔬菜占50%）、水果200g、烹调油20~30g、盐不超过6g、糖不超过25g。

老年人的营养素需要量有许多不是直接从测定老年人的代谢本身而求得的，而是从成年人测定的结果推论求得的。在营养素供应量方面，一般所指的成年人为23~50岁。从营养学考虑，为了安全，从50岁以后就列入老年的范畴，这样划分与一般的年龄分期不尽相同。当然，在应用实际指标时应考虑具体情况而酌定。

三、老年人的合理膳食

老年人的膳食应该多样化，偏食和不必要的禁食是不利的。谷类、肉类、蛋类、乳类、蔬果类、水分（包括各种汤类）都应尽可能列入日常食物中，尤其是蔬菜类。有些老年人的餐次可能是有所增加，但不要因为餐次多而使进食量超过正常能量。烹调的方式应该多变，清淡的饮食利多害少，在食物烹调中应考虑使老年人易于进食和消化，有利于老年人克服咀嚼器官可能存在的缺陷，如牙齿不够健全。但又应避免过分烹调致使一些营养素丢失。老年人的进食环境和进食时的情绪状态十分重要，和家人同食往往比独自进食有更多的优点，如食物的品种会多于独自进食，进食过程也会增加乐趣。在进食过程中，对老年人进食的禁忌和不适当的劝告，对其心理上造成的负担和害处大于偶尔食入某种食物本身。但应该始终避免过饱。户外适当的活动有利于消化，也有利于利用阳光的作用。由于老年人有很多经历，各人身体的背景会有较大的差异。因此，对老年人的饮食不宜千篇一律，应该在合理量和品种多的前提下尊重其原有的爱好和习惯，没有一成不变的规范。

随着年龄的增长，老年人膳食中能量供给应逐渐减少。因为老年人活动量减少，如果能量供应过多容易引起肥胖。一般来说，老年人总能量在 105~126kJ/(kg·d)［25~30kcal/(kg·d)］就可维持一般生理活动的需要。在老年人营养中，蛋白质是非常重要的。因为老年人的蛋白质分解代谢增强，对蛋白质的利用能力也降低。为了补偿功能消耗，维持机体组织代谢、修补的需要，增强机体抵抗力，应注意蛋白质的供给。如果食物中的蛋白质含量不足，一味强调老年人要食(吃)素，会造成机体负氮平衡，加速肌肉等组织的衰老和退化，使酶活性降低，引起贫血，对疾病抵抗力减弱，引发一系列不良后果。因此，多数学者主张老年人的蛋白质供给不应低于青壮年的供给量，可按 1~1.5g/(kg·d)(占食物总能量的 15%~20%)供给为宜。因老年人的消化吸收能力下降，肾功能也减弱，故保持蛋白质中各种氨基酸的适当比例比蛋白质的量更为重要。由于老年人总能量摄入减少，而蛋白质需求量却相对不变，故膳食中脂肪与碳水化合物的供给应相应减少。高脂肪饮食对老年人心血管系统的危害是众所周知的，脂肪摄入过多易产生高脂血症、高胆固醇血症，继之会引发高血压、冠心病等。但是，机体的必需脂肪酸要从食物中获得，一些脂溶性维生素的吸收也需要脂肪的参与。所以，过分强调限制脂肪的摄入对健康亦不利。适量的植物油可增加食物风味，有增强食欲的作用。一般老年人脂肪摄入量占总能量的 20%~25%(包括各种食物中所含的脂肪)，脂肪总量为 1g/(kg·d)为宜。一般来说，老年人应控制碳水化合物的摄入量，尤其应限制纯糖的摄入，因为碳水化合物在体内可转化为脂肪而导致肥胖。但有些含糖量多的食物中含膳食纤维较多，而膳食纤维对于老年人有特殊的意义，故对这类食物不应过多限制。大量的科学研究和临床观察发现，人体组织、器官功能的减退和老化，与维生素缺乏和利用率降低有关。在老年人的营养供应中要有充足的维生素，其供给量不应低于中青年人。对于无机盐老年人也容易缺乏，尤其是钙、铁等。不少老年人因缺钙而造成骨质疏松，导致骨折、骨变形。值得注意的是，老年人必须限制钠盐的摄入。盐能使水分在体内储存增多，排出减少，加重心脏负担。高血压患者禁忌高盐饮食。

(赖建强)

第六节　运　动　员

运动营养是研究运动员在不同的训练或比赛情况下的营养需要、营养因素和机体能力、运动机能、体力适应和恢复及运动性疾病防治的关系等。运动时，机体营养代谢水平增高，能量消耗增加，激素效应、酶反应过程活跃，酸性代谢产物在体内堆积而导致内环境的改变，营养素的需要量与正常情况下有所不同，适宜的营养供给有助于运动员保持良好的机能和运动能力，促进训练适应和疲劳的消除，对于不同项目运动员身体组成的成分也极为重要。

一、营养要求

1. **平衡饮食**　运动员的伙食营养应满足不同训练项目和比赛需要，提供平衡合理的饮食营养。

2. **合理营养**　食物中能量的供给应与消耗量相适应，生热营养素应适合不同训练状况的需要，通常蛋白质占总能量的15%，脂肪30%左右，碳水化合物以55%左右为宜。

3. **高能量饮食**　食物浓缩、能量密度高，体积重量小，一般每天食物总重量不应超过2 500g。

4. **食品多样化**　食物新鲜、多样化，如肉类、鱼类、奶类、蛋类、蔬菜、水果、谷类及豆制品等合理搭配、食物合理烹调，能促进食欲并最大限度地保存其中的营养素。

5. **少食多餐**　每天至少三餐，食物质量的分配及就餐时间应考虑到消化功能的生理特点，根据训练或比赛情况合理安排。

二、运动员的生理特点

在竞技训练和比赛时，运动员处于高度的生理应激和负荷极限状态，机体发生一系列的生理生化改变，继而引起机体营养素代谢和营养素需要量的改变。

1. **心血管系统**　血容量明显增大，以满足机体氧气和能量的需要以及代谢产物排出的需求。剧烈运动时，由于肌肉组织局部血管舒张，血流阻力下降、交感神经兴奋性增强，运动员心输出量可以达到最大输出量的85%。

2. **神经系统**　超负荷运动可引起运动员大脑皮质兴奋和抑制不协调，神经-体液调节紊乱，出现交感神经过度兴奋，迷走神经相对抑制，导致身体各系统的功能下降，甚至出现病理性改变。

3. **消化系统**　剧烈运动时机体血液重新分配，皮肤和肌肉血流量增多，胃肠道和消化腺体血流量减少，对营养素消化吸收能力减弱。

4. **免疫系统**　在强化训练期间、减重期间和从事长距离比赛后，运动员表现出暂时性的免疫功能低下；随着运动时间的延长，机体免疫功能进一步下降，疲劳感增强，呼吸道感染率增加。然而，中小强度的运动、日常的周期性训练以及有氧运动和每日中速步行均能提高机体免疫力，降低呼吸道感染的风险。

5. **内分泌系统**　短期或长期运动均可引起女性运动员体内激素（雌二醇、睾酮、生长激素和胰岛素样生长因子1等）水平的改变，从而影响女性正常生理状态，可出现月经不调、闭经等。

不同运动项目对运动员体内能量、营养素代谢和需要量影响也不同，且有些运动项目还要求给予特殊的营养供给，才能满足运动员的营养需要。

三、营养代谢

1. **能量**　运动员能量代谢快，特别是在训练期间，因运动量骤然增大，常伴有缺氧。一般劳动强度的能量消耗每分钟为0.29~1.25kJ（0.07~0.30kcal），但在短跑时每分钟达12.54kJ（3kcal）。运动员的能量消耗由基础代谢、运动代谢、运动以外的活动及食物特别动力作用等组成。运动员的食物特别动力作用高于一般人，宜按总能量的15%计算。

多数运动项目的运动员每天能量消耗为14.63~18.39MJ（3 500~4 400kcal），按体重则为209.0~250.8kJ/kg（50~60kcal/kg），有些项目如乒乓球等能量消耗较少。运动强度加大，当运动消耗的能量相当于有氧代谢的2倍时，能量将由碳水化合物无氧酵解提供，其功能效率仅为有氧氧化时的5%。蛋白质几乎不供能，仅在碳水化合物和脂肪消耗很多时才动用，蛋白质呼吸商为0.8，碳水化合物为1.0，脂肪最低（为0.7）。生热营养素中，碳水化合物最容易氧化，脂肪和蛋白质代谢产生较多的酸性物质，对运动成绩不利。通常运动员饮食中的蛋白质、脂肪及碳水化合物的比例应适当，一般其重量比为1∶1∶4为宜，缺氧运动项目如登山运动员食物脂肪比例应减少，比例应调整为1∶(0.7~0.8)∶4。也可以按占总能量的比例，以蛋白质15%，脂肪30%和碳水化合物55%为宜。

2. **蛋白质**　运动情况下，机体内蛋白质的分解和合成代谢增加，因运动时器官肥大，酶活性提高、激素调节活跃。大运动量训练时，尿氮及硫的排出量显著增加，并有负氮平衡，血红蛋白、血清蛋白含量降低，血中非蛋白氮浓度升高。蛋白质摄入不宜过多，因蛋白质食物特别动力作用强，蛋白过多可增加代谢率，并增加水分的需要量。尤其在控制水分的情况下，蛋白质过多可使机体失水，增加肝、肾负担，酸性代谢产物增多，对运动均有不利影响。大运动量训练初期，体内红细胞破坏增加，可发生运动性贫血；提高蛋白质摄入量达 2g/kg 时，可预防运动性贫血的发生。蛋白质的需要量与运动项目、生理状况和运动量有关。

3. **脂肪** 脂肪发热高，体积小，符合运动员浓缩饮食的要求，对于长时间运动的项目和冬季运动如长距离游泳、滑雪等，具有维持饱腹感和供给能量的良好作用。运动训练可增强机体对脂肪包括酮体的氧化和利用，脂肪利用的增加，对节约体内糖原和减少蛋白质的消耗有一定作用。进行系统训练的运动员应注意不能突然停训，否则可发生肥胖和脂肪代谢异常，血清胆固醇显著升高，可超过正常范围。故运动员应逐渐减少运动量，同时应减少食物的总能量，以防脂质代谢紊乱。运动员脂肪供给量应占总能量 30% 左右，缺氧运动如登山可为 20%~25%，冬季项目和游泳可增加到 35%。注意摄入脂肪酸的比例，应控制胆固醇的摄入量。

4. **碳水化合物** 运动中的能量主要来自脂肪和碳水化合物，后者容易消化、耗氧少，代谢产物是水和二氧化碳，不增加体内的酸度。运动强度是决定运动中碳水化合物利用的主要因素，体内糖原贮备是影响运动员耐久能力的重要因素，通常储备量为 300~400g。在大运动量时，糖原储备可全部消耗。在运动前口服大量的糖达 1~2g/kg 时，可使运动中血糖水平提高、糖代谢的比例增加。但在短时间内摄入大量糖，刺激胰岛素分泌，可引起一过性低血糖反应。运动中糖最大吸收量为 50g/h，因此运动前服用糖的量以 1g/kg 为宜。短时间或较低强度运动时，一般不会发生低血糖的情况。运动员碳水化合物需要量为总能量的 50%~60%，缺氧运动项目为 65%~70%。饮食中碳水化合物不宜过多，因食物体积大、在饭后 2~5h 即有饥饿感。同时摄入碳水化合物过高，也可使血脂增高。

5. **水** 运动员主要借助排汗调节体热平衡，排汗与运动项目有关，同时与气温、热辐射强度、气压、湿度、单位时间运动量、饮食含盐量及血浆中钠浓度有关。大量出汗如无水盐补充，则可能引起代谢紊乱。失水对运动能力的影响与失水多少及训练水平有关。通常失水量为体重的 3%~4% 时，基本不影响运动能力，但当失水量达到体重的 5% 时，最大氧吸收量及工作能力下降 10%~30%；但对于训练水平较高的运动员，即使失水量超过 5%，运动能力、氧吸收量和心输出量均无明显影响。运动员的供水量应以补充足够失水量、保持水平衡为原则。大量出汗时补充水应少量多次，同时适当补充盐。

6. **矿物质** 运动时体内的矿物质和微量元素代谢均可能发生变化。大运动量时，尿中钾、磷和氯化钠排出减少而钙的排出量增加。经过适量训练后，对所负荷的运动量适应时，体内矿物质的变动幅度减少，饮食中矿物质的含量对于维持水电解质平衡、防止体液偏酸或是减少运动性疲劳有重要意义。钾的正常需要量约为 3g/d，在大运动量时，特别是在高温环境下训练，汗钾排出量明显增加，如马拉松或长跑运动员在气温 22~32℃训练时，尿钾平均排出量为 1.3~1.9g/d，汗钾为 0.4~4.4g/d，每天丢失总钾量可达 4.0~4.5g，最高达 5.9g。在 29~30℃，相对湿度 40%~48% 时跑步，体内钾丢失量每天可高达 6.0g，甚至更多。为补充钾盐，可多食用水果和蔬菜、牛肉和鱼类等食物。运动员在常温下训练时，氯化钠需要量为 15g/d，但在高温训练时应根据汗量补充，通常为 20~25g/d，可以采用多食咸菜、菜汤、咸鱼等含盐较多的食物，必要时也可口服盐片或含电解质的饮料。大运动量时每天应补充钙 1.4~1.5g，磷 3.0~4.5g，镁 8mg，铁 20~25mg。

7. **维生素** 运动时体内物质代谢过程加强，对维生素的需要量增加。剧烈的运动可使维生素缺乏症提前发生或使症状加重，而运动员对维生素缺乏的耐受能力比正常人差。对维生素的需要量与运动量、机能状态和营养水平有关。维生素早期缺乏表现为运动能力低下、疲劳和免疫功能降低。如体内长期处于维生素饱和状态时，可使机体对维生素缺乏更加敏感。水溶性和脂溶性维生素在体内的代谢状况可能有所差别，在使用时应注意相互之间的关系。天然食物中各种营养素的比例较为适宜。如果食物中蔬菜和水果供给充足，不必另外补充维生素制剂。在冬末春初蔬菜和水果供给不足或是加大运动量训练时，可适当补充维生素制剂，以防止缺乏症。

四、不同运动项目的营养需要

在运动员合理营养和平衡膳食的基础上，应考虑不同运动项目在力量、耐力、协调力、爆发力、反应力以及特殊用途等方面对营养需要的特点，从而针对性地制订个体化的膳食调整方案，确保运动员在训练和比赛时处于最佳健康状态和运动能力。

（一）力量型运动项目

举重、投掷、短跑、划船、摔跤和武术等项目要求有较大的力量和较好的神经-肌肉系统的协调性，并且要在短时间内产生爆发力。这类运动强度较大，缺氧严重，氧债大，以无氧供能为主。

我国建议力量型运动项目的运动员蛋白质推荐摄入量 2.0g/(kg·d)，其中优质蛋白质应占总蛋白质摄入量的 30%~50%，但不宜过高；同时，要适当增加支链氨基酸（亮氨酸、缬氨酸和异亮氨酸）的摄入。来自蔬菜和水果类食物的碳水化合物应占能量的 15%~20%，以满足运动员对碳水化合物、维生素和钾、钠、钙和镁等矿物质的营养需要；同时，还应注意维持适当体重，预防运动性脱水等问题。

（二）耐力型运动项目

马拉松、滑雪、摩托车、长跑、竞走、长距离游泳和自行车等项目具有运动时间长、运动中无间歇，强度较小，耐力要求高，能量消耗较大，出汗量大等特点，是一种以有氧代谢为主的运动。

膳食首先要满足能量的需要，给运动员提供丰富的产能食物或血糖指数高的食物，推荐糖摄入量为 8~10g/(kg·d)，碳水化合物供能可以增加到 70%；要保证摄入丰富的蛋白质、铁、钙、维生素 E、维生素 C 和维生素 B_6 等，以保证血红蛋白和呼吸酶维持较高水平，避免发生缺铁性贫血，增强机体耐力，促进疲劳消除；适当增加脂肪的摄入，以缩小食物体积，减轻胃肠负担；还应供给一些富含蛋氨酸的食物，以促进肝脏中的脂肪代谢。脂肪供能应占总能量的 25%~30%；同时，应该特别注意适量补水，以运动饮料和菜汤等补充形式为宜。

（三）灵敏技巧型运动项目

击剑、射击、体操、跳高、跳远、跳水、花样滑冰和乒乓球等项目要求较高的灵敏性、技巧性、协调性、反应性和快速适应性，运动员神经活动紧张，动作多变，但能量消耗增加不大。

为控制体重和体脂水平，体操、跳高和跳远等项目的运动员膳食要严格控制总能量的摄入，保证食物优质蛋白质的摄入。在减体重期，蛋白质供能应占总能量的 15%~20%；维生素、钙和磷等矿物质供给应当充足，但一定要注意减重的速度。对视力要求较高的运动员（如从事击剑、射击、乒乓球等运动），应提供富含维生素 A 或 β-胡萝卜素的食物，且应以动物性食物为主，必要时服用适量维生素 A 补充剂，如鱼肝油等。

（四）团队型运动项目

篮球、足球、排球、橄榄球和冰球等项目要求集灵敏性、反应性、技巧和力量等多方面的素质为一体，运动强度较大，应变性强，运动持续时间长，团队协作要求高，能量消耗较大，故应全面考虑营养素的供给，尤其要注意补充富含碳水化合物的食物。在运动前、中和后期注意及时补水和糖。

五、运动员膳食

（一）运动员的膳食指南

根据运动员训练和比赛情况下的生理代谢特点、营养需要特点和存在的主要问题，我国学者为运动员提出了简明扼要的膳食指南：①食物多样，谷类为主，营养平衡；②食量和运动量平衡，保持适宜体重和体脂；③多吃蔬菜、水果、薯类、豆类及其制品；④每天喝牛奶或酸奶；⑤肉类食物要适量，多吃水产品；⑥注重早餐和必要的加餐；⑦重视补液和补糖；⑧在医师或营养师指导下合理食用营养素补充品。

（二）合理膳食原则

运动员合理营养的主要目标是保证运动员良好的健康状态、取得最佳的训练效果和竞技能力，最终取得优异的成绩。

1. **食物要多样化**　膳食组成应包括：①谷薯类（如米、面、杂粮和薯）；②乳及乳制品（确保发酵乳供给）；③动物性食品（肉类、蛋类及水产品类）；④豆类及豆制品（包括鲜豆浆）；⑤新鲜蔬菜和水果；⑥菌藻和坚果类；⑦适量的纯能量食物，其中油脂以植物油为主。

2. **保证营养素数量和质量的需要**　食物营养素的数量应满足运动员训练和比赛能量消耗的需要，而质量也应满足全面营养需要和适宜的比例。一般训练情况下，运动员膳食碳水化合物提供的能量应占一定的比例，碳水化合物应占总能量的 55%~65%（耐力项目运动员可以适当增加到 60%~70%）；脂肪应占总能量的 25%~30%（如耐力项目运动员脂肪供能可为 35%）；蛋白质则应占总能量的 12%~15%（其中鱼、奶、蛋、肉类蛋白和大豆类蛋白来源的优质蛋白应占 1/3 以上）。

3. **注意选择浓缩、体积小的食物**　运动前应选择重量轻、能量密度高而且易消化吸收的食物。应该以谷类食物为主、动物性食物为辅，特别要保证碳水化合物供给。运动后可以适量增加蔬菜与水果的摄入，满足维生素、矿物质和膳食纤维的需要。一般情况下，运动员食物的总重量不宜超过 2 500g/d。

4. **合理饮食制度**　运动员进食的时间和餐次应有规律，定时进餐可使大脑皮质兴奋性有规律性的提高，促进食物的消化、吸收与利用。运动员三餐分配比应符合运动训练或比赛的需要，建议的分配比是早餐 25%，中餐 35%~40%，晚餐不超过 30%。如果训练中需要加餐（仅占 5%~10%），应注意添加营养全面、能量密度高的食物，并切忌暴饮暴食。进食时间应该与训练或比赛时间相适应，运动后不宜立即进食，需要休息 40min 后再进食。

六、合理饮食营养

剧烈运动时体内血液重新分配，但相对集中地分布于皮肤和肌肉的血管，而胃肠和消化腺的血管处于暂时缺血或蠕动减弱，消化腺的分泌功能处于抑制状态。胃内有食物充盈时，如进行激烈的活动可影响呼吸功能，并可能引起恶心、腹痛、运动能力降低，甚至被迫停止运动。因此，必须根据运动与消化的生理特点，合理安排运动员的饮食。

运动员的进食时间和训练或是比赛时间应适应，通常食物在进食 3~4h 后从胃内排空。植物性食物在胃内停留时间较短，而含脂肪较多的肉类食物在胃内停留可达 5h 或更长时间。因此，在运动开始时胃内的食物应大部消化，故最好在饭后休息 2.5h 再进行剧烈运动。如运动前 1.0~1.5h 进食，则部分运动员在运动中有腹痛、恶心或呕吐等情况。饮食与运动间隔的时间不宜过长，饭后 4~5h 运动则可能出现空腹时饥饿感或血糖降低，影响运动的兴奋性和持久力。所以在饮食与运动间隔时间过久时，应采取中间加餐的措施。运动结束后，为使循环和呼吸功能恢复到相对平静的状态，胃肠有充分准备，至少应休息 30min 后再进餐。大运动量后应休息 40~60min 之后才能进食。破坏饮食时间的规律性，可引起消化功能的紊乱。

每天食物质量的分配应根据训练或比赛合理安排，原则上，在训练前的饮食应容易消化吸收。训练在上午时，早餐应有较高的能量，通常为总能量的 30%~35%，并富含碳水化合物、维生素和蛋白质。训练在下午时，午餐不当可使胃肠负担过重，难以消化的食物可安排在早餐或晚餐，午餐食物的能量常为总能量 35% 左右。晚餐食物能量应较低，占总能量的 25%~30%，食物应当容易消化，不含刺激性成分，以免影响睡眠。运动员食物的数量也应保持一定的规律性。切忌暴饮暴食，尤其在剧烈运动后，因可能引起急性胃肠炎或胰腺炎，甚至造成死亡。

七、比赛时饮食营养

运动员在比赛期处于高度的兴奋性或精神集中状态，消化功能减弱。比赛前合理营养有助于发挥运动训练效果，并使赛后体能恢复迅速。反之，若营养饮食安排不当，常常使运动员比赛能力下降，甚至发生腹痛、呕吐或低血糖等症状。比赛当日饮食应为高能量，但要求体积要小和重量要轻，易于消化吸收，含丰富的矿物质和维生素。无刺激性，无干豆、粗杂粮或韭菜等容易产气或多食物纤维的食物，还应当是运动员平时习惯食用的食物。

比赛时能以最快速度动员的能源是碳水化合物中的简单糖。比赛前如食用大量含糖食物，可引起胰岛素分泌而发生低血糖，且可产生饥饿性腹痛。因此，应选用多糖类食物，如米饭、面包及水果等，可防止血糖骤升或骤降。如赛前进食过多的蛋白质或脂肪会增加胃肠负担，且所产生的代谢产物均为酸性，可增加体液的酸度。但如将蛋白质食物安排在赛前4~5h，则副作用明显降低。在长时间高能量消耗的项目中，为了保证能量贮备和维持饱腹感，在饮食中应含有适量的脂肪。

为预防比赛过程中脱水，在赛前可饮用500ml液体，对保证体内的水合作用有益。比赛中补充水应少量多次，以每小时不超过800ml为宜。维生素C在体内代谢中有非常重要的功能，通常每次服用300mg即可，而B族维生素和维生素A在体内需经过磷酸化等转变过程才发挥作用，因此应在赛前的10~14d即给予服用。

有些运动项目比赛时，运动员在比赛途中因腹部振摇可产生气体，故应注意避免产气性或难以消化的食物，运动员应在赛前2.5h就餐，饮料可在赛前或比赛过程中补充。如空腹参加长时间的运动项目比赛，可能会发生低血糖。运动员在赛前常常是减少运动量的身体调整期，在此阶段食物总能量应随运动量的减少而有所降低，否则体重增加对运动不利。赛前饮食应避免过多补充蛋白质和肉类食物，为了使体内有充足的维生素和矿物质贮备，在赛前应多食蔬菜和水果。必要时服用复合维生素、矿物质和微量元素制剂，但需要注意平衡供给。

为了加速比赛后体能的恢复，运动员赛后的饮食中仍应保证有充足的能量、蛋白质、维生素和矿物质，并应当容易消化吸收。赛后饮食中脂肪量应适当减少。在长时间耐久项目比赛的终点及赛后，采用高糖流质饮食有助于保护肝脏和恢复糖原贮备。

八、减轻体重时饮食营养

有些运动项目如举重、拳击和摔跤等均按不同的体重级别进行比赛。另有一些项目如体操、跳水等，为了完成高难度的动作和保持体型优美的需要，常采取控制或减轻体重的措施。目前国内外运动员控制或减轻体重主要是控制饮食和饮水、赛前短期饥饿及脱水，包括高温出汗和服用利尿药。这些措施通常都可以达到减轻体重的目的，但是对健康不利，甚至影响运动员的机能和运动能力，尤其对生长发育期的青少年影响更大。如失水过多，可引起心脏、血管、肝和肾功能损害，以及有氧运动能力减低，水电解质紊乱，甚至引起肌肉抽搐等症状。而急性饥饿则可能引起酮症酸中毒、低血糖、急性胰腺炎、溃疡病和慢性肾炎等并发症。

运动员仅在体脂或体内水分含量过高而影响高难度动作完成时，才需要减轻体重。因此，减体重的主要目的是减少脂肪和多余的水分。每千克脂肪约等于37.66MJ（9 000kcal）的能量，采取控制饮食减少能量摄入量，可引起能量负平衡，是消耗体脂的有效措施。但是应保证运动员在减轻体重期间有良好的健康状况和运动能力。同时，运动员、教练员和医师应密切配合，以取得良好的减轻体重效果。

1. **循序渐进**　减轻体重不宜过快或过急，每周减轻体重不应超过1.0kg，通常在赛前减轻体重时，重量不应超过体重的5%。根据比赛或训练的需要，有计划地逐步减重，可分为3个阶段进行，通常在1~1.5个月内完成。第一阶段为小量减体重期或准备适应期，食物供给量为需要量的80%左右；第二阶段为主要减体重期，食物的摄入量为需要能量的60%；第三阶段为减重巩固期，食物摄入量同第一阶段。

2. **高蛋白低碳水化合物**　减重期间的饮食在低能量的前提下，应含有丰富的蛋白质、矿物质和维生素，适量脂肪，但要低碳水化合物。蛋白质占总能量的18%~20%，其中优质蛋白质应占1/3以上，脂肪为总能量的35%左右，碳水化合物为40%~45%。

3. **保证食物体积**　应适当处理饥饿感的问题，减体重期间饥饿是正常现象，可采用能量供给调整或多餐制解决。大运动量时也可用临时加餐，能量在418.4~836.8kJ（100~200kcal），或采用多食蔬菜或水果的方法。

4. **补充水分**　保持体内的水分，控制饮食或急性饥饿可引起脱水，脱水可能会影响减重的效果。因此，应保证水分的供给，为防止有口渴感，可使用含维生素、矿物质和柠檬酸的饮料。

（赖建强）

第七节　素　食　者

在当今社会中，素食始终伴随着我们的日常生活。素食人群是指以不食肉、家禽、海鲜等动物性食物为饮食方式的人群，一些中老年人和部分女性尤其偏爱素食。不过，素食并不等于健康，吃素要注意营养均衡，如果“素不得法”，反而给身体带来不利影响。

一、营养要求

1. **铁**　植物食品只含非亚铁血红素的铁，不如肉食中亚铁血红素的铁好吸收。人体对来自植物食品铁的吸收情况较差，所以虽然素食的含铁量比荤食高，但素食者体内铁的存量却较低。素食还可能导致贫血，这种情况多发生在儿童和妇女身上。

含铁较丰富的素食包括：菌类（菌类中的铁含量相当可观，甚至与一些肉类食品相比也是只高不低，但是其吸收率较动物制品低很多）、豆类（扁豆、腐竹、豆腐皮等）、杂粮（青稞、莜麦面、带皮的荞麦、麸皮）、水果（葡萄干、沙棘、酸枣）、黑芝麻、菊花、芝麻酱等。

2. **锌**　锌可以促进人体的生长发育，增强人体免疫力，维持人体正常食欲，缺锌会导致味觉下降，出现厌食、偏食甚至异食。动物性食品含锌量普遍较多，植物性食品中锌含量平均较少。

含锌较丰富的素食包括：黄豆制品、核果类或未精制的五谷杂粮食品，以及芥菜等。

3. **维生素 B_{12}**　维生素 B_{12} 可以预防恶性贫血，维护神经系统功能，促进碳水化合物、脂肪和蛋白质的代谢，消除烦躁不安，集中注意力，增强记忆力及平衡感，是神经系统功能健全不可缺少的维生素。维生素 B_{12} 不足会引发恶性贫血、头痛、记忆力衰退等。维生素 B_{12} 只存在于动物性食品（包括蛋和奶）、菌类食品和发酵食品中。对于纯素食者，由于其不会摄入任何动物性食品，因此维生素 B_{12} 的摄入会受到很大限制。

含维生素 B_{12} 较丰富的素食包括：发酵食品（腐乳、豆豉等）、菌类。

4. **碘**　鱼类是人体获取碘的主要食物，但长期不食用鱼容易造成“碘缺乏症”。

含碘较丰富的素食包括：碘盐、碘酱油、加碘面包、海带、紫菜等。

5. **维生素 D**　如果缺乏足够的维生素 D 会导致钙大量流失，引起骨骼疏松、佝偻病、骨骼结构脆弱等病症。

含维生素 D 较丰富的素食包括：若是奶蛋素食者，可多吃鸡蛋及奶制品或多喝些牛奶来补充维生素 D；而若是全素食者，不妨多晒太阳，让人体自行合成维生素 D 或补充维生素 D 的营养补充品，以免影响钙质吸收和骨骼发育。

6. **钙**　对于那些禁食奶制品的素食者，缺钙情况非常普遍。完全素食者的钙摄入量则比奶蛋素食者和杂食者都要低。缺乏钙质，尤其是女性到中年和老年时容易患上骨质疏松症。

含钙较丰富的素食包括：强化谷物、桂皮、强化豆奶、杏仁奶、无花果、菠菜、甘蓝和西蓝花等绿色蔬菜，豆腐、黄豆酸奶、豆豉，以及非乳类冰冻甜点。

总体来说，对于素食者应该控制油、盐、糖的摄入量，多吃水果减少主食，不要以生冷食物为主，限制吃加工食品，不能忽视蛋白质，适当摄入发酵食品，重视户外运动。

二、不同人群素食主义者的注意事项

1. **怀孕与哺乳时期的素食**　适当规划的素食,可以提供给怀孕与哺乳期妇女足够的营养及能量,也有益于胎儿的生长发育。吃素食的妇女在怀孕与哺乳期间,应摄取充足的维生素 B_{12}、维生素 D、铁、钙、锌、叶酸以及含二十二碳六烯酸(docosahexaenoic acid,DHA)成分的食品。

2. **婴儿时期的素食**　来自素食妈妈的母乳。其营养成分与非素食者相同,因此,摄取以母乳为主、配方奶粉为辅的素食宝宝,也可以正常地成长发育。逐渐添加富含能量与营养来源的固体食物,可以确保素食宝宝的成长发育。

3. **儿童时期的素食**　素食儿童与非素食儿童的生长发育相同。提供多次餐点、点心、添加营养素的早餐麦片、面包、面糊等食品与富含不饱和脂肪酸的食物,有助于补充素食儿童所需要的能量和营养。

4. **青少年时期的素食**　青少年可能会成为素食主义者,其原因不同,包括同伴的压力、宗教信仰、自我表现的需要等,他们的这种决定应该得到尊重。如果他们的膳食不平衡,不能适合其年龄段不断增加的需要,则素食青少年除了会出现维生素 D 和维生素 B_2、蛋白质、钙、铁、锌、碘和必需脂肪酸等营养素的缺乏外,面临发展成为营养不良的风险也不断增加。高纤维和低脂肪含量的素食可以导致能量摄入减少,摄入的蛋白质被用于能量消耗,从而对蛋白质的需要造成负面影响。由于纯粹的素食饮食缺少维生素 B_2,需要额外补充;大量摄入谷类食物会降低铁、钙和锌的肠道吸收。因此,拟做素食者的青少年需要进行一定的咨询,在制订膳食计划时应给予充分注意,膳食的能量、蛋白质和微量营养素必须充足。每日补充多种维生素制剂可能是有益的。

对素食青少年的调查资料表明,他们能量摄入量低,谷类食物是其主要的膳食来源。将杂食青少年的膳食与蛋奶素食者和半素食者的膳食相比较发现,两个素食人群的能量、蛋白质、钙、铁和锌的摄入量较低,实际上,33% 的半素食者处于铁和锌摄入不足的风险之中。将 107 名素食青少年与 214 名非素食青少年对照者进行比较发现,素食者水果、蔬菜的消费量为非素食者的 2 倍,但消费的甜食和含盐快餐食物较少。素食者发生饮食行为异常的潜在可能性更大,例如节食、故意呕吐和使用泻药。对 82 名素食儿童的生长、发育和体格状况进行评价发现,素食青少年的相对体重和皮褶厚度低于非素食青少年,体能也低,而心肺耐力则较高,后者可能与素食者喜欢的运动类型有关。素食少女可获得正常的身高,而素食男孩的身高则会受到影响。一般来说,素食青少年比非素食者更瘦弱一些,青春期和性成熟不受影响。素食者能量摄入较低,经过给予适当的指导,针对处于生长过程中青少年的素食膳可以被设计得能满足他们的营养需要,以配合他们所遇到的一系列不断变化的社会、经济和生物学环境。

5. **老年人的素食**　老年人的能量需求减少,但吃素食要多留意钙、铁、锌、维生素 D、维生素 B_6 及维生素 B_{12} 的摄取量。建议可摄取富含维生素 B_{12} 的食物或营养素。

多食用一些植物性食物,如茯苓、大枣、葡萄、胡核、枸杞子等,还有一些认为有延年益寿作用的植物,如芡实、山药、龙眼、桑葚子等,现代研究发现确实具有降低血糖、降血脂、降血压及保护心血管的功能,可以增强免疫力,调节内分泌功能和抗癌作用。

6. **运动者的素食**　运动时机体的营养素代谢水平增高,能量消耗增加,因此营养素的需求量比平时增加。如大运动量时,汗中钾的排出量明显增加,如果在高温和相对湿度大的环境下做运动,体内钾的丢失量每天可高达 6g 以上。虽然控制能量的摄入对控制体重至关重要,但能量的摄入减少也意味着营养素的摄入减少。专家指出,热爱运动者每日的能量摄入不能低于 1 200kcal(3 两主食、2 两肉、1 个鸡蛋、1 杯奶、500g 蔬菜、一点油)。这是每日营养素的最低需要量,这一需要量对维持健康、预防疾病是必需的。另外,运动后人体最需要补充的营养有 6 种。

(1)B 族维生素:伴随运动者对蛋白质和能量的需要增加,对 B 族维生素的需要量也会增加。B 族维生素被看成是能量维生素,人体要想从脂肪、碳水化合物中获得能量并从食物中获取蛋白质,缺少了维生素绝对不行。酵母、黑麦、土豆、西红柿、鱼肝油等含有大量B族维生素。

(2)维生素C：支持人体的保卫系统和结缔组织。假如运动者在训练中出汗过多，维生素C会随着汗液排出体外，因此必须及时补充维生素C。柑橘、西红柿、青椒、草莓、卷心菜、土豆等维生素C含量丰富。

(3)维生素E：保护人身不受外界恶劣环境的侵害，促进肌肉对氧气的吸收。橄榄油、亚麻油、蛋黄、生菜、辣椒、牛奶、小麦面包、白菜和花生都富含维生素E。

(4)镁：是酶的重要来源，人体几乎所有的细胞活动都需要酶的参与，以提高效率。镁主要存在于绿色蔬菜、土豆、水果和硬壳果实中。

(5)磷：是构成人体骨骼、牙齿和细胞的基本物质。奶制品、蛋、胡桃内含有丰富的磷。

(6)钾：对人体的碳水化合物储存，保护体内的糖原十分重要。钾主要存在于蔬菜、硬壳类果实、水果中。

此外，运动后补充损耗的体液不能单靠水或茶，否则矿物质缺乏会很快引起疲劳和肌痉挛，较好的补充办法是依靠水果、蔬菜汁。

三、膳食原则

在《中国居民膳食指南(2022)》中有对素食者的膳食指南，其中纯素食的基本膳食原则建议如下：

1. **食物多样化**　每天选用粮谷类、大豆及其制品、蔬菜水果类和坚果，搭配恰当，使各类食物营养互补，每天摄入的食物种类至少为12种，每周至少为25种，满足人体对各种营养素的需求。蛋类和奶类富含优质蛋白质，营养素密度高，建议素食者尽量选用，使食物更多样。

2. **提高谷类食物摄入量**　谷类食物是素食人群膳食中的关键部分，素食者应比非素食人群增加全谷类食物的摄入比例，主食中一半应为全谷物、杂豆类，减少精制米面比例。选购食物时，应特别注意加工精度，少购买精制米和精白粉，适当选购全谷物，并可和其他食物一起搭配烹饪食用。另外薯类如土豆、红薯等，碳水化合物丰富可以当作主粮调换食用，还可增加膳食纤维、钾等摄入量。

3. **合理利用大豆类食物**　大豆含有丰富的蛋白质、不饱和脂肪酸、钙及B族维生素，其中蛋白质含量尤为丰富，在大豆中多达35%左右；大豆还含有多种有益健康的物质，如大豆异黄酮、大豆甾醇以及大豆卵磷脂等；因此大豆及其制品是素食者的重要食物，应每日足量摄入。发酵豆制品中还含有维生素B_{12}，素食人群特别要注意选用发酵豆制品；并且使用大豆及其制品时应注意合理加工与烹调，以提高大豆蛋白质的整体消化率。

4. **常吃菌菇和藻类**　新鲜蔬菜水果同样非常重要，每天应该多样且充足，特别是菌藻类，菌菇含有丰富的营养成分和有益于人体健康的植物化合物，这些成分大大提升了菌菇的食用价值，可作为素食人群维生素和矿物质的重要来源。

藻类植物有很多种，常见可烹饪直接食用的有海带、紫菜、鹿角菜、羊栖菜、海萝、裙带菜等。藻类富集微量元素的能力极强，因而含有十分丰富的矿物质和微量元素。藻类也富含长链多不饱和脂肪酸，可作为素食人群多不饱和脂肪酸的来源之一。

5. **合理选择烹调油**　素食人群易缺n-3多不饱和脂肪酸，因此应注意选择富含n-3多不饱和脂肪酸的食用油，如亚麻籽油、紫苏油、核桃油、菜籽油和豆油等。建议素食人群用菜籽油或大豆油烹炒，亚麻籽油、紫苏油和核桃油凉拌。

6. **避免营养素的缺乏**　素食人群容易出现缺乏的营养素主要有n-3多不饱和脂肪酸、维生素B_{12}、维生素D、钙、铁和锌等。为了避免这些营养素的缺乏，建议有意识地选择和多吃富含这些营养素的食物或营养素补充剂。

（赖建强）

第八节　减重手术后患者

减重手术后面临的首要问题是营养，减重手术不仅使胃容积变小，还改变了胃肠道结构，影响营养物质的消化与吸收。术后还可能出现胃肠道穿孔、出血、吻合口梗阻、吻合口瘘等并发症，均可能引起营养不良，术后的随访和合理的营养治疗对术后患者的恢复及维持手术疗效有非常重要的作用。

减重手术后患者进食需循序渐进，并且注意进食速度，形成良好的饮食习惯。采取渐进式阶段饮食，依序如下：清流（1~2 周）→流质（2~4 周）→软质（胃束带术 3~4 周，袖状胃和胃转流术 4~6 周）→固体食物。规律进食，每次少量进餐，宜少量多餐。食物应切成小块，细嚼慢咽（每口食物至少咀嚼 25 下），以预防胃出口阻塞、呕吐等情形发生。一顿饭用 20~30min，但不超过 1h，进食时避免喝水喝汤，可在进餐间或餐后 30~45min 再摄取水分。手术后应避免高油食物，可预防呕吐或体重加重。手术后 3 个月内不宜进食咖啡、冰水、茶类、酒精等刺激类食物。如果出现恶病质，除补充蛋白质外，还需要解除潜在的解剖学异常（狭窄、梗阻、束带脱垂、侵蚀），必要时进行心理干预。

（赖建强）

第十四章　特殊生理阶段重要疾病的营养治疗

生命历程观的 T2E2 模型（timing，timeline，equity and environment，时点、时程、投入和环境）认为，良好营养是所有人减少负性健康后果整体预防策略中的核心内容，是整个生命历程的优先事项，关键时期如疾病、妊娠、哺乳等要有针对性的支持，同时关注高危健康风险人群如少数群体、低收入及特殊保健需求儿童的生活环境和社会公平问题。营养在整个生命周期中都起着重要的作用，而在妊娠期、婴幼儿及儿童的生长及发育期（包括青春期）、老年的衰老期等特殊生理阶段的营养更有特别重要的意义。

这几个特殊生理阶段的疾病也对其他各时期的健康发生影响，需要合理的营养及治疗。比如妊娠糖尿病不仅可以使得孕母血糖升高，还可以引起胎儿巨大，造成难产及新生儿低血糖，甚至低血糖后永久性脑损伤；而巨大儿将来也会出现诸如成人期肥胖、高血糖、高血压、高脂血症等；妊娠高血压也会使得新生儿容易出现缺氧缺血性脑损伤从而容易导致儿童期脑发育问题，如脑发育迟缓、多动症、抽动症、感觉统合功能失调等；而儿童期的维生素 D 缺乏又与老年期的骨质疏松、骨折、动脉硬化、高血压、脑出血等密切相关。因此重视这几个特殊阶段的营养及疾病的营养治疗，对一生的健康都将起到极为重要的作用。

第一节　儿童生长迟缓

人的生长发育是指从受精卵到成人的成熟过程。生长和发育是儿童不同于成人的重要特点。生长是指儿童身体各器官、系统的长大，可有相应的测量值来表示其量的变化；发育是指细胞、组织、器官的分化与功能成熟。生长和发育两者密切相关，生长是发育的“物质基础”，生长的量的变化可在一定程度上反映身体器官、系统的成熟状况。

一、儿童生长的特点

儿童的生长是一个连续过程，但连续过程中生长速度并不完全相同，呈非匀速性生长，形成不同的生长阶段。出生后的第 1 年是第 1 个生长高峰，第 2 年后生长速度趋于稳定，直至青春期生长速度又加快，成为第 2 个生长高峰。整个儿童期体格生长速度曲线呈一个横“S”形。

儿童体格生长评估常用身高、体重作为评估指标。

（一）身高（身长）

身高指头部、脊柱与下肢长度的总和。3 岁以下儿童立位测量不易准确，应仰卧位测量，称为身长。3 岁以上儿童立位时测量称为身高。

身高的增长规律是年龄越小，增长越快，同时出现婴儿期和青春期两个生长高峰。出生时身长平均为 50cm，出生后第一年生长最快，为 25~27cm；42d 身长增长 7~8cm；前 3 个月身长增长 11~13cm，约等于后 9 个月的增长值，1 岁时身长 75~77cm，为身长第 1 个生长高峰；第 2 年身长增长速度减慢，增长 10~12cm，即 2 岁时身长 85~87cm；2 岁以后每年增长 6~7cm。2 岁后每年身高增长低于 5cm，为生长速度下降。

至青春期出现第 2 个生长高峰。男孩一般 13 岁左右进入青春期，标志是阴毛出现、睾丸阴茎开始增大至成熟，身高和体重增长出现加速 - 减速 - 停止的过程，在青春期开始第 1 年（13~14 岁）身高平均增长 7~10cm（第 2 个生长高峰），第 2 年（14~15 岁）生长减速，平均身高增长 4~6cm，第 3 年（15~16 岁）平均身高增加 2~3cm，之后 1~2 年内身高增长 1~2cm，达成年身高，生长停止；男孩开始进入青春期时（13 周岁）的平均身高为 160cm，整个青春期共长 12~15cm，成年男性平均身高为 172~175cm。女孩一般 11 岁进入青春期，标志是乳房开始增大、阴毛初现、卵巢子宫逐渐发育并成熟，身高增长也出现加速 - 减速 - 停止的过程，在青春期第 1 年（11~12 岁）身高平均增长 7~10cm（第 1 个生长高峰），第 2 年（12~13 岁）身高增长约 4cm，第 3 年（13~14 岁，开始出现月经）身高增长约 2cm，15~18 岁再增长约 1cm，生长停止。女孩开始进入青春期时（11 周岁）的平均身高为 146cm，整个青春期共长约 15cm，成年女性平均身高为 161cm。

身高的增长受遗传、内分泌、睡眠、宫内生长水平的影响较明显，短期的疾病与营养波动不易影响身高。

（二）体重

体重为各器官、系统、体液的总重量，其中骨骼、肌肉、内脏、体脂、体液为主要成分。因体脂与体液变化较大，体重在体格生长指标中最易波动。体重易于准确测量，是最易获得的反映儿童生长与营养状况的指标。

新生儿出生体重与胎次、胎龄、性别及宫内营养状况有关。我国 2015 年九市城区调查结果显示，平均男婴出生体重为（3.38 ± 0.40）kg，女婴为（3.26 ± 0.40）kg，与世界卫生组织（WHO）的参考值相近（男 3.3kg，女 3.2kg）。出生后 1 周内因奶量摄入不足、水分丢失、胎粪排出等，可出现暂时性体重下降，或称生理性体重下降，在出生后第 3~4 天达最低，下降范围为 3%~9%，以后逐渐回升，至出生后第 7~10 天恢复到出生时体重。如果体重下降的幅度超过 10% 或至第 10 天还未恢复到出生时的体重，则为病理状态，应分析其原因。若生后及时合理喂哺，可减轻或避免生理性体重下降的发生。出生时体重受宫内因素的影响大，生后的体重与喂养、营养及疾病等因素密切相关。

儿童体重的增长随年龄增长逐渐减慢。我国 1975 年、1985 年、1995 年、2005 年及 2015 年全国调查资料显示，正常足月儿生后第 1 个月体重增加可达 1~1.7kg，42d 后体重可增加 1.5~2kg，生后 3~4 个月体重约等于出生时体重的 2 倍；第 1 年婴儿前 3 个月体重的增加值约等于后 9 个月的体重增加值，即 12 个月时婴儿体重为出生时的 3 倍（10kg），是生后体重增加最快的时期，第 1 年体重共增加 6~7kg，系第 1 个生长高峰；生后第 2 年体重增加 2.5~3.5kg；2 岁以后至青春期前体重增长缓慢，每年 2kg 左右。

青春期体重增加加速，系第 2 个生长高峰。男孩进入青春期时（13 岁）平均体重约 45kg，14 岁约 51kg，15 岁约 56kg，16 岁约 60kg，17 岁约 65kg，18 岁约 67kg，达成人体重。男孩整个青春期体重 5 年内共增加 22kg，平均每年增加 4.5kg；女孩进入青春期时（11 岁）平均体重约 37kg，12 岁平均体重 40kg，13 岁平均约 44.5kg，14 岁约 50kg，15 岁约 52kg，16 岁约 54kg，17 岁约 55kg，18 岁约 56kg。整个青春期女孩体重 7 年内共增加约 20kg，平均每年增加 2.5~3kg。

二、儿童生长迟缓的定义与原因

（一）儿童生长迟缓的定义

儿童的身高和 / 或体重低于同年龄同性别身高参照值第 3 百分位或 2 个 SD 为生长迟缓或低体重。

儿童生长迟缓是发展中国家常见的公共卫生问题。儿童生长迟缓除特殊的遗传、内分泌疾病导致外，绝大多数是蛋白质 - 能量缺乏的主要表现。蛋白质 - 能量缺乏不仅对儿童身高、体重生长有影响，甚至对婴幼儿脑发育具有不可逆的影响。

（二）儿童生长迟缓的病因

1. **遗传因素**　遗传因素对儿童的身高起重要作用，除家族性矮身材外，先天性卵巢发育不良综合征（Turner 综合征）、先天性软骨发育不良、努南综合征等疾病也是遗传因素，产生矮身材。

2. **疾病影响**　生长激素缺乏、甲状腺功能减退均可引起儿童身高生长迟缓；急性感染常使体重减轻；长期慢性疾病如结核、风湿病尤其消化系统疾病则既影响身高又影响体重。先天性心脏病可造成生长迟缓。

3. **偏食与营养不良**　儿童的生长发育需要充足的营养供给。宫内营养不良不仅使胎儿体格生长落后，严重时还影响脑发育；出生后营养不良，特别是生后第 1~2 年的严重营养不良可影响身高、体重及智能的发育。儿童期的"脾胃不和"、偏食、厌食也是营养不良的重要原因。

4. **食物不耐受及过敏**　是婴幼儿及儿童时期生长迟缓的最重要原因之一；婴儿的乳糖不耐受或牛奶蛋白不耐受或过敏，不仅可以限制身高、体重的增长，也可产生腹泻、便秘、便血等症状；多种蛋白质不耐受也与婴幼儿的脑发育不良如语言发育迟缓密切相关。

5. **母亲情况**　胎儿在宫内发育受孕母生活环境、营养、情绪、疾病的影响。妊娠早期的病毒感染可导致胎儿先天性畸形；妊娠期严重呕吐及营养不良可引起早产、流产、体格生长及脑发育迟缓；妊娠期药物使用、X 线照射、环境中毒和精神创伤可影响胎儿的生长发育。

6. **营养元素缺乏**　尤其维生素 D 的缺乏，是儿童生长迟缓的重要原因。研究表明，维生素 D 可作用于骨骺生长板的破骨和成骨过程，从而促进骨骼生长。

7. **家庭和社会环境**　良好的环境、充足的睡眠、愉快的心情是儿童健康成长的关键要素；反之则出现生长迟缓。家庭喂养者的喂养方式对儿童的健康起重要作用。

综上所述，遗传决定生长潜力，但同时又受到环境各因素的作用与调节；以上致病因素中除内分泌疾病如生长激素缺乏、甲状腺功能减退及遗传因素外，其他均与蛋白质 - 能量缺乏相关。

三、不同年龄阶段儿童生长迟缓（以蛋白质 - 能量缺乏为主要病因的）的营养代谢特点

（一）新生儿期（0~28d）

主要病因为孕妇怀孕期的营养障碍、疾病导致新生儿出生时低体重 / 新生儿乳糖不耐受、牛奶蛋白不耐受等；营养代谢特点为生后内、外环境的适应阶段，生长速度快、对营养的需求多，但胃肠道的结构和功能相对不完善。蛋白质的需求量最大。

（二）婴儿期（生后 28d~1 岁）

婴儿期营养代谢特点为一生中生长最快阶段，对能量及蛋白质的需要量大，与胃肠道结构及功能不健全相矛盾。生长迟缓的主要病因为食物蛋白不耐受、乳糖不耐受和营养素缺乏。

（三）幼儿期（1~3 岁）

主要病因为偏食、厌食、营养元素缺乏、食物蛋白过敏及不耐受，较多见的不耐受食物为鸡蛋、牛奶、西红柿、小麦；建议婴幼儿开始添加面食时先以发面食物为主，可减少小麦不耐受的产生，辅食应多种交替且适量，反复多次吃同一种食物容易出现不耐受。同时对胃肠道功能给予保护和治疗，用一些促消化和改善食欲的中药，如含有山楂、茯苓等成分的中药，同时给予益生菌辅助改善消化系统功能，改善便秘或腹泻症状；给予蛋白质 40g/d 左右，其中优质蛋白质（动物性蛋白质和豆类蛋白质）应占总蛋白的 50%；当出现蛋白质不耐受时可暂停该食物的摄取，待胃肠消化功能改善，食物抗体减少再重新由少至多逐渐增加该食物的摄取，使之逐渐耐受。该阶段仍然要给予维生素 D 等营养元素，满足孩子们的生长需求。

（四）学龄前期

主要病因基本同幼儿期；该期小儿生长发育日趋平稳，速度减慢，口腔功能较成熟，消化功能渐接

近成人，已经可以进食家庭成人食物。开始进入幼儿园，活动范围增大，食物的量要增多，集体生活使得免疫力较低下小儿容易在该阶段反复生病，从而引起生长迟缓。仍需足量营养素，蛋白质每天至少30~35g，可一半来自动物性蛋白，要给予足量的乳制品、豆制品，足量维生素D；迟缓儿仍然存在严重的胃肠消化功能失调，需要给予治疗。

(五) 学龄儿童及青少年期

主要病因为慢性胃炎、维生素D缺乏及铁锌等微量营养素的缺乏，同时食物不耐受一般会随着年龄增长而逐渐减轻；这个阶段生长迟缓儿往往能够表述清楚自觉脐周痛或中上腹痛（较大年龄小儿），经腹部叩诊会发现这些患儿95%以上胃区叩诊叩痛阳性，而脐周没有叩痛，常常伴有食欲减退、腹胀、口中异味、便秘等消化不良症状；这些小儿经胃镜或胃肠钡剂透视检查，证实多为慢性浅表性胃炎；这个阶段儿童身高仍稳步增长，乳牙脱落，恒牙萌出，消化吸收能力逐渐达成人水平，所以食物不耐受的发生会越来越轻，但仍然是该阶段生长迟缓儿的主要病因。学龄期儿童学习任务重，营养元素缺乏会容易导致多动、注意力缺陷、学习困难等，尤其不耐受的食物抗体推测可能会透过血脑屏障进入脑组织中，对脑组织的功能产生影响，均要积极加以干预。营养治疗为禁食不耐受食物一段时间至化验结果食物抗体基本正常，同时积极治疗慢性胃炎，给予L-谷氨酰胺颗粒、益生菌、中药等，禁食生、冷、硬、辣、黏、油腻、油炸等不易消化及刺激食物，要求小儿进食时细嚼慢咽，改善消化功能，便秘者给予膳食纤维改善肠蠕动；学龄期儿童学习任务重、体育活动量大，能量摄入量需满足生长速度、体育活动等需要；青春期（青少年期）生长发育为第2高峰，总能量20%~30%用于生长发育；骨骼生长快，青春期骨量增加45%，矿物质如钙的需求及维生素D的需求大于儿童期及成年期，要积极补充。此期间要保证充足睡眠。人体生长激素分泌高峰在晚10点至凌晨2点，保证晚8~9点前上床，高中生最晚上床时间不超过晚10点，保证生长激素的分泌，可以使得儿童在相同的睡眠时间最大程度地保证生长，改善生长迟缓。

四、不同年龄阶段儿童生长迟缓（以蛋白质-能量缺乏为主要病因的）的营养治疗原则

(一) 新生儿期（0~28d）

营养原则为尽量母乳喂养，初乳中所含的免疫球蛋白和维生素A及牛磺酸较多，对新生儿的抗感染能力和生长发育十分重要。乳糖不耐受的新生儿给予乳糖酶，同时给予益生菌、复方胰酶等助消化，也可以加用中药辅助治疗；如母乳不足可加人工喂养，人工喂养儿如果有牛奶蛋白过敏或不耐受，可以用深度水解配方粉或氨基酸营养粉代替奶粉。新生儿生后数天即可补充维生素D 400U/d，并推荐长期补充；北方高纬度地区日照时间不足的地方可以根据小儿维生素D缺乏的状况及囟门状况适当多补充维生素D（800~1 200U/d）；早产儿不仅要早补充维生素D，同时需补充铁剂。喂养原则为按需喂养。

(二) 婴儿期（出生后28d~1岁）

营养治疗原则仍为尽量母乳喂养，母亲多食用优质蛋白质改善母乳的质和量；有乳糖不耐受者用乳糖酶治疗，人工喂养儿保证蛋白质摄入量，如有牛奶蛋白过敏则改用深度水解或氨基酸配方粉；世界卫生组织推荐单纯母乳喂养至6个月，母乳喂养可持续至2岁。6个月以后开始添加辅食，推荐以富含铁的米粉作为首次添加的食物，同时可以吃蔬菜汁和水果汁；然后可以加蛋黄，7~8个月可以食用蛋羹，但不要过早食用白水煮蛋的蛋清，否则容易出现蛋清的不耐受。注意维生素D的补充，在夏季可以户外晒太阳以获得维生素D，但不建议6个月以下婴儿日光下直晒。早产儿仍需补充铁剂。建议母乳喂哺量700~900ml/d，人工喂养奶量700~800ml。

(三) 幼儿期（1~3岁）

主要病因为偏食、厌食、营养元素缺乏、食物蛋白过敏及不耐受，较多见的不耐受食物为鸡蛋、牛奶、西红柿、小麦；建议婴幼儿开始添加面食时先以发面食物为主，可减少小麦不耐受的产生，辅食应多种交替且适量，反复多次吃同一种食物容易出现不耐受。同时对胃肠道功能给予保护和治疗，用一

些促消化和改善食欲的中药，如含有山楂、茯苓等成分的中药，同时给予益生菌辅助改善消化系统功能，改善便秘或腹泻症状；给予蛋白质 40g/d 左右，其中优质蛋白质（动物性蛋白质和豆类蛋白质）应占总蛋白的 50%；当出现蛋白质不耐受时可暂停该食物的摄取，待胃肠消化功能改善，食物抗体减少再重新由少至多逐渐增加该食物的摄取，使之逐渐耐受。该阶段仍然要给予维生素 D 等营养元素，满足孩子们的生长需求。

（四）学龄前期

主要病因基本同幼儿期；该期小儿生长发育日趋平稳，速度减慢，口腔功能较成熟，消化功能渐接近成人，已经可以进食家庭成人食物。开始进入幼儿园，活动范围增大，食物的量要增多，集体生活使得免疫力较低下小儿容易在该阶段反复生病，从而引起生长迟缓。仍需足量营养素，蛋白质每天至少 30~35g，可一半来自动物性蛋白，要给予足量的乳制品、豆制品，足量维生素 D；迟缓儿仍然存在严重的胃肠消化功能失调，需要给予治疗。

（五）学龄儿童及青少年期

主要病因为慢性胃炎、维生素 D 缺乏及铁锌等微量营养素的缺乏，同时食物不耐受一般会随着年龄增长而逐渐减轻；这个阶段生长迟缓儿往往能够表述清楚自觉脐周痛或中上腹痛（较大年龄小儿），经腹部叩诊会发现这些患儿 95% 以上胃区叩诊叩痛阳性，而脐周没有叩痛，常常伴有食欲减退、腹胀、口中异味、便秘等消化不良症状；这些小儿经胃镜或胃肠钡剂透视检查，证实多为慢性浅表性胃炎；这个阶段儿童身高仍稳步增长，乳牙脱落，恒牙萌出，消化吸收能力逐渐达成人水平，所以食物不耐受的发生会越来越轻，但仍然是该阶段生长迟缓儿的主要病因。学龄期儿童学习任务重，营养元素缺乏会容易导致多动、注意力缺陷、学习困难等，尤其不耐受的食物抗体推测可能会透过血脑屏障进入脑组织中，对脑组织的功能产生影响，均要积极加以干预。营养治疗为禁食不耐受食物一段时间至化验结果食物抗体基本正常，同时积极治疗慢性胃炎，给予 *L*- 谷氨酰胺颗粒、益生菌、中药等，禁食生、冷、硬、辣、黏、油腻、油炸等不易消化及刺激食物，要求小儿进食时细嚼慢咽，改善消化功能，便秘者给予膳食纤维改善肠蠕动；学龄期儿童学习任务重、体育活动量大，能量摄入量需满足生长速度、体育活动等需要；青春期（青少年期）生长发育为第 2 高峰，总能量 20%~30% 用于生长发育；骨骼生长快，青春期骨量增加 45%，矿物质如钙的需求及维生素 D 的需求大于儿童期及成年期，要积极补充。此期间要保证充足睡眠。人体生长激素分泌高峰在晚 10 点至凌晨 2 点，保证晚 8~9 点前上床，高中生最晚上床时间不超过晚 10 点，保证生长激素的分泌，可以使得儿童在相同的睡眠时间最大程度地保证生长，改善生长迟缓。

（于立君）

第二节　儿童单纯性肥胖

儿童处在生长发育期，如果这一时期出现肥胖，那么建造身体的“原料”就会是高糖分、高脂肪等，这样的原料构建出的身体结构也是“不结实、不健康的”。肥胖不仅影响儿童健康，且与成年期代谢综合征发生密切相关。如果儿童期肥胖不给予治疗，20~30 年后的成人期，当 30~40 岁时就会出现高血压、高血糖、冠心病、糖尿病等。儿童期肥胖的危害远远大于成人期肥胖，英国人群研究表明，童年期超重、肥胖会升高成年期缺血性心脏病的死亡风险。儿童肥胖已成为当今大部分公共健康问题的根源。目前不仅发达国家及大城市儿童超重和肥胖发生率持续上升，一些发展中国家包括我国儿童肥胖发生率 10 年内迅速上升，我国部分城市学龄期儿童超重和肥胖发生率已高达 10% 以上。

一、定义与诊断标准

儿童肥胖(obesity)是指皮下脂肪积聚过多,体重超过同年龄、同性别平均体重的 20%,或同身高、同性别健康儿平均体重的 2 个标准差。临床上 95% 以上为非内分泌等疾病引起,而是见于长期能量摄入超过人体的消耗,使体内脂肪过度积聚、体重超过参考值范围,称为单纯性肥胖。

儿童肥胖症的诊断标准有 2 种,一是年龄的体重指数(body mass index,BMI),是指体重(kg)/ 身长的平方(m^2),当儿童的 BMI 在同年龄、同性别段参考值的 P_{85}~P_{95} 为超重,超过 P_{95} 为肥胖;另一种方法是用身高的体重评价肥胖,当身高的体重在同年龄、同性别段的 P_{85}~P_{95} 为超重,$>P_{95}$ 为肥胖。

二、病因

(一) 能量摄入过多

是肥胖的主要病因。高能量食物和含糖饮料增加儿童额外的能量摄入,是导致儿童发生肥胖的重要原因。同时,家庭环境也是重要发病因素,父母喜欢多吃、家长过分溺爱而给予孩子较多美食也是重要因素;另外,孕期营养过剩或营养不良、婴儿期的过多能量供给均使得小儿易发生肥胖。

(二) 遗传因素

肥胖小儿的直系亲属多显示肥胖。据调查,父母均肥胖者占 21.2%,父母有一方肥胖者,子代显示肥胖约占 43.6%。肥胖的家族性与多基因遗传有关。

(三) 活动量少

电子产品的流行、久坐(学生学习、电脑、游戏机及看电视)活动过少和缺乏适当的体育锻炼是引起儿童肥胖的重要因素,即使摄食不多,也可引起肥胖。

(四) 其他

如进食过快、饱食中枢和饥饿中枢调节失衡以致多食;精神创伤(如亲人病故或学习成绩低下)以及心理异常等亦可导致儿童过量进食。

三、小儿肥胖的代谢特点

引起肥胖的原因为脂肪细胞的数量增多或体积增大。人体脂肪细胞的数量增多主要在出生前 3 个月、出生后第 1 年和 11~13 岁 3 个阶段,若肥胖发生在这 3 个阶段,即可引起脂肪细胞数目增多性肥胖,治疗较困难且易复发;而不在此脂肪细胞增殖时期发生的肥胖,脂肪细胞体积增大而数目正常,治疗较易奏效。肥胖患儿可有如下代谢及内分泌特点。

(一) 体温调节与能量代谢

肥胖患儿对外界温度的变化反应较不敏感,用于产热的能量消耗较正常儿少,使肥胖患儿有低体温倾向。

(二) 脂类代谢

肥胖儿童常有血浆甘油三酯、胆固醇、极低密度脂蛋白(very low density lipoprotein,VLDL)及游离脂肪酸增加,而高密度脂蛋白(high density lipoprotein,HDL)减少。故以后容易发生动脉硬化、冠心病、高血压、胆石症等疾病。

(三) 蛋白质代谢

肥胖症患儿嘌呤代谢异常,血尿酸水平增高,易发生痛风症。

(四) 胃肠功能的变化

肥胖儿童常感腹痛,尤以胃区疼痛明显,触诊在中上腹部剑突下可及明显痛感,常伴有恶心易吐;这与肥胖儿童进食较多增加胃肠负担相关,同时胃的消化酶类相对量较少,食物不易被彻底消化;与此同时,胃的损伤表现在胃的"饱感"功能受损,患儿虽然已进食足够量的食物仍无饱感,还有进食的需求;结果这些过量且未被彻底消化的、含有大分子食物的食糜进入肠道,也增加了肠道负担。大分子的食物进入血液，一方面引发“过敏反应”，肥胖儿童易出现腺样体肥大、咽腭扁桃体肥大应是食物过敏反应所致，所以肥胖儿童常发生睡眠呼吸暂停综合征；另一方面，肥胖儿童的胃肠常常出现逆蠕动，表现为呃逆、反酸、胃食管反流；这种逆蠕动还可造成十二指肠肝胰壶腹处胆总管和胰总管内胆汁与胰消化液的排出不畅，甚至逆流，产生血胆红素升高、胆石症和胰腺炎症。胃肠功能受损在肥胖儿童的致病中起重要作用，可能既是病因，也是结果。

（五）内分泌变化

内分泌变化在肥胖小儿较常见。

1. **甲状腺功能的变化** 下丘脑 - 垂体 - 甲状腺轴的化验均正常，但发现 T_3 受体减少，目前被认为是产热减少的原因。

2. **维生素 D** 肥胖儿童 25-(OH)D_3 化验值明显下降，是正常同龄儿童的 1/2~1/3，由于脂肪组织是维生素 D 的贮存部位，所以维生素 D 的缺乏极可能通过负反馈作用使得脂肪组织形成增多而导致肥胖；肥胖儿童常出现代谢性骨病应该是与维生素 D 的缺乏密切相关；此外股骨头滑脱也与此相关，这一方面是由于维生素 D 的缺乏使得髋臼的发育相对较差，另一方面髋关节周围肌肉也因维生素 D 的缺乏而出现肌肉无力，对髋关节的包裹和固定作用减弱有关。所以积极补充维生素 D 对于减肥及预防肥胖的并发症都非常有意义。

3. **生长激素水平的变化** 肥胖儿童生长激素分泌减少；这对于肥胖伴有身高偏矮的患儿，首先是病因：生长激素分泌减少，则儿童的身高增长动力减少，能量供给不消耗在长身高自然会出现肥胖，甚至不需多吃也会长胖；另外也是结果：肥胖儿童会出现胰岛素异常分泌增加，胰岛素抵抗，这直接会引起生长激素分泌的下调。后者也是其他身高正常或偏高的肥胖儿童生长激素减少的原因。当然多食（营养过剩）本身减轻了一部分生长激素缺乏造成的矮小程度。

4. **性激素的变化** 女性肥胖患儿可出现雌激素水平升高，可有月经不调和不孕；男孩因体内脂肪将雄激素芳香化转变为雌激素，雌激素水平增高，可出现男性乳房发育、小阴茎或隐匿性阴茎，但一般不影响睾丸发育和精子形成。

5. **糖皮质激素** 一般正常，血浆皮质醇稍增高，但昼夜节律仍在，减肥后降至正常。

6. **胰岛素与糖代谢的变化** 肥胖者有高胰岛素血症的同时又存在胰岛素抵抗，致糖代谢异常，可出现糖耐量下降或糖尿病。

四、儿童肥胖的营养治疗

（一）原则

1. 以体重控制为基本概念，不进行以减少体重为唯一目标的减肥或减重治疗。

2. **体重控制** 指以促进生长发育、保持脂肪适度增长、促进身心健康为主旨的综合心理 - 生理调控。

3. **具体方法** 饮食控制和运动疗法并存，同时给予营养元素尤其是维生素 D 的补充，加上胃肠功能的调节，才能保证减肥的有序进行且不易反弹。

（二）饮食疗法

鉴于儿童正处于生长发育阶段，以及减肥治疗的长期性，故推荐低脂肪、低糖类、优质蛋白质、高微量元素、适量纤维素食谱。

低脂饮食可迫使机体消耗自身的脂肪储备，但同时也会使蛋白质分解，故应同时补充优质蛋白质，蛋白质推荐适度水解蛋白质，易消化且不易过敏；糖类分解为葡萄糖后会强烈刺激胰岛素分泌，从而促进脂肪合成，故必须适量限制。适量纤维素食物的体积在一定程度上会使患儿产生饱腹感，新鲜水果和蔬菜富含多种维生素和纤维素且能量低，故应鼓励其多食用体积大且能量低的蔬菜类食物，其纤维还可减少糖类的吸收和胰岛素的分泌，并通过促进胃肠道的正向蠕动而促进胆汁、胆盐进入肠道，促进胆固醇的排泄。水果蔬菜推荐萝卜、胡萝卜、青菜、黄瓜、番茄、莴苣、苹果、柑橘、竹笋等。

多喝水也很重要，可以促进新陈代谢和身体废物的排出，减少并发症的发生。已有研究表明校园内置放饮水机可使学生们的 BMI 明显下降；推荐每天饮水量 30ml/kg，温度在 40~45℃为宜。

（三）运动疗法

适当的运动可促进脂肪分解，减少胰岛素分泌，使脂肪合成减少，蛋白质合成增加，促进肌肉发育。可鼓励和选择患儿喜欢、易于坚持的运动，每天坚持运动 3 次，每次 30min 以上，运动后以轻松愉快、不感到疲劳为原则。根据学龄儿童反馈，儿童喜欢早晨跑跳约 30min，晚饭后慢走散步 30min，再快走 30min；这样比较容易坚持且不劳累；每天运动过少（30~60min）则不利于减肥。运动后建议饮水，量同上（见上，饮食疗法）。

（四）营养元素补充

肥胖儿童多严重缺乏维生素 D 及维生素 A 和 B 族维生素，建议积极补充，同时有利于减肥和防治骨病，包括股骨头滑脱，肢体疼痛等。肥胖儿童需要补充较大剂量维生素 D，有研究表明北方肥胖儿体重在 50kg 左右者可每个月补充维生素 D 20 万 U，连续 2~3 个月，维生素 D 可达正常值中值左右，且缺维生素 D 的症状包括睡眠不安稳、骨痛和股骨头滑脱均改善甚至消失，伴有体重减轻 3~5kg/月且身高生长 0.7~1cm/ 月。

（五）胃肠功能的调节

食量大和维生素 D 缺乏使肥胖儿胃的容积明显变大，胃壁变薄，胃壁平滑肌弹性下降，患儿不易出现饱腹感；减肥需控制食量，难以实施；故而需要减小胃的容积，同时改善胃肠道的消化吸收功能。

缩胃方法：少食多餐，减少胃的容积，减轻易饥饿感；每一次的食量只有正常量的 1/3 左右，吃完后休息 30~60min，等待胃排空；下次进食仍是如此；坚持 7~10d，肥胖儿的进食量明显减少，平均减少到原来量的 1/3。缩胃阶段可尽量吃些儿童喜欢吃的食物；平时饮食尽量细嚼慢咽。

保护胃肠功能，促进食物消化，建议用益生菌治疗，不仅可以帮助消化食物，还可改善肠道微环境，产生有利于身体的 B 族维生素等；建议服用 *L*- 谷氨酰胺颗粒，保护胃肠黏膜；服用中药如温胃舒等，既不损伤胃肠又可保护胃肠，研究表明胃肠道的保护既可对减肥有较好疗效，又可防止反弹的发生。因为反弹的发生大部分与不正当减肥、节食使胃肠功能进一步受损相关。

（六）心理治疗

鼓励儿童坚持控制饮食及加强体育锻炼，增强减肥的信心。心理行为障碍使儿童失去社交机会，二者的恶性循环使儿童的社会适应能力减低。应经常鼓励儿童多参加集体活动，改变其孤僻、自卑的心理，帮助儿童建立健康的生活方式，学会自我管理的能力。

（七）药物治疗

一般不主张用药物；如果肥胖儿伴有严重的胰岛素抵抗、胰岛素水平升高及糖耐量异常，可以选择短期内（2~6 个月）使用能提高胰岛素敏感性的双胍类药物治疗，可明显降低 BMI，降低胰岛素水平和空腹血糖。

（八）健康教育

向患儿家长介绍科学的喂养知识，培养小儿良好的饮食习惯，对患儿进行生长发育监测，出现问题及时调整。定期复查。

鼓励肥胖患儿参加体育实践活动和集体活动，树立信心，保证身心健康发展。

（于立君）

第三节　妊娠糖尿病

妊娠糖尿病（gestational diabetes mellitus，GDM）是特殊人群（孕妇）的高血糖症，然而 GDM 不仅影响母体健康，对后代健康也有深远的影响。目前，随着糖尿病发病率日益升高，以及 GDM 筛查诊断受到广泛重视，妊娠糖尿病患者不断增多。GDM 世界范围的总体患病率高达 17.8%，不同中心的 GDM 患病率为 9.3%~25.5%。我国 GDM 流行现况也不容乐观。北京大学第一医院 2005—2009 年孕产妇中 GDM 患病率为 14.7%，全国 13 家医院的数据（2010—2012 年）得到的 GDM 患病率为 17.5%，北京 15 家医院 2013 年的数据得出 GDM 患病率为 19.7%，由此可见我国各地区 GDM 患病率有差异，平均为 17.5%。

一、定义与诊断标准

《中国 2 型糖尿病防治指南》（2020 版）将妊娠高血糖分为 3 个类型：

1. **妊娠糖尿病**（gestational diabetes mellitus，GDM）　诊断标准是：孕期任何时间行 75g 口服葡萄糖耐量试验（OGTT），5.1mmol/L ≤ 空腹血糖 <7.0mmol/L，OGTT 1h 血糖 ≥ 10.0mmol/L，8.5mmol/L ≤ OGTT 2h 血糖 <11.1mmol/L，任 1 个时间点血糖达到上述标准即诊断 GDM。

2. **妊娠期显性糖尿病**（overt diabetes mellitus，ODM）　也称妊娠期间的糖尿病，指孕期任何时间被发现且达到非孕人群糖尿病诊断标准，即可诊断为妊娠期显性糖尿病。

3. **孕前糖尿病**（pre-gestational diabetes mellitus，PGDM）　指孕前确诊的 1 型糖尿病（T1DM）、2 型糖尿病（T2DM）或特殊类型糖尿病，在此基础上合并妊娠，又称糖尿病合并妊娠。

二、病因

妊娠与胰岛素抵抗（insulin resistance，IR）和高胰岛素血症有关，这可能使一些妇女易患糖尿病。在正常妊娠期间，胰岛素抵抗呈进行性发展，从妊娠中期开始，在妊娠晚期进展。在妊娠早中期，随着孕周的增加，胎儿对营养物质的需求量增加，通过胎盘从母体获取葡萄糖是胎儿能量的主要来源，孕妇血浆葡萄糖水平随妊娠进展而降低，空腹血糖约降低 10%。到妊娠中晚期，孕妇体内拮抗胰岛素样物质增加，如肿瘤坏死因子、瘦素、胎盘生乳素、雌激素、孕酮、皮质醇和胎盘胰岛素酶等使孕妇对胰岛素的敏感性随孕周增加而下降，为维持正常糖代谢水平，胰岛素需求量必须相应增加。对于胰岛素分泌能力相对不足的孕妇，妊娠期便不能代偿这一生理变化，进而导致血糖水平升高，使原有糖尿病加重或出现 GDM。此外，孕妇脂肪沉积增多，运动减少，能量摄入增加，也使妊娠期间血糖升高风险增高。

妊娠糖尿病的病因复杂，可能有：①胰岛 β 细胞功能障碍或 / 和胰岛 β 细胞对血糖水平的延迟反应。②妊娠期生成的胎盘激素引起明显的胰岛素抵抗，其中胎盘催乳素是引起 GDM 患者胰岛素抵抗增加的主要激素。胎盘催乳素是胎盘在怀孕期间释放的一种激素。它具有垂体生长激素和催乳激素相似的免疫、化学和生物特征，并在怀孕期间引起重要的代谢变化，以支持维持胎儿的营养状态。这种激素能够引起胰岛素受体的改变和修饰。其他与本病发生有关的激素还包括生长激素、催乳素、促肾上腺皮质激素释放激素等，这些激素可导致或加重妊娠期间的胰岛素抵抗和高血糖。

三、营养代谢特点及对母婴的影响

（一）高危因素

妊娠糖尿病的发生与多种危险因素有关，主要包括：超重或肥胖、高龄、既往 GDM 病史、糖尿病家族史、糖耐量异常史、多囊卵巢综合征病史等。巨大出生体重儿史（出生体重 ≥ 4 000g）、反复流产史、不明原因死胎史、原发性高血压史或妊娠相关高血压史也是 GDM 的危险因素。此外，每日静坐 ≥ 5h、孕期平均每周增重超标、饮食不规律、餐后摄入水果超量、每日动物性食品摄入超量、每日主食摄入超量等因素也是 GDM 发生的独立危险因素。

（二）对孕妇的影响

1. 高血糖可使胚胎发育异常甚至死亡，流产发生率达 15%~30%。糖尿病患者宜在血糖控制达标后再考虑妊娠。

2. 发生妊娠期高血压疾病的可能性较血糖正常孕妇高2~4倍。GDM并发妊娠高血压及子痫前期可能也与存在严重胰岛素抵抗状态及高胰岛素血症有关。

3. 感染是糖尿病主要的并发症。未能很好控制血糖的孕妇易发生感染，感染亦可加重血糖代谢紊乱，甚至诱发酮症酸中毒等急性并发症。与糖尿病有关的妊娠期感染有：外阴阴道假丝酵母菌病、肾盂肾炎、无症状菌尿症、产褥感染及乳腺炎等。

4. 羊水过多的发生率较非GDM孕妇多10倍。其原因可能与胎儿高血糖、高渗性利尿致胎尿排出增多有关。

5. 巨大胎儿发生率明显增高，难产、产道损伤、手术产概率增加，产程延长易发生产后出血。

6. 易发生糖尿病酮症酸中毒。由于妊娠期复杂的代谢变化，加之高血糖及胰岛素相对或绝对不足，代谢紊乱进一步发展到脂肪分解加速，血清酮体急剧升高，进一步发展为代谢性酸中毒。发生糖尿病酮症酸中毒的诱因有：①GDM未得到及时诊断而导致血糖过高；②糖尿病患者未及时治疗或血糖控制不满意时妊娠，随孕周增加胰岛素用量未及时调整；③使用肾上腺皮质激素和β-肾上腺素能受体兴奋剂等影响孕妇糖代谢的药物；④合并感染时胰岛素未及时调整用量等。糖尿病酮症酸中毒对母婴危害大，不仅是孕妇死亡的主要原因，发生在妊娠早期还有导致胎儿致畸作用，发生在妊娠中晚期易导致胎儿窘迫及胎死宫内。

7. 既往有GDM史的孕妇再次妊娠时，GDM发生率高达33%~69%。

（三）对胎儿的影响

1. **巨大胎儿** 孕妇血糖高，胎儿长期处于母体高血糖所致的高胰岛素血症环境中，促进蛋白、脂肪合成和抑制脂解作用，导致躯体过度发育。GDM孕妇过胖或体重指数过大也是发生巨大儿的重要危险因素。

2. **胎儿生长受限（FGR）** FGR发生率在20%左右。妊娠早期高血糖有抑制胚胎发育的作用，导致妊娠早期胚胎发育落后。糖尿病合并微血管病变者，胎盘血管常出现异常，影响胎儿发育。

3. **流产和早产** 妊娠早期血糖高可使胚胎发育异常，最终导致胚胎死亡而流产。合并羊水过多易发生早产，并发妊娠高血压、胎儿窘迫等并发症时，常需提前终止妊娠。

4. **胎儿畸形** 胎儿畸形的发生与受孕后最初数周高血糖水平密切相关，是构成围生期胎儿死亡的重要原因。以心血管畸形和神经系统畸形最常见。

（四）对新生儿的影响

1. **新生儿呼吸窘迫综合征** 高血糖刺激胎儿胰岛素分泌增加，形成高胰岛素血症，后者具有拮抗糖皮质激素促进肺泡细胞表面活性物质合成及释放的作用，使胎儿肺表面活性物质产生及分泌减少，胎儿肺成熟延迟，增加新生儿呼吸窘迫综合征的风险。

2. **新生儿低血糖** 新生儿脱离母体高血糖环境后，高胰岛素血症仍存在，若不及时补充糖易发生低血糖，严重时甚至危及新生儿生命。

四、临床表现及诊断

（一）临床表现

妊娠期有三多症状（多饮、多食、多尿），或外阴阴道假丝酵母菌感染反复发作，孕妇体重超过90kg，本次妊娠并发羊水过多或巨大胎儿者，应警惕合并糖尿病的可能。但大多数妊娠糖尿病患者无明显的临床表现。许多女性在怀孕前没有接受规范的糖尿病筛查，因此在某些情况下，如何区分妊娠糖尿病和先前存在的糖尿病是一项艰巨的任务。

（二）诊断

1. 糖尿病合并妊娠的诊断

（1）妊娠前已确诊为糖尿病患者。

（2）妊娠前未进行过血糖检查但存在糖尿病高危因素者，如超重或肥胖（尤其重度肥胖）、一级亲属患2型糖尿病、GDM史或大于胎龄儿分娩史、多囊卵巢综合征患者及妊娠早期空腹尿糖反复阳性，首次产前检查时应明确是否存在妊娠前糖尿病，达到以下任何一项标准应诊断为糖尿病合并妊娠。

A. 空腹血糖≥7.0mmol/L。

B. OGTT 2h≥11.1mmol/L。

C. 糖化血红蛋白≥6.5%。

D. 任意血糖≥11.1mmol/L。

①伴有典型糖尿病症状，加上以上A、B、C、D中的任何一条，即可确诊。

②如果没有明显的糖尿病症状，须改日复查确认。需要注意的是：不建议孕早期常规葡萄糖耐量试验检查。

2. 妊娠糖尿病的诊断

(1)有条件的医疗机构，在妊娠24~28周及以后，应对所有尚未被诊断为糖尿病的孕妇，进行75g OGTT。

75g OGTT的诊断标准：空腹及服糖后1h、2h的血糖值分别为5.1mmol/L、10.0mmol/L、8.5mmol/L，任何一点血糖值达到或超过上述标准即诊断为GDM。

(2)医疗资源缺乏地区，建议妊娠24~28周首先检查FPG。FPG≥5.1mmol/L，可以直接诊断为GDM，不必再做75g OGTT；而4.4mmol/L≤FPG<5.1mmol/L者，应尽早做75g OGTT；FPG<4.4mmol/L，可暂不行75g OGTT。

(3)孕妇具有GDM高危因素，首次OGTT正常者，必要时在妊娠晚期重复OGTT。

(4)包括美国糖尿病协会和中国糖尿病学会在内的很多机构都建议妊娠糖尿病女性产后6~12周进行1次OGTT筛查，之后根据筛查结果进行定期复查。

五、营养治疗

医学营养治疗是治疗GDM的关键，因为它能使80%~90%的GDM患者维持理想的血糖目标。医学营养治疗的目的是使糖尿病孕妇的血糖控制在正常范围，保证孕妇和胎儿的合理营养摄入，减少母儿并发症的发生。一旦确诊GDM，应立即对患者进行医学营养治疗和运动指导，并进行如何监测血糖的教育等。医学营养治疗是GDM管理的基石，理想的饮食控制目标是既能保证和提供妊娠期间能量和营养需要，又能避免餐后高血糖或饥饿性酮症出现，保证胎儿正常生长发育。妊娠早期糖尿病孕妇所需要能量与孕前相同。妊娠中期以后，每日能量增加200kcal。每日摄入总能量应根据不同妊娠前BMI和妊娠期的体重增长速度而定。单胎妊娠期间的建议增重取决于怀孕前BMI：体重不足者建议体重增加12.5~18kg(BMI<18.5kg/m^2)；正常体重者建议增加11.5~16kg(BMI 18.5~24.9kg/m^2)；超重者体重增加控制在7~11.5kg(BMI 25~29.9kg/m^2)，肥胖妇女体重增加5~9kg(BMI≥30.0kg/m^2)。

(一)营养摄入量推荐

1. 碳水化合物　推荐饮食碳水化合物摄入量占总能量的45%~55%为宜。但由于由较高碳水化合物组成的饮食结构通常会导致孕妇体重增加和餐后高血糖。因此，有人建议将碳水化合物摄入量限制在总能量的33%~40%，剩余的能量分为蛋白质和脂肪。应尽量避免食用蔗糖等精制糖。

无论采用碳水化合物计算法、食物交换份法还是经验估算法，监测碳水化合物的摄入量是血糖控制达标的关键策略(A级证据)。当仅考虑碳水化合物总量时，血糖指数和血糖负荷可能更有助于血糖控制(B级证据)。

2. 蛋白质　推荐饮食蛋白质摄入量占总能量的20%~25%为宜，以满足孕妇妊娠期生理调节及胎儿生长发育之需。

3. 脂肪　推荐饮食脂肪摄入量占总能量的25%~30%为宜。但应适当限制饱和脂肪酸含量高的食物，如动物油脂、红肉类、椰奶、全脂奶制品等，糖尿病孕妇饱和脂肪酸摄入量不应超过总摄入能量的 7%(A 级证据);而单不饱和脂肪酸如橄榄油、山茶油等,应占脂肪供能的 1/3 以上。

减少反式脂肪酸摄入量可降低低密度脂蛋白胆固醇、增加高密度脂蛋白胆固醇的水平(A 级证据),故糖尿病孕妇应减少反式脂肪酸的摄入量(B 级证据)。

4. **膳食纤维** 是不产生能量的多糖。水果中的果胶,海带、紫菜中的藻胶,某些豆类中的胍胶和魔芋粉等具有控制餐后血糖上升幅度、改善葡萄糖耐量和降低血胆固醇的作用。推荐每日摄入量 25~30g。饮食中可多选用富含膳食纤维的燕麦片、荞麦面等粗杂粮,以及新鲜蔬菜、水果、藻类食物等。

5. **维生素及矿物质** 妊娠期铁、叶酸和维生素 D 的需要量增加了 1 倍,钙、磷、维生素 B_1、维生素 B_6 的需要量增加了 33%~50%,锌、维生素 B_2 的需要量增加了 20%~25%,维生素 A、维生素 B_{12}、维生素 C、硒、钾、生物素、烟酸和每日总能量需要量增加了约 18%。因此,建议妊娠期有计划地增加富含维生素 B_6、钙、钾、铁、锌、铜的食物,如瘦肉、家禽、鱼、虾、奶制品、新鲜水果和蔬菜等。

(二) 非营养性甜味剂的使用

美国糖尿病协会(American Diabetes Association,ADA)建议只有美国食品药品监督管理局(the US Food and Drug Administration,FDA)批准的非营养性甜味剂孕妇才可以使用,并适度推荐,但相关研究非常有限(E 级证据)。美国 FDA 批准的 5 种非营养性甜味剂分别是乙酰磺胺酸钾、阿斯巴甜、纽甜、食用糖精和三氯蔗糖。

(三) 餐次的合理安排

少量多餐、定时定量进餐对血糖控制非常重要。早、中、晚三餐的能量应控制在每日摄入总能量的 10%~15%、30%、30%,每次加餐的能量可以占 5%~10%,有助于防止餐前过度饥饿。膳食计划必须实现个体化,应根据文化背景、生活方式、经济条件和受教育程度进行合理的膳食安排和相应的营养教育。

(四) 运动及药物治疗

GDM 推荐的运动量为每周至少 5d 或每周至少 150min 的中等强度有氧运动。患者需要经常检测血糖水平,以确保血糖指标的实现。多数 GDM 患者经合理饮食控制和适当运动治疗,均能控制血糖在满意范围。

如果患者已经坚持最佳饮食及运动治疗,但血糖控制仍不达标,建议开始药物治疗。因考虑药物的安全性,胰岛素治疗仍然是 GDM 患者的首选。由于胰岛素不能通过胎盘屏障,所以不限制糖尿病患者在妊娠期间使用胰岛素治疗。

目前,除二甲双胍外,其他口服降糖药物均不推荐应用于孕期。由于我国尚无二甲双胍孕期应用的适应证,须在知情同意的情况下应用,不推荐妊娠期单用二甲双胍,必要时需在胰岛素基础上联合应用。

(丛 丽)

第四节 妊娠期高血压疾病

妊娠期高血压疾病(hypertensive disorders of pregnancy)是指妊娠与血压升高并存的一组疾病。欧美国家发病率为 6%~10%,我国发病率为 5.22%~5.57%。该组疾病严重影响母婴健康,是孕产妇和围生儿病死率升高的主要原因。妊娠期高血压疾病受年龄、遗传等多种因素影响,可增加胎盘早剥、弥散性血管内凝血(DIC)、胎儿生长受限、死产等风险,是孕产妇和胎儿死亡的重要原因。包括妊娠期高血压(gestational hypertension)、子痫前期(preeclampsia)、子痫(eclampsia)及慢性高血压并发子痫前期和慢性高血压合并妊娠。

一、病因

（一）免疫机制

妊娠被认为是成功的自然同种异体移植。胎儿在妊娠期内不受排斥是因胎盘的免疫屏障作用、胎膜细胞可抑制 NK 细胞对胎儿的损伤、母体内免疫抑制物的作用，其中以胎盘的免疫屏障作用最重要。

（二）胎盘浅着床

妊娠期高血压疾病常见于子宫张力过高及合并有全身血管病变的孕妇，其发生可能与导致“胎盘浅着床”有关。“胎盘浅着床”可能是孕早期母体和胎盘间免疫耐受发生改变，导致子宫螺旋小动脉生理重铸过程障碍，胎盘灌注减少，滋养细胞缺血，当其表面黏附分子表型转换障碍时，致滋养细胞浸润能力受损和浅着床；胎盘生长因子和胎盘血管内皮生长因子基因表达下降，可能也是影响胎盘浅着床的因素。

（三）血管内皮细胞受损

细胞毒性物质和炎症介质如氧自由基、过氧化脂质、肿瘤坏死因子、白细胞介素 -6、极低密度脂蛋白等可能引起血管内皮损伤。

（四）遗传因素

妊娠期高血压疾病的家族多发性提示该病可能存在遗传因素。

（五）营养缺乏

已发现，如以白蛋白减少为主的低蛋白血症、钙、镁、锌、硒等缺乏与子痫前期的发生发展有关。研究发现妊娠期高血压疾病患者细胞内钙离子浓度升高，血清钙离子浓度下降，从而导致血管平滑肌细胞收缩，血压上升。对有高危因素的孕妇，从孕 20 周起每日补钙 2g 可降低妊娠期高血压疾病的发生率。硒可防止机体受脂质过氧化物的损害，提高机体免疫功能，维持细胞膜的完整性，避免血管壁损伤，血硒下降可使前列环素合成减少，血栓素增加。锌在核酸和蛋白质的合成中有重要作用。维生素 E 和维生素 C 均为抗氧化剂，可抑制磷脂过氧化作用，减轻内皮细胞的损伤。若自孕 16 周开始每日补充维生素 E 400mg 和维生素 C 100mg，可使妊娠期高血压疾病的发生率下降 18%。

（六）胰岛素抵抗

近来研究发现妊娠期高血压疾病患者存在胰岛素抵抗，高胰岛素血症可导致 NO 合成下降及脂质代谢紊乱，影响前列腺素 E_2 的合成，增加外周血管阻力，升高血压。因此认为胰岛素抵抗与妊娠期高血压疾病的发生密切相关，但尚需进一步研究。其他因素如血清抗氧化剂活性、血浆高半胱氨酸浓度等的作用正在研究中。

二、妊娠期高血压疾病营养代谢特点以及对母婴的危害

（一）妊娠期高血压疾病营养代谢特点

妊娠期高血压疾病发生、发展、预后与供能营养素及钙、钠等矿物质密切相关。

1. **脂肪**　妊娠期高血压疾病时，孕妇体内甘油三酯和低密度脂蛋白水平升高，高密度脂蛋白胆固醇水平下降，TC/TG 比 <1。过多的低密度脂蛋白沉积在血管壁上，致动脉血管弹性降低，血压升高。另外，孕妇体内过氧化脂质升高，对细胞膜正常结构供能造成损害，引起胎盘血管动脉粥样硬化。妊娠期高血压疾病患者，在控制总脂肪摄入量的基础上，应增加多不饱和脂肪酸的比例，这样不仅能提供胎儿生长发育所需要的必需脂肪酸，还能增加前列腺素的合成，清除体内多余的脂肪。

2. **蛋白质**　低蛋白性营养不良是妊娠期高血压疾病的主要诱发因素。另外，蛋氨酸和牛磺酸可通过影响血压调控机制使尿钠排出量增加，抑制钠盐对血压的影响。蛋白质可以降低胆固醇水平，保护血管壁。妊娠期高血压疾病时，应补充足量优质蛋白质，合并肾功能不全时则应限制蛋白质摄入，

以减轻肾脏负担。

3. **碳水化合物**　对于妊娠期高血压疾病患者，碳水化合物仍是主要功能物质。妊娠晚期，胎儿生长发育需要能量较多，孕妇的摄入量也应增加。足够的碳水化合物可以保证能量供给，节约蛋白质。但也不可过量，否则会引起孕妇能量过剩，体内脂肪堆积、肥胖，加重血压升高。

4. **钙**　一般认为，缺钙会使机体血压升高，妊娠期高血压疾病的发生与缺钙有关。妊娠期间钙消耗量增加使母体易缺钙，孕期补钙可使妊娠期高血压疾病发生率下降。

5. **钠**　钠可促进动脉壁对血浆中某些血管收缩物质致敏，从而导致血管收缩；高钠水平时管壁结合钠量增加，吸收水分也增加，管腔缩小；另外，钠可使血管平滑肌细胞对钙离子的通透性增加，细胞内钙离子增高，加强血管平滑肌收缩，升高血压。但长期低钠膳食又可以引起低钠血症，导致产后循环衰竭。所以，对于轻度患者，一般不必严格限制食盐摄入；全身水肿时，则应严格限制食盐。

（二）妊娠期高血压疾病对母婴的危害

1. **对孕妇的影响**　子痫前期可并发肺水肿、胎盘早剥、体腔积液、产后出血、弥散性血管内凝血（disseminated intravascular coagulation，DIC）、肾衰竭和肝破裂等，从而导致剖宫产率高、死亡率明显增高。

2. **对胎儿的影响**　因胎盘供血供氧不足，胎盘功能减退，导致胎儿生长受限、死胎、死产、早产等。

三、妊娠期高血压疾病分类与临床表现

（一）妊娠高血压

妊娠期出现高血压，收缩压≥140mmHg和/或舒张压≥90mmHg，于产后12周内恢复正常；尿蛋白（-）；产后方可确诊。少数患者可伴有上腹不适或血小板减少。

（二）子痫前期

1. **轻度**　妊娠20周后出现收缩压≥140mmHg和/或舒张压≥90mmHg，伴蛋白尿≥0.3g/24h，或随机尿蛋白（+）。

2. **重度**　血压和蛋白尿持续升高，发生母体脏器功能不全或胎儿并发症。出现下述任一不良情况可诊断重度子痫前期：①血压持续升高：收缩压≥160mmHg和/或舒张压≥110mmHg；②蛋白尿≥5g/24h或随机蛋白尿≥（+++）；③持续性头痛或视觉障碍或其他脑神经症状；④持续性上腹部疼痛，包膜下血肿或肝破裂症状；⑤肝功能异常：肝酶ALT或AST水平升高；⑥肾功能异常：少尿（尿量<400ml/24h或<17ml/h）或血肌酐>106μmol/L；⑦低蛋白血症伴胸腔积液或腹腔积液；⑧血液系统异常：血小板呈持续性下降，并低于100×10^9/L；血管内溶血、贫血、黄疸或血乳酸脱氢酶（Lactate dehydrogenase，LDH）升高；⑨心力衰竭、肺水肿；⑩胎儿生长受限或羊水过少；⑪ 早发型即妊娠34周以前发病。

（三）子痫

子痫前期基础上发生不能用其他原因解释的抽搐。

子痫发生前可有不断加重的重度子痫前期，但也可发生于血压升高不显著、无蛋白尿病例。通常产前子痫较多，发生于产后48h者约25%。

子痫抽搐进展迅速，前驱期症状短暂，表现为抽搐、面部充血、口吐白沫、深昏迷；随之深部肌肉僵硬，很快发展成典型的全身高张阵挛惊厥、有节律的肌肉收缩和紧张，持续1~1.5min，期间患者无呼吸动作；此后抽搐停止，呼吸恢复，但患者仍昏迷，最后意识恢复，但困惑、易激惹、烦躁。

（四）慢性高血压并发子痫前期

慢性高血压孕妇妊娠前无蛋白尿，妊娠后出现蛋白尿≥0.3g/24h；或妊娠前有蛋白尿，妊娠后蛋白尿明显增加或血压进一步升高，或出现血小板减少<100×10^9/L。

（五）妊娠合并慢性高血压

妊娠 20 周前收缩压 ≥ 140mmHg 和 / 或舒张压 ≥ 90mmHg（除外滋养细胞疾病），妊娠期无明显加重；或妊娠 20 周后首次诊断高血压病持续到产后 12 周以后。美国妇产科医师学会（ACOG）在 2019 年妊娠期高血压疾病指南中不再把蛋白尿作为必要诊断项目，而是强调合并重度表现者一样可以诊断子痫前期。单纯头痛和上腹痛不建议作为子痫前期（重度）的诊断指征之一。

四、诊断

根据病史、临床表现及辅助检查即可做出诊断，应注意有无并发症及凝血机制障碍。

（一）病史

有本病高危因素及上述临床表现等。

（二）高血压

收缩压 ≥ 140mmHg 和 / 或舒张压 ≥ 90mmHg 定义为高血压，对严重高血压患者（收缩压 ≥ 160mmHg 和 / 或舒张压 ≥ 110mmHg），应密切观察血压变化。

（三）尿蛋白

美国妇产科医师学会在 2019 年妊娠期高血压疾病指南中不再把蛋白尿作为必要诊断项目，而强调合并重度表现者一样可以诊断子痫前期。

（四）辅助检查

1. **妊娠高血压应进行以下检查** 包括：①血常规；②尿常规；③肝功能、血脂；④肾功能、尿酸；⑤凝血功能；⑥心电图；⑦胎心检查；⑧超声检查胎儿、胎盘、羊水。

2. **子痫前期，子痫视病情发展应酌情增加检查项目** 包括：①眼底检查；②凝血功能系列；③超声检查肝、胆、胰、脾、肾等脏器；④电解质；⑤动脉血气分析；⑥心脏超声及心功能测定；⑦脐动脉血流指数；⑧头颅 CT 或 MRI 检查。

五、妊娠期高血压疾病治疗原则及治疗

妊娠期高血压疾病治疗的目的是控制病情、延长孕周、确保母儿安全。治疗基本原则是休息、镇静、解痉，有指征地降压、利尿、密切监测母胎情况，适时终止妊娠。应根据病情轻重分类进行个体化治疗。妊娠高血压应休息、镇静、监测母胎情况，酌情降压治疗；子痫前期应镇静、解痉，有指征地降压、利尿、密切监测母胎情况，适时终止妊娠；子痫应控制抽搐，病情稳定后终止妊娠。

六、妊娠期高血压疾病营养治疗原则

（一）限制钠盐摄入

对轻度高血压者及无水肿者，每日食盐 3~5g；中度高血压，每日食盐 1~2g（折合酱油 5~10ml）；重度高血压应给予严格的无盐膳食。

（二）矿物质

应摄入足量的钾、镁、钙。蔬菜水果中含有丰富的钾；粗粮、豆制品、坚果类、绿叶蔬菜、肉类、海产品是镁的良好来源；奶和奶制品是钙的主要来源，其含量及吸收率均高，虾皮、鱼、海带、芝麻酱中也含有丰富的钙。

（三）蛋白质

补充适量的蛋白质，每日 1~1.2g/kg，可多选食豆腐及豆制品、脱脂牛奶、酸牛奶、鱼虾类等。如高血压并发肾功能不全，则应限制植物蛋白的摄入，给予富含优质蛋白的动物类食品。

（四）脂肪

脂肪占总能量的 25% 以下，饱和脂肪酸应占总能量的 6%~10%，多不饱和脂肪酸及单不饱和脂肪酸均应占总能量的 8%~10%。烹调多选用植物油，如茶油、橄榄油、花生油、菜籽油、芝麻油等，烹调

方式主张汆、煮、炖、清蒸、凉拌等烹饪方法，少吃各类肥肉及动物油脂。胆固醇每日摄入量应限制在300mg以下，少吃动物内脏及蛋黄、鱼子、鱿鱼等含胆固醇高的食品。

（五）碳水化合物

宜占总能量的50%~60%。主食除米、面外，鼓励多吃各种杂粮及豆类，如小米、玉米面、燕麦片、高粱、芸豆、红豆、绿豆等，均含有丰富的膳食纤维，能促进肠道蠕动。少进食葡萄糖、果糖、蔗糖及各类甜点心，少饮各类含糖饮料。

（六）维生素及膳食纤维

多吃富含多种维生素及膳食纤维的绿叶蔬菜和新鲜水果。芹菜、荠菜等蔬菜有降血压作用，建议多选食。

（七）禁食腌制食品

除严格控制食盐的摄入量以外，还要考虑其他钠的来源，包括用盐腌制的食物，如应禁食咸蛋、咸鱼、腊肉、咸菜、酱菜、火腿肠等食物。

（王丽双）

第五节　老年综合征

我国2021年第七次人口普查结果显示，老年人口总数居世界首位，65周岁及以上人口已达2.64亿。有调查显示老年住院患者营养不良发生率高达29%~61%，可见，老人的营养状况不容乐观。老人机体状态变化的特点及老人营养需求的特点参见本书第十三章第五节。

一、概述

老年综合征是指老人由多种疾病或原因导致的同一临床表现的老年病症，常见综合征有跌倒、痴呆、尿失禁、谵妄、晕厥、抑郁症、疼痛失眠、药物乱用和老年帕金森综合征等。

由于老人生理原因导致的身高下降、摄入减少、身体成分变化、肝肾功能下降等情况，使人体测量、实验室检查等客观指标不能准确反映营养状况，因此推荐老年患者使用微型营养评定简表（mini-nutritional assessment short-form，MNA-SF）。MNA-SF是一种专门用于评价老年人群营养状况的方法，简便、经济、易行，且与传统的人体营养评估方法及人体组成评定方法有良好的相关性。

二、老年综合征患者营养治疗

不能经口饮食或经口饮食总量不能满足一日营养需求时，需要在医生的指导下进行肠内营养制剂的补充。老人可选择的肠内营养制剂主要有以下几类。

1. **家庭自制匀浆膳食**　根据老年患者需求调整配方，制剂中不添加食物纤维以免堵管，只适合经胃造口置管或经鼻胃管途径的老年患者。

2. **标准聚合物质（整蛋白型）**　营养全面，是标准的肠内营养制剂。

3. **要素制剂（氨基酸及水解蛋白型）**　不含乳糖、成分明确且全面、不需要消化或轻微水解即可在小肠上端吸收，可供口服或管饲使用。

4. **特殊疾病型制剂**　如肝病型、糖尿病型、肾病型。

5. **不完全营养制剂**　是以某种或某类营养素为主的肠内营养制剂。

（周　萍）

第十五章　特殊环境人群的营养管理

生存环境对于人类的生活、工作和健康影响很大。现实生活中，一些人生活和工作的环境比较特殊，如高温、低温、低氧、失重、振动、噪声，以及接触有毒有害物质等。人体在特殊环境下发生一系列的生理适应性改变来维持健康和作业能力，因此，特殊环境人群对营养与膳食的需求也不同于一般人群，如果不能及时得到满足，则更容易发生代谢紊乱和营养不良，甚至导致疾病。特殊环境人群的合理营养不仅能够增强机体对特殊环境的适应能力，还可以降低损害、增进健康。因此，特殊环境人群的营养管理非常重要。

第一节　概　　述

特殊环境不仅指高温、低温和高原等自然环境，也包含振动、辐射、高温和含有毒有害因素(如铅、汞、砷和苯等)等工作环境。尽管人类对长期生活的自然环境和工作环境有很好的适应性，但是，当环境中有害因素发生剧烈变化时，环境因素能够直接或间接地影响人体的生命活动，出现各种症状和损害，甚至导致多种疾病的发生。从营养学的角度预防和改善特殊环境人群的健康损害，已成为生命科学领域的研究热点。

一、特殊环境人群营养的概念

营养学包括基础营养、食物营养、公共营养、特殊人群营养和临床营养五大领域，其中，特殊人群营养的主要研究对象是处于不同生命周期阶段、特殊生活环境、特殊工作环境和特殊职业人群。特殊环境人群属于特殊人群的范畴，特殊环境人群营养主要研究特殊生活和工作环境、特殊职业人群的生理代谢变化、营养需要特点和膳食保障措施。

二、特殊环境与人体健康

人体与环境之间不断地进行物质、能量和信息的交换，通过应答环境刺激、适应环境变化，维持内环境的稳态。人体对各种外来刺激产生的非特异性反应称为应激反应。环境医学是研究人类生存环境中各种有害因素对人体的危害及相关预防措施的科学。气温或气压等环境因素首先影响神经、内分泌系统，进而引起机体生理和代谢改变，诱发应激反应，动员机体潜力应付急需，维持内环境稳定，如维持体温稳定在37℃左右。人类不仅依靠自身的生理反应被动地适应环境，还通过改变局部小环境，如增减衣物、调控室内温度和湿度等主动地适应环境，增强适应环境的能力。应激反应涉及机体各器官系统。适度应激反应有利于机体适应新的环境，过度的应激反应有损健康。在环境因素剧烈变化的情况下，机体的生理和生化代谢受到严重影响，引起人体严重不适，甚至造成某些疾病的发生。如高温环境下机体主要依靠蒸发散热调节体温，大量出汗引起水、矿物质和多种水溶性维生素丢失,如不及时补液补盐,可造成体温调节障碍,引起体内热蓄积、诱发中暑或热痉挛。太空情况下失重和运动减少使航天员体重减轻、水盐代谢紊乱和负氮平衡,容易发生骨骼肌萎缩和骨盐丢失等健康问题。

三、特殊环境人群的营养需求

食物是人类赖以生存的物质基础。在特殊环境下,机体的生理功能和营养素代谢发生改变,人体营养需求明显不同于一般情况。其具体表现为:①机体需要大量宏量营养素满足特殊环境下额外能量需求和维持体温恒定,如低温环境下,机体增加宏量营养素供能来保持中心体温不降低。②补充营养素,纠正机体在特殊环境下的异常分解代谢。如高原缺氧环境下,需要补充蛋白质以纠正机体的负氮平衡,降低机体组织损失,预防健康损害。③摄入具有提高机体特殊环境适应能力和作业能力的营养素与生物活性成分。如酪氨酸能够减轻高原反应,提高机体对高原缺氧的适应能力。

(王舒然)

第二节　高 温 环 境

高温环境(high temperature environment)是指气温在 30℃以上、相对湿度超过 80%;或气温在 32℃以上,炎热地区在 35℃以上;或热辐射强度>1kcal/(cm^2·min);或通风不良时热源散热量>20kcal/(m^2·min)。高温环境包括夏季野外作业(如集训和行军)、高温强辐射作业(如炼钢、炼铁、炼焦和铸造)和高温高湿作业(如印染、造纸以及电镀)等。中暑是高温对人体最直接和常见的急性健康损害,其主要特征是机体体温调节中枢功能障碍、汗腺功能衰竭和水电解质丢失过多,表现为头痛、头晕、胸闷、恶心、呕吐、大量出汗、高热、虚脱、昏迷、晕厥等,若处理不及时有生命危险。长期暴露于高温环境,增加人体患多种疾病的风险和原有疾病复发的风险,其中,常见的是心、脑血管疾病和泌尿系统疾病。此外,高温还引起焦虑、烦躁、失眠等心理性应激反应。高温环境职业人群不仅劳动能力逐渐降低,而且工伤和事故多发。

一、高温环境人群的生理代谢变化

高温环境时,为了使体温维持在正常范围,机体在生理、生化以及代谢等方面均出现明显的改变,如体温升高、血液浓缩、心跳加快、中枢神经系统兴奋性降低、食欲及消化功能减退、水分和矿物质丢失、水溶性维生素损失增加等,这些变化不仅影响健康,而且也降低作业能力。

1. **体温调节**　机体时刻与环境进行热交换。为维持体温不发生变化,机体通过调控中枢神经系统和内分泌系统,协调心血管系统、皮肤、汗腺和内脏等组织器官的功能,维持产热和散热的动态平衡。环境气温低于 15℃时,人体产热增强;15~25℃时,机体产热保持基础水平;在 30℃以上的高温环境下,产热中枢受到抑制而减少产热。在 20℃以下时,机体以辐射、传导、对流和蒸发 4 种方式散热,随环境温度上升,蒸发散热增加。当环境温度为 38℃时,散热中枢兴奋,皮肤血管扩张,汗腺分泌增强,蒸发成为机体唯一的散热方式。体温调节障碍可引起体温升高,体温升高的程度取决于体内蓄热量和体力劳动的产热量,体温升高超过一定范围将影响身体健康,甚至危及生命。

2. **心血管系统**　高温情况下,机体为适应散热的需要,内脏血管收缩、血流量减少,皮肤血管扩张、血流量增加,出现血流量重新分配现象。机体向高度扩张的皮肤血管网和骨骼肌输送大量血液以适应散热和活动的需要,导致心率加快。机体单纯受热时,心率平均增加 20%~40%,作业强度大时,心率迅速上升。通常人体可耐受心率为 140 次 /min,如心率>160 次 /min,人体感到明显不适。高温使皮肤血管明显扩张,血液循环外周阻力下降,血压降低;同时体力劳动可使血压上升,故高温作业者的血压变化取决于高温降压与体力劳动升压的综合效果，脉压趋于增大。出汗引起的水分大量丢失，造成机体血液浓缩和有效血容量减少，后者是评价机体热负荷强度的重要指标。

3. **消化系统**　高温环境下机体食物中枢兴奋性降低，食欲减退。动物实验发现，初期食欲降低可能与脱水有关，持续的食欲降低可能是机体对高温环境适应调节的结果。高温使机体消化道血管收缩，血流量减少，消化系统胃肠道运动功能明显减弱，表现为胃肠内食物的固体部分滞留，液体部分排空加快；小肠对糖和蛋白质的吸收速度减慢，肠道水的吸收障碍；消化腺功能减退，消化液分泌减少，其中，唾液变化最明显。研究发现，动物失水达体重的8%时，唾液分泌几乎停止，唾液钾、钠含量减少，唾液淀粉酶活性亦降低。消化液分泌减少、消化液成分发生改变，引起消化功能和食欲明显减退，胃肠道疾病的发病率增加。

4. **泌尿系统**　正常时肾脏水分排出量占人体总排水量的50%~70%，高温时肾脏水分排出下降至10%~15%，皮肤出汗成为主要失水途径，每天出汗量可达3~8L。故而，高温时肾血流量、肾小球滤过率以及尿量明显减少，尿素、对氨基马尿酸等清除率显著下降，严重时可造成水电解质平衡失调和代谢性酸中毒，甚至引起肾脏损害，尿中出现蛋白、管型、红细胞和白细胞等。

5. **神经系统和内分泌系统**　高温环境下中枢神经系统抑制，条件反射的潜伏期延长，视觉-运动反应的潜伏期延长且恢复较慢，表现为注意力和认知能力下降、反应迟钝。肌肉收缩能力和协调能力下降，作业能力降低，容易发生疲劳，动作出错率明显增加，易引起意外伤害事故。高温环境下机体激素分泌发生改变。热应激状态时，机体血浆肾素、血管紧张素Ⅱ和醛固酮含量明显升高，糖皮质激素的合成与分泌显著增加，血清促甲状腺激素（thyroid stimulating hormone，TSH）和甲状腺素（thyroxine，T_4）显著增加。机体适应高温环境后，这些激素变化减少，趋于稳定。

二、高温环境人群的营养代谢特点

高温环境下，机体发生以出汗方式大量丢失水和矿物质为特点的营养代谢变化。

1. **水**　高温环境下皮肤出汗是机体排水的主要途径，热强度、劳动强度以及相对湿度影响出汗量。夏季正常人每天排汗1~3L，中等强度劳动达6~8L，部队行军、训练为每小时0.6~0.7L，最高达1.5~2.0L。汗液99%以上是水分，大量出汗时水丢失十分严重，体内缺水会引起血液浓缩、血浆容量和细胞外液减少、体温调节障碍、能量代谢和蛋白质分解代谢增加以及尿量减少等一系列生理生化变化，从而导致机体疲乏无力，工作效率下降，热适应能力显著降低。

高温环境中，保持机体的含水量正常对维持人体内环境稳定十分重要。一方面水对调节体温有重要作用，因为水是比热较高的流体，它可以吸收较多的热而本身温度变化不大；另一方面，水是营养物质与代谢产物的运输媒介和化学反应的载体，保持体液的含水量正常对维持人体生理、生化功能也十分重要。当人体失水量达到体重的2%~4%时，可感到明显不适，如口渴、头晕、头痛、视力减弱，作业能力下降。如急性失水达到体重的5%~10%时，可出现缺水性衰竭；如急性失水达到体重的18%~20%时，可昏迷致死。因此，失水不应超过体重的1.5%。

2. **矿物质**　汗液中矿物质占0.3%~0.8%，以氯化钠为主，钾、钙和镁次之，还有常量元素氯，以及微量元素铁、锌、铜、锰和硒等，因此，机体大量排汗可引起多种矿物质丢失。研究发现，出汗多时每天随汗丢失的氯化钠可达20~25g。如果大量出汗而不补充水，则失水大于失电解质，到一定程度即可出现以失水为主的水和电解质代谢紊乱，此时出汗减少、体温上升、血液浓缩、口干、头晕、心悸，严重时发生周围循环衰竭。如大量出汗只补充水，则出现以缺盐为主的水和电解质代谢紊乱，主要表现为肌肉痉挛。以上两种情况在临床上均称为中暑。

（1）钠：机体大量出汗使钠排出显著增多，引起电解质紊乱和酸中毒。钠的排出量取决于汗液排出量和汗钠的浓度。

（2）钾：汗中钾的排出量仅次于钠，高温时机体出汗每天可丢失钾3 910.2mg，机体通过肾素-血管紧张素-醛固酮作用系统，使尿钾排出量显著增加，每天可达1 798.7~2 932.6mg。钾对保持人体在高温环境中的耐力和防止中暑有重要作用，缺钾可能是引起中暑的原因之一，因此，高温环境作业人员的补钾问题应引起重视。

(3) 钙：高温环境下，人体因出汗引起汗钙排出增加，随着温度升高和体力劳动强度的增加，汗钙的排出量显著增加。研究报道，在 37℃的环境中工作，每小时汗钙排出量为 20.2mg；在 40~50℃的高温机舱内连续工作 4h，汗钙的排出量高达 143~253mg。

(4) 镁：高温条件下机体汗镁和粪镁排出增加，易出现负镁平衡。调查发现，汗液镁浓度为 21.49mg/L，每日军事训练由出汗排出的镁为 53mg，粪镁为 207.6mg，尿镁为 41.8mg。机体热适应后，汗和粪镁排出量显著下降，基本能维持镁平衡。

(5) 微量元素：机体大量出汗而丢失的微量元素相当可观。据报道，男性汗液中锌、铜、锰含量平均为 960μg/L、1 425μg/L、24μg/L；女性汗液中锌、铜、锰含量平均为 507μg/L、1 532μg/L、17μg/L。美国报道，37.8℃轻度劳动 7h 时，每天汗中微量元素锌、铜、钼和镍排出量分别占摄入量的 18%、40%、35.5% 和 41%。当机体适应高温环境后，这些微量元素丢失量减少。

3. **能量**　当环境温度超过 30℃时，机体代谢亢进，能量消耗明显增加，其原因可能是：①为了散热，心肌收缩增强，输送大量血液到体表，末梢循环血量增加，循环系统的负荷增加；②体温升高，基础代谢增强，能量损失增加；③蒸发散热时汗腺活动增强，大量出汗引起能量消耗增加。体力劳动加剧高温时机体能量消耗，如果能量摄入不能满足时易引起疲劳，应逐步增加能量的摄入，以满足机体在热环境中的能量需要。

4. **蛋白质**　汗液含有尿素、氨、氨基酸、肌酸和尿酸等含氮物质（含氮 200~700mg/L 汗液），高温环境中人体大量出汗引起一定量的氮丢失。机体失水和体温升高引起蛋白质分解代谢增强，尿肌酐排出量增加。研究发现，高温环境下机体血清中 17 种游离氨基酸除精氨酸略有下降外，其余都增高，反映出机体处于蛋白质高分解状态。汗液中丢失的必需氨基酸赖氨酸平均为 147~195mg，占最低需要量的 27%；苏氨酸占 11%，而天冬氨酸丢失约占非必需氨基酸总量的 50%。热环境适应后，汗液氮的丢失量减少，肾脏氮排出量减少，血中多数游离氨基酸趋于正常，蛋白质分解与合成趋向平衡。研究发现，高温时机体热激蛋白（heat shock protein，HSP）合成增加。此外，下丘脑的谷氨酸代谢参与机体对湿热的调节。

5. **脂肪和碳水化合物**　高温对人体脂类和碳水化合物代谢影响的研究不多。由于高温环境下人体食欲和消化能力减弱，选择食物应以进食者容易接受为宜。动物实验表明，高碳水化合物饲料有促进热适应和提高热耐力的作用，可适量摄入富含碳水化合物的食物。

6. **维生素**　目前的研究主要集中在维生素 C、维生素 B_1 和维生素 B_2。水溶性维生素通过神经系统和代谢酶系统影响物质代谢，调节生理功能，提高耐热力，加速热适应。由于高温环境下能量消耗增加，出汗增多，机体水溶性维生素含量明显下降。此外，高温使人体维生素 A 代谢加快，消耗增加。

(1) 维生素 C：汗液中维生素 C 含量为 0~1 100μg/100g。高温环境下机体维生素 C 随汗大量丢失。研究发现，高温环境下机体血浆和白细胞中维生素 C 含量降低。热应激时，下丘脑 - 垂体 - 肾上腺皮质系统功能增强，糖皮质激素和神经递质（5-HT 和多巴胺）分泌增多，机体对维生素 C 的需要量增加，应每日补充维生素 C 150~200mg。

(2) 维生素 B_1：汗中维生素 B_1 含量在 0~15μg/100ml，有报道，高温作业时汗液中维生素 B_1 含量高达（452 ± 220）μg/L，尿中维生素 B_1 排出量减少。因此，高温环境人群对维生素 B_1 的需要量增加。补充维生素 B_1 能提高机体耐受高温的能力，增强作业人员的劳动能力。有研究报道，在 45~50℃环境中作业的工人需要每日补充 3mg 维生素 B_1。

(3) 维生素 B_2：高温作业时，维生素 B_2 由汗液（0.11~0.24μg/ml）和尿液排出增多，机体对维生素 B_2 的需要量大量增加。研究发现，高温作业者需要每天摄入 3.2mg 维生素 B_2 或每 2 天补充 5mg 维生素 B_2。

(4)维生素 A：高温环境使机体维生素 A 代谢加快，需要量增加。调查发现，航行到热带地区时船员血浆维生素 A 浓度降低，离开该地区后又恢复正常。动物实验发现，当环境温度由 25℃升高到 34℃时，大鼠血浆和肝脏中维生素 A 浓度分别下降 54% 和 17%。缺乏维生素 A 的大鼠在高温条件下更易死亡，补充维生素 A 则可延长生存时间。

三、高温环境人群的营养需求和保障

高温环境人群的膳食营养重点是增加水和矿物质的摄入量，适量增加蛋白质、碳水化合物和维生素的摄入量，并控制脂肪的摄入量，应注意选择清淡易消化的食物。

(一) 高温环境人群的营养需求

1. **能量**　应适当增加机体能量供给量。当环境温度超过 30℃时，在现行推荐摄入量的基础上，环境温度每升高 1℃，能量需要量应增加 0.5%。专家建议，高温作业者能量供给量以增加 10% 为宜。

2. **蛋白质**　研究认为，一定程度的高蛋白膳食能提高机体耐热力。但是，蛋白质摄入量不宜过高，以免加重肾脏负担，特别是在饮水供应不足的情况下更应注意。高温环境人群膳食蛋白质供能比应为 12%，高温作业者以 14% 为宜，其中，总蛋白质的 50% 应来自富含优质蛋白质的食物，如瘦肉、鱼、蛋、乳及其制品、大豆及其制品等。

3. **碳水化合物**　碳水化合物是体内最主要、最经济的供能物质，能促进蛋白质分解产物的再利用，降低尿中氨基酸和肌酐的排出量。促进机体热适应，提高机体对热的耐受性，对高温作业者的水盐代谢调节也有积极作用，故而高温环境人群碳水化合物供能不应低于总能量的 58%。

4. **脂肪**　关于高温环境人群对脂肪需要量的研究很少。高温作业人员食欲普遍降低，喜吃清淡膳食，厌恶油腻食物。目前认为，高温作业者膳食脂肪占总能量的 18% 左右为宜，不应超过 25%。

5. **矿物质**　高温时机体矿物质大量丢失，应及时补充。食盐的需要量应结合机体出汗量而定，如果全天出汗量少于 3L，食盐需要量应为 15g；全天出汗量 3~5L，食盐需要量为 15~20g；全天出汗量多于 5L，食盐需要量为 20~25g。高温环境下其他矿物质的需要量为：钾 2.7~3.1g/d；钙 800~1 000mg/d；镁 350~400mg/d；铁 16~18mg/d；锌 15mg/d；铜 2.2mg/d，铬 55μg/d，锰 3.85mg/d，钼 66μg/d，氟 1.65mg/d。可以选择摄入富含矿物质的食物和饮料，如菜汤、鱼汤、肉汤，以及含 0.1% 食盐的饮料等，必要时可摄入复合盐制剂或葡萄糖电解质溶液。

6. **维生素**　高温环境人群水溶性维生素的摄入量应为：维生素 C 150~200mg/d，维生素 B_1 2.5~3.0mg/d，维生素 B_2 2.5~3.5mg/d。有学者建议，高温作业者上述 3 种水溶性维生素的供给量再增加 10%。维生素 A 摄入量应为 1 400~1 600μgRE/d。因此，应选择富含维生素 B_1(如谷类、豆类和瘦肉类)、维生素 B_2 和维生素 A(如动物肝脏和蛋类)、维生素 C(如新鲜蔬菜与水果类)的食物，必要时适当摄入维生素补充剂。

(二) 高温环境人群的营养保障

针对高温环境人群的生理代谢变化、营养代谢特点和营养需求，可采取以下营养保障措施。

1. **膳食营养保障**

(1)提供适当增加能量和营养素的平衡膳食：注意选择瘦肉、鱼、蛋、牛奶、黄豆及豆制品等富含优质蛋白质和多种矿物质的食物；同时，多吃新鲜蔬菜和水果，满足高温环境人群对矿物质和维生素的需要，必要时适当给予维生素制剂或强化食品。

(2)建立良好的进餐制度，精心安排、调配及多样化烹调，并且提供舒适的就餐环境：建议早、中和晚三餐占总能量比例分别是 35%、30% 和 35%。主食不宜放在工作时间内进食，而应在下班后 1h 后进食，提供凉爽的就餐环境；餐前饮用适量冷饮，温度不要低于 10℃；配制一些凉稀饭、美味凉菜及凉汤，菜汤、鱼汤、肉汤既补充水分和盐分，又可增进食欲。此外，膳食中加入葱、姜、蒜、醋等调味料，既增加食欲又促进消化。

(3)从膳食角度提高人体热适应能力：研究发现，维生素 B_1、维生素 B_2、维生素 C、生物素、叶酸、维生素 A、维生素 E 等维生素，锌、铁、铜、锰、硒、钾、钠、镁等矿物质，酪氨酸、苯丙氨酸、谷氨酸、谷氨酰胺和精氨酸等氨基酸；苦丁茶、生脉饮（党参、麦冬、五味子等）、姜黄素、军用固体运动饮料（主要含红参、红景天、黄芪、甘露聚糖肽）、乌梅消暑汤（主要含乌梅、麦冬、甘草、山楂）等，均可促进热适应、提高热耐受能力、改善高温引起的身体不适。

2. **饮水保障**　出汗在短期内丢失大量的水和矿物质，应补充足量的水分和矿物质，以防止高温环境人群因水和盐丢失过多而出现中暑症状。

(1)补水以保持人体水的平衡为原则：摄入的水分过少，引起机体不同程度的失水；摄入的水分过多，会增加心脏和肾脏的负担。在热应激时，口渴感落后于机体真实的缺水情况，因此不能口渴时才饮水，最好按机体日常出汗量规定一个合理的饮水量范围，饮水量一般每小时不应超过 1.4L，每天不超过 11L。

(2)高温饮水首选含适量矿物质的饮料：补充矿物质首先应当考虑食盐。食盐需要量及补充方式依出汗量而定。在刚进入高温环境的前几天，补充含 0.1% 食盐的饮料，其他时间则可以少补充或不补充。研究发现，过多的钠可对心血管系统产生不良影响，甚至引起高血压。随汗流失的矿物质成分还有钾、钙、镁以及一些阴离子，如氯、磷酸根、硫酸根等。专家建议，补充含有多种盐类的盐片或葡萄糖电解质溶液，也可选用白开水、茶水、柠檬水，或由酸梅糖浆、陈皮糖浆、山楂糖浆等配制成的饮料。不推荐碳酸饮料和酒精类饮料。避免选用咖啡、含咖啡因的饮料、苏打水、未稀释的果汁、牛奶等。饮料的最适温度为 10℃左右，饮用方式以少量多次为宜，避免因短时间内过量饮水而加重心脏和肾脏的负担。

（王舒然）

第三节　低温环境

低温环境（cold environment）是人体所处的环境温度低于人体舒适温度范围（21℃ ±3℃），机体感觉寒冷的环境。由于 10℃以下机体热调节显著紧张，工作效率降低，因此目前以 10℃作为低温环境的温度界限。低温环境一般可分为地区（纬度、高原）低温、季节低温和职业（特殊作业环境）低温 3 类。低温环境常见于冬季野外、高原地区、南北极寒带地区、水下作业和冷库作业。当环境温度为 -20℃以下时，体热大量散失，人体常以降低体重来补充能量，甚至出现能量不足相关的营养缺乏病，记忆力、认知力和作业能力下降，造成情绪和心理损害。人体吸入寒冷干燥的空气，诱发呼吸道疾病和心血管疾病。在极端低温且缺乏有效保护时，机体能量自稳态遭到破坏，严重者可导致冷损伤，甚至冻死。

一、低温环境人群的生理代谢变化

低温环境下机体发生一系列生理和代谢改变，如收缩外周血管以减少散热，骨骼肌颤抖增加产热来维持机体热平衡，此时血压上升，心脏负担加重。年龄、性别、人体形态、体成分、生活方式和日常活动训练等因素影响机体对低温环境的反应。

1. **人体的热平衡**　低温环境时，人体的生理反应主要是维持热平衡。体温是反映人体热平衡的主要指标，机体核心的温度称为人体深部温度，机体外层的温度称为体表温度或皮肤温度。人体深部温度保持相对稳定，各部位间温差很小，一般为 35~39.5℃。通常测定直肠温度（36.9~37.9℃）、口腔舌下温度（36.7~37.7℃）和腋窝温度（36.0~37.4℃）反映深部温度。体表温度（皮肤温度）差别较大，当环境气温下降时，人体为了减少体热损失，外周血管收缩，血流量减少，皮肤温度降低，手、足部皮肤温度降低最为显著。低温环境时，机体深部温度分布区域缩小，主要集中在头部和内脏，而且表层与深部之间存在明显的温度梯度。

低温时，人体与环境的热量交换散失热量，影响体温的自稳态，引发机体应激反应，称为人体的热调节。温度感受器将寒冷信息汇聚到脊髓、大脑皮质的冷敏神经元，传输到下丘脑体温调节中枢。为了保持体温基本恒定，人体发生 3 方面的热调节，以减少体热散失与增加代谢产热：一是行为反应或称行为性体温调节，如缩小散热体表面积，跺脚、搓手、跑步与原地踏步，增减衣服等行为；二是自主神经性调节反应或自主反应或自主热调节，脑交感神经的紧张活动增强，皮肤血管收缩，皮肤血流量剧减，大大减少机体散热量；三是下丘脑 - 垂体 - 甲状腺轴的神经内分泌反应释放甲状腺激素，提高机体大多数组织的耗氧量和产热量，尤其以心脏、肝、骨骼肌与肾最为显著。

低温环境下，机体增加代谢产生热量以保持深部体温稳定，这一过程称为冷诱导产热（cold-induced thermogenesis，CIT）。成年人 CIT 的主要来源是肌肉颤抖产热和非颤抖性产热（nonshivering thermogenesis，NST）。骨骼肌先出现寒冷性肌紧张或称颤抖前肌紧张，此时代谢率有所增加；随着寒冷刺激的增加，机体发生颤抖。颤抖是指在寒冷环境中骨骼肌发生不随意的节律性收缩，节律为 9~11 次 /min，屈肌和伸肌同时收缩，产热量增高，机体代谢率增加 4~5 倍。非颤抖性产热又称代谢产热，涉及机体能量代谢的许多环节，以棕色脂肪组织（brown adipose tissue，BAT）的产热量最大，约占非颤抖性产热总量的 70%，也称 BAT 产热。研究报道，BAT 的体积随着年龄增长而降低，男性受试者暴露于 10℃条件下 4 周，BAT 的体积增加 45%，BAT 氧化代谢率增加了 2.2 倍。BAT 分布于人类的腹股沟、腋窝、肩胛下区，以及颈部大血管的周围等处。

2. **基础代谢** 低温环境下机体基础代谢率增加 10%~30%，其中，低温环境适应者的基础代谢率升高 15%。低温环境下基础代谢率的增加与身材有关。

3. **消化系统** 长期的低温环境影响人体生长发育。研究发现，低温增加摄食和体重，促进人体发育。低温环境下，人体胃酸分泌亢进，胃排空减慢，食物在胃内消化较充分。

4. **心血管系统** 低温环境下，人体交感神经系统兴奋，引起细小动脉收缩，外周血管阻力增大；同时，血液黏稠度增加，血液流动缓慢，引起局部体温调节和血液循环障碍。长时间寒冷可引起局部性损伤（冻伤、冻疮）；血中儿茶酚胺浓度增高，引起心输出量增多、血压上升、心率加快等改变。

5. **神经和内分泌系统** 低温环境影响中枢和外周神经系统的功能，出现皮肤感觉异常、肌肉收缩力减弱、神经 - 肌肉的协调性以及灵活性降低等，机体容易疲劳。低温时下丘脑中间基底部促甲状腺区神经元释放“促甲状腺激素释放激素”，刺激脑垂体促甲状腺激素（thyroid stimulating hormone，TSH）的分泌，TSH 促进甲状腺激素的合成与释放，刺激甲状腺素（T_3 和 T_4）分泌增加，促进体内物质氧化，所释放的能量以热的形式向体外发散，机体能量消耗增加；同时，去甲肾上腺素和肾上腺素分泌增强。

6. **呼吸系统** 低温直接刺激机体呼吸道上皮组织，引起呼吸道阻力增加，增加哮喘病的发生危险；因肺实质静脉收缩，引发进行性肺动脉高压，增加死亡风险。

二、低温环境人群的营养代谢特点

低温环境对健康的损害程度与人体的营养状况有直接关系。低温环境人群的能量除用于基础代谢、食物的特殊动力作用、脑力与体力活动、未成年人生长发育外，还有抵御低温环境的额外能量消耗。因此，低温环境人群的营养代谢特点是保持机体能量平衡，提高机体对低温的适应性。

1. **能量** 低温环境下机体基础代谢率增高，产热能力增强，总能量增加 5%~25%，氧化磷酸化解偶联，产生的能量以热的形式放散。另外，低温环境下，笨重的防寒服也增加能量消耗。研究发现，机体暴露于低温环境 3h，代谢率增加约 1.8 倍，褐色脂肪产热可达机体总能量的 20% 左右，以维持机体深部体温不变。因此，在低温下机体能量需要量增加。专家推测，我国北方男性和女性居民的能量需要量要比南方居民平均增高 3%~5% 和 2%~4%。

2. **碳水化合物和脂肪** 低温环境下，碳水化合物和脂肪的利用均增加，以碳水化合物优先产热为主。初到寒冷地区的人偏好甜食和低蛋白食物，血清胰岛素、瘦素和胆囊收缩素浓度升高，但是在适应一段时间和体重减轻后，这些激素恢复正常。研究发现，持续的低温刺激引起脂肪代谢酶活性增加，机体组织摄取与利用脂肪的速率增加。因此，低温环境下，机体营养素供能方式先是以碳水化合物为主，逐渐转变为以脂肪和蛋白质供能为主，这一变化与低温条件下体内相关酶谱结构发生适应性改变有关。

3. **蛋白质** 低温引起机体对支链氨基酸（缬氨酸、亮氨酸和异亮氨酸）的利用增强。研究显示，摄入蛋氨酸和酪氨酸可提高机体的耐寒能力。

4. **维生素** 寒冷引起能量消耗增加和能量代谢加快，与能量相关的维生素 B_1、维生素 B_2、烟酸等消耗量明显增加，维生素 C 和维生素 A 的消耗也增加。

5. **水和矿物质** 低温环境下，肾脏泌尿作用增强，引起机体水的需要量增加，血中锌、镁、钙和钠含量下降，体内钙和钠营养水平则明显不足。

三、低温环境人群的营养需求和保障

（一）低温环境人群的营养需求

1. **保证充足的能量** 低温环境下机体需要较高的能量，能量推荐需要量提高 10%~15%。目前专家的共识是低温环境机体以碳水化合物为主要供能物质，适当提高脂肪供能比，蛋白质供能比达到普通人群推荐量的上限即可。我国推荐膳食碳水化合物供能比为 45%~50%、脂肪为 25%~35%、蛋白质为 13%~15%。

2. **提供优质蛋白质** 蛋白质消化吸收慢，持续时间长（5~6h），食物热效应（食物的特殊动力作用）比脂肪和碳水化合物高，有利于机体适应低温环境。营养调查表明，多数低温从业者膳食能量不足，机体总能量是影响蛋白质平衡的主要因素，能量缺乏易导致负氮平衡。为了防止低温环境下的肌肉丢失，应在能量充足的基础上补充蛋白质，其中，50% 应是优质蛋白质，注意增加肉类、蛋类、鱼类以及大豆制品的摄入。

3. **碳水化合物** 碳水化合物在机体耐寒产热中发挥重要作用。碳水化合物吸收快，有利于颤抖性产热，适合低温环境作业者在早餐和午餐摄入。研究报道，中度的冷暴露可使机体碳水化合物氧化速率从 130mg/（kg·h）增至 500mg/（kg·h），基础代谢率增加 2.5 倍时，碳水化合物代谢率升高 6 倍，而脂质代谢率上升不到 2 倍。在寒冷诱导颤抖期间，碳水化合物供能占糖原储备正常的机体产生总能量的 20%~80%。为了维持糖原储备稳定，人体每日需摄入至少 400g 碳水化合物。

4. **脂肪** 脂肪是体内最大能源库。研究发现，能量不足时，人体贮存的脂肪能满足 2 000kcal/d 持续 1 个月的能量需要，但是会伴随体力、脑力活动能力下降，瘦体重（lean body mass）丢失。在极寒环境下，为了维持体重、保证机体热调节和提高作业能力，人体需增加能量摄入，当膳食能量摄入达到 57kcal/kg 时，高脂肪膳食（脂肪供能占总能量的 30% 以上）是必然选择。低温环境下短期（7~14d）高脂肪膳食不会引起心血管损害。

5. **矿物质** 寒冷地区人体矿物质容易缺乏，其原因包括：①气候适应过程中机体矿物质排出量增加；②膳食摄入矿物质不足；③机体产热加速，对矿物质需要量增加，其中，需高度关注的是钙和钠。因此，低温环境下应注意补充钙、钠、钾、锌和镁等矿物质，增加新鲜果蔬和奶制品的摄入。矿物质丢失严重者建议补充食盐 15~20g/d。

6. **维生素** 抗氧化维生素（如维生素 C、维生素 E 和胡萝卜素）与膳食脂肪具有协同耐寒作用。维生素 C 有利于保持低温环境下人体的深部和体表体温，维生素 B_1、维生素 B_2、维生素 B_3（烟酸）、维生素 B_5（泛酸）参与机体的产热过程。低温环境中人体维生素的需要量高出 30%~50%。专家建议，寒冷地区居民应保证每天水溶性维生素的摄入量。维生素 D 在机体耐寒中的作用研究较多，我国北方一些地区冬季维生素 D 营养缺乏比较严重，缺乏率达 50% 以上，主要原因是纬度高、户外活动少、食物摄入不足。

7. **饮水** 水是人体成分中含量最多的物质，由于水的比热值最大，水的吸热与散热在调节体温平衡上起重要作用。低温环境既抑制了水分的摄入，又增加水分的丢失，机体可能发生等渗或高渗脱水，原因包括：①低温环境下人体往往需要摄入较多能量，机体对水需要量相应增加，水供给量为1.5ml/kcal为宜；②寒冷时多尿失水；③低温环境中蒸汽分压下降，导致呼吸失水增多，24h呼出的水分在25℃时约为600ml，0℃时为800ml，-20℃时高达1 000ml，如果在低温环境下同时从事较重的作业，机体呼吸加快，则损失的水分剧增；④笨重的防寒服装增加人体出汗失水；⑤低温环境下人体饮水欲望降低。因此，防止脱水是低温环境人群营养的重要内容之一，为防止水与电解质失衡，出现等渗或高渗性脱水现象，应保证充足的水分摄入。

（二）低温环境人群的营养保障

1. **膳食营养保障** 低温环境条件艰苦，如南北极探险与科学考察，边远寒冷地区驻扎等，应关注低温环境人群的膳食。要注意的问题是：①首要的是提供能量高、重量轻、体积小的耐寒膳食。②合理调配膳食脂肪供能比，提高不饱和脂肪酸比例，注意脂肪来源。③开发定量包装、易于融解复水的冷冻脱水食品，最好是可以直接入口食用，适于寒冷地区野外作业携带。④尽量利用当地食物资源，如鱼类、海鲜以及当地居民经常食用的食物。⑤要充分利用强化食品，常见的强化剂为维生素A（男性3 000U/d、女性2 333U/d）、维生素C（男性90mg/d、女性75mg/d）、钙（男、女均1 000mg/d）、铁（男性8mg/d、女性18mg/d）和钠（2~4g/d），并尽可能拓展一些必需的食物资源，例如极地考察站开辟温室栽培蔬菜。⑥尽可能符合食用者饮食习惯，食物口感风味在一定程度上可以愉悦人们情绪。⑦建立合理的膳食制度，适当安排餐次及进餐量。每日安排四餐，早餐占一日总能量的25%，上午加餐占15%，午餐占35%，晚餐占25%。为了有利于低温环境下机体保温取暖，要求寒冷地区或寒冷季节要供应热食。此外，进入低温环境之前应补充膳食营养，实现机体充足的营养素储备，有利于延缓低温环境下营养素缺乏的发生。

2. **饮水保障** 保障低温环境工作者安全、足量的饮水非常重要，低温作业者应根据需要和条件携带一定量的饮液。专家建议，低温环境下每日摄入3~8L液体，除饮用水外，要有含200mmol/L葡萄糖并强化矿物质和水溶性维生素的饮液，同时备有小型加热炉。从减少机体水分丢失的角度来看，低温环境人群膳食中蛋白质不宜过多，因为蛋白质供能产物尿氮在肾排出时，导致机体多尿失水。

3. **补充有助于机体耐寒的生物活性物质** 某些营养素和植物化学物能够诱导白色脂肪组织转化为BAT，激活BAT产热，增加人体的能量消耗，产热量达机体总能量的20%，这对保护肌肉组织，增加胰岛素的敏感性和稳定血糖有重要的意义。

（1）氨基酸：食物中甲硫氨酸和亮氨酸可以增加啮齿动物的能量消耗，亮氨酸可以减少短期低温条件下动物瘦体重（lean body mass）的损失。研究发现，富含牛磺酸和甘氨酸的鲑鱼蛋白水解物能够提高大鼠血浆胆汁酸浓度，诱导脂肪组织中解偶联蛋白1（uncoupling protein 1，UCP1）的活性，增加全身能量消耗。

（2）共轭亚油酸和ω-3脂肪酸：共轭亚油酸能够诱导前脂肪细胞凋亡，增加白色脂肪组织的脂肪酸氧化，显著降低动物的脂肪量。长链ω-3多不饱和脂肪酸（polyunsaturated fatty acid，PUFA），如二十碳五烯酸（eicosapentaenoic acid，EPA）和二十二碳六烯酸（docosahexaenoic acid，DHA）增加脂肪组织中脂肪酸的β-氧化，以及棕色脂肪组织中UCP1介导的适应性产热。

（3）维生素：维生素C和维生素E能够降低低温条件下老年大鼠海马的氧化应激反应。研究发现，低温环境下大鼠海马过氧化氢（H_2O_2）和硫代巴比妥酸反应产物（thiobarbituric acid reactive substance，TBARS）的水平增加，海马和血浆维生素C和维生素E耗竭，补充这两种维生素则可降低H_2O_2和TBARS数量，增加超氧化物歧化酶（superoxide dismutase，SOD）活性。此外，补充维生素C能够增加低温环境下骨骼肌收缩力，促进机体颤抖产热。

（4）辣椒素及其类似物：辣椒素（capsaicin）及辣椒素类似物（capsinoids）均是瞬时受体电位阳离子通道亚家族V成员1（transient receptor potential cation channel subfamily V member 1，TRPV1）的激活

剂，能够有效激活口腔和胃肠道中感觉神经元上的 TRPV1，增加交感神经活动，促进机体产热和脂肪氧化，并且辣椒素能够诱导 BAT 的产热活性。研究发现，辛辣食物如黑胡椒、白胡椒、姜酚、姜烯酚等也具有激动 TRPV1 的活性。

(5) 儿茶素：绿茶中含有丰富的儿茶素，儿茶素是 TRPV1 的激动剂，可刺激肝脏和脂肪组织中的脂肪酸氧化产热；通过激活胃肠道感觉神经元中的 TRPV1/TRPA1 诱导 BAT 产热，增加机体能量消耗。研究发现，连续服用儿茶素饮料 5 周，受试者冷诱导因产热消耗的能量增加了 2.1 倍。儿茶素提高低温环境下机体的非颤抖性产热能力，发挥耐寒作用。观察发现，服用 1 600mg 含儿茶素的绿茶提取物，使机体在低温环境时骨骼肌颤抖强度降低了 20%。

（王舒然）

第四节 高原环境

高原(altiplano)是指海拔 3 000m 以上的地区。高原具有大气压和氧分压低、气温低、风大、湿度低、太阳辐射强等特点，其中，低氧分压是高原环境影响人体最主要的因素，可导致机体出现急性缺氧、神经行为功能异常、体能下降等一系列高原相关医学问题。我国高原约占陆地总面积的 1/6，面积广大，如我国的青藏高原、黄土高原、云贵高原等。急性高原病(acute high altitude sickness)是指人从平原快速进入海拔 3 000m 以上的地区时，因低气压、低氧分压等环境因素导致的头晕、头痛、恶心、呕吐、心慌、气短、失眠、厌食、腹痛、腹胀、便秘、口唇发绀、手足发麻等一系列临床综合征，包括急性高原反应、高原肺水肿、高原脑水肿 3 种类型。急性高原病一般发生在进入高原的 6~9h，最长为 24h。慢性高原病是指人对高原环境已经适应了一段时间后，又重新出现对高原环境不适应的疾病，如高原红细胞增多症、高原肺动脉高压等，患者初期症状轻微，表现为乏力、头痛、头晕、发绀、运动时缺乏耐力等，但迁延难愈，逐渐加重，严重影响机体健康和活动能力。

一、高原环境人群的生理代谢变化

高原地区的低气压和低氧分压使机体出现缺氧症状。根据人体对低氧的生理耐受程度，可分为代偿区(3 000~4 500m，血氧饱和度 90%)、障碍区(4 500~6 000m，血氧饱和度 80%~70%)、危险区(6 000~7 000m，血氧饱和度 70%~60%)和休克死亡区(7 000m 以上，血氧饱和度低于 60%)。处于低氧环境的初期，机体发生适应性改变：①进入高原后 2h，血液红细胞和血红蛋白增加，出现高血红蛋白血症；②清晨初醒时的脉搏较海平面地区快 20% 左右；③低氧环境影响脑功能，特别是对感觉、记忆、思维和注意力等认知功能的影响。如果机体长期处于低氧环境，则引起慢性低氧损害，如血压异常(高血压或低血压)、红细胞增多症、心脏肥大和指甲凹陷等。高原环境下机体发生以下生理代谢变化。

1. **中枢神经系统** 脑组织具有耗氧量大、代谢率高、氧和 ATP 贮存少以及对低氧耐受性差的特点。急性低氧使机体有氧代谢降低，脑组织能量供应不足，引发脑功能障碍，表现为头痛、头晕、嗜睡、体力活动能力和作业能力明显降低等。急性低氧时乙酰胆碱、多巴胺、5- 羟色胺等神经递质代谢异常，引起学习和记忆功能显著下降、难以入睡或睡眠质量差等神经精神功能障碍。此外，低氧性钠泵功能紊乱可导致钠和水进入脑细胞，引发脑水肿和自主神经功能紊乱。

2. **呼吸系统** 人体动脉血氧分压降低可刺激周边化学感受器，反射性地引起呼吸加深加快，肺活量、肺通气量和肺泡内氧分压增高。低氧使动脉血氧分压下降，肺血管收缩，这是导致肺动脉高压和肺源性心脏病的重要原因。

3. **心血管系统** 高原急性低氧可使血液重新分配，流经重要生命器官的血液量增加，红细胞生成加速；同时，呼吸增强使肺血流量和心输出量随之增多，有利于氧的摄取和运输。高原低氧环境下，机体血氧分压、血氧含量和血氧饱和度降低，心肌收缩力下降，易导致心力衰竭和猝死，毛细血管损伤，形成局部血栓。慢性低氧刺激红细胞和血红蛋白增多、血浆黏度增加、血压异常及心脏肥大等。长期低氧引起毛细血管密度增加、毛细血管与肌纤维的比值增大，缩短氧的弥散距离，扩大氧的弥散面积，代偿性地增加对组织细胞的供氧量。肌红蛋白（myoglobin，Mb）与氧的亲和力大于血红蛋白，具有储备氧的功能，在低氧条件下可通过增加肌红蛋白来适应低氧环境，保护心肌细胞。

4. **消化系统**　由于人体胃肠黏膜缺氧，胃张力降低，肌肉收缩减少从而导致食欲降低。进食后胃蠕动减弱，幽门括约肌收缩，胃排空时间延长，消化液分泌量减少，引发胃肠功能紊乱。研究发现，胃肠道症状是最常见的早期高原反应，60% 的人进入高原后会出现恶心、呕吐和食欲减退。急性缺氧可使消化酶、胃肠道激素、胃酸和胃泌素的分泌量减少。此外，气压低可使胃、肠内的残存气体膨胀，进而引起腹胀。

5. **其他**　高原低氧环境对视觉功能有损害作用，表现为视觉灵敏度明显降低，视网膜水肿、渗出、出血、视盘充血显著增加。研究发现，视网膜动脉痉挛，静脉怒张迂曲的发生率随着海拔升高显著增加，严重者可出现视神经萎缩。高原低氧使机体儿茶酚胺和糖皮质激素分泌增加。慢性高原病还包括高原指甲凹陷症等。

二、高原环境人群的营养代谢特点

高原环境下氧供给不足，机体的营养物质代谢和利用发生多种变化，变化的程度与缺氧的程度、持续时间、机体健康状态以及其他环境因素等有关。

1. **能量和蛋白质**　机体能量需要量增加，高原环境人群的能量推荐摄入量较一般人群增加10%。进入高原初期，机体能量摄入不足，蛋白质合成代谢减弱、分解代谢增强，尿氮排出增加，出现不同程度的负氮平衡。研究发现，高原环境人群一些氨基酸的代谢发生变化，导致机体对缺氧的耐受能力降低。如酪氨酸的氧化增强，二胺氧化酶和胍氧化酶活性减弱，组氨酸和精氨酸代谢障碍，使组胺和胍等物质在体内聚积。在机体适应高原环境过程中，机体代偿和适应性增加脑蛋白质、心肌蛋白质、肌红蛋白和血红蛋白的含量。

2. **脂类**　机体脂肪动员加速，激素敏感脂肪酶活力升高，脂肪分解增强，脂肪贮存量减少。血中甘油三酯、胆固醇和游离脂肪酸升高，血和尿中酮体增多。严重缺氧时，酮体在体内大量堆积，引发酮血症，降低机体缺氧耐力。

3. **碳水化合物**　糖的有氧代谢受阻，糖酵解增强，出现血糖降低、血乳酸和丙酮酸含量增加。葡萄糖吸收减慢，糖原分解和利用加强，合成酶活力下降，糖原异生受阻，糖原贮备减少。在适应高原环境过程中，机体代偿和适应性增加一些氧化酶、糖酵解酶和磷酸戊糖旁路酶的活性。

4. **水和矿物质**　由于人体多尿和过度通气，机体容易发生高原脱水（表现为体内含水量显著降低，血浆容积下降，体液从细胞外进入细胞内，细胞外液减少，细胞内液增加，细胞水肿），脱水降低了机体对疲劳和缺氧的耐受性。同时，机体出现电解质代谢紊乱。机体为了适应高原缺氧，有利于氧的运输，造血功能亢进，红细胞增加，铁作为血红蛋白的重要成分，其供给量应当充足，尤其是高原妇女应适当增加铁的供给量。高原环境人群心电图发生与低钾血症相似的改变。因此，专家认为，钾丢失和水、钠潴留是水和电解质紊乱的重要原因，建议适当限制钠的摄入，进食含钾多的食品或适当补充钾盐。

5. **维生素**　维生素多以辅酶形式参与机体有氧代谢，在呼吸链电子传递过程中发挥重要作用，有利于 ATP 的生成。高原缺氧时，辅酶含量降低，阻碍了机体有氧代谢。研究发现，高原人群尿液中维生素 B_1、维生素 B_2 和维生素 C 排出量增加，容易发生维生素缺乏，因为一方面机体对缺氧的代偿和适应反应可使维生素的消耗量增加，另一方面高原缺氧初期食欲减退，使维生素摄入量不足。研究显示，维生素 C 能改善缺氧条件下氧运输和心血管功能。温度可影响维生素 A 代谢，在 25℃时大鼠每天需要维生素 A 5μg RE 来维持生存和生长，在 5℃时大鼠需要的维生素 A 高达 100μg RE，提示高原环境人群对维生素 A 需要量增加。一项对 4 800m 高原男性士兵的研究表明，每天摄入维生素 A 1 050~1 500μg RE、维生素 B_1 2~2.5mg、维生素 B_2 1.5~2mg、维生素 C 75~100mg 较为适宜。人体试验表明，一种复合维生素补充剂（每天摄入维生素 A 1 800μg RE、维生素 B_1 2mg、维生素 B_2 2mg、维生素 C 300mg、烟酸 20mg、维生素 B_6 5mg、泛酸钙 5mg、维生素 E 60mg、维生素 B_{12} 50μg 和芦丁 50mg），对高原人群增强体力、减少尿中乳酸排出量和改善心脏功能有较好的效果。

三、高原环境人群的营养需求和营养保障

（一）高原环境人群的营养需求

高原环境下，机体营养物质的代谢和利用发生一些变化，相应的营养物质的需要量也发生改变。

1. **能量**　高原急性缺氧增加机体的基础代谢率。研究发现，在同等劳动强度条件下，高原环境机体的能量需要量增加 3%~17%，高原缺氧可使食欲减退，食物能量摄入不足，加上高原地区食物和饮水供应受限，机体的能量保障面临巨大挑战。调查发现，高原作业人员普遍存在能量摄入不足问题。专家建议，高原地区人群的能量供给量标准比平原地区增加 10%，以增加碳水化合物摄入量为主。三大营养素供能比分别为：碳水化合物 55%~65%、蛋白质 12%~15%、脂肪 25%~30%，必要时可适当提高碳水化合物的供能比例。研究发现，碳水化合物、蛋白质和脂肪供能比分别为 80%、10% 和 10% 的膳食可以提高海拔 6 200m 地区人群耐缺氧的能力。

2. **碳水化合物**　碳水化合物能使机体更好地适应高原代谢变化。长期以来，碳水化合物被认为是在高原环境下机体首选的供能营养素，其原因如下：①碳水化合物膳食能使人的动脉血中含氧量增加，提高机体在高原地区的换气能力，有利于维持体能；②碳水化合物可减轻头痛、恶心、嗜睡等高原反应症状，对于精神状况、神经肌肉的协调、作业能力和夜视能力均有改善作用；③研究发现，缺氧时心肌主要以葡萄糖作为能源，葡萄糖可增强严重缺氧心肌的机械能；④机体消耗等量氧时，碳水化合物产能高于脂肪和蛋白质，消耗 1L 氧气时碳水化合物、脂肪和蛋白质的供能分别为 5.05kcal、4.87kcal 和 4.48kcal；⑤高碳水化合物膳食具有易消化，接受性好，减轻酮体聚积和负氮平衡的优点。美国建议，高原环境下碳水化合物的摄入量至少为 400g/d。

3. **蛋白质**　高原人群容易发生负氮平衡。研究发现，膳食中蛋白质供能比为 15% 时，氮在体内潴留较多，体力、生理功能和缺氧症状都得到改善。膳食中蛋白质含量不应过高，因为高蛋白膳食耗氧多，食物生热效应最强，使机体出现消化不良、组胺在体内聚积，降低人体的缺氧耐力。因此，应选用鱼类、肉类、蛋类和大豆及其制品等优质蛋白质，保持机体氮平衡。此外，补充某些氨基酸如色氨酸、酪氨酸、赖氨酸和谷氨酸等能够提高机体耐缺氧能力。

4. **脂肪**　高原缺氧环境下，不同人的膳食脂肪摄入量差异较大。有研究认为，高原缺氧初期宜以低脂膳食为主。适应高原环境后，机体摄入正常供能比的脂肪。也有研究认为，考虑到高原气温低，机体消耗储存的脂肪供能，应适当增加脂肪摄入量。

5. **水和矿物质**　高原环境机体失水较多，如高原轻体力劳动时每天失水达 1 800ml。但初入高原的人常无口渴感，不愿饮水，易导致慢性脱水。适当补水可维持体液平衡，促进食欲，防止水电解质代谢紊乱。水量以补充机体丢失水分，达到水平衡为原则，注意预防脑水肿和肺水肿。适应高原后，机体的饮水量没有大的变化。劳动或活动的强度对水需求量的影响很大。

高原环境人群容易发生电解质代谢紊乱，补钾和限钠有利于防治急性高原反应和适应高原缺氧环境。高原环境下，轻、中等体力劳动者的铁推荐摄入量为 25mg/d，锌为 20mg/d，钙为 800~1 000mg/d。

6. **维生素**　高原人群维生素的需要量增加，研究证实，补充多种维生素能够提高机体耐缺氧能力。专家建议，轻、中等体力劳动者维生素推荐摄入量为维生素 A 1 000μg RE/d，维生素 B_1 2.0~2.5mg/d，维生素 B_2 1.5~2.5mg/d，维生素 C 80~150mg/d。

研究发现，适量补充 B 族维生素能够提高高原人群的缺氧耐力和神经精神功能，加速机体对高

原缺氧的适应过程。美国军方建议，维生素 B_1、维生素 B_2 的摄入量标准均为 3mg/d。补充维生素 C 可提高缺氧状况下氧的利用率，有助于纠正缺氧初期的呼吸性碱中毒，保护线粒体膜结构，改善线粒体呼吸功能。大剂量补充维生素 C 能够提高缺氧耐力。寒冷或高原环境下，1996 年美国士兵的维生素 C 摄入量标准为 250mg/d。补充维生素 E 能减少组织的氧消耗，提高氧的利用率，促进红细胞的生成，提高缺氧耐力，有利于高原适应。1996 年美国军方规定，α- 生育酚摄入量标准为 400mg/d。

（二）高原环境人群的营养保障

合理的膳食营养有助于提高人体的高原环境适应能力、作业能力、运动能力、生存能力和抗病能力。高原环境下常见的膳食营养问题：①交通不便，特别在冬季和春季，大雪封山，食物运送和供给困难；②高原地区气压低，饭菜不易做熟，影响饭菜的适口性，用高压锅烹调食物损失多种水溶性维生素；③高原缺氧环境使机体食欲降低，消化功能紊乱，能量和营养素摄入不足。因此，应重视高原环境人群的营养保障。

1. 膳食营养保障　针对高原环境下常见的膳食营养问题，大多数国家都提出了膳食营养保障建议，其中大多数是针对高原军事训练的。1996 年美国军方提出的高原环境膳食营养保障建议为：①建议监测体重变化，不推荐把高原训练当作减肥的机会；②建议高碳水化合物膳食（以复合碳水化合物为主），不推荐不吃正餐；③建议每天至少供应一餐热食，不推荐高脂膳食；④供应多种食物以及小吃，不推荐在恶心、呕吐时强迫进食；⑤鼓励吃完推荐一餐份的所有食物，不推荐喝未净化的水或融化的雪水；⑥确保士兵每日饮水 4~6L，不推荐为避免多尿而限制饮水；⑦供应不含咖啡因的饮料，不推荐饮酒。

我国高原人群的合理膳食建议内容：①保障供给充足的蔬菜、豆类及其制品；②食物多样，提高优质蛋白质、钙、铁、锌等的摄入量，适当增加海带和动物内脏、鱼及其制品等食物；③科学烹调，增加饭菜适口性；避免叶菜类中的维生素损失，不用高压锅烹调；为满足人体生理需要，可服用复合维生素制剂；④采取少吃多餐的方式以增加食物摄入量，正餐之间适当增加一些零食，如面包、糖果、饼干等；⑤避免或限制难消化或产气性食物的摄入，如高脂肪、油炸、腌腊、烟熏的食物；⑥禁止空腹和饭后立即运动（餐后休息 2h），禁止剧烈运动后大量饮水；禁止运动后立即用餐（休息 50min），注意晚餐的摄入量不宜过多，以免增加肠胃负担，不利于睡眠、疲劳消除和体能恢复。

2. 补充提高高原作业能力的生物活性物质　近年来国内、外的研究证实，某些营养素或生物活性物质可调节机体的代谢和生理功能，有效提高高原地区军事作业能力、运动能力和环境适应能力，最大限度地调动机体的潜能。

（1）氨基酸：一些氨基酸具有特殊的抗缺氧作用，如酪氨酸、色氨酸、谷氨酸、牛磺酸等。高原人群应注意膳食蛋白质的氨基酸组成，以提高机体对高原缺氧的适应能力。研究发现，酪氨酸提高高原人群作业能力和减轻高原反应的作用可能与酪氨酸参与多巴胺、肾上腺素及去甲肾上腺素合成有关。色氨酸、胆碱通过影响 5- 羟色胺和乙酰胆碱的合成与释放，进而影响机体的神经精神功能。动物实验发现，谷氨酸能明显增强大鼠对缺氧和寒冷的耐力。牛磺酸能改善急性缺氧导致的大鼠心肌线粒体功能的损伤和视觉损伤。此外，类氨基酸化合物肉碱有助于机体氧的利用和生物氧化过程，增强有氧代谢能力。

（2）维生素：维生素以辅酶的形式参加机体有氧代谢，提高机体对高原缺氧的适应力。维生素作为抗氧化剂可以减轻机体脂质过氧化，大大提高抗氧化能力。因此，高原人群的营养保障措施中提倡大量补充维生素，其中，B 族维生素、维生素 E 及维生素 C 是不可或缺的复合维生素成分。研究发现，机体适应高原环境之后，摄入维生素含量丰富的膳食即可。

（3）无机盐：通常无机盐应与维生素复合补充。具有抗缺氧作用的无机盐主要包括铁、钾、硒、钴、锌、铜、锰等。铁是血红蛋白的合成原料，每日补充 300mg 硫酸亚铁有利于血红蛋白、肌红蛋白、含铁蛋白质和酶的合成。每日补充 70mg 氯化钾有助于防治急性高原反应。专家推荐，在缺氧适应过程中应增加硒和钴的摄入量。研究发现，移居到高原的居民头发中锌、铁、铜、锰和血清铁、锌、锰含量减少，适当补充这些微量元素可明显改善机体对高原低氧环境的适应能力，增强呼吸功能。在进入高原前服用微量元素制剂也可有效地减少高原反应的发生率。

(4) 肌酸：肌酸主要在肾脏由甘氨酸和精氨酸合成，95% 的肌酸存在于骨骼肌中。肌酸参与调节细胞能量代谢，促进机体 ATP 的合成，供给骨骼肌更多的能量，缓解高原人群能量不足的问题。肌酸还能增加肌肉磷酸肌酸与肌糖原的含量，防止肌细胞损伤。高原训练期间，补充肌酸可以有效提高肌力、速度和耐力，延缓疲劳。但是，应注意个体差异和训练负荷的变化以避免补充过度。

（王舒然）

第五节　常见特殊职业

特殊职业所涉及的职业种类繁多，特殊职业人群的健康损害及其预防属于职业卫生的范畴，从营养学角度预防和降低特殊职业人群的健康损害只是众多预防措施中的一方面，因此，本节简要介绍常见特殊职业人群的营养需求特点。

一、航空人员的营养需求特点

航空人员是指与操作航空器直接相关的人员，如飞行员、领航员、通信员、投弹手、空中机械师等。航空器是指活动范围限于大气层内的飞行器，包括飞机、热气球和飞艇等。航空人员在飞行中处于高度精神紧张状态，并且受到高空缺氧、高空低气压、加速度、噪声、振动、电离辐射等因素的影响，心理和生理发生改变，其中，最常见的是消化系统和心血管系统的异常。航空人员的胃肠功能异常表现为消化腺体的兴奋性降低，胃酸浓度下降，胃肠收缩力减弱，胃排空时间延长，发生高空胃肠胀气、腹痛、溃疡病和慢性胃炎等。航空人员容易发生高脂血症、高血压和低血糖，甚至发生肥胖。研究发现，空腹飞行容易出现低血糖，餐后立即飞行影响脂肪消化吸收，并升高血甘油三酯和胆固醇水平。

航空人员能量代谢增高。急性缺氧时机体发生应激反应，蛋白质分解增加，易发生负氮平衡；对缺氧适应后，机体保持氮平衡。航空人员的脑、肝和心肌中糖原降低，机体主要依靠糖酵解提供能量，体内碳水化合物消耗过多，引起脂肪或蛋白质代谢代偿性增强。研究发现，适当增加膳食中的蛋白质比例，对维持飞行时血糖水平较为有利。建议膳食蛋白质供能比为 12%~15%，其中动物性蛋白质占 30%~50%；脂肪为 20%~30%，其中动物性脂肪不超过脂肪总摄入量的 50%；碳水化合物为 55%~65%。航空人员补充维生素能够提高缺氧条件下机体对氧的利用率，提高飞行能力。目前，我国维生素和矿物质补充剂的主要成分包括维生素 A、维生素 D、维生素 E、维生素 B_1、维生素 B_2 和维生素 B_6、维生素 C、烟酰胺、右旋泛酸钙、维生素 B_{12}、叶酸、硒、锌和钙等。

为了满足航空人员的营养需求，应制定合理膳食制度。2003 年美国提出了航空人员营养指南，规定了吃饭的时间、食物组成、液体需要量、避免食物产气、饮酒、咖啡等内容。我国的合理膳食制度规定，禁止空腹和饱腹飞行，根据季节和飞行特点安排饮食，不飞行日为三餐制，飞行日为四餐制。为了预防高空胃肠胀气，禁食不易消化及含膳食纤维多的食物，如甘薯、粗杂粮、干豆类、萝卜、黄豆芽、芹菜、卷心菜和黄豆等，另外禁饮含气饮料。为了防止飞行低血糖，飞行前禁食含单糖或双糖丰富的膳食，膳食中蔗糖的供能不得超过总能量的 10%，每日膳食中胆固醇的含量应在 800mg 以下，膳食中维生素的摄入量至少应有 1/3 来自动物性食品。

夜间飞行人员每天需要的维生素 A 不少于 3 000μg RE，富含维生素 A 的食物有猪肝、鸡蛋、新鲜绿叶蔬菜、胡萝卜等；烟酸、维生素 B_1、维生素 B_2 和维生素 C 参与夜视时视网膜的化学反应，应该及时补充。夜餐必须易于消化，以半流质为宜，蛋白质含量不宜过高，以免影响睡眠。在特殊飞行条件下应补充维生素 B_6，它与前庭器官的敏感性有密切关系。

二、航天员的营养需求特点

航天器在离地 200~500km 的真空空间飞行时，地球的重力接近于零，称为微重力或失重。失重严重影响人体的生理功能和营养代谢，是航天医学研究的主要环境因素。航天飞行时，大多数航天员体重减轻，短期飞行表现为机体水分丢失，长期飞行主要发生肌肉萎缩、骨质丢失和体脂消耗等。

1. **肌肉萎缩**　失重环境下机体肌肉快速萎缩，其中损失最多的是保持机体在地面正常身体姿势的抗重力肌肉，即慢动肌纤维。研究发现，影响肌肉萎缩的原因是肌肉血流减少以及机体摄入能量不足。膳食补充高水平的亮氨酸能够抑制蛋白质的分解，促进蛋白质合成。

2. **骨质丢失**　失重环境下机体钙和磷从尿及粪便中排出增多，骨质丢失以下肢和脊柱等承重骨为主，骨质丢失是制约长期航天飞行的主要医学问题。研究发现，航天员经过 6 个月的飞行，下肢骨丢失多达 20%；返回地面后，骨质丢失仍持续几个月，骨质丢失的速度为每个月 0.4%~1%；影响骨质丢失速度的主要因素包括骨骼负荷、膳食钙摄入量、激素水平、肌肉萎缩等。航天骨丢失是骨重吸收增加、尿钙排出增加、肠钙吸收减少的结果，骨钙丢失率为 250mg/d。处于饱和状态的尿钙容易形成肾结石。许多膳食因素与航天骨质丢失有关，如能量、蛋白质、食盐、钙、维生素 D、维生素 K 等。研究发现，膳食高蛋白和高钠促进尿中钙浓度过饱和，增加肾结石的发生风险。适宜的膳食钙可减少草酸的吸收，不增加肾结石形成的风险。航天员补充膳食维生素 K 有助于对抗失重导致的骨质丢失。补充维生素 D 使骨重吸收的标志物明显升高。但是，并未发现高钙和维生素 D 膳食能有效对抗航天员骨质疏松的进展。

3. **血液循环变化**　机体适应了地面重力环境，失重环境下，体液量及其分布发生改变。液体向头部转移，表现为颜面肿胀、鼻塞、头痛。机体水排出增加，有效血容量减少，新生成红细胞减少，红细胞呈桑葚或圆球形，血红蛋白浓度降低，血清铁蛋白升高，平均血细胞比容下降。研究发现，航天飞行 4d 就能观察到以红细胞数量减少为特征的贫血，飞行 3 个月红细胞数量减少 15%，淋巴细胞功能轻度降低，返回地面后机体能够恢复。理论上，铁的大量储存增加机体发生氧化损伤和动脉硬化的风险，补充抗氧化剂对辐射或高氧诱导的机体氧化损伤有保护作用。膳食铁的摄入量应控制在 10mg/d，而补充与铁和红细胞生成密切相关维生素（维生素 B_{12}、维生素 B_6、叶酸）的理想时间应该在返回地面后。

4. **空间运动病**　进入失重环境飞行的前 2d，2/3 的航天员出现空间运动病症状，表现为头痛、不舒服，恶心，甚至发生呕吐，通常在 48h 内缓解，在第 3~5d 消失。空间运动病发生的机制是在失重条件下机体来自视觉和前庭的输入信号发生冲突，引起定向障碍；此外，液体头向转移也与空间运动病的发生有关。

5. **消化系统改变**　失重环境下，机体的消化功能降低，表现为舌上味蕾肿胀，味觉和嗅觉减退，口味发生改变，喜欢辛辣刺激食物，食欲下降，胃肠胀气，食物排空延时，胃肠血流降低，胃肠微生态紊乱等，其主要原因包括液体头向移动、空间运动病、摄入液体少、神经和情绪紧张等。研究发现，失重条件下，胃肠道的细菌数量增加，细菌菌群发生改变，表现为以厌氧菌双歧杆菌为代表的屏障菌减少或消失，胃肠微生态紊乱对航天员的健康有潜在影响。

航天员的膳食营养分为 3 个阶段：①调整飞行前膳食摄入，减少对失重适应的过渡时间；②依据地面和失重暴露试验研究，确定航天期间所需要的能量和营养素，航天员长期飞行时营养素供给量应根据失重对机体的生理影响加以修正，如增加维生素 C 的摄入量；③改进飞行后的膳食，加快航天员损伤组织和营养储备的恢复。

研究发现，机体能量消耗随着飞行时间延长有增加的趋势。尽管膳食蛋白质能减慢肌肉萎缩和蛋白质丢失，但是，高蛋白膳食可促进钙的丢失，因此我国航天员蛋白质推荐量维持在总能量的 12%~15%。脂肪食品体积小、重量轻，能量密度高，能增加食物的可口性，但是高脂肪对心血管系统不利，降低飞行耐力，我国航天员膳食脂肪的推荐量为总能量的 30% 以内，注意必需脂肪酸的比例。碳水化合物具有容易消化吸收、代谢耗氧量少、不需要额外水帮助排泄的优点，我国航天员碳水化合物推荐量为总能量的52%~55%，其中，单糖和双糖的比例低于10%，膳食纤维15~20g/d。航天员对水的需求受到舱内微气候、失重环境、体力活动、饮食和生理功能等多因素的影响，通常每消耗1kcal能量需补充1ml水，为此，我国航天员的饮水供给量为2 500~3 000ml/d。失重环境下机体出现的电解质紊乱和脱水增加了航天员着陆时产生不良后果的风险。在返回地面前应增加细胞外液和循环血量，通常补充含盐饮料(如等张的生理盐水)，以提高返回后立位耐力，缩短机体对地面重力环境的适应时间。

航天膳食的特点与要求：①航天员在整个飞行期间所需的膳食全部在飞行前按计划配置，为了减少飞船的负荷，航天膳食和包装材料应尽可能重量轻、体积小，食品去除不可食的组分，如骨、鱼刺、皮、核等。脱水食品感官接受性较差，一般在食谱中所占比例不应超过50%。一般动物性食品被加工成软、硬罐头类热稳定性食品，果蔬类采用冷冻干燥法制成复水食品或即食食品。②食品及其包装要方便在失重环境中应用，并与飞船上的食品伺服装置相适配，如防止食物在舱内漂浮，食品加工成一口大小的包装，且无可流动的汤汁。③适应航天员失重环境下的生理改变，如为了提高食欲，按照航天员个人选择的食谱和口味配餐，并提供调味品。④食品应该安全可靠，食品及包装能经受航天特殊环境因素的冲击，如振动和加速度等。

三、航海人员的营养需求特点

随着人类海洋开发、商贸发展以及军事上的需要，航海事业蓬勃发展。人类适应了陆地生活，航海的特殊环境因素，如船的摇摆和颠簸、噪声、振动、高温、低温、电离辐射等对于船员的生理和营养代谢产生影响。船摇摆和颠簸刺激船员出现一系列自主神经反应，即晕船症状，如恶心、食欲缺乏、面色苍白、冷汗、呕吐，严重者可发生运动病和低血糖。船航行发出的宽带连续噪声影响情绪、睡眠和休息，使食欲下降。振动引起全身和局部肌肉反射性紧张，心率与呼吸频率加快，肺通气量及耗氧量增加。外环境和舱室高温可使机体水分、矿物质、维生素及含氮物质丢失增加。长期低剂量电离辐射会影响蛋白质和维生素等的代谢。此外，航行时船员精神处于高度紧张状态。

受到多种特殊环境因素的影响，机体基础代谢和活动的能耗增加。航行早期因食欲下降，晕船呕吐，机体出现能量负平衡，体重降低。长期航行适应环境后，船员体重维持稳定。各国船员能量消耗为2 980~3 496kcal/d，我国船员平均为3 138kcal/d。航行时机体蛋白质分解代谢增强，氮排出增多，蛋白质需要相应的增加，所以蛋白质摄入量应为总能量的15%，注意优质蛋白质的供给。一般航海环境使人厌恶脂肪，膳食脂肪摄入量减少。研究发现，补充维生素B_6及维生素B_1有良好的防晕船效果。实验表明，维生素B_1、维生素B_2、维生素C和维生素B_{12}能减少动物听力痉挛，同时大量给予维生素B_6与大量琥珀酸盐或谷氨酸，则防护噪声损伤效果更好。长期航行的船员体内维生素C水平大幅下降，维生素B2等其他维生素也缺乏；潜艇水下航行时，船员维生素D合成减少，尿钙排出量会降到航行前的一半。

各国船员能量供给量范围为3 000~4 000kcal/d，我国舰艇人员能量供给量为3 300~3 600kcal/d，潜艇船员为3 500~3 700kcal/d。各国船员三大营养素供能比为蛋白质11%~15%、脂肪20%~35%、碳水化合物50%~69%；我国蛋白质为12%~15%、脂肪25%~30%、碳水化合物55%~65%。蛋白质供给量为110g，动物性蛋白质应占总蛋白质的30%~50%，动物性脂肪不得超过脂肪摄入总量的50%，单糖和双糖供能不超过总能量的10%，每日膳食胆固醇应在800mg以下。航海的特殊环境因素使人体多种维生素消耗增加。我国规定，航海人员的钙供给量为800mg/d、铁和锌15mg/d、硒50μg/d、碘150μg/d，维生素A 1 500μg RE/d、维生素D 10μg/d、维生素E 30mg/d、维生素B_1 2~2.5mg/d、维生素B_2 1.5~2mg/d、烟酸20mg/d、维生素B_6 2~3mg/d、维生素C 100~150mg/d，维生素A至少有1/3来自动物性食品。

航行期间的食物主要来源于储存的食物，以及港口或补给船供给。由于船上空间有限，尽量选营养价值高、体积小、耐储藏、易烹调、废弃量少的食物，食品原料都经过加工处理，不需洗涤，简单烹调即可食用，以节约用水和适应船上的烹饪条件。船上装载食品应尽可能多样化，以使各种营养素摄入充足。新鲜的果蔬体积大，有季节性和地域性，不易保存和携带。因此，早期航海时因缺乏维生素C而流行维生素C缺乏病。为了避免出现维生素缺乏症，一般在没有新鲜果蔬的情况下，补充维生素制剂或食用强化食品。潜艇艇员还要额外补充维生素A和维生素D。

高温环境下航海人员的营养保障注意以下几点：①以维持机体水平衡为原则补充水分和氯化钠，通常选择0.1%的食盐饮料，以及肉汤、菜汤、鱼汤等汤类；②当环境温度在30℃以上时，每升高1℃增加0.5%的能量供给，优质蛋白质应占总蛋白质的50%以上；③尽量提供新鲜蔬菜和水果，刺激食欲，并补充多种维生素和矿物质；④必要时及时补充水溶性维生素，维生素C 150~200mg、维生素B_1 2.5~3mg/d、维生素B_2 2.5~3.5mg/d。

低温环境下航海人员的营养保障措施：①适当增加能量供给，一般增加10%~15%；②适当增加膳食脂肪，供能比达到35%；③碳水化合物供能比不低于50%；④含蛋氨酸丰富的蛋白质占蛋白质总量的50%，以提高机体耐寒能力；⑤及时补充多种维生素，每天补充维生素B_1 2~3mg、维生素B_2 2.5~3.5mg、维生素B_3 15~25mg、维生素C 70~120mg、维生素A 1 500μg RE、维生素D 10μg。

晕船时航海人员的营养保障措施：①供给清淡菜肴，如新鲜水果，罐头水果，稀饭，面条，饼干，米饭，烤馒头片，咖啡、咸菜，新鲜蔬菜、茶等，避免肥肉、鱼以及有腥味和膻味的食物；②进食不宜过饱，以少吃多餐为宜，但也不宜空腹挨饿，建议在呕吐后适当进食；③维生素B_6可以减少晕船时的呕吐症状，建议每天补充5~7.5mg维生素B_6；④适当选择生姜片、陈皮、山楂等开胃食品。

小剂量电离辐射时航海人员的营养保障措施：①电离辐射增加机体蛋白质分解，应补充充足的蛋白质，优质蛋白质应占50%以上。研究发现，膳食总蛋白质、蛋氨酸、半胱氨酸、胶原蛋白能降低电离辐射造成的机体损伤，应选择禽蛋、牛奶、酸牛奶、鱼、瘦肉、肝、脱脂大豆以及其他富含蛋氨酸和半胱氨酸的食物，同时适当增加一些肌腱、肉皮等富含胶原蛋白的动物性食品。②电离辐射使碳水化合物分解效率降低，脂肪分解增加，能量需求增加，选择易于消化、残渣少的食物，以减少胃肠道负荷，提供机体充足的能量。研究发现，充足的能量、油酸、花生四烯酸和果糖能减轻电离辐射对机体的损伤。所以，应选用富含油酸、花生四烯酸的豆油、花生油和麻油等油脂。③电离辐射引起机体氧化损伤，消耗体内抗氧化维生素，如维生素A、维生素E、维生素C和B族维生素等，以及锌、铜、硒等矿物质，补充这些抗氧化维生素和多种矿物质在一定程度上能提高机体电离辐射的耐受力，故应多吃新鲜蔬菜和水果，并适量摄入多种维生素和矿物质补充剂。此外，建议常喝绿茶、胡萝卜汁等饮料。

四、潜水人员的营养需求特点

潜水作业暴露于高气压环境，除了水面上的大气压外，潜水员所受的压力还包括静水压，水深每增加10m就增加1个大气压。水深处的压力加上水面上的大气压称为绝对大气压（atmosphere absolute，ATA），潜水愈深绝对大气压愈大。高气压环境是指压力高于海平面大气压力的特殊环境。除了潜水作业外，常见的高气压环境作业还包括隧道作业、沉箱作业、高压氧舱治疗等。在绝对大气压高的环境中，为了避免人体内含气器官、腔窦受挤压而受伤，必须呼吸与绝对大气压相等压力的高气压气体。高气压气体不仅使机体呼吸阻力增加，而且高压氮气引起机体麻醉，高压氧气引起氧中毒，因此，研究用氦气和氢气替换氮气。潜水员从水下高压环境上升到水面常压环境时必须做好减压过程，否则会发生不同程度的减压病。

高压、低温和复杂的水下环境使潜水员发生生理和生化改变，如精神高度紧张、机体能量丢失以及厌食等。营养代谢方面主要表现为：①能量消耗增加，摄入能量减少，大多数饱和潜水作业中，潜水员的体重下降。②潜水员血中尿素氮和尿中尿素排出量明显增加，易出现负氮平衡。③研究发现，日本采珠女皮下脂肪明显减少，血浆游离脂肪酸降低，仅为正常女青年的49%。④高压环境下机体对维生素消耗增多，潜水条件不同时机体维生素受影响的种类和数量也不同。动物实验发现，在高压环境中如果不增加B族维生素、泛酸、生物素、维生素K的供给量，动物不能正常生长。⑤潜水作业对矿物质代谢有影响，潜水员尿中钠、钾、氯排出量增加，钠 / 钾比值下降，而钾代谢受影响较明显，尿钾排出量增加，钾代谢呈负平衡。⑥潜水时间较长时，出现尿量增加现象。

为了使潜水员的体脂和血脂控制在正常范围内，避免在减压时发生减压病，潜水员要注意潜水前训练期、潜水期、减压期和潜水后期的营养保障。常规潜水应供给机体能量充足、易消化、富含碳水化合物和少量蛋白质的清淡食物，避免摄入脂肪多或产气多的食物，进餐时间与潜水作业时间至少要间隔 2h。训练期和潜水期，潜水员供给能量一般为 3 200~3 600kcal/d，三大供能营养素供能比为蛋白质 18%、脂肪 10%、碳水化合物 72%。劳动强度较大时可增加能量供给量，饱和潜水时能量供给量为 4 000kcal/d，其中蛋白质供能比为 12%、脂肪为 36%、碳水化合物为 50%。在高压环境中，B 族维生素的供给量是一般成年人的 150%~200%。另外，每天补充饮水约 2L。

大深度饱和潜水时，潜水员食欲发生变化，主要表现为荤食摄入减少，素食、水果、饮料摄入量增加，应制订周密的营养保障方案，并随时调整：①潜水前训练期就应供给能量充足的平衡膳食，并开始补充维生素。②饱和潜水期，能量供给不低于 3 500kcal/d，在大深度氦氧饱和潜水时，能量供给可达 4 000kcal/d，供给优质蛋白质，使蛋白质供能比达 17%，并补给适量维生素。③减压期严格控制脂肪摄入量，每人每天不应超过 100g，应避免产气食品，如韭菜、萝卜、干豆等，并继续补给适量维生素。④常压后 10d 内仍应供给能量充足的平衡膳食及补给适量维生素，以消除高压环境对维生素代谢的影响，促进潜水员体能恢复。如 200m 以下饱和潜水时，模拟试验的能量为 3 600~4 300kcal/d；现场作业的能量为 5 500kcal/d；减压期的能量为 3 100~3 600kcal/d；蛋白质供能比为 15%~18%，动物性蛋白质应占 65% 以上。脂肪供能比为：潜水作业时为 35%；减压期间 <30%，其中植物性脂肪不低于 50%。矿物质供给量为每日钙 1 000~1 200mg、磷 1 200mg、镁 350~500mg、铁 15~20mg（至少 1/3 的铁来自动物食物）、锌 15~20mg、铜 2~3mg、维生素 A 1 800μg RE（6 000U）（至少 1/3 来自动物性食物维生素 A）、维生素 E 15~20mg、维生素 B_1 1.0~1.5mg/1 000kcal、维生素 B_2 1.0~1.5mg/1 000kcal、维生素 B_6 4.5~6.0mg、烟酸 35~40mg、维生素 C 150~200mg。若有条件，可每日称量潜水员体重，定期收集血、尿样品进行生化检查，监测潜水员营养状况，进行个案膳食调查，及时了解潜水员的营养素摄入量，并随时调整食谱。

五、接触化学毒物人群的营养需求特点

大多数外源性化学毒物需经过肝脏微粒体混合功能氧化酶代谢后排出体外。机体受到的健康损害除了与毒物的种类和数量有关，还与机体的营养和健康状况密切相关，良好的机体营养状况可以提高人体对有毒物质的解毒能力和抵抗力。

1. 接触铅的人群 铅矿的开采与冶炼、熔铅、油漆、印刷、陶瓷、染料和蓄电池制造等行业工人是接触铅的职业人群。铅及其化合物能够通过呼吸道、消化道和皮肤进入体内，引起急性和慢性中毒。铅在体内的靶器官是骨骼，铅以磷酸铅［$Pb_3(PO_4)_2$］的形式在骨骼沉积。骨铅与血液软组织中的铅保持一个相对稳定状态，血中的铅主要与红细胞膜和血浆蛋白结合。当血钙水平低下时，骨铅以磷酸氢铅的形式进入血液，分布于脑、肝、脾、肾等脏器中，表现为循环、神经、消化和泌尿系统的毒性作用，如红细胞溶血、低血红蛋白性贫血等，神经衰弱综合征、多发性周围神经炎和中毒性脑病等，食欲缺乏、腹痛和中毒性肝炎，肾衰竭等。铅通过抑制巯基酶活性，使血红蛋白合成减少；竞争性抑制锌、铁和钙等的吸收；长期接触铅可导致机体维生素 C 缺乏和活性型维生素 D_3 减少。

在接触少量铅时，应选择富含磷和硫的肉类与谷类食物，使骨铅形成可溶性磷酸氢铅入血，经尿液排出。急性铅中毒时，应以富含钠、钾和钙等的水果、蔬菜以及奶类等食物为主，使血铅以磷酸铅形式沉积于骨骼，缓解铅的急性毒性；随后采取这两类食物交替使用的方法，促进体内铅的逐步排出。

铅职业接触者的膳食蛋白质供能占总能量的 15%，富含蛋氨酸和胱氨酸的食物有排铅解毒作用，应含有足量优质蛋白质。碳水化合物中葡糖醛酸参加铅的解毒反应，碳水化合物摄入要充足，供能占总能量的 65% 以上。由于脂肪促进铅的吸收，应限制膳食脂肪的摄入量，低于总能量的 20%。为了

预防大量骨铅随骨钙溶出入血，建议摄入钙800~1 000mg/d。补充铁、锌和铜可以竞争性抑制铅的吸收。补充维生素C有利于排铅和维持巯基酶活性，建议维生素C的摄入量为150~200mg/d。适量补充维生素B_{12}、叶酸可降低铅的造血系统损害，补充维生素B_1、维生素B_2和维生素B_6防治神经系统的铅损伤。果胶、植酸等膳食纤维能降低肠道内铅的吸收，加速铅的排出。

2. **接触苯的人群** 接触苯的职业包括生产苯、含苯化工原料、含苯有机溶剂（如炼焦、石油裂化、油漆、染料、合成橡胶、农药、印刷以及合成洗涤剂等）的工作。苯是一种重要的化工原料，具有强亲脂性，可以经呼吸道、皮肤、消化道进入人体，苯毒作用的靶器官是神经系统和造血系统。急性苯中毒主要对中枢神经系统呈麻醉作用，慢性中毒则是造血系统损害为主，严重者导致再生障碍性贫血或白血病。苯引起食欲缺乏，胃肠功能紊乱，使机体蛋白质的损失增加，维生素和矿物质缺乏，其中对维生素C和铁的影响突出。

苯职业接触者应摄入充足的能量和碳水化合物，增加优质蛋白质的摄入，因为苯解毒转化所需的谷胱甘肽（glutathione，GSH）与机体蛋白质营养状态和巯基酶活性有关。膳食脂肪促进苯在体内的吸收和蓄积，因此应限制膳食脂肪的摄入。增加维生素和矿物质的摄入，特别是维生素C（建议摄入量150mg/d）；并补充维生素B_6、维生素B_{12}及叶酸，以及维生素A和维生素E。此外，适当增加铁的摄入量，预防苯中毒所致的贫血。

（王舒然）

第十六章　手术、创伤及危重症患者的营养治疗

营养治疗是创伤和危重症患者救治过程中不可缺少的治疗手段之一。消化吸收功能障碍，创伤、感染后的应激反应所致的高分解代谢是造成营养不良的主要病理生理机制。创伤、炎症以及脓毒症的高分解代谢的内在生理学意义，是通过消耗肌肉蛋白质释放大量氨基酸，以供应组织修复、急性相反应等过程中各应激代谢通路所需。然而，这一过程的持续时间、病情程度、遗传 - 代谢背景差异甚大，过强和过长时间的高分解代谢反过来将直接造成营养不良，并且由于这种反应的难以逆转性，而被称为"自噬代谢"。因此，了解饥饿、创伤与感染等应激状态下患者机体的代谢状况，对于制订合理、有效的营养治疗方案具有重要意义。

第一节　概　　述

创伤、感染作为一种应激，会激发机体产生一系列以修复创伤、防御感染为初衷的保护性反应，如果创伤、感染性应激超过了机体的保护能力或机体的保护性反应过度，会导致机体本身的损伤。

一、禁食与摄入量减少导致的饥饿状态

正常情况下，食物进入人体后经消化、吸收、分解成为葡萄糖、氨基酸以及脂肪酸等小分子物质，为机体的生命活动提供能量并作为合成机体组成成分的底物。此外，合成的脂肪、糖原等物质储存起来供机体在消耗过大或者摄入不足时利用。外源性营养物质缺乏将导致机体的饥饿反应，此时机体将依赖于自身的组织供能。机体代谢活动随之发生变化。饥饿状态下，机体代谢改变的目的是尽可能保持机体的瘦体重（lean body mass，LBM）从而维持机体生存。

单纯性饥饿按照状态持续时间，分为短期饥饿（≤ 72h）和长期饥饿（ >72h）。饥饿状态下，机体发生的生理和代谢变化的中心问题是各组织从依赖食物提供的葡萄糖转变为适应靠自身存储的脂肪作为主要能量来源。在进食 - 禁食循环中，胰岛素 / 胰高血糖素比对最终代谢行为起决定性的作用。

（一）短期饥饿

饥饿早期的代谢特点之一主要是胰岛素水平降低和胰高血糖素水平的增高。胰高血糖素激活腺苷酸环化酶使肝细胞内 cAMP 浓度增高，使得磷酸化酶活性增强，促进糖原与脂肪的分解。饥饿状态持续约 24h 后肝糖原几乎耗尽，而肌糖原不能分解为葡萄糖，此时维持血糖的主要途径由肝糖原分解转换为糖异生，同时机体的脂肪动员已经启动，通过生酮作用产生酮体。

糖异生的原料来源于脂肪分解产生的甘油和肌肉蛋白分解释放的游离氨基酸。在此阶段，脂肪酸成为主要的供能物质，降低机体对葡萄糖和糖异生作用的需求，从而减少蛋白质的消耗。脂肪组织中的甘油三酯水解释放的脂肪酸和甘油通过血液循环被转运至非脑器官（如骨骼肌、心肌、肝脏等）作

为供能物质。脂肪酸因不能通过血脑屏障，大脑和红细胞所需要的葡萄糖来源于肝糖原分解（24h 内）和糖异生。

由于饥饿时酮体生成酶的活性增强以及游离脂肪酸负荷增加，肝脏氧化脂肪酸产生酮体。渡过饥饿的早期阶段后，肝脏中酮体的产生量远大于葡萄糖，脑组织也适应了将酮体作为供能物质，体内各组织都以脂肪酸和酮体作为主要的供能物质，进一步降低了对蛋白质分解供能的依赖，使得机体能以更长的时间生存。机体的代谢率在开始时增加，2d 后下降。

（二）长期饥饿

长期饥饿时胰岛素水平进一步降低，糖异生是提供机体所需葡萄糖的唯一来源，肝脏通过协调葡萄糖和酮体的产生起到了关键作用。

饥饿持续状态时，在肝脏和肾脏中进行的糖异生需要肌肉分解提供氨基酸、肌肉进行糖酵解提供乳酸盐以及脂肪组织分解提供甘油。氨基酸的碳链进入糖异生途径，而氨基被转化为尿素排出。上述过程将不可避免地导致负氮平衡，每日丢失的蛋白质累积达 50g（200g 肌肉）。蛋白质的不断分解将严重影响机体的生理功能，分解超过 40% 将危及生命。因此在长期饥饿下，机体的生理保护机制是尽可能减少蛋白质的分解，转而脂肪成为主要的供能物质。

由于胰高血糖素、肾上腺素、促肾上腺皮质激素（adrenocorticotropic hormone，ACTH）、促甲状腺激素（thyroid stimulating hormone，TSH）的分泌增加，使得甘油三酯脂肪酶的活性提高，从而促进脂肪酸的利用。在此过程中，肝脏酮体（丙酮、乙酰乙酸、β- 羟基丁酸）生成增多，酮体穿过血脑屏障为神经系统供能，这种适应性变化可以使肌肉蛋白质分解减少 2/3。

总的来说，饥饿早期机体储备的糖原很快耗竭一空，主要依靠糖异生维持血糖水平。随着饥饿状态的持续，脂肪成为主要供能物质，同时发生持续而稳定的生酮作用保证大脑有足够的酮体利用，降低因糖异生导致的蛋白质消耗。在整个饥饿时期有如下表现：①尿氮排出量减少；②血糖浓度降低；③酮体以及游离脂肪酸浓度升高，代谢性酸中毒和酮尿。

二、应激条件下的神经 - 内分泌变化

与单纯性饥饿不同的是，创伤与危重患者都经历了程度不同的应激过程，造成应激的主要因素包括疼痛、器官组织损伤、出血、烧伤、缺氧、中毒以及急性感染等，并存在不同程度的器官功能受损，对单纯饥饿的适应性反应（如保持机体瘦组织群）在神经内分泌和细胞因子的作用下无法维持。在这种状态下，机体的代谢率上升而不会下降，分解代谢的程度很高并且持续时间远远长于单纯饥饿时。糖异生持续时间随应激反应的存在而持续存在。

应激发生时，中枢神经系统首先快速反应，继而发生一系列的内分泌改变，从而使机体能够尽可能地适应刺激。神经 - 内分泌反应是对应激的基本反应，也是疾病发生时全身非特异性反应的生理学基础。

蓝斑 - 交感神经 - 肾上腺髓质系统和下丘脑 - 垂体 - 肾上腺皮质轴的兴奋是创伤应激后神经 - 内分泌系统的主要变化。当应激信号作用于蓝斑 - 交感神经 - 肾上腺髓质系统，交感神经兴奋，组织、血液和尿液中的儿茶酚胺水平升高，血中肾上腺素、去甲肾上腺素和多巴胺浓度升高。与此同时，局部刺激信号作用于下丘脑 - 垂体 - 肾上腺皮质轴，造成肾上腺皮质激素、促甲状腺激素等相关激素分泌增加。

1. **儿茶酚胺分泌增加**　患者应激状态越严重，血儿茶酚胺的浓度越高，其水平可以升高至平时的 3~20 倍。儿茶酚胺浓度升高主要有两个原因：一是交感神经兴奋刺激肾上腺髓质，造成儿茶酚胺的合成与释放；另一方面在交感神经强烈兴奋的状况下，组织中储存的儿茶酚胺释放，儿茶酚胺通过刺激或抑制其他激素的分泌调节代谢。

2. **糖皮质激素分泌增多**　糖皮质激素的分泌是在应激中发现最早并研究最多的，对机体抵抗有害刺激起着极为重要的作用。动物实验表明，被切除肾上腺的动物遭受强烈刺激时容易死亡。应

激状态时，强烈的刺激通过网状结构传至下丘脑，促肾上腺皮质激素释放因子(corticotropin-releasing factor，CRF)分泌增多并通过垂体门静脉进入腺垂体刺激ACTH释放，最终引起肾上腺皮质束状带细胞增生肥大，糖皮质激素的合成分泌增加，血浆中皮质醇含量增高。糖皮质激素的作用总结如下：①促进蛋白质分解和糖异生，抑制组织对葡萄糖的利用，提高血糖水平；②提高血管对儿茶酚胺的敏感性；③稳定溶酶体膜，防止水解酶类逸出损害细胞；④抑制白三烯(leukotriene，LT)、前列腺素(prostaglandin，PG)等化学介质的生成与释放。

3. **胰高血糖素和胰岛素的变化** 应激反应早期，交感神经兴奋和儿茶酚胺分泌增多直接刺激胰岛α细胞分泌胰高血糖素，并作用于β细胞抑制胰岛素的分泌。胰高血糖素促进糖异生和肝糖原的分解，是导致应激性高血糖的重要激素。

随着应激状态的持续，胰岛素抵抗随之而发生。胰岛素抵抗可以定义为胰岛素实际效能减退，维持糖类稳态的能力下降，此时高血糖与高胰岛素血症并存。导致胰岛素抵抗的原因包括胰岛素受体减少、组织对胰岛素不敏感以及受体后下调等，可以分为外周性胰岛素抵抗和中枢性胰岛素抵抗。外周性胰岛素抵抗是指受胰岛素调节葡萄糖吸收的组织(骨骼肌、脂肪组织等)对葡萄糖的摄入量减少；中枢性胰岛素抵抗是由于胰岛素对糖原分解和糖异生的抑制作用减弱甚至消失。胰岛素抵抗是多因素、多环节的共同作用，其后果是以胰岛素作用失常为中心的物质能量代谢紊乱，形成恶性循环，进一步加重代谢损伤。胰岛素抵抗程度与病情严重程度以及预后密切相关，大剂量的外源性胰岛素并不能抵消这种内源性的胰岛素抵抗。

4. **生长激素分泌增多** 强烈的应激信号刺激生长激素的分泌，作用如下：①具有升血糖作用，促进脂肪动员并抑制组织对葡萄糖的利用；②促进蛋白质合成并对抗皮质醇对蛋白质的分解。

5. **醛固酮以及抗利尿激素的分泌增多** 应激状态下患者的水钠排出量减少，有助于维持血容量，保证心、脑等重要器官的血供。

如上所述，患者在应激状态神经 - 内分泌系统发生了一系列反应，胰岛素、胰高血糖素、儿茶酚胺等物质发挥重要作用，炎症介质大量释放引起了机体物质代谢的一系列变化。

三、应激后的机体代谢变化过程

早在1942年，Cuthbertson就观察到机体休克后会经历退潮期、涨潮期以及恢复期，这是机体遭遇应激后的共同特征反应。

机体遭受创伤应激后的代谢过程可以总结如下。

1. **第1期(退潮期)** 创伤后早期短时间内基础代谢率下降，患者即刻进入退潮期，持续12~24h。以低合成代谢、低分解代谢为特征，合成代谢等于分解代谢，即整体蛋白质分解(whole-body protein catabolism，WBPC)- 整体蛋白质合成(whole-body protein synthesis，WBPS)=0。临床表现为“六低一高”，即心排血量降低、血压降低、氧分压降低、体温降低、尿量降低、代谢率降低、血糖升高。主要的能量来源为肝糖原分解。

2. **第2期(涨潮期)** 创伤后12~24h进入该期，持续3~5d，以高合成代谢、高分解代谢为特征，分解代谢大于合成代谢，WBPC-WBPS>0。儿茶酚胺、糖皮质激素、胰高血糖素急剧分泌，炎症介质大量释放，并发症多发。临床表现为“六高一低”，即体温升高、心率升高、呼吸频次升高、代谢升高、血糖升高、白细胞计数升高、体重降低。主要能量来源为糖异生(蛋白质分解)和酮体合成(脂肪氧化)。生物化学改变为氮丢失增加、高血糖症、脂肪动员和氧化加速。机体的耗氧量明显高于正常。高代谢的反应程度和创伤严重程度相关，例如长骨骨折患者代谢率较正常增加15%~25%，多发创伤为50%，烧伤面积超过50%的患者其静息代谢率可升高2倍以上。此阶段时间与创伤程度有关，可持续几天到几周。

3. **第3期(恢复期)** 若无并发症发生，创伤后3~5d进入该期，持续1~2周，以高合成代谢、低分解代谢为特征，合成代谢大于分解代谢，WBPC-WBPS<0。临床表现为“六降”：体温降低、心率降低、呼吸频

次降低、白蛋白计数降低、C 反应蛋白水平降低、疼痛降低;“六增”:讲话增加、尿量增加、白蛋白增加、肛门排气增加、胃液增加、食欲增加。主要能量来源为外源供给。

四、应激状态下的能量及物质代谢变化

1. **能量代谢的变化**　严重的急性病和几乎所有的慢性消耗性疾病都有代谢亢进的特征。处于应激状态的患者由于儿茶酚胺、糖皮质激素、胰高血糖素以及炎症介质的大量释放且胰岛素抵抗,患者分解代谢增加,合成代谢减少,代谢率明显升高。择期手术能量消耗增加 5%~10%,创伤后能量消耗增加 10%~30%,伴感染增加 30%~50%,严重烧伤患者的能量需求可达正常的 1 倍以上。

2. **碳水化合物代谢的变化**　应激性高血糖可以作为急危重症的标志性特征之一,通常发生在退潮期和涨潮期阶段。碳水化合物代谢的改变是儿茶酚胺、胰高血糖素、胰岛素、糖皮质激素、生长激素等相互作用的结果。在退潮期,儿茶酚胺分泌增多,促进胰高血糖素、糖皮质激素水平升高以及抑制胰岛素的释放,导致肝糖原分解与糖异生作用加快。此外,骨骼肌、心肌、脂肪、结缔组织等外周组织对葡萄糖的利用减少,更进一步加剧了血糖的升高。涨潮期,胰岛 β 细胞敏感性恢复正常,胰岛素恢复到了合适的浓度,但由于胰岛素抵抗现象,葡萄糖利用受限,高血糖仍在持续。此外,IL-1、IL-6 以及 TNF-α 等多种细胞因子也可以显著影响糖类的代谢。

应激时血糖水平升高对于保证大脑葡萄糖的供应具有重要意义。但是高血糖是导致感染的独立危险因素,随机血糖水平 > 20mmol/L 或 22mmol/L 时可能增加感染风险,应激性高血糖增加患者不良预后与产生并发症的风险。因此,往往使用外源性胰岛素控制血糖水平。

3. **脂肪的代谢改变**　影响糖类代谢的激素也会不同程度地影响脂肪代谢。应激后脂肪分解增加,血浆游离脂肪酸升高是应激代谢的另一重要特征。严重创伤后,75%~95% 的能量消耗来源于脂肪且不受外源性葡萄糖摄入的抑制。退潮期,交感神经兴奋,ACTH、糖皮质激素、儿茶酚胺、胰高血糖素等作为激活 cAMP- 蛋白激酶系统的信号,进而激活甘油三酯脂肪酶,后者作用于脂肪细胞,使得脂肪分解,表现为血浆游离脂肪酸以及甘油浓度升高。同时,机体对甘油三酯的清除率下降,这就是创伤或严重感染后出现高甘油三酯血症的主要原因。由于胰岛素抵抗造成骨骼肌、心脏、结缔组织等周围组织对葡萄糖的摄取和利用障碍,游离脂肪酸成为主要的供能物质。在涨潮期,同样存在持续的净脂肪分解。在应激状态下,部分脂肪酸被肝脏摄取氧化生成酮体,血液酮体浓度有升高,但低于单纯性饥饿时酮体的升高程度。

4. **蛋白质代谢的改变**　应激状态下,皮质醇、肾上腺素分泌增加,胰岛素分泌减少使得肌肉蛋白质分解加强,为糖异生提供了丰富的原料。与此同时,尿氮的排出量也相应增加。机体处于明显的负氮平衡状态。蛋白质分解及负氮平衡的程度与应激状态持续时间、患者的基础代谢、营养摄入状况以及激素的反应水平有关。择期手术或小的创伤,机体的蛋白质合成率下降而分解率升高不明显;严重的创伤、烧伤或感染,蛋白质分解率明显增加,尿氮排出量可以高达 35~40g/d。1g 尿素氮相当于 6.25g 蛋白质的含氮量,尿氮排出 16g/d 相当于丢失 0.445kg/d 的瘦体重。通过外源性摄入氮不能减少氮的丢失,但是可以纠正机体的负氮平衡状态。此外,创伤应激下,大多数氮作为谷氨酰胺或丙氨酸转运,谷氨酰胺被消化道等组织利用代谢为丙氨酸和氨,其中丙氨酸被肝脏摄取作为糖异生的原料。

综上所述,应激状态下,机体的碳水化合物、脂肪、蛋白质的分解代谢加强,而合成代谢受到抑制。血中分解代谢的中间产物(葡萄糖、氨基酸、脂肪酸等)浓度升高。营养治疗能够通过减少负的能量和负氮平衡起到补偿作用,但对于重症患者来说,第一步最重要的问题是维持血流动力学的稳定并建立良好的氧合作用、维持酸碱平衡以及代谢稳定,过于激进的营养治疗会加重代谢紊乱,进一步加重患者的代谢内环境紊乱。正氮平衡需要患者度过急性期后才能够建立。

饥饿与创伤后代谢适应的异同,见表 16-1-1。

表 16-1-1　饥饿与创伤后代谢适应的异同

	单纯性饥饿	创伤或疾病
代谢率	下降	升高
机体能量来源	葡萄糖 + 脂肪	脂肪 + 氨基酸
机体蛋白质	尽可能保留	快速消耗
尿氮丢失	极少	显著增加
体重下降	慢	快

五、营养不良对患者的影响

应激状态下，若不能恰当适时地给予营养治疗，患者不可避免地会出现营养不良。当患者体内储存的脂肪被消耗殆尽，同时大量丢失肌肉和内脏蛋白，将最终造成多系统器官损害甚至造成患者死亡。

1. **心血管系统**　应激时，机体受交感 - 肾上腺髓质系统的影响，心率加快、心收缩力加强、外周总阻力增高以及血液重分布，从而提高心排出量，保证心、脑以及骨骼肌的血液供应，有十分重要的代偿意义。但与此同时也会带来皮肤、腹腔内脏和肾等器官缺血缺氧、心肌耗氧量增多的不利影响，严重时引起休克。对于急危重症患者来说，蛋白质的供应不足会引起内脏蛋白丢失与心肌功能下降，心肌萎缩造成心排出量下降。应激状态下的水钠潴留进一步影响心排出量。此外，营养不良会诱发充血性心力衰竭并进一步加重营养不良，形成恶性循环。

不恰当的营养治疗同样会导致患者的心力衰竭：①增加应激状态下的代谢，心排出量上升，心脏负荷增加甚至造成心力衰竭；②高碳水化合物的供应增加呼吸作用的负荷，进一步增加了心脏负荷。

2. **消化系统**　有重度营养不良、较长时间禁食和长期肠外营养会造成患者肠屏障损害，导致细菌和内毒素移位，由此引起代谢紊乱，进而发生全身炎症反应综合征（systemic inflammatory response syndrome，SIRS），甚至脓毒症（sepsis）。

3. **呼吸系统**　当患者出现呼吸困难等症状时，呼吸所消耗的能量增加到正常状态的 10 倍以上，而营养不良会进一步影响患者的呼吸功能，形成恶性循环。由于蛋白质分解速率加快而合成减少，机体蛋白质消耗超过 20% 就会影响到呼吸肌的结构和功能，导致肺的实质组织减少，肺的顺应性下降，呼吸负荷上升。此外，内脏蛋白的丢失使得患者呼吸肌功能下降。同时，营养不良降低肺组织的免疫功能，肺部感染更易发生且难以被免疫系统控制。

4. **免疫系统**　营养不良与免疫系统各方面息息相关，对免疫系统的损害主要包括 T 细胞和补体系统，继发引起感染率上升。急危重症患者处于高分解代谢状态，合成免疫球蛋白以及白细胞介素的氨基酸缺乏，淋巴细胞数减少且增殖率低。此外，由于补体系统受损，吞噬作用、趋化作用以及细胞内杀菌作用都有所减弱，最终导致机体抵抗力下降。

（石汉平）

第二节　急性呼吸窘迫综合征

急性呼吸窘迫综合征（acute respiratory distress syndrome，ARDS）于 1967 年在 Denver 的一个系列病例中首次报道，直到目前仍然是重症患者的主要问题。急性呼吸窘迫综合征是发生于严重感染、休克、创伤及烧伤等疾病过程中，肺实质细胞损伤导致的以进行性低氧血症、呼吸窘迫为特征的临床综合征。X 线胸片呈现斑片状阴影为其影像学特征；肺顺应性降低、肺内分流增加而肺毛细血管静水压不高为其病理生理特征。

一、病理生理

ARDS 的基本病理生理改变是血管内液渗透到肺间质和肺泡内，引起大量肺水形成高通透性水肿，是弥漫性肺泡损伤和弥漫性肺毛细血管内皮细胞损伤，肺泡上皮和肺毛细血管内皮通透性增加致弥漫性肺间质及肺泡水肿、肺泡表面活性物质减少导致肺泡塌陷，肺容积减少、肺顺应性降低、肺内分流明显增加和严重的通气 / 血流（V/Q）比例失调，导致呼吸窘迫和严重低氧血症。

二、代谢特点

（一）ARDS 缺氧与氧耗 - 氧供的病理依赖

正常成年人在安静状态下，每分钟耗氧量约为 250ml，活动时耗氧量增加。而人体内氧气的储备极少，约为 1.5L。ARDS 患者存在严重的低氧血症，产生明显的氧耗 - 氧供关系异常，导致组织缺氧和器官功能损害。

ARDS 是导致低氧血症最常见的原因，主要表现为低张性缺氧，动脉血氧分压、氧饱和度和氧含量均降低，动脉血和静脉血氧容量正常。合并其他疾病状态时，则可同时出现其他类型的缺氧，从而加重 ARDS 缺氧。缺氧时机体机能和代谢的变化，包括机体对缺氧的代偿性适应和损伤性变化两方面。一般来讲，首先出现的是机体的代偿性改变，严重缺氧时方出现组织代谢障碍、组织损伤及各系统功能紊乱。急性缺氧时以呼吸系统和循环系统的代偿反应为主。肺通气及心脏活动的增强可在缺氧时立即发生，但这些代偿功能活动本身消耗能量和氧气。

低张性缺氧引起的代偿性心血管反应，主要表现为心排血量增加、血流分布改变、肺血管收缩与毛细血管增生。一定程度的缺氧可反射性兴奋心血管运动中枢，从而使心率加快，心排血量增加，皮肤及腹腔内脏血管收缩，因而发生血液重新分布和血压轻度升高。此外，缺氧时也可间接地因通气增加，胸腔负压增大，回心血量增加而影响循环功能。这些变化在急性呼吸衰竭时较为明显。严重低氧血症时，心肌因能量生成不足及心血管运动中枢的抑制，使心率变慢，心肌收缩力减弱，血管张力减低，血压下降，最终可导致循环衰竭。CO_2 潴留的直接作用是：①皮肤血管扩张，因而肢体皮肤温暖红润，常伴大量出汗；②脑血管扩张，脑血流量增加；③睑结膜血管扩张引起局部充血水肿；④广泛性外周血管扩张，可引起血压降低；⑤对肺、肾血管的直接作用是引起收缩。呼吸衰竭可伴发心力衰竭，尤其是右心衰竭，其发生原因主要是肺动脉高压和心肌受损。

ARDS 存在氧耗 - 氧供（VO_2-DO_2）关系异常，这是 ARDS 和多器官功能障碍综合征（MODS）的共同病理生理基础。健康人氧供即使减少，而器官的氧摄取和消耗维持相对稳定，即在临界阈值以上器官氧耗并不依赖氧供。这是由于局部代偿作用、灌注毛细血管的截面积增加和氧摄取增强所致。在 ARDS 状态下这种代偿机制衰竭，在所有氧供水平都出现氧耗对氧供的绝对依赖或病理性依赖。氧供求失衡源于局部代偿机制耗竭，一种解释是血流重新分布，流向低氧耗器官如骨骼肌，引起重要脏器氧供不足；另一种理论是重要脏器的毛细血管内皮损伤、组织水肿、弥散距离加大及毛细血管截面积减少。

（二）酸碱平衡及电解质紊乱

ARDS 患者不仅因外呼吸障碍引起酸碱平衡紊乱，而且还可因并发肾功能障碍、感染、休克以及某些治疗措施不当等因素而出现不同类型的酸碱平衡及电解质紊乱，因此患者的表现可能是多样的。

1. **呼吸性碱中毒** ARDS 时 PCO_2 明显下降的患者，可因原发性碳酸过低而发生呼吸性碱中毒，由于发病急骤，故多为失代偿性呼吸性碱中毒。

2. **代谢性酸中毒或呼吸性碱中毒合并代谢性酸中毒** 由于严重缺氧，无氧代谢加强，酸性代谢产物增多，可引起代谢性酸中毒，或呼吸性酸中毒合并代谢性酸中毒。如患者合并肾功能不全或感染、休克等，则因肾排酸保钾功能障碍或体内固定酸产生增多，将加剧代谢性酸中毒。此时血清钾浓度增高可更明显。

3. **呼吸性酸中毒**　ARDS一般首先出现Ⅰ型呼吸衰竭，晚期呼吸肌疲劳和/或呼吸中枢明显受抑制时，可出现二氧化碳潴留、Ⅱ型呼吸衰竭。发病急骤者，往往代偿不全而出现失代偿性呼吸性酸中毒。呼吸性酸中毒对中枢神经系统的影响较代谢性酸中毒更显著；CO_2为脂溶性，很容易进入脑脊液，使其[H^+]明显升高；而血液中HCO_3^-为水溶性，较难进入脑脊液中，再加上脑脊液的缓冲能力差，因而其pH比血液更低，对脑细胞功能代谢的影响较代谢性酸中毒更明显。此外，CO_2也可使脑血管扩张，促脑水肿甚至脑疝发生；过高的PCO_2可致CO_2麻醉。

此外，某些呼吸衰竭患者可以出现代谢性碱中毒，多属医源性，发生于治疗过程中或治疗后。如代谢性酸中毒过量补充碱剂；由于钾摄入不足、应用排钾利尿药和肾上腺皮质激素等可造成低钾性碱中毒等。

4. **血钾变化**　ARDS时，血钾的变化主要表现为高钾血症。其机制为：呼吸衰竭的基本病理变化是酸中毒，细胞外H^+内移，细胞内K^+外移；酸中毒时肾排H^+增加，排K^+减少；合并肾功能不全时，肾小球滤过率下降，钾排出减少；缺氧使组织分解增强，钾释放增强。然而在ARDS早期，合并呼吸性碱中毒因细胞外钾离子进入细胞内，可发生血清钾浓度降低。

5. **血氯**　ARDS时血氯随酸碱平衡紊乱类型不同而异。呼吸性酸中毒时，血清氯浓度主要是降低，HCO_3^-增多；当血液中二氧化碳潴留时，在碳酸酐酶及缓冲系统作用下，红细胞中生成HCO_3^-增多，因而进入血浆的HCO_3^-也增加。同时发生氯转移，血浆中氯离子进入红细胞增多，因此血清氯离子减少而HCO_3^-增加。另一方面，由于肾小管泌氢增加，碳酸氢钠重吸收和再生增多，而较多氯离子则以氯化钠和氯化铵的形式随尿排出，因而也可引起血清氯离子下降和HCO_3^-增多。呼吸性碱中毒时由于二氧化碳排出过多，血浆中HCO_3^-移入红细胞增多，氯离子则转移至红细胞外，加之肾排氯减少，故血清氯浓度升高。血浆HCO_3^-则因移入红细胞及肾小管重吸收和碳酸氢钠减少而浓度降低。

三、营养治疗

ARDS患者早期营养治疗值得重视。ARDS患者处于高代谢状态，能量消耗增加。如果营养摄入不足易造成营养不良，影响组织能量修复能力；免疫力下降，易继发感染。因此，应早期、足量给予营养治疗。营养途径应首选胃肠道，有助于维护肠黏膜完整性，防止肠源性感染，提高机体免疫力。肠道功能正常或部分恢复的患者，尽早开始肠内营养，有助于恢复肠道功能和保持肠黏膜屏障，防止毒素及细菌移位引起ARDS恶化。肠道功能障碍的患者采用肠外营养，应包括糖、脂肪、氨基酸、微量元素和维生素等营养要素，根据全身情况决定糖脂能量比和热氮比。总能量不应超过患者的基本需要，一般早期采用允许性低能量，总供给量为20~25kcal/(kg·d)。如总能量过高，可能导致肝功能不全、容量负荷过高和高血糖等并发症。

ARDS患者营养治疗时一般原则：①应对呼吸衰竭患者进行营养评估，测定多个参数以判断患者的营养状态，并由此对其预后的高危因素做出判断；②计算总能量，并注意蛋白质、脂肪、碳水化合物所占比例；③若需要高能量营养治疗，则应增加脂肪作为能量的来源；④同时按需补充电解质、维生素及微量元素，尤其是钾、镁、磷等；⑤联合应用肠内营养和肠外营养，减少并发症（如呕吐、反流、误吸、肝肾功能损害、血脂异常等）的发生，肠内营养实施中应注意避免消化液的误吸；⑥在营养治疗过程中应加强监测，随时调整。

1. **肠外营养**　根据ASPEN推荐的营养治疗原则，ARDS患者在以下情况时可考虑应用肠外营养：①胃肠功能障碍或无法接受肠内营养时；②经口饮食或管饲喂养无法满足患者营养需求量；③重症胰腺炎、感染所致肠麻痹等。肠外营养的途径分别为：①周围静脉；②经外周静脉穿刺的中心静脉导管（PICC）；③经锁骨下中心静脉置管。

ARDS患者每日能量需要量应根据病情进行个体化评估。患者的总能量消耗等于静息能量消耗

(REE)加上进食、寒战所致的产热作用、活动和应激反应等情况下能量消耗的总和。必须指出，由于在应激状态下机体的分解代谢远高于合成代谢，处于高分解代谢和高度应激状态。此时，过高的能量供给达不到降低分解代谢的目的，不仅不能纠正负氮平衡，反而更容易产生肝功能异常，甚至是高渗性非酮症昏迷等严重并发症。ARDS 患者每日能量需要量常可根据 Ireton-Jones 公式进行估算。

REE(kcal/d)=629-11A+25Wt-609O(自主呼吸者)

REE(kcal/d)=1 784-11A+5Wt-224S+239T(自主呼吸者)+804B(机械通气患者)

式中：Wt 为体重(kg)；A 为年龄；S 为性别(男 =1，女 =0)；T 为创伤；B 为烧伤；O 为肥胖(是 =1，否 =0)。

有条件的单位采用间接测热法实际测定患者的能量消耗值，并据此作为能量摄入的参考依据。采用间接测热法是应用 Weir 公式计算机体静息能量消耗。

$$REE=[(3.94 \times VO_2)+(1.11 \times VCO_2)] \times 1.44$$

式中：VO_2 为氧耗量；VCO_2 为二氧化碳产生量。

值得注意的是，测量危重患者的氧耗量存在难度，当吸入氧浓度超过 50%，氧耗量误差在 10% 以上，活动、进食或者各种操作均能提高氧耗量。此外，在重症监护室内的 ARDS 患者，亦初步按照[25~30kcal/(kg·d)]估计总能量需求，根据检测指标进行调整。需注意的是，虽然可采用能量预测公式与间接能量测定作为 ARDS 患者每日能量供给的参考标准，但仍需结合具体病情以制订营养底物的用量。

一旦每日总能量确定，即可根据总能量合理安排碳水化合物、脂肪类和蛋白质的比例。一般来说，ARDS 患者肠外营养时糖类所占能量的 50%~60% 为宜，以脂肪提供 50% 左右的非蛋白能量，有助于减少二氧化碳的产生。开始时，可给予碳水化合物 4~5g/(kg·d)，脂肪 1.0g/(kg·d)，蛋白质 1.5~2.0g/(kg·d)，并适当补充维生素和微量元素，呼吸衰竭患者营养治疗时补充磷元素十分重要。

2. **肠内营养**　肠内营养具有符合生理、较少发生感染、维护肠道结构和功能、价廉等优点。肠内营养广泛用于危重患者中，大量临床证据表明，肠内营养较肠外营养更能改善危重患者的预后，但是机械通气的 ARDS 患者在实施肠内营养时会遇到许多困难，因为机械通气的危重患者不仅建立肠内营养的途径较为困难，而且容易引起多种并发症。研究发现机械通气的 ARDS 患者动力下降或胃瘫的发病率较高时，不仅难以耐受肠内营养，而且容易出现胃潴留及胃肠道反流，存在较高的吸入性肺炎的危险。此外，机械通气的 ARDS 患者容易发生应激性胃肠道黏膜损害及消化道出血，这也使得肠内营养在此类患者中难以实施。但是，ARDS 患者尽早实施营养治疗可降低机械通气时间，缩短 ICU 时间，如患者肠道功能允许，应尽早给予肠内营养。有研究表明，在休克患者复苏并保持血流动力学稳定后，即使正在接受稳定的较低剂量的升压药，他们也可以安全地接受肠内营养。肠内营养时应采取措施以避免反流和误吸。

ARDS 患者肠内营养途径主要取决于患者的病情、需要营养治疗的时间以及是否存在反流危险。由于气管插管存在，机械通气患者建立肠内营养途径往往较困难，而且病情危重，到底需要多长时间的营养治疗往往难以判断。尽管如此，ARDS 患者肠内营养途径的选择适应证以及建立的方法原则上与其他患者并无差别。一般来说，如果患者存在胃排空障碍、反流或误吸危险，应选择幽门后途经。可通过内镜下置入鼻肠管、经皮内镜下空肠造口及小肠镜直接到达十二指肠悬韧带远端的空肠穿刺点直接做空肠造口。

ARDS 早期患者常有肺水肿，选择高能量密度制剂较理想，可限制水分过多摄入。在 ARDS 后期肺水肿消退，因患者出现肺纤维化，应选择非浓缩制剂为佳。由于 ARDS 的发病机制是肺局部的过度炎症反应，导致免疫系统失衡。肺部的炎症由肺泡巨噬细胞和内皮细胞介导，这些细胞激活后产生大量炎症介质，并最终导致全身性炎症反应综合征。

另外，一些特殊营养素（如 ω-3 脂肪酸和谷氨酰胺）在 ARDS 中也起着重要的作用。研究表明，谷氨酰胺可以诱导热激蛋白（heat shock protein，HSP）表达，增强抗氧化能力，维持肠道黏膜屏障的功能，增强机体免疫力，调节机体的酸碱平衡，维持正氮平衡。有关于 ARDS 营养治疗研究指出，ARDS 患者应考虑采用富含 ω-3 脂肪酸，γ- 亚麻酸（γ-linolenic acid，GLA）和抗氧化剂补充剂的肠内饮食的专门营养治疗。但是应用 ω-3 脂肪酸时要注意，疾病早期往往表现为大量炎症介质的释放。有研究表明，对于危重患者，谷氨酰胺、抗氧化剂可能有不利影响。

总体而言，只要患者胃肠道解剖与功能允许，应首选肠内营养；经胃肠道不能达到营养需要量时应考虑肠外营养，或肠内外营养联合应用。在营养治疗的同时应注意监测营养治疗的并发症。要注意预防误吸、腹泻、呕吐、腹胀等消化道反应，深静脉置管时间过长或护理不当易出现相关的感染性并发症。营养治疗不当还可引起代谢性并发症、肝功能受损、高碳酸血症等。注意 ARDS 患者营养治疗时可能的并发症并及时调整治疗方案。

（江　华）

第三节　多器官功能障碍综合征

早在 20 世纪 70 年代，Tilney 与 Baue 等多位科学家就发现手术后危重患者可以在原始损伤因素打击的器官或解剖部位以外，发生“远距离器官功能衰竭”，其损害的病理学改变并不因原发疾病而呈特发性。这些远距离器官在发病前可以正常或处于相对稳定的生理状态，其发生距初次打击有一段时间间隔，且呈序贯性。随后经多年研究表明，这种“远距离器官功能衰竭”的发生发展，实则是患者体内促炎症反应与抗炎症反应的失衡。

20 世纪 80 年代后，对肠道功能有了再认识，重视了肠道屏障功能，发现肠道屏障功能障碍后将出现细菌移位（bacterial translocation，BT），由此而引起代谢紊乱，发生全身炎症反应综合征（systemic inflammatory response syndrome，SIRS），甚至脓毒症（sepsis），是很多危重患者出现继发性多器官功能障碍综合征（multiple organ dysfunction syndrome，MODS）的源头。而肠黏膜的修复、增长需有食糜与肠黏膜直接接触。概括起来，营养治疗除供给营养外，还具有免疫调控、减轻氧化应激、维护胃肠功能与结构、降低炎症反应和改善患者生存率等的作用。

一、病理生理

严重的感染、创伤、休克、烧伤和重症胰腺炎等所诱发的多器官功能障碍综合征是危重症患者死亡的主要原因。肠道被认为是机体遭受创伤时最早发生病理生理变化的器官。在机体应激状况下，肠道系统进行血液再分布，肠屏障功能障碍，肠道及相关的免疫细胞激活并释放大量炎症介质，参与 MODS 的患病过程，是 MODS 发生的启动器官。因此，自创伤发生起，肠上皮细胞损伤已经开始，炎症反应已被激活、免疫紊乱在不断进展。

肠屏障功能是肠道所特有的复杂功能。肠黏膜屏障由机械、化学、生物和免疫屏障 4 部分组成，即完整无损的黏膜上皮细胞和覆盖于上皮表面的黏液构成的机械屏障；消化道分泌的胃酸、胆汁、溶菌酶、蛋白分解酶等具有一定杀菌作用的物质构成的化学屏障；正常肠道生理性菌群构成的生物屏障；肠道淋巴组织产生分泌型 IgA 分布于黏膜表面而形成的免疫屏障。近年来，不断有实验和临床研究提示，肠道在 MODS 患病过程中起着关键的作用。肠道是对缺血 - 再灌注损伤最为敏感的器官，也是炎症反应失控、MODS 的最先受累器官。因此，肠道在 MODS 中的作用是当代危重症的研究重点之一。肠功能障碍与 MODS 关系密切，而 MODS 患者一旦并发肠功能障碍，预后将变得更加凶险。外周血二胺氧化酶（diamine oxidase，DAO）是具有高度活性的细胞内酶，大部分存在于哺乳动物的小肠黏膜绒毛上皮层细胞的细胞质中，正常情况下不会出现于血浆中，只有当肠黏膜上皮细胞受损，细胞内释放 DAO 并进入血液循环，使血 DAO 升高。有研究表明，肠黏膜 DAO 活性可间接反映肠黏膜的完整性及损伤程度。同时，Marshall 评分是对危重症患者器官功能损害程度进行评估的一种定量方法，是评估患者临床预后的可靠且重要的指标。已有研究显示，创伤后血中 DAO 活性较高的患者，其 Marshall 评分相对偏高，即肠黏膜损伤明显的患者其器官功能损伤更为严重。当应激时，肠黏膜屏障功能受损，通透性增加，造成细菌和内毒素易位，引起各种炎症介质和细胞因子大量释放，过度的全身性炎症反应综合征（SIRS）导致微循环灌注障碍、组织液漏出和凝血功能障碍等，随后出现的全身代偿性抗炎反应综合征（compensatory anti-inflammatory response syndrome，CARS）导致特异性免疫抑制。促炎反应和抗炎反应互相激化，导致具有自身破坏性的免疫失调状态。有研究表明，机体的免疫麻痹比单纯的 SIRS 和 CARS 更常见。人类白细胞抗原 DR（human leukocyte antigen DR，HLA-DR）等位基因作为表达水平最高的主要组织相容性抗原 - Ⅱ（major histocompatibility complex class Ⅱ，MHC- Ⅱ），在细胞免疫中有至关重要的作用。在正常情况下，外源性抗原刺激机体后，在单核细胞等抗原呈递细胞内与 MHC- Ⅱ类分子结合成 MHC- 复合物，然后转送至抗原呈递细胞表面的抗原受体，调控免疫应答。在抗原呈递和辅助 T 淋巴细胞过程中，HLA-DR 的表达起到了关键作用。若 $CD14^+$ 单核细胞 HLA-DR 表达减少，则抗原呈递作用受阻，机体就不能产生有效的免疫应答，机体不能有效地清除病原体，炎症介质释放得不到控制，激发抗炎反应，机体免疫状态的这种双向性改变必将导致 MODS 发生。本研究亦显示，创伤后血 $CD14^+$ 单核细胞 HLA-DR 表达偏低的患者，其 Marshall 评分更高，器官功能损伤更严重，预后愈差。研究分析显示，DAO 与 HLA-DR 呈明显负相关，即肠屏障功能受损严重者，其免疫功能愈差、器官功能受损更严重。同时提示，$CD14^+$ 单核细胞 HLA-DR 表达水平对创伤后肠屏障功能损伤严重程度的评估具有良好的应用价值。若通过某种免疫调理治疗提高了 HLA-DR 表达率，有望发挥有效的抗炎作用，减轻促炎因子释放，减轻全身炎症反应和器官功能损害。

MODS 是指机体在遭受严重创伤、休克、感染及外科大手术等急性疾病过程中，有 2 个或 2 个以上的器官或系统同时或序贯发生功能障碍，以致不能维持内环境稳定的临床综合征。其器官功能障碍可表现如下。

1. **中枢神经系统**　可出现脓毒性脑病，出现昏迷、精神错乱、烦躁不安、反应迟钝等。
2. **凝血系统功能异常**　可出现凝血功能障碍、自发性皮肤黏膜出血等。
3. **心功能下降**　可出现憋喘、咳粉红色泡沫痰等，严重者可致心力衰竭。
4. **肺**　呼吸困难、肺水肿、低氧、发绀。
5. **肾功能异常**　可出现少尿、水肿、氮质血症、水电解质及酸碱平衡失常等。
6. **胃肠道和肝**　麻痹性肠梗阻、腹胀、腹痛、呕血、黑便等。

MODS 因其原发损伤因素不同，可分为非感染型损伤因素的打击所诱发的 MODS 与感染性损伤因素诱发的 MODS，其中非感染性损伤因素主要是指严重创伤、冻伤或大面积烧伤（无菌期）、大量失血、休克、重症急性胰腺炎（非感染性）等，感染性损伤因素主要是指全身感染、严重感染、感染性休克等。

二、代谢特点

MODS 患者的静息代谢率明显升高，能量消耗增加，蛋白质分解代谢大于合成代谢，表现为负氮平衡、低蛋白血症。MODS 患者的营养状态直接影响预后，该类患者整体蛋白质分解代谢高达 40%~50%，这种应激状态下体内蛋白质分解增强，可能与体内儿茶酚胺、生长激素、糖皮质激素、胰高血糖素及炎症介质等促进分解代谢的激素水平明显升高有关。因此，应激状态可导致机体代谢紊乱，体重平均每日丢失 0.15~1.10kg，最终导致营养不良，而营养不良本身就是影响 MODS 患者预后的独立危险因素。

三、营养治疗

(一) 营养评估与筛查

合理营养诊疗的过程应当包括营养风险筛查、临床营养评估、制订合理的营养治疗方案以及实施等步骤。目前,临床上常用的营养评估工具有数十种,不同的工具各有其应用范围与优缺点。对重症患者使用何种营养评估工具尚缺乏统一的标准,欧洲肠外肠内营养学会(European Society for Parenteral and Enteral Nutrition,ESPEN)指南中推荐使用营养风险筛查2002评估表(NRS 2002)(见表6-5-1);2013年版加拿大危重症营养实践指南中推荐使用危重症营养风险(the nutrition risk in critically ill,NUTRIC)评分(表16-3-1);2016年成人危重症患者营养支持治疗实施与评价指南则推荐NRS 2002与NUTRIC。

表16-3-1　危重症营养风险评分(NUTRIC评分)

评分项目	分值	范围
年龄/岁	0	<50
	1	50~75
	2	≥75
APACHE Ⅱ	1	15~20
	2	20~28
	3	≥28
SOFA	0	<6
	1	6~10
	2	≥10
引发器官功能不全数	0	0~1
	1	≥2
入住ICU前住院天数/d	0	0~1
	1	>1
IL-6(可选)	1	0~400
	1	>400

注:APACHE Ⅱ,acute physiology and chronic health evaluation Ⅱ,急性生理与慢性健康评分Ⅱ;SOFA,sequential organ failure score,序贯器官功能衰竭评分

NUTRIC≥5(若纳入IL-6则NUTRIC≥6)即患者营养不良风险较高。

NRS 2002与NUTRIC评分标准如表6-5-1和表16-3-1所示,其中NRS 2002对所有APACHE Ⅱ≥10的患者均评为3分,然而所有入住ICU的重症患者都能达到这一标准,因此其在重症患者中的临床价值存在争议。NUTRIC评分中不仅对APAHCE Ⅱ进行了分级,更将SOFA评分作为患者是否存在营养不良风险的重要依据。脓毒症3.0的定义为机体对感染的反应失调而导致危及生命的器官功能障碍,其中当SOFA变化程度≥2分即表示患者存在器官功能障碍,SOFA评分对于患者器官功能的评价至关重要且与患者预后息息相关。由此可见,NUTRIC评分更加适宜作为对MODS患者的营养评估工具。

(二) 营养治疗的实施

营养治疗可改善MODS患者已发生的营养不良,减轻其蛋白质和能量净消耗。但是,如果提供能量过高或三大营养配比不合理,可能加重患者器官功能不全,能量过量可使机体将葡萄糖转化为脂

肪，同时脂肪利用率下降，导致脂肪沉积，影响肝功能；氮摄入过量会提高蛋白质的氧化率，加重肝、肾功能不全患者的氮质血症。不同疾病、不同治疗过程都会显著影响危重症患者代谢水平，如多发性创伤、烧伤、颅脑损伤、手术和胰腺炎都可导致代谢增高。因此对于 MODS 患者来说，需要更精准、动态地检测机体营养状态。

1986 年，Meckins 和 Marshall 曾提出肠道是发生 MODS 的原动力。近年来的研究表明，肠道是体内最大的“贮菌库”和“内毒素库”，是炎症介质的扩增器。多器官功能障碍可引起肠屏障功能改变，肠免疫功能受到抑制，肠腔内毒素和细菌等进入血液和淋巴组织，导致多种炎症介质释放，引发和加重炎症反应，形成恶性循环，进而导致 MODS 加重。谷氨酰胺（Gln）是条件必需氨基酸，是正常机体血浆及细胞内最丰富的氨基酸，是快速分裂细胞的主要能源，对保护组织的完整性和增强机体的免疫功能具有重要作用。在危重病和应激状态下，谷氨酰胺库大量释放谷氨酰胺，肌肉、肝和淋巴组织等对谷氨酰胺的摄取利用增加，使血中谷氨酰胺水平下降。而在危重症时，谷氨酰胺是小肠唯一的供能物质（表 16-3-2）。Goeters 等研究表明，在给予肠外营养的同时静脉补充，可显著升高血中谷氨酰胺水平，可改善肠道黏膜的结构和功能，减少细菌移位，改善 MODS 患者的生存率。但 MODS 患者多存在肠道功能障碍，通过肠内途径补充谷氨酰胺颗粒有可能影响疗效。De Souza 等研究发现，口服谷氨酰胺可改善危重症患者的肠黏膜通透性，减少感染发生率。研究结果显示，使用谷氨酰胺颗粒与治疗前比较，尿乳果糖 / 甘露醇比值（lactulose/mannitol ratio，L/M）降低，即肠黏膜通透性降低。甘露醇是单糖，分子小，能通过绒毛细胞间紧密连接；而乳果糖是双糖，分子大，主要通过腺管细胞间紧密连接吸收。在疾病状态下，肠黏膜萎缩，减少甘露醇通过，肠黏膜细胞间的紧密连接受到破坏，乳果糖通过增加，因此，L/M 比值增加。故测定尿 L/M 值可反映肠黏膜的通透性变化。对于 MODS 患者，谷氨酰胺除能促进肠黏膜的修复，保证肠黏膜的完整性和减少肠道细菌移位外，还可减少肌肉组织的分解，促进蛋白质的合成，在应激和危重症状态下纠正负氮平衡。

表 16-3-2 谷氨酰胺对 MODS 患者营养状况的影响

	清蛋白 /($g\cdot L^{-1}$)	前清蛋白 /($g\cdot L^{-1}$)	转铁蛋白 /($g\cdot L^{-1}$)	氮平衡 /($g\cdot d^{-1}$)
Gln 组				
治疗前	29.30 ± 4.51	183.91 ± 47.37	1.90 ± 0.47	−3.78 ± 1.43
第 4 天	30.22 ± 3.27	203.56 ± 35.78*	2.06 ± 0.40*	1.13 ± 1.21$^{*\#}$
第 8 天	35.79 ± 4.32$^{*\#}$	228.38 ± 51.72$^{*\#\#}$	2.37 ± 0.46$^{**\#}$	4.17 ± 2.29$^{*\#}$
对照组				
治疗前	28.91 ± 4.54	176.99 ± 31.97	1.94 ± 0.44	−3.92 ± 0.78
第 4 天	29.01 ± 4.11	186.25 ± 51.87	2.00 ± 0.50	−1.79 ± 1.06
第 8 天	29.31 ± 4.37	186.83 ± 60.77	2.20 ± 0.52*	3.01 ± 1.17*

注：与治疗前相比较，$^{*}P<0.05$，$^{**}P<0.01$；与对照组比较，$^{\#}P<0.05$，$^{\#\#}P<0.01$。

此外，根据 2016 年成人危重症患者营养支持治疗实施与评价指南，对于重症患者应当首选基于容量的肠内营养（volume-based feeding，VBF）。所谓基于容量的营养治疗即临床医生制订患者 24h 能量摄入量，若患者因外出检查等原因暂时中断营养支持，可通过调整营养药物泵注的速率以保证患者摄入量与目标量一致。有大量的临床证据表明相较于传统的固定速率的营养治疗方式（rate-based feeding，RBF），VBF 能够保证患者得到更加充足的能量供应。

（江 华）

第四节 重症急性胰腺炎

胰腺炎是由多种原因引起的胰腺内酶原群激活，导致胰腺自身消化和坏死，并波及周围组织和器官，引起局部和全身并发症的炎症反应。胰腺炎可分为急性胰腺炎和慢性胰腺炎。急性胰腺炎(acute pancreatitis，AP)临床以急性上腹痛及血淀粉酶或脂肪酶升高为特点；慢性胰腺炎(chronic pancreatitis，CP)临床上表现为反复发作性或持续性腹痛、腹泻或脂肪泻、消瘦、黄疸、腹部包块和糖尿病。

急性胰腺炎按病情严重程度分级可分为：轻症急性胰腺炎(mild acute pancreatitis，MAP)、中度重症急性胰腺炎(moderately severe acute pancreatitis，MSAP)、重症急性胰腺炎(severe acute pancreatitis，SAP)。本节主要讲述重症急性胰腺炎。

重症急性胰腺炎可以根据以下标准判断：Ranson 评分≥3(表 16-4-1)，APACHE Ⅱ评分≥8，C 反应蛋白≥150mg/L 或者 Balthazar CT 评分>5(表 16-4-2)。亚特兰大诊断标准定义的 SAP 包括：急性胰腺炎伴有器官衰竭(休克、肺功能不全、肾衰竭、胃肠道出血)和/或局部并发症(胰腺坏死>30%，脓肿或假性囊肿)；Ranson 评分≥3，APACHE Ⅱ评分≥8。

表 16-4-1 Ranson 评分系统

入院时指标	入院后 48h 指标
年龄>55 岁	血钙浓度<2mmol/L
血糖>11.1mmol/L	PO_2<60mmHg
AST>250U/L	碱缺失>4mmol/L
LDH>350U/L	血 BUN>1.8mmol/L
白细胞计数>16×10^9/L	血细胞比容减少>10%
	体液丢失量>6L

表 16-4-2 急性胰腺炎影像学严重程度评估的 Balthazer 评分

CT 评分	影像学表现	胰腺坏死百分数
A=0	胰腺正常表现	<33%(2)
B=1	胰腺局部或弥漫性扩大	33%~50%(4)
C=2	胰腺异常表现伴轻度胰旁炎症改变	>50%(6)
D=3	一处液体积聚(通常在前肾旁间隙)	
E=4	两处或更多胰腺周围液体积聚或有胰腺积气，胰旁炎症	

注：总分=CT 评分(0~4)+坏死(0~6)。

一、病理生理

虽然已知多种危险因素与急性胰腺炎的发生有关，但是其病因比较复杂，确切的病因至今仍未明确。常见的急性胰腺炎危险因素包括：胆道疾病、酒精、代谢异常、缺血、感染、手术和创伤、药物、肿瘤或寄生虫、Oddi 括约肌功能障碍等。

“酶自身消化”学说认为，多种原因引起胰腺腺泡细胞内胰蛋白酶激活，随后各种蛋白水解酶活化，如弹性蛋白酶、激肽释放酶、脂肪酶、磷脂酶 A_2 等激活导致胰腺的自身消化和炎症，并出现胰腺坏死和脓肿形成，随后大量细胞因子和炎症介质的释放导致全身炎症反应综合征和多器官功能障碍综合征的发生。急性胰腺炎时胰蛋白酶、糜蛋白酶、磷脂酶 A_2、胰弹性蛋白酶、组织蛋白酶、淀粉酶等活性水平均显著升高，且与疾病的严重程度密切相关。

除了“酶自身消化”学说外，近来研究认为“白细胞过度激活”学说、“炎症因子级联瀑布效应”学说、“细胞凋亡”学说等多种理论与重症急性胰腺炎的发病机制密切相关。

急性胰腺炎病程中，白细胞释放的产物是急性胰腺炎时胰腺和胰外脏器损伤的基本原因，也是诱发 MODS 的关键。在炎症反应中包含起上调和下调作用的细胞因子系统：以 TNF-α 和 IL-1 等为代表的促炎细胞因子系统和以 IL-10 或 IL-12、TGF-β 等为代表的抗炎细胞因子系统。促炎和抗炎系统的失衡导致了局部组织和远处脏器的损害。急性胰腺炎发病初期，IL-10、TGF-β 等抗炎细胞因子即开始增高，只是促炎细胞因子的作用过强而掩盖了抗炎细胞因子的作用；至病程的中后期，抗炎细胞因子起主导作用，对免疫系统，特别是细胞免疫的抑制效应逐渐显示出来，甚至机体会出现无免疫应答状态。重症急性胰腺炎中后期为感染期，出现脓毒症，加之机体免疫反应失衡，患者很容易死亡。

二、代谢特点

重症急性胰腺炎会发生多种代谢紊乱，包括高血糖、高脂血症、低蛋白血症、低钙血症和低镁血症等。代谢紊乱进一步扰乱内环境，影响器官的能量代谢和功能，成为导致器官功能损害的重要原因。

SAP 患者体内细胞因子的大量释放、补体的活化和花生四烯酸代谢产物的产生，有类似脓毒血症的高动力学改变，如能量代谢和分解代谢均亢进，代谢率显著升高，有关能量测定的研究发现，未感染的 SAP 患者能量消耗增加 1.2~1.5 倍，存在其他并发症的 SAP 患者能量消耗常超过 2 倍。

SAP 患者高血糖的发生率很高，与胰岛素抵抗、糖异生增加等密切相关。严重炎症反应导致内源性糖异生增加。外源性葡萄糖可以部分抵消因蛋白质降解而产生的内源性糖异生，这可以在一定程度上降低由于蛋白质分解所引起的有害和不必要影响。但补充过多的葡萄糖是有害的，因为其增加了脂肪生成，会产生高血糖和高碳酸血症，而高血糖是感染和代谢性并发症发生的危险因素。

SAP 患者蛋白质分解增加，特别是骨骼肌等肌肉组织出现明显消耗现象，故患者出现虚弱无力，尿中尿素氮、肌酐等蛋白质分解的含氮产物排泄明显增多，出现明显的负氮平衡。腹腔内炎性渗出导致机体丢失大量蛋白质，出现严重低蛋白血症。肝白蛋白的合成受抑制，急性相蛋白合成增加，因肝合成减少、丢失增加、营养底物补充不足等使血中白蛋白浓度迅速下降，C 反应蛋白等浓度显著增高。

急性胰腺炎患者常出现高脂血症。脂肪代谢改变的具体机制目前尚不完全清楚，但 SAP 患者脂肪动员加速，部分患者出现脂肪分解或氧化障碍，表现为血中甘油三酯增多，极低密度脂蛋白的游离脂肪酸浓度升高，患者体脂储备减少，体重下降。另外，约 10% 的 SAP 患者本身存在高脂血症，也是 SAP 的发病诱因之一。

40%~50% 的 SAP 患者会出现低钙血症。很多因素如游离脂肪酸对钙离子的皂化作用、低蛋白血症、低镁血症、降钙素释放增加、甲状旁腺分泌减少等的协同作用，可能是导致低钙血症的原因。SAP 患者还可能出现微量元素和维生素的缺乏，如低锌、维生素 B_1 和叶酸缺乏等。

SAP 时常发生胃肠道血流不足，导致缺血、缺氧和营养物质缺乏，即使在肠外营养时也缺少肠黏膜细胞特需的营养素等，导致肠道菌群失调，继而发生毒素吸收，细菌移位，甚至出现肠源性感染、肠道屏障功能障碍。

三、营养治疗

（一）营养治疗方式

根据前述 SAP 患者的代谢特点可知，SAP 患者发病后常具有营养不良高风险，需要营养治疗。

ESPEN 也指出营养治疗是急性胰腺炎患者重要的治疗手段。

临床上大多数急性胰腺炎患者症状较轻微，住院时间较短，多在 7d 内恢复经口进食，无须特殊营养治疗。但 SAP 患者病情复杂，病程长，胃肠道功能紊乱明显，并发症发病率较高，有些甚至需要手术干预。对于这些患者，适当的营养治疗在治疗过程中起着十分重要的作用。营养治疗在 SAP 患者中有重要意义，表现在 2 方面：①在胃肠道功能衰竭和严重疾病状况下维持机体完整的营养；②对疾病恶化的病理过程具有积极阻断作用。

营养治疗方式包括肠内营养和肠外营养，在实施营养治疗时，必须针对肠内营养和肠外营养的利弊来选择营养治疗的方式。过去，肠外营养一直被认为是急性胰腺炎标准的营养治疗方式，然而随后的大量研究推翻了这种观点。肠内营养符合正常生理，营养底物从门静脉系统吸收，能满足肠道黏膜的营养需要，并可维持肠道机械、生物和免疫屏障，防止细菌和内毒素移位，因此是解决肠外营养合并感染与肝功能损害的有效手段。近年来，营养治疗策略从肠外营养转为肠内营养。肠内营养不仅是一种营养治疗方式，更是治疗 MSAP 和 SAP 的重要措施。肠内营养降低急性胰腺炎患者的代谢和减少瘦组织的丢失，可调节急性相反应和通过下调内脏细胞因子反应减少内脏蛋白质代谢。因此，肠内营养应作为重症急性胰腺炎患者营养治疗的首选途径。

早期肠内营养益处包括：减少细菌和内毒素移位，以维持肠道的完整性；下调免疫反应以改善全身免疫；减轻氧化应激；减轻疾病的严重程度；促进疾病恢复的进程；降低并发症。

(二) 能量和宏量营养素的需要量

根据前述可知，急性胰腺炎患者处于高代谢状态。疾病越严重，代谢越高。静息能量消耗在这些患者中各不相同，如果存在败血症或多器官功能衰竭，则静息能量消耗明显增加。确定患者能量摄入目标的最佳方法是通过间接测热法（代谢车）测定患者的基础代谢率，再根据患者的应激状况进行计算。在没有代谢车时，可按照 25~30kcal/(kg·d) 进行估算。应密切监测血糖，血糖水平应不超过 10mmol/L，若高于 10mmol/L 应给予胰岛素治疗。通常情况下，碳水化合物的推荐摄入量是 3~6g/(kg·d)；理想的蛋白质摄入量是 1.2~1.5g/(kg·d)。肾衰竭和肝衰竭的患者需要减少蛋白质的摄入量。脂肪乳剂的使用剂量可以至 2g/(kg·d)，但是必须仔细监测甘油三酯水平。甘油三酯的可耐受量最高是 12mmol/L，血浆甘油三酯浓度应控制在 3~4mmol/L 以下（表 16-4-3）。

表 16-4-3 重症胰腺炎营养治疗推荐量

营养物质	推荐量
能量	25~30kcal/(kg·d)*
蛋白质	1.2~1.5g/(kg·d)
碳水化合物	3~6g/(kg·d)*，根据相应的血糖浓度调整（目标：<10mmol/L）*
脂肪	最多 2g/(kg·d)，根据相应的血甘油三酯浓度调整（目标：<3mmol/L）*

注：*应避免过度营养，特别是肥胖患者。如有可能，可按患者实测的静息能量消耗给予营养。

(三) 营养治疗途径的选择

对于 SAP 患者，首选肠内营养以预防感染性并发症。除非肠内营养通路不能建立、肠内营养不耐受或达不到能量需求，否则应避免行肠外营养。先从液体疗法开始，随后尽量通过空肠早期给予多聚膳、要素膳，或免疫增强配方，连续 24h 以上的肠内营养。当肠内营养无法实施时（如长时间的肠麻痹），应予全肠外营养（TPN）。

SAP 患者肠内营养多应用鼻胃管或鼻空肠管途径进行。经口进食常因多种原因而不能很好实施，如厌食、恶心、呕吐或由于胰腺肿大造成部分十二指肠梗阻，继而引起腹痛导致不能经口进食。经胃、十二指肠投给混合食物可刺激胰腺并引发大量胰液分泌，结果可能导致腹痛加重和血清淀粉酶升高，而经空肠投给可能无此作用或作用相对较弱。目前认为空肠内输注营养不增加胰液分泌，可在内镜或X线引导下将鼻空肠营养管放置到十二指肠悬韧带下方，建立合适的肠内营养途径。

应用肠内营养时最好使用输液泵控制连续滴注，初速30~40ml/h，适应后逐渐增加滴速，直至100~120ml/h。对SAP患者来说，经空肠连续滴注能增加患者的耐受性，减少对胰腺的刺激，避免出现腹胀、腹泻、呕吐和促进肠蠕动等。调配好的标准肠内营养液的能量密度一般为1kcal/ml，应用时宜从低浓度向高浓度过渡，在增加浓度时不宜同时增加容量，两者的增加应交替进行。同时应注意营养液的温度，过冷可刺激肠道，引起肠痉挛或腹泻。

肠内营养液的输注需遵循浓度从低到高、容量从少到多、速度由慢到快的原则。初始容量在500ml，速度在25~50ml/h，3~4d后可过渡到全量。应定期评估患者病情是否应允许恢复经口进食。

实施肠内营养时应密切监测患者的全身情况以及胃肠道反应，尽可能避免相关并发症的发生。

（江　华）

第五节　创伤与烧伤

创伤自人类诞生之日起就出现，随着现代文明的进步而增加。美国著名的外科专家Walt曾说过："如果死亡和缴税是人生逃脱不了的两件事，那么第三件就是创伤了，即使其他疾病会被攻克，创伤依旧存在。"

广义的创伤是指人体受到外界某些物理性（如机械力、高热、电击等）、化学性（如强酸、强碱及有毒物质等）或生物性（如虫、蛇、狂犬的咬或蜇等）致伤因素作用后引起的组织结构破坏或功能障碍。狭义的创伤即是指机械力能量传递给人体后，造成机体结构完整性的破坏或功能障碍。

一、病理生理

（一）创伤愈合与组织修复

创伤治疗的一大重点在于创伤后的愈合与组织修复，后者本质上是一种生理过程，是在损伤因子的刺激下，机体调动一切可能的手段，使得损伤组织通过再生或增生而得到修复。如果患者身体及营养状况良好，伤后进入创伤代谢涨潮期时，尽管机体尚处于负氮平衡，伤口或切口若无感染则可迅速开始愈合。伤口较其他组织有优势，以身体其他部位组织和肌肉为营养素的提供者，用来合成胶原促使伤口愈合。在创伤代谢恢复期，若外源营养素供给充足，则一方面伤口仍处于优势，不断摄取营养素；另一方面，身体其他组织和器官减少消耗，同样获得营养补充，转为正氮平衡，身体逐渐康复。

如果患者伤后营养不良，又未注意营养治疗，则即使创伤得到很好的外科处理，但因缺少物质基础也难以愈合。营养不良时，机体免疫功能受损，易继发感染。如果感染未很好控制，营养又未能很好补充，持续时间过久，则伤口愈合缓慢甚至停顿，如临床所见延迟不愈的肠瘘、烧伤患者屡次植皮失败及骨折患者骨不愈合等。

（二）蛋白质对伤口愈合的影响

伤口愈合主要涉及结缔组织，从组织学看，结缔组织是由包埋于无定形而内含组织液基质中的细胞和细胞外纤维所组成，即结缔组织主要由细胞、基质及纤维所组成。基质是无定形的胶状物质，其化学成分主要是蛋白多糖（即黏蛋白）。纤维包括胶原纤维、网状纤维及弹性纤维。胶原纤维的化学成分是胶原蛋白，由成纤维细胞合成。

除羟赖氨酸和羟脯氨酸外，肌球蛋白及肌动蛋白含有胶原所含有的其他氨基酸，而羟赖氨酸和羟脯氨酸在胶原合成中可以赖氨酸和脯氨酸为原料。赖氨酸为必需氨基酸，而脯氨酸为非必需氨基酸，可从谷氨酰胺转变而来。

创伤后胶原消耗量远多于合成量，才能提供所需的各种氨基酸。在进食不足时，依靠内源性肌肉蛋白来完成伤口愈合是不适宜的。故创伤后应尽可能早地使患者得到外源性蛋白质，并且考虑到氨基酸品种上的特点，适当给予富含甘氨酸、脯氨酸、丙氨酸和羟脯氨酸的食物。

胶原合成与含硫氨基酸的关系：蛋白质缺乏影响伤口愈合，通过补给含硫氨基酸（甲硫氨酸或酰胺酸）可获得改善。

明显的低蛋白血症，血浆渗透压降低，伤口明显水肿是伤口愈合障碍的重要原因。此外，血管再生、成纤维细胞再生、胶原合成聚集及伤口重塑都需要蛋白质参与。另外，蛋白质缺乏还可抑制机体的抗体反应，影响细胞免疫介导反应及白细胞功能。

某些氨基酸缺乏或失衡会严重影响伤口蛋白质合成和伤口愈合，例如蛋白质缺乏的大鼠补充甲硫氨酸或半胱氨酸可明显纠正其伤口愈合不良，增加成纤维细胞分裂、增殖和胶原沉积。伤后机体对于氨基酸的需求增加，例如给大鼠喂养缺乏精氨酸的食物使得机体内缺乏精氨酸，大鼠受伤后体重急剧下降，皮肤切割愈合明显变慢；当增加食物内的精氨酸含量，则受伤大鼠伤口抗张力强度、胶原沉积速度明显增高，取得良好效果。

（三）糖对伤口愈合的影响

一方面，当机体糖和脂肪不足时，供能需要消耗过多的氨基酸，大量氨基酸和蛋白质消耗导致伤口愈合障碍；另一方面，糖原分解及糖异生而来的葡萄糖不能满足白细胞和成纤维细胞的能量需求时，亦会导致伤口愈合障碍。因此调节糖代谢对调控伤口各种细胞增殖分裂具有重要作用。

（四）脂肪对伤口愈合的影响

某些重要的必需脂肪酸在机体不能直接生物合成，需从食物中得到，如亚油酸和花生四烯酸。必需脂肪酸是细胞膜和亚细胞膜中甘油三酯与磷脂的重要组成部分，也是具有重要细胞代谢和炎症反应调节作用的前列腺素的重要物质来源。研究表明，必需脂肪酸缺乏可显著延迟大鼠伤口愈合，在皮肤伤口、筋膜伤口、烧伤伤口和肠道吻合切口中对皮肤伤口影响最大。

（五）维生素 C 对伤口愈合的影响

维生素 C 对伤口愈合的影响主要是对胶原纤维合成的影响。维生素 C 是羟基化过程中的电子供体，可作为二价铁离子和氧分子的电子传递物质，参与脯氨酰羟化酶及赖氨酰羟化酶的激活和羟化反应，在维持其活性中起到重要作用，故维生素 C 为伤口愈合所必需。一般未感染的切口，术后 7d 左右胶原形成，患者可从事一般的活动而不致裂开，但伤口胶原的形成和交联可持续数个月或经年，这期间仍需不断补充维生素 C，若因缺乏而出现维生素 C 缺乏病，切口在外力作用下仍然有裂开的可能。

最初发现维生素 C 对伤口愈合的促进作用是在 18 世纪，将柑橘用于长期出海水手创口的愈合不良，后来鉴定其有效成分为抗坏血酸（维生素 C）。后研究显示，维生素 C 缺乏可使剖腹切口及皮肤伤口愈合明显受到抑制，结缔组织胶原形成明显减少，伤口抗张力强度显著降低，血管再生及毛细血管形成障碍，毛细血管脆性增加，创伤时容易发生出血等。

（六）维生素 A 对伤口愈合的影响

维生素 A 是维持上皮组织正常功能状态所必需的物质，参与组织间质中黏多糖的合成，黏多糖对细胞起黏合和保护作用。维生素 A 缺乏时，呼吸道、泌尿道等黏膜上皮异常角化，抵抗力降低，易并发呼吸道和泌尿道感染。早在 1941 年就发现，局部涂抹鳕鱼甘油可促进因维生素 A 缺乏所致的伤口愈合不良（上皮角化延迟，伤口未闭）。近 20 年来对维生素 A 在伤口愈合中的研究增多，如大鼠给予临界低水平维生素 A 的饲料喂养，可基本维持正常生长，但一旦发生轻度创伤即会出现体重下降、低血糖及伤口愈合不良；相比较正常对照组，伤口胶原沉积减少，交联度下降，死亡率远高于正常受伤大鼠。

（七）微量元素的影响

影响伤口愈合的微量元素有锌、铁、铜等。慢性锌缺乏导致血浆锌水平低下，主要表现为贫血、创口生长迟缓、伤口愈合障碍等。锌是体内许多金属酶（如 DNA 聚合酶、RNA 聚合酶和逆转录酶）的基本辅助成分，参与蛋白质合成过程中多聚体的形成，因此，锌对伤口上皮的形成影响更为显著。这是由于锌影响细胞分裂、生长及蛋白质合成，且体内 20% 的锌存在于皮肤中，尤其集中于上皮组织。机体处于低锌状态时，补锌有促进作用。而创伤应激时随着尿氮、尿磷、尿硫等排出增加，尿锌排出也增加，故创伤代谢恢复期，机体无疑处于低锌状态。除可以补充硫酸锌或醋酸锌外，还可从食物中获得，如动物皮肤含锌量很高，以猪皮或猪蹄作为获得甘氨酸、脯氨酸的来源时，同时也获得了较多量的锌。

综上所述，伤口愈合与含硫氨基酸、甘氨酸、脯氨酸、赖氨酸、维生素 C、维生素 A 及铁、铜、锌的关系密切。富含蛋白质、平衡的营养对创伤后机体恢复和保证伤口愈合具有相当的重要性。

二、代谢特点

创伤代谢反应是创伤后机体反应中的一部分，指机体受到创伤后出现应激反应，在蛋白质、脂肪、糖及水盐等代谢方面逐渐产生的一系列复杂的、具有特征性的变化。一方面机体代谢率增高，组织分解加剧，氮丢失增加；另一方面机体为修复创伤所需的营养物质增加。创伤后机体会出现一系列代谢反应，其随时间的变化有一定的规律性，可分为退潮期、涨潮期和恢复期 3 个阶段。各时期的具体代谢特点见本章第一节。

三、营养治疗

(一) 能量

供给细胞代谢所需要的能量与营养底物，维持组织器官结构与功能；通过营养素的药理作用调理代谢，调节免疫功能，增强机体抗病能力，从而影响疾病的发展与转归，这是实现危重创伤患者营养治疗的总目标。

营养治疗并不能完全阻止与逆转危重创伤患者严重应激时的高分解代谢状态和人体组成的改变，因此时总的神经 - 内分泌环境中各种激素所提供的都是促分解信号，只有当应激得到控制，内环境中的分解信号才会转换为促合成方向。然而在高分解代谢期，依然需要合理的营养治疗，其目的在于通过提供营养素减缓自身蛋白的分解，并提供基础代谢所需的能量和宏量营养素。此外，器官功能的维护与组织修复均有赖于细胞可获得充分的代谢底物。进入合成代谢期后，营养治疗的目的就应该根据神经 - 内分泌调节的变化而作出调整，总的来说，此时应该提供充分的能量，加速组织的修复，促进患者康复。

代谢支持是为机体提供适量的营养底物以维持细胞代谢的需要，而非供给较多的营养底物以满足机体营养的需要。既要防止因底物供给不足影响器官的代谢与功能，又要避免因底物供给过量而增加器官功能负荷。代谢调理指应激时患者处于高分解代谢状态，虽按代谢支持的要求给予营养，但不能够达到营养治疗的目的，供给的营养底物不能够维持机体代谢的需要，从降低代谢率或促进蛋白质合成的角度用药物或生物制剂调理机体的代谢。临床上常用的代谢调理方式有：应用环氧化酶抑制剂布洛芬、吲哚美辛等，抑制前列腺素产生，继而降低代谢率；应用胰岛素样生长因子 -1（Insuline-like growth factor-1，IGF-1）及重组人生长激素（recombinant human growth hormone，rhGH），促进蛋白质合成，减少蛋白质分解；减少肌肉内游离谷氨酰胺的丢失，改善负氮平衡，促进创伤愈合。

对创伤危重患者的能量供给并非越多越好，早期短时间内给予“允许性低能量摄入”可能对病情有利，原因在于：创伤后早期机体通过释放儿茶酚胺、皮质激素、胰高血糖素、生长因子和细胞因子等来增加糖原异生，胰岛素拮抗又使其抑制该反应过程的能力下降；此外，周围型胰岛素拮抗阻碍了胰岛素帮助能源代谢的功能，这些能源包括葡萄糖、酮体、游离脂肪酸和氨基酸，上述过程都会造成血浆葡萄糖浓度的增高，常规的能量供应有引起血糖显著升高的风险。营养治疗中，过多的糖摄入可能导致肝功能损害，脂肪和糖的供热比应接近 1∶1，此外，糖代谢过程中产生二氧化碳较脂肪多，增加了通气量及肺的负荷，因此糖的供给不宜太多，尤其是在已有肺部疾病或肺功能损害时，应减少糖的供热比例。

（二）脂肪的补充

营养治疗方案的脂肪，占总能量的20%~30%为宜。脂肪的选择上，中链甘油三酯较长链甘油三酯较易消化吸收，无须经过乳糜管和淋巴管系统，可直接经由肝门静脉至肝脏，易被氧化。此外还需考虑到必需脂肪酸的需求，特别是长时间依靠全肠外营养的患者。

（三）蛋白质的补充

蛋白质营养问题对创伤及手术患者有特别重要的意义。蛋白质缺乏的患者往往血红蛋白和血浆蛋白含量降低，术前循环血容量即已经处于较低水平，以维持血红蛋白和血浆蛋白接近正常水平。如果经受手术及麻醉，由于失血或血流动力学的改变，使得有效循环血容量降低，原已处于最低水平的患者代偿能力弱，轻度变化即可出现低血容量休克。此外，蛋白质缺乏的患者伤口愈合较为迟缓，免疫功能减退而易发感染。蛋白质和营养不良的患者由于需动用体脂，肝脏易出现脂肪浸润，影响肝功能，需要手术的患者在麻醉及机体处于高度消耗时，都需要肝脏充分发挥作用，这样将会加重肝功能障碍，且不利于患者对手术的耐受。成人蛋白质需求量应占总能量的10%~15%。手术或创伤患者应采用高蛋白营养治疗方案，其摄入量应达到1.2~1.5g/（kg·d）。

在创伤、烧伤及手术后，精氨酸成为必需氨基酸，谷氨酰胺成为条件必需氨基酸，需要适当补充。生长因子包括生长激素、胰岛素样生长因子及表皮生长因子等，它们在营养治疗中的作用日渐受到重视。以重组人生长激素为例，它有明显的营养和代谢作用，可以减轻创伤后胰岛素抵抗，促进葡萄糖氧化、降低血糖，增加机体对能量的利用；促进蛋白质合成，改善氮平衡，提高创伤患者合成代谢，促进创口愈合；动员体内脂肪分解和糖异生，使得血中游离脂肪酸水平明显升高，进而满足机体代谢的需要。

（江　华）

第六节　围手术期

围手术期是指患者决定接受手术到痊愈出院的整个过程，包括术前、术中和术后3个阶段。外科患者围手术期普遍存在营养摄取不足或疾病消耗而导致的营养不良，再加上术前和术后不同原因的禁食、手术创伤及术后可能发生的一系列并发症，营养状态可能进一步恶化。营养不良不仅影响机体的生理功能，也会增加手术的危险性、术后并发症发生率以及死亡率。因此合理的围手术期营养治疗策略可以改善患者的营养状况，减少因手术应激所带来的诸多不良反应，维持患者的机体正常代谢和保护器官功能。本节将围绕围手术期代谢特征、营养治疗目的、营养治疗指征、营养治疗方式及具体实施5方面进行阐述。

一、病理生理

外科住院患者营养状态除了与基础疾病相关外，还与围手术期的禁食、手术创伤应激等原因密切相关。在临床上，大部分患者术前都处于不同程度的饥饿应激状态，这是因为患者在进行术前准备时通常需要较长时间的禁食，此时患者机体被迫处于饥饿状态。同样，在术后很多患者在相当长的时间里无法恢复正常饮食，机体也处于饥饿状态。在此状态下，机体为了维持代谢和器官功能正常，势必发生一系列的代谢改变。而创伤应激是指每个外科患者术后都要经历的过程，会使机体代谢方式改变和加剧能量消耗，处理不当可能会影响患者的临床结局。因此，了解并控制饥饿和创伤应激状态下机体的代谢改变，对于制订围手术期营养治疗策略十分重要。

二、代谢特点

饥饿状态和创伤应激状态下的代谢详见本章第一节。

饥饿以及创伤应激可能导致机体成分改变，包括水分丢失，蛋白质和脂肪消耗，使组织、器官重量减轻。若不加以营养治疗作为干预手段，长此以往，可能造成多器官功能障碍，最终导致死亡。

三、营养治疗

（一）营养治疗目的与指征

围手术期营养治疗目的在于改善患者的营养状态，使患者对于手术的耐受性提高，并尽可能地减少术后并发症的发生率和降低术后死亡率。有多项研究结果表示营养不良会增加不良临床结局的发生率，如 Sandstrom 等对 300 例重大手术患者的研究结果表明：20% 的重度营养不良患者经营养治疗后并发症发生率显著低于给予低能量患者组。Von Meyenfeldt 等通过研究 150 例存在营养不良的胃肠道肿瘤患者，发现围手术期营养治疗可以降低术后并发症的发生率。上述 2 组研究结果表明：围手术期营养治疗可以使重度营养不良患者从中获益，但对于无营养不良或轻度营养不良患者的益处还有待探讨。美国肠外肠内营养学会（American Society for Parenteral and Enteral Nutrition，ASPEN）和欧洲肠外肠内营养学会（European Society for Parenteral and Enteral Nutrition，ESPEN）在指南中提到：对于营养状况良好，预计 5d 内可以恢复正常饮食的患者，无须进行围手术期营养治疗。

目前证据前提下，围手术期术前营养治疗指征是：①重度营养不良患者。②中度营养不良而需要创伤大、复杂手术的患者。而术前营养治疗的时间应持续至少 7d，有证据表明即便营养治疗可能推迟手术，但患者仍能从中获益。围手术期术后营养治疗指征是：①术前接受营养治疗患者，术后应继续接受营养治疗。②严重营养不良患者术前因各种原因未进行营养治疗的，术后应给予营养治疗。③术后恢复时预计超过 5d 无法进食的患者。④术后出现严重并发症而需要长时间禁食的患者。⑤术后代谢水平明显增加的患者。

国内外多个指南把营养诊疗规范化过程分为以下 3 个步骤：筛查、评估和干预，这些步骤同样适用于围手术期患者。筛查是指找到需要营养干预的患者；评估是指使用综合营养评估工具评估患者的营养状态；干预是指根据患者的耐受情况选择不同的营养途径。营养不良筛查工具有 NRS 2002，它是建立在循证医学基础上的简便易行营养筛查工具。而营养不良诊断工具有 GLIM 评分（Global Leadership Initiative on Malnutrition），是基于风险筛查和诊断的两步模型，第一步是指可以使用现有的营养不良筛查工具筛查可能存在营养不良风险的患者，而后根据患者的年龄、体重指数、肌肉量等指标评估营养不良的诊断和严重程度。GLIM 评分使营养不良的诊断标准化，这一评分逐渐成为营养不良诊断的常用手段。

总结上述观点可得出，择期手术患者应进行营养状况筛查及评估，然后根据其营养状态决定是否进行营养治疗。首先，对于营养状态好或存在轻度营养不良的患者，无须进行围手术期营养治疗。其次，对于轻度营养不良、手术创伤较小、术后早期即可进食的患者，同样无须营养治疗。最后，对于存在重度营养不良、手术创伤大、术后长时间无法正常进食的患者，需要进行围手术期营养治疗。

（二）营养治疗的方式

在临床上，围手术期营养治疗能否取得最佳疗效的前提在于严格把控适应证，并有针对性地使用营养治疗途径，精确计算营养物质需要量及临床操作的规范化。围手术期营养治疗方式包括口服营养补充（oral nutritional supplement，ONS），肠内营养（enteral nutrition，EN），肠外营养（parenteral nutrition，PN）。不同营养治疗方式各有其优缺点和适应证，应该因地制宜地使用而不是盲目追求营养物质最大化。在临床工作中，一般对于胃肠道功能正常或具有一定消化能力的患者，倾向于优先使用口服营养补充或肠内营养，当营养物质不能满足机体所需时，加用肠外营养。而对于营养物质需要量大或需要短时间内迅速改善患者营养状况时，则选用肠外营养。

1. ONS　ONS 是指以增加营养摄入为目的，应用能够为患者提供多种宏量营养素和微量元素等的液体、半固体或粉剂的营养制剂。主要应用于能够经口进食，但正常饮食无法摄入足够多的食物和水分以满足每日所需的患者，但要求患者吞咽能力正常，并具有一定的消化和吸收功能。ONS 符合正常人体生理结构，不会造成纯肠外营养下的肠黏膜上皮细胞萎缩，是一种安全、有效的营养治疗方式。

ONS 的形式多样，它不仅可以通过指导饮食，加入高能量密度、高蛋白营养的物质；也可以改变进食习惯（如正餐基础上加辅餐）；还可以使用专门的肠内营养补充剂。其中以临床上最常用的是三大营养物质（糖、脂肪、蛋白质）为基础，加上各种微量营养素（维生素、矿物质）而成的配方营养补充剂。而餐间分次口服被认为是标准的 ONS 营养干预做法。

ONS 在改善营养状态、提高生活质量和减少并发症方面有积极作用。

2. EN　EN 是一种简单、有效的营养方式。与肠外营养相比，其费用低、更符合生理结构、护理难度小以及并发症发生率低。因此对于围手术期患者，只要患者具有胃肠道功能，应首选肠内营养。另外肠内营养对于肠道屏障的保护作用也不可忽视。

根据肠外肠内营养指南，以下情况应推荐使用肠内营养：①有营养风险的患者，术前应给予 10~14d 的营养治疗。②预计围手术期禁食时间>7d 或预计 10d 以上经口摄入量无法达到推荐摄入量 60% 以上。③对于术后无法早期进行口服肠内营养的患者，术后 24h 应使用管饲途径给予营养治疗。有循证医学的证据表明：术后早期肠内营养是安全、有效并能良好耐受的营养治疗方式。

3. PN　凡是围手术期需要进行营养治疗但肠内营养途径受限的患者均可选用 PN。PN 是指通过静脉途径为患者提供全部或部分营养素的治疗方式，其主要包括各种类型的脂肪乳剂和氨基酸、碳水化合物（主要是糖类）、电解质（钠、钾、氯、钙、磷等）、维生素（水溶性和脂溶性）、微量元素和水等。临床上，很多患者虽然可以选用肠内营养，但因疾病等原因无法提供机体每日所需，则需要补充或联合使用肠外营养途径。

围手术期肠外营养适用于 3 类患者，第一类是术前严重营养不足、但无法经肠道进行营养治疗的患者；第二类是术前接受营养治疗，并延续到术后；第三类是术前营养状况尚可，但因手术创伤较大或术后发生并发症导致术后长时间无法进食，或术后营养摄入不足的患者。

ESPEN 外科肠外营养指南中提到，肠外营养治疗适用于：①严重营养不足，且肠内营养途径受限或不耐受的患者。②存在损害胃肠道功能的术后并发症，无法通过肠内途径得到足够的营养，持续时间>7d。③术后需要营养治疗的患者，肠内营养或肠内营养结合肠外营养作为首选。④对于存在营养治疗适应证的患者，肠内营养途径下机体 60% 以上能量需求无法满足，如高流量小肠瘘或不全性肠梗阻的患者。

"全合一"是指将患者所需的全部营养素混合后输注的方式，其优势在于符合生理，促进机体蛋白质合成，降低单个营养素浓度和渗透，减少肝、肾等器官代谢负荷和减少代谢性并发症等。研究证实：与单瓶输注相比，"全合一"模式可以使治疗相关不良事件发生率下降 44%。"全合一"模式包括医生处方后在静脉用药配置中心（pharmacy intravenous admixture services，PIVAS）完成的"自配型"和工业化生产的"多腔袋"两种形式，而自配型优势在于针对单个患者营养状况，针对性强，符合个体化治疗原则，而后者有减少处方和配制差错、少杂质和微生物污染、节省人力资源和使用方便等特点。临床工作中，我们应根据实际情况灵活选择。

（三）营养治疗的要求

通常情况下，围手术期营养不良情况不外乎是由于能量、蛋白质（氨基酸）、脂类、糖类和维生素缺乏所致。根据这些问题若能对因治疗，那么纠正营养不良的成功率将大大提升。

1. **能量**　临床患者能量不足的问题最为普遍，是由于疾病本身、手术创伤或术后应激等原因所致。因此对于围手术期患者进行能量补充是必要的环节，但并不意味着一味追求高营养。过去常认为供应更高的能量有利于围手术期患者的恢复，但近年来大量研究结果表明高能量的供应会加重机体负担，可能引起一些不必要的并发症。中国肠外肠内营养指南中提到，对于一般围手术期患者，可将 20~30kcal/kg 作为目标需要量。ESPEN 营养指南中认为围手术期患者每日非蛋白能量需要达到

20~30kcal/kg。但围手术期能量补充也应根据疾病状态的不同来具体分析。

国际上通用的计算健康人和手术创伤患者的静息能量消耗（resting energy expenditure，REE）公式有 Harris-Benedict（H-B）公式，FAO/WHO/UNU 公式和 Owen 公式，目前 Harris-Benedict 公式或 Mifflin-St Jeor 公式是“金标准”。但由于不同疾病、年龄、运动等原因，REE 差异较大，使用上述公式进行估算可能会过高估计患者的基础消耗。而对于国内外围手术期患者能量消耗的研究中发现，不同患者因其 BMI 不同，REE 水平也有所差异：BMI 低于 21kg/m^2 的患者平均 REE 为 21.4kcal/（kg·d），BMI 高于 21kg/m^2 的患者平均 REE 为 18.4kcal/（kg·d）。对于不具备代谢车条件的医疗场所，可以推荐上述方式估算围手术期能量需要量。2011 年，江华等的一项系统评价发现，对有 PN 指征的术后患者（纳入的主要是胃肠道肿瘤术后患者），短期（7~10d）给予 20kcal/（kg·d）的能量，患者的并发症风险最低。

2. **氨基酸**　摄入足量蛋白质是机体正常运作和修复损伤的前提，而机体蛋白质的需要量取决于代谢应激因素和蛋白质消耗程度，围手术期患者要经受饥饿和手术创伤所造成的应激反应，体内分解代谢水平增高，此时蛋白质需要量将高于正常状态。2016 年 ESPEN 指南提出：围手术期患者的氨基酸需要量应最少为 1g/（kg·d）到目标需要量 1.5g/（kg·d）。此外，近年来随着对围手术期营养治疗的深入研究，一些过去临床上常常采用的老观点被推翻，如过去术后多使用通用型氨基酸，但研究发现对于手术创伤患者，一些特定氨基酸的缺乏往往更为严重。有研究者发现患者分解代谢的结果是肌肉中谷氨酰胺和谷氨酸的含量迅速下降，当给予高氮量的氨基酸注射液后，两者血浆浓度得以恢复。

另外，外科手术后患者血浆苯丙氨酸和酪氨酸比例（Phe/Tyr）是分解代谢的一个指标，术后该指标往往会升高，原因可能是肝苯丙氨酸羟化酶活性降低所导致的。通过将氮平衡和单一氨基酸水平进行对比后发现，赖氨酸水平同负氮平衡程度呈正相关，结论提示赖氨酸可能是影响创伤后蛋白质合成的一个重要因素。

最后，分解代谢阶段中，因尿液中含量最丰富的氨基酸是甘氨酸，其余氨基酸如丙氨酸、苏氨酸、丝氨酸和牛磺酸等排出量也显著增加。因此对于术后患者，应重点补充上述氨基酸。

3. **脂类**　在饥饿、创伤应激等因素影响下，脂类成为机体供能的主要能源物质。在术前和术后禁食状态下，必需脂肪酸无法摄取，患者可能出现脱毛、溃疡等症状，对于术后患者最主要的影响是伤口愈合不良。围手术期营养治疗时，脂类对于患者氨基酸的吸收和储存有极其重要的意义。脂类供能不应超过总能量的 50%，脂肪补充过多时易造成高脂血症。在临床中，有学者认为脂肪乳剂的剂量应控制在 0.8~1.5g/（kg·d），并主张甘油三酯血浆含量应保证在 4~5mmol/L 以下，因为血浆中甘油三酯水平过高可能会导致急性胰腺炎的发生。

对于肠外营养中的脂肪乳剂，不同类型有不同的适用人群，有研究表明中链甘油三酯（medium-chain triglyceride，MCT）和长链甘油三酯（long-chain triglyceride，LCT）联用比单用 LCT 能更好地改善消化道肿瘤患者的营养状态；结构脂肪乳剂（structured triglyceride，STG）可显著改善累计氮平衡，并升高清蛋白水平。另外值得一提的是，有循证医学证据表明 ω-3 脂肪酸可以降低血液中炎症因子 CRP、TNF-α 和 IL-6 的水平；一项基于 RCT 的 Meta 分析发现，肠内营养或肠外营养中添加 ω-3PUFA 可以有效减轻结直肠癌患者的术后并发症发生率。

4. **碳水化合物**　围手术期营养治疗过程中，碳水化合物作为氮源的重要来源，与脂肪一同供给能量，它和脂肪一样对于患者氨基酸的吸收和储存有极其重要的意义。研究表明碳水化合物同氨基酸注射液一同输注可以减少对内源性脂肪动员的依赖，减少脂肪分解和抑制糖异生途径，并增加氨基酸的利用率。

5. **维生素**　围手术期患者的营养治疗过程中，由于营养摄入受限，机体消耗增加等因素，有较大可能造成维生素缺乏。维生素的补充也十分重要，成人每日的维生素补充一般是按照口服剂量计算，静脉剂量尚无定量标准。按照联合国和美国医学会的维生素推荐摄入量见表 16-6-1。

表 16-6-1　成人每日维生素推荐摄入量

维生素	联合国标准	美国医学会标准
维生素 A/U	2 500	3 300
维生素 D/U	100	200
维生素 C/mg	30	100
维生素 E/U	–	10
维生素 B_1/mg	1.0~1.4	3
维生素 B_2/mg	1.3~2.0	3.6
维生素 B_6/mg	–	4
烟酸 /mg	15.8~23.8	40
泛酸 /mg	–	15
叶酸 /mg	200	400
维生素 B_{12}/mg	2	5

而在实际临床工作中应灵活把握维生素的用量。对于使用脂肪乳剂的患者，为防止其中所含的不饱和脂肪酸被氧化消耗，应加入额外的维生素 E。如对于接受肠外营养的患者，其维生素 E 水平下降可能造成红细胞溶血，每日补充 500U 后症状可以缓解。

此外维生素 A 和维生素 K 也容易缺乏。维生素 A 制剂在肠外营养液中会随着时间的延长降低效价，原因在于维生素 A 的稳定性差，因此在输注维生素 A 相关溶液时，应及时进行输注。

对于长期肠外营养治疗患者，体内钙、磷代谢也容易发生异常，主要表现在血钙增高、尿磷升高等，这类患者及时补充维生素 D 300~400U 可迅速改善症状。

维生素 B_6 缺乏患者一般缺乏时会有体重降低、呕吐等症状。严重缺乏会有贫血、关节炎、痉挛、头痛、脱发、衰弱以及精神症状等，对于这类患者每日给予 5mg 维生素 B_6，可预防这些症状的发生。

维生素 B_1 是重要的辅酶，是组成人体中转酮醇酶的成分之一，是糖代谢过程中的重要参与者。术后为了保证血浆中维生素 B_1 浓度水平，应定期输注维生素 B_1。

维生素 K 作为凝血因子 γ- 羧化酶的辅酶。其他凝血因子 7、9、10 的合成也依赖于维生素 K。人体缺少它，凝血时间会延长。而通常情况下维生素 K 的吸收是在肠道进行，长期禁食患者肠道内细菌无法生产充足的维生素 K，这时就需要额外补充维生素 K 以保证血浆内维生素 K 水平的稳定。

围手术期给予营养不良患者营养治疗，有助于减少术后严重并发症的发生和缩短住院时间。因此对于围手术期患者，营养风险的筛查、诊断和治疗对其预后十分重要。

（江　华）

第七节　短肠综合征

短肠综合征（short bowel syndrome，SBS）是指广泛切除小肠后，小肠吸收面积极度减小，残存的功能性肠管不能维持患者的营养或儿童生长需求，并出现以腹泻，酸碱、水电解质紊乱以及各种营养物质吸收及代谢障碍为主的综合征。患者在切除小肠后是否会出现 SBS 症状受到多种因素影响。通常肠道有很强的代偿功能，残留小肠可通过代偿和适应过程，使其吸收各种营养素、水、电解质等物质的能力接近甚至恢复肠道手术前水平，重新获得肠道的自主性。

引起 SBS 的原因有很多，比如肠系膜缺血、克罗恩病、放射性小肠炎、外科手术并发症、家族性息肉病、肠扭转、肠畸形、坏死性小肠结肠炎等，其中肠系膜缺血是导致 SBS 的主要原因。

一、病理生理

（一）临床表现

SBS 患者根据病程可分为 3 个阶段，即急性期、代偿期和恢复期。急性期在小肠广泛切除后短时间内即会发生，此期间患者最主要的症状就是严重腹泻，并导致电解质大量丢失，以上临床表现很大程度上与切除肠段的长度和部位有关。患者的营养情况在适当处理后能得到维持，或逐渐出现营养不良的症状如体重下降、肌肉萎缩、贫血、低蛋白血症，以及各种维生素与电解质缺乏的症状。有部分患者可能因为手术后应激状态导致胃酸分泌过多而造成严重的消化溃疡和吸收不良。因缺乏某些阳离子（钙、镁、钾），患者可能会出现手足抽搐、肌肉兴奋增强、骨质疏松及低钾血症。代偿期间患者生命体征趋于平稳，腹泻次数比急性期减少，但依然常见，这是由于胆盐性、高渗性和吸收不良等多种因素造成。对于结肠完整的 SBS 患者，钙会和脂肪结合排出，导致与草酸盐结合相应减少，未结合的草酸盐经结肠吸收入血，产生高草酸尿，如果同时有脱水发生即可形成草酸盐性肾结石。因此 SBS 患者合并尿路结石者很多，会反复出现而影响肾功能。

稳定期一般指小肠切除后 1 年左右时间，患者剩余小肠的代偿能力增强，患者能从肠道获得足够的营养，不再需要肠外营养的补充。但是部分患者不能达到这一阶段，甚至不能获得长久的适应期，则患者的病情会日益加重，出现严重的营养不良甚至死亡。

除了上述高胃酸分泌、肾结石，短肠综合征还有其他并发症。*D*-乳酸性酸中毒主要是因为胃肠道解剖改变，合并大量糖类在结肠被细菌（主要是厌氧菌群）代谢而产生大量的 *D*-乳酸被结肠吸收入血。其表现为没有明确定位的神经系统和脑病症状，儿童表现为头晕和共济失调。*D*-乳酸性酸中毒发生条件之一是摄入过量的碳水化合物，所以应该减少 SBS 患者的碳水化合物摄入量。由于回肠切除和胆盐吸收不良，胆汁中胆盐浓度降低，容易发生胆汁淤积性胆结石，发病危险率比一般人高 2~3 倍。此外，由于缩胆囊素分泌减少和肠外营养的作用，胆囊收缩功能降低，胆汁淤积发生率增加。其他并发症如肝功能异常，是因为长期肠外营养所致。营养剂使用不当会对患者的肝功能造成损伤，合理搭配各种营养素能够改善患者的肝功能。

（二）诊断

1. SBS 诊断主要依据既往病史与患者主诉，应详细了解手术部位、方式、切除肠段的长度。

2. 结合患者临床表现，包括进行性营养不良、腹泻、脱水，辅以生化检查、影像学检查。主要检查血电解质、血气分析及肝肾功能，影像学检查包括全消化道钡剂造影，超声检查有无胆汁淤积与胆囊及泌尿系结石。

二、代谢特点

患者在 SBS 期间的病理生理变化主要取决于小肠切除的范围和部位、回盲瓣和结肠保留与否、手术方法。目前关于切除多少肠管才会发生 SBS 尚未有确切数字，一般认为小肠的长度<200cm 时，就有可能发生 SBS。人体正常的肠道每个部分都在营养素的吸收过程中承担重要作用，近端 100~200cm 空肠是吸收碳水化合物、蛋白质和水溶性维生素的主要场所，被酶吸收的脂肪则在胆盐的作用下进一步形成胶粒后，在远端小肠被吸收。通过空肠时间较回肠快，而食物到达回肠时已处于消化完善的状态，因此蛋白质和脂肪在回肠内吸收更完全。回肠切除后，其所产生的营养障碍相对较空肠切除为重，特别有一些物质只能被回肠吸收，如胆盐和维生素 B_{12} 等。大量胆盐丢失可导致脂肪泻，脂溶性维生素也随之丢失。而一些原在空肠被吸收的物质则可为回肠代偿吸收，但回肠切除后，空肠难以弥补回肠的功能。此外，广泛小肠切除可使一些肠道激素不能产生，如促胰液素、缩胆囊素分泌减少，可影响胰酶和胆汁的分泌，也可引起脂肪的吸收不良。小肠广泛切除后可使一些肠道激素缺乏，胃酶因某些抑制因素减少而分泌过多，小肠内 pH 降低可加速小肠排空而进一步影响吸收。

回盲瓣是否保留，对于 SBS 患者生理情况的变化也有着至关重要的影响。当患者保留了完整的回盲瓣，小肠中内容物的停留时间能够大大延长，增强小肠剩余部分的吸收能力，减少小肠液尤其是其中胆盐成分对结肠的损害。回盲瓣还具有细菌屏障作用，能防止结肠内细菌向小肠迁移寄生而形成所谓“小肠细菌结肠化现象”，防止小肠剩余段遭受结肠内容物的污染。保留了完整结肠及回盲瓣，残留空肠只要不是特别短，患者最后基本都能摆脱肠外营养，而如果缺失了回盲瓣，即使残留小肠长度超过 50cm 的患者也可能因为难以代偿而需依赖长期的肠外营养。

大量的小肠切除后，剩余小肠黏膜高度增生，绒毛肥大变长，肠腺凹加深，吸收功能增强。其单位长度有效吸收面积可增加 2 倍。但是以下因素可影响参与小肠的适应及代偿：①食物营养性物质及非营养性物质与残余肠管的接触；②胆汁和胰液刺激，肠道激素或其他因子的营养作用；③肠外生长因子、激素、聚胺等的刺激作用；④剩余小肠血流的增加。从目前研究来看，小肠切除后残余肠道的适应性改变或代偿受多种因素影响，一般在术后数个月至 1 年内完成，这对于短肠综合征患者的健康、营养情况及生存都具有重要的影响。

三、营养治疗

大部分 SBS 患者，剩余小肠的代偿能力较强，可通过营养治疗，包括肠外营养、经鼻胃肠管（或经皮胃肠道置管）持续滴注喂养要素膳、少渣饮食等方式，过渡到剩余小肠完全代偿，满足机体生长发育需要。

（一）肠外营养（parenteral nutrition，PN）

在小肠切除术后初期，患者消化道非常脆弱，任何进食甚至是饮水都有可能加重内环境的紊乱。此时应该经静脉输注营养，以供给足够能量和营养素，建立正氮平衡，稳定患者循环、呼吸等生命体征。肠外营养液中应含有各种维生素和微量元素，以及钠、钾、钙、镁等。末端回肠切除者应注意补充维生素 B_{12} 和脂溶性维生素（维生素 A、维生素 D、维生素 E 和维生素 K）等。在制订肠外营养配方时应注意：①早期要补充足够的水分，若患者腹泻严重，每天丢失大量肠液，则需要相应增加营养液的液体总量；②要控制每天能量摄入量，通常按照 20~25kcal/(kg·d) 供能，非蛋白能量中糖类与脂肪比例为（60%~70%）:（30%~40%），建议脂肪乳剂的使用量不宜过大，并采用中（长）链脂肪乳剂代替长链脂肪乳剂，以免加剧肝损害和免疫供能抑制；③初期应每日检测生化指标、评价营养状况，及时补充维生素和微量元素。肠外营养一般通过锁骨下静脉穿刺置管或 PICC 的方式，因为肠外营养时间可能会比较长，需要注意长时间静脉输注引起导管堵塞、静脉炎等并发症。

PN 虽能够延长 SBS 患者的生存时间，但是会造成患者剩余肠道的废用，导致肠黏膜绒毛萎缩，继而导致肠屏障功能减弱，肠内细菌有进入血液导致其他并发症的风险，长期 PN 还有可能会对肝脏等脏器造成不可逆的损害。而且长时间的 PN 花费巨大，给患者带来沉重的经济压力。

（二）肠内营养（enteral nutrition，EN）

大部分 SBS 患者依然保留了部分小肠，EN 符合机体的生理和代谢需要，经济、安全，并且可维护肠黏膜的屏障功能，防止细菌移位。当肠道功能初步恢复时，需要尽早启动肠内营养，患者可以首先经口摄食，遵循的原则是由少量逐渐加量。先以单纯的盐溶液或糖溶液；随肠代偿的过程，可逐步过渡到含糖类、高蛋白、低脂肪、低渣饮食。可选用特殊配方的肠内营养制剂，其主要成分是短肽或氨基酸，这些成分不必再消化即可被很快吸收，为保证用量，常需要管饲肠内营养。要控制输入速度，先从 50ml/h 开始，待患者适应后再逐步增加到 100ml/h。为能够均匀输入，常采用输液泵控制。肠内营养浓度也要逐步增加，初始阶段用 12% 浓度，适应后可增加到 24%。EN 总量应达到 1 800~2 000kcal/d。如果肠内营养量不足，需经静脉途径追加补充。

随着肠内营养的增加，肠外营养可逐步减量。保留的小肠超过 25% 且结肠完整者，在代偿良好的情况下可通过肠内营养维持营养平衡。否则，多数患者不能完全脱离肠外营养，保留肠管长度小于 50cm 者需长期肠外营养。有研究显示进行空回肠吻合的小肠长度大于 35cm。保留结肠以及回结肠吻合是能够完全停用肠外营养的有效预测指标。瓜氨酸是一种肠道合成的氨基酸，也可作为预测是否能够完全脱离肠外营养的一个指标，其敏感性为 94%，特异性达 67%。

营养治疗不同途径的注意事项，见表 16-7-1。

表 16-7-1　营养治疗不同途径的注意事项

途径	注意事项
肠内	首选整蛋白制剂 如果整蛋白引起腹泻，应选用低脂肽类配方 检测电解质输入情况，增加钠的摄入量
肠外	监测液体平衡 监测电解质 长期 PN 患者，需设法提高生活质量

（三）肠康复治疗

谷氨酰胺是一种条件必需氨基酸，对肠黏膜细胞具有营养作用。联合应用谷氨酰胺和生长激素，加上合理的饮食可促进肠黏膜增生，增加肠黏膜的厚度，提高短肠综合征者残留小肠对营养物质的吸收能力，减少肠外营养的需要量。胰高血糖素样肽 2（glucagon-like peptide-2，GLP-2）是由肠道 L 细胞分泌的肠上皮特异性生长因子，可促进小肠黏膜生长，增强肠黏膜的损伤修复。

替度鲁肽是一种重组 GLP-2 类似物，能调节小肠内膜细胞的生长、增殖和修复，增强小肠的吸收能力。肾功能不全时替度鲁肽的暴露增加，对于中、重度肾功能不全的 SBS 患者，替度鲁肽剂量应降低，对于轻度肾功能不全的患者无须调整剂量。

（四）外科手术治疗

少数患者因剩余小肠不能代偿或出现肠外营养严重并发症，无法继续肠外营养，需外科手术处理。外科手术时通过面积或减慢肠运输时间以增加小肠的吸收能力，常用的手术方法有小肠瓣膜成形术、肠倒置术、结肠间置术和小肠移植术。

（江　华）

第十七章　重大慢性疾病的营养治疗

根据《中国居民营养与慢性病状况报告》(2020年),2019年我国因慢性病导致的死亡人数占总死亡人数的88.5%,其中心脑血管病、肿瘤、慢性呼吸系统疾病死亡比例高达80.7%,表明慢性疾病的防控工作面临巨大挑战。营养治疗是慢性病患者的一线治疗,美国于20世纪提出"营养治疗是治愈慢性病的最终解决方案"。充分发挥营养治疗具有显著改善临床结局和显著节约医疗费用的双重作用,将极大地改善我们慢性病的三级预防。

第一节　恶性肿瘤

恶性肿瘤是严重威胁生命安全、消耗社会财富的重大疾病,是我国居民的第一死亡原因,其发病率和死亡率仍然在持续上升。恶性肿瘤与营养不良是一种恶性循环,一方面营养不良的人群更容易发生恶性肿瘤,另一方面恶性肿瘤患者更容易出现营养不良。恶性肿瘤本身和抗肿瘤治疗常常会导致患者的体重和营养状况下降、出现营养不良,营养不良反过来削弱治疗效果、降低生活质量、缩短生存时间及增加医疗费用。中国抗癌协会肿瘤营养专业委员会的研究发现,我国三级甲等医院住院肿瘤患者中,中至重度营养不良发生率高达58%。鉴于营养不良在恶性肿瘤患者中的普遍性、恶性肿瘤患者营养不良的特殊性以及营养不良导致的严重后果,营养治疗应该成为肿瘤综合治疗中的基础措施和核心内容。营养(医)师或营养支持小组(nutritional support team,NST)成员应该成为肿瘤多学科团队(multidisciplinary team,MDT)的核心成员,参与肿瘤患者的全程治疗乃至家庭治疗。

一、肿瘤的代谢特点

越来越多的研究发现,肿瘤本质上是一种代谢性疾病。在肿瘤发生、发展和转移过程中,肿瘤细胞发生了一系列代谢改变,即代谢重编程(metabolic reprogramming),从而有利于肿瘤恶性增殖、侵袭转移和适应不利生存环境。

(一)能量代谢

肿瘤细胞能量代谢最重要的特征是其获取能量方式与正常细胞的差异。即使在氧供充足条件下,肿瘤细胞多达50%以上ATP来自低产能效率的有氧糖酵解,即瓦尔堡效应(Warburg effect)。其他特征包括:①总体能量消耗远高于正常细胞,肿瘤宿主静息能量消耗(resting energy expenditure,REE)平均高于正常人约10%。②能量利用上具有很强的可塑性,在葡萄糖供能困难时,肿瘤细胞可以利用其他能源分子(乳酸、脂肪酸、氨基酸、酮体和乙酸等)产生能量。

(二)糖代谢

肿瘤细胞糖代谢最重要的代谢特征就是葡萄糖的有氧酵解。大部分肿瘤细胞的糖酵解能力显著增强,可达正常细胞的20~30倍。此外,磷酸戊糖途径(pentose phosphate pathway,PPP)也明显增强。

与肿瘤细胞高度活跃摄取和分解利用葡萄糖不同，肿瘤宿主表现为一定程度的胰岛素抵抗和葡萄糖利用障碍。同时，由于糖异生原料（乳酸、甘油和氨基酸）增加，肿瘤患者肝脏糖异生能力显著增强。肝脏糖异生越强则 ATP 消耗越多，这也是肿瘤患者高能耗消瘦的重要机制之一。

（三）蛋白质 / 氨基酸代谢

肿瘤细胞为了满足自身增殖、生长及各种功能活动的需要，会摄取和代谢大量必需和非必需氨基酸，以谷氨酰胺消耗量最大，约是其他氨基酸的 10 倍，体积较大的肿瘤捕获（摄取）氨基酸更多。骨骼肌是机体的蛋白质库，机体 60% 的蛋白质都以各种形式储存于骨骼肌内。肿瘤患者尤其是晚期患者骨骼肌不断降解、瘦体重（lean body mass，LBM）下降、内脏蛋白消耗。与此同时，肝脏急性期反应蛋白合成增加，使机体总蛋白质转化率和净蛋白分解率增加，但白蛋白合成减少。

（四）脂类代谢

肿瘤细胞脂代谢主要表现为脂肪酸从头合成，磷脂和胆固醇合成增强，且不受食物脂类摄入的影响。这与肿瘤细胞不断增殖需要合成大量细胞膜密切相关。肿瘤患者体内脂类代谢改变主要包括：脂肪组织分解动员增强，外源脂类利用下降，血浆脂蛋白（乳糜微粒和极低密度脂蛋白）及甘油三酯水平升高。肿瘤宿主脂肪分解是一个早期事件，肿瘤非侵袭、营养摄入没有减少时，其腹膜后储存脂肪即有严重下降，长期代谢改变会导致储存脂肪耗竭、身体消瘦、体重下降。

二、营养治疗原则

营养治疗是肿瘤患者的基础治疗或一线疗法，是与手术、放疗、化疗等肿瘤基本治疗方法并重的另外一种独立的治疗方法，即肿瘤营养疗法（cancer nutrition therapy，CNT）。CNT 是通过计划、实施、评价营养干预，治疗肿瘤及其并发症或身体状况，从而改善肿瘤患者预后的过程，包括营养诊断、营养治疗、疗效评价 3 个阶段。CNT 作为一种治疗手段，贯穿于肿瘤治疗的全过程，融会于其他治疗方法之中。CNT 必须根据患者的营养状况、肿瘤的类型与分期以及治疗手段而个体化。

（一）适应证与营养治疗目的

CNT 的目的并非仅仅提供能量及营养素、治疗营养不良，其更加重要的目标在于调节代谢、控制肿瘤。由于所有荷瘤患者均需要代谢调节治疗，所以其适应证为：①荷瘤患者；②营养不良的肿瘤患者。

理想的肿瘤营养治疗应该达到 4 个目标：即抗消耗、抗炎症、抗肿瘤及免疫增强。CNT 的基本要求是满足肿瘤患者目标能量及营养素需求，最高目标是代谢调节、控制肿瘤、提高生活质量、延长生存时间。良好的营养方案，合理的临床应用，正确的制剂选择，可以改善慢性消耗导致的营养不良，抑制炎症介质的产生及其作用，增强机体自身免疫系统功能，直接或间接地抑制肿瘤细胞的生长繁殖，从而达到提高肿瘤患者生活质量、延长生存时间的目标。

肿瘤本身是肿瘤患者发生营养不良的始动因素，因此，有效的抗肿瘤治疗是治疗肿瘤患者营养不良的首要措施；肿瘤的本质是一种慢性、低度、持续、不可逆的炎症反应，炎症介质如 IL-1、IL-6、TNF-α、IFN-γ 及自由基发挥重要作用，导致以代谢适应不良为特征的异常代谢综合征。所以治疗肿瘤患者的营养不良应该多管齐下，具体包括：抗肿瘤、代谢调节、抑制炎症、抗氧化及营养治疗五大对策。

（二）能量与蛋白质需求

理想的营养治疗应该实现两个达标：即能量达标、蛋白质达标。研究发现，单纯能量达标而蛋白质未达标，不能降低病死率；能量和蛋白质均达标，可以显著减少临床死亡率。低氮、低能量营养治疗带来的能量赤字及负氮平衡和高能量营养治疗带来的高代谢负担均不利于肿瘤患者。

有效的营养治疗依赖于准确估算患者的总能量消耗（total energy expenditure，TEE），即 REE 和活动相关能量消耗之和。常用的能量计算公式可能难以准确估算肿瘤患者的 REE 需求，间接测热仪（indirect calorimetry）被认为是预测肿瘤患者 REE 的最准确方法，推荐用于所有存在营养风险的肿瘤患者。如果 REE 或 TEE 无法直接测得，推荐采用拇指法则（rule of thumb）计算能量需求，即卧床患者 20~25kcal/（kg·d），活动患者 25~30kcal/（kg·d）；或者采用 Mifflin-St Jeor 公式计算。同时还应该区分肠外营养与肠内营养，肠外营养建议采用 20~25kcal/（kg·d）计算非蛋白质能量，肠内营养则按 25~30kcal/（kg·d）计算总能量。营养治疗的能量应该满足肿瘤患者 70% 以上目标需要量。

肿瘤患者蛋白质需求升高，蛋白质需要量应该满足机体 100% 的需求，推荐量为 1.2~1.5g/（kg·d），消耗严重的患者需要更多的蛋白质，甚至 1.5~2.0g/（kg·d）。肿瘤恶病质患者蛋白质的总摄入量（经静脉 + 经肠道）应该达到 1.8~2g/（kg·d），支链氨基酸（branched chain amino acid，BCAA）应 ≥ 0.6g/（kg·d），必需氨基酸（essential amino acid，EAA）应该增加到 ≥ 1.2g/（kg·d）。严重营养不良肿瘤患者的短期冲击营养治疗阶段，蛋白质给予量应该达到 2g/（kg·d）；轻至中度营养不良肿瘤患者的长期营养补充治疗阶段，蛋白质给予量应该达到 1.5g/（kg·d）[1.25~1.7g/（kg·d）]。高蛋白饮食对肿瘤患者、危重病患者和老年患者均有益，建议一日三餐或每餐均衡摄入。

（三）五阶梯治疗

规范营养治疗应该遵循五阶梯治疗原则（参见第九章图 9-1-1）：首先选择营养教育，包括饮食调整、饮食咨询与营养教育。然后依次向上晋级选择口服营养补充（oral nutritional supplement，ONS）、全肠内营养（total enteral nutrition，TEN）、部分肠内营养（partial enteral nutrition，PEN）+ 部分肠外营养（partial parenteral nutrition，PPN）和全肠外营养（total parenteral nutrition，TPN）。当目前阶梯不能满足 60% 目标能量需求 3~5d 时，应该选择上一阶梯治疗。

ONS 是最为简便的营养治疗方式，其临床效果及卫生经济学效益已经得到大量证明。肿瘤患者，尤其是老年肿瘤患者、消化道肿瘤患者推荐终身 ONS。短期（ <2 周）管饲可以采用经鼻置管途径；需长时间管饲时，推荐经胃或空肠造口。由于肿瘤本身的原因以及治疗不良反应的影响，肿瘤患者常常不想、不愿、不能或不足口服，此时应该通过肠外途径补充口服摄入不足的部分，肠外营养在肿瘤尤其是终末期肿瘤、肿瘤手术后、肿瘤放疗、肿瘤化疗中扮演着重要角色，有时甚至起决定作用。肠外营养推荐以全合一（all-in-one，AIO）的方式输注。长期使用肠外营养时推荐使用经外周静脉穿刺的中心静脉导管（peripherally inserted central venous catheter，PICC）、中心静脉导管或输液港。输液港可以长期留置，不影响患者的形象，不妨碍患者的日常生活及社会活动如洗浴、社交、工作，可以提高患者的生活质量。

（四）制剂选择

非荷瘤状态下，肿瘤患者的营养治疗及其配方与良性疾病患者无明显差异；荷瘤状态下，营养治疗及其配方具有特殊性，强调发挥代谢调节作用，推荐选择肿瘤特异性营养治疗配方。该配方既要保证肿瘤患者的营养需求，维护患者的正常生理功能；同时又要选择性饥饿肿瘤细胞，从而抑制或减缓肿瘤进程。

1. 糖 / 脂肪比例　非荷瘤状态下三大营养素的供能比例与健康人相同，为碳水化合物 45%~55%、脂肪 25%~30%、蛋白质 15%；荷瘤患者应该减少碳水化合物在总能量中的供能比例，提高蛋白质、脂肪的供能比例，推荐高脂肪低碳水化合物配方，二者比例可以达到 1∶1，甚至脂肪供能更多。按照需要量 100% 补充矿物质及维生素，根据实际情况可调整其中部分微量营养素的用量（表 17-1-1）。

表 17-1-1　三大营养素供能比例

	非荷瘤患者	荷瘤患者
肠内营养	C∶F∶P=（45~55）∶（25~30）∶15	C∶F∶P=（30~50）∶（25~40）∶（15~30）
肠外营养	C∶F=70∶30	C∶F=（40~60）∶（40~60）

注：C.carbohydrate，碳水化合物；F.fat，脂肪；P.protein，蛋白质。

2. 脂肪制剂　中长链脂肪乳剂可能更加适合肿瘤患者，尤其是肝功能障碍患者。海洋来源的

ω-3 多不饱和脂肪酸（ω-3 polyunsaturated fatty acid，ω-3 PUFA）在肿瘤中的作用得到越来越多的证据支持。ω-9 单不饱和脂肪酸（橄榄油）具有免疫中性及低致炎症反应特征，其维生素 E 含量丰富，也适用于肿瘤患者。

3. **蛋白质 / 氨基酸制剂**　含有 35% 以上 BCAA 的氨基酸制剂被推荐用于肿瘤患者。整蛋白型制剂适用于绝大多数肿瘤患者，短肽制剂含深度水解蛋白，吸收较快。与酪蛋白、大豆蛋白相比，乳清蛋白可更显著地改善肿瘤患者的营养状况。

4. **药理营养**　在肿瘤患者营养配方中添加 EAA/ 亮氨酸 /β- 羟基 β- 甲基丁酸盐（β-hydroxy β-methyl butyrate，HMB）、精氨酸、ω-3PUFA、核苷酸、谷氨酰胺、锌等成分，组成的免疫调节配方已成为研究的热点，较多的研究结果显示免疫调节配方对肿瘤患者有正面影响。一般推荐上述 3~4 种成分联合使用，单独使用的效果有待进一步证实。

（五）肿瘤代谢调节治疗

肿瘤代谢紊乱或称肿瘤代谢重编程是肿瘤发生、发展、侵袭及转移的根本原因和基础，因此，调节或干预肿瘤细胞和宿主的代谢，已经成为肿瘤治疗的一个新方向。肿瘤代谢调节治疗涉及肿瘤和宿主两方面，具体包括：直接纠正肿瘤代谢紊乱或选择性抑制肿瘤代谢，控制由肿瘤引起的慢性炎症状态，纠正激素和相关信号紊乱，以及通过营养素干预来选择性饥饿肿瘤和改善肿瘤患者营养状况等。尽管目前这些研究多数停留在动物模型上，进一步开展临床探索必将会对肿瘤治疗带来新的希望。

三、患者教育与康复指导

恶性肿瘤导致的营养不良与良性疾病营养不良有显著的差别，突出表现在如下 5 方面：①静息能量消耗升高；②持续生理、心理应激；③慢性低度不可逆炎症；④消耗性代谢紊乱；⑤显著肌肉减少。上述特征决定了肿瘤患者营养不良的治疗不仅仅依靠营养素，而是综合治疗，包括患者饮食、营养教育及康复指导。中国抗癌协会肿瘤营养专业委员会研究发现，营养认知误区是我国肿瘤患者营养不良的第一原因，最常见的营养认知误区为“清淡饮食（素食）更好、忌口、偏食、营养促进肿瘤生长、饿死肿瘤”，因此，营养教育应该成为肿瘤患者入院教育的第一堂课，重点纠正上述五大误区。

（一）饮食指导

1. 食物的多样性决定肠道菌群的微生态多样性与平衡，后者是维护人体健康的重要力量。建议每天摄入 20 种以上食物，每周摄入 30 种以上食物。不偏食，不忌口，荤素搭配。

2. 无论是能量、蛋白质或其他营养素，均推荐每日三餐均衡摄入。根据营养时相学的最新研究成果，对营养不良的患者鼓励提供加餐及夜宵服务，或者增加晚餐的供能比例。

3. 细嚼慢咽有利于食物更好的消化吸收，每一口食物咀嚼 25 次以上。

4. 制订一份食物计划表，将每天的食物分成 5~6 餐，以小分量的形式提供营养丰富的食物，因患者更容易接受小分量食物。

5. 在愉快的环境，与愉悦的对象，用充足的时间享用制作精良、丰富多样、美味可口的食物。

6. 鼓励与家人或朋友一起就餐。

7. 患者常合并一些症状而影响进食，具体的饮食建议如下。

（1）食欲缺乏：膳食和饮品需富含营养，提供小分量，提高能量密度，充分利用患者具有食欲的时间段。

（2）吞咽困难：调整食物的质地，通过小分量来缓解吞咽不适及避免疲劳；确保患者在用餐时具有合适的体位，从而有利于食物的蠕动；如果患者对液体吞咽困难，可用胶状或乳脂类的为主，或使用有增稠作用的特殊医学用途配方食品；相反，如果对固体吞咽困难，可准备质地柔软的食物。

（3）黏膜炎：细嚼慢咽，同时使用常温食品；保持口腔卫生；摄入柔软、光滑或者捣碎的混合有水分或汤汁的食物；避免辛辣、酸、苦或煎炸食物；改善食物的风味。口服营养补充、预防性置管对放、化疗所致严重黏膜炎具有重要的补充营养作用，应在营养治疗过程中加强相关教育和指导。

(二) 居家康复指导

肿瘤患者出院后(居家)康复建议如下。

1. **保持理想体重**　每2周定时称重一次并记录,体重下降或增加过多过快均不利于肿瘤患者的预后。任何不明原因(非自主性)的体重丢失>5%时,首先要排除肿瘤复发或转移,应该及时回医院复诊。手术后及放、化疗后半年内体重增加最好控制在5%以内。

2. **节制能量**　每餐七八分饱最好,过多或过少都不利于康复,非肥胖患者以体重不下降为标准。忌饥饿。

3. **增加优质蛋白质摄入量**　蛋、乳、鱼、肉、豆是优质蛋白质来源。总体上说,动物蛋白质优于植物蛋白质,乳清蛋白优于酪蛋白。荤素搭配(荤:素=1/3:2/3),不要偏食,无须忌口。

4. **增加蔬菜、水果摄入量**　每日蔬菜加水果共要求摄入5份(蔬菜1份=100g,水果1份=1个)。绿色叶类蔬菜对肿瘤有明确的防治作用,应占蔬菜总量一半以上。在此基础上搭配其他类蔬菜,做到色彩缤纷、种类繁多。增加全谷物、豆类的摄入。

5. **改变生活习惯**　戒绝烟草,限制饮酒(如果饮酒,每天白酒男性不超过100g,女性不超过50g,越少越好),保证充足睡眠。避免含糖或甜味饮品。避免过咸食物及盐加工食物。养成口服营养补充习惯。

6. **积极运动**　每周不少于5次,每次30~50min的中等强度运动,以出汗为好,傍晚运动效果更佳。步行是最为简单的运动方式,每日行走8 000步以上,可以显著降低全因死亡风险,包括肿瘤。即使是卧床患者也建议进行适合的运动(包括手、腿、头颈部及躯干的活动)。肌肉减少的老年患者提倡抗阻运动。

7. **重返社会,重返生活**　鼓励患者积极参加社会、社交活动,尽快重新回到工作岗位,在社会中发挥自己的作用。

8. 高度重视躯体症状及体征的任何异常变化,及时返回医院复诊;积极寻求心理支持,包括抗焦虑药物的使用。控制疼痛。

四、疗效评价与随访

(一) 疗效评价

实施营养干预的时机越早越好,考虑到营养干预的临床效果出现较慢,建议以4周为一疗程。

营养干预的疗效评价指标分为3类:①快速变化指标:为实验室参数,如血常规、电解质、肝功能、肾功能、炎症参数(IL-1、IL-6、TNF-α、CRP)、营养套餐组合(白蛋白、前白蛋白、转铁蛋白、视黄醇结合蛋白、游离脂肪酸)、血乳酸等,每周检测1~2次。②中速变化指标:人体测量参数、人体成分分析、生活质量评估、体能评估、肿瘤病灶评估(双径法)、PET/CT代谢活性。每4~12周评估一次。③慢速变化指标:生存时间,每年评估1次。

(二) 随访

所有肿瘤患者出院后均应定期(至少每3个月一次)到医院营养门诊或接受电话营养随访。

(三) 人员要求

参与实施肿瘤营养治疗的所有医务人员均必须接受肿瘤营养专业培训,每年应该接受肿瘤营养继续教育至少10学时。

营养评估、疗效评价与随访应由具备肿瘤营养培训资质的临床医生、护士和营养师实施;营养治疗应由具备肿瘤营养培训资质的营养医师和临床医生实施。

五、小结

肿瘤相关性营养不良是多种因素共同作用的结果,包括肿瘤的全身和局部影响、宿主对肿瘤的反应、抗肿瘤治疗的干扰以及对营养认知的不足,而摄入减少、吸收障碍、代谢紊乱、静息能量消耗增加是营养不良的主要原因。肿瘤本身产生或应答产生的物质,如促炎症因子(IL-1,IL-6,TNF-α,IFN-γ),

激素（黑皮质素、胰岛素、氢化可的松和胰高血糖素），肿瘤衍生多肽（如PIF和LMF）在肿瘤营养不良、恶病质、肌肉减少中发挥重要作用。肿瘤患者更容易发生营养不良，营养不良比例更高。营养不良的肿瘤患者对放疗、化疗及手术的耐受力下降，对抗肿瘤治疗反应的敏感性降低。营养不良肿瘤患者的伴发疾病及并发症更多，因而医疗花费更高，生存时间更短。因此，肿瘤患者更加需要营养治疗，营养治疗对肿瘤患者意义重大。对所有肿瘤患者应该常规进行营养诊断，尽早发现营养不良，及时给予营养治疗。营养治疗应该成为肿瘤患者最基本、最必需的基础治疗措施，是肿瘤患者的一线治疗。防治肿瘤营养不良要多管齐下：确切的抗肿瘤治疗是前提，规范的营养治疗是根本，合理的代谢调节是核心，有效的炎症抑制是关键，适度的氧化修饰是基础。

（石汉平）

第二节　慢性肾脏病

慢性肾脏病（chronic kidney disease，CKD）是指各种原因引起的肾脏结构和功能障碍≥3个月，包括肾小球滤过率（glomerular filtration rate，GFR）正常和不正常的病理损伤、血液或尿液成分异常及影像学检查异常；或不明原因的GFR下降超过3个月。改善全球肾脏病预后组织（Kidney Disease：Improving Global Outcomes，KDIGO）指南根据GFR水平将CKD分为1~5期（表17-2-1）。CKD发病率在全球范围内呈快速增长趋势，2012年我国横断面研究——中国慢性肾脏病流行病学调查显示我国成人CKD的总体患病率为10.8%，估计人数约达1.2亿，这必将造成巨大的经济和社会负担。

表17-2-1　CKD分期

GFR分期	GFR/ml·(min·1.73m^2)$^{-1}$	描述
G1	≥90	正常或升高
G2	60~89	轻度下降
G3　3a	45~59	轻至中度下降
3b	30~44	中至重度下降
G4	15~29	严重下降
G5	<15或肾替代治疗	肾衰竭

一、营养代谢特点

肾脏不仅是重要的排泄器官，也是重要的内分泌器官，在调节物质代谢、水、电解质和酸碱平衡中起着十分重要的作用。随着GFR的下降，CKD患者往往出现各种代谢障碍和营养紊乱，既可加速肾功能不全进展，也是影响其并发症和死亡率的重要因素。CKD患者由于尿毒症毒素、代谢性酸中毒、各种并发症、社会经济和心理因素等多种原因导致营养素摄入不足；蛋白尿或透析治疗又可引起包括蛋白质在内的多种营养素丢失，从而容易出现蛋白质-能量营养不良。另外CKD患者因为微炎症状态、激素紊乱等原因致机体存在高分解状态，导致体内蛋白质、能量物质储备下降，骨骼肌进行性消耗。国际肾脏营养和代谢学会（International Society for Renal Nutrition and Metabolism，ISRNM）把这种状态定义为蛋白质-能量消耗（protein energy wasting，PEW）。PEW普遍存在于CKD患者中，与CKD预后不良显著相关。

（一）蛋白质代谢

随着GFR下降，残余肾功能的丢失，蛋白质的代谢产物容易在体内蓄积，包括尿素氮、肌酐、胍类、胺类和吲哚等。高蛋白饮食易导致残余肾功能丧失、高磷血症、继发性甲状旁腺功能亢进症和代谢性酸中毒等；而低蛋白饮食可以减轻氮质血症、改善代谢紊乱、降低肾小球的高滤过，从而延缓CKD的进展。CKD4~5期患者往往还存在多种代谢异常，必需氨基酸/非必需氨基酸比例下降，主要特征为支链氨基酸不足。CKD患者由于多种原因导致食欲减退，蛋白尿又加剧了机体蛋白质的丢失，而代谢性酸中毒、微炎症状态、内分泌紊乱等导致机体蛋白质合成减少，分解增加，严重者可导致低蛋白血症。因此不合理的低蛋白饮食也可能带来营养不良，从而导致死亡率的增加。

（二）脂质代谢

CKD患者存在轻微的胰岛素抵抗和甲状旁腺功能亢进症，这两者可直接降低脂肪代谢酶的活性，从而影响脂质代谢，出现高脂血症。CKD的高脂血症主要表现为甘油三酯、脂蛋白残余颗粒增高、脂蛋白a（lipoprotein-a，LP-a）升高、高密度脂蛋白胆固醇（high density lipoprotein cholesterol，HDL-C）降低和低密度脂蛋白胆固醇（low density lipoprotein cholesterol，LDL-C）升高。

（三）糖代谢

由于肾功能减退、代谢产物潴留，从而影响组织对糖的利用或产生胰岛素抵抗，CKD患者可出现糖耐量减低或高血糖；但如果摄入不足，也可出现低血糖。

（四）维生素和矿物质代谢

一方面，疾病和饮食限制易导致患者食欲缺乏，维生素摄入不足；另一方面，肾小球损害以及免疫抑制剂、镇静药等药物的使用会影响维生素的吸收和活性，透析治疗可使多种维生素丢失，因此患者常常有不同程度的维生素缺乏，其中尤以维生素D以及B族维生素、维生素C等水溶性维生素缺乏最为突出。其他矿物质如铁、锌、硒等也存在缺乏及代谢异常。

（五）水、电解质代谢异常

部分患者由于尿中蛋白的丢失以及激素的应用，容易出现水钠潴留。特别是当肾小球滤过率进行性下降时，尿钾、尿磷排出减少，易出现高钾、高磷血症。

二、营养治疗原则

（一）营养治疗目的

CKD营养治疗的主要目的包括：①保持机体良好的营养状态，提高生活质量；②减少含氮废物的堆积和代谢紊乱，减少并发症；③保护残存肾功能，延缓肾脏病进展，推迟开始透析时间；④改善透析患者预后，提高生存率。由于CKD在病程各期症状和临床表现不同，营养治疗应密切结合各期特点和病情变化，调整饮食配方，实现个体化营养治疗，以利于病情稳定和促进康复。

医学营养治疗（medical nutrition therapy，MNT）可防治CKD患者的蛋白质-能量消耗、矿物质和维生素以及电解质紊乱，减轻各种并发症（如糖尿病、肥胖、高血压和脂质代谢紊乱等）对肾脏疾病进展的影响。包括美国国家肾脏基金会肾脏疾病结果质量倡议（The National Kidney Foundation's Kidney Disease Outcomes Quality Initiative，KDOQI）和KDIGO等多个指南均建议CKD患者应接受经过专门训练的注册营养师的个体化营养管理。对于具有疾病进展风险的CKD患者予以多学科共同照护。美国营养师协会（American Dietetic Association，ADA）建议CKD患者一旦确诊就应考虑MNT，从而维持充足的营养状态，阻止疾病进展和延缓肾脏替代治疗。预期进行肾脏替代治疗（透析或移植）患者至少提前12个月开始MNT。

（二）CKD患者能量和营养素推荐摄入量

1. 能量　非透析CKD患者处方低蛋白饮食，必须保证充足的能量供应，以预防营养不良的发生。根据间接测热法，用代谢车测定静息能量消耗（resting energy expenditure，REE），并结合体力活动系数计算每日能量消耗量（daily energy expenditure，DEE）是目前临床确定能量需要量的“金标准”。若无代谢车，推荐按30~35kcal/（kg·d）（年龄≤60岁）或30kcal/（kg·d）（年龄>60岁）计算；同时需考虑患者的营养状况、活动强度、合并症及应激状态。对于肥胖的2型糖尿病患者需适当限制能量（总能量摄入可减少 250~500kcal/d),直至达到标准体重;对于腹膜透析患者,计算能量摄入时应减去透析液中所含葡萄糖被人体吸收的能量(500~700kcal/d)。

2. **蛋白质**　人体蛋白质的生理最小需要量为 0.6g/(kg·d),为保证绝大多数人群的健康安全,最小蛋白质需要量建议为 0.8g/(kg·d),低于 0.8g/(kg·d)为低蛋白饮食。2004 年《慢性肾脏病蛋白营养治疗专家共识》建议,非透析 CKD 患者 1~2 期蛋白质 0.8g/(kg·d),3~5 期 0.6g/(kg·d)。随着对 CKD 患者营养不良危害性的认识,多个国际指南放宽对非透析 CKD 患者的蛋白质摄入量的限制。目前,关于不同时期 CKD 患者的蛋白质最佳摄入量以及对营养不良的 CKD 患者蛋白质推荐尚无统一标准。《中国慢性肾脏病营养治疗临床实践指南》(2021 年版)建议,非糖尿病 CKD1~2 期患者原则上宜减少摄入高蛋白饮食,推荐 0.8~1.0g/(kg·d),以蛋白尿为主要临床表现的患者,控制蛋白质摄入量为 0.6~0.8g/(kg·d),并补充复方 α- 酮酸制剂 0.12g/(kg·d);糖尿病 CKD1~2 期患者从出现显性蛋白尿起即应减少饮食蛋白,推荐蛋白质摄入量 0.8g/(kg·d),从 GFR 下降起,建议蛋白质摄入量为 0.6g/(kg·d),并补充复方 α- 酮酸制剂 0.12g/(kg·d)。非糖尿病 CKD3~5 期患者,CKD3^+ 期[GFR<60ml/(min·1.73m^2)]推荐 0.6g/(kg·d),可补充复方 α- 酮酸制剂 0.12g/(kg·d),GFR<30ml/(min·1.73m^2)推荐 0.4~0.6g/(kg·d),并补充复方 α- 酮酸制剂 0.12~0.20g/(kg·d);糖尿病 CKD3~5 期合并临床蛋白尿的患者,推荐蛋白质摄入量 0.6g/(kg·d),同时补充复方 α- 酮酸制剂 0.12g/(kg·d)。对于维持性血液透析和腹膜透析患者,应给予个体化的优化蛋白饮食方案,推荐蛋白质摄入量维持在 1.0~1.2g/(kg·d);有残余肾功能的腹膜透析患者为 0.8~1.0g/(kg·d)。肾移植术后 3 个月内按 1.4g/(kg·d),术后 3 个月后则按 0.6~0.8g/(kg·d),经全面评估患者营养状况后,可补充复方 α- 酮酸制剂 0.12g/(kg·d)。

3. **脂肪**　成人 CKD 患者是心血管疾病高危人群,建议优化脂肪的供能比例和来源。推荐脂肪供能不超过总能量的 30%,其中饱和脂肪酸供能不超过 7%,反式脂肪酸供能不超过 1%,同时增加 ω-3 多不饱和脂肪酸和单不饱和脂肪酸的摄入。

4. **钠**　在 CKD 患者中,适当限钠能降低高血压风险,延缓肾病进展至终末期肾病,改善心血管结局。摄入钠过高或过低都会对 CKD 患者产生不利影响。研究表明与常规钠摄入相比,限钠可使血压、细胞外液量、尿白蛋白及总蛋白下降。但过度地限制钠的摄入会对神经激素平衡和脂类产生不良影响,并产生促炎环境,从而加速 CKD 患者的疾病进展。2020 年 KDIGO 指南和欧洲高血压学会一致推荐适度限钠。建议非透析 CKD 患者钠的摄入量应低于 2 000mg/d。

5. **钾**　CKD 患者早期血钾正常者不必限钾,KDOQI 推荐 3~4 期 CKD 患者的钾摄入量为 2~4g/d。CKD 患者钾的推荐摄入量应根据患者的估算的肾小球滤过率(eGFR)水平和血清钾水平个体化制订。

6. **磷**　CKD 患者易出现矿物质及骨代谢紊乱,高磷血症与心血管不良结局密切相关,是终末期肾病死亡的预测因素之一。控制磷的摄入量是防治继发性甲状旁腺功能亢进、肾性骨病和软组织钙化的基础。一般而言,CKD 早期血磷正常者不需要限制磷。KDIGO 和 KDOQI 以及《中国慢性肾脏病营养治疗临床实践指南》(2021 年版)均推荐 CKD3~5 期的非透析患者限制膳食磷摄入量以维持血磷在正常范围;2019 年《中国慢性肾脏病矿物质和骨异常诊治指南》建议 CKD G3a~G5D 期患者,血磷超过目标值,应限制饮食磷的摄入至 800~1 000mg/d,或联合其他降磷治疗措施。应选择磷 / 蛋白比值低、磷吸收率低的食物,限制含有大量磷酸盐添加剂的食物摄入。

7. **钙**　2017 年 KDIGO 关于慢性肾脏病 - 矿物质和骨异常(chronic kidney disease-mineral and bone disorder,CKD-MBD)临床实践指南建议,成年 CKD 第 3~5 期患者避免高钙血症。美国营养学会建议 CKD 第 3~5 期患者钙摄入量不超过 2 000mg/d(包括膳食钙、钙补充剂、钙依赖的磷酸盐结合剂)。《中国慢性肾脏病营养治疗临床实践指南》(2021 年版)建议非透析 CKD 患者元素钙摄入量不应超过 2 000mg/d,长期服用含钙药物时应将其中的钙元素量同时计入,应监测 CKD 患者血钙水平,避免低钙和高钙血症,给予患者个体化指导。

8. **维生素**　合并维生素 D 不足或缺乏者应补充天然维生素 D,必要时可选择推荐摄入量范围内的多种维生素制剂。

9. **膳食纤维** 研究显示，增加纤维的摄入可以延缓 eGFR 下降，应鼓励 CKD 患者摄入膳食纤维。推荐非透析 CKD 患者每日膳食纤维摄入量为 14g/1 000kcal。

（三）CKD 患者膳食指导原则

1. **保证充足能量供应，适当限制蛋白质摄入** 根据肾脏疾病分期、尿蛋白含量，在保证充足能量供给基础上适当限制蛋白质摄入，以防止营养不良发生。根据代谢异常，尽可能选择多样化、营养合理的食物。

2. **合理计划餐次及能量、蛋白质分配** 定时定量进餐，早、中、晚三餐的能量可占总能量的 20%~30%、30%~35%、30%~35%。均匀分配三餐食物中的蛋白质。为保证摄取能量充足，可在三餐间增加点心，占总能量的 5%~10%。

3. **膳食计划及营养教育个体化** 应根据患者生活方式、CKD 分期及营养状况、经济条件等进行个体化膳食安排和相应的营养教育。

4. **食物选择**

（1）为限制蛋白质的摄入，应限制米类、面类等植物性非优质蛋白质的摄入量。可采用淀粉（如麦淀粉、玉米淀粉等）、粉丝、藕粉、薯类等，或低蛋白大米 / 面粉及其制品作为主食部分代替普通米、面类，将适量的各种肉类、大豆类、奶类、蛋类等优质蛋白质的食品作为蛋白质的主要来源。

（2）当病情需要限制含磷高的食品时，应慎选动物肝脏、奶类、菌藻类、豆类、坚果类、肉汤、各种含磷的加工食品（如加工肉类、快餐食品、速食食品、碳酸饮料等）。

（3）当病情需要限制高嘌呤食物时，应限制动物内脏、肉汤、海鲜、大量果汁饮料等，因其在代谢过程中产生的嘌呤会加重肾脏负担。

（4）当病情需要限制含钾高的食品时，应慎选果脯、坚果、水果制品、马铃薯、绿叶蔬菜、香蕉、鲜枣等钾含量高的食物。

（5）当患者能量摄入不足时，可在食物中增加部分碳水化合物及植物油，以达到所需能量。

（四）肠内或肠外营养

对于单纯经饮食教育仍达不到营养需要量或存在营养不良的患者，应在专业指导下给予口服营养补充剂，建议口服营养补充剂优先选择特殊医学用途配方食品（food for special medical purpose，FSMP）。CKD 患者常用的 FSMP 包括低蛋白型肾脏疾病全营养配方食品、可溶性膳食纤维、乳清蛋白、微量元素、维生素、益生菌、鱼油、脂肪等组件。若经口补充受限或仍达不到目标营养需要量的可予以管饲，必要时予以补充性肠外营养。

三、营养治疗的展望

（一）优化营养评估方法

目前 CKD 患者 BMI、人体成分测量均参考普通人群标准，但 CKD 患者具有独特的营养代谢特点，需要更多的临床研究探讨 CKD 患者的理想值。目前尚缺乏 CKD 患者营养不良的诊断标准，现有综合营养评估方法与临床结局、其他营养代谢相关指标优劣性比较也是未来的研究方向，以寻找更为灵敏、简易的营养评估方法。

（二）优化 CKD 患者医学营养治疗

1. **蛋白质** 关于不同时期 CKD 患者的蛋白质最佳摄入量以及对营养不良的 CKD 患者蛋白质推荐尚无统一标准。需要更多的临床研究明确低蛋白饮食开始的时机，CKD 各期尤其是营养不良的 CKD 患者的最佳蛋白质摄入量，从而优化非透析 CKD 患者的 FSMP 蛋白质配方。

2. **鱼油** 鱼油具有调节血脂，抑制炎症反应的作用。微炎症状态是 CKD 患者蛋白质 - 能量消耗发生的重要因素，同时 CKD 患者也是心血管疾病的高危人群，鱼油在 CKD 患者中应用的意义以及最佳剂量有待进一步研究。

3. **益生菌**　益生菌或合生元可减少尿毒症毒素产生、减轻全身炎症反应、延缓 CKD 进展。在双肾缺血再灌注(ischemia-reperfusion,I/R)等急性肾损伤(acute kidney injury,AKI)小鼠模型中,预防性补充干酪乳杆菌 Zhang(LcZ)能减轻 AKI 和之后的慢性肾纤维化;CKD3~5 期患者补充 LcZ 能减缓肾功能衰退且安全性好;CKD3~4 期患者服用益生菌(嗜酸乳杆菌 KB27,长双歧杆菌 KB31,嗜热链球菌 KB19 复合制剂)使血尿素氮下降,生活质量明显改善;CKD3~4 期患者予乳酸菌(16×10^9CFU)治疗后,血清尿素下降大于基线值的 10%。益生菌配比方案、以菌群为靶点,优化菌群结构,调整饮食模式,是未来的研究方向。

4. **维生素和微量元素**　目前尚缺乏非透析 CKD 患者,尤其是肾病综合征、糖尿病肾病患者维生素和微量元素的最佳推荐量。如维生素 E、硒等具有抗炎抗氧化作用的维生素和微量元素与 CKD 发生发展的关系、潜在治疗前景以及安全性需进一步证实。

(三) CKD 患者营养管理多学科团队建设

在 CKD 的营养管理中,针对 CKD 患者的营养状况、疾病特点、心理和社会环境等问题及影响因素,根据“生物 - 心理 - 社会 - 环境 - 工程”的医学模式,由临床肾科医师、心血管、内分泌和呼吸科等医师、营养(医)师、护理人员、心理学、物理治疗师和社会义工等组成的多学科团队,通过评估患者的营养状况、心理和社会状况,制订个性化的饮食和营养管理计划;并通过教育、行为控制和增加患者的主观能动性参与营养治疗和管理。CKD 营养管理的多学科团队整合了各学科专业技术的团队优势,不同专业背景的专家为患者量身定做个体化营养治疗方案,从而提供专业化、精准化、个体化、规范化和全程、全方位的“一站式”诊疗服务;有利于整合医疗资源,有效避免治疗不足、过度治疗、重复治疗、无效治疗,节约时间及经济成本;能实现资源共享,有利于肾脏病专科人才的培养和学科团队建设。

(姚　颖)

第三节　慢性肝病

肝脏是人体重要的代谢与合成器官,种类繁多的生化反应在肝脏内发生,并为生命活动提供各种生物化学产品和原材料。体内葡萄糖水平的稳定依赖于肝脏的糖代谢。糖提供人体所需 50%~70% 的能量。进食后由消化道吸收进入门静脉的单糖主要是葡萄糖,在胰岛素的作用下,一部分葡萄糖转化为糖原,一部分通过分解代谢为肝脏供能,其余则经过体循环供应给其他器官。正常情况下,肝仅氧化少量葡萄糖。体内的脂肪酸分解场所主要在肝脏,肝脏主要通过脂肪酸的合成和分解来进行脂类的能量代谢。脂肪酸转化为甘油三酯的主要合成场所有肝脏、脂肪组织和小肠,以肝脏合成能力最强。在进食后葡萄糖过多的情况下,肝细胞合成脂肪酸来储存能量。在蛋白为主要饮食时,氨基酸分解成为主要的供能方式,其代谢途径分为 3 步,即脱氨基、氨转变为尿素排出,脱氨基后的 α- 酮酸转化为一般代谢中间体。生理情况下,氨在肝脏中经尿素循环合成尿素,并通过尿液排泄。慢性肝病中,以上主要营养物质的代谢过程会受到不同程度的影响。

一、营养代谢特点

慢性肝炎患者在病情稳定期,营养代谢状态与健康人相比没有明显差别,无须额外营养治疗。在急性发作或进展期,如肝衰竭或肝硬化失代偿期,由于肝功能严重受损,约有 1/3 患者存在低代谢状态,而国内超过 1/2 患者呈现低代谢状态。营养不良(malnutrition)指因能量、蛋白质或其他营养素缺乏或过量,对机体功能乃至临床结局造成不良影响的现象,包括营养不足和营养过剩。50%~80% 肝硬化代偿期患者并发不同程度的营养不良,100% 肝硬化失代偿期患者并发营养不良。肝硬化营养不良包括以下 3 种：蛋白质缺乏型营养不良（protein malnutrition，PM）、蛋白质 - 能量营养不良（protein energy malnutrition，PEM）和混合型营养不良，其中 PEM 最常见。营养不良会增加腹腔积液、感染及上消化道出血的发生率，延长患者的住院时间并增加病死率。应用能量代谢测定系统的研究表明，无论是乙肝肝硬化还是酒精性肝硬化患者，都存在相对低代谢状态、呼吸商（respiratory quotient，RQ）降低、碳水化合物氧化利用障碍、脂肪和蛋白氧化代谢利用率均相对上升，以脂肪氧化代谢率增加更明显，这些变化随着肝硬化分期越高越显著，并与肝硬化患者的病死率呈正相关。有研究表明，酒精性肝硬化合并糖尿病时，糖化血红蛋白 >7.5% 时显著增加机体能量消耗，呈现明显的高代谢状态。三大营养物质的氧化比例更加紊乱，即碳水化合物氧化代谢率更低，脂肪和蛋白的氧化代谢率更高，即常存在明显负氮平衡。晚期肝硬化患者由于肝功能损伤导致食物摄入减少、吸收不良、储备减少等，常存在多种维生素及微量元素的缺乏。B 族维生素缺乏在重症肝病患者尤其是酒精性肝病患者中常见。酒精性肝病患者维生素 B_1 缺乏可出现韦尼克脑病，脂溶性维生素缺乏常见于胆汁淤积性肝病、酒精性肝病等。维生素 D、硒（Se）、锌（Zn）等微量元素缺乏在肝硬化患者中常见。

营养不良的进展与慢性肝病向肝衰竭的进展相关。虽然代偿期慢性肝病患者的营养不良可能不太明显，但在代偿期慢性肝病患者中很容易识别。20% 的代偿期肝硬化患者和超过 50% 的失代偿期肝硬化患者营养不良，其临床表现为低体重（需除外腹腔积液）及肌肉减少：①脂肪组织和肌肉组织均可消耗，女性患者更容易发生脂肪消耗，而男性更快速地失去肌肉组织；②营养不良和肌肉质量减少（肌肉减少症），这些常常被认定为严重营养不良；③与较高的并发症发生率相关，如感染易感性、肝性脑病、腹腔积液的发生；④营养不良是肝硬化患者存活率较低的独立预测因素；⑤营养不良是接受肝移植患者死亡的独立危险因素。因此，营养不良应被视为肝硬化的严重并发症之一，且可显著降低肝硬化患者的生存预后。

二、营养治疗原则

肝损伤和功能下降会导致碳水化合物、脂肪、蛋白质三大营养物质及维生素和微量元素等多种物质代谢异常。慢性肝病患者，尤其是肝硬化等终末期肝病患者普遍存在营养不良。而营养不良与感染、腹腔积液、肝性脑病等多种并发症的发生密切相关，是慢性肝病（肝硬化）和肝移植患者术后死亡的独立危险因素。因此，营养不良应作为和腹腔积液、肝性脑病等同样重要的并发症进行诊治。但是，营养不良在肝硬化患者中是否可以逆转是有争议的。虽然人们普遍认为需要改善这些患者的膳食摄入量，避免无临床研究证据的饮食限制，改善患者营养状况，提高患者的近期和远期生存率，但是这些问题需要更多的临床研究予以证实。慢性肝病的营养治疗应包括营养筛查、营养评估、营养治疗 3 个基本程序。

（一）营养筛查

临床常用的营养筛查包括营养风险筛查和营养不良风险筛查。体重指数（BMI）$<18.5kg/m^2$ 的慢性肝病患者、Child-Pugh C 级的肝硬化患者以及肝衰竭患者为营养不良高风险人群，可以直接进行详细营养评估以确定营养不良类型和程度。其他患者应进行营养筛查，经筛查有营养风险或营养不良风险的患者需进行详细营养评估，以明确营养不良的类型和程度。近年来多个营养不良风险筛查工具在临床上进行了应用，推荐英国皇家自由医院营养优先工具（the Royal Free Hospital-nutritional prioritizing tool，RFH-NPT）、肝病营养不良筛查工具（the liver disease undernutrition screening tool，LDUST）以及营养风险筛查 2002（nutritional risk screening 2002，NRS 2002）。

（二）营养评估

一旦明确患者存在营养不良风险或营养风险，即应对患者进行详细营养评估，以确定营养不良的类型和程度，从而为制订有针对性的营养治疗方案提供依据，并且应在营养治疗过程中动态评估，以评价营养治疗疗效并判断预后。营养不良的评估主要包含人体测量、人体成分分析、能量代谢检测、综合营养评估及膳食摄入调查等。人体测量常用 BMI、三头肌皮褶厚度（triceps skinfold thickness，TSF）、上臂肌围(mid-arm muscle circumference,MAMC);人体成分分析常用生物电阻抗法(bioelectric impedance analysis,BIA)和双能X射线吸收法(dual energy X-ray absorptiometry,DEXA);实验室检查指标常用白蛋白、前白蛋白及视黄醇结合蛋白等;能量代谢检测常用基础能量消耗(basal energy expenditure,BEE)、静息能量消耗(resting energy expenditure,REE)及呼吸商(respiratory quotient,RQ)。综合营养评估包括主观整体评估(subjective global assessment,SGA)、英国皇家自由医院整体评估(the Royal Free Hospital-Global Assessment,RFH-GA)和我国慢性肝病营养不良评定方法(nutritional assessment for liver disease,NALD)。膳食摄入调查即通过对进餐次数、摄入食物的种类和数量等进行调查,计算能量和其他营养素摄入情况。膳食调查可直接评估患者摄入的营养素是否满足生理及疾病需求,是评估营养摄入状态、制订营养干预方案及评估营养干预疗效的直接参数,最常用的方法是24h膳食回顾法。

(三) 营养治疗

1. **肝硬化**　肝硬化患者营养治疗的目的及目标是,经肠道或静脉途径为患者提供适宜的营养素,使人体获得充足营养素以保证新陈代谢正常进行,抵抗疾病侵袭进而改善患者的临床结局,包括降低感染等并发症发生率,缩短住院时间等。肝硬化患者营养不良主要是蛋白质-能量营养不良,营养治疗的首要目标是达到能量和蛋白质的目标摄入量。表17-3-1归纳了不同学术组织对肝硬化患者的营养治疗推荐建议。

表17-3-1　肝硬化营养补充原则

项目	EASL	CMA	ESPEN
总能量/kcal·(kg·d)$^{-1}$	≥35,1.3×REE	30~35,1.3×REE	30~35
蛋白质/g·(kg·d)$^{-1}$	1.2~1.5	1.2~1.5	非营养不良1.2,营养不良和/或肌萎缩1.5
BCAA	补充BCAA并富含亮氨酸	0.25g/(kg·d)	0.25g/(kg·d)
肝性脑病	不受限制	酌情减少或短暂限制	不受限制
肥胖者	减重5%~10%,蛋白质>1.5g/(kg·d),适度低能量(500~800kcal/d)	蛋白质>1.5g/(kg·d),失代偿期酌情调整	不建议超重或肥胖患者增加能量摄入
脂肪		结构脂肪乳剂或中长链脂肪乳剂[≤1.0g/(kg·d)]	

注:EASL.European Association for the Study of Liver,欧洲肝脏研究协会;CMA.China Medical Association,中华医学会;ESPEN.European Society of Parenteral and Enteral Nutrition,欧洲肠外肠内营养学会;REE.rest energy expenditure,静息能量消耗;BCAA.branched chain amino acid,支链氨基酸。

对于肝硬化患者的营养治疗,欧洲肠外肠内营养学会(ESPEN)及美国肠外肠内营养学会(ASPEN)均推荐少食多餐的饮食摄入模式,每日4~6餐为宜。能量摄入标准为35~40kcal/(kg·d),蛋白质摄入1.2~1.5g/(kg·d)。在能量供给中碳水化合物占50%~60%,脂肪占40%~50%,优先选择动物来源的蛋白质如鸡蛋和牛奶,对于动物蛋白不耐受的患者,可酌情选择植物性蛋白。我国《慢性肝病患者肠外肠内营养支持与膳食干预专家共识》和《终末期肝病临床营养指南》指出,肝硬化患者24h总能量消耗是静息能量消耗的1.3~1.4倍,中国营养不良的肝硬化患者建议摄入30~35kcal/(kg·d)或1.3倍REE。有研究表明,睡前加餐可提高碳水化合物的氧化代谢率,降低脂肪及蛋白质的氧化代谢率,并能改善患者近期预后。如果口服营养不能满足需要,建议应用鼻饲或经造口管喂养。如经肠道喂养1周仍不能达到目标喂养量,则应经静脉途径补充给予营养物质,使总能量达标,改善患者的营养状态。调节肠道微生态、改善排便,可预防或减轻肝性脑病。

ESPEN指南指出:Ⅰ和Ⅱ期肝性脑病不应限制蛋白质的摄入,但对于Ⅲ和Ⅳ期肝性脑病的患者应限制蛋白质的摄入，应适量给予富含支链氨基酸[BCAA，0.25g/(kg·d)]的氨基酸制剂或复方氨基酸制剂。支链氨基酸应用时间不宜过长，长期应用仍需补充平衡氨基酸制剂。对于并发糖尿病的肝硬化患者，应给予胰岛素控制血糖。

近年来，超重或肥胖的肝硬化患者逐渐增多，尤其是在非酒精性脂肪肝(non-alcoholic fatty liver disease，NAFLD)中相关肝硬化更为常见。应注意的是肥胖患者由于脂肪增加过多，可能掩盖肌肉减少的营养不良。建议肥胖的肝硬化患者(BMI>30kg/m^2)能量摄入可减少至25kcal/(kg·d)，同时应注意在减重过程中防止肌肉丢失，建议代偿期肥胖的肝硬化患者可增加蛋白质摄入[>1.5g/(kg·d)]，失代偿期患者可根据血氨和肝性脑病等情况酌情调整蛋白质摄入量。

酒精性肝硬化患者的营养问题在临床上较其他病因肝硬化更为常见且突出，其主要问题是不健康的生活方式、对治疗依从性差。这些患者一般仍应给予平衡型食物，或标准型氨基酸混合食物，同时注意补充钾、磷、镁和B族维生素等。血清25-(OH)D_3<20ng/ml时，可以口服补充维生素D，使血清25-(OH)D_3达到30ng/ml。补充硒制剂、锌制剂可以通过降低免疫炎症反应等机制修复损伤的肝细胞，改善肝病进程，有望改善神经系统症状。特别强调加强对这部分患者及家属的宣教工作。遵从医嘱，严格戒酒。调整饮食和作息等生活方式是改善这些患者营养状态和疾病预后、提高生活质量的基础。

2. **肝衰竭** 慢加急性肝衰竭(acute-on-chronic liver failure，ACLF)是我国最常见的一种肝衰竭类型，病情发展快，病死率高，病程中伴有显著的营养与能量代谢异常，甚至有肝性脑病等并发症。针对上述营养与能量代谢变化，慢加急性肝衰竭患者的营养治疗方案为相对高碳水化合物并促进糖的氧化代谢利用率、适量增加脂肪供给及按需补充蛋白质的原则。在急性加重期不宜完全按目标量营养治疗，按允许性低能量喂养原则(即仅满足基础代谢率需求)，提供能量25~30kcal/(kg·d)，以免因受损肝细胞参与代谢的负担过重反而加重肝损伤、胆汁淤积及代谢紊乱；待患者病情进入稳定期，于1周内逐渐将总能量提高到30%~35kcal/(kg·d)，以满足肝细胞再生所需能量。在供能营养素中碳水化合物占50%~60%[3.5~4.5g/(kg·d)]，以多糖(主要是淀粉)为主。如果消化道症状重、不能进食，可静脉滴注葡萄糖注射液并加用胰岛素(8~12g∶1U)，低浓度(5%~10%)葡萄糖持续供给为佳，以促进糖的吸收和利用，为肝细胞再生快速提供所需能量。脂肪占40%~50%[1.0~1.5g/(kg·d)]，消化道症状严重者可静脉注射脂肪乳剂，中长链甘油三酯乳剂被认为是安全的，但临床应用尚需慎重。

我国《慢性肝病患者肠外肠内营养支持与膳食干预专家共识》和《终末期肝病临床营养指南》指出，肝衰竭患者营养治疗的基本目标是能量和蛋白质的摄入达到目标量。肝衰竭患者病情复杂危重，变化快，不同病因、不同病情阶段患者能量及营养代谢差异很大，建议有条件的单位尽可能应用代谢车进行代谢监测，无法进行代谢车测定的患者可应用Harris-Benedict公式或Mifflin-St Jeor公式计算REE，参见本书第六章第四节。

能量摄入目标是1.3倍REE或30~35kcal/(kg·d)，蛋白质摄入1.2~1.5g/(kg·d)，应根据患者耐受情况，逐步增加能量和蛋白质摄入至目标值。对于肝衰竭患者，蛋白质不能作为供能物质，宜作为肝组织修复物质来源补充，供给量1.5~2.0g/(kg·d)；氨基酸0.8~1.5g/(kg·d)。伴有重度肝性脑病时，蛋白质摄入减半，仍然不能耐受者应停止膳食蛋白质摄入，改用口服富含支链氨基酸的氨基酸制剂和/或静脉补充支链氨基酸，同时密切监测血氨等指标的变化，随时调整营养供给方案。应该强调的是肝衰竭患者需要补充脂溶性和水溶性维生素以及钾、镁、钙、锌、磷酸盐等矿物质。

3. **肝癌** 有营养风险或营养不良的肝癌患者需给予营养治疗。稳定期肝癌患者每日能量和蛋白质摄入量同肝硬化患者，进展期肝癌患者酌情调整。进食不足的肝癌患者，可在有经验的营养师或医师指导下补充微量元素和维生素。肝癌终末期患者营养治疗应在充分考虑患者疾病状态、治疗意愿及家属理解情况下，选择患者在生理和心理上最为舒适的进食或干预方式。肝癌患者接受外科手术、经肝动脉化疗栓塞术(transhepatica arterial chemoembolization，TACE)、局部消融治疗、放/化疗或靶向药物治疗前、治疗期间及治疗后应监测营养状况，良好的营养状况可以为肝癌患者赢得更多的治疗机会和生存时间。

三、慢性肝病患者营养不良的预防

慢性肝病患者营养不良的预防主要在于医患双方对于营养重要性的理解。从医务工作者的角度出发，需要提高对于营养不良是慢性肝病严重并发症的认识，针对不同种类的慢性肝病患者，提出适宜的饮食指导，是预防营养不良出现的基本策略。从患者角度出发，重视营养不良的监测和自我管理，加强对于饮食营养指导的依从性，是预防营养不良并发症的关键之处。基于以上两方面的因素，加强肝病科医生的继续教育以及对患者的营养教育是重中之重。

四、慢性肝病营养治疗的展望

慢性肝病营养治疗在临床实践仍存在诸多问题，需要不断探索和解决。目前对于我国慢性肝病人群的营养筛查和评定尚无统一公认标准，营养风险、营养不良风险等概念容易混淆。目前常用的筛查工具及评定方法大多为国外学者基于国外患者数据设计制定，亟须开发基于我国终末期肝病患者数据的营养筛查工具和评定方法。我国地域辽阔，民族众多，经济卫生发展水平不一，需要包括肝病临床专家、营养学专家、基础医学专家在内的多学科团队协同开展相关工作。

（陈　韬）

第四节　慢性阻塞性肺疾病

慢性阻塞性肺疾病（chronic obstructive pulmonary disease，COPD）是呼吸系统的常见病和多发病，是一种以气道气流受限为特征的呼吸道疾病，气流受限不完全可逆，并呈进行性发展，多与肺部对有害颗粒物或有害气体的异常炎症反应有关。COPD 常伴有一些显著的肺外效应，这些肺外效应与患者疾病的严重性相关。COPD 可分为肺气肿型（pink puffer，PP）和支气管炎型（blue bloater，BB）。营养不良可导致呼吸肌结构和功能不全，呼吸通气调节反射减弱，以及肺免疫防御功能减弱，并影响肺组织损伤的修复和肺表面活性物质合成。

COPD 好发于中老年人，研究表明，超过 40 岁人群发生 COPD 的概率可达 8%~10% 或更高，并且该疾病的致死率在全球疾病中排名靠前。因长期的慢性呼吸困难、反复发生的肺部感染及营养不良而影响患者的日常生活，严重的 COPD 患者常伴有蛋白质 - 能量营养不良，体重进行性下降，临床称为“肺恶病质综合征”，合理的营养治疗则可以显著改善 COPD 患者的预后。

一、营养代谢特点

（一）能量消耗增加

COPD 患者由于呼吸肌群能量负荷增加，静息能量消耗（resting energy expenditure，REE）较正常人增高，尤其是病情较重、气道阻塞明显及消瘦体质者。为克服气道阻力和呼吸肌活动效率低下，以保持适当的活动通气量，其呼吸肌能量消耗明显增加，表现为高代谢、高消耗、负氮平衡、体重进行性下降。COPD 患者每日用于呼吸的耗能为 1 799~3 012kJ（430~720kcal），较正常人高 10 倍。COPD 患者肺部慢性炎症导致能量消耗增加，亦使 REE 较正常人增高，致使营养供给相对不足。肺部慢性炎症和基础能量消耗增加使肌肉蛋白降解加速、肌肉萎缩，加重消瘦和体重下降，导致蛋白质 - 能量营养不良。如不及时纠正营养不良状态，则病情、体重难以恢复。

（二）营养物质摄取、消化、吸收和利用障碍

COPD 患者由于心肺功能不全和进食活动受限，限制了营养物质的获取；茶碱及广谱抗生素等药

物对胃黏膜的刺激也影响患者的食欲和胃肠功能，进而影响患者正常进食。另外，COPD 患者长期缺氧、高碳酸血症和心功能不全、胃肠道淤血使胃肠道正常菌群失调，影响食物的摄取、消化、吸收和利用，易引起多种营养素缺乏病。

（三）机体分解代谢增加

由于细菌毒素、炎症介质等使 COPD 患者处于应激和高分解代谢状态，能量消耗明显增加。肺部慢性炎症和基础能量消耗增加使肌蛋白降解加速，治疗时常使用皮质激素类（如地塞米松）抗炎、减轻症状，但激素对蛋白质合成有抑制作用，也加速呼吸肌的萎缩和肌肉的耐力，导致蛋白质 - 能量营养不良，形成恶性循环。另外，COPD 患者的大量排氮也是氮丢失的一个途径，有研究观察到机械通气患者排痰中氮含量最多者达 0.7g/d，相当于蛋白质 4.3g/d。如不及时纠正，则全身营养状态和体重呈阶梯性下降，预后较差。

二、营养治疗

营养不良是 COPD 患者病情不易恢复和反复发作的重要因素之一，纠正 COPD 患者营养状态是改善患者预后的关键。临床研究发现，COPD 患者营养不良的发病率为 24%~71%。营养不良的 COPD 患者机体免疫力下降，容易导致肺部感染和呼吸衰竭等并发症；另一方面，因为食欲不佳或药物对胃肠道功能的影响会造成患者营养不良，两者之间存在密不可分、相互依存的关系，因此出现了恶性循环。越来越多的证据也表明了营养不良对 COPD 患者产生的不利影响。

（一）营养治疗目的

维持理想体重，增强呼吸肌肌力，维持有效呼吸通气功能，增强机体免疫力，预防和减少急性并发症。

对急性期患者，营养治疗的目的是尽量维持良好营养状态，提高机体免疫力，而在急性发作后期则使体能尽早得到恢复。对缓解期患者，营养治疗的目的是维持理想体重，增强呼吸肌肌力，改善体能，维持有效肺通气功能，增强机体免疫力，减少急性发作频率和减轻发作程度。

（二）营养治疗原则

1. **能量**　利用下列计算公式计算 COPD 患者每日所需能量：

$$每日能量=REE\times 活动系数 \times 校正系数\ C\times 1.1$$

每天 REE 可用间接测热法（indirect calorimetry，IC）测定；如无 IC，可应用 Harris-Benedict 公式或 Mifflin-St Jeor 公式计算。

活动系数：卧床状况为 1.2，轻度活动为 1.3，中度活动为 1.5，剧烈活动为 1.75。存在呼吸衰竭的患者因为体能消耗增高，应乘以校正系数 C（男性 1.16，女性 1.19）。同时为使患者降低的体重得以纠正，应在此基础上增加 10% 的每日需要量。根据 COPD 患者的特点，能量应该在一天之中分数次给予，以避免食欲下降和高能量负荷所致的通气需要增加。但应注意，对于伴有高碳酸血症的 COPD 急性加重患者，应避免过度喂养，这样有助于减少营养相关高碳酸血症的发生。

2. **蛋白质**　由于 COPD 患者蛋白质分解代谢亢进，为促进合成代谢，应供给充足的蛋白质，尤其注意支链氨基酸的供给，因为支链氨基酸可以改善呼吸肌的收缩力。但应避免过度摄入蛋白质，摄入过多会增加呼吸驱动力并使患者产生呼吸困难。蛋白质供能宜占总能量的 15%~20%，或按照 1.0~1.5g/（kg·d）给予。

3. **碳水化合物**　以往研究报道，在三大产能营养素中，碳水化合物的呼吸商最高，若摄入过多碳水化合物会消耗更多的氧气，并增加二氧化碳潴留，使呼吸困难加重，进而加剧呼吸衰竭。但近年大样本研究发现，使用常规配方和高脂 / 低碳水化合物配方的 COPD 急性加重患者，在 ICU 住院时间、机械通气时间和病死率方面并无显著差异，营养配方中的糖脂比例也不是影响呼吸商的因素，且与患者预后无关。因此，COPD 稳定期患者碳水化合物供能建议占全日总能量的 50%~60% 为宜，应激状态下供给量可根据病情适当调整。

4. **脂肪**　充足的脂肪可降低蛋白质的氧化率和更新率，增加蛋白质合成，具有节氮效应，但脂肪过高会明显延长胃排空时间，加重消化道负担而引起消化不良。COPD 稳定期患者脂肪供能占全日总能量的 20%~30% 为宜，应激状态管饲营养时，脂肪供给量可相应增加。在患者饮食中以中链甘油三酯（medium-chain triglyceride，MCT）替代部分长链脂肪酸，不仅有利于消化吸收，且有利于正氮平衡的恢复。

5. **维生素**　应保证充足的维生素，尤其是保证维生素 C、维生素 D、维生素 E 等的摄入。COPD 患者肺部及全身氧化应激增强，维生素 C 和 E 含量处于较低水平，在急性加重期水平下降更为明显。维生素 C 和 E 是人体内重要的非酶系抗氧化剂，可降低全身氧化应激水平，延缓病情恶化并降低患者死亡率。此外，COPD 患者普遍存在维生素 D 缺乏，进而导致骨质疏松和骨折风险增加，补充维生素 D 会减少这些并发症的风险，同时还会改善呼吸功能。

6. **矿物质**　注意钙、铁、镁、磷和钾等矿物质的摄取，以补充机体的消耗；同时需补充具有抗氧化功能的微量元素硒。

7. **液体**　充足的液体可防止或纠正脱水，因缺水可使呼吸道分泌的黏液变稠，不利于咯出。鼓励患者多饮水，每日饮水量在 1 500ml 以上。但合并肺源性心脏病、肺动脉高压和液体潴留的患者则应注意限制水的摄入，避免加重液体潴留及水肿。

8. **少量多餐，细嚼慢咽**　每天可吃 5~6 餐，每餐不要吃太饱，这样可以避免腹胀和呼吸短促。进餐时要细嚼慢咽，一次吞咽的食物体积不宜过大，这样更有益于肺部的通气和代谢，也避免了因胃肠道过饱、嗳气而引起呼吸困难。

9. **推荐对稳定期 COPD 患者给予 ONS 及 EN 补充**　大量研究表明，ONS 及 EN 补充对稳定期 COPD 患者的能量摄入、体重、握力、运动耐量、呼吸肌肌力以及生活质量具有改善作用。对于危重患者、重度营养不良和机械辅助通气患者可采用短期 PN 治疗。

三、COPD 营养治疗的展望

随着环境变化以及老龄化社会的到来，COPD 的发生率正呈逐年递增的趋势。全球每年有 250 万 ~350 万人因 COPD 死亡。虽然医学在控制 COPD 急性加重期方面取得较大进展，但是如何控制疾病慢性进展、降低死亡率依然是目前面临的重要课题。COPD 患者容易合并营养不良，在临床治疗期间若不能保证充足的营养供给，膈肌和呼吸肌就得不到足够的能量供应，就越容易导致肺功能进一步衰退，病情恶化，因此 COPD 患者需要营养治疗。有研究表明，体重增加 2.0kg 或更多，COPD 患者的机体功能和生活质量会得到明显改善。此外，免疫调节可以应用于 COPD 的 EN 治疗中，免疫型肠内营养液富含 ω-3 多不饱和脂肪酸，通过对代谢进行调节能提高机体免疫力，有效缩短患者通气治疗周期，降低通气治疗期间的不良反应发生率，促使肝脏与其他组织产生胰岛素样生长因子活性，改善患者营养状况，可作为一种高效的辅助治疗方案。营养治疗的有效实施离不开多学科团队共同协作完成。

（施万英）

第五节　高　血　压

高血压是以体循环动脉血压（收缩压和 / 或舒张压）增高为主要特征的心血管综合征，定义为：在未使用降压药物的情况下，非同日 3 次测量诊室血压，收缩压（systolic blood pressure，SBP）≥140mmHg 和 / 或舒张压（diastolic blood pressure，DBP）≥90mmHg。SBP ≥140mmHg 和 DBP<90mmHg 为单纯收缩期高血压。患者既往有高血压史，目前正在使用降压药物，血压虽然低于

140/90mmHg，仍应诊断为高血压。2017 年美国心脏病学会和美国心脏协会进一步提出将高血压的诊断标准降低为 ≥ 130/80mmHg，强调了高血压早发现、早干预的重要性。

高血压分为原发性和继发性。原发性高血压多由遗传和环境因素造成，继发性高血压常继发于肾脏、内分泌和神经系统疾病。高血压常与其他心血管危险因素共存，是重要的心、脑血管疾病的危险因素，可损伤重要脏器如心脏、脑、肾等器官的结构和功能，最终导致这些器官的功能衰竭。我国高血压患病率总体呈明显上升趋势，2012—2015 年我国 18 岁及以上居民高血压患病粗率为 27.9%（加权率 23.2%），据推算 2019 年全国高血压患者为 2.45 亿。心血管病已经成为全世界人群死亡的首要原因，其死亡患者例数占全球总死亡病例的 32%。统计显示仅 2017 年中国有 254 万人死于高收缩压，心血管病死亡占城乡居民总死亡原因的首位。

引发高血压的因素中，饮食结构、生活习惯是重要的因素，如高钠、低钾膳食，高饱和脂肪酸和反式脂肪酸的摄入、吸烟、过量饮酒、精神紧张、活动不足、超重和肥胖成为我国高血压患病率增长的重要危险因素。因此，利用非药物控制高血压的发生发展是目前的治疗趋势，合理地调整膳食，不论在高血压预防或治疗中均为重要的措施。

一、营养代谢特点

原发性高血压的发病机制至今尚未明确，一般认为是多种因素影响了血压：代谢异常、膳食因素、肾素 - 血管紧张素 - 醛固酮系统、中枢神经系统和自主神经等。

（一）高血压导致营养代谢异常

高血压与代谢异常有着密切的联系，它不仅是代谢综合征的重要组成部分，同时与其他代谢（尤其是糖脂代谢）相互影响。研究显示，高血压患者更容易合并代谢异常。相对于非高血压患者，高血压患者的糖尿病发病率、低密度脂蛋白和总胆固醇等代谢指标均增高。另一方面，代谢综合征患者中高血压所占的比例最大。流行病学研究发现，高血压患者中约有 50% 存在胰岛素抵抗，同时合并糖、脂代谢紊乱。胰岛素抵抗引起高血压的机制包括水钠潴留、交感神经活性增高、炎症反应、血管内皮损伤、血管平滑肌细胞增生、细胞内 Na^+ 和 Ca^{2+} 增加、血管活性物质功能异常等。内脏型肥胖与高血压的关系也较为密切，中国成年人超重、肥胖与高血压发病关系的随访研究发现，随着体重指数（body mass index，BMI）的增加，超重组和肥胖组的高血压发病风险是体重正常组的 1.2~1.3 倍。

（二）营养素代谢异常与高血压

1. 钠过多　研究证实，膳食钠摄入与血压呈正相关。在影响血压的环境因素中，高盐摄入是重要的因素之一。现况调查发现 2012 年我国 18 岁及以上居民的平均烹调盐摄入量为 10.5g/d，虽低于 1992 年的 12.9g/d 和 2002 年的 12.0g/d，但盐摄入普遍超标，明显高于我国高血压指南<6g/d 的推荐。2017—2019 年我国高血压患者的钠盐摄入现状调查数据显示：我国高血压患者钠盐摄入量仍较高，平均 9.2g/d，钠盐摄入量>6g/d 的占 76%，与 WHO 提出的标准（钠盐摄入量<5g/d）相差较大，提示限钠对于我国高血压患者至关重要。高盐摄入可增强患者肾脏交感神经功能，继而增加肾小管对钠的重吸收。我国人群多为盐敏感型，高盐摄入可明显增加患者血浆去甲肾上腺素的水平，升高血压，还可以通过增加血管平滑肌细胞内的 Na^+ 含量，增加血管平滑肌细胞对升压物质（交感神经递质、血管紧张素Ⅱ等）的反应性。高盐摄入损害血管内皮功能，降低一氧化氮生物合成，抑制血管扩张，增强阻力动脉的收缩性。钠潴留使细胞外液量增加，引起心输出量增高；细胞内外钠浓度比值的变化引起小动脉张力增加等，都是高血压可能的发病机制。体内钠过多除了与摄入有关外，肾脏排钠障碍也是重要原因，高盐饮食的生活方式加上遗传性或获得性肾脏排钠能力的下降是许多患者高血压发病机制中的关键环节。除了肾脏先天和后天的结构功能异常可能影响这一过程外，许多神经体液因子如抗利尿激素、醛固酮、肾素、心房利尿钠肽等也有影响。因此，钠过多在血压升高形成机制中起了重要作用。

2. 钾缺乏　钾是维持内环境稳态必需的金属元素，在血压维持和调控方面发挥了重要的生物学效应。钾亦具有血管活性，可通过多种途径降低血压。血管平滑肌细胞外钾水平增高时，促进胞膜上

的 Na^+-K^+-ATP 酶活性增高，使胞内 Na^+ 和 H^+ 外流增多，Na^+-Ca^{2+} 交换增加，导致 Ca^{2+} 活性降低，血管平滑肌舒张，血管阻力下降。研究发现补钾还可抑制 Na^+ 的重吸收，肾小球滤过率增强，促进 Na^+ 排泄，血容量降低，血压下降。因此，钾摄入量提高，可通过激活 Na^+-K^+ 泵和开放 K^+ 通道使血管平滑肌细胞超极化，降低交感神经敏感性，促进血管舒张，促进尿钠排泄，进一步降低血压。合理补充钾可以使血管僵硬度降低、弹性增高，减轻老年性单纯收缩期高血压的发生风险。

3. **钙摄入不足**　钙的摄入量与血压呈负相关，当钙摄入不足，细胞外液中的钙含量相对较低，致血管壁平滑肌细胞膜的通透性增加，激活平滑肌细胞兴奋 - 收缩偶联，细胞外的钙向细胞内流，促使平滑肌细胞收缩，阻力增加使血压上升。当钙摄入增加时，促进钠的排泄，可以降低血压。低钙膳食易导致血压升高。钙摄入量与年龄相关性收缩压升高幅度呈负相关，钙摄入量<500mg/d 的人群，收缩压随年龄增长而上升得最为明显，钙摄入量 500~1 200mg/d 者次之，而钙摄入量>1 200mg/d 者最低。《中国居民膳食营养素参考摄入量》(2013 版) 推荐我国 50 岁以上居民膳食钙的摄入量 (RNI) 为 1 000mg/d，平均需要量为 800mg/d。调查显示我国 60 岁及以上老人膳食钙摄入量为 344.20mg/d，达到或超过 RNI 水平的仅占 1.19%。

4. **维生素摄入不足**　研究表明，维生素 A、维生素 C 和维生素 E 具有降血压的作用。高血压患者应增加对维生素的摄入，特别是维生素 A、维生素 C 和维生素 E 等抗氧化维生素，它们可以在血脑屏障中发挥抗氧化作用，减少高血压的发生。高血压发生的重要原因之一是"血管内皮受损"，而维生素 C 可以通过减轻过氧化损伤进而对血管内皮产生保护作用。病理状态下血管中一些超氧阴离子、羟基和过氧化氢等会使低密度脂蛋白胆固醇进一步氧化，其结果就是抑制了内皮细胞的正常生理活动，使血管的舒张功能变差。而维生素 C 能通过与这些氧化物质结合，改善血浆中的氧化状态，减轻有害物质对内皮细胞的刺激，最终改善或稳定血管的结构和功能。维生素 C 另一个功效在于能够将维生素 E 还原为"还原型维生素 E"，一起发挥抗氧化作用。维生素 C 主要通过水果、蔬菜、补充剂摄入，可减少氧化应激，改善动脉顺应性和血管内皮功能，增加一氧化氮和前列环素，减少肾上腺类固醇激素的产生，改善血流介导的血管舒张功能，从而达到降血压的作用。

5. **蛋白质摄入不足，脂类、碳水化合物摄入过多**　蛋白质摄入与高血压呈负相关。蛋白质的摄入量增多，可增加某些多肽和微量营养素的摄入，产生一定的降压作用。研究显示植物来源的蛋白质与血压呈负相关。大豆蛋白是具有代表性的植物来源蛋白，含有丰富的精氨酸、半胱氨酸和甘氨酸。在血压正常人中，每日给予 20~40g 大豆蛋白后与对照组比较，该组人群血压显著下降。这一发现提示，可能是大豆中的特有氨基酸或者大豆中的生物活性成分具有降低血压的作用。脂肪和胆固醇摄入过多，长期过多摄入碳水化合物，在体内转化成脂肪沉积下来，可致肥胖症和高血压。高脂肪、高胆固醇饮食容易致动脉粥样硬化，故摄入过多的动物脂肪和胆固醇对高血压防治不利。相对于饱和脂肪酸，多不饱和脂肪酸的饮食可能通过逆转这一作用发挥预防及控制血压的作用。膳食纤维能减少脂肪的吸收，减轻体重，间接辅助降压。

6. **过量饮酒**　饮酒后体内的肾上腺皮质激素及儿茶酚胺等内分泌激素升高，通过肾素 - 血管紧张素系统等使血压升高，2018 年 WHO 明确表明饮酒没有"安全值"，无论多少，只要饮酒即可对健康产生不良影响。过量饮酒 (日均酒精摄入量男性 ≥ 25g，女性 ≥ 15g) 和有害饮酒 (日均酒精摄入量男性 ≥ 61g，女性 ≥ 41g) 均会导致不良后果。我国饮酒人数众多，18 岁以上居民饮酒者中有害饮酒率为 9.3%。研究发现限制饮酒与血压下降显著相关，酒精摄入量平均减少 67%，收缩压下降 3.31mmHg，舒张压下降 2.04mmHg。

二、营养治疗原则

干预生活方式的营养治疗是控制高血压有效而基础的方法，其目的是降低血压、控制其他危险因素。营养治疗及生活方式干预对降低血压和心血管危险的作用肯定，所有患者都应采用且贯穿于高血压治疗全过程，必要时应联合药物治疗。主要措施如下。

(一) 综合治疗

高血压患者的代谢异常首先应考虑非药物疗法，如改变不良的生活习惯和饮食习惯，戒烟，避免被动吸烟，不饮或限制饮酒，减肥、控制体重，使 BMI 在 18.5~24kg/m^2，控制腰围(男性<90cm，女性<85cm)，减重计划应长期坚持。运动可以改善血压水平。每周 4~7 次、每次持续 30~60min 的中等强度有氧运动平均降低收缩压 3.84mmHg，舒张压 2.58mmHg，如步行、慢跑、骑自行车、游泳等。运动形式可采取有氧运动、阻抗运动和伸展等。以有氧运动为主，无氧运动作为补充。运动强度须因人而异，常用运动时的最大心率来评估运动强度，安全有效的运动要求在靶心率区间持续 20~60min，可根据身体情况间歇完成。靶心率 =(最大心率 - 安静心率) × (0.6~0.8) + 安静心率。中等强度运动为能达到的靶心率(次 /min) = (220- 年龄) × (0.6~0.7) 的运动。高危患者运动前需进行心肺功能、体能等运动风险评估。运动能明显改善胰岛素抵抗、减轻动脉粥样硬化的程度、降低心血管疾病风险。肥胖、血糖异常、血脂异常等代谢异常都是动脉粥样硬化的独立危险因素，与原发性高血压关系密切，常相互影响，在治疗时应综合考虑。

(二) 膳食营养的调整

影响血压的主要膳食因素有钠、镁、钙、膳食纤维、脂肪、蛋白质、某些碳水化合物和酒精。

1. 限制钠盐的摄入 我国居民膳食中 75.8% 的钠来自家庭烹饪用盐，其次为高盐调味品。随着饮食模式的改变，加工食品中的钠盐也将成为重要的钠盐摄入途径。为了预防高血压和降低高血压患者的血压，钠的摄入量应减少至 2 400mg/d(6g 氯化钠)以下。WHO 在预防高血压措施中建议每人每日摄盐量由原来的 6g 以下调为 5g 以下。所有高血压患者均应采取各种措施限制钠盐摄入量。主要措施包括：减少烹调用盐及含钠高的调味品(包括味精、酱油)；避免或减少含钠盐量较高的加工食品，如火腿、咸肉、腊肉、咸菜等腌制品以及各类炒货；建议在烹调时尽可能使用定量盐勺，以起到警示的作用。少盐首先要提倡淡味饮食，即食物中有轻度咸味即可。减少含盐调味品的使用量，必要时使用低钠盐和薄盐酱油；尽量不食用含盐量较高的食品。

2. 调整膳食结构

(1) 增加钾、钙、镁与膳食纤维：增加膳食中钾摄入量可降低血压。因此，高血压患者应增加富钾食物(新鲜蔬菜、水果和豆类)的摄入量，肾功能良好者可选择低钠富钾替代盐。不建议服用钾补充剂(包括药物)来降低血压。肾功能不全者补钾前应咨询医生。合理的膳食模式可降低人群高血压、心血管疾病的发病风险。由 1997 年美国的一项大型高血压防治计划——终止高血压膳食模式(dietary approaches to stop hypertension，DASH)发展而来的 DASH 饮食，是指富含新鲜蔬菜、水果、低脂(或脱脂)乳制品、禽肉、鱼、大豆和坚果，减少糖、含糖饮料和红肉，其饱和脂肪与胆固醇水平低，富含钾、钙、镁等微量元素，优质蛋白质和纤维素。研究表明，DASH 饮食能有效地降低血压。DASH 饮食的研究提示，控制高血压不是单纯地增加或减少某种营养元素，而是通过改变整体饮食结构，通过食物中营养因素的互相影响和协同作用，从而发挥最大的降压效果。建议高血压患者和有进展为高血压风险的正常血压者，膳食增加水果、蔬菜、低脂奶制品以及富含膳食纤维的全谷物。补钙简单、安全、有效的方法是选择适宜的高钙食物，可优先选用奶类及奶制品的摄入，即 250~500ml/d 脱脂或低脂牛奶。对乳糖不耐受者，可试用酸牛奶或去乳糖奶粉。部分患者需在医生指导下选择补充钙制剂。

(2) 摄入足够的优质蛋白质：除并发肾功能不全者外，高血压患者不应过分限制蛋白质的摄入，尤其应增加一些优质蛋白质的摄入。考虑蛋白质生理作用，选用生物价值高的优质蛋白，动物蛋白选用鱼、畜禽类精瘦肉、鸡蛋白、牛奶等，尤其是鱼类蛋白质中的含硫氨基酸能增加尿钠排泄，从而减轻钠盐对血压的不利影响，起到降压和减少脑卒中的作用。植物蛋白质可占 50%，最好用大豆蛋白，大豆蛋白能防止脑卒中的发生，这可能与大豆蛋白中氨基酸的组成有关。肥胖者高血压发病率比正常体重者显著增高，而限制能量摄取使体重减轻后，血压就会有一定程度的降低。控制体重，包括控制能量摄入、增加体力活动和行为干预。在膳食平衡基础上减少每日总能量摄入，控制高能量食物(高脂肪食物、含糖饮料和酒类等)的摄入。

(3) 限制脂肪总摄入量：脂肪过量摄入是引起高血压的重要危险因素之一。因此，高血压患者必须限制脂肪的总摄入量，使其不超过每日总能量的 25%，减少饱和脂肪酸，增加多不饱和脂肪酸的摄入。膳食中饱和脂肪酸、单不饱和脂肪酸和多不饱和脂肪酸之比维持在 0.8∶12∶1。限制饱和脂肪酸摄入量（占总能量比例在一般人群<10%，高胆固醇患者<7%），脂肪摄入优选富含 ω-3 多不饱和脂肪酸的食物。同时血脂异常及冠心病患者更应限制动物脂肪摄入。长期食用高胆固醇食物，如动物内脏、脑髓、蛋黄、肥肉、贝类、乌贼鱼、动物脂肪等，可致血脂异常，促使脂质沉积，加重高血压，故饮食摄入胆固醇应在 300mg/d 以下，补充植物固醇（2~3g/d）。

(4) 不饮或限制饮酒：大量饮酒是高血压的危险因素之一，因此高血压患者每日酒精摄入量限制在男性 25g 以下，女性 15g 以下，青少年不宜饮酒。世界卫生组织提出安全饮酒限度为男性每日不超过 40g 酒精，女性不超过 20g 酒精。中国营养学会根据中国人的饮酒习惯和体质特点，提出每日饮酒的酒精摄入量是成年男性不超过 25g，成年女性不超过 15g。2018 年 *Lancet* 杂志发表的关于酒精摄入量与总死亡及心血管事件发生风险关系的研究认为，酒精摄入量在 0~100g/ 周为宜。

(5) 补充维生素及其他营养素：补充足量维生素，特别是维生素 C 和 B 族维生素，具有改善脂质代谢、保护血管结构与功能的作用。维生素 C 的膳食摄入量以及血浆抗坏血酸浓度与收缩压、舒张压和心率呈负相关。同时注意摄入其他维生素如维生素 A、维生素 D 和维生素 E 等，有利于改善高血压患者氧化应激状态，从而达到降压的作用。建议补充水果 200~250g/d，蔬菜 300~500g/d。

三、高血压营养治疗展望

近年来认为胰岛素抵抗是高血压和 2 型糖尿病发生的共同病理生理基础。胰岛素抵抗、高胰岛素血症和 2 型糖尿病密切相关，研究发现过氧化物酶体增殖物激活受体 γ（peroxisome proliferator-activated receptor，PPARγ）基因突变者首先出现高胰岛素血症，继之出现高血压、高密度脂蛋白胆固醇（HDL-C）降低，提示高血压可能与代谢疾病有关。胰岛素抵抗血压升高的机制可能是胰岛素水平升高影响 Na^+-K^+-ATP 酶的活性，使胞内钠、钙浓度升高，并使交感神经活性上升，促进肾小管水、钠重吸收，提高血压对盐的敏感性，以及减少内皮细胞产生一氧化氮，刺激生长因子以及增加内皮素分泌。研究发现胰岛素抵抗者细胞磷脂含量改变，降低胰岛素刺激 Ca^{2+}-ATP 酶的活性及钙调素与 Ca^{2+}-ATP 酶的结合反应能力，使细胞内 Ca^{2+} 水平升高，兴奋 - 收缩偶联增强，血管收缩或痉挛，外周血管平滑肌张力增加，阻力血管对去甲肾上腺素、血管紧张素Ⅱ等加压物质的敏感性增强，导致血压升高。

我国高血压患者存在高同型半胱氨酸（homocysteine，Hcy）、低叶酸现象，叶酸代谢中一种关键的调节酶——亚甲基四氢叶酸还原酶（methylenetetrahydrofolate reductase，MTHFR）基因的 677TT 基因型在中国人群中频率高于其他国家人群，叶酸缺乏和 / 或同型半胱氨酸 / 叶酸代谢途径中关键酶的缺陷或基因突变是导致血 Hcy 水平升高的主要原因，我国提出 H 型高血压的概念，即伴有高同型半胱氨酸血症（Hcy ≥ 10μmol/L）的高血压。因此高血压的营养治疗必要时需要补充叶酸制剂。研究发现用叶酸、维生素 B_{12} 治疗后可显著降低同型半胱氨酸水平，改善患者血管内皮功能，具有临床应用价值。研究发现维生素 D 内分泌系统能调节约 3% 的人类基因组，观察数据支持维生素 D 参与心血管疾病和高血压发病机制的观点。维生素 D 的抗高血压作用包括肾脏保护作用、对肾素 - 血管紧张素 - 醛固酮系统的抑制、对血管细胞的直接作用、对钙代谢的影响，包括对继发性甲状旁腺功能亢进症的预防作用。临床研究结果在很大程度上支持充足维生素 D 降压的假设。营养及生活方式干预是高血压合并多重危险因素患者心血管疾病预防的基础，高血压的管理是实现多重危险因素干预的重要手段。高血压的相关危险因素绝大多数由饮食造成，高血压膳食指南强调日常膳食应低钠，多吃含膳食纤维丰富的果蔬，少吃含高脂肪、高胆固醇的食物；需增加的是水果、蔬菜及纤维素。各国均提出饮食调整可适当降压，并为药物降压提供基础。

（张　丽）

第六节　冠状动脉粥样硬化性心脏病

冠状动脉粥样硬化性心脏病（coronary atherosclerotic heart disease，CHD）是指冠状动脉发生粥样硬化引起管腔狭窄或阻塞，和/或冠状动脉功能性改变（痉挛）导致心肌缺血、缺氧或坏死而引起的心脏病，简称冠心病（coronary artery heart disease），也称缺血性心脏病（ischemic heart disease）。冠心病主要的病理基础是冠状动脉粥样硬化。动脉粥样硬化（atherosclerosis，AS）是指动脉发生了非炎性、退行性和增生性病变，导致管壁增厚变硬、失去弹性和管腔狭小。动脉粥样硬化包括3种基本病理过程：动脉管壁脂肪条纹形成；纤维斑块形成，管壁狭窄变形，血流缓慢；纤维斑块积聚大量脂质，斑块坏死，钙化，不稳定斑块崩解，血栓游走栓塞。

近年来，心、脑血管病的疾病负担日渐加重，已成为重大的公共卫生问题。中国目前有2.9亿心血管疾病患者，其中动脉粥样硬化性心脏病已经成为城市和乡村人群的重要死亡原因之一。虽然本病病因尚未完全确定，但其主要的危险因素包括性别、年龄、高血压、血脂异常、糖尿病、吸烟、肥胖、家族史，以及缺乏运动、不良饮食习惯（高能量、高脂、高糖饮食）、过量饮酒、精神过度紧张、长期口服避孕药等。

脂质代谢紊乱是冠状动脉粥样硬化最重要的危险因素。近年研究发现，血清总胆固醇（total cholesterol，TC）、甘油三酯（triglyceride，TG）、低密度脂蛋白胆固醇（low density lipoprotein cholesterol，LDL-C）或极低密度脂蛋白胆固醇（very low density lipoprotein cholesterol，VLDL-C）增高，高密度脂蛋白胆固醇（high density lipoprotein cholesterol，HDL-C）降低都被认为是冠心病的重要危险因素。

烟草中的尼古丁、焦油等物质进入人体后可直接作用于冠状动脉和心肌，引起动脉痉挛和心肌受损。与不吸烟者相比，吸烟者冠心病的发病率和病死率增加2~6倍，且与每日吸烟的量成正比。吸烟者血中碳氧血红蛋白浓度可达10%~20%，动脉壁内氧合不足，内膜下层脂肪酸合成增多，前列环素释放减少，容易使血小板在动脉管壁黏附聚集，形成冠状动脉粥样斑块。

糖尿病患者中不仅冠心病发病率高，而且病变进展迅速，且在糖耐量减低者中冠心病也十分常见。糖尿病患者多伴有高甘油三酯血症或高胆固醇血症，如再伴有高血压，则动脉粥样硬化的发病率明显增高。近年研究认为，胰岛素抵抗与动脉粥样硬化的发生密切相关，2型糖尿病患者常因胰岛素抵抗和高胰岛素血症而并发冠心病。

肥胖可导致血浆甘油三酯及胆固醇水平增高，并常伴发高血压或糖尿病。近年研究认为，肥胖者常伴有胰岛素抵抗，导致动脉粥样硬化的发病率明显增高。

一、营养代谢特点

（一）糖代谢

正常情况下，葡萄糖和脂肪酸分别代谢成为乙酰辅酶A，在线粒体通过三羧酸循环和氧化磷酸化产生ATP。冠心病引起心肌缺血时则发生不同程度的代谢变化，脂肪酸利用增多，但糖类利用减少。由于脂肪酸供能较葡萄糖供能耗氧多，使氧利用率下降，同时脂肪酸代谢产物对细胞膜有损害作用。中国心脏调查组研究结果显示，绝大多数的冠心病患者存在糖代谢异常。糖代谢异常患者的高血浆糖化血红蛋白会降低血红蛋白的携氧功能和心肌收缩力，使心肌发生病理改变。

（二）蛋白质代谢

动脉粥样硬化时，动脉壁氨基葡聚糖含量降低，胶原纤维含量增加。此外，结构性糖蛋白和弹性蛋白含量也比正常动脉壁高。这些成分可与脂蛋白，尤其是LDL结合形成不溶性复合物，沉积于动脉壁上。研究发现，冠心病患者除了脂蛋白升高外，高敏C反应蛋白（high-sensitivity C-reactive protein，hs-CRP）也明显升高，其水平高低与CHD的发生有关。近年研究证实，CRP是CHD发生的独立危险因子之一，并且在 CHD 的预后判定中具有重要价值。

(三) 脂代谢

冠心病的发生与脂质代谢异常密切相关。动脉粥样硬化时，磷脂中以卵磷脂浓度增加最明显，溶血卵磷脂居第 2，而磷脂酰胆碱的浓度变化不明显；甘油三酯含量增高程度大致和磷脂相似。同时，脂类中增加最明显的是胆固醇和胆固醇酯，其中后者尤为明显，表现为 HDL 水平降低，LDL 水平升高，而胆固醇和胆固醇酯是构成动脉粥样斑块的主要成分。因此，CHD 患者要避免高脂和高胆固醇饮食。

(四) 维生素和矿物质

冠心病患者体内维生素和矿物质代谢与正常人相比均发生了改变。心脏功能和心肌代谢异常时，会使镁、铁、钾、铬、锌和维生素 D、维生素 B_1 等缺乏。冠心病伴高同型半胱氨酸血症的患者，体内常缺乏维生素 B_6。摄入适宜的维生素和矿物质对于预防冠心病，改善心肌代谢具有重要作用。

二、营养治疗

(一) 目的

通过合理的饮食调整和生活习惯改变，达到并维持在理想体重状态，减轻心脏负担，控制病情，改善预后。

(二) 原则

1. **控制总能量**　能量摄入过多是肥胖的重要原因，而后者是动脉粥样硬化的重要危险因素，故应该控制总能量的摄入，并适当增加运动，保持理想体重。对于体重已经超标或有肥胖症家族史的患者，更应严格控制能量摄入。可根据 Harris-Benedict 能量公式或简易能量法计算每日总能量，一般建议以 25~30kcal/(kg·d) 为宜。

2. **适量的蛋白质**　蛋白质供能可占全天总能量的 15%~20%，适当减少动物蛋白质、增加植物蛋白质的摄入，两者比例最好为 1:1。

3. **限制脂肪及胆固醇**　脂肪供能应占总能量的 20%~25% 为宜，以植物油为主，植物油脂与动物油脂比例不低于 2:1，胆固醇应限制在 300mg/d 以下。如有高脂血症，动物油脂比例还应适当下调，胆固醇严格控制在 200mg/d 以下。多选择胆固醇含量低的食物，如鱼肉、鸡肉、蔬菜、水果、豆腐等。

4. **适量的碳水化合物**　碳水化合物仍是主要的能源物质，应占总能量的 55%~65%。食物应以谷类为主，粗细搭配，多吃粗粮，少食甜点、糖果、雪糕、冰激凌等含单糖、双糖高的食物。

5. **丰富的维生素**　叶酸、维生素 B_6、维生素 B_{12} 的摄入可以降低血清同型半胱氨酸水平，利于降低冠心病的发病率和死亡率。膳食中 B 族维生素主要来源于蔬菜、水果、豆类、蛋类和肉类等。

6. **增加膳食纤维**　膳食纤维不能被人类胃肠道的酶类所消化，但可以保留水分，增加饱腹感，因而减少总能量摄入；同时膳食纤维能调节血压、血脂，促进排便，降低血浆胆固醇水平。所以，冠心病患者应适量增加膳食纤维的摄入，每日 25~30g。

7. **清淡少盐饮食**　冠心病患者的饮食宜清淡。减少食盐、味精和食品添加剂等的使用量，有助于控制膳食钠摄入量。每人每日食盐以不超过 5g 为宜。

8. **戒烟，限酒**　吸烟可引起心肌缺氧、缺血，心肌应激性增强，大量吸烟可诱发严重心律失常，导致猝死。长期大量饮酒可升高促肾上腺皮质激素水平，引起水钠潴留、血容量增多，导致血压升高。因此冠心病患者提倡戒烟、限酒。

三、营养治疗展望

20 世纪 50 年代，美国 Framingham 队列研究重点探讨了冠心病发病与营养膳食等相关危险因素的关系。该研究为美国,同时也为全球降低冠心病的发病率和死亡风险提出了许多重要的防治措施,其中特别重要的就是营养膳食措施。2016 年,北京大学李立明教授团队建立了我国唯一的 50 万人超大规模自然人群前瞻性队列,发现与很少吃新鲜水果的人相比,经常吃新鲜水果的人罹患心脏病和脑卒中的风险明显降低,每天摄入 100g 新鲜水果可以使心血管疾病的死亡风险降低约 1/3。与从不或甚少摄入蛋类相比,每天摄入蛋类(最多 1 个)与心血管疾病风险降低有关。临床研究也发现,通过营养干预或治疗的冠心病患者血流动力学指标均有明显改善,冠心病支架植入术后的支架再狭窄率明显降低;对老年冠心病心绞痛患者,营养治疗不仅有助于降低血流动力学指标,还能降低 BMI,从而促进患者康复。由此可见,面对迅速增长的心血管疾病,加强营养膳食防治对降低心血管疾病的发病和死亡风险以及减轻社会和个人的疾病负担具有重要意义。营养治疗在冠心病的应用前景十分广阔,将在其治疗中占据越来越重要的地位。

(陆金鑫)

第七节　慢性心力衰竭

慢性心力衰竭(chronic heart failure,CHF)是各种心血管疾病的终末期表现和最主要的死因,是 21 世纪心血管领域的两大挑战之一。临床上以体循环和 / 或肺循环淤血,组织、器官血液灌注不足为主要表现,患者常出现不同程度的呼吸困难、咳嗽、咳痰、乏力、心慌、头晕、活动受限、少尿、食欲缺乏、恶心、呕吐、腹胀和水肿等。

目前高血压、冠心病是 CHF 的主要病因。据 2005 年对我国 17 个区域 CHF 的病因调查表明:冠心病高居首位,占 57.1%;高血压居次席,占 30.4%;风湿性心脏病虽在病因构成中的比例有下降趋势,但瓣膜性心脏病仍不可忽视;而慢性肺源性心脏病和高原性心脏病在我国具有地域高发性的特点。

CHF 具有随年龄增长而发病率增高的特点,70 岁以上老年人群患病率达 10% 以上。随着心力衰竭病情的不断进展,胃肠道血流障碍加重,营养素的摄入、消化与吸收受限,严重影响患者的营养状况与生命质量。

一、营养代谢特点

(一) 能量代谢

在心力衰竭早期,心肌能量底物代谢基本保持正常。在心肌受损的情况下,心肌更易偏向于无氧氧化,ATP 合成减少,AMP 增加,最终导致嘌呤含量增加;有氧氧化障碍而造成能量不足,即 ATP 的不足。同时,随着心力衰竭病情的不断进展,胃肠道血流动力进行性减低,乏力、呼吸困难等会不断影响营养素消化吸收,患者也会出现能量摄入不足,营养不良。能量摄入不足会影响心室射血分数,造成周身血液灌注不足,细胞缺血乏氧,营养素供给不足。营养不良预示慢性心力衰竭的不良预后。

(二) 糖代谢

在心力衰竭早期,葡萄糖摄取率及糖酵解率均增加。由于心力衰竭可造成心肌细胞线粒体的损害,进而可通过氧自由基对能量转换器产生损害或抑制,因此,葡萄糖的消耗量增加。随着心力衰竭的加重,葡萄糖无法在线粒体中进行有氧氧化而迅速启动糖酵解,使糖酵解增加。心力衰竭晚期,血氧严重缺乏可发生胰岛素抵抗,因此,心力衰竭后的糖尿病是 CHF 后的一种慢性并发症。

(三) 脂代谢

心力衰竭时常伴有脂代谢异常,脂肪酸摄取的肉碱棕榈酰转移酶 1(carnitine palmitoyltransferase 1,CPT-1)及 β 氧化的中链乙酰辅酶 A 脱氢酶活性下调,致脂肪酸氧化率降低。脂肪酸堆积会增加心肌毒性，加速心力衰竭进展。研究表明，CHF 患者心肌细胞可释放脂联素，释放的多少与左室功能紊乱的程度有关。CHF 患者脂联素水平升高，同时总胆固醇、LDL-C 及载脂蛋白水平升高，HDL-C 水平下降。

（四）蛋白质 / 氨基酸代谢

由于能量摄入减少，生酮氨基酸、亮氨酸及生糖兼生酮氨基酸、异亮氨酸均可转化成糖和脂质，为机体提供能量。有研究证实异亮氨酸有可能是缺血心肌的潜在能量来源。脯氨酸代谢后可转化成丙酮酸、α- 酮戊二酸，是重要的能量代谢物质且可向其他物质转化，进入柠檬酸循环，也为机体提供了能量。

（五）维生素和矿物质

CHF 患者由于摄入不足、吸收障碍以及利尿药等药物的使用，可能会有多种微量营养素缺乏并存。B 族维生素作为辅助因子参与能量代谢，缺乏可能会影响 ATP 的产生，对心肌代谢具有重要意义。心力衰竭患者维生素 B_2 缺乏占 27%，维生素 B_6 缺乏占 38%；维生素 B_{12} 和叶酸缺乏在慢性心力衰竭患者中相对少见；维生素 D 缺乏的发生率高，只有 9% 的患者能达到最佳水平；铁缺乏在慢性心力衰竭中的发生率为 37%~61%，已成为心力衰竭不良结局的独立性预测因子。因此，补充维生素和矿物质对改善心脏功能与心肌代谢意义重大。

二、营养治疗

（一）目的

CHF 患者营养治疗的主要目的在于补充足够优质蛋白质和维生素，保持机体良好的营养状态；维持水电解质平衡，减轻心脏的能量代谢障碍，改善心脏功能；增加心力衰竭患者的抵抗力，减少并发症，提高生活质量。

（二）原则

1. **适宜的能量和蛋白质摄入**　CHF 急性发作期，可给予能量约 600kcal/d，蛋白质 25~30g/d。缓解期，随着心力衰竭症状的改善，可逐渐增加至能量 1 000~1 500kcal/d，蛋白质 40~50g/d。恢复期可根据理想体重确定每日能量摄入量，蛋白质摄入量可按 1.0g/（kg·d）来计算。

2. **减轻钠、水潴留**　根据充血性心力衰竭严重程度，每日可分别给予钠 500mg、1 000mg、1 500~2 000mg 的膳食。因过多液体摄入可加重循环负担，故应限制液体摄入量，每日液体摄入量为 1 000~1 500ml。

3. **饮食宜软烂、清淡、易消化**　对于日常活动受限，甚至出现腹胀、食欲缺乏、恶心的严重心力衰竭患者，饮食需要软烂、清淡、易消化。宜多选用富含膳食纤维的粗杂粮、杂豆类、蔬菜和水果，尤其是富含可溶性膳食纤维的燕麦、水果等，以保持大便通畅，防止心力衰竭加重。精工细作，必要时可将食物打磨成米糊、菜汁食用。

4. **少食多餐**　每日进餐 5~6 次，可采取 3 次主餐，2~3 次辅餐的方式。严重 CHF 患者辅餐可适量给予易于消化吸收的肠内营养制剂或特殊医学用途配方食品（FSMP），以及时补充能量与各种营养素。

5. **注意水电解质平衡**　心力衰竭最常见的电解质紊乱是钾平衡失调。摄入不足、丢失增加及利尿药的使用均可导致低钾血症，患者可出现心律失常、肠麻痹、诱发洋地黄中毒等症状，应注意补钾，多选取含钾丰富的食物。如肾功能减退，出现高钾血症，应注意选择食用含钾低的食物。

6. **充足的维生素和适宜的矿物质**　钙与心肌收缩性密切相关，适量补钙在心力衰竭治疗中具有积极作用。镁具有舒缓血管平滑肌作用，心力衰竭患者利尿药的使用使尿镁排出增多，镁浓度降低会加重病情，诱发洋地黄中毒，应注意增加含镁食物的摄入。此外，应注意维生素 A、维生素 E 等脂溶性维生素和 B 族等水溶性维生素的补充。

（三）营养方案设计

1. **CHF 急性发作期饮食方案**　急性发作期患者应采用低盐、低脂、易消化、少刺激的流食或半流食，如米汤、米粥、面条、面片、馄饨、肉末或鸡蛋炒碎菜等，也可选择低脂预消化的短肽型 FSMP，每日进餐 5~6 次。缓解期可给予易消化、少胀气的软食或 FSMP，少食多餐，采用三餐两点的方式。

2. CHF 恢复期饮食方案

（1）食物多样、谷类为主：多选择复合碳水化合物，并注意粗细合理搭配，每天摄入谷薯类食物 250~400g，其中全谷物和杂豆类 50~150g，薯类 50~100g。限制单糖、双糖含量高的食品，如甜点、巧克力、冰激凌等。碳水化合物供能应占总能量的 50%~65%。合并肥胖患者适当限制主食摄入，增加粗杂粮、蔬菜、水果等膳食纤维含量丰富的食物摄入。对于腹胀、食欲差的患者可打磨成糊状后食用。

（2）多吃新鲜水果、蔬菜：水果、蔬菜中含丰富的维生素、矿物质、膳食纤维等，每日宜摄入新鲜蔬菜 300~500g，新鲜水果 200~350g，其中深色蔬菜应占蔬菜的 1/2。以增加维生素 C、叶酸、维生素 B_6 等的摄入量，降低血清同型半胱氨酸水平，有利于降低冠心病的发病率和死亡率。

（3）限制脂肪摄入：每日脂肪摄入量不超过膳食总能量的 25%，同时应限制饱和脂肪酸和反式脂肪酸的摄入，建议每日饱和脂肪酸摄入量不超过膳食总能量的 7%。反式脂肪酸是由不饱和脂肪酸氢化而成，对心、脑血管的危害更大，尤需控制其摄入。烹调时应多选用花生油、豆油、菜籽油、橄榄油、芝麻油等含不饱和脂肪酸丰富的植物油，而禁用或少用猪油、黄油、棕榈油等含饱和脂肪酸丰富的动、植物油。此外，还应减少肥肉、动物内脏、油煎油炸食品等高脂肪、高胆固醇食物的摄入。

（4）增加优质蛋白摄入：多选用鱼、奶、蛋、瘦肉、大豆等含优质蛋白丰富食物。每周至少吃 2 次海鱼，因其富含 EPA、DHA，可降低心脏病的发病率和猝死率。每天饮奶 300g 或相当量的奶制品，心力衰竭较重患者可饮脱脂奶或酸奶，以减少脂肪摄入并易于消化、吸收。大豆蛋白质含量高，富含人体必需氨基酸，支链氨基酸含量较为丰富，可刺激骨骼肌和心肌的蛋白合成，减少蛋白分解，增强心肌收缩力。由于大豆中有一种抗胰蛋白酶因子，能抑制胰蛋白酶的消化作用，必须煮熟才能将该因子破坏，食用时应将其煮熟、煮透，否则会引起恶心、呕吐等症状。对于严重心力衰竭患者，由于胃肠道血流不畅，饮用豆浆易造成胃肠胀气，抬高膈肌，进一步影响心脏功能，因此应慎用。

（5）清淡少盐：减少食盐、酱油、酱菜、食品添加剂和味精等使用量，有助于控制膳食中钠摄入量。盐的摄入量以每人每日不超过 4g 为宜。

（6）注意烹调方法：烹调方式以蒸、煮、烩、炖、氽、煨等为宜，忌用油煎、油炸、爆炒、滑溜等。

（7）合理应用 FSMP：对于经口饮食无法满足营养需要的患者，建议口服补充 FSMP。对于口服补充 FSMP 仍达不到目标营养需要量的患者，可予以管饲肠内营养，必要时予以补充性肠外营养或全肠外营养。

三、营养治疗展望

慢性心力衰竭患者由于存在细胞外液增加，营养不良往往不易发现，其营养不良预示不良结局，因此早期营养筛查、评估、诊断及干预非常重要。正确的营养不良评估、营养不良改善需要多学科的协作。为避免慢性心力衰竭患者出现心源性恶病质，在营养治疗方面应进行全方位管理，包括合理的饮食指导、口服营养补充、肠外肠内营养等。研究表明，充足的蛋白质和支链氨基酸补充可以刺激骨骼肌和心肌的蛋白合成，减少蛋白分解，因此，增加能量和氨基酸摄取可改善心肌收缩力，从而改善心脏功能。氧化应激和炎症反应是慢性心力衰竭发生、发展的重要原因，在有效能量补充的同时增加氨基酸、α- 亚麻酸，富含 EPA 和 DHA 的深海鱼油、抗氧化维生素、矿物质、生物类黄酮、多酚类、多糖类等抗炎、抗氧化营养成分补充，可能会对改善临床症状和结局有一定帮助，是未来慢性心力衰竭营养治疗的一个发展方向。厌食是导致重症心力衰竭患者心脏病恶病质的重要原因，应用如甲地孕酮等具有抗炎、刺激食欲药物，可能会对改善食欲及营养状态有一定效果，但要注意其潜在增加血栓形成和脑血管意外的发生风险，应谨慎使用。促进合成代谢药物如生长激素（growth hormone，GH）、胰岛素样生长因子 1（insulin-like growth factor 1，IGF-1）可能有利于心源性恶病质的肌肉质量提升，可在补充能量和营养素的同时配合使用。食欲刺激素（ghrelin）及其受体激动剂可能会改善慢性心力衰竭患者的心室功能，减少系统血管阻力，增加心输出量。这些都有可能成为未来治疗慢性心力衰竭，改善营养不良的新方法。

（施万英）

第八节　炎性肠病

炎性肠病（inflammatory bowel disease，IBD）是一组主要累及肠道的慢性、非特异性、炎症性疾病。IBD 的发生与易感基因、环境因素、肠道微生态紊乱密切相关，是多因素参与的免疫紊乱性疾病，其主要表现为持续性的免疫过激，导致消化道和肠外免疫性损伤。

IBD 主要包括溃疡性结肠炎（ulcerative colitis，UC）和克罗恩病（Crohn's disease，CD）。UC 发病年龄多在 20~50 岁，病变一般自邻近肛门的直肠开始，逆行向近端结肠发展，严重者累及全结肠，甚至回肠末端，呈连续性、弥漫性分布，以黏膜和黏膜下层炎症为主，主要临床表现为腹痛和黏液脓血便。CD 是肠道慢性肉芽肿性炎症，发病年龄多在 14~40 岁，病变可累及全消化道，以末端回肠及其邻近结肠为主，为节段性、透壁性炎症。CD 的主要症状为腹痛、腹泻、体重减轻、贫血、营养不良，可有肛周病变，部分患者以肛周病变为主要或首发症状。随着疾病进展，CD 可出现消化道狭窄或穿透性病变。IBD 常伴肠外病变，如关节炎、皮肤病变、口腔及眼部疾病等。由于慢性炎症的长期不良刺激、长期应用免疫抑制药物以及肿瘤相关性病毒感染等因素，IBD 可继发肠道癌变和肠外癌变，而且随着病程延长，癌变风险会逐渐升高。由于肠道内外病变等一系列因素的不利影响以及部分治疗 IBD 药物的不良反应，IBD 患者常有营养不良和营养风险，部分患者尤其是青少年 CD 患者可以营养不良甚至生长发育迟缓为主要或首发临床表现。IBD 的诊断没有“金标准”，依赖于病史和包括实验室检查、消化内镜检查、影像学检查、病理学检查与病原学检查等在内的系统性检查。IBD 的治疗没有标准方案，以内科治疗为主，当出现狭窄和穿透性病变或者药物应答差时需要外科治疗。IBD 的内科治疗包括营养治疗、氨基水杨酸制剂、免疫抑制剂、糖皮质激素、生物制剂、小分子靶向药物、外周血白细胞吸附、干细胞移植、肠道微生态重建以及心理治疗、物理治疗和中医药治疗，其中，营养治疗对 IBD 发挥多方面的重要作用，尤其是肠内营养治疗能够诱导和维持 CD 缓解。IBD 具有反复性、进行性和致残性，目前不能治愈。IBD 的诊断和治疗不仅复杂而且昂贵，IBD 患者及其家庭会因此病致贫。因此，IBD 不仅是一个医学难题，也是一个社会问题。

一、营养代谢特点

由于食物摄入及消化、吸收障碍以及营养丢失过多、消耗过大，IBD 患者多有不同程度的营养不良，尤其是儿童及青少年 CD 患者，营养不良发生率可达 85%~100%。IBD 患者的营养不良主要表现为贫血、低蛋白血症，常有维生素、矿物质及微量元素缺乏以及电解质紊乱，儿童及青少年患者可有生长发育迟缓。CD 患者合并营养不良比 UC 患者多见，活动期合并营养不良比缓解期普遍。

（一）营养不良表现形式

1. 蛋白质 - 能量营养不良　蛋白质 - 能量营养不良在 IBD 尤其是 CD 患者中常见，80% 以上的住院 IBD 患者有明显的蛋白质 - 能量营养不良。

2. 维生素、矿物质及微量元素营养不良　IBD 患者常有维生素、矿物质及微量元素缺乏。叶酸缺乏与总饮食摄入不足、肠吸收不良及 IBD 治疗药物如柳氮磺吡啶（salazosulfapyridine，SASP）、甲氨蝶呤（methotrexate，MTX）影响叶酸吸收相关。回肠切除术后 CD 患者可能发生维生素 B_{12} 吸收不良，导致维生素 B_{12} 缺乏。此外，CD 患者也可发生其他水溶性维生素，如维生素 C、维生素 B_1、维生素 B_2、维

生素 B_6 及烟酸缺乏。CD 患者脂溶性维生如维生素 A、维生素 D 和维生素 E 等水平也常明显低于正常人，其血清维生素 D 水平降低可达 25%，并与疾病活动性有关。CD 伴维生素 D 缺乏者可发生骨质疏松甚至骨质软化症，是 IBD 最常见的代谢性骨病，其发生率高达 45%；与蛋白质 - 能量营养不良同时存在的是可出现肌少 - 骨质疏松症（osteosarcopenia）。维生素 A 与维生素 E 缺乏可能与摄入不足有关。在少数 CD 或短肠综合征患者，可见维生素 E 缺乏症状，包括神经肌肉症状（无力、共济失调）、周围神经病变等。摄入减少、脂肪泻及广谱抗生素的使用均可导致维生素 K 缺乏，进而出现凝血功能异常。因慢性失血及吸收不良等因素，IBD 患者铁缺乏及缺铁性贫血较为常见。钙缺乏是造成 IBD 患者骨质疏松症的重要因素。锌缺乏能抑制伤口愈合，是 CD 瘘管难愈合的原因之一，也是儿童生长发育迟缓的重要因素。CD 患者回肠切除术后可出现低镁血症，可导致肌肉乏力、感觉异常、手足搐搦、心律不齐等症状。

（二）营养不良发生机制

1. **营养素摄入不足** 主要原因包括：因炎症等原因导致食欲减退；因进餐可能诱发或加重患者腹痛、腹泻、梗阻、出血等胃肠症状，造成患者营养素主动和 / 或被动性摄入减少；不当的饮食限制和肠内营养治疗也可能导致 IBD 患者营养摄入不均衡。

2. **营养素消化和吸收减少** 主要原因包括：消化道炎症尤其是空肠和回肠中至重度炎症及狭窄、穿透性病变均可使小肠对营养素的消化和吸收功能减退；肠道微生态紊乱导致营养素消化和吸收障碍；肠道蠕动过快引起的腹泻导致营养素来不及消化和吸收；肠道切除尤其是回肠末端切除以及短肠综合征导致肠道消化和吸收功能障碍；治疗 IBD 的药物如柳氮磺吡啶、甲氨蝶呤、皮质类固醇等，可影响多种营养素的消化和吸收。

3. **营养素丢失过多** 肠道炎症可导致蛋白质丢失，消化道出血可导致铁缺乏与贫血，腹泻可导致钾、镁与锌等矿物质与微量元素丢失过多。

4. **营养素需求增加** 活动期 IBD 患者因为炎症及药物因素，往往处于高分解代谢状态，而 IBD 患者因为摄入不足、消化和吸收不良等原因而导致能量供给不足，常有负氮平衡。

5. **其他** IBD 尤其是 UC 合并原发性硬化性胆管炎时，可因肠内胆盐缺乏导致脂肪泻，并进一步导致脂溶性维生素与矿物质吸收不良。

（三）营养不良后果

IBD 合并营养不良的不良后果包括：加重病情，诱发贫血及营养素缺乏相关的代谢性疾病；降低患者抗感染能力，导致潜伏感染被激活以及机会性感染的发生；影响儿童及青少年患者的生长发育；影响育龄期妇女的受孕和妊娠；增加手术风险及术后并发症，延迟术后康复；增加住院率和手术率，增加诊疗成本；降低治疗效果，恶化疾病进程，影响预后；降低生活质量。

二、营养风险筛查及营养评估

对 IBD 患者应常规进行营养风险筛查及营养评估。可采用营养风险筛查 2002（nutritional risk screening 2002，NRS 2002）等营养筛查工具进行。NRS 2002 评分 ≥ 3 分提示有营养风险，需要进行营养治疗。定期的营养状况评估及监测有助于预防和治疗 IBD 患者营养不良。可采用患者参与的主观全面评定（patient-generated subjective global assessment，PG-SGA）作为营养不良评估工具。采用人体测量指标如身高、体重、BMI、三头肌皮褶厚度、上臂围、上臂肌围、总蛋白、白蛋白及其他用于评估慢性营养不良的指标进行静态营养不良评定。采用氮平衡及半衰期较短的内脏蛋白如前白蛋白等作为动态评价指标，或采用敏感性更高的机体组成分析方法评定患者营养状况和机体组成的动态变化。

三、营养治疗

因 IBD 患者营养不良状况与其不良预后、并发症发生率、死亡率及生活质量密切相关，因此，合并营养不良的 IBD 患者的营养治疗具有重要意义。

根据营养路径的不同,IBD的营养治疗分为肠内营养(enteral nutrition,EN)和肠外营养(parenteral nutrition,PN)。宜根据患者的病情、饮食习惯和耐受性酌情选择EN或PN,原则上,IBD患者应该优先考虑EN。EN和PN均能够纠正IBD患者的营养不良、预防营养风险和提高疗效,但是只有EN能够有效诱导和维持CD缓解,维持消化道结构和功能,调节肠道微生态。单独肠内营养(exclusive enteral nutrition,EEN)可有效诱导和维持部分CD患者疾病缓解。EN对UC的作用主要体现在纠正营养不良和预防营养风险,EN不能诱导和维持UC缓解。EN所用的肠内营养制剂包括整蛋白型、短肽型和氨基酸型三大类。虽然现有资料未发现这3类肠内营养制剂对CD的临床疗效有明显差异,但是,鉴于CD患者肠道微生态失衡、肠道黏膜屏障结构和功能异常以及免疫功能紊乱,而整蛋白型肠内营养制剂又具有一定的免疫原性以及需要进一步消化后才能够被吸收,因此,氨基酸型肠内营养制剂在理论和临床实践中都更适合于肠道病变严重或者有严重消化吸收不良的CD患者。对于肠道病变并不严重的CD患者,基于卫生经济学,可以选择性价比更高的整蛋白型或短肽型肠内营养制剂进行EN。肠内营养制剂因为较低或无食物性免疫原性以及为少渣或无渣饮食,对肠道炎症较重以及合并狭窄或者穿透性病变的CD患者,在纠正营养不良和预防营养风险之外能够发挥额外的治疗作用。PN的主要作用是能够快速改善营养不良和降低营养风险,但是PN成本较高,不良反应较多,需要合理使用。

(一) 营养治疗目的

IBD营养治疗的主要目的包括:纠正营养不良;预防营养风险;抑制肠道炎症;调节肠道微生态;改善肠道黏膜屏障结构和功能;减少食物性免疫原性的不良刺激;减少粪便的产生及其不良刺激;诱导和维持CD缓解;减少并发症,延迟复发;促进儿童及青少年生长发育;优化综合性治疗方案,增强治疗效果,提高生活质量。

(二) 营养治疗原则

IBD营养治疗的基本原则是基于每一位IBD患者的具体病情,在IBD综合性治疗框架内,制订并优化包括营养治疗在内的综合性治疗方案,包括选择合适的营养路径、供给充足而且均衡的营养要素、充分发挥营养治疗的作用以及降低营养治疗的不良反应。营养治疗是IBD治疗的重要内容,甚至是儿童及青少年CD的一线治疗,但是营养治疗只是IBD综合性治疗的一方面,其只有与其他治疗内容联合并优化,才能够充分发挥营养治疗的作用。

(三) 营养治疗内容

IBD患者营养治疗的主要内容如下。

1. **能量**　活动期IBD患者能量需求增加,较缓解期高出8%~10%,并受许多因素影响,如发热、脓毒血症等。缓解期IBD患者能量和正常人能量需求类似,为25~30kcal/(kg·d),以维持适宜体重为目标,三大产能营养素配比要合理,兼顾微量营养要素。

2. **蛋白质**　缓解期成人IBD患者蛋白质摄入量约为1g/(kg·d),活动期IBD患者炎症可引起内源性蛋白酶的分解代谢反应,从而导致负氮平衡。要使活动期IBD患者达到正氮平衡,必须供给1.2~1.5g/(kg·d)蛋白质才能维持。合并毒血症的营养不良患者蛋白质需求量为2g/(kg·d),可选择肠内营养制剂或易消化的富含蛋白质食品,如豆腐、瘦肉、鸡肉、鱼肉和鸡蛋等。

3. **脂肪**　活动期IBD患者要控制脂肪摄入量,采用低脂或无脂饮食。缓解期患者脂肪产能占每日摄入总能量的20%~30%,膳食脂肪宜以中链脂肪酸为主。

4. **碳水化合物**　碳水化合物是IBD总能量的主要来源。碳水化合物产能宜占总能量的55%~65%。少选用含单糖、双糖的食物。

5. **维生素、矿物质及微量元素**　IBD患者大部分矿物质、维生素及微量元素的需要量与健康人基本一致,可参考我国居民营养素参考摄入量中的推荐摄入量(recommended nutrient intake,RNI)或适宜摄入量(adequate intake,AI),宜摄入足量来源于天然食物的矿物质、维生素及微量元素。所有IBD患者均应进行补充铁剂治疗,直至血红蛋白及铁储备达正常水平。对于处于疾病缓解期、轻度贫血的 IBD 患者,口服补铁为一线治疗方案;活动期 Hb<100g/L 或口服铁剂不耐受患者可选择静脉补铁。活动期 IBD 患者及正在使用糖皮质激素者需监测血钙及 25- 羟维生素 D_3 水平并予以适当补充,以防治骨密度降低及骨质疏松。富含维生素 A、维生素 B 和维生素 C 的食物有助于修复受损的肠黏膜,促进溃疡愈合。

6. **膳食纤维** 膳食纤维对于调节肠道结构和功能、调节肠道微生态均有益处。尤其是其经肠道菌酵解产生的短链脂肪酸(short-chain fatty acid,SCFA)在营养肠上皮、调节肠道菌群构成及免疫调节中发挥重要作用。但是,活动期 IBD 患者,尤其是腹痛、腹泻明显或合并狭窄和穿透性病变时,要控制膳食纤维摄入。缓解期患者可适当摄入膳食纤维。

(四) 营养治疗措施

1. **饮食疗法** 饮食与 IBD 的发生、发展以及疗效、预后和转归密切相关。由于多种原因,IBD 患者普遍对日常饮食尤其是不当饮食存在不同程度的不耐受:IBD 为免疫紊乱性疾病,主要表现为免疫过度激活,具有免疫原性的食物更容易诱发或加重肠道以及全身炎症;IBD 患者肠屏障结构和功能受损,不仅对食物的消化和吸收下降,而且食物也更容易通过受损的肠屏障、激活肠道黏膜免疫系统,从而诱发或者加重肠道黏膜损伤;IBD 患者常常合并肠道狭窄和穿透性病变,食物尤其是难以消化的粗糙食物往往会诱发或者加重肠道狭窄和穿透性病变;IBD 患者脑 - 肠轴功能以及内脏感觉和运动功能异常,IBD 患者肠道等内脏对食物带来的不良刺激更敏感、反应更强烈,食物尤其是不当饮食通常会诱发或者加重 IBD 患者的腹痛、腹泻,患者会因此而恐惧进食,由此产生恶性循环,进一步加重营养不良和营养风险。因此,作为 IBD 营养治疗的重要内容,必须基于患者的病情和饮食习惯,制订合理的饮食治疗方案,尤其是活动期 IBD 应该高度重视饮食治疗,宜进食不良刺激少和易消化的食物。缓解期 IBD 可适当放宽饮食限制,逐步回归普通饮食,提高生活质量。

(1)低膳食纤维饮食:低膳食纤维饮食是指含膳食纤维较少的饮食。由于富含膳食纤维的食物不容易被有炎症的肠道消化和吸收,而且能够促进肠道蠕动,并产生较多粪便,会诱发或加重 IBD 患者的病情,因此活动期 IBD 患者不宜进食富含膳食纤维的食物。低膳食纤维饮食因为无上述缺点,适用于活动期 IBD 患者,尤其是腹痛、腹泻明显以及合并肠道狭窄或者穿透性病变的患者。缓解期 IBD 患者无明显腹痛、腹泻时可酌情适量进食含膳食纤维饮食。

(2)低免疫原性食物:由于 IBD 是免疫紊乱性疾病,主要表现为免疫过激,IBD 患者肠道黏膜屏障结构和功能受损,具有免疫原性的食物更容易通过受损的肠道黏膜屏障接触并激活肠道黏膜免疫系统,从而诱发或者加重肠道黏膜损伤,因此,IBD 患者尤其是炎症明显的活动期 CD 患者应避免进食诸如生海鲜和河鲜、生肉、生蛋和鲜奶类等具有较强免疫原性的食物,宜进食通过蒸煮等方法烹饪的完全熟透的清淡、易消化而且低或无食物性免疫原性食物。

(3)低乳糖或剔除乳糖饮食:中国人对乳糖不耐受较常见。对乳糖不耐受的 IBD 患者应避免食用含乳糖的牛奶及奶制品,可以选用剔除乳糖的奶制品。部分患者食用新鲜牛奶及奶制品后腹痛、腹泻加重可能不是对乳糖不耐受,而是对新鲜牛奶消化吸收不良,以及新鲜牛奶中具有较强免疫原性的蛋白通过受损的肠道黏膜屏障激活了肠道黏膜免疫系统,诱发或者加重了肠道黏膜炎症。因此,IBD 患者尤其是活动期 CD 患者不宜进食新鲜牛奶。

(4)低脂肪饮食:IBD 累及回肠或回肠切除手术后,肠道脂肪酸吸收障碍,脂肪酸及其代谢产物羟基脂肪酸衍生物均可刺激结肠液体与电解质分泌,进而加重腹泻。脂肪酸及其代谢产物(如丁酸)对机体免疫系统具有调节作用,可诱发或者加重 IBD 免疫功能紊乱,从而诱发或加重肠道黏膜损伤。维持低脂饮食还有利于减少二价阳离子以皂盐形式经粪便排出,可减少脂溶性维生素的排出。因此,活动期 IBD 患者宜进食低脂饮食(50~70g/d)。

(5)维生素与矿物质补充:肠道病变严重的 CD 患者可出现明显的维生素与矿物质缺乏,因此,应监测 CD 患者血清叶酸、维生素 B_{12}、脂溶性维生素 A、维生素 D 与维生素 E 及有关矿物质水平,并酌情通过饮食或药物治疗纠正。

近年来，多种饮食方式在IBD患者中的实施受到关注，如特定碳水化合物饮食法（specific carbohydrate diet，SCD），旧石器饮食法（paleolithic diet），无麸质饮食，避免可发酵类寡糖、双糖及多元醇等可产气食物（fermentable oligosaccharides disaccharides monosaccharides and polyols，FODMAP）饮食等。然而值得注意的是，目前尚无充分循证医学证据证实上述"IBD饮食"在IBD诱导缓解中的作用。

2. 肠内营养与肠外营养

（1）肠内营养：不仅能够纠正营养不良和预防营养风险，而且还能够维持肠黏膜结构和功能的稳定，维持肠道微生态动态平衡。更重要的是，EN不仅能够诱导和维持CD缓解，而且是儿童及青少年活动期CD诱导缓解的一线治疗方案。EN用于诱导活动期CD缓解时，宜采用单独肠内营养（EEN）。EEN诱导缓解率高于部分肠内营养（partial enteral nutrition，PEN）。以EN诱导儿童和青少年CD缓解的推荐疗程为6~12周，成人为4~6周。基于疗效、安全性、便捷性、实用性和经济性等方面综合考虑，应首选通过口服肠内营养制剂实施EN。当无法通过口服肠内营养制剂进行EN时，可通过管饲实施EN。管饲是通过留置营养管（包括鼻胃管和空肠营养管）持续缓慢地输注肠内营养制剂，能够保证足够的能量供给，确保EN有效。对于有上消化道狭窄或者穿透性病变以及有吞咽功能紊乱的IBD患者，管饲是必要的。但是，管饲有明显的不良反应，包括咽喉炎、吸入性肺炎、诱发或者加重穿透性病变、诱发喉头水肿甚至窒息等，也不符合正常人的饮食生理和心理，而且管饲系统中的输注泵和饲管价格不菲，护理也有一定的强度和难度。因此，应该合理选择管饲进行EN，避免滥用。通过管饲进行EN时，输注速度宜从20ml/h开始，在2~3d内逐渐增加至全量。输注速度超过120ml/h易导致腹泻或反流，因此在管饲开始阶段，应20~24h连续输注，当患者耐受性提高后逐渐缩短输注时间。无论是通过口服还是管饲实施EN，无论是整蛋白型、短肽型还是氨基酸型肠内营养制剂，患者都可能对EN有不同程度的不耐受，而且肠道炎症越明显，不耐受可能越严重。为了提高患者对EN的耐受性和依从性，宜在EN的同时给予降低肠道敏感性、改善肠道微生态以及促进消化和吸收的消化酶等药物辅助治疗。

（2）肠外营养：IBD患者营养治疗的最佳途径是EN，但是当EN有禁忌证时，如胃肠道大出血、肠穿孔、无法实施EN的肠间瘘、短肠综合征、肠梗阻、中毒性巨结肠以及重度急性发作期，或者EN不能迅速满足营养需求时，应给予PN。实施PN时，建议通过经右侧锁骨下静脉的中心静脉导管实施PN。仅当在预计PN时间较短（10~14d）及PN渗透压≤850mOsm/L时方可采用周围静脉输注，并应警惕血栓性静脉炎和感染等并发症的发生。建议按非蛋白能量：氮量=（150~100）kcal：1g的比例提供氮量。在总能量构成中，脂肪应占非蛋白能量的30%~50%。PN期间一旦病情许可，应逐步由PN过渡到PN和EN合用，再过渡到EEN及EN与膳食联用。

3. 家庭营养治疗　病情相对平稳但需要长期营养治疗的患者，可在家进行营养治疗。家庭营养治疗包括家庭肠内营养（home enteral nutrition，HEN）及家庭肠外营养（home parenteral nutrition，HPN）。家庭营养治疗不仅可纠正营养不良、促进疾病缓解，而且有利于患者得到社会性康复。

（五）益生菌与益生元

益生菌是肠道微生态中对机体有益的细菌，如乳酸杆菌与双歧杆菌等；益生元是能够被益生菌消化并作为食物加以利用的低聚糖类。研究提示益生菌如罗伊氏乳杆菌（*Lactobacillus reuteri*）或VSL#3益生菌组合在轻至中度UC患者诱导缓解的治疗中发挥作用。但目前尚无证据显示益生菌及益生元在儿童或成年CD患者诱导及维持缓解中发挥正向作用。

（六）特殊营养素

研究显示，ω-3PUFA、谷氨酰胺、SCFA对IBD可能有一定的治疗作用，但是确切的疗效尚待进一步研究明确。

四、IBD疾病管理

IBD为终身性疾病，而且具有进行性加重和致残性的特点，需要终身性慢病管理，尤其是饮食和营养管理。规范化的慢病管理有助于 IBD 的长期缓解、延迟复发、减少并发症及手术概率，提高患者的生活质量。

五、饮食指导

饮食与 IBD 密切相关，值得高度关注。活动期尤其是腹痛、腹泻症状较重的 IBD 患者宜以清淡、易消化、少刺激的食物为主，除了做到均衡饮食、细嚼慢咽和少吃多餐，还应避免进食下列食物：难消化、强刺激性的食物；有较强免疫原性的生蛋白性食物和富含膳食纤维食物；容易被肠道菌群发酵和大量产气的食物；高脂肪、高蛋白、高糖等垃圾性快餐食物；浓茶、咖啡和烟酒。缓解期尤其是无消化道症状和体征的 IBD 患者的饮食可酌情适度放宽，并逐渐过渡到普通饮食。

六、营养治疗展望

在 IBD 治疗中，从最初以改善营养状况和预防营养风险为目的的辅助性营养治疗到目前 EN 已经成为 CD 诱导及维持缓解的一线治疗，营养治疗在 IBD 治疗中的作用越来越受到重视。随着膳食、营养素、肠道微生态与 IBD 发病机制间关系的进一步阐明，以营养素代谢、肠道微生态调节和肠道黏膜免疫为靶点的功能性肠内营养制剂研发和产业化，有望在 IBD 治疗中进一步发挥更加积极和有效的作用。

（肖　芳）

第九节　多种疾病患者

多病共存（polymorbidity，PM），亦称多发病（multimorbidity，MM）是指某个体同时患有两种或两种以上慢性疾病，不仅指常见慢性疾病（如高血压、糖尿病、冠心病等），还包括老人特有的老年综合征或老年问题（如抑郁、阿尔茨海默病、尿失禁、衰弱、营养不良等），以及精神心理问题和药物成瘾等。共病之间可以相互影响，也可以互相平行而互不关联。随着人口寿命的提高，多病共存的情况越来越突出，尤其在老人更为突出。美国的统计数字显示，有 2/3 的老人有多病共存的情况。国内的小样本统计数字也显示，老人的多病共存现象非常突出，有 2 种及以上慢性疾病的比例达 76.5%，有 3 种及以上疾病的比例达 50.0%。多病共存对老人的影响很大，除医疗花销增加外，其发生不良事件的风险也显著增加，包括死亡率增加、功能状态下降、住院时间延长、生活质量下降等。当前我国已经进入老龄化社会，老年多病共存现状已成为各地医疗以及社会服务面临的主要挑战之一。

一、营养代谢特点

随着年龄增长及所患慢性病种类增加，共病患者多身体衰弱，机体多个生理系统储备及其生理功能下降，机体功能处于临界平衡状态，其表现为机体脆弱性增加，维持稳态能力下降。当患者合并感染、消化道出血等突发应激事件时，机体容易产生各种生理功能平衡失调，进而出现多种不良结局，如感染加重、合并二重或多重感染、多脏器功能衰竭。多重用药等也会导致一系列危害，会出现肝肾功能损害、精神障碍、食欲缺乏、胃排空延迟、恶心、早饱、不能吞咽和呕吐等症状，进而影响食物的摄入、消化、吸收和利用，从而导致营养不良。

二、营养治疗

多病共存患者的病程长、病情迁延不愈、病因复杂，其病情的发生发展与营养密切相关。在进行治疗时，应关注危险因素控制、早诊早治和规范化管理，运用健康促进、健康管理和疾病管理 3 个手段，掌握合理膳食、身体活动和健康体重 3 种平衡。可以采用不同的经过验证的工具进行快速而简单的营养筛查，以确定营养不良的风险。对存在风险的患者应进行更详细的评定，制订治疗计划，同时及早进行适当的营养疗法，并确定治疗成功的质量结局指标。

（一）营养治疗目的

在合理能量和充足蛋白质的基础上，适当补充微量营养素及特定营养补充剂，预防营养摄入不足和治疗营养不良，以维持或改善功能状态和生活质量。

（二）营养治疗原则

1. **合理供给能量**　多发病住院患者的能量需求可用间接能量测定法（indirect calorimetry，IC）、已发表的预测公式或基于体重的公式估计。在无 IC 时，多发病老年患者（年龄>65 岁）的总能量消耗（total energy expenditure，TEE）可用 27kcal/kg 估计。静息能量消耗（resting energy expenditure，REE）估计可用 18~20kcal/kg，加上活动或应激因素估计 TEE。严重体重低下患者的 REE 可用 30kcal/kg 估计，这个目标量应谨慎并缓慢达到，因为这是再喂养综合征高风险人群。

2. **保证足量蛋白质摄入**　需要营养治疗的多发病住院患者应保证至少 1.0g/(kg·d) 蛋白质，以防止体重下降、减少并发症和再住院的风险及改善功能性结局。美国胃肠病学会关于成人住院患者营养治疗的指导方针建议，为了优化营养治疗，甚至可能需要 1.5~2.0g/(kg·d) 的蛋白质目标。对于患有肾脏疾病的多发病患者，每日营养计划中包含的蛋白质含量应该谨慎评估。《改善全球肾脏病预后组织（The Kidney Disease：Improving Global Outcomes，KDIGO）急性肾损伤临床实践指南》（2021 版）建议急性肾损伤非持续肾脏替代治疗（renal replacement therapy，CRRT）和非高分解代谢患者的蛋白质摄入量为 0.8g/(kg·d)，中度应激与 CRRT 患者的蛋白质摄入量为 1.0~1.5g/(kg·d)，持续 CRRT 或高分解代谢患者的蛋白质摄入量不超过 1.7g/(kg·d)。建议对 AKI 患者优先选择 EN 治疗。中国《慢性肾脏病营养治疗临床实践指南》（2021 版）推荐非糖尿病慢性肾病（chronic kidney disease，CKD）1~2 期患者蛋白质摄入量为 0.8g/(kg·d)，3~5 期患者的蛋白质摄入量为 0.6g/(kg·d)，同时联合补充酮酸制剂。

值得关注的是，对于食物摄入减少和营养状况受损的多发病患者，能量和蛋白质摄入应至少达到目标量的 75%，以降低不良结局风险，因此可建议患者选用能量和蛋白质强化食品或特殊医学用途配方食品。

3. **保证充足微量营养素摄入**　多发病住院患者可能因摄入减少或微量营养素利用率增加而面临微量营养素缺乏的风险，可能会延缓康复和损害机体健康。应确保摄入足够的微量营养素（维生素和微量元素）来满足日常需求。某些研究发现，超过 65 岁的住院患者很可能缺乏维生素 B_{12}、叶酸或维生素 B_6。

4. **合理选择特定营养补充剂**　纤维素、ω-3 不饱和脂肪酸、支链氨基酸、谷氨酰胺等有助于改善多发病住院患者的结局。例如，对于有压疮的多发病住院患者，可以添加特定的氨基酸（精氨酸与谷氨酰胺）和 β- 羟基 β- 甲基丁酸盐（β-hydroxy β-methyl butyrate，HMβ）以促进压疮的愈合；对于需要肠内营养的多发病老年住院患者，富含混合可溶性和不溶性纤维的配方可用于改善肠道功能。

5. **遵循五阶梯营养治疗原则（详见第九章第一节）**　首先对营养不良或有营养不良风险的多发病患者进行饮食和营养教育干预，当不能满足 60% 目标能量需求 3~5d 时，应选择高能量、高蛋白的特殊医学用途配方食品给予口服营养补充（ONS），以改善其营养状况和生活质量。ONS 可作为常见的日常饮食外营养补充手段，尤其广泛地应用于慢性阻塞性肺疾病（COPD）、肿瘤以及艾滋病等慢性消耗性疾病患者，可维持肌肉质量，降低病死率，改善生活质量，改善结局。对于营养需求不能经口满足的多发病住院患者，应合理使用 EN 或 PN 保证营养来源。EN 与 PN 相比，在感染性和非感染性并发症发生风险方面均明显减低。

三、营养不良的预防

多病共存患者营养不良的发生风险很高。研究表明，未接受营养治疗的高风险患者的并发症发生率是非高风险患者的3倍，且住院时间延长50%，这对临床预后有不良影响。为预防营养不良，治疗前应该进行营养筛查和评估。老年多病共存患者营养风险评分系统主要包括营养风险筛查（NRS 2002）和微型营养评定简表（MNA-SF），通过预测营养干预对结果的正向影响，将营养风险评估与治疗联系起来。这两种工具速度快，操作方便，内容效度和信度高，适用于包括认知功能障碍患者在内的多发病患者。筛查出有风险的患者，应进行更详细的评估，并制订治疗计划。

具有营养风险的多发病患者应尽早给予早期营养治疗（即入院后48h内提供），可减少和改善自身的能量营养素消耗，有效减少肌肉减少症的发生。值得注意的是，营养摄入不足是多发病患者中常见的情况，有时甚至会在住院期间恶化。在计划营养干预中应考虑导致摄入不足的患者因素，在老年急性住院患者中，能量和蛋白质的摄入量往往难以满足需要，从而加剧营养不良，并导致不良结局。营养不良与患者自身及环境相关，如疾病严重程度、症状、厌食、卧床、饮食习惯等。营养干预的有效性应通过随后的监测来衡量，包括膳食摄入量、体重、精神和身体功能以及临床结果的测量。

多发病患者出院后应继续提供营养治疗，以保持或改善体重和营养状况。许多患者由于在医院没有进行充分的营养治疗，离开医院时发生营养不良，或营养不良情况更加严重，这增加了功能状态下降、丧失独立性、更高发病率和计划外再入院率的风险。因此，在从医院向家庭过渡的过程中，确保充足的营养摄入是营养不良患者的一个重要目标，以防止恢复期延长、计划外再入院或丧失自主性。对有营养不良高风险或年龄>65岁及已确定营养不良的多发病患者，出院后应考虑用ONS或个体化营养干预继续进行营养治疗以降低死亡率。

四、营养治疗的展望

多病共存患者的处理是一个复杂性问题，也是一个具有挑战性的新课题。随着老龄化、医疗技术不断进步和公共卫生管理水平的持续改善，使不可治愈的疾病生存期也明显延长。其结果是，无论在数量还是在比例上，患多重慢性病的人数都在不断增长，共病问题日显突出，因此，转变观念，认识多病共存患者，学习营养管理的新思维，将有助于我们更好地维护老人的功能和促进生活质量。

多病共存在住院患者中尤其普遍，然而临床指南主要解决单个疾病，很少考虑多发病。2017年7月，欧洲临床营养与代谢学会发布了内科多发病患者的营养治疗指南，针对内科病房多发病住院患者的12个营养治疗关键临床问题提供了22条推荐意见和4项声明。多发病患者相较于某特定慢性疾病的患者，更易发生营养不良，严重者甚至出现死亡。因此，在多发病患者治疗方面，除了做到疾病的基础防治，更应注重营养筛查与能量、蛋白质的补充。同时，ONS应被视为改善预后的一种成本-效益高的干预方法。应对营养不良或有营养不良风险的多发病患者进行健康宣教及自我管理，为共病患者提供个性化的综合健康管理方案。强调以患者为中心的、个体化的、从整体考虑问题的营养支持小组和多学科团队合作的工作模式。

（姚 颖）

第十八章　主要代谢性疾病的营养治疗

慢性代谢性疾病是当前人类的最大健康威胁和第一死亡原因，其共同的病理生理学特征是胰岛素抵抗、能量及营养素代谢紊乱。营养代谢调节治疗是慢性代谢性疾病的首选治疗方法。

第一节　肥　　胖

由于食物摄入过多或机体代谢的改变而导致体内脂肪积聚过多，造成体重过度增加并引起人体病理、生理改变或潜伏着诱发其他疾病的一种状态，称为肥胖症（obesity）。

一、概述

近几十年来，肥胖不仅在发达国家广泛流行，在我国和其他发展中国家也迅速蔓延，因肥胖而诱发的心脏病、糖尿病、肿瘤及减肥治疗等花费已经成为各国政府的沉重负担。肥胖已成为 21 世纪人类社会最重要的医学和公共卫生学问题之一。

（一）肥胖的分类

肥胖可分为两类，一类是原发性肥胖（又称单纯性肥胖），另一类是继发性肥胖（又称症状性肥胖）。

1. **原发性肥胖**　无特定病因的肥胖症称为原发性肥胖。原发性肥胖占肥胖症人数的 95% 以上，肥胖儿童中原发性肥胖所占比例更高。其病因普遍认为是能量摄入和消耗之间的不平衡，同时遗传、心理等因素也与其密不可分。原发性肥胖可发生于个体发育的各阶段，而婴幼儿时期的肥胖已被认为是成年期肥胖的危险因素之一。

2. **继发性肥胖**　继发于神经 - 内分泌 - 代谢紊乱基础上的肥胖或遗传性疾病导致的肥胖称为继发性肥胖，其一般都有明确的原发病，是由下丘脑病变、垂体病变、甲状腺功能减退症、皮质醇增多症、胰岛病变、性腺功能减退症或某些遗传性疾病等引起。

（二）肥胖的病因

原发性肥胖的病因复杂，尚未完全清楚，研究表明其内因多是由遗传因素引起，已发现肥胖者携带引起肥胖的遗传基因；其外部因素则是摄食过多造成饮食失衡。

1. **摄食过多**　由于摄入食物过多，能量摄入过剩，体内多余的能量便以脂肪的形式储存于脂肪组织，导致体内脂肪的积聚。自助餐比固定桌餐摄食更多。

2. **不良的进食习惯**　餐次安排不合理及夜间进餐都会导致肥胖。研究表明，夜间副交感神经兴奋性增强，摄入的能量容易以脂肪的形式储存起来，容易导致肥胖发生。长期集体聚餐者、长期在餐馆就餐者容易肥胖。

3. **遗传因素**　父母肥胖，其所生子女也大概率出现肥胖。研究表明，遗传因素对肥胖形成的作用占 20%~40%，说明遗传因素也是肥胖发生的一个重要原因。

4. 运动不足　运动可以消耗摄入的能量，运动不足则会导致能量过剩；同时运动不足也会造成胰岛素抵抗、基础代谢减弱、脂肪合成酶活性增强，使能量更容易以脂肪形式储存于体内。

（三）肥胖的评价指标及诊断

目前判断肥胖常参考以下指标：

1. 体重指数（body mass index，BMI）　BMI是结合身高和体重判断人体超重/肥胖与否和程度的指数。WHO对肥胖程度制订了体重指数界限值（表18-1-1）。

表18-1-1　WHO体重指数界值表

分类	BMI/（$kg \cdot m^{-2}$）
低体重	<18.5
正常体重	18.5~24.9
超重	25~29.9
1级肥胖	30~34.9
2级肥胖	35~39.9
3级肥胖	≥40

我国针对国人的体质特点也制定了相应的体重指数标准（表18-1-2）。

表18-1-2　我国体重指数界值表

分类	BMI/（$kg \cdot m^{-2}$）
低体重	<18.5
正常体重	18.5~23.9
超重	24~27.9
肥胖	≥28

体重指数能较好地反映大多数个体的肥胖程度，但同时也有局限性，如对肌肉发达的运动员或有水肿的患者，其计算值可能会高估。同时，BMI也不适用于儿童、青少年、孕妇及老人。因此如有适当仪器的条件下，还需测定其体脂百分含量（体脂%）。

2. 腰围及腰臀比　WHO建议男性腰围正常值在94cm之内，女性在80cm以内。我国国家标准建议中国成人男性腰围85~90cm，女性80~85cm即可判定为中心性肥胖前期；成人男性腰围≥90cm，女性≥85cm即为中心性肥胖。

腰臀比即腰围与臀围的比值，能较好地反映出内脏脂肪分布的严重程度。亚洲正常男性的腰臀比应小于0.90，正常女性应小于0.85，超过该指标可考虑为腹型肥胖即中心性肥胖。

3. 理想体重

（1）成人男性理想体重计算公式为：理想体重（kg）=身高（cm）-105

（2）成人女性理想体重计算公式为：理想体重（kg）=［身高（cm）-100］×0.85

理想体重指数（%）=（实际体重－理想体重）/理想体重 ×100%

判断标准：消瘦，-10%以下；正常，-10%~+10%；超重，+10%~+20%；肥胖，≥+20%。

二、肥胖的营养代谢特点

肥胖会使身体代谢发生一系列变化，主要如下。

（一）脂肪组织的变化

脂肪组织主要由脂肪细胞构成。人体脂肪量的增减主要由脂肪细胞数目和脂肪细胞大小的变化来调节。根据脂肪细胞数、脂肪细胞大小或胞内脂肪含量的变化，可将原发性肥胖分为3型：肥大型、增生型和混合型。一般认为脂肪细胞数逐渐增多与年龄增长及脂肪堆积程度有关，很多从儿童时期开始肥胖的人，成年后体内脂肪细胞的数量就会明显增多；而缓慢持续的肥胖则既有脂肪细胞的肥大，又有脂肪细胞数量的增多。

（二）蛋白质代谢的变化

蛋白质对肥胖发生的作用相较于脂肪很小，因此，肥胖患者的蛋白质代谢基本正常。血浆总蛋白、白蛋白、球蛋白通常在正常范围内，某些氨基酸如精氨酸、亮氨酸、异亮氨酸、酪氨酸、苯丙氨酸等可能增加，嘌呤代谢异常，血浆尿酸增加，对成人痛风、高血压、冠心病等的发病率可能会造成影响。肥胖患者在进食低能量膳食时不易出现负氮平衡，这可能与其机体脂肪过多有关。

另外，肥胖患者膳食常常包括高能量、高脂肪、高蛋白的三高食品，过多的蛋白质也会经过体内糖异生作用合成脂肪酸并进入脂肪细胞，再合成甘油三酯储存起来，这就更加重了肥胖。

（三）糖代谢的变化

1. **胰岛素和血糖**　部分中、重度肥胖患者会有空腹及餐后高胰岛素血症，而血糖正常，这可能是由于碳水化合物过量摄取的代偿反应。当病情发展无法代偿时，便开始出现糖耐量下降、高胰岛素血症、高血糖，进而导致糖尿病的发生。

2. **胰高血糖素升高**　胰岛α细胞分泌的胰高血糖素具有抑制体内脂肪合成的作用。肥胖患者一般都具有较高的胰高血糖素水平，且肥胖程度越高，胰高血糖素水平越高，原因可能是对葡萄糖耐受性障碍和高胰岛素血症的反应。

3. **糖代谢的生物节律**　正常人机体内从清晨到夜间对胰岛素敏感性及糖耐量具有一定的生物变化节律，严重肥胖患者的这种节律变化并不明显，全天对胰岛素的敏感性及糖耐量均无显著变化，这种异常可能与睡眠相关的生长激素及肾上腺皮质激素的分泌节律失常相关。

（四）脂类代谢的变化

肥胖患者脂肪组织过多，临床化验血清甘油三酯及胆固醇一般都高于正常。研究结果表明肥胖患者体内均存在不同程度的脂肪代谢紊乱，表现为脂肪合成过多、血脂含量升高、对脂类的代谢能力减弱等。当给予标准膳食时，肥胖患者倾向于通过氧化膳食脂肪来高效提供能量，糖的氧化供能则较少，从而导致过剩的糖在体内转化成脂肪储存起来。

肥胖患者的脂蛋白代谢同样也有异常，血液中往往具有较高水平的乳糜微粒（chylomicron，CM）和极低密度脂蛋白（very low density lipoprotein，VLDL），而高密度脂蛋白胆固醇（high density lipoprotein cholesterol，HDL-C）则明显降低。

肥胖者体内多种参与脂代谢调节的激素或酶发生变化也会加重脂代谢异常，如具有较低的生长激素水平、高胰岛素血症、低血浆脂蛋白脂肪酶活性等，这些物质的异常将共同导致体内脂代谢紊乱，并出现血浆游离脂肪酸浓度过高、胆汁代谢异常，易于发生胆石症、高血压、动脉粥样硬化和冠心病等。

（五）能量代谢的变化

大多数肥胖患者与非肥胖者基础代谢率（basal metabolic rate，BMR）无差异，少数可略降低（但无甲状腺功能减退征象），但无论坐、立或步行时肥胖患者消耗的能量均较少，相对储存的能量增多，这种差异可能与遗传因素相关。肥胖患者与非肥胖者的能量代谢差异还体现在对寒冷刺激的反应方面，在寒冷情况下肥胖者的代谢率增加并不显著，而瘦者代谢率可大大增加。另外，肥胖患者的食物特殊动力效应仅为正常人的50%，而且体内可能还存在较高效的能量利用机制，在同一环境进食相同食物情况下，肥胖个体的体重增加也明显高于正常。

体温和运动也是能量代谢的一方面，动物实验发现低体温的大鼠更容易出现肥胖，而体温正常大鼠则较少出现；肥胖患者一般运动较少，因而容易进入“肥胖-少运动-更肥胖-更少运动”的恶性循环。

（六）水盐代谢的变化

肥胖患者机体组织中的脂肪所占比重较大。正常男性一般脂肪总量占体重的 15%，女性为 22%，肥胖者则往往可达到 25%~35%。由于脂肪组织含水量远远少于其他组织，因此肥胖患者的全身含水量要低于正常体重者。正常体重者含水量往往在 50% 以上（细胞内水分占 30%，细胞外水分占 20%），而肥胖者仅为 30% 以下。临床上也有少数肥胖者在短期内体重增加很快，患者自觉颜面、手、足明显水肿，这通常与水钠潴留有关。此种患者在采用低能量饮食治疗后，在最初几天就表现出体重迅速降低，这可能是利尿消肿的结果。

（七）其他

国内研究发现肥胖儿童的铜含量高于非肥胖者，铁含量则与铜相反，锌、镁含量两组未见明显差异。另有研究显示，肥胖儿童体内的脂溶性抗氧化维生素——维生素 E、β 胡萝卜素的血浆水平下降，血清 25（OH）D_3 水平降低，但 1，25-（OH）$_2D_3$ 水平增高，同时血钙、血磷降低，甲状旁腺激素、降钙素轻度增高，血清碱性磷酸酶及骨钙素也升高，尿钙和尿磷降低。肥胖儿童的骨矿物质含量及骨密度也降低。其空腹血浆锌浓度下降，并与 BMI、血浆葡萄糖水平及胰岛素水平呈负相关。

三、肥胖的营养治疗原则

肥胖是一种慢性病，因长期能量摄入超过能量消耗所致。因此，应持之以恒，长期坚持控制能量摄入，增加身体活动与能量消耗，促进体脂分解，切不可急于求成。预防肥胖比治疗容易且更有意义。合理的配餐，既可达到控制肥胖的目的，又能在主要营养素之间保持合适的比例，从而建立人体需要与膳食供应之间的平衡关系，以免供应不足造成营养不良，也避免因供应过量而加重肥胖。营养治疗的目的就是通过长期摄入低能量的平衡膳食，结合增加运动以消耗体脂，从而减轻体重，同时又能维持身心健康。

一般营养治疗的原则如下。

（一）总能量的控制

能量的摄入多于消耗是肥胖的根本原因，因此对肥胖症的营养治疗首先是控制总能量的摄入，即饮食供给的能量必须低于机体实际消耗的能量，造成机体能量的负平衡，促使长期入超的能量被代谢掉，直到体重恢复到正常水平。同时，还要尽可能地根据肥胖程度考虑每天供给的最低能量，控制好能量摄入与消耗的平衡，并维持好这种平衡。首先要看治疗前长期以来患者的日常饮食能量水平，其次应视肥胖是处在上升阶段还是平衡稳定阶段，对儿童还要考虑其生长发育的需要，对老人则要注意有无并发症的存在。对能量的控制要循序渐进，逐步降低，以增加其能量消耗。对于正处于发育期而又刻意追求线条美的青少年来说，则更应以强化日常体育锻炼为主，不可盲目过分控制饮食，以免发生神经性厌食。对于孕妇来说，为保证其胎位正常，减少子痫的发生，则应以合理控制能量摄入为主，而不宜多做体力活动。

对轻度肥胖的成年患者，一般在正常供给量基础上按每天少供给能量 523~1 046kJ（125~250kcal）的标准来确定其一日 3 餐饮食的能量供给，这样每个月可稳步减重 0.5~1.0kg。而对中度以上的成年肥胖者，鉴于其潜在肥胖的趋势较大，常伴有食欲亢进及贪食高能量食物等因素，同时因肥胖限制体力活动，使能量消耗又进一步下降，易造成恶性循环，以致肥胖的趋势往往难以遏制。必须严格限制能量，每天以减少能量 2.30~4.60MJ（550~1 100kcal）为宜，可以使体重每周减少 0.5~1.0kg。

对于年龄很小或刚刚发生轻至中度肥胖的儿童，考虑到生长发育，可按不太严格的饮食调整方案进行治疗，并不绝对限制能量的摄入。但对于中至重度肥胖儿童，其食物摄入量就应予以适当限制。

（二）蛋白质的供给要满足需要

肥胖是能量摄入过剩的结果，任何过多的能量，无论来自何种能源物质，都可能引起肥胖，食物蛋白质自然也不例外。对于采用低能量饮食的中度以上肥胖的成年患者，其食物蛋白质的供给量应当控制在占饮食总能量的 20%~30%，即每 1 000kcal 供给蛋白质 50~75g 为宜。同时，由于在严格限制饮食能量供给的情况下，蛋白质摄入过量还会导致肾功能损害，故低能量饮食中蛋白质的供给不宜过高，应选用高生物效价的蛋白，即至少有 50% 为优质蛋白，如牛奶、鱼、鸡、鸡蛋清、瘦肉等。另外，嘌呤可增进食欲和加重肝、肾代谢负担，因此应限制含高嘌呤的动物内脏性食物，如动物的肝、心、肾等。

(三) 限制脂肪摄入

脂肪能量密度较高，摄入过多易导致机体能量摄入过量，因此限制膳食能量供给时，必须限制膳食中脂肪的供给量，尤其需限制饱和脂肪酸的摄入。但同时为使饮食含能量较低而耐饿性较强，又不应对饮食脂肪限制过于苛刻。所以，肥胖者饮食脂肪的供给量以控制在占饮食总能量的 25%~30% 为宜，每天摄入脂肪 50~60g。可选用含单不饱和脂肪酸或多不饱和脂肪酸丰富的食用油，如橄榄油、茶油或葵花籽油、玉米油、花生油、豆油、菜籽油等。减少富含饱和脂肪的动物性食物的摄入，如猪油、牛油及动物内脏等。膳食胆固醇的摄入量以每人每天<300mg 为宜。

过多的脂肪摄入还可导致肥胖者脂肪沉积在皮下组织和内脏器官过多，易引起脂肪肝、高脂血症、冠心病等并发症。尤其在限制糖类供给的情况下，过多的脂肪摄入还会引起酮症。近些年，生酮饮食（ketogenic diet，KD）以其良好的减肥效果逐渐被大众熟知，但长期坚持此种饮食模式所带来的不良反应尚不明确，需进一步研究确认。

(四) 限制碳水化合物的摄入量

碳水化合物的来源应选择谷薯类食物，并严格限制糖、巧克力、含糖饮料及零食。谷物中则应多选择粗杂粮，如玉米面、荞麦面、燕麦、莜麦等。由于碳水化合物摄入过多在体内能转变成脂肪，尤其是肥胖者摄入单糖、双糖后更容易以脂肪的形式沉积，因此必须严格限制单糖、双糖的摄入。同时因碳水化合物类食物饱腹感低，能增加食欲，而中度以上肥胖者可有食欲亢进，因此低能量饮食中碳水化合物的比例若仍按正常或高于正常要求给予，则患者难以接受。因此，减肥时碳水化合物供给一般应控制在总能量的 40%~55% 为宜，主食摄入量 150~250g/d 即可。

(五) 保证维生素和矿物质的供应

节食减肥时由于长期限制饮食，容易出现微量营养素的缺乏，因此应格外注重维生素、矿物质和微量元素的供应。新鲜蔬菜和水果含有丰富的水溶性维生素如维生素 B_1、B_2、B_6、B_{12}、C、烟酸及叶酸等。新鲜蔬菜和水果能量低，营养丰富并且饱腹感强，所以在节食减肥期间不必过分限制。进食过多食盐不利于健康，特别是高血压患者，并且食盐还能引起口渴、刺激食欲和增加体重，多食不利于肥胖的治疗，故每天食盐摄入量在 3~6g 为宜。

(六) 膳食纤维的供给充足

应鼓励摄入富含膳食纤维的食物，其饱腹感强，对控制总能量的摄入非常有利，尤其是对肥胖患者。高膳食纤维膳食包括：粗粮、蔬菜、水果等。例如谷类，粗加工的面粉（全麦粉）要比精制面粉对健康更有利。每人每天膳食纤维供应量以不低于 12g 为宜，通过常规饮食达不到者可进食一些膳食纤维补充剂。

(七) 三餐分配及烹调方式

进食餐次应因人而异，通常为三餐，也可适当增加餐次。三餐的食物能量分配比例可根据减肥需要调整为早餐 27%、午餐 49%、晚餐 24%。在分配一日三餐时应注意：一是将动物蛋白质和脂肪含量多的食物尽量安排在早餐和午餐吃，晚上以清淡为主，含糖量低且利于消化；二是三餐进食量的比例是：午餐>早餐>晚餐。

烹调方式则宜采用蒸、煮、烧、氽等，忌用油煎、炸的方法。煎炸食物含脂肪较多并刺激食欲，不利于减肥治疗。同时，食物要大众化、多样化，不必迷信市面上的减肥产品，只要保持营养平衡，摄入能量分配得当，任何食物都可成为良好的减肥饮食。色、香、味、形的选择与调配，可根据个人喜好搭配。

(八) 增加运动量

肥胖是长期能量摄入大于消耗的结果，通过机体自身强大的调节机制，打破体重原来所处的稳定状态，通过长期坚持运动加大能量消耗，从而达到新的稳态。运动能增加能量的消耗，活跃骨骼肌，增加对脂肪酸的摄取和氧化。快步行走 1h 相当于静坐 1h 能量消耗的十数倍，在不增加能量摄入的前提下，运动是减少体内脂肪既快又安全的方式。但有心脏、骨关节疾病的肥胖患者要控制运动量，不可盲目运动造成损伤。

（九）戒酒

每 1ml 酒精可产热 29.3kJ（7kcal）左右。饮酒不仅不利于减肥，还会增加众多疾病的死亡风险，因此必须严格限制酒精摄入，最好不要饮酒。

四、营养治疗实践

（一）营养教育

营养教育是营养治疗的第一步，肥胖症患者也不例外。控制饮食是超重和肥胖症治疗中最重要的方法之一，应该成为肥胖者长期贯彻的一个治疗指导思想。长期不合理的节食常给患者带来抵抗力下降、疲乏、精神不振以及体内内环境紊乱等诸多问题，而建立在健康饮食原则基础上的平衡膳食尤其是低能量平衡膳食则具有良好的长期效果。同时需要开展随机对照条件下的长期膳食干预研究，以确定肥胖治疗用的最佳膳食。

（二）治疗实践

一般根据患者的 BMI 和风险评估结果（糖尿病、心血管疾病等临床风险）确定治疗方式：BMI 在 24~28kg/m² 无代谢疾病风险、向心性肥胖时，可采用饮食（低能量平衡膳食、低碳水化合物膳食、高蛋白膳食、轻断食）、运动锻炼、健康教育、心理辅导、行为方式调整等进行干预；BMI ≥ 28kg/m² 或 BMI 在 24~28kg/m²，存在已知风险或腰围男性 ≥ 90cm，女性 ≥ 85cm 时，需进行医学营养减重评估并干预，BMI ≥ 28kg/m² 可考虑基础治疗 + 药物治疗；BMI ≥ 35kg/m² 可考虑外科手术治疗。同时注意随诊，根据患者的减重情况及时制订合适的治疗方案。

（刘英华）

第二节 糖 尿 病

糖尿病（diabetes mellitus）是一种常见病、多发病。据 WHO 报告，截至 2021 年全球 20~79 岁成年人中约有 5.37 亿糖尿病患者，意味着每 10 个成年人中就有 1 人患糖尿病。我国成人糖尿病患病率也在逐年增高，1980 年全国 14 省市 30 万人的流行病学资料显示，糖尿病的患病率为 0.67%；1994—1995 年，25~64 岁人群的糖尿病患病率上升至 2.28%，糖耐量减低（impaired glucose tolerance，IGT）患病率为 2.12%。2002 年中国居民营养与健康状况调查同时进行了糖尿病的流行情况调查。该调查利用空腹血糖 >5.5mmol/L 作为筛选指标，高于此水平的人做口服葡萄糖耐量试验（oral glucose tolerance test，OGTT），结果显示在 18 岁以上的人群中，城市人口的糖尿病患病率为 4.5%，农村为 1.8%。2013 年我国慢性病及其危险因素监测显示，18 岁及以上人群糖尿病患病率已达 10.4%。2011—2021 年间，我国糖尿病患者人数由 9 000 万增加至 1.409 亿，相当于 13% 的中国成年人都患有糖尿病。

一、概述

糖尿病是由多种病因引起的、以慢性高血糖为特征的代谢紊乱性疾病。其基本病理生理为胰岛素分泌绝对或相对不足和 / 或作用缺陷，引起碳水化合物、脂肪、蛋白质、水和电解质的代谢异常。临床表现为糖耐量减低、高血糖、糖尿，以及多尿、多饮、多食、消瘦乏力（即三多一少）等症状。久病可引起多系统损害，出现心血管、肾、眼、神经等组织的慢性进行性病变，最终导致脏器功能缺陷或衰竭。病情严重或应激时可发生急性代谢异常，如酮症酸中毒、高渗性昏迷等，甚至威胁生命。如能及早采取有效治疗措施，控制病情，可明显减少慢性并发症，延长患者的生命，改善生活质量。

(一) 分型及诊断标准

1. **分型**　根据病因学证据可将糖尿病分为4大类:1型糖尿病(胰岛素依赖型糖尿病)、2型糖尿病(非胰岛素依赖型糖尿病)、特殊类型糖尿病和妊娠糖尿病(gestational diabetes mellitus,GDM)。

(1)1型糖尿病:多发于儿童及青少年,在我国糖尿病患者中占比约为5%,起病较急,多饮、多尿、多食、消瘦的三多一少症状明显,有遗传因素,由于第6号染色体短臂的组织相容性抗原复合物有异常,其肽链上DQA链52位为精氨酸,呈现对糖尿病的易感性。于此基础上遇有病毒感染则诱发自身免疫,而使胰腺分泌胰岛素的β细胞被大量破坏,患者血液中谷氨酸脱羧酶抗体(glutamic acid decarboxylase antibody,GAD-Ab)、胰岛细胞胞质抗体(islet cell cytoplasmic antibody,ICCA),胰岛细胞表面抗体(islet cell surface antibody,ICSA)及胰岛素自身抗体(insulin autoantibody,IAA)可呈阳性,胰岛素生成减少,必须依赖外源性胰岛素治疗才能生存。

(2)2型糖尿病:多发于中老年人,占我国糖尿病患者90%~95%,起病缓慢、隐匿,体态常肥胖,尤以腹型肥胖或超重多见,可询问其生活方式的不合理如饮食为高脂、高糖、高能量及活动量少等。遗传因素在本型中较1型糖尿病更为明显、重要。近年来经过不断研究,2型糖尿病基本特征是胰岛β细胞功能缺陷和胰岛素作用欠敏感(胰岛素抵抗),而对于其病因现在仍未明确,目前认为是多基因、异质性的遗传病。

(3)特殊类型糖尿病:是指由某些内分泌疾病、化学物品、感染及其他少见的遗传、免疫综合征所致的糖尿病,国内非常少见。

(4)妊娠糖尿病:一般发生在妊娠后期,占妊娠妇女的2%~3%。发病与妊娠期进食过多,以及胎盘分泌的激素抵抗胰岛素的作用有关。大部分患者分娩后可恢复正常,但会成为此后发生糖尿病的高危人群。

2. **糖尿病诊断**　应依据静脉血浆血糖而不是毛细血管血糖监测结果。目前国际通用的诊断标准是WHO(1999年)标准,糖代谢状态分类及诊断标准见表18-2-1和表18-2-2。

表18-2-1　糖代谢状态分类(WHO 1999)

项目	静脉血浆葡萄糖/(mmol·L^{-1})	
	空腹血糖	糖负荷(口服葡萄糖75g)后2h
正常血糖	<6.1	<7.8
IFG	6.1~7.0	<7.8
IGT	<7.0	7.8~11.1
糖尿病	≥7.0	≥11.1

注:IFG.impaired fasting glucose,空腹血糖受损;IGT.impaired glucose tolerance,糖耐量减低;空腹血糖受损和糖耐量减低统称为糖调节受损,也称糖尿病前期;空腹血糖正常参考范围下限通常为3.9mmol/L。

表18-2-2　糖尿病的诊断标准

(1)典型糖尿病症状,加上随机血糖≥11.1mmol/L
(2)或加上空腹血糖≥7.0mmol/L
(3)或加上葡萄糖负荷后2h血糖≥11.1mmol/L
(4)或加上HbA1c≥6.5%
(5)无典型糖尿病症状者,需改日复查确认

注:HbA1c.glycosylated hemoglobin,糖化血红蛋白。典型糖尿病症状包括烦渴多饮、多尿、多食、不明原因体重下降。随机血糖指不考虑上次用餐时间,一天中任意时间的血糖,不能用于诊断空腹血糖受损或糖耐量减低。空腹状态指至少8h没有进食能量。

(二) 2型糖尿病的发病机制

2型糖尿病主要是由于胰岛素分泌不足(即胰岛功能障碍)和胰岛素抵抗(即胰岛素效应减低)所

致，这两种致病机制如下。

1. **胰岛素分泌不足(即胰岛功能障碍)**　葡萄糖是胰岛素作用的底物，也是调节胰岛素分泌的主要物质。糖尿病患者由于遗传及环境因素的影响，从确诊前的数年胰岛β细胞功能已逐渐衰退，仅为原来的50%，而胰岛素抵抗已经存在。初期为了维持血糖于正常范围，β细胞增生肥大，代谢活跃，可代偿功能减退的β细胞，无论空腹或餐后血糖都能处于糖耐量正常阶段；之后β细胞功能进一步下降，能处理空腹血糖，但餐后则难以维持正常血糖水平，为糖耐量减低阶段；继续发展到后期，β细胞功能衰竭，胰岛素分泌量很少，完全失去代偿能力，长期处于高血糖状态，对机体许多组织具有"毒性损伤作用"，导致一系列的并发症。

2. **胰岛素抵抗(即胰岛素效应减低)**　是指：①指肌肉、脂肪组织摄取及利用糖有障碍；②肝摄取糖减弱，餐后对肝糖输出不能有效抑制；③当胰腺功能尚可时，胰岛需分泌大量胰岛素以克服胰岛素抵抗，因而在发生糖尿病前几年可有高胰岛素血症，以维持血糖于正常范围，但胰岛素过多会对机体其他组织造成不利影响，此为"胰岛素抵抗"，是"代谢综合征"的共同基础(包括肥胖、高脂血症、高血压、高血糖、糖尿病、冠心病、痛风等)。这种胰岛素抵抗贯穿糖尿病患者的终身。

二、糖尿病的营养代谢特点

胰岛素的主要生理功能是促进合成代谢、抑制分解代谢，它是体内唯一促进能源贮备和降低血糖的激素。一旦胰岛素不足或缺乏，或组织对胰岛素的生物反应性减低，可引起碳水化合物、脂肪、蛋白质、水与电解质等物质代谢紊乱。长期的代谢紊乱可导致糖尿病并发症，出现酮症酸中毒，甚至昏迷和死亡。

(一) 能量代谢

糖尿病患者体内因胰岛素缺乏，或胰岛素受体数目减少，组织对胰岛素不敏感，易发生能量代谢紊乱。能量摄入过低，机体处于饥饿状态，易引发脂类代谢紊乱，产生过多的酮体，出现酮血症；能量摄入过高易使体重增加，血糖难以控制而加重病情。故应根据糖尿病患者的年龄、性别、活动状况和体重来确定合适的能量供给量。

(二) 碳水化合物代谢

碳水化合物是主要能源物质和构成机体组织的重要成分。糖尿病患者胰岛素分泌不足或胰岛素抵抗，肝中葡萄糖激酶和糖原合成酶下降，肝糖原合成减少；胰岛素缺乏时，糖原磷酸化酶活性加强，糖原分解增加，糖异生作用也增强；转运入脂肪组织和肌肉组织的葡萄糖减少，这些组织对糖的利用减少；肌肉中磷酸果糖激酶和肝组织中L型丙酮酸激酶合成减少，糖酵解减弱，肌糖原合成减少而分解增加；还原型辅酶Ⅱ(NADPH)生成减少，磷酸戊糖途径减弱。这些糖代谢紊乱的结果是血糖增高、尿糖排出增多，引起多尿、多饮和多食。糖尿病患者过高摄入碳水化合物时，因调节血糖的机制失控，极易出现高血糖；但碳水化合物摄入不足时，体内需动员脂肪和蛋白质分解供能，易引起酮血症。

(三) 脂类代谢

正常人的脂类代谢处于动态平衡状态。脂肪被吸收后，一部分在心肌和骨骼肌经β氧化生成乙酰辅酶A，再进入三羧酸循环氧化为水和二氧化碳，并产生能量；部分转化为体脂贮存；部分经肝组织转化为酮体(包括乙酰乙酸、β-羟丁酸和丙酮)，再经血液循环转运至心肌、骨骼肌、肾、肾上腺和脑组织彻底氧化供能。正常人血液循环中仅有微量酮体，并不积聚为酮血症。糖尿病患者由于磷酸戊糖途径减弱，还原型辅酶Ⅱ生成减少，脂肪合成减少。由于肝糖原合成和贮存减少，在脑垂体和肾上腺激素调节下，脂肪自脂肪组织转入肝脏沉积，导致脂肪肝。由于糖代谢异常，大量葡萄糖从尿中丢失，引起能量供应不足，动员体脂分解，经β氧化而产生大量的乙酰辅酶A，同时又因糖酵解异常，草酰乙酸生成不足，乙酰辅酶A未能充分氧化而转化为大量酮体，再加上因胰岛素不足所致酮体氧化利用减慢，过多的酮体积聚而产生酮血症和酮尿。乙酰乙酸和β-羟丁酸经肾脏流失，大量碱基亦随之流失，造成代谢性酸中毒。同时大量的酮尿、糖尿加重多尿和脱水，严重者表现为酮症酸中毒、高渗性昏迷。

乙酰辅酶A的增多促进肝脏胆固醇合成，形成高胆固醇血症，且常伴有高甘油三酯血症，游离脂肪酸、低密度脂蛋白、极低密度脂蛋白增高，形成高脂血症和高脂蛋白血症，成为引起糖尿病血管并发症的重要因素。

为防止酮血症和酮症酸中毒，需要适量地供给碳水化合物，减少体脂的过多动员氧化。为防止和延缓心脑血管并发症，必须限制饱和脂肪酸的摄入量。

(四) 蛋白质代谢

糖尿病患者碳水化合物代谢异常，能量供应不足，动员蛋白质分解供能；由于胰岛素不足，肝脏和肌肉中蛋白质合成减慢，分解代谢亢进，易发生负氮平衡。胰岛素不足，糖异生作用增强，肝脏摄取血中生糖氨基酸（包括丙氨酸、甘氨酸、苏氨酸、丝氨酸和谷氨酸）转化成糖，使血糖进一步升高；生酮氨基酸（如亮氨酸、异亮氨酸、缬氨酸）脱氨生酮，使血酮升高。由于蛋白质代谢呈负氮平衡，使儿童生长发育受阻，患者消瘦，抵抗力减弱，易感染，伤口愈合不良。严重者血中含氮代谢废物增多，尿中尿素氮和有机酸浓度增高，干扰水和酸碱平衡，加重脱水和酸中毒。

(五) 维生素代谢

维生素是调节机体生理功能和物质代谢的重要酶类的辅酶，B族维生素（维生素B_1、B_2、PP）参与糖类代谢。糖尿病患者糖异生作用旺盛，B族维生素消耗增多，如果供给不足，会进一步减弱糖酵解、有氧氧化和磷酸戊糖途径，加重糖代谢紊乱。糖尿病患者葡萄糖和糖基化蛋白质易氧化而产生大量自由基，引发生物膜上磷脂成分中的多不饱和脂肪酸氧化形成过氧化脂质，膜的流动性减弱，脆性增加，细胞功能受损。而体内具有抗氧化作用的维生素E、维生素C、β胡萝卜素和微量元素硒能帮助消除积聚的自由基，防止生物膜的脂质过氧化，维生素C是谷胱甘肽过氧化物酶的辅酶，还有清除过氧化脂质的作用。因此，充足的维生素对调节机体的物质代谢有重要作用。

(六) 矿物质代谢

糖尿病患者的多尿引发锌、镁、钠、钾等从尿中丢失增加，可出现低锌血症和低镁血症。锌是体内许多酶的辅基，参与体内蛋白质合成和细胞的分裂增殖，协助葡萄糖在细胞膜上的转运，并与胰岛素的合成与分泌有关。缺锌会引起胰岛素分泌减少，组织对胰岛素作用的抵抗性增强，但锌过多也会损害胰岛素分泌，导致葡萄糖耐量降低，并可加速老年糖尿病患者的下肢溃疡。低镁血症会引起2型糖尿病患者组织对胰岛素不敏感，且与并发视网膜病变和缺血性心脏病有关。三价铬是葡萄糖耐量因子的组成成分，是胰岛素的辅助因素，有增强葡萄糖利用和促进葡萄糖转变为脂肪的作用。锰是羧化酶的激活剂，参与碳水化合物和脂肪的代谢，锰缺乏可加重糖尿病患者的葡萄糖不耐受。

三、糖尿病的营养治疗原则

由于对糖尿病的病因和发病机制尚未充分了解，目前仍不能根治。临床强调早期治疗、综合长期治疗和治疗措施个体化。综合治疗措施包括：①营养治疗（饮食治疗、健康教育）；②运动治疗；③药物治疗，包括口服降糖药、注射胰岛素；④心理治疗；⑤手术治疗（胰腺移植，基因治疗）；⑥自我监测。其中营养治疗是最基本的措施，无论采用上述何种方法都必须长期坚持营养治疗。部分轻型患者（空腹血糖$\leq$11.1mmol/L）单纯采用营养治疗即可控制血糖。

(一) 营养治疗的目的

参考美国糖尿病协会（American Diabetes Association，ADA）2017年膳食指南及《中国糖尿病医学营养治疗指南（2013）》的要求，确定糖尿病医学营养治疗的目标，具体如下。

1. **维持健康体重** 超重/肥胖患者减重的目标是3~6个月减轻体重的5%~10%。消瘦者应通过合理的营养计划达到并长期维持理想体重。

2. 供给营养均衡的膳食，满足患者对微量营养素的需求。

3. 达到并维持理想的血糖水平，降低HbA1c水平。

4. 减少心血管疾病的危险因素，包括控制血脂异常和高血压。

糖尿病病情控制程度理想与否可参考表 18-2-3。

表 18-2-3　中国 2 型糖尿病综合控制目标

指标	目标值
血糖 /($mmol \cdot L^{-1}$)	
空腹	4.4~7.0
非空腹	<10.0
糖化血红蛋白 /%	<7.0
血压 /mmHg	<130/80
总胆固醇 /($mmol \cdot L^{-1}$)	<4.5
高密度脂蛋白胆固醇 /($mmol \cdot L^{-1}$)	
男性	>1.0
女性	>1.3
甘油三酯 /($mmol \cdot L^{-1}$)	<1.7
低密度脂蛋白胆固醇 /($mmol \cdot L^{-1}$)	
未合并动脉粥样硬化性心血管疾病	<2.6
合并动脉粥样硬化性心血管疾病	<1.8
体重指数 /($kg \cdot m^{-2}$)	<24.0

(二) 营养治疗原则

历史上糖尿病营养治疗原则大约有 3 种模式的变化：第 1 种为 1921 年前未应用胰岛素的饥饿饮食；第 2 种是低能量、低碳水化合物、高脂肪膳食；第 3 种是合理控制能量，适当提高碳水化合物和膳食纤维，减少脂肪的膳食。现在又进一步提出个体化、因人因病情而异的膳食模式。2013 年美国糖尿病协会强调不应给患者提出单一的膳食建议，能量来源比例应个体化，膳食因人而异，根据患者具体的疾病情况和治疗目标进行营养治疗。中国学者于 2013 年也对《中国糖尿病医学营养治疗指南》进行了修订，对糖尿病患者的营养素摄入量建议如表 18-2-4 所示。

表 18-2-4　《中国糖尿病医学营养治疗指南》(2013) 建议的糖尿病患者营养素摄入量

营养素	建议值
碳水化合物（占总能量百分比）/%	45~60
蛋白质（占总能量百分比）/%	15~20
脂肪（占总能量百分比）/%	25~35
饱和脂肪酸 /%	<10
单不饱和脂肪酸 /%	≥12
多不饱和脂肪酸 /%	<10
胆固醇 /($mg \cdot d^{-1}$)	<300
膳食纤维 /($g \cdot d^{-1}$)	25~30
食盐 /($g \cdot d^{-1}$)	<6

2017 年，中国营养学会糖尿病营养工作组制定《中国 2 型糖尿病膳食指南》，共提出 8 条推荐意见（表 18-2-5），用简短易懂的语言，为糖尿病患者合理膳食提供科学指导。

表 18-2-5 《中国 2 型糖尿病膳食指南》(2017 版)

推荐一：合理饮食，吃动平衡，控制血糖

关键推荐

(1)科学饮食，规律运动，培养良好生活方式

(2)保持健康体重，预防肥胖和消瘦

(3)检测血糖，合理用药，预防低血糖发生

推荐二：主食定量，粗细搭配，提倡低血糖指数主食

关键推荐

(1)主食定量，按需摄入

(2)全谷物、杂豆类宜占主食摄入量的 1/3

(3)提倡选择低 GI 主食

推荐三：多吃蔬菜，水果适量，种类、颜色要多样

关键推荐

(1)餐餐有新鲜蔬菜，烹饪方法要得当

(2)每日蔬菜摄入量 500g 左右，深色蔬菜占 1/2 以上

(3)两餐之间适量选择水果，以低 GI 水果为宜

推荐四：常吃鱼、禽、蛋类和畜肉类适量，限制加工肉类摄入

关键推荐

(1)常吃鱼、禽，适量吃畜肉，减少肥肉摄入

(2)少吃烟熏、烘烤、腌制等加工肉类制品

(3)每天不超过一只鸡蛋

推荐五：奶类豆类天天有，零食加餐合理选择

关键推荐

(1)每日 300ml 液态奶或相当量奶制品

(2)重视大豆及其制品的摄入

(3)零食加餐可适量选择坚果

推荐六：清淡饮食，足量饮水，限制饮酒

关键推荐

(1)烹调注意少油少盐

(2)足量饮用白开水，也可适量饮用淡茶或咖啡

(3)不推荐糖尿病患者饮酒

推荐七：定时定量，细嚼慢咽；注意进餐顺序

关键推荐

(1)定时定量进餐，餐次安排视病情而定

(2)控制进餐速度，细嚼慢咽

(3)调整进餐顺序，养成先吃蔬菜、最后吃主食的习惯

推荐八：注重自我管理，定期接受个体化营养指导

关键推荐

(1)保持健康生活方式

(2)定期监测血糖，预防低血糖发生

(3)定期接受个体化营养指导

营养治疗原则具体如下。

1. **合理控制能量摄入量**　合理控制能量摄入量是糖尿病营养治疗的首要原则。能量的供给根据病情、血糖、尿糖、年龄、性别、身高、体重、活动量大小以及有无并发症确定。能量摄入量以维持或略低于理想体重（又称为标准体重）为宜。肥胖者体内脂肪细胞增多、增大，导致胰岛素的敏感性下降，故应减少能量摄入，使体重逐渐下降至正常标准值的 ±5% 范围内，以配合治疗。儿童、孕妇、乳母、营养不良及消瘦者，能量摄入量可适当增加 10%~20%，以适应患者的生理需要和适当增加体重。

患者实际测量体重超过理想体重的 20% 为肥胖，低于 20% 为消瘦。根据患者的体型和理想体

重，参见表 18-2-6 估计每日能量供给量。体重是评价能量摄入量是否合适的基本指标，最好定期（每周 1 次）称量体重，根据体重的变化及时调整能量供给量。肥胖者应逐渐减少能量摄入量，消瘦者适当增加能量摄入量，以维持实际体重达到或略低于理想体重。

表 18-2-6　成年糖尿病患者每日能量供给量　　单位：kJ（kcal）·kg^{-1}

体型	卧床	轻体力劳动	中体力劳动	重体力劳动
消瘦	84~105（20~25）	146（35）	167（40）	188~209（45~50）
正常	63~84（15~20）	125（30）	146（35）	167（40）
肥胖	63（15）	84~105（20~25）	125（30）	146（35）

2. **保证碳水化合物的摄入**　碳水化合物是能量的主要来源，若供给充足，可以减少体内脂肪和蛋白质的分解，预防酮血症。在合理控制总能量的同时适当控制碳水化合物摄入量，有助于提高胰岛素的敏感性、刺激葡萄糖的利用、减少肝脏葡萄糖的产生和改善葡萄糖耐量。但碳水化合物摄入过多会使血糖升高，从而增加胰岛负担。碳水化合物供给量占总能量的 45%~60% 为宜，一般成年患者每日碳水化合物摄入量为 200~350g，相当于主食 250~400g。营养治疗开始时，应严格控制碳水化合物的摄入量，每日 200g（相当于主食 250g），经一段治疗后，如血糖下降、尿糖消失，可逐渐增加至 250~300g（主食 300~400g），并根据血糖、尿糖和用药情况随时加以调整，单纯膳食治疗病情控制不满意者应适当减量，对使用口服降糖药或用胰岛素者可适当放宽。

食物中碳水化合物的组成不同，血糖升高幅度也不同，其影响程度可用血糖指数（glycemic index，GI）来衡量。

$$\text{血糖指数}\frac{\text{食物餐后 2 小时血浆葡萄糖曲线下总面积}}{\text{等量葡萄糖餐后 2 小时血浆葡萄糖曲线下总面积}}\times 100$$

一般而言，血糖指数越低的食物对血糖的升高反应越小，但是食物中糖类含量并不是影响血糖指数的唯一因素，进食速度、食物中水溶性膳食纤维和脂肪含量、胃排空速度、胃肠道的消化功能、膳食中食物的种类及食物中有否阻碍消化吸收的因子等，都会影响食物的血糖指数。常见食物的血糖指数见本书附录。一般规律是粗粮的血糖指数低于细粮，复合碳水化合物低于精制糖，多种食物混合低于单一食物。故糖尿病治疗膳食宜多用粗粮和复合碳水化合物，食物品种尽量多样化，全谷物、杂豆类宜占主食摄入量的 1/3，少用富含精制糖的甜点，如蜂蜜、蔗糖、麦芽糖等纯糖食品。必要时，为了改善食品风味，可选用甜叶菊、木糖醇、阿斯巴糖等甜味剂代替蔗糖。食用水果，也应适当减少部分主食。

3. **限制脂肪和胆固醇**　糖尿病患者因胰岛素分泌不足，体内脂肪分解加速，合成减弱，脂质代谢紊乱。膳食脂肪摄入不当时，易引发或加重高脂血症，进一步发展会导致血管病变，这是糖尿病常见的并发症。为此，膳食脂肪摄入量应适当限制，尤其是饱和脂肪酸不宜过多。一般膳食脂肪占总能量的 25%~35%，其中饱和脂肪酸占总能量应少于 10%；因糖尿病机体抗氧化能力减弱，虽然多不饱和脂肪酸有降血脂和预防动脉粥样硬化的作用，也不宜过多，不宜超过总能量的 10%，单不饱和脂肪酸可占总能量的 10%~20%，或饱和脂肪酸、单不饱和脂肪酸、多不饱和脂肪酸的比值为<1∶1∶<1。富含饱和脂肪酸的食物主要是动物油脂，如猪油、牛油、奶油，但鱼油除外；富含单不饱和脂肪酸的油脂有橄榄油、茶籽油、花生油、各种坚果油等；而植物油一般富含多不饱和脂肪酸，如豆油、玉米油、葵花子油等，但椰子油和棕榈油除外。

胆固醇摄入量应少于 300mg/d，合并高脂血症者应低于 200mg/d。因此，糖尿病患者应避免进食富含胆固醇的食物，如动物脑和肝、肾、肠等动物内脏，鱼子、虾子、蛋黄等食物。

4. **适量的蛋白质**　蛋白质供给与正常人接近，为 0.8~1.2g/（kg·d），占总能量的 15%~20%。因糖尿病患者糖异生作用增强，蛋白质消耗增加，易出现负氮平衡，此时应适当增加蛋白质供给量，成人 1.2~1.5g/（kg·d），儿童、孕妇、乳母、营养不良的患者可供给 1.5~2.0g/（kg·d），蛋白质可达到或高于总能量的 20%。伴有肾功能不全时应限蛋白质摄入量，根据肾功能损害程度而定，一般为 0.8~1.0g/

(kg·d)。膳食中应有 50% 以上的蛋白质为优质蛋白质，如瘦肉、鱼、乳、蛋、豆制品等。

5. **充足的维生素**　糖尿病患者因主食和水果摄入量受限制，且体内物质代谢相对旺盛，高血糖的渗透性利尿作用易引起水溶性维生素随尿流失，较易发生维生素缺乏。糖尿病易并发神经系统疾病，可能与维生素 B_1、B_{12} 不足有关；并发视网膜病变的原因之一可能是患者体内不能将胡萝卜素转变为维生素 A。因此，供给足够的维生素也是糖尿病营养治疗的原则之一。补充 B 族维生素(包括维生素 B_1、B_2、PP、B_{12} 等)可改善患者的神经系统并发症；补充维生素 C 可防止微血管病变，供给足够的维生素 A 可以弥补患者难以将胡萝卜素转化为维生素 A 的缺陷。充足的维生素 E、维生素 C 和 β 胡萝卜素能加强患者体内已减弱的抗氧化能力。

6. **合适的矿物质**　血镁低的糖尿病患者容易并发视网膜病变；钙不足易并发骨质疏松症；锌与胰岛素的分泌和活性有关，并帮助人体利用维生素 A；三价铬是葡萄糖耐量因子的成分；锰可改善机体对葡萄糖的耐受性；锂能促进胰岛素的合成和分泌。因此，应保证矿物质的供给量满足机体的需要，适当增加钾、镁、钙、铬、锌等元素的供给。但应限制钠盐摄入，以防止和减轻高血压、高脂血症、动脉硬化和肾功能不全等并发症。

7. **丰富的膳食纤维**　膳食纤维具有较好的防治糖尿病作用，能有效改善糖代谢，降血压、降血脂和防止便秘等。可溶性膳食纤维吸水可膨胀，吸附并延缓碳水化合物在消化道的吸收，减弱餐后血糖的急剧升高，有助于患者的血糖控制；同时还具有降血脂作用。不溶性膳食纤维能促进肠蠕动，加快食物通过肠道，减少吸收，具有间接的缓解餐后血糖和减肥作用，但膳食纤维过多也会影响矿物质的吸收。建议膳食纤维供给量 25~30g/d，或 15~25g/1 000kcal。

8. **合理的餐次和食物多样化**　根据血糖、尿糖升高时间，用药时间和病情是否稳定等情况，并结合患者的饮食习惯合理分配餐次，至少一日 3 餐，定时、定量，可按早、午、晚各占 1/3，或 1/5、2/5、2/5 的能量比例分配。口服降糖药或注射胰岛素后易出现低血糖的患者，可在 3 个正餐之间加餐 2~3 次。在每日总能量摄入量范围内，适当增加餐次有利于改善糖耐量和预防低血糖的发生。

食物的种类要尽可能多样化，可以满足机体对各种营养素的需求。糖尿病患者各类食物的选择可参考 2017 年中国营养学会颁布的《中国 2 型糖尿病膳食指南》。

糖尿病患者的饮食治疗需要终身坚持，在限制总能量、合理搭配下，饮食中可以包括各种患者喜欢的食物，并没有绝对的禁忌。在烹调方法上多采用蒸、煮、烧、烤、凉拌的方法，避免食用油炸的食物。

9. **营养分型治疗**　糖尿病膳食应因人而异，强调个体化，根据病情特点、血糖和尿糖的变化，结合血脂水平和合并症等因素确定与调整能源物质的比例，即进行膳食分型，见表 18-2-7；在不违背营养治疗原则的条件下，选择的食物与烹调方法应尽量顾及患者的饮食习惯。

表 18-2-7　糖尿病膳食分型

分型	碳水化合物 /%	蛋白质 /%	脂肪 /%
轻型糖尿病	60	16	24
血糖、尿糖均高	55	18	27
合并高胆固醇	60	18	22
合并高甘油三酯	50	20	30
合并肾功能不全	66	8	26
合并高血压	56	26	18
合并多种并发症	58	24	18

四、营养治疗实践

(一) 营养教育

糖尿病的健康教育是现代综合治疗中一个重要的组成环节，需要各方面的人员参加。对于营养教育及饮食治疗的方法，营养师需承担起主要的教育角色。

饮食治疗的原则十分重要，但其理论性强，患者初期很难完全接受并运用到日常生活中，可以大课堂式、小组式或个体化等各种形式灵活开展。在进行饮食教育时，需要介绍基础的膳食营养知识及糖尿病饮食原则，并告知患者膳食因素与血糖的联系，让患者明确树立饮食控制是糖尿病治疗的基础的理念，为其后续的治疗和监测奠定基石。

（二）治疗实践

糖尿病饮食是一种需要计算能量和称重量的饮食。需要根据糖尿病的营养治疗原则和膳食推荐，以及患者自身状况和饮食习惯设计食谱，操作过程复杂，难以被患者掌握。而用“食物交换份”的方法，可以快速、简便地制订食谱，已被国内外广泛使用。

食物交换份是将食物按照来源、性质分成几类，同类食物在一定重量内所含的蛋白质、脂肪、碳水化合物和能量相近，不同类食物之间所提供的能量也是相同的。所有食物均指可食部分，即去除皮、籽、核、骨头等后的净重。

食物交换份法将食品分为六大类：主食类（或称谷类、米面类）、蔬菜类、水果类、鱼肉类（含豆制品）、乳类（含豆奶）和油脂类，每个食物交换份可产生 334.4~376.2kJ（80~90kcal）能量。列出各类食物的单位数，可以随意组成食谱。

根据自身的能量需要量选择合适的食物交换份数，并按照 1/5、2/5、2/5 的比例分配到三餐中，随后从各类食品中选定食品及其重量进行制作，即可保证自身每日营养的均衡。

下面是从 4 185~8 368kJ（1 000~2 000kcal）的不同能量需求饮食的交换份（单位）举例（表 18-2-8），具体不同食物举例见表 18-2-9 至表 18-2-14。

表 18-2-8　不同能量饮食内容的交换份（单位）举例

能量		主食类		蔬菜类		水果类		鱼肉类		乳类		油脂类	
kcal	交换份	份	约重 /g	份	约重 /g	份	约重 /g	份	约重 /g	份	约重 /g	份	植物油
1 000	12	5	125	1	500	1	200	2	100	2	320	1	1 汤匙
1 200	14.5	7	175	1	500	1	200	2	100	2	320	1.5	1.5 汤匙
1 400	16.5	8	200	1	500	1	200	3	150	2	320	1.5	1.5 汤匙
1 600	18.5	9	225	1	500	1	200	4	200	2	320	1.5	1.5 汤匙
1 800	21	11	275	1	500	1	200	4	200	2	320	2	2 汤匙
2 000	23.5	13	325	1	500	1	200	4.5	225	2	320	2	2 汤匙

表 18-2-9　食物交换份表——主食类（谷类、米面类）

重量	食物举例
25g	大米、小米、卷面、干玉米、绿豆、赤豆、芸豆、苏打饼干、面粉、通心粉、荞麦面、干粉条、藕粉
30g	切面
35g	淡馒头
37.5g	咸面包
75g	茨菇
125g	山药、土豆、藕、芋艿
150g	荸荠
300g	凉粉

注：1 个主食类食物交换份可产生 376.2kJ（90kcal）能量，其中含有碳水化合物 19g，蛋白质 2g、脂肪 0.5g。

表 18-2-10　食物交换份表——蔬菜类

重量	食物举例
500g	白菜、青菜、鸡毛菜、菠菜、芹菜、韭菜、莴笋、西葫芦、冬瓜、黄瓜、苦瓜、茄子、番茄、绿豆芽、花菜、鲜蘑菇、金瓜、菜瓜、竹笋、鲜海带
350g	马兰头、油菜、南瓜、甜椒、萝卜、茭白、豆苗、丝瓜
250g	荷兰豆、扁豆、豇豆、四季豆、西蓝花
200g	蒜苗、胡萝卜、洋葱
100g	豌豆

注：2 个蔬菜类食物交换份可产生 334.4kJ（80kcal）能量，其中含有碳水化合物 15g，蛋白质 5g。

表 18-2-11　食物交换份表——水果类

重量	食物举例
750g	西瓜
300g	草莓、阳桃
250g	鸭梨、杏、柠檬
225g	柚、枇杷
200g	橙、橘、苹果、猕猴桃、菠萝、李子、桃子、樱桃
125g	柿子、鲜荔枝
100g	鲜枣

注：1 个水果类食物交换份可产生 376.2kJ（90kcal）能量，其中含有碳水化合物 21g，蛋白质 1g。

表 18-2-12　食物交换份表——鱼肉类

重量	食物举例
15g	猪肋条肉
20g	太仓肉松、瘦香肠
25g	瘦猪肉、猪大排、猪肝、猪小排
50g	鸡肉、鸭肉、瘦牛肉、猪舌、鸽、鲳鱼、鲢鱼、豆腐干、香干
55g	鸡蛋、鸭蛋（中等大小）
70g	猪肚、猪心
75g	黄鱼、带鱼、鲫鱼、青鱼、青蟹
100g	鹌鹑、河虾、牡蛎、蛤蜊肉、兔肉、比目鱼、鱿鱼
200g	河蚌

注：1 个鱼肉类食物交换份可产生 334.4kJ（80kcal）能量，其中含有蛋白质 9g，脂肪 5g。

表 18-2-13　食物交换份表——乳类（含乳或豆类）

重量	食物举例
15g	全脂奶粉
20g	豆浆粉、干黄豆
25g	脱脂奶粉
100ml	酸牛奶、淡全脂牛奶
200ml	豆浆

注：1 个乳或豆类食物交换份可产生 376.2kJ（90kcal）能量，其中含有碳水化合物 6g，蛋白质 4g，脂肪 5g。

表 18-2-14　食物交换份表——油脂类

重量	食物举例
9g	豆油、菜油、麻油、花生油
12g	核桃仁
15g	花生米、杏仁、芝麻酱、松子
30g	葵花籽、南瓜子

注：1 个油脂类食物交换份可产生 334.4kJ(80kcal)能量，其中含有脂肪 9g。

（刘英华）

第三节　高 脂 血 症

高脂血症(hyperlipidemia)是指血脂水平超过正常水平上限的统称，包括总胆固醇(total cholesterol，TC)、甘油三酯(triglyceride，TG)和低密度脂蛋白(low density lipoprotein，LDL)水平升高。与胆固醇水平正常的人群相比，高脂血症患者发生心血管疾病的风险升高 2 倍，家族性高脂血症患者血管性疾病发生率更高、发病年龄更早。

一、概述

(一) 血浆脂蛋白分类和功能

血脂中的主要成分是甘油三酯和胆固醇。甘油三酯和胆固醇是疏水性物质，不能直接在血液中被转运，也不能直接进入组织细胞。他们必须与特殊的蛋白质和极性类脂(如磷脂)一起组成一个亲水性的球状大分子脂蛋白，才能在血液中被运输并进入组织细胞。脂蛋白主要由胆固醇、甘油三酯、磷脂和蛋白质组成，绝大多数是在肝脏和小肠合成，并主要经肝脏分解代谢。

1. 血浆脂蛋白的种类　应用超速离心法，可将血浆脂蛋白分为五大类或六大类：乳糜微粒、极低密度脂蛋白、中密度脂蛋白、低密度脂蛋白、高密度脂蛋白。后来还发现了脂蛋白 a(lipoprotein-a，LP-a)。不同的脂蛋白其密度、来源、组成不同，在致动脉硬化中的作用也不一样。

2. 血浆脂蛋白的临床意义

(1) 乳糜微粒(chylomicron，CM)：CM 来源于膳食脂肪，高脂肪膳食可增加 CM 合成，CM 含外源性甘油三酯的 90% 左右，其生理功能是将食物来源的甘油三酯从小肠运输到肝外组织中被利用。正常人空腹 12h 后，血浆中 CM 已完全被清除，但Ⅰ型和Ⅴ型高脂蛋白血症病人空腹血浆中出现高浓度 CM。CM 颗粒大，不能进入动脉壁内，一般不致动脉粥样硬化。近年来研究表明，餐后高脂血症(主要是 CM 浓度升高)亦是冠心病的危险因素。CM 的代谢残骸可被巨噬细胞表面受体识别而摄入，因而可能与动脉粥样硬化有关。

(2) 极低密度脂蛋白(very low density lipoprotein，VLDL)：VLDL 和 CM 都是以甘油三酯为主，因此被统称为富含甘油三酯的脂蛋白。但 VLDL 与 CM 不同的是，VLDL 的甘油三酯主要由肝脏合成，其最重要的底物是游离脂肪酸。流经肝脏的血液中游离脂肪酸含量增加或肝脏自身合成的脂肪酸增加，均可加速肝脏合成和分泌 VLDL。肝脏利用游离脂肪酸合成甘油三酯的速率受膳食的影响，高碳水化合物膳食可促进 VLDL 合成和分泌，膳食脂肪则使肝脏合成和分泌 VLDL 减少。目前多数学者认为，血浆 VLDL 水平升高是冠心病的危险因素，其理论依据是：血浆 VLDL 升高时，其结构发生变化，颗粒变小，胆固醇含量相对增加，因而具有致动脉粥样硬化的作用；VLDL 浓度升高，可影响其他脂蛋白的浓度和结构；VLDL 升高伴有血浆 HDL 水平降低，使抗动脉硬化的因素减弱；VLDL 增高常与其他的冠心病危险因素相伴随，如胰岛素抵抗、肥胖、糖尿病等。

(3) 中密度脂蛋白(intermediate density lipoprotein，IDL)：IDL 是 VLDL 向 LDL 转化过程中的中间产物，与 VLDL 相比，胆固醇含量明显增加。正常情况下，IDL 在体内的分解代谢迅速，因此正常情况下血浆中 IDL 浓度很低。约 50% 的 IDL 被 LDL 受体直接分解代谢，另 50% 转变为 LDL。IDL 一直被认为具有致动脉粥样硬化作用。

(4) 低密度脂蛋白(low density lipoprotein，LDL)：LDL 是由 IDL 在肝脏内转化而来，肝脏也可直接合成，分泌少量。LDL 是血浆中胆固醇含量最多的一种脂蛋白，胆固醇含量在 50% 以上，65% 的血浆胆固醇存在于 LDL 中，是所有血浆脂蛋白中首要的致动脉粥样硬化性脂蛋白。研究证明，粥样硬化斑块中的胆固醇来自血液循环中的 LDL。LDL 直径相对较小，能很快穿过动脉内膜层。LDL 易被氧化修饰，形成 OX-LDL，失去其原有的构型，不能被 LDL- 受体(LDL-R)识别，具有更强的致动脉粥样硬化作用。

(5) 高密度脂蛋白(high density lipoprotein，HDL)：HDL 颗粒最小，脂质和蛋白质各占 50%。HDL 可进一步再分为 HDL_2 和 HDL_3，两者化学结构的主要区别是，HDL_2 中胆固醇含量较 HDL_3 多，而载脂蛋白的含量相对较少。HDL 主要由肝脏和小肠合成，是一种抗动脉粥样硬化的血浆脂蛋白，能将周围组织中包括动脉壁内的胆固醇转运到肝脏进行代谢，还具有抗 LDL 氧化的作用，并能促进损伤内皮细胞修复，还能稳定前列环素的活性，因此是冠心病的保护因子。

(二) 高脂血症的诊断与分类

1. 高脂血症的诊断 主要根据血浆(清)TC、TG 水平和 LDL-C 浓度进行诊断。关于高脂血症的诊断，目前国际和国内尚无统一的标准。2016 年我国修订了《中国成人血脂异常防治指南》，对血脂水平进行了分层，标准见表 18-3-1。

表 18-3-1 中国成人血脂水平分层标准(2016) 单位：$mmol \cdot L^{-1}$

分层	TC	LDL-C	HDL-C	TG
合适范围	<5.18	<3.37	≥1.04	<1.70
边缘升高	5.18~6.19	3.37~4.12		1.70~2.25
升高	≥6.22	≥4.14	≥1.55	≥2.26
降低			<1.04	

2. 高脂血症的分类 目前高脂血症的分类较为繁杂，为了指导治疗，提出了简易分型方法，将高脂血症分为 3 种类型：高胆固醇血症、高甘油三酯血症、混合型高脂血症。

二、营养代谢特点

(一) 脂类

1. 饱和脂肪酸 高脂饮食易导致血浆胆固醇水平升高。脂肪不仅能促进胆汁分泌，其水解产物还有利于形成混合微胶粒，并能促进胆固醇在黏膜细胞中进一步参与形成乳糜微粒、转运入血，从而使血浆胆固醇水平升高。饱和脂肪酸能抑制低密度脂蛋白受体活性，饱和脂肪酸摄入过高可使血浆胆固醇升高。其作用机制可能与以下方面有关：①抑制胆固醇在肝内合成；②促进调节性氧化类固醇形成；③降低细胞表面低密度脂蛋白活性；④促进无活性非酯化胆固醇转入活性池；⑤降低低密度脂蛋白与其受体的亲和性。短链的饱和脂肪酸(6~10 个碳原子)和硬脂酸(18 个碳原子)对血胆固醇影响较小。豆蔻酸(C14：0)、月桂酸(C12：0)和棕榈酸(C16：0)有升高血胆固醇的作用。

2. 单不饱和脂肪酸 单不饱和脂肪酸能降低血总胆固醇和低密度脂蛋白，而且不降低高密度脂蛋白。此外，单不饱和脂肪酸由于不饱和双键较少，对氧化作用的敏感性低于多不饱和脂肪酸，不易引起 LDL 氧化。

3. **多不饱和脂肪酸**　ω-6 系列的多不饱和脂肪酸能降低血液总胆固醇、LDL 和 HDL 水平。其作用机制与饱和脂肪酸相反，即增强 LDL 受体活性，从而降低血液中 LDL 颗粒数及颗粒中胆固醇的含量。ω-3 系列的多不饱和脂肪酸可降低血总胆固醇、甘油三酯和 LDL，增加 HDL。

4. **胆固醇**　膳食胆固醇可影响血中胆固醇水平，升高 LDL。但个体内对膳食胆固醇摄入量的反应差异大，可能与年龄、遗传、膳食史及膳食中各种营养素的比例有关。人体除从食物中获取胆固醇外，也可内源性合成。外源性胆固醇可反馈性地抑制肝脏胆固醇合成限速酶——HMG-CoA 还原酶的活性，从而维持体内胆固醇含量的相对稳定。但这种反馈调节机制并不完善，当大量摄入胆固醇时，仍可使血胆固醇升高。

5. **磷脂**　磷脂具有乳化作用，使血液中的胆固醇颗粒保持悬浮状态，从而降低胆固醇在血管壁的沉积，并具有降血胆固醇作用。

（二）蛋白质

蛋白质的构型和氨基酸组成均可影响血脂代谢。*L*- 精氨酸是体内合成 NO 的原料，补充足量的 *L*- 精氨酸，能对抗因高胆固醇血症引起的内皮 NO 活性降低的作用。

（三）碳水化合物

碳水化合物摄入过多，尤其是单糖和双糖类，除了引起肥胖外，会促进肝脏利用多余的碳水化合物合成甘油三酯，引起血浆 VLDL 和甘油三酯含量升高，且降低 HDL。

（四）维生素

维生素 E 能降低血浆 LDL 和阻止 LDL 氧化，增加 HDL 水平。维生素 C 参与胆固醇代谢，促进肝脏胆固醇转化为胆汁酸排出，从而降低血胆固醇水平。

（五）矿物质

镁能改善脂质代谢。缺钙会引起血胆固醇和甘油三酯升高。铬是葡萄糖耐量因子的组成成分，缺铬可引起糖代谢和脂类代谢紊乱；补铬可降低血甘油三酯、胆固醇和 LDL 含量，并提高 HDL 的含量。碘可减少胆固醇在动脉壁的沉积，钒有利于脂质代谢。

三、高脂血症的营养治疗原则

（一）营养治疗目标

国际上通常采用美国的建议，在治疗高胆固醇血症时，将血清 LDL-C 视为降低胆固醇治疗的主要目标，其治疗目标根据有无冠心病分类如下（表 18-3-2）。

表 18-3-2　营养治疗目标　　单位：nmol·L^{-1}（mg·L^{-1}）

冠心病	危险因素*	LDL-C 现有水平	LDL-C 治疗目标
无	<2 个	≥4.1（1 600）	<4.1（1 600）
无	≥2 个	≥3.4（1 300）	<3.4（1 300）
有		≥2.6（1 000）	<2.6（1 000）

注：* 冠心病危险因素包括：①年龄：男性≥45 岁，女性≥55 岁或提前绝经而采用雌激素替代治疗；②早发冠心病的家族史；③吸烟；④高血压；⑤ HDL-C<350mg/L；⑥糖尿病。

（二）营养治疗原则

1. **控制总能量摄入**　总能量摄入应以体重为基础，适当增加运动量，控制体重在理想体重范围。

2. **限制脂肪和胆固醇摄入**　脂肪供能占总能量的 20%~25% 为宜。陆地动物脂肪含饱和脂肪酸较多，对血胆固醇影响大，应减少摄入；深海鱼油含丰富的 EPA 和 DHA，植物油含不饱和脂肪酸较多，但椰子油、棕榈油例外，一般膳食以饱和脂肪酸、单不饱和脂肪酸和多不饱和脂肪酸比例<1∶1∶<1为宜。多不饱和脂肪酸虽有降血脂的作用，但其不饱和键易氧化而产生过氧化物，对健康不利，故也不宜过量摄入，但可适宜增加维生素E的摄入量，以防止不饱和脂肪酸的过氧化，一般每克多不饱和脂肪酸需0.6mg维生素E。

胆固醇摄入量<300mg/d；高胆固醇血症患者，胆固醇摄入量<200mg/d，膳食脂肪摄入量也应降低，少于总能量的20%，饱和脂肪酸低于总能量的7%。

一般宜少吃猪肉，可适当吃些鸡、兔、牛、羊等瘦肉，海鱼类适当多吃。烹调选择植物油，如豆油、花生油、玉米油。动物内脏、脑和蛋黄的胆固醇含量高，尽量不吃。而大豆含磷脂与不饱和脂肪酸多，故豆制品是较好的保健食品。

3. **适量的蛋白质和碳水化合物**　蛋白质摄入量占总能量的13%~15%为宜，多选择植物蛋白尤其是大豆蛋白，后者有较好的降血脂作用。碳水化合物占总能量的55%~65%。由于蔗糖、果糖等比淀粉更容易转化为甘油三酯，故应少吃甜食和含糖饮料。甘油三酯血症患者，碳水化合物应减少至占总能量的50%~55%。

4. **充足的维生素、矿物质和膳食纤维**　提倡多吃新鲜蔬菜和水果，适当吃些粗粮、杂粮，以保证充足的维生素、矿物质和膳食纤维的摄入量。可适当吃些脱脂奶或豆类以供给足量的钙。植物性食物中的谷固醇和膳食纤维可影响机体对胆固醇的吸收，从而降低胆固醇水平。高脂血症患者宜适当增加膳食纤维的摄入。

5. **饮食宜清淡、少盐**　食盐量<6g/d，伴有高血压者应限盐。

6. **少饮酒，多喝茶**　酒会促进肝脏合成更多的内源性甘油三酯和LDL，故应少饮为好。如饮酒也应饮低度酒。茶叶含有茶多酚等成分，有降低胆固醇在动脉壁的沉积、抑制血小板凝集、促进纤溶酶活性、抗血栓形成作用，故建议多饮茶。

四、营养治疗实践

（一）营养教育

调整饮食和改善生活方式是治疗各种高脂血症的基础，尤其对原发性高脂血症患者，更应选择饮食治疗。即使在进行药物降脂治疗时，饮食疗法也要同时进行。饮食疗法能使血浆胆固醇降低，提高降脂药物的疗效，还具有改善糖耐量、恢复胰岛功能、减轻体重等多方面作用。

营养教育过程中要督促患者以平衡膳食为基础，维持正常的体重；控制总能量摄入，限制膳食脂肪尤其是饱和脂肪和胆固醇，缓解血脂异常，预防并发症；明确饮食治疗的目标，做好定期监测。

（二）治疗实践

根据高脂血症的营养治疗原则和《中国居民膳食指南》(2016)，结合患者饮食习惯，通过食物交换份计算并制订食谱。其中要注意食物的选择，具体如下。

1. **宜选食物**　富含膳食纤维的蔬菜（如芹菜、韭菜、油菜）、粗粮等；富含多不饱和脂肪酸的深海鱼类；乳及乳制品、豆类及豆制品；食用油选用植物油，如豆油；茶叶尤其是绿茶，具有明显的降血脂作用。

2. **忌用食物**　动物性油脂（鱼油除外）；胆固醇含量高的动物内脏（尤其是脑）、蛋黄、鱼子、蟹子、蛤贝类。

同时要定期监测血脂变化，个体化制定血脂控制的标准，对于患者应充分考虑其年龄、病程、寿命预期、合并症、并发症等不同情况，综合制定其血脂等控制标准，治疗未能达标不应视为治疗失败，控制指标的任何改善均对患者有益，也会降低相关危险因素引发并发症的风险。治疗初期的随访频次可每1~2周一次；当患者血脂控制良好，基本掌握高脂血症饮食治疗方法后，可延长到3个月或半年一次。

（葛　声）

第四节 高尿酸血症与痛风

高尿酸血症(hyperuricemia,HUA)是指正常嘌呤饮食状态下,非同日2次空腹血尿酸(uric acid)水平:男性>420μmol/L,女性>360μmol/L。

一、概述

20世纪80年代以来,随着我国人民生活水平的不断提高,高尿酸血症的患病率也呈逐年上升趋势,在经济发达城市及沿海地区,患病率可达5%~23.5%。高尿酸血症也是代谢性疾病(糖尿病、代谢综合征、高脂血症等)、慢性肾脏病、心血管疾病、脑卒中的独立危险因素。根据血尿酸水平和尿尿酸排泄情况可以将其分为3型:尿酸排泄不良型、尿酸生成过多型和混合型,其中90%的原发性HUA都属于尿酸排泄不良型。

痛风(gout)是嘌呤合成代谢紊乱和/或尿酸排泄减少、血尿酸增高所致的一组疾病。其临床特点为高尿酸血症及尿酸盐结晶、沉积所引起的特征性关节炎、痛风石、间质性肾炎和尿酸肾结石形成,严重者可致关节活动功能障碍和畸形。根据导致血尿酸升高的原因,痛风可分为原发性和继发性两大类。原发性痛风除少数由于嘌呤代谢的一些酶缺陷引起外,大多病因尚未明确,属遗传性疾病,患者常伴有高脂血症、肥胖、原发性高血压、糖尿病和动脉粥样硬化等。继发性痛风可由肾脏病、血液病、药物、高嘌呤食物等多种因素引起。

痛风多见于体型肥胖的中老年男性,女性很少发病,如有发病多在绝经期后。发病前常有漫长的无症状高尿酸血症史,但只有在发生关节炎和/或痛风石时才称为痛风。主要表现如下。

1. **无症状高尿酸血症** 是指血清尿酸水平升高,可持续终身。其发病机制与病因尚不清楚,需定期复查。随着血清尿酸浓度的增高,发展成痛风的趋势就增高,当痛风性关节炎第一次发作后,无症状高尿酸血症即告结束。

2. **急性关节炎** 常是痛风的首发症状,是尿酸盐在关节内结晶、沉积和脱落引起的炎症反应。最易累及跗趾关节,其次为踝、跟、膝、腕、指、肘等关节。多数为单一关节受影响,反复发作则受累关节增多。典型发作起病急骤,患者常在午夜痛醒。急性期关节红肿热痛和活动受限,可伴发热、白细胞计数增多等全身反应。一般数小时至数周后自然缓解,个别患者终身仅发作一次。多次反复发作可发展为慢性关节炎和痛风石。急性期促发因素为饮酒、高蛋白饮食、脚扭伤、劳累、受寒、感染等。

3. **痛风石及慢性关节炎** 痛风石是痛风的特征性病变,是由尿酸盐结晶沉积于结缔组织引起的一种慢性异物样反应而形成的异物结节。除中枢神经系统外,痛风石可累及任何部位,常见于耳郭、关节内及附近。其呈黄白色大小不一的隆起,初起质软,随着纤维组织的增生渐变硬如石。发生于关节附近的痛风结节,表皮磨损易溃疡和形成瘘管,排出含尿酸盐结晶的糊状物。由于痛风石沉积不断扩大增多,关节结构及其软组织会被破坏,纤维组织和骨质增生会引起关节僵硬、畸形、活动受限、功能丧失。

4. **痛风肾病** 尿酸盐结晶在肾组织沉积可引起慢性间质性肾炎,表现为高蛋白尿、血尿、等渗尿,进而发生高血压、氮质血症等肾功能不全综合征。肾小管急性、大量、广泛的尿酸盐结晶阻塞,可产生急性肾衰竭。

5. **尿酸性尿路结石** 发生率占高尿酸血症患者的40%,占痛风患者的25%。绝大多数为纯尿酸结石,泥沙样结石常无症状,较大者有肾绞痛、血尿。

男性和绝经后女性血尿酸>420μmol/L(7.0mg/dL)、绝经前女性血尿酸>350μmol/L(5.8mg/dL)可

诊断为高尿酸血症。中老年男性如出现特征性关节炎表现、尿路结石或肾绞痛发作，伴有高尿酸血症时应考虑痛风。X线检查、CT或MRI扫描对明确诊断有一定价值。秋水仙碱试验性治疗对急性关节炎期诊断有意义。

二、营养代谢特点

（一）嘌呤核苷酸代谢

核苷酸是核酸的基本结构单位。人体内的核苷酸少量来自食物中的核酸，经消化后吸收，但主要由机体细胞自身合成。

体内核苷酸的分解代谢和食物中核苷酸的消化过程类似，细胞中的核苷酸水解成核苷，再进一步水解为嘌呤碱，嘌呤碱既可以参加核苷酸的补救合成，也可进一步水解，最终生成尿酸。因此人体尿酸来源有两个途径：外源性占20%，来自富含嘌呤或核蛋白的食物在体内的消化代谢；内源性占80%，是由体内氨基酸、磷酸核糖和其他小分子化合物合成的核酸所分解而来。高尿酸血症主要是内源性嘌呤代谢紊乱、尿酸排出减少与生成增多所致。在原发性痛风中，80%~90%的发病直接机制是肾小管对尿酸的清除率下降。尽管高嘌呤饮食并不是痛风的致病原因，但可使细胞外液尿酸值迅速增高，诱发痛风发作。停止摄入嘌呤，可使痛风患者血尿酸减低29.5~89.3μmol/L（0.5~1.5mg/dL）。

（二）宏量营养素代谢

高尿酸血症和痛风患者常伴有肥胖和高脂血症。食物中的嘌呤多与蛋白质共存，高蛋白质饮食不但嘌呤摄入增多，而且可促进内源性嘌呤的合成和核酸的分解。脂肪摄入过多，血酮浓度增加，会与尿酸竞争并抑制尿酸在肾的排泄。碳水化合物丰富，可使5′-磷酸核糖增加，继而转化为磷酸核糖基焦磷酸（phosphoribosyl pyrophosphate，PRPP）（此为嘌呤合成的底物）。不过糖类也有增加尿酸排泄的倾向，并可减少体内脂肪氧化而产生的过多酮体，故应是能量的主要来源。但果糖可以促进核酸分解，增加尿酸的生成，应减少摄入。

（三）维生素

B族维生素和维生素C可促进组织沉积的尿酸盐溶解，有利于缓解痛风。

三、营养治疗原则

（一）营养治疗的目的

限制外源性嘌呤的摄入，减少尿酸来源，并增加尿酸的排泄，以降低血清尿酸水平，从而减少急性发作的频率和程度，防止并发症。

（二）营养治疗原则

1. 限制嘌呤　患者应长期控制嘌呤摄入，根据病情限制膳食中嘌呤的含量。在急性期应严格限制嘌呤摄入少于150mg/d，可选择嘌呤含量低的食物（<25mg/100g），以牛奶及其制品、蛋类、蔬菜、水果、细粮为主。在缓解期，视病情可限量选用嘌呤含量中等的食物（25~150mg/100g）。其中肉、鱼、禽肉用量60~90g/d，用煮过去汤的熟肉代替生肉。另外可自由选用含嘌呤低的食物，禁用含嘌呤高的食物（>150mg/100g）。

一般将食物按嘌呤含量分为3类，供选择食物时参考如下。

（1）第一类：含嘌呤较少，每100g含量<50mg。

1）谷薯类：大米、米粉、小米、糯米、大麦、小麦、荞麦、富强粉、面粉、通心粉、挂面、面条、面包、馒头、麦片、白薯、马铃薯、芋头。

2）蔬菜类：白菜、卷心菜、芥菜、芹菜、青菜叶、空心菜、芥蓝菜、茼蒿、韭菜、黄瓜、苦瓜、冬瓜、南瓜、丝瓜、西葫芦、花菜、茄子、豆芽菜、青椒、萝卜、胡萝卜、洋葱、番茄、莴苣、泡菜、咸菜、葱、姜、蒜头、荸荠。

3）水果类：橙、橘、苹果、梨、桃、西瓜、哈密瓜、香蕉。

4) 乳类：鸡蛋、鸭蛋、皮蛋、牛奶、奶粉、奶酪、酸奶、炼乳。

5) 其他：猪血、猪皮、海参、海蜇皮、海藻、红枣、葡萄干、木耳、蜂蜜、瓜子、杏仁、栗子、莲子、花生、核桃仁、花生酱、枸杞子、茶、咖啡、碳酸氢钠、巧克力、可可、油脂（在限量中使用）。

(2) 第二类：含嘌呤较高，每 100g 含 50~150mg。

米糠、麦麸、麦胚、粗粮、绿豆、红豆、花豆、豌豆、菜豆、豆腐干、豆腐、青豆、黑豆。

猪肉、牛肉、小牛肉、羊肉、鸡肉、兔肉、鸭、鹅、鸽、火鸡、火腿、牛舌。

鳝鱼、鳗鱼、鲤鱼、草鱼、鳕鱼、鲑鱼、黑鲳鱼、大比目鱼、鱼丸、虾、龙虾、乌贼、螃蟹、鲜蘑、芦笋、四季豆、鲜豌豆、昆布、菠菜。

(3) 第三类：含嘌呤高的食物，每 100g 含 150~1 000mg。

猪肝、牛肝、牛肾、猪小肠、脑、胰、白带鱼、白鲇鱼、沙丁鱼、凤尾鱼、鲢鱼、鲱鱼、鲭鱼、小鱼干、牡蛎、蛤蜊、浓肉汁、浓鸡汤及肉汤、火锅汤、酵母粉。

2. **合理控制总能量** 患者多伴有超重或肥胖，应控制能量摄入以尽量达到或稍低于理想体重，体重最好能低于理想体重 10%~15%。能量供给平均为 25~30kcal/(kg·d)，即 6.28~8.37MJ/d (1 500~2 000kcal/d)。超体重者应减重，减少能量应循序渐进，切忌猛减，否则引起体脂分解过快会导致酮症，抑制尿酸的排除，诱发痛风症急性发作。

3. **适量限制蛋白质摄入量** 食物中的核酸多与蛋白质合成核蛋白存在细胞内，适量限制蛋白质供给可控制嘌呤的摄取。其供给量为 0.8~1.0g/(kg·d) 或 50~70g/d，并以含嘌呤少的谷类、蔬菜类为主要来源，优质蛋白质可选用不含或少含核蛋白的乳类、干酪、鸡蛋等。尽量不用肉、鱼、禽类等，如一定要用，可经煮沸弃汤后食用少量。在痛风肾病时，应根据尿蛋白的丢失和血浆蛋白质水平适量补充蛋白质；但在肾功能不全，出现氮质血症时，应严格限制蛋白质的摄入量。

4. **低脂肪** 脂肪可减少尿酸排泄，应适量限制，可采用低量或中等量，为 40~50g/d，占总能量的 20%~25%，并用蒸、煮、炖、卤、煲、灼等用油少的烹调方法。

5. **合理供给碳水化合物** 碳水化合物有抗生酮作用和增加尿酸排泄的倾向，故应是能量的主要来源，占总能量的 55%~65%。但高果糖的摄入是高尿酸血症和痛风的危险因素，可使痛风的发病率增加；另外果糖摄入量与血清胰岛素水平相关，高果糖摄入会增加胰岛素抵抗和肥胖风险，而有痛风病史的人群中，60%~70% 患有代谢综合征，因此应减少果糖的摄入量。

6. **充足的维生素和矿物质** 各种维生素，尤其是 B 族维生素和维生素 C 应足量供给。维生素 C 可以增加肾脏尿酸清除率，从而降低血清尿酸，并在肾近曲小管竞争性地抑制尿酸的重吸收；其抗氧化作用也对痛风性炎症有保护作用。但由于痛风患者易患高血压、高脂血症和肾病，应限制钠盐摄入，通常用量 2~5g/d。

7. **多饮水** 饮水过少是高尿酸血症和痛风的危险因素。每日饮水入液量应保持 2 000~3 000ml，以维持一定的尿量，促进尿酸排泄，防止结石生成。可在睡前或半夜饮水以防止夜尿浓缩。可多选用富含水分的水果和食品。但若伴有肾功能不全，水分应适量。

8. **限制刺激性食物** 乙醇可使体内乳酸增多，抑制尿酸排出，并促进嘌呤分解使尿酸增高，诱发痛风发作，故不宜饮酒。此外，强烈的香料和调味品，如辛辣调味品也不宜食用。茶、可可和咖啡可适量食用。

四、营养治疗实践

(一) 营养教育

对于患者，要告知高尿酸血症、痛风性急性关节炎反复发作的关节、肾脏等方面的危害。痛风可分为原发性和继发性两大类，大多数属于前者，并且常与肥胖、糖脂代谢紊乱、高血压、动脉硬化和冠心病等聚集发生。故痛风及高尿酸血症的治疗应重点放在改善生活方式，控制正常的血压、血脂和血糖，避免应用易使血尿酸升高的药物以及降尿酸药物治疗。营养治疗原则强调“三低一高”，即低嘌呤或无嘌呤膳食，低能量摄入，低脂低盐膳食，高水分摄入。

教育患者学会使用食物嘌呤含量分类表，根据自身所处的疾病阶段适量选择不同嘌呤含量的食物类别。

(二)治疗实践

痛风的治疗强调药物与调整生活方式联合，其中营养治疗要根据患者的病情严重程度，针对性选择食物，定制食谱。

1. **急性痛风发作期**　只能采用牛奶、鸡蛋、精制面粉及含嘌呤少的食物，多吃水果及大量饮水。禁食一切肉类及含嘌呤丰富的食物。

2. **痛风缓解期及高尿酸血症**　在全天蛋白质摄入量范围内，牛奶、鸡蛋清可不限量。全鸡蛋每日限用1个。瘦肉类，白色肉类(鱼、鸡)每日可选用2两(100g)，也可采用水煮肉类，弃其汤食其肉可减少嘌呤摄入。严禁一次吃过多的肉类及含嘌呤丰富的食物。其他可选用精制米面及含嘌呤少的蔬菜(多选用黄绿色蔬菜、水果等)。

高尿酸血症及痛风患者的血尿酸控制目标是稳定在360μmol/L以下，若有痛风石、痛风性关节炎患者，其血尿酸控制目标是稳定在300μmol/L以下。同时注意定期随访，教育患者每1~2周测量空腹体重，关注体重变化情况，至少每6个月复查一次血尿酸、血脂水平，及时调整营养方案，改善生活行为习惯。

(刘英华)

第五节　非酒精性脂肪肝

非酒精性脂肪性肝病(non-alcoholic fatty liver disease，NAFLD)是一种多病因引起肝细胞内脂质蓄积过多的病理状态。在不同的病因下，蓄积在肝内的脂类可以是甘油三酯(triglyceride，TG)、磷脂、糖脂或固醇脂。所以，脂肪肝的确切命名应该包括脂类的性质。由于绝大多数脂肪肝系肝细胞中性脂肪即TG蓄积所致，因此通常所称的脂肪肝即属此类。而由磷脂、胆固醇(cholesterol，Ch)及胆固醇酯等类脂成分在肝脏的脂肪及其他脏器细胞内蓄积所致的类脂沉积病，不属于狭义的脂肪肝范畴。

一、概述

轻度的肝脂肪变性，在大体上可无明显变化，当脂肪变性累及1/3以上的肝细胞，或肝内蓄积脂肪含量超过肝湿重的5%~10%，即形成脂肪肝。正常人肝组织切片检查仅见贮脂细胞(现称肝星状细胞)内有脂滴存在，营养良好者肝小叶内可见散在性肝细胞有1个或几个脂滴。当肝脏内TG含量超过肝湿重的5%~10%时，许多肝细胞相继出现脂滴，直径小至1.3~3μm仅在电镜下才能发现，当脂滴直径增大至5μm左右时，光镜下可见脂滴呈串状聚集在肝细胞的窦面，肝细胞质内充满这些微滴，此即小泡性脂肪变性(microsteatosis)。随着脂肪含量的增加，各个肝细胞内的小脂滴可保持不变或迅速融合成直径>25μm的单个大脂滴，细胞核和细胞器被挤压移位至脂滴边缘，但细胞非脂肪部分的容积常无变化，光镜下此种改变称为大泡性脂肪变性(macrosteatosis)。根据肝组织病理学改变，脂肪性肝病(fatty liver disease)可分为4类：①单纯性脂肪肝，仅见肝细胞脂肪变性；②脂肪性肝炎，在脂肪变性的基础上伴肝细胞变性坏死和炎症细胞浸润，可伴有马洛里小体和纤维化；③脂肪性肝纤维化，在脂肪肝特别是脂肪性肝炎的基础上出现中央静脉周围和肝细胞周围纤维化，甚至门管区纤维化和中央区汇管区纤维分隔连接；④脂肪性肝硬化，为继发于脂肪肝的肝小叶结构改建、假小叶及再生结节形成。肝细胞小泡性脂肪变一般不伴有坏死、炎症和纤维化，即常表现为单纯性脂肪肝，而各种病因所致的大泡性脂肪变如任其发展可相继发生以上4种改变，或这些改变合并存在。

二、营养相关危险因素

1. **糖尿病** 糖尿病与NAFLD之间有密切关系，约40%的NAFLD患者合并糖尿病；糖尿病患者28%~39%有肝功能异常，其中大多数为脂肪肝。糖尿病时易发生严重的NAFLD，原因尚不清楚，可能是胰岛素信号通路障碍导致细胞色素P4502E1（cytochrome P4502E1，CYP2E1）表达增加引起氧化应激。另外，糖尿病可使肠道动力发生改变，使小肠动力减低，造成肠易激综合征，肠道通透性增加，导致内毒素吸收增多，刺激肝脏库普弗细胞，释放肿瘤坏死因子-α（tumour necrosis factor-α，TNF-α）增加，与NAFLD的发生相关。

2. **肥胖** 39%~100%的NAFLD患者超重，尸检发现肥胖者NAFLD发生率是常人的6倍。此外，肥胖者中75%以上有脂质代谢异常，血清TG和CH升高。在脂质异常纠正后肝功能有明显改善。

3. **快速减肥（重）** 施行肠大部分切除术、禁食或其他手术后可使体重快速减轻。禁食不仅使脂肪分解增加，而且能诱导CYP2E1的表达。消耗肝内谷胱甘肽（glutathione，GSH）导致氧化应激，使肝内丙二醛和脂质过氧化物增加约10倍。

4. **营养不良** 多数情况下，脂肪肝是营养过剩的后果。实际上，营养不良也可以引起脂肪肝，而且占脂肪肝患者总数的20%。早在1929年，就有学者报告加纳沿海地区许多婴儿由于提前断奶而营养不良，尽管这些患儿瘦骨嶙峋，却常常并存严重脂肪肝。神经性厌食症患者脂肪肝的发病率也显著高于健康人群。原因在于必需氨基酸（essential amino acid，EAA）匮乏时，肝细胞E3泛素连接酶Ubr1（EAA受体）会失活，不能催化脂滴包被蛋白2（perilipin 2，Plin2）的多聚泛素化降解，Plin2蛋白水平升高从而抑制肝脏脂肪滴分解，造成脂肪肝。

5. **其他因素** 年龄增大和女性更易发生NAFLD，遗传因素、铁沉积、心力衰竭和肿瘤等也与NAFLD发生有关。

此外，全肠外营养（total parenteral nutrition，TPN）时，可能因微量营养素如胆碱、牛磺酸和磷酸盐等缺乏，石胆酸的毒性作用和小肠细菌过度生长，药物（包括胺碘酮、冠心宁片、雌激素及其受体配基、甲氨蝶呤、氯喹、钙通道阻滞剂和皮质类固醇等），可能通过造成线粒体损伤而增加NAFLD的危险因素。重度胰岛素抵抗的家族性综合征、乳糜泻、血脂蛋白缺乏症、铜代谢紊乱和职业性肝毒性物质等均可能造成NAFLD的发生。

三、营养治疗

单纯性脂肪肝是脂肪性肝疾病的早期阶段，如能早期发现、及时治疗，可完全恢复。此外，脂肪肝即使已发展为脂肪性肝炎和肝纤维化，在祛除病因和控制原发病后，肝脏病变仍可得到逆转。如任其发展，也可进一步演变为肝硬化，造成治疗困难。因此，早期促进肝内脂肪消退和防治并发症的发生，可明显改善脂肪肝患者的预后及生活质量。

（一）治疗原则

1. 祛除病因和诱发因素，积极控制原发病。
2. 调整饮食方案，纠正营养失衡。
3. 坚持必要的锻炼以维持理想的体重。
4. 维持相对正常的血脂、血糖水平。
5. 自我保健意识的教育以纠正不良行为。
6. 必要时适当辅以保肝、去脂、抗肝纤维化类药物，促进肝内脂质排泄，防止肝细胞坏死、炎症及纤维化。

（二）治疗目标

1. 尽可能使患者体重、血脂和血糖维持在正常范围内。

2. 消除或减轻肝脏脂肪沉积。

3. 防止低血糖、酮症酸中毒、肝性脑病等急性并发症。

4. 防止或改善肝脏、心血管、肾脏等慢性并发症。

5. 尽可能保证重要营养物质的需要量,以维持机体的正常生长发育和日常社会活动。

（三）膳食设计

1. **能量**　设定理想的目标体重或体重指数,适当降低总能量摄入,建议20~30kcal/kg),合理分配三大营养素,适当减少碳水化合物供能比例(蛋白质占总能量的10%~15%,其中1/3以上为动物蛋白;脂肪在20%~25%占比上调;碳水化合物在50%~60%占比下调;计算时首先安排蛋白质和脂肪的量,最后用糖类补足日需能量总量),并兼顾其质量,适当补充维生素、矿物质及膳食纤维,戒酒和改变不良饮食习惯,同时并用运动疗法和行为修正疗法。

2. **蛋白质**　应增加蛋白质摄入量,健康人每日需蛋白质1.0~1.2g/kg,占总能量的10%~15%。应以动物蛋白质为主,如鱼类、瘦肉、牛奶、鸡蛋清等。有研究发现,兔肉富含8种必需氨基酸,而脂肪与胆固醇含量很低,且脂肪又多为不饱和脂肪酸,为脂肪肝患者的理想食物。蛋白质摄入不足可加剧肝内脂肪沉积,而高蛋白饮食可增加载脂蛋白特别是VLDL的合成,有利于将脂质顺利运出肝脏,减轻脂肪肝,并有利于肝细胞功能恢复和再生。因此,脂肪肝患者每日蛋白质的摄入量不宜低于60g,素食者植物蛋白不应低于80g/d,但糖尿病性脂肪肝兼有肾病的患者蛋白质的摄入不宜过高。给营养不良患者补充适量必需氨基酸,尤其是支链氨基酸(亮氨酸和异亮氨酸激活Ubr1的能力最强),对预防脂肪肝有重要意义。

3. **脂肪**　应重视脂肪的质和量,脂肪是机体重要的热源,少量摄取即可产生较高能量,并且脂肪具有独特风味,可增进食欲。维生素类、细胞代谢、激素功效、机体防御功能均与脂肪的摄取、吸收有密切关系,尤其维生素K是肝脏合成蛋白质必需的辅助酶。因此即使存在肝功能障碍,也不必过分限制脂肪摄入。有研究表明,限制碳水化合物摄入而不限制脂肪的饮食可促进肝内脂肪沉积消退,提示脂肪肝患者并无必要过分限制脂肪摄入。但是饮食中饱和脂肪酸过多可诱发肥胖、脂质代谢异常、动脉粥样硬化和高血压,过多摄入不饱和脂肪酸则可引起胆石症,并促进乳腺癌和结肠癌的发生。Campbell等认为高单价不饱和脂肪酸饮食比高碳水化合物饮食在改善碳水化合物、脂肪代谢效果上有过之而无不及。目前认为,脂肪肝患者应以低脂饮食为宜,每日脂肪摄入量不应大于0.6g/kg(小于40g/d,约占总能量的20%),其中以植物性脂肪为主,尽可能多保持单不饱和脂肪酸的摄取量。胆固醇摄入量应限制在300mg/d以内,高胆固醇血症者应该在150mg/d以内。

4. **碳水化合物**　应限制单糖和双糖的摄入。糖类的主要来源为米、面等,健康人每日需碳水化合物4~6g/kg,占总能量的60%~70%,高碳水化合物特别是高蔗糖饮食易造成龋齿、肥胖、高脂血症和脂肪肝,其原因为碳水化合物摄入过多可增加胰岛素分泌,促使碳水化合物转化为脂肪。脂肪肝患者应降低碳水化合物摄入量,禁食富含单糖和双糖的食品,如高糖糕点、冰激凌和糖果等,以促进肝内脂肪消退,但是过分限制碳水化合物可使机体对胰岛素的敏感性降低,并易诱发低血糖和酮症。甜叶菊的叶和茎含有丰富的甜叶菊苷,甜度约为蔗糖的300倍,且无毒、低能量,可作为脂肪肝患者的天然食品添加剂。

5. **膳食纤维**　应增加膳食纤维摄入量,脂肪肝患者膳食纤维可从20~25g/d增至40~60g/d。富含可溶性膳食纤维的食品有玉米麸、粗麦粉、糙米、硬果、豆类、香菇、海带、木耳、梨、魔芋等。但饮食中膳食纤维过多可刺激肠运动而影响食物吸收,长期过高纤维膳食可导致机体维生素和无机盐缺乏。因此,脂肪肝患者每日摄入纤维的量应与其消化能力相适应。

6. **维生素**　应增加维生素的摄入,B族维生素和维生素E等参与肝脏脂肪代谢,并对肝细胞有保护作用;维生素A和胡萝卜素可防治肝纤维化。因此,脂肪肝患者应多进食富含各种维生素的食物,如新鲜蔬菜和水果。但应注意某些水果含糖太多,易致摄入能量过多,故水果也不宜多吃。尽量在餐前或两餐之间饥饿时进食,以减少主食进食量,可以用萝卜、西红柿、黄瓜等代替水果。

7. **水**　应充分合理饮水,饮水与健康的关系最为密切。对于肥胖性脂肪肝患者来说,每日摄入适量的水有助于肝功能的正常发挥以及减轻体重、促进肝内脂肪代谢，一般成人每日需饮水 2 000ml，老人 1 500ml 左右，肥胖者因体内水分较正常人少 15%~20%，故每日需饮水 2 200~2 700ml，平均 3h 摄入 300~500ml。不要一次饮水过多，以免给消化道和肾脏造成负担。饮水的最佳选择是白开水以及清淡的绿茶、菊花茶等，切不可以各种饮料、牛奶、咖啡代替饮水。营养过剩性脂肪肝患者餐前 20min 饮水，使胃有一定的饱胀感，可降低食欲，减少进食量，有助于减肥。而睡前饮水则可防止夜间血液黏稠度过高，减少心脑卒中的发生。

四、营养治疗实践

(一) 营养教育

绝大多数非酒精性脂肪肝的肝组织学进展缓慢甚至呈静止状态，预后相对良好。部分患者即使已并发脂肪性肝炎和肝纤维化，如能得到及时诊治，肝组织学改变仍可逆转，罕见脂肪囊肿破裂并发脂肪栓塞而死亡。少数脂肪性肝炎患者进展至肝硬化，一旦发生肝硬化则其预后不佳。对于大多数脂肪肝患者，有时通过节制饮食、坚持中等量的有氧运动等非药物治疗措施就可达到控制体重和血糖、降低血脂及促进肝组织学逆转的目的。

(二) 治疗实践

对于患者，应该制订合理的能量摄入以及饮食结构调整计划，中等量有氧运动，纠正不良生活方式和行为，达到减轻过量体重、预防肥胖，同时避免加重肝脏损害，防止体重急剧下降。杜绝滥用药物及其他可能诱发肝病恶化的因素。对于合并 2 型糖尿病、糖耐量受损、空腹血糖增高的患者，可考虑应用二甲双胍和噻唑烷二酮类药物，以期改善胰岛素抵抗和控制血糖。合并血脂紊乱的患者经基础治疗和减肥降糖药物治疗 3 个月以上、仍呈混合型高脂血症或高脂血症合并 2 个以上危险因素者，需考虑加用苯氧酸类、他汀类或普罗布考等降血脂药物。

（刘英华）

第六节　代谢综合征

代谢综合征(metabolic syndrome，MetS)是指人体的蛋白质、脂肪、碳水化合物等物质发生代谢紊乱的病理状态，是一组复杂的代谢紊乱综合征，是导致糖尿病、心脑血管疾病的危险因素。代谢综合征以“四高一低”为特征，即高血压、高血糖、高胰岛素血症、高甘油三酯、低高密度脂蛋白。

一、概述

代谢综合征具有以下特点：①多种代谢紊乱集于一身，包括肥胖、高血糖、高血压、血脂异常、高血黏度、高尿酸、高脂肪肝发生率和高胰岛素血症，这些代谢紊乱是心、脑血管病变以及糖尿病的病理基础。可见糖尿病不是一种孤立的病，而是代谢综合征的组成部分之一。②有共同的病理基础，目前多认为它们的共同原因就是肥胖尤其是中心性肥胖所造成的胰岛素抵抗和高胰岛素血症。③可造成多种疾病风险增加，如高血压、冠心病、脑卒中甚至某些肿瘤，包括与性激素有关的乳腺癌、子宫内膜癌、前列腺癌，以及消化系统的胰腺癌、肝癌、胆道癌、结肠癌等。④有共同的预防及治疗措施，防治了一种代谢紊乱，有利于防治其他代谢紊乱。

二、相关因素

(一) 肥胖

肥胖是代谢综合征最常见的始发原因。肥大的脂肪细胞分泌各类细胞因子，通过不同机制参与了多种肥胖相关性疾病的发生，如胰岛素抵抗（insulin resistance，IR），代谢综合征，2 型糖尿病和动脉硬化性心血管疾病（arteriosclerotic cardiovascular disease，ASCVD）等；肥胖引起 IR 的机制与脂肪细胞分泌的细胞因子，如脂联素、抵抗素、瘦素、肿瘤坏死因子 -α（tumour necrosis factor-α，TNF-α）、过氧化物酶增殖物激活受体等有关；而游离脂肪酸（free fatty acid，FFA）可能就是肥胖与 IR 作用的中心环节。有研究表明，代谢综合征患者空腹血清 FFA 水平明显升高，且与胰岛素敏感指数（insulin sensitive index，ISI）呈显著负相关，其机制可能是在基础状态和 IR 时脂肪分解率更高，所释放的 FFA 大量直接进入门静脉循环，到达肝和其他外周组织。FFA 可通过下调靶细胞膜上胰岛素受体的数量和影响其亲和力，抑制糖的氧化和非氧化途径，抑制葡萄糖转运，促进肝糖原异生和肝糖输出等降低外周对胰岛素的敏感性。肥胖可诱导机体发生 IR，继而诱导葡萄糖不耐受，出现高血压和血脂代谢紊乱等症状。肥胖是代谢综合征发生、发展的关键因素和核心环节，是 2 型糖尿病、心血管疾病（cardiovascular disease，CVD）、高血压、血脂代谢紊乱的重要危险因素。

（二）胰岛素抵抗

胰岛素抵抗（IR）是指机体组织或靶细胞对胰岛素的敏感性或反应性降低，因而正常量的胰岛素产生低于正常的生物效应。从胰岛素合成、分泌、细胞表面胰岛素受体表达，到胰岛素生理效应的实现的一系列过程中，任何一个环节发生异常，均可导致 IR。IR 是代谢综合征的基本病理生理变化。IR 时，胰岛素抑制 FFA 生成作用下降，使血中 FFA 增多，进入肝的 FFA 也增多，从而导致肝合成和释放 VLDL、TG 增多。IR 可使脂蛋白酯酶活性降低，对 VLDL 和 TG 的清除率下降，使血中 VLDL 和 TG 均增高。脂蛋白酯酶的活性降低和脂蛋白分解下降，也可使 HDL 水平下降。Wajchenberg 等认为，肥胖与 IR 很可能是同一缺陷引发的两个不同方面表现而已。IR 是代谢综合征的核心，可先于 2 型糖尿病和 CVD 多年而存在。IR 是代谢相关疾病的中心环节，内皮细胞功能障碍是其核心，常与其他代谢危险因素同时存在，IR 也与 CVD 危险因素，如高血压、2 型糖尿病、肥胖、高尿酸血症等相关联。

（三）血脂异常

TG、低 HDL-C 和 LDL，尤其是 LDL 增多，可能涉及 IR 时脂肪细胞和脂蛋白代谢的有关酶活性改变。美国国家胆固醇教育计划成人治疗组第三次报告（National Cholesterol Education Program Adult Treatment Panel Ⅲ，NCEP-ATP Ⅲ）指出，LDL 增多可能是心血管事件以及冠心病进展的重要预测和危险因素。

（四）高血压

肥胖使脂肪组织分泌过多的血管紧张素原，将进一步转化为血管紧张素Ⅱ，而血管紧张素Ⅱ又促使脂肪组织生成，形成恶性循环。Engeli 等发现，脂肪组织含量与血压呈显著相关性。目前认为，高胰岛素血症通过兴奋交感神经系统，增加心排血量血管收缩，肾水钠再吸收增加，导致血压升高。亦有人认为，高胰岛素血症无急性血压升高的作用，长期高胰岛素血症使血压升高主要是通过促进动脉粥样硬化和血管重塑的慢性过程所造成的。

三、营养治疗

（一）糖尿病患者

1. **总能量**　合理控制能量是糖尿病营养治疗的首要原则。糖尿病患者的能量供给以维持或略低于理想体重为宜。肥胖者减少能量摄入，减少体重。消瘦者必须提高能量摄入，增加体重。

2. **碳水化合物**　碳水化合物占总能量的 45%~65%。食物中碳水化合物的来源主要有单糖（如葡萄糖、果糖），双糖（如蔗糖、乳糖、麦芽糖等），复合多糖（如各种粮食和薯类中所含的淀粉）。面、米等谷类主要含淀粉属多糖类，含量约 80%，糖尿病患者可按规定量食用，主食宜粗细粮搭配。土豆、山药、南瓜、红薯、藕、粉丝（条）等食物，其所含淀粉为多糖类，可代替部分主食食用。水果类含果糖较多，含碳水化合物约 10%，吸收率较快，对血糖、尿糖控制不好的患者应免食。蔬菜类含碳水化合物少，纤维素量较多，吸收率少，应多食。

3. **脂肪**　血脂代谢紊乱和动脉粥样硬化是糖尿病的常见并发症，饮食中脂肪所供给能量应占总能量的 25%~30%。限制富含饱和脂肪酸的食物如牛油、羊油、猪油、奶油等动物性脂肪。植物油如豆油、花生油、芝麻油、菜籽油等含多不饱和脂肪酸(椰子油例外),可适当多用。应采用蒸、煮、炖、拌、卤、氽等烹调方法,少用煎、炸等方法。

胆固醇每日摄入量应低于 300mg。对高胆固醇血症的患者,每天胆固醇的摄入量最好控制在 200mg 以下,尽量少用或不用含胆固醇较高的食物。

4. **蛋白质**　成人糖尿病患者的蛋白质供给量为 1g/(kg·d),当病情控制不好时易出现负氮平衡,供给量需适当增加,按 1.2~1.5g/(kg·d)计算。目前主张蛋白质所供能量占总能量的 15%~20%,其中动物蛋白质占 1/3。糖尿病儿童,蛋白质的需要量为 2~3g/kg。孕妇、乳母和有特殊治疗情况的患者则需要进行相应的调整。

食物中蛋白质主要来源于动物性食品和一些植物性食物,前者主要包括奶类、蛋类、瘦牛肉、瘦羊肉、瘦猪肉、禽肉以及鱼、虾等海产品。植物性蛋白质主要来源于大豆以及制品如豆腐、豆腐干、豆浆、豆腐脑以及大豆蛋白和谷类蛋白质如各种米、面等。

5. **维生素和无机盐**　维生素和无机盐是调节生理功能所不可缺少的营养素。病情控制不好的患者易并发感染或酮症酸中毒,要注意维生素及无机盐的补充。补充 B 族维生素,包括维生素 B_{12} 可改善神经症状。粗粮、干豆类、脂肪类、蛋类及蔬菜类含 B 族维生素较多。维生素 E 可防止因缺乏而引起的微血管病变。

6. **膳食纤维**　膳食纤维是存在于食物中不能被人体消化、吸收的一类复合碳水化合物。主要包括可溶性膳食纤维和非可溶性膳食纤维,前者主要有果胶、藻胶、胍胶等,后者主要有纤维素、半纤维素和木质素。膳食纤维有防治便秘、结肠癌的作用,还能降低血浆胆固醇;具有降低血糖和改善葡萄糖耐量的作用。其作用机制可能与纤维的吸水性、与纤维能改变食物在胃肠道传送时间等特点有关。主张在糖尿病饮食中要增加一些富含膳食纤维的食物,有蔬菜、粗粮、杂粮,如魔芋、荞麦、燕麦等。糖尿病患者最好保证每天的膳食纤维摄入量在 25~50g。

7. **餐次**　为了减轻胰岛的负担,使之合理分泌胰岛素,糖尿病患者一日至少进食三餐,而且要定时定量。注射胰岛素或易出现低血糖以及病情控制不好的患者,还应在三次正餐之间增添 2~3 次加餐,即从三次正餐中匀出一部分食品留作加餐用。这是防止低血糖,控制高血糖行之有效的措施。三餐饮食内容要搭配均匀,餐餐有碳水化合物、脂肪和蛋白质。这样有利于减缓葡萄糖的吸收,增加胰岛素的释放。

(二) 高脂血症患者

1. 食物多样、谷类为主,粗细搭配,少食单糖、蔗糖和甜食。

2. 多吃蔬菜、水果和薯类,注意增加深色或绿色蔬菜比例,大蒜和洋葱有助于控制血清 TC,提高 HDL-C 水平;香菇和木耳也有降低血清 TC 及防止动脉硬化的作用。

3. 常吃奶类、豆类或其制品,奶类除了富含蛋白质和维生素外,含钙类较高且利用率好,高脂血症患者奶类可以选择低脂或脱脂为宜。豆类富含蛋白质、不饱和脂肪酸、钙及维生素 B_1、维生素 B_2、烟酸等,且大豆及其制品可以控制胆固醇升高。

4. 经常吃鱼、禽、蛋、瘦肉,少吃肥肉和荤油,总脂肪占总能量的 30%。烹调方法可选用蒸、煮、拌等少油方式。不吃肥肉、鸡肉去皮;少用动物脂肪,限量食用植物油。多吃水产品尤其是高脂海鱼,每周食用 2 次或以上。轻度血浆 TC 升高者,膳食胆固醇入量<300mg/d。血浆胆固醇中度和重度升高者,饮食中的胆固醇摄入量<200mg/d。禁食肥肉、动物内脏、人造黄油、奶油点心等。

5. 吃清淡少盐的膳食,多喝茶,绿茶在调节血脂、防止动脉硬化的作用方面优于红茶。

6. 保持能量摄入与消耗的平衡,控制总能量,增加运动,防治超重和肥胖。

(三) 高血压患者

1. 减少钠盐,建议每人每日食盐用量不超过 6g;特别注意来自烹调时的调味品和含盐高的腌制品,包括酱油、味精、咸菜、咸鱼、咸肉、酱菜等,在加工食品中的食盐,如罐头、快餐食品、方便食品和各种熟食品。

2. 注意补充钾和钙，蔬菜和水果是钾的最好来源，富钾食物有麸皮、赤豆、杏干、蚕豆、扁豆、冬菇、竹笋、紫菜等。奶及其制品含钙量丰富，吸收率高。发酵的酸奶更有利于钙的吸收。

3. 多吃蔬菜和水果，每日摄入400~500g新鲜蔬菜和200g水果。

4. 限制饮酒，若饮酒每天在2杯（约含酒精28g）或以下。

（四）高尿酸血症患者

1. **总原则**　控制能量的摄入，保持体重在标准体重[标准体重粗略估计为身高（cm）-105，单位为kg]范围内，肥胖者体重减轻应以每周减少1~1.5kg为宜。

2. **主食**　米、面搭配，以细粮为主，是能量的主要来源，全天摄入以5~6两（250~300g）为宜。

3. **肉、蛋、禽类**　限制肉类和禽类的摄入，为保证蛋白质的摄入量，要选用鸡蛋、牛奶、干酪等食物，鸡蛋最好选用鸡蛋白，全天摄入以2两（100g）为宜。

4. **奶制品**　奶是痛风患者最好的蛋白质来源，其中还含有丰富的钙质，最好选用脱脂奶，也可饮用酸奶。

5. **豆制品**　要限制干豆类食物的摄入，如大豆、豌豆、扁豆等，偶尔食用则全天摄入不应超过10g。

6. **蔬菜水果类**　要多吃新鲜蔬菜和水果，每天可进食新鲜蔬菜500g，水果200g。但要注意避免食用含嘌呤丰富的蔬菜，如菠菜、花菜、菌类食物等。

7. **食盐**　宜少盐，每天食盐量不得超过6g。

8. **食用油**　烹调用油以每天20g以内为宜，以植物油为主，限制动物脂肪摄入，忌食动物内脏、肥肉、各种肉汤等。烹调方法以烩、煮、炖、拌等为好。

9. **大量饮水**　以促进尿酸的排出，可适当饮用果汁、饮料等变换口味，每天应在2 000ml以上。

10. **食物选择**　痛风急性期只能采用牛奶、鸡蛋（特别是蛋白）、精制谷类及嘌呤少的蔬菜，多食水果及大量饮水；痛风缓解期禁用动物肝、肾、心、脑，鱼卵及各种肉汤等，可弃汤食肉；限制性地选用鱼、虾、蟹贝类、干豆类、蘑菇、芦笋等。

四、营养治疗实践

代谢综合征的营养治疗实践可参考前文关于糖尿病、高脂血症、高血压及高尿酸血症中的描述，在此不再重复。

（葛　声）

第七节　骨质疏松症

骨质疏松症（osteoporosis）是以低骨量及骨组织微结构退变为特征，伴有骨胞性增加，易于发生骨折的一种全身性骨骼疾病。据报道，全世界每年发生166万例骨折。由于年人口的增长，到2050年其发病率还要增长4倍。由骨质疏松引起的骨折不仅给患者本人带来极大痛苦或终身残疾，也给社会经济造成沉重的负担。因此，骨质疏松症是一个应该给予极大重视的公共健康问题。

一、概述

（一）骨的结构与功能

骨组织中细胞只占2%~53%，其中重要的是成骨细胞和破骨细胞。骨矿物质约占成年人骨干重的65%，其中钙占37%~40%，磷占50%~58%，碳酸盐占2%~8%；此外，骨矿物质中还有少量钠、钾、柠檬酸盐等。骨矿物质主要以羟磷灰石结晶和无定形磷酸钙形式存在。骨的有机质中主要是骨胶原，它占有机成分的 90%,骨中胶原为Ⅰ型胶原,是具有长纤维的蛋白质,盘绕成螺旋结构。骨骼由皮质骨和小梁骨构成,骨的外层是致密的皮质骨(cortical bone),内里是小梁骨(trabecular bone)也称为松质骨。皮质骨主要位于长骨骨干,松质骨位于脊椎、骨盆和骨的干骺端,虽然皮质骨占骨总量的 80%,松质骨占 20%,但松质的骨表面积与骨头容量的比值远高于皮质骨。而骨的重建是在松质骨表面进行,因此松质骨的代谢活性高于皮质骨 10 倍。

骨骼系统包括骨、软骨及附属结构,有重要的生理功能。它们构成机体坚硬的骨架结构,保持机体的形态,对机体起着支撑和负重作用。骨和关节是运动系统的主要组成部分,当骨骼肌收缩时,与之相连的肌腱发生运动,骨在运动中起杠杆作用,关节起枢纽作用。骨髓腔内的骨髓是主要的造血器官。骨是体内钙和磷的储存库,当血液中钙、磷增多时可储存于骨内,当血中钙、磷浓度降低时,骨内的钙、磷则释放至血液中,对钙、磷代谢的调节起着重要作用。骨骼按一定方式互相连接构成一定形状的腔隙,对其内的器官起保护作用。例如胸椎、胸骨和肋骨相互连接围成胸腔,以保护心脏、肺和纵隔中的器官;多块颅骨连接构成颅腔,以保护脑。

(二) 骨重建过程

骨的新陈代谢非常活跃,骨发育成熟后,在一生中仍不断进行骨重建,以保持旧骨被新骨所取代。骨重建对骨组织的自身修复极为重要,如果骨重建停止,骨组织就不能修复疲劳损伤。骨重建的过程首先是骨吸收,破骨细胞黏附于静止的骨表面。决定一组破骨细胞黏附于骨表面哪一部位的原因尚不清楚,骨的疲劳损伤可能是一种刺激因素。破骨细胞分泌溶酶体酶,移去一定量的骨组织,形成一个陷窝,一组破骨细胞能将骨挖深达 50μm,骨重建的吸收阶段持续 1~3 周。骨吸收完成后 1~2 周,骨形成才开始。接着的偶联过程是成骨细胞黏附在陷窝表面,进而合成分泌一种类骨质。其中胶质纤维互相交联形成孔腔结构,而接受矿物质的沉积。所以骨形成包括类骨质的合成与分泌以及类骨质的矿化 2 个阶段。骨重建周期持续 2~3 个月,但老人重建周期可达 6 个月。其后跟着一个休止期。在稳定状态下,骨吸收量等于骨形成量,没有骨的净丢失。在骨转换加速时,例如妇女绝经期,由于破骨细胞性骨吸收激活率增加,结果在骨表面上满布处于骨重建各阶段的骨重建单位。因为每一骨重建单位在骨转换时不能完全充填骨吸收的陷窝,骨容量中含有数量很大的新形成的骨组织,原有老骨组织缩小,不成熟和矿化不完全的骨组织比例增加,导致骨矿含量下降。

(三) 骨量的获得与丢失

新生儿体内含钙 25~30g,20 岁时身体内的钙已达 1 000~1 200g,即在 20 年中平均每日要蓄积 150mg 钙。青春期骨的生长加速,骨量的获得在青春期增长最快男孩在 14.2 岁,女孩在 12.5 岁时骨量增长最快。在骨的纵向生长停止后,骨的矿化并未最终完成,其后的 15 年还有一个骨的加固阶段,这期间骨量还要增加 5%~10%,达到骨量的峰值。李宁华等 2001 年报告对中国部分地区 20 岁以上一般人群随机抽样 2 300 余人的调查结果,我国男性腰椎($L_{2\text{-}4}$)及股骨近端骨密度(bone mineral density,BMD)峰值均在 20~29 岁。女性腰椎($L_{2\text{-}4}$)BMD 峰值在 30~39 岁,股骨近端 BMD 峰值见于 20~29 岁。骨密度达到峰值以后,骨的形成与骨的吸收保持平衡。妇女随着绝经期到来,雌激素分泌骤减,各部位骨丢失加速,在绝经的最初几年骨丢失速度最快。男性骨量减少较女性为晚,且发展过程也较为缓慢。上述我国的调查结果表明中国女性腰椎骨密度在 40~49 岁阶段开始缓慢降低,50~59 岁阶段加速。而股骨近端各部位 BMD 的减少比腰椎提早 10 年。男性各部位 BMD 均从 30~39 岁阶段以后逐渐降低,但无明显的加速丢失期。

骨质疏松的发生与年轻时峰值骨量的高低和年老时骨丢失速率关系密切。此二者均受遗传基因、营养状况、运动负荷及激素调控等因素的影响。

二、营养代谢特点

(一) 钙

动物实验中可以很清楚地看到饲低钙饲料的动物骨长度、骨重量与骨密度均显著低于饲一般常备饲料者，且其骨骼很容易被折断。20 世纪 60 年代，Nordin 综合了许多实验结果，提出缺钙是骨质疏松症的病因。Matkovic 对人群的研究表明，居住在前南斯拉夫高钙地区的居民较低钙地区者骨密度高，骨折率低，更加强了人们对钙与骨质疏松关系的重视。1984 年，美国国立卫生研究院召开了钙与骨质疏松研讨会，将绝经妇女膳食钙推荐量从 800mg/d 提高到 1 500mg/d。此后，钙即被广泛推荐为绝经妇女预防骨质疏松的良药，钙制剂的销售量也快速增长。

钙缺乏引起骨质疏松的机制主要系由于低钙摄入可使血钙有所降低，继发性甲状旁腺素（parathyroid hormone，PTH）分泌增加，血 PTH 升高，骨吸收增强，骨钙被动员进入血液以保持血钙正常。若长期摄钙严重不足则骨钙不断流失，导致骨量减少，引起骨质疏松。近年的研究表明，细胞外钙离子浓度增高能抑制破骨细胞功能，破骨细胞收缩并加速凋亡，骨吸收明显下降。同时，已证实人的成骨细胞膜上有钙受体。细胞外液钙离子浓度增加时，能促进成骨细胞的增殖能力。

1. 钙对峰值骨量的影响 骨质疏松的发生和青年时期骨量峰值的高低以及年老时骨丢失速度有关。家系调查表明骨量峰值明显受遗传因素影响，而环境因素也能起到一定的作用。据 Ilich 等报道，假定骨矿物质中含有 38% 的钙，女孩 11~12 岁这一年中约可聚集 108g 钙，相当于每日有 300mg 的正钙平衡。多数研究报道认为，儿童、青少年时期摄入充裕的钙有助于在遗传允许的限度内使个体达到更高的峰值骨量。

一些横断面的调查结果支持上述观点，其中被广为引用的如 Matkovic 于 1979 年的报道。在前南斯拉夫摄入钙不同的两个地区，高钙区人群平均摄入钙 940mg/d，而低钙区人群平均摄入钙 455mg/d，高钙区居民掌骨骨密度高于低钙区，而股骨骨折率低于低钙区居民。

此外，许多在儿童和青春期少年进行的钙干预试验也大多得到补钙有利于增加骨密度的正结果。例如，Lee 报道中国 7~9 岁的男、女学龄儿童，在膳食摄入钙 300mg/d 的基础上补钙 300mg/d，为期 18 个月可使骨密度比对照组增加 5%。在英国和美国进行的两项补钙试验，受试者均为 12 岁少女，膳食钙分别为每日 740mg 和 960mg，补钙量分别为每日 386mg 及 354mg，前者是补充奶类，后者为补充钙剂，补充时间均为 18 个月，骨密度比对照组分别增加 2.9% 和 5.1%。遗憾的是，上述试验未能持续下去，直到达到骨密度峰值。一般在补充的最初几个月补钙效果最大，当补充停止后作用即趋于消失。

2. 钙摄入量与绝经妇女骨丢失 关于钙摄入量与绝经妇女骨丢失，骨折率关系方面有大量研究报道，早年的结果彼此矛盾，莫衷一是。通过多年的研究，产生矛盾的原因逐渐明朗，研究方法逐步规范和统一，在某些方面取得共识。例如横断面的调查结果往往差别较大，这是由于钙摄入量差别大的地区其他条件往往也不尽相同，如种族差异、生活习惯、活动量的不同，以及钙以外其他膳食营养条件的差别等。此外，膳食中的钙对骨骼的影响是在一个较长时期内形成的，而对钙摄入量的调查通常只能反映调查当时的情况（追溯以往的膳食情况很难得到准确的结果）。因此由于上述原因，横断面的比较有一定局限性。

用随机、双盲补钙干预试验，可以得到补充一定剂量钙一段时间后对骨矿物质含量（bone mineral content，BMC）或骨密度的影响。这种方法能为钙的需要量提供有价值的证据。虽然对受试者膳食中钙的估量仍不易准确，但每日补充的钙量是已知的，这就大大地减少了计算钙摄入量的误差。同时随机分配实验对象到实验组和对照组，也减少了其他因素对骨量的影响。

（二）维生素 D

1. 维生素 D 对骨组织及骨骼肌的作用 维生素 D 对骨矿物质代谢的影响是双向的。一方面维生素 D 可促进骨形成。对骨形成的间接作用是促进肠钙吸收，提高血钙浓度，为钙在骨骼中沉积、骨骼矿化提供原料。肠黏膜中有 1,25-$(OH)_2D_3$ 的受体，在十二指肠最多，在十二指肠以下肠段逐渐减少。1,25-$(OH)_2D_3$ 可以诱导小肠上皮合成钙结合蛋白，它与钙离子有较大的亲和力，1 分子钙结合蛋白可与 2 个钙离子结合。正常成人空肠部位钙的净吸收是回肠的 3 倍。此外，成骨细胞上有 1,25-$(OH)_2D_3$ 受体，是维生素 D 作用的重要靶细胞。成骨细胞可合成骨钙素等，保证了骨组织胶原纤维的矿化，这一过程主要受 1，25-$(OH)_2D_3$ 的正性调控，这是维生素 D 对骨形成的直接作用。另一方面，破骨细胞的前体细胞上有 1，25-$(OH)_2D_3$ 受体，1，25-$(OH)_2D_3$ 促进前体破骨细胞分化，增加破骨细胞数量，引起骨吸收增加。

骨骼肌是活性维生素 D 代谢的靶器官，维生素 D 缺乏时可出现肌无力，肌肉收缩与松弛功能异常。补充维生素 D 可改善神经肌协调作用（neuromuscular coordination），减少了摔倒的机会，这也是补充维生素 D 减少骨折发生率的原因之一。

2. **人体维生素 D 缺乏与补充试验**　维生素 D 缺乏使血液中钙离子浓度下降，从而引起血 PTH 上升，骨分解增加，骨量减少。血清 1，25-$(OH)_2D_3$ 浓度是反映机体维生素 D 营养状况的最好指标，它反映皮肤合成的维生素 D 及经口摄入维生素 D 的总和。血清 1，25-$(OH)_2D_3$ 浓度在 27.5nmol/L（11mg/ml）以下被作为婴幼儿维生素 D 缺乏的指标。然而关于成人血清 1，25-$(OH)_2D_3$ 应维持在什么水平才能保持正常的钙代谢以及达到最大峰值骨密度，却缺少足够的资料。

Dawson-Hughes 等给 247 名维生素 D 摄入量低（100~200U/d）的老年妇女补充维生素 D 100U/d 或 700U/ 年，补充 700U/ 年组的老人股骨颈处骨丢失率显著低于补充 100U/d 者。另一项在法国进行的大型试验，给 3 270 名每日通常摄入钙 511mg 的老年妇女，每日补充 800U 维生素 D 和 1 200mg 钙，持续 18 个月，使髋部及非脊椎部位骨折率比单纯补钙组减少 26%。有荟萃分析显示，补充维生素 D 减少脊椎骨折发生的同时，非脊椎骨折也有减少的趋势，羟基维生素 D 的作用大于一般维生素 D。但补充维生素 D 对减少骨折发生的作用上也有不同的结果。例如在荷兰进行的一项大型试验，包括 1 916 名妇女及 662 名男性受试者，其中 60% 生活在养老院。原膳食中钙含量为 868mg/d，每日补充维生素 D 400U，为时 3 年半，补充组与对照组髋部及其他骨折发生率没有差异。而前述法国的干预试验中，有一部分人摄钙较低，补充维生素 D 的益处就更加显著。

（三）维生素 K

1929 年据 Dam 报道，当给小鸡无脂饲料时，小鸡发生自发性出血症状，在饲料中添加一种绿色植物的脂肪提取物时，出血症状迅速好转，此提取物被命名为维生素 K。最初，人们认为维生素 K 仅与机体的凝血功能有关。1960 年，埃及学者报道了维生素 K 能促进大鼠与兔的骨折愈合。1975 年，Peffifor 和 Benson 发现服用抗凝剂（维生素 K 拮抗剂）的怀孕妇女，其所产婴儿有骨骼畸形，首次揭示了维生素 K 缺乏对人体骨骼发育的影响。近年来，随着骨质疏松防治研究的广泛开展，维生素 K 与骨健康关系的研究也日益深入。

1. **维生素 K 与骨钙素**　骨钙素（osteocalcin，OCN 或 bone Gla-protein，BGP）是一种低分子量蛋白质，其分子中 3 个谷氨酸残基在维生素 K 依赖性羧化酶的作用下，羧化为 γ- 羧化谷氨酸。γ- 羧化谷氨酸与骨的无机成分羟磷灰石中的钙离子结合。维生素 K 缺乏时，一部分谷氨酸残基未能形成 γ- 羧化谷氨酸，因而与羟磷灰石结合力低下，影响骨骼的正常矿化。

2. **维生素 K 与骨健康关系的流行病学研究结果**　Hani 等 1985 年的调查结果表明，脊椎压缩性骨折患者血清维生素 K 水平显著低于未发生骨折的人。以后其他多项研究得到同样结果，在骨密度低下及髋部骨折的老人，其血中维生素 K、甲基萘醌（menaquinone，MK）-7 及 MK-8 的水平均低于对照组。骨钙素的羧化是评价维生素 K 状况的一项灵敏指标，许多研究对人血中未羧化骨钙素水平与骨密度及颈部骨折率进行相关分析，发现绝经妇女血中未羧化骨钙素水平与骨密度有负相关关系，未羧化骨钙素水平高的妇女其后较多发生骨折。

（四）蛋白质

肉类及奶类蛋白质摄入量与骨折率有负相关关系。美国 Framingham 研究对 600 多名平均 75 岁的老人用频率法进行了膳食调查，将蛋白质摄入量分成低、较低、次高和高 4 档。4 年后追踪检测其骨密度，并进行骨折率的调查。结果表明，蛋白质摄入低者髋部及脊椎骨丢失均显著高于蛋白质摄入高者，且低蛋白质组骨折率也较高。此外，有些临床医生的研究也表明，对髋部骨折住院的老年患者，提高蛋白质摄入量能改善临床效果，防止骨量进一步减少。

三、营养治疗

(一) 钙

加强钙的营养,科学补钙。食物补钙最为安全,也易被接受。成年人应摄入钙 800mg/d,中老年人摄入 1 000mg/d。补钙食物首选奶及奶制品。每 250g 牛奶约可供给 300mg 钙,其中乳糖、氨基酸等还可促进钙的吸收。酸奶含钙亦较高,适于体内缺乏乳糖酶而不能耐受鲜奶者食用。其他含钙丰富的食物有虾皮、芝麻、海带、紫菜、黑木耳、干酪、绿叶菜、核桃等。也可采用钙强化食品来补钙,但应严格掌握强化食品剂量和食用量,防止过量而引起对其他元素的不平衡。

食物中钙补充不足或吸收不良者,可以在医师指导下服用钙剂。钙制剂中由于原料不同,其含钙量亦不等,碳酸钙、氯化钙、乳酸钙和葡萄糖酸钙分别含有元素钙 40%、27%、13%、4%,其吸收率由于个体生物利用因素或其他膳食成分的影响,大致为 10%~20%。在选用钙剂时,对其安全性、不良反应、效果、价格均应加以考虑。补充钙剂在进餐时服用,同时饮用液体可以增加吸收,分次服用比一次服用效果好。胃酸缺乏者宜服枸橼酸钙。对老人患有心、肾疾病者,补钙品种及用量须慎重。实践证明,中年人每天一杯牛奶并补充钙剂 600mg,可明显推迟骨质疏松期的到来,延缓并停止骨质疏松的发展。

(二) 维生素 D

能调节钙、磷代谢,促进钙、磷吸收和骨胶原的合成。老人吃维生素 D 含量高的食物不多,户外活动较少,日照不足使摄入和转化均较少,故在补钙的同时应适当晒太阳并补充相应剂量的维生素 D,维生素 D 每日宜补充 10~20μg(4 000~8 000U);骨化三醇为维生素 D_3 经肝、肾羟化酶代谢物,作用更持久,每日口服 0.25~1.0μg;阿法骨化醇(alfacalcidol)是骨化三醇的类似物,只要在肝脏凝化即成为具有活性的 $1,25(OH)_2D_3$,适用于骨质疏松合并慢性肾衰竭患者,成人每次 0.5~1.0μg,每日 1 次。

(三) 维生素 K

骨质疏松症尤其是骨折患者,血清维生素 K 水平低。抗凝剂、抗生素均可致维生素 K 缺乏而使骨和血清中骨钙素水平下降,不能保持骨的正常转化,因此补充维生素 K 有一定意义。食物中摄入不足,可用维生素 K 注射剂肌内注射 2mg,每日 1 次。

(四) 蛋白质

蛋白质是构成骨基质的主要原料,长期蛋白质缺乏造成血浆蛋白降低,骨基质合成不足,新骨生成落后,若钙不足则可加快骨质疏松。"适量"的蛋白质可增加钙的吸收与储存,有利于骨骼的再生和延缓骨质疏松的发生。但过量的蛋白质又可引起尿钙排出量增多。因此蛋白质应适中,并应增加胶原蛋白的量。

(五) 其他矿物质与微量元素

1. **磷** 高磷摄入可引起骨盐丢失,钙磷乘积<35 时骨矿化迟缓,为此应少食含磷高的食物。

2. **锌和铜** 与各种骨基质合成酶有关,锌缺乏时骨中多种含锌酶活性下降,骨的生长受抑制。

3. **氟和锰** 氟在骨中沉积有助于骨的矿化,茶叶中含氟量高,适量饮茶有助于预防骨质疏松。骨细胞分化、胶原蛋白的合成均需要含锰的金属酶催化。

四、营养治疗实践

(一) 营养教育

对于大多数骨质疏松症患者,骨质疏松无明显症状,只在骨折后或骨密度检测时才会发现,教育成年特别是老年患者常规动态检测骨密度,可以早期发现骨质疏松。在日常营养中钙与维生素 D 可从膳食或药物中补充。对于高龄患者应尽量避免跌倒,在经常活动的范围安装相应设施,避免摔倒引发骨折。

(二) 治疗实践

钙对于各年龄段的人群需求不同,正确计算每天从食物摄入的钙较为重要,当通过食物补充不足时，应添加相应的药物预防骨质疏松。通过食物或药物减缓骨钙的流失之外并保持一定的体育锻炼，对于降低骨折风险也具有积极影响。

（葛 声）

第八节　遗传代谢病

遗传代谢病是因维持机体正常代谢所必需的某些由多肽和/或蛋白质组成的酶、受体、载体及膜泵生物合成发生遗传缺陷，即编码这类多肽（蛋白）的基因发生突变而导致的疾病。其又称遗传代谢异常或先天代谢缺陷。

遗传代谢病就是有代谢功能缺陷的一类遗传病，多为单基因遗传病，包括代谢大分子类疾病：包括溶酶体贮积症（三十几种病）、线粒体病等；代谢小分子类疾病：氨基酸、有机酸、脂肪酸等。遗传代谢病一部分病因由基因遗传导致，还有一部分是后天基因突变造成，发病期不仅是新生儿，可覆盖全年龄阶段。

一、苯丙酮尿症

（一）疾病概述及临床特点

苯丙酮尿症（phenylketonuria，PKU）是一种常见的氨基酸代谢病，也是目前可以通过新生儿筛查早期诊断和干预的疾病之一。PKU 的发病数占活产婴儿的 1/16 000~1/17 000，因种族地区差异而有所不同，在我国北方的发病率约高于南方。其病因是由于苯丙氨酸代谢途径中的酶缺陷，使得苯丙氨酸不能转变为酪氨酸，导致苯丙氨酸及其酮酸蓄积，并从尿中大量排出。本病在遗传性氨基酸代谢缺陷疾病中比较常见，其遗传方式为常染色体隐性遗传。临床表现不一，主要临床特征为智力低下、神经精神症状、湿疹、皮肤抓痕征及色素脱失和鼠气味等、脑电图异常。如果能得到早期诊断和早期治疗，则前述临床表现可不发生，智力正常，脑电图异常也可得到恢复。诊断一旦明确，应尽早给予积极治疗，主要是饮食疗法。开始治疗的年龄愈小，效果愈好。

（二）相关机制

苯丙氨酸是人体活动的必需氨基酸，小儿每日需要摄入量 200~500mg。苯丙氨酸经苯丙氨酸羟化酶（phenylalanine hydroxylase，PAH）催化为酪氨酸，这个过程是不可逆的反应过程。由于苯丙氨酸不能合成酪氨酸，体内苯丙氨酸浓度增高，临床出现高苯丙氨酸血症，同时苯丙氨酸的中间代谢产物如苯乙酸、苯乳酸、苯丙酮酸含量增高，对神经系统以及其他脏器产生损伤，影响机体的正常生理功能。PAH 在胎儿肝脏中的活性很低，出生后 3~12d 即达到成人水平，PKU 患儿由于苯丙氨酸代谢异常，不能按正常代谢途径氧化，以致来源食物蛋白降解的苯丙氨酸在血液及脑脊液中增高，尿中的排泄也增多，尿液呈鼠臭味。此外，加上代谢过程中的苯丙酮酸、苯乳酸、苯乙酸等其他中间代谢产物在血中浓度也相应增高，随尿的排出也增多。同时可由于氨基酸的竞争性转运机制，苯丙氨酸转化为酪氨酸的催化作用下降，造成血中酪氨酸和色氨酸的浓度明显降低，血清中 5-羟色胺和尿中的代谢物 5-羟吲哚乙酸明显减少，进一步加重神经系统的症状。

（三）饮食营养原则

1. **限制苯丙氨酸摄入量，既满足生理需要又不过多**　苯丙氨酸是一种孩子生长发育所必需的氨基酸，即使是苯丙酮尿症的孩子也应从食物中摄取合适的量，以保证正常的生长发育。但对于患病婴儿来说，过多的苯丙氨酸摄入则有害无益。

2. **蛋白质的摄入要满足孩子的生长发育**　蛋白质是保证婴幼儿正常生长发育的重要营养物质之一。营养治疗的原则之一就是在控制苯丙氨酸摄入的情况下尽可能满足孩子蛋白质的需要量。

3. **保证孩子的能量及各种营养素供应**　足够的能量及其他营养素是保证蛋白质充分利用及平衡膳食的必要条件。

4. **低苯丙氨酸饮食治疗**　主要适用于典型PKU以及血苯丙氨酸持续高于1.22mmol/L（20mg/dL）的患者。

5. **苯丙氨酸需要量**　2个月以内需50~70mg/（kg·d），3~6个月约40mg/（kg·d），2岁均为25~30mg/（kg·d），4岁以上10~30mg/（kg·d），以能维持血中苯丙氨酸浓度在0.12~0.6mmol/L（2~10mg/dL）为宜。

二、有机酸代谢病

（一）疾病概述及临床特点

有机酸是氨基酸、脂肪、糖中间代谢过程中所产生的羧基酸，由于某种酶的缺陷导致相关羧基酸及其代谢产物的蓄积，导致有机酸代谢病。有机酸代谢病又称有机酸尿症或有机酸血症，是遗传代谢性疾病中较常见的病种。其可以分为：氨基酸代谢过程障碍、氨基酸以外的代谢异常、多部位代谢障碍及线粒体脂肪酸β氧化异常。患儿临床表现个体差异很大，可自胎儿期至老年各时期发病，一些患者以呕吐、代谢性酸中毒、低血糖、昏迷等形式急性起病，部分患者则表现为进行性神经系统损害，如不能及时、正确治疗，死亡率很高，存活者常遗留严重神经系统损害、严重智力残疾。

（二）饮食营养原则

1. 限制天然蛋白质的摄入可以有效地减少前驱物氨基酸的摄入，提高疗效。

2. 限制天然蛋白质的同时，可以补充去除异亮氨酸、缬氨酸、蛋氨酸、苏氨酸的特殊奶粉。

3. 应根据患儿可耐受情况制订个体化的饮食方案，并根据不同年龄进行调整。在减少蛋白质摄入的同时，应严密监测患者临床表现及生化指标，以防止由于蛋白质合成受限继发异生作用所导致的急性代谢失调和慢性生长发育受限。

（三）特殊情况处理

1. 丙酸血症和维生素B_{12}无反应性甲基丙二酸血症，有计划地补充去除异亮氨酸、蛋氨酸、苏氨酸、缬氨酸的特殊氨基酸奶粉或配方奶粉，可有效提高疗效。

2. 对于脂肪酸代谢病则应增加碳水化合物，限制前驱物脂肪酸，预防饥饿。对于喂养困难的患儿，必要时应采用鼻饲喂养。

3. 急性期治疗以葡萄糖静脉滴注、纠正酸中毒为主，必要时进行血液透析或腹膜透析。对于合并高氨血症的患儿，应适当禁食或限制蛋白质摄入；同时应保证充足的能量供给，防止机体蛋白分解。鉴于有机酸代谢病急性发作时病情危重，死亡率极高，存活者易遗留严重神经系统损害，临床高度怀疑时可在确诊前进行治疗。

三、糖原贮积症

（一）疾病概述及临床特点

糖原贮积症（glycogen storage disease，GSD）又称糖原累积症、糖原贮积病，是一组少见的常染色体相关的隐性遗传病，患者不能正常代谢糖原，使糖原合成或分解发生障碍，因此糖原（一种淀粉）大量沉积于组织中而致病。糖原贮积症有很多类型，其中Ⅰ、Ⅲ、Ⅵ、Ⅸ型以肝脏病变为主，Ⅱ、Ⅴ、Ⅶ型以肌肉组织受损为主。最严重的糖原贮积症是糖原贮积症Ⅱ型（蓬佩病），通常在1岁内发病，避免运动可使症状消退。肌肉的损害导致肌球蛋白释放入血，肌球蛋白对肾脏有害，限制运动可降低肌球蛋白水平。大量饮水，尤其在运动后，可稀释肌球蛋白。

（二）营养代谢特点

糖原广泛存在于各种组织细胞内，尤以肝、心脏及肌肉中含量最多。糖原由α-D-葡萄糖聚合而成，分子间由α-1，4-糖苷键相连，分支则以α-1，6-糖苷键相连，它的平均分子量在250万~450万。

根据体内代谢的需要，糖原分子在催化酶的作用下不断合成和分解。葡萄糖合成糖原从磷酸化开始，在肝脏中由葡萄糖激酶催化，在肌肉中则由己糖激酶催化，磷酸化产生 6- 磷酸葡萄糖，后者再通过葡萄糖磷酸变位酶的作用转变成 1- 磷酸葡萄糖。1- 磷酸葡萄糖再通过尿苷二磷酸葡萄糖焦磷酸化酶转变成尿苷二磷酸葡萄糖。然后由糖原合成酶将后者中的葡萄糖残基通过 α-1，4- 糖苷键加入原有的糖原分子中，使糖原直键增长，形成长链的糖原分子；每隔 3~5 个葡萄糖残基，再由分支酶将葡萄糖转移为 1，6- 连接，形成分支，最终构成网状结构的大分子。糖原的分解由两个酶系统完成。磷酸化酶催化糖原分解成 1- 磷酸葡萄糖，1- 磷酸葡萄糖经过葡萄糖磷酸变位酶的作用转变成 6- 磷酸葡萄糖，后者在葡萄糖 -6- 磷酸酶催化下水解成葡萄糖。上述磷酸化酶只能分解到糖原分支点前 4 个葡萄糖残基，其剩余的葡萄糖残基通过脱支酶的作用分解出葡萄糖。糖原分解的另一途径是通过存在于溶酶体中的 α-1，4- 葡萄糖苷酶来完成。目前已知的 GSD 已超过 12 型。儿童期常见的 GSD 类型有：葡萄糖 -4- 磷酸酶不足（Ⅰ型 GSD），溶酶体酸性 α- 葡萄糖苷酶不足（Ⅱ型 GSD），脱支酶不足（Ⅲ型 GSD）和肝磷酸化激酶不足；而成人期最多见的是肌肉磷酸化酶不足（Ⅴ型 GSD，麦卡德尔病）。所有各种类型的 GSD 的发病率以活产婴儿为基数约为 1/20 000。

（三）饮食营养原则

1. 注意给孩子补充各种维生素及矿物质。
2. 蛋白质食物（如肉、蛋、奶）应供给充足。
3. 不要给孩子吃高脂肪的食物。
4. 最好不要给孩子吃糖、甜食及过多的水果。
5. 哺乳期婴幼儿可以少量多次喂食一些淀粉或米粉，以免血糖突然下降。夜间需要更加注意。
6. 已经开始添加辅食的婴幼儿可以少量多次喂食用凉白开冲的生玉米淀粉，这样可以使淀粉在一个较长的时间内缓慢吸收，避免发生低血糖。喂食量应从少量逐渐增加，可以从 1.75g/kg 开始逐渐增至 2.2g/kg。

（四）特殊情况处理

1. **防治低血糖**　急性发作时立即静脉注射 25% 葡萄糖，维持血糖于 2.22~6.66mmol/L。每 2~3h 进食高蛋白、低脂肪饮食 1 次。

2. **防治酸中毒**　血乳酸水平高时应服用碳酸氢钠。

四、肝豆状核变性

（一）疾病概述及临床特点

肝豆状核变性（hepatolenticular degeneration，HLD）又称为威尔逊病（Wilson disease，WD）。这是一种常染色体隐性遗传的铜代谢障碍性疾病，以铜代谢障碍引起的肝硬化、基底节损害为主的脑变性疾病为特点。WD 也是至今少数几种可治的神经遗传病之一，关键是早发现、早诊断、早治疗。

（二）营养代谢特点

铜是人体必需的微量元素，是许多重要酶如细胞色素氧化酶、超氧化物歧化酶、酪氨酸酶、多巴胺羟化酶、赖氨酸氧化酶、铜蓝蛋白（ceruloplasmin）等的组成成分。基因产物为 P 型铜转运 ATP 酶的缺陷可导致铜经胆汁的排泄障碍及肝细胞内合成的铜蓝蛋白释放入血发生障碍，干扰了人体铜存量稳定，造成体内过多的铜蓄积，产生铜中毒。正常成人体内储存铜总量估计为 30~100mg。一般饮食中含有足够生理需要的铜。小肠上部是铜的主要吸收场所，为主动吸收过程，摄入的铜经肠道吸收后还受多种肠道内因素的影响；如螯合物（如 EDTA，草酸盐）、高饮食蛋白、*L*- 氨基酸、果糖和阴离子（如柠檬酸、磷酸和葡萄糖酸等）使铜吸收增加；而维生素 C、某些微量元素（如镉、钴、锌）、纤维素、胆盐等则抑制铜的吸收。铜经肠道吸收的调节机制尚未完全阐明，目前认为金属硫蛋白可能是最主要的调节因子。体外试验中，含锌和铜的金属硫蛋白可激活某些脱辅基的酶蛋白，还具有自由基清除作用。铜以 2 价的形式参与代谢。细胞膜内外 2 价铜的转运体是 P 型 ATP 酶，以主动吸收的形式将铜运至门静脉侧支循环与蛋白结合，在肝脏进一步代谢。血浆中的铜吸收入血后首先与白蛋白结合，一小部分和氨基酸（特别是组氨酸）结合，后者量虽少却是组织分布时跨细胞膜转运的主要形式。蛋白结合铜的半衰期很短，仅为10min，绝大部分为肝脏所摄取。血浆中90%以上的铜与铜蓝蛋白结合。肝脏是铜代谢的主要场所，肝铜以金属硫蛋白-铜的形式存在，广泛存在于肝细胞的高尔基复合体、粗面内质网等细胞器中，在膜蛋白ATP7B酶的主动作用下，将递交给铜蓝蛋白并能使多余的铜经胆汁排泄，是体内铜代谢的最主要途径。WD患者经胆汁的铜排泄仅为正常人的20%~40%甚至更低。研究发现WD时血清中前铜蓝蛋白并未减少，而减少的只是结合了铜元素的全铜蓝蛋白（holoceruloplasmin）。胆汁外排泄铜的主要渠道是肾，但尿铜的量很少，一般每天不超过50μg。饮食中吸收的铜（500~1 000μg/d）主要是经过胆汁排泄。仅有极少量的铜通过尿液排泄。缺乏ATP7B酶可引起体内铜排泄障碍，造成铜在体内积蓄而产生铜中毒症状，现认为致病机制主要是形成了高度活性的氢氧基团，使细胞膜、线粒体、蛋白质和DNA受损。其病理特征是铜在体内重要脏器组织堆积而影响细胞的正常功能。由于ATP7B酶的缺陷，主要影响肝细胞将铜排至毛细胆管的功能以及合成铜蓝蛋白障碍，肝细胞积蓄的铜以金属硫蛋白-铜的形式存在，当金属硫蛋白-铜达到饱和状态，氧自由基功能减退损伤细胞，急剧的大量肝细胞坏死，可在短时间内引起重症肝炎或肝功能不全的临床表现；当少量到中等量肝细胞坏死时可表现为急性肝炎样症状；反复的少量到中等量肝细胞受损时，临床表现为慢性肝炎，粗大结节性肝硬化。另一方面，血液中少量非铜蓝蛋白铜移行至脑、角膜和肾等重要脏器，铜堆积于这些组织，临床可见角膜色素（Keiser-Fleischser，K-F）环，蛋白尿等。

（三）饮食营养原则

1. 饮食控制的目的是尽可能地减少铜的摄入，即采用低铜饮食。

2. 避免含铜高的食物，食物中铜的含量受当地土壤及水的影响较大，一般来说食物中含铜量粗粮高于细粮、肝脏高于一般肌肉、瘦肉高于肥肉、蛋黄高于蛋白（表18-8-1）。

3. 不用铜制器皿烹煮食物。

4. 控制理想体重，防止肥胖。

5. 补充蛋白质及微量元素。临床上出现肝硬化时，膳食中蛋白质、糖类、维生素等应充足，奶类和鸡蛋生物价值高且含铜量低，可适当多食用。必要时可根据病情补充锌、钙、铁或者维生素制剂。

表18-8-1　常见食物含铜量（mg/100g食物）

食物	含铜量	食物	含铜量
大米	0.28	鲤鱼	0.03
富强粉	0.26	带鱼	0.02
标准粉	0.42	基围虾	0.05
麦胚粉	0.83	桃	0.05
玉米面（黄）	0.35	富士苹果	0.06
猪肉（瘦）	0.11	豆角	0.15
猪肝	0.65	豆腐	0.27
鸡脯	0.06	黄豆	1.35
鸡肝	0.32	绿豆	1.08
牛奶	0.02	红小豆	0.64
鸡蛋	0.06	花生仁	0.89
蛋白	0.05	葵花籽仁	1.95
蛋黄	0.28	南瓜子仁	1.11

（四）营养治疗实践

遗传代谢病重在预防，在孕前的遗传咨询，产前诊断应提高预防遗传疾病的意识，对于已经发生的遗传性代谢病儿童取得最佳结局取决于早期识别疾病，在正确诊断后采取相应的治疗措施与营养治疗。遗传代谢病的营养治疗在于限制特定营养物质的摄入，但又不能影响生长发育，因此熟悉每一阶段患者的生理需要与食物所含的特定营养物含量尤为重要，平衡摄入与需求才能最大限度地减少疾病所带来的影响。

（刘英华）

第九节　高同型半胱氨酸血症

心血管疾病（cardiovascular disease，CVD）是全世界范围内严重威胁人类健康的慢性非传染性疾病。《中国心血管病报告（2018）》指出：我国 CVD 患病率持续上升，现患病人数 2.9 亿，CVD 死亡率仍居首位，高于肿瘤及其他疾病。不过，高血压、糖尿病和血脂异常作为 CVD 的传统危险因素仅能解释 50% 冠心病的发病原因，提示我们仍有一些其他的危险因素参与了 CVD 的发生发展过程。近 50 年来研究显示，血中同型半胱氨酸（homocysteine，Hcy）的升高作为 CVD 尤其是脑卒中新的独立危险因素被广泛关注。Hcy 参与蛋氨酸代谢，是体内一碳单位循环的组成部分，在动脉粥样硬化过程中发挥重要作用，同时高同型半胱氨酸血症（hyperhomocysteinemia，HHcy）还与慢性肾脏病、肿瘤、骨质疏松、认知功能下降等具有密切关系，通过补充叶酸等 B 族维生素可降低 Hcy，同时影响 CVD 等疾病风险。本节将就 Hcy 的代谢特点、治疗原则和展望 3 方面展开介绍 HHcy 的相关内容。

一、营养代谢特点

Hcy 于 1932 年被发现。它是一种含硫的非必需氨基酸，是蛋氨酸代谢过程中的重要中间产物，正常人体内不能合成。血浆中的 Hcy 有多种存在形式，其中绝大部分是以和白蛋白结合的方式存在的，其他存在形式还包括以二硫键结合的同型二聚体和与其他有硫化作用的复合物形成的异型二聚体，血浆中仅有约 1% 以还原型 Hcy 形式存在。一般来说，我们所说的 Hcy 是指其在血浆中所有存在形式的总和，称为总 Hcy，其正常值范围 5~15μmol/L。

Hcy 转化的主要途径有 2 条：第 1 条途径为再甲基化过程，在蛋氨酸合成酶的催化作用下，以维生素 B_{12} 为辅酶，以 5- 甲基四氢叶酸为甲基供体，Hcy 被甲基化生成蛋氨酸。5- 甲基四氢叶酸的产生需要通过叶酸循环途径，其限速酶是 5，10- 亚甲基四氢叶酸还原酶（5，10-methylenetetrahydrofolate reductase，MTHFR），该酶使 5，10- 亚甲基四氢叶酸还原为 5- 甲基四氢叶酸。第 2 条途径则是转硫过程，Hcy 与丝氨酸结合，在胱硫醚 -β- 合成酶（cystathionine-β-synthase，CBS）催化作用下，以维生素 B_6 为辅酶生成胱硫醚，后者再裂解为半胱氨酸和 α 酮丁酸，参与代谢，进入三羧酸循环或由尿液排出，形成转硫化途径。

上述 Hcy 代谢过程中的任何一个步骤受到影响，Hcy 就会在细胞内蓄积，最终进入血液循环，引起血中 Hcy 的升高。临床中许多因素都会影响 Hcy 的水平，包括营养学因素如叶酸、蛋氨酸、维生素 B_6 和维生素 B_{12} 的摄入情况和水平，在中国人群中，煎炒等烹饪方式会造成蔬菜中大量 B 族维生素的丢失，造成 B 族维生素摄入不足和 Hcy 升高；人口学因素如年龄和性别等与 Hcy 密切相关，老年、男性人群 Hcy 水平均普遍偏高；生活方式如吸烟、饮酒、饮咖啡和体力活动等均会影响上述循环过程导致 Hcy 的升高；各种疾病状态如肾功能不全和肾移植、系统性红斑狼疮、炎症性肠病、银屑病、甲状腺功能减退、高血压、糖尿病、恶性肿瘤等会合并存在 HHcy；临床中的众多用药也会影响 Hcy 的水平，包括叶酸拮抗剂如甲氨蝶呤，抗癫痫药如卡马西平、苯妥英钠和丙戊酸钠，茶碱，柳氮磺吡啶，性激素类药物等均会影响 Hcy 的代谢，以及心脑血管疾病患者的相关用药如降压药、降糖药和降脂药均会影响血中 Hcy 的水平。

另外，参与 Hcy 代谢的关键催化酶如 MTHFR 和 CBS 等的遗传缺陷是影响 Hcy 水平的重要因素。有数据显示，不同人群中遗传因素对 Hcy 水平的影响为 47%~70%。据不完全统计，目前已有十余项全基因组关联分析研究发现了多个影响 Hcy 的单核苷酸多态性（single nucleotide polymorphism，SNP）。如前所述，MTHFR 是目前已知影响 Hcy 水平最重要的基因，677C>T（rs1801133）和 A1298C（rs1801131）是两个最重要的错义突变，均导致所编码叶酸循环的限速酶 MTHFR 活性的改变，其催化 5,10- 亚甲基四氢叶酸生成 5- 甲基四氢叶酸的过程受阻，而 5- 甲基四氢叶酸又是 Hcy 再甲基化转化为蛋氨酸的辅酶，因此导致血中 Hcy 水平的升高。其中 677C>T 是目前被全基因组关联分析（genome-wide association studies，GWAS）研究证实最多的 SNP 位点，TT 突变基因型个体 MTHFR 酶的活性只有 CC 基因型个体的 30%，血浆 Hcy 水平显著高于野生纯合型和杂合型即 CC/CT 型人群。世界范围内研究数据显示，677T 等位基因的频率在不同种族和地域人群中差异很大，意大利、美国西班牙裔、中国北部人群中高达 40% 以上，而墨西哥裔的美国人群中则升至 57%，其他欧洲、中东、大洋洲、北美洲等地区大多在 20%~40%。我国 MTHFR C677T 等位基因频率具有显著的南北地域差异，一项我国汉族人群（*n*=15 357）的研究显示：北方人群 677T 等位基因频率远高于南方人群，整体上范围在 6.4%~63.1%。

除 MTHFR 外，其他一碳单位中的载体或者代谢酶直接或间接参与 Hcy 的代谢过程，其相关基因的多态性位点也有被报道与 Hcy 水平显著相关。CBSrs12613 和 rs234706 等 SNP 位点、5- 甲基四氢叶酸 - 同型半胱氨酸甲基转移酶还原酶 rs1801394 SNP 位点、钴胺传递蛋白 rs1801198 SNP 位点等均有报道影响 Hcy 水平。纳入来自 10 项 GWAS 44 147 例欧洲人群的荟萃分析发现，13 个 SNPs 可以解释血中 Hcy 水平 5.9% 的变异，其中涉及的最主要基因包括我们提到的 MTHFR（rs1801133）和 CBS（rs234709），通过计算得出影响 Hcy 水平的遗传积分，分析发现遗传积分最高 10% 的人群比最低 10% 的人群 Hcy 水平增加 3μmol/L。

二、营养治疗原则

早在 1969 年，美国病理学教授 McCully 首次在 2 个高胱氨酸尿症及合并 HHcy 儿童的尸检中发现了广泛的动脉硬化和血栓形成。动物实验显示：Hcy 升高可以通过氧化应激反应导致内皮功能障碍和内质网损伤，促进血管平滑肌细胞增殖、胶原合成，促进血栓形成，以及糖脂代谢紊乱等多种机制导致动脉粥样硬化发生发展。

一项纳入全球 72 项 MTHFR 基因多态性研究和 20 项前瞻性研究的荟萃研究显示，血浆 Hcy 水平与心脑血管病发生风险显著相关；Hcy 每升高 5μmol/L，缺血性心脏病的发病风险升高 32%，脑卒中的发病风险升高 59%；Hcy 每降低 3μmol/L，缺血性心脏病风险降低 16%，脑卒中风险降低 24%。更为重要的是，HHcy 与高血压具有协同作用，显著增加血管性疾病的风险，高血压合并血 Hcy 水平升高（≥10μmol/L）显著增加脑卒中发生风险。据此，国内学者提出 H 型高血压的概念，即伴有血 Hcy 水平升高（≥10μmol/L）的高血压，约占我国高血压患者的 75%。

针对 Hcy 升高或叶酸缺乏的人群，日常饮食应尽可能多地摄入富含叶酸的食物。富含叶酸的食物包括肝、绿叶蔬菜、豆类、柑橘类水果、谷类等。但食物的制备和烹调会造成叶酸的流失，尤其在煮沸时损失更大。正常膳食摄入很难获取>0.4mg/d 的叶酸，研究显示欧洲人群中男性平均为 0.291mg/d，女性平均为 0.247mg/d。因此，高 Hcy 需要通过其他途径进行治疗，叶酸、维生素 B_{12}、维生素 B_6、甜菜碱、胆碱等常被用于降低 Hcy。甜菜碱可降低空腹 Hcy 12%~20%，但甜菜碱和胆碱均对血脂有负面影响。目前已知降低 Hcy 最安全、有效的方法是补充叶酸，可合并或不合并使用维生素 B_{12} 或维生素 B_6。

叶酸是目前降低 Hcy 水平的最有效药物。一项纳入 25 项随机对照临床研究的荟萃研究显示，叶酸剂量为每日 0.2mg、0.4mg、0.8mg、2.0mg 和 5.0mg 时，Hcy 水平分别下降 13%、20%、23%、23% 和 25%。因此，补充叶酸并不是越多越好，每日服用 0.8mg 叶酸可能会产生最好的降低 Hcy 作用。另外，在叶酸基础上加服维生素 B_{12}(400μg/d) 可使 Hcy 进一步下降 7%，而加服维生素 B_6 对 Hcy 水平没有显著影响。需要注意的是，过量补充叶酸可能增加某些肿瘤风险，通过补充叶酸降低 Hcy 的话，美国医学研究所推荐最大耐受剂量不超过 1 000μg/d，在此剂量范围内也不会加重维生素 B_{12} 缺乏所致的神经系统症状。

补充叶酸可以降低 Hcy，那么进一步的获益在哪里呢？美国和加拿大从 1998 年开始向面粉中强制添加叶酸，一项观察性研究对比了两国前后脑卒中死亡率的变化，并与未进行强制补充叶酸的英国和威尔士的脑卒中死亡率进行比较。结果显示，强化补充叶酸后，对比 1990—1997 年每年脑卒中死亡率的下降率，1998—2002 年美国从 0.3% 加速至 2.9%($P<0.01$)，加拿大从 1.0% 加速至 5.4%($P<0.001$)，但英国和威尔士没有显著下降。这提示补充叶酸降低 Hcy 可以降低脑卒中死亡率。

不过，早期欧美国家补充叶酸等 B 族维生素进行心脑血管疾病预防的大型随机对照试验研究均得出了阴性结果。针对 8 项前瞻、随机、安慰剂对照的大规模临床试验进行荟萃分析显示，B 族维生素治疗使血浆 Hcy 水平降低了 25%，但对主要心血管事件发生率及全因死亡率没有影响。随后的荟萃分析进一步揭示了既往叶酸疗效阴性结果的原因：疗效具有终点差异性，对于脑卒中风险的降低更显著，总体上脑卒中风险下降 18%。B 族维生素联合补充的效果低于单独补充叶酸。同时，补充叶酸治疗在不同人群中获益不同，降低 Hcy 治疗预防脑卒中的效果在未普及面粉强化叶酸的国家或地区、一级预防人群、服用叶酸超过 36 个月和 Hcy 降低超过 20% 时更为显著，进一步确证 Hcy 是脑卒中的重要危险因素。

据此，我国学者设计开展了中国脑卒中一级预防研究(China Stroke Primary Prevention Trial, CSPPT)，纳入 20 702 例中国成年高血压患者，主要研究终点是首发脑卒中。研究显示，经过 4.5 年的治疗，以依那普利叶酸片(10mg 依那普利和 0.8mg 叶酸单片固定复方制剂)为基础的降压治疗方案，相比以依那普利(10mg)为基础的单纯降压治疗方案，进一步显著降低了我国无心脑血管疾病的高血压患者首发脑卒中风险 21%，缺血性脑卒中风险 24% 和心脑血管复合终点事件风险 20%。

随后国内外学者从不同角度研究的多篇荟萃分析结果均证实补充叶酸可以降低脑卒中风险。2016 年一项纳入 30 项 RCT 的荟萃研究显示，补充叶酸降低 10% 的脑卒中风险，4% 的心血管疾病风险，在基线低叶酸水平人群中获益更大；但对冠心病没有明显疗效。2017 年一项包含早期多项随机临床试验个体资料的荟萃分析显示，补充包括叶酸在内的 B 族维生素使脑卒中风险下降 10%，并受到肾功能的修饰；肾功能正常组的风险降低 11%，而肾功能异常组没有显著疗效。进一步分析显示，肾功能与维生素 B_{12} 的疗效也存在交互作用。肾功能异常患者服用大剂量氰钴胺($\geqslant$400μg/d)治疗不能预防脑卒中发生，而肾功能正常患者不用或服用小剂量氰钴胺(20μg/d)治疗可使脑卒中风险下降 22%。2017 年我国学者开展的一项纳入 22 项 RCT 研究的荟萃研究分析显示，整体上补充叶酸可以显著降低 11% 的脑卒中风险，在未进行叶酸强化的地区更为明显，脑卒中风险降低了 15%。进一步分层分析发现，在低剂量叶酸($\leqslant$0.8mg/d)补充人群和基线维生素 B_{12} 水平偏低($<$384pg/ml)人群中效果更为显著。2018 年一项纳入 179 项 RCT 的荟萃研究分析显示，叶酸治疗显著降低 20% 的脑卒中风险，降低 17% 的心脑血管事件风险，对冠心病及心肌梗死无明显疗效，亦不影响死亡。复合 B 族维生素可以降低 10% 的脑卒中风险，对冠心病、总体心脑血管事件及死亡无明显影响。总体上，补充叶酸可显著降低脑卒中风险，但是对冠心病无效，同时疗效受到其他因素如肾功能、维生素 B_{12} 水平、叶酸剂量的影响。

因此，我国《H 型高血压诊断与治疗专家共识》建议：不论无或有心脑血管病的高血压患者均推荐含有 0.8mg 叶酸的固定复方制剂降压药物；如果固定复方制剂使用后血压不能达标，可以联合使用其他种类降压药物，直至血压达标。在补充时间方面，建议补充 3 年以上才可以有效降低脑卒中风险。

三、营养治疗的展望

由于不同遗传背景和环境因素的影响，通过补充叶酸降低 Hcy 并进一步降低脑卒中风险的效果在不同人群中具有显著差异。CSPPT 研究数据进一步分析显示：在我国高血压患者中，降压同时补充叶酸降低脑卒中的效果在 H 型高血压，合并 MTHFR-677TT 基因型或低叶酸的人群中并不相同，脑卒中的风险可以分别下降 23%，28% 和 39%。根据上述因素对 H 型高血压进行精准的危险分层，可以使脑卒中预防效果加倍，提高成本 - 效益比。因此，我国学者建立了高血压患者补充叶酸的精准治疗理论体系，对于 H 型高血压患者同样适用。该理论体系主要包含以下内容。

1. 基于 Hcy、叶酸、维生素 B_{12} 和 MTHFR-677TT 基因型关键指标的精准治疗　首先，Hcy 下降水平可作为补充叶酸预防脑卒中效果判断的间接指标。降压基础上补充叶酸后，Hcy 下降幅度越高，脑卒中风险降低越明显，与 Hcy 下降幅度低三分位人群比较，中、高三分位人群脑卒中风险降低 21%，心血管复合事件风险下降 22%。其次，MTHFR 基因型对叶酸干预具有修饰作用。CC/CT 基因型高血压患者基线 Hcy 水平越高及叶酸水平越低，脑卒中风险也越高，相应的叶酸治疗获益越大。Hcy 水平最高组（Hcy ≥ 13.5μmol/L），降压基础上补充叶酸可降低脑卒中风险 27%；而 TT 基因型高血压患者无论基线 Hcy 及叶酸水平高低，叶酸治疗均可获益，但 Hcy 水平最低组（Hcy<12.8μmol/L）疗效最好，降压基础上补充叶酸可降低脑卒中风险达 56%，提示 TT 基因型高血压患者需要更高剂量的叶酸去克服体内叶酸水平不足的状态。另外，维生素 B_{12} 亦具有修饰作用，脑卒中的风险在基线叶酸和维生素 B_{12} 均较高的患者中最低，而补充叶酸的效果在基线叶酸和维生素 B_{12} 均较低的患者中较为显著。降低脑卒中风险 38%，不同基因型患者中并不相同，而上述效应均在 CC 型患者中最为显著，不过 TT 型患者补充叶酸的效果在基线叶酸和维生素 B_{12} 较高组较为显著，提示 400μg/d 叶酸对于 TT 型患者并不足够，需要增加剂量，同时补充维生素 B_{12}。

2. 基于血液学指标血小板计数的精准治疗　降压基础上补充叶酸可降低血小板四等分组最低组高血压患者 58% 的首发脑卒中风险；血小板计数四等分组最低组合并 Hcy ≥ 15μmol/L 的高血压患者脑卒中风险下降最多，可达 73%。

3. 基于传统危险因素高脂血症、高血糖和吸烟的精准治疗　降压基础上补充叶酸较单纯降压的获益在胆固醇增高（总胆固醇 ≥ 5.18mmol/L）人群中更显著，可以降低 31% 首发脑卒中和 34% 缺血性脑卒中风险；而在高血糖人群中，可以降低 34% 首发脑卒中和 38% 缺血性脑卒中风险，均显著高于总体人群 21% 的额外获益；吸烟状况也可以修饰降压基础上补充叶酸降低脑卒中的效果，对于不吸烟患者，获益体现在低叶酸人群；而吸烟患者伴有基线高时叶酸获益更大。

目前补充叶酸预防脑卒中的精准治疗体系初步建立，但是应用于临床仍存在许多问题，例如 MTHFR-677TT 基因型高血压患者需要更高剂量的叶酸去克服体内叶酸水平不足的状态，那么 TT 基因型患者补充叶酸的最佳剂量仍值得进一步探讨。另外，补充叶酸预防脑卒中的相关机制也是需要深入研究和探索的。这些后续研究将为制订针对我国不同个体特征患者的叶酸补充营养治疗策略提供更多的循证医学证据。

（李建平）

第十九章　主要感染性疾病的营养治疗

感染性疾病曾经是人类的主要死亡原因，与其他疾病不同，感染性疾病有明确的致病原因——病原微生物。病原微生物种类繁多，如细菌、病毒、真菌、寄生虫，甚至包括仅由蛋白质构成的亚病毒因子“朊毒子”等。其中毒力强弱、侵入机体数量、感染部位及感染性质差异是影响感染者疾病缓急的重要因素，并呈现不同的临床症状。致病微生物可引起机体内分泌及代谢改变，致使机体营养素大量消耗，出现严重蛋白质 - 能量营养不良。而患者病期营养不良将延缓器官功能恢复，增加并发症发生危险，甚至延长住院时间。在药物治疗的同时，补充疾病中相对缺少的营养素，兼顾各营养素的平衡，可有效避免加重治病部位组织负担，促进机体康复，避免并发症的发生。

第一节　病毒性肝炎

病毒性肝炎（viral hepatitis）是由多种肝炎病毒引起，以肝细胞变性、坏死为主要病理变化的常见传染性疾病。

一、概述

根据感染的肝炎病毒种类，分为甲、乙、丙、丁及戊 5 种类型，乙、丙、丁型肝炎可慢性化发展成肝硬化，在慢性肝病的任何阶段都有可能发生肝癌。病毒性肝炎也可重症化，我国《肝衰竭诊治指南》（2018 年版）将肝衰竭分为急性肝衰竭、亚急性肝衰竭、慢加急性 / 亚急性肝衰竭和慢性肝衰竭，肝衰竭的病因中除病毒性肝炎外，还包括药物、酒精、自身免疫等因素引起的肝衰竭。根据病程和病情严重程度分为急性肝炎、慢性肝炎、重型肝炎（肝衰竭）、淤胆型肝炎和肝炎肝硬化。急性病毒性肝炎临床上可以表现为黄疸、发热、肝大，肝功能损伤，到了肝硬化甚至肝衰竭阶段，多表现为食欲下降、恶心、腹胀、乏力等症状，肝功能损伤重。慢性病毒性肝炎、肝硬化以及肝衰竭患者会出现复杂的营养代谢改变，普遍存在营养不良，通过营养治疗，可有助于改善患者的营养状况和预后。

二、病毒性肝炎患者的代谢特征

肝脏是机体最重要的代谢器官，肝脏疾病对肝功能造成不同程度的损伤，从而导致机体出现能量、蛋白质、碳水化合物及脂肪的代谢异常。

（一）能量代谢的改变

病毒性肝炎进展到肝硬化、肝衰竭阶段，患者因肝功能严重受损，导致机体能量代谢异常，引起营养物质代谢紊乱，而代谢紊乱又进一步加重肝损伤，促使病情恶化，形成恶性循环。肝硬化和慢加急性肝衰竭患者多数存在蛋白质 - 能量营养不良等问题。国内学者对肝硬化、慢加急性肝衰竭患者的营养情况调查结果显示，60%~90% 的患者存在不同程度的营养不良，患者静息能量代谢率较低，存在糖代谢异常，通过增加脂肪和肌肉动员供能，是导致营养不良、特别是肌肉减少症的主要原因。轻、中度慢性肝炎患者能量消耗基本在正常范围，随着病情进展，逐渐出现机体能量代谢异常。急性肝炎营养问题多是一过性的，与急性期摄入减少、消耗增加有关，随着疾病的恢复，营养代谢问题也可逐步恢复。

（二）碳水化合物代谢的改变

肝脏在碳水化合物代谢中起重要作用，主要负责代谢和储存葡萄糖、维持稳定的血糖浓度，若肝细胞发生大量变性、坏死，患者可出现肝功能受损，肝糖原储备能力有所下降，机体糖原贮存、葡萄糖氧化利用及血糖的调节均发生相应改变。但是，此时肝脏的糖异生作用仍存在，肝脏对糖代谢的调节具有充足的代偿能力，机体的血糖仍可维持稳定状态。然而患者一旦发生肝衰竭，肝细胞大量坏死，肝脏失去代偿能力，碳水化合物代谢失调，肝脏停止摄取用于糖异生作用的代谢底物，糖异生能力下降，诱发高氨基酸血症、乳酸性酸中毒及低血糖症等并发症，重度低血糖症常有致命危险。

研究提示，肝硬化患者常伴有糖耐量异常，同时伴有高胰岛素血症和高胰高血糖素血症，部分患者可有 2 型糖尿病表现，当肝功能严重受损时称之为肝源性糖尿病。肝源性糖尿病主要与肝功能储备能力下降，胰岛素抵抗及糖耐量异常有关。患者处于胰岛素抵抗状态，胰岛素抵抗的原因可能与肝细胞数量减少、肝脏作为靶器官对胰岛素的敏感性下降、肝功能严重受损时出现胰岛素清除障碍、肝内胰岛素受体数量降低及其生理效应下降等因素相关。反过来，高胰岛素血症可减少胰岛素与受体结合，产生胰岛素抵抗并降低组织内糖代谢。研究表明，随着肝硬化的病变程度加重，血糖控制也越来越差。肝硬化合并糖尿病及慢性乙型肝炎合并糖尿病患者也有不一样的治疗效果，慢性乙型肝炎合并糖尿病患者经规范化治疗后，肝功能较易恢复至正常水平，血糖也更加容易稳定。但失代偿期肝硬化合并糖尿病患者治疗由于肝脏基础功能差，无法完全逆转，血糖更容易出现波动，因此需要更加密切监测血糖的波动，及时调整治疗方案。

（三）蛋白质和氨基酸代谢

肝脏是人体重要的蛋白质合成器官，其中合成的蛋白质 20% 用于能量的代谢消耗，80% 释放入血液，维持血浆渗透压稳定，并参与免疫功能。肝功能异常时，主要表现为白蛋白合成减少和氨基酸代谢紊乱。肝脏受损或部分切除后，肝脏应激性加速合成蛋白质，进行肝脏结构的修复。肝内蛋白质更新加快，除免疫球蛋白外，几乎所有的血浆蛋白都是由肝脏合成。白蛋白占血清总蛋白的 60%，在肝细胞内的合成调节取决于患者的营养状态、抵达肝脏的氨基酸量及激素量。急性普通型肝炎由于病程短，对白蛋白合成影响不大；而慢性肝炎，由于有效肝细胞总数量减少，存在代谢障碍，导致血清蛋白合成下降，随着肝病进展可表现为低白蛋白血症。

肝脏对从门静脉系统来源的氨基酸调节和代谢起十分重要的作用，且对氨基酸的摄取选择性与某些蛋白质或氨基酸的代谢水平相关，如人体外源摄入某些蛋白质或氨基酸增多时，肝脏对其摄取相应增多。临床上，血浆中支链氨基酸（branched chain amino acid，BCAA）和芳香族氨基酸（aromatic amino acid，AAA）的比值（Fisher 比）常被用于作为肝脏疾病期间蛋白质代谢异常和肝性脑病严重程度的参考指标，并用于指导此类患者的临床治疗。患者血浆氨基酸谱发生改变，由于外周组织对 BCAA 消耗增加，导致肝脏内 BCAA 如亮氨酸、异亮氮酸及缬氨酸的水平下降；同时由于肝脏对 AAA 清除能力下降，导致 AAA 如苯丙氨酸、酪氨酸、色氨酸等浓度增高，造成 Fisher 比下降。

氨基酸代谢也受氨基酸之间的代谢影响。研究发现，苯丙氨酸、酪氨酸、组氨酸、蛋氨酸及色氨酸可控制肝细胞对其他氨基酸的摄入。慢性肝炎患者如合并饥饿、手术、创伤或感染等因素时，可发生广泛的肌肉蛋白质分解，加速异常氨基酸模式的紊乱。

体内尿素循环可降解氨毒，同时调节体液 pH。尿素是由汇管区周围肝细胞合成，当发生肝衰竭或者肝炎肝硬化时，肝脏合成尿素的能力大大下降，引起高氨血症。

（四）脂肪代谢异常

肝脏是脂肪和游离脂肪酸代谢的重要器官，肝脏细胞膜上的相关受体介导血液中游离的脂肪酸，游离脂肪酸浓度越高，则肝脏摄取量就越多。游离脂肪酸在肝脏的代谢主要有两条途径：一是在线粒体内进行β氧化供能；二是利用必需脂肪酸前体合成多不饱和脂肪酸，或被转变成甘油三酯和磷脂。因此，肝功能受损时细胞产能受损，造成多不饱和脂肪酸缺乏，导致脂肪代谢异常。正常情况下，肝内甘油三酯的合成和分泌平衡。肝功能不全时，甘油三酯的合成超过了载脂蛋白形成的能力。病变细胞中脂肪分解增多而利用减少，导致血浆游离脂肪酸及甘油三酯增高，过量的甘油三酯以脂肪小滴形式贮存，最终可导致脂肪肝。

肝脏也是脂蛋白合成、分泌、降解及转运的主要场所，绝大部分极低密度脂蛋白（very low density lipoprotein，VLDL）和部分高密度脂蛋白（high density lipoprotein，HDL）在肝内合成。肝脏还是产生和调控脂蛋白代谢相关酶系的主要脏器和场所，肝功能不全时载脂蛋白合成减少，甘油三酯及 VLDL 大量堆积，导致高甘油三酯血症。另一方面，肝脏通过合成卵磷脂 - 胆固醇酰基转移酶（lecithin-cholesterol acyltransferase，LCAT）和脂蛋白脂肪酶（lipoprotein lipase，LPL）及一些载脂蛋白对血液中各种脂蛋白的相互转换及分解起调节作用。LCAT 在胆固醇酯化和卵磷脂形成过程中起重要作用，LCAT 活性降低使胆固醇酯化受阻，其含量显著降低。在 LPL 作用下，VLDL 中甘油三酯被水解，形成中密度脂蛋白，在 LPL 的持续作用下转化成低密度脂蛋白，这些均是肝细胞严重受损的征象。随着肝脏损伤程度的加重，患者的血脂降低，提示预后不良的临床结局。

三、病毒性肝炎患者营养治疗

（一）病毒性肝炎患者的营养状况

有研究指出，我国肝炎患者营养不良发生率较高，75% 以上的肝衰竭患者各种膳食营养素的摄入量低于标准供给量的 60%。另外，肝细胞的实质性坏死导致相关营养素的合成和代谢障碍，且肝衰竭患者的消化不良症状较重，这可能与患者肝衰竭致胃肠道黏膜充血水肿、胃肠道功能障碍密切相关。慢性肝炎的临床表现和特征变化较大，许多患者无症状，特别是丙型肝炎患者，非特异的身体不适、厌食及疲劳是主要的临床表现。有时候伴有轻度发热和上腹部不适。黄疸可轻可重，持续时间不一，部分患者可能出现慢性肝病的体征，如脾大、蜘蛛痣及体液潴留，提示已进展到肝硬化阶段。实验室检查异常包括活动性肝细胞炎症表现，主要是转氨酶升高以及胆红素和胆碱酯酶的变化。大部分慢性肝炎患者能正常进食，无须人工营养。

（二）肝炎患者的营养治疗

营养治疗原则：一般成人每天能量控制在 30~35kcal/kg（1.3 × REE）为宜。适量的能量摄入有利于肝组织和肝功能的修复。过分强调高能量饮食不仅会增加肝脏负担，加重消化功能障碍引起肝炎患者肥胖，还会导致肝细胞内脂肪含量增加，形成脂肪肝。但能量供给不足又可增加身体组织蛋白质的消耗，不利于肝细胞的修复和再生。因此，能量供给要与患者的体重、病情、活动等情况相适应，尽量保持患者能量的合理供给，以维持理想体重。碳水化合物对肝细胞有保护作用，提供足够能量的同时还有节氮作用，促进细胞组织对蛋白质的利用。建议每日碳水化合物摄入的占热比为 55%~65%，以富含复合碳水化合物的谷薯类为主。供给足够优质蛋白质能够满足肝细胞修复、再生需要，维持体内氮平衡。建议蛋白质供给 1.2~1.5g/（kg·d），摄入量应当占总能量的 15% 左右，适当增加植物性优质蛋白的比例。富含优质蛋白食物包括奶类、蛋类、禽畜肉、大豆制品等，其中大豆制品为优质的植物蛋白来源，可与动物蛋白混合食用，发挥蛋白质互补作用，提高蛋白质利用率。另外，对于肝硬化中晚期患者，饮食中蛋白质含量增加可引起产氨增多，导致血氨升高，故应供给产氨低的蛋白质食物为宜，如奶类、蛋类、大豆及其制品，仍有不耐受情况，可应用复合氨基酸制剂或以支链氨基酸为主要成分的制剂补充氮源；脂肪摄入过多会加重患者胃肠道反应，从而影响食欲，因此应避免高脂肪摄入。

对肝炎患者要根据病情调整饮食结构，当患者处于急性期适宜清淡饮食，而恢复期患者肝功能趋向正常时食欲好转，逐渐恢复正常饮食。另外，肝脏病变时易出现脂溶性维生素和铁、锌、硒等微量元素的缺乏，应该注意补充微量元素，补充脂溶性和水溶性维生素有利于改善肝功能。

1. **慢性肝炎和代偿期肝硬化**　慢性肝炎和代偿期肝硬化，营养素的基本要求为均衡营养，适当增加蛋白质、维生素的摄入。膳食应有充足的蛋白质以保护肝细胞，使受破坏的肝细胞得以恢复和再生，改善肝功能。推荐患者能量为 126~146kJ/(kg·d)[30~35kcal/(kg·d)]，蛋白质摄入量为 1.5~2.0g/(kg·d)。代偿期肝硬化患者如需要肠外营养，无须专门使用"肝病配方"的氨基酸制剂。

2. **失代偿期肝硬化**　失代偿期肝硬化患者能量摄入推荐为 25~30kcal/(kg·d)。如果可能，建议采用间接测热法测量 REE 值，并按照 1.3 倍 REE 提供能量。有肝性脑病的肝硬化患者能量摄入为 35~40kcal/(kg·d)。对于严重营养不良的失代偿期肝硬化患者，蛋白质摄入量应为 1.5g/(kg·d)。对于酒精性肝硬化患者，蛋白质摄入量可增加到 1.5~1.8g/(kg·d)。肝性脑病Ⅰ级和Ⅱ级患者的摄入量为 0.5g/(kg·d)，当肝性脑病得到控制后，蛋白质的摄入量可适当增加；Ⅲ级和Ⅳ级肝性脑病蛋白质摄入量为 0.5~1.2g/(kg·d)。近年来，有证据认为肝性脑病患者能耐受正常蛋白饮食并且从中受益。关于氮源的摄入，对于反复出现肝性脑病或持续肝性脑病的患者，建议摄入富含植物蛋白质和乳清蛋白质的氮源，尽量避免动物蛋白质的摄入。肝硬化患者长期口服补充支链氨基酸制剂，有助于改善患者营养状态，提高无并发症生存率，缩短住院时间，改善患者的生存质量。脂肪的供应，中长链脂肪乳剂是肝功能不全患者比较理想的能源物质。维生素、微量元素的缺乏是肝病的共同特点，需补充维生素及微量元素。

3. **急性或慢加急/亚急性肝衰竭的营养治疗**　急性或慢加急/亚急性肝衰竭起病急骤，数天内病情可迅速恶化，因此营养治疗十分困难。一方面，由于存在颅内高压，儿茶酚胺、皮质激素释放增加，患者处于高代谢的应激状态，对营养的需求量增加。另一方面，由于肝细胞严重破坏，肝功能急剧恶化，机体耐受摄入的蛋白质等营养物质能力下降，同时需要严格限制出入量，以免加重脑水肿。因此，尽管此类患者能量和蛋白质的需求量较高，机体在努力降低自我消耗来保障重要器官的代谢需求，但营养治疗一定要循序渐进。开始阶段输注 10% 葡萄糖以防发生低血糖，缓解高分解代谢状况。如果没有肠梗阻存在，可放置鼻胃管进行肠内喂养。如果存在中毒性肠麻痹，则需要肠外营养。若患者伴有肝性脑病，可通过提供葡萄糖和脂肪乳剂以保证足够能量，减少蛋白质的摄入量。一般初始蛋白质摄入量为每天 0.6g/kg，应用标准的平衡型氨基酸，监测机体氮平衡，目标能量供应量为每天 126~146kJ/kg(30~35kcal/kg)。如果患者处于负氮平衡状态且伴有较重的肝性脑病，则推荐应用氨基酸制剂，蛋白质摄入量为每天 0.5~0.8g/kg，并根据具体情况逐渐增加，待病情改善后可每天增加 0.2g/kg，直至 1.5g/(kg·d)。若患者全身情况改善，应逐渐增加肠外或肠内营养用量，等待实施肝移植。

(三) 营养治疗实施

无论代偿期、失代偿期肝硬化或肝衰竭患者，对于可以经口摄入，但达不到目标需求量或营养素摄入不够全面时，应该给予 ONS 或通过管饲方式给予肠内营养制剂，以达到维持体重和改善营养状况的目的，并定期进行适当的营养评估观察。通常情况下，选择肠内营养需要满足以下两个条件：①功能基本正常的胃肠道；②通过口服的方式不能摄入足够营养素。但当患者存在营养风险、全肠内营养(total enteral nutrition，TEN)不能满足目标需要量、胃肠道功能障碍、无法耐受肠内营养、肠内营养出现不良反应或能量供应不足时，需应用补充性肠外营养。

能量摄入时机对于底物变化的影响非常重要，对于肝硬化患者，应该避免过度利用糖异生来保持内脏血糖输出。患者应尽量避免长时间空腹，白天禁食时间不应超过 3~6h，所以应该鼓励采取少吃多餐的方法，一天均匀分配小餐，夜间加餐。

(王昆华　孟庆华)

第二节　肺　结　核

结核病(tuberculosis，TB)是由结核分枝杆菌(*Mycobacterium tuberculosis*，MTB)引起的慢性感染性疾病，几乎人体所有组织和器官均可发生，如肺结核、肠结核、骨结核、结核性脑膜炎等，其中以肺结核(pulmonary tuberculosis)最常见。

一、概述

近年来,随着结核病预防控制及诊断治疗的发展,结核病的发病率和病死率有所下降,但是全球结核病发病的绝对数和发病率下降速度缓慢,它仍然是全球重要的公共卫生问题,尤其是在发展中国家。

肺结核属于慢性消耗性疾病,与营养不良存在双向关系。营养不良不仅是肺结核发病的高危因素,也是肺结核病情加重或进展的因素之一,如果患者确诊肺结核时伴有营养不良,其死亡或复发的风险增加,因此结核病的发生、发展及预后都与营养有关。且肺结核和营养不良相互影响,互为因果。MTB 排出的毒素对患者机体造成损害,可影响患者的营养状态。肺结核患者长期发热可导致蛋白质分解增加,患者出现食欲缺乏、呕吐、腹泻等症状,导致机体蛋白质摄入不足。结核性多浆膜腔积液可导致机体大量丢失蛋白质。多种因素均可导致患者极易出现营养不良。且肺结核患者营养状况与病情严重程度呈正相关,如复治患者和痰菌阳性的患者,其血红蛋白水平、血清白蛋白水平和淋巴细胞百分比等比初治和痰菌阴性的患者低,而肺结核患者营养不良和免疫功能低下,使肺结核的治疗难度增加,并增加了治疗失败的风险。

肺结核的临床分型可分为以下 4 型。

(一) 原发性肺结核

初次感染后发病的肺结核,其中胸内原发灶、淋巴管炎及肺门淋巴结肿大,合称原发复合征,多见于儿童、青年,成人偶可见。因病菌毒力强、数量多及机体剧烈变态反应,机体免疫力低下,导致 MTB 感染。原发性肺结核临床症状轻微,90% 以上患者为自限性,除常见结核中毒症状外,患儿常有发育迟缓、营养不良、消瘦及贫血等表现。

(二) 血行播散性肺结核

多由原发性肺结核发展而来,由原发感染后潜伏于病灶中的结核分枝杆菌进入血液循环或因肺及其他活动性结核病灶侵袭淋巴道引起,临床上分急性、亚急性及慢性血行播散性肺结核 3 种类型。小儿最多见者为急性血行播散性肺结核;年龄较大的儿童及成人可表现为亚急性或慢性血行播散性肺结核。该型肺结核易导致营养风险和营养不良,尤其是合并结核性脑膜炎时。

(三) 继发性肺结核

由初始感染后体内潜伏病灶中的结核分枝杆菌再次活动和释放而发病,极少数为外源性再感染所致。该类肺结核可发生在原发感染后任何年龄,多见于成人,是成人肺结核中最常见类型。其包括渗出型、增殖型、结核球或空洞等表现,临床表现差异很大,当患者伴随糖尿病、肠结核、重度感染等情况时,其营养状况需额外关注。

(四) 结核性胸膜炎

由结核分枝杆菌及其代谢产物进入处于高度过敏状态的胸膜腔而引起的胸膜炎症,属肺外结核。常发生于原发感染后数个月,以急性起病多见。其症状主要表现为结核的全身中毒症状和胸腔积液所致的局部症状。在病情发展的不同阶段,有干性、渗出性胸膜炎及结核性脓胸等表现,以渗出性胸膜炎最常见。

二、肺结核患者的代谢特征

肺结核是一种慢性消耗性疾病,由于长期营养素摄入不足,合成代谢减少,同时机体分解代谢增加,而造成不同程度的营养不良。反之,营养不良患者机体长期处于负氮平衡、免疫功能低下、病灶修复功能下降。具体代谢特征如下。

(一) 肺结核对营养状况的影响

1. **蛋白质 - 能量营养不良** 结核患者体内病原菌不断排出毒性物质,导致中毒和全身性反应,且机体长期不规则低热，消耗增多，蛋白质分解代谢显著增强，患者出现食欲缺乏、呕吐、腹泻等症状，导致机体蛋白质摄入不足，且很多患者伴随多浆膜腔积液，致蛋白质丢失过多，如血清总蛋白、血清白蛋白及血清前白蛋白等丢失过多，机体处于负氮平衡，多种因素导致患者极易出现营养风险，甚至蛋白质 - 能量营养不良。

2. **脂肪代谢异常** 脂质在 MTB 的生长、代谢及与宿主的相互作用中非常重要。感染期间，MTB 可利用巨噬细胞内胆固醇作为主要碳源而存活。感染后，MTB 通过影响巨噬细胞内胆固醇合成、摄取、酯化以及外排等过程改变巨噬细胞的形态与结构，促进胆固醇在细胞内的积聚，为 MTB 在宿主细胞内的存活提供营养保障。其表现为肺结核患者肺内脂质含量增加，外周血内胆固醇含量降低。

3. **糖代谢障碍** 肺结核患者由于肺部的病理生理变化导致低氧血症和缺氧，引起糖代谢障碍，其血糖曲线和糖尿病患者的血糖曲线相似。

4. **维生素和矿物质缺乏** 微量营养素缺乏是继发性免疫缺陷和结核病等感染性疾病发病的常见原因，而大多数活动性肺结核患者处于高分解代谢、高能量消耗状态，微量营养素的消耗和需求增加。因此在肺结核患者中，各种矿物质水平普遍低于正常水平，其中铁、锌、钙和硒的缺乏与结核病的关系已获得多项证据支持。肺结核患者体内维生素 A、C、D、E 及 B 族维生素的不足及缺乏的情况普遍存在，甚至经常同时合并多种维生素的缺乏。结核病患者维生素不足或缺乏可能会进一步削弱免疫系统的功能，从而加剧病情的恶化。

5. **体重减轻及低体重指数** 肺结核患者的体重减轻可能由多种因素引起，包括食欲缺乏、恶心及腹痛导致的食物摄入减少；呕吐和腹泻以及由疾病引起的代谢变化造成的营养丢失。低体重指数（低于 $18.5kg/m^2$）和接受抗结核治疗后体重增加不足，与患者死亡风险和复发风险增加相关，并可预测结核病的严重程度及治疗转归。

（二）营养不良对肺结核患者的影响

1. 患者体内蛋白质水平低下，病灶修复功能下降，造成病灶迁延不愈，甚至扩散的结果。营养不良造成的低蛋白血症还会造成抗结核药物载体缺乏，不能保证抗结核药物的有效浓度，影响疗效，并容易诱发药物性肝损伤，从而增加抗结核治疗失败的风险，并且营养不良本身可能是致命的。

2. 损害机体免疫功能，使淋巴细胞数量及功能下降，同时影响抗体的亲和力，从而明显降低机体清除 MTB 的能力。

3. 营养不良会导致呼吸功能和结构的异常，最显著的影响是缺乏维持正常通气和换气的动力，通气和换气功能降低，使潮气量和功能余气量减少。而且营养不良还可严重损害肺的防御和免疫功能，进一步加速疾病的进展。

三、肺结核患者的临床营养治疗原则

肺结核与营养不良之间存在相互促进的关系，同时肺结核患者常伴随糖尿病、重度感染、艾滋病、肠结核等，且易出现多浆膜腔积液、胃肠道反应、药物性肝损伤等情况，因此，肺结核患者的营养治疗非常必要。

（一）营养治疗的目的

肺结核患者的治疗正趋于向综合治疗方向发展，其中营养治疗是重要的一环。营养治疗的目的包括：①纠正氨基酸比例失调，达到正氮平衡，防止营养不良；②改善整体健康状况，提高患者的生活质量；③调节代谢异常，提高免疫功能。基本要求包括：①满足 90% 液体目标需求；② ≥ 70%（70%~90%）能量目标需求；③100% 蛋白质目标需求；④100% 微量营养素目标需求。

（二）营养治疗原则

肺结核患者的营养治疗应符合高能量、高蛋白质、富含丰富维生素及矿物质等要求。

1. **按照患者体重配比营养成分** 蛋白质 15%~20%，碳水化合物 50%~65%，脂肪 20%~30%；能量

应稍高于正常人，消化功能正常时，推荐全天总能量按35~50kcal/(kg·d)摄入。合并肥胖、糖尿病、心血管疾病、肾脏病等患者以及儿童、孕妇、老人等特殊人群，应个性化设计营养治疗方案。

2. **高蛋白质**　按1.2~2.0g/kg的标准进行，其中优质蛋白应占50%以上，如畜、禽、乳、蛋及豆制品等。

3. **高维生素**　为患者提供富含维生素A、B、C及D的食物，如充足的维生素B_6可预防异烟肼的不良反应，维生素A可强化结核患者的免疫应答，应多食新鲜深色蔬菜、水果、鱼、虾、动物内脏及蛋类等，鼓励患者多进行户外活动，以增进维生素D的合成。

4. **充足矿物质**　病灶钙化是结核病痊愈的形式之一，这一过程需要大量钙质，多食用富含钙的食物如牛乳，其钙含量高，吸收好，每日可摄取牛乳250~500ml；另外，豆制品、绿叶蔬菜、海产品（如海带、贝类、紫菜、虾皮及牡蛎等）也是供钙的良好来源。对于少量反复出血和营养不良的肺结核患者常伴缺铁性贫血，维持结核病患者铁的正常水平有助于降低结核病的发病率和死亡率，对于合并轻至中度贫血患者，在治疗初始阶段补充铁可以加速造血功能恢复，使患者获益。但是，铁也是MTB生长必需的营养素，铁摄入过多可能会加速MTB的生长繁殖。目前关于铁的补充争议较多，因此建议纠正贫血后停止使用，或轻度贫血者尽量通过富含铁的食物来补充铁，如动物肝脏、瘦肉等。同时，应注意补充钾和钠，尤其是进行性肺结核患者多极度衰弱，常伴摄入不足和慢性肠炎、多汗等丢失过多，继而出现低钾、低钠。

5. **足量碳水化合物**　碳水化合物是能量的主要来源，摄入不足时不利于保护肝、肾功能，应鼓励多进食，适当采用加餐的方式增加入量。合并糖尿病时，每日碳水化合物应控制在200~300g，并应包含一部分全谷物、杂豆等粗粮。

6. **适量脂肪**　结核患者对脂肪的摄入以适量为原则，每日摄入60~80g。尽量降低饱和脂肪酸和反式脂肪酸的摄入，防止血清脂质升高，合并肠结核患者摄入脂肪过多可加重腹泻，应根据病情进展给予相应的饮食。

四、肺结核患者的营养管理

（一）营养诊断

所有活动性结核患者均应接受营养风险筛查，不存在营养风险的患者接受营养宣教和指导，存在营养风险的患者经营养评估后，根据营养诊断结果接受相应的营养治疗。肺结核患者的营养不良评估参考全球领导人营养不良诊断标准共识倡议（Global Leadership Initiative on Malnutrition Diagnosis Criteria Consensus，GLIM）。

（二）营养治疗

肺结核患者的营养治疗遵循五阶梯治疗模式。

1. **饮食**　参照肺结核患者的营养治疗原则提供给患者均衡多样化的饮食。

2. **营养教育**　对于食欲、食量尚可但存在饮食习惯欠佳、摄入量不够均衡的患者以及营养状况稍差，但通过改变饮食习惯即可达到摄入目标的患者，可通过营养教育的方式，纠正其不良饮食习惯，达到营养目标需求。

3. **口服营养补充**（oral nutritional supplement，ONS）　对存在营养风险的肺结核患者应用均衡营养制剂进行ONS，可有效降低NRS 2002得分，提高病灶总吸收率，降低总不良反应发生率。建议对NRS 2002得分≥3分的肺结核患者，在营养（医）师的指导下进行ONS，根据患者病情酌情给予400~600kcal/d。而对于合并不完全肠梗阻的患者可ONS 3~6次/d，总能量范围400~1 000kcal，肠梗阻缓解和肠结核恢复期的患者除天然食物摄入外进行ONS 3~4次/d，总能量范围400~600kcal，单纯靠ONS获取营养的患者需ONS 6~8次/d，最高可达3 000kcal/d。

4. **全肠内营养**（total enteral nutrition，TEN）　对不能早期进行ONS的患者，可应用管饲营养，如合并结核性脑膜炎的患者，其中危重患者首选连续泵输注法，每天最长可达20h。TEN的原则、禁忌证、适应证同其他疾病。

5. **肠外营养(parenteral nutrition,PN)**　当EN无法满足目标需要量时,应在EN的基础上增加PN,而当肠道完全不能使用时,应给予TPN。PN的原则、禁忌证、适应证同其他疾病。

(三) 肺结核的特殊状况和合并症的营养治疗

1. **肺结核合并肠梗阻患者的营养治疗**　完全性肠梗阻的患者应禁食,采用TPN;对长时间禁食的肠梗阻患者,要询问其PN治疗史,检测血电解质水平,预防再喂养综合征的发生;对不全性肠梗阻患者,给予少渣半流食或流食,少量多餐,限制膳食纤维含量高的食物,以减少对炎性病灶的刺激,减少肠道蠕动与粪便形成,但不能完全无渣饮食,容易造成便秘,可能导致或加重肠梗阻;半流质或流质饮食适用于近端梗阻,靠近肛门的梗阻部位可无须改变食物的质地;建议患者ONS以解决其摄入不足的问题。

2. **肺结核合并糖尿病患者的营养治疗**　比无合并结核的糖尿病患者摄入量多10%~20%,蛋白质的摄入量保证在1.2~2.0g/(kg·d),其他原则同普通糖尿病患者。

3. **老年肺结核患者的营养治疗**　食物均衡搭配,膳食结构合理,烹调时烧烂作软,使食物易于消化吸收,还应注意色、香、味俱全以刺激食欲。适当增加餐次以保证摄入量,必要时通过ONS补充营养以达到目标喂养量,ONS应提供至少400kcal/d的能量及30g/d的蛋白质。为避免肌肉衰减,推荐蛋白质摄入1.2~1.5g/(kg·d),优质蛋白质比例占50%以上。

4. **儿童肺结核患者的营养治疗**　营养治疗应在营养评估的基础上进行,WHO建议,身高、体重及中上臂围可作为评估儿童营养状况的指标。5岁以下儿童,推荐使用身高别体重或身长别体重的Z评分;5~19岁的儿童和青少年,推荐使用性别和年龄别BMI的Z评分;对于营养不良的患儿,建议调整饮食结构,增加营养素丰富食物或强化补充食品,而不是常规使用膳食补充剂;在缺乏强化或补充性食物的情况下,建议儿童肺结核患者按每日营养素推荐摄入量进行多种微量营养素补充;对于严重营养不良的儿童、青少年,应进行ONS或肠内肠外营养治疗。

5. **妊娠、哺乳期肺结核患者的营养治疗**　孕妇应增加能量和蛋白质摄入以保证合理增重及孕期增加的蛋白质需求,推荐为患有活动性结核病和中度营养不良或体重增加不足的孕妇提供营养丰富的食物或营养强化食品,以保证她们在妊娠中期和晚期平均每周至少增重约300g;对患有活动性结核病的孕妇和乳母应进行多种微量营养素补充,包括铁和叶酸以及其他维生素和矿物质,以满足其微量营养素需求;异烟肼治疗的孕妇可补充维生素B_6以预防并发症的发生,建议所有服用异烟肼的妊娠或哺乳期妇女补充维生素B_6 25mg/d,应注意多种维生素制剂中维生素B_6的含量一般低于需要量,因此仅服用多种维生素制剂不能达到25mg/d的维生素B_6需要量;对于钙摄入量低的环境中患有活动性结核的孕妇,建议将补钙作为产前保健的一部分,以预防子痫前期,特别是在患高血压风险较高的孕妇;患结核病的哺乳期产妇母乳中抗结核药物浓度低,不会对新生儿产生毒性作用。对接受一线抗结核治疗不具有传染性的产妇,或分娩前已接受一线抗结核治疗超过2个月且有2次痰涂片检测阴性的产妇,鼓励母乳喂养,有结核性乳腺炎的产妇建议使用未感染侧乳房进行哺乳,并尽可能延长至24个月,以保证儿童的早期营养。

(马皎洁)

第三节　艾　滋　病

艾滋病即获得性免疫缺陷综合征(acquired immunodeficiency syndrome,AIDS),是由人类免疫缺陷病毒(human immunodeficiency virus,HIV)感染引起的以免疫系统损害为表现的传染性疾病,是全国乃至全球重要的公共卫生问题,已成为“全球第四大杀手”。

一、概述

HIV 对人体的免疫系统造成严重破坏，一旦免疫功能受损，人体对有害病菌的防御能力相应降低，导致机体发生感染性疾病或肿瘤的概率增加，最终导致死亡。在整个病程中，患者常伴有体重下降和营养不良，体重下降可发生在 HIV 感染全过程，并与疾病进程显著相关，部分患者可死于严重营养不良。

（一）流行病学调查

据联合国艾滋病规划署数据，2020 年全球有 3 770 万 HIV 感染者，新发感染者 150 万，68 万感染者死于艾滋病相关疾病，2 750 万感染者正在服用抗病毒药物。截至 2019 年 10 月底，全国报告存活 HIV 感染者 95.8 万，新报告发现感染者 13.1 万。我国整体疫情处于低流行水平，性传播成为主要传播途径。

（二）发病机制

HIV 归属于逆转录病毒科慢病毒属人类慢病毒组，是一种变异很强的病毒。感染人类的 HIV 主要分 2 型：HIV-1 型和 HIV-2 型。全球范围内，HIV-1 型流行更为广泛。HIV 主要侵犯人体的免疫系统，攻击 $CD4^{+}T$ 淋巴细胞。其主要表现为 $CD4^{+}T$ 淋巴细胞数量不断减少，$CD8^{+}T$ 淋巴细胞相对增加，$CD4^{+}T$ 与 $CD8^{+}T$ 的比例倒置。

HIV 表面的 gp120 蛋白与宿主 $CD4^{+}T$ 细胞表面的 CD4 分子结合，吸附并进入该细胞。在胞质中，在病毒逆转录酶作用下 HIV RNA 逆转录成 RNA-DNA 中间体，并最终形成双链 DNA。在细胞核中，在病毒整合酶参与下，双链 DNA 整合到宿主细胞基因组中，形成前病毒。前病毒转录出病毒 RNA，翻译出病毒蛋白，包装出 HIV 颗粒。经装配后，以出芽的方式释放出成熟的病毒，进一步感染其他正常的 $CD4^{+}T$ 细胞。

（三）临床表现与分期

从初始感染 HIV 到终末期是一个漫长且复杂的过程，这一过程中，患者的临床表现也是多种多样的。根据感染后的临床表现及症状、体征，可将 HIV 感染的全过程分为急性期、无症状期及艾滋病期。而影响 AIDS 临床转归主要取决于病毒、宿主免疫及遗传背景等因素。

急性期通常发生在首次感染 HIV 后 2~4 周，部分感染者将出现 HIV 病毒血症和免疫系统急性损伤所产生的相应临床表现；大多数患者临床症状轻微，持续 1~3 周后缓解，易被忽视。临床表现以发热最为常见，可伴有咽痛、恶心、呕吐、腹泻、盗汗、皮疹、淋巴结肿大、关节疼痛及神经系统症状。此期在血液中可检出 HIV 病毒成分（HIV-RNA 和 p24 抗原），而 HIV 抗体则在感染后 2 周左右出现。$CD4^{+}T$ 淋巴细胞计数短期内一过性减少。部分患者可有轻度白细胞、血小板减少或出现肝功能异常。快速进展者在此期可能出现严重感染或中枢神经系统症状和体征。

无症状期可由急性期过渡，抑或无明显的急性期症状而直接进入此期。此期一般持续 6~8 年，其维持时间的长短与感染病毒的数量和型别、感染途径、机体免疫状况的个体差异、营养条件及生活习惯等因素有关。在无症状期，由于 HIV 在感染者体内不断复制，免疫系统受损加重，$CD4^{+}T$ 淋巴细胞计数持续缓慢减少，临床上并无特殊表现，部分患者可出现淋巴结肿大等症状。

艾滋病期为感染 HIV 后的最终阶段，多数患者 $CD4^{+}T$ 淋巴细胞计数<200 个 /μL，仍继续下降，血浆病毒载量明显升高。患者多会出现体重下降及营养不良，最后大多数患者死于机会性感染和肿瘤。

联合抗逆转录病毒疗法（combined antiretroviral therapy，cART）联合使用多种类型药物，可作用于病毒复制周期的不同阶段，有效降低 HIV 载量，重建或者改善免疫功能，降低 HIV 感染的发病率和病死率，减少非艾滋病相关疾病的发病率和病死率，使患者获得正常的期望寿命，提高生活质量。

有些受感染的细胞具有相当长的寿命，如记忆性 T 细胞，细胞内的病毒 DNA 会在药物作用下长期处于一种休眠状态，形成所谓的病毒储存库。一旦中断治疗，休眠的储存库细胞可随时被激活，整合到宿主细胞 DNA 中的病毒 DNA 很快就会再次活跃复制。因此患者需要终身抗病毒治疗。

抗逆转录病毒治疗可延长患者生存时间，提高患者生活质量。但抗病毒药物对患者带来的影响也不容忽视，其造成代谢特征发生相应变化、引起胃肠道反应等，均可影响患者的营养状况。

二、艾滋病患者的代谢特征

随着 cART 在全球的开展，艾滋病的发病率和死亡率已经有了显著下降，然而受 HIV 感染、抗逆转录病毒药物以及遗传易感性和生活方式的影响，艾滋病患者可出现一系列相关的代谢综合征，如营养不良、皮下脂肪减少、向心性脂肪堆积、严重的脂代谢紊乱及糖代谢异常等。

(一) 营养不良

HIV 感染可对代谢和营养状况造成严重损害，尤其是进展到艾滋病期以后，可由各种原因造成分解代谢亢进，进而出现严重蛋白质 - 能量营养不良，导致机体的全身性消耗状态。消耗是营养不良最严重的表现形式，也是 HIV 感染后最突出的营养问题，尤其进展到艾滋病期，消耗本身就构成该病的特征性表现，即 AIDS 消耗综合征（AIDS wasting syndrome，AWS）。

HIV 感染后体重下降与消耗的原因较为复杂，受多种因素影响，主要包括营养素摄入不足、营养素吸收障碍以及代谢紊乱 3 方面。

(1) 营养素摄入不足：可能的原因为：①吞咽困难或吞咽疼痛感（可由肿瘤、胃炎和 / 或食管炎、念珠菌病导致）；②恶心或呕吐（可由药物副反应、味觉改变、食管反流病引起）；③其他（由于接受“替代治疗”而自愿节食，精神问题、劳累、孤独等）。

(2) 营养素吸收障碍：可能的原因为：①腹泻，引起腹泻的原因很多，包括 $CD4^{+}T$ 淋巴细胞计数降低后，由机会性致病菌所致的胃肠道感染、抗病毒药物的副反应、无症状的肠通透性增加或其他肠功能缺陷、由 HIV 感染本身引发的肠上皮损伤；②合并如肝病或胰腺炎等其他疾病时，致脂肪和碳水化合物吸收不良。

(3) 代谢紊乱：可能的原因为：①感染导致机体能量和蛋白质需要量增加，同时也造成营养素丢失和利用障碍；②消耗所致恶病质，由急性期针对感染的代谢变化所致；③机会性感染或肿瘤；④睾酮水平降低；⑤甲状腺功能降低。以上各种因素叠加，一旦营养与代谢异常打击持续累积或快速发展，患者可在较短时间内出现严重消耗。

经过有效的抗病毒治疗，HIV 感染目前已被视为一种慢性疾病。与大多数慢性疾病类似，在解决了药物问题之后，终身治疗和持续治疗中的营养问题就逐渐成为一个主要的挑战。有数据显示，住院 AIDS 患者中营养不良的患病率超过 60%，而热量摄入达标的患者仅 40%。

(二) 皮下脂肪减少

接受高效抗逆转录病毒治疗者，1/3 以上病例可出现皮下脂肪减少，主要有面部、臀部、腿部及上肢的脂肪减少。皮下脂肪减少主要由营养状况和药物因素引起，致皮下脂肪减少的药物主要有司他夫定和齐多夫定等，这些药物可引起线粒体毒性并可导致脂肪细胞凋亡，其他抗逆转录病毒药物如奈非那韦等也可加重脂肪减少。

(三) 向心性脂肪堆积

接受抗逆转录病毒治疗并获得一定疗效的患者中，部分病例可能出现向心性肥胖，这是内脏脂肪沉积的表现。如出现颈部脂肪垫，肝脏、心外膜下、肌肉组织内的异位脂肪堆积等。HIV 感染者出现脂肪堆积的可能机制包括：有效抗 HIV 治疗引起的免疫重建和消耗减少；因服用某些药物如阿扎那韦 / 利托那韦合剂导致的不良反应；病毒感染易干扰脂肪酸代谢，增加局部皮质醇浓度和患者自身生长因子功能的相对缺陷。

(四) 脂肪代谢紊乱

未经治疗的严重 HIV 感染者，通常出现甘油三酯、高密度脂蛋白胆固醇（high density lipoprotein cholesterol，HDL-C）及低密度脂蛋白胆固醇（low density lipoprotein cholesterol，LDL-C）水平同时下

降；而未经治疗的轻症 HIV 感染者，主要表现为 HDL-C 降低，这一现象与炎症因子升高有关。经有效的抗逆转录病毒治疗，总胆固醇和 LDL-C 水平可恢复正常。但抗逆转录病毒药物的不良反应易使患者出现高脂血症，且抗逆转录病毒药物引起的脂代谢异常可增加患者的心、脑血管病变风险。多种蛋白酶抑制剂如洛匹那韦 / 利托那韦合剂升高甘油三酯的作用尤为显著。

(五) 胰岛素抵抗与糖尿病

接受抗逆转录病毒治疗的 HIV 感染者更易发生胰岛素抵抗和 2 型糖尿病。一些蛋白酶抑制剂可通过抑制葡萄糖转运蛋白 4 而可逆性诱导胰岛素抵抗，且患者使用核苷类似物损伤线粒体，从而导致糖代谢异常；此外，抗逆转录病毒治疗出现的区域性脂肪堆积、慢性炎症反应和脂肪动员异常均有可能影响葡萄糖代谢。

三、艾滋病患者临床营养支持治疗

在艾滋病的治疗过程中，临床营养的作用越来越受到国际社会的关注。人体在感染 HIV 后可出现对营养素需求增加的情况，加之患者在急性期或发病阶段可出现营养素摄入不足、吸收不良等情况，所以大多数 HIV 感染者 /AIDS 患者出现营养不良，且有体重下降的表现，而营养不良可进一步导致机体免疫力降低，使 HIV 的复制得到相应的加强，并增加机会性感染的概率，使得疾病进程加快，进而形成机体免疫力下降与机体营养不良的恶性循环，最终对其他生理功能造成影响，发展为不可逆的恶性转归。

(一) HIV 感染者 /AIDS 患者营养状况风险筛查及评估

目前对 HIV 感染者 /AIDS 患者的营养风险筛查没有标准方案，仍使用通用方法。目前临床上常用的营养筛查与评估工具包括：营养风险筛查 2002(nutritional risk screening 2002，NRS 2002)、主观全面评定(subjective global assessment，SGA)、患者参与的主观全面评定(patient-generated subjective global assessment，PG-SGA)、微型营养评定(mini-nutritional assessment，MNA)、营养不良通用筛查工具(malnutrition universal screening tool，MUST)等。进一步的营养筛查，可在临床营养专科医师协助下，结合摄入状况调查、人体测量工具、生化检查等方法进行综合评价。

营养评估即结合病史、体格检查、实验室检查、人体测量、人体成分分析等多项指标来综合判断，为制订营养治疗方案提供依据。由负责营养治疗的临床医师和营养医师进行营养评估是一个严谨的过程，包括取得饮食史、病史、目前临床状况、人体测量数据、实验室数据、物理评估信息、日常功能及经济信息，估计营养需求等。临床技能、资源可用性及配置决定了实施临床营养评估的具体方法。营养状态的评估应与病情、治疗效果、体力状态及生活质量评估同时进行。

经过严格筛查和评估，若患者出现显著体重下降(3 个月内体重下降>5% 或体重持续减轻 0.5kg/ 周)或 BMI<20 或 MUST>3 分，或是进食量(营养摄入量)明显减少时，即应考虑给予营养治疗。在进行营养治疗时，应根据患者的不同感染时期、不同身体状况、不同并发症制订个体化的治疗方案。

(二) HIV 感染者 /AIDS 患者的饮食原则

1. **少食多餐，食物多样化，避免食用酸、辣等刺激性食物**　应少吃富含淀粉、糖类的食物，一次进食量应适当，做到既不引起消化不良，也不会加重营养不良，所以 HIV 感染者 /AIDS 患者应少食多餐，一般以一日 5~6 餐为宜。同时食物应该尽量多样化，既可调节患者食欲、也为了达到均衡补充，应遵循“多样、适量、均衡”的饮食原则，促进机体健康发展。

2. **高能量、高蛋白质饮食**　HIV 感染者 /AIDS 患者一方面表现为食欲下降、吸收效率降低，另一方面疾病状态也带来蛋白质 - 能量消耗增加、机体代谢率下降、小肠吸收能力减退等现象。针对这些特点，患者可出现体重减低、营养不良，所以饮食应以高蛋白质及较高热量的食物为主。

3. **多吃新鲜蔬菜和水果**　维生素和微量元素有助于增强患者的抵抗力，建议多吃一些富含维生素 A、胡萝卜素(如菠菜、南瓜及胡萝卜)、维生素 C(如橘子、西蓝花及芒果)、维生素 E(如松子、开心果及大杏仁等坚果)以及含锌(如贝类和谷类)的食物。

4. **戒烟戒酒**　吸烟可增加基础代谢率，降低食欲，还对机体的免疫重建有一定影响，也会增加呼吸系统机会性感染和心脑血管病的发生率。长期酗酒可引起食欲下降，难以获得机体正常的营养需要量，造成多种营养素缺乏，从而使得抵抗力减弱，更容易发生机会性感染。

5. **注意饮食卫生**　随着病情的进展，HIV/AIDS 患者的免疫力将不断下降，正常人能够承受的打击，对他们来说都可能是致命的，任何食物污染均可导致食物中毒，造成难以想象的后果。因此平时应格外注意饮食卫生，不吃不洁净的食物，饭前便后一定要洗手，注意用餐时的环境卫生，这些都能帮助患者避免误食不干净的食物。

6. **进行适量的体育锻炼，保持良好的情绪**　运动锻炼是保持和增进健康的有效方法。坚持锻炼，能够使全身肌肉保持正常的张力、增加肌肉强度，促进血液循环、提高心肺功能，有益于生命活动过程中新陈代谢的正常进行，从而维持组织细胞的正常活动。同时还有助于改善消化系统功能，使人的情绪饱满、精神愉快、食欲增加，提高机体免疫力。

（三）急性期的营养治疗

仅少数患者可出现发热、咽痛、恶心、呕吐、腹泻等症状，大部分患者症状轻微，因此容易被患者忽视。此期患者应多饮水，少吃多餐，食用清淡、易消化的食物，注意水、电解质和热量平衡。

（四）无症状期的营养治疗

患者的营养状况及生活习惯等可直接影响该期持续时间。因此给患者提供营养均衡的饮食指导尤为重要，其目的是：①维持体重；②优化营养状态；③鼓励患者形成良好的饮食方式；④把营养不良对免疫系统的不良影响降到最低限度。

这一阶段营养干预以营养咨询为主，主要内容是帮助患者制订个性化的膳食营养方案，以及帮助他们解决面临的各种营养问题，包括：①正确补充维生素和微量元素；②如果患者有特殊的饮食习惯或风俗，而目前条件无法满足或过于昂贵，则应为之提供可替代的食物信息；③根据患者的经济情况，帮助其规划膳食计划；④提供有关食物和饮水安全的信息，尤其是正确储存、烹饪、处置及再加热食物的知识；⑤如何避免食物中毒的高危因素；⑥如何降低肠道机会性感染的风险；⑦膳食和锻炼计划。

（五）艾滋病期的营养治疗

当患者出现各种 HIV 相关性并发症需住院治疗，应制订相应营养治疗方案，以缓解胃肠道症状并保持营养状况。其包括：①调整膳食成分，加强吸收，缓解胃肠道症状，如腹泻、便秘等；②丰富膳食，增强食欲，改善恶心、呕吐及味觉改变；③适当使用促进食欲药物和促蛋白合成激素；④必要时进行肠内营养（enteral nutrition，EN）或肠外营养（parenteral nutrition，PN）以改善营养状况，保持或增加体重。

对于稳定期患者，蛋白质每日摄入量的目标为 1.2g/kg（实际体重），每日热量为 125.52~146.44kJ/kg（实际体重）。对于消耗期患者，其蛋白质每日摄入量的目标应达到 1.5~1.8g/kg（实际体重），热量在原有基础上增加 20%~50%。对于维生素和微量元素而言，摄入量达到正常居民推荐量即可。

四、指南和共识

1. 均衡膳食，善用营养风险筛查工具，一旦出现体重显著下降（3 个月内体重下降 5%）或 BMI<18.5，应考虑营养治疗。

2. 营养治疗的顺序为：营养咨询、营养风险筛查、口服补充、肠内营养管饲、肠外营养。

3. 当患者合并口咽部感染及相关疾病（如口腔溃疡、食管炎、食管溃疡等）时，经口进食受到影响，应考虑管饲肠内营养治疗。

4. 当患者合并腹泻时，EN 仍然是营养治疗的首选办法，PN 治疗费用较高，虽然能够摄入更多能量，也同时存在摄入能量最终代谢为脂肪的可能性。

5. 患者无须摄入超过推荐量的维生素和微量元素。

6. 整蛋白型肠内营养制剂适合大多数无症状期患者，特别是含中链脂肪酸（MCT）的剂型更有益于临床结局改善。

7. 促蛋白合成药物的应用，如重组人生长激素（recombinant human growth hormone，rhGH）可显著促进患者肌肉组织和去脂体重的增加。但由于其价格较高，不作为治疗首选。

五、艾滋病患者的随访

服药依从性是决定抗病毒治疗成功的关键因素，在进行抗病毒治疗前应做好依从性教育，而在抗病毒治疗过程中也应密切随访，除了提醒患者按时服药外，还要注意观察药物的长期不良反应，尤其注意抗病毒药物对血糖、血脂、骨代谢的影响，并根据实际情况来调整用药方案和采取相应的处理措施。另外，在随访时还应为患者提供综合的关怀和服务，如：心理健康筛查、健康生活方式指导（如戒烟戒酒）等。

（陈铁龙）

第四节 严重急性呼吸综合征与中东呼吸综合征

严重急性呼吸综合征（severe acute respiratory syndrome，SARS）与中东呼吸综合征（Middle East respiratory syndrome，MERS）是由冠状病毒引起的严重肺部感染。

一、概述

（一）SARS 概述

SARS 是由一种跨物种感染人类的 SARS 冠状病毒引起，主要发生在呼吸道，急性发作，传染性较强，人群普遍易感，感染者和患者是该病的传染源。SARS 主要以肺炎为主要临床表现，如发热以及呼吸系统症状，可导致人体多个脏器和系统发生损害。其曾被称为传染性非典型肺炎（非典），后被世界卫生组织正式命名为 SARS，引起该病的病毒也被命名为 SARS 冠状病毒（SARS-coronavirus，SARS-CoV）。

SARS 发病后，部分患者的病情迅速发展为重症，难以控制并且预后较差，对人群的健康具有较大的危害。SARS 最早是在越南被发现，2002 年 11 月在中国广东省部分地区出现暴发和流行，经历了两个多月的始发期后，SARS 扩散到中国的 24 个省、自治区、直辖市，并且还向亚洲、欧洲、美洲等 29 个国家和地区扩散。此次暴发，共导致全球约 8 000 人感染，700 余人死亡，病死率约 10%，造成严重的经济损失。至今仍无特效的抗病毒药物和疫苗。

（二）MERS 概述

MERS 是由一种变异的冠状病毒感染人体所致的传染性疾病，主要累及呼吸道，出现以发热为主的表现。沙特阿拉伯在 2012 年下半年最早公开报道该疾病。在 2012 年年末，该疾病在全世界范围内迅速扩散和蔓延，波及多个国家和地区。同年世界卫生组织将该疾病命名为中东呼吸综合征（MERS），该病的致病病毒被命名为中东呼吸综合征冠状病毒（Middle East respiratory syndrome coronavirus，MERS-CoV）。

感染 MERS 冠状病毒的患者主要表现有发热、咳嗽、呼吸困难等非特异性症状，有的患者有肺炎表现，也有部分感染者不出现症状。严重的 MERS 患者可出现呼吸衰竭，需要机械通气；病情迁延的患者还可并发多器官功能衰竭、感染性休克。合并糖尿病、肿瘤、慢性呼吸系统疾病或老年的 MERS 患者更容易出现严重并发症。

自 2012 年暴发到 2019 年 3 月 27 日，世界卫生组织共接收到 2 374 例实验室确诊的 MERS 病例报道，其中 MERS 冠状病毒相关死亡人数达到 823 例，病死率高于 SARS，约 35%。世界范围内共有

27个国家和地区相继报道了MERS病例，其中沙特阿拉伯的病例最多，约占总病例数的83%。MERS主要由动物向人传播，也可在人与人的密切接触时传播。目前还没有特效的抗病毒药物和疫苗。

二、SARS与MERS的临床特征

（一）SARS的临床特征

SARS冠状病毒感染后一般潜伏期在2周以内，平均2~10d，此期患者可无症状，或表现出一些非特异性的病毒感染症状。

1. **症状**　感染SARS冠状病毒的患者发病时呈急性起病，病情发展迅速，发病后14~21d病情可处于进展状态。主要的临床表现有以下3类。

（1）发热：最早出现也是最明显的症状，一般为持续性高热，体温高于38℃。发病早期使用药物降低体温，但进展期患者体温通常难以控制。多伴有畏寒、头痛乏力、肌肉及关节酸痛等症状。多数患者因为使用糖皮质激素导致热型不明显。

（2）呼吸系统症状：患者可出现干咳、少痰及咽痛等症状。严重者出现呼吸困难，表现为气促、呼吸窘迫等严重危害生命的症状。发病6~12d的患者通常因为肺部受累而出现严重的低氧血症。患者肺部体征不明显，与严重的临床症状不符。部分患者可在肺部闻及少许湿啰音，也可表现为肺实变体征。肺部体检时还偶有局部叩诊浊音、呼吸音减低等少量胸腔积液的体征。

（3）其他方面症状：部分患者出现腹泻和恶心、呕吐等消化道症状。

2. **实验室检查**

（1）外周血：可见白细胞计数降低；大多数患者淋巴细胞计数绝对值随病程进展可表现为逐步降低，常伴有细胞形态学变化。发病后期如果合并细菌感染，可出现白细胞计数明显升高，中性粒细胞比例升高的表现。

（2）SARS-CoV核酸（RNA）检测：逆转录聚合酶链反应（reverse transcription polymerase chain reaction，RT-PCR）可用于检测SARS冠状病毒的RNA分子。据WHO对疾病检测的相关指南推荐，SARS冠状病毒RT-PCR检测阳性结果应至少有2次结果阳性。

（3）SARS-CoV特异性抗原N蛋白检测：SARS冠状病毒核衣壳蛋白抗原可从血清或血浆标本中检测。据WHO的指南推荐，检测阳性的结果重复一次试验，结果仍为阳性的样本才能定义为阳性。

（4）SARS-CoV特异性抗体检测：发病后1周内采集的血清标本被称为急性期血清样本；发病后3~4周采集的血清标本被称为恢复前血清标本。WHO的诊疗指南推荐，急性期或恢复前血清抗体阳性、急性期血清抗体阴性并且恢复前血清抗体阳性或抗体滴度升高4倍以上，提示SARS冠状病毒感染。

3. **影像学表现**　SARS患者的胸部影像学检查主要表现为磨玻璃影和肺实变影。

（1）磨玻璃影：可见单发或多发，密度低于血管，呈小片状、大片状或弥漫分布。CT上可见磨玻璃影内有肺血管分支、增厚的小叶间隔及小叶内间质影像，呈细线和网格状影。如果磨玻璃影内合并较为广泛、密集的网格影，称为"碎石路征"（crazy paving pattern）；有的磨玻璃影内可见含有气体密度的支气管分支影像，称为"细支气管充气征"（air-bronchogram sign）。

（2）肺实变影：CT上病变密度接近或高于血管密度，其内未见血管影像，有时可见细支气管充气征。X线病变密度接近或高于肺门密度，可为小片状或大片状，单发或多发。

（二）MERS的临床特征

1. **世界卫生组织对MERS的定义**

（1）确诊病例：经实验室证实存在MERS-CoV感染的患者，无论是否表现出症状；RT-PCR检测需发现至少2个基因组靶点阳性，或单个靶点阳性及另一靶点测序阳性；血清学检测推荐使用ELISA或IFA，至少在两个样本中进行血清转化试验，相隔至少14d。

（2）疑似病例：以发热为表现的呼吸道疾病，伴有组织病理学或影像学的肺实变表现，排除其他病因；该病在中东地区，或其他已知有 MERS-CoV 在单峰骆驼中传播的国家，或最近发生过人类感染的国家居住或旅行，或与确诊患者有直接流行病学联系；不具备检测 MERS-CoV 的条件，或检测结果不确定，或单一的不合格样本检测为阴性。

调查显示，SARS 和 MERS 患者的病死率有随年龄增长而增加的趋势，根据年龄分组，SARS 的病死率从 0% 到 50% 以上不等，SARS 整体病死率约 9.6%，年龄是影响病死率的因素。除了年龄，性别、合并疾病也是死亡相关的影响因素。MERS 患者也存在类似情况，老年患者的临床症状更严重。合并糖尿病、慢性肺病及肾病的 MERS 患者疾病往往更加严重。

2. **临床症状**　MERS 的常见症状是非特异性的，包括发热、寒战、僵直、咽痛、咳嗽及呼吸困难，还可表现为呼吸道感染的其他症状，包括鼻流涕、咳痰、喘息、胸痛、肌痛、头痛等不适。通常在症状出现数天内迅速恶化，发展为呼吸衰竭，需要有创通气或体外膜氧合（extracorporeal membrane oxygenation，ECMO）。

肾脏受累是 MERS 的独特临床表现，据报道，有些合并慢性肾功能损伤的患者在 MERS 症状出现数天后出现严重的肾损伤，需要肾脏替代治疗。在这些患者的尿液中也发现了 MERS-CoV，提示肾脏直接受累。

除呼吸道症状外，患者还可出现类似于感染 SARS-CoV 或其他 CoV 时的胃肠道症状，最常见的症状是腹泻，也可出现腹痛、恶心、呕吐等症状。有研究报道称在患者的粪便样本中发现有病毒的 RNA。MERS 的其他肺外特征包括肝功能障碍、心包炎、心律失常及低血压等。

3. **体征**　病情恶化时的体征主要包括高热、呼吸急促、心动过速及低血压等。胸部听诊时可出现弥漫性爆裂音，但与放射学检查结果不符。

4. **实验室检查**　白细胞减少或增多，通常伴有中性粒细胞计数正常的淋巴细胞减少和血小板减少。与其他肺炎患者相比，MERS 患者更有可能在入院时白细胞计数正常。贫血、凝血功能障碍及弥散性血管内凝血也时有发生。血清转氨酶、乳酸脱氢酶升高，肌酸激酶、肌钙蛋白、C 反应蛋白及降钙素原等反映炎症和感染的指标可有升高，血清钠和白蛋白水平降低及血钾升高等。

5. **影像学**　在严重病例中，几乎所有患者的 X 线胸片均有明显病变。病灶从轻微的单侧病灶到广泛的多病灶，甚至是双侧受累，病情恶化时常表现为下部的肺叶受累。病变的影像学特征是非特异性的，与其他病毒性肺炎或其他原因引起的急性呼吸窘迫综合征（acute respiratory distress syndrome，ARDS）难以区别。

CT 最典型的表现是双侧广泛的磨玻璃影，基底膜和胸膜下受累，也可见间隔增厚和胸腔积液。在症状出现 3 周后进行的胸部 CT 扫描可发现肺纤维化改变，可见肺部网状结构、牵拉性支气管扩张、胸膜下粘连及肺部结构扭曲等。

三、SARS 和 MERS 患者的代谢特征

SARS 和 MERS 导致患者出现急性肺损伤和呼吸衰竭，严重者表现为 ARDS，需要机械通气或 ECMO。SARS-CoV 感染可引起弥漫性肺炎、肺水肿，低蛋白血症又可进一步加重肺水肿，加重呼吸功能的损害；MERS-CoV 感染也可导致肺纤维化等肺部改变，出现呼吸衰竭，二氧化碳潴留。

SARS 和 MERS 患者普遍存在高代谢、高血糖状态，主要是由病毒感染以及肺间质损伤导致的进行性呼吸困难和顽固性低氧血症，以及肺炎、肺水肿导致的肺顺应性下降，肺纤维化，肺实变或胸膜腔积液，血清白蛋白降低等病理过程所致；患者还有明显的胰岛素抵抗现象，体内脂肪分解、蛋白分解增加。这些病理改变使患者处于负氮平衡，影响了患者的免疫功能，增加了机会性感染的风险，也不同程度地损伤了患者呼吸功能。病情后期的并发症如细菌感染、肝肾损害等又进一步加重了患者的代谢负担，导致患者普遍存在营养供给不足的状态。

发病的患者由于控制病情进展需要而使用大剂量激素，以及其他积极的抢救手段，给患者带来营养代谢的影响。由于在疾病期间使用大剂量糖皮质激素治疗，幸存的 SARS 患者普遍存在糖皮质激

素引起的骨质疏松、股骨头坏死等副作用，严重影响了患者在治愈后的生存质量。

四、SARS和MERS的营养治疗

营养治疗对SARS和MERS患者的预后十分重要，合理营养有助于肺组织的修复，可增强机体对病毒的清除作用；同时还可以减少呼吸肌疲劳发生的概率。合理的营养成分可以减少体内CO_2的产生，降低肺部呼出CO_2的负担，改善高碳酸血症。通过营养治疗补充患者过度分解代谢的消耗，防止负氮平衡，纠正营养不良状态，可以减少患者的并发症和缩短病程，改善患者的预后。患者的病情得到控制后也需要进行营养治疗，有助于提高患者的生存质量。

1. **潜伏期的营养治疗**　营养不良可导致呼吸系统上皮及肺防御系统的完整性和功能受损，还可降低肺表面活性物质的合成和分泌，造成肺泡塌陷，肺通气血流比失调，影响肺的通气和换气功能；营养不良还可导致患者的炎症因子异常激活，炎症过程失调，引起包括肺组织在内的炎症损伤。在患者潜伏期时并未发生严重的营养不良事件，但为了预防可能的营养不良相关并发症，就应该根据相关指标补充相应的营养制剂。患者疾病过程中给予营养治疗并不能完全防止和逆转代谢改变，但能够降低患者的蛋白丢失，降低净蛋白分解代谢率，对患者预后及机体功能恢复有很大改善作用。

2. **轻型患者的营养治疗**　患者在此时已经出现营养不良的症状，因此需要进行相关营养治疗。首先要对患者进行营养评价，综合判断患者的营养状态，对影响预后的高危因素进行判断和干预；计算总能量，注意蛋白质、脂肪及碳水化合物等人体所需营养元素所占的比例；补充营养物质的同时按需补充电解质、维生素及微量元素，尤其是钾、镁及磷等元素；联合应用肠内营养和肠外营养，给予营养治疗的同时应注意避免过度喂养，减少并发症的发生。

在以下情况下考虑应用肠外营养：胃肠功能障碍或无法接受肠内营养时；经口饮食或管饲饮食无法满足患者的营养需要量；并发重症胰腺炎，感染导致的肠麻痹等。总之，当肠道消化吸收功能无法满足患者营养需求时，应积极运用肠外营养。在营养治疗过程中应加强相关临床指标的监测，随时调整营养用量。

3. **重症患者的营养治疗**　由于大部分重症患者存在营养不良，早期应鼓励患者进食易消化的食物。当病情恶化不能正常进食时，应及时给予临床营养治疗，采用肠内营养与肠外营养相结合的途径，综合考虑营养补充方案。适当增加脂肪的比例能够减轻肺的负荷；中长链混合脂肪乳剂对肝功能及免疫方面的影响小；蛋白质的入量过多对肝、肾功能可能有不利影响；水溶性和脂溶性维生素及矿物质等能够补充人体所需微量元素；尽量保持血浆白蛋白在正常水平。重症患者免疫功能低下，需要密切监测和及时处理继发感染，必要时可进行预防性抗感染治疗。营养治疗中添加免疫制剂在临床上也有很大作用。

五、专家推荐意见

肠外总能量的计算可初步按照105~126kJ/(kg·d)［25~30kcal/(kg·d)］估计总能量需求，根据监测指标并结合具体病情进行调整。以补充适量（中等量）的营养素为宜，其效果比较理想。中等量营养给予时由于CO_2产生较少，对肺功能的影响也较小。一般来说，肠外营养以碳水化合物提供50%~60%的能量为宜，以脂肪提供50%左右的非蛋白质能量，有助于减少CO_2的产生。在补充能量物质的同时，应注意补充蛋白质和微量元素，呼吸衰竭患者补充磷制剂十分重要，有助于维持膈肌的收缩。同时还需要注意水的摄入，对肺部水肿明显患者需要严格限制水的摄入。

肠内营养符合生理状态，营养全面，感染性并发症少，可维护肠道结构和功能。研究发现，添加ω-3多不饱和脂肪酸和抗氧化剂的高脂膳食具有下调炎症反应的作用。近年来，研究者发现添加谷氨酰胺、ω-3多不饱和脂肪酸、精氨酸、核酸以及某些抗氧化剂的免疫强化肠内营养制剂，具有调节炎症反应，改善免疫状态，缩短患者的机械通气时间、平均住院时间，降低器官衰竭发生率的作用，可用于SARS和MERS患者的营养治疗。

SARS 和 MERS 患者由于病情发展迅速，短时间内即可发展到需要机械通气的状态，使得建立肠内营养的途径变得较为困难；且研究发现，机械通气患者胃肠道动力下降或胃瘫的发生率较高，患者常难以耐受肠内营养，容易出现胃潴留和反流，有较高的误吸风险。此外，SARS 和 MERS 患者常出现应激性胃肠道黏膜损害和消化道出血，这时肠内营养难以实施。

SARS 和 MERS 患者肠内肠外营养的途径主要取决于患者的病情和综合评估存在的风险，必要时可通过鼻肠管、经皮内镜下空肠造口、中心静脉置管等方式进行营养治疗。

（童朝晖）

第五节　其　　他

除外感染性疾病，临床上经常遇到的两个感染性难题是外科感染及重症监护病房的感染。营养治疗同样在这些复杂感染的治疗中发挥重要作用。

一、外科感染的营养治疗

19 世纪中叶，在 Ignaz Semmelweis 和 Joseph Lister 引入抗菌手术之前，大部分手术均会发生感染，发生深部或广泛感染的患者病死率高达 70%~80%。1992 年，美国疾病预防控制中心修改“伤口感染（wound infection）”的定义，提出“手术部位感染（surgical site infection，SSI）”的概念，以区分手术切口感染和创伤性伤口感染，被全世界广泛接受。

（一）概述

研究证实，宿主防御功能的损害与营养不良有关，外科患者术前营养状况与预后明显相关。外科重症患者、行大手术或遭受严重损伤患者的营养治疗，可使预后有明显改善，使越来越多的患者早期得以抢救，但仍有部分患者死于后期感染性并发症或多器官功能衰竭。尽管外科感染治疗技术的不断进展和更强力有效抗生素的问世，迄今感染仍是外科危重患者后期死亡的一个主要原因。外科患者免疫功能的损害是多因素的，然而在抵御细菌入侵和抗感染的能力方面，与患者的营养状况密切相关。新近研究结果提示，特殊的营养治疗能改善机体免疫力。

近年来，基于病因学重新定义了应激状态患者的营养不良分类方法，将营养不良分为 3 类：饥饿相关营养不良、慢性疾病相关营养不良及急性疾病相关营养不良。而急性疾病相关营养不良包括全身炎症反应综合征（systemic inflammatory response syndrome，SIRS）和多器官功能障碍综合征（multiple organ dysfunction syndrome，MODS）的患者，以细胞因子反应性升高，继而导致非脂肪体重的丢失为特征。

SIRS 用于描述发生感染、胰腺炎、缺血、烧伤、多发性创伤、失血性休克及免疫介导的器官损伤等的广泛炎症反应。SIRS 的常见并发症为 MODS，一般以肺衰竭为首发症状，其次是肝衰竭、肠衰竭及肾衰竭，循环和心脏衰竭常紧随其后，但中枢神经系统改变可以发生于任何时期。继发的 MODS 发生在远离初始创伤的器官，引起感染或炎症反应。

营养不良造成体液和细胞免疫功能的损害，使宿主容易发生感染的倾向；感染又导致分解代谢增加，从而进一步加剧营养不良，形成恶性循环。外科应激或创伤导致与损伤程度相应的高分解代谢以及体液和细胞免疫功能损害，高分解代谢的持续存在导致营养不良，进一步损害机体的免疫防御功能，使患者易发生感染性并发症。

此外，高分解代谢也可造成切口愈合不良、压疮易发、皮肤损伤而合并感染。总之，所有营养不良和外科危重患者都伴有不同程度的免疫功能损害，因而合理的营养治疗是感染治疗过程中的一个重要组成部分。

(二) 营养治疗的指征

Mainous MR 和 Deitch EA 认为围手术期肠内和/或肠外营养指征为：①根据营养风险指数(nutritional risk index，NRI)值患者有重度营养不良，或近半年体重丢失达 10%~15% 并拟行大手术者；②预计术后 7~10d 不能进食者；③严重损伤预计伤后或术后 7~10d 不能恢复饮食者；④热力损伤，面积超过体表面积 20% 者；⑤特殊外科问题有易出现营养不良倾向者，如肠外瘘、肝硬化、肾衰竭等。当然对上述特殊问题，任何可能的情况下都应优先选择肠内营养。

应用血清白蛋白(albumin，Alb)水平和体重丢失计算 NRI，而进行营养不良程度的分度，采用下述公式计算 NRI 值：NRI=1.519×Alb 水平 +0.417×(目前体重/平时体重)×100。根据 NRI 值的多少，将营养不良分为轻度营养不良(NRI 值 97.5~100)、中度营养不良(83.5~97.5)及重度营养不良(<83.5)。

(三) 营养治疗的途径

营养治疗方式包括肠内营养(enteral nutrition，EN)、肠外营养(parenteral nutrition，PN)或两种共用，在保护脏器、减少并发症、控制感染及促进机体康复等方面起着重要作用。

1. EN 和 PN 的优点

(1) EN 的优点：①符合人体的生理特点，营养全面，有利于代谢调节和内脏蛋白质的合成；②可以维持和改善肠道黏膜结构与功能的完整性；③操作方便、安全有效，并发症发生率相对较低；④经济实惠，来源广泛易得。

(2) PN 的优点：①避免可能出现的肠内营养消化道并发症，患者易于接受；②可调节补液配方；③能快速达到所需的能量和蛋白质；④能短时间纠正营养不良的状况。

2. EN 和 PN 的适应证

(1) EN 的适应证：较长时间不能正常进食或饮水，均有需要营养治疗的指征：①不能正常经口进食者、摄食不足或有摄食禁忌者，如意识障碍，重症肌无力导致患者吞咽困难及丧失咀嚼能力；②胃肠道疾病，如胃肠道瘘、炎症性肠病等胃肠道疾病；③胃肠道外疾病，围手术期营养，肿瘤放、化疗的辅助，烧伤及肝、肾衰竭等。

(2) PN 的适应证：主要适用于胃肠道营养功能障碍，包括：①严重营养不良的患者；②严重腹泻、顽固呕吐、肠道切除等导致的无法摄食或不能通过消化道吸收营养物质的患者；③接受大剂量化疗、放疗的患者；④胃肠道梗阻患者；⑤高分解代谢状态，短期内无法经胃肠道吸收营养者。

(四) 外科感染患者的营养治疗

营养不良对免疫功能有明显的损害，特殊的营养治疗能调节免疫功能，在营养不良和创伤患者早期选择性应用营养治疗能改善预后，减少发生感染性并发症。与 TPN 相比，EN 更能改善免疫功能，因而应尽可能选用 EN，严格 TPN 指征。对 Gln、Arg 及 ω-3 脂肪酸的研究已显示其临床应用价值。总之，理想的营养治疗能改善外科患者的免疫功能，减少感染性并发症的发生率与死亡率。

二、重症患者难治性感染的营养治疗

重症患者由于病情重、治疗时间长、抵抗力低，常常合并多重耐药菌株感染，治疗非常棘手。

(一) 概述

目前，营养治疗已成为 ICU 患者常规治疗的一部分，因为大多数危重患者呈高代谢状态，而且不给予合理的营养治疗就会导致难以控制的营养不良和免疫功能障碍，易发生细胞功能损害和难治性感染，甚至是死亡。

营养与机体免疫系统的功能状态关系密切，机体蛋白质营养状况对免疫功能有重要影响，营养不良可使免疫功能下降，特别是"细胞免疫"受损明显，T 淋巴细胞数量减少，巨噬细胞杀灭细菌能力下降，补体和血清铁传递蛋白显著减少。

营养不良降低机体免疫力、影响抗菌治疗效果、延缓疾病恢复；长期使用激素、移植后长期使用免疫抑制剂、粒细胞缺乏症等患者，不但容易发生各种机会性感染，而且临床表现不典型、病原学诊断困难，因此抗菌治疗也更困难。

营养治疗可维持与改善机体器官、细胞的功能及代谢，促进患者的康复；并且增加营养可防止免疫功能缺陷，提高免疫能力。

（二）危重患者的营养评估指标

临床上常采用人体测量、血浆蛋白测量和氮平衡作为营养评估的指标。由于危重患者的疾病期较短且患者处于应激状态，所以，采用血清白蛋白、前白蛋白、体重、BMI及氮平衡来初步综合评估营养状态。

1. 血清Alb　危重患者在应激状态下血清白蛋白浓度的快速下降与全身毛细血管通透性增加、血管内白蛋白渗透至组织间隙以及快速补液造成稀释性低蛋白血症有关。但由于白蛋白的半衰期较长，它不能作为立即反映营养状况改善的灵敏指标，同时外源性的白蛋白还可带来不利的生理影响。

2. 前白蛋白（prealbumin，PA）　与白蛋白相比，前白蛋白的体库很小，半衰期为2d，在任何急需合成蛋白质的情况下前白蛋白都迅速下降，故在判断蛋白质急性改变方面较白蛋白更为敏感。

3. 体重（body weight，Wt）　与体内能量平衡密切相关，是营养评估中最简单、最直接、最可靠的指标。但是体重的个体差异比较大，故在营养评估过程中重要的是观察体重变化情况。在危重症患者中，如果没有使用利尿药，体重下降可提示营养治疗不够，常将体重减少作为判断营养不良的重要指标之一。

4. 体重指数（body mass index，BMI）　BMI被认为是反映蛋白质-能量营养不良以及肥胖症的可靠指标。

5. 氮平衡（nitrogen balance，NB）　氮平衡是反映一定时间内蛋白质合成与分解代谢动态平衡的一个重要指标，是评价机体蛋白质营养状况的最可靠与最常用指标。

（三）营养治疗途径

危重患者在应激状态下，肠屏障功能将发生一系列病理生理变化，导致肠黏膜萎缩及通透性增大。而EN相较于PN最大的优点是：有助于改善门静脉系统循环，改善肠道血液灌注与氧的供给；增进肠蠕动；促进肠道激素与免疫球蛋白的释放；改善肠黏膜的渗透性，维护肠黏膜屏障功能，减少肠道细菌内毒素移位。肠道是MODS发病机制中的主要器官，肠内营养将减少MODS的发生。

但是，对于病情危重、胃肠功能紊乱的患者，由于全肠外营养（total parenteral nutrition，TPN）发挥作用迅速且不受消化道功能的限制，故可采用TPN。但是，一旦患者病情改善，胃肠功能有所恢复时，应及时过渡到肠内营养。

（四）营养治疗物质

危重患者给予单纯的营养治疗并不能完全能改善营养状态，若要提高对危重患者营养治疗的效果，除了补充必要的三大营养素（葡萄糖、脂肪及蛋白质）和三小营养素（电解质、微量元素、维生素），还必须添加如谷氨酰胺、精氨酸、膳食纤维及生长激素等特殊营养物质。目前普遍认为应用葡萄糖及脂肪乳剂双能源供应能量具有更多的优越性，可有效减少通气功能障碍患者的呼吸负担。蛋白质的摄入主要是为了促进氮潴留和蛋白质合成。而有研究表明重度感染与微量元素之间有密切的关系。目前几种调节人体免疫、代谢功能的特殊营养物质引起广泛重视。

谷氨酰胺（glutamine，Gln）是人体中含量最丰富的游离氨基酸，对危重患者是一种条件必需氨基酸。它是小肠黏膜细胞的主要能源物质，也是所有快速增生细胞特别是免疫细胞的能源物质。谷氨酰胺能防止内毒素移位入血，加入谷氨酰胺能维护肠黏膜屏障，减少肠通透性，增强机体免疫力。大手术、严重创伤、脓毒症、急性出血坏死性胰腺炎等应激状态下，危重患者的高分解代谢可导致谷氨酰胺的严重缺乏，并直接影响三大营养物质的代谢，导致组织细胞和器官功能低下。因此，对于存在有分解代谢的危重患者，在TPN中加用谷氨酰胺可以提高其氮平衡，降低感染率，缩短住院时间，提高危重患者的生存率。

生长激素（growth hormone，GH）具有代谢调理作用，是体内主要的促蛋白质合成类激素，能促进机体蛋白质的合成、减少蛋白质分解、提高营养物质的转换率，改善机体免疫反应。重组人生长激素（recombinant human growth hormone，rhGH）可显著促进白蛋白的合成，改善危重患者的低蛋白血症。

精氨酸（arginine，Arg）是一种条件必需氨基酸，它能促进氮平衡，改善危重患者的负氮平衡，同时还具有促进蛋白质合成、调节免疫功能及保护胃肠黏膜的作用。精氨酸可增加T淋巴细胞的反应性，提高外周自然杀伤细胞的数目和活性，增加细胞毒T细胞的功能，降低感染及伤口并发症的发生率，进一步改善多发性创伤所造成的全身炎症反应和免疫功能异常。

ω-3脂肪酸是两种多聚不饱和脂肪酸中的一种，另一种是ω-6脂肪酸，均为必需脂肪酸。亚麻酸是主要的ω-3脂肪酸，亚油酸为主要的ω-6脂肪酸。理论上饮食中的ω-6脂肪酸被ω-3脂肪酸所替代，能用于调节炎症和免疫反应，而改善感染和多器官功能衰竭患者的预后。

甘油和氨基酸联合静脉输入具有节氮作用，使蛋白质消耗和损失减少。

核酸可促进小肠滤泡细胞和淋巴细胞的增殖，以及细胞DNA和RNA的合成。联合使用精氨酸等可显著改善由严重创伤、感染和其他组织损伤造成的免疫抑制。

危重患者的正确营养评估对提高营养治疗的有效性具有重要意义，在实施营养治疗时，PN与EN应联合使用，并且添加谷氨酰胺、精氨酸、核酸、生长激素等特殊营养物质，以增强营养治疗的效果。

（王昆华）

第二十章　常见神经与精神疾病的营养治疗

思维、心理活动是一种高耗能过程，神经、精神疾病本质上多数是一种代谢相关性疾病或者本身就是一种代谢性疾病。近年来，营养代谢调节治疗在神经与精神疾病的治疗中取得了突破性进步，突出表现在营养治疗对认知功能的改善。神经与精神疾病的营养治疗是当前研究的热点，专门用于改善脑健康的食品在国外已经成为一个新品类，称为脑食物（brain food）。

第一节　脑　卒　中

脑卒中（stroke）又称脑血管意外（cerebrovascular accident，CVA）是由于脑部血管突然破裂或因血管阻塞导致血液不能流入大脑而引起脑组织损伤的一组疾病。脑卒中分为缺血性和出血性卒中，以突然发病、迅速出现局限性或弥散性脑功能缺损为共同临床特征。缺血性卒中的发病率占脑卒中总数的 60%~70%。全球每年约有 1 500 万人患急性脑卒中，是致残率及致死率最高的疾病之一，脑卒中现已成为世界公共卫生首要问题。

一、概述

脑卒中具有发病率高、致残率高、死亡率高和复发率高的“四高”特点。脑卒中患者幸存者中 75% 不同程度地丧失劳动能力，40% 重残。医院每年脑卒中患者的直接医疗费用达 120 亿元，间接费用高达 400 亿元以上。据调查显示，脑卒中已成为我国第 1 位死亡原因，也是中国成年人残疾的首要原因。我国脑卒中的发病率、死亡率存在明显地理分布差异，有北方高于南方的趋势；男性的脑卒中发病率、死亡率普遍高于女性；脑卒中发病率、死亡率随年龄增长而呈指数型增高。高血压是导致脑卒中的重要可控危险因素之一，因此，降压治疗对预防卒中发病和复发尤为重要。

（一）病因

脑卒中发生最常见的原因是脑部供血血管内壁上存在小栓子，因脱落后导致动脉 - 动脉栓塞，即缺血性卒中。也可能由于脑血管或血栓出血造成，为出血性卒中。冠心病伴有房颤患者的心脏瓣膜容易发生附壁血栓，栓子脱落后可堵塞脑血管，也可导致缺血性卒中。

发病因素包括性别、年龄、种族、不良生活方式等因素。研究发现我国人群脑卒中发病率高于心脏病，与欧美人群相反。通常同时存在多个危险因素，如吸烟、不健康饮食、肥胖、缺乏适量运动、过量饮酒和高同型半胱氨酸血症，以及患者自身存在一些基础疾病，如高血压、糖尿病和高脂血症，都会增加脑卒中的发病风险。

（二）临床表现

1. 短暂性脑缺血发作　短暂性脑缺血发作（transient ischemic attack，TIA）是颈动脉或椎 - 基底动脉系统发生短暂性血液供应不足，引起局灶性脑缺血而导致突发的、短暂性、可逆性神经功能障碍。

发作持续数分钟，通常在 30min 内完全恢复，超过 2h 常遗留轻微神经功能缺损表现，或 CT 及 MRI 显示脑组织缺血征象。TIA 好发于 34~65 岁，65 岁以上占 25.3%，男性多于女性。发病突然，多在体位改变、活动过度、颈部突然转动或屈伸等情况下发病。发病无先兆，有一过性的神经系统定位体征。一般无意识障碍，历时 5~20min，可反复发作，但一般在 24h 内完全恢复，无后遗症。颈内动脉缺血表现为突然肢体运动和感觉障碍、失语，单眼短暂失明等；椎动脉缺血表现为眩晕、耳鸣、听力障碍、复视、步态不稳和吞咽困难等。可反复发作，甚至一天数次或数十次。可自行缓解，不留后遗症。脑内无明显梗死灶。短暂性脑缺血发作的诊断主要是依靠详细病史，即突发性、反复性、短暂性和刻板性特点，结合必要的辅助检查而诊断，必须排除其他脑血管病后才能诊断。

2. **可逆性缺血性神经功能障碍** 可逆性缺血性神经功能障碍（reversible ischemic neurologic deficit，RIND）与 TIA 基本相同，但神经功能障碍持续时间超过 24h，有的患者可达数天或数十天，最后逐渐完全恢复。脑部可有小的梗死灶，大部分为可逆性病变。

3. **完全性卒中** 完全性卒中（complete stroke，CS）症状较 TIA 和 RIND 严重，不断恶化，常有意识障碍。脑部出现明显的梗死灶。神经功能障碍长期不能恢复，完全性卒中又可分为轻、中、重 3 型。

4. **脑卒中征兆** 研究发现脑卒中常见预兆依次表现如下。

（1）头晕，特别是突然感到眩晕。

（2）肢体麻木，突然感到一侧面部或手脚麻木，有的为舌麻、唇麻。

（3）暂时性吐字不清或讲话不灵。

（4）肢体无力或活动不灵。

（5）与平时不同的头痛。

（6）不明原因突然跌倒或晕倒。

（7）短暂性意识丧失或个性和智力的突然变化。

（8）全身明显乏力，肢体软弱无力。

（9）恶心、呕吐或血压波动。

（10）整天昏昏欲睡，处于嗜睡状态。

（11）一侧或某一侧肢体不自主地抽动。

（12）双眼突感一时看不清眼前出现的事物。

（三）诊断

1. **一般检查** 通过测量人体身高、体重及血压，科学判断体重是否标准、血压是否正常。

2. **内科检查** 通过视、触、叩、听诊，检查心脏、肺、肝、脾等重要脏器的基本状况，发现常见疾病的相关征兆，或初步排除常见疾病。

3. **脑血管造影** 显示不同部位脑动脉狭窄、闭塞或扭曲。颈动脉起始段狭窄时，造影摄片应将颈部包含在内。

4. **头颈部磁共振血管造影或高分辨磁共振成像** 前者可以显示颈动脉全程，后者对粥样斑块病理成分的分析更有帮助。

5. **颈动脉 B 超检查和经颅多普勒超声探测** 为无创检查，可作为诊断颈内动脉起始段和颅内动脉狭窄、闭塞的筛选手段。颈动脉彩超可检测颈动脉结构和动脉粥样硬化斑块的形态、范围、性质、动脉狭窄程度等；早期发现动脉血管病变，为有效预防和减少冠心病、缺血性脑血管病等心脑血管疾病发病提供客观的血流动力学依据。经颅多普勒了解颅内及颅外各血管、脑动脉环血管及其分支的血流情况，判断有无硬化、狭窄、缺血、畸形、痉挛等血管病变。可对脑血管疾病进行动态监测。

根据《中国急性缺血性脑卒中诊治指南》（2014）的定义，急性缺血性脑卒中（急性脑梗死）诊断需符合如下标准：急性起病；局灶神经功能缺损（一侧面部或肢体无力或麻木，语言障碍等），少数为全面神经功能缺损；症状或体征持续时间不限，或持续 24h 以上；排除非血管性病因；脑 CT/MRI 排除脑出血。

二、营养代谢特点

重症脑卒中患者处于昏迷状态，不能主动进食，存在吞咽困难，蛋白质和能量摄入不足，且应激反应消耗了大量能量和蛋白质，分解代谢增加，出现负氮平衡，机体必需氨基酸、脂肪酸、微量元素等营养素缺乏导致免疫力低下，容易发生感染，免疫功能下降，易出现各种并发症，如神经功能缺损、肠道功能紊乱等，也会增加患者入住 ICU 时间，增加治疗费用，增加患者死亡率和致残率，加重患者负担。有研究表明，脑卒中发生后患者营养不良的发生率约 15%，1 周后可上升至 30%。营养治疗被认为是治疗重症脑卒中的一个重要环节，有助于改善营养不足所导致的代谢紊乱和脑组织缺血缺氧，可减轻继发性损伤、减少并发症、降低病死率，促进神经功能恢复和改善预后。

脑卒中可在基因、分子和细胞水平作为一种应激源启动机体内一系列复杂的级联反应，促使下丘脑 - 垂体 - 肾上腺轴以及交感神经系统激活，最终导致糖皮质激素和儿茶酚胺分泌增多，激发脂肪、蛋白质等大量分解。特别是重症脑损伤时，表现为分解代谢大于合成代谢。下文将具体说明脑卒中的营养代谢变化。

（一）各类营养素与脑卒中的关系

1. **能量**　脑卒中患者急性期的应激性变化剧烈，能量消耗明显增加，基础能量消耗约高于正常人的 30%，当脑损伤伴随疼痛、发热和焦虑等异常运动时，能量消耗额外增加。但是对于重症急性应激期患者能量供给可稍低，给予“允许性低摄入”。

对于康复期的脑卒中患者，有研究结果显示，康复期的脑卒中患者在行走过程中消耗的能量比健康对照者多。对于脑卒中患者而言，指南中所描述的低等强度运动，需要消耗相当于中等强度运动的能量才能完成。

2. **碳水化合物**　对于脑卒中患者，通常在脑损伤后 24h 内出现糖原分解增加，血糖增高。而血糖增高可加重脑组织损伤，这可能与缺血区域脑组织葡萄糖无氧代谢增加、细胞内乳酸堆积、脑组织受到持续酸中毒损害有关。因此，对于急性期的脑卒中患者建议给予低血糖指数（glycemic index，GI）的食物，辅助控制血糖水平。

对于脑卒中的高危人群，碳水化合物的摄入量应控制在一定范围内。有研究分析结果显示，高碳水化合物的摄入不会增加脑卒中的风险，但是当摄入的碳水化合物超过 290g/d，脑卒中的发病呈现上升趋势。有学者对 78 779 名美国女性进行了 18 年的随访，研究结果显示，精制碳水化合物的摄入可以增加出血性脑卒中的发病风险；当女性 BMI ≥ 25kg/m^2，碳水化合物摄入量与脑卒中的风险呈正相关。

3. **蛋白质**　脑损伤后蛋白分解代谢增加，常表现为体重减轻、肌容积减小和尿素氮排泄增加。患者发生脑卒中后血清中白蛋白水平下降，并已证明是预后不良的独立危险因素。脑损伤后通常出现急性相反应，表现为发热、外周血白细胞计数增高、血浆急性相反应蛋白水平增高和内脏蛋白（转铁蛋白、前白蛋白和白蛋白）水平下降。动物研究结果显示，早期高蛋白饮食有利于大脑中动脉闭塞模型大鼠的体重和神经功能恢复，减少大鼠脑梗死面积，从而减轻缺血性脑卒中引起的氧化应激损伤。

2014 年 Zhang 等综述了 7 项队列研究，平均随访时间 10.4~18 年，共 254 489 例研究对象。其发现蛋白质摄入总量增加，脑卒中发病风险呈下降倾向，最高摄入组的发病风险是最低组的 0.8 倍［95% *CI*（0.66，0.99）］；剂量反应关系结果显示总蛋白每增加 20g/d，发病风险降低 26%［*RR*：0.74；95% *CI*（0.65，0.84）］。动物蛋白质及植物蛋白质摄入量增加，脑卒中的发病风险亦分别显著降低 29%［95% CI（1%，50%）］和 12%［95% CI（−2%，24%）］。

4. **脂肪**　血脂主要由总胆固醇（total cholesterol，TC）、甘油三酯（triglyceride，TG）、高密度脂蛋白胆固醇（high density lipoprotein cholesterol，HDL-C）及低密度脂蛋白胆固醇（low density lipoprotein cholesterol，LDL-C）等几种组成。其中 TC 及 LDL-C 主要促进动脉粥样硬化发生发展，可以使小动脉内膜与中膜厚度增加，血管内膜功能发生改变，在动脉粥样硬化的发生发展中起着重要作用。目前已知血脂异常是缺血性卒中 /TIA 的重要危险因素，而对不同类型卒中进行分析发现，血清总胆固醇水平升高与缺血性卒中的发生密切相关。大量循证医学证据表明：血脂异常和心、脑血管疾病均与生活方式密切相关；临床干预试验证实，适当的生活方式改变（如不健康的饮食习惯、缺少体力活动和肥胖等）对于多数血脂异常患者能起到降低血脂的治疗效果。2015 年《中国缺血性脑卒中血脂管理指导规范》推荐缺血性卒中或 TIA 患者同时采用其他非药物方式干预，推荐使用生活方式改变包括控制体重和合理膳食等（Ⅰ级推荐，A 类证据）。2014 年美国心脏协会（American Heart Association，AHA）/ 美国卒中协会（American Stroke Association，ASA）发布的《卒中和短暂性脑缺血发作二级预防指南》推荐，对于缺血性卒中 /TIA 患者和其他动脉粥样硬化性心血管疾病（atherosclerotic cardiovascular disease，ASCVD）共病患者，应遵循 2013 年美国心脏学院（American College of Cardiology，ACC）/ AHA 胆固醇指南进行其他方面的管理，包括生活方式改变、饮食和药物治疗（Ⅰ，A）（修改的推荐）。

《中国成人血脂异常防治指南》（2016 年修订版）推荐，在满足每日必需营养和总能量需要的基础上，当摄入饱和脂肪酸和反式脂肪酸的总量超过规定上限时，应该用不饱和脂肪酸来替代。建议每日摄入胆固醇小于 300mg，尤其是 ASCVD 等高危患者，摄入脂肪不应超过总能量的 20%~30%。一般人群摄入饱和脂肪酸应小于总能量的 10%；而高胆固醇血症者饱和脂肪酸摄入量应小于总能量的 7%，反式脂肪酸摄入量应小于总能量的 1%。高 TG 血症者更应尽可能减少每日摄入脂肪总量，每日烹调油应少于 30g。脂肪摄入应优先选择富含 ω-3 多不饱和脂肪酸的食物（如深海鱼、鱼油、植物油）。

5. 维生素和矿物质　微量元素失衡是许多脑部疾病，特别是神经退行性疾病的重要危险因素，也是许多心脑血管疾病的重要危险因素，因此微量元素与脑卒中的关系一直受到人们的重视和关注。在血液、头发样品测定过的几十种元素中，已发现脑卒中患者体内有多达 24 种元素处于不平衡状态中，这些元素是：K、Na、Ca、Mg、V、Cr、Mn、Fe、Cu、Zn、Se、Ba、Bi、Ge、Ga、Mo、Li、Sr、Sc、Pb、Sb、Ce、La、Th。微量营养素缺乏与脑卒中发病风险的关系见表 20-1-1。

表 20-1-1　微量营养素缺乏与脑卒中发病风险的关系

微量营养素	作用	缺乏时涉及的致病机制
1. B 族维生素		
维生素 B_6 叶酸 维生素 B_{12}	同型半胱氨酸代谢的辅助因子，同时也是潜在的抗氧化剂	(1) 高同型半胱氨酸血症（潜在的动脉粥样硬化） (2) 氧化应激反应
2. 维生素 D	(1) 控制甲状旁腺激素水平	(1) 出现继发性甲状旁腺功能亢进症进而出现： ——胰岛素抵抗与胰腺 β 细胞功能不全导致 2 型糖尿病 ——激活的肾素 - 血管紧张素 - 醛固酮系统导致高血压 ——全身血管炎症反应导致动脉粥样硬化
	(2) 抑制巨噬细胞胆固醇摄取和泡沫细胞形成	(2) 动脉粥样硬化
3. 维生素 A、维生素 C、维生素 E	抗氧化剂	氧化应激反应
4. 锌	(1) 激活脑蛋白合成	(1) 神经认知功能损害
	(2) 控制新形成的突触	(2) 神经传递受损
	(3) 超氧化物歧化酶的辅助因子	(3) 氧化应激反应

6. **水**　脑组织对氧、葡萄糖、糖原贮备甚微，一旦血流中断，6min 内神经元代谢受影响，5~15min 及以上细胞就产生不可逆损害，所以脑血流供应是脑组织正常和结构完整的首要条件，正常成人每日需水量为体重的 4%。脑卒中患者发病时多有呕吐、进食差等症状，补液后可以降低血液黏度，改善血流；同时脑内灌注压又取决于体内血容量，只有保证足够的血容量，才能保证脑内灌注压，保证大脑的营养成分供应。此外，降颅内压药物甘露醇是高渗性脱水剂，所以必须注意水的补充。国家卫生行业标准《脑卒中患者膳食指导》（WS/T 558—2017）推荐，无限制液体摄入状况下，在温和气候条件下，脑卒中患者每日最少饮水 1 200ml，对于昏迷的脑卒中患者可经营养管少量多次补充，保持水电解质平衡。《卒中患者吞咽障碍和营养管理的中国专家共识》（2013 版）建议常规最低液体摄入量为 1 500ml/d，应根据患者胃肠道及心、肾功能酌情调整。

7. **膳食纤维**　膳食纤维是植物中天然存在的、提取或合成的碳水化合物的聚合物，其聚合度（degree of polymerization，DP）≥3，不能被人体小肠消化吸收，对机体有健康意义。《食品营养成分基本术语》（GB/Z 21922—2008）指出，膳食纤维主要存在于谷、薯、豆类及蔬菜、水果等植物性食物中。植物成熟度越高其纤维含量越多，谷类加工越精细则所含膳食纤维越少。

研究发现膳食纤维总量及可溶性膳食纤维对脑卒中的发生均具有轻度保护作用。Zhang 等的荟萃分析证明膳食纤维的摄入量与脑卒中的发病成反比，发现膳食纤维摄入量每增加 5g，最高组脑卒中发病风险是最低组的 0.90 倍［95% *CI*（0.82，0.99）］；膳食纤维摄入量每增加 10g，最高组脑卒中发病风险是最低组的 0.84 倍［95% *CI*（0.75，0.94）］；膳食纤维摄入量每增加 15g，最高组脑卒中发病风险是最低组的 0.77 倍［95% *CI*（0.66，0.91）］。

膳食纤维发挥作用的机制可能包括：①增加饱腹感，减少能量摄入，促进脂肪氧化代谢而抑制脂肪储存，从而控制体重、帮助减肥；②通过对胆汁酸的吸附，可降低胆固醇、脂肪酸及内源性毒素的吸收率；③可溶性膳食纤维通过延缓和抑制对糖类的消化吸收，并改善末梢组织对胰岛素的敏感性，抑制餐后血糖上升。

（二）与脑卒中相关的疾病危险及保护因素

脑卒中的病因复杂，其危险因素包括不可干预因素（如年龄、种族、性别等），可干预因素（如高血压、吸烟、糖尿病、心房颤动及其他心脏病、高脂血症、无症状颈动脉狭窄等），遗传因素（如家族史、基因多态性等），可能的危险因素（如肥胖、体力活动少、过度饮酒、高同型半胱氨酸血症、高凝状态、激素替代治疗）。这些因素的单独或相互作用影响着脑卒中的发病和进展。不同地区、不同类型的脑卒中危险因素及归因危险度也有差异。

初级预防是卒中预防的基石，包括饮食以及其他生活行为，基于大样本人群前瞻性研究等得出的营养相关危险因素如下。

1. 女性 BMI>25kg/m^2。
2. 女性 16 年内体重增加 11kg。
3. 男性腰臀比>0.92。
4. 糖尿病。
5. 高血压。
6. 胆固醇过高引起出血性卒中。

卒中的保护性因素如下。

1. 每天食用新鲜水果。
2. 每天类黄酮摄入>4.7 杯绿茶当量。
3. 白种人和黑种人女性以及黑种人男性进食鱼类和鱼油。
4. 高 HDL-C

（三）社会环境与生活方式

随着年龄增长，脑卒中的发病率呈上升趋势，同时老人由于其特殊的社会环境与生活方式，也是脑卒中后营养不良的好发人群。具体原因如下。

1. **神经功能缺损**　脑卒中可累及脑内相关功能区，导致患者肢体、吞咽、认知等功能障碍，使患者能量摄入不足，显著增加患者营养不良的发生率。

2. **肠道功能紊乱**　脑卒中可导致肠黏膜屏障发生缺氧、缺血等障碍，影响机体的消化和吸收功能，致使患者营养不良发生率增高。

3. **年龄**　随着年龄的增长，消化吸收功能降低，因而营养素摄入不足。

4. **精神心理因素**　脑卒中可能使患者对进食或疾病产生恐惧、抑郁等异常情绪，导致摄食不足。

5. **照护人营养知识缺乏或看护不当**　缺乏营养知识或看护不当，使患者长期摄入不足导致营养不良。

三、营养治疗原则

脑卒中患者营养不良分为营养不足和营养过剩两种，前者卒中患者尤其易发。重症卒中患者过高的营养不良发生率是众多因素造成的。首先，卒中多见于中老年人，发病前常存在各种急、慢性基础疾病，机体内环境不稳定，各种维生素、矿物质缺乏，各重要脏器储备能力下降，基于以上生理变化及潜在疾病使老人营养不良风险增加；其次，患病后可能引发机体一系列级联反应，包括细胞水平、分子水平及基因水平的应激，从而促使下丘脑 - 垂体 - 肾上腺轴亢进，机体对不同营养物质代谢紊乱，加之胃肠黏膜血管收缩、屏障功能破坏、菌群失调，加重影响患者对营养物质的摄入和吸收，进而引起营养不良；最后也是最重要的因素，即卒中后合并吞咽困难导致进食明显减少，喂食困难取决于卒中的程度和大脑的病变部位。吞咽困难常伴随卒中出现，是死亡率的独立影响因子，可引起营养不良、肺部感染、残疾等各种并发症，延长住院时间和需要福利照顾的时间，最终导致不良临床结局。很多时候，在患者恢复经口进食前，需要营养治疗来维持营养。国外研究显示卒中后吞咽困难发生率高达 39%~78%，而国内证据显示吞咽困难在卒中患者也有 14%~71% 的发生率，使吞咽困难成为营养不良的最直接原因。随着患者运动功能的改善，饮食和其他日常活动康复锻炼是训练患者恢复独立生活的必需部分。营养不良提示预后较差，应当进行积极预防。

（一）营养治疗途径的选择

口服营养补充（oral nutritional supplement，ONS）是人体正常生理的营养治疗途径，常规作为首选，但意识障碍、严重吞咽困难、精神及认知功能障碍者应用明显受限，此时应考虑管饲（tube feeding，TF）。管饲分为鼻胃管（nasogastric tube，NGT）或者造口置管，前者因操作简便、成本低廉且相关死亡率低而深受临床医生推崇，但长时间使用可能引起呼吸道感染概率增加，同时患者长期置入会出现不适感，加之管道对管壁长期摩擦或压迫，最终可导致黏膜溃疡、食管炎、食管瘘等严重并发症，以上均使长期鼻胃管使用受限，因此针对长时间（1 个月以上）或预期需要长期肠内管道营养的患者，则可以考虑造口置管喂养。此方法能避免患者对管道的不适感，同时降低呼吸道感染发生率。

研究发现，针对脑卒中重症患者，疾病初期的应激反应，加之患者频繁呕吐体液过度丢失，使得机体能量需求短期内剧增，肠外营养（parenteral nutrition，PN）能够短期内快速提供能量，维持机体必需营养物质的有效运转。但长期 PN 可导致胃肠黏膜萎缩，生理性蠕动下降，肠腔内分泌型 IgA 减少，胃肠黏膜机械、生理、免疫及化学屏障均受损，肠道内多种毒素及大量细菌移位，使营养底物不能被有效吸收及代谢，同时短期内血糖急剧升高，加之电解质紊乱均导致 PN 支持者的相关并发症增加。再者，卒中患者多为中老年患者，伴随高血压及心脏基础疾病，或有潜在的心功能不全，当大量营养物质通过静脉输入体内，可影响血流动力学，使发生心力衰竭的概率明显升高，进而影响患者脑功能的康复。此外，因中心静脉或周围静脉长时间置管导致的静脉血栓或是局部感染甚至引发全身感染或肺栓塞等事件时有发生，使得 PN 使用进一步受限。人们逐步意识到 PN 的诸多弊端，于是营养治疗途径开始由 PN 转向 EN。

单纯肠内营养致能量不足，即未达到患者营养目标需求的 60% 时，则需寻求肠外营养治疗补充。权衡肠内与肠外营养治疗各自的优缺点，各国专家以期寻求新的或最佳方案来平衡日益增多的重症脑卒中患者的营养需求。我国一些学者提出 EN+PN 联合营养治疗方案，并认为这种营养治疗方法可最大限度地发挥各自优点，减少各自弊端。其研究证实，EN+PN 联合营养治疗对急性重症脑卒中患者的临床价值显著高于 PN 或 EN，在营养状况、免疫状况、神经功能恢复情况亦优于 EN 或 PN，在机械通气时间、入住 ICU 时间、并发症发生率、病死率方面则低于 EN 或 PN 组。因此，对于重症脑卒中患者，EN+PN 联合营养治疗方法显得相得益彰，能使重症患者获益，值得临床深入研究。

（二）营养需求量及制剂的选择

无论采取何种途径的营养治疗，其目的均是为患者提供营养底物，使患者获得能量、改善机体功能、促进神经恢复。我们可利用测量工具如皮尺、台秤、秤椅、秤床等来获得患者的基本身高、体重值，或者通过间接测热法获得能量需求，无条件使用间接测热法时可运用一些静息能量预测公式，其中以 Harris-Benedict 公式、Mifflin st Jeor 公式较为常用，具体计算参见本书第六章第四节。总能量 = 静息能量消耗（resting energy expenditure，REE）× 活动因素 × 应激因素 ×0.9。如果不熟悉上述 REE 计算公式，遂采用拇指法则进行计算，例如欧洲临床营养与代谢学会和中华医学会均推荐在缺少间接测热法情况下，危重症患者早期可以采用"允许性低摄入"，以 15~20kcal/（kg·d）提供机体必需能量；度过应激期后，可采用 30~35kcal/（kg·d）提供能量。因此，临床神经内科医师必须根据上述方法计算患者能量需求，结合病情轻重及时调整治疗。

（三）膳食指导

1. 含优质蛋白丰富的食物，如蛋、鱼虾、瘦肉、乳类及其制品、豆类及其制品。

2. 新鲜蔬菜、水果，尤其是各种绿叶类蔬菜，如菠菜、油菜、空心菜、生菜、莴笋叶等。

3. **忌（少）用食物** 肥肉、动物油、动物内脏、鱼子、食用糖、糖果、咸菜、腌渍食物、熏酱食物、油炸食物、烟、酒、茶叶、咖啡、辛辣调味品等。

四、营养相关并发症的防治

无论采用肠外或是肠内营养途径，关于并发症的处理措施是医护人员面临的不容忽视的问题。肠内营养易出现胃潴留，指呕吐出 4~6h 前摄入的食物或空腹 8h 以上胃内残留 >200ml，因卒中患者胃肠调节机制受损，胃排空时间延长，营养物质输注速度过快、吸收不畅均可导致胃潴留。可以从以下方面改善：①控制输注速度：建议最快不超过 10ml/h 开始，若耐受则酌情递增，最高不超过 80ml/h。②抬高床头 30°~45°，右侧卧位，且每 4h 抽取胃液，密切监测患者情况，一旦出现腹痛、腹泻或腹胀的胃肠不耐受症状，或抽吸胃内液体量 >200ml，则须采取药物干预治疗。当胃潴留液 >500ml 则暂停肠内喂养。③药物使用：多潘立酮、甲氧氯普胺等促胃肠动力药常用来缓解部分患者胃肠不耐受。其次，食管反流、误吸造成的吸入性肺炎也不容忽视，可以通过气道管理，鼻胃管置管规范操作，严防管道堵塞及脱管等措施，使上述并发症发生率降至最低。以上措施未取得满意效果时，则须考虑鼻肠管或是胃肠造口喂养。另外，因为中心静脉或周围静脉长时间置管导致的静脉血栓形成或局部感染则是肠外营养常见并发症，严重时可引发全身感染或肺栓塞，须严格进行无菌操作，必要时抗凝治疗。

（李增宁）

第二节　神经性厌食/贪食

进食障碍（eating disorder，ED）是指以进食或进食相关行为的持续性紊乱为特征，导致食物消化或吸收的改变，并显著损害躯体健康或心理社交功能。根据最新的美国精神医学学会于 2013 年出版的《精神障碍诊断与统计手册》第 5 版（DSM-5）的标准，将既往诊断系统中的“起病于婴幼儿及青少年时期的喂食障碍”合并入“进食障碍”，包括回避性 / 限制性摄食障碍、异食症、反刍障碍等，并将分类扩展为“喂养与进食障碍”。本节将介绍神经性厌食症（anorexia nervosa，AN）和神经性贪食症（bulimia nervosa，BN）这两种疾病。

一、概述

AN 是一种多见于青少年女性的进食行为异常，其特征为故意限制饮食，使体重降至明显低于正常的标准，为此采取过度运动、引吐、导泻等方法以减轻体重。常有过分担心发胖，甚至已经明显消瘦仍自认为太胖，即使医生进行解释也无效。高发年龄为 14~19 岁，部分患者可以用胃胀不适、食欲缺乏等理由来解释其限制饮食的行为。常有营养不良、代谢和内分泌紊乱，女性可出现闭经，男性可有性功能减退，青春期前的患者性器官呈幼稚型。有的患者可有间歇发作的暴饮暴食。本症并非躯体疾病所致的体重减轻，患者节食也不是其他精神障碍的继发症状。严重患者可因极度营养不良而出现恶病质状态、机体衰竭从而危及生命，5%~15% 的患者最后死于心脏并发症、多器官功能衰竭、继发感染、自杀等。

BN 是以反复发作和不可抗拒的摄食欲望以及暴食行为为特征的一种进食障碍。患者有担心发胖的恐惧心理，常采取引吐、导泻、禁食等方法以消除暴食引起发胖的极端措施。好发年龄为 15~19 岁，可与神经性厌食交替出现，两者具有相似的心理病理机制及性别分布。多数患者是神经性厌食的延续者，发病年龄较神经性厌食晚。本症并非神经系统器质性病变所致的暴食，也不是癫痫、精神分裂症等精神障碍继发的暴食。其主要表现为反复发作、不可控制、冲动性地暴食，继之采取防止增重的不适当的补偿性行为，如禁食，过度运动，诱导呕吐，滥用利尿药、泻药、食欲抑制剂、代谢加速药物等，这些行为与其对自身体重和体形的过度及不客观的评价有关。BN 患者体重正常或轻微超重，30%~80% 的 BN 患者有 AN 史，有时可有肥胖史。

进食障碍患者中女性明显多于男性，成年女性和男性神经性厌食症的终身患病率分别为 0.9% 和 0.3%；成年女性和男性神经性贪食症的终身患病率分别为 1.5% 和 0.5%；成年女性和男性 ED 的终身患病率分别为 3.5% 和 2.0%。临床中首诊为神经性厌食症的患者中女性和男性比例约为 11∶1，首诊为神经性贪食症的患者中女性和男性比例约为 13∶1。一般认为，我国进食障碍的患病率低于欧美国家，但现有的证据似乎提示我国进食障碍发病率呈逐年上升趋势，推测中国青少年及年轻女性中该病的患病率正逐渐接近西方国家，严重影响着年轻女性的健康甚至是生命。因此，对我国初中生、高中生和大学生进行进食障碍的筛查和预防工作迫在眉睫，对模特、演员等特殊人群的进食障碍筛查和防治尤为必要。

二、患病机制

遗传、社会及个体等多种因素联合作用导致进食障碍的发生。

1. **遗传因素**　专家估计，遗传因素可能影响进食障碍 50% 以上的变异。双生子研究发现神经性厌食症遗传率为 33%~84%，而神经性贪食症为 28%~83%。同时，遗传又可能影响其他因素进而干预个体的进食行为。例如某些个体由于遗传原因“干吃不胖”，再加上个体又很看重自身体型，导致其经常性地采取不恰当的催吐、口服泻药等，这就加剧了个体问题性进食的发生。进食障碍也与神经发育有关系，早产的婴儿可能由于消化器官发展不够完善，增加了神经性厌食症的患病风险。

2. **社会因素** 近半个世纪以来，进食障碍患者多见于西方现代化社会。其大环境所倡导的社会价值观念是"以瘦为美"，它持续影响着人们对形体的审美观念。大众传媒宣扬的理想体形也在潜移默化地影响着人们。尤其对女性而言，电视杂志上频频出现的瘦身广告、瘦身仪器无不变相地在暗示她们应该拥有的理想体型是什么。在这些观念的影响下，向往和一味追求线条美而产生的恐惧发胖心理会大大增加患进食障碍的风险。此外，父母的教养方式、家庭的健全与否及父母对子女的关怀程度也会影响个体的进食问题，若父母认为子女过胖并以此嘲笑他们，可能使子女产生心理阴影，对自己的身材产生焦虑感，为了使自己看起来变得与同龄人身形一样而出现不当的禁食行为或过度锻炼。

3. **个体因素** 患有进食障碍的个体其人格常存在某种程度的异常，如长期的焦虑情绪、神经质的完美主义、强迫倾向等。患者通常认为自己各方面不足、过度在意自己的错误，在看待自己身体方面则表现为极端挑剔自身体型、自觉身材比例过差、不应吃太多东西或吃完东西后负罪感强烈。患者在发病前或发病过程中负性情绪如焦虑、低自尊、冲动等也影响着进食障碍的发展，他们因缺乏恰当的情绪管理而找寻不到合适的宣泄出口，此时失调的进食行为刚好能够缓解他们糟糕的状态，但是这种异常的解决方式反过来又加重他们不愉快的体验，形成恶性循环。另外，青春期的个体正处于矛盾的心理动荡期，也加大了进食障碍的患病风险，他们处在自我意识的第二高峰期，关注自身的外在条件及他人对自己的评价；他们在思考并努力塑造一个理想的镜像自我的同时，往往忽略了采取的方法是否得当。而女性患病率高则可能因为女性应对环境变化的能力较差，因此她们常会选择对进食行为、对体态和体型采取极端控制手段。此外，进食障碍患者对食物、体重、体型等的过度关注，以及神经性贪食症患者不可控制地大量进食也反映出患者具有强迫和冲动的人格特征，神经性贪食症患者比神经性厌食症患者强迫症的发生率要高。

三、营养代谢特点

神经性厌食症患者的静息能量消耗（resting energy expenditure，REE）较低，与体重下降、瘦体重减轻、能量限制及瘦素减少有关。对于神经性厌食症患者，重新进食会增加并使静息能量消耗恢复正常。神经性贪食症患者的代谢率因其饮食习惯不规律而具有难以预料性。暴食发作间隙对饮食的控制使患者处于半饥饿状态，导致低代谢率；而暴食后呕吐可引起代谢率继发性增加。

（一）脂肪

在营养不良的神经性厌食症患者中，尤其是极度消瘦患者，虽然身体脂肪基本被消耗殆尽，但经常有高胆固醇现象，即便存在高脂血症，也不要在营养康复过程中使用限制脂肪和胆固醇饮食。如果患者的高脂血症发病于神经性厌食症前，或有明显的家族史，应在体重恢复且稳定一段时间之后再重新评估。神经性贪食症患者的血脂水平通常也是异常的。过早应用低脂、低胆固醇的食谱只能加剧这一状况，因此需要经过一段饮食稳定期之后，才能获得准确的血脂指标。

（二）蛋白质

机体在饥饿状态下首先消耗的是脂肪，蛋白质的消耗往往是在疾病的严重状态下才出现的。对于严重的神经性厌食症患者，由于进食量少甚至是没有进食，身体营养成分极度消耗，脂肪基本消耗殆尽，机体开始消耗蛋白质供能，进而发生肌肉组织消耗。对于神经性贪食症患者，由于暴食和厌食行为交替存在，患者往往不存在营养不良和机体营养成分极度消耗的情况，因此，神经性贪食症患者的蛋白质消耗基本正常。

（三）糖

在神经性厌食症患者中缺乏糖异生的前体和葡萄糖生成，常引发低血糖现象。甲状腺素水平倾向于正常，但由于甲状腺素的脱碘作用易形成代谢活性减弱的反式三碘甲状腺原氨酸（reverse triiodothyronine，rT_3）而非正常的三碘甲状腺原氨酸（triiodothyronine，T_3），进而导致低 T_3 综合征。这一代谢综合征在神经性厌食症患者中较常见，通常随体重恢复而缓解。不推荐使用甲状腺素的替代治疗。

（四）维生素和矿物质

AN 患者经常出现高胡萝卜素血症，这是由于体脂的代谢、体重降低造成的。过量服用类胡萝卜素并不常见，血清类胡萝卜素水平在营养康复过程中会逐渐恢复正常。在低体重和长期慢性神经性厌食症患者中会有维生素 B_2、维生素 B_6、维生素 B_1、烟酸、叶酸及维生素 E 的缺乏。患者不进食动物性食物可造成维生素 B_{12} 的缺乏。AN 患者对铁的需要量继发性下降，在严重营养不良的 AN 患者体内，铁的利用可能被阻滞。从红细胞中释放出来的铁与铁蛋白相结合或成为储存铁。饱和的铁蛋白结合铁储备增加了可导致细胞损伤的游离铁的风险。因此，在这一阶段治疗应避免补铁。在后续的治疗过程中，应定期对患者铁储备的消耗和必要铁的补充进行评估。

AN 患者普遍存在骨量减少和骨质疏松这一现象，多是由于激素分泌失调和体重下降造成的，同时饮食中对于钙、镁和维生素 D 的缺乏可能加剧这一症状。

（五）水和电解质

AN 患者和 BN 患者使用催吐药、泻药和利尿药可造成严重的液体和电解质失衡。泻药的使用会造成低钾血症，使用利尿药也会造成低钾血症及脱水。催吐药可以导致脱水、低钾血症以及低氯性碱中毒。低钠血症是另一种很严重的并发症，但是不常发生。

四、营养治疗

研究显示，合理有效的营养治疗可以缩短平均住院天数，减少并发症，降低住院患者的总体医疗费用，降低危重症患者的病死率，改善生活质量。所以尽早给予营养治疗十分必要。AN 患者和 BN 患者发生营养不良及营养风险增加的比例较高，常需要多学科途径进行治疗，营养治疗的目的是为心理治疗与行为治疗提供足够能量与营养素。在常规精神科治疗的同时加用个体化营养治疗可以显著改善患者的营养状况，改善患者的认知功能，提高患者的生活质量。

在对患者进行营养评估时，常使用的评分工具是营养风险筛查 2002（nutritional risk screening 2002，NRS 2002）评分和主观全面评定（subjective global assessment，SGA）评级。通过 BMI 来反映患者的身体基本情况和基础能量需求。评估患者的饮食态度、行为和习惯是进行营养治疗必要的手段，通过获取患者的饮食偏好和习惯从而制订更加适合患者的营养治疗方案，有助于帮助 AN 和 BN 患者培养正确、合理的饮食习惯，促进机体各项功能的恢复。

（一）治疗原则

神经性厌食症营养治疗的目标是恢复体重和饮食方式与行为常态化。营养治疗原则如下。

1. **能量处方** 能量由低到高，循序渐进。初期能量 30~40kcal/（kg·d）（1 000~1 600kcal/d）；控制阶段 70~100kcal/（kg·d）；保持阶段成人 40~60kcal/（kg·d），生长发育中的儿童和青少年可达 40~60kcal/（kg·d）。对于存在严重营养不良的患者，其能量供应的初量则应比推荐量要低，最初供给能量为正常需要量的 50% 左右。

2. **合理分配常量营养素** 蛋白质占总能量的 15%~20%，碳水化合物占 50%~55%，可提供不溶性膳食纤维以改善患者便秘情况；脂肪占 30%，包括必需脂肪酸，少量增加脂肪摄入，直至达标。

3. **按需补充微量元素，但在治疗早期禁止补铁** 营养治疗特别是饮食的摄入应从小量开始，随着生理功能的适应和恢复，有计划、有步骤地增加。初始阶段给予易消化、无刺激性的食物，根据不同的病情也可选用流质、半流质或软食等。保证足够能量、蛋白质、维生素和无机盐的摄入，促使机体功能恢复，体重逐渐增加，恢复其正常的体重水平。虽然维生素和矿物质补充剂不被普遍使用，但是在体重恢复的后期必须考虑到不断增加的潜在需求。

神经性贪食症主要是降低患者焦虑，舒缓压力并使其恢复正常的饮食习惯，对伴有营养不良的患者帮助其恢复到正常体重。营养治疗原则如下。

1. **能量处方**　具体为：①如患者有低代谢率的证据，能量应在 1 500~1 600kcal/d；②如代谢率正常，能量要符合膳食参考摄入量（Dietary Reference Intakes，DRIs）；③监测体重。

2. **常量营养素**　蛋白质提供 15%~20% 的能量；碳水化合物提供 50%~55% 的能量，鼓励便秘患者进食不溶性膳食纤维；脂肪提供 30% 的能量，包括必需脂肪酸。

3. **微量元素**　按照推荐膳食供给量（recommended dietary allowance，RDA）全量供给多种维生素和无机盐，注意含铁制剂会增加便秘情况。以给患者制订的能量处方为标准，要对患者摄入的微量营养素的量和种类进行评估。特别是在治疗的初始阶段，可能需要向患者提供多种维生素和矿物质制剂，以保证充足的摄入量。

（二）饮食治疗

对于病情轻微的神经性厌食症患者，多鼓励患者经口进食，饮食以流质、半流质为主。宜少量多餐，每天不少于 8 次。流质、半流质饮食包括牛奶、酸奶、粥、面条及馄饨等细软易消化的食品。随病情好转，能量逐渐增加至正常量，食物种类逐渐过渡到普通饮食。

对于神经性贪食症患者，不限制患者经口进食，但控制患者进食次数，每天不多于 5 次。保证每餐次的能量供给，避免患者自行加餐，逐渐形成规律饮食。必要时可应用肠内营养制剂代替普通膳食。

（三）肠内营养治疗

研究表明，只要患者肠道还保留一定的功能，就应尽量应用肠内营养（EN）。肠内营养可以有效改善患者的营养状况，容易操作，并发症较少，更符合生理特点，且有助于维持小肠黏膜的屏障功能和完整性，可以改善内脏血流，抑制炎症介质的释放，减少肝、胆并发症的发生。

病情较为严重的 AN 患者则需要采用管饲进行营养治疗，通常根据患者的营养状况决定肠内营养处方。严重营养不良患者，最初给予的能量为 15~20kcal/（kg·d）、蛋白质为 1~1.2g/（kg·d），管饲速度应从较低速度开始，根据耐受程度逐渐提高，最高不超 80ml/h。

在肠内营养治疗 5~7d 且不能满足患者能量需求的 70% 时，应予肠外营养。肠外营养不是 AN 患者的首选营养治疗方案，当患者存在严重进食问题时，需要进行必要的肠外营养。应用肠外营养时要密切注意患者的身体状况。应用肠外营养的患者在过渡到肠内营养时切不可快速转变，应缓慢过渡以刺激胃肠道功能的恢复，建立肠道耐受性。从肠内营养过渡到普通膳食同样是循序渐进的一个过程。

（四）监测和管理

多项研究表明，AN 患者和 BN 患者的认知功能状态与其营养状况呈现明显的正相关关系，即营养状况越差，认知功能也越差。因此我们应该加强对 AN 患者和 BN 患者的营养筛查，对临床工作者进行营养学知识的普及，对存在营养不良（包括营养不良风险）的 AN 患者给予积极合理的营养治疗，并适时观察、监测、评估其营养状况，及时纠正及管理 AN 患者的营养不良状况，以改善其临床预后情况。

药物治疗也是神经性厌食症患者必不可少的治疗手段，去甲肾上腺素和特异性 5- 羟色胺能抗抑郁药米氮平对神经性厌食症具有独特的疗效，可迅速提高食欲，增加体重，缓解抑郁、焦虑、失眠等，患者依从性高。

五、营养相关并发症的防治

1. **胃肠道并发症**　恶心、呕吐、腹泻均是进行营养治疗时常见的并发症，因此在开始应用肠内营养时应从低容量、低浓度开始，逐渐提高浓度，增加输入量。神经性厌食症患者的胃肠道功能存在一定程度的降低，在恢复饮食的过程中常发生胃排空延迟，进而引起恶心、呕吐等并发症。在应用肠内营养治疗时，应从较低浓度开始应用，逐渐恢复胃肠功能。

2. **高血糖症**　神经性厌食症患者因长期摄入低碳水化合物或不进食碳水化合物，胰腺对碳水化合物的识别能力降低，胰腺分泌功能降低，胰岛细胞分泌功能失调。在恢复饮食过程中，常因碳水化合物的再摄取但胰腺 β 细胞不能分泌足够的胰岛素，而引起血糖升高。因此在进行营养治疗时，应注意补充碳水化合物时从低剂量开始，适量刺激胰腺分泌功能的恢复，逐渐增加至正常需要量，从而避免突然大量进食碳水化合物导致的血糖突然升高。

3. **再喂养综合征（refeeding syndrome，RFS）** 这是一类以低磷血症为主要特征的严重水电解质紊乱和代谢异常，常见于长期禁食，尤其是重度营养不良患者开始行营养治疗（包括经口喂养、肠内和肠外营养）后。再喂养综合征的病理生理基础是由于饥饿状态下体内激素和代谢的改变，而外源性葡萄糖的快速补充是重要诱因。当机体处于饥饿状态时，体内发生一系列神经内分泌改变，当补充外源性营养物质，尤其是短时间内输注大量葡萄糖溶液后，患者体内血糖浓度升高，胰岛素大量分泌，合成代谢迅速增强，钾、镁、磷和维生素的血清浓度出现明显下降，由此产生一系列的临床综合征。其典型的临床表现为突发心律失常、心肺衰竭、谵妄等，严重者可致猝死。因此，在营养治疗过程中需逐渐增加营养素摄入量，并定期监测血钾、镁、磷等浓度，及时补充电解质和微量元素。间接能量代谢测试系统精确指导并动态监测能量需求，为临床个体化治疗提供基础。参见第十二章营养治疗并发症防治，第三节再喂养综合征。

4. **药物与营养素的相互影响** 对于 AN 患者和 BN 患者常存在认知障碍，营养治疗往往伴随于药物治疗、认知行为治疗等其他的综合治疗。药物和营养素可产生相互作用，影响各自的吸收，进而影响治疗效果。神经性厌食症患者常服用的抗抑郁药米氮平及其他抗抑郁药有促进食欲的作用。因此，在进行营养治疗时要考虑到药物对营养素吸收的影响，给患者制订合适的营养治疗方案，避免营养物质的摄入不足。

（李增宁）

第三节 癫 痫

癫痫（epilepsy）是一种由多种病因引起的慢性脑部疾病，以脑神经元过度放电导致反复性、发作性和短暂性的中枢神经系统功能失常为特征。癫痫是神经系统常见疾病，在任何年龄、地区和种族的人群中都有发病。大多数癫痫患者于幼年发病，但癫痫复发会在 60 岁以后。

一、概述

据 2019 年 WHO 等多家国际组织发布的《全球癫痫报告》，全球有 5 000 多万癫痫患者。国内流行病学资料显示，我国癫痫的患病率为 4‰~7‰。近年来，国内外学者更重视活动性癫痫的患病率，即在最近某段时间（1 或 2 年）内仍有发作的癫痫病例数与同期平均人口之比。我国活动性癫痫患病率为 4.6‰，年发病率在 30/10 万左右。据此估算，我国约有 600 万的活动性癫痫患者，同时每年约有 40 万新发癫痫患者。癫痫是神经内科最常见的疾病之一。癫痫患者的死亡危险性为一般人群的 2~3 倍。临床研究表明，新诊断的癫痫患者如果接受规范、合理的抗癫痫药物治疗，70%~80% 患者的发作是可以控制的，其中 60%~70% 的患者经 2~5 年的治疗可以停药。

二、营养代谢特点

生命早期的营养不良对大脑的发育具有不可逆转的影响，并且有人认为早期的营养不良可能会增加晚年癫痫发作的易感性。人类慢性营养不良会诱发大脑病变，降低癫痫发作阈值，促进脑损伤后癫痫发生。蛋白质 - 能量营养不良是免疫缺陷的主要原因。蛋白质 - 能量营养不良者更容易受到感染，特别是已知为癫痫危险因素的感染，如嗜神经病毒，囊虫病等。锌，铜，维生素 A、C、E 和 B_6 对免疫反应有重要影响，单一营养素缺乏也是改变免疫反应的原因。营养不良可能导致电解质（钙、镁、钠等），维生素（B_1、B_6、B_{12}、D）或其他元素（锌或硒）的缺乏，这些缺乏可能会对神经元兴奋性产生直接或间接影响，并促进癫痫活动。

同时，抗癫痫药会改变患者的营养状况。苯巴比妥会降低儿童的智商，仅用于经其他抗癫痫药物治疗失败的患儿。苯巴比妥、苯妥英和扑米酮通过增加肝脏对维生素 D 的代谢而干扰肠道吸收钙。长期使用此类药物治疗可能会导致成年人的骨软化症或儿童的佝偻病，建议补充维生素 D。叶酸会干扰苯妥英代谢，令血药浓度难以达到治疗水平。对于必须给予叶酸的患者，叶酸应尽量保持平稳给药，以及需要对药物作相应的调整。苯妥英和苯巴比妥在血液中主要与白蛋白结合。营养不良或晚期肝硬化患者因血清白蛋白水平下降，血中结合的药物减少，即使给予标准剂量，因为游离药物浓度的增高也可能会产生药物毒性。

食物能延缓苯巴比妥的吸收，用药需错开用餐时间，持续喂养减慢苯妥英的吸收，因此需要增加剂量才能达到治疗水平。通常建议在给予苯妥英前后各停止肠内喂养 1h，一旦停止肠内营养，需要调整用药剂量以避免药物毒性。

三、营养治疗原则

目前癫痫的治疗方法除了药物治疗外，还包括外科手术治疗、迷走神经刺激疗法、免疫球蛋白治疗、饮食及行为干预治疗等非药物治疗方式。生酮饮食（ketogenic diet，KD）即属于饮食行为治疗。生酮饮食是由 Mayo 诊所 Wilder RM 教授在 1921 年开发，是一种高脂肪比例、低碳水化合物比例、蛋白质和其他营养素适量的配方饮食，其中脂肪与（蛋白质 + 碳水化合物）的重量比为 4∶1。生酮饮食将身体能量的来源由葡萄糖替换成脂肪，通过让身体产生并维持酮症状态，改变神经元的代谢而对癫痫产生治疗效果。酮体可抑制神经递质，从而在体内产生抗惊厥效应，有稳定神经细胞膜的作用，可降低腺苷激酶（adenosine kinase，ADK）表达，使腺苷（adenosine，Ado）水平增加，激活抑制性 Ado A1 受体，从而抑制癫痫发作；还可通过抑制雷帕霉素靶蛋白（mammalian target of rapamycin，mTOR）活性，抑制 mTOR 通路，发挥抗癫痫作用。生酮饮食代谢产物 2- 脱氧 -D- 葡萄糖（2-deoxy-D-glucose，2DG）可以抑制糖酵解，使葡萄糖代谢减少，对抗癫痫发作。通过阻滞钾离子通道、兴奋 γ- 氨基丁酸 A 受体、拮抗代谢型谷氨酸受体 I 等途径诱发的癫痫均可被 2DG 抑制。开始时需要住院禁食 24~72h，直到血中 β- 羟基丁酸水平达到酮症的标准。对于许多患者，如果该饮食治疗有效，通常在治疗初期即可减少发作。然而儿童患者有时需要坚持生酮饮食 3 个月才能观察到发作的减少。同时应该注意，使用生酮饮食不能停止抗癫痫的药物治疗。

生酮饮食可用于治疗所有类型的儿童癫痫发作，特别是药物治疗失败的顽固性癫痫。生酮饮食只有很小的不良反应，其风险是出现低血糖，以及刚开始饮食治疗时因摄入过量脂肪引起的胃部不适及便秘。长期使用生酮饮食导致肾结石的风险很小；血清胆固醇升高通常是临时的，停止饮食治疗后会下降；生长发育会有所放缓，停止饮食治疗后会恢复到正常生长速度。

（一）筛查和评估

治疗前全面临床和营养状况评价。在开始生酮饮食前，需要详细的病史和检查，特别是患儿的饮食习惯，给予记录存档，以评价发作类型、排除生酮饮食的禁忌证，估计易导致并发症的危险因素，完善相关检查。

（二）饮食

1. 传统生酮饮食中脂肪的比例非常高，能量摄入比例为（3~4）∶1，即每 3~4g 脂肪对应的蛋白质和碳水化合物总量为 1g，脂肪占总能量的 80% 以上。另外，仍需供给相应的蛋白质以满足生长需要［约 1g/（kg·d）］，剩余小部分能量由碳水化合物补充。该饮食应严格执行，因为极少量额外的碳水化合物摄入就会导致癫痫突然发作。有必要使用不含碳水化合物的复合维生素和矿物质补充剂，通常需要额外补充钙［30mg/（kg·d）］、维生素 D_2［40U/（kg·d）］和硒等，以确保营养的完整性。传统生酮饮食更适合<2 岁患者的一线饮食治疗方案。

2. **改良阿特金斯饮食**(modified Atkins diet,MAD)　MAD 可能是治疗儿童难治性癫痫的首要选择,更平衡和易于接受。MAD 能量不需要限制,脂肪与碳水化合物和蛋白质的重量比从 2∶1 开始,摄入符合患者年龄及体重的总能量的 75%~85%;从 1/3 量开始,次日增加到 2/3,第 3 天增至全量。在保证维持血中酮酸水平的前提下,向上调整碳水化合物的量。脂肪与蛋白质和碳水化合物的比值通常是 1∶1。

3. 使用中链甘油三酯(medium-chain triglyceride,MCT)。

(三) 食物选择

可以选择食用黄油、奶油和花生酱(不含糖类)等。米饭、馒头、水果和蔬菜等食物必须受到严格的限制。

(四) 评估与管理

1. 通过测定血清 β- 羟基丁酸来定期监测酮血症水平。大多数患者需要维持 35~60mg/L 的浓度才能控制癫痫发作。

2. 正确处理治疗初期常见问题,包括:低血糖、过分酮症、酮症不足、恶心 / 呕吐、困倦、嗜睡、癫痫发作增加或无效等,需对症处理。

3. 开始阶段应与家属保持较密切的联系,稳定后 3~6 个月随访一次。随访的项目包括对患儿营养状况的评估,根据身高、体重和年龄调整食物能量与成分,检测副作用,进行必要的实验室检查。

4. 如果饮食方案无效,应逐渐降低生酮饮食的比例,所有摄入食物中的脂肪 /(蛋白质 + 碳水化合物)比例由 4∶1 至 3∶1 至 2∶1,直到酮症消失。如果有效,可维持生酮饮食 2~3 年,特别是 1 年内都没有癫痫发作的患儿。戒断生酮饮食需要在几个月到 1 年的时间内,逐渐少量增加碳水化合物,以观察是否会引起复发。对于葡萄糖载体缺乏症、丙酮酸脱氢酶缺乏和结节性硬化的患者应延长治疗时间。对于发作完全控制的患者,80% 的人在停止生酮饮食后仍可保持无发作。

(李增宁)

第四节　帕金森病

帕金森病(Parkinson disease,PD)又名震颤麻痹,是一种常见的中老年神经系统变性疾病。随着人口的老龄化,其发病率呈逐年上升趋势,给家庭和社会都造成了负面影响。PD 在临床上以静止性震颤、运动迟缓、肌强直和姿势平衡障碍为主要特征。虽然帕金森的病因尚不清楚,但其多因素性以及发病机制逐渐清晰,包括遗传与环境因素的相互作用。我国 65 岁以上人群总体患病率为 1 700/10 万,与欧美国家相似,患病率随年龄增长而升高,男性稍高于女性。

一、概述

(一) 病因

PD 的病因尚不清楚,可能与年龄老化、环境因素以及基因之间复杂的相互作用有关。虽然大多数 PD 患者属于散发型,但是仍有 10%~15% 的患者属于遗传型。已经有 19 个致病基因被证实与 PD 相关,它们在表型、致病年龄和遗传方式方面存在一定程度的差异。除了致病突变,全基因组关联分析(genome-wide association studies,GWAS)也证实一些基因,如编码 α- 突触核蛋白基因、微管相关蛋白 Tau 基因、富亮氨酸重复激酶 2 基因、葡萄糖神经酰胺酶 β 基因的常见遗传变异,也能够增加 PD 的易感性。环境中的多种因素,如农药与 PD 的发病相关。金属离子铁、锰、镁、铜、锌也被证实能够增加 PD 的发病风险。

（二）临床表现

1. **运动症状**　PD的运动症状通常隐袭出现，一些轻微的不对称的运动功能减退可能早于典型临床症状几年出现。PD早期的运动症状表现多种多样，非常不典型，称之为非典型运动症状。PD早期的非典型运动症状可归纳为如下几类。

（1）静止性震颤：常为首发症状，多始于一侧上肢远端，静止位时出现或明显，随意运动时减轻或停止，紧张或激动时加剧，入睡后消失。典型表现是拇指与示指呈"搓丸样"动作。

（2）肌强直：被动运动关节时阻力增高且呈一致性，类似弯曲软铅管的感觉，故称"铅管样强直"；在有静止性震颤的患者中可感到在均匀的阻力中出现断续停顿，如同转动齿轮，称为"齿轮样强直"。

（3）运动迟缓：运动迟缓最初的表现是日常活动减慢、运动减慢和反应时间延长等变化。主要包括精细运动减慢（如系纽扣、使用餐具、系鞋带）。其他的表现包括自主运动和姿势减少或消失，由于吞咽功能受损导致流涎，单音调或者构音障碍，面部表情消失和瞬目减少，行走时摆臂动作减少。动作迟缓还可表现为翻身、起立、行走、转弯等动作笨拙缓慢，写字速度减慢、写字不规则或越写越小，即小写征。运动迟缓是PD最容易识别的症状之一，可以通过患者手部执行快速、重复、交替动作（如手指轻叩、手部伸开握拳和手部旋前旋后动作）和足跟轻叩动作，观察是否存在运动减慢和运动幅度递减来发现。

（4）姿势障碍：在疾病早期，表现为走路时患侧上肢摆臂幅度减小或消失，下肢拖曳。随病情进展，步伐逐渐变小变慢，启动、转弯时步态障碍尤为明显，自坐位、卧位起立时困难。有时行走中全身僵住，不能动弹，称为"冻结"现象。

2. **非运动症状**　也是常见和重要的临床征象，而且有的可先于运动症状发生。

（1）感觉障碍：疾病早期即可出现嗅觉减退或睡眠障碍，尤其是快速眼动期睡眠行为异常。中、晚期常有肢体麻木、疼痛。

（2）自主神经功能障碍：临床常见，如便秘、多汗、脂溢性皮炎等。吞咽活动减少可导致流涎。

（3）精神障碍：近半数患者伴有抑郁，并常伴有焦虑。

二、营养代谢特点

营养不良的发生多与摄入相对过少和消耗增加有关，PD患者在这两方面可能都有问题。营养不良的危险因素可能来自PD的运动症状、非运动症状、抗帕金森病药物影响等。一般而言，发病早期的饮食营养问题由疾病自身原因引起，而中后期则主要表现为两种原因相互叠加，共同作用。PD患者由于肌强直、震颤等症状，机体能量消耗增加，可能会使他们静息状态下的能量消耗较健康人群偏大。非运动症状对于营养状况的影响可能更明显直接，如消化道功能紊乱、便秘和排便困难、吞咽困难、焦虑和抑郁、睡眠障碍等。左旋多巴是PD患者控制症状的主要药物，其不良反应包括恶心、呕吐、体重下降，其剂量与BMI在一定程度上呈负相关。

三、营养治疗原则

针对帕金森病患者的营养治疗需注意以下几点。

（一）营养风险筛查与评估

由于能量消耗增加且常常无法依靠自己摄入足够的膳食，同时帕金森病还会损害患者的吞咽功能，妨碍进食和饮水，因而常常出现体重下降。需及时评估患者是否存在体重下降、摄入减少、吞咽困难、便秘等，同时可应用营养评估工具等判断是否存在营养不良。

（二）营养治疗原则

1. **碳水化合物**　碳水化合物是提供能量的主要物质。建议PD患者碳水化合物供能占总能量的55%~60%。

2. **蛋白质**　蛋白质的供给需维持正氮平衡，以补充优质蛋白为主，每日供给量应控制在

0.8~1.0g/kg。饮食中蛋白质构成也是治疗膳食的重要、可调控的因素，在左旋多巴摄入不变的前提下，食用高蛋白质饮食后，患者血浆内的大分子中性氨基酸（large neutral amino acid，LNAA）浓度增高，引起患者对左旋多巴的反应减弱，症状加重。往往需要通过控制PD患者饮食中的蛋白质含量，减少LNAA对左旋多巴药效的影响，以缓解患者的运动波动，因此高蛋白质食物宜在晚餐供给。

3. **脂肪**　高脂肪的摄入会减缓胃排空速度，从而降低抗帕金森病药物信尼麦的疗效，建议脂肪供能不应超过总能量的30%。脂肪应以不饱和脂肪酸为主，胆固醇摄入量应低于300mg/d。可根据情况选择茶籽油、花生油、豆油、橄榄油、葵花籽油等。

4. **膳食纤维**　PD能减缓结肠运动，导致便秘。富含纤维、粗粮的食物可以排空肠道防止便秘。因此建议PD患者摄入充足的水果、蔬菜以及全谷物。PD患者每日膳食纤维的推荐摄入量为30~35g。

5. **维生素和矿物质**　PD患者易发生B族维生素缺乏。维生素B_6可增强外周芳香族*L*-氨基酸脱羧酶（aromatic L-amino acid decarboxylase，AADC）的作用，降低左旋多巴的疗效。但目前已有加带AADC抑制剂复合制剂，使得维生素B_6的使用不再受限。此外，帕金森病患者患骨质疏松的风险也在增加，因此晒太阳，注意钙、镁、维生素D和维生素K的摄入也有助于保持骨量。可考虑服用钙补充剂，并应同时适量摄入维生素D，以减少骨质疏松症的发生。

6. **绿茶和咖啡**　研究发现以茶多酚为代表的绿茶活性成分具有抗氧化应激和清除自由基、抑制胆碱酯酶活性和多巴胺转运体再摄取、抗凋亡等作用。此外研究发现咖啡因具有拮抗PD相关神经毒素，增加多巴胺能神经传递，刺激多巴胺释放等作用。大量的流行病学调查也发现长期饮用绿茶和咖啡可明显降低PD的发病率。

7. **水**　左旋多巴会增加脱水的风险，脱水会导致呼吸衰竭、肾衰竭，甚至死亡。帕金森病患者必须保障充足的液体摄入，每日至少需要摄入1 500ml水。

（三）饮食原则

1. **食物多样，愉快进餐**　食物多种多样，包含谷类、蔬菜瓜果类、奶类或豆类、肉类等，并保持一定比例。多样化食物能满足身体对各种营养的需要，也使饮食本身富于乐趣。在轻松的环境和气氛中愉快进餐，让饮食作为一种生活享受。

2. **多吃谷类和蔬菜瓜果**　每天吃谷薯类食物250~400g，如米、面、杂粮、薯类等。从谷类中主要能得到碳水化合物、蛋白质、膳食纤维和维生素B等营养素，并能获取身体所需的能量。碳水化合物通常不影响左旋多巴的药效。每日300~500g蔬菜、200~350g水果，从中获得维生素A、B、C、多种矿物质和膳食纤维。

3. **经常适量吃奶类和豆类**　钙是骨骼构成的重要元素，因此对于容易发生骨质疏松和骨折的老年帕金森病患者来说，每天应至少喝300ml牛奶或酸奶。但是由于牛奶中的蛋白质成分可能对左旋多巴药物疗效有一定的影响作用，为了避免影响白天的用药效果，建议牛奶安排在晚上睡前饮用。此外，豆腐、豆腐干等豆制品也可以补充钙，每天干豆类可给予30g。

4. **限量吃肉类**　由于食物蛋白质中一些氨基酸成分会影响左旋多巴药物进入脑部起作用，因此需限制蛋白质的摄入。可选择蛋、鱼、虾、瘦肉类（如猪肉、牛肉、禽肉）、牛奶等。肉类食物可以分配在早、晚或午、晚餐中，但是对于这些患者，为了使白天药效更佳，也可以尝试一天中只在晚餐安排蛋白质丰富食物。

四、营养相关并发症的防治

（一）便秘

首选饮食治疗。提倡高膳食纤维饮食和增加饮水（至少1 500~2 000ml/d）；以及定期锻炼和经常性的腹部运动。当上述方法无效时，可采用药物或外科治疗。

（二）吞咽困难

超过50%的PD患者由于消化道肌肉的僵硬和运动迟缓而出现吞咽困难，病程晚期尤为明显；继发于吞咽困难的呛咳导致的窒息或吸入性肺炎也是PD患者最常见的死亡原因之一，因此必须及时处理吞咽困难，防止由吞咽困难导致的体重逐渐下降及营养不良。目前还没有治疗吞咽困难的特效药物，因此其处理原则主要包括：①控制PD原发症状，缓解肌肉僵硬及运动迟缓，间接改善吞咽困难；②支持性处理，首选吞咽训练以减轻患者的吞咽困难，尽量采用半流质或全流质增稠饮食。对上述方法无效及严重吞咽困难的患者，可试行留置胃管，或行胃造口进行肠内营养，以保证患者的营养供应和药物给予。

（三）恶心、呕吐及厌食

恶心、呕吐通常由抗PD药物的胃肠道副作用引起，且频繁恶心、呕吐可直接导致患者厌食，继而出现营养不良，因此必须及时处理。几乎所有抗PD药物都可引起恶心、呕吐及厌食，因此单纯的替换和停药并不能有效解决问题，应在尽量不影响药物有效成分吸收的前提下，调整和选择合理的服药时机和方式，以减少药物的胃肠道副作用。通常，药物宜在饭后或与食物同时服用。

（李增宁）

第五节　阿尔茨海默病

阿尔茨海默病（Alzheimer disease，AD）是衰老背景上，以细胞外Aβ沉积形成神经炎性斑，细胞内tau蛋白过度磷酸化形成神经原纤维缠结，并伴有进行性神经元丢失和脑萎缩为特征的神经系统退变性疾病。临床上以进行性认知功能障碍（cognition）、精神行为症状（behavior）及日常生活能力减退（activity），即ABC综合征为主要表现，如记忆障碍、语言障碍、失用、失认、人格或行为改变等。世界卫生组织报告指出，2015年全球罹患痴呆人群约为4 747万；国际阿尔茨海默病协会（Alzheimer's disease International，ADI）预测2030年这一人数将增至8 200万，2050年将超过1.52亿。AD作为老年期最常见的痴呆类型，据我国最新流行病学调查显示，60岁以上1 507万痴呆人群中，AD患者高达983万（65.23%）。

一、概述

AD的危险因素主要分为不可干预因素和可干预因素，前者主要包括年龄、性别、父母家族史和遗传因素，其中最重要的危险因素就是衰老。研究显示，65岁及以上人群中痴呆发病率呈指数增长，约80%痴呆患者年龄在75岁以上。此外，包括致病基因和风险基因的遗传因素亦十分重要。家族性AD呈常染色体显性遗传，多于65岁前起病，最为常见的是21号染色体的淀粉样前体蛋白基因（*APP*基因）、14号染色体的早老素1基因（*PSEN1*基因）和1号染色体的早老素2基因（*PSEN2*基因）；散发性AD占AD患者90%以上，风险基因包括载脂蛋白E基因（*APOE*）、簇集蛋白基因（*CLU*）、补体受体1基因（*CR1*）和磷脂酰肌醇结合网格蛋白装配蛋白基因（*PICALM*）等；其中*APOE ε4*等位基因携带者是AD最为明确的高危人群。报道称，相对于最常见的*APOE*ε3/ε3，有一个*APOE ε4*等位基因者AD患病风险增加3.7倍，*APOE*ε4/ε4者患病风险增加12倍。AD的可干预危险因素大致分为生活方式与居住环境、受教育程度和经典血管危险因素3类。2020年，贾建平团队纳入我国12个省46 011名60岁以上人群的横断面研究发现，痴呆和轻度认知功能障碍的9个可干预危险因素分别是居住环境（农村）、低教育程度、独居、婚姻状况（丧偶/离异）、吸烟、高血压、高脂血症、心脏疾病、脑血管疾病。同年，郁金泰团队基于243项前瞻性观察研究和153项随机对照试验的系统回顾和荟萃分析确定了21条干预建议用于AD预防，19条Ⅰ级推荐中A级证据共10条，分别与认知活动、晚年BMI（>65岁）、糖尿病、脑创伤、中年高血压（<65岁）、直立性低血压、高同型半胱氨酸血症、抑郁、压力和教育有关。*The Lancet*最新发布的痴呆危险因素，是在2017年报道的低教育程度、中年高血压、听力障碍、吸烟、

中年肥胖、晚年抑郁、缺乏体育锻炼、糖尿病和社会接触少这 9 个危险因素基础上，再增加 3 个痴呆危险因素：过度饮酒、创伤性脑损伤和空气污染。

目前，AD 的病因与发病机制尚未完全明确，国内外学者从遗传、病理、免疫、生化等多方面对其发病机制进行探索，现阶段较为公认且影响较广的假说有：β- 淀粉样蛋白（Aβ）瀑布学说、tau 蛋白异常磷酸化学说以及神经血管假说。随着 AD 的遗传和发病机制等研究领域取得诸多进展，线粒体功能障碍学说、氧化应激学说、细胞周期调节蛋白障碍、免疫炎性机制等诸多假说亦可见报道。其中“肠道菌群 - 肠 - 脑轴”等创新理论强烈提示 AD 作为多因素、多靶点参与的复杂性系统性疾病，重视营养、生活方式以及危险因素调控等非药物干预作为预防或延缓 AD 的基本措施；提高脑认知储备，减少脑损伤，可预防或延缓 35%~40% 的痴呆患病。

二、常见营养问题及原因

2015 年，欧洲临床营养和代谢学会指南提出，痴呆患者最突出的营养相关状况是体重下降和营养不良，这两种改变可贯穿疾病起始、进展以及预后全过程，且随着疾病进展更加明显。AD 患者出现体重下降和营养不良的原因尚不十分明确，可能与生理和认知衰弱、疾病本身发病机制与病理改变以及特殊临床表现等有关。

AD 作为衰老相关疾病可出现明显衰弱，衰弱亦会导致或加剧 AD 相关认知障碍。同时，衰弱或衰弱前阶段与营养不良也相互影响。其次，诸多研究强调特定脑区的神经退化过程（如 AD 早期下丘脑的 CA1 区萎缩、边缘系统损害以及嗅觉系统病理改变）、*APOE ε4* 等位基因突变以及慢性炎症改变在 AD 患者体重下降中的作用。第三，AD 患者在不同疾病阶段由于认知功能障碍、精神行为症状或咀嚼吞咽障碍等不同临床表现，可出现食欲下降、忘记进食或准备食物能力下降等，从而导致营养不良。第四，AD 患者受累脑区突触丢失和功能紊乱促使突触更新需求增加，导致患者对特定的营养素需求更高。此外，照料者有责任保证 AD 患者的饮食环境和营养状况，并对其体重变化、营养摄入不足、更高的营养需求有许多负担和忧虑，这也增加了 AD 患者的营养问题。

三、营养代谢特点

（一）蛋白质

蛋白质是构成机体组织和器官的重要组成部分，实验室常以白蛋白下降作为主要检测指标。目前有诸多研究提示白蛋白通过多种途径与 AD 的发生密切联系。白蛋白可以抑制 Aβ 蛋白的纤维生长，减少脑部老年斑块总面积，通过白蛋白的治疗，能有效地影响星形胶质细胞和小胶质细胞，减少大脑炎症，进而影响 AD 的发展，同时还发现组织液中白蛋白可以阻止 Aβ 诱导的压力，可能有助于保持血脑屏障的完整性。

（二）脂肪

脂肪是指甘油和脂肪酸组成的甘油三酯，又分为饱和脂肪酸及不饱和脂肪酸。目前有许多研究提示，高脂饮食是 AD 的危险因素，动物实验提示高脂饮食会影响语言理解及空间记忆等方面；其原理可能是高脂饮食会导致包括海马在内的多个脑区的氧化应激，激活星形胶质细胞，产生脑促炎细胞因子，从而影响认知功能。反之也有研究实验发现，通过限制热量或胃旁路术减轻体重后能改善海马相关的记忆学习能力和海马炎症。

（三）碳水化合物

碳水化合物与 AD 的关联性和胰岛素抵抗密切相关。最近有研究结果表明高糖饮食会导致认知障碍，诱发神经退行性疾病如 AD，其原因可能是高糖饮食促进体重增加和胰岛素抵抗而加重诱发糖尿病。而胰岛素不仅调节血糖，它还参与细胞存活和学习记忆形成，并且抑制细胞凋亡，出现胰岛素信号转导障碍进而导致认知功能障碍。多项研究都支持高糖饮食引起代谢改变，进而增加 AD 患病风险。

(四) 维生素类

B族维生素是水溶性维生素，参与蛋白质代谢，是改善大脑功能的重要物质。近年来，B族维生素缺乏，尤其是叶酸和维生素 B_{12} 缺乏与认知功能衰退的关系日益受到重视。叶酸和维生素 B_{12} 缺乏，可使血浆同型半胱氨酸(homocysteine，Hcy)水平升高。而高 Hcy 与 AD 发病关系密切，其可能机制：Hcy 具有神经血管毒性作用，对线粒体有兴奋毒性作用，可导致细胞凋亡；Hcy 还具有增强 β-淀粉样蛋白和谷胱甘肽的神经毒性作用。维生素 D 为固醇类衍生物，通过与维生素 D 受体(vitamin D receptor，VDR)结合共同发挥作用，而 VDR 为亲核蛋白，广泛存在于中枢神经系统。近年来美国在成人临床研究方面，两项大型前瞻性和回顾性研究提示维生素 D 在预防认知功能衰退和痴呆方面有潜在作用。维生素 E 是体内最有效的抗氧化剂，维生素 E 缺乏时机体抗氧化功能发生障碍，细胞膜结构和功能受损，导致细胞功能紊乱。经体外细胞培养发现，维生素 E 能抑制小胶质细胞的激活，降低炎症反应，保护神经细胞。

(五) 矿物质

矿物质是无机盐和微量元素的总称，其中有些元素是维持正常生理功能所必需的。大脑中金属元素的累积(如铁、铝、锌)，使得大脑神经元微管系统功能失调，干扰大脑神经元微管介导的细胞内过程，都可能会导致 AD 病程的发展。铝是人体非必要微量元素，具有低毒性。AD 患者脑组织铝含量明显高于正常人。研究发现铝可以导致脑组织神经元纤维缠结和老年斑形成，出现痴呆症状。在日常生活中力求避免食用含铝膨化剂的食物(油条、油饼等)，不使用铝制饮食餐具，以防摄入过量。铅是一种强蓄积性的有害微量元素，WHO 提出每人每日允许摄入量约为 420mg。过量的铅在血液中与红细胞和蛋白质结合，分布于肝、肾、脾、肺、脑中，铅增加血液中儿茶酚胺的水平，同时抑制 β 受体的兴奋性，使儿茶酚胺对 α 受体的作用增强，使动脉收缩，增加血管壁对儿茶酚胺的反应性，从而导致血压升高，进一步诱发 AD。有研究表明 Ca^{2+} 与 AD 的发病存在一定关系。AD 的早期病理改变可能就是钙代谢异常，Ca^{2+} 的升高可以使低聚 Aβ 肽生成增加，导致 Ca^{2+} 稳态失调，使 Ca^{2+} 超载，大量 Ca^{2+} 沉积于线粒体，干扰氧化磷酸化，使能量产生障碍；并且过度激活细胞内 Ca^{2+} 依赖性酶，使神经细胞骨架破坏等，从而导致神经细胞的损伤与凋亡，影响认知功能和记忆功能。

四、营养不良的三级诊断

(一) 营养风险筛查和评估

ESPEN 指南提出，应该对任何 65 岁以上老人进行营养风险筛查，尤其是同时存在衰弱、慢性非传染性疾病(如糖尿病、肿瘤等)、独居、依靠社会服务或日常生活需要生活机构帮助的老人以及住院患者。对于认知障碍科门诊就诊及住院患者而言，应该在其首次就诊即进行营养风险筛查；对于已确诊 AD 的患者而言，应在疾病诊断、开始治疗以及症状波动时进行筛查，记录基线时营养状况。经筛查提示为高营养风险人群，需要进一步完善营养评估，为随后的营养不良诊断与分级，以及制订营养管理计划提供临床依据。经筛查未提示存在营养不良风险者，需常规门诊随访，随访频率以 1~3 个月一次为宜。营养评估主要包括病史采集(现病史，营养史，社会心理学病史，能量、蛋白和液体的摄入)，人体测量(身高、体重变化、BMI、身体成分)，营养方面体格检查(一般外观、头发、皮肤、眼睛、嘴巴、指甲、肌肉或皮下脂肪丢失的迹象以及微量营养素缺乏的表现)，实验室检验(微量营养素、生化指标等)和功能状态(身体活动、日常生活能力)。

目前，尚无为 AD 患者设计的广泛使用且涵盖所有代谢条件的营养筛查和评估工具。大量研究证据显示，营养风险筛查 2002(nutritional risk screening 2002，NRS 2002)和营养不良通用筛查工具(malnutrition universal screening tool，MUST)在成人(18~90 岁)研究中的预测结果方面表现良好；ESPEN 评估发现在风险筛查期间，MUST 较 NRS 2002 可以更有效地识别营养不良患者。对老人(≥65 岁)而言，ESPEN 推荐使用微型营养评定(mini-nutritional assessment，MNA)和微型营养评定简表(mini-nutritional assessment short-form，MNA-SF)。这两个量表弥补了 MUST 和 NRS 2002 量表中缺乏功能性评估、心理和认知参数的缺点,且 MNA-SF 因既有完整版预测能力又有测量耗时少的优点,在临床更广为推荐使用。其他营养风险筛查工具还包括营养不良筛查工具(malnutrition screening tool,MST)和短期营养评估问卷(short nutritional assessment questionnaire,SNAQ),它们在筛查营养不良风险方面与 NRS 2002 具有相似的准确性。主观全面评定(subjective global assessment,SGA)、MNA 和老年营养风险指数(geriatric nutrition risk index,GNRI)是专门为老人开发的营养状况评估工具,且在大多数国家都得到了很好的验证。对于痴呆中晚期患者而言,如果存在主动进食障碍或精神行为异常所致进食行为异常,可以采用爱丁堡痴呆进食评估量表(the Edinburgh feeding evaluation in dementia questionnaire,EdFED-Q)和进食行为评估量表(eating behavior scale,EBS)等工具评估,以便协助决策进食和营养问题。

(二) 营养不良诊断与分级

迄今为止,尚无统一的营养不良诊断标准应用于 AD 患者。ESPEN 指南提出,营养不良的诊断应基于 BMI 降低(<18.5kg/m^2),或结合非自主型体重减轻与 BMI 或去脂体重指数(fat-free mass index,FFMI)下降。体重减轻是指过去 3 个月内体重下降超过 5% 或超过习惯性体重的 10%;BMI 下降是指 BMI<20kg/m^2(<70 岁)或 BMI<22kg/m^2(>70 岁);FFMI 下降是指 FFMI<15kg/m^2(女性)或<17kg/m^2(男性)。全球领导人营养不良诊断标准共识倡议(Global Leadership Initiative on Malnutrition Diagnosis Criteria Consensus,GLIM)提出营养不良的诊断至少要满足 1 个表型标准(非自主型体重减轻、低体重指数和肌肉质量减少)和 1 个病因标准(食物摄取或吸收减少、炎症或疾病负担)。

五、营养管理计划

(一) 营养支持总体原则

采用营养不良三级诊断方法,利用营养风险筛查工具选出高营养不良风险者;并对这类患者进行营养评估,以明确营养不良的类型与原因;最后,做出营养不良的诊断及严重程度分级。基于营养评估和诊断结果,多学科医生、护理人员以及照料者需要制订以患者为中心的全面、合理的营养治疗方案,即营养管理计划。ESPEN 共识提出,营养管理计划应包括以下几方面:满足能量、液体和营养素需要量;可衡量的营养目标(近期和长期);营养治疗类型和形式;最合适营养治疗通路和方法;营养治疗预计疗程;监测和评估参数;出院计划和家庭培训。

(二) AD 患者不同阶段的营养支持

对于 AD 患者而言,除上述普遍的营养护理,还应该结合疾病特点,在疾病不同阶段寻找营养不良的原因,给予相应的营养干预措施。这些干预措施一方面应弥补现有的营养不良,另一方面应尽可能促进患者日常生活独立(表 20-5-1)。

表 20-5-1 不同疾病阶段出现营养不良原因及其干预措施

痴呆阶段	干预措施
痴呆前阶段	督促进食
轻至中度痴呆阶段	监督进食、能量密集饮食
	喂食、增加进食护理时间、能量密集饮食
	陪同或帮助购物、家庭支持、照料者与患者同吃同住
中至重度痴呆阶段	帮助进食、轮椅上吃饭、进食能力训练
	增加进食护理时间
	鼓励进食、情感支持、加强用餐期间的互动和交流
	情感支持、能量密集饮食
	吞咽训练、改变食物性状、必要时肠内 / 外营养支持
重度痴呆阶段	情感支持、必要时肠内 / 外营养支持

（三）重视对照料者的教育与培训

现阶段，我国大部分AD患者采用居家照料模式，照料者以家庭成员和近亲属为主，多为非正规护理人员。配偶照料者往往年迈，可能受到多种共病和功能残疾的影响。照料者负担与AD患者营养不良之间的恶性循环也提示教育和协助照料者管理患者饮食摄入与营养补充的重要性。适宜的照料管理模式不仅可以延缓痴呆患者病情进展、改善其生活质量，还可以减轻照料者负担。对照料者或护理人员进行培训和知识教育，可能会对痴呆患者的营养行为和进食能力产生积极影响：如提供关于体重减轻、食欲减退和饮食技能丧失等处理方式，培训营养需求、用餐期间的互动和交流策略以及适当的用餐任务技术等方面的信息。

（四）营养治疗的监测与评价

营养治疗后的监测与评价是一系列流程，主要包括：①营养供给和摄入：是否满足计算出的液体、能量和蛋白质需求？②体重和身体成分：体重、BMI、FFMI是否按预期变化？③生物化学指标：现阶段没有最佳生物标志物评价营养状况，血浆白蛋白和甲状腺素/前白蛋白浓度主要用于指示和监测分解代谢活性，但受炎症干扰，它们作为营养指标的有效性很低。④功能：单独评价握力、椅子上升测试和步态速度，或结合综合功能评分，如简易机体功能评估法。⑤生活质量：如健康指数量表（EQ-5D）可作为营养状况变化的非特异性粗略测量指标。此外，营养管理计划应该同医疗、饮食和护理一样记录至医学电子病例，并给予出院后指导方案，以确保营养治疗的持续性和随访。

六、营养不良治疗方案

营养不良的规范治疗应该遵循五阶梯治疗原则：首先选择营养教育，然后依次向上晋级选择口服营养补充（oral nutritional supplement，ONS）、全肠内营养（total enteral nutrition，TEN）、部分肠外营养（partial parenteral nutrition，PPN）、全肠外营养（total parenteral nutrition，TPN）；当下一阶梯不能满足60%目标能量需求3~5d时，应该选择上一阶梯。

（一）单一营养素

营养素主要包括宏量营养素（即碳水化合物、蛋白质、脂肪）和微量营养素（维生素和矿物质）两大类。现阶段研究证据提示，单一营养素的缺乏可能与AD认知功能改变有关，但单独补充或限制某种营养素及其化合物改善患者认知功能或预防AD发生发展的研究证据并不充分。传统中药含有多种有效成分，可通过多途径、多靶点促进海马区神经再生发挥抗痴呆作用，符合AD多因素、多种病理机制的发病特点；但单独使用传统中药及其配方如银杏叶提取物（EGb 761®）和Feru-guard对AD的疗效仍存在争议。肠道菌群生态平衡可促进最佳营养物质吸收和利用，同时最佳营养状况也可以调节肠道菌群的成分和多样性，减少疾病可能。在美国，已有多种益生菌制剂（如Vivomixx®，Visbiome®，DeSimone Formulation®等）被视作膳食补充或医疗食品，提示其潜在营养价值；但益生菌和/或益生元能否预防AD发生发展以及改善临床症状仍缺乏实质性研究证据。

（二）整体膳食模式

无论是单一营养素、传统中药成分还是益生菌和/或益生元，对改善AD患者认知功能或延缓病情进展的临床研究证据均十分有限。较单一营养素，整体膳食模式因其含有多种营养素和食物以及彼此之间的协同作用，在预防和延缓疾病发生发展以及改善临床症状方面发挥更重要的作用。目前，与AD相关认知障碍有关的膳食模式主要报道有地中海饮食（Mediterranean，MeDi）、终止高血压膳食模式（dietary approaches to stop hypertension，DASH）、MeDi-DASH饮食延缓神经退行性变（the mediterranean-DASH diet intervention for neurodegenerative delay，MIND）3种。MeDi是以大量植物性食物（水果和蔬菜）为基础，添加面包、坚果等谷物，适量橄榄油、少许鱼肉以及适度饮酒为特点的健康膳食模式；DASH膳食模式也强调了对植物性食物的高消耗量，并限制了饱和脂肪酸、总脂肪、胆固醇和钠的摄入；MIND膳食模式则结合MeDi和DASH两种膳食模式中已被证明具有神经保护作用的饮食成分，强调天然植物性食物，限制动物性食物和高饱和脂肪食物的摄入，并规定了浆果和绿叶蔬菜的消耗。目前证据表明，高度依从 MeDi 或 MIND 膳食模式有利于降低 AD 患病风险并延缓认知功能下降。其他健康膳食模式，如低血糖饮食、限制热量饮食、间歇性禁食（生酮饮食）以及统计数据生成的饮食方法（健康饮食法）等对降低 AD 相关认知功能障碍和病理改变亦见报道，但研究证据较少且结论不完全一致。

（三）口服营养补充

补充或限制单一营养素对 AD 疾病进展以及症状改善缺乏有效性证据，而高度依从 MeDi 和 MIND 整体膳食模式可以降低 AD 患病风险并延缓认知功能下降，这强调了营养物质之间及其与食物间的协同作用在改善认知功能中的重要性。除正常食物以外，经口摄入特殊医学用途配方食品（FSMP）以补充日常饮食和能量的不足，在医学上称为 ONS。它是一种口味多样、剂型不一的富含宏量营养素（蛋白质、碳水化合物、脂肪酸）和微量营养素（维生素、矿物质）的复合营养产品，按照“3+3”模式实施，即在三顿正餐后加服的 FSMP。ONS 在饮食基础上提供额外的营养和能量供给，当额外能量供给达到 400~600kcal/d 时，有助于改善机体营养状况。20 世纪 70 年代以来，商品化的 FSMP 逐渐应用于临床，与 AD 相关的 ONS 制剂如 Souvenaid、生酮饮品等亦可见报道。研究表明，早期 AD 和 AD 源性轻度认知障碍患者可考虑尽早选择 Souvenaid 补充；中至重度或晚期 AD 患者补充合适剂量的 ONS 虽然不能改善认知症状，但对 AD 相关认知障碍患者的营养状况和生活质量仍有改善作用。

（四）肠内 / 肠外营养

肠内营养（enteral nutrition，EN）指经消化道途径置入导管或造口给予肠内营养剂的营养治疗方法。ESPEN 将 EN 配方制剂特别局限于 FSMP 管饲，食物匀浆管饲不属于该类；且前文将 ONS 单独提出，因此，这里的 EN 特指肠内 FSMP 管饲。肠外营养（parenteral nutrition，PN）是通过静脉途径给予患者包括氨基酸、脂肪乳、碳水化合物、电解质、维生素以及注射用水在内的不同营养素组合。晚期或终末期 AD 患者使用肠内管饲或肠外营养的有效性及安全性仍无高质量研究结论，临床上需要综合考虑宗教信仰、患者生活质量、预期寿命以及家庭照料或机构工作人员的负担等情况个体化使用。

鉴于目前已知药物对 AD 患者预防和治疗作用仍存在明显局限，营养干预的纳入有效深化了 AD 的全面管理内涵。总体而言，AD 患者的营养干预强调以“早期、协同、整体、长期”为原则，临床上应重视膳食均衡、营养补充等生活方式调节作为 AD 相关认知障碍的“零级预防”策略以及在改善临床症状和整体预后的重要地位。

（徐　俊）

第六节　酒 精 依 赖

酒精依赖（alcohol dependence）是由于长期大量饮酒而产生的对酒的强烈渴望和嗜好，以致饮酒不能自制，一旦停止饮酒则产生精神和躯体的各种症状。

一、概述

酒精依赖的发生率由于社会文化背景不同而不同，男性明显多于女性，白种人多于黄种人。在中国，饮酒早已成为一种能够普遍接受的社会行为，在一些特定的场合甚至是必不可少。近年来随着经济的发展，人民收入水平不断提升，导致酒精消费呈现直线上升状态，酒精依赖发生的可能性也在不断上升。此外，有研究表明男性之所以饮酒是为了获得主观上的力量感，在生理上感觉酒精引发的温暖感，在心理上体验酒后的强健与优越，在社交上体验到他人对自己的敬意，久而久之饮酒次数和量越来越多，最终引发酒精依赖。出现酒精依赖综合征时，患者饮酒的欲望明显增强，尤其为避免出现戒断综合征而强烈地渴求饮酒，即发展成为典型的酒精依赖。其主要表现为对酒精的耐受性增强、依赖性加重。

（一）病因

酒精依赖和酒精中毒受社会文化、环境因素及个体素质等多方面影响。

1. **社会文化**　比如不同地区、不同种族、文化习俗、周围生活环境、职业需求以及公众和政府对酒的态度等，这些对产生酒精依赖是有很大影响的。

2. **环境因素**　不同的生活环境对个人的生活以及心理有着很大的影响，如今生活节奏变得很快，导致出现许多性情抑郁、羞怯、焦虑、紧张、不善交际的人，为了克服这些缺陷而开始不断饮酒，最终导致酒精依赖。

3. **个体素质**　遗传学研究发现，某些人具有对酒精依赖的先天遗传倾向；酒的代谢主要通过乙醇脱氢酶和乙醛脱氢酶的作用，乙醛脱氢酶活性较低的人少量饮酒即可感到身体不适，因此不会大量饮酒，也就难以产生酒精依赖。如法国人和意大利人都习惯饮用葡萄酒，但法国人酒精中毒的发生率远高于意大利人。血缘父母中有酒精中毒的子女发病率较不嗜酒者的子女高 4~5 倍。

（二）临床表现

1. 酒精的摄入常常比意图的量更大或时间更长。
2. 有持久的欲望或失败的努力试图减少或控制酒精的使用。
3. 大量时间花在那些获得酒精、使用酒精或从其效果中恢复的必要活动中。
4. 对使用酒精有渴求或强烈的欲望或迫切的要求。
5. 反复的酒精使用导致不能履行在工作、学校或家庭中的义务。
6. 尽管酒精使用引起或加重持久的或反复的社会和人际交往问题，但仍然使用酒精。
7. 由于酒精使用而放弃或减少重要的社交、职业或娱乐活动。
8. 在对躯体有害的情况下，反复使用酒精。
9. 尽管认识到使用酒精可能会引起或加重持久的或反复的生理或心理问题，但仍然继续使用酒精。

10. **产生耐受性（通过下列两项之一来定义）**

（1）需要显著增加酒精的量以达到过瘾或预期的效果。

（2）继续使用同量的酒精会显著减低效果。

11. **戒断综合征**　一般出现在部分或完全停止饮酒时，根据时间主要分为早期戒断症状和后期戒断症状。早期戒断症状一般发生于停酒后 7~8h，主要表现为焦虑、抑郁等，以及一些如恶心、心悸、血压升高等自主神经症状，还可有睡眠障碍。随后出现典型症状——震颤。后期戒断症状常发生于停酒后 3~4d，主要表现为震颤性谵妄。开始出现幻觉，患者在幻觉支配下可出现明显的精神运动性兴奋，出现躯干、手、舌或全身的粗大震颤，可能出现攻击行为，剧烈兴奋者可因心力衰竭而死。

二、营养代谢特点

1. 患有酒精依赖的个体通常营养不良。酒精可以直接抑制许多营养素的吸收，并且随着长时间酒精的摄入，也会严重影响到整个胃肠道的健康。慢性酒精消耗与广泛的身体损伤和功能障碍有关，包括：口腔、食管和胃的黏膜损伤，胃排空延迟，肠道通透性增加和黏膜损伤，细菌过度生长和引发肿瘤。这严重影响了必需营养素的消化和吸收。因此，营养缺乏在该人群中普遍存在。

2. 酒精依赖患者缺乏大多数营养素，包括：维生素 B_1、维生素 B_2、烟酸、维生素 B_6、叶酸、维生素 A、维生素 C、维生素 D、维生素 E、维生素 K、镁和锌，维生素 B_{12} 也可能不足。有研究发现维生素 D 缺乏在酒精依赖患者中的比例超过 50%。维生素 A 的肝脏储存似乎受到酒精依赖的影响，然而其在肝外组织中的水平似乎有所增加。在患有酒精依赖的受试者中也发现维生素 E 和维生素 C 水平较低。B 族维生素具有相互关联的关系，因此一种维生素的缺乏可能会导致其他 B 族维生素的缺乏。

酒精依赖患者可能存在烟酸缺乏症，这可能是由于酒精抑制肝脏中色氨酸向烟酸的转化引起。酒精摄入过多还会导致维生素 B_6 缺乏等。

3. 酒精依赖患者可能会发生乳糖酶活性的下调，导致乳糖不耐受，使得机体不能消化吸收和利用乳糖。

4. 酒精通过降低转运刷状缘细胞中维生素 B_1 的两种转运蛋白的转录因子活性来抑制维生素 B_1 摄取。此外，酒精限制了维生素 B_1 焦磷酸激酶的产生，维生素 B_1 焦磷酸激酶是一种将维生素 B_1 转化为硫胺素焦磷酸（TPP）的酶，后者是代谢功能的辅酶。

5. 酒精在体内代谢的同时会伴随着镁的消耗，并且在患有酒精依赖的受试者中发现镁缺乏的患病率为 13%~50%，镁是维生素 B_1 转化为硫胺素焦磷酸盐的辅助因子。其他矿物质水平也受到酒精摄入量的影响：酒精通过增加机体排泄量导致机体缺锌，研究发现 38% 的受试者锌含量不足；在被调查的大多数酒精依赖患者病例中也发现铁缺乏；据报道，酗酒者血浆中铜的水平通常会升高。

6. 由于血清素降低，处于酒精依赖或其他药物依赖恢复期的患者对碳水化合物的渴求增加。除了原发病和环境因素外，酒精成瘾也被认为是营养不良问题的致病因素。由于饮食行为扭曲导致酒精和药物依赖者不仅易患饮食失调（厌食症，贪食症），而且易患食物滥用（肥胖、超重、习惯性饮食）。

三、营养治疗原则

1. 由于酒精可以提供能量，长期大量饮酒会额外增加膳食中的能量，使得机体减少了对膳食的需求，而酒精中缺乏蛋白质，因此酒精依赖患者很容易引发低蛋白血症，所以在倡导其戒酒的同时应注意及时补充足量蛋白质。由于其进食量的相对减少，可以考虑给予高蛋白的肠内营养制剂，待其进食量有所增加后，再过渡到进食高蛋白的食物，例如蛋类、奶制品、大豆以及瘦肉等。

2. 酒精依赖患者的进食量通常会减少，甚至有些人几乎每天没有膳食摄入。因此对于此类患者首先可以辅以肠内全营养，以避免发生严重的营养不良，同时注意搭配补充各种营养素，避免某些营养素的缺乏而导致某些不良后果的发生。鼓励其积极戒酒，随着戒酒的进行，可以缓慢增加其进食量，并逐步过渡到正常饮食，使机体恢复正常的营养状态。

3. 对于酒精依赖者来说，营养教育同样是其营养治疗中的重要组成部分。酒精依赖者由于长期的酒精麻痹会使其思想处于一个与外界相对隔绝的状态，他们不会意识到甚至不会在意自己的健康、营养等各种状态，而是只会一味地饮酒以满足其精神上的愉悦需求。长此以往导致其营养状况日渐变差，从而引发低蛋白血症、严重营养不良以及维生素和微量元素缺乏等一系列严重后果，因此需对其进行充分的营养宣传教育以转变其错误思想，使其主动配合营养干预和各项治疗，早日摆脱酒精依赖，恢复身体健康。

四、营养相关并发症的防治

1. **蛋白质 - 能量营养不良** 饮酒过多额外增加膳食中的能量，从而相应减少了蛋白质和其他营养素的摄入。长此以往，酒精依赖者由于长期的能量摄入不足导致体重不断下降，并使机体处于严重的营养不良状态，同时患者也容易导致低蛋白血症，因此要特别注意相关防治。建议采取高能量、高蛋白、低脂饮食模式。

2. **维生素缺乏** 如缺乏维生素 B_1、维生素 B_{12}、维生素 A、叶酸。维生素 A 缺乏会导致夜盲症、皮肤干燥和粗糙、角膜干燥和软化等；维生素 B_1 缺乏会导致脚气病的发生；维生素 B_{12} 缺乏会导致巨幼细胞贫血、神经障碍、舌炎和皮肤广泛对称性色素沉着等；叶酸缺乏会引发脂溢性皮炎、巨幼细胞贫血。可以在膳食中添加动物肝脏、瘦肉、鸡蛋、豆制品等以补充上述维生素，预防因维生素缺乏而导致的一系列疾病。

3. **微量元素的缺乏** 由于酒精依赖患者的进食量减少，会导致机体缺乏多种微量元素，并会因此引发一系列不良后果。例如缺铁会导致缺铁性贫血；缺锌会影响智力发育，同时也是患厌食症的主要原因之一；缺碘会导致克汀病或地方性甲状腺肿；缺硒时容易发生克山病等。因此对于酒精依赖的患者应注意及时补充微量元素，起初进食量较少时可以口服微量元素肠内营养制剂，随着戒酒的逐步进行，可以过渡到依靠饮食补充。

4. **对葡萄糖代谢的影响** 长期的酒精依赖患者会伴有不同程度的胰腺功能损伤，并因此继发胰岛素抵抗，导致脂肪氧化明显增加，而碳水化合物氧化明显降低，使机体处于类似于饥饿状态，同时导致并加剧营养不良。针对此情况，应使酒精依赖患者必须采取戒酒措施，同时辅以高碳水化合物饮食，以减轻营养不良的严重程度。

（李增宁）

第七节 药物依赖

药物依赖是指由于滥用具有致依赖作用的精神活性药物所致的一种特殊精神和躯体状态。这种状态表现为对某种或多种药物强烈的“渴求”愿望和强迫性“觅用”行为，以求感受特殊的精神体验或避免因中断用药而产生的临床戒断反应。药物，又称精神活性物质、成瘾物质或物质，指能够影响人类情绪、行为、改变意识状态，并有致依赖作用的一类化学物质，人们使用这些物质的目的在于取得或保持某些特殊的心理、生理状态。毒品是社会学概念，指具有很强成瘾性并在社会上禁止使用的化学物质，我国的毒品主要指阿片类、可卡因、大麻、苯丙胺类兴奋剂等药物。

一、概述

目前主要根据精神活性物质的药理特性，将其分为以下种类：①中枢神经系统抑制剂：能抑制中枢神经系统，如巴比妥类、苯二氮䓬类、酒精等；②中枢神经系统兴奋剂：能兴奋中枢神经系统，如咖啡因、苯丙胺类药物、可卡因等；③大麻：大麻是世界上最古老、最有名的致幻剂，适量吸入或食用可使人欣快，增加剂量可使人进入梦幻，陷入深沉而爽快的睡眠之中，主要成分为 Δ9- 四氢大麻酚；④致幻剂：能改变意识状态或感知觉，如麦角酸二乙酰胺、仙人掌毒素、苯环己哌啶、氯胺酮（K 粉）等；⑤阿片类：包括天然、人工合成或半合成的阿片类物质，如海洛因、吗啡、鸦片、美沙酮、二氢埃托啡、哌替啶、丁丙诺啡等；⑥挥发性溶剂：如丙酮、汽油、稀料、甲苯、嗅胶等；⑦烟草。

（一）病因

药物依赖的病因是社会环境、心理特点及生物学因素之间相互交叉、相互影响、互为因果所产生的一种综合征。此外，成瘾物质代谢速度的差异及遗传因素对成瘾行为的形成也发挥一定作用。

常见的社会因素包括：①大多数药物可通过一定途径获得；②一些家庭因素，例如家庭矛盾、单亲家庭、家庭成员之间缺乏交流或交流比较差等；③来自周围环境影响和压力等；④一些不良文化背景、社会环境等因素。

药物依赖一旦形成，人的中枢神经系统可产生一系列神经递质、受体、第二信号转导系统，甚至还会造成转录、结构等方面的变化，因此，有学者将依赖行为定义为慢性脑部疾病。位于边缘系统的与欲望有关的奖赏系统是导致药物依赖的结构基础，单胺类等递质变化是精神活性物质作用的直接后果，由此而导致一系列受体和受体后变化是药物依赖行为产生的重要条件。药物对奖赏系统的作用是产生精神依赖和觅药行为的根本动因。奖赏反应是人类所固有的情绪反应，这种机制的发生很原始但却有巨大的潜力。人类滥用精神活性物质是通过对这种潜力的刺激和不断激发而产生作用。

综上所述，药物依赖没有明确的单一病因，是社会、心理及生物因素相互作用所致。首先，药物存在和药理特性是产生药物依赖的必要条件，但是否会产生药物成瘾，却是与个体的人格特征、生物易感性等息息相关，而同时社会文化因素在药物依赖的产生中起到了很重要的诱因作用。

（二）临床表现

药物依赖的临床表现根据其特殊的身体状态和精神状态，主要分为生理依赖性、精神依赖性及交叉依赖性 3 种。

1. **生理依赖性**　又称为身体依赖性，是指药物滥用造成机体对所滥用药物的适应状态。而在这种特殊的身体状态下，如果突然减少用药剂量甚至停止用药，可导致机体已经达到的适应状态发生改变，继而引发一系列不良反应和严重后果，用药者表现出极为痛苦的感受和明显的生理功能紊乱，严重者可危及生命，也就是临床上所说的药物戒断综合征。用药者随使用药物的种类和剂量不同而呈现不同的临床表现和后果，但都共同表现为再次用药的强烈欲望和寻找药物行为。

2. **精神依赖性**　又称为心理依赖性，是指某种药物长期大量使用所致的药物依赖反应，是脑内“奖赏系统”产生反复非生理性刺激所致的一种特殊精神状态。“奖赏系统”引发的奖赏效应是一种正性强化效应。脑内奖赏效应可能是产生精神依赖性和强迫性觅药行为的主要原因，精神依赖性一旦产生即很难去除。

3. **交叉依赖性**　若对某种药物产生生理依赖，一旦停止服用该药后所产生的戒断综合征，可被另外一种药效类似但不相同的药物所抑制，并且可维持用药者原有的依赖性状态，这种特殊的状态称为这两种药物间的交叉依赖性。

二、营养代谢特点

1. 营养不良是药物依赖人群发病率最高、临床表现最显著的病症之一。主要表现为：明显消瘦、体重下降、皮下脂肪消失、精神萎靡、头晕目眩、反应迟钝、皮肤干枯、缺乏弹性甚至出现“鱼鳞样”皲裂、毛发细脆无光泽、干枯等。其中，明显消瘦和体重减轻是吸毒者重要的临床标志之一。主要原因是该人群长期服用依赖性药物导致食欲减退、食物摄入不足、药物损伤肝脏致肝脏储备功能受损和/或新陈代谢改变、胃肠动力和消化吸收功能受损以及排泄增加等。

2. 药物依赖者由于生活节奏紊乱，消化系统功能失常，使体内微量元素较正常人群具有较大差异，经检验发现药物依赖者血清中铜的含量升高，这可能是由于该人群长时间服药引发的炎症、个体压力及各种感染增加所致。此外还发现该人群中血清锌水平较高，这可能也是营养不良带来的后果之一。

3. 药物依赖者与正常人相比，其 BMI 和体脂百分比较低，去脂体重较高。尽管有药物依赖者的身体状况与上述描述相反，但其原因更可能多的是由于其独特的生活方式，而不是药物本身带来的影响。

4. 药物依赖可能打破产生能量的代谢系统和固有细胞保护机制之间的平衡。因此，药物滥用引发代谢综合征的风险较高。

5. 药物的毒性强弱不一，它对组织蛋白的产生、糖原合成及细胞对糖类的吸收都会产生影响，并增加出血风险；增加各种营养的需求，加速钙、钾、维生素 C 和 B 族维生素从尿液中流失。由于药物多有毒性，因此会对身体产生压力，对脑垂体和肾上腺造成不良影响，从而增加对抗压力营养素，包括维生素 C、B 族维生素等的需求。

三、营养治疗原则

1. 在评估药物依赖者是否会发展为代谢综合征时，必须考虑营养与教育水平、贫困、遗传及环境因素等其他风险因素的作用。同时必须注意采取恰当的营养治疗策略，特别是采用保护药物依赖者避免发生代谢综合征和其他疾病的营养方法进行治疗。

2. 作为药物成瘾的主要药物类型，包括尼古丁、可卡因、阿片类药物以及其他致瘾药物。由于药物依赖的特殊性，该人群主要通过非营养途径、美沙酮、吗啡等物质治疗，或进行维持治疗、解毒治疗等。但是除了上面提到的一些化合物，还有许多膳食抗氧化剂，如辅酶 Q_{10}、硫辛酸、白藜芦醇、褪黑激素、多酚（绿茶、姜黄素）及类黄酮（槲皮素、异佛尔酮及儿茶素），其他化合物如 ω-3 脂肪酸也可用于药物依赖和预防代谢综合征。

3. 纠正新陈代谢以及补充适量矿物质、维生素、特定代谢辅助因子及其他补充化合物，可能会改善和加强能量与营养素的代谢平衡。

4. 嘱药物依赖者应该积极摆脱药物依赖，不当地服用药物会引起营养需求的增加。每种药物都含有不同程度的毒性，因此应配合排毒食疗、解毒营养素以减轻其毒性，才能缩短解除药物依赖的时间。药物会破坏与消耗营养物质并影响其吸收，使营养物质随排泄而流失；或因药物化学作用转化食物中的营养物质导致营养不足。尤其是药物依赖者长期大量服药导致身体抵抗力减弱，药物的毒性对身体的伤害更为严重，因此更需要增加营养物质的摄入。

5. 对于药物依赖者来说，营养教育是其治疗方案的重要组成部分。药物依赖者通常不会意识到自己正处于疾病状态，而是只会一味地服用药物以满足其精神上的愉悦，导致营养状况日渐变差，引发营养不良以及其他一系列后果。因此，对其进行充分的营养宣传教育，可转变其错误思想，进而明显提高药物依赖者的各项治疗效果。

四、营养相关并发症的防治

1. **补充微量营养素和矿物质**　药物依赖者日常饮食中的维生素 B_1、维生素 B_2、烟酸、维生素 C、维生素 D、镁、钙、铜及铁摄入量均低于参考摄入量，因此对于此类人群应加强上述营养素的摄入，避免由于营养素缺乏所致的严重不良后果。

2. **预防饮食失调症**　滥用药物会对身心产生不良影响，会削弱机体免疫系统并影响机体的营养状况。药物依赖对营养状况的影响和行为变化与能量平衡相关信号系统受直接影响有关。有研究发现药物依赖性受试者的饮食行为发生扭曲，使得他们更易患饮食失调症（如厌食症、贪食症、肥胖症、习惯性饮食等）。

3. **防治蛋白质 - 能量缺乏型营养不良**　许多药物依赖者容易发生营养不良，这是因为药物及其代谢产物会阻止身体对营养素的正常消化、吸收及利用。同时药物依赖者患有能量和蛋白质缺乏型营养不良的风险也大大提升，超过 90% 的人体重偏低，74% 的人出现明显营养不良的表现，血红蛋白和血清总蛋白水平显著降低。抗精神病药物的治疗与发生糖尿病和酮症酸中毒的风险增加有关。因此，针对此类情况，需要严格进行防护。

（李增宁）

第八节　慢性疼痛

慢性疼痛是一种持续时间较长（通常在 1 个月以上）的疼痛综合征，是组织损伤或与潜在组织损伤相关的一种不愉快的躯体感觉和情感体验。

一、概述

慢性疼痛的发生与许多因素相关，包括年龄、性别、社会地位、经济状况、疾病、遗传、精神心理等因素。就全球慢性疼痛的发病率而言，不论是儿童、青少年还是中老年人，慢性疼痛的发病率越来越高。有研究表明，全球成人患有慢性疼痛的人数约占全球总人口数的 30%，在我国成人慢性疼痛发病率约为 40%，而老人慢性疼痛的发病率则高达 65%~80%。随着社会经济的发展，人们生活方式的改变，慢性疼痛作为一种新的社会病，由于其严重影响患者的生活质量，已引起人们的广泛关注。慢性疼痛的治疗，一方面依靠药物来进行控制；另一方面，生活方式的调整（包括饮食和运动）以及精神心理的调节，对于缓解和治疗慢性疼痛具有重要的意义和价值。因此，本节将从营养干预角度对慢性疼痛进行介绍。

二、营养代谢特点

慢性疼痛会从多方面影响患者的进食状况，尤其是消化系统的疼痛。慢性疼痛患者通常表现为精神抑郁、神志淡漠、躲避外界刺激，从进食角度来讲，可能主要有食欲下降、厌食等表现，最终可能会导致营养不良。

从循环系统来看，浅部疼痛对血液循环产生促进作用，可导致血压升高、心率增快；相反，深部疼痛则对循环产生抑制作用，导致血压降低，心率变慢，严重者甚至可以导致休克，从而影响进食。

从神经内分泌的角度来讲，疼痛使交感和副交感神经都发生兴奋，全身处于应激状态，体内儿茶酚胺及肾上腺素分泌增多，导致全身血液循环加快，能量代谢增加，同时胰岛素分泌受到抑制、胰高血糖素分泌增加，结果导致糖异生增强，血糖升高；垂体分泌的促肾上腺皮质激素增加，使皮质醇、抗利尿激素、醛固酮增加，导致全身循环血量增加；此外，甲状腺激素的分泌也会增加，以上神经内分泌的综合作用导致能量消耗增加，如不及时进行营养治疗和补充，会造成患者营养状况及一般状况的恶化。

三、营养治疗原则

目前对于慢性疼痛还缺乏有效的治疗手段，常见的治疗手段有物理治疗、运动治疗、针刺止痛、行为治疗、神经阻滞、神经毁损、外科手术止痛及药物治疗等。越来越多的研究发现，饮食干预在缓解慢性疼痛中也发挥着重要作用，且饮食治疗没有像药物、手术等治疗方式一样可能导致并发症和不良反应，安全易实施。因此，可通过饮食干预和营养补充的方式对慢性疼痛进行治疗和控制。

（一）有利于缓解慢性疼痛的营养素

1. **ω-3 脂肪酸**　ω-3 家族包含 α-亚麻酸（alpha-linolenic acid，ALA），二十碳五烯酸（eicosapentaenoic acid，EPA）和二十二碳六烯酸（docosahexaenoic acid，DHA）。人体摄取 EPA 和 DHA 必须通过饮食和/或口服补充的方式进行获取。EPA 和 DHA 是类二十烷酸（前列腺素、白三烯和血栓素）和其他脂质衍生物的前体，如释放因子和神经保护因子等，这些物质有助于缓解炎症。这些物质通过限制中性粒细胞浸润到受损组织，通过反向调节细胞因子的产生来发挥抗炎、减轻疼痛和水肿的作用；例如 DHA 是神经保护因子 D1 的前体物质，可起到减轻神经炎症的作用。除了抗炎作用之外，有研究发现，ω-3 脂肪酸所产生的脂质调节剂 RvE1 还可作用于脊柱，以预防因神经元活动所导致的永久性慢性疼痛。而且，这种止痛作用不会影响正常的疼痛反应。因此，这种脂质调节剂可作为一种治疗炎症疼痛的新药，可以缓解炎症带来的疼痛，并可作用于脊柱，以预防脊柱的慢性疼痛。

2. **B 族维生素**　维生素 B_1、B_2、B_{12} 不仅对神经营养、轴突运输、神经元兴奋性的维持和神经递质的合成具有重要作用，而且能抑制脊髓背角神经元对伤害性刺激的反应。维生素 B_1、B_6 和 B_{12} 单独或联合腹腔注射均能减轻慢性收缩损伤（chronic constriction injury，CCI）大鼠的热痛敏表现，并缩短动物的热痛敏时间。维生素 B_{12} 可以通过保护神经鞘起到疼痛抑制作用，并且中枢效果更好。因此对于慢性疼痛患者而言，适当补充 B 族维生素可减轻疼痛。

3. **维生素 D**　人体维生素 D 的来源 80% 来自紫外线辐射，只有 20% 来自食物和膳食补充剂。例如，5ml 鱼肝油约含有 400IU 维生素 D，而暴露的身体接受阳光照射则能产生 10 000~25 000IU 维生素 D。另一方面，在中高纬度地区的冬季，膳食在补充维生素 D 方面起着重要作用，因为这一地区和时期的特点是低阳光暴露和低温，以致人们无法接受足够的阳光照射。像骨化三醇是一种活性形式的维生素 D，它具有一定的抗炎作用，包括抑制前列腺素合成，抑制 p38 应激酶信号和核因子 κB（NF-κB）信号转导以及促炎细胞因子的释放。维生素 D 对骨关节炎等慢性疾病的作用，需要做进一步的研究来阐明它在这些疾病中的作用。当然，到目前为止关于维生素 D 与疼痛关系的具体生物学机制还没有阐明，有研究者认为可以从神经递质的角度来对维生素 D 与疼痛之间的关系进行解释。有研究表明，尤其是对于一些缺乏维生素 D 的疼痛患者来讲，补充维生素 D 可作为维生素 D 缺乏的慢性疼痛患者的独立疗法。因此，对于慢性疼痛的治疗，通过膳食或营养素补充剂方法来提高血清中维生素 D 的水平也是营养治疗的一种方法。

4. **姜黄素**　姜黄素是从姜科、天南星科中一些植物的根茎中提取出来的一种植物化学物，是一种二酮类化合物。医学研究表明，姜黄素具有抗炎、利胆、降血脂、抗氧化、抗肿瘤的作用。有研究表明，在慢性疼痛的发生发展过程中，炎症起着重要的作用。所以，降低炎症反应对于慢性疼痛的控制来讲是至关重要的。有实验表明，姜黄素可以抑制慢性气道炎症，其机制可能与 NF-κB 信号通路有关。在一项有关类风湿关节炎的研究中也证实了姜黄素可显著减轻关节疼痛和关节肿胀。最近有研究证明姜黄素通过抑制 Ca^{2+}/ 钙调蛋白依赖性蛋白激酶Ⅱα 的活动，可减轻阿片类药物诱导的痛觉过敏。与此同时，有相当一部分研究表明姜黄素在调节表观遗传模式及抗氧化方面发挥重要作用。通过各种协同作用，姜黄素在治疗慢性疼痛中发挥着重要作用和价值。

5. **镁**　静脉注射硫酸镁能明显减少子宫切除术患者术后吗啡用量，改善患者的舒适度和睡眠质量，而不增加副作用。镁为生理性钙通道阻滞剂和 N- 甲基 -D- 天冬氨酸（N-methyl-D-aspartate，NMDA）受体拮抗剂，它在麻醉镇痛方面起着极其重要的作用。

（二）有助于缓解慢性疼痛的食物

1. **大豆**　大豆是植物雌激素的重要来源之一，研究表明大豆与疼痛有密切关系，其可能通过抑制蛋白激酶 C（Protein kinase C，PKC）、调节细胞因子和免疫反应来发挥抗疼痛作用。但是大豆发挥镇痛作用具有性别差异和种类性状差异。大豆饮料似乎对女性乳腺癌没有效果，而全豆豆乳粉可以减轻神经疾病带来的痛苦，大豆蛋白可以改善男性骨关节炎所带来的疼痛，但是对女性却没有什么效果。因此，大豆对减轻不同患者疼痛的影响机制还有待于进一步研究。

2. **咖啡**　咖啡因（茶、可可、可乐等饮料含有）可能通过阻断细胞接受疼痛信号的分子生物学机制来起到减轻疼痛感的作用。

3. **鱼油**　含有 ω-3 脂肪酸，有助于缓解疼痛。

4. **莓类**　研究发展，樱桃类及莓类水果（包括樱桃、草莓、黑莓）有一定的抗炎效果，作用与阿司匹林等止痛药类似。

5. **辣椒**　辣椒中的辣椒碱可以起到阻止疼痛信号传到中枢神经系统，减轻疼痛感的作用。通常被用于控制头痛、神经痛、骨关节炎和类风湿关节炎等疼痛。此外，辣椒中所含有的水杨酸盐是止痛药阿司匹林的成分。

6. **海藻**　富含镁，有助于放松神经和肌肉，也可起到减轻疼痛的作用。此外，富含镁的食物还包括天然完整的谷类、无花果干、菠菜、大麦苗粉、蓝藻等叶绿素多的食物。

7. **甜食**　甜食中最有代表性的莫过于巧克力，大量科学研究表明，巧克力带给人好心情是因为其含有的苯乙胺可以起到调节人的情绪的作用。同时，巧克力中含有较为丰富的镁，镁具有安神和抗抑郁作用。

（三）营养治疗方式

对于普通的慢性疼痛患者，首先应进行健康教育和膳食指导，如能经口进食，则采用口服营养补充的方式对患者进行强化营养治疗。如患者口服不足或不能经口进食时，例如一些肿瘤或消化道手术后的患者，则采用管饲补充或替代，建议采用持续滴注的方式进行喂养。管饲不能满足要求时，则采用增加肠外营养的输注方式进行补充；如完全不能进行肠内营养，则采取全肠外营养。

四、营养相关并发症的防治

慢性疼痛患者如无一般躯体疾病，则通常需要关注精神心理因素，可能发生抑郁、厌食等并发症，同时疼痛可影响食欲，进而可能导致摄食减少，长期下来可导致营养不良的发生。如是由外伤、手术等引起的慢性疼痛，此时要关注疾病本身，另外在对这些患者进行营养治疗时，要选择合理的营养治疗方式，既要满足患者能量、蛋白质、微量元素以及液体的需求，也要避免过度喂养导致患者可能出现的高血糖、脂代谢紊乱等营养相关并发症。

（李增宁）

第九节　长期昏迷

颅脑损伤和脑血管疾病等颅脑疾病通常造成患者大脑皮质功能丧失，导致患者处于昏迷或无意识状态。

一、概述

患者对周围事物无意识反应，但仍存在皮质下颌脑干功能，如发病后3个月仍无皮质功能恢复者，属于植物状态，俗称“植物人”。植物状态患者除可有咀嚼和下咽动作外，不能自行进食，因此，对该类患者进行营养治疗是维持其存活、改善患者营养状况、防止并发症的发生以及促进康复的必要手段。

二、营养代谢特点

昏迷患者机体出现高分解、高代谢反应，其代谢是正常基础代谢率的140%，尿氮丢失增多，导致患者出现负氮平衡，同时高分解状态会导致低蛋白血症，伤后早期提供足够的营养供给有利于患者提高机体免疫力，促进神经组织的恢复和功能重建。上消化道出血是重型颅脑损伤的常见并发症，其发生率高达91%。颅脑损伤后3h即可引起明显的胃肠黏膜结构和功能损害，至伤后72h达高峰，此损害可持续约7d。肠黏膜的损害可以使肠道屏障功能受损，造成细菌移位而增加机体对感染的易感性。研究表明，72h内开始肠内营养，上消化道出血发生率为12.5%，1周后开始肠内营养的上消化道出血发生率为33.33%。因此，针对昏迷患者的营养代谢特点，早期给予肠内营养不仅能够补充患者机体代谢所需的各种营养素，还能够起到维持水电解质平衡和维护肠道正常形态，胃肠蠕动功能以及营养吸收功能的重要作用。

三、营养治疗原则

对于不能经口进食的昏迷状态患者，大量循证医学以及证据表明，给予成年危重患者早期肠内营养要优于延迟肠内营养，同时，早期肠内营养也优于早期肠外营养。早期开始肠内营养，一方面肠内营养乳剂所含的多种营养底物不仅能够提供机体所需的营养，还有助于维持肠黏膜结构和功能的完整性，减少细菌移位和肠源性感染，加速门静脉系统的血液循环，促使胃肠道激素分泌和营养因子直接进入肝脏，对维护昏迷患者的肠黏膜屏障功能，调节免疫和保护器官功能具有特殊意义。同时，肠内营养乳剂可促进肠蠕动恢复，减轻腹胀，促进肠黏膜的恢复和生长，纠正昏迷患者的内脏循环障碍，增强机体抵抗力，防止并发症的发生。鼻胃管应作为初始肠内营养的标准途径，当然，对于不能耐受经鼻胃管喂养且应用促胃肠动力药无效的患者以及存在高误吸风险的患者，建议行幽门后喂养。对于接受机械通气的危重症患者，建议采用间接测热法测定其能量消耗，以计算其能量需要量。在急性昏迷早期建议使用低能量营养治疗（不超过能量消耗的70%），3d后能量可增加至所测定能量消耗的80%~100%。对于不能耐受足量肠内营养的患者，需根据患者实际情况，个体化评估启动肠外营养的风险和获益，首先应当考虑的是针对肠内营养不足，尽可能地采取相关措施予以纠正和改善，如无效再考虑启动肠外营养。总的来说，针对长期昏迷患者的具体情况，优先选用肠内营养。这对于维持患者生命和基本代谢，改善患者的营养状况，减少胃肠功能紊乱和肺部并发症的发生具有重要意义；同时，其也更有利于患者神经功能的恢复，改善患者的生活质量。

总能量按 20~25kcal/(kg·d)供给，糖脂比 1∶1，氮热比 1∶100，蛋白质占总能量的 15%，脂肪占 30%，碳水化合物占 55%。电解质按生化测定结果进行补充和调节，尤其是钾、钠、氯和钙等需进行及时调节；根据血糖监测结果决定胰岛素的用法和用量。维生素和膳食纤维等：营养液内可添加维生素片剂，亦可添加富含维生素和微量元素的果汁及蔬菜汁等。注入速率与总量遵循由慢到快、由少到多、循序渐进的原则，由总量的 1/4~1/3 开始，以 1/4~1/3 的量逐日递增，5~6d 达到全量。营养液适宜温度 37~41℃。注饲时将头抬高 30°~45°，注饲后保持半卧位 30~60min，防止误吸和反流。注饲后用温水 50~100ml 冲洗鼻胃管，防止食物残留和细菌生长。保持大便通畅，定期检验大便常规及培养，了解肠道菌群及潜血情况。

四、营养相关并发症的防治

1. **误吸** 由于昏迷患者丧失自主进食能力，所以发生误吸的风险很高。针对这种情况，如患者仍存在吞咽功能，则首先考虑改变食物的性状；若仍存在误吸风险，则考虑使用肠内营养。

2. **高血糖** 在患者接受肠内营养后需对患者进行血糖监测，初始 2d 至少每 4h 行血糖检测 1 次。当血糖水平超过 10mmol/L 以后，需使用胰岛素对血糖进行控制。

3. **高脂血症** 推荐使用不超过营养剂量的富含 ω-3 脂肪酸的肠内营养制剂，但是要避免单次应用大剂量富含 ω-3 脂肪酸的肠内营养制品，以防止患者出现脂质代谢紊乱。

4. **电解质** 在实施肠内营养第 1 周内，至少需每天检测一次电解质水平（血钾、血镁、血磷）。对于存在再喂养性低磷血症（血磷<0.65mmol/L，或下降>0.16mmol/L）的患者需每天检测 2~3 次血磷水平，必要时予以补充。对于存在再喂养性低磷血症的患者，需严格限制能量摄入 48h，连续监测患者的血磷水平，根据血磷水平的具体变化予以调整，随后再逐步增加。

（李增宁）

第二十一章　肠道菌群与微生态

肠道微生态是一个极其复杂的系统，涉及众多微生物，与多种疾病关系密切。对肠道微生态与营养素代谢吸收研究，不仅有利于我们进一步了解营养素在机体内如何消化吸收利用，更有助于了解膳食与肠道微生态及疾病对应关系，指导个体化膳食营养干预，预防和改善疾病健康状况。临床日常诊疗中，肠道微生态在营养素代谢吸收及众多疾病的发生发展中扮演着重要角色，肠道菌群的失衡会诱发患者出现营养不良及营养风险，同样肠道菌群的紊乱也是众多肠道内疾病、慢性疾病及自身免疫性疾病发生发展的关键因素。近年来，以肠道菌群促进营养素吸收的产品呈指数增长，但关于肠道菌群与营养素及人类健康关系问题仍未得到根本解决。肠道微生态功能如何优化，如何科学指导营养治疗和产品设计，需要进一步去研究和探索。随着更准确的功能分析出现，将蛋白质组学及代谢组学与现有基于 DNA 的微生物群评估方法相结合，逐步提高研究人员将肠道微生态及营养素消化吸收应用于人类科学研究的能力。相信在不久的将来，新的理论机制和临床实践将会为我们提供更多切实有效的预防和治疗方案。近十年兴起的粪菌移植（fecal microbiota transplantation，FMT）在肠功能障碍、肿瘤和代谢性疾病中的作用，对这类疾病所致的营养干预带来新的治疗选择。

随着肠道菌群结构及功能研究不断加深，菌群微生态紊乱与众多疾病密切相关，且患者常伴有不同程度的营养不良和营养风险。为合理指导临床营养治疗联合微生态制剂治疗，改善疾病预后和转归，本章将着重从肠道菌群生理功能、肠道菌群调节营养素代谢吸收、临床营养治疗联合微生态制剂治疗和粪菌移植的临床应用等方面进行讲述。通过合理应用临床营养联合菌群微生态制剂治疗，可明显纠正患者营养状况及菌群紊乱，改善疾病预后和转归，将是一项很有前景的临床治疗路径。

第一节　正常肠道菌群概述

肠道微生态菌群是一个庞大复杂的生态系统，含有 10^{13}~10^{14} 数量的菌群，种类超过 1 000 种，占全身菌群总数的 80% 左右，其基因总数超过 500 万，是人类基因总数的 150 倍。人体肠道微生物群目前已知由细菌、古细菌、真菌和病毒组成。正常成年人的肠道细菌由厚壁菌门（Firmicutes）和拟杆菌门（Bacteroidetes）主导，相对丰度分别约为 65% 和 25%，此外还存在放线菌门（Actinobacteria）、变形菌门（Proteobacteria）、梭杆菌门（Fusobacteria）和疣微菌门（Verrucomicrobia）等其他成员。肠道中还存在少量的古细菌，最常见的为甲烷短杆菌属（*methanobrevibacter*）。随着卫生条件的提高，肠道内的多细胞真核生物如蠕虫已经逐渐消失。但是它们在肠道微生物组的进化过程中曾是重要的组成部分。

噬菌体（phage）等病毒也是机体肠道微生态系统的重要组成部分，可以调控人体的免疫系统、影响某些基因的转录状态，甚至能够赋予细胞抵御其他病毒感染的能力。病毒组是微生物组中病毒基因组的总称。被关注最多的肠道病毒组是 DNA 病毒——分为双链 DNA 病毒和单链 DNA 病毒，且多为噬菌体，前者包括有尾噬菌体目（Caudovirales），主要为短尾噬菌体科（Podoviridae）、长尾噬菌体科（Siphoviridae）和肌尾噬菌体科（Myoviridae）；后者包括微小噬菌体科（Microviridae）和丝状噬菌体科（Inoviridae）。这些肠道噬菌体大多以前噬菌体形式存在。

每个人肠道的菌群类型和数量因人而异，然而这种差异并不是绝对的。德国海德堡欧洲分子生物学实验室（European Molecular Biology Laboratory，EMBL）的 Arumugam M 等提出“肠型”的概念。他们发现以肠道内的细菌种类和数量划分，人类拥有 3 种肠型，分别以拟杆菌属（*Bacteroides*）、普雷沃菌属（*Prevotella*）和瘤胃球菌属（*Ruminococcus*）为主导。

肠道不同部位的微生物群分布也有所差异。小肠中多存在需氧肠球菌群，包括乳杆菌、链球菌和变形菌纲成员，大肠中则是厌氧菌占优势。空肠和回肠的大多数微生物是需氧菌和兼性厌氧菌，如肠球菌、大肠埃希氏菌、克雷伯菌、乳杆菌、葡萄球菌和链球菌等。盲肠的微生物群比空肠和回肠微生物群更复杂，主要由兼性需氧菌组成，包括乳杆菌、肠球菌和大肠埃希氏菌。在直肠 - 乙状结肠中检测到与盲肠微生物群完全不同的更为复杂的微生物群落，主要是属于拟杆菌属等严格厌氧菌。结肠微生态是自然界中个体生长密度最大的微生态系统之一。据 Whitman WB 等的估计，结肠中所含的微生物约占人体全部微生物的 70%。相对于小肠来说，大肠内微生物群的多样性程度更高，且细菌种类的波动较小。

一般来说，大多数人类肠道微生物群落中，严格厌氧菌数量会超过兼性厌氧菌和需氧菌总数量的 2~3 倍。严格厌氧菌相对比例的减少和兼性厌氧菌（包括大肠埃希氏菌、沙门氏菌、变形杆菌、克雷伯菌和志贺氏菌等病原体）相对比例的增加是肠道微生态失调的共同特征。由于健康人结肠镜检的样品难以获得，而粪便则容易得到，所以目前大多数关于肠道微生物群的数据都来源于粪便样品。虽然存在于粪便和肠道黏膜的微生物群有一定差异，但粪便微生物群在较大程度上能反映肠道内微生物群的组成。

随着时间的推移，个体自身的肠道微生物群成分波动比发育中特定阶段的个体间差异要小。但在个体整个生命周期中发生的发育变化会影响微生物群的组成和功能；反之微生物群也在宿主发育过程中发挥各项功能。当幼儿开始与成人饮食相同后，其肠道微生物群也逐渐接近成人。成人肠道中细菌多样性增加，微生态结构更为稳定。影响肠道微生物群的稳定性和多样性的因素很多，包括：宿主健康状况、年龄、性别、遗传、分娩方式、饮食和抗生素使用等。但肠道微生物群可以形成抵御外部刺激的潜在防御屏障，并且在饮食、生活方式和周围环境的变化方面具有高度适应性。

肠道中存在人体内最多样化的微生物群落，这些微生物群对维持人体健康有十分重要的意义，肠道微生物多样性的减少会导致微生态环境稳定性的降低。肠道微生物群通过定植抗性等多种方式维持自身结构和多样性，包括抗菌产物的分泌、营养竞争、肠道屏障完整性的支持和免疫激活等。

如此庞大而复杂的微生态系统共同担负着机体生命周期营养消化吸收、维生素合成、胆固醇降解、免疫刺激及抑制病原体增殖等生理作用，其相对稳态对肠道功能正常发挥及机体稳态维持至关重要。最新研究表明，肠道菌群可降解饮食中多糖及抗性淀粉等来合成短链脂肪酸（short-chain fatty acid，SCFA），通过结合“代谢敏感型”G 蛋白偶联受体参与肠道黏膜上皮能量供应、免疫调控及肠屏障维持等生理过程，为进一步探讨肠道菌群如何影响营养物质代谢吸收及临床营养治疗奠定了重要理论基础。

（秦环龙）

第二节 肠道菌群对营养与代谢的调节作用

人类与其微生物群经过长期的共同进化，已经形成了十分密切的共生关系。人体的整体代谢是由其自身基因组调节的各种代谢途径以及微生物基因组调节的代谢过程共同组成，这种宿主与微生物群之间的共代谢过程最终调节着宿主的整体代谢。最近已经证明肠道宏基因组具有比人类基因组高约150倍的编码能力，许多人类缺少的生化途径是由肠道微生物群基因组提供的。

据估计，一般杂食性人类的饮食可能含有约8 000种非消化性化合物，如膳食纤维、胆碱和多酚。这些化合物大多不被人体自身的消化酶消化，而是被肠道微生物分解代谢，产生的主要代谢物包括短链脂肪酸（short-chain fatty acid，SCFA）、支链脂肪酸（branched chain fatty acid，BCFA）、支链氨基酸（branched chain amino acid，BCAA）、生物胺（biogenic amine，BA）和气体（例如CO_2和CH_4）。肠道微生物代谢产物为肠细胞提供能量并调节下游细胞信号通路。肠道微生物组还会参与化学物质和污染物的代谢，如重金属、砷和多环芳烃等。

一、肠道菌群与代谢酶活性

肠道微生物组中的成员可产生不同的酶类物质，代谢产生不同的活性物质。如β-糖苷酶能够分解食物中的糖苷类物质，释放出苷基；β-葡糖醛酸糖苷酶能够水解与葡萄糖结合的亲水化合物，使得该化合物被吸收，进入肝脏代谢，分泌入胆汁，完成肠肝循环；硝基还原酶能够将硝酸盐转化为毒性强的亚硝酸盐，对机体产生不利作用，具有重要临床意义；偶氮还原酶可将偶氮化合物代谢产生胺类物质，然而过量的胺类物质可能对机体有不良反应；氨基脱羧酶也是肠道菌具有的酶类物质，能够将食物中的氨基酸脱羧产生胺类物质；肠道菌的脱氨基酶可以将氨基酸脱氨基生成有毒性作用的氨，并被肠道吸收，对神经精神系统有不利影响。膳食纤维可以在结肠内由肠道微生物群消化，随后微生物群发酵产生SCFA，如乙酸盐、丙酸盐和丁酸盐等。SCFA不仅为结肠黏膜提供了主要的能量供应，而且还可以维护肠道上皮细胞的完整性和杯状细胞的分泌功能；对黏膜免疫细胞有维护作用，还可以减少促炎因子的生成，有利于黏膜炎症的修复，对宿主具有重要意义。小肠上皮有肠内分泌细胞，它可以被微生物的代谢产物如SCFA通过与其上的G蛋白偶联受体结合激活，从而分泌多种代谢相关肽，与食物的摄入、脂质存储和能量平衡相关。

二、肠道菌群与糖类物质

人类饮食富含碳水化合物，即糖类物质，主要包括复合多糖、二糖和单糖。研究表明，微生态菌群的存在可显著改善肠道对糖类物质的吸收，通过调控碳水化合物反应元件结合蛋白（carbohydrate response element binding protein，ChREBP）和固醇调节元件结合蛋白1（sterol regulatory element-binding protein 1，SREBP1）转录因子，分别提升机体血清葡萄糖和胰岛素水平，并激活乙酰辅酶A羧化酶（acetyl CoA carboxylase 1，ACAC1）基因和脂肪酸合酶（fatty acid synthase，FASN）基因，促进肝脏脂肪从头合成途径。肠道菌群还能增强机体钠-葡萄糖偶联转运体1（sodium-glucose linked transporter 1，SGLT1）和葡萄糖转运蛋白2（glucose transporter 2，GLUT2）基因表达，增加肠道对葡萄糖和半乳糖的摄取并结合钠离子共同进入肠上皮细胞，促进糖类营养素吸收。在结肠菌群酵解中，厚壁菌门及拟杆菌门占肠道菌群绝大部分。厚壁菌门主要参与宿主膳食能量吸收，将多糖转换为可吸收单糖和短链脂肪酸，拟杆菌门主要负责糖类及类固醇物质代谢，增加基础营养素吸收。近期，Glenwright AJ团队研究发现，肠道菌群对机体营养素获取可通过细胞膜上蛋白复合体完成，该复合体由一个底物结合蛋白（SusD）和通道形成转运蛋白（SusC）组成。SusCD复合体发挥生物学功能时与脚踏垃圾桶类似，SusC就像桶身，SusD类似桶盖，当低聚糖等营养素作为底物出现时，桶盖打开，捕获底物，再通过桶身进入到细菌体内，进一步无氧酵解生成SCFA、三甲胺、胆汁酸等代谢产物。

人类不具备降解不易消化的碳水化合物如复合多糖的能力，例如抗性淀粉、不可消化的多糖、低聚糖和植物纤维等，而饮食来源的碳水化合物大多为上述物质。这些人类自身无法消化的物质进入结肠后可由结肠微生物群代谢加工。结肠微生物群通过产生不同的水解酶来降解这些具有复杂大分子结构的底物，帮助机体消化吸收。

三、肠道菌群与膳食纤维

目前认为 SCFA 生物合成是从葡萄糖到丙酮酸，再到乙酰辅酶 A，最后到乙酸、丙酸及丁酸。同样氨基酸也可作为 SCFA 另类底物，但葡萄糖与氨基酸在抵达结肠前已被吸收，故膳食纤维是微生物产生 SCFA 的主要来源。可溶性膳食纤维通过结肠菌群发酵产生 SCFA，不仅为肠上皮细胞及菌群生长提供能量，也能调节肠道 pH 以促进乳酸杆菌及双歧杆菌等有益菌生长，达到抑制有害菌群、纠正肠道微生态紊乱的目的，也可作为血糖调控剂调节胰岛素分泌和利用。膳食纤维代谢生成 SCFA 成分主要包括乙酸盐、丙酸盐和丁酸盐，三者均通过不同亲和力结合 G 蛋白受体，对机体肠道稳态、免疫应答及能量代谢产生重要影响。其中丁酸盐可与 G 蛋白偶联受体 -41（G-protein coupled receptor 41）结合，调节机体交感神经系统，从而发挥调控机体能量稳态的生物学效应。进一步研究发现，丁酸同样能够通过阻断组蛋白脱乙酰酶（histone deacetylase，HDAC）来抑制结肠肿瘤细胞增生增殖、促进肿瘤细胞凋亡、影响原癌基因表达，达到预防和治疗结肠癌的效果。乙酸盐作为体内含量最高的 SCFA，在糖代谢过程中可通过促进肠道 L 型分泌细胞来增加胰高血糖素样肽 1（glucagon-like peptide 1，GLP-1）分泌，促进胰岛素分泌并改善胰岛素抵抗和敏感性，同时参与调控机体脂肪及胆固醇代谢，在机体内发挥至关重要的作用。

近年来，膳食纤维被广泛用于临床患者营养治疗，可以调节能量代谢，维持菌群平衡，改善疾病预后效果。研究证实，肠道菌群通过发酵吸收膳食纤维，可增加机体内胰高血糖素样肽分泌与表达，修复肠道细胞增殖，增强机体对疾病适应性，减少机体免疫及氧化因子释放，缓解炎症反应。与此同时，膳食纤维也能调节肠道菌群结构及相对丰度，增加肠道乳酸杆菌和双歧杆菌结构的丰度，同时也能抑制肠杆菌及肠球菌生长，促进肠道健康。

四、肠道菌群与脂肪及结构脂质

在膳食脂质溶解、消化吸收过程中，胆固醇、胆汁酸及肠道菌群占有非常重要的作用。初级胆汁酸在肝脏内由胆固醇产生并分泌到小肠中，肠道菌群可通过表达羟化类固醇 7α- 脱氢酶作用将初级胆汁酸生成次级胆汁酸。在胆汁酸合成过程中，胆汁酸可激活法尼酯 X 受体（farnesoid X receptor，FXR）来诱导表达成纤维细胞生长因子 19（fibroblast growth factor 19，FGF 19），负反馈抑制胆汁酸合成，动态调节机体代谢和生理功能。与此同时，肠道菌群可通过作用于胆汁酸促进成纤维细胞生长因子（fibroblast growth factor，FGF）释放，激活下丘脑 AGRP/NPY 神经元受体后使 AGRP/NPY 神经元基因表达沉默，提高机体对葡萄糖的耐受性。研究还发现，肠道菌群通过对胆汁酸转化后，其代谢产物可结合肌肉及棕色脂肪细胞 G 蛋白偶联胆汁酸受体（G protein-coupled bile acid receptor 5，TGR5），明显提高环磷酸腺苷（cyclic adenosine monophosphate，cAMP）水平，促进Ⅱ型脱碘酶释放，增加体内甲状腺激素水平，提升脂肪代谢和能量消耗，改善并预防肥胖及胰岛素抵抗等疾病的发生。Martinez-Guryn K 等进一步研究发现，梭菌科成员可通过其代谢产物和生物活性因子增加对脂质的摄取吸收，增加二酰甘油酰基转移酶 2（diacylgycerol acyltransferase 2，DGAT2）表达，促进甘油三酯合成。因此，肠道菌群虽然促进脂肪代谢吸收，但随着高脂饮食进一步发展，会显著降低拟杆菌及双歧杆菌等肠道有益菌，增加厚壁菌、变形菌及梭杆菌等潜在致病菌数量，使肠屏障通透性增强，机体内毒素及肠源性毒素水平增加，最终诱发细菌移位、胰岛素抵抗、肥胖、肠道肿瘤等疾病。为此，一种全新的脂肪改良产品应运而生——结构脂质，其富含大量多不饱和脂肪酸（polyunsaturated fatty acid，PUFA），通过酶法和化学方法来改变脂肪酸化学式和结构位置，具备特殊营养疗效和功能。有研究用富含 ω-3PUFA 鱼油喂养小鼠后，其肠道粪便测序显示厚壁菌门数量增高，螺杆菌、梭菌属及鞘脂单胞菌等潜在致病菌丰度显著下降，有利于益生菌生长，一定程度上减少胃溃疡和肥胖的发生。Ghosh 等学者通过向膳食中添加 ω-6PUFA 和 ω-3PUFA，可显著增加肠道双歧杆菌及乳杆菌丰度，减少致病菌数量，促进肠道免疫细胞渗透，增加前列腺素表达，减少疾病发生。可见，肠道菌群不仅能通过胆固醇代谢影响脂肪吸收代谢，还能缓解机体胰岛素抵抗，改善肥胖，增强机体免疫力。

五、肠道菌群与膳食蛋白质及氨基酸

蛋白质经代谢生成的水解产物因具有低致敏性、易吸收及生物活性等特点，常用于医疗、航天、食品等领域。传统观点认为，蛋白质进入人体后需被降解为游离氨基酸形式才能被小肠吸收。但随着进一步研究发现，寡肽也是蛋白质非常重要的吸收形式，即蛋白质由游离氨基酸及寡肽 2 种独立吸收机制组成。在转运过程中，肽类及氨基酸吸收均采用逆浓度梯度主动转运，转运系统由依赖 H^+ 浓度或 Ca^{2+} 浓度主动转运系统、pH 依赖性的非耗能性 Na^+/H^+ 交换转运系统及谷胱甘肽（glutathione，GSH）转运系统组成。肠道菌群的存在对机体 H^+ 供给，维持最佳 pH 反应浓度及促进相关酶活性起到非常重要的作用。当存在高分解代谢、慢性疾病及自身免疫性疾病伴严重营养不良时，整蛋白营养制剂将成为最理想的肠内营养剂，其完整蛋白质可提供丰富氮元素，含有的谷氨酰胺也能为肠黏膜细胞增殖提供帮助，有效补充机体所需蛋白质，减少内毒素产生，缓解炎症损伤及肾脏负荷，改善临床症状及并发症，降低疾病风险。当上述膳食蛋白未经机体消化酶完全吸收，可运送至结肠末端进行菌群酵解，为菌群提供生物必需碳和氮，同时分解生成的 SCFA、支链氨基酸、吲哚、酚、氨和胺等代谢产物，可进一步参与肠道屏障完整性维持和刺激机体免疫应答。同样，宏基因组技术显示肠道微生物有着丰富氨基酸代谢能力，能合成苯丙氨酸、色氨酸、赖氨酸、亮氨酸、异亮氨酸等机体必需氨基酸。其中机体所需赖氨酸来源中，肠道菌群合成贡献占比 2%~20%，亮氨酸甚至高达 20%。肠道菌群通过对不同种类氨基酸进行脱氨、转氨作用产生结构各异的 α- 酮酸或 α- 羟基酸，再经过氧化还原反应生成短支链脂肪酸，最后同 SCFA 一起发挥生物学效应。

六、肠道菌群与微量营养素

除常量营养素外，肠道菌群还可调节各种微量营养素的合成吸收和代谢。维生素作为机体发育生长必需营养素之一，过量和不足均可导致机体代谢紊乱。人体日常所需维生素主要来源于食物摄取，少数可通过肠道菌群合成代谢提供，如维生素 B、C、D、K、生物素及叶酸等。近期研究表明，维生素 B_2 可由大肠埃希氏菌、枯草杆菌及沙门氏菌等合成，维生素 K 主要由大肠埃希氏菌合成，而双歧杆菌及乳酸菌可在体内合成叶酸。与此同时，机体提供的几种维生素也有助于肠道菌群的组成并在菌群体内发挥重要作用。如维生素 B_2 可帮助菌群调节细胞外电子转移和维持氧化还原状态，维生素 D 及其受体可通过塑造肠道菌群及其微环境来调节肠道炎症。维生素通过代谢与肠道菌群间存在相互作用，共同促进机体良性发展。像维生素一样，矿物质（如铁、钙、镁、锌等）也是众多哺乳动物和细菌生理过程中重要的辅助因子，可以显著改变肠道菌群，其中铁对肠道菌群的种类及其分布影响研究较多。铁是病原体生长必需的微量营养素，限制铁的摄入是增强营养免疫力的有效措施，研究结果也进一步证实，给予婴儿铁的补充会显著增加病原体生长和肠道炎症。另外，肠道菌群所产生的有机酸可成为一种螯合剂，能促进机体内铁、钙、磷等矿物质的利用和吸收。因此，我们应针对不同患者群体给予正确的膳食方式和临床营养治疗。

七、肠道菌群与胆汁酸的代谢

肝脏分泌的胆汁酸（或胆盐）是甾酸，分泌到胆汁中，其主要功能是对膳食脂肪的代谢和脂溶性维生素及胆固醇的吸收。5%~10% 胆汁酸的生物转化是通过肠道微生物完成的，在体外胆汁酸与纯培养的肠道微生物混合孵育后可出现多种生物转化。胆汁酸的转化主要依靠厌氧菌属，其中最重要的是 7α- 脱羟基作用，通过胆汁盐水解酶解离形成次级胆汁酸，一小部分胆汁酸通过粪便排出体外，剩余部分反过来又通过回肠上皮胆汁酸转运体被重吸收。肠道微生物群可能通过在肠腔中的胆汁酸代谢影响信号通路参与能量和脂类代谢，导致脂质过氧化，肝脏产生脂肪酸和甘油三酯存储。胆盐水解酶是参与胆汁酸代谢的主要酶类，已知拟杆菌属（*Bacteroides*）、双歧杆菌属（*Bifidobacterium*）、梭菌属

(*Clostridium*)、乳杆菌(Lactobacillus)和李斯特菌(Listeria)具有这种水解酶编码基因,调节胆盐水解酶活性可能是一种控制肥胖和代谢综合征的有效方法。

八、肠道菌群与生酮饮食

随着 Kroemer G 在 *Cell* 杂志证实,碳水化合物可通过葡萄糖代谢物磷酸二羟丙酮(dihydroxyacetone phosphate,DHAP)和甲基乙二醛形成糖基化终产物,促进脂肪合成,加重胰岛素抵抗,并增加炎性及氧化应激反应,诱发动脉粥样硬化、肥胖、糖尿病等多种慢性疾病,促使人们重新增加对低碳水化合物饮食即生酮饮食的关注。生酮饮食的特征在于非常低的碳水化合物消耗(总能量摄入的 5%~10%),足以增强酮体的产生。它最初是针对儿童难治性癫痫治疗方法开发的,随着研究不断深入,肠道菌群在此治疗过程中发挥重要作用。研究表明,生酮饮食可通过调节特异性肠道细菌来增强海马体内氨基丁酸 / 谷氨酸水平,达到神经保护效果,用于孤独症(autism spectrum disorder,ASD)、线粒体脑病、帕金森病、阿尔茨海默病及神经胶质瘤等疾病的辅助治疗。近期研究表明,生酮饮食同样能促进肠道嗜黏蛋白阿克曼菌(*Akkermansia muciniphila*)增殖,显著改善肥胖、糖尿病等代谢疾病,并表示坚持生酮饮食 6 个月,患者可恢复结肠微生物组健康水平。Crawford PA 进一步证实,肠道菌群在营养缺乏或生酮饮食期间促进机体单糖吸收的同时,也能增加过氧化物酶体增殖物激活受体 α(peroxisome proliferators-activated receptor α,PPARα)调控表达,增强肝脏生酮及心肌酮体利用,改善脏器健康代谢。然而,这些研究是在具有特定代谢条件的小群组中进行,限制了对更大群体的推广,但近年来生酮饮食改良模式迅速普及,有必要进一步研究生酮饮食对肠道菌群及肠道环境的长期安全性和影响。

总之,肠道微生态在营养素代谢吸收及众多疾病的发生发展中扮演着重要的角色。肠道菌群失衡会诱发患者出现营养不良及营养风险,肠道菌群紊乱同样也是众多肠道内疾病、慢性疾病及自身免疫性疾病发生发展的关键因素,合理应用临床营养联合微生态治疗将会明显纠正患者营养状况,改善肠道菌群紊乱及疾病预后。因此,临床营养联合微生态制剂调节肠道菌群将是一项很有前景的临床治疗路径。

(秦环龙)

第三节　临床营养联合微生态制剂的应用

肠道微生态与营养素代谢吸收及其相互关系上文已作详细叙述。针对目前众多慢性疾病、肠道内疾病及自身免疫性疾病,临床主要采用药物及手术治疗。近年来通过临床营养联合微生态制剂或粪菌移植(fecal microbiota transplantation,FMT)来达到促进机体营养素代谢吸收、纠正患者营养状况、增强胃肠黏膜屏障保护、调控机体免疫内分泌、改善疾病相关菌群紊乱的目的,也越来越受到科研人员和临床医师的广泛认可和关注。

一、临床营养概述

临床营养治疗是指患者通过口、胃肠道或肠道外途径补充较为全面的营养素,来纠正或者预防营养不良或营养风险,维持患者最佳营养状态,降低疾病并发症及病死率,缩短住院时间,减少医疗费用,促进机体健康恢复。临床营养治疗主要包括肠内营养(enteral nutrition,EN)和肠外营养(parenteral nutrition,PN)。20 世纪 70 年代后,便开始创用深静脉营养技术,所有患者均可采用静脉提供全部所需营养素。但随着时间的推移,肠外营养相关并发症不断出现,逐步引发人们对于肠内营养治疗的探索。相比肠外营养,肠内营养能够明显降低感染等其他并发症的发生,降低住院费用,增强肠道黏膜屏障保护作用，联合微生态制剂同样还能纠正肠道微生态紊乱，调节免疫内分泌，减少肠道细菌移位和肠源性感染的发生。回顾以往文献报道，对比肠外营养，肠内营养有更少并发症的发生率。当胃肠道功能允许条件下，肠内营养可以取得相同治疗效果，且更加安全可靠。当然，肠外营养的优势在于非常有利于胃肠功能障碍患者，且能在短时间内快速纠正患者水电解质与酸碱失衡，但当患者发生肝、肾功能障碍时，其应用将受到明显限制。因此在临床实践过程中，应根据患者病情来选择营养方式，当胃肠道功能允许时，优先选择肠内营养，必要时肠内与肠外联合应用。同时根据病情需要，可联合微生态制剂或粪菌移植来达到调节肠道代谢、改善肠道菌群结构、调控机体免疫内分泌的治疗目的。

二、微生态制剂的分类和作用

微生态制剂是根据微生态原理来利用对宿主有利的微生物及代谢产物以及能够促进肠道有益菌群生长的物质所制成的制剂，包括益生菌（probiotics）、益生元（prebiotics）和合生元（synbiotics）。益生菌是指含活菌或包含菌体组分及代谢产物的死菌制成的生物制剂，进入宿主体内后能改善体内微生物及酶的平衡或刺激体内免疫系统，发挥生物效应。常见益生菌包括乳酸杆菌、双歧杆菌、肠球菌等。益生元是一类膳食补充剂，通过被正常菌群摄取利用后刺激一种或多种有益菌群的生长及活性，抑制有害菌群的生长繁殖，从而改善肠道菌群稳态。此类物质通常为寡糖类物质，包括乳果糖、果寡糖、半乳糖等。伴随测序技术的发展和肠道菌群 - 人体健康研究的深入，人们发现联合使用益生菌和益生元效果更佳，“合生元”的概念便呼之欲出了。合生元又称合生素，是指益生元和益生菌的组合制剂，或再加入维生素、微量元素等。它既可以发挥益生菌的生理性细菌活性，又可选择性地快速增加这种菌的数量，使益生菌作用更显著持久。1995 年，Gibson 和 Roberfroid 引入了“合生元”一词来描述协同作用的益生菌和益生元复合物，这种组合的主要目的是提高益生菌在胃肠道中的生存能力。合生元进入胃肠道后，可以选择性地促进宿主肠道内原有的一种或几种有益细菌生长繁殖、激活生理肠道微生物群的新陈代谢，通过有益菌的繁殖增多，抑制有害细菌生长，从而达到调整肠道菌群，促进机体健康的目的。合生元同时具有益生菌和益生元的特性，它们的产生是为了克服益生菌在胃肠道中可能存在的生存困难。因此在单一产品中，这两种成分的适当组合应能确保比单独使用益生菌或益生元的活性有更好的效果。

微生态制剂通过改善肠道菌群失调、抑制有害菌生长、促进肠上皮细胞修复以及激活免疫系统来提高宿主健康水平或改善健康状况。尽管益生菌进入人体后会有消化液及胆汁屏障的阻碍，但部分益生菌仍然可以通过屏障到达肠道发挥生物效应。

三、临床营养联合微生态制剂应用

微生态紊乱导致的疾病众多，且患者常合并有不同程度的营养不良或营养风险。通过临床营养联合微生态治疗，不仅能改善患者必要营养素的吸收，同时也能维护患者胃肠黏膜正常生理功能，防止肠源性感染的发生。同时联合微生态制剂干预调控或粪菌移植（FMT），可进一步增强胃肠黏膜屏障保护作用，改善肠道菌群紊乱情况，进而影响慢性疾病的发生预后和转归。目前临床营养联合微生态治疗常用于肠易激综合征、炎症性肠病、结直肠癌、代谢性疾病、抗生素相关性腹泻、幽门螺杆菌相关性胃炎、肝硬化等疾病的治疗。

1. 肠易激综合征（irritable bowel syndrome，IBS）　IBS 是以腹部不适伴有排便习惯改变为特征的功能性肠病，病因复杂，可能与内脏感觉过敏、胃肠道动力紊乱、菌群失衡、社会心理等因素相关。疾病持续反复发作可导致患者精神紧张、焦虑，营养消耗增加，同样也可造成胃肠道营养吸收不良，诱发水电解质及酸碱失衡。配合临床营养联合微生态治疗可在一定程度上促进营养素吸收，缓解患者营养状况。同样，研究表明患者肠道菌群大肠埃希菌增多，乳杆菌及双歧杆菌丰度减少。益生菌治疗 IBS 可以在一定程度上缓解腹胀、腹痛等不适。推荐选取乳杆菌及双歧杆菌等相对安全、有效的益生菌制剂。

2. **炎性肠病**(inflammatory bowel disease,IBD) 在IBD患者中,营养不良是本病主要肠外表现之一,可有营养缺乏、超重或肥胖,而其营养不良或营养风险程度主要与疾病活动程度、病程以及疾病累及部位有关,直接或间接影响患者疾病预后,增加住院频率和住院时间,且更易发生感染风险,降低患者生活质量。因此,营养治疗在IBD患者治疗中显得尤为重要。同样,研究发现,补充双歧杆菌以及乳杆菌8周以后可明显降低患者血清中IL-1β、TNF-α和C反应蛋白,提升血清中IL-6和IL-10水平。另一研究表明,复合益生菌VSL#3用于IBD患者后不仅可以缓解肠道炎症反应,还能在一定程度上提升紧密连接蛋白水平,加强肠道稳定性。目前推荐益生菌作为IBD的辅助治疗。

3. **结直肠癌**(colorectal cancer,CRC) 结直肠癌可伴有不同程度食欲减退、恶心、呕吐等胃肠道不适,长期慢性便血、营养不良、局部糜烂以及感染毒素吸收可导致患者消瘦、委靡、恶病质等,因此临床营养治疗显得非常重要。同样,近年来认为益生菌主要通过改善菌群结构、抑制致病菌生长、降解致癌代谢物、抑制酪氨酸激酶信号转导以及增强宿主免疫力等方面来达到防治肿瘤效果。研究表明,鼠李糖乳杆菌、双歧杆菌等可有效降低结直肠癌的发病风险,并在一定程度上延缓肿瘤的扩散。

4. **代谢性疾病** 代谢性疾病包含糖尿病以及肥胖,本身就伴有不同程度营养风险,且与肠道微生态关系密切。动物实验表明,适当补充干酪乳杆菌可有效降低肥胖小鼠的糖尿病发病率,降低高脂饮食条件下小鼠体重的上升幅度。适量补充益生元膳食纤维及结构脂质还可以提高肠道内双歧杆菌的丰度,改善胰岛素分泌功能以及葡萄糖耐量程度。

5. **抗生素相关性腹泻**(antibiotic-associated diarrhea,AAD) AAD是指使用抗生素后发生用其他原因无法解释的腹泻,持续长时间腹泻可导致患者营养吸收不良,营养物质流失,伴有不同程度水电解质及酸碱失衡,而其本质上为抗生素诱发的肠道微生态失调。不同的抗生素发生AAD的概率不同,但国内外大量研究表明,使用临床营养治疗联合益生菌可有效促进营养素吸收,补充患者营养素缺乏,改善肠道菌群结构,减少AAD的发生概率,目前推荐使用双歧杆菌、乳酸杆菌、链球菌、肠球菌等来治疗AAD。

6. **幽门螺杆菌相关性胃炎** 幽门螺杆菌(*Helicobacter pylori*,Hp)在胃肠道疾病演进和发展中起到重要作用,是诱发慢性胃炎、胃溃疡的主要因素,也是诱发胃癌的危险因素。其疾病伴随的胃肠道功能吸收障碍、食欲下降、腹泻、慢性上消化道出血等均可导致患者营养缺乏及免疫力下降,增加感染及并发症风险。应用临床营养联合微生态治疗可显著改善机体营养素吸收,纠正患者营养状况,保证治疗顺利进行。随着抗生素耐药率的不断提升,益生菌也为抗菌治疗提供了新的治疗思路。研究表明,乳酸杆菌以及双歧杆菌等可在一定程度上提升Hp根除率,纠正肠道菌群失衡,缓解胃肠道不适,提高治疗效果。

7. **肝硬化** 肝脏是人体重要的代谢器官,慢性肝病一直是我国常见的消化系统疾病。慢性肝脏损伤会导致机体营养素代谢改变和伴有不同程度营养不良或营养风险,而患者营养状况失衡同样也会反过来影响肝病的发展和转归。肝硬化则是慢性肝病发生发展的终末阶段,肝硬化病程发展中常存在肠道微生态失衡和代谢紊乱,导致肠黏膜屏障功能受损,肠道通透性增加,诱发细菌移位。而肝门静脉系统主要接收来自肠道静脉血液汇总至肝脏,因而肠道与肝脏间存在紧密联系,即肠-肝轴。当发生细菌移位时,随着门静脉中内毒素水平增高,毒素直接作用于肝脏实质细胞、Kupffer细胞、星状细胞及免疫细胞,促使体内中性粒细胞聚集释放一系列炎症因子及细胞因子,进一步加重肝脏损伤。而其伴随的众多并发症如肠源性内毒素血症、自发性腹膜炎、肝性脑病等与肠道菌群失调、定植能力下降、肠道细菌移位等均密切相关,直接影响着患者的生活质量和病情预后。使用含有双歧杆菌、乳杆菌、酪酸梭菌、乳果糖等微生态制剂可有效促使肠道乳酸生成,抑制致病菌生长,维持肠道厌氧环境,减少细菌移位和内毒素的生成,降低血氨,改善肝功能和预后。

(秦环龙)

第四节　粪菌移植的临床应用

粪菌移植（fecal microbiota transplantation，FMT）是将健康人粪便中的功能粪菌移植到患者肠道内，重建新的肠道菌群，实现肠道内、外疾病的治疗。这一革命性的新疗法已被证明在治疗艰难梭菌感染（Clostridium difficile infection，CDI）方面非常有效，众多临床医学指南及共识推荐用于治疗复发性或难治性 CDI。此外，FMT 对肠炎、肥胖症、肝病、食物过敏、多发性硬化症和帕金森病等多种疾病亦显示良好的疗效。迄今全世界已有数十万例患者接受 FMT 治疗，这种新型疗法的迅速崛起使越来越多的患者受益。FMT 被美国著名医疗机构克利夫兰诊所评为 2014 年十大医疗创新，菌群胶囊的发明被美国时代周刊评为 2013 年十大医疗突破。美国 FDA 已经批准 FMT 在 CDI 患者中的临床应用。FMT 从肠道微生态角度探索疾病的治疗，对于与肠道菌群有密切关系特别是传统治疗无效或效果很差的疑难疾病，是一个有着深远意义的治疗新选择。

一、粪菌移植适应证的选择

1. **艰难梭菌感染**　艰难梭菌感染是唯一被临床指南明确推荐的适应证。FMT 用于复发性艰难梭菌感染的治疗已先后被美国、欧洲、澳大利亚等国家和地区列入临床指南。2017 年，中国医师协会检验医师分会感染性疾病检验医学专家委员会发布《中国成人艰难梭菌感染诊断和治疗专家共识》，其中也推荐了 FMT 用于治疗复发性 CDI。综合各国指南与共识，FMT 适用于二次或多次复发的 CDI、首次复发并且再次复发风险大的 CDI 以及难治性 CDI，而不应作为初发 CDI 的首选治疗。无论是单纯 CDI 还是合并有其他疾病（如 IBD）的 CDI，都应遵守以上原则选择治疗方案，同时应警惕与 FMT 相关的不良反应。

2. **除 CDI 之外的肠道疾病**　FMT 用于除 CDI 之外的肠道疾病的治疗，尚缺乏足够的循证医学证据支持，故应以临床试验的方式开展，且只有当传统治疗无效时才考虑使用 FMT。目前有关研究较多的为溃疡性结肠炎、肠易激综合征以及功能性便秘。

（1）溃疡性结肠炎（ulcerative colitis，UC）：FMT 对治疗活动性 UC，至今国际报道了 6 项随机对照临床研究，临床缓解率为 24%~32%，其中 4 项研究结果显示 FMT 组缓解率高于安慰剂组 5%~9%，1 项研究报道了阴性结果，另 1 项研究得出 UC 症状缓解与肠道特定菌群及代谢物丰度有关。FMT 有望成为治疗轻至中度 UC 的有效方式，当传统治疗无效时可考虑行 FMT，但应警惕 IBD 加重或复燃的可能。由于肠道通透性增加、结肠溃疡可能会增加菌血症发生概率，故对于严重病变的活动期 IBD 应慎行或不行 FMT。

（2）克罗恩病（Crohn′s disease，CD）：有关 FMT 治疗克罗恩病的尝试，国际报道有 10 余项临床研究，包括个案报告与队列研究，总入组患者 100 余例，临床缓解率在 29%~70%，平均 47%~52%，略高于溃疡性结肠炎。但由于克罗恩病临床表现多样化且易伴发肠瘘等穿透性病变，以及肉芽增生阻滞肠腔导致机械性狭窄，常被迫行外科治疗，这可能是 FMT 治疗克罗恩病随机对照临床试验较难开展的原因。对于传统治疗无效或无严重并发症的克罗恩病患者，可尝试行 FMT 治疗，一旦出现腹腔感染、肠梗阻等严重并发症，则应按照治疗指南规范处理。

（3）功能性便秘（functional constipation，FC）：研究显示 FMT 对于 FC 有效率超过 50%，且治疗期间未发生严重不良反应。其中 2017 年一项 FMT 治疗慢传输型便秘的随机对照临床试验结果显示，随访 12 个月后 FMT 组治愈率为 36.7%，对照组治愈率 13.3%，提示 FMT 治疗效果优于传统保守治疗。上海市第十人民医院现已行 FMT 治疗便秘 1 000 余例，其中大部分为传统泻药无效、并发粪石性肠梗阻或手术后复发患者，病史复杂且存在较重精神负担，不宜给予安慰剂对照。故虽然目前

FMT 治疗 FC 尚缺乏大样本随机对照研究证据支持，但当传统保守治疗无效时，保守治疗应考虑尝试 FMT。

(4) 肠易激综合征（irritable bowel syndrome，IBS）：现有的荟萃分析报告及随机对照临床试验显示经鼻肠管或结肠镜输注菌液可能对治疗 IBS 有效，而口服胶囊未见明显疗效，暂无足够证据支持 FMT 对 IBS 有明显的疗效，故 FMT 治疗 IBS 仅能作为临床试验开展，特别是当传统治疗无效时，可考虑尝试经鼻肠管或结肠镜途径的 FMT。

(5) 腹泻：除外以上疾病导致的腹泻，现今只有关于 FMT 有效缓解器官移植后腹泻及脓毒症后腹泻的零散报道。虽报道较少，但其意义重大，FMT 有望成为一种有效治疗腹泻、放射性肠炎的新手段。

3. **肠道外疾病**　FMT 治疗肠道外疾病的有效性，尚缺乏大样本随机对照临床试验的支持，但现有报道为进一步探索 FMT 适应证提供了依据，如传统治疗无效，特别是当肠道菌群扰动（如病原菌感染、抗生素使用等）是引起疾病或诱发症状加重的因素时，则可考虑尝试包括 FMT 在内的肠道微生态治疗。具体如下。

(1) 神经系统疾病：FMT 在缓解胃肠道症状的同时也观察到对神经系统症状的改善。了 FMT 可治疗便秘患者的抑郁、焦虑症状，其临床疗效可用“肠 - 脑轴”的机制解释。人体多种神经递质由肠道产生，可受肠道菌群调控，故而 FMT 可能成为治疗神经系统疾病的手段之一。但有关临床试验较少，目前仅有关于 FMT 在缓解抑郁、自闭症、帕金森及癫痫方面的零星报道。

(2) 代谢相关疾病：近些年的研究表明，肠道菌群在肥胖、糖尿病、高脂血症、冠脉粥样硬化等疾病的发生发展过程中作用明显。食物消化吸收、能量平衡、机体炎症反应、激素水平等均可受肠道菌群及其代谢产物的调控，这些作用在动物实验和临床试验中均得到验证。目前已有 FMT 缓解肝性脑病、代谢综合征的报道。

(3) 肿瘤相关疾病：多篇文献已证实肠道菌群可影响肿瘤的发生发展及预后，已有临床研究尝试使用微生态疗法治疗肿瘤或相关疾病。近期报道 FMT 可提高免疫检查点抑制剂的疗效，肿瘤放疗、免疫治疗引起的腹泻、便血等结肠炎症状亦可被 FMT 所缓解。更多有关粪菌移植与肿瘤免疫治疗的临床研究已在 clinicaltrials.gov 网站上注册（注册号：NCT03353402，NCT03819296 和 NCT03341143）。

二、禁忌证

有关 FMT 的禁忌证国际指南没有明确规定，但对于一些特殊人群，行 FMT 治疗后严重不良反应发生的风险会升高。已有文献报道了 CDI 合并 IBD 患者接受 FMT 后 IBD 症状加重或复燃的案例。2019 年 6 月，美国 FDA 报道了 1 起 FMT 导致 2 名严重免疫抑制患者耐药菌感染并造成 1 人死亡的事件，引起业界广泛关注，一批临床试验被叫停。由于 FMT 具有生物制剂和器官移植的双重性质，其作用机制与风险尚不明确，且临床实施中存在较多伦理争议，故对 FMT 的实施及操作需严谨慎重。如出现以下情况之一则不应行 FMT 治疗：①肠道大面积溃疡、出血；②移植通道梗阻；③移植操作本身（内镜、置管、灌肠、经口饮食）的禁忌证；④未通过伦理审核的临床试验或患者拒绝接受 FMT。如出现以下情况，原则上不宜行 FMT，但如传统治疗无效且有临床症状与肠道微生态紊乱有关的证据，可考虑尝试行 FMT，但应告知患者及家属发生严重并发症风险较高，并在治疗过程中对患者严密监护：①生命体征（体温、心率、血压、呼吸）不稳定；②严重免疫系统紊乱；③孕妇或哺乳期妇女。

三、粪菌移植方法学

1. **移植前肠道准备**　根据指南及相关文献，结合本中心经验，菌液输注前需结合患者自身情况及疾病种类行肠道准备。

(1) 抗生素使用：对于 CDI 患者的治疗，指南强烈推荐在行 FMT 前需使用万古霉素或非达霉素至少 3d，并且最后一次给药与第一次菌液输注需间隔 12~48h，这有利于控制移植前肠道内艰难梭菌的丰度并使菌液作用发挥到最大。对于治疗除CDI之外疾病，是否应在FMT前使用抗生素，国际尚无统一标准。结合本中心经验，如患者存在明显的肠道菌群紊乱，尤其是肠源性感染性疾病，可在行FMT之前经肠道给予相应的敏感抗生素。

(2)抑酸剂及胃肠动力药：由于胃酸可破坏一部分细菌，故若输注的菌液需经过胃，则应在移植前使用质子泵抑制剂；对于腹泻患者，如经下消化道移植，可在菌液输注后一次性给予止泻药；而对于肠道蠕动正常或较慢的便秘患者则无须使用该类药物。

(3)肠道清洁：移植前应行肠道清洁，如通过下消化道给药则移植前需清洁灌肠，如经上消化道给药则移植前需使用聚乙二醇行肠道清洗。

2. **移植途径选择** FMT移植途径可分为上消化道途径与下消化道途径，目前并无证据表明哪种途径较优，临床实践中应根据患者自身情况及疾病特征选择移植途径。

(1)上消化道途径：菌液可通过胃镜、鼻胃管、鼻空肠管或经皮胃/空肠造口管输注，因胃酸可破坏一部分菌群，故如有条件应尽量使用空肠管。输注菌液后4h内患者应保持头端抬高至少45°，以防反流或误吸。常见不良反应为内镜损伤、鼻肠管所致恶心、咽痛，胃造口并发症等。

由于通过胃镜给药方式较为复杂且不宜重复给药，而留置鼻肠管方法设备要求简单，不仅便于菌液重复输注，还可行造影检查与肠内营养，故经留置鼻肠管行FMT可作为首选。留置鼻肠管既可以采用肠旁盲插，也可以在X射线下放置。

(2)下消化道途径：菌液可通过结肠镜、结肠置管或灌肠方式输注。为使菌液充分接触全结肠，菌液输注应从盲肠或末端回肠开始，灌肠方式不作为首选。常见不良反应为内镜损伤、结肠置管所致腹痛、灌肠所致穿孔等。

(3)菌群胶囊：由于菌液移植需内镜、置管等操作，过程烦琐且存在侵入性操作相关的并发症风险，故菌群胶囊移植有一定的发展前景，国际已有口服菌群胶囊治疗CDI的报道。单独使用胶囊移植对CDI的有效性并不劣于菌液移植，菌群胶囊用于菌液移植后续的维持治疗也长期有效，且未发生严重不良反应，有望成为有效、安全、方便的粪菌移植途径。胶囊移植的有效性、规范化制作流程、质控标准及使用方法仍需进一步研究。

3. **移植方案** 根据指南推荐，治疗CDI时如单次FMT失败应再次给予FMT，国际文献亦报道了增加FMT次数、菌液剂量以及合理配合抗生素使用可提高FMT疗效。在行FMT前根据肠道菌群紊乱情况有针对性地给予抗生素前处理，将多次FMT作为一个疗程，并重复多疗程作为巩固治疗可尽可能地提高疗效；如患者合并有营养不良风险或心理应激事件，应同时给予肠内营养、心理调节等支持手段。

(1)重复输注：肠道菌群组成复杂，且不同细菌具有各自的功能，菌群间存在拮抗、协同、共生等相互作用，形成功能网络，具有一定“韧性”。供体菌群输注到患者体内，其定植、扩增、代谢需要一段时间，通常菌液注入体内到经肛门排泄需1~3d，腹泻患者甚至在几小时内将菌液排出，故单次输注不足以重塑患者肠道生态系统，因此需要重复输注菌液。根据临床经验，生命体征稳定、一般状况良好的患者可接受连续6次菌液输注为1个疗程，其中每日空腹经鼻空肠管接受1次菌液输注(100ml)；若患者存在严重营养不良、免疫功能低下、肠道炎症水肿或通而不畅的情况，应适当减少剂量与输注次数；若患者基本情况良好，且临床医师判断增加输注次数可能对疾病的治疗有利，可适当延长治疗时间，最多可至数个月。

(2)重复疗程：由于FMT主要用于复发性、难治性CDI及其他传统治疗无效的疾病，此类疾病往往已发展为慢性，病程迁延反复，故单疗程的FMT很难彻底纠正其肠道微生态紊乱。且笔者的研究也发现，粪菌移植治疗便秘的效果随时间递减，而重复疗程可维持长期疗效。故患者结束第1个疗程FMT后，宜在14~30d内接受第2个疗程作为巩固治疗。由于经鼻肠管、肠镜等菌液输注操作较为烦琐且具有一定创伤性，有条件者可从第3个疗程起给予粪菌胶囊，根据疾病特征、个体差异及研究方案的设计确定FMT总疗程数。

(3)辅助治疗：由于大多肠道菌群紊乱患者存在肠道功能障碍，患者易合并营养不良、免疫功能及肠黏膜屏障受损，如直接行FMT易导致腹胀、腹泻、发热等不良反应发生率增高，此时应先行肠内营养，改善全身状况后再试验性行FMT治疗。肠内营养、水溶性膳食纤维等亦有调节菌群的辅助功能。

长期躯体疾病易导致患者存在一定的焦虑、抑郁等情绪症状，且精神压力、应激事件对肠道菌群影响较大，在治疗中应重视“肠-脑轴”的作用，评估患者心理健康水平，积极给予干预措施，有利于疾病缓解。

四、不良反应与处理

文献中报道的与FMT相关的不良反应发生率<1%，大多数为胃肠道相关性不适，可分为移植操作相关、移植物相关及疾病本身相关的不良反应，具体阐述如下(表21-4-1)。

1. 操作相关不良反应

(1)保留置管不耐受：经鼻胃/肠管移植常见的不良反应主要为导管置入造成的鼻咽部疼痛、恶心呕吐、呼吸道不适等，可予调节鼻饲管位置，并予含片、消炎镇痛、止吐、雾化等对症处理，大部分症状可缓解。极少数患者在对症处理后仍难以耐受鼻饲管，此时应将导管拔除。如导管误入呼吸道则可能引起肺部感染等严重不良反应，应在放置导管时嘱患者连续吞咽，放置结束后应行X线胸片确认导管位置，如出现导管入呼吸道则应立即拔除，如出现肺部感染应按吸入性肺炎治疗。

(2)内镜操作不良反应：经内镜移植可能会出现内镜检查相关并发症，如咽喉部疼痛、出血或声音嘶哑，多为内镜摩擦咽喉部所致，可予含片、消炎镇痛药物，一般数日内可自行好转，如3d内未好转应嘱患者至耳鼻咽喉科就诊。严重并发症主要为消化道出血穿孔感染或黏膜撕裂，应立即停止内镜操作，给予止血、抗感染，必要时急诊手术。如操作需麻醉，则存在麻醉相关并发症风险，应在麻醉前全面评估并充分告知患者，操作时应由麻醉师全程监护。内镜操作结束后应嘱患者卧床并禁食禁水2h，密切观察有无消化道出血、穿孔等征象，部分患者可有腹部不适，多为自限性，可予匹维溴铵、山莨菪碱等对症治疗。

2. 移植物相关不良反应

(1)消化道不适：粪菌移植期间少数患者会发生恶心呕吐，主要与液体输注过快以及菌液气味引起的不适有关，可给予心理疏导、减慢输注速度、止吐等对症治疗；亦可见腹胀、腹痛、腹泻、腹鸣等不良反应，其原因可能为菌液与肠黏膜及肠内容物相互作用引起的肠腔产气增多、肠道动力变化、肠道感觉神经元刺激等，多为自限性，可给予匹维溴铵、蒙脱石散等对症治疗。

(2)发热：少数患者在接受菌液后会出现发热等感冒样症状，一般不超过38.5℃，其原理可能为移植物引起肠道免疫激活或类似“赫氏反应”(体内有害菌的死亡释放出内毒素等致热原)，多为自限性，1~2d可恢复正常。此时应暂停移植治疗，给予降温、补液等对症治疗；如出现高热或持续发热，则应考虑肠源性感染，应终止粪菌移植，除降温、补液等对症治疗之外，应检测血细胞计数及C反应蛋白、降钙素原(procalcitonin，PCT)等感染指标并留取血液细菌培养，必要时需抗感染治疗。

(3)获得性感染：免疫力低下或免疫缺陷患者如接受了带有致病菌的菌液，可能会引起感染、全身炎症反应甚至发展成为脓毒症，例如FDA报道的FMT后耐药菌感染死亡事件。此类并发症重在预防，应在移植前进行受体健康状况评估，并严格进行供体肠道致病菌与耐药基因的筛查，一旦发生需在感染科医师的协助下及时抗感染、抗休克治疗。

3. 疾病本身相关的不良反应 部分文献报道了合并炎症性肠病的CDI患者接受FMT后炎症性肠病加重或复燃的情况，即使可能与疾病本身的发展轨迹有关，也不能排除FMT为诱发因素，此时应终止本次移植，并按照炎症性肠病治疗原则进行对症处理。

表 21-4-1　粪菌移植期间可能出现的并发症及处理

可能出现的并发症	处理方法
咽部异物感、咽痛	润喉含片含服，非甾体抗炎药口服 布地奈德 + 盐酸溴己新 + 氨溴索雾化吸入
恶心、呕吐	甲氧氯普胺肌内注射
呼吸不畅	行 X 线胸片排除管道误入气道，调整管道位置、型号 布地奈德 + 盐酸溴己新 + 氨溴索雾化吸入
鼻部不适	薄荷脑滴鼻液滴鼻，呋麻滴鼻液滴鼻
腹痛、腹胀、腹鸣	匹维溴铵口服，消旋山莨菪碱肌内注射
腹泻	蒙脱石散口服
发热	暂停移植，物理降温或非甾体抗炎药口服，补液
肠源性感染	终止移植，行血细胞计数及感染指标检测、血培养、肠道致病菌培养，抗感染治疗，补液
内镜损伤	暂停内镜操作，予止血等对症治疗，必要时急诊手术

五、国内粪菌移植和小肠液移植经验总结

国内开展粪菌移植单位约有 60 家，他们开展的例数大多在个位数，尚在积累经验阶段。上海市第十人民医院率先在国内开展用 FMT 治疗各类肠道内外疾病，经过 6 年多的实践形成国内最大规模和数量的移植单位。目前通过粪菌移植治疗慢性便秘、IBS、CD、复发性 CDI、孤独症（autism spectrum disorder，ASD）、溃疡性结肠炎、放射性肠炎、慢性腹泻（非 CDI）、过敏性疾病、腹部手术后麻痹性肠梗阻、帕金森病、代谢综合征、假性肠梗阻、自身免疫病和其他疾病（重度营养不良、焦虑症和抑郁症、多重耐药菌感染、家族性息肉病、肌萎缩侧索硬化、PD-1 耐药、抽动秽语综合征、食物中毒后反复高铁血红蛋白血症等）等肠道内外疾病达 6 038 例，移植 73 286 次，观察所有患者在粪菌移植后第 1、12、24、36、48 和 60 个月总有效率分别为 67.23%、64.20%、59.29%、59.71%、55.81% 和 59.17%。不同疾病有效率存在差异，分别为：慢性便秘（52.75%~67.09%）、IBS（56.00%~64.91%）、CD（55.17%~63.97%）、复发性 CDI（84.62%~92.54%）、孤独症（55.32%~64.66%）、UC（58.62%~67.17%）、放射性肠炎（42.11%~61.68%）、慢性腹泻（非 CDI）（75.00%~90.96%）、过敏性疾病（62.34%~81.82%）、腹部手术后麻痹性肠梗阻（70.13%~96.00%）、帕金森病（13.33%~48.21%）、代谢综合征（22.22%~44.44%）、假性肠梗阻（0.00%~50.00%）、自身免疫病（26.32%~57.14%）、其他疾病（32.14%~71.43%）。作为一项新技术，除了有效性外，其安全性也是同等重要，在对 6 038 例 FMT 观察期间，发现各类并发症总发生率为 34.49%（1 356/3 932），随访期间各并发症总发生率为 4.22%（166/3 932），均无消化道穿孔、多重耐药菌感染、器官功能衰竭和死亡等严重并发症事件发生。该样本量为迄今国内外单中心样本量最大和随访时间最长的研究，该研究有较强的证据证明，FMT 治疗肠道疾病和合并肠道疾病的肠道外疾病长期疗效确切且无严重不良事件，但需要严格建立供体筛选与管理制度、制定菌液和胶囊标准化的制备流程与质量控制体系、规范移植途径、建立受体的入排标准与随访体系以及并发症处理制度。

虽然 FMT 长期疗效可高达 60% 以上，但在诊疗过程中仍然有近 40% 无效或者复燃。在对 43 例无效患者的小肠液检测发现，此类患者小肠内环境同样存在异常，菌群过度生长、致病菌增加、相关消化酶活性下降，现在诸多研究结果也支持这一发现。在炎症性肠病、IBS、自闭症、帕金森病和阿尔茨海默病等疾病中均发现全消化道环境的异常，在一些动物实验中也提出全肠菌移植的概念，但纵观国内外均未在临床治疗中有很好的探索。基于前期开展 FMT 的经验、取小肠液技术以及具备制备小肠液胶囊的创新技术，上海市第十人民医院继而开创粪菌移植联合小肠液移植同时解决结肠和小肠内环境异常的问题，以治疗单一 FMT 后疗效不佳的部分患者。并首先在儿童孤独症患者中进行了研

究，接受粪菌移植联合小肠液移植的21名患者，为期达半年的随访其疗效已经初显，具体科学证据在统计中。因此，在这一领域继续深入肠液成分分析和FMT精准配型并建立国际治疗标准与规范，相信将为诸多疑难的胃肠功能障碍性疾病及肠道外的疑难重大疾病提供全新的诊疗策略。

六、总结

自从粪菌移植于2013年被写入CDI治疗指南开始，用该疗法治疗肠内肠外疾病的探索越来越多，各医疗单位所采取方法各不相同，临床结局差异也较大。现有指南主要介绍了FMT治疗CDI的相关原则，但对于FMT具体实施办法，以及除CDI之外疾病的治疗仍缺乏实用性指导。人类粪便中的微生物和代谢物含量在个体之间以及个体内随时间的变化而存在巨大差异，除非活性成分得到鉴定和纯化，否则不可能保证产品不同批次间的一致性，因而将粪便制成药物是非常复杂且困难的事情。虽然FMT早期存在障碍较多，国际上总体对FMT持积极而慎重的态度，鼓励有条件的医疗机构进行探索。随着生物技术的快速发展，人类对肠道菌群与疾病间关系的不断揭示，FMT在临床应用的前景广阔。未来发展方向应围绕基于供体-受体精准菌群分析基础上的个体化FMT，使当前全粪便移植进展为使用特定菌株或菌群的精准移植治疗；通过大数据及临床大样本库的建立，筛选标准化的供体，并培育具有较高疗效的超级供体；基于自动纯化系统以及实验室技术人员和临床医生的密切合作，进一步完善菌液和胶囊的制备流程，开展实时定量检测菌群活性，建立系统的科学制作流程、质控体系及临床应用路径，实现菌液和胶囊的标准化制备，实现FMT制剂的工业化和产业化，从而开拓对众多慢性病种的绿色革命性治疗方法，造福更多的患者。

（秦环龙）

第二十二章　个人营养管理

良好营养不仅是国家、社会的责任，更是自己的责任，每一个体是良好营养的第一责任人，也是良好营养的第一受益人。因此，每一个体有责任、有义务把自己打造成为营养良好的个体。医务人员、医学生更应该率先垂范、身先民众。营养不是口号，而是行动；行动起来，从现在做起，从自己做起。

第一节　健康生活习惯

倡导健康生活方式、培养良好的生活习惯是防控各种急、慢性疾病，保障国民健康的重要策略，也是《健康中国 2030 规划纲要》的重要内容。因此，要倡导文明、健康、绿色环保的生活方式，开展健康知识普及，树立良好饮食风尚，推广文明健康生活习惯。

一、概述

（一）生活方式的概念

生活方式（lifestyle）是健康的一个主要决定因素，整合了健康和不健康的习惯和行为；事实上，缺乏健康的生活方式会使个人面临公共健康问题。全球非传染性疾病最主要的原因是不健康的生活方式习惯，全世界所有死亡人数中约 63% 归因于不健康的生活方式。非传染性疾病对卫生系统的经济影响一直在增加；因此，必须强调早期干预、减少风险是必要的，从而"使人们能够加强对其健康的控制并改善其健康"（《渥太华健康促进宪章》）。

（二）健康生活方式的概念

健康生活方式（healthy lifestyle）定义为：①当前不吸烟：从不吸烟和已戒烟（因病戒烟除外）；②不过量饮酒：非每日饮酒和每日适量饮酒；③健康的饮食习惯：膳食得分 ≥4 分；④积极体力活动：体力活动水平位于同性别人群的前 25%；⑤健康体重：BMI 18.5~23.9kg/m^2；⑥健康体脂：男性腰围<85cm，女性腰围<80cm。符合定义赋值为 1，不符合则赋值为 0，相加得到健康生活方式得分，分值范围为 0~6 分，分值越高表明生活方式越健康。

《"健康中国 2030"规划纲要》明确提出养成健康文明的生活方式。注重饮食有节、起居有常、动静结合、心态平和。讲究个人卫生、环境卫生、饮食卫生，勤洗手、常洗澡、早晚刷牙、饭后漱口，不共用毛巾和洗漱用品，不随地吐痰，咳嗽、打喷嚏时用胳膊或纸巾遮掩口鼻。没有不良嗜好，不吸烟，吸烟者尽早戒烟，少喝酒，不酗酒，拒绝毒品。积极参加健康有益的文体活动和社会活动。采取积极的生活方式行为时，包括选择健康的饮食，保持身体活跃，保持健康的体重，不吸烟，限制过度饮酒，就可以实现最佳的健康。关注并记录自身健康状况，定期健康体检。

（三）生活方式医学的概念

生活方式医学（lifestyle medicine）是一门新的学科，最近已经成为一种系统化管理慢性疾病的方法。Lianov L 和 Johnson M 将生活方式医学定义为“基于循证实践，帮助个人和家庭采取与维持能够改善健康和生活质量的行为”。Egger 等将其定义为“在临床环境中应用环境、行为、医学和动机原理来管理与生活方式相关的健康问题”。Rippe 在他的第 2 版《生活方式医学》(*Lifestyle Medicine*) 专著中，提供了最全面的定义：“将生活方式实践融入现代医学实践中，以降低慢性疾病的危险因素，或者，如果疾病已经存在，作为其辅助治疗措施”。生活方式医学汇集了各种健康相关领域的健全、科学的证据，以帮助临床医生不仅治疗疾病，而且促进了良好健康。从更广泛的意义上说，生活方式医学的实践需要获得解决多种个人生活方式实践的技能和能力，包括饮食、体力活动、行为改变、体重控制、治疗计划依从性、压力和应对、心态、身心技术以及烟草和药物滥用。生活方式医学为预防和治疗非传染性疾病提供了一种新的、具有挑战性的方法。

二、普及文明健康生活新方式

（一）提高全民健康素养

健康包括身体健康、心理健康和良好的社会适应能力。遗传因素、环境因素、个人生活方式和医疗卫生服务是影响健康的主要因素。每个人是自己健康的第一责任人，对家庭和社会都负有健康责任。普及健康知识，提高全民健康素养水平，是提高全民健康水平最根本、最经济、最有效的措施之一。当前，我国居民健康素养水平总体仍比较低，2017 年居民健康素养水平只有 14.18%。城乡居民关于预防疾病、早期发现、紧急救援、及时就医、合理用药、应急避险等维护健康的知识和技能比较缺乏，不健康生活行为方式比较普遍。科学普及健康知识，提升健康素养，有助于提高居民自我健康管理能力和健康水平。学习、了解、掌握、应用《中国公民健康素养——基本知识与技能》(2015 版) 和中医养生保健知识。遇到健康问题时，积极主动地获取健康相关信息。提高理解、甄别、应用健康信息的能力，优先选择从卫生健康行政部门等政府部门及医疗卫生专业机构等正规途径获取健康知识。提高居民基本知识和理念素养水平、健康生活方式与行为素养水平、基本技能素养水平、居民基本医疗素养、慢性病防治素养、传染病防治素养水平。

《国务院关于深入开展爱国卫生运动的意见》(国发〔2020〕15 号) 明确提出将爱国卫生运动与传染病、慢性病防控等紧密结合，全面改善人居环境，加快形成文明健康、绿色环保的生活方式，有效保障人民群众健康。

将卫生防疫防病知识、健康素养普及纳入国民教育体系和党政干部、职工继续教育培训体系。建立健全健康教育工作体系，建立健全健康知识传播体系，将健康促进工作融入精神文明创建、爱国卫生创建和全民健身活动。实施健康中国行动、“三减三健”等行动，推动健康科普知识进机关、进校园、进企业、进农村、进社区、进家庭，普及健康教育，提升全民健康素养。引导城乡居民养成良好的卫生习惯，勤洗手、多通风、戴口罩、保持社交距离，不随地吐痰、不乱扔垃圾，咳嗽、打喷嚏时遮掩口鼻等。深入农村、社区等实施乡村振兴战略，提高青少年自我卫生健康管理意识。

（二）全面实施控烟行动

烟草烟雾中含有多种已知的致癌物，有充分证据表明吸烟可以导致多种恶性肿瘤，还会导致呼吸系统和心脑血管系统等多系统疾病。根据世界卫生组织报告，每 3 个吸烟者中就有 1 个死于吸烟相关疾病，吸烟者的平均寿命比非吸烟者缩短 10 年。烟草对健康的危害已经成为当今世界最严重的公共卫生问题之一。为此，世界卫生组织制定了第一部国际公共卫生条约——《烟草控制框架公约》。我国于 2003 年签署《烟草控制框架公约》，2005 年经全国人民代表大会批准，2006 年 1 月在我国正式生效。

我国现有吸烟者逾 3 亿，迫切需要对烟草危害加以预防。每年因吸烟相关疾病所致的死亡人数超过 100 万，因二手烟暴露导致的死亡人数超过 10 万。履行《烟草控制框架公约》，推动国家层面公共场所控制吸烟条例出台，加快各地区控烟立法进程，加大控烟执法力度。研究完善烟草税收政策，严格执行不得向未成年人出售烟草的有关法律规定。加大控烟宣传力度，利用世界无烟日等卫生健康主题日开展控烟宣传,提高公众对烟草危害的知晓率。每个人都应充分了解吸烟和二手烟暴露的严重危害,不吸烟者不去尝试吸烟,吸烟者尽可能戒烟,戒烟越早越好,什么时候都不晚,药物治疗和尼古丁替代疗法可以提高长期戒烟率。不在禁止吸烟场所吸烟。

领导干部要按照中共中央办公厅、国务院办公厅《关于领导干部带头在公共场所禁烟有关事项的通知》,要求起模范带头作用,公务活动参加人员不得吸烟、敬烟、劝烟;医务人员不允许在工作时间吸烟,并劝导、帮助患者戒烟;教师不得当着学生的面吸烟。

(三) 大力开展全民健身运动

加强宣传教育,普及健身知识,提高群众的科学健身意识和素养,营造良好的全民健身文化氛围。加强全民健身场地和健康步道建设,推进公共体育设施、学校、企事业单位体育场地设施向社会开放,打造百姓身边"15 分钟健身圈"。全面加强健康主题公园建设,将健康理念和元素融入休闲健身活动中,建设健康支持性环境。积极推广普及广播体操、太极拳,提倡机关、企事业单位开展工间操。鼓励利用三八妇女节、五四青年节、重阳节等节假日,组织开展丰富多彩的全民健身活动。倡导吃动平衡,日常生活尽量多动,每天达到 6 000~10 000 步的身体活动量,通过运动的方式消耗摄入的多余能量。到 2022 年和 2030 年,经常参加体育锻炼人数比例不低于 37% 和 40%。

(四) 促进大众心理健康

心理健康是人在成长和发展过程中,认知合理、情绪稳定、行为适当、人际和谐、适应变化的一种完好状态,是健康的重要组成部分。

当前我国常见精神障碍和心理行为问题人数逐年增多,个人极端情绪引发的恶性案(事)件时有发生。我国抑郁症患病率达到 2.1%,焦虑障碍患病率达 4.98%。截至 2017 年年底,全国已登记在册的严重精神障碍患者 581 万人。同时,公众对常见精神障碍和心理行为问题的认知率仍比较低,更缺乏防治知识和主动就医意识,部分患者及家属仍然有病耻感。

实施心理健康促进行动,提升居民心理健康素养水平,抑制失眠现患率、焦虑障碍患病率、抑郁症患病率上升趋势。加强心理健康促进,有助于促进社会稳定和人际关系和谐、提升公众幸福感。每个人一生中可能会遇到多种心理健康问题,主动学习和了解心理健康知识,科学认识心理健康与身体健康之间的相互影响,保持积极、健康的情绪,避免持续消极情绪对身体健康造成伤害。

三、树立文明健康饮食新风尚

(一) 合理膳食

高盐、高糖、高脂等不健康饮食是引起肥胖、心脑血管疾病、糖尿病及其他代谢性疾病和肿瘤的危险因素。2016 年全球疾病负担研究结果显示,饮食因素导致的疾病负担占到 15.9%,已成为影响人群健康的重要危险因素。2012 年全国 18 岁及以上成人超重率为 30.1%,肥胖率为 11.9%,与 2002 年相比分别增长了 32.0% 和 67.6%;6~17 岁儿童青少年超重率为 9.6%,肥胖率为 6.4%,与 2002 年相比分别增加了 1 倍和 2 倍。合理膳食以及减少每日食用油、盐、糖摄入量,有助于降低肥胖、糖尿病、高血压、脑卒中、冠心病等疾病的患病风险。

合理膳食是合理营养的核心,是健康的基础。为了指导居民合理饮食,保证健康,各国都制订了《膳食指南》。自 1981 年中国营养学会成立以来,先后制(修)订了《中国居民膳食指南》1981 年版、1989 年版、1997 年版、2007 年版和 2016 年版。为保证《中国居民膳食指南》的时效性和科学性,使其真正契合不断发展变化的我国居民营养健康需求,2020 年 6 月启动了 2016 年版《中国居民膳食指南》修订工作,2022 年 4 月发布了《中国居民膳食指南(2022)》。膳食指南是以理想膳食结构为导向,汇集了近年来国内外最新研究成果以及近 10 年我国居民的膳食营养结构及疾病谱变化新资料,参考了国际组织及其他国家膳食指南的制定依据,充分考虑我国营养和社会经济发展现状,还广泛征求筛选了相关领域专家、管理者、食品行业、消费者的重点建议,最终提出的符合我国居民营养与健康状况和基本需求的膳食指导建议。

《中国居民膳食指南(2022)》由一般人群膳食指南、特定人群膳食指南和平衡膳食实践3部分组成。一般人群膳食指南:①食物多样,合理搭配;②吃动平衡,健康体重;③多吃蔬果、奶类、全谷、大豆;④适量吃鱼、禽、蛋、瘦肉;⑤少盐少油,控糖限酒;⑥规律进餐,足量饮水;⑦会烹会选,会看标签;⑧公筷分餐,杜绝浪费。

学习中国居民膳食科学知识,使用中国居民平衡膳食宝塔、平衡膳食餐盘等支持性工具,根据个人特点合理搭配食物。每天的膳食包括谷薯类、蔬菜水果类、畜禽鱼蛋奶类、大豆坚果类等食物,每天摄入12种以上食物,每周25种以上;如果条件许可,每天尽可能增加食物种类,日本膳食指南推荐每天食用30种以上的不同种类的食品。不能生吃的食材要做熟后食用;生吃蔬菜水果等食品要洗净。生、熟食品要分开存放和加工。日常用餐时宜细嚼慢咽,保持心情平和,食不过量,但也要注意避免因过度节食影响必要营养素的摄入。少吃肥肉、烟熏和腌制肉制品,少吃高盐和油炸食品,控制添加糖的摄入量。足量饮水,成年人一般每天7~8杯(1 500~1 700ml),提倡饮用白开水或茶水,少喝含糖饮料;儿童少年、孕妇、哺乳期妇女不应饮酒。

推动营养健康科普宣教活动常态化,鼓励全社会共同参与全民营养周、"三减三健"(减盐、减油、减糖,健康口腔、健康体重、健康骨骼)等宣教活动。推广使用健康"小三件"(限量盐勺、限量油壶和健康腰围尺),提高家庭普及率,鼓励专业行业组织指导家庭正确使用。尽快研究制定我国儿童添加蔗糖摄入的限量指导,倡导天然甜味物质和甜味剂饮料替代饮用。

提高居民营养健康知识知晓率,持续减缓成人肥胖增长率,降低儿童生长迟缓率、贫血率和孕妇贫血率。

(二) 倡导公筷公勺

向公众发出"文明健康餐桌——公筷公勺"倡议书,制作宣传海报、公益广告等,在全社会广泛宣传使用公筷公勺、推广分餐制用餐,形成社会新风尚。积极发挥各市、县、区食品安全监管部门和餐饮行业协会的作用,开展"公筷公勺进餐厅"系列主题活动,倡导餐饮服务单位按标准配备标识清晰的公筷公勺。将公筷公勺、分餐制纳入餐饮服务单位示范创建、监督检查等。推动将公筷公勺、分餐制转化为日常餐饮礼仪。

(三) 深化光盘行动

加大宣传力度,积极倡导科学、合理、健康的饮食文化,持续开展"厉行节约、反对浪费"主题宣传活动,提高群众节约意识,在全社会营造浪费可耻、节约为荣的氛围。督促餐饮服务单位文明经营,严禁餐饮单位设置最低消费额或诱导消费者过度消费,在大堂显著位置张贴或摆放节约食物、杜绝浪费的宣传画、提示牌,在点餐前主动提醒消费者按需点餐、理性消费、剩餐打包,并提供半份餐、小份餐等服务。党政机关、学校、医疗卫生机构、企事业单位等要发挥示范引领作用,集体食堂建立健全节约用餐制度,在就餐区域明显位置张贴宣传标语或宣传画、摆放提示牌,提醒适量取餐、剩餐打包。强化制度约束,认真宣传、贯彻、落实《中华人民共和国反食品浪费法》。

(四) 杜绝食用野味

加大宣传力度,积极倡导文明健康饮食,引导群众摒弃猎奇、炫富、滋补等错误观念,自觉保护、拒食、拒售野生动物。开展城乡市场环境卫生综合整治行动,加大农贸市场、集贸市场、餐饮行业等监督执法力度,坚决取缔、严厉打击非法野生动物市场和交易行为。支持各市、县、区全面推广家禽"集中宰杀、冷链配送、生鲜上市"模式,逐步取消活禽市场交易。

四、树立绿色环保生活理念

(一) 改善城乡环境卫生

持续开展农村人居环境整治,加快"四美乡村""五美庭院""美丽小镇"和"五星文明健康家园"建设,建设干净整洁有序、美丽健康宜居的乡村和家园。深入开展卫生城镇、卫生村镇、卫生乡村创建,完善城乡公共卫生环境基础设施,改善城乡环境卫生面貌,建立健全环境卫生管护长效机制。

持续推进城乡环境卫生整洁行动。推进爱国卫生“一科普六行动”常态化、制度化，营造健康支持环境。

(二) 推广生活垃圾分类

加大垃圾分类宣传教育力度，加强生活垃圾分类有关法律法规和生活垃圾分类知识的宣传普及，设置垃圾分类引导指示牌，建立垃圾分类督导员和志愿者队伍，引导居民养成生活垃圾分类的良好习惯。进一步完善城镇垃圾分类实施办法和推行措施，推动垃圾分类落实到位。启动城乡生活垃圾分类示范工作试点，加快推进生活垃圾分类减量化、资源化、无害化。到 2025 年，各县（市、区）实现生活垃圾分类全覆盖。

(三) 深化“厕所革命”

扎实推进农村厕所革命，加大农村公厕和卫生户厕建设改造力度，2020 年农村户用卫生厕所普及率达到 85% 以上，建立健全运行维护机制。加快中小学校卫生厕所建设进度。深入开展医疗卫生机构厕所整洁专项行动，以基层医疗卫生机构为重点，加快实现卫生厕所全覆盖。

(四) 养成绿色环保生活习惯

开展“践行绿色环保生活，从我做起”主题宣传活动，加快绿色环保生活理念的宣传普及。鼓励群众践行绿色环保消费，选购绿色、环保、可循环产品。推广使用菜篮子、布袋子，自带购物袋，减少使用不可降解塑料制品。倡导绿色低碳出行，完善提升城市非机动车道、人行步道等基础设施建设，加强非机动车尤其是共享单车的停放管理。优先发展公共交通，大力发展共享交通，推广“135”绿色低碳出行方式（1km 以内步行，3km 以内骑自行车，5km 左右乘坐公共交通工具），鼓励购买小排量汽车、节能与新能源汽车。推动宾馆、酒店、招待所等住宿场所不再主动提供牙刷、梳子、浴擦、剃须刀、指甲锉、鞋擦等一次性日用品，餐饮经营者、餐饮配送服务提供者不主动提供一次性筷子、叉子、勺子等餐具。

（吕全军）

第二节　体 重 管 理

随着现代社会高科技的飞速发展，食品工业也发生了翻天覆地的变化，但也应运而生一个体重严重失控的时代。现代人长期营养不均，作息不规律，劳作模式变革和环境恶化等，衍生出隐藏各种身体疾病的体重问题。体重，不仅是身体表象的肥胖或者消瘦，体重显示出个人身体内部各功能组织的代谢分泌，是折射健康状况的一面镜子。

在欧美，部分国家政府甚至动用大量资金治疗国民体重问题，各种各样的体重控制方法也应运而生。从药物治疗、饮食干预等传统方法，到机械仪器、按摩等科技手段，再到实现个性化解决和效果监测的“体重管理”，欧美国家正在经历第三次波澜壮阔的“体重革命”。

到目前为止，全世界不仅有上亿人通过体重管理尝试到健康瘦身的好处，成千上万的肌肉衰减症患者也从体重管理的增重计划中获得了健康的体魄和更加精彩的生活。

一、体重管理与健康管理的定义

1. **体重管理**　包括体重增长与体脂减轻两个方向，是指通过健康管理干预的各种方式，根据不同个体的体质特征给出综合营养、运动、生活方式等要素的个性化方案，并实时监测记录当天食物、水分及运动量等参数，帮助患者降低脂肪或者提高身体肌肉组织等组成成分，以改善患者身体肌肉、脂肪等构成比和功能，从而提高患者生活质量的全过程。

2. **健康管理**　是指对个人或人群的健康危险因素进行全面管理的过程。通过专业的健康管理机构（健康体检中心）对个人和群体的健康状况、生活方式与居住环境进行评估，为个人和群体提供有针对性的健康指导，干预实施，进行全方位的管理。最大化地调动个人和群体的积极性，利用有效的资源来达到最大化的健康效果。

二、肥胖症的多学科管理理念

（一）多学科团队诊疗模式的概念

多学科团队（multidisciplinary team，MDT）模式是指临床多学科针对一种疾病，依托多学科团队，通过多学科的讨论，重点讨论患者在疾病诊断和治疗中的问题，制订合理的规范化、个体化、连续的综合治疗方案。该模式已成为国际医学领域的重要医学模式，其目的是使传统的个体式、经验式医疗模式转变为现代的小组协作的决策模式，最终以质量控制系统来不断提高专业水平，并进一步推动多学科交叉发展。

（二）超重与肥胖的多学科联合门诊管理

由于超重或肥胖的病因涉及多方面，严重程度不同，合并多种并发症，单一的学科不能全面地对患者进行诊治，需要多学科联合进行。2014 年，欧洲肥胖研究协会（European Association for the Study of Obesity，EASO）发布了肥胖管理新立场声明，该声明强调了肥胖管理中多学科综合管理的重要性。目前多主张对肥胖患者采用 MDT 综合诊疗，其中包括临床营养科、内分泌科、运动医学科、胃肠外科、整形外科、医学心理科等多学科，以最大程度发挥多学科的综合优势。肥胖多学科联合门诊可以避免患者反复挂号，根据肥胖病因以及存在的并发症提出个性化体重管理方案。

肥胖管理策略则包括生活方式干预、药物干预、手术治疗及社会因素多方面。其中生活方式干预包括运动、饮食、认知 - 行为疗法 3 方面。运动指导专家可推荐适宜患者当前健康状态的运动强度和方式；营养师指导科学膳食；医学心理治疗师则针对患者出现的心理因素（压力、沮丧、抑郁等）进行疏导。对于重度肥胖患者（BMI>40kg/m^2）或 BMI 介于 35~40kg/m^2 且伴发多种肥胖并发症（如糖尿病、肥胖相关心肌病变、严重睡眠呼吸暂停综合征等）的患者，单一学科治疗（如单纯饮食控制、饮食结合运动治疗等）被证明往往效果不佳。这时可选择做微创腹腔镜减肥手术治疗，如胃束带、胃减容、胃肠短路手术等，术后需要短期营养治疗和长期饮食指导。因此，多学科联合门诊能互相补充，互相完善，最大程度地发挥各学科在肥胖管理中的优势。

三、肥胖症的体重管理策略

肥胖作为一种疾病，应该对其进行体重管理，以达到一种包括生理健康、心理健康和环境健康内外统一的和谐。无论是否处于肥胖状态，都要随时保持预防或减重的意识。具体而言，应该按照以下几点来进行管理。

第一，应当树立科学观念，即肥胖是可以预防和控制的，某些遗传因素也可以通过改变生活方式来抗衡。肥胖症必须防治，它不仅损害身心健康，降低生活质量，而且与糖尿病、冠心病等慢性病密切相关。对超重和肥胖症的预防干预是最经济、有效的措施。

第二，通过均衡饮食维持理想体重；限制来自总脂肪的能量摄入并从食用饱和脂肪改变为食用不饱和脂肪；增加水果和蔬菜以及豆类、全谷类和坚果的食用量；限制精制糖和过高碳水化合物的摄入；增加身体活动。

第三，传播健康的生活方式，戒烟、限酒和少盐。经常监测自身体重变化，预防体重增长过多、过快。成年后的体重增长最好控制在 5kg 以内，超过 10kg 则相关疾病危险增加。要提醒有肥胖倾向的个体（特别是腰围超标者），定期检查与肥胖相关风险疾病的指标，尽早发现高血压、血脂异常、冠心病和糖尿病等隐患并及时治疗。

四、肥胖症体重管理的规范化诊疗路径

肥胖症作为一种疾病，ICD-10 编码为 E66.900。肥胖症规范化诊疗的有效途径是实行临床路径管理，从诊断标准、鉴别诊断、治疗、预防、随访等都应该等同于其他专科疾病。肥胖症的临床路径及诊疗流程日趋规范，但仍有很多环节值得商榷及修订，需要专家进一步形成共识及指南，便于临床操作和执行。肥胖症及早诊断及治疗，对于降低多种慢性病及代谢性疾病的发生、发展具有重要意义，其临床路径管理有着必要性及必然性。

（一）适用对象

BMI ≥ 28kg/m^2 的患者。

（二）诊断依据

BMI ≥ 28kg/m^2，合并有代谢异常疾病（高血糖、高血压、高血脂等）。

（三）进入路径标准

1. BMI ≥ 28kg/m^2。
2. 合并有代谢异常疾病之一（高血糖、高血压、高血脂、高尿酸等）。
3. 或合并肥胖并发症（如非酒精性脂肪肝，睡眠呼吸暂停低通气综合征，骨关节病，多囊卵巢综合征等）。

（四）体重管理前检查、检验项目

1. 必需的检查、检验项目

（1）人体测量、体格检查、营养专科相关体格检查。

（2）血常规、尿常规、便常规。

（3）肝肾功能、血糖、心肌酶、血脂、电解质、白蛋白、C 反应蛋白、维生素、微量元素、糖化血红蛋白、凝血功能、OGTT（视患者情况考虑延长试验）、胰岛素和 C 肽曲线、ACTH- 皮质醇节律、24h 尿氮、24h 尿游离皮质醇、24h 尿电解质、甲状腺功能、性激素全套、生长激素。

（4）人体成分分析、心电图。

（5）影像学检查：胸部 X 线检查。

2. 必要的检查、检验项目

（1）运动心肺代谢检测。

（2）骨代谢标志物、睡眠呼吸监测、颈动脉彩超、超声肝脏脂肪含量测定、血气分析、动态血压监测。

（3）肠道微生态检测、食物不耐受检测、便真菌涂片、便培养。

3. 根据患者病情进行的检查项目　动态血糖监测、肿瘤标志物、胃肠镜、肝脏磁共振波谱（MRS）、骨密度、子宫附件 B 超，有条件者行相关基因测序。

（五）治疗方案的制订

1. 健康教育、心理疏导和支持、认知行为指导。
2. 低能量、低脂肪饮食方案（每天总能量为 800~1 200kcal）。
3. 运动疗法（建议每天进行 30~60min 中等强度的体力活动）。
4. 根据患者具体代谢异常情况及合并症决定治疗药物和方式。
5. 进行代谢手术评估，需要手术者进行减重手术相关准备及治疗。
6. 必要时配合个体化精准营养治疗。

肥胖症体重管理的规范化诊疗路径，见图 22-2-1。

五、体重管理的具体措施

超重与肥胖的治疗，强调以行为、饮食、运动为主的综合治疗，必要时辅以药物或手术治疗。继发性肥胖主要针对病因进行治疗。各种并发症给予相应处理。

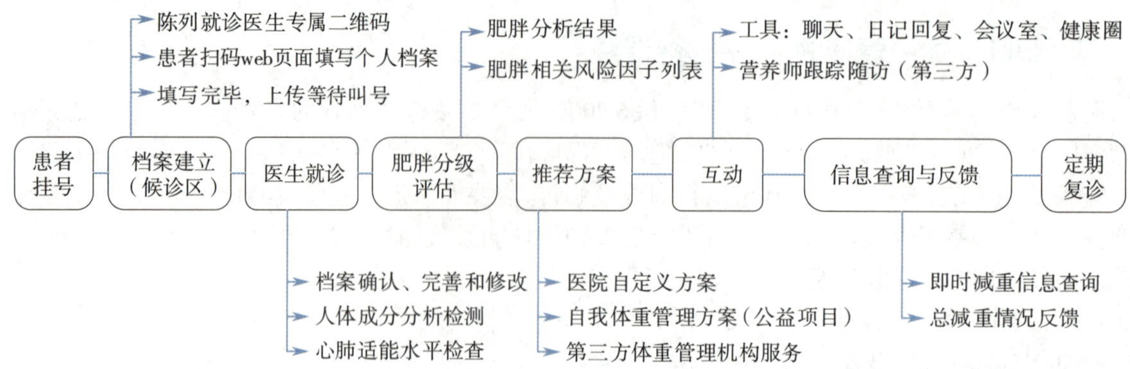

图 22-2-1 超重与肥胖临床诊疗流程图（部分参考《2013 AHA/ACC/TOS 成人超重和肥胖管理指南》）

行为疗法是治疗肥胖症最重要的步骤。饮食疗法是肥胖症治疗的基本方法，对于轻度和中度肥胖，一般来说可以取得一定的治疗效果，而对于重度肥胖和恶性肥胖常常需要借助药物治疗和手术治疗。根据体重指数、腰围、中国成人超重和肥胖分类及相关疾病的危险因素，制订超重与肥胖临床诊疗流程。

肥胖症患者一定要正确意识到一个问题，就是减肥本身是一个医疗行为，减肥不是一朝一夕可以完成的。主要通过预防体重进一步增长，最好是保持体重逐步稳定降低，并对已出现并发症的患者进行疾病管理，指导相应的体重管理和药物治疗方法。通过学习健康知识，提高患者对肥胖可能进一步加重疾病危险性的认识，并努力提高自己的信心。

（一）营养干预

建档后每周对患者进行体成分测试及体能测试。人体成分分析仪运用生物电阻的方法，科学测定身体重量、肌肉含量、脂肪含量、体脂百分比、腰臀脂肪比率，也可以进行身体水分含量测试，同时也可以判断蛋白质总量、脂肪总量。

营养（医）师可以依据体质测定的检测报告进行有针对性的综合性营养评估，并进行相应营养干预。

体重管理的指导原则是能量的平衡和营养素的合理分配，最重要的是根据患者的实际情况和需求制订个性化的营养配餐。为每一位体重管理患者每 1~2 周提供一次营养指导，提出膳食更改建议，根据能量和运动分析结果，在原来的基础上调整膳食，适当提高膳食纤维的摄入，以调整减肥食谱中高蛋白、低脂肪和低糖饮食摄入量，保证各营养素的齐全，尽可能避免减肥过程中脱发、便秘等并发症的发生。

目前，国际上常用的营养干预体重管理方法主要如下。

1. 限制能量膳食（calorie restrict diet，CRD） 是指让超重肥胖者减少能量摄入，但基本不改变膳食中蛋白质、碳水化合物和脂肪所产生能量占能量比的一种膳食方案。该方案除能量供给较低外，其他所有的营养素供给都基本符合《中国居民膳食营养素参考摄入量》建议。CRD 具有减轻体重、降低脂肪含量的作用，对于延长寿命、推迟衰老相关疾病的发生也具有明确干预作用，而且副作用较少，更容易长期坚持。

适用人群：适用于所有需要控制体重者，对轻至中度超重肥胖者效果会更好。目前的 CRD 主要有 3 种类型：①在目标摄入量基础上按一定比例递减（能量减少 30%~50%）；②在目标摄入量基础上每日减少 2.090MJ（500kcal）左右；③每日供能 4.180~6.270MJ（1 000~1 500kcal），即低能量膳食。要尽可能根据肥胖程度来考虑每天的最低能量供给量，控制好能量摄入与消耗的平衡，并维持好这种平衡。

2. 极低碳水化合物高蛋白膳食 极低碳水化合物高蛋白膳食是一种限制碳水化合物类型及含量（<130g/d），提高蛋白质供给量［1.5~2.0g/（kg·d）］的膳食。这种膳食模式中蛋白质的供给量一般为占

能量比 20% 以上。剩余的能量则由脂肪摄入量进行调整。关于碳水化合物的供给量以及占能量比尚未有统一标准,《中国居民膳食指南(2016)》推荐碳水化合物的占能量比 50%~60%(>130g/d),因此低于推荐量时可认为是低碳水化合物膳食(<130g/d)。有文献指出,极低碳水化合物是指碳水合物的供给量<50g/d,也称生酮饮食。

适用人群:超重者、单纯性肥胖者、单纯性肥胖合并高脂血症以及高胆固醇血症者、2 型糖尿病伴肥胖者。

3. **生酮膳食**　生酮膳食是一种以低碳水化合物、适量蛋白质和高脂肪为主要构成的膳食方式。这种饮食治疗取得较好疗效的机制是在低碳水化合物摄入的情况下,机体消耗脂肪、产生酮体而发挥作用,故取名为“生酮疗法”。生酮膳食因为其高脂饮食的特征,依赖于肝功能的健全和脂肪分解酶系的功能正常。应用生酮膳食之前,需同时考虑其禁忌证和与药物的相互作用。

使用生酮膳食必须坚持以下两个基本原则。

(1)生酮膳食必须在医师和营养师的指导下进行。体重管理是一个科学的过程,其目的是控制脂肪,减少体脂率,而不是单纯的体重下降。将体脂和体脂率下降到合理范围,不伴有肌肉或较少伴有肌肉减少,是体重管理的高级目标,生酮膳食如果使用合理得当,是完全可以实现的。

生酮膳食为治疗性饮食,启动之前需要进行体检排除绝对禁忌证,考虑相对禁忌证,进行基线评估。在减脂过程中动态监控人体成分变化,肝、肾功能的改变。同时根据个人饮食习惯、民族膳食的禁忌、工作时间及人体成分分析结果等,进行个性化食谱设计,更容易长期坚持并确保安全性。

(2)生酮膳食是治疗性饮食,在没有取得大型流行病学研究成果之前,不能作为健康饮食终身使用。生酮膳食是一种营养素摄入极度不均衡的饮食方式,对富含碳水化合物的水果、蔬菜、谷类食物摄入极少,长期使用会造成水溶性维生素和多种微量元素的缺乏,需要及时补充。

尽管生酮膳食短期和中期的使用较为安全,但是缺乏长期使用甚至终身使用的研究数据。目前公认最为健康的饮食方式是均衡膳食,在没有数据支持的情况下将生酮膳食拔高到超越均衡膳食的地位是极不正确的,也是极度不负责任的做法。

4. **轻断食膳食**　也称间歇式断食 5∶2 模式,即一周内 5 天正常进食,其他非连续 2 天摄取日常所需 1/4 能量的饮食模式。《中国超重 / 肥胖医学营养治疗专家共识(2016 年版)》推荐断食日的能量摄入女性约 500kcal/d,男性约 600kcal/d。目前越来越多的证据表明,轻断食模式有益于体重控制和代谢改善;轻断食模式在体重控制的同时,或可通过代谢和炎症反应改善,间接增加体重控制获益,同时增强糖尿病、心脑血管疾病及其他慢性疾病的治疗获益。

适用人群:超重者、单纯性肥胖者、“三高”人群。现有对轻断食的研究多是在成年人群中进行的,关于轻断食的副作用和安全性研究目前很少,因此对于处于生长发育期的儿童、处于特殊生理时期的孕妇、随着年龄增长肌肉流失的老人、营养不良、低血压、低血糖等特定人群不建议选择。

5. **禁食疗法**　禁食疗法是指在有限的时间内,除了可以适量饮水,进食少量蔬菜汁、果汁外,禁止服用其他一切食物,依靠体内的能量储存保障生命活动的需要,来达到治疗或预防某些疾病的一种方法。根据禁食时间长短,可分为间歇禁食和完全禁食。间歇禁食疗法的患者每隔几天完全禁食 1d,完全禁食以 1 周或更长的有限时间为 1 疗程。需要特别强调的是,完全禁食减肥疗法必须在有条件的医院以及有经验的医护人员监护下进行。

6. **肠道微生态联合改良低碳饮食减肥疗法**　近几年来,低碳饮食和生酮饮食疗法成为饮食减肥研究领域的热点话题。这两种饮食疗法都有显著的促进脂肪分解代谢、改善胰岛素抵抗逆转糖尿病等疗效,但其减肥过程中常发生维生素、微量元素缺乏等不良反应,以及对肝、肾功能的影响等方面的安全性和有效性还需要更多的数据支持。因此,迫切需要寻求更安全、更有效、依从性更好的饮食减肥方法。

人体肠道中厚壁菌与拟杆菌的比例可能影响人体的能量吸收效率和脂肪转换效率。大量的研究结果发现,肥胖症人群肠道菌群的构成和正常人相比,厚壁菌数量更多,而拟杆菌数量偏少,肥胖症患者普遍存在不同程度的肠黏膜屏障损伤，进而发生细菌移位引起全身低水平代谢性炎症反应，通过肠-脑轴调控通路发布错误的信息去诱发脂肪组织不断囤积脂肪以帮助宿主应对“代谢性炎症反应”，这也是肠道菌群诱发肥胖症的核心机制。

（二）运动干预

控制饮食减少的是能量摄入，同时要加大能量输出，这样才能达到事半功倍的效果。运动减肥也是被大众所接受的最健康减重方式。运动可使身体成分中瘦体重增加，使身体结实、健美。运动对心血管功能有良好的改善作用，从而促进了运动者的健康。制订适当的运动计划并坚持实施，往往可获得较佳的减重效果。

运动疗法是肥胖者减肥治疗的重要手段之一，科学地选择运动疗法，配合饮食控制，常能达到预期的目的。运动方案：①分组搭配训练，提升训练的相互促动性。系统的锻炼掌握 3 条原则，即运动的强度、持续时间及每周强度。保障训练每周进行 3~4d。以减轻体重为目的，尽量每天均进行，至少每周也要锻炼 3d。隔天一次来院现场指导性训练，运用专业的康复健身器材，提供减肥的保护性，有效性。提倡使用减少关节负重而又能四肢同步参与的“等速攀爬器”。居家“家庭作业”先易后难，要求能够采取最简单的方法，如散步、上下楼梯、从事家务劳动，根据个人情况可进行慢跑、骑车、游泳、球类、登山郊游等，以逐渐培养喜好运动的主动性为目的。②先小运动量后大运动量：开始进行运动疗法的量要小，每天午后开始每次连续性有氧训练 30min，继而延长至 45min。经过 2 周左右的耐力性运动后，适度增加力量性运动，利用自身体重进行仰卧、起坐、静蹲的方式，也可利用哑铃、拉力器等器械进行锻炼。③运动过程中监测运动心率以保障适度的运动强度，提倡中等强度为宜（心率 110~130 次 /min）。举例：每次运动持续时间若为 30min，快走消耗的能量为 774.32kJ。

（三）药物减肥

大多数肥胖者在认识到肥胖对健康的危害后，在医疗保健人员的指导下控制饮食量、减少脂肪摄入并增加体力活动，常可使体重显著减轻。但由于种种原因体重仍然不能减低者，或行为疗法效果欠佳者，可考虑用药物辅助减重。目前市场上减肥的药物种类繁多，且不断有新药出现。主要有以下几类：①食欲抑制剂；②促进代谢类激素；③消化吸收抑制药物；④局部脂肪分解药物；⑤中药类。

（四）手术治疗

肥胖与代谢病的发病率在全世界范围内迅猛增长，我国肥胖与代谢病问题也呈爆炸性增长。经过数十年来的不断发展与改善，目前最为经典的两种术式为：胃旁路术、袖状胃切除术。胃旁路术已经有 50 年历史，治疗肥胖症效果显著，但是传统的开放手术创伤大，切口并发症高。自从 1994 年美国 Wittgrove 医生首先报道腹腔镜胃旁路术（laparoscopic Roux-en-Y gastric bypass，LRYGB）成功开展以来，因其明显的微创优点，现已成为治疗肥胖与代谢病的“金标准”手术方式。腹腔镜袖状胃切除术（laparoscopic sleeve gastrectomy，LSG）操作相对简单，减重及治疗代谢性疾病效果理想，近年来也得到了广泛的开展。我国专家首先提出精准肥胖与代谢病手术概念，主张注重各步骤的精细操作，结果表明，精准手术比传统的手术方式安全性更高、效果更佳。

（五）中医干预

结合患者个人症状及舌象、脉象进行中医体质辨识，并采取相应措施予以调整，主要包括中药、针刺、艾灸，以及相应饮食及生活方式上的指导。由于“肥人多痰湿”，故在肥胖患者中以痰湿及湿热体质者最为多见。对于此类体质患者，治疗原则主要为健脾利湿或兼以清热，选取中脘、下脘、水分、天枢、大横、气海、关元、水道、足三里、阴陵泉、丰隆为主穴，并根据患者具体情况予以加减。对于脾胃虚寒、痰湿较重的患者，可同时加用艾灸以温运脾阳，健脾利湿，针灸治疗 2~3 次 / 周，可配合耳穴压豆以加强疗效。采取干预措施后，每半个月对患者重新进行体质评估，并根据病情变化进行治疗方案的调整。

六、肥胖症体重管理的效果评价

对所有患者的各项身体指标进行监控，测量并比较所有体重管理对象管理干预前后的体重、脂肪、腰围、内脏脂肪、炎症细胞因子以及血脂、血糖、肝肾功能、脂肪肝、颈动脉粥样硬化等心血管疾病并发症等各项临床指标的变化。

体重管理干预成功的数据进一步证明了采用体重管理干预的方式能够帮助患者改善体重状况。通过体重管理干预不仅能够改善患者的体重情况，还能够提高患者的生活质量，帮助患者恢复健康生活，找回自信，尽早回归社会。

综上所述，面对世界肥胖蔓延趋势，科学家们还在不断着眼于寻找更好的控制肥胖及其伴随疾病的有效办法，今后的肥胖研究将在肥胖成因和肥胖所导致的代谢紊乱危害性的基础研究、肥胖的自然病程研究、饮食和运动研究、减重药物研究、肥胖的社会学研究等方面重点展开。肥胖问题不仅仅是单纯的医学问题，而是一个更复杂的公共卫生问题。对肥胖问题的解决不仅需要医学界的努力，更重要的是依靠政府和其他社会力量对导致肥胖流行的恶劣因素的整治。控制世界范围内肥胖者数量的上升，重点在于防控，减少肥胖者来源才是根本之所在。

（朱翠凤）

第三节　体格检查

营养状况(nutritional status)是指各种营养素满足机体生理需要的程度。营养状况评价(assessment of nutritional status)是从膳食调查、人体测量、临床检查和实验室检查中获取的数据进行综合评价分析，其中的人体测量和临床检查即为体格检查。营养状况的体格检查时，应用临床方法来检查受检者的生长发育情况及营养缺乏或过剩引起的营养相关疾病的症状，包括身体测量和营养相关疾病体征检查，检查结果是评价群体或个体的营养状况对生长发育及某些生理功能产生影响的可靠数据。

一、身体测量

(一) 体温测量

健康人的体温是相对恒定的，当体温超过正常体温的最高限度时称为发热。常用的体温有口腔温度和腋窝温度。结果判断如下。

1. **正常体温**　腋下：36.0~37.0℃，口腔：36.3~37.2℃。
2. **低热**　37.4~38℃。
3. **中热**　38.1~39℃。
4. **高热**　39.1~41℃。
5. **超高热**　41℃以上。

(二) 脉搏(心率)测量

脉搏(pulse)为人体表可触摸到的动脉搏动。血液经由心脏的左心室收缩而挤压流入主动脉，随即传递到全身动脉。当大量血液进入动脉将使动脉压力变大而使管径扩张，在体表较浅处动脉即可感受到此扩张，即所谓的脉搏。正常人的脉搏和心跳是一致的。结果判断如下。

1. **正常脉搏**　60~100 次 /min，跳动强弱应均匀，节律一致。
2. **脉搏过速**　>100 次 /min。
3. **脉搏过缓**　<60 次 /min。

(三) 血压测量

诊室血压测量(office blood pressure monitoring，OBPM)、动态血压监测(ambulatory blood pressure monitoring，ABPM)及家庭自测血压(home blood pressure monitoring，HBPM)是目前血压测量的 3 种

方法。

血压测量结果判断如下。

1. **诊室血压——指南标准**　高血压诊断标准是未服抗高血压药物的情况下，收缩压≥140mmHg 和 / 或舒张压≥90mmHg。需至少经过 2 次不同日血压测量，并经一定时期的观察，达到诊断标准方可诊断。此外，正在服用降压药的高血压患者，即使血压已经低于 140/90mmHg 仍为高血压。

2. **自测血压——参考标准**　家庭自测血压一般低于诊室血压，其正常上限值为 135/85mmHg，相当于诊室血压 140/90mmHg。非同日多次家庭自测血压的平均值≥135/85mmHg，可考虑诊断为高血压。自测血压≥135/85mmHg，确诊高血压；自测血压<130/80mmHg，为正常血压；自测血压≥130/80mmHg，血压偏高，需密切观察。

3. **动态血压——推荐标准**　动态血压监测的常用指标有 24h、白天（清醒活动）和夜间（睡眠）的平均收缩压与舒张压水平，夜间血压下降百分率以及清晨时段血压的升高幅度（晨峰），可以诊断高血压和判断血压波动类型。

（1）血压均值标准——全天血压：24h 平均血压≥135/85mmHg；白天（6：00~22：00）血压：平均血压≥140/90mmHg；夜间血压（22：00~6：00）：平均血压≥120/75mmHg。

（2）血压负荷标准：血压负荷就是血压读数超过标准读数的百分数，该指标在反映左心室肥厚、右心室峰值率和左心房指数等方面，比动脉血压均值更有意义。

（四）身高测量

身高是指从头顶点到地面的垂距，一般以厘米（cm）作为单位，也较经常用米（m）。受检者穿轻薄的衣服，光脚直立，两脚后跟并拢靠近量尺，并将两肩及臀部也贴近量尺进行测量。可连续测 2 次，2 次测量的结果误差不得超过 0.5cm，取均值为最终结果。

（五）体重测量

体重是体内蛋白质、矿物质、水分、脂肪与碳水化合物的总和。在水分恒定不变的情况下，体重可反映身体营养水平，尤其反映与蛋白质和脂肪有关的能量水平。体重测量方法有电子体重计和杠杆秤，首选杠杆型体重秤，使用前需校正。判断指标用体重指数（body mass index，BMI）来表示（表 22-3-1）。

表 22-3-1　体重指数（BMI）判断体重类型

体重类型	体重过低			正常体重	体重超标		
	重度	中度	轻度		超重（偏胖）	中度肥胖	重度肥胖
BMI	≤16	16~16.9	17~18.4	18.5~23.9	24~27.9	28~29.9	≥30

幼儿标准体重按照以下公式计算：

$$标准体重(kg)=3+[身高(cm)-50]/3.8$$

幼儿身高在 125cm 以下时，其体重与身高一起发展，即身高每增加 3.8cm，体重增加 1kg。

（六）皮褶厚度

皮褶厚度是人体一定部位连同皮肤和皮下脂肪在内的皮肤皱褶的厚度。皮褶厚度主要反映体脂含量，可代替人体脂肪的测量。测量皮褶厚度通常用皮褶厚度计连续测量 3 次，取平均值，单位毫米（mm）。三头肌皮褶厚度（triceps skinfold thickness，TSF）成年人参考值：男性 11.3~13.7mm，女性 14.9~18.1mm。若实际测量值>90% 为正常，80%~90% 为轻度营养不良，60%~80% 为中度营养不良，<60% 为重度营养不良。常用的测量部位为肱三头肌、肩胛下和脐旁 3 个测量点。皮褶厚度不单独作为肥胖的标准，通常与身高、体重结合起来判定。

1. **肱三头肌皮褶厚度**　被测量者立位，上臂自然下垂，取左上臂背侧肱三头肌肌腹中点，即左肩峰至骨鹰嘴连线中点上方 1~2cm 处。测量者位于被测量者后方，用左手拇指和示指从测量点旁 1cm 处将皮肤连同皮下脂肪顺臂之长轴捏起皮褶测量。

2. **肩胛下皮褶厚度**　被测量者上臂自然下垂，测量点位于左肩胛骨下角下方 2cm 处。正常参考值：男性 10~40mm，女性 20~50mm。男性测量值>40mm 为肥胖，<10mm 为消瘦；女性测量值>50mm 为肥胖，<20mm 为消瘦。

3. **髋部与腹部皮褶厚度**　髋部取左侧腋中线与髂嵴交叉处，腹部取脐右侧 1cm 处。测定方法同 TSF。

（七）上臂围

上臂围即上臂中点围（mild-arm circumference，MAC），是上臂中点的围长，是反映能量和蛋白质营养状况的指标之一。被测量者上臂自然下垂，用软尺测量上臂外侧肩峰至鹰嘴连线中点的围长。我国 1~5 岁儿童上臂围 13.5cm 以上为营养良好，12.5~13.5cm 为营养中等，12.5cm 以下为营养不良。成年男性上臂围参考值为 27.5cm，若实际测量值相当于参考值的 80%~90% 为轻度营养不良，60%~80% 为中度营养不良，<60% 为重度营养不良。

（八）上臂肌围

上臂肌围（mid-arm muscle circumference，MAMC）是反映机体蛋白质储存情况的指标，计算公式如下：AMC=MAC（cm）–TSF（cm）× 3.14。正常值参考范围：男性 22.8~27.8cm；女性 20.9~25.5cm。测量值>90% 为正常，80%~90% 为轻度营养不良，60%~80% 为中度营养不良，<60% 为重度营养不良。

（九）围度

1. **胸围**（chest circumference）　胸围是胸廓的最大围度，可以表示胸廓大小和肌肉发育情况，是评价人体宽度和厚度具有代表性的指标。

2. **腰围**（waist circumference）　腰围是人体站立时水平方向的最小腰部周长值。腰围反映了腹部皮下脂肪厚度和营养状况，是间接反映人体脂肪分布状态的指标。

3. **臀围**（hip circumference）　臀围是人体站立时水平方向的最大臀部周长值，反映髋部骨骼和肌肉的发育情况。

4. **腰臀比**（waist-to-hip ratio，WHR）　腰臀比为最窄部位的腰围除以最宽部位的臀围。腰围及腰臀比是临床上估计患者腹部脂肪过多最简单和实用的指标，与肥胖相关性疾病有更强的关联。可用于对肥胖者的最初评价，在治疗过程中也是判断减肥效果的良好指标。判断标准见表 22-3-2。

表 22-3-2　腰围、腰臀比、腰围身高比判断肥胖类型

判断指标		中心型肥胖	均匀性肥胖
腰围（waist circumference）	男性	≥ 90cm	<90cm
	女性	≥ 85cm	<85cm
腰臀比（WHR）	男性	≥ 0.90	<0.90
	女性	≥ 0.85	<0.85
腰围身高比（WHtR）	男女	≥ 0.50	0.45~0.50

（十）肌肉强度测定

肌肉强度测定主要有握力、第 1 秒用力呼气容积（forced expiratory volume in one second，FEV_1）及肌肉收缩和舒张力测定。

1. **握力**　握力与机体营养状况密切相关，是反映肌肉功能有效的指标，通常使用握力计进行测定。正常参考值：男性握力>30kg，女性握力>20kg。

2. **呼吸功能**　最大呼气量的流量峰会随着患者营养状况的改变而变化，代表了呼吸肌的力量。呼吸功能与机体蛋白质营养状况密切相关，如果机体蛋白质减少 20%，呼吸功能会急剧下降。

3. **肌肉收缩和舒张力**　对一些非自主性肌肉如拇收肌进行点刺激后直接测量肌肉收缩和舒张的强度，用于评价肌肉的力量强度。

二、营养缺乏的临床检查

营养缺乏的发生是一个渐进过程，缺乏的严重程度与所缺乏营养素的种类、数量和持续时间有关。营养缺乏的体征常表现为非典型的体征，检查时应认真做好鉴别诊断。营养缺乏表现最敏感的部位是皮肤、毛发和口唇。常见营养缺乏体征与营养素的关系见表 22-3-3。

表 22-3-3　营养缺乏体征与营养素的关系

部位	体征	缺乏的营养素
全身	消瘦、水肿、发育不良	能量、蛋白质、维生素、锌
	贫血	蛋白质、铁、叶酸、维生素 B_{12}、维生素 B_6、维生素 C
皮肤	干燥、毛囊角化症	维生素 A
	毛囊四周出血点	维生素 C
	癞皮病皮炎	烟酸
	脂溢性皮炎、阴囊炎	维生素 B_2
头发	稀少、缺少光泽	蛋白质、维生素 A
眼睛	比托斑、角膜干燥、夜盲症	维生素 A
	角膜边缘充血	维生素 B_2
口唇	口角炎、唇炎	维生素 B_2、维生素 B_{12}、维生素 PP
口腔	牙龈炎、牙龈出血、齿龈松肿	维生素 C
	舌炎、舌猩红、舌肉红	维生素 B_2、烟酸
	地图舌	维生素 B_2、烟酸、锌
指甲	舟状甲	铁
骨骼	鸡胸、串珠胸、O 形腿、X 形腿、骨质软化症	维生素 D、钙
	骨膜下出血	维生素 C
神经	多发性神经炎、球后视神经炎	维生素 B_1
	中枢神经系统失调	维生素 B_{12}、维生素 B_6
内分泌	甲状腺肿	碘

（曾　强）

第四节　运动处方的临床制订和执行

运动作为防治疾病的一味“良药”，正迅速被医学和公共卫生界所接受，且正迅速走进临床实践第一线。既然是“药”，就一定不是多多益善，而应该“量体裁衣”、个性化定制，也因此一定需要处方。

本节旨在介绍运动处方的临床制订和执行。

一、"运动是良药"的萌生

"运动是良药"的提法源于英文的"Exercise is medicine"，一开始也有人把它翻译成"运动是良医"。其实"medicine"在英文中有"医"（the science or practice of the diagnosis，treatment，and prevention of disease）或"药"（a compound or preparation used for the treatment or prevention of disease）的双重含义，而它在"Exercise is medicine"中的含义更偏向后者。

纵观人类的发展史，东西方的先贤们都早就认识到运动对于健康的重要性以及运动必须适量的原则。在中国，从公元前3000年的大舞、《吕氏春秋》（公元前241年）中关于"流水不腐，户枢不蠹"、2600多年前《黄帝内经》中的"上医治未病"，到东汉末年（184—220年）华佗所创的"五禽戏"，再到唐朝永徽三年（公元652年）孙思邈在《千金要方》中"大小劳"对健康作用的描述："养性之道，常欲小劳，但莫大疲及强所不能堪耳"，均表述了运动在促进健康、防治疾病中的作用。在国外，从公元前776年古希腊的第一届古代奥林匹克运动会到法国思想家伏尔泰所提出的"生命在于运动"，都是很好的佐证。

（一）现代人体力活动的需求源于漫长的进化选择

现代人对体力活动的需求本能并非来自今天的田径场、体育馆或运动生理实验室，而是源于漫长的进化选择。从两百万年前的类人猿到一万年前农业革命的开始，人类的祖先基本是靠狩猎-采果（hunting-gathering）为生。身体的基因、机能、结构和行为也是为适应当时的环境而组成，而这个身体组成在过去四万到五万年中基本没有多少变化，也即现代人能量摄入、消耗以及对运动的需求基本和石器时代一样。对现代人运动量的需求也因此必须从人的过去寻找答案。虽然今天医学和公共卫生界都认同经常运动是健康之必需，但对每天应保证多少的运动量则是众说纷纭。根据目前所有的数据来推测，成年人每天至少要有相当于消耗490kcal的运动量。

（二）狩猎-采果时代人的运动能量消耗

研究表明，"狩猎-采果"时代的人每天走6~16km；每天运动消耗800~1 200kcal，是现代人的3~5倍；大强度运动之后的第2天一般都伴有强度不大的运动；中大强度运动之后的第2天也多通过足够睡眠和休息时间来恢复；走或跑在过去多是在草地或软的地面上完成；每周至少有1~2次中高强度冲刺的运动；每周至少有2~3次，每次至少20~30min与发展力量和柔韧性有关的运动锻炼；所有的运动都是在户外环境中完成的；很多运动都是以小人群（如狩猎）一起完成的；除了老人和小孩外，其他人必须运动才能生存。

（三）"运动基因"与现代"省力"社会的不匹配

我们的基因还是处在必须通过运动才能生存选择下来后的状态。现代社会变化太快，造成我们还是石器时代的身体与高度机械和自动化、缺乏体力劳动的社会极不匹配，带来的是不可避免的肥胖和现代文明（慢性）病。

（四）运动与健康、慢性疾病之间的关系

虽然东西方先贤对运动与健康早有认识，但真正开始从科学上认识运动与健康/慢性病之间的明确关系是源于20世纪五六十年代的流行病研究。其中英国流行病学家Jeremy N. Morris的伦敦公交车研究应该是最早和最有影响力的早期体力活动与健康之间的研究。Morris于1949年开始对公交车驾驶员和售票员的心脏病发病率进行追踪研究后发现，与基本坐着不动的驾驶员比，售票员日常在当时伦敦双层公交车上售票过程中，每天要比驾驶员多上下600次左右的"楼梯"。这小小的运动量差别竟导致售票员的心脏病发病率要比驾驶员低一半之多。这项研究于1953年发表在著名的*The Lancet*医学杂志上，也由此开启了体力活动流行病学（physical activity epidemiology）的先河。Morris在1957年出版的《流行病学应用》（"*Use of Epidemiology*"）也成为流行病学的经典教材。在之后的几十年中，数以万计运动与健康的研究得以完成，使得运动处方走上了医学的殿堂。

二、运动处方五要素——频率、强度、时间、种类和进度

运动既然是“药”就必须有个剂量，也即到底应该做多少运动，而运动处方就是用来把握这个量的组成和大小。一个运动处方一般包括以下五要素。

频率：通常以每周的训练次数来表示。

强度：运动时人体承受的负荷。运动强度可以简单分为绝对和相对。绝对是不考虑个人的特点（年龄、性别、身高、体重、健康状况等）而只看负荷或和负荷有关的指标，例如能卧推多少公斤或在力竭时能吸进多少氧气。相对强度则考虑这些因素，例如能撑多少个俯卧撑（用每个人自己的体重做负荷）或力竭时按体重（kg）计每分钟能吸进多少毫升氧气。

时间：每次运动的时间长短。

种类：从事什么样的运动；常见的包括有氧、力量或抗阻训练、柔韧训练，以及中国老百姓和疾病患者熟悉的运动（例如，太极拳、健身气功、新气功疗法、广场舞、羽毛球等）。

进度：随着运动能力的提高所增加的量。

（一）有氧运动处方

有氧运动是指以有氧供能为主，运动时全身主要大肌肉群都参与的连续有节奏的运动，例如快走、慢跑、休闲骑行、游泳、跳广场舞等。因为心肺功能是有氧功能的基础，有氧运动也叫心肺功能运动（cardiopulmonary exercise）。

1. **频率**　对患者而言，最好每周能有 3~5d 的有氧运动，间隔不能超过 2d。

2. **强度**　有氧运动的强度可以用以下 3 种方法来掌控。

（1）心率：即每分钟的心跳数，测定方法可用示指、中指、无名指轻轻按在腕部桡动脉外进行触诊计算脉搏。以 15s 为计算单位 ×4，计算 1min 脉搏数。运动中更准确的方法是用戴在胸口（男性离乳头下方小于 2cm 的位置，或者女性乳房的下边缘）的心率带来测定。基于心率的强度按最高心率的百分率（%）计之。最高心率可以通过运动到力竭时的心率直接测定得来，也可以用“220- 年龄”公式来预测，但最好能用心率表来测量。低、中、高运动强度可以按最高心率的 % 来划分：很低强度，<57%；低强度，57%~63%；中等强度，64%~76%；高强度，77%~95%；接近最高强度，>95%。

（2）讲话测试：即一个人在运动时能否讲话或唱歌。低强度，个人可以边运动边唱歌；中等强度，运动时有点气喘，但不是上气不接下气，且还可以讲话；高强度，运动时气喘吁吁，已不能讲话，强度可能太高，应降低强度。

（3）主观疲劳感觉量表（rating of perceived exertion，RPE）：是运动过程中对强度从 6 到 20 自我评价的一个量表：6，毫不费力；7~8，非常轻松；9，很轻松；10~12，尚且轻松；13~14，有点吃力；15~16，吃力；17~18，很吃力；19，非常吃力；20，竭尽全力。患者的有氧运动强度应该主要控制在中等强度（RPE 13~15）。如果身体可以接受，也应结合高强度（RPE>16）。

3. **时间**　每周应保证至少 150min 中等强度或 75min 高强度的有氧运动。最好每天有连续 20~30min 的有氧运动，开始时也可以用几个 5~10min 连续运动，中间略做休息的形式来累积完成。

4. **种类**　快走、慢跑、骑自行车、游泳、跳舞都是很好的有氧运动。

5. **进度**　进度可以通过增加频率、强度、时间和种类来完成。切记一次只在 1 个要素上增加。频率的目标是每周 5d，可以慢慢过渡到每天。强度的增加一定不要着急，在下面 3 个条件都满足时才应考虑增加强度：①对现有运动强度的自觉疲劳程度量表在等级上<11（轻度工作）；②运动时的心率低于运动处方所设定的训练心率区间的下限；③运动时没有任何呼吸急促、心绞痛、胸痛、胸部不适、肌肉或关节疼痛或疼痛的症状。

有氧运动的持续时间很重要。其目标是根据患者的健康水平、病史和目标，在每节课锻炼 20~60min。运动的持续时间通常是执行运动处方的第一步。在增加强度之前应该先增加持续时间。最后是种类，也可以尝试一项新的练习来增加运动量或运动的乐趣。例如除了步行之外，也可以一周

里有一两天骑自行车。

（二）力量训练处方

1. **频率**　每周 2~3 次为理想选择。两次力量训练之间肌肉需要 24~48h 的休息才能恢复。

2. **强度**　鼓励用一次能举起的最大重量（one-repetition maximum，1RM）的 25%~85% 或可以一次做 8~12 次重复的重量，2~3 组，对身体的主要肌群（包括上、下肢以及躯干和背部肌肉）进行训练。

3. **时间**　时间的长短取决于重复次数和组数，开始时需要 10~15min 完成 5~9 个主要肌群的训练。

4. **种类**　举重、弹力带、健身器材和自身体重都可以用来进行力量训练。

5. **进度**　当重复次数超过原来特定的最大重复次数 1~2 次时，可以考虑在现有负荷增加 2%~10% 的重量。训练频率对刚刚开始锻炼的人可以控制在每周 2~3d，经过一段时间的训练后可以增加到每周 3~4d。

（三）中国传统健身运动处方

相对而言，中国传统健身在运动剂量与健康之间的关系还没有做系统的研究，但一般都有“每天都练习、强度低、时间长”的特点。例如经笔者调研发现，很多肿瘤患者在用中国传统运动干预时每天练习时间有的高达近 4h。因此，亟需更多的研究进行科学定量。

三、患者特征与运动干预的设计

说到运动，很多人马上想到的是驰骋在奥运会场上的运动健儿。其实对临床患者来说，看起来很小，到处可以做的活动或运动对他们都很有帮助。以下按住院和门诊患者、居家康复患者可以做的一些简单活动和运动分别加以介绍。

（一）住院和门诊患者

1. **躺在床上可以做的**　深呼吸练习（鼻吸口呼），头侧和头侧转弯，肩部侧翻和耸耸肩，手臂抬高，拳头打开和关闭，腕部圆环转圈，踝关节环转圈，脚跟前后、左右滑动，直腿抬高，腿弯曲伸展等。

2. **坐在床的边缘或椅子上可以做的**　深呼吸练习（鼻吸口呼），头侧和头侧转弯，肩部滚动和耸肩，手臂抬举向前，肩膀向前、向对侧移动还原，坐着行进（弯曲和拉直腿），脚跟 / 脚趾互相敲击等。

3. **扶椅子或其他支持物站立或单独站立可以做的**　原地踏步，微微下蹲站起，扶椅下蹲，将腿向侧面摆动（髋关节外展），向后抬起腿同时保持挺直（髋关节伸展），脚跟 / 脚趾抬高，在房间或走廊中行走（有或无辅助设备），开始模拟练习回家后可以坚持的活动。

（二）居家康复患者

在上述低强度运动的基础上，居家患者可以逐渐过渡到中、高强度的运动。

1. **中等强度活动 / 运动**　散步，骑自行车，园艺，跳舞，有氧健身操，打羽毛球等。

2. **高强度活动 / 运动**　跑步，快步走，较吃力的园艺活动，游泳，大强度的有氧舞蹈，篮球等。

四、临床运动治疗流程

临床运动治疗流程一般包括检测、处方生成和处方执行 3 部分。

（一）流程（检测 - 处方生成 - 执行）

临床患者因年龄、性别、所得的疾病以及疾病阶段的差异、所采取的治疗手段和身体对治疗副作用的反应等原因，导致个体差异很大，所以运动处方的制订一定要从检测开始。当然再好的处方如果不能得到很好的执行，也不会得到预期的效果，所以鼓励、监督和随时调整处方也是运动干预中不可分割的一部分。

（二）检测内容和步骤

比较全面的检测应该包括健康史、运动风险评估、与运动有关的绝对和相对禁忌证、体能筛查和体适能测定。

1. 健康史

(1)当前的生活方式和活动偏好。

(2)健康状况(例如,病史诊断、进展和治疗,当前的运动计划,血常规参数,运动经历,有无手术),目前的体征和症状(例如,焦虑、沮丧或悲伤,认知功能,疲劳,失去平衡/协调性,神经病变,疼痛或不适,睡眠障碍)。

(3)用药情况(例如,抗凝药,抗高血压药,化学治疗药,胰岛素/2型糖尿病药物,他汀类药物)。

(4)体内是否有人工装置(例如,骨骼扩张器或关节置换,乳房植入物,植入端口,留置膀胱导管,造口术或伤口引流袋,周围插入的中央导管,假肢,放射植入物,睾丸植入物等)。

(5)计划或完成的治疗[治疗的开始时间或完成时间(几天,几周,几个月)以及疗程的长短(几周,几个月),化学疗法,放射疗法,手术治疗]。

2. 运动风险评估 主要用于预防和运动有关的心血管事件(例如运动猝死)。最近的研究发现如下。

(1)运动对于包括患者在内的大多数人是安全的,并且能够让健康和体适能受益很大。

(2)因运动而引起的心脏问题大多可以通过识别其风险而加以预防。

(3)运动带来的益处要远远超过运动可能带来的风险。

新的筛查模型把筛查侧重在以下方面。

(1)被筛查人现在参加运动的情况。

(2)是否有心脏等疾病的征兆。

(3)拟参加运动的强度。

实践中多用2015年美国运动医学会基于目前参加运动的情况,是否有心血管、代谢或肾脏疾病的症状和所期待运动强度的风险评估量表(图22-4-1)。

需要指出的是,因为国内的医院目前还没有是否可以运动的系统医学检查,上述风险评估的执行可能有一定的难度。但切不可因为缺乏检查或评估而停止患者的运动。相反,研究表明,运动对大多患者来说是安全的,并具有许多相关的健康和健身益处。与运动有关的心血管事件通常会先出现警告信号/症状,而且随着患者参加运动而变得更健康,与运动相关的心血管风险反而会降低。

3. 与运动有关的绝对和相对禁忌证

(1)绝对禁忌证(先暂时不要参加运动,稳定相关症状):安静心电图最近发生重大变化、有不稳定的心绞痛、心律失常、急性肺栓塞或肺梗死。

(2)相对禁忌证(可以参加运动,但要特别当心,以低、轻强度运动为主):血管中度狭窄的心脏病、电解质异常、严重的动脉高压、冠状动脉左主干狭窄。

4. 体能筛查和体适能测定 如果有可能,应该对患者做体能筛查和体适能测定。临床常用的简单测定包括连续5个坐起测验(下肢功能力量),握力(测量手和前臂肌力),2min或6min内步行(通过2min或6min内的步行距离来预测一个人的有氧能力)。如果有功率自行车或跑步机,也可以做一个次极限强度的有氧能力测验。在康复训练中,对于中低有氧能力的患者该测试是首选,因为可以在测验中比较方便地同时测试人的心率,血压,RPE,呼吸困难程度,血氧饱和度,是否出现心绞痛等。

(三)运动处方的生成

除了根据患者所患疾病的特点和因为治疗所带来的副作用,临床运动处方的生成应当遵循以下原则:①通过运动保留并可能改善患者的功能;②必须根据患者的疾病状况以及治疗方案特点个性化;③量体裁衣,根据患者的身体状况和功能水平定制相应的运动强度、时间和频率;④积极配合和适应治疗周期;⑤使运动成为日常生活不可或缺的一部分。

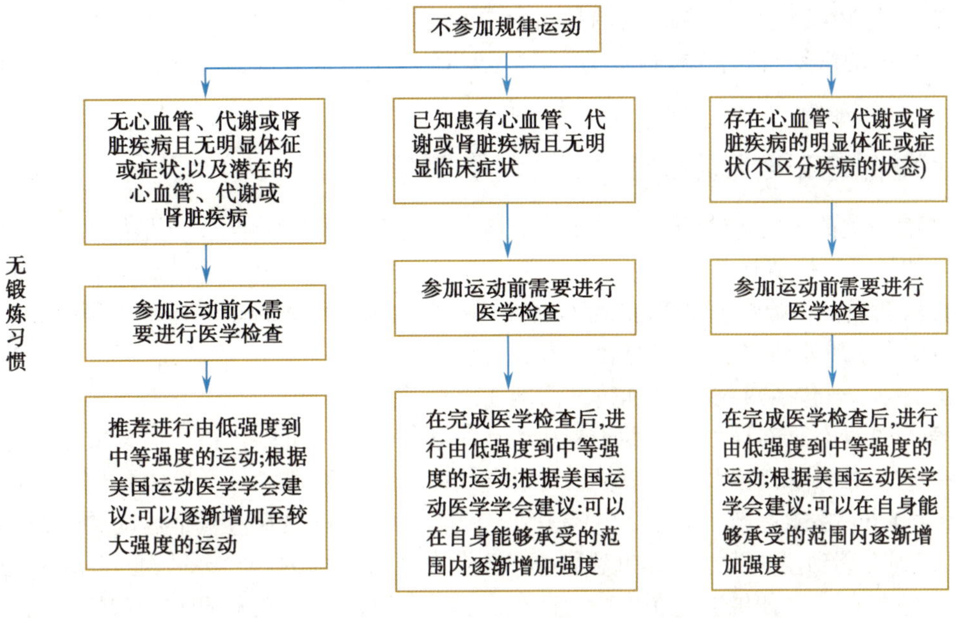

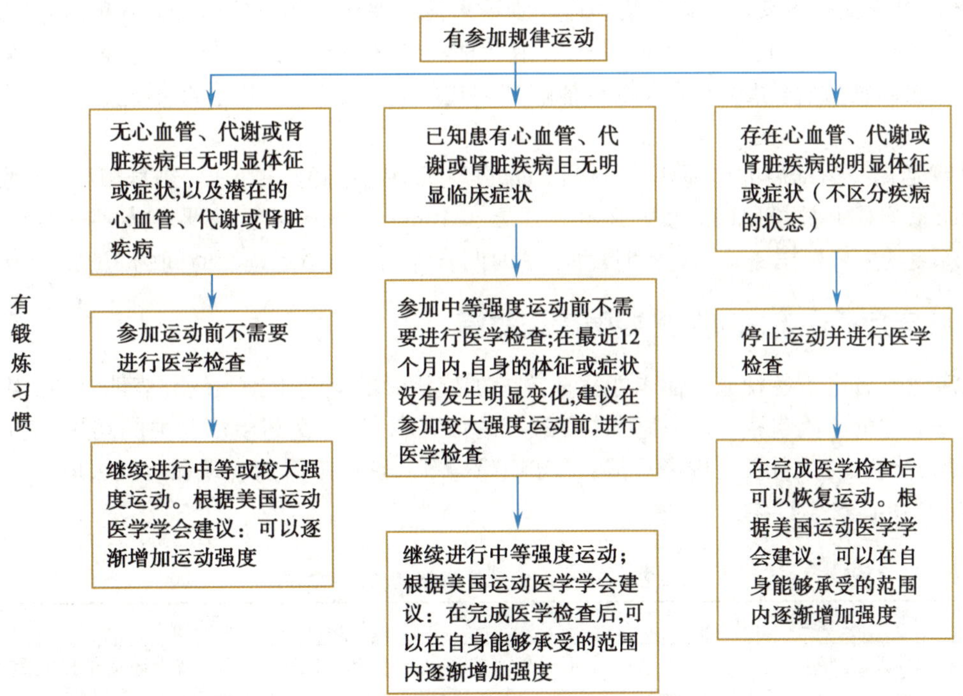

图 22-4-1　2015 年美国运动医学会运动风险评估量表

(四) 处方执行

尽管大量的科学证据支持运动对疾病患者生存和提高生活质量的重要性,但很多患者还是没有参加应有的运动干预。相反,许多患者在疾病诊断后反而减少运动,例如有研究发现女性乳腺癌患者诊断后 1 年运动的时间比诊断前每周减少 2h。所以医生和护士一定要鼓励肿瘤患者积极参加体育锻炼,例如:鼓励家人和朋友与肿瘤患者一起运动,选择适合患者的活动和运动,并根据患者的疲劳、认知功能、身体状况、疼痛和睡眠状态、治疗后遗症或副作用的特点推荐合理并安全的运动。另外需要注意监督患者的体能变化,如果因为治疗引起心血管功能下降,运动处方应及时调整。手术后也应为患者留出足够的恢复时间,在极端疲劳、贫血、头晕、血小板计数低、恶心或共济失调期间,应避免运动。

五、运动课的三要素(准备活动、干预、整理活动)

"从低强度 / 负荷开始,慢慢推进"是疾病患者开始运动干预的原则,尤其是如果患者以前久坐不动或很少参加体育锻炼或运动。即使是在诊断之前经常运动的人,也可能由于疾病治疗而导致体质下降,因此,从低强度开始然后慢慢加量,对防止运动伤害和帮助患者耐受运动干预很重要。疾病患者的运动耐受性一般波动较大,尤其是在手术后或治疗期间。

一堂运动课一般包括热身、运动和整理活动 3 部分。

1. **热身** 热身大肌肉群可能有助于减少受伤的风险。热身可以包括在原地或跑步机上缓慢行走,在健身单车上缓慢踩踏以及以有节奏的运动方式移动手臂和腿部。一堂 60min 的运动课里,热身运动需要 5~10min,才能逐渐增加心率并提升肌肉的温度。一般热身占整个运动课时的 15%。慢慢加快步伐,直到人感到温暖为止。如果遇到不良事件如呼吸急促、胸痛、头晕、心律不齐、关节或肢体疼痛加剧,请立即停止。如果这些症状持续存在,则必须向医生咨询进行调整。锻炼时应穿着舒适的衣服和合适的鞋类。正确穿鞋很重要,特别是如果患者因治疗而患有周围神经病变或脚部感觉下降。上团体课时,个人应携带自己的毛巾和水瓶以保证个人卫生。

2. **运动** 运动过程中务必保证水的摄入,每隔 5~10min 花一点时间喝点水。在化学疗法和放射疗法期间,水合作用很重要。根据湿度和运动强度可能需要补充额外的水分。在锻炼过程中测量心率和强度。教会患者如何测量心率或用 RPE 或谈话测试来控制强度。同时教会他们了解因为治疗可能带来的肌肉疲劳、痉挛或不适。教会他们如何选择合适的运动,以及在不适时及时调整或中止训练。

3. **整理活动** 运动后的整理活动可以帮助减轻心脏和肌肉的压力。与热身相反,整理活动的目的是逐渐降低心率并放松肌肉。整理运动也需要 5~10min(60min 的运动课)。有些热身用的活动也可用在整理活动中。根据经验,热身和整理活动时间合计约占整节运动课时间的 30%。

六、临床疾病患者面临的主要障碍和对策

临床疾病患者出于各种原因而未能完成或参加应该做的运动干预。研究表明,常见阻碍疾病患者参加体育锻炼的原因包括:①个人对体育锻炼的信念和态度;②与治疗有关的问题;③环境障碍;④没时间;⑤社会支持不足;⑥财务挑战;⑦知识障碍等。这些障碍的表现和可以采取的对策简要描述如下(表 22-4-1 至表 22-4-7)。

表 22-4-1 个人对体育锻炼的信念和态度

表现	对策
对参加体育活动缺乏兴趣	在评估改变行为的动机时,教育和鼓励运动干预的重要性
觉得运动太枯燥	询问喜欢的活动;建议将运动干预纳入这些患者喜欢做的活动中
认为生病需要休息的观念	告诉患者为什么体育锻炼有助于减少疲劳和能够提高生存率
体育活动不是重中之重,没有好处,因此没有必要	用案例来演示运动干预对患者的积极作用,鼓励经常运动的患者与不运动的患者见面交流,对个人或团体的运动干预活动给予支持和指导
对身体活动能力缺乏信心(通常是由于身体形象差所致);害怕和不知道应该如何运动	加强适当的体育锻炼有助于增强身体素质。这种积极的增强作用可以帮助患者提高自信

表 22-4-2　与治疗有关的问题

表现	对策
疲劳，是大多数（74%）患者参加体育锻炼的第一大障碍。通常幸存者感到非常疲倦，以致尽管体育锻炼实际上会帮助他们缓解疲劳，但他们也不想参加体育锻炼	为患者提供证据，证明体育锻炼有助于缓解疲劳。从小的、居家为主的运动开始
担心疼痛加重	强调适当的体育锻炼不但不会使疼痛加重，反而可以减缓和消除疼痛（如果出现）
抑郁症	告知患者许多患有抑郁症的患者都因参加体育锻炼而症状有所改善
与疾病有关的障碍	例如，乳腺癌女性幸存者由于胸罩不舒服并引起疼痛而避免进行体育锻炼，提醒她们穿着合适的衣着，尤其是内衣，以提高对体育锻炼的依从性

表 22-4-3　环境障碍

表现	对策
居住在不安全或没有人行道或不方便进出的小区里	熟悉可以安全进行体育活动（例如散步）的地点，例如当地公园、休闲区和室内场所（例如购物中心）
居住在没有健身设施或步行道，或没有设施且需要交通工具才能进入的乡村地区	帮助设计一些居家或门口可以做的练习和庭院活动

表 22-4-4　没时间

表现	对策
感觉“太忙了”。这些人希望他们在方便的时候容易获得体育锻炼机会，而这并非总是可能的	提供可以融入他们日常体育活动中的想法（例如，做家务，上下楼梯）。将他们引导到其地理区域中从事体育活动的资源

表 22-4-5　社会支持不足

表现	对策
缺乏社会支持，导致成功参加体育锻炼计划有困难	鼓励家人，朋友和身边重要的其他人与患者一起进行体育锻炼，以提高成功率和依从性；这种参与为患者提供了获得帮助和支持的渠道
周围人的错误观念鼓励幸存者休息并保持不活跃	利用家人，朋友和重要的其他人来鼓励和树立健康行为的榜样；如果幸存者没有家人参与，请找到健身伴侣或疾病幸存者，并订立运动协议以提高活动依从性；教育幸存者家人和朋友运动干预的重要性，并得到他们的支持

表 22-4-6　财务挑战

表现	对策
无法支付健身中心会员或团体的费用	查找免费或减价推销机会或资助计划的参与者。与社区中心合作，为患者制订运动处方

表 22-4-7 知识障碍

表现	对策
无法找到线上和线下有针对性的知识与技术支持	与物理治疗师、运动科学家和社会服务机构等疾病有关的社团合作，建立信誉良好的在线网站和支持，定期开设线下课程
患者和医务工作者缺乏有关体育锻炼的具体建议	开始系统地对医务人员进行培训，并为他们提供方便的工具

七、小结

过去几十年，上万个以上研究的结果已经充分证明，运动应当作为临床疾病治疗和护理中不可缺少的一部分，并应被视为治疗的辅助疗法和协同药与常规疗法并用，以提高患者的生存率和康复率，抵消因为治疗副作用给患者身体带来的不利影响，提高他们的生活质量。

（朱为模）

第五节 血糖管理

糖尿病是一种需要持续管理的慢性疾病。血糖监测是糖尿病管理和治疗的重要组成部分，适时的血糖监测是实现血糖目标的关键，其结果有助于评估糖尿病患者糖代谢紊乱的程度，制订合理的降糖方案，反映降糖治疗效果并指导治疗方案的调整。

一、血糖管理自我监测

新诊断的患者和 / 或没有合并症且预期寿命不受限的患者，可以从严格的血糖控制中受益，并且可以预防微血管并发症。血糖管理的主要指标如下。

（一）糖化血红蛋白

糖化血红蛋白（glycosylated hemoglobin，HbA1c）反映了大约 3 个月的平均血糖，在临床上已作为评估长期血糖控制状况的“金标准”，也是临床决定是否需要调整治疗的重要依据，对糖尿病并发症具有很强的预测价值。因此，所有糖尿病患者应定期进行常规测评，检测的频率应取决于临床情况、治疗方案和临床医生的判断。

1. 在治疗之初，建议每 3 个月检测 1 次直到达到治疗目标。

2. 对于达到治疗目标且血糖控制稳定的 2 型糖尿病患者可每 6 个月检查一次，以确定患者的血糖目标是否已达到并维持稳定。

3. 对于治疗方案改变、或未达到血糖目标、或需要强化管理（例如患有 1 型糖尿病的孕妇）的患者，需每 3 个月一次甚至更频繁地进行 HbA1c 检测。

4. 使用即时（point-of-care）HbA1c 测试可以让患者和医务人员更及时地调整治疗方案。

HbA1c 仍存在一定的局限性，尤其是患者需要到医院才能进行检测。另外红细胞更新情况（例如溶血和其他贫血、葡萄糖 -6- 磷酸脱氢酶缺乏症、近期输血史、使用刺激红细胞生成的药物、终末期肾病和妊娠）也可能导致 HbA1c 结果与患者的真正平均血糖存在差异。当 HbA1c 结果与自我血糖监测水平不相关时，血红蛋白变异需要纳入考虑。

另外，HbA1c 不能提供血糖波动或低血糖的信息。对于血糖波动大的患者，尤其是 1 型糖尿病或 2 型糖尿病严重胰岛素缺乏的患者，最好通过自我血糖监测、连续血糖监测和 HbA1c 联合评估血糖控制。

（二）自我血糖监测

自我血糖监测（self-monitoring of blood glucose，SMBG）可以帮助患者深入了解饮食、体力活动和药物管理对血糖水平的影响，也可用于评估低血糖或并发疾病期间的葡萄糖水平，或担心 HbA1c 的检测结果可能在特定个体中不可靠时用来检测 HbA1c 和葡萄糖水平之间的差异。其操作方便快捷，患者可在家自行监测，特别是采用胰岛素治疗的患者。

1. 对于使用基础胰岛素的患者，用 SMBG 评估空腹血糖以进行剂量调整，可降低 HbA1c 并实现血糖目标。

2. 对于不使用强化胰岛素治疗方案的胰岛素治疗患者，如使用基础胰岛素（联合或不联合口服药物）的 2 型糖尿病患者，有关何时使用 SMBG 以及多长时间进行检测的证据不足。

3. 在不使用胰岛素的 2 型糖尿病患者中，常规血糖监测的额外临床益处可能有限。研究发现在每天至少检查 1 次血糖数据的患者中，许多人报告在结果高或低时并未采取行动。因此，单独进行 SMBG 不会降低血糖水平，但当常规血糖监测与治疗方案调整相结合时，它可能是有用的。

同时，是否受过系统的 SMBG 训练对于控制血糖的效果也有影响。对于采用胰岛素治疗但初始血糖控制不佳的患者长达 1 年的研究发现，相对于对照组，受过结构化 SMBG 训练（一种纸质工具，用于收集和解释至少每季度连续 3d 检测获得的七点 SMBG 曲线）的小组多减少了 0.3% 的 HbA1c。在使用结构化 SMBG 数据调整药物治疗的试验中，HbA1c 的降低幅度更大（–0.3%），但如果没有这种结构化的糖尿病治疗调整则不显著。

为了让 SMBG 变得高效有用，必须将信息纳入临床和自我管理计划。同时需要患者和医务人员对数据进行适当的审查和解释，以确保有效和及时地使用数据。专业医疗人员需要指导患者如何使用 SMBG 数据来调整食物摄入、锻炼或药物治疗，以实现特定目标。应在每次常规随访时重新评估持续使用 SMBG 的需求和频率，以避免使用过度，尤其是在 SMBG 未能有效用于自我管理的情况下。

(1) 采用生活方式干预控制糖尿病的患者，可根据需要有目的地监测血糖，以通过了解饮食控制和运动对血糖的影响来调整饮食和运动。

(2) 使用口服降糖药者可每周监测 2~4 次空腹或餐后 2h 血糖。

(3) 使用胰岛素治疗者，可根据胰岛素治疗方案进行相应的血糖监测。

1) 使用基础胰岛素的患者应监测空腹血糖，根据空腹血糖调整睡前胰岛素的剂量。

2) 使用预混胰岛素者应监测空腹和晚餐前血糖，根据空腹血糖调整晚餐前胰岛素剂量，根据晚餐前血糖调整早餐前胰岛素剂量。空腹血糖达标后，注意监测餐后血糖以优化治疗方案。

(4) 特殊人群（围手术期患者、低血糖高危人群、危重症患者、老年患者、1 型糖尿病、妊娠糖尿病等）的监测，应遵循以上血糖监测的基本原则，实行个体化的监测方案。

SMBG 的准确性取决于所用仪器和操作者的技术，因此鼓励患者选用精度较好的血糖仪并与静脉血糖比对进行校准。另外，需在起始和后期定期评估每位患者的监测技术。

（三）连续血糖监测

连续血糖监测（continuous glucose monitoring，CGM）检测组织间质的葡萄糖，其与血浆葡萄糖相关性好。CGM 对于创建动态葡萄糖图谱（ambulatory glucose profile，AGP），提供目标范围内时长、高血糖范围内的时间百分比、低血糖范围内的百分比以及血糖变异性至关重要。CGM 的丰富数据提供了比以前更精细地分析患者数据的机会，根据额外信息提出的各种指标可以帮助患者实现血糖控制目标。

近年来，CGM 已成为评估血糖控制的补充方法。CGM 允许患者评估他们对治疗的个体反应，并评估是否安全地实现血糖目标。将结果整合到糖尿病管理中，可以成为指导医学营养治疗和体力活动、预防低血糖和调整药物（特别是膳食胰岛素剂量）的有用工具。

1. 回顾性 CGM 系统的适应证

(1) 1 型糖尿病。

(2) 需要胰岛素强化治疗的 2 型糖尿病患者。

(3)在 SMBG 指导下使用降糖治疗的 2 型糖尿病患者,仍出现下列情况之一。

1)无法解释的严重低血糖或反复低血糖,无症状性低血糖、夜间低血糖。

2)无法解释的高血糖,特别是空腹高血糖。

3)血糖波动大。

4)出于对低血糖的恐惧,刻意保持高血糖状态的患者。

(4)妊娠糖尿病或糖尿病合并妊娠。

(5)患者教育。

(6)评估临床研究结果。

2. 实时 CGM 系统的适应证

(1)HbA1c<7% 的儿童和青少年 1 型糖尿病患者。

(2)HbA1c≥7% 的儿童和青少年 1 型糖尿病患者中,有能力每天使用和操作仪器者。

(3)有能力接近每天使用的成人 1 型糖尿病患者。

(4)非重症监护室使用胰岛素治疗的住院 2 型糖尿病患者。

(5)围手术期的 2 型糖尿病患者等。

3. CGM 装置的副作用 据报道,所有附着在皮肤上的装置都可导致接触性皮炎。在某些情况下,这与丙烯酸异冰片酯(isobornyl acrylate)的存在有关。丙烯酸异冰片酯是一种皮肤敏化剂,可引起额外的扩散过敏反应。可以通过斑贴试验来确定接触性皮炎的原因。

二、血糖管理目标

糖尿病随患病时间延长可能变得更难控制,并发症风险和治疗负担增加。因此随着时间的推移,应重新评估血糖管理目标,以便在患者的各项因素发生变化时平衡风险和获益。

(一)糖化血红蛋白目标

多项研究表明,在发现 1 型和 2 型糖尿病的早期实现 HbA1c<7% 的目标可以减少微血管并发症,并且使 HbA1c 从 7% 降至 6% 可以进一步降低微血管并发症的风险。尽管绝对风险降低更多,鉴于 1 型糖尿病和 2 型糖尿病因治疗而引起的低血糖风险显著增加,更低的血糖目标所带来的风险可能超过微血管并发症的潜在获益。根据医生的判断和患者意愿,一些特定患者,特别是那些合并症少、预期寿命长的患者,如果可以安全地实现血糖目标而不会出现低血糖症或显著增加治疗负担,那么更严格的血糖目标(例如 HbA1c 目标<6.5%)可能会使这些患者受益。

1. 多数非妊娠成人患者的合理 HbA1c 目标是<7%。对于特定患者,如果可以在没有明显低血糖或其他治疗副作用(如多药治疗)的情况下实现这一目标,医务人员可合理地建议更严格的 HbA1c 目标(如<6.5%)。这些患者可能包括糖尿病病程较短、仅用生活方式或二甲双胍治疗的 2 型糖尿病患者、预期寿命较长或无明显心血管疾病的患者。

2. 较宽松的 HbA1c 目标(如<8%)可能适用于有严重低血糖病史、预期寿命有限、有晚期微血管或大血管病、有较多的伴发疾病,以及尽管进行了糖尿病自我管理教育、适当的血糖检测、应用包括胰岛素在内的多种有效剂量的降糖药物,但仍难达标,病程较长的糖尿病患者。

(二)自我血糖监测目标

餐前和餐后 SMBG 目标问题很复杂。在一些流行病学研究中,刺激后(2h 口服葡萄糖耐量试验)升高的血糖值与心血管风险增加相关,且独立于空腹血糖升高,但干预试验未显示餐后葡萄糖是独立于 HbA1c 的心血管危险因素。在糖尿病受试者中,血管病变的替代指标例如内皮功能障碍,会受到餐后高血糖的负面影响。很明显,餐后高血糖和餐前高血糖一样,均对提高 HbA1c 水平有贡献;当 HbA1c 水平接近 7% 时,餐后血糖其相对贡献度更高。结局研究已经清楚地表明 HbA1c 是并发症的主要预测因子,然而对血糖控制的具有里程碑意义的试验绝大多数依赖于餐前 SMBG。此外,一项针对已知心血管疾病(cardiovascular disease,CVD)患者的随机对照试验发现,与针对餐前血糖的患者相比，针对餐后血糖的胰岛素治疗方案没有 CVD 获益。因此，对于空腹血糖已达标而 HbA1c 仍高于目标值的患者，推荐餐后血糖检测是合理的。

1. 空腹血糖控制在 4.4~7.0mmol/L。

2. 餐后 1~2h 检测血糖，并设法使餐后血糖降至 < 10.0mmol/L。

三、低血糖及处理方法

低血糖症是 1 型和 2 型糖尿病患者血糖管理的主要限制因素，预防低血糖症是糖尿病管理的重要组成部分。对于一些患者，SMBG 和 CGM 是评估治疗与检测初期低血糖的重要工具。患者应了解增加低血糖风险的情况，例如为检查或手术而禁食时、延迟进餐、饮酒期间和之后、剧烈运动期间和之后以及睡眠期间。低血糖症可能会增加对自身或他人造成伤害的风险，例如驾驶时。教育糖尿病患者平衡胰岛素使用和碳水化合物的摄入与运动是必要的，但这些策略并不总是能足以预防低血糖。

1. **1 级低血糖**　定义为可测量的血糖浓度 < 3.9mmol/L，但 ≥ 3.0mmol/L。血糖浓度 3.9mmol/L 已被认为是非糖尿病患者神经内分泌对葡萄糖降低反应的阈值。因为许多糖尿病患者表现出对低血糖的反调节反应受损和 / 或无意识低血糖，所以血糖指标 < 3.9mmol/L 被认为具有重要临床意义，与急性低血糖症状的严重程度无关。

2. **2 级低血糖**　定义为血糖浓度 < 3.0mmol/L，是神经低血糖症状开始发生的阈值，需要立即采取措施来解决低血糖事件。

3. **3 级低血糖**　被定义为以精神和 / 或生理功能改变为特征的严重事件，需要其他人的帮助才能恢复。

低血糖的症状包括但不限于颤抖（手抖）、烦躁、精神错乱、心动过速和饥饿（感）。对于糖尿病患者，低血糖可能造成不便或恐惧。3 级低血糖可能被识别或未被识别，并且可能发展为意识丧失、癫痫发作、昏迷或死亡。可通过快速给予葡萄糖或胰高血糖素逆转。低血糖症可对糖尿病患者自身或其他人造成严重伤害，特别是导致跌倒、机动车事故或其他伤害的情况。

因此，医务人员应在每次随访时询问有低血糖风险的患者，是否存在症状性和无症状性低血糖，并教导患者如何应对低血糖症状。

出现低血糖症状但神志仍清醒的患者，15~20g 葡萄糖是优选治疗，也可以使用任何形式的含葡萄糖的碳水化合物。治疗后 15min，如果 SMBG 显示持续低血糖，应再次摄入 15~20g 葡萄糖，等待 15min 后重复测量血糖，如此重复治疗直到 SMBG 恢复正常。患者应及时进食正餐或零食，以防止低血糖复发。

建议患者使用快速（吸收的）碳水化合物治疗低血糖。低血糖症治疗需要摄入含葡萄糖或碳水化合物的食物。与食物中的碳水化合物含量相比，急性血糖反应与食物的葡萄糖含量相关性更好。纯葡萄糖是优选的治疗方法，但含有葡萄糖的任何形式的碳水化合物均可以升高血糖。添加脂肪可能会延缓并延长急性血糖反应。在 2 型糖尿病中，摄入的蛋白质可以增加胰岛素反应而不增加血糖浓度。因此，高蛋白质的碳水化合物来源不应用于治疗或预防低血糖症。持续的胰岛素活性或胰岛素促分泌素可能导致复发性低血糖，除非在血糖恢复后继续摄入更多的食物。一旦血糖恢复正常，应该建议患者进餐或吃零食以防止复发性低血糖。

所有 2 级低血糖（< 3.0mmol/L）风险增加的患者应常备处方胰高血糖素，这样在需要时可以立即使用。医务人员、学校工作人员或这些人的家庭成员应该知道它的位置以及何时、如何给药。胰高血糖素给药不应限于医疗保健专业人员。

无症状低血糖、一次或多次 3 级低血糖事件应重新评估治疗方案。

胰岛素治疗患者如存在无症状低血糖或 2 级低血糖发作，应建议放宽血糖目标，严格避免低血糖至少数周，以便部分逆转低血糖症的无意识情况，降低未来发作的风险。

如果发现认知能力低或下降，临床医生、患者和护理人员对低血糖的警惕性应提高，并建议对认知功能进行持续评估。

在 1 型糖尿病和严重胰岛素缺乏的 2 型糖尿病患者中，无症状低血糖（或低血糖相关的自主神经功能衰竭）可严重影响糖尿病的严格控制和生活质量。无症状低血糖的特征在于反调节激素释放不足，特别是在老人中，并且自主神经反应减弱，这两者都是低血糖的危险因素和由低血糖引起的。对于这一“恶性循环”的一个推论是，数周内避免低血糖可改善许多患者的反调节和对低血糖的敏感性。因此，具有一次或多次临床显著低血糖发作的患者可以至少从血糖目标的短期宽松中受益。

四、运动后血糖的管理

运动可以积极影响胰岛素敏感性、身体适应性、力量、体重管理以及情绪，但它也有可能导致低血糖和高血糖。关于运动期间和运动后常出现的血糖模式教育是必不可少的，该模式中可能包括初始短暂的高血糖，然后是低血糖。在运动之前、运动期间和运动之后，确保患者可随时获得快速作用的碳水化合物，以及频繁的血糖监测（无论是否为进行连续血糖监测），有利于了解运动对患者自身血糖的影响，可以最大限度地提高运动安全性，对于预防、发现和治疗运动时的低血糖和高血糖都很重要。

运动前的血糖目标应为 5.6~16.7mmol/L。运动前测血糖，若低于 5.6mmol/L 时应摄入额外的碳水化合物再运动；若超过 16.7mmol/L 时应避免运动。由于高血糖可以在身体活动前、活动期间和活动之后发生，因此重要的是确保血糖升高与胰岛素缺乏无关，胰岛素缺乏将导致运动高血糖恶化和酮症风险。高强度活动应在以下情况推迟，包括显著高血糖（葡萄糖 ≥ 19.4mmol/L），中度至重度尿酮和 / 或 β- 羟基丁酸（B-OHB）> 1.5mmol/L。当 B-OHB（β- 羟基丁酸）水平 ≥ 0.6mmol/L 时，需要谨慎。

1. 为防止低血糖发生，应考虑运动期间和 / 或运动后额外摄入碳水化合物，这取决于身体活动的持续时间和强度。

2. 对于低强度到中等强度的有氧活动（30~60min），如果患者为空腹，补充 10~15g 碳水化合物可以预防低血糖。

1 型糖尿病患者在运动前减少膳食及零食的餐时胰岛素，和 / 或增加食物摄入。胰岛素给药后，考虑每小时运动应给予碳水化合物 0.5~1.0g/kg（30~60g）。使用胰岛素泵的患者可以将基础率降低 10%~50% 或更多，或者在运动期间暂停 1~2h。运动后降低基础率或长效胰岛素剂量约 20%，可减少运动引起的延迟低血糖。

总体而言，应根据患者的情况和医务人员共同决定运动的强度、频率、时长、方式和运动的有效心率。一般建议糖尿病青少年每天参加 60min 的中（如快走、跳舞）到高（如跑步、跳绳）强度有氧运动，包括阻力训练和灵活性训练。对于成年糖尿病患者，鼓励每周至少 5d，每天参加至少 30~60min 的中等至剧烈体力活动（以及至少 3d/ 周的力量训练），并减少久坐行为。

（刘英华）

第六节　血脂管理

目前我国居民动脉粥样硬化性心血管疾病（atherosclerotic cardiovascular disease，ASCVD）成为首位死亡原因。血脂异常为 ASCVD 发生发展中最主要的致病性危险因素。美国已经成功降低了冠心病死亡率，其中胆固醇水平的降低贡献最大；而近年来中国冠心病死亡率不断增加，首位原因为胆固醇水平升高，占 77%。

一、血脂管理的目标

有效控制血脂异常，对我国 ASCVD 防控具有重要意义。

（一）血脂的定义

血脂是指血清中的胆固醇、甘油三酯（triglyceride，TG）和类脂（如磷脂）等的总称。血脂异常通常指血清中胆固醇和 / 或 TG 水平升高，俗称高脂血症。实际上血脂异常也泛指包括低高密度脂蛋白胆固醇（high density lipoprotein cholesterol，HDL-C）血症在内的各种血脂异常。非高密度脂蛋白总胆固醇（non-HDL）= 总胆固醇（total cholesterol，TC）–HDL-C。

（二）血脂的分类

简单的分类有病因分类和临床分类两种。

1. 病因分类

（1）继发性高脂血症：是指由于其他疾病所引起的血脂异常。可引起血脂异常的疾病主要有：肥胖、糖尿病、肾病综合征、甲状腺功能减退症、肾衰竭、肝脏疾病、系统性红斑狼疮、骨髓瘤、多囊卵巢综合征等。此外，一些药物如利尿药、非心脏选择性 β 受体阻滞剂、糖皮质激素等也可能引起继发性血脂异常。

（2）原发性高脂血症：是由于单一基因或多个基因突变所致。多具有家族聚集性，有明显的遗传倾向，特别是单一基因突变者，故临床上通常称为家族性高脂血症。例如编码低密度脂蛋白（low density lipoprotein，LDL）受体基因的功能缺失型突变，或分解 LDL 受体的前蛋白转化酶枯草溶菌素 9（proprotein convertases subtilisin/kexin type 9，PCSK9）基因的功能获得型突变，可引起家族性高胆固醇血症（familial hypercholesterolemia，FH）。家族性高 TG 血症是单一基因突变所致，通常是参与 TG 代谢的脂蛋白脂解酶、或 *ApoC2*、*ApoA5* 基因突变导致，表现为重度高 TG 血症（TG>10mmol/L）。

2. 临床分类 根据临床血脂检测的基本项目 TC、TG、低密度脂蛋白胆固醇（LDL-C）和 HDL-C 的值分类。

（1）高胆固醇血症：单纯胆固醇升高。

（2）高 TG 血症：单纯 TG 升高。

（3）混合型高脂血症：总胆固醇和 TG 均有升高。

（4）低 HDL-C 血症：HDL-C 偏低。

（三）血脂合适水平和异常切点

血脂异常的主要危害是增加 ASCVD 的发病危险，血脂合适水平和异常切点主要适用于 ASCVD 一级预防目标人群。我国 ASCVD 一级预防血脂分层标准见表 22-6-1。各临床疾病和 / 或危险因素降胆固醇治疗的目标值见表 22-6-2。

表 22-6-1 我国 ASCVD 一级预防血脂合适水平和异常分层标准 单位：[$mmol \cdot L^{-1}$（$mg \cdot dL^{-1}$）]

分层	TC	LDL-C	HDL-C	TG
理想水平	—	<2.6（100）	—	—
合适水平	<5.2（200）	<3.4（130）	—	<1.7（150）
边缘水平	5.2（200）~<6.2（240）	3.4（130）~<4.1（160）	—	1.7（150）~<2.3（200）
升高	≥6.2（240）	≥4.1（160）	—	≥2.3（200）
降低	—	—	<1.0（40）	—

注：ASCVD. 动脉粥样硬化性心血管疾病；—. 无。

表 22-6-2　降胆固醇治疗的目标值　单位：(mmol·L^{-1})

临床疾病和 / 或危险因素	目标 LDL-C 水平
ASCVD	<1.8
糖尿病 + 高血压或其他危险因素 *	<1.8
糖尿病	<2.6
慢性肾脏病(3 期或 4 期)	<2.6
高血压 +1 项其他危险因素 *	<2.6
高血压或 3 项其他危险因素 *	<3.4

注：* 其他危险因素包括：①年龄(男性 ≥ 45 岁，女性 ≥ 55 岁)；②吸烟；③ HDL-C<1.04mmol/L；④ BMI ≥ 28kg/m^2；⑤早发缺血性心血管病家族史。

二、生活方式干预

血脂异常明显受饮食及生活方式的影响，无论是否进行药物治疗，都必须坚持控制饮食和改善生活方式。

在满足每日必需营养需要的基础上控制总能量，建议每日摄入胆固醇<300mg，尤其是 ASCVD 等高危患者，摄入脂肪不应超过总能量的 20%~30%。脂肪摄入应优先选择富含 ω-3 多不饱和脂肪酸的食物（如深海鱼、植物油）。

合理选择各营养要素的构成比例，建议每日摄入碳水化合物占总能量的 50%~65%，碳水化合物摄入以谷类、薯类和全谷物为主。

平衡膳食模式是最大程度保障人体营养和健康的基础，并且可降低包括高血压、心血管疾病等多种疾病的发病风险。每天摄入 12 种以上食物，每周 25 种以上食物。谷类食物含有丰富的碳水化合物，是提供人体所需能量最经济和最重要的食物来源，也是提供 B 族维生素、矿物质、膳食纤维和蛋白质的重要食物来源。

1. 控制体重，维持健康体重（BMI 20.0~23.9kg/m^2）。

2. 食物摄入量和身体活动量是保持能量平衡、维持健康体重的两个主要因素。体重是客观评价人体营养和健康状况的重要指标，目前常用的判断健康体重的指标是 BMI，它的计算方法是用体重(kg)除以身高(m)的平方。对于大多数人而言，BMI 的增加大体反映体内脂肪重量的增加，但是对于运动员等体内肌肉比例高的人，健康体重的 BMI 范围不一定适用。

3. **戒烟，限酒**　烟草燃烧所产生的烟雾是由 7 000 多种化合物所组成的复杂混合物，其中气体占 95%。这些化合物绝大多数对人体有害，其中至少有 69 种为已知的致癌物，如多环芳烃、亚硝胺等，而尼古丁是引起成瘾的物质。大量研究证据表明，戒烟可降低或消除吸烟导致的健康危害。任何人在任何年龄戒烟均可获益，且戒烟越早、持续时间越长，健康获益就越大。吃饭加饮酒往往感觉上更体现热情和亲密的关系，并能烘托气氛。若饮酒应适量，注意饮酒时不过分劝酒、不酗酒，适量而止则可心情愉快。每个人对酒精的耐受程度有差异，有些人喝一点酒就会产生过敏反应，甚至昏迷；有些人虽然耐受力强，但过度饮酒对身体产生很大损害，严重时还会造成酒精性肝硬化。以酒精量计算，成年男性和女性一天最大饮酒的酒精量建议分别不超过 25g 和 15g。

4. 坚持规律的中等强度代谢运动，建议每周 5~7d、每次 30min。目前，我国大多数居民身体活动不足或缺乏运动锻炼，能量摄入相对过多，导致超重和肥胖的发生率逐年增加。超重或肥胖是许多疾病的独立危险因素，各年龄段人群都应天天运动，保持能量平衡和健康体重。多运动多获益，减少久坐时间，每小时起来动一动。

一些轻度或低危的血脂异常患者，经有效生活方式干预可将其血脂参数控制在理想范围。即便必须应用药物治疗者，积极有效的治疗性生活方式改善也有助于减少用药剂量。同时，强化生活方式干预不仅有助于降低胆固醇水平，还可对血压、血糖以及整体心血管健康状况产生有益的影响，有效降低ASCVD的发病风险。改善生活方式是血脂异常管理以及预防ASCVD的基本策略。

对于ASCVD的二级预防，尽管他汀类等药物治疗至关重要，仍需再次强调生活方式干预的重要性。不进行充分的生活方式治疗（特别是控制饮食、增加运动、维持理想体重、戒烟限酒），任何药物治疗措施均难以达到理想效果。因此，在充分合理的药物治疗同时，必须为患者做出有针对性的生活方式治疗方案。

三、合并其他疾病的血脂管理

（一）高血压合并血脂异常管理

伴随着我国经济水平的高速发展与医疗卫生条件的改善，我国主要疾病负担的病种构成已发生本质性转移，以脑卒中与缺血性心脏病为主的心血管病高居我国致死性疾病首位。伴随着我国人口老龄化程度进一步加深，心血管病势必在未来对我国形成巨大的负担与冲击。我国约有2.45亿高血压患者，庞大的患病基数使其成为我国主要心血管病危险因素。因此，基于我国高血压与血脂异常（以高总胆固醇血症为主）的高伴发率，以及高血压、血脂异常的低治疗率及低控制率，提升高血压患者血压、血脂双达标率是一项意义重大且艰巨的任务。

高血压治疗的根本目标是降低发生心、脑、肾及血管并发症和死亡的总危险。应根据高血压患者的总体风险水平决定给予降压和调脂的双达标策略，同时干预可纠正的危险因素、靶器官损害和并存的临床疾病，降低总体心血管事件和全因死亡风险。高血压合并危险因素患者的诊断和治疗不仅要基于血压和血脂的水平，更要对患者进行心血管综合风险的评估并分层。

高血压、高脂血症的发生和发展均与不良生活方式有着密切的关系，治疗性生活方式改变是高血压合并高脂血症患者的基础治疗手段。对于所有患者，无论是否进行药物治疗，均应对患者的生活方式加以了解和干预。

在做到基本的生活方式控制时，限盐是高血压患者最需进行的改变。限制氯化钠摄入量<6g/d。

减盐技巧：

1. **学习量化**　1g食盐=400mg钠，1g钠=2.5g食盐。使用限盐勺，逐渐减少用量。
2. **替代法**　烹饪时多用醋、柠檬汁、香料、姜等调味，替代一部分盐和酱油。
3. **适量肉类**　肉类烹调时用盐较多，适量食用可减少盐的摄入。相反蔬菜不易吸盐。
4. **烹饪方法多样**　多采用蒸、烤、煮等烹调方式，享受食物天然的味道。不是每道菜都需要加盐。
5. **少吃零食**　零食多为高盐食物，看标签拒绝高盐食品。

（二）2型糖尿病合并血脂异常管理

2型糖尿病（diabetes mellitus type 2，T2DM）是危害人类健康的主要疾病之一，是ASCVD的独立危险因素。T2DM患者血脂异常的发生率明显高于非糖尿病患者，是该类患者心血管并发症发生率增加的重要危险因素。T2DM患者的脂代谢异常与胰岛素抵抗和腹型肥胖等代谢综合因素有关。导致患者血脂异常的主要原因是胰岛素作用不足、胰岛素抵抗等所致的极低密度脂蛋白胆固醇（very low density lipoprotein cholesterol，VLDL-C）、TG的产生过多和清除缺陷。T2DM患者的血脂谱以混合型血脂紊乱多见，其特征性的血脂谱包括如下方面。

1. 空腹和餐后TG水平升高，即使在空腹血糖和TG水平控制正常后往往还存在餐后高TG血症。
2. HDL-C水平降低。
3. 血清TC水平和LDL-C正常或轻度升高，且LDL-C发生质变，小而致密的LDL-C水平升高。
4. 富含TG脂蛋白的载脂蛋白ApoB100和ApoB48水平升高，ApoC Ⅲ水平升高，ApoC Ⅱ/

ApoC Ⅲ以及 ApoC Ⅲ/ApoE 的比值升高。

T2DM 患者的血脂管理均应以生活方式干预为基础(表 22-6-3),并贯穿 T2DM 治疗的全过程。生活方式干预不仅有助于降低胆固醇水平,还可对血压、血糖以及整体心血管健康状况产生有益的影响,因此是糖尿病患者血脂管理的基础。一些轻度血脂异常的 T2DM 患者,经有效生活方式干预可将其血脂参数控制在理想范围。但经过积极生活方式干预仍不能改善血脂参数的患者,则需加用调脂药物治疗,而积极的生活方式干预有助于减少用药剂量。

表 22-6-3　T2DM 合并血脂异常患者生活方式干预的实用建议

健康均衡的膳食	饮食中胆固醇摄入量<300mg/d,饱和脂肪酸摄入量不超过总能量的 10%,反式脂肪酸不超过总能量的 1%; 增加蔬菜、水果、粗纤维食物、富含 n-3 脂肪酸的鱼类的摄入; 膳食中碳水化合物所提供的能量应占总能量的 50%~60%; 食盐摄入量控制在 6g/d; 对于肾功能正常的糖尿病个体,推荐蛋白质的摄入量占供能比的 10%~15%,保证优质蛋白质摄入超过 50%;对于有显性蛋白尿的患者,蛋白质摄入量宜限制在 0.8g/(kg·d)。从肾小球滤过率(GFR)下降起,应实施低蛋白饮食,推荐蛋白质摄入量 0.8g/(kg·d)
增加体力活动	每日坚持 30~60min 的中等强度有氧运动,每周至少 5d; 需要减重者还应继续增加每周运动强度和时间; 空腹血糖>16.7mmol/L、反复低血糖或血糖波动较大、有糖尿病酮症酸中毒等急性代谢并发症、合并急性感染、增殖性视网膜病、严重肾病、严重心脑血管疾病(不稳定型心绞痛、严重心律失常、一过性脑缺血发作)等情况下禁忌运动,病情控制稳定后方可逐步恢复运动
维持理想体重	通过控制饮食总能量摄入以及增加运动量,将 BMI 维持在<24kg/m^2; 超重或肥胖者减重的初步目标为 3~6 个月减轻体重的 5%~10%;消瘦者应通过合理的营养计划恢复并长期维持理想体重
控制其他危险因素	戒烟; 无饮酒习惯者不建议饮酒,有饮酒习惯者限制饮酒(酒精摄入量男性<25g/d,女性<15g/d)

(三) 器官移植受者血脂管理

实体器官移植(solid organ transplantation,SOT)受者因其治疗的特殊性,是发生高脂血症的高危人群。另一方面,随着外科技术以及抗排斥和其他相关药物的不断完善,肾脏、心脏和肝脏等实体器官移植受者的长期生存率有了显著的提高,ASCVD 已经成为移植器官衰竭和受者死亡的主要原因之一。有数据显示,肾移植术后血脂异常的发生率高达 80%,主要表现为 TC、LDL-C 和 TG 均升高。与此相关,ASCVD 已经取代急性排斥反应而成为移植肾功能丧失和受者死亡的首要原因。与肾移植不同,肝病复发和慢性排斥反应是移植肝衰竭和受者死亡的主要原因。但 ASCVD 也正逐渐成为非移植物相关死亡的重要原因,在老年受者中尤其明显。首先是受者的生存期延长、功能状态改善后,重新回归社会生活,健康生活方式制约力减弱,出现了体重增加、胰岛素抵抗等与 ASCVD 密切相关的病症。另外,接受肝移植的患者几乎都存在不同程度的代谢障碍,脂异常发生率高达 40%~66%。

目前,国内仍然缺乏器官移植受者人群血脂代谢的大规模、多中心、前瞻性、随机化流行病学研究。除普通人群共有因素致血脂异常外,移植患者免疫抑制剂的应用对脂质代谢通路发生改变和修饰,导致不同程度的 TC 和 TG 升高,并具有剂量相关性。临床常用的免疫抑制剂包括糖皮质激素、钙调神经蛋白抑制剂(环孢素和他克莫司)、哺乳动物雷帕霉素靶蛋白(mTOR)抑制剂(西罗莫司和依维莫司)。这些药物对血脂的影响参见表 22-6-4。

表 22-6-4　临床常用免疫抑制剂对血脂的影响

药物	对血脂的影响	主要机制
糖皮质激素	升高 VLDL、TC、TG；降低 HDL	加速脂肪分解、抑制脂肪合成，升高血糖、促进糖代谢转向脂肪代谢，诱导胰岛素抵抗，产生代谢综合征，长期使用有累积效应
环孢素	升高 LDL、TC	降低胆汁酸合成，下调 LDL 受体功能，抑制胆固醇清除，诱导胆固醇合成，促进 VLDL 转变为 LDL，与糖皮质激素合用时具有额外的升高血脂作用
他克莫司	轻度升高 LDL、TC	与环孢素同类，但升血脂效果较弱
西罗莫司 / 依维莫司	升高 TC、TG	增加肝脏脂质合成，降低脂质清除，抑制胰岛素和胰岛素样生长因子通路

器官移植受者血脂代谢异常的非药物治疗主要内容是始以治疗为目的改变生活方式（therapeutic life-style change，TLC），包括饮食控制和改变生活方式。TLC 是控制血脂异常的基本措施，即使已经开始药物治疗的受者，同时开展 TLC 也有助于强化和巩固药物治疗效果。

1. 改变饮食习惯，减少饱和脂肪酸和胆固醇的摄入；选择能够降低 LDL-C 的食物，如植物固醇（2g/d）、可溶性纤维（10~25g/d）。

2. 减轻体重，超重或肥胖者减轻体重 5%~10%。

3. 增加有规律的体能锻炼，包括足够的中等强度锻炼，每日至少消耗 836.8kJ 能量。

4. 采取针对其他心血管危险因素的措施，如戒烟、限盐以降低血压等。

（四）75 岁以上老年患者血脂异常管理

心血管疾病的发病率随增龄显著升高。相对于 65 岁以下人群，65 岁以上患者血脂管理的循证医学证据较少，高龄（≥ 75 岁）老年人群的血脂管理证据尤为不足。高龄老年患者个体差异极大，而且不同的危险因素对高龄老人的影响具有其独特性。

从代谢角度来讲，随年龄的增长，老人从脂肪中摄取的能量百分比逐渐下降。同时，老人无功能脂肪组织增加、LDL 受体减少、肝脏胆固醇储量增加等导致体内脂肪分解加速，为肝脏合成 VLDL 提供更多游离脂肪酸（free fatty acid，FFA），引发高 TG 血症、HDL 降低和小而密低密度脂蛋白（small dense low-density lipoprotein，sdLDL）增多，后者更易于转化为氧化低密度脂蛋白（oxidized low density lipoprotein，ox-LDL），具有更强的致动脉粥样硬化作用。同时在高龄老人中，血脂代谢异常与能量摄入增加的相关性较小，更多的是与能量消耗的减少有关。高龄患者多存共病状态，包括糖尿病、慢性肾脏病（CKD）、甲状腺功能减退等多种疾病，均可导致血脂代谢异常。

相较年轻人而言，在老年人群中，减重、运动对调脂治疗效果非常有限，不推荐积极的运动减重作为常规治疗。膳食方面，老年人群在保证营养的基础上，尽量减少饱和脂肪酸和反式脂肪酸的摄入，多摄入不饱和脂肪酸。进食应以水果、非淀粉类蔬菜、坚果、豆类、鱼、植物油、酸奶和全谷物为主，减少摄入红肉和加工肉类、精加工的碳水化合物和高盐食物。

（刘英华）

第二十三章 临床营养管理

临床营养管理的基本要求是最充分地发挥营养治疗的价值医疗作用。强调营养医疗服务的质量和性价比，为患者创造价值，全流程全人服务。其终极目标是维护患者的利益最大化。探讨如何通过营养治疗实现价值医疗目标，要牢固树立营养一线治疗观念，充分发挥营养治疗改善临床结局、节约医疗费用双重作用，进一步发挥营养治疗的价值医疗作用。营养治疗是价值医疗的有效载体，价值营养治疗是价值医疗的良好体现。

第一节 概 述

随着现代医学的发展，临床营养在医学治疗中日趋重要。为推动临床营养学科发展，切实解决患者的营养问题，建立健全临床营养管理体制、机制至关重要。临床营养管理涵盖医院营养管理、家庭营养管理，社区营养管理、临床营养护理、营养教育等内容，采用医院 - 社区 - 家庭分级营养管理模式，可将营养管理的内容、范围、对象及目的进行延伸与扩展。

一、临床营养管理的内涵

临床营养管理涉及临床营养科人员、业务管理，以及社区营养、家庭营养、营养护理、营养教育的内容。当前，临床营养现状与临床医学发展的要求存在很大的差距。临床营养科作为治疗科室虽然有明文规定，但是当前临床营养管理的体制、机制问题仍未解决。特别是营养专业队伍整体素质不高，而且人员不稳定、流失多。临床营养业务开展范围少且不规范、与患者需求差距大，需要规范临床营养管理。

明确“以患者为中心，以医疗质量为核心”的宗旨是做好临床营养管理的前提。医院在深化改革的过程中，必须围绕“以患者为中心，以医疗质量为核心”的宗旨加强学科管理与建设。当前不仅患者的营养风险、营养不良发生率高，需要营养治疗人数多；而且肥胖、高脂血症、糖尿病、心脑血管病以及肿瘤等营养相关的慢性病也急剧增加。要解决好这些患者的营养问题，首先，要统筹规划营养学科的建设和发展。其次，建立完善临床营养管理的体制、机制，实施科室综合目标管理责任制，一方面改善患者的营养治疗质量及满足患者多层次的营养需求，提高患者综合治疗效果；另一方面促使科室挖掘内部潜力，搞好成本核算，增收节支，以提高科室的经济效益，从而促进营养学科的发展。

学科的正确定位是做好临床营养管理的基础。临床营养学科发展历史经验告诉我们，临床营养科作为治疗科室，在(业务)院长领导下实行科主任负责制是最理想的管理体制。对医院临床营养科(室)相应进行整顿与建设，并明确了临床营养科(室)在医院中的地位、任务、体制、编制、职责和制度。建立国家、区域临床营养质量控制中心，制定临床营养质量控制标准并进行检查落实，以规范医院临床营养科工作，进一步加强相关政策措施的落实和实施。必须明确临床营养科与职工食堂及社会上餐饮服务性机构在服务对象及目的、组成人员及管理方式等均有所不同。学科的正确定位是做好临床营养管理的基础，只有作为临床医疗科室加以建设，才能最大限度地调动营养专业人员的积极性以促进学科发展，才能最佳服务于患者。

加强专业人员培养是做好临床营养管理的关键。科室服务宗旨明确且定位正确，营养专业队伍建设则是做好临床营养学科建设的关键。虽然营养专业人员整体素质不高且人员不稳定、流失多，科室业务开展范围少且不规范，但是近年来有一批医学营养专业的研究生、本科生充实到营养科，经过培养将很快可以成为临床营养学领域的骨干力量，将很好地开展临床营养业务工作。当前，随着改革的深入，医疗卫生事业由“以疾病为中心”向“以健康为中心”转变；居民生活虽然达到小康水平但是营养问题多。国家逐步制定法规、条例来巩固营养专业人员执业地位，逐步形成法制化的教育、职业培训、人才培养和资格认定制度。医院管理者当务之急是如何采取措施稳定营养专业队伍，提高现有专业人员的素质和技术水平，充分发挥他们的作用。一方面，要加强对临床营养专业人员继续教育，形成以营养科专业人员为中心的营养治疗网络，使营养专业人员向医、教、研全方位拓展，使营养科从过去单一的营养配餐发展成为具有教学、科研、门诊、病房等多项任务的科室。这就要求临床营养专业人员具有扎实的医学基础和临床知识，尤其是生物化学、胃肠病学、内分泌和代谢学知识，因此必须在学校教育基础上不断接受继续教育；另一方面，给予营养专业人员更多临床实践，使其在实践中锻炼成长。当前，肥胖、高脂血症、糖尿病、心脑血管病以及肿瘤等营养相关慢性病急剧增加，而合理的营养治疗可有效减少此类营养相关的慢性病发生率，减少医疗开支，提高居民生活质量。所有这些都要求有一支较强的临床营养专业队伍。

加强合作是做好临床营养管理的保证。营养与治疗、护理是临床医疗的三大支柱。临床营养涉及营养科及内科、外科等临床科室以及后勤、药剂等科室，必须理顺其与各科室间关系，分工合作，共同参与营养治疗方案的制订。临床营养质量控制应是膳食供应、肠内营养、肠外营养等全方位的整体质量控制。组建以临床营养科、内科、外科、药剂科等专家组成的临床营养专业委员会，统筹临床营养质量控制管理。国内外不少医院为做好营养治疗工作，成立了由营养师、医师、药师及护士共同合作组成的营养治疗小组。该小组的成立运作有效地降低了营养治疗中导管相关并发症及机械性、代谢性并发症的发生率；实施合理有效的营养治疗，明显降低患者的医疗费用。临床营养专业人员要抓住科室合作的契机，开展多学科、多领域科学研究合作，以科研推动临床工作的开展和深入及教学质量的提高。很好地结合实际，积极参与“无饿医院”“营养示范病房”等建设。

临床营养学科的发展亟需政策法规支撑和社会援助，从整体上解决临床营养学科发展中管理、人员、业务开展上存在的问题。在政策法规支撑和社会援助上，可以从顶层设计、行政干预、医院建设三方面着手。

临床营养学科的发展必须依靠营养立法。营养立法意义重大，通过营养立法将有效促进营养干预措施在全社会的实施，提高人们的营养意识，预防和控制营养不良与膳食相关慢性疾病，并依法明确各级政府部门的职责，强化营养工作，全面提高国民的营养与健康水平。通过营养立法来规范临床营养学科的管理体制。

通过立法来明确营养科在医院中的地位、任务、体制、编制、职责和制度。如人员管理，通过营养立法建立注册营养师制度，与国际接轨；同时，根据我国的特点，在注册营养师制度下，按医师、技师、护士分类管理，逐步建立疾病营养师培训体系与管理体系。

通过营养立法，使医学会、营养学会、营养师协会等专业团体对临床营养学科的管理、人员、业务进行行业规范。如通过行业学会建立适合我国国情的注册营养师认证、考核、评价体系，促进我国临床营养人才队伍建设，进而保障人民群众获得安全、有效的临床营养服务。

1985 年，卫生部下发《关于加强临床营养工作的意见》，极大推动了医院临床营养工作的开展；2009 年，《卫生部医政司关于开展临床营养科设置试点工作的通知》并颁布《临床营养科建设与管理指南（试行）》，有力指导规范医院营养科和营养专业队伍的建设、临床营养业务工作的开展。行政干预是临床营养学科发展最有力的支撑和社会援助。卫生行政主管部门要将临床营养科建设与医院评审评价、考核评优等挂钩，并进行营养学科、人员、业务开展准入的常态化管理；物价和医保行政管理部门通过价格和支付导向，引导规范临床营养学科业务开展和收费；教育行政管理部门调整、完善营养专业人员学历教育体系，为临床营养学科输送需要的人才。

临床营养学科建设要纳入医院发展规划，其机构设置、人员配备、人才培养、基础建设、设备更新等要和医院建设同步进行。按照综合医院评审评价标准和指南要求配备注册营养师，对医学院校营养专业毕业生和现有专业人员，通过临床轮转、专业进修、教育培训等方式提高其专业素质；组织临床医护人员培训学习医学营养专业知识，提高其对临床营养工作的认知和营养筛查的掌握；成立医院营养治疗小组、多学科团队（multidisciplinary team，MDT）等加强团队协作，规范临床营养治疗活动。

二、分级营养管理

中国抗癌协会肿瘤营养专业委员会首次提出一种全新的分级营养管理模式——医院 - 社区（卫生服务机构）- 家庭[hospital-community（health service organization）-home，HCH]营养管理模式（图 23-1-1）。“HCH”分级营养管理模式的优点和特征是对营养管理内容、范围、对象及目的等 4 个核心问题进行了延伸和扩展。营养管理内容由单纯的患者临床营养治疗延伸为个体和群体营养预防；营养管理范围由医院延伸到社区和家庭；营养管理对象由患者扩展为患者、患者亲属及居民；营养管理目的由单纯的治疗疾病扩展为预防疾病、减少疾病及强身健体。

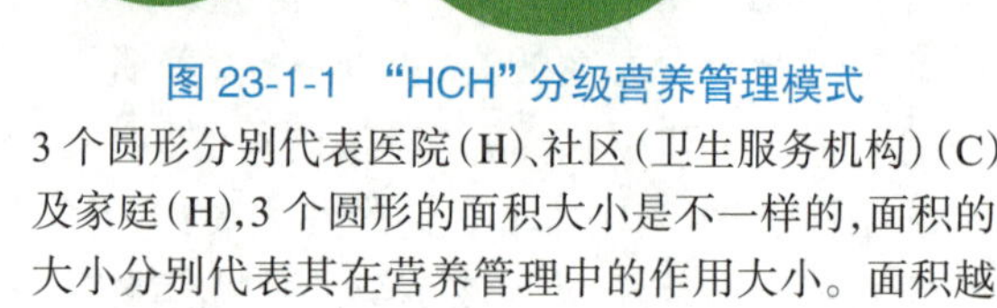

图 23-1-1　“HCH”分级营养管理模式

3 个圆形分别代表医院（H）、社区（卫生服务机构）（C）及家庭（H），3 个圆形的面积大小是不一样的，面积的大小分别代表其在营养管理中的作用大小。面积越大，作用越大。按照不同单位在营养管理中的作用，依次排列为社区（卫生服务机构）>医院>家庭。

（一）医院（hospital）

医院在患者的营养管理中发挥核心作用，扮演主要角色，以“hospital”的英文字母表述如下。

H，homeostasis，内环境稳定。医院在营养管理中的一个重要作用是维护患者的内环境稳定，维持生命体征稳定也是营养治疗的先决条件。

O，organ dysfunction/failure，器官功能不全或衰竭。入院治疗的营养不良患者多数是有器官功能不全或衰竭的患者，而不是普通患者，因此，维护并改善器官功能是医院营养管理的另一个重要任务。

S，severe malnutrition，严重营养不良。医院营养管理的对象是严重营养不良患者，而不是轻、中度营养不良患者。

P，precise nutrition therapy，精准营养治疗。医院营养管理实施的营养治疗应该是精准营养治疗，多数不是普通营养治疗。

I，invasive，有创。有创营养通路的建立，如经皮内镜下胃造口 / 空肠造口、手术空肠造口等应该在医院内实施。

T，team，团队。医院营养管理应该重视团队建设，充分发挥营养支持小组（nutritional support team，NST）的作用，MDT 应该包括 NST 成员，NST 应该全程介入疾病，包括肿瘤的治疗。

A，academic，学术。医院营养管理的重要内容之一是推动营养和营养管理的学术研究，促进营养学科建设。

L，level 3 diagnosis，第三级诊断。按照中国抗癌协会肿瘤营养与支持治疗专业委员会提出的营养不良三级诊断模式，医院营养管理的任务之一是负责营养不良的第三级诊断，即综合测定，也就是确诊。对营养不良进行四维度分析，即了解患者有无应激、有无炎症、有无代谢紊乱及能耗水平高低。

（二）社区（community）（卫生服务机构）

社区（卫生服务机构）是营养管理的主要场所和最重要的实施单位，在营养管理中发挥作用最大，扮演角色最多，担负任务最重。尽管我国社区（卫生服务机构）营养管理刚刚起步，但却是大势所趋，是国家政策支持并鼓励的发展方向。以“community”的英文字母表述如下。

C，counseling，咨询。社区（卫生服务机构）营养管理的一个主要任务是营养咨询与教育，对各种疾病（包括慢性病、肿瘤）患者一般每1~3个月一次，对其他社区居民每6~12个月一次。营养咨询与营养教育是营养不良五阶梯治疗的基础，是第一阶梯，适用于所有营养不良患者、所有营养管理对象。

O，official obligation，法定义务。社区卫生服务机构承担了很多政府法定义务，如预防接种、妇幼保健、慢病防治、传染病防治、精神病防治、老年病防治、肿瘤防治等，其中涉及很多营养相关的法定义务，如儿童生长发育监测、健康教育、目标人群营养指导等。

M，mild to moderate malnutrition，轻、中度营养不良。社区卫生服务机构营养管理的对象主要是轻、中度营养不良患者，与医院营养管理的对象（严重营养不良）不同，充分体现了营养的分级管理和营养不良的分级治疗。

M，media，中介。社区卫生服务机构在整个营养管理链条中处于中介地位，担负着沟通政府、医院及患者的责任。

U，understanding of the benefits of nutrition，理解营养的益处。社区卫生服务机构是国家医保政策的落脚点，社区（卫生服务机构）营养管理的一个重要内容是让政府、居民及患者理解营养的重要性和益处，纠正营养干预浪费医疗费用的错误观念，理解营养干预是节约医疗费用、减少经济负担的有效举措。

N，nursing home，护理院。社区（卫生服务机构）营养管理的另一个重要场所是各种各样的护理院，包括养老院、宁养院、精神病院。护理院的照护对象是社区卫生服务机构营养管理的重要人群。

I，individual management，个体化管理。社区（卫生服务机构）营养管理的一个重要任务是为患者甚至居民建立营养及健康档案，实施个体化、针对性管理。

T，tube feeding，管饲。非创伤营养通路的建立、维护及其管饲，有创营养通路建立后的维护及管饲，均可以并应该在社区卫生服务机构完成。

Y，yearly checkup，每年一次体格检查，包括营养筛查与评估，即营养不良的一、二级诊断。对普通社区居民组织并实施每年一次的体格检查，内容包括营养筛查与营养评估。

（三）家庭（home）

家庭是营养管理的基础单元，是实现个体自我营养管理的场所。我国家庭营养管理与发达国家相比差距甚远，相信随着国民整体文化水平和科技素养的日渐提高，我国家庭营养管理在整个营养管理中的作用也会越来越重要，扮演的角色也会越来越多。以“home”的英文字母表述如下。

H，healthy life/lifestyle，健康生活及健康生活方式。养成良好的健康生活习惯，遵从健康生活方式是家庭营养管理的最重要内容，更是营养预防的核心内容，具有疾病的一级预防及三级预防作用。

O，oral nutritional supplement，ONS，口服营养补充。家庭营养管理的一个重要内容是ONS，应养成ONS的习惯。

M，memo，备忘录。家庭营养管理的另一个重要内容是学会记录，每周记录自己的体重，每日记录自己的摄食量、大小便，每次记录饮食、ONS后的不适症状和不良表现。良好的记录有助于医务人员及时、准确地判断患者的营养状况和疾病状态。记录的内容不仅局限于营养状况，还包括生命体征等。非自主性体重丢失、持续食欲下降及摄食量减少时，应该及时到社区卫生服务机构或者医院就诊。

E，exercise，运动。运动是个体营养管理的重要内容。研究发现，运动是预防、治疗疾病（包括肿瘤）的有效措施。具体要求是每天30~60min、每周5次的中等强度运动。良好的运动习惯有助于减少疾病、促进康复、强身健体。

医院、社区（卫生服务机构）、家庭在整个营养管理系统中既相互联系又相互区别，表23-1-1总结了不同单位的角色定位、服务对象、工作内容。HCH模式不仅适用于营养管理，同样适用于各种慢病管理。

表 23-1-1 HCH 的服务对象及工作内容

项目	医院	社区	家庭
服务对象	重度营养不良患者	轻、中度营养不良患者	患者本人
工作内容	维护器官功能及内环境稳定； 进行营养三级诊断（即综合测定）； 有创营养通路建立； 实施精准营养治疗； 建立营养团队； 推动营养及营养管理的学术研究	进行营养咨询、营养教育，充分认识营养的益处； 定期进行营养筛查与评估（营养一级诊断、营养二级诊断）； 建立健康、营养档案，实施个体化、针对性营养干预； 实施管饲及管道维护； 关注护理院的照护对象	养成良好的健康生活习惯； 积极做好营养相关记录； 实施 ONS； 积极参加体育锻炼

三、营养管理评价

一个良好的营养管理模式应该满足 5 “E” 要求，即 efficient（有效的）、economical（节约的、省钱的）、ecologic（生态的、环保的）、exact（精确的）、enforceable（可推行的），见图 23-1-2。对照这一标准，目前国内没有一种成熟、公认而且被广泛接受并严格执行的营养管理模式。临床营养工作者和临床医务人员正在努力探索中，HCH 分级营养管理模式就是其中的探索之一。

图 23-1-2 良好营养管理的 5 “E” 标准

优秀营养管理模式应该具备 5 “E” 特征，即 efficient（有效的）、economical（节约的、省钱的）、ecologic（生态的、环保的）、exact（精确的）、enforceable（可推行的）。

（张片红）

第二节 医院营养管理

临床营养是医疗工作的重要组成部分，营养科在业务院长领导下工作，对患者进行营养评估和营养治疗的部门，属于医疗科室。医院的营养膳食管理与医院的服务质量和临床医疗质量有直接的关系，高质量的营养膳食不仅可以满足患者的营养需求，还可以促进疾病的康复。同时合理、有效的营养治疗也离不开临床医师和主管护士的紧密合作。

一、营养科人员管理

三级医院应该设置营养科，营养科主任应具有临床医学或营养学相关专业本科以上学历和高级职称专业人员任职资格，并连续从事临床营养诊疗工作 5 年以上；二级医院根据条件设置营养科（室），营养科主任应具有医学专业和营养学专业中级以上职称专业人员任职资格，并连续从事临床营养诊疗工作 3 年以上。科主任负责本科室的医疗、教学、科研和行政管理工作，是科室医疗质量和学科建设的第一负责人（专职而不是兼职）。人员配备能够满足营养工作需求，营养专业人员与床位比不少于 1∶200。营养师应持有卫生行政部门颁发的营养专业技术资格证书，有岗前培训和在职继续教育制度与计划。医院应开设营养科门诊和开展临床营养的科学研究工作（图 23-2-1）。

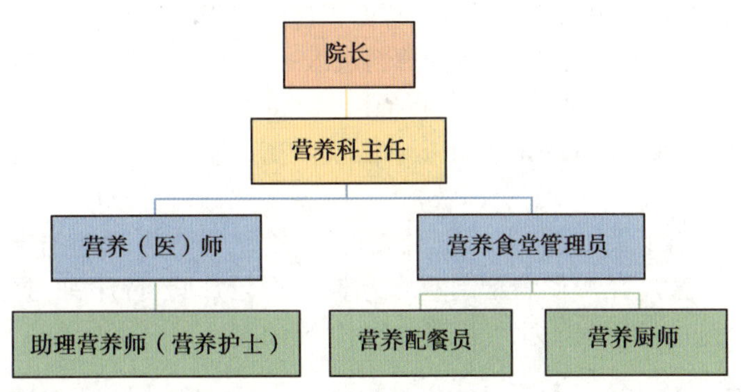

图 23-2-1 医院营养科人员管理阶层图

二、营养科财务管理

营养科财务管理是为了达到科室的财政收支平衡并符合医院内的财务管理制度。营养科应配有专门的财务人员记账和报账，上交医院财务部门。

在营养科主任、财务科科长领导下，科室菜肴成本核算由财务人员及厨师长负责，科室的全成本核算由财务人员进行，按照财务管理要求，每个月收集科室成本资料上报科主任及财务科。核算员对当日各单品种成本进行核算后记录于成本核算簿，并根据营养科的要求进行日或周、旬、半月、全月汇总。

财务人员应定期记录、统计、计算、分析、对比各种报表和资料，找出科室经济管理中薄弱环节，提出成本控制的建议和措施，协助科主任做好成本控制措施的落实工作。

营养科门诊应按医疗机构收费规定，对特殊医学用途配方食品等营养制品开展收费工作。

三、营养科物品管理

营养科应具有相应临床营养诊疗工作所需的场所和仪器设备。科室位置应与病区相邻，有封闭的送餐专用通道，方便日常工作，各功能区光线明亮、通风、干燥。

（一）医疗设施要求

1. 门诊 门诊应设置放置人体成分、代谢率测量相关检测仪器设备的场地以及放置营养治疗产品的区域。同时配备包括安装相应营养软件的计算机、身高体重计、握力器、皮褶厚度计、测量软尺、代谢车、人体成分分析仪、仿真食物模具、食物营养成分分析秤等仪器设备。

2. 营养代谢实验室 营养代谢实验室可单独设置于临床营养科内，总面积不低于 $50m^2$；也可设置在医院检验科内，由称量室、精密仪器室、毒气室及操作室 4 部分组成。

3. 肠内营养配制室 肠内营养配制室与治疗膳食配制室邻近，总面积不低于 $60m^2$。流程布局：分为二次更衣区、刷洗消毒区、配制区、制熟区及发放区。

4. **肠外营养配制室** 有静脉药物配置中心的医院，肠外营养配制应当在静脉药物配置中心进行。没有静脉药物配置中心的医院，肠外营养配制室可单独设置于营养科内，总面积不低于 $40m^2$。流程布局：更衣处置间、摆药准备间、配制间。

营养科的仪器和设备应当由专（兼）职人员负责操作，并进行日常维护保养和消毒，建立使用、维修档案，定期进行质量控制。

（二）营养食堂

应以营养业务为特色，推动营养食堂的建设，新建或改建营养食堂时应具备与其功能和任务相适应的场所、设备、设施，且布局合理。

1. **选址与面积** 自然通风，光线充足。必须远离污染源（25m 内无暴露垃圾堆、粪池），周围环境整洁。与病区相邻，有送餐车专用电梯或通道。总面积与医院床位的比例为 $1.5m^2:1$。

2. **流程布局** 遵循生进熟出的单一流向：原料进入—粗加工—切配—烹调制作—配餐。有多楼层的食堂应有专用餐梯（通道）、货梯（通道）、人行通道。

3. **功能分区** 有相对独立的原料粗加工区、切配区、烹调制作区、主食制作间、主食热加工间、配餐间、洗涤消毒区。

4. **送餐车** 送餐车应有干式加热保温功能，推动轻便、灵活，易清洗，数量与床位数比为 1∶(40~50)。

5. **治疗膳食配制室（区）** 治疗膳食配制室分为准备间、治疗间、特殊间、主食制作以及蒸制间、食品库房、餐具消毒间、刷洗间、膳食分发厅、管理办公室、统计室。

四、营养科管理制度

营养科应有操作标准、规范以及具体的管理制度，以便为营养科人员提供安全、卫生的工作环境，也为患者提供更加舒适、有效和人性化的服务与治疗。

（一）营养科会诊查房制度

1. 营养（医）师对需要营养治疗的住院患者实行会诊查房制度。查房重点是会诊中危重、疑难、特殊患者，部分肠外肠内营养患者，或参加病例讨论等。

2. 营养（医）师按时会诊、查房，对患者进行全面的营养评估，了解患者近期的进食或营养治疗情况，根据患者病情变化以及个体情况提出调整营养治疗方案及建议，做到营养治疗和临床医疗密切结合，及时规范书写会诊记录及其相关表单（或查房记录）（图 23-2-2）。

3. 营养（医）师应耐心解释患者提出的有关营养治疗及预防保健等方面的问题。

4. 营养（医）师在营养会诊查房时应着装整洁，严肃认真，遵守各项工作行为规范，遵守医务人员的职业道德。

（二）营养科门诊工作制度

1. 营养科应根据所属医院门诊需求，在特定区域开设营养科门诊，每周开设不少于 5 个半天门诊（包括营养普通门诊及专家门诊）。

2. 营养（医）师应做好准备工作，按时出诊，坚守岗位。

3. 营养（医）师应规范书写营养门诊病例，耐心解释患者提出的有关营养治疗及预防保健等方面的问题。

4. 营养科门诊内的检测设备设施应当由专（兼）职人员负责操作，并进行日常维护保养和消毒，建立使用、维修档案，定期进行质量控制。

5. 有指定场所并指定专（兼）职人员或院内相关部门负责门诊处方中特殊医学用途配方食品等营养制品的储存和发放，做到有规范，有记录。

（三）营养治疗医嘱执行工作制度

1. 住院医师 / 营养（医）师根据患者病情变化以及个体情况，负责营养治疗方案的制订，开具营养治疗医嘱。

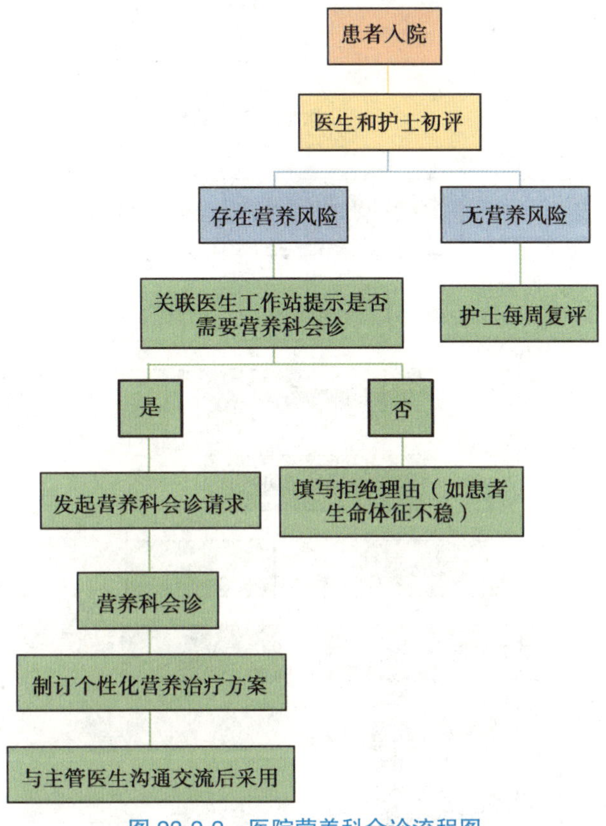

图 23-2-2 医院营养科会诊流程图

2. 根据营养治疗医嘱配制治疗膳食食谱和肠内营养制剂等，完成对营养治疗产品及食材的检查并指导加工处理。

3. 应遵守营养治疗检查制度，对配制好的普通膳食、治疗膳食和肠内营养制剂等的质量、发放对象检查确认后方可分发。

4. 膳食管理营养师应定期至各病区监督住院患者使用普通膳食、治疗膳食和肠内、外营养制剂的情况，确保营养治疗医嘱的有效执行。

5. 住院医师 / 营养（医）师开出特殊医学用途配方食品应录入医嘱系统，由营养科确认，配餐员发送，护士核对后发放（图 23-2-3）。

（四）肠内营养配制室工作制度

1. 营养科必须配置肠内营养配制室，肠内营养配制室应负责肠内营养制剂（含流质）的配制工作。

2. 做好个人卫生，进出肠内营养配制室时应更衣，清洁双手或使用无菌手套进行操作。

3. 肠内营养制剂的配制应遵守食品卫生和安全的要求，实行留样制度。配制好的肠内营养制剂应分装入专用的已消毒容器中。

4. 应遵守营养治疗核对制度，对配制好的肠内营养制剂的质量、发放对象检查确认后方可分发。

5. 肠内营养制剂的分发应有交接制度，分发至各病区肠内营养制剂的数量及配制时间应有记录等。

6. 应根据食品等管理规范进行营养治疗产品的管理和存储，执行空气、物品清洁消毒规范，注意仪器设备的维护和保养。

（五）治疗膳食配制室工作制度

1. 治疗膳食配制室负责患者普通膳食、治疗膳食、试验（代谢）膳食的制作和分发工作。

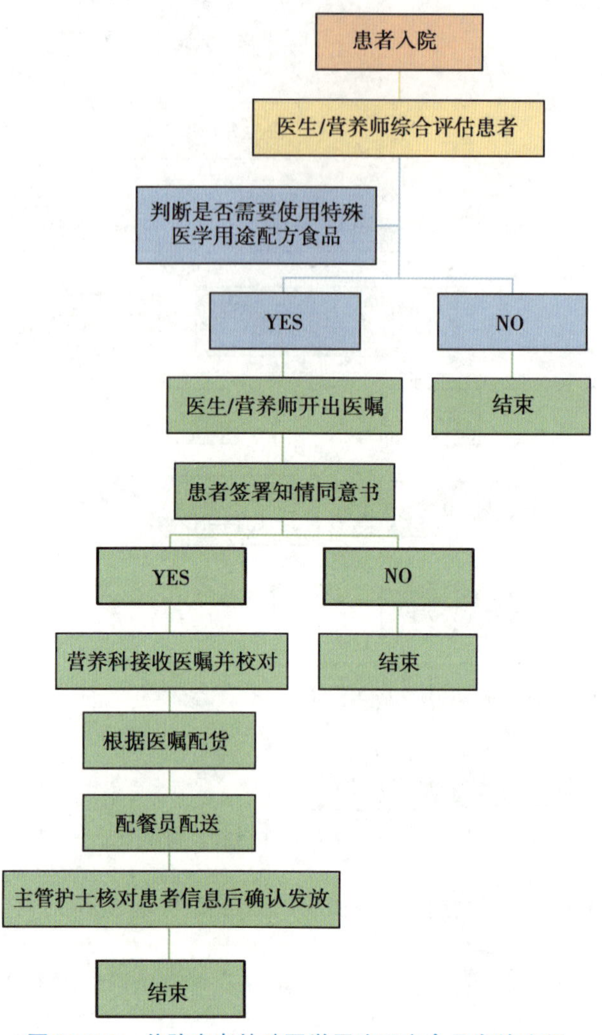

图 23-2-3 住院患者特殊医学用途配方食品发放流程

2. 膳食配制室应严格执行《中华人民共和国食品安全法》等相关法规，保证食品卫生、环境卫生、个人卫生达到标准要求，并且应建立健全各项工作的规章制度及岗位责任制。

3. 编制患者膳食食谱应符合营养治疗医嘱原则，既要考虑到膳食的营养成分、性状和患者的接受程度，也要注意加工的方法以避免营养素的损失。

4. 专业操作人员应按膳食管理营养师编制的膳食食谱完成各种膳食的称重、调配和烹调等工作。

5. 膳食管理营养师应遵守营养治疗核对制度，对制作好的治疗膳食的质量、发放对象检查确认后方可分发。

6. 专业操作人员负责患者膳食的分发及保温工作，实行留样制度。

7. 膳食管理营养师应根据食品管理规范进行患者膳食的管理和储存，执行空气、物品清洁消毒规范，注意仪器设备的维护与保养，做好治疗膳食的质量监控。

8. 营养科应定期组织膳食配制室各类人员的职业道德教育和专业知识培训，提高医疗服务质量。

（六）住院患者膳食管理制度

1. 饮食医嘱

（1）患者入院后，结合患者饮食习惯，主管医生在医嘱单上为患者开出饮食医嘱，包括禁食、普食、特殊饮食或肠内/外营养等，并与医院膳食常规上的术语和解释相符合。

(2)患者入院后第一餐可以采用口头医嘱,但是从第二餐开始必须有饮食医嘱。

(3)配餐员在正式送餐前,将电脑饮食医嘱单与患者餐盘进行核对,以确保提供给患者的饮食与医生的饮食医嘱保持一致。

(4)对有疑问的饮食医嘱,营养师必须与主管医师核实后方可执行。

2. 患者餐饮服务

(1)提供符合患者自身状况的合理膳食,不提供含酒精成分的饮料;自备饮食患者须经主管医生/主管护师/营养师同意并按医嘱要求准备。

(2)对于每一种饮食医嘱,营养师应考虑患者的民族特点、宗教信仰等情况,准备尽可能多的菜谱供患者选择。

(3)饮食供应应严格遵守医嘱,并在规定时间内提供。

(4)根据医嘱、营养师推荐或患者需求,为特殊患者提供餐间点心。

(5)新患者入院或住院患者出院时,责任护士应及时通知营养科送餐员以增减饮食。

(6)对于禁食时间超过24h的患者,责任护士在患者床头设备带上挂红色禁食牌。

(7)送餐员应做到服务热情,可在护士协助下尽快将餐盘送至患者处以确保食物温度,并对行动不便的患者做到送餐到床头。

(8)送餐员及时记录供应饭菜时所遇到的问题,营养科及时采取纠正措施并记录,该记录应保存3个月(图23-2-4)。

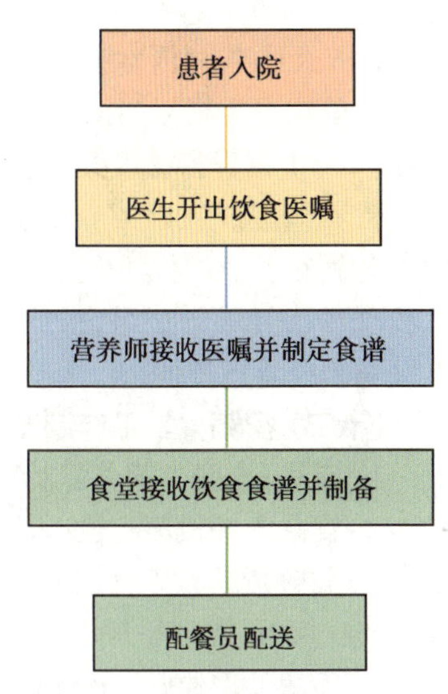

图23-2-4 治疗膳食医嘱执行路径

(七)营养评估与干预制度

1. 为提高医疗服务质量,规范临床营养管理,有针对性地做好患者个性化的营养治疗,医务人员必须对门诊、住院患者进行营养筛查和评估。

2. 住院患者入院后24h内,由临床科室医生或经过培训的护士进行初步营养风险筛查,如营养风险筛查2002(nutritional risk screening 2002,NRS 2002),发现患者是否存在营养问题和是否需要进一步进行全面营养评估。当NRS 2002评分总分≥3分提示营养风险存在时,系统提示是否需要营养科会诊干预,由医生发起会诊需求。当NRS 2002评分<3分即不存在营养风险患者,若住院超过1周,可在入院1周后再次进行营养风险筛查。

3. 营养科医师或有会诊资质的高年资营养师对患者进行营养评估,针对不同疾病患者选择相应评估方法,如患者参与的主观全面评定(patient-generated subjective global assessment,PG-SGA),给予不同营养方案并填写营养评估记录。普通会诊应在会诊发出后24h内完成。

4. 针对营养科会诊评估后提示存在重度营养不良风险的患者,进行每周1次再评估,调整营养方案直至患者NRS 2002评分<3分即不存在营养不良风险。

5. 营养评估时,应与主管医师了解病情,了解患者实验室检查结果。

6. 对会诊中至重度营养不良患者应定期进行营养复评估。有条件的应对患者进行营养治疗效果评估或出院前营养状况评估(图23-2-5)。

(八)营养宣教制度

1. 编印各类临床营养宣教手册,发放给各病区。临床营养有关内容应纳入医院新进医护人员的岗前培训。

2. 营养师应在会诊、查房、门诊过程中,及时解答患者营养、饮食问题,有针对性地提供营养方案和建议。

3. 定期组织、举办临床医务人员的临床营养知识讲座,积极引进、使用临床营养新技术,与临床医务人员共同提高医院临床营养治疗、科研水平。

4. 定期组织、举办常见疾病的公益性科普讲座，利用电视、报刊、网站等媒体，进行营养与防病的宣传。

(九) 营养病历书写和管理制度

营养科应当按卫生行政部门及医疗机构的有关规定书写病历及相关医疗文书，有条件者可制作医院计算机系统营养模块。

(十) 营养科感染管理制度

营养食堂的配置、卫生及管理要求，食品与餐具的卫生要求以及对从业人员的管理要求，都必须严格执行《中华人民共和国食品安全法》《餐饮业和集体用餐配送单位卫生规范》以及医院院感管理相关规定。

(十一) 营养科餐饮突发事件应急预案制度

营养科应成立以营养科主任为组长，营养食堂负责人为副组长，全体营养科和食堂工作人员参与的应急和现场指导领导小组，根据医院相关应急预案制订本科室的应急指挥体系。

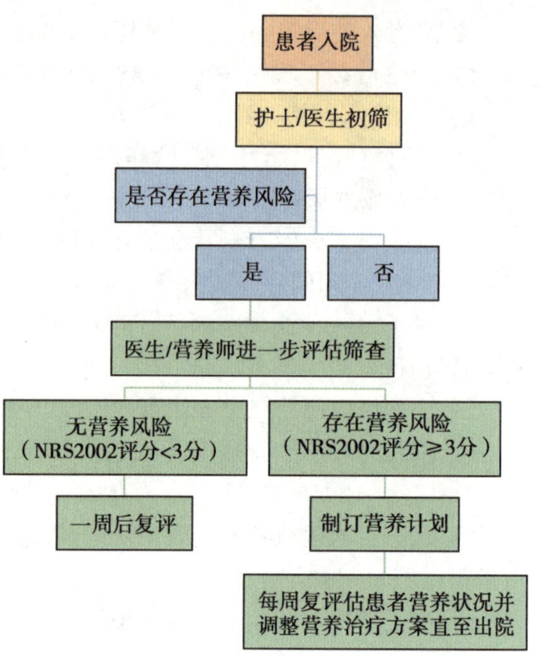

图 23-2-5 住院患者营养评估流程图
（以 NRS 2002 风险筛查为例）

(十二) 营养食堂工作制度

1. 库房(含肠内营养配制室)工作

(1)食品入库按序存放，入库食品做到先进先出，物尽其用，减少浪费。

(2)凭收货单入库，凭领用单出库，按食品的不同性质及特点和要求分别选择适当的条件保管(常温、低温、保鲜、隔离等)。

(3)库房领取原则：每日上午 1 次，但急需物品可向库房管理员按时领取。

(4)每日下班前必须将油料等剩余物品归库。

(5)库房内物品标签明确，无过期物品，做到先买先用，以免变质。

(6)做好库房清洁卫生管理和防鼠、防蝇工作。

(7)库房物品应建立相应的账册并实行一物一卡制，库房管理员每天凭入库单和领物单记账。

(8)库房物品应每周核对 1 次，每个月盘存 1 次，做到账账相符，底物相符。

2. 厨师工作

(1)在营养师的指导下，负责患者各种基本膳食及治疗膳食的烹调工作。

(2)工作耐心、细致，制作主、副食要按食谱规定的数量制作，讲求刀功，色、香、味俱全。烹调好的膳食要自检，并接受营养师的检查。

(3)不得随意更改食谱，如必须更改时要征得营养师的同意。

(4)制作食物时要遵守操作规程，掌握好成本核算，注意节约。

(5)食物生、熟分开，严防食物中毒，不做、不发腐烂变质的食物。

(十三) 营养食堂食品留样制度

1. 食品留样必须专人负责，每个菜肴成品操作完成后取每样食品留样数量不少于 100g，留样使用的容器必须保持清洁并经过严格消毒，禁止使用不洁容器存放样品。

2. 食品留样须存放在规定的冰箱(柜)内。

3. 留样冰箱必须专用。食品留样不得和其他生、熟食品混放，以防交叉污染。

4. 食品留样必须标注日期和餐次及专人签字后存放于专用留样冰箱(0~6℃)内留置 48h。

5. 食品留样 48h 后应及时销毁，留样食品不得混入用餐食品中。

6. 每次做好留样记录，包括留样日期、食品名称、签名，便于检查。每周整理留样记录，存档。

（十四）进修、实习工作制度

1. 营养科工作人员的进修、实习工作由医院相关部门根据有关规定统一计划安排。

2. 科室要有专人负责进修工作，认真执行进修工作的有关规定，严格掌握进修、实习人员条件。科室要选派有经验的医务人员指导进修、实习人员。带教者应根据进修人员具体情况拟订计划，定期检查，努力完成。

3. 进修、实习人员要遵守医院各项规章制度，不得自行调换进修科目，不得中途退学，不得随意延长学习时间。进修、实习期间不安排探亲假。

4. 科主任要经常了解进修人员思想情况，关心他们的学习和生活，定期召开座谈会，征求意见，改进工作。

5. 进修、实习人员在医疗工作中有特殊贡献者应给予表扬；医疗作风恶劣或犯有严重错误者，由科室上报，医院提出意见后，连同材料和本人一起送回原单位处理。

6. 进修、实习期满，应做好考核和书面鉴定，办妥离院手续。

（冯丽君）

第三节　家庭营养管理

营养治疗在临床上被视为一种重要的治疗手段，但随着营养治疗技术的发展与成熟、医院床位的减少及医疗成本的增加，需要数个月甚至更长时间营养治疗的患者从医院延伸到了家庭。家庭营养治疗包括家庭肠内营养（home enteral nutrition，HEN）和家庭肠外营养（home parenteral nutrition，HPN），需要由营养师、医生、护士、照护者及康复治疗师组成多学科专业化团队，在家庭、社区及养老机构为老年人群和患者提供全程营养管理服务。

一、概述

20世纪60年代，家庭营养治疗和肠外营养同步发展。随着医学技术与医疗保险的发展，医院内肠外、肠内营养已不能保证患者的营养需要，家庭营养产品和服务的完善，加快肠外和肠内营养由医院发展到家庭内使用。

家庭营养治疗增长的原因很多。全民营养素质提高，患者及其家属有条件并且易于接受有关培训；社会医疗体制改善，疾病诊断相关分组（diagnosis related group，DRG）付费，家庭医疗保健、护理以及营养日益受到重视，能对患者进行严密监测；住院时间缩短，家庭医疗费用相对较低，生活质量提高，特别是医疗保险政策的完善。在家庭中给予肠外肠内营养减少在医院的相关开支，节约医疗费用，改善营养状况，提高生活质量。对家庭营养治疗的管理则尤为重要。家庭营养治疗管理包括患者的选择、营养制剂的应用、评价与监测，以及家庭营养治疗团队的培训等。

可以预见，在特定的条件下家庭治疗应作为未来维持健康的主要方式。随着我国经济持续增长，医疗水平日益提高，医疗保险体制改革的深入，特别是人口老龄化趋势，将会有越来越多的患者接受家庭营养治疗。

二、家庭营养管理团队

家庭营养治疗的施行需要多团队的合作，包括专科医师、营养师、护士、患者、患者家属以及支持系统。

在实施过程，患者和医务人员必须在执行家庭营养治疗过程中对治疗期望达成一致。在确定从医院到家庭过渡的治疗计划和目标之前，患者和医务人员必须了解疾病的进程，治疗的可选方案，进行营养治疗的指标、家庭营养治疗可选择的办法，治疗的期望、风险和益处。

一个以医院、社区卫生服务中心为基础的营养治疗团队，应由专科医师、营养师、护士、药剂师、社会工作者和秘书组成。治疗团队协调开展营养评估、干预与监测。医疗团队应有一名指导整个团队活动的专科医师。药剂师鉴别肠外溶液的不相容和药物 - 营养素的交互作用，护士能从事与给予营养治疗以及肠内 / 肠外营养输液管护理相关工作，营养师提供营养评估和膳食计划；社会工作者的帮助可能对获得保险政策福利，参与社会中的援助服务，以及必要时协调患者和医务人员都是必要的。团队中所有成员都涉及患者的教育和追踪。团队具体分工见表 23-3-1。

表 23-3-1　家庭营养管理团队人员组成及职责

	家庭营养管理角色任务	临床营养师	护士	专科医师	药剂师	家属
筛查 / 评价	营养风险筛查	√	√	-	-	-
	营养评估	√	-	√	-	-
	临床综合评估	√	-	√	-	-
	社会心理评估	-	√	√	-	-
计划	确定营养需求目标	√	-	√	-	-
	确定营养治疗方案（途径、地点、时间等）	√	√管饲	√	-	√
实施	说明营养干预方案	√	-	-	-	√
	说明营养实施操作规范及注意事项	√	√管饲	-	√肠外营养	√
	建立营养摄入途径	-	√管饲和肠外营养	-	-	-
	执行营养实施方案	√营养教育	√营养教育	-	√肠外营养	√营养教育
	营养方案执行情况	√	√	-	-	-
监测	营养状况再评估	√	-	-	-	-
	评估家庭肠内 / 肠外营养管理的有效性	√	√	√	-	-
	耐受性和依从性评估	√	√	-	-	-
	并发症处理	√	√	-	-	√
	是否继续家庭营养管理或改变方案	√	-	√	-	√

注：√：有；-：无；临床营养师：指具有相关资质认证，可从事临床营养工作的营养师；护士：需要接受过营养治疗相关训练并有相关经验；药剂师：具有相关资质认证的药剂师；专科医师：主要指社区全科医生。

三、家庭肠外、肠内营养治疗

家庭营养治疗是指患者病情相对稳定但需长期营养治疗者，在专业营养治疗小组的指导下进行家中营养治疗的方法。运用家庭营养治疗的指征：家庭中有营养不良或潜在营养不良的患者，包括肿瘤患者、胃肠道疾病、神经系统疾病后遗症、小肠综合征 / 短肠综合征、手术后患者以及进食不足的患者。

（一）家庭肠内营养（home enteral nutrition，HEN）

HEN 治疗的适应证是不能、不应或是不愿意足量经口膳食满足营养需求，特别是需要管饲的患者。管饲患者永久性和 / 或功能性的肠道损伤，永久性肠道损伤通常取决于持续时间超过 3 个月；功能性的损伤可能取决于解剖学的改变（例如，堵塞是由于头部或颈部肿瘤）或其他功能性的损伤（例如，继发脑卒中的严重吞咽困难），具体实施路径见图 23-3-1。

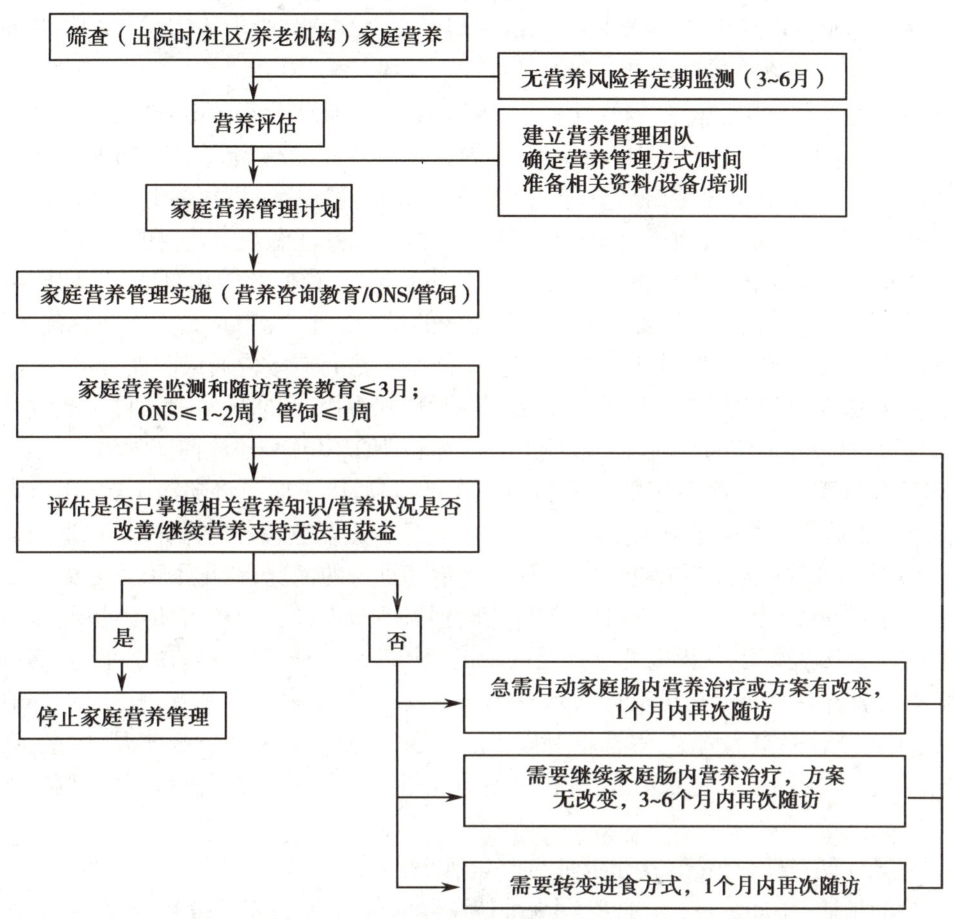

图 23-3-1　家庭肠内营养实施路径

注：①家庭营养筛查和评估方式有两种：A. 出院时由医院筛查并建立家庭营养管理档案；B. 由社区卫生服务中心或养老机构主动筛查并建立营养管理档案。②本路径中涉及的营养管理工作暂只包括家庭营养教育和家庭肠内营养。

HEN 是比较复杂的治疗方法，患者营养状况、营养治疗持续时间、患者认知尤其是依从性及患者的社会支持及家庭经济状况等都可能影响 HEN 的实施效果。因此要求患者确实存在营养不良、需要长期营养治疗且愿意配合营养师进行自我监测及随访，才能真正从中获益。实施过程中需要对患者进行家庭营养治疗评估，包括患者营养状况、预计营养治疗时间、患者的认知以及对营养改善的意愿等。患者一般是在医院开始肠内营养，出院前耐受良好 1 周以上且病情稳定者可在家中继续肠内营养。研究显示制订个体化的营养治疗方案，并定期上门随访和专职人员负责电话咨询等方式，对患者及其家属进行培训和指导，不仅使患者的营养状况得到有效改善，生活质量有明显提高，并发症的发生率有所下降，而且在缩短患者住院时间、节约医疗成本的同时，促进患者的康复和改善了临床预后。相信随着人民生活水平的不断提高和社会医疗保险的改革，HEN 会更加普及。

肠内营养的家庭实施的注意事项如下。

1. 管饲喂管的护理　肠内营养的途径主要有鼻胃管、鼻肠管、经皮胃肠造口管和手术胃肠造口管。护理的重点是维持导管正确位置和通畅，一般每 4~6 小时需用生理盐水或温开水 30ml 冲洗管道一次，对含纤维素的黏稠营养液，要适当增加冲洗次数或用营养泵输注。加强导管的固定，根据情况将导管固定在皮肤或衣服上。防止造口管周围感染，注意管口的清洁，每天用温毛巾或碘伏棉签清除管口分泌物。

2. **营养液输注过程的护理**　根据患者的一般情况选择合适的输注方式，如意识障碍和吞咽障碍患者可分次管饲；而对严重肠功能障碍的患者，必须严格控制输注速度，有条件的患者可采用肠内营养泵循环滴注或24h持续滴注，否则易导致肠道不耐受，引起腹胀、腹泻或腹痛。防止营养液污染和营养液过冷或过热，营养液的输注温度一般维持在35℃左右。

3. **给药的护理**　尽量避免经喂养管给药。一些药物由于吸收途径的改变，必须调整剂量或更换药物剂型；一些药物可能会与营养液相互作用，导致营养液变性，产生沉淀。所有必须经管道给予的药物须征得医师的同意，并完全溶解后方能注入管道。在给药前后分别用温开水30ml冲洗管道，以避免堵管。经皮或注射药物也必须严格按照时间和方法给药，并注意观察药物的效果。

4. **记录患者的一般情况**　观察患者每天的尿量、进食情况、粪便的性状，身体有无水肿，测量患者的体温、体重等。有引流管的患者，要每天记录引流液的量。记录患者口渴、无力或疼痛等不适主诉，并汇报联系医师；出现发热、呼吸困难等必须立即联系医师，进行有效沟通或前往查看。

5. **肠内营养储存**　肠内营养使用过程中必须注意现配现用，配制后常温条件下放置时间不超过4h，配制完毕但暂时未能输注的肠内营养液应放置于冰箱4℃环境中，输注前应加温。

6. **肠内营养管理随访**　患者出院当天随访1次，出院后第1周内再随访1次，让患者迅速适应家庭营养治疗。以后每周都需进行1次家庭随访，直至患者逐渐熟悉各种操作后，可适当延长随访周期，最后改为每个月1次。随访内容包括：了解营养治疗进行的情况，纠正不恰当之处。监测患者的基本营养指标，如体重、上臂围、肱三头肌皮褶厚度，并检测肝、肾功能及电解质等情况。若发现异常，应及时调整患者的营养方案，并积极复查直至恢复正常。若出现任何无法解决的不适或并发症，患者和家属应随时与营养治疗小组成员取得联系，小组成员可到患者家中为其解决。而对外地患者可进行电话随访，了解其营养摄入情况，解答患者提出的问题，督促患者定期自测体温、体重，到当地医院复查血常规、血生化等指标，并记录结果，进行前后对比以了解营养治疗的效果，随时调整患者营养治疗方案。

（二）家庭肠外营养（home parenteral nutrition，HPN）

HPN治疗的指征：不能足量进食或管饲来维持营养储量的患者；有严重消化功能减退的患者；或是那些由于缺乏进食而有营养不良风险的患者。家庭肠外营养治疗适用于：消化系统有严重的持久性状况，阻止吸收足够的营养素来维持与正常状况相当的体重和力量；当肠内营养尝试失败或不充分时。

不同于住院期间的肠外营养，HPN的安全实施对患者及负责实施HPN的家属或指定人员的要求较高，要求患者及家属或指定人员的认知能力和日常行为能力无明显障碍，可胜任HPN的日常管理。患者出院前，医护人员对患者及其家属实施HPN技术及相关知识的教育及培训，包括营养治疗的目的和目标、无菌操作基本规程、肠外营养液的配制及输注、导管护理、输液泵的使用和维护、常见并发症的识别及防治以及营养治疗疗效的评价和自我监测等。须在具有资质的医护人员监督下反复独立实践HPN的全部操作过程，做到准确熟练掌握，并通过视频或宣传册等方式进行宣教，培训合格后方可出院。合理的HPN能满足患者能量和营养素的需求，维持与改善患者营养状况和器官功能，降低并发症发生率，增强体力及活动能力，提高生活质量，同时减少医疗费用并节省医疗资源。但HPN需要较高的技术要求、医疗成本且容易出现并发症，有研究显示住院患者出院后行HPN30d再入院率高，因此从某种程度上其实施受到了限制，难以开展。

家庭营养治疗的成功依赖于对患者的认真筛选。由于患者缺乏积极性、不良的诊断结果，学习能力障碍，缺乏家庭的支持，住院接受肠外肠内营养的患者可能不是家庭营养治疗好的对象。对患者的认真筛选和适当培训能促进家庭营养治疗的成功。患者与医师决定家庭营养治疗时，应当知道治疗的期望值、风险、益处，以及各种可供选择的营养治疗途径的费用，医疗保险的覆盖范围。

四、家庭营养治疗的监测

营养评估包括主观和客观的衡量，可由一位有营养学经验的临床医生来进行。营养状况的主观评估包括膳食结构、社会心理和经济背景的信息。饮食记录包括当前的情况和最近体重、食物摄入、咀嚼、吞咽方面的变化，味觉和嗅觉的改变，对食物的不耐性，胃肠症状和其他有体重丢失风险的因素（例如，口腔炎、恶心、呕吐、腹泻、便秘和厌食）。自理能力和其他功能性能力的改变（例如：行走、工作、娱乐和体力）也要进行评估。社会心理学参量包括关于社会支持、饮食紊乱（例如：神经性贪食和厌食症）、个人饮食处方、观念、文化或信仰因素，物质滥用和精神错乱，以及个人经济因素等。

营养状况的客观评估包括由体格检查、人体测量获得的数据以及实验室数据。其中有些取得的数据因性别和年龄因素而不同。与营养状况有关的体格检查要素包括：皮下脂肪的丢失，肌肉的减少，腹腔积液的出现，皮肤的损害以及毛发和皮肤的改变。应当书面化的人体测量数据包括：体重，身高，头围（如果有价值的话）和体重指数的改变。实验室数据包括：红细胞指数、血浆电解质、血尿素氮、葡萄糖、白蛋白、甘油三酯、AST、血镁、碱性磷酸酶、总胆红素、凝血时间和国际标准化比值（international normalized ratio，INR）、血磷和血钙的全血计数。

制订家庭营养计划。一旦患者被确定为家庭营养治疗患者并且完成了营养调查和评估，营养护理计划的认真制订将有助于患者转回家中。营养护理计划包括一个总计划和一些专业的护理事项。计划的制订应当是多学科之间的，并包括患者、专科医师、营养师以及家庭护理专业人员。

家庭营养治疗患者的非营养处方要求对患者状况、介入路径、准备情况满意度以及目标进行仔细的评估。每一张处方都必须适合有某些器官功能障碍的患者。营养处方以及其他药物或输液治疗都必须审查药物与营养素、营养素之间以及营养素与疾病的交互作用。

患者追踪是确定有效性和营养治疗充足性的要素。特别强调需要在监测的基础上确定从一种供应途径转变到另一种途径的适当时间。营养护理计划必须包括出现的各种问题的解决方法，由护士进行随访来监督和教育安排。随访时进行顺应性、适应性、治疗效果和临床情况的评估。患者同样有责任对他（她）自己的治疗进行评估。从第一天开始，患者和医师必须能够鉴别介入设备并发症、体液失衡的临床表现和体征、高血糖和低血糖症的临床表现和体征，并能够快速进行血糖检测。

营养评估要包括对营养治疗的充分性和耐受性、人体测量、功能状态、实验室所得数值和临床测试的评估来发现营养缺乏的迹象。治疗的充分性和对治疗的耐受性可以由体重、输入和输出量、尿液或血液水平来监测，还有对恶心、呕吐、腹泻和过饱的及时了解。对肠外和肠内管路的监测可通过评估管道的通透性和肉眼观察进行，还有测量患者的体温和感染表现。

实验室数据和患者的临床状况将指示实验室需求的监测。对于肠外营养患者，最初的实验室检查在营养治疗最初72h，包括血常规、血清电解质、血糖、肝功能、肾功能。其他实验室数据应根据患者的临床状况进行分析。针对较高风险出现营养缺乏或毒性症状的患者制订一个监测维生素和矿物质水平方案，对有营养缺乏或毒性症状的患者必须不断进行维生素和矿物质水平的检测。

随着家庭营养治疗的使用更加频繁，在长期肠内和肠外营养治疗中的并发症有所增加。长期接受肠内营养患者出现的与营养有关的并发症，最常见是在接受肠内营养患者中的营养缺乏症，通常是由于胃肠道在解剖上的改变，导致吸收障碍或加速营养丢失。长期家庭营养治疗最常见的营养相关并发症包括代谢性骨病、肝脏和胆囊功能紊乱、肾脏疾病以及主要脂肪酸、矿物质、维生素的缺乏。

家庭营养治疗由于患者经喂养管输注固定的饮食，没有正常用餐的乐趣，影响正常的社交活动，穿衣也受到了限制，这些均影响了患者的生活质量。因此评估患者的生活质量应成为营养治疗计划中的一部分，目前用于评估患者生活质量的评估工具有营养状况相关的生活质量量表，虽有良好的信度且易于解释，但缺乏灵敏性。目前我国尚未出现针对家庭营养治疗的特异性评估工具，可借鉴国外量表开发出适用于我国患者的评估工具。

肠内和肠外营养治疗已成为家庭治疗的日常事务。家庭营养治疗对患者实际花费的节约和更高的生活质量是相关的。家庭营养治疗应用将因政策完善和家庭治疗能力的提升而增加。加强家庭营养治疗患者的评估包括患者接受治疗的医院、病情稳定状况、康复的可能性、社会和经济问题、家庭环境以及教育、心理和情感因素。一个成功的家庭营养治疗计划组成包括一个有责任心的营养师或医务人员、尽职的卫生保健专业人员、一个有见识并值得信赖的家庭营养治疗团队,以及懂得最佳营养状态益处的管理人员。

（张片红）

第四节　社区营养管理

社区营养管理是对社区居民的健康危险因素进行全面管理的过程。它通过对居民身体状况的检测、营养筛查及评价,针对居民的生活习惯、饮食习惯等进行合理干预与系统管理。同时,开展有计划、有组织的社会和教育活动,使每个社区的居民具有一定的营养知识,了解膳食与健康的关系,从而自觉采用合理的膳食结构、科学的运动锻炼方式等来预防疾病,促进健康,提高生活质量。

一、社区营养筛查与评价

(一) 概论

社区营养的实施对象,是区域性的社区居民。社区营养管理可提高社区居民对营养与健康的认识,普及营养科学知识,结合当地具体条件纠正营养缺乏和不均衡。旨在通过营养干预,改善社区人群的营养状况和生活质量,预防和推迟疾病的发生。

社区营养的实施步骤,分别是针对社区人群,尤其是老年群体的营养筛查、营养评估和营养干预。营养筛查是营养诊治的第一步,营养评估是营养干预的基础,详尽、准确的营养筛查和评价对提供有效、可行的营养干预提供有力保障。

社区营养的实施人员,可根据实际情况由易于实施的医疗工作者进行。如:在社区卫生服务中心,可由护士行早期营养筛查;随后由临床营养师或具备基础营养技能与知识的全科医生等医务工作者进行营养评估,并制订营养干预方案。

(二) 社区营养筛查

1. **定义**　实施简便、安全的筛查方法,判断个体是否已有营养不良或有营养不良的风险,以决定是否要进行详细的营养评估。

2. **步骤**　营养筛查主要步骤为测量身高、体重,询问疾病和进食情况。

3. **筛查工具**

(1)筛查量表:社区营养的实施对象以老年群体为主,因此筛查量表以“老人营养不良风险评估表”最为常用。

(2)必备仪器:身高体重测量仪、皮褶厚度计、腰围尺(精确到毫米)、握力计。

(3)选择配备仪器:人体成分测量仪(通过定期人体成分测试可及时了解身体内水分、肌肉、脂肪、体脂百分比、内脏脂肪等数值),社区营养软件(从营养处方、运动处方、生化指标管理、经典营养配餐等多方面对个人健康进行全方位监测和管理)。

(三) 社区营养评估

1. **定义**　营养评估是营养干预的基础,使用“病史、营养史、用药史、体检、人体测量学方法、实验室数据”组合诊断营养问题的全面方法。需要营养师了解目标人群的饮食史、病史、临床状况、人体测量数据、实验室数据、物理评估信息、日常功能和经济信息，估计营养需求，个性化选择营养治疗方案。

2. **营养评估内容**

(1)临床病史：年龄、性别、基础疾病、可能影响营养状况的用药史及手术、代谢需求、肌肉脂肪丢失、是否有水肿或腹腔积液、头发皮肤是否完整、是否有外伤等。

(2)饮食状况：近期进食量的改变情况、消化系统情况、个体营养需要。

(3)人体测量：身高、体重、体重指数、体重变化情况、腹围、臀围、小腿围、皮褶厚度、握力、人体成分分析。

(4)实验室检查：生化指标中的血清白蛋白和转铁蛋白是最常用的生化监测指标，与营养状况有密切关系，可用于评估体内蛋白的储存状况。

(5)社会活动：社会心理因素、社会经济因素、家庭环境、教育水平或学习能力。

(四) 营养筛查与评价流程

1. **筛查和评价内容**　老年群体为社区营养服务的重点群体，根据"老人营养不良风险评估表"(表 23-4-1)，评估的内容包括基本情况、初筛情况(0~14 分)、评价情况(0~16 分)3 部分。若初筛<12 分则继续进行评估，两项总分相加为最后总分。

2. **结果判定**　若初筛总分<12 分，提示有营养不良风险，继续评估；≥12 分提示无营养不良风险，无须评估；若营养不良风险评估总分≥24 分，表示营养状况良好；总分 17~24 分表示有营养不良风险；总分≤17 分表示有营养不良；总分<24 分，当 BMI≥24(或男性腰围≥90cm，女性腰围≥80cm)时，提示可能是肥胖 / 超重型营养不良或有营养不良风险。

表 23-4-1　老人营养不良风险评估表

基本情况		
姓名	年龄	性别
身高 /m	体重 /kg	BMI/(kg·m^{-2})
小腿围 /cm	颈围 /cm	联系电话

初筛				
	0 分	1 分	2 分	3 分
1. BMI	BMI<19 或 BMI>28	21>BMI≥19 或 28≥BMI>26	23>BMI≥21 或 26≥BMI>24	24≥BMI≥23
2. 近 3 个月体重变化	下降>3kg 或增长>3kg	不知道	下降 1~3kg 或增长 1~3kg	下降<1kg 或增长<1kg
3. 活动能力	卧床	需要依赖工具活动	户外活动	–
4. 牙齿状况	全口 / 半口缺	用义齿	正常	–
5. 神经精神疾病	严重认知障碍或抑郁	轻度认知障碍或抑郁	无认知障碍或抑郁	–
6. 近 3 个月有无饮食量变化	严重增加或减少	增加或减少	无变化	–
总分 14 分，<12 分提示有营养不良风险，继续以下评估；≥12 分提示无营养不良风险，无须以下评估。				

评估	0 分	0.5 分	1 分	2 分
7. 患慢性病数>3 种	是	–	否	–
8. 服药时间在 1 个月以上的药物种类>3 种	是	–	否	–
9. 是否独居	是	–	否	–
10. 睡眠时间	<5h/d	–	≥5h/d	–
11. 户外独立活动时间	<1h/d	–	≥1h/d	–
12. 文化程度	小学及以下	–	中学及以上	–
13. 自我感觉经济状况	差	一般	良好	–
14. 进食能力	依靠别人	–	自行进食稍有困难	自行进食
15. 一天餐次	1 次	–	2 次	3 次及以上
16. 每天摄入奶类； 每天摄入豆制品； 每天摄入鱼、肉、禽、蛋类食品	0~1 项	2 项	3 项	–
17. 每天烹调油摄入	>25g	–	≤25g	–
18. 是否每天吃蔬菜水果 500g 及以上	否	–	是	–
19. 小腿围	<31cm	–	≥31cm	–
20. 腰围　男性	>90cm	–	≤90cm	–
女性	>80cm	–	≤80cm	–
年龄超过 70 岁总分加 1 分，即年龄调整增加的分值：0 分，年龄<70 岁；1 分，年龄≥70 岁				
初筛分数（小计满分 14）： 评估分数（小计满分 16）： 量表总分（满分 30）：				

注：摘自《老年人营养不良风险评估》（WS/T 552—2017）。

二、社区营养干预

（一）概论

社区老人常多病共存，慢病和营养状况可相互影响。因进食量减少、代谢紊乱、长期服药、反复入院等多种因素作用，慢病老年人群的营养风险及营养不良发生率通常较健康人群高。本部分主要介绍社区老年人群合理膳食及简单介绍几种常见老年疾病的社区营养管理。

（二）老人家庭营养教育

1. 老年群体每日能量计算　每人每天需要吃多少食物有很大的个体差异。通常与个人体质、身高、体重、身体活动量、年龄、性别等都有密切关系。正常情况下，老人每天需要食物提供的能量如表 23-4-2 所示。

表 23-4-2　不同体力活动水平、不同年龄老人的能量需要量

	女性		男性	
	65~79 岁	80 岁以后	65~79 岁	80 岁以后
轻体力活动者	1 700kcal	1 500kcal	2 050kcal	1 900kcal
中等体力活动者	1 950kcal	1 750kcal	2 350kcal	2 200kcal

注：摘自《老年人膳食指导》（WS/T556—2017）。

2. 平衡膳食

(1)定义：在一段时间内，膳食组成中的食物种类和各种食物的比例，可以最大限度满足不同年龄和能量水平的健康人群的营养、健康需求的一种膳食模式。

(2)食物多样：日常膳食的食物种类大体分为谷薯类、动物性食物、豆类和坚果、蔬菜水果类及纯能量食物。为达到“食物多样”的要求，营养学家对每天所食用的食物种类及数量均有建议，具体可参考表 23-4-3 及《中国居民膳食指南》。需要说明的是，表 23-4-3 中提到的各种食物的量都是食物的生重。此外，这些重量都是食物去掉不可食用部分后的可食用重量。

表 23-4-3 不同能量需求老人推荐的每日食物摄入量

每日食物摄入量	能量 /kcal				
	1 400	1 600	1 800	2 000	2 200
谷类 /g	200	225	250	300	300
大豆类 /g	30	30	30	40	40
蔬菜 /g	300	400	400	450	500
水果 /g	200	200	200	300	350
肉类 /g	25	50	50	50	50
奶类 /ml	300	300	300	300	300
蛋类 /g	25	25	25	25	50
水产品 /g	50	50	50	75	100
烹调油 /g	20	20	25	25	25
食盐 /g	5	5	5	5	5

注：摘自《老年人膳食指导》(WS/T 556—2017)。

3. 保证足够的优质蛋白质

(1)食用足量的肉：鱼、虾、禽肉、猪肉、牛肉、羊肉等动物性食物都含有消化吸收率高的优质蛋白质以及多种微量营养素，对维持老人的肌肉合成十分重要。

(2)保证每天都有奶或奶制品的摄入：研究表明，牛奶中的乳清蛋白对促进肌肉合成、预防肌肉衰减很有益处。同时牛奶中钙的吸收利用率也很高。建议老人多喝低脂奶及其制品，乳糖不耐受的老人可以考虑饮用低乳糖奶或食用酸奶。

(3)每天摄入大豆及其豆制品：老人每天应该进食一次大豆及其豆制品，增加蛋白质的摄入量。

4. 高龄老人饮食注意事项 对于高龄老人，应特别注意增加餐次，常换花样，保证充足的食物摄入。进餐次数可采用 3 次正餐加 2 次加餐，或 3 次正餐加 3 次加餐。每次正餐占全天食用量的 20%~25%，每次加餐占全天食用量的 5%~10%。对于消化能力明显降低的老人，应制作细软的食物，少量多餐。一些食量较小的老人应注意在餐前和餐时少喝汤水，少吃汤泡饭。水果放在正餐后 30min 左右食用，避免影响正餐进食量。

(三) 常见老年疾病的社区营养管理

1. 老年骨折 家庭式营养教育联合口服营养补充，可以降低社区老年人群，特别是老年女性发生跌倒和骨质疏松性髋部骨折的发生率。适当晒太阳、有效的锻炼、维生素 D 补充或运动处方联合维生素 D 补充均能降低跌倒及骨折的风险。

2. 老年代谢综合征 代谢综合征人群以“膳食红绿灯”为重点的营养干预。将生活中常见的 500 余种食物分成谷薯类、蔬菜类、水果类、禽畜类、水产类、豆类及制品类、蛋乳类、坚果类、酒类、烹调调料用品类、无糖食品类，以及应用 GI/GL 选择食物类 12 大类，并将 12 大类食物按照推荐(绿灯)——优选食物、可选(黄灯)——限制选择食物、禁忌(红灯)——不宜食物进行分类列举。考虑到不同烹饪方法对食物能量和营养成分的影响，特将常用的烹饪方式进行“红绿灯”分类列举。制定并发放“膳食红绿灯”健康膳食手册，手册中以图形形式直观形象地宣教中国居民膳食宝塔及宝塔各层食物结构和量，并印有营养师的联系电话，便于随时咨询；1周内电话随访，监督跟进执行情况，3个月（依从性差者1个月）进行指导一次，强化记忆，并督促干预对象在日常生活中实施以“膳食红绿灯”为重点的营养干预方案。

3. **老年糖尿病**　接受营养教育、个体化的饮食指导和定期护理随访，能使老年糖尿病患者餐后血糖、空腹血糖、糖化血红蛋白显著降低。建立糖尿病自我管理小组或糖友俱乐部等形式，采用提前预约的方式，每次组织10~15名患者互动授课，由营养师讲解糖尿病合理膳食，如食物分类、食物交换份、食物血糖生成指数、食物生熟比等。课程上，安排患者观看中国居民平衡膳食宝塔和成人一日三餐饮食搭配范例，让患者对进食的食物种类和合理量、三餐饮食搭配原则（即食物多样，谷类为主，粗细搭配；多吃蔬菜水果和薯类；每天吃奶类、大豆或其制品；减少烹调油用量，吃清淡少盐膳食）有直观了解，每次45min。课程结束后，由营养师制订个体化饮食方案，每人20min。每周1次电话随访强化其饮食注意事项，嘱其记录3日饮食日记，营养师每2周营养门诊时根据日记内容对其进行督促和调整。

4. **老年高血压**　社区营养教育可促使老年高血压患者减少食盐摄入量，多吃全谷物和蔬菜，使其达到终止高血压膳食模式（dietary approaches to stop hypertension，DASH）的膳食目标，进而降低其血脂和血压水平。可以定量的食用盐调料瓶是家庭的不错选择，便于家庭烹饪时控制全家总食盐摄入量。社区可针对高血压患者家庭或高血压高危群体，按户发放控盐调料瓶，督促其践行DASH膳食模式。同时，地中海饮食模式干预持续1年亦可降低轻度高血压患者的血压，并且对收缩压的降压效果强于舒张压，故而地中海饮食也是老年高血压患者的推荐膳食模式。社区可采取定期科普讲座、社区科普画展等多种形式，倡导居民践行适合自己的膳食模式。

（四）社区营养的质量控制与管理

首先，定期进行社区人群营养监测，通过营养监测了解居民营养状况的改善情况。这样便于及时发现问题，可减少社区营养干预的盲目性。

其次，针对不同疾病人群建立相应的健康档案。资料的收集可通过疾病排查、入户调查、社区门诊资料排查等方式进行，重点针对患慢性疾病的社区人群，如糖尿病、消化道疾病、痛风、高血压、心血管疾病等人群。为此目标人群针对性地进行营养教育和营养监测，并由营养专业人士定期进行营养干预效果评估，及时修改营养干预措施，以保证社区营养干预的有效性。

最后，由于营养专业人才的缺乏，社区营养的实施者往往多由护士、全科医生或其他医务工作者执行。而社区营养涉及的疾病范围广，干预种类多，需要专业、全面的营养知识才能保证社区营养实施的落实。因此加强营养专业技能人才的储备，是推广社区营养的保障。

（张片红）

第五节　临床营养护理

当前临床营养学的发展也推动了临床营养护理学的进步，对专科护理工作水平提出了更高的要求。护理人员在临床营养治疗中担任必不可少的角色，通过了解并及时反馈患者实时情况，协助临床医师/营养医师实施营养治疗方案，在营养风险筛查评估和营养干预中发挥重要作用。

一、临床营养护理概论

护理人员在从事临床工作时，既是执行医嘱的主要实施者，也是健康教育的主要实施者。护理人员应根据患者的病情和实际情况，运用营养学知识对患者做出正确的营养状况评价后，进行膳食指导和营养教育，改善患者临床结局，促进患者早日康复，提升护理质量。护理人员在营养治疗过程中担任职责见图 23-5-1。

住院患者的营养护理是临床营养治疗不可分割的组成成分，是一个规范化的流程，应该严格遵循住院患者营养护理流程，见图 23-5-2。

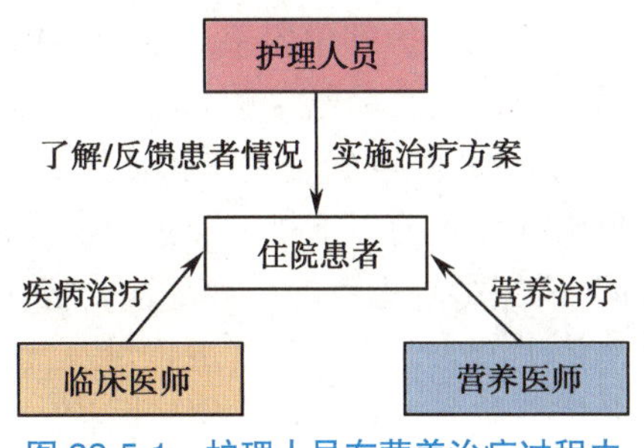

图 23-5-1　护理人员在营养治疗过程中担任职责

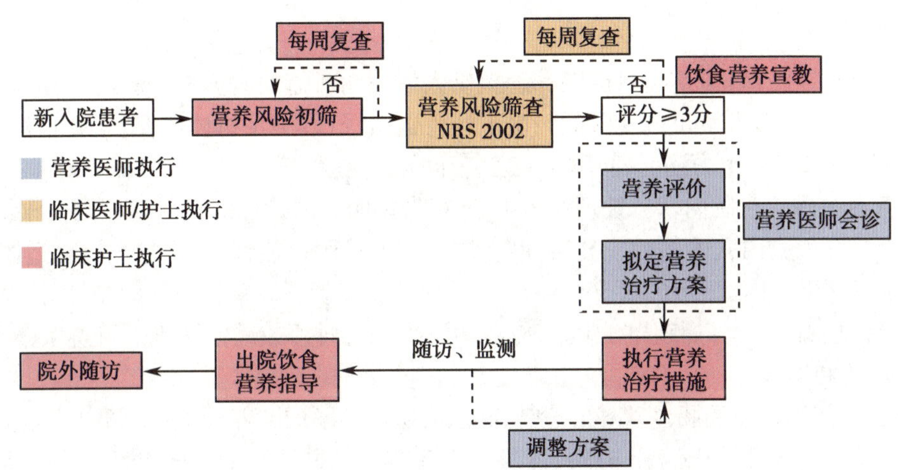

图 23-5-2　住院患者营养护理流程图

二、护理营养筛查、评价

(一) 营养风险筛查

营养风险筛查是由经过培训的护士应用快速、简便的方法判定患者是否存在营养风险。营养风险筛查确定营养咨询和评价的实施步骤，决定患者是否需要肠外、肠内营养，协助医务人员提出、调整营养治疗方案。营养风险评分 2002 简便、易行，通过问诊及简便测量，在 3min 内即可完成。因其无创、无医疗耗费，也易于被患者接受。参见表 6-5-1。

完整的营养状况评价包括膳食调查、人体测量、体格检查及生化检测，在前面相关章节均已作详细介绍。实验室生化检测是营养评估的重要组成部分，可提供客观的评价结果，受主观因素影响少，可检测蛋白质、脂肪、矿物质与维生素的营养状况，确定特定的营养素缺乏。检查内容包括：血液中营养成分及其代谢产物的浓度；营养素吸收及代谢相关的酶活性；以及尿液、头发中营养素含量等。

血液蛋白水平可较好地反映机体蛋白质营养状况，白蛋白、血清转铁蛋白、血前白蛋白、血视黄醇结合蛋白等。但是由于血浆蛋白大多在肝内合成，肾参与代谢排泄，因而检测结果常受肝、肾等疾病的影响，在评价蛋白质营养状况时需综合考虑。

(二) 护理膳食营养指导

膳食是患者摄取营养的主要途径。不同疾病的患者对于食物的需要和耐受能力也不尽相同，医院膳食是按照不同疾病的病理和生理需求，将各类食物通过改变食物质地或改变烹调方法配制而成的膳食。根据人体的营养需要和各种疾病的治疗要求制定的医院膳食，分为基本膳食、治疗膳食、诊断和代谢膳食、肠内营养膳食等，详细内容见第八章医院膳食营养。各种膳食的菜单按膳食常规要求，由营养医师制订营养治疗方案和定期进行评价，监测营养治疗的效果。护理人员负责向患者进行相关的饮食营养宣教，并确认营养治疗方案的具体落实情况。

在患者护理中向患者说明治疗膳食、肠内营养以及肠外营养治疗的目的，取得患者的配合，对禁忌或限制的食品给予解释并加强管理。特别是治疗膳食适应证、配餐原则、操作步骤注意事项；膳食食物的选择，明确宜用食物、忌（少）用食物、禁用食物。尊重患者的膳食习惯，对特殊需要者，在不违反治疗原则前提下尽量满足患者需求，及时和营养食堂取得联系。合理安排患者进食与检查、操作时间，避免影响患者的进食。发放膳食时护士协助配餐员发放，及时、准确地将饭菜送到患者床旁，必要时协助就餐。观察患者进食量及食欲，膳食是否符合治疗要求等。患者家属送餐时，护士需告知患者及家属院外送入的食物须经医护人员认可后方可食用，并做好膳食检查、指导工作。

三、护理营养监测、干预

（一）肠内营养

肠内营养指经胃肠道，包括经口或喂养管提供人体代谢所需的营养素。肠内营养输入途径有经口摄入或经管饲，经口摄入不足或受限的情况下经管饲给予，以满足机体需要。肠内营养输注方式：按时分次给予，连续输注，重力滴注，间隙滴注法，夜间输注法。

1. **肠内营养护理** 在肠内营养护理过程中，向患者说明肠内营养的目的，取得配合同时可降低意外拔管的风险。置入肠内营养管后应妥善固定，防止营养管脱出或移位，指导患者合适体位，经鼻胃管或胃造口途径进行肠内营养时，取 30°~45° 半卧位；监测患者胃肠道反应和耐受性，注意温度、速度的控制；及时评估胃内残留，如超过 150ml，应通知医生是否暂停或减慢速度。可遵医嘱应用促胃肠动力药，防止反流和误吸。

任何时候、任何环境接受肠内营养的患者，必须有明显的肠内营养标识：①肠内营养管上有标识。②泵管管子起始端。③莫菲氏滴管下端。④靠近患者端。⑤另外架子上悬挂肠内营养标识；特别注意非静脉用药；如为分次鼻饲则必须采用专用的鼻饲注射器，冲管用注射器必须是专用的鼻饲注射器，应用加温器时注意防止烫伤。

2. **肠内营养并发症的预防及护理** 肠内营养并发症一般分为胃肠道并发症、代谢性并发症、感染性并发症、机械性并发症、精神心理影响等。

肠内营养开始期间注意观察患者的反应（如恶心、呕吐、腹胀），倾听患者主诉以能及时作出处理；减慢输注速度到原来耐受的速度，然后逐渐上调输注速度；对间隙输注或口服者，增加进食频率，减少进食量，或者将间隙输注改为持续输注，给予促胃肠动力药。

肠内营养应用于患者后应进行严密监护。注意观察腹腔引流液的性状、量，如有异常及时停用肠内营养；注意观察腹部体征，如有腹痛、腹胀、恶心、呕吐、肛门停止排气、排便，应及时停用，汇报医生予以胃肠减压、禁食等处理。对于胃造口和空肠造口者，注意观察造口管周围皮肤有无异常变化；长期鼻饲者做好口腔护理，同时注意鼻饲管的有效期并及时更换，以防管道不能拔出及断裂。

护理文书每班记录肠内营养管置入长度、固定情况、肠内营养实施情况。

（二）肠外营养

肠外营养是通过静脉途径供应患者所需要的营养素，包括能量（碳水化合物、脂肪乳剂）、必需和非必需氨基酸、维生素、电解质及微量元素等。

肠外营养输入途径可经周围静脉和中心静脉输入，临床上选择肠外营养输注途径时，应考虑营养液的渗透压、输注时间、患者具体情况等。

1. **肠外营养液配制** 近年来，国内大型医院陆续成立静脉药物配置中心。专职技术人员在万级洁净、密闭环境下，局部百级洁净的操作台上进行配制，增加了药师审方的步骤，为临床减轻负担的同时，改变了各种临床静脉输液加药混合配制的传统做法，原来由护士在病区内操作，由于病房环境条件有限，配制液体的质量易受影响；更加明确了药师与护理人员的专业分工与合作，把护理人员从日常繁杂的配液工作中解脱出来，有更多时间用于临床护理，符合目前优质护理的开展。也更符合规范配制，确保药品质量和输液安全。

配制好的肠外营养液要求在24h内输完，以保证营养液的稳定性；如配制好的营养液暂时不输注或不能在24h内用完，用无菌治疗巾包好后放进4℃的冰箱保存，24h内用完，输注前在室温下复温，避免液体过冷给患者带来不适。

2. **营养液输注护理** 营养液输注置管前给予安慰，简单介绍置管过程、置管后带来的益处，取得患者更好配合；置管后每周进行导管评估并记录；如有异常及时更换。输液期间注意做好宣教，让患者有意识自己保护静脉导管，防止静脉导管意外脱出或移位，保持输注过程的连续性，防止中断，以防污染、给患者带来不必要的麻烦和增加费用。

实施肠外营养过程中，护理人员应注意观察各种营养指标的变化，以便评价营养治疗的效果；根据医嘱定期检测肝、肾功能，血糖变化以及血、尿常规，电解质，如有异常及时汇报医生以及时处理。

3. **肠外营养并发症的预防及护理** 肠外营养并发症包括与静脉穿刺置管有关的并发症、与导管有关的并发症、与代谢有关并发症等。

并发症重在预防。选择中心静脉输液时请专业护士或麻醉科医生进行静脉穿刺，穿刺过程中严格执行无菌操作，妥善固定、接头连接紧密等。穿刺后保持局部干燥，置管后24h即予更换1次，如有渗血、渗液、敷贴卷边等情况即应随时更换，无特殊情况可以每周更换2次，期间注意无菌操作；每24h更换输液装置，肠外营养液现配现用，如暂时不用，应先存放在4℃的冰箱内，输注之前从冰箱内拿出放在常温下复温。

加强监测。在严重创伤、应急状态、患者有糖尿病情况下，在输注过程中注意监测血糖变化及观察病情，倾听患者主诉，出现病情变化及时给予相应的处理。注意监测酸、碱、电解质平衡，及时补充电解质和微量元素。

护理文书记录置管时间、置入长度、固定情况，每周评估并记录。

4. **肠外营养向肠内营养过渡** 长期全肠外营养易造成胃肠功能障碍、胃肠黏膜屏障功能作用降低、肠道细菌移位等不良反应，病情许可情况下应尽早过渡到肠内营养或恢复经口进食。过渡期一般分为4个阶段：①肠外营养与管饲结合；②管饲；③管饲与经口进食；④正常进食。

（张片红）

第六节 营养教育

营养教育（nutrition education）具有易于实施、途径多、成本低、效益高、涉及面广等特点，已被各国政府作为改善人群营养状况的主要手段。通过临床营养教育及面向公众的营养教育，有利于普及营养知识，提升专业人员整体素质，提高人群自我保健意识，达到合理营养、防治营养缺乏病与慢性疾病、改善营养健康状况和生活质量的目的。

一、营养教育概述

世界卫生组织（WHO）把营养教育定义为“营养教育是通过改变人们的饮食行为而达到改善营养状况目的的一种有计划活动”。作为改善人民营养状况的主要手段之一，营养教育已被各国政府、卫生部门和营养学界认可。

营养教育包括临床营养教育和面向社会公众的营养教育。其中临床营养教育包括临床营养专业教育、临床及护理专业营养教育、继续教育。通过加强临床营养教育工作，提高临床营养教学质量，可以提高专业队伍整体素质，改善患者预后与居民营养健康状况。

面向公众的营养教育核心是膳食行为和生活方式的改善，主体手段是营养信息传播与营养行为干预。其教育方法多，传播途径广，包括设计、实施与评价3部分。通过科学、合理的营养教育，可提高目标人群对营养与健康的认识，使其合理利用食物与营养资源，消除或减少不利于健康的膳食营养因素，从而达到防治营养缺乏病和慢性疾病，提高人们健康水平和生活质量的目的。

二、临床营养教育

（一）临床营养专业教育

我国正规的营养师学历教育，尤其是本科教育开展得较少，目前营养相关专业培训主要包括食品卫生与营养学、营养与食品卫生学、医学营养。还有相当一部分营养学领域的工作者来自预防医学、临床医学等专业，少数来自食品相关专业。由于设置营养相关专业院校少，市场需求急剧扩张，加之等级医院评审对营养科的管理与持续改进有严格要求，我国临床营养专业存在巨大的人才缺口。

在国外很多国家，营养师的培养实行注册营养师制度（表 23-6-1），培训体系较为规范。其营养相关专业包括营养学、营养科学、饮食营养等，广泛分布在医学院、预防医学院、农学院、体育学院等，培养应用型与研究型的营养人才。

表 23-6-1　营养师培养方案

国家	营养师培养方案
美国	1. 获得美国地区认可的大学或学院的学士学位，完成营养与饮食教育认证委员会（Accreditation Council for Education in Nutrition and Dietetics，ACEND）认可的营养学教育计划。美国有 200 多所大学提供本科营养师培训。学生课程成绩单需送到美国营养与饮食学会（Academy of Nutrition and Dietetics，AND）进行审查。审查合格后方可在有资格的机构实习 2. 完成 ACEND 认可并督导的实习项目（至少 1 200h），可在卫生保健机构、社区或食品公司进行 3. 完成全国性注册营养师考试，考试通过后授予资格证书 4. 完成规定的继续教育以维持注册，每 5 年重新登记 注：部分注册营养师具有一些专业领域的证书，包括儿科营养、肾脏营养、糖尿病教育等（非注册营养师资格所必需）
日本	1. 有“营养师”和“管理营养师”之分。营养师培养年限 2~4 年（大专或本科），毕业后可向所在的都道府卫生部门申请执照 2. 管理营养师培养年限为 4 年（本科），毕业后即可参加管理营养师国家考试 3. 营养师在一定工作年限后可参加管理营养师国家考试 4. 营养师和管理营养师的继续教育与认证工作由日本营养师协会负责。该协会也开展推进管理营养师特定专业领域的人才培养和资格认证，包括肿瘤专业营养师、糖尿病专业营养师等
英国	1. 本科学习阶段，在英国卫生保健专业委员会（Health and Care Professions Council，HCPC）认证的大学中完成规定营养学 / 饮食营养学本科课程；或完成经 HCPC 认证的营养学 / 饮食营养学研究生课程。学生需要在英国公立医疗系统（National Health Service，NHS）和大学组织的其他卫生保健机构内进行实习 2. 完成上述课程与实习后，向 HCPC 申请注册 3. 注册营养师每隔 2 年向 HCPC 递交足以证明其继续教育活动的材料以维持注册

在临床营养方面，与注册营养师有一定区别，临床营养的特点是将营养学知识应用于临床理论研究与实践之中，需要政府、医疗机构、高校等单位协作构建规范的临床营养体系，培养具有专业素养与技能的应用型及研究型临床营养专业人才。相对于发达国家，我国的临床营养学教育较为缺乏，教学模式也相对传统。对于本科生的临床营养教育，可增加临床营养学的课时与相应章节，制定理论与实践相结合的考核制度，并尝试开展开放性的教学模式，例如以问题为基础的教学模式（problem-based learning，PBL）与以病例为基础的教学模式（case-based learning，CBL），充分发挥学生的主观能动性，并增强人际沟通与团队协作能力。

在 PBL 教学中，可根据临床营养学的实践性，将学生应掌握的基本概念与原理相结合，设计出一些复杂又不失趣味性的问题，通过讨论、分析，归纳出解决问题的方法，培养学生思考和解决问题的能力。而 CBL 教学则是通过营养治疗改善疾病状况或延缓病情的代表性疾病作为临床案例，将学习置于真实场景中，通过教师、学生与患者之间的互动，引导学生参与营养治疗方案的分析与制订。在临床实习环节中，需要由经验丰富的临床医师与临床营养师进行带教，引导学生参与临床教学查房、营养查房、营养门诊与会诊、病例讨论、膳食管理与食谱制订等工作，启发学生研究、讨论相关问题，理解并掌握更多的临床营养知识，指导今后的医疗实践。

（二）临床及护理专业营养教育

从专业角度分析，临床营养学属于临床医学范畴，临床营养治疗已成为临床综合治疗措施中不可缺少的组成部分。临床及护理专业学生作为未来的医务工作者，其营养知识、态度和行为不仅会影响自身的学识与健康，也会对临床治疗产生远期影响。但由于目前临床营养学课程尚未在所有医学院校普及，医学生的临床营养知识相对不足，相关实践技能较为缺乏，通常无法将疾病的病理生理学与临床营养联系与结合，往往会忽视疾病的营养评估和营养干预。

针对在校的临床及护理专业学生，需在临床医学教育中强化临床营养学教育，必要时应成为必修课，同时开展多途径、多渠道的临床营养学教学活动，在教学中全面体现营养与疾病的关系，以提高学生综合素质，达到重视营养治疗，提升患者健康状况的目的。

临床专业学生应掌握必要的临床营养学知识。可将营养状况的评估、管理与行为咨询技术纳入医学课程，使其系统理解临床营养的理论知识，了解人体营养代谢的基本过程，熟悉临床营养治疗的基本技能，如住院患者的营养风险筛查与评估，肠外肠内营养等。

护理专业由于在临床与患者密切接触，不仅是营养治疗实施和监测的主体，还需扮演为患者提供合理营养指导的重要角色。护理人员应充分理解临床营养治疗的基本知识，熟悉治疗膳食的基本原则，掌握临床营养治疗的相关实践操作。

（三）继续教育

针对在职的医务人员，应加强临床营养规范化培训。在临床上可通过轮转、进修等方式提高其专业素质，例如住院医师在临床营养科轮转培训，营养师在相关临床医学科室轮转培训。并通过成立医院营养治疗小组、MDT 等加强团队协作，规范临床营养诊疗行为。

另一方面，可通过技能培训、营养讲座、远程教育等形式开展临床营养学内容的继续教育工作，对相关专业人员的知识与技能进行不断更新、补充、拓展与提高，进一步完善学科理论体系，提高专业队伍的整体素质。

三、面向公众的营养教育

（一）营养教育目的及内容

营养教育的目的在于提高各类人群对营养与健康的认识，通过直接或间接地改善个体与群体“知 - 信 - 行”的各种方法、技术和途径，帮助人们形成科学、合理的饮食习惯，从而改善其营养状况、提高健康水平与生活质量。其中“知 - 信 - 行”指“知识 - 态度 - 行为”，指通过传播营养知识、提供行为干预，促使个人、群体和社会养成良好膳食行为与生活方式的教育过程。

除了营养专业人员及临床医务人员，从事食品加工、餐饮、商业、医疗卫生、疾病控制等部门的有关人员也是营养教育的对象，需要对其有计划地进行营养知识培训。此外，将营养知识纳入中小学的教育内容，有利于培养学生良好的饮食习惯，从源头开启营养知识普及。通过多个场所，针对不同人群（例如老人、孕产妇等群体），利用各种宣传媒介，可广泛开展群众性的营养宣传活动，提高居民营养知识水平，倡导健康生活方式（图 23-6-1）。

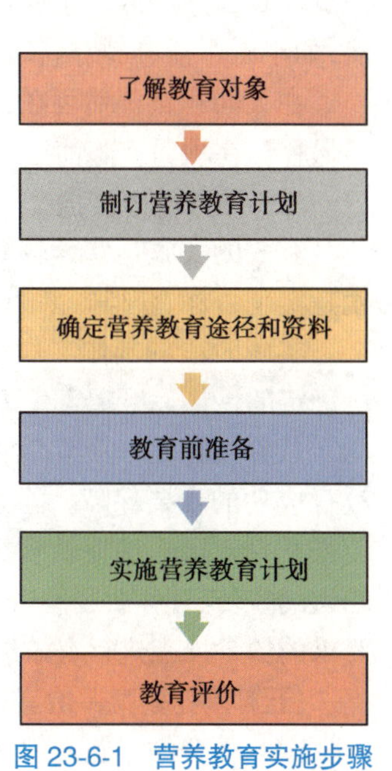

图 23-6-1　营养教育实施步骤

（二）营养教育相关理论

营养教育理论较多，按照健康教育观点，主要有营养传播理论与行为改变理论，营养教育过程在这些理论指导下进行。

1. **营养传播理论**　营养传播是通过信息交流的方式把营养知识传播给个体与大众，是营养教育的基本策略与手段，其方式包括自我传播、人际传播、群体传播、组织传播、大众传播。

在营养教育过程中，人际传播方式最常见。人际传播有个别指导、讲座、演讲、培训等形式，也包括电话、电子邮件等现代通信工具。这种形式交流的双方既是传播者，也是接受者，反馈机会多而及时，传递接受信息准确、详细、有效；但缺点是覆盖面有限，整体速度慢，保存复制信息能力差。

大众传播覆盖面广，传播信息快，可突破时空障碍，但反馈不及时，难以因人而异有的放矢地确定传播内容、方式，并且对象只是被动地接受教育。常用方式有报纸、杂志、广播、电视、电子大屏幕、电脑网络。

2. **行为改变理论**　行为改变理论在营养教育过程中应用广泛。健康行为指人体在心理、身体、社会各方面都处于良好状态的行为表现。危险行为指的是偏离个人、他人乃至社会的健康期望，客观上不利于健康的一组行为。健康相关行为改变理论如知信行理论，按效果层次分为：知晓信息，产生信念，改变态度，形成行为。最终目标就是促进行为的改变，达到促进健康的目的。

（三）营养教育设计

营养教育设计的目的是针对某项营养教育的需求，合理调动和使用资源，找到解决问题的办法，并为此项教育的实施与评价提供客观的量化指标，提高此项教育项目在目标人群中的影响，同时提供项目资金预算的依据，获得相关领导与合作方的重视和支持。

营养教育的规划应由营养专业人员执行，通过资料检索、专题讨论等方式，了解教育对象的年龄、性别、种族、教育程度、经济水平、营养知识、生活习惯及传播方式喜好。设计阶段首先要准确掌握教育对象的特征，确定营养教育的目的，并根据前期的设计选择合适的传播途径，收集、制作有效的教育材料。

以糖尿病防治的营养教育为例，假设教育对象是某大型社区的离退休人员，需要事先发放调查表，了解教育对象的年龄、性别组成，教育程度、经济水平、生活习惯等一般情况，并了解其对糖尿病、自身病情、糖尿病与营养相关知识的认知，从而制订有针对性的营养教育材料。采用大多数教育对象能接受的传播途径或结合多种途径，在进行系统教育的同时，重点讲解大多数教育对象欠缺的知识点。具体途径取决于项目经费及项目决策者，可以个体交流，如面对面交谈、讲课等，也可以大众交流，如小区广播、局域网、幻灯片、宣传册等。

在大面积宣传前可在小范围内预试验，并通过专题讨论或问卷调查的方式形成书面材料，作为资料保存。在项目实施前还应对远期目标和近期目标进行规划，方便对各阶段的工作进行评估。

（四）营养教育实施

有效的实施是营养教育获得预期效果的关键。完成设计后，进入具体活动和行动阶段，这一阶段就是实现目标、获得效果的过程。

实施阶段的具体工作包括组成协调机构，培训教育工作者，制定宣传材料和活动时间表，并通过所确定的传播途径把宣传内容传播给特定人群。

营养教育是一项复杂的、跨行业的系统工程，一支敬业、有能力、高效率的教育工作者队伍是营养教育成功的重要保障。除了专业人员的积极策划与实施，营养教育也需要政策、环境与资金的支持，使得教育对象有改变饮食行为的条件。例如一项对在校中学生良好饮食习惯培养的教育，除了营养知识的宣传，还需提供营养、美味、卫生的午餐以示范，同时通过相应政策对学校周边不符合营养卫生要求的饮食摊点进行有效约束。

（五）营养教育评价

营养教育的实施过程应有全程的实时监测和质量控制体系。营养教育的评价应贯穿在整个实施过程中，其目的为：①确定计划先进性与合理性；②确定计划执行情况；③确定预期目标的实现与持续性；④总结经验，发现不足，在执行过程中修正和完善计划，并进一步提高从事营养教育专业人员的素质。

营养教育评价主要通过对教育对象进行问卷调查、面对面询问等方式获得原始数据，并通过对这些数据的科学分析获得评价结果，形成正式的评价报告。

在营养教育实施过程中，需要有形成评价、过程评价、效果评价及总结评价。

1. **形成评价**　是对项目计划的评价，包括评价计划设计阶段进行目标人群选择、策略制定等，其目的在于使计划更合理，符合实际情况。

2. **过程评价**　始于实施开始之前，贯穿计划执行全过程，主要是为了评估整个教育项目的质量与效率。

3. **效果评价**　是评价的中心问题，包括近期、中期和远期的效果评价。常用评价指标包括：倾向因素（知识、态度、信念、饮食习惯等）；促成因素（资源、可及性等）；强化因素（媒体影响、社会支持等）；健康相关行为。

（1）近期效果：一般指教育对象知识、态度、信息等变化。

（2）中期效果：指行为和相关危险因素的变化，如健康饮食习惯的保持等。

（3）远期效果：指教育对象营养健康状况和生活质量的变化。

4. **总结评价**　综合上述评价后可以得到总结评价，全面、客观地反映该项目的成败。一个成功的教育项目不仅需要有好的效果，也要有好的效益，因此在总结评价时需对成本作出客观分析。

一个营养健康教育项目评价的完成并不意味着工作的结束，要根据此次评价结果决定是否需要重复或扩大此项教育，或根据此次成功经验开展另一个项目。

如今已进入互联网＋时代，随着在线科普文章、视频教育、直播、网络互动交流等形式的逐步成熟，要善于运用信息化工具，积极探索，创新营养教育工作。在线化（移动化）是营养教育的必然趋势，应建立网络营养教育培训平台，提供多样化的营养在线课程，构建网络化、数字化、个性化的营养教育体系，普及营养健康生活方式，提高居民自我营养健康管理能力和健康素养。

（张片红）

第二十四章　营养学科建设

我国一方面营养不良严重，研究报告显示，2009 年我国 14 岁以下，15~59 岁，60 岁以上人群的营养不良发病率分别为 9.86%，10.88% 及 15.91%；慢性阻塞性肺疾病、脑卒中等 15 种疾病相关营养不良的每年死亡人数约 40 万人，15 种疾病相关营养不良每年的直接医疗花费为 4 470 亿人民币。另一方面，我国临床营养服务远远不能满足患者的需求，究其原因与临床营养学科发展不足密切相关。营养学科是临床一线治疗科室，应该按照内科、外科一样的骨干科室予以大力支持并发展。营养治疗是基础治疗、一线治疗，具有临床与经济双重效益。营养治疗不仅治疗营养不良，而且是治愈慢性病的最终解决方案，还可以显著减轻卫生经济学负担。按照发达国家营养治疗节约 20% 的医疗费用计算，以我国 2018 年 57 998 亿元的总医疗费用为参考，我国实施营养治疗每年节约直接医疗费用 11 599 亿元（57 998 × 20%）。沈琳教授的最新晚期食管胃癌患者的干预研究发现，早期营养及心理支持治疗联合标准一线化疗对比单纯化疗可显著延长生存时间（14.8 个月 vs. 11.9 个月），降低 32% 死亡风险，患者的生存获益完全媲美甚至超越靶向及免疫治疗，而患者的花费却显著低于靶向及免疫治疗。由此可见，推进临床营养学科建议的意义重大。

第一节　科室环境要求

临床营养科应具备完善的功能区：临床营养科办公室、营养门诊、营养诊断室、肠内营养配制室、肠外营养配制室、营养代谢实验室、治疗膳食配制室等。根据国家卫生健康委员会 2022 年发布的《临床营养科建设与管理指南（试行）》、《三甲医院评审营养科评审细则》及《JCI 评审营养科评审细则》要求，临床营养科应具有完成相应临床营养诊疗工作所需的场所和仪器设备。营养制剂配制室的位置应与病区相邻，有封闭的传送专用通道，方便日常工作，各功能区光线明亮、通风、干燥。

一、临床营养科办公室

临床营养科应设有独立办公区域，营养医师及营养技师人均工作面积原则上不小于 3m^2。应设立临床营养诊疗系统工作站，与医院信息系统（HIS）连接，将治疗膳食、肠内营养、肠外营养治疗工作应用系统统一模式化管理，有条件的医院可以与 HIS 系统连接，管理住院及门诊患者的营养诊疗工作。

临床营养医师应有独立的工作站，可以浏览经管患者的疾病诊疗信息并开具营养诊疗相关医嘱。

二、营养门诊

营养门诊应设在医院门诊区域，有专用的诊室。营养门诊应配备各类常见疾病膳食指导宣传单、仿真食物模型等。营养门诊除外营养相关性疾病的诊疗外，还需要担负起营养健康宣教责任。

三、营养诊断室

传统上，在营养诊断未列入医院诊疗项目、不能收费的情况下，患者的营养状况诊断是临床营养科的重要业务范围。随着医疗改革的深入，越来越多的营养诊断项目被纳入医疗收费系统，此时，患者营养状况的评价如同心电图、血常规一样，就成为患者的常规检查项目，营养诊断室也就应运而生，成为一个独立于临床营养科的医院医技科室，专门负责对门诊及住院患者的营养状况评价，出具检测报告单，供营养师、医师参考、分析。

营养诊断室的重要业务范围包括膳食调查、人体学测量、营养筛查、营养评估、人体成分分析、能量代谢测试等。为此应该配备营养筛查及评估量表、身高体重计、握力器、皮褶厚度计、软尺（测量各种围度）、人体成分分析仪、间接能量测定仪、便携式营养筛查与评价系统等检测设备。

四、肠内营养配制室

肠内营养配制室总面积三级医院不低于 $60m^2$，二级医院不低于 $30m^2$；分为准备区、缓冲区和配制区，其中配制区为组合式三十万级环境；有条件的医院可按医疗机构层流配制间要求建立十万级净化区。配制室内装修、人流、物流应符合医疗机构相应等级净化要求。

肠内营养配制室应配备粉碎与混合、加热、冷藏、储藏、消毒、称量设备及相应容器等基本设施。如：微波炉、电磁炉、冰箱、净化工作台、操作台、蒸锅、天平、量杯量筒、灌装机、营养液包装袋、清洗消毒设备等。有条件的医院还可配备信息传输、标签打印等物联网设施和自动灌装设备及独立的水处理系统等。

五、肠外营养配制室

肠外营养配制室可设置于临床营养科内，总面积三级医院不低于 $40m^2$，二级医院不低于 $20m^2$，分为准备区、缓冲区和配制区。人流、物流和室内装修应符合医疗机构净化配制设施要求，其中配制间为组合式万级净化环境，操作台达到局部百级净化条件。

肠外营养配制室应配备百级净化工作台、操作台、药品车和药品柜、电冰箱、清洁消毒设备（紫外线灯或空气消毒器、隔离衣）、小型水处理设备（无菌净化水也可从医院肾病透析中心接入或用简易方法取得）等。有条件的医院还可配备独立的水处理系统。还可利用院级的静脉用药调配中心进行肠外营养配制，该中心需达到国家卫生健康委组织制订的《静脉用药调配中心建设与管理指南》相关要求。

六、营养代谢实验室

营养代谢实验室归属于临床营养科，总面积不低于 $50m^2$。其由称量室、精密仪器室、毒气室及实验室等四部分操作室（区）组成，室内装修须符合医疗机构实验室要求。

称量室应配备电子秤和精密天平。精密仪器室应配备酸度计、定氮仪、微量元素分析仪、荧光分光光度计、紫外 - 可见分光光度计、酶标仪、临床营养自动分析系统等，有条件的应配备原子吸收光谱仪、氨基酸分析仪、气相色谱仪、液相色谱仪、液质联用仪器、肠屏障功能检测仪等。毒气室应设置排风设施及通风柜。操作室应配备恒温箱、干燥箱、水浴箱、离心机、混合器、电冰箱、石英亚沸高纯水蒸馏器等常规仪器。

七、治疗膳食配制室

治疗膳食配制室分为准备间、主食制作及蒸制间、治疗膳食烹煮间、餐具清洗间、餐具消毒间、膳食分发厅、食品库房、管理办公室及统计室。场所整体流程布局合理，室内装修符合食品卫生、感染控制管理和消防要求。

治疗膳食配制室应配备食品加工、制作、冷藏、冷冻、储存、运送的各种炊具及设备，以及电子秤、量杯、专用称量盘等器具。有条件的医院还可配备信息传输、报表打印等物联网设施和自动清洗消毒设备等。

（许红霞）

第二节　科室人员要求

临床营养科室人员包括科主任、各层次临床营养专业技术人员、治疗膳食食堂人员等，要求人员层次、结构合理。各岗位人员明确岗位责任分工，以促进科室内及与其他临床科室间的团队协作，完善、优化临床营养相关服务流程。

一、临床营养科主任岗位与职责

（一）临床营养科主任岗位

临床营养科主任为专职，是临床营养科诊疗质量和学科建设的第一责任人，在医院医疗管理部门领导下开展工作。三级医院科主任可由副主任医师以上技术职称任职资格或具有主治医师技术职称任职资格，并连续从事临床营养诊疗工作 5 年以上人员担任；二级医院临床营养科主任可由医学本科及以上学历，相应医疗专业中级以上技术职称任职资格，并连续从事临床营养诊疗工作 3 年以上人员担任。

（二）临床营养科主任职责

1. 负责制定各种规章制度，包括各类人员职责、营养工作制度、科室质量管理等。

2. 负责本科室的医疗、教学、科研，营养科人员的业务考核、规章制度执行情况的考核、工作质量的考核、思想教育以及行政管理工作。

3. 负责协调营养科与临床科室的关系。

4. 负责指导、检查各级人员的营养诊疗工作。带领全科学习和应用新知识、新技术，提高业务水平。

5. 负责承担教学、指导实习和进修带教工作，组织本科室人员业务培训与技术考核以及本科室业务查房、疑难病例讨论等。

6. 负责本科室营养诊疗工作的质量管理。

7. 负责制订本科室的年度工作计划，组织实施，督促检查，按期总结汇报。

二、临床营养医师的岗位与职责

（一）临床营养医师的岗位

应有医学专业或临床营养相关本科或以上学历背景，以及执业医师资格。熟悉临床营养学以及相关专业理论知识、熟悉临床常见病诊疗知识，熟悉临床常用营养相关检验知识，掌握营养风险、营养评估等各种营养测评量表的使用，熟悉正确的体格检测方法、人体成分检测、握力计、皮褶厚度计等常用营养评估仪器的正确操作。熟悉各类疾病的食谱编制以及肠内、肠外营养治疗方案的制订。

（二）临床营养医师的职责

1. 负责科室会诊及常规查房，对患者进行营养筛查、评估及诊断，制订营养治疗方案，检测营养治疗效果，并书写营养病历文书。

2. 负责科室实习、进修人员的带教以及科室科研工作。

3. 指导科室营养技师及营养护士的工作。

4. 协助科室主任进行科室营养诊疗质量管理。

5. 负责患者、医护人员的营养宣教以及院外营养宣传。

三、营养技师的岗位与职责

(一) 营养技师的岗位

应当具有营养、医药、检验、卫生、食品等相关专业专科以上学历，经过临床营养专业培训并考核合格，熟悉临床营养学以及相关专业理论知识、营养风险、营养评估等各种营养测评量表的使用，熟悉正确的体格检测方法、人体成分检测、握力计、皮褶厚度计等常用营养评估仪器的正确操作。负责对科室各类膳食食谱的修订及食谱编制。

(二) 营养技师的职责

1. 协助临床营养医师负责患者的膳食调查、营养咨询、体格测量、营养筛查及评价。

2. 负责肠内、肠外营养配制和各类膳食食谱编制工作。

3. 负责营养食堂各类膳食质量管理。

4. 负责肠内营养配制人员的培训、技术指导以及质量管理。

5. 协助临床营养医师的带教工作。

6. 负责科室感染控制以及仪器设备的维护与保养。

7. 协助营养医师或独立实施患者、医护人员的营养宣教以及院外营养宣传。

四、营养护士的岗位与职责

(一) 营养护士的岗位

应当具临床检验、营养学、临床护理等相关专业专科以上学历。具有临床执业护士资格，经过临床营养专业培训并考核合格。负责营养相关护理工作及科室内医院感染预防与控制、肠外肠内营养制剂的配制、营养管路建立和维护、营养咨询、营养检测、营养评估等工作。

(二) 营养护士的职责

1. 负责将营养治疗医嘱分发至营养治疗各制备部门，协助营养技师肠内、肠外营养的配制工作。

2. 根据营养医师的医嘱发放肠内、肠外营养制剂以及治疗膳食。

3. 协助营养技师治疗膳食的质量管理工作。

4. 营养护士汇总营养治疗医嘱，将当日患者所用营养治疗产品录入医院收费系统。

5. 掌握肠内、肠外营养液输注技术的护理要点和相关仪器设备的操作方法，以及日常营养治疗管路与造口的维护、保养。

6. 熟悉营养素的理化性质、食物来源及营养价值，掌握各类人群的营养护理宣教与咨询，协助营养医师、营养技师对患者、医护人员以及院外进行营养宣传。

五、营养食堂各类人员的岗位与职责

(一) 人员岗位

1. **营养食堂管理人员**　由具有管理经验、协调能力强，熟悉营养食堂工作流程，熟悉营养学基础知识的人员担任。在科室主任的领导下开展工作，做好食堂全面管理工作。

2. **营养厨师**　与医院床位按 1∶100 配备；有三级以上厨师证；经过临床营养专业培训并考试合格取得上岗资格证书；熟悉各种烹调技术，了解营养学基础知识，熟悉精确称重饮食，能根据临床营养医师的膳食治疗方案，按质按量进行治疗膳食的制备。

3. **营养配餐员**　与医院床位按 1∶50 配备；由经过营养科专业培训考试合格，有健康证、上岗资格证书的人员担任。了解营养基础知识及各种疾病的营养治疗原则，掌握食品卫生知识，严格执行《中华人民共和国食品卫生法》。

(二) 人员职责

1. 营养食堂管理人员职责

(1)在科室主任的领导下开展食堂全面管理工作。

(2)负责食堂物资的采购,做好食堂物资、人员的管理工作。

(3)负责检查监督营养食堂各岗位工位完成情况及质量管理。

(4)负责食堂工作人员的考核。

(5)负责协调营养食堂厨师与临床营养医师、临床营养技师、临床营养护士的沟通工作,确保各类膳食制备材料卫生、安全、保质保量。

2. 营养厨师职责

(1)熟悉各种烹调技术,了解营养学基础知识。

(2)熟悉精确地称重饮食,能根据临床营养医师的膳食治疗方案,按质按量进行治疗膳食的制备。

(3)熟悉不同烹调方式对食物营养素的影响,根据不同食物采取不同的烹调方法,以减少食物营养素的损失。保证各类膳食安全、卫生、足量。

(4)负责食堂清洁卫生的监管,应防虫鼠、防水、防火、防盗。

(5)协助食堂管理人员、临床营养医师、临床营养技师做好厨房的质量管理。

(6)掌握食品卫生知识,严格执行《中华人民共和国食品卫生法》。

3. 营养配餐员职责

(1)在食堂管理人员的领导和临床营养医师的指导下,负责发、送患者膳食。熟悉医院各类膳食的基本要求,按时、准确发给患者。

(2)了解营养基础知识及各种治疗膳食相关知识,能耐心、细致地回答患者提出的膳食相关问题。

(3)掌握食品卫生知识,严格执行《中华人民共和国食品卫生法》。

(许红霞)

第三节 工作制度与流程

临床营养科在开展临床诊疗活动时应遵循医院各项规章制度、各类岗位职责以及相关诊疗操作规范及流程。同时遵循国家对临床营养学科诊疗行为的相关规定,建立相应的工作制度及流程。

一、临床营养科工作制度

按照国家卫生行政部门的规定,医疗机构临床营养科是临床科室,应在医院医疗管理部门领导下开展工作。临床营养科应严格遵守国家《医疗机构管理条例》《中华人民共和国食品卫生法》等相关法律法规。临床营养科在医院医疗管理部门领导下,实行科室主任负责制。临床营养科负责医院门诊及住院患者的营养风险筛查、营养评估、体格测量、营养诊断、营养方案制订营养方案实施及疗效的监测。临床营养科负责患者膳食调查,入院以及出院的膳食指导,以及患者营养宣教。临床营养科同时负责全院医护人员的临床营养相关知识培训。临床营养科对医院食堂有监管的责任,负责医院治疗膳食的制订,并指导、监督医院食堂对治疗膳食质量的保证以及监管食品卫生安全。临床营养科负责医院临床营养专业实习人员、进修人员的带教工作。

(一) 临床营养科会诊工作制度

1. 临床营养医师接到临床会诊电话或会诊邀请单后,应了解受邀会诊患者的病情及营养相关情况。

2. 院内普通会诊须在 24h 内到达会诊科室,对患者进行营养筛查、营养评估及营养诊断,并根据患者病情提出营养治疗方案，须提供书面意见或指导。

3. 院内急会诊要求临床营养医师接到会诊通知科室领导同意后，由主治以上（含主治）医生在10min内到达会诊科室。

4. 院外会诊，必须征得科室主任同意，报医务科审批后方可前往。

（二）临床营养科查房工作制度

1. 经管临床营养医师应每天对所负责病区接受营养治疗的患者进行营养查房，了解病情变化，查看相关检查结果，检查营养医嘱执行情况，并与临床医师以及临床护士针对患者病情以及营养治疗情况进行沟通，提出进一步检查和营养治疗意见。对疑难复杂情况，应向上一级营养医师或科主任汇报。

2. 经管临床营养医师根据查房结果和上一级临床营养医师或科主任查房意见，记录治疗医嘱和修改营养治疗方案。

3. 科主任（或副主任）、主任营养医师（或副主任营养医师）或主治营养医师应按三级查房制度进行查房。

4. 临床营养技师协助临床营养医师查房，负责对患者膳食调查、膳食营养素的计算、体格检测、营养评估、营养指导等。

5. 临床营养护士负责病房患者营养管道的日常维护，协助临床营养医师、临床营养技师督查患者营养医嘱落实情况，并反馈给临床营养医师。

（三）临床营养科工作交接班制度

1. 凡正班时间休息超过1d，周六、周日、节假日值班、休假超1周时均应与接班人员进行书面交接班。

2. 休假超1周，须对病危、病重、特殊患者进行床头交接。

3. **交接班对象**　病危、病重、病情不稳定的患者及特殊患者。

4. **交班内容**　患者科室、姓名、年龄、住院号、诊断、营养情况、营养治疗情况、注意事项。

（四）肠外营养配制工作制度

肠外营养配制室可设置在医院静脉用药调配中心，不具备静脉用药调配中心的医院均可由临床营养科开设肠外营养配制室。

1. 肠外营养配制室应流程布局合理，配制间应符合优良药品生产管理规范（good manufacturing practice of medical products，GMP）净化要求，基本设备齐全。

2. 肠外营养配制由有相关资质的人员担任。

3. 配制人员进入肠外营养配制室前要求剪指甲，初步清洁手部卫生，除去甲缘积垢。

4. 更换肠外营养配制室指定清洁鞋。

5. 戴手术帽，要求帽子盖住全部头发并遮盖发际线，防止头发、头屑落入肠外营养配制区。

6. 更换肠外营养配制专用清洁无菌配制服。

7. **手卫生**　用肥皂水认真搓洗双手，注意手指关节、指尖、指缝、手腕，揉搓时间不能少于15s，用流水冲洗完毕，用无菌巾擦干，使用消毒液进行手消毒。

8. 配制人员严格进行无菌操作，按照肠外营养配制流程，根据营养治疗医嘱在消毒后的层流净化台配制肠外营养制剂，标注配制时间、配制人员、患者信息并留样保存48h，留样量不能少于5ml。

9. 配制完毕应对肠内营养配制室以及层流净化台取样进行细菌培养后进行消毒。细菌培养结果不符合配制要求应及时汇报，经整改合格后才恢复使用。

10. 应由专业人员对肠外营养配制仪器进行保养、维护以及质控管理。

（五）肠内营养配制工作制度

1. 肠内营养配制室应流程布局合理，配制间应符合肠内营养配制无菌要求，设备齐全。

2. 肠内营养配制由临床营养技师以及临床营养护士担任，应遵守食品卫生安全要求。

3. 配制人员进入肠内营养配制室前要求剪指甲，初步清洁手部卫生，除去甲缘积垢。用肥皂水认真搓洗双手并注意手指关节、指尖、指缝、手腕，揉搓时间不能少于15s，用流水冲洗完毕，用无菌巾擦干，使用消毒液进行手消毒。

4. 更换肠内营养配制室指定清洁鞋。

5. 戴手术帽，要求帽子盖住全部头发并遮盖发际线，防止头发、头屑落入肠内营养配制区。

6. 更换肠内营养配制专用清洁配制服。

7. 肠内营养配制前要保证肠内营养配制室操作台面、配制器具清洁无菌。

8. 配制人员在进行肠内营养配制时需严格无菌操作，根据临床营养医师开具的营养治疗医嘱进行肠内营养制剂配制，遵循"三查七对"原则严格称量配制。不同配方均应留样保存48h，留样量不少于5ml。

9. 肠内营养制剂配制完毕，应根据营养医嘱分发给至各病区患者。

10. 肠内营养配制室应进行规范消毒，包括空气、操作台面、配制器具等，保存消毒记录。要有规范的仪器设备维护保养记录。

（六）营养食堂工作制度

1. 营养食堂严格按照《中华人民共和国食品安全法》等相关法规，应保证食品、环境、个人卫生达到标准。新进入营养食堂的人员必须取得健康证明后才能入职。

2. 营养食堂在临床营养科领导下工作，负责医院治疗膳食、实验膳食、代谢膳食、普通膳食的制作和发放工作，保证所用原材料新鲜，不使用过期、变质的原材料，定期清理原材料。各类物品摆放有序，要防尘、防蝇、防鼠。

3. 食材清洗要到位，生熟分开，防止交叉感染。

4. 餐具、烹调工具要清洗、浸泡、消毒。

5. 营养技师负责治疗膳食、实验膳食、代谢膳食的食谱编制，并负责指导营养食堂工作人员完成各类膳食的称重、烹调，确保各类膳食的准确性。

6. 营养食堂操作人员应按照营养技师编制的各类膳食食谱完成食物称重、烹制。治疗膳食应单独称重、烹制。

7. 所有膳食需留样保存。膳食留样不得缺样，每个品种留样不少于100g，用清洁无菌的留样专用器具，标明膳食种类、编号、留样时间、标本采集人，2~8℃冰箱保存48h。

8. 配餐人员要保证各类膳食的准确发放，"三查七对"，保证不错发。做好发放记录。

9. 由专人负责营养食堂设备、设施的日常维护和保养。

10. 食堂要定期灭鼠、灭蝇、灭蟑螂。

11. 禁止医务人员穿工装服、患者穿病号服进入食堂就餐。

（七）营养代谢实验室工作制度

1. 操作人员要保持营养代谢实验室台面、地面整洁卫生。

2. 操作人员必须通过专业培训，由专人负责，应熟悉各类仪器操作标准及操作流程，保证实验结果的准确、可靠性。

3. 实验记录要及时、真实、准确，并由专人保存。

4. 营养代谢实验室应定期对仪器校正，并做好室内质量控制。

（八）临床营养科库房管理制度

1. 设置专人管理库房，除库房管理人员，其他人不能擅自进入。

2. 要有营养制剂的采购、验收、储存、发放流程。建立完善的出入库手续，见物入库，严防空入空出现象出现。做好出入库登记工作，以明确保管责任。入库时对进库物品必须根据采购单按量验收，并根据发票上所列名称、规格、型号、批次、单位、数量单价、金额认真核对，不符合规定标准的物品一律退回。发现问题及时上报，把好质量关。

3. 所有物资必须按照先进先出的原则，库房管理人员要熟知库房货物的品名、数量、存放位置等，做到眼勤、手勤、笔勤，对库内积压物资应及时上报，降低库存成本。对肠内配制所需物资按量储备，保证正常工作需要。适时提出存货不足的预警通知采购人员，防止因货源影响患者治疗。

4. 库房物品要分类摆放整齐，最底层货架距地面不得低于 10cm，货品均应上架保管、不能直接落地，应彻底防潮。物品之间间隔 1cm，离墙 2cm；按照轻物品放上，重物品放在中、下层原则。

5. 库房内禁止吸烟，禁止存放易燃、易爆及放射性危险品，库房内禁止存放有毒有害物品。库房管理人员要做库房内安全防范管理工作，认真检查安全隐患，并及时整改。

6. 库房内应保持适宜的温度、湿度，保持通风良好，干燥、不潮湿。做好每日库房内温度、湿度记录。

7. 变质、过期物品应及时销毁，并作好记录。

8. 库房内应防虫鼠、防水、防火、防盗，以保证物资安全。

（九）进修、实习管理制度

1. 临床营养科应由专人负责进修、实习工作，按照医院相关部门规定统一计划安排。

2. 符合科室进修、实习条件的人员，科室应选派有资质的临床营养医师带教。带教老师应根据进修、实习人员具体情况拟订教学计划，制定考核指标。带教老师要负责了解进修、实习人员在科室期间的学习、生活、思想情况，定期召开座谈会，征求意见，改进工作，有特殊情况应向上级临床营养医师或科室主任汇报。

3. 进修、实习人员应遵守医院各项规章制度，在带教老师的指导下掌握营养风险、营养评估等各种营养测评量表的使用，熟悉正确的体格检测方法、人体成分检测、握力计、皮褶厚度计等常用营养评估仪器的正确操作。熟悉各类疾病的食谱编制以及肠内、肠外营养治疗方案的制订。

4. 进修、实习人员在医疗工作中有特殊贡献者应给予表扬。医疗作风恶劣或犯有严重错误者，由科室上报，医院提出意见后，连同材料和本人一起送回原单位或学校处理。

5. 进修、实习期满，应由带教老师做好考核和书面鉴定工作，办妥离院手续。

二、临床营养科工作流程

（一）临床营养治疗流程

所有患者于入院 24h 内，由医生、护士、临床营养师使用经验证的营养筛查工具，包括但不限于 NRS-2002、MNA-SF、儿科营养不良评估筛查工具（screening tool for the assessment of malnutrition in paediatrics，STAMP）等进行营养风险筛查。

1. 营养风险筛查阳性者由临床经管医生开具会诊通知单，临床营养医师接到会诊通知后，了解会诊患者的疾病诊疗、相关检查、既往膳食摄入情况等，对患者进行进一步营养评估，经营养评估及综合调查、体格检测等诊断为营养不良的患者，为临床医生提供会诊意见，并制订营养治疗方案。

2. 由临床营养医师或临床营养技师每日查房对患者进行整体疗效评价，包括摄食情况、实验室（生物化学）检查、体格测量、人体成分分析、体能评价、生活质量评价等，并与临床医生沟通患者营养治疗进展情况。

3. 出院后由专人进行电话营养随访，电话随访需要进行营养干预的患者嘱其到营养门诊复诊。

4. 无营养风险筛查者，1 周后进行复筛查，营养风险筛查复评阳性患者进入上一个循环。

（二）营养查房工作流程

1. 临床营养医师或临床营养技师对所经管患者每日查房，对患者进行整体疗效评价，包括摄食情况、实验室（生物化学）检查、体格测量、人体成分分析、体能评价、生活质量评价等，并与临床医生沟通患者营养治疗进展情况，提出营养相关检测和营养治疗意见。

2. 疑难病例应向上一级营养医师或科主任汇报，对于疑难、危重病例应建议科室、科间给予院内、院外讨论。

3. 科主任(或副主任)、主任营养医师(或副主任营养医师)或主治营养医师应按三级查房制度进行查房。

4. 根据每日查房情况制订营养治疗方案,修订营养医嘱。

(三) 肠内营养配制流程

1. 配制前对肠内营养配制室、配制器具、配制台面进行清洁、消毒。

2. 配制人员核对营养医嘱。检查肠内营养制剂包装是否完整,禁止使用过期、受潮、变质产品。

3. 更换配制服,换配制专用鞋,通过“六步洗手法”清洗双手,戴口罩、帽子,进入配制室。再次手消毒。

4. 按照营养医嘱,遵守无菌操作规则,配制肠内营养液。配制时要注意称量准确。

5. 配制完毕按照营养医嘱贴上标签,标签需注明患者姓名、科室、床号、全天用量、使用方法、注意事项。

6. 每次配制完毕均应对肠内营养配制室、配制器具、配制台面清洁消毒。

(四) 肠外营养配制流程

1. 配制前对肠外营养配制室、配制器具、配制台面进行清洁、消毒;检查肠外营养液配制袋有无破损,检查配制原料有无浑浊、变质;核对配制原料效期,禁止使用过期、浑浊、变质产品。

2. 配制人员核对营养医嘱。

3. 更换配制服,更换配制专用鞋,通过“六步洗手法”清洗双手,戴口罩、帽子,进入配制室。再次手消毒。

4. 按照营养医嘱,遵守无菌操作规则,配制肠外营养液。

5. **肠外营养配制时应注意顺序** 磷酸盐制剂、胰岛素加入葡萄糖液内混匀;微量元素和不含磷酸盐的电解质制剂加入氨基酸内混匀;脂溶性维生素乳剂稀释水溶性维生素后,再加入脂肪乳剂内混匀。将混匀的氨基酸与葡萄糖混合液再混合均匀后,加入脂肪乳剂混合液充分混匀备用。

6. **配制时要注意配制禁忌** 钙、磷不能同时加入同一器具中配制,两者混合时要保证在充分稀释后;维生素 C 和含维生素 C 的制剂不能与维生素 K_1 同时加入同一器具。

7. 肠外营养液中避免加入其他药物。

8. 配制完毕按照营养医嘱贴上标签,标签需注明患者姓名、科室、床号、全天用量、使用方法、注意事项。

9. 配制完毕的肠外营养液于 24h 内输注完毕。不含维生素和微量元素的肠外营养液在室温下可保存 30h,2~8℃下可保存 7d。

10. 每次配制完毕均应对肠外营养配制室、配制器具、配制台面清洁消毒。

(五) 治疗膳食配制室工作流程

1. 配制前对治疗膳食配制室、配制器具、配制台面进行清洁、消毒。

2. 根据营养医嘱检查治疗膳食食谱所需备料、菜品质量及前期处理、食物称重情况,核对餐盒、治疗膳食标签。

3. 由有资质的厨师,在营养技师、营养护士的指导下进行治疗膳食制作。

4. 营养护士经核对后,由专业配餐人员将治疗膳食发放至各病区患者床前。

5. 做好治疗膳食配制室的室内环境卫生、物品清洁、消毒工作。

6. 防火、防尘、防蝇、防鼠。

(六) 营养代谢实验室工作流程

1. 保持实验室内仪器和台面卫生清洁。

2. 实验前检查实验试剂是否过期,实验器材是否校正,标本是否符合实验要求。

3. 根据检测要求操作,记录准确的实验结果、出具实验检测报告书。

4. 对于与临床结果不相符合的检测结果,应重复检测或重新采取标本。

5. 实验完毕做好室内环境卫生、物品清洁、消毒工作，对于有传染、有毒、有害的标本应按照相关规定妥善处理。

6. 做好实验工作记录，应定期做好室内质量控制。

（七）临床营养科仪器设备采购流程

1. 科室提出仪器设备采购申请，填写设备申购表。

2. 由医院设备采购部门预审，对申购设备进行论证。

3. 通过论证纳入采购计划，由医院设备采购部门统一招标。

4. 大型设备需报卫生主管部门统一招标。

5. 与供货商签订合同，收税设备，设备到货、验收并办理入、出库手续；免税设备，外贸公司与医院签订代理协议并存档，录入固定资产管理系统，按合同付款。

（许红霞）

第四节　营养会诊与查房

营养会诊与营养查房是临床营养诊疗工作的两个重要环节，不仅要遵守《十八项医疗核心制度》，还要遵循临床营养会诊与查房的特殊要求。

一、临床营养科会诊

凡是与营养相关的问题，均在临床营养科会诊范围。临床营养科会诊应及时、准确。

1. 急会诊要求临床营养师 10min 内到达。

2. 普通会诊要求临床营养师 24h 内完成。

3. 要求会诊人员必须具备相应资质，熟悉患者诊断、病情，了解患者症状、体征以及相关检查结果，了解患者既往膳食情况、营养治疗情况，熟练运用相关营养风险筛查、评估、评定工具，并制订营养治疗方案。

4. 需要肠内、外营养干预的患者，要及时与主管医生、护士、家属沟通，保证营养治疗方案的顺利执行。

5. 需要膳食指导会诊患者，应给予书面膳食指导意见或提供具体参考食谱指导。

6. 疑难会诊病例应及时向上级临床营养医师或科室主任汇报，讨论制订营养治疗方案。

7. 院外会诊必须经科室主任同意并报医疗管理部门审批后，由主治以上临床营养医师前往。

二、临床营养科查房

1. 临床营养科应实行三级查房制度，主任营养师每周查房不少于 2 次，主管营养师每周查房不少于 3 次，营养师每天查房不少于 1 次。

2. 临床营养医师应当具有临床执业医师资格，经过临床营养专业教育或专业培训并考核合格，全面负责营养诊疗工作，对于疑难病例应进行科室讨论或院外会诊。营养技师、营养护士应配合临床营养医师，对患者进行膳食调查、评估、体格测量，对营养治疗方案实施进行监控以及对营养治疗疗效进行评价。

3. 新会诊营养治疗患者、危重患者、疑难患者、特殊患者应作为重点查房，对于危重患者、疑难患者需由中级以上营养医师查房。

4. 对有腹泻、呕吐、反流、胃出血恢复期、肠梗阻恢复期、不全肠梗阻、难控性糖尿病、电解质紊乱以及其他危重患者，应每日查房。

（许红霞）

第五节　营养医疗文书

营养医疗文书是临床营养诊疗行为的全面记录，文书的书写质量是医疗管理的重要内容。医疗文书同时具有法律效力，出现医疗纠纷时，医疗文书是法律采信的主要依据。在全面推动主要按照疾病诊断相关分组（diagnosis related group，DRG）进行医保支付的深化医疗保障制度改革时代，规范、高质量的营养医疗文书是医患双方获得合理医保资金补偿的主要依据，其规范营养治疗带来的临床结局获益也从整体上节约了国家医保资金。

（一）营养病历

营养病历根据国家病历书写规范，必须涵盖以下内容。

1. **患者基本情况**　姓名、性别、年龄、民族、职业、婚姻、入院日期、营养治疗日期。

2. **疾病基本情况**　主诉、现病史、临床诊断、与营养相关临床诊治过程概述、营养筛查、营养评估、营养相关体格检查情况、既往膳食摄入情况、营养诊断。

3. **营养治疗计划**

（1）营养治疗途径。

（2）营养诊疗计划。

4. **营养查房情况**

（1）每日膳食摄入情况、肠内营养摄入情况、肠外营养补充情况。

（2）每日营养医嘱执行情况。

（3）营养疗效评价。

5. **营养治疗小结**　营养治疗超过 1 周的患者应有近期营养治疗小结，包括：患者进食情况、营养医嘱执行情况、近期体格检查、实验室检查等。

（二）营养会诊记录

1. 应记录患者基本病情、营养风险筛查、营养评估、营养相关体格检查、膳食调查情况。

2. 应给予相关膳食指导意见，肠内、肠外营养治疗指导意见以及营养相关检查建议、注意事项。

（许红霞）

第六节　建设“无饿医院”

医院是营养不良发病率最高的地方之一，患者是营养不良发生率最高的人群。高达 20%~60% 的患者入院时存在营养不良，30%~80% 的患者住院期间发生显著的体重丢失，提示患者住院期间发生了医源性或院内营养不良（nosocomial malnutrition，NM）或医院获得性营养不良（hospital acquired malnutrition，HAM），从而进一步加重了原有的疾病相关营养不良（disease-related malnutrition，DRM）。“无饿医院（hunger-free hospital，HFS）”建设就是要确保患者住院期间吃到卫生、经济、营养丰富的膳食，减少饥饿及隐性饥饿，有效预防 HAM；确保患者得到合理的营养治疗，有效治疗 DRM，从而提高疾病治疗效果、节约医疗费用。HFS 是以有效预防饥饿、治疗营养不良为切入点，以保障患者的健康和安全为宗旨而命名的医院。前者是手段，后者是目的。

“无饿医院”建设是一个系统工程，包括提高对营养不良危害性的认识、研发更加便利的营养不良诊断工具、强化入院二元诊断、提高营养不良诊断率、建立营养支持小组及营养指导委员会团队、畅通营养诊治收费体系、提供即时补充食品和即时治疗食品、优化检查和治疗时间、建立"无饿医院"考评体系、持续质量改进等。主要从以下4方面推进"无饿医院"建设：①解决营养科学问题；②规范临床营养诊疗；③改善医疗与护理行政管理；④强化后勤保障。医院行政管理、临床医护、后勤保障、患者及家属一体化参与"无饿医院"建设，在全社会开展"无饿医院"文化宣传，努力为患者提供一个无饿、舒适的就医环境。

营养不良不仅增加了并发症、延长了住院时间、降低了治疗效果、缩短了生存时间，而且增加了医疗费用、消耗了社会财富。德国、英国每年用于营养不良（足）的直接花费分别为90亿欧元、73亿英镑，占全国总医疗费用的10%。住院期间的营养治疗不仅降低并发症、提高生存率，而且显著缩短住院时间、节约住院费用。国际多中心、多病种、大样本研究发现，与无营养风险的患者相比，有营养风险的患者死亡率显著升高（12% vs. 1%）、住院时间显著延长（9d vs. 6d）、并发症发生率显著增多，风险比（relative risk，RR）3.47。口服营养补充（oral nutritional supplement，ONS）可以节约12.2%~21.6%的医疗费用，缩短2.3d（21%）的住院时间。

综上所述，营养不良不仅是一个医疗问题，也不仅是一个经济问题，而且是一个严重的社会问题。"无饿医院"建设意义重大，应该从下列几方面推进"无饿医院"建设。

一、解决营养科学问题

营养不良是一种与人类俱来的古老疾病，尽管发病如此普遍，后果如此严重，但是，营养不良的定义、诊断至今没有一个国际公认的标准。营养不良的定义和诊断问题是制约营养治疗的关键科学问题，也是"无饿医院"建设面临的首要问题。

（一）统一营养不良定义

德国医学营养学会（the German Society for Nutritional Medicine，DEGM）将营养不足（undernutrition）定义为机体能量储备减少（undernutrition as a reduction in the body's energy stores）；将营养不良（malnutrition）定义为：①疾病相关性体重丢失；或②蛋白质缺乏；或③某种特定必需营养素缺乏。

2015年，ESPEN提出了"营养紊乱"（nutrition disorder）的概念，将营养紊乱分为营养不良（malnutrition）、微量营养素异常（micronutrient abnormalities）及营养过剩（overnutrition）。实际上是将微量营养素不足从以前的营养不良内涵中剥离出来，并将营养不良分为饥饿相关性低体重（starvation-related underweight）、恶病质/疾病相关营养不良（cachexia/disease-related malnutrition）、肌肉减少症（sarcopenia）及衰弱症（frailty）4类。2018年，全球领导人营养不良诊断标准共识倡议（Global Leadership Initiative on Malnutrition Diagnosis Criteria Consensus，GLIM）将营养不良定义为非自主性体重丢失、体重指数（body mass index，BMI）低及肌肉量减少，导致营养不良的原因有摄入减少、疾病及老年化。

由于宏量营养素不足与微量营养素不足的表现、诊断完全不同，而且很多微量营养素不足已经有专门的疾病诊断名称，如维生素C缺乏病、夜盲症、低钠血症、低钙血症，所以我们认同ESPEN将微量营养素异常从传统的营养不良定义中剥离出来，将营养不良重新定义为能量及宏量营养素摄入不足、吸收或利用障碍导致的一种状态。综合DEGM和ESPEN的定义，从方便诊断的角度出发，我们建议将营养不良定义为各种原因导致的非自主性体重丢失、能量储备减少及蛋白质缺乏，即蛋白质-能量营养不良（protein energy malnutrition，PEM）。

（二）统一营养不良诊断

正是由于传统意义上的营养不良内涵包罗万象，营养不良定义的复杂性及不确定性，导致了营养不良诊断方法的复杂性及不确定性，以及不同方法之间的异质性。在将营养不良定义为各种原因导致的体重丢失、和/或能量储备减少、和/或蛋白质缺乏后，营养不良的诊断将变得更简单、易行。体重主要考核参数用BMI或单位时间内的体重丢失量及变化率，能量储备主要考核参数用脂肪量（fat mass），蛋白质主要考核参数用肌肉量（muscle mass）。体重的测量是临床常规，将6个月内体重丢失>5%、6个月以上体重丢失>10%或BMI<18.5kg/m^2(<70岁)或BMI<20kg/m^2(>70岁)定义为营养不良；脂肪量及肌肉量的检测有多种方法，如上臂围、小腿围度及肱三头肌皮褶厚度测量、生物电阻抗法(bioelectric impedance analysis，BIA)及影像学检查如CT、双能X射线吸收法(dual energy X-ray absorptiometry，DEXA)、超声，将脂肪量、肌肉量低于正常值或进行性减少定义为营养不良。

二、规范临床营养诊疗

规范营养诊断、营养治疗、疗效评价与护理全流程，切实落实营养一线治疗理念。

(一) 落实二元诊断

落实二元诊断，即原发病诊断+营养诊断。住院患者的入院诊断应常规包括营养诊断，营养诊断依照三级诊断原则实施，通过一级诊断(营养筛查)发现风险，通过二级诊断(营养评估)发现营养不良并判断营养不良严重程度，通过三级诊断(综合评价)分析营养不良的原因、类型以及营养不良给机体带来的后果。

(二) 简化摄食调查

摄食情况调查包括食欲、摄食量及食物性状，是营养状况评价的核心参数。传统的方法非常复杂，也不能量化，均要求专业人员实施，不适用于临床工作中评价营养疗效。通过简化方法将复杂问题简单化、将模糊问题数字化，我们发明了食欲刻度尺、摄食量刻度尺及摄食量变化镜像阶梯。“0”为最差，“10”为最好，其他介于0和10之间，让患者根据自己的情况选择数字，见图5-3-1，图5-3-2和图5-3-3。

食物性状、种类及摄食量常用膳食调查方法。为方便使用，我们将食物分为流食、半流食、软食、普食，并分别赋值1、2、3、4分，经过估算其对应的能量为：1分<300kcal，2分300~600kcal，3分600~900kcal，4分900~1 200kcal。临床观察发现，上述简化的方法非常有助于临床营养调查及患者自我评价。

(三) 推行营养阶梯治疗

营养不良的规范治疗应该遵循五阶梯治疗原则：首先选择营养教育，然后依次向上晋级选择ONS、全肠内营养(管饲)，最后选部分或补充性肠外营养、全肠外营养(total parenteral nutrition，TPN)。当目前阶梯不能满足60%目标能量需求3~5d时，应该选择上一阶梯。

(四) 强化营养疗效综合评价

营养治疗是一种整体治疗，其作用涉及生理、心理、行为、功能与结构等多方面，因此其疗效也需要整体评价。应该动态监测营养治疗前、营养治疗过程中及治疗后的上述相关参数变化情况，根据结果调整治疗方案。考虑到营养治疗的临床疗效出现较慢，建议以4周为一疗程。由于不同参数对治疗发生反应的时间不一致，根据反应时间长短将营养相关参数分为以下3类。

(1)快速反应参数：如实验室检查、摄食量、体能等，每1~2周检测1次。

(2)中速反应参数：如人体测量(体重、小腿围)、人体成分分析、影像学检查、肿瘤病灶体积、肿瘤代谢活性、生活质量及心理变化，每4~12周复查一次。

(3)慢速反应参数：生存时间，每年评估1次。

三、改善医疗与护理行政管理

基于政策的管理是最好、最高效的管理，改善行政管理是建设“无饿医院”的重要推手，把向管理要效益转变为向管理要营养、要健康。

(一) 成立营养指导委员会

成立营养指导委员会(nutrition steering committee，NSC)，人员包括院长、职业经理、卫生专业人员及餐饮工作人员。NSC的主要作用是为临床营养的机构、流程及管理制定标准，同时监管营养服务(nutritional care)及营养事件(nutritional incident)。

(二) 设立营养诊断室

医院设立专门的营养诊断室,专门负责门诊及住院患者的营养诊断。营养诊断室和医院的 CT 室、B 超室一样,是由医院管理的独立的医技科室,不隶属于营养科。营养诊断室配备代谢车、人体成分分析仪、人体测量器具及营养筛查与评估量表。其主要职能是评价患者的营养状况,出具营养评估报告,供营养师或临床医师使用。首都医科大学附属北京世纪坛医院通过 1 年的"无饿医院"建设,显著提高了医疗质量并节约了医疗费用。

(三) 成立营养支持小组

营养支持小组(nutritional support team,NST)的人员组成、工作分工及运行机制在国际上已经有非常成熟的经验,其作用也得到众多研究证实。Cong MH 等报道 NST 有助于维护食管癌同步放化疗患者的营养状况,降低治疗不良反应,提高治疗的依从性和完成率。Hvas CL 等报道 NST 提高了临床肠内、肠外营养的使用率,提高了肠外营养的安全性,降低了营养相关并发症的发生率。遗憾的是,我国目前三级甲等医院 NST 不足 5%。

(四) 优化治疗计划

治疗干扰是住院患者摄入不足的一个重要原因。诊疗(如肠镜、手术、肝胆 B 超等)性禁食、肠道准备都严重影响患者摄入,应该尽量缩短禁食时间,尽可能将需要禁食及肠道准备的诊疗活动安排在上午,诊疗结束后尽快恢复饮食。静脉输液应该尽可能减少,以减少输液对食欲的抑制作用。抑制食欲、影响胃肠道功能的药物尽量不在餐前服用。早、中、晚饭时间不安排诊疗活动及操作,以保障就餐时间及就餐环境。

(五) 规范营养诊疗路径与流程

将营养诊疗纳入疾病尤其是恶性肿瘤等主要慢病及手术患者的诊疗路径,并规范其临床营养诊疗流程,见图 24-6-1。

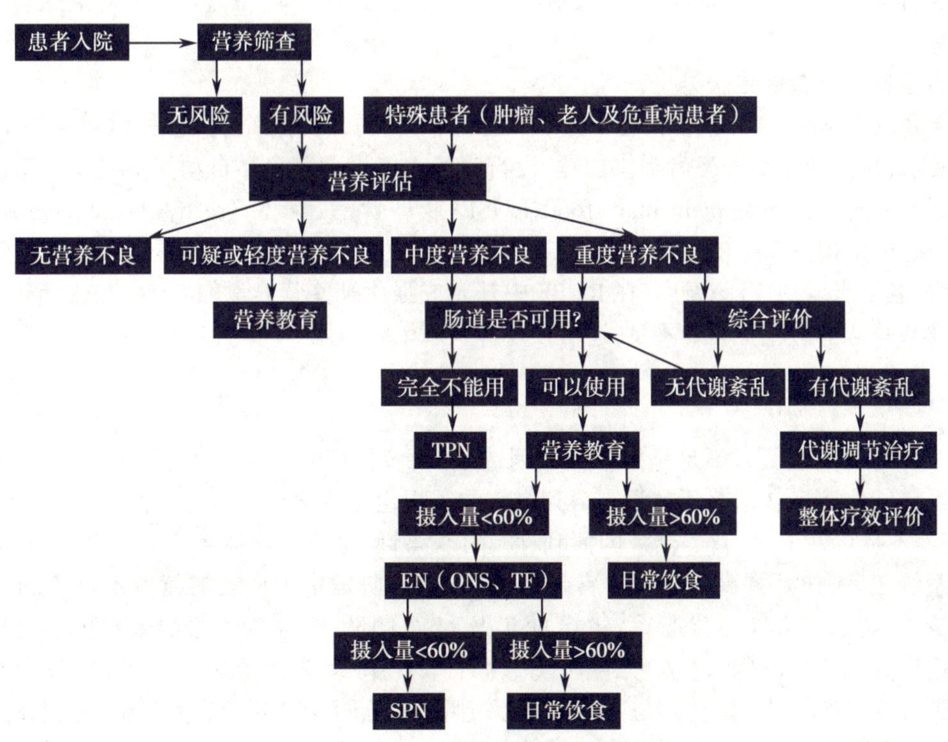

图 24-6-1 规范化营养诊疗流程图

注:TPN.total parenteral nutrition,全肠外营养;EN.enteral nutrition,肠内营养;ONS.oral nutritional supplement,口服营养补充;TF.tube feeding,管饲喂养;SPN.supplemental parenteral nutrition,补充性肠外营养。

(六) 加强营养科建设

按照原国家卫生部营养师与病床数 1:(150~200) 的要求配备营养师,按照临床骨干学科的要求与标准建设、考核临床营养科,在人力、财力、物力、地方等多方面予以充分保障。鼓励临床医师转岗营养科,大力培养临床营养医师。鼓励有条件的医院设立临床营养科病房或临床营养治疗单元(clinical nutrition care unit,NCU)。

四、强化后勤保障

"无饿医院"的建设离不开高效的后勤保障,根据"无饿医院"的要求改革、建设医院后勤保障体系。

(一) 医院标准化膳食

国际上目前只有威尔士、苏格兰、维多利亚、新南威尔士、纽约等极少数国家或地区有统一的医院膳食标准,我国尚没有国家或省市统一的医院膳食标准。美国、英国的研究比较了医院、监狱的膳食,发现医院膳食的能量、蛋白质及多种营养素供给不如监狱。加拿大的一项调查分析了 3 家大型医院 84 份医院食谱,发现食谱的能量为 1 281~3 007kcal、蛋白质为 49~159g [0.9~1.1g/(kg·d)],45% 的食谱能量低于 1 600kcal;与加拿大膳食指南(Canadian food guide,CFG)相比,食谱中的膳食纤维、钙、维生素 C 符合率分别为 0、7%、57%,35% 食谱中的蔬菜、水果、牛奶及替代品符合要求,11% 食谱中的谷物制品符合要求,8% 食谱中的肉类及替代品符合要求。这说明建设医院标准化膳食以及加强医院膳食监管的重要性。为此,美国纽约市发布了医院健康膳食倡议(the healthy hospital food initiative,HHFI),并制定了纽约市医院健康膳食的 20 条要求,该做法值得借鉴。

(二) 保障医院食品安全

加强食品从种子到患者口中食物的全流程监管,强化生产、加工、销售全流程的标准化操作,加强厨师水平培训与队伍建设,提高食品加工、制作工艺与卫生水平。减少高糖饮料、碳酸饮料、不健康食品在医院的销售。

(三) 改善医院膳食供给服务

提高膳食供应频次、增加膳食种类与风味、延长供应时间,改善就餐环境,提供膳食帮助。根据营养时相学要求,为营养不良的患者提供加餐、夜宵服务。增设营养食品自动售货机及专卖部,提供即食补充食品(ready-to-use supplementary food,RUSF)及即食治疗食品(ready-to-use therapeutic food,RUTF)。研究发现 RUSF 及 RUTF 在治疗多种原因导致的急性或慢性营养不良有确切的效果,受到儿童、成年及老年患者的广泛欢迎。在 RUSF 中补充或强化某些营养素如 DHA、EPA、精氨酸即可成为 RUTF,不仅可以有效治疗营养不良,还可以发挥疾病治疗作用。

五、小结

住院患者的饥饿或摄入不足是由多种原因造成的,包括疾病本身、治疗干预、经济负担、营养误区、医院膳食等;住院患者营养不良没有得到应有的重视也是由多种原因造成的,包括医务人员的重视程度,营养不良诊断工具、营养治疗的便利性及可获得性,医疗支付体系等。所以,"无饿医院"建设是一个系统工程,包括提高对营养不良危害性的认识、研发更加便利的营养不良诊断工具、强化入院二元诊断,提高营养不良诊断率、建立 NST 及 NSC 团队、畅通营养诊治收费体系、提供 RUSF/RUTF、优化检查和治疗时间、建立"无饿医院"考评体系、持续质量改进等。医院行政管理、临床医护、后勤保障、患者及家属一体化参与"无饿医院"建设,在全社会开展"无饿医院"文化宣传,努力为患者提供一个无饿、舒适的就医环境。

为了推动无饿医院建设,中华医学会肠外肠内营养学分会及中国抗癌协会肿瘤营养专业委员会提出了 9 条宣言,10 大行动,详细如下:

(一) 无饿医院建设宣言

1. 良好营养是基本人权
2. 良好营养是疾病预防、治疗及康复的前提
3. 全体医务人员应该熟知营养不良的危害
4. 努力降低医院营养不良的发生率
5. 为患者提供卫生、经济、营养丰富的膳食
6. 倡导口服营养补充,高度重视 FSMP 的作用
7. 营养素是营养不良患者的必需药物
8. 营养治疗是疾病的一线治疗
9. 价值营养治疗实现价值医疗

(二) 无饿医院建设行动

1. 成立与医院药事委员会并列的院级营养指导委员会;
2. 成立新的医技科室——营养诊断室,负责全院门诊及住院患者的营养诊断;
3. 采用任何验证合格的工具,入院时对住院患者 100% 实施营养诊断;患者住院期间动态评价患者饮食、营养状况及营养治疗效果,每周一次;
4. 如果患者有营养问题,应该在入院诊断及病历首页中记录;
5. 医院有书面的营养不良防治政策并常规地传达到所有医务人员,对所有医务人员进行必要的技术培训,使其能实施这一政策;
6. 对营养师进行临床医学规范化培训,对住院医师进行临床营养规范化培训;
7. 优化诊疗计划,把营养治疗融入医疗常规中去、整合到每一位患者的日常医疗服务中去;
8. 在患者进餐期间不安排非急诊诊疗活动及操作,以保障就餐时间和就餐环境;尽量缩短诊疗操作禁食时间;
9. 改善医院膳食,增加风味,延长供应时间。
10. 患者入院教育内容常规包括营养教育并实施。

(石汉平)

附录　中国常见食物血糖指数

高血糖食物：GI 值>70		中血糖食物：GI 值 55~70		低升糖食物：GI 值<55	
		糖类			
麦芽糖	105	蔗糖	65	巧克力	49
葡萄糖	100			乳糖	46
绵白糖	84				
冰糖	83				
方糖	83				
红糖	83				
胶质软糖	80				
蜂蜜	73				
		谷类及制品			
黏米饭（含直链淀粉低，煮）	88	面包（未发酵小麦）	70	米粉	54
馒头（富强粉）	88	大米粥	69	荞麦（黄）	54
白面包	88	玉米面（粗粉，煮）	68	薄煎饼（美式）	52
馒头（精制小麦粉）	85	荞麦面馒头	67	玉米糁粥	51
糯米饭	87	饼干（小麦片）	69	玉米面粥	50
馒头（小麦粉）	82	大麦粉	66	莜麦饭（整粒）	49
米饼	82	大米糯米粥	65	黏米饭（含直链淀粉高，煮）	50
烙饼	80	面包（黑麦粉）	65	意大利面（全麦）	48
玉米片	79	印度卷饼	62	意大利面（精制面粉）	49
即食燕麦粥	79	小米粥	60	面条（硬质小麦粉，加鸡蛋，粗）	49
大米饭（粳米、糙米）	78	荞麦面条	59	玉米饼	46
油条	75	玉米（甜，煮）	55	面条（硬质小麦粉，硬，扁，粗）	46
全麦面包	74	面条（挂面，全麦粉）	57	通心面（管状，粗）	45
玉米片（高纤维）	74	黑米饭	55	燕麦饭（整粒）	42
大米饭（籼米、糙米）	71	面条（硬质小麦粉，细）	55	小麦（整粒，煮）	41
小米（煮）	71	乌冬面	55	面条（白，细，煮）	41
		燕麦麸	55	面条（全麦粉，细）	37
		燕麦片粥	55	细面条（实心，细）	35
				黑麦（整粒，煮）	34
				面条（强化蛋白质，细，煮）	27
				稻麸	19

续表

高血糖食物:GI 值>70		中血糖食物:GI 值 55~70		低升糖食物:GI 值<55	
坚果					
				葵花籽	28
				腰果	25
				花生	14
乳及乳制品					
		冰淇淋	61	冰淇淋(低脂)	51
		黄桃酸奶	56	酸奶(加糖)	48
				老年奶粉	41
				酸乳酪(普通)	36
				牛奶(加糖和巧克力)	34
				酸乳酪(低脂)	33
				脱脂牛奶	32
				牛奶	28
				牛奶(加人工甜味剂和巧克力)	24
				降糖奶粉	26
				全脂牛奶	27
				豆奶	19
				酸乳酪(低脂,加人工甜味剂)	14
				低脂奶粉	12
薯类、淀粉及制品					
马铃薯泥	87	芋头	69	甘薯(山芋,生)	54
马铃薯(烧烤,无油脂)	85	马铃薯淀粉及制品(蒸)	65	山药	51
马铃薯(微波炉烤)	82	马铃薯淀粉及制品(烤)	60	苕粉	34.5
马铃薯(煮)	78	炸薯条	60	藕粉	33
甘薯(煮)	77	马铃薯片(油炸)	60	粉丝汤(豌豆)	32
				绿豆粉丝	28
				马铃薯粉条	14
豆类及制品					
		黄豆挂面	67	黑马诺豆	46
		扁豆(绿,小,罐头)	52	青刀豆(罐头)	45
		四季豆(罐头)	52	小扁豆汤(罐头)	44
				鹰嘴豆(罐头)	42
				咖喱鹰嘴豆(罐头)	41
				豌豆	42
				青刀豆	39

续表

高血糖食物:GI值>70		中血糖食物:GI值55~70		低升糖食物:GI值<55	
				扁豆	38
				四季豆(高压处理)	34
				鹰嘴豆	33
				绿豆挂面	33
				豆腐(炖)	32
				扁豆(绿,小)	30
				扁豆(红,小)	26
				绿豆	27
				芸豆	24
				豆腐干	24
				豆腐(冻)	22
				黄豆(浸泡,煮)	18
				蚕豆(五香)	17
				黄豆(罐头)	14
蔬菜					
南瓜	75			胡萝卜(煮)	39
胡萝卜(金笋)	71			芦笋	15
				绿菜花(西蓝花)	15
				菜花	15
				芹菜	15
				黄瓜	15
				茄子	15
				莴笋	15
				生菜	15
				青椒	15
				西红柿	15
				菠菜	15
水果类及其制品					
枣	103	菠萝蜜	68	芒果	55
西瓜	72	山竹	67	甘蔗	53
荔枝	>70	菠萝	66	龙眼	53
		葡萄干	64	猕猴桃	52
		杏(罐头,含淡味果汁)	64	桃(罐头,含糖浓度低)	52
		桃(罐头,含糖浓度高)	58	芭蕉	53
		八婆果	58	香蕉(熟)	52

续表

高血糖食物:GI 值>70		中血糖食物:GI 值 55~70		低升糖食物:GI 值<55	
		哈密瓜	56	山楂	50
				葡萄	43
				柑	43
				榴莲	42
				杨桃	42
				脆冬枣	42
				椰子	40
				石榴	40
				火龙果	39
				柿子	37
				苹果	36
				梨	36
				蓝莓	34
				番石榴	31
				杏干	31
				圣女果	30
				香蕉(生)	30
				草莓	29
				桃	28
				牛油果	27
				柚子	25
				桑葚	25
				木瓜	25
				李子	24
				樱桃	22
				百香果	16
速食食品					
棍子面包	90	小麦片	69	荞麦方便面	53
白面包	88	即食羹	69	面包(50%~80% 碎小麦粒)	52
大米(即时,煮 6min)	87	面包(小麦粉,高纤维)	68	面包(黑麦粒)	50
速食米饭	87	可颂(新月形面包,牛角包)	67	面包(45%~50% 燕麦麸)	47
膨化薄脆饼干	81	竹芋粉饼干	66	大米(即食,煮 1min)	46
香草华夫饼干	77	高纤维黑麦薄脆饼干	65	面包(50% 大麦粒)	46
华夫饼干	76	面包(80% 燕麦粒)	65	面包(小麦粉,含水果干)	47
消化饼干	74	油酥脆饼干	64	面包(混合谷物)	45

续表

高血糖食物:GI 值>70		中血糖食物:GI 值 55~70		低升糖食物:GI 值<55	
梳打饼干	72	营养饼	66	面包(75%~80%)	34
小麦饼干	70	面包(80%~100% 大麦粉)	66		
面包(小麦粉,去面筋)	70	汉堡包	61		
		披萨饼(含乳酪)	60		
		马铃薯薯片(油炸)	60		
		酥皮糕点	59		
		爆玉米花	55		
		燕麦粗粉饼干	55		
饮料类					
		啤酒	66	葡萄汁	48
		桔子汁	57	柚子果汁(不加糖)	48
				菠萝汁(不加糖)	46
				巴梨汁(罐头)	44
				苹果汁	41
				水蜜桃汁	33
混合膳食、零食及其他					
糯米鸡	106	玉米粉加人造黄油(煮)	69	星洲炒米粉	54
牛肉面	89	馒头＋黄油	69	绿豆沙	54
粽子	87	米饭＋低脂奶 100ml(同时吃)	69	寿司	52
汤圆	87	米饭＋蒜苗炒鸡蛋	68	春卷	50
红枣大米粥	85	咖喱饭	67	馒头＋酱牛肉	49
米饭＋红枣干(蒸)	82	炒河粉	66	馒头＋芹菜炒鸡蛋	49
猪肠粉	81	二合面窝头(玉米面＋白面)	65	饼＋木耳炒鸡蛋	48
米饭＋茶渍梅子	80	马来糕	61	米饭＋全脂奶 100ml(同时吃)	48
扬州炒饭	80	麻团	61	龟苓膏	47
麻花	80	米饭＋大酱汤	61	牛肉馅饼	45
萝卜糕	77	米饭＋泡菜(同时吃)	61	布丁	44
米饭＋猪肉	73	米饭＋酸奶 100ml	59	牛奶蛋糊(牛奶＋淀粉＋糖)	43
速冻奶黄包	72	蛋黄酥	59	重油重糖蛋糕	54
		米饭＋炒蒜苗	58	包子(芹菜猪肉)	39.1
		米饭＋芹菜猪肉	57	肉包子	39
		江西米线	56	小笼包	39
		米饭＋纳豆	56	素菜包子	39

续表

高血糖食物:GI 值>70		中血糖食物:GI 值 55~70		低升糖食物:GI 值<55	
		热干面	55	硬质小麦粉肉馅馄饨	39
				西红柿汤	38
				饺子(三鲜)	28
				猪肉炖粉条	17
其他					
蛋挞	90	月饼	56	百合干	50
薏仁	80			莲子	41
芡实	77				
高血糖食物:GI 值>70		中血糖食物:GI 值 55~70		低升糖食物:GI 值<55	

推荐阅读

[1] 蒋与刚，郭长江．现代特殊营养学．北京：人民卫生出版社，2020.
[2] 杨月欣．中国食物成分表标准版．6 版．北京：北京大学医学出版社，2018.
[3] 中国营养学会．中国居民膳食指南 (2016) 科普版．北京：人民卫生出版社，2016.
[4] 中国抗癌协会肿瘤营养专业委员会，中华医学会肠外肠内营养学分会．中国肿瘤营养治疗指南 2020. 北京：人民卫生出版社，2020.
[5] 中国医师协会肾脏内科医师分会，中国中西医结合学会肾脏疾病专业委员会营养治疗指南专家协作组．中国慢性肾脏病营养治疗临床实践指南 (2021 版)．中华医学杂志，2021, 101 (8): 539-559.
[6] 宋春花，王昆华，郭增清，等．中国常见恶性肿瘤患者营养状况调查．中国科学 (生命科学), 2020, 50 (12): 1437-1452.
[7] 中华医学会糖尿病学分会．中国 2 型糖尿病防治指南 (2017 年版)．中华糖尿病杂志，2018, 10 (1): 4-67.
[8] 孙明姝，母义明，赵家军，等．中国临床指南现状分析及《中国高尿酸血症与痛风诊治指南 (2018)》制定介绍．中华内分泌代谢杂志，2019, 35 (3): 181-184.
[9] 李建平，卢新政，霍勇，等．H 型高血压诊断与治疗专家共识．中华高血压杂志，2016, 24 (2): 123-127.
[10] 中国抗癌协会肿瘤营养与支持治疗专业委员会．营养不良的五阶梯治疗．肿瘤代谢与营养电子杂志，2015, 2 (1): 29-33.
[11] 石汉平，赵青川，王昆华，等．营养不良的三级诊断．肿瘤代谢与营养电子杂志，2015, 2 (2): 31-36.
[12] 石汉平，陈伟，杨柳青，等．建设“无饿医院”．肿瘤代谢与营养电子杂志，2018, 5 (3): 225-230.
[13] 蒋朱明，李卓，王杨，等．中国肠外肠内营养学的转化医学 3T 路线图概述．中华临床营养杂志，2020, 28 (5): 308-312.
[14] 蒋朱明．外科营养在中国的发展历程．中华外科杂志，2015, 53 (1): 47-49.
[15] 中国营养保健食品协会，中华医学会肠外肠内营养学分会，中国抗癌协会学术部，等．COVID-19 重症患者营养治疗专家建议．中国科学：生命科学，2020, 50 (8): 874-886.
[16] 中华医学会肠外肠内营养学分会，中国国际医疗保健促进交流会加速康复外科分会，中国微生态治疗创新联盟，等．菌群移植途径的选择与建立临床应用中国专家共识．中华胃肠外科杂志，2020, 23 (Z1): 14-20.
[17] 徐俊，石汉平，中华医学会肠外肠内营养学分会脑健康营养协作组，阿尔茨海默病脑健康营养干预专家共识撰写组．阿尔茨海默病脑健康营养干预专家共识．中国科学：生命科学，2021, 51 (12): 1762-1788.
[18] BERGER MM, PANTET O, SCHNEIDER A, et al. Micronutrient deficiencies in medical and surgical inpatients. J Clin Med, 2019, 8 (7): 931.
[19] GOMES F, SCHUETZ P, BOUNOURE L, et al. ESPEN guidelines on nutritional support for polymorbid internal medicine patients. Clin Nutr, 2018, 37 (1): 336-353.
[20] WEIMANN A, BRAGA M, CARLI F, et al. ESPEN Guideline: Clinical Nutrition in Surgery. Clin Nutr, 2017, 36 (3): 623-650.
[21] TREMMEL M, GERDTHAM UG, NILSSON PM, et al. Economic Burden of Obesity: A Systematic Literature Review. Int J Environ Res Public Health, 2017, 14 (4): 435.
[22] JENSEN GL, CEDERHOLM T, CORREIA MITD, et al. GLIM Criteria for the Diagnosis of Malnutrition: A Consensus Report From the Global Clinical Nutrition Community. JPEN J Parenter Enteral Nutr, 2019, 43 (1): 32-40.
[23] CEDERHOLM T, BARAZZONI R, AUSTIN P, et al. ESPEN guidelines on definitions and terminology of clinical nutrition. Clin Nutr, 2017, 36 (1): 49-64.
[24] CRUZ-JENTOFT AJ, BAHAT G, BAUER J, et al. Sarcopenia: revised European consensus on definition and diagnosis. Age Ageing, 2019, 48 (1): 16-31.

[25] DENT E, MORLEY JE, CRUZ-JENTOFT AJ, et al. Physical Frailty: ICFSR International Clinical Practice Guidelines for Identification and Management. J Nutr Health Aging, 2019, 23 (9): 771-787.

[26] JOHNS N, EDWARDS JSA, HARTWELL HJ. Hungry in hospital, well-fed in prison ? A comparative analysis of food service systems. Appetite, 2013 (68): 45-50.

[27] TRANG S, FRASER J, WILKINSON L, et al. A multi-center assessment of nutrient levels and foods provided by hospital patient menus. Nutrients, 2015, 7 (11): 9256-9264.

[28] FERRERE G, TIDJANI AM, LIU P, et al. Ketogenic diet and ketone bodies enhance the anticancer effects of PD1 blockade. JCI Insight, 2021, 6 (2): e145207.

[29] RAWAT K, SINGH N, KUMARI P, et al. A review on preventive role of ketogenic diet (KD) in CNS disorders from the gut microbiota perspective. Rev Neurosci, 2020, 32 (2): 143-157.

[30] MANSON JE, COOK NR, LEE IM, et al. Vitamin D supplements and prevention of cancer and cardiovascular disease. N Engl J Med, 2019, 380 (1): 33-44.

[31] ARENDS J, BACHMANN P, BARACOS V, et al. ESPEN guidelines on nutrition in cancer patients. Clin Nutr, 2017, 36 (1): 14-48.

[32] MOLASSIOTIS A, AAPRD M, HERRSTEDT J, et al. MASCC/ESMO Antiemetic Guidelines: Introduction to the 2016 guideline update. Support Care Cancer, 2017, 25 (1): 267-269.

[33] BERGER MJ, ETTINGER DS, ASTON J, et al. NCCN Guidelines Insights: Antiemesis, Version 2. 2017. J Natl Compr Canc Netw, 2017, 15 (7): 883-893.

[34] ZHENG J, WANG H, REN M. Influence of exercise intervention on gestational diabetes mellitus: a systematic review and meta-analysis. J Endocrinol Invest, 2017, 40 (10): 1027-1033.

[35] BOZZETTI F, STANGA Z. Does nutrition for cancer patients feed the tumour ? A clinical perspective. Crit Rev Oncol Hematol, 2020 (153): 103061.

[36] DOWNER S, BERKOWITZ SA, HARLAN TS, et al. Food is medicine: actions to integrate food and nutrition into healthcare. BMJ, 2020 (369): m2482.

[37] IKIZLER TA, CUPPARI L. The 2020 Updated KDOQI Clinical Practice Guidelines for Nutrition in Chronic Kidney Disease. Blood Purif, 2021, 50 (4-5): 667-671.

[38] European Association for the Study of the Liver. EASL Clinical Practice Guidelines on nutrition in chronic liver disease. J Hepatol, 2019, 70 (1): 172-193.

[39] KOMOLAFE O, BUZZETTI E, LINDEN A, et al. Nutritional supplementation for nonalcohol-related fatty liver disease: a network meta-analysis. Cochrane Database Syst Rev, 2021, 7 (7): CD013157.

[40] YOSHIJI H, NAGOSHI S, AKAHANE T, et al. Evidence-based clinical practice guidelines for Liver Cirrhosis 2020. J Gastroenterol, 2021, 56 (7): 593-619.

[41] UNGER T, BORGHI C, CHARCHAR F, et al. 2020 International Society of Hypertension global hypertension practice guidelines. Hypertension, 2020, 75 (6): 1334-1357.

[42] BISCHOFF S C, ESCHER J, HÉBUTERNE X, et al. ESPEN practical guideline: Clinical Nutrition in inflammatory bowel disease. Clin Nutr, 2020, 39 (3): 632-653.

[43] ZHOU Z, LI J, YU Y, et al. Effect of Smoking and Folate Levels on the Efficacy of Folic Acid Therapy in Prevention of Stroke in Hypertensive Men. Stroke, 2018, 49 (1): 114-120.

[44] GUAN WJ, NI ZY, HU Y, et al. Clinical Characteristics of Coronavirus Disease 2019 in China. N Engl J Med, 2020, 382 (18): 1708-1720.

[45] SCHUETZ P, FEHR R, BAECHLI V, et al. Individualised nutritional support in medical inpatients at nutritional risk: a randomised clinical trial. Lancet, 2019, 393 (10188): 2312-2321.

[46] TYLER R, BARROCAS A, GUENTER P, et al. Value of Nutrition Support Therapy: Impact on Clinical and Economic Outcomes in the United States. JPEN J Parenter Enteral Nutr, 2020, 44 (3): 395-406.

[47] PETRIDOU A, SIOPI A, MOUGIOS V. Exercise in the management of obesity. Metabolism, 2019 (92): 163-169.

[48] DURRER SCHUTZ D, BUSETTO L, DICKER D, et al. European Practical and Patient-Centred Guidelines for Adult Obesity Management in Primary Care. Obes Facts, 2019, 12 (1): 40-66.

[49] BORG B, MIHRSHAHI S, GRIFFIN M, et al. Randomised controlled trial to test the effectiveness of a locally-produced ready-to-use supplementary food (RUSF) in preventing growth faltering and improving micronutrient status for children under two years in Cambodia: a study protocol. Nutr J, 2018, 17 (1): 39.

中英文名词对照索引

A

B

C

D

E

F

G

H

J

K

L

M

N

O

P

Q

R

S

T

W

X

Y

Z